王力全集　第二十卷

龙虫并雕斋文集补编
（一）

王　力　著

中华书局

图书在版编目(CIP)数据

龙虫并雕斋文集补编/王力著. —北京：中华书局，2015.4
（王力全集；20）
ISBN 978-7-101-10914-6

Ⅰ.龙… Ⅱ.王… Ⅲ.汉语–语言学–文集 Ⅳ.H1-53

中国版本图书馆 CIP 数据核字(2015)第 076893 号

书　　名	龙虫并雕斋文集补编（全三册）
著　　者	王　力
丛 书 名	王力全集　第二十卷
出版发行	中华书局
	（北京市丰台区太平桥西里 38 号　100073）
	http://www.zhbc.com.cn
	E-mail：zhbc@zhbc.com.cn
印　　刷	北京天来印务有限公司
版　　次	2015 年 4 月北京第 1 版
	2015 年 4 月北京第 1 次印刷
规　　格	开本/880×1230 毫米　1/32
	印张 42¾　插页 6　字数 1208 千字
印　　数	1-3000 册
国际书号	ISBN 978-7-101-10914-6
定　　价	176.00 元

《王力全集》出版说明

王力(1900—1986)，字了一，广西壮族自治区博白县人，我国著名语言学家、教育家、翻译家、散文家和诗人。

王力先生毕生致力于语言学的教学、研究工作，为发展中国语言学、培养语言学专门人才作出了重要贡献。王力先生的著作涉及汉语研究的多个领域，在汉语发展史、汉语语法学、汉语音韵学、汉语词汇学、古代汉语教学、文字改革、汉语规范化、推广现代汉语普通话和汉语诗律学等领域取得了杰出的成就；在诗歌、散文创作和翻译领域也卓有建树。

要了解中国语言学的发展脉络、发展趋势，必须研究王力先生的学术思想，体会其作品的精华之处，从而给我们带来新的领悟、新的收获，因而，系统整理王力先生的著作，对总结和弘扬王力先生的学术成就，推动我国的语言学及其他相关学科的发展，具有重要的意义。

《王力全集》完整收录王力先生的各类著作三十余种、论文二百余篇、译著二十余种及其他诗文等各类文字。全集按内容分卷，各卷所收文稿在保持著作历史面貌的基础上，参考不同时期的版本精心编校，核订引文。学术论著后附"主要术语、人名、论著索引"，以便读者使用。

《王力全集》的编辑出版工作，得到了王力先生家属、学生及社会各界人士的帮助和支持，在此谨致以诚挚的谢意。

中华书局编辑部
2012 年 3 月

本卷出版说明

本卷《龙虫并雕斋文集补编》是按照《龙虫并雕斋文集》的编纂思路汇编没有收入《龙虫并雕斋文集》的论文而成的集子。收入王力先生的专著《汉语讲话》《汉语浅谈》《字的写法、读音和意义》《古代汉语常识》以及多篇文章、书信等。

《汉语讲话》原名《中国语文概论》，1939 年商务印书馆将之收入国学小丛书出版；1950 年开明书店将之改名为《中国语文讲话》而收入开明青年丛书出版；1954 年修订后由开明书店和青年出版社联合组织的中国青年出版社出版；1955 年"认真修订"后改名为《汉语讲话》，由文化教育出版社出版（后称"教育本"）；1985 年，山东教育出版社出版的《王力文集》第三卷收入《汉语讲话》（后称"文集本"），该卷由曹先擢、吉常宏、程湘清先生负责编校。此次收入《王力全集》，以教育本为底本，参校他本，进行了整理和编辑。

《汉语浅谈》，1964 年北京出版社将之收入语文小丛书出版（后称"北京本"）；1985 年，山东教育出版社出版的《王力文集》第三卷收入《汉语浅谈》（后称"文集本"），并改动了部分排印讹误。此次收入《王力全集》，以文集本为底本，参校北京本，进行了整理和编辑。

《字的写法、读音和意义》是供中学语文教师教学参考和一般自学语文者用的通俗读物，原名《字的形音义》，1953 年由中国青年出版社出版；1957 年，作者重写了有关字形的部分，改名为《字的写法、读音和意义》，由新知识出版社出版，1958年作者作了个别改动，由上海教育出版社出版（后称"教育本"）；1985年，山东教育出版社出版的《王力文集》第三卷收入《字的写法、读音和意义》（后称"文集本"），个别地方作了删改，由于书中例句采自1951年的《初中语文课本》第一、二册，文集本删去了例句后的页码。此次收入《王力全集》，以文集本为底本，参校教育本而进行了整理和编辑。

　　《古代汉语常识》是作者应人民教育出版社之约写的一本小册子，1979年出版（后称"人教本"）；1990年，山东教育出版社出版的《王力文集》第十六卷收入《古代汉语常识》（后称"文集本"），该卷由郭锡良先生负责编校，校改了误排，删改了个别引例，统一了体例。此次收入《王力全集》，以文集本为底本，以人教本为参校本，进行了整理和编辑。

　　王力先生与他人合著有《东莞方音》《珠江三角洲方音总论》《台山方音》《海南岛白沙黎语》《进一步发挥〈汉语拼音方案〉的作用》《汉字改革的必要性和可能性》《亲眼看到的文化革命事迹》等，《王力全集》不予收入。

中华书局编辑部

2014年6月

总　目

汉语讲话

目　　录

序

这是 1936、1937 两年,我在燕京大学暑期学校所用的演讲稿。经过了三次的修改,成为现在的样子。

暑校的学生是混合式的,国文系、历史系、教育系、政治系、经济系、物理系、化学系、家政系的学生全有。因此,这种演讲必须是浅显的,对于语言学的基本知识也不惮详加说明;又必须是广泛的,对于琐细的问题就略而不论。语文本是每人每日所必需,只要把最容易注意到而又不难了解的道理对他们讲,他们也会听得津津有味的。我相信,无论哪一系的学生都可以听得懂,甚至高中学生也能懂得一大部分。我讲时,不发讲义;但至考试时,学生都答得大致不差。

我常常发表些概论体的著作,这恐怕是专家所不屑为的。但是,只这一本小小的概论,我用全力去编排它,至今仍未满意,"画鬼魅易,画犬马难"。我开始感觉到写概论体的著作实在费劲了。

修订本序

这一本小册子原名《中国语文概论》，是在抗日战争的时期出版的，因此流传不广，后来市面上竟买不到了。抗战胜利以后，商务印书馆也没有再版。开明书店有意把它编入开明青年丛书，和我商量，我才征得商务同意，把这本书收回，改题《中国语文讲话》，于1950年9月由开明再版。最近开明书店和青年出版社联合组织成为中国青年出版社，又和我订立新约，交由中国青年出版社出版。

斯大林的伟大著作《马克思主义与语言学问题》发表后，至今三年多了。这一本小册子理应在斯大林著作的光辉下重新改写。但是，我因为马克思列宁主义修养不够，对重写没有信心，所以只能修订一下。修订的地方也不多。目前我只想在消极方面做到不违背斯大林的教导。就在这消极方面，我也还不敢自信，希望读者帮助我，匡正我。

由于这本书写得早，里面诸多语法上的术语和后来我写的几部语法书中的术语不同。在这些地方我倒不想多修改，因为我所定的新术语有许多尚未被普遍使用，有些连我自己都打算放弃了，倒不如保存原来的样子，反而使读者容易了解些。实际上，只有"助词"改称了"语气词"，因为"语气词"这个新术语已经被普遍采用了，其他术语都没有改动，甚至"代名词"也没有改称为"代词"。这样有一个好处，就是表示术语本身并不是语法的主要内容。语法是词的变化规则及用词造句的规则的综合，而术语本身并不代表着这些规则。

　　有些朋友说，这本书叫做《中国语文讲话》，谈"语"的地方多，谈"文"的地方少，太不匀称了。我的理由是：文字不过是书面的语言，谈语言的时候自然包括文字在内。古人把文字学分为形、音、义三方面，事实上只有形的方面是专属于文字的，音和义就是这本书的第二章和第四章所谈的语音和词汇。由此看来，并不算匀称。

王　力

1953 年 8 月 23 日

新版自序

　　这本小书最初的名称是《中国语文概论》，是在抗日战争的时期由商务印书馆出版的。后来，开明书店要把它收进开明青年丛书里，经征得商务印书馆同意，改题《中国语文讲话》，于1950年9月由开明书店重印出版。1953年，开明书店和青年出版社联合组织成为中国青年出版社，又和我订立新约，交由中国青年出版社出版。最近，一部分中学里开始试教新设的汉语课，明年秋季起就要在全国推行，中学语文教师需要一些有关的参考书，于是它又从中国青年出版社转到文化教育出版社来，名称也改为《汉语讲话》。这是这本书的简单的历史。

　　1950年重印的时候，只改正了一些错字。1953年修订过一次，事实上只是更改了一些字句，它的内容基本上还是十几年前的内容。我当时的理由是："我因为马克思列宁主义修养不够，对重写没有信心，所以只能修订一下。"

　　这次转移到文化教育出版社，我觉得无论如何必须认真修订一番。因此，第一章绪论的第一节汉语的特性全部改写了，第二节汉语的亲属及其方言分类的前半也改写了。第三章第一节词在句中的位置也全部改写了；第二节词是怎样构成的是一篇新稿，原来第二节讲的是"本性、准性与变性"，现在连题目都换了，内容当然完全不同了。其他零碎改动的地方颇多，其中有些牵涉到原则性的问题，例如原书32页里说："我们虽可用某一地的方音为中国语的代表,但我们并不能说它比别的方音好些或'正'些。"这样是否定了民族共同语的存在,否认方言、土语服从于民族共同语的这一个原则,这是和马克思主义语言学相违反的,所以非订正不可。

这并不是说,现在我的马克思列宁主义的修养就"够"了。不过,我现在觉悟到:目前已经发觉了的错误必须尽早纠正,不能以解放前的旧作为借口,让它原封不动。重写的时候,如果暴露了自己的新错误,也正可藉此获得读者的批评和指教。怕犯错误这件事本身就是一种错误。我是凭着这点新认识来修订和部分地重写我这一本小书的。

这只是一本参考书,目的是使中学语文教师们从语言学的观点上比较全面地了解汉语的轮廓。当我修正这本书的时候,初中汉语课本还没有出版,不可能在名词术语上和汉语课本取得一致。希望中学语文教师们在教学生的时候,名词术语一律以汉语课本为标准。特别是语法方面,无论是术语不同、涵义不同、体系不同,也应该以汉语课本为标准。目前语法界中争论的问题很多,有争论才有进步,保存着一些不同的意见并不是一件坏事。但是,在教室里决不容许有两可的说法。

最后,我诚恳地要求读者多多指正,这直接是对我有益处,间接是对广大的文化教育界有益处的。

第一章 绪 论

第一节 汉语的特性

马克思主义告诉我们,任何事物和现象都有一定的"质"。这"质"是事物和现象内部所固有的一种规定性①,它是许多性质、特征、特点的有机统一体,事物和现象就靠着这种规定性来和其他事物和现象分别开来②。因此,我们要研究一种事物或现象,主要是研究它的"质",也就是研究它所固有的那些特性。我们研究汉语,首先要了解汉语的特性,了解它和其他语言有什么不同的地方。固然,语言是一种社会现象,作为社会现象来看,语言本身也有它的特性,那是一切语言所共有的特性(对于其他社会现象来说,是特性;对于一切语言来说,是共性)。因此,汉语和其他语言也有共同之点,拿这些共同之点来比较研究也是有益的。但是,更重要的是了解汉语的特性,因为惟有做到了这一点,才能彻底了解汉语的内部固有的规律。

依我们看来,汉语有三个特性:第一,元音特别占优势;第二,拿声调作词汇的成分;第三,语法构造以词序、虚词等为主要手段。现在分别加以叙述:

---

① 编者注:"一种规定性"为文集本所加,此依文集本。
② 参看阿历山大院士主编的《辩证唯物主义》俄文本第 155 页(中译本第 157 页。为了使读者更易了解,不照抄译文)。

第一，汉语里的元音是占优势的。元音是和辅音并称的；元音又称母音，辅音又称子音。在许多语言里（例如西洋语言），辅音不一定和元音紧接，一个元音的前后可以带着三个以上的辅音，例如俄语 вскрыть（"开""发现"）里和英语 splint（"裂片"）里都有五个辅音，至于一个音节里包括三个或四个辅音的，那就更为常见了。汉语的情形大不相同，在一个音节里，至多只能有两个辅音。而且，当它包含两个辅音的时候，必须是一个在元音的前面，一个在元音的后面，例如"班"字［pan］。辅音一定要和元音紧接；不可能两个辅音同时在元音的前面（如 kla），也不可能两个辅音同时在元音的后面（如 art），更不可能在元音前后都有两个辅音（例如klart）。严格地说，汉语元音后面的辅音只算半个。拿"难"字［nan］为例，［a］后面的［n］只念一半（前半），它并不像［a］前面的［n］那样完整。由此看来，实际上，汉语一个音节至多只能包括一个半辅音。所以我们说，汉语里的元音是占优势的。

因为汉语里辅音必须和元音紧接，汉族人民养成了这个习惯，当他们学习外国语的时候，遇到不和元音紧接的辅音就发生困难，例如一个北京人念俄语 вскрыть，往往念成"弗斯克雷奇"［fu si kə lei tɕ'i］，把原来的一个音节念成了五个音节。再举俄语里一个比较浅的词为例，例如 книга（"书"），许多人念成"克尼戛"［kə ni ka］，也就是把该念两个音节的词念成三个音节了。汉人学外国语不容易学得像的地方，往往也就是汉语和外国语在语言结构上有差别的地方。

第二，汉语是拿声调作为词汇成分的。一切语言都有一种自然的声调，例如表示疑问的末了就常常用一个升调，表示陈述的终结就常常用一个降调，等等。这种自然的声调不算是词汇的成分，因为它们并没有词汇的意义。汉语的声调就不同了，它们是有词汇的意义的，例如"买"和"卖"，用国际音标标下来都是［mai］，它们之间的差别只在声调上。但是，这个差别可大了，拿北京话来说，［mai］念低升调表示给钱取物，[mai]念降调表示给物取钱，恰好是相反的两件事。在汉族人民看来，音同调不同（如"买""卖"）和调同音不同（如"卖""送"）是同一性质的两件事；因为都能影响词义的不同。外国人学汉语，对于声调最感困难，一不留神，就会把"买马"说成"卖麻"，等等。外国人难学的地方，也就是汉语特性所在的地方。

第三，汉语的语法构造是以词序、虚词等为主要手段，而不是以形态变化为主要手段的。我们知道，世界上有些语言的语法是有很复杂的形态变化的。拿俄语来说，名词和形容词有变格，动词有变位，语尾的变化是多种多样的。汉语里并没有这些变化。在西洋，小学生在学校里要背诵名词变格表、动词变位表；中国的小学生不需要这样。

但是，我们不能从这里得到一个结论，说汉语没有语法。外国人学习汉语，常常遭遇一些困难，例如词序弄错了（不说"猫比狗小"而说"猫小比狗"等），虚词用错了（不说"他为什么不来呢"而说"他为什么不来吗"），单位名词用错了（不说"一棵树"而说"一个树"）。这就证明了汉语是有结构规律的。语言的结构规律就是语法。

我们又不能从这里得出一个结论，说不以形态变化为主要手段的语言是低级的语言。语言是工具、武器，人们利用它来互相交际，交流思想，达到互相了解。汉语语法虽然在形态变化上显得比较简单些，但是它在别的结构形式上却又比较复杂些，它并不贫乏，千万年来汉族人民利用它来互相交际，交流思想，从来没有感觉到它有什么不够用的地方；正相反，我们人人都感觉到汉语是一种丰富、严密、表现力很强的语言。

以上所说的三种特性并不能概括汉语的一切特性，我们只拣最主要的来说。在东方和汉语有亲属关系的诸语言也往往具备这三种特性（如越南语）。我们说汉语有这三种特性，意思只是说，在全世界范围内大多数语言不具有这些特性，并不是说除汉语外没有任何语言具备这三种特性。相反地，东方诸语言许多是和汉语有亲属关系的，它们如果和汉语一样地具备这些特性，那也是很自然的。

过去，西方语言学家对汉语持有另外一种看法①。他们认为，汉语是单音的、孤立的、分析的。

所谓单音的，就是说汉语里每一个词都只有一个音节，例如"天"[tʰiɛn]、"地"[ti]等。其实他们完全错了，汉字虽然代表单音，汉语里的词却自始就不纯然是单音的，例如，《论语》里就有"天下、百姓、夫子、大夫、夫人、草创、讨论、修饰、润色"等复音词，这些词多数由仂语转成，数千年来新复音词的构成还是离不了这一种构词法。我们承认，古代汉语里的单音词是相当多的②，但是，到了唐代以后，特别是到了现代，情形可不同了，由于复音词的大量增加，复音词的数量已经大大超过了单音词的数量。这是不容怀疑的事实。

所谓孤立的，是指一个个的"词根"堆砌成句，由词的位置来决定词性。其实就上古汉语来说，这话已经不很适当，因为虚词如"于、以、乎、哉、矣、也"之类决不能认为"词根"。就中古汉语来说，尤其是就现代汉语来说，更不能说了，因为像带着词尾"儿"和"子"的名词（"门儿、刀子"），带着词尾"们"和"么"的代词（"他们、那么"），还能说它们只是词根吗③？

所谓分析的，是指依靠介词（前置词）、代名词、助动词等来表示语法关系。分析的反面是综合。综合语只依靠词的内部变化来表示语法关系，不需要介词、代名词、助动词等，例如拉丁语 ueni 等

---

① 编者注：此从文集本。教育本作"资产阶级语言学家对汉语的传统看法就不肯定汉语有这些特性"。文集本将"资产阶级"改为"西方"或"某些"，我们多从文集本，下不一一出注。

② 编者注：文集本下有"可以说是单音词占优势的一种语言"一句话。

③ 契科巴瓦教授在她的《语言学概论》里说"不变化的词好像词根"，并举汉语为例（183页）。我们认为这一段话是值得商榷的。参看《苏联大百科全书》第二十一册"汉语"条，那里的说法是和契科巴瓦教授的说法有出入的。

于汉语"我已经来了"，汉语用"我"字表示第一人身单数，用"已经"表示过去，而拉丁语是把"我"和"已经"的意思在 ueni 这一个词本身的变化中表现出来（词本身的变化叫做屈折，因此，综合语又称屈折语）。在汉语和拉丁语的对比中，我们显然见到汉语是分析的，拉丁语是综合的了。在这一种意义上说，西洋语言也逐渐朝着分析的方向走，特别是英语、法语等，例如拉丁语 ueni 译成英语是 I have come，译成法语是 je suis venu，还是用了代名词和助动词。在现代语言中，纯粹综合的语言是很少了，只是分析的程度不同罢了。再说，汉语也不是纯粹分析的。拿现代汉语来说，动词词尾"了"表示行为的完成，"着"表示行为的持续，也就是综合的例子。

　　说汉语是单音语、孤立语、分析语，其实不是三件事，而是一件事。从西洋语言的角度来看，汉语是缺乏屈折形式（即词的内部变化）的。屈折形式往往在一个词的最后一个音节发生变化，汉语的词既然被认为都是单音词，就不可能有屈折形式；既然没有屈折形式，就只剩下一个"词根"，而成为孤立语了；既然只剩一个"词根"，许多语法关系都无从表示，就非借助于代名词、介词、副词、助动词、语气词之类不可了。但是，如上文所说，事实证明了汉语并非单音语，也不是孤立语和纯粹分析语，资产阶级语言学家的判断显然是错误的了①。

　　资产阶级语言学家说汉语是单音语，实际上带着污蔑的意思。他们说单音语是低级的语言，屈折语是高级的语言。马尔的语言发展阶段论里，也把汉语归入"合成型"（等于说"孤立语"），算是现存语言中最低级的阶段②。其实每一种语言都有它的内部发展

---

① 编者注：汉语……的了，文集本作"这种说法是不全面的"。

② 参看安德烈也夫的《马尔的语言学说》大众书店版第 21 页，徐沫译。又龙果夫教授的《现代汉语语法研究》俄文本第 24 页引马尔的理论，分世界语言为三大类，低级是合成型，中级是接合型，高级是屈折型，又第 22 页引马尔派论汉语语汇语法的"原始性"。龙果夫教授对此加以驳斥。

规律;语言作为交际的工具,我们应该看它整个的社会作用,而不应该抓住语法构造的某一方面去衡量某一语言是高级或低级的语言。现代英语一天比一天单音化、孤立化、分析化了,英美某些语言学者如果再坚持单音语、孤立语或分析语就是低级语言的话,他们自己的语言也就非归入低级不可。于是西方语言学家如叶斯泊生等人又换了一个相反的说法①,他们拿英语作为衡量语言进步性的尺度,以为沿着分析方向前进的语言才是进步的语言。他们广泛利用这种虚妄的邪说来为自己的侵略政策辩护。我们对汉语的正确态度应该是:一方面坚决驳斥单音语是低级语言的荒谬理论,把爱国主义贯彻到语文教学中去;另一方面也要避免叶斯泊生一派的错误观点②,把分析语认为最进步的语言,因而贬低了综合语(如俄语)的地位。总之,我们要重视语言发展形式中的特性。共同的语言是民族的特征之一;汉语的特性就体现着汉族的特征。可见我们研究汉语的特性是一种非常重要的研究工作了。

第二节　汉语的亲属及其方言分类

我们说甲语言和乙语言有亲属关系,意思是说它们有共同的来源。斯大林指示我们说③:

> 其实不能否认语言的亲属关系,如各种斯拉夫民族语言的亲属关系是无疑地存在的;研究这些民族语言的亲属关系,是会使语言学在研究语言发展规律方面有很大益处的。

俄语、波兰语、捷克语、保加利亚语等,都属于斯拉夫语系,因此它们是有亲属关系的。汉语的亲属是哪一些语言呢? 就中国境内来说,少数民族的语言,许多是和汉语有亲属关系的,如苗语、瑶

---

① 叶斯泊生是丹麦人,但他的专门研究是英语。
② 编者注:此从文集本,教育本"错误观点"作"邪说"。
③ 斯大林《马克思主义与语言学问题》第 32 页,人民出版社。

语、壮语、黎语、傣语、藏语等。就中国境外来说，暹罗语、越南语、缅甸语等，也是和汉语有亲属关系的。这些语言所属的语言系族，西洋人把它叫做藏缅语系（以藏语、缅语为代表），或印支语系（由印度支那得名）。我们认为应该叫做汉藏语系，因为在这一个语系里，汉语是最主要的一种语言。

　　世界语言的系族略见下页的表①。

　　在这一个表中，我们应该注意的是汉语所在的位置。"世界语言"这四个字只表示世界上有这些语言，并不是说世界上所有语言都同出一源。因此，汉语的亲属语言只限于汉藏语系之内。

　　侗傣语族主要分布在广西、云南、贵州、海南岛等处，包括侗语、水语、莫语、壮语、布依语、傣语、黎语等。苗瑶语族主要分布在湘西山地、广西、贵州、云南和广东西部山地，包括苗语、瑶语等。藏缅语群就中国境内来说，主要分布在西藏、四川、青海、云南、贵州等处，包括藏语、景颇语（卡亲语）、茶山语、浪速语、纳苏语、撒尼语、阿细语、拿喜语（么些语）、民家语等。这些语言都是汉语的亲属。

　　现在谈到汉语方言的分类。汉语方言，应该分为多少类呢？由于方言调查工作没有完成，我们还不能确定。大致说来，可分为五大系。

（一）官话方言，即华北方言、下江方言、西南方言②

1. 冀鲁系　包括河北、山东及东北等处。
2. 晋陕系　包括山西、陕西、甘肃等处。
3. 豫鄂系　包括河南、湖北。
4. 湘赣系　包括湖南东部、江西西部。
5. 徽宁系　包括徽州、宁国等处。

---

① 参看伊凡诺夫《语言的谱系性分类与语言亲属的概念》第 20—53 页。又罗常培《国内少数民族的语言系属和文字情况》，《科学通报》二卷五期第 491—492 页。

② 这几种方言从前叫做官话。以下的叙述，为了简便，仍沿用旧称。

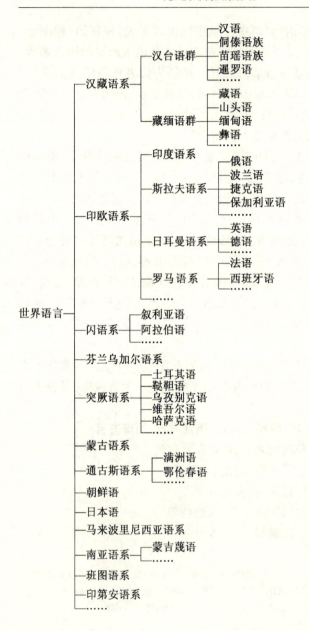

6.江淮系　包括扬州、南京、镇江、安庆、芜湖、九江等处。

7.川滇系　包括四川、云南、贵州、广西北部、湖南西部。

(二)吴语①

1.苏沪系　包括苏州、上海、无锡、昆山、常州等处②。

2.杭绍系　包括杭州、绍兴、湖州、嘉兴、余姚、宁波等处。

3.金衢系　包括金华、衢州、严州等处。

4.温台系　包括温州、台州、处州等处。

(三)闽语

1.闽海系　包括福州、古田等处。

2.厦漳系　包括厦门、漳州等处。

3.潮汕系　包括潮州、汕头等处。

4.琼崖系　包括琼州、文昌等处。

5.海外系　指华侨的闽语,在新加坡、暹罗、马来半岛等处。

(四)粤语

1.粤海系　包括番禺、南海、顺德、东莞、新会、中山等处。

2.台开系　包括台山、开平、恩平等处。

3.西江系　包括高要、罗定、云浮、郁南等处。

4.高雷系　包括高州、雷州等处。

5.钦廉系　包括钦州、廉州等处。

6.桂南系　包括梧州、容县、贵县、郁林、博白等处。

7.海外系　指华侨的粤语,在美洲、新加坡、越南、南洋群岛等处。

(五)客家话

1.嘉惠系　包括梅县、惠阳、大埔、兴宁、五华、蕉岭、丰顺、龙川、河源等处。

2.粤南系　散布台山、电白、化县等处。

---

① 这里的"吴语"是采用的一般叫法,严格地说,该叫"吴方言"。

② 编者注:文集本将杭绍系的"湖州、嘉兴"移至苏沪系。

3.粤北系　散布曲江、乳源、连县一带。

4.赣南系　在江西南部。

5.闽西系　散布福建西北一带。

6.广西系　散布广西东部、南部各县。

7.川湘系　散布四川、湖南等处。

8.海外系　指华侨的客家话,大部分在南洋、印尼。

上列五大系,其畛域颇为清楚[①];至于每系所分诸小系,则系初步调查的结果,还未能作为定论。

方言区域和政治区域不一定相当。河北、山东虽分两省,其方言可认为同属官话系;常熟与南通(城内)不但同属一省,而且仅隔一江,但其方言却分属吴语与官话两系。再说,为了迁徙的关系,两种不同的方言是可以同存在于一个小区域之内的,例如一县甚至一村之内,可以有两种不同的方言。客家话之在广西,大都散布各地,并不能独占一个区域,就是方言可以杂处的证据。

从表面上看,方言的区域是很难分的。假定有某字,其读音因地而异,如下表:

甲地　　　ka

乙地　　　ko

丙地　　　ga

丁地　　　go

若以声母而论,我们该认甲地与乙地为同系,丙地与丁地为同系;若以韵母而论,我们又该以甲、丙两地为同系,乙、丁两地为同系。这样,就语音方面划分汉语方言的区域,好像是做不到的。至于词汇、语法两方面,也有类似的难关。

那么,我们凭什么能把方言分类呢?要分语言为某某几系,必须先替每系下一个定义。依汉语情形而论,方言的分类最好以语

---

① 　但也有人以湘语独立为一系。

音为标准,因为语法的分别很微,而词汇的分别也不太大。我们如果在语音方面替某语系下一个定义,那么,凡合于这定义的就归此系,问题就解决了,例如吴语的定义该是:

1.有浊音[b'、d'、g'、v、z],与古代浊音系统大致相当;

2.无韵尾[-m、-p、-t、-k];

3.声调在六类以上,去声有两类。

像这样下了定义之后,当然也有少数方言是在交界线上的,例如江苏丹阳没有[b' 、d' 、g'],却合于吴语其余一切条件。这种方言我们只好叫它"准吴语"了。

第二章　语　　音

第一节　汉语与四呼

汉语每字只有一个音节，例如"良"字，译成拉丁字母该是liang。

仔细观察起来，"良"字第一个音素 l 是一个辅音，也叫做声母（在中国音韵学上，我们称这一类字的第一个音素为声母）。第二个音素 i 是一个半元音，严格地说起来，该写作[ɪ]或[j]。第三个音素 a 是"良"字的主要元音，换句话说，就是"良"字的主要骨干。第四个音素 ng（ng 只算一个音素，国际音标写作[ŋ]）是一个辅音，其实只念半个。从第二至第四音素，在中国音韵学上，我们称为韵母。

又如"高"字，译成拉丁字母该是 kau。仔细观察起来，第一个音素 k 是一个辅音，是声母；第二个音素 a 是主要元音；第三个音素是一个短弱的元音，可称为次要元音。

有一点应该特别注意：在一个汉字里，如果似乎有两个以上的元音，则其中必有该认为半元音，或次要元音的。次要元音与半元音都很短很弱，不能自成音节，必须附加于主要元音之前或之后才成音节，例如"表"字，译成拉丁字母该是 piau，我们必须把 i 与 u 念得很短很弱，然后"表"字只算包含一个音节，合乎一字一音的原则。如果把它们也念得像 a 音一样长和一样强，那么成为 pi-a-u，该说是一字三音,就不像汉语了。

为方便起见,我们把主要元音称为韵腹;韵腹前面的半元音称为韵头;韵腹后面的次要元音或辅音称为韵尾。有些字是韵头、韵腹、韵尾兼备的,例如刚才所举的"良"(liang)字,又如:

先 sian   宣 syan   酸 suan   飘 p'iau   姜 kiang

有些字是只有韵头、韵腹,而没有韵尾的,例如:

借 tsie   过 kuo   卦 kua   话 hua

有些字是只有韵腹、韵尾,而没有韵头的,例如:

高 kau   东 tung   根 ken   来 iai

有些字是只有韵腹而没有韵头、韵尾的,例如:

路 lu   基 ki   波 po   怕 p'a

汉语有了这种特性,于是中国音韵学上有"四呼"的说法。让我先介绍四呼的名称与清初音韵学家潘耒所下的定义:

开口呼   初出于喉,平舌舒唇;

齐齿呼   举舌对齿,声在舌腭之间;

合口呼   敛唇而蓄之,声在颐辅之间;

撮口呼   蹙唇而成声。

这种说法似乎很神秘难懂,其实,如果我们另换一种说法,就非常容易懂了:

开口呼   仅有韵腹[a][o][ə],或[a][o][ə]后面带有韵尾者;

齐齿呼   韵头或韵腹是[i];

合口呼   韵头或韵腹是[u];

撮口呼   韵头或韵腹是[y]。

四呼的学说仍有保存的价值,因为它是汉语一字一音的自然产品,拿它去说明汉语字音的演变与方音的异同,是很方便的。

就历史上看,有许多字是古属彼呼,今属此呼的,而各地方言的演化又各有不同,例如真、侵两韵,在古代是属于齐齿呼的,现代只有闽语与部分客家话能完全保存齐齿呼,在官话与吴语里就有一部分变入开口呼,粤语则完全变了开口呼。今用较严格的音标(即国际音标)列表举例:

韵部	真韵					侵韵				
例字	真	陈	身	新	亲	针	沈	深	心	今
中古音	tçiĕn	ɖʻiĕn	çiĕn	siĕn	tsʻiĕn	tçiəm	ɖʻiəm	çiəm	siəm	kiəm
闽语(福州)	tçiŋ	tiŋ	siŋ	siŋ	tçʻiŋ	tçiŋ	tiŋ	tçʻiŋ	siŋ	kiŋ
客家话(惠阳)	tʃin	tʃʻin	ʃin	sin	tsʻin	tʃim	tʃʻim	tʃʻim	sim	kim
官话(北京)	tʂən	tʂʻən	ʂən	çin	tçʻin	tʂən	tʂʻən	ʂən	çin	tçin
吴语(苏州)	tsən	zən	sən	sin	tsin	tsən	zən	sən	sin	tçiən
粤语(广州)	tʃɐn	tʃʻɐn	ʃɐn	ʃɐn	tʃʻɐn	tʃɐm	tʃʻɐm	ʃɐm	ʃɐm	kɐm

北方官话与吴语都具备四呼。客家话没有撮口呼,故实际上只有三呼。在西南官话、粤语与闽语当中,有些方言是具备四呼的,如四川、广州、福州;另有些方言是缺少撮口呼的,例如云南、贵州的大部分、广西南部与厦门。撮口呼必须有元音的[y](韵腹)或半元音的[y](韵头)。这[y]乃是[i]与[u]的混合音,舌的姿势像[i],唇的姿势像[u],并不是十分普通的音。俄语与英语里就没有它。德语虽有元音的[y],却也没有半元音的[y]。法语才是二者兼备的。单就有无撮口呼而论,我们可以说:北方官话、吴语、广州话、福州话类似法语;客家话、厦门话、广西南部和云南、贵州大部分的话类似俄语与英语。

在汉语里,所谓韵头的[i、u、y],不一定是真正的[i、u、y],有时候可以是[e、o、ø],例如"良"字,在某一些方言里可以念成

leang, 而我们仍旧觉得它是齐齿呼。为求语音系统的整齐, 也不妨认它为齐齿呼。其他合口、撮口, 亦可由此类推。

反过来说, 有些字首的半元音, 虽像韵头, 但其辅音性甚重, 亦可认为声母, 同时此字可认为属开口呼, 例如广州的"任"[jɐm]字, 其中的[j]可认为声母, 全字可认为属开口。

韵尾的[i]或[u]也不一定是真正的[i]或[u], 有时候可以是[e]或[o], 例如北京的"来"字, 唱起来往往是 lai, 在日常谈话里往往是 lae; "高"字唱起来往往是 kau, 在日常谈话里往往是 kao。

四呼与声母也有关系。就全国而论, 撮口呼是不在破裂音[p、p'、b、m、t、t'、d、ŋ]之后出现的。就北京而论, [tʂ、tʂ'、ʂ、ʐ、k、k'、ts、ts']之后没有齐撮, [tɕ、tɕ'、ɕ]之后没有开合。

四呼与韵母也有关系。有韵尾[i]或[y]的字往往没有齐撮呼, 有韵尾[u]的字往往没有合口呼。潘耒一派的人以为一音必有四呼, 只算是一种空谈。

第二节　汉语与四声

四声就是汉语字音里的四种调子。我们试看英文 in 字, 任凭你把它念成几种调子, 它的意义不会变更。汉语就不同了: 同是 in 音, 只因念起来调子不同, 就可以有"因""寅""引""印"的分别。但"因""寅""引""印"只是现代语的四声, 不是古人所谓四声。

依古代的说法, 四声各有其名称: 平声; 上声("上"字该读如"赏"); 去声; 入声。古代平、上、去、入的标准调子是怎样, 现在很难考定。至于现代各地的方言里, 四声的演变也各有不同。官话系多数没有入声(北京"利""力"无别, "时""实"无别), 其余各系方言则平、上、去、入都有。又因古代清浊音的影响, 往往使一个声调演化为两个声调, 例如官话的平声演化为阴平、阳平两种, 故虽失掉入声，仍存四声。客家话非但平声有两种，入声也分阴阳，共成六声。闽语非但平入有两种，连去声也有两种，共成七声。吴、粤往往能有七声或八声；其有八声者，就是平、上、去、入各分阴阳。广州入声分三种，因此共有九声。广西南部入声有分为四种者（例如博白），于是共有十声。

为方便起见，我们把阴平、阴上、阴去、阴入称为阴调类；阳平、阳上、阳去、阳入称为阳调类。阴调类大致与古代清音相当，阳调类大致与古代浊音相当（p、t、k、f、s 一类的音叫做清音，b、d、g、v、z、m、n、l 一类的音叫做浊音）。但是，所谓相当，并不是说现代的阴阳调类的分别就是清浊音的分别。固然，就吴语而论，阴调类同时就是清音，阳调类同时就是浊音；但若就官话、粤语、客家话而论，阳调类的字多数仍是清音，这因为浊音早已消失，我们只能从阳调类窥见古代浊音的系统而已。

就物理学上说，声调只是音高（pitch）的升降关系。请特别注意“升降”二字。汉语每字的声调虽是音的高低（不是强弱），但并不一定像歌谱上每字只配一个音符的样子。绝对音高固然用不着，相对音高也还不一定是汉语声调的主要特征。它的主要特征乃在乎其音高的升降状态。汉语的字调，很少是自始至终只在一个音符上头的。有时候，某一种字调颇像始终只在一个音符上头，例如北京的阴平声；但大多数的字调都需要两个以上的音符去表示它。当然，如果需要两个以上的音符，则每音符可以短到像十六分音符（或更短），例如：

　　　　北京的阴平（衣）　　　　　北京的去声（意）

北京的阴平是一个横调,因为它是自始至终横行,不升也不降的(大致如此)。横行是它的特征;念它配 $\dot{c}$(do)固然可以,念它配 b(si)也未尝不可,只要你念得不升不降,北京人听起来,就觉得是阴平声了。北京的去声是一个降调,因为它是从高音降至低音的。降是它的特征;从 $\dot{c}$(do)降至 e(mi)固然可以,从 a(la)降至 d(re)也未尝不可。降的起止点不拘,起点与止点间的距离也不拘。总之,中国各地汉语一切字调都可用"升、横、降、高、中、低"六个字去形容它们,例如北京的阴平可称为高横调,天津的阴平可称为中横调,广州的阳平可称为低横调,北京的去声可称为高降调,苏州的阴去可称为高降、低横又稍升调,等等。

关于声调的升降,上面五线谱还是不切当的。它从高音至低音,或从低音至高音,并不是跳过去,只是滑过去,是所谓滑音。譬如拉提琴,如果想要把北京"意"字的调子拉得很像,你的左手的指头不该先按 $\dot{c}$ 位再按 e 位,却该从 $\dot{c}$ 至 e 一直滑过去,以致介乎二者之间的一切音调都被你拉了出来。

有时候,单靠音的高低,也可以为声调的特征,例如北京的阴平与半上(在句中,上声往往只念一半)都是横调,不过阴平是高横调,半上是低横调。由此看来,它们的分别仅在高低。但是,这里所谓高低是相对的,不是绝对的。这好比唱歌或奏乐:任凭你把全部字调都换一个基调,听起来仍旧顺耳。又如女人的声音较高,男人的声音较低;女与女之间,或男与男之间,声音高低也不能一律。不要紧,你唱你的女高音,我唱我的女低音,张三唱他的男高音,李四唱他的男低音,大家都是对的。

中国各地声调的系统相差不算很远,因为都是从古代四声演化而来的,例如"天"字,全国都把它念入阴平。但是,阴平只是声调的一个名称,等于代数的 x;至于各地的阴平是怎样一个调子,却等于实际的数目。各地的阴平,念起来各不相同,好比你的 x=3,我的 x=4,他的 x=5。不要紧,大家都不错,例如北京的"天"字念成高横调,桂林的"天"字念成中横调,梅县的"天"字念成中升调,都不算错;因为北京把一切的阴平字都念成高横调,桂林把一切的阴平字都念成中横调,梅县把一切的阴平字都念成中升调,各有各的系统。

由此看来,我们不该说某地的人把某字误读某声(例如北京人说梅县人的"天"字误读阳平,或说重庆人的"寅"字误读上声)。我从前曾举过一个很浅的譬喻:譬如甲校一年级的级旗是黄的,二年级是红的,三年级是蓝的,四年级是绿的;乙校一年级的级旗是红的,二年级是黄的,三年级是白的,四年级是蓝的。乙校的学生看见甲校一年级的学生拿着黄旗,就说:"甲校奇怪极了,他们一年级的学生都用二年级的旗子!"这岂非类推的谬误?

各地的声调虽不能一律,但是,就普通说,阴调类往往较高,阳调类往往较低;吴语里这种情形更为明显。不过也不能一概而论,例如天津的阴平比阳平低,客家话的阴入比阳入低,都是与普通情形相反的。

四声当中,入声自成一类。平、上、去声都可以念得很长,只有入声是一种促音(湘语入声不促是例外)。吴语的入声是在元音之后来一个喉闭塞音(苏北官话之有入声者,亦同此类);粤语与客家话的入声是在元音之后来一个[-p][-t]或[-k];闽语(闽南话)兼吴、粤之长,入声共有四种收尾。依传统的说法,每音必有四声,例如"干(乾)、赶、干(幹)、葛"就是平、上、去、入相配的四个字。关于这点,平、上、去都没有问题,至于入声就不大妥当了。试以上海音而论,"干(乾)、赶、干(幹)"是[kø],"葛"是[kəʔ],并不相配。又试以广州音而论,"干(乾)、赶、干(幹)"是[kon],"葛"是[kot],也并不十分相配。可见入声是自成一个系统的,拿它来配其余三声,未免有几分勉强;不过,传统的说法如此,我们也不必翻案了。

声调有字调与语调之分：一个字单念时是这个调子，与别的字连念起来，可以变成另一个调子。单念是所谓字调，连念是所谓语调，例如在北京话里，"北"字单念是上声，"河北"的"北"字也念上声，这是语调与字调相符的；但"北京"的"北"字念半上（上声的一半），"北海"的"北"字却变了阳平。又如在苏州话里，"套"字单念是去声，"圈套"的"套"也念去声，但"套鞋"的"套"却变了阴平。凡语调与字调不符的，叫做变调。

在汉语里，声调比其他语音成分更为复杂，例如北京、天津的声母、韵母大致相像，而声调则不大相同。这大约因为声调仅是声音高低升降的关系，比声母、韵母更容易发生变化的缘故。

第三节　各地语音的异同

譬如你是一个北京人，念英文的 bin（箱）字，像北京话的"宾"，一个上海人听见了，就说你不对，并且说应该念像上海话的"贫"。其实大家都不对；因为大家都只念对了一半。单就声调而论，是北京人念对了，上海人念得太低。单就清浊音而论，是上海人念对了；bin 里的[b]本是浊音，北京人念了清音，单就吐气不吐气而论，却又是北京人念对了，bin 里的[b]本是不吐气的，上海人念了吐气音。

从这个例子看来，可见各地语音的歧异有时候是一般人所不能了解的。每一个人，当他学习别处的语音的时候，往往是不知不觉地拿他自己认为相同而其实不相同的语音，去冒充别人的语音。但是，当你自己认为已经念对了的时候，别人偏能辨别你是冒充；所以外国人用拉丁字母翻译北京"宾"字的音不是 bin 而是 pin，翻译上海"贫"字的音也不是 bin 而是 b'in。

这是中国人学外国语的例子。此外我还可以举出许多中国甲地的人学乙地的话的例子。广州人以为广州的"同"字等于上海的"同"字，其实有清浊音的分别。苏州人以为苏州的"梅"字等于北京的"梅"字,其实除了声调不同之外,音素也不全同:苏州的"梅"是[mɛ],北京的"梅"是[mei]。北京人以为北京的"死"字等于上海的"事"字,其实有清浊音的分别。广州人以为广州的"试"字等于北京的"事"字,其实广州的"试"字不卷舌,北京的"事"字卷舌。这种情形,也是骗不过本地人,甚至骗不过本地的小孩子。一个北京人到上海,把上海的"事"念像北京的"死",上海的小孩听了也会摇头。

中国方言的复杂,大家都晓得;但如果你肯仔细研究,就会觉得简单些。首先我们该注意:话学不好,有时因为词汇不对,有时因为声调不对,有时因为音素不对。譬如上海人初到北京,把"脸"叫做"面孔",纵使声音念得非常正确,仍不算是北京话。但这是词汇的不对,与语音毫无关系,我们在本节里,应该撇开不谈。至于成都的"慢"字,念起来不像北京的"慢",这是声调的不同;苏州的"先"(sie)字不像北京的"先"(ҫien),这是音素不同;梅县的"良"(liong)字不像北京的"良"(liang),这是声调、音素都不相同。声调或音素的异同,才是本节讨论的对象。

就最大的轮廓而论,各地的方音有下列几个异点:

(一)清浊音或阴阳调类的分别

霸罢	拜败	贝倍	报暴	半伴	变辩	布步	贩饭
粪愤	讽凤	富父	戴代	到道	斗豆	旦蛋	当°荡
凳邓	帝弟	钓调	订定	妒度	对队	断°段	顿°钝
冻洞	贵跪	耗号	汉汗	化话	记忌	救舅	建件
箭贱	进尽						

官话(大多数):完全不能分别。

吴语:清浊音及阴阳调类都能分别。

闽语:有些能分,有些不能分。

粤语:阴阳调类能分别,但一律念成清音,无浊音。

客家话:清浊音及阴阳调类都不能分别;但其声母为[p-、t-、k-]

者,则以吐气不吐气为分别(前字不吐气,后字吐气)。

(二)"知"类字与"资"类字的分别

　　知资　中宗　试四　迟词　初粗　衫三　痴雌　诗思
　　施斯

官话(一部分,例如北京):完全能分别。

吴语:不能分别。

闽语:往往不能分别。

粤语(除广州一带):大致能分别。

客家话:有些地方,除"初粗"一组外①,都能分别;另一些地方,则完全不能分别。

(三)"京"类字与"精"类字的分别②

　　京精　姜将　腔枪　香箱　继济　旧就　见箭　期齐
　　希西　献线　坚煎　件贱

官话(大多数):完全不能分别。

吴语、闽语、粤语、客家话:完全能分别。

(四)韵尾[-n、-ŋ]的分别

　　宾兵　贫平　民名　银迎　痕恒　邻陵　新星

官话(一部分,例如北京):完全能分别。

吴语:完全不能分别。

闽语:福州话不能分别,厦门话能分别。

粤语:完全能分别。

客家话:一部分在韵腹上能分别("民名、银迎")。

(五)韵尾[-m、-n]的分别

　　甘干　谦牵　担单　添天　庵安

---

① "初粗"一类的字,客家话不能分别,自有其语音史上的理由。因为语涉专门,此处只好不谈。

② 京剧界的人把"京"类字叫做团字,"精"类字叫做尖字。有些人把"知"类与"资"类也叫做尖团。

官话、吴语:完全不能分别。

闽语(闽南话)、粤语、客家话:完全能分别。

(六)入声韵与非入声韵的分别

毕闭	不布	迫破	僻譬	仆蒲	木暮	腹富	惕涕
突屠	托拖	拓唾	匿腻	诺懦	立吏	鹿路	律虑
割歌	各个	刮瓜	郭锅	渴可	哭枯	合何	划话
或祸	激基	稷际	接嗟	戚妻	乞起	泣气	缉砌
屈区	吸希	悉西	乌细	协鞋	泄泻	只支	陟至
嘱主	祝注	尺耻	斥翅	插叉	出初	触处	失师
拾时	式世	涉射	蜀暑	述树	作做	凿座	促醋
撮挫	撒洒	肃素	索锁	揖衣	乙椅	益意	翼异
鸭鸦	叶夜	屋乌	物务	挖蛙	握卧	玉御	域喻

官话:或完全无分别(如北京),或多数字仅在声调上有分别(如川滇系官话,入声往往混入阳平),或完全能分别(如江淮系官话)。

吴语、闽语、粤语、客家话:完全能分别。

(七)入声韵尾[-p、-t、-k]的分别

[-p、-t]	执质	蝶迭	帖铁	纳捺	蜡辣	笠栗	湿失
[-p、-k]	立力	及极	劫结	习席	歙隙	汁织	十食
[-t、-k]	毕壁	末莫	密觅	七戚	实蚀	室释	瑟塞

官话、吴语(大多数):完全不能分别。

闽语、粤语、客家话(大多数):完全能分别。

以上所述,对于各地语音的异同,可算是挂一漏万。但为篇幅所限,不能多加述说了。

由这些例子看来,可见我们学习某一地的方音是不容易的。固然,学习方音有一条捷径,就是类推法:假设我们的声母[ts-]等于他们的声母[tṣ-],或我们的韵母[-in]等于他们的韵母[-ian]等等,一推就知,这似乎是一件很容易的事。但是,事情决不会像这样简单的。实际上，往往有下列的两种复杂情形：

　　1.我们的[-in]与[-im]都等于他们的[-ian]；

　　2.我们的[ts-]有些等于他们的[tʂ-]，另有些仍等于他们的[ts-]。

　　如果我们遇着前一种情形（像广州人学北京的"言、严"二字），仍旧有办法：只把一切我们读[-in]或[-im]的字都改读为[-ian]就完了。但若我们遇着后一种情形（像上海人学北京的"知、资"二字），就麻烦了：到底哪一些字该念此音，又哪一些字该念彼音呢？关于这个，唯一办法就是先求知道古音系统。这不是一般人所能办到的，所以只好靠硬记之一法了。

第四节　古今语音的演变

　　汉语的方音虽然复杂，但若从古音系统追究下来，就觉得简单了许多。研究语音史之所以极有兴趣，正因为它是有系统的演变：某字既变为某音，则凡与此字同系的字都变为类似的音。我们既知道了某字在某时代、某地域读某音，就可以推知与此字同系的许多字，在同时代、同地域也都读同样的声母或韵母，恰像我们知道了某人姓李，同时就可以推知他的兄弟姊妹都姓李。字音的演变，又可以搬家为例：除非不搬，搬起来就全家搬到同一的地点。偶然剩下一二个人不搬，或搬到另一地点，那么，他们一定有特别的理由。在语音史里，这种特别理由是音韵学者所能说明的；如果有些地方不能说明，只能怪音韵学者研究得不够精深。

　　在本节里，我们只能举一个例子，来表示语音演变之一斑，例如古代的声母[k-]（注音符号ㄍ），在现代北京、上海、福州、广州、梅县五处的方言里，有表列的演变情形：

古代四呼	开口					合口		齐齿		撮口	
例字	可	开	看	肯	客	苦	阔	欠	轻	劝	去
中古语音	kʻâ	kʻâi	kʻân	kʻəŋ	kʻɐk	kʻuo	kʻuât	kʻjiɐm	kʻjiän	kʻjiwɐn	kʻjiwo
现代语音 北京	kʻə	kʻai	kʻan	kən	kʻə	kʻu	kʻuo	tɕʻian	tɕʻiŋ	tɕʻyan	tɕʻy
上海	kʻu	kʻê	kʻø	kʻəŋ	kʻa	kʻu	kʻuə	tɕʻɿ	tɕʻiŋ	tɕʻø	tɕʻy
福州	kʻɔ	kʻai	kʻaŋ	kʻeeŋ	kʻeek	kʻu	kʻuak	kʻieŋ	kʻiŋ	kʻuoŋ	kʻy
广州	ho	hoi	hon	hɐŋ	hak	fu	fut	him	hiŋ	hyn	høy
梅县	kʻo	kʻoi	kʻon	kʻɛn	kʻɛk	kʻu	kʻuat	kʻiam	kʻin	kʻian	kʻi

　　由上表看来,各地语音的演变都是很有条理的。福州与梅县完全保存着古代的[kʻ];北京、上海开合字念[kʻ],齐撮字变为[tɕʻ](注音符号く)。广州开、齐、撮字以念[h]为原则,合口字以念[f]为原则;"楷、亏、坤、旷、启、衾、窍、却、驱、缺"等少数字念[kʻ],是例外。但这些例外字在广州都可算是文言里的字,也许广州在文言里能多保存些古音,与吴语的情形相反。

　　古代念[kʻ]的齐撮字,为什么在北京、上海变了[tɕʻ]呢?[kʻ]是舌根与软腭接触的音,而所谓齐撮字都是韵头为[i]或[y]的,它们都是舌的前部翘向硬腭的音。我们可以想象,假定你念一个[kʻi],舌根翘起之后,马上得放下,让舌的前部再翘起,实在忙得很!于是声母[kʻ]渐渐倾向于变为与[i]或[y]部位相近的辅音,而适合于这条件的就是[tɕʻ],因为[tɕʻ]也是舌的前部翘向硬腭,不过比[i]或[y]的部位高些罢了。然而这只是一种可能的倾向,并不是一种必然的结果;所以福州与梅县都没有走到这条路上,广州又另找一条路走。

　　古代念[kʻ]的开齐撮字,为什么在广州大多数变为[h]呢?我们知道,[kʻ]是一种吐气的辅音;如果气吐得厉害些,就等于[kh]。

因此,我们想象广州的[kʻ]变[h],大约是经过下列的许多阶段:

  kʻ>kh>ᵏh>h。

先是气吐得很厉害(k>kh),后来[h]占优势,[k]变了附属品(kh>ᵏh)。最后,就索性摆脱了[k],变为简单的[h]了。

古代念[kʻ]的合口字,为什么在广州大多数变为[f]呢?我们应该假定:[kʻ]在未变[f]以前,先经过变[h]的许多阶段。等到变了[h]之后,才渐渐地受合口呼的影响而变为[f]音。合口呼的字,其韵头或韵腹是[u],这[u]是所谓圆唇的元音,发音时,嘴唇发生作用。[f]是所谓唇音,也是靠嘴唇作用的;[h]为圆唇元音所同化,就变为唇音[f]了。"空恐"(hung)、"哭曲"(huk)等字也属合口呼,却又为什么不变为fung、fuk呢?这因为它们的[u]念得不够圆唇的缘故。撮口字(例如"劝")的韵头[y]也是所谓圆唇元音,为什么它们的声母[h]不变为[f]呢?这也因为它们的[y]念得不够圆唇。

广州有些字更有趣:它们本属合口呼,声母由[h]变了[f],后来它们再变为开口呼,却仍旧保存着那个[f],例如"科、课、快"三个字,我们可以推测它们的演变程序如下:

  科课 kʻuâ>kʻuo>khuo>ᵏhuo>huo>fuo>fo。

  快   kʻuai>khuai>ᵏhuai>huai>fuai>fai。

一切语音演变的现象,大致都可用这种方式去解释。在语音学上,有所谓语音的定律,在许多语音规律当中,又有最重要的两种方式:同化作用;异化作用。同化作用如上面所述,[h]受[u]的同化而变为[f]。异化作用如广州的"凡、法"二字,其演变情形略如下表:

  凡 pjiwɐm>fjiwɐm>fɐm>fam>fan。

  法 pjiwɐp>fjiwɐp>fɐp>fap>fat。

依广州音的通例,"凡"字本该念[fam],"法"字本该念[fap](因为它们在古代是以[-m]或[-p]为韵尾的,这种韵尾都被广州音保存着,只有"凡、法"一类字是例外),为什么变了 fan 与 fat 呢?因为它们的声母[f-]是唇音,韵尾[-m]或[-p]也是唇音,念起来不十分顺口,所以把韵尾的唇音变为齿音[-n]或[-t],就顺口多了。但也只是可能的,不是必然的,在客家话里,"凡"字仍旧念 fam,"法"字仍旧念 fap,并不曾发生异化作用。

此外,有两种情形是不能拿语音规律来解释的:第一,是别处方音的影响,例如依北京音的通例,"贞"该念[tʂəŋ](音同"徵"),不该念[tʂən](音同"珍"),因为它在古代是以[-ŋ]为韵尾的,这种韵尾直到现代还由北京音保存着。它之所以由[-ŋ]变[-n],大约是受了南方官话的影响。又如依客家话的通例,"开"字的声母该是[kʻ],因为如上所述,古代的[kʻ]都由客家话保存着;但现在广西南部客家话的"开"字念[hoi],这显然是受了粤语的影响。尤其是官话,它在数百年来,凭借着政治的力量,扩张它的势力;大家以此为"正音",不知不觉地受其影响。首先受影响者当然是知识分子,故吴语、闽语里一字往往有两种音:一种是知识分子口里的读书音(或称文言音),也就是受官话影响以后的音;另一种是一般人口里的白话音,也就是未受官话影响的音,例如吴语"问"字的白话音是[mən],读书音是[vən]。

第二,是借用外语的词汇,这与上面第一种情形不同:第一种情形是甲地方言中本有此字,不过字音受乙地方言所影响罢了;第二种情形是甲地方言本无此字,有时用得着乙地的字,就索性连带着用乙地的音,例如"他"字在吴语里念 tʻa,不念 tʻo,因为吴语白话里用不着"他"字,偶然在书报上看见,就索性用官话念它。又如"咖啡"的"咖"字,依北京语的原则,该念 tçia,不该念 ka,然而因为它们是英语 coffee 或法语 café 的译音,所以北京人渐倾向于把"咖"字念成 ka。

从汉语史上看来,各地汉语方音同出一源,似乎无所谓正音,更无所谓进步的方言和落后的方言。但是,斯大林指出:"当然,除了语言之外还有方言、土语,但是部落或部族统一的和共同的语言是占着统治地位,并使这些方言、土语服从自己。"①又说:"某些地方方言在民族形成过程中可以成为民族语言底基础并发展为独立的民族语言。"②斯大林并且引马克思的话来说明:"方言集中为统一的民族语言是由经济和政治的集中来决定的。"③由此看来,各地方言的地位是不同的。北京长期成为政治、文化、经济的中心,北京方言已成为民族语言的基础。为了进一步增强民族语言的统一性,就有促进语言规范化的必要。规范化的工作,主要是标准音的工作。汉语规范化运动正在展开,这一工作如果做得好,各地方音的距离将会愈来愈小的。

① 斯大林《马克思主义与语言学问题》第 10 页,人民出版社。
② 斯大林《马克思主义与语言学问题》第 43—44 页,人民出版社。
③ 斯大林《马克思主义与语言学问题》第 42 页,人民出版社。

第三章 语 法

第一节 词在句中的位置

依18世纪法国语言学家波塞(Beauzée)的说法,词在句中是应该有合理的位置的,例如我们只应该说 Alexander vicit Darium("亚历山大战胜大流士"——拉丁文),主格在前,宾格在后,动词表示主宾的关系,所以它的位置必须在主格和宾格的中间。如果你说 Darium vicit Alexander,就是违反自然,等于画家把树根画在上头,枝叶画在下面。如果你说 Darium Alexander vicit,更为不妥,因为主格和宾格之间失了联系了①。

这显然是一种主观的谬论。语言是思想的反映,词的次序该是和概念的次序相当的,拉丁语既然有 Darium vicit Alexander 和 Darium Alexander vicit 的说法,就可以证明这种次序并没有什么不合理的地方。拉丁语有名词词尾变化,固然可以有此次序(主宾格词尾有定,位置就可以随便了),即以没有名词词尾变化的语言而论,也未尝不可以有此次序。彝语是和汉语一样地被称为孤立语的,但是,在彝语里,名词宾格却正是放在动词的前面的,例如撒尼语(彝语的一支)把"他拿小鱼喂猫"说成[kʻiŋa za vi mæ næ la tṣa],直译应该是"他鱼小拿猫喂(mæ næ 是猫,tṣa 是喂,la 是助

---

① 参看 H.Weil,de I'Ordre des Mots.p.13。

词)①。我们没有什么理由说撒尼语这种次序不合理。我们不能武断某一种次序为唯一合理的语言形式。

不但名词、动词的次序没有一定,形容词、副词的次序也是没有一定的。形容词固然可以放在它所形容的名词前面,例如英语 a white horse("一匹白马"),但也可以放在它所形容的名词后面,如法语 un cheval blanc("一匹白马",直译则是"一匹马白"),又如上文所举撒尼语("小鱼"说成"鱼小")。副词固然可以放在它所修饰的动词前面,如汉语"慢慢地走",但也可以放在它所修饰的动词后面,如英语 to go slowly。

但是,语言的词序虽无所谓合理不合理,至于具体语言本身的词序,在某些情况下,却是须要固定的。大凡缺乏某一类的词尾变化或附加成分,就需要词序的固定作为抵偿,例如英语缺乏名词的词尾变化,就只能说 Alexander vanquished Darius,不能再说 Darius vanquished Alexander,否则意义恰恰弄成相反了。

大家知道,汉语没有西洋语言表示名词变格、动词变位的那一类语尾变化,所以词在句中的位置,自然该比屈折语更为固定。大致说来,句子的构成,可以有下列的十条规律:

(一)**主语放在动词的前面,宾语放在动词的后面。**——如"他来了"不能说成"来他了","他吃饭"不能说成"饭吃他"。我们知道,俄语因有名词变位,主语和宾语的次序可以不固定。平常虽然是主动宾的次序,例如 Доктор ван лечит ero("王医生医治他"),但为了特殊的需要(譬如答复"谁医治他"这个问题),也可以变为宾动主的次序,例如 Ero лечит доктор ван(逐字翻译变成了"他医治王医生")。汉语不可能这样做。有些语言虽有固定的词序,但是次序和汉语恰恰相反,例如"反对战争",在日本语和彝语里都应该是"战争反对"(动词在宾语的后面)。在这里我们应该知道,词的次序

---

① 参看马学良《撒尼彝语研究》第 121 页。

并没有什么一定不易之理，而是按照具体语言的内部规律来决定的。

在特殊的情况下，主语也可以放在动词的后面，如："多漂亮啊，这个小孩儿！""这个小孩儿"应该认为倒装的主语。

不过应该注意"倒装"的看法。凡在同一时代的同一语言里，和经常的词序相反的造句法，叫做倒装。对于不同的语言，可以有不同的看法，例如我们对于日本语把"反对战争"说成"战争反对"，不该认为倒装，反该认为顺装。同理，对于不同的时代也可以有不同的看法，例如上古汉语里否定句，代词宾语放在动词的前面（"不我欺、不己知"等），那是上古经常的词序，就不该认为倒装，否则是缺乏历史观念了。

（二）领位放在其所限制的名词的前面。——如"中国的人民"和"人民的中国"意义的不同，完全是由词序来决定的。在"中国的人民"里，"中国"处于领位，表示"人民"是属于中国的，不是属于别国的；在"人民的中国"里，"人民"处于领位，表示中国是属于人民的，不是属于反动分子的。

（三）形容词放在其所修饰的名词的前面。——例如"大国、好天气、英勇的解放军"。试比较"国大、天气好、解放军英勇"，就可以看出，形容词用作修饰语只能在前，在后就变了谓语了。词序的作用在汉语里是非常重要的。

在这一点上，汉语和其他汉藏语系的语言是不同的。就中国境内来说，藏语、彝语、苗语、壮语等，一般说都把形容词放在名词的后面（领位也往往放在其所限制的名词的后面，但不那么普遍）；就中国境外来说，越南语、暹罗语等也是这样的。

（四）副词、用作状语的形容词或仿语①，放在其所修饰的动词、形容词或另一副词的前面。——

1.被修饰的是动词，如"快走、静坐、充分利用、全面发展、明确

---

① 动词或形容词的修饰语叫做状语。从句法上说，副词本身也是状语。

规定、好好地学习"等。

2.被修饰的是形容词,如"不小、很好、大红、浅蓝、非常美丽"等。

3.被修饰的是另一副词,如"不很大、绝不悲观"等。

某些副词可以放在其所修饰的形容词的后面,例如"大极了、好极了";甚至有些副词只能放在其所修饰的形容词的后面,例如"大些、好些"。但这一类的副词是很有限的。

用作状语的形容词或仂语,如果变更了位置,不是放在其所修饰的动词之前,而是放在那动词之后,那么它就不再起修饰语的作用,而是起一种更重要的作用——谓语的作用。在这种情况之下,必须加上一个"得"字,如"走得快、利用得充分、规定得明确"等。汉语在这些地方更显示出词序的重要性,因为当我们把用作状语的形容词或仂语移到突出的地位去了之后,它们在句中的职能也就发生变化了,它们不再用作状语了,而是起着比状语更大的作用了。

另有一种结构和上述的结构相近似,就是极度的描写语,如"跑得他喘不过气来、打得美国侵略军只恨爹娘少生两条腿"等。上述结构和这种结构不同之点是:上述结构"得"字后面不能有主语,而这种结构"得"字后面能有主语。从意义上说,前者表示一种状况,后者表示一种后果。

(五)处所状语,一般放在其所修饰的动词的前面。——例如"苏联在古比雪夫建造水电站、美国在亚洲和欧洲许多国家境内建立军事基地、他在家吃饭、我在图书馆看书"。

但是,如果要表示动作的方向,处所状语就放在动词的后面。如果这动作是由上向下的,处所状语通常放在动词后面,例如"扔在地上、掉在水里"。如果这动作是由甲方到乙方的,一般也可以把处所状语放在动词后面,如"走向光明",但是放在前面也是可以的,如"向光明的大道前进"。

有时候,是残留的古代语法和现代一般口语发生差别,例如

"来自广州"是古代语法的残留,处所状语放在动词后面;但是现代一般口语只说"从广州来",处所状语是在前面的。

（六）方式状语,一般也是放在其所修饰的动词前面。——例如"用马克思列宁主义武装头脑、拿共产主义道德来教育青年"。

有时候,也是残留的古代语法和现代一般口语发生差别,例如"责以大义",方式状语在动词后面,这是古代语法的残留。

（七）时间状语,一般也是放在其所修饰的动词前面。——如"他今天到城里去",甚至放在句子的开头,如"今天他到城里去"。但是,如果是指某段时间,而动词后面又没有宾语,就往往放在动词后面,例如"他病了三天"。如果动词后面有宾语,就有两个办法:（甲）把动词重复一次,例如"他念书念了三年"[①];（乙）把动词修饰语（状语）改为名词修饰语（定语）,例如"他念了三年的书"或"他念了三年书"。

（八）在处置式里,宾语被提到动词的前面。——在现代汉语里,用"把"字或"将"字把宾语提到动词的前面,叫做处置式,因为这种形式在大多数情况下是表示对于某人或某物加以处理,例如"一定要把淮河修好"。

（九）在被动式里,承受行为的人或物处于主语的地位,它的词序是:被动者—"被"—主动者—行为。——例如"美国侵略部队被朝鲜人民军和中国人民志愿军打败了"。

（十）在复合句中,从属句放在主要句的前面。——例如"帝国主义虽凶,它只是一只纸老虎""如果敌人敢来侵略,我们一定要把他们打得头破血流"。

大致说来,汉语的次序是非常固定的。因为非常固定,所以词性往往由词序表示出来,用不着像西洋语言用后加成分来表示词性,用屈折作用来表示格、式,例如我们知道形容词一定放在其所

---

① 　当然也可以说"他念书三年",古代语法就是这样的,但现代汉语里少用了。

形容的名词前面，那么，"菊花黄"里面的"黄"绝不会是简单的形容词，而是形容词被用为谓语了。又如我们知道从属句一定放在主要句的前面，那么，许多连词都可以省略了。我们用不着说"如果你不去，我也不去"，只须说"你不去，我也不去"就行了。

语法，本来是包括口头语言和书面语言的。但是，就一般说，口头语言的词序要灵活得多。例如下面的两种说法，在北京人嘴里是常说的，然而在北京人的笔下还是不大看见的：

他们没来呢还。（等于说"他们还没来呢"。）
我们老了都。（等于说"我们都老了"。）

又如下面的两种说法，在苏州人嘴里是常说的，但也没有人把它们写在纸上：

俚笃来哉刚刚。（刚才他们来了。）
俚笃来哉财。（他们全都来了。）

上文说过，词的次序应该是和概念的次序相当的。说话人说完了"俚笃来哉"四个字之后，脑子里才来了"刚刚"这一个概念，就把它补在后面。补的次数多了，渐渐成了习惯，像北京的两种说法就不再令人感觉得是"追加"的了。但是，当人们写文章的时候，还是依照固定的位置。这样做是对的，因为语言应该规范化，特别是书面语言应该如此。

第二节　词是怎样构成的

汉语的词可以分为两类：非派生词；派生词。所谓派生词，是由别的词形成的词，好像是别的词生出来的支派。所谓非派生词，它们不是由别的词形成的，而是独立地被创造出来的，例如"天"字，它是非派生词，因为人们并没有依靠别的词来创造这"天"字。像"天下"就是派生词，因为它是依靠"天"和"下"这两个词来形成的。

非派生词一般总是单音节的①。它们大部分都是从上古汉语中继承下来的，例如"人、手、水、火、天、地"等，许多是有几千几万年的历史的了。这一类的词表示人们生活中的重要概念，它们在现代汉语中广泛地使用着，大量派生词都是由它们生出来的。它们在口语中，特别在日常生活的口语中，占着重要的地位。

非派生词大部分属于基本词汇，并且占基本词汇的极大部分。什么是基本词汇呢？斯大林说②：

> 大家知道，语言中所有的词构成为所谓语言的词汇③。语言的词汇中的主要东西就是基本词汇，其中包括所有的根词④，成为基本词汇的核心。基本词汇是比语言的词汇窄小得多的，可是它的生命却长久得多，它在千百年的长时期中生存着并给语言构成新词的基础。

基本词汇是在千百年的长时期中生存着并给语言构成新词的基础的，因此，所谓派生词，极大部分就是从基本词汇的基础上产生的。

派生词的形成，主要有两种方式：（1）利用仂语的形式；（2）利用同义词的并列。

关于第一种方式可以拿"天下"做例子。"天下"的原始意义是"天底下"，本来是一个仂语。《诗经·小雅·北山》："溥天之下。"可见最初的时候，"天"和"下"是可以分开来讲的，因为它是用两个

---

① 参看苏联伊三克等所著的《华语课本》的序文，《中国语文》1954 年 11 月号有译文（第 29 页）。本节参考此书的地方颇多。

② 斯大林《马克思主义与语言学问题》第 21 页，人民出版社。

③ 语言中所有一切词的总和才叫做词汇，因此每一语言只有一个词汇。词汇和词是有分别的，有人误认为同一的东西。"基本词汇"这个译名也不很恰当，近来已经有人改译为"基本词库"（见周嘉桂所译契科巴娃的《语言学概论》）。

④ 根词指最单纯最原始最基本的词，特别是名词和动词的词根，乃是创造新词的原料。汉语里的非派生词极大多数是名副其实的根词。

词表示的;后来"天下"渐渐发展为一个整体,"天下"表示整个领土,甚至表示整个世界。《孟子·离娄上》:"尧舜之道,不以仁政,不能平治天下。"那时"天下"已经不是两个词,而是一个双音词了。这个名词一直沿用下来,甚至拿来代表全体人民,例如范仲淹《岳阳楼记》说:"先天下之忧而忧,后天下之乐而乐。"这是古代的例子。至于现代,我们可以举"火车"为例。最初的时候,人们看见这种车要靠着生火才能开动,所以叫做"火车"。当人们说"火车"的时候,如果脑子里还清楚地存在着火的概念,那么,"火车"这个新词还不算完全形成。等到人们说"火车"就感觉得这是一个不可分割的整体,脑子里不再有火的概念,也就是不再唤起火的印象,"火车"就是"火车",那么,这个新词就不再是仿语了。"天、下、火、车",都是非派生词;"天下"和"火车"都是派生词,前者是古代派生词;后者是现代派生词。这一类派生词非常重要。斯大林说:"工业和农业的不断发展,商业和运输业的不断发展,技术和科学的不断发展,就要求语言用工作需要的新的词和新的语来充实它的词汇。"而①随着社会发展的需要而产生的新词,极大多数也就是以旧词为基础的派生词,它们的最初形式是仿语,然后由仿语发展为单词。下面的例子可见一斑:

火车　汽车　轮船　铁路　飞机　机器　电话　电报
报纸　杂志　火柴　肥皂　电影　话剧　汽油

关于第二种方式,可以拿"讨论"为例。"讨"是寻究的意思,"论"是评议的意思。可能在最初的时候,确曾有先寻究后评议的意思,但是很快就发展为一个整体,是共同评议是非得失的意思,这个意义一直沿用到现在。从"讨论"这一个例子上可以看见,所谓利用同义词的并列,并不一定是完全同样的意义,寻究和评议的意思只是相近,不是相同。再举一个现代的例子,就是"思想"。

① 　编者注:"这一类……而"文集本删。

"思"和"想"本来是独立应用的,并且都是动词,现在把它们联合起来,变了名词了①。"思想"是派生词,它是从非派生词"思"和"想"联结而成的。利用同义词的并列,现代汉语里有大量的复音词被形成了,这些复音词都是派生词,例如:

制度	基础	时期	状态	任务	行为	范围	氏族
阶级	资产	形式	社会	经济	差别	基本	完全
错误	特殊	正确	敌对	密切	经常	丰富	粗暴
和平	建筑	结构	产生	消灭	破坏	发展	改革
创造	满足	代替	需要	集合	停止	危害	排挤
崩溃	指导	扩充	占领	侵略	按照	根据	

派生词的形成,除了上述的两种方式之外,还有一些比较特殊的方式。现在拣两种比较常见的来说:

第一种是并合法。并合法是一种吞并作用。本来是拆得开的两个词,由于它们常常连在一起,某一词的意义渐占优势,另一词的意义渐渐被侵蚀了,于是变为表示单一意义的复音词。在古代汉语里,例如"国家",上古"国"指诸侯的领土,"家"指卿大夫的领土,所以《孟子》说(《离娄》):"人有恒言,皆曰天下国家。天下之本在国,国之本在家。"后代政治制度改变了,不再有诸侯卿大夫的分别,于是"国"和"家"的分别也不存在了。"国家"变了复音词,等于说"国"。在这里,"家"字的意义被"国"字吞并了。在现代汉语里,例如"妻子"和"兄弟"。《孟子》说(《梁惠王》):"父子不相见,兄弟妻子离散。"这里"兄"和"弟","妻"和"子",显然是四种亲属关系。后来"妻子"在普通话里变了只有"妻"的意思,"兄弟"在普通话里变了只有"弟"的意思(粤语的"两兄弟"在普通话里该说成"弟兄俩")。现代北京话"窗户"当"窗"字讲,也是一种并合法。

---

① "思"和"想"在历史上也曾作名词用过,但当"思想"这个复音词形成时,"思"和"想"早已不用为名词了。"思想"这个复音词在历史上也曾用作动词(旧戏里唱的"思想起来"),但现在已经不那样用了。

此外如普通话的"眼睛"只表示"眼"，苏沪一带"头颈"只表示"颈"（脖子），诸如此类，例子还有不少。不但名词可以并合，形容词和动词也可以并合，例如普通话"干净"，只有"净"的意思，没有"干"的意思（"这杯水是干净的"）；北京话"勤快"，只有"勤"的意思，没有"快"的意思（"他做事情很勤快，只是嫌他太慢了些"）；苏沪一带"勤俭"也只有"勤"的意思，没有"俭"的意思（"伊倒是蛮勤俭格，可惜浪费仔点"）。以上是形容词的例子。动词并合的往往是对立语（反义词），例如"睡觉"，本来"睡"是睡着，"觉"是觉醒，现在"睡觉"只有"睡"的意思了。又如"忘记"，本来"忘"是忘掉，"记"是记住，现在"忘记"只有"忘"的意思了①。此外又如"相信、可怜"之类，"相"字本来是代词，"相信"本来是互相信任的意思，后来"相信"变了复音词，只剩"信"的意思了（"他不相信我"）。"可怜"本来是值得怜悯的意思，现在我们说"他很可怜"，还是这个意思；但当我们说"我可怜他"的时候，就只剩"怜"的意思了。

　　第二种是化合法。化合和并合不同：并合是某一词的意义吞并了另一词的意义；化合是原来两个词的意思都保持着（或原意还看得出来），只是溶化为一体，不再能被别的词隔开。在日常口语里，有"请教、请示、得罪"等。"请教"是请求指教的意思，但习惯上只说"请教他"，不说"请他教"。"请示"是"请求指示"的意思，但习惯上只说"请示上级"，不说"请上级示"。"得罪"的现行意义离开原来的意义较远。原来是犯罪的意思，现在只当"冒犯"讲，但是我们不能认为"得"字吞并了"罪"字的意义，因为单靠"得"字生不出冒犯的意思来。在新词当中也有利用化合法的，例如"登陆"和"评价"。它们本来都是两个词构成的仂语，但是，在"登陆海南岛"和"评价《红楼梦》"这一类的例子当中，它们已经变了复音词，因为如果不变为一个整体，就应该说成"登海南岛的陆"和"评《红楼

---

① 　但是，在北京话里，一般只说"忘"，不说"忘记"。

梦》的价"了。还有一种构词法也可以算进化合的一类,就是反义词结合成为一个整体,例如"大小"表示大的程度("珍珠有莲子大小"),"粗细"表示粗的程度("那蛇有碗口粗细");此外还有"反正"("反正他不来了")、"上下"("五十岁上下")、"来往"("三丈来往")等。有些反义化合的名词和形容词,由于历史久远,人们已经不感觉到它们是化合的了,例如"东西"("进城买东西")分明是"东"和"西"合成的,但是我们已经很难考证为什么用"东"和"西"来代表物的概念了。又如"利害"("他很利害"),本来是"利"和"害"合成的,但是由于语源已经不为一般人所了解,后来就被改写为"厉害"了。

为篇幅所限,我们不可能把汉语构词法谈得很全面。有一点非常重要:就是在汉语词汇中,派生词占极大多数,这也就是说,复音词占极大多数。这就可以证明汉语绝对不是单音语。

第三节　各地语法的异同

如果拿语音、语法、词汇三者比较,各地语音、词汇的差别很大,而语法的差别很小。就语言的历史而论,语音和一般词汇易变,基本词汇变化较慢,语法变化最慢。中国各地的汉语方言该是同源的,我们认为它们的语音、词汇在原始一定相同。后来因为语音、词汇易变,它们分道扬镳,就弄成现在相当复杂的样子。语法变得最慢,所以各地的语法都离开原始出发点不很远,同时,它们相互间的距离也不很远。各地的人说话互相不懂,首先是词汇作梗,其次是语音妨碍,与语法的差别无关;因为语法的差别实在太小了。

但是,差别大小,只是相对的说法;如果我们仔细观察,各地的语法并不完全相同。当你依照北京语法去说广州话的时候,广州人虽能完全懂得,但他们仍旧觉得你不够广州话的味道,就因为你没有遵用广州的语法。

要知道各地语法的异同,首先该把词汇与语法的界限分别清楚,例如北京人说:今天下雨。

苏州人说:今朝落雨。

广州人说:今日落雨。

这只是语音、词汇上的不同,在语法上则毫无分别。语音上不同,不必解说,大家都可以明白;词汇上的差别,如北京说"今天",苏州说"今朝",广州说"今日",又如北京说"下雨",广州、苏州说"落雨"。然而语法上并没有什么不同,因三处方言都是把"今天"放在第一,谓词放在第二,宾语放在第三。像这一种的句子,非但三处方言如此,全国汉语方言也莫不如此。在此情形之下,我们可以说全国汉语方言有其共同的语法。

至于要看各地语法的异点,我们可以定下两个标准:

1.词的位置不同;

2.虚词的用法不同。

以词的位置为标准者,又可细分为下列诸类:

1.谓词的位置

官话、吴语(大部分):到南京去。

闽语、粤语、客家话:去南京。

2.副词的位置

(1)数量的限制:

官话、吴语:多买几本书。

闽语、粤语、客家话:买多几本书。

(2)方式的限制:

官话:快到杭州了。

吴语:杭州到快哉。

3.介词的位置

官话、吴语:猫比狗小。

粤语:猫细过狗。

客家话:猫比狗过细。

4.动词语尾的位置

官话:买得到许多东西。

吴语:买得着交关物事。(与官话语法同)

客家话:买得许多东西倒。

5.间接宾语的位置

官话:给你钱。

吴语:拨侬铜钿。　　　}(间接宾语在直接宾语之前)

粤语:畀钱你。

客家话:剥钱你①。　　}(间接宾语在直接宾语之后)

以虚词的用法为标准者,又可细分为三类:

1.虚词的数量相等,但用途有广狭之分,例如:

北京的"了"=苏州的 { 1."哉"
2."仔"
3."格"

北京:"他去了。"=苏州:"俚去哉。"

北京:"等他去了再说。"=苏州:"等俚去仔再说。"

北京:"我看见他了。"=苏州:{ "我看见俚格。"(I saw him.)
"我看见俚哉。"②(I have seen him.)

2.虚词的数量不相等,因而甲地的语法不如乙地语法之细,例如:

北京人说:"他们早已走了。"

苏州人说:"俚笃老早去个哉。"

苏州单说"个"是表示过去,单说"哉"是表示完事,"个、哉"连着说是加重完事的语气。北京对于加重完事的语气,没有特别的说法,仍只用一个"了"字。

3.乙地的虚词用法为甲地所无

―――――――――――――

① 剥,客家念 pun,给也。

② 或"我看见仔俚哉"。

(1) { 北京："我站在他旁边说。"
　　　苏州："我立拉俚旁边哆说。"

(2) { 北京："他就张开眼睛坐起来。"
　　　苏州："俚就张开眼睛哆坐起来。"

苏州的"哆"，北京无词可与它相等，只有文言里的"而"字与它颇相仿佛〔"（彼）立其旁而言、（彼）张目而起坐"〕。

上述的两个标准还不能概括各地语法的异同。譬如说助动词用法的差别，就在那两个标准之外。我们试看：

1. { 北京人说："他没有说什么"或"他没说什么"。
　　　上海人说："伊呒末话啥。"
　　　广州人说："佢冇讲乜野。"①

2. { 苏州人说："俚嬒说啥。"②
　　　梅县人说："渠冇讲乜介。"③
　　　博白（广西南部）人说："其冇曾讲么个。"

北京、上海、广州是一派，它们都借动词为助动词（像英文借verb "to have" 为 auxiliary）；苏州、梅县、博白是另一派，它们都不用助动词而用副词（等于文言的"未"或"未尝"）。由这一种情形看来，我们还可以知道一件事，就是同系的方言也可以有不相同的语法（如上海与苏州，广州与博白），不同系的方言也可以有相同的语法（如北京与上海，苏州与梅县）。

有时候，语法的分别，与词汇的分别同时存在，例如上海的"呒末"等于文言的"无"与"未"，也等于苏州的"呒不"与"嬒"；于是我们注意到上海"呒末"一词的语法用途较广，同时它的意义范围也较广。在这情形之下，语法、词汇二者都有分别，我们是不应该只看见一方面的。

---

① 冇，广州念 mou。乜，广州念 mat。
② 嬒，苏州念 fən，"不曾"也。
③ 冇，客家念 mang，"不曾"也。乜介，客家念 mat-kai，等于北京的"什么"。

第四节　古今语法的演变①

所谓古语法与今语法，就是普通所谓文言文的语法与白话文的语法。把汉语语法分为古今两大类，在表面上看来似乎不通，因为至少该按时代分为若干期，成为语法史的研究。但是，"五四"时代的白话文运动是一次伟大的运动，它摧毁了封建统治阶级所支持的过了时的文言文。我们如果从这两种文体去窥测语法史的简单轮廓，一定较易见功。本节为篇幅所限，只能专就代词讨论，更是轮廓之轮廓了。

第一，我们注意到代词的人称与格。在上古汉语里，代词的第一人称与第二人称为一类，第三人称自为一类。上古代词第三人称没有主格，与第一人称之有主格者大不相同，例如：

白话的"我从卫国回鲁国"可译为文言的"吾自卫反鲁"；

白话的"你到那里去？"可译为文言的："女何之？"

但白话的"他是你的朋友"不可译为文言的"其为尔友"。

固然，我们不曾忘了代词"彼"字可以用于主格；但我们须知，"彼"字本为指示代词，与"此"字相对待。在古书中，"彼"字虽偶然借用为人称代词，但仍有彼此比较之意，例如：

彼丈夫也，我丈夫也，吾何畏彼哉？（《孟子·滕文公上》）

彼夺其民时。（《孟子·梁惠王上》）

彼陷溺其民。（同上）

充其量，我们只能承认"彼"字是指示性很重的人称代词，其词性与"其、之"二字不能相提并论。我们再看有些"其"字似乎可为主格：

其为人也孝弟。（《论语·学而》）

其行己也恭，其事上也敬，其养民也惠，其使民也义。（《论

---

① 本节大致采自拙著《中国文法学初探》。

语·公冶长》)

王若隐其无罪而就死地。(《孟子·梁惠王上》)

然而这些"其"字在实际上也有领格的性质;"其"字后的动词与其附加语都可认为带名词性。因此"其"字与其动词合起来只能算一个主格(如第一、二例)或一个宾格(如第三例);如果这主格之后不加叙述或说明,这宾格之前不加动词,就不能成为完整的一句话。假使我们简单地说"其无罪而就死地",就等于有宾格而没有主要动词。在白话里,"他没有罪而被杀"是合于语法的;在文言里,若说"其无罪而就死地",就不通了。

在古文里,普通的句子既不用主格的第三人称代词,那么,主要动词的主格只能靠名词的复说,否则惟有把它省略了。

名词复说的如下诸例:

齐侯欲以文姜妻郑太子忽,太子忽辞。(《左传·桓六》)

且私许复曹卫。曹卫告绝於楚。(《左传·僖二十八》)

非神败令尹,令尹其不勤民,实自败也。(同上)

臾骈之人欲尽杀贾氏以报焉。臾骈曰:"不可。"(《左传·文六》)

人称代词省略的如下诸例:

公谓公孙枝曰:"夷吾其定乎?"对曰:"臣闻之,唯则定国。"(《左传·僖九》)

夫人以告,遂使收之。(《左传·宣四》)

郤子至,请伐齐,晋侯不许;请以其私属,又不许。(《左传·宣十七》)

射其左,越于车下;射其右,毙于车中。(《左传·成二》)

这一类的省略法,不能拿来与下面的例子相比:

孟之反不伐。奔而殿,将入门,策其马,曰:"非敢后也,马不

进也。"(《论语·雍也》)

因为"奔、入、策、曰"四种动作的主格都是孟之反,所以省去了代词之后仍可借上句的主格为主格。至若"射其左"等句,"射"与"越"的主格并不相同,似乎主格的代词必不可省。

然而我们试想:假使我们不改变这句的动词的性质与位置,有什么法子可以使句子更完善些呢?如果把主格的名词完全补出,未免太罗唆了。如果把主格的代词补出,写成:

彼射其左,彼越于车下;彼射其右,彼斃于车中。

姑勿论"彼"字在上古没有这种用法,单就句子的意义而论,我们觉得这种代词实在毫无用处;加上了四个"彼"字,反易令人误会是同一的主格。由此一点,我们可以悟到:这种造句法能促成古人不用第三人称代词主格。

古人虽不用第三人称代词主格,但遇必要时,他们可以用些虚词去表示动词的主格之变换。上文所举"夫人以告,遂使收之"句中的"遂"字,已经令人悟到"使"的主格是变换了的。但是,最普通的还是用连词"则"字。试读下列的《论语》两章:

哀公问曰:"何为则民服?"孔子对曰:"举直错诸枉,则民服;举枉错诸直,则民不服。"(《为政》)

季康子问使民敬忠以劝,如之何? 子曰:"临之以庄,则敬;孝慈,则忠;举善而教不能,则劝。"(《同上》)

在第一章里,也可以说"举直错诸枉,则服;举枉错诸直,则不服"。在第二章里,也可以说"临之以庄,则民敬"等等。可见"则"字比主格还更重要,有了"则"字,就表示这动作是那动作的结果,再加上了上下文的语气,就知道这动作与那动作不是属于同一的主格了。

在学校里,把白话译成文言的时候,往往有人误以文言的"其"字与白话的"他"字相当,以致译出来的文言文不合古代的语法。

其实我们只要守着下面的两个规律,就不至于不会用"其"字了:

(1)"他"字可用为代词主格,"其"字不能;

(2)在古文里,宾格无论直接、间接,必须用"之",不能用"其"。

依这两个规律,我们就可知道"他不去"不能写作"其不往"①,"替他执鞭"不能写成"为其执鞭"等。

第二,我们注意到代词的数。在上古汉语里,人称代词单复数是同一形式的,至少在文字的表现上是如此。譬如下列诸例:

1.第一人称复数仍用"吾、我"等字:

楚弱于晋,晋不吾疾也;晋疾,楚将辟之,何为而使晋师致死于我?(《左传·襄十一》)

2.第二人称复数仍用"尔"字:

尔无我诈,我无尔虞。(《左传·成二》)

子曰:"以吾一日长乎尔,无吾以也。"(《论语·先进》)

如或知尔,则何以哉?(同上)

3.第三人称复数仍用"其、之"等字:

齐、晋、秦、楚,其在成周,微甚。(《史记·十二诸侯年表序》)

今天下大安,万民熙熙,朕与单于为之父母。(《史记·匈奴列传》)

长沮桀溺耦而耕,孔子过之。(《论语·微子》)

总之,白话的"我们",译为文言可用"吾"或"我";白话的"你们",译为文言可用"尔";白话的"他们",译为文言可用"其"或"之",或"彼"。古人虽有"吾人、吾党、吾曹、吾侪、若辈、彼辈、彼等"种种说法,但这些说法在先秦甚为罕见;有时偶见于书,也可以

---

① 但"怪他不去"可写作"责其不往",因为在这情形之下,"其"字是兼格,兼有宾格与主格两重职务,不是简单的主格。

把"吾、尔、彼"等字认为领格。"吾曹、吾辈、吾侪"等于现在说"我们这班人"或"我们这一类的人",所以"吾、尔、彼"等字在此情形之下仍当认为领格代词的复数,不当与"侪、辈"等字合并认为一个不可分析的单位,例如:

> 文王犹用众,况吾侪乎?(《左传·成二》)

意思是说"何况我们这一类的人",非简单的人称代词可比。非但人称代词在上古没有复数的形式,就是指示形容词或指示代词也没有复数的形式;换句话说,白话里"这些、那些"等词,如果译为文言,只能写成"此、斯、彼"等字,与单数的形式完全相同,例如:

> 今此下民……(《孟子·公孙丑上》)
> 吾非斯人之徒与而谁与?(《论语·微子》)

这一点,非但违反了西洋人的习惯,甚至违反了现代中国人的习惯。我们似乎可以拿声调去解释,说代词的数由声调表示,写下来虽然一样,念起来却是两样,有点儿像现代北京询问词的"那"与指示词的"那",写起来是一样的,念起来则前者是上声,后者是去声①。但是,这种猜想的危险性太大了,因为我们找不出什么证据。不过,我们试就语法的本身想一想,代词的数是不是必不可缺的东西? 就汉语本身而论,名词单复数既可用同一的形式,代词是名词的替身,其单复数何尝不可用同一的形式? 名词既可由意会而知其单复数,代词的单复数何尝不可由意会而知? 梵文、古希腊语与古俄语里,除了单复数之外,还有一个双数;但现代欧洲诸族语大部分没有双数与单复数对立,我们并不觉得它们不合逻辑。同理,我们的祖宗嘴里的代词没有数的分别,也像动词没有时的分别一样,并不能令他们感觉到辞不达意之苦。

---

① 现在上声的"那"字,一般已写作"哪"。

　　以上单就代词而论,自然只是举例的性质。关于古今语法的演变,尽可以写成很厚的一部汉语语法史。其中最重要的,如虚词用法的演变①、系词的产生及其变迁等大问题②,都不是这里所能详论的了。

---

① 参看拙著《中国文法学初探》,其中论及关系词(虚词之一种)的演变。
② 参看拙著《中国文法中的系词》。编者注:见《王力全集》第十九卷。

第四章　词　　汇

第一节　词汇与语音的关系

　　从前有一种唯心的看法,就是认为词义和语音有必然的关系。最明显的是所谓拟声法,就是摹仿自然的声音,例如鸭声 ap ap 就叫它做"鸭",猫声 mieu mieu 就叫它做"猫",雀声 tsiak tsiak 就叫它做"雀"等等。这是以动物的声音为其名称的。

　　至于摹仿声音以成副词的,就更多了,例如鸠鸣"关关",鹿鸣"呦呦",风声"萧萧",水声"潺潺",虫声"唧唧",鸟声"磔格钩辀":多至不可胜数。然而这种拟声法只能得其大略,不能逼真;所以同是一物之声,在各族语里可以译成种种不同的语音,例如鸭声在英语为 quack,在法语为 couin couin,在意大利语为 qua qua,在德语为 gack gack、gick gǝck、quack quack、pack pack,在丹麦语为 rap rap 等。

　　除了上述的拟声法之外,词汇与语音有没有自然而且必然的关系呢? 19 世纪的语源学家多数相信是有关系的。法国 Larousse(1817—1875)在他所著的《拉丁词根考》(Jardin des Racines Latines)第一课里,曾举出许多例子,如:

　　[s-]表示尖锐破裂之音:signe(信号)、source(泉水);

　　[r-、cr-、fr-、br-、pr-、gr-、tr-]表示粗或强之音:cri(叫声)、frotter(摩擦);

[fl-]表示液体流动或气体动荡之音：fleuve（河）、flot（波）、souffle（风、气）。

后世语言学家有反对此说的：Grégoire 以为同一概念，在不同的族语里，可成为不同的语音，Vendryes 以为 rivière（小河）与 torrent（瀑布）有流动之义而没有[fl-]之音，fleur（花）有[fl-]之音而没有流动之义。我们如果拿汉语来比较，也觉得"江、河、溪、涧"都与[fl-]之音相差很远。因此，我们决不能相信词汇与语音有自然而且必然的关系。

但是，词汇与语音，在原始时虽没有必然的关系，在词汇发展的过程中，却可以有连带的关系，换句话说，意义相近者其音往往相近，音相近者其意义也往往相近，例如①：

毌	kuan	穿物持之也
贯	kuan	钱贝之贯也
摜	koan	贯也（"摜甲"犹言"贯甲"）
環	goan	璧肉好若一也（"肉"是璧的边，"好"是璧的孔）
鐶	kiwat	環之有舌者也
絭	koan	织以丝贯杼也
关	koan	以木横持门户也
辖	goat	车轴头铁也
扃	kiweng	外闭之关也
鉉	giwen	鼎扛也（谓所以贯鼎而举之者）
键	gⁱian	鉉也

即此一例，已可证明语音与意义可以有连带的关系。我们可以假定原始先有一个词（例如"毌"），后来加造新词，就自然倾向于采取同音不同调或语音相近的词了。不过，我们并不能因此就说意义相近者其音必相近，如"贯"与"通"意义相近，而其音并不相近。我

① 举例采自章太炎《文始》一，所拟的古音指上古音而言。

们尤其不能说音相近者意义必相近，如"官、冠、观"皆与"贯"音相近，而其意义则相差甚远。

凡两词的意义相对立者，其音亦往往相近。有些是声母相同，所谓双声；另有些是韵母相同（包括韵腹、韵尾），所谓叠韵。声母相同或差不多的，例如[①]：

古 kâ	今 ḳiam	疏 siâ	数 seok	加 ka
减 kem	消 siau	息 siɔk	生 sieng	死 siei
燥 sau	湿 siɔp	明 miâng	灭 miat	锐 ḍiwad
钝 d'uɘn	文 miwɘn	武 miwâ	规 ḳiwe	矩 kiwâ
褒 pɘu	贬 piam	男 nɘm	女 niâ	

韵母相同或差不多的，例如：

旦 tan	晚 miwan	晨 ziɘn	昏 xuɘn	好 xɘu
丑 tc'iɘu	新 sien	陈 d'ien	聪 ts'ong	聋 long
起 ḳiɘ	止 tsiɘ	央 iang	旁 b'ang	寒 ɣan
暖 nuan	水 çiwɘi	火 xuɘi	祥 ziang	殃 iang
老 lɘu	幼 iɘu			

此外还有许多双音词，即古人所谓谜语或联绵字，也是由双声或叠韵组合而成的：

其属于双声者，如"流离、含胡、踌躇、黾勉、唐棣"等。

其属于叠韵者，如"胡卢、支离、章皇、蹉跎、逍遥"等。

甚至古人的名字也喜欢用双声或叠韵，例如"胡亥"是双声，"扶苏"是叠韵。钱大昕在《十驾斋养新录》里，举出这一类的例子很多。总之，双声叠韵在汉语历史上曾有很大的任务，清代的学者已经注意到，而我们现在也不能否认这种事实。

汉语里的字音，有读破的办法，例如"恶"字念入声是善恶的"恶"（形容词）；念去声是好恶的"恶"（动词）；念平声是"恶乎成

---

① 举例大致采自章太炎"转注假借说"（《国故论衡》），音值系暂时拟定的上古音。

名"的"恶"（副词）。"乐"字读若"岳"，是音乐的"乐"（名词）；读若"洛"，是喜乐的"乐"（内动词）；如果读为鱼教切，则是"仁者乐山"的"乐"（外动词）。此外如"易、为、观、见"等字，都有两音以上。顾炎武曾注意到上古没有这种办法①，例如《离骚》：

> 理弱而媒拙兮，恐导言之不固；世溷浊而嫉贤兮，好蔽美而称恶。

"恶"字与"固"字叶韵，显然是念去声；在"好蔽美而称恶"一句里，却又显然是"善恶"的"恶"。可见"善恶"的"恶"本来也可以念去声。读破的办法是后起的，至少可以说不像后代这样分得清楚。

我们推想读破法之起源，大约是由于人类喜欢辨别的心理。"恶"字既有几种意义，就索性把它念成几种语音，以免相混。不过，等到音义都不相同之后，即使字形相同②，我们也该认为两字。因为文字只是语言的符号；在语言里显然有分别的两个词，在文字上不能分别，我们反该怪文字不能尽职了。

第二节　词汇与意义的参差

依语言的原则说，每词只该有一种意义，以免对话人猜测之劳；每一种意义也该只用一个词为代表，因为以一表一已经够用，多了反嫌重复。

但是，依语言的实际情形说，却与上述的情形相反。如果我们把文字的形体问题也考虑在内，那么，词汇与意义的参差可分为三类：

同音词　如英文 write、right

同形词　如英文 fair（市场）、fair（美）

---

① 见《音论》"先儒两声各义之说不尽然"条。
② 近代对于读破的字，也有令其字形有分别的，就是在字的四角加上一个声调符号，如"好恶"的"恶"写作"恶°"。"恶乎成名"的"恶"写作"°恶"。

同义词　　如英文 polite、courteous

（一）**同音词**，是指字音虽同，字形字义各异而言。在汉语里，此种情形颇多，在上古尤其是如此，例如"士、氏、示、事、视"，"工、公、功、攻、供、宫、弓、恭、躬"等，念起来声音完全相同，写起来才有分别①。因此有人说汉语是"以目治"的，不是"以耳治"的。甚至有人（如 Keraval）说，中国人说话不能为对话人所了解的时候，要用指头在掌上写字给他看。这是污蔑我们的民族的话。汉语发展到现阶段，已经变了复音词占优势的语言，特别是在政治性的文章里，复音词常在百分之八十以上，同音词少到那种程度，已经和上古汉语有很大的差别了。

（二）**同形词**，是指字音、字形皆同，惟字义各异而言②，例如：

师 { 1.二千五百人为师　　2.范也，教人以道者之称

徒 { 1.党也　　2.弟子也　　3.步行也　　4.但也

巾 { 佩巾也　　蒙首衣也

（三）**同义词**，是指同一意义可由两个以上的词为代表。在汉语里，意义相同的词甚多，例如《尔雅》所载：

初、哉、首、基、肇、祖、元、胎、俶、落、权舆，始也。

仪、若、祥、淑、鲜、省、臧、嘉、令、类、綝、縠、攻、縠、介、徽，善也。

由上述三种情形看来，词与意义的参差是显然的。但我们如果作精细的观察，则见问题并不如此简单。我们要知道，无论何词，一到了句子里，其意义就变为"适时的"，与别的时候的意义不一定相同；又是"唯一的"，与别的词义决不至于相混。由此而论，

①　但在某些地方的客家话里，"供、宫、弓、恭、躬"和"工、公、功、攻"是有分别的。

②　自然也可以是同形不同音，但究竟同音的占多数。

所谓同音词(一音多义)、同形词(一字多义)、同义词(一义多词)，一用在一定的上下文里，它的意义还是很明确的。现在试仔细讨论如下：

（1）同音词既是一音多义，似乎会有意义含糊的毛病；然而这一类的毛病，多半为上下文所补救了，譬如你说"工人做工"与"战士立功"，绝对不致令人误会为"工人做功"或"战士立工"。这因为上下文的环境所限，决不容我们有所误解。况且最近二三十年来，汉语双音词渐渐占了优势，同音的词也跟着大大地减少，如"工作"的"工"，在白话里，决不会与"公共"的"公"相混。这是就口语而论的，已经不会有含糊的毛病。至于写下来的文章，既然字形不同，就越发不成问题了。

（2）同形词本可与同音词并为一谈，因为如果遇着不识字的人，就没有音与形的分别了。再说，从同形词也可演变为同音词，例如：

原$\begin{cases}1.水源也\\2.平原也\end{cases}$ ⟶ $\begin{cases}源，水源也\\原，平原也\end{cases}$

这本是同形词，但后代已经把第一个意义写作"源"，于是变为同音词，因为字形已经不同了。

无论同形词或同音词，都可总称为一词多义，换句话说，就是用同一的语音去表示几个不同的概念①。同形词也像同音词一般，其含糊的意义可为上下文所补救。"歼灭敌人一个师"的"师"与"尊敬我们的老师"的"师"，何尝不是一听就有了分别呢？它也可为复音词所补救，"书信"的"信"与"信用"的"信"是决不至于混淆的。

普通所谓一词多义，往往有两种误解：第一，误以已死的意义与现行的意义同列，如"信"字虽有"再宿"一义，然而此种意义早已

① 编者注："可总……就"文集本略去。

死去。文言中虽可说"信宿而行",但"信宿"乃是已死的成语;我们再也不能如《诗经·豳风》"于女信处",或《诗经·周颂》"有客信信"那样活用了。在口语里,连"信宿"也不说了。但"信"字在后代又产生了一种新意义,如"我昨天收到了他的一封信","信"字当"书信"讲。假使我们现在说"信"字有下列的六种意义:

1.真实也　　2.信用也　　3.信任不疑也

4.使者也　　5.书信也　　6.再宿也

这种说法是不妥的。当"信"字产生书信的意义的时候,"再宿"的意义已成过去,它们二者的时代不同,就不该相提并论。严格地说,使者的意义也不该与书信的意义并列;因为书信的意义是从使者的意义生出来的,书信即是使者的替身。除了"信使往还"一类的成语之外,一般人再也不会像《史记·韩世家》称使臣为"信臣"那样活用了。

　　第二,误以为一词可有两种以上的并行的意义,换句话说,就是误认这几种意义是同样重要,不相隶属的。其实,严格地说,每词只能有一个本义,其余都是引申的意义,例如"媚"字,《说文》只注一种意义"说也";《辞源》里却注它有两种意义:

1.谄也。　　　　2.爱也,亲顺也。

　　其实"媚"的本义只是"说也","说"同"悦",等于现代白话所谓"讨好"。从坏的方面说,讨好就是谄;从好的方面说,讨好就是爱或亲顺了。又如"悉"字,依《辞源》所载,它有三种意义:

1.知也。如审悉,熟悉。

2.详尽也。[汉书]古之治天下,至纤至悉也。

3.皆也。[汉书]悉引兵渡河。

其实"悉"的本义只是详尽(第二义),是一个形容词。引申为副词,就是尽的意思(第三义);引申为动词,就是知道得详尽的意思。

　　本义是占优势的,但它不一定能永远占优势。一旦失势,引申之义起而夺取其优越之地位,原有的本义倒反湮没无闻,例如"检"字,依《说文》是"书署也",本是书的标签的意思,引申为"检查"的"检"。但自汉代以后,检查的意义已占优势,标签的意义倒反湮没无闻。轮着检查为本义,而"检讨"的"检",却又是检查的引申义了。

本义只能有一个。如果一个词包含着两个势均力敌的意义,我们只好把它们当作两个词看待,例如上述"信用"的"信"与"书信"的"信",两种意义势均力敌,这与同音词并没有什么分别。研究语言的人,当以语言为标准,不当以文字为标准。在语言里,"信用、书信、迅速",其中三个 sin 音,就有三种不同的解释。我们应该把它们视同一律,不应该为文字所迷惑。如果我们说"信用"的"信"与"书信"的"信"距离近些,与"迅速"的"迅"距离远些,就是上文字上的当了①。

(3)末了,说到一义多词。所谓同义词,只是一个一般的说法;实际上,没有两个词的用途是完全相同的,例如上文所述"初"字与"始"字同义,"嘉"字与"善"字同义,这只是说在某一些情形之下,它们可以相通。"初入学校"可以换为"始入学校","嘉言"可以换为"善言",这是可以通用的。但是,在大多数情形之下,它们却各有不同的用途,如"八月初一",不能写成"八月始一","嘉纳"不能写成"善纳","其志可嘉"也不能写成"其志可善"。至于"首、元"等字之与"始","令、淑"等字之与"善"(见上文所引《尔雅》),更不能谓为同义,只能说它们在千百种用途当中,偶然有几种用途相仿佛罢了。

第三节　各地词汇的异同

中国各地的汉族人民,互相听不懂话,并非因为语法的不同

---

① 　北京"迅、信"不同音,这里是指中国多数方言而言。编者注:文集本无"研究语言的人……当了"。

（上章说过,各地语法的差别是很微的）,而是因为语音或词汇的差别。再拿语音与词汇比较,我们觉得词汇上的差别更足以障碍双方的了解。这有两种原因:第一,语音是可以类推的,词汇是不可以类推的。我们知道了一个字音,便可用类推法去猜知许多字音。但我们知道了某地的一个词之后,并不能用类推法去猜知许多词。第二,各地语音虽说不同,毕竟有些仿佛,例如"见"字,北京音是tçian,苏州音是 tçie,客家音是 kian。北京与苏州的声母相同;客家与北京的韵母相同。苏州人听客家的"见"字,自然难懂些,然而到底大家都是齐齿呼,仍有相同之点。况且苏州音与客家音,并不是每个字都像"见"字这样差得很远,例如"黑"字,苏州音与客家音就很相近（苏州念 həʔ,客家念 het 或 hət)。可惜苏州人说的"黑葛（的)衣裳",在客家人口里却变为"乌介（的)衣裳"! 这只能怪词汇上的差别了。

　　各地词汇的异同,可分为同词同义;同词异义;同义异词三方面来讨论。

　　(一)所谓同词同义,就是两地的语词与意义完全相同,只在语音上有分别。假如把这些语词写下来,两地都是一样的写法,例如"东方红,太阳升"这一句话,是全中国可以通用的。甲地的人听乙地的人说这句话,很容易听得懂。即使听不懂,也只能怪语音上的差别,与词汇毫无关系。

　　(二)至于同词异义,乃是甲乙两地都有这个词,乍听起来是一样的,实际上它们的涵义各有不同,例如苏州的"那么"（读如苏州音的"难末"）,乍听起来很像北京的"那么",其实苏州的"那么"略等于文言的"于是",北京的"那么"略等于文言的"然则"。苏州另有一个"格末",略等于文言的"然则",才与北京的"那么"大致相当。又如嘉兴的"阿爹"是父亲,苏州的"阿爹"是祖父,广西博白的"阿爹"是外祖母。苏州的"娘娘"是姑母,常州的"娘娘"是母亲。粤语和客家话的"兄弟"等于文言的"兄弟",

官话和吴语的"兄弟"只等于文言的一个"弟"字①，另以"弟兄"去替代文言的"兄弟"。广州的"交关"略等于北京的"厉害"，上海的"交关"略等于北京的"很"。苏州的"北瓜"等于常州的"南瓜"，苏州的"南瓜"等于常州的"北瓜"。东北的"地瓜"是北京所谓"白薯"、广州所谓"番薯"、上海所谓"山芋"；四川的"地瓜"是广州所谓"沙葛"、湖南所谓"凉茹"。北京的"走"等于文言的"行"，广州的"走"等于文言的"走"。这种同词异义的例子，可以举得很多。我们听外地的人说话，对于这一类的语词，最容易上当。同词同义，自然不生问题；同义异词，完全听不懂，也就索性不去管它；惟有同词异义，听起来似懂不懂，就最容易发生误会了。

　　另有一种情形，是介乎同词同义与同词异义之间的：在某一些用途上，同此一词，甲乙两地都可通用；在另一些用途上，甲乙两地所用的词却不相同了，例如"高"字，在官话、吴语、闽语、粤语、客家话的词汇里都有它。乍看起来，它在这五系方言里的用途，似乎是一样的。不错，譬如你说"这棵树很高"，在此情形之下，全国人大约都用"高"字。但是，广州人说的"佢生得好高"，译成苏州话却是"俚长得蛮长"，译成北京话却是"他长得个子很大"。可见广州的"高"与苏州、北京的"高"，只在某一些用途上是同义的；在另一些用途上，广州用"高"（客家同），苏州、北京却在一般习惯上不用"高"②，这就显出用途广狭的差别来了。又如：

$$\text{广州的"讲"} = \text{北京的}\begin{cases} 1.\text{"讲"} \\ 2.\text{"说"} \end{cases}$$

所以广州的"讲道理"仍等于北京的"讲道理"，而不能译为"说道

---

① 就北京话来说，"兄弟"的"弟"念轻音时，"兄弟"等于"弟"；如果两字都念重音，就等于"兄和弟"。

② 自然还可用"高"字，但这只是书本的影响。

理";广州的"讲乜野"可译为北京的"说什么"①,不大能译为"讲什么"。又如:

$$\text{梅县的"爱"}=\text{北京的}\begin{cases}1.\text{"爱"}\\2.\text{"要"}\end{cases}$$

所以梅县的"我爱你"仍等于北京的"我爱你",而不能译为"我要你";但梅县的"我唔爱去"只可译为北京的"我不要去",却不能译为"我不爱去"("我不爱去"是另一意思)。又如:

$$\text{广西南部的"冇"}=\text{广州的}\begin{cases}1.\text{"冇"(无也)②}\\2.\text{"唔"(不也)}\end{cases}$$

所以广西的"冇人"仍等于广州的"冇人",而不能译为"唔人";但广西的"冇怕"(不怕)只可译为广州的"唔怕",不能仍用"冇怕"。此外,如广州的人瘦与肉瘦都叫"瘦",苏州人瘦叫"瘦",肉瘦叫"精"("精肉");广州的人肥与肉肥都叫"肥",北京肉肥叫"肥",人肥叫"胖"。诸如此类,不胜枚举,都是介乎同词同义与同词异义之间的。这种参差的现象,在各地词汇的差别上,最为重要;因为这不但是词汇不同,而且连概念的范围也不相同了。

(三)末了,说到同义异词,又可细分为两类:第一,词虽不同,而它们的用途完全相同。我们可以照数学公式给它们一个等号,如:

北京的"等会儿"=苏州的"晏歇"=绍兴的"等歇"

北京的"明天"=苏州的"明朝"=大埔的"天光日"

北京的"妻子"或"媳妇儿"=苏州的"家小"=广州的"老婆"

北京的"谁"=广州的"边个"=客家的"乜人"

北京的"小孩儿"=苏州的"小干"=广州的"细佬哥"=客家的"大细儿"

---

① "乜"字,广州人念 mat。
② "冇"字,广西人念 mao,广州人念 mou。"唔"字,广州人念 m。

北京的"荸荠"=广州的"马蹄"

北京的"什么"=上海的"啥"=广州的"乜野"=客家的"乜介"

北京的"猴子"=苏州的"活狲"=广州的"马骝"

北京的"棉袄"=苏州的"襖"=厦门的"棉裘"=广州的"棉袍"

北京的"摔觔斗"=苏州的"跌跟斗"=厦门的"跋倒"=客家的"跌倒"

　　第二,是词既不同,用途又广狭不等。这也是概念的范围不同,例如:

$$北京的"这么"=上海的\begin{cases}1.\text{"介"（表程度）}\\2.\text{"实介能"（表方式）}\end{cases}$$

所以北京的"这么大"可译为上海的"介大",而不能译为"实介能大";北京的"这么办"可译为上海的"实介能办",而不能译为"介办"。又如:

$$上海的"交关"=北京的\begin{cases}1.\text{"很"（形容词前）}\\2.\text{"多"（形容词后）}\end{cases}$$

所以上海的"交关大"可译为北京的"很大",而不可译为"大多了";上海的"大交关"可译为北京的"大多了",而不可译为"很大"。又如:

$$广州的"啱"[\text{ŋam}]=北京的\begin{cases}\text{"刚"（动词前）}\\\text{"巧"（动词后）}\\\text{"对"}\\\text{"合适"}\\\text{"要好"}\\\cdots\cdots\end{cases}$$

广州人说的"佢啱翻嚟",等于北京的"他刚回来";广州"佢嚟得真啱",等于北京"他来得真巧";广州"呢个题目佢答得唔啱",等于北京"这题目他答得不对";广州"呢件衣服唔啱佢着",等于北京

"这一件衣裳不合他穿";广州"我同佢好啱",等于北京"我跟他很要好"。此外,"啱"字的用途还有许多,如广州"唔啱你就去",略等于北京"要不你就去罢"。可见有许多语词都不能马马虎虎地给它们一个等号。

有些词,是甲地所有而乙地所无的;非但没有同一的词(同词同义),连相当的词(同义异词)也没有。因为没有此种概念,自然没有此词。譬如乙地没有某种东西或某种风俗,自然它的词汇里就用不着与这种东西或这种风俗相当的词了。江、浙、闽、粤没有"窝窝头",我们就没法子把北京的"窝窝头"译为吴、闽、粤语,于是它们也就缺少这一个词。反过来说,北方没有"龙眼"(闽、粤的果名),北方的词汇里自然也没有它。遇着这种情形,若要翻译,就只好用硬译法,例如我们对广东人说北京有一种"窝窝头",再详细描写"窝窝头"是怎样的形式与滋味。他们既然没有这种概念,听来总难免隔膜,这是没有法子的事了。

由此看来,各地词汇是参差不齐的,我们切不可误以为甲地某词在乙地一定有某词与它相当,尤其不可误认甲地某一个词仅与乙地的某一个词相当。词汇的参差形成了方言的参差;将来全国交通发达,参差的程度就会大大地减低了的。

第四节　古今词汇的演变

无论任何语言,其古今词汇的演变,都可分为三种方式:缩小式;扩大式;移动式。

缩小式,例如法语 sevrer,出于拉丁 separare,原是使分离的意思。无论使任何物分离,都用得着这动词。后来它的意义范围渐渐缩小,末了,只指使婴儿与乳分离而言,等于汉语所谓"断乳"。

扩大式,例如英语 triumph,出于拉丁 triumphus,原是凯旋的意思(指堂皇的凯旋仪式),后来它的涵义渐渐扩大,可以泛指一切胜利而言。

移动式是概念与词的相配关系发生移动，例如法语 bouche（口），出于拉丁语 bucca，原是"颊"的意思。从"颊"转到"口"，所以叫做移动式。当然，缩小与扩大也往往由于移动，但移动却不一定就是缩小或扩大。

（一）**缩小**的例子，在中国字书中，颇为罕见。"瓦"字，《说文》注云："土器已烧之总名。"《诗经·小雅·斯干》："乃生女子，……载弄之瓦。"毛亨传云："瓦，纺塼也。"纺塼决不是屋上的瓦。但现代一般人口里的"瓦"字，却专指屋上的瓦而言。著字书的人，大约比较喜欢从狭义引申到广义，所以对于这一类缩小式的演变，不大记载下来。然而在现代白话里，我们可以举出颇多的例子。例如"肉"字，本是一切肉类的通称；但当我们叫人去买两斤肉的时候，所谓"肉"，决不是指一切的肉，却是专指猪肉而言。由此类推，"买猪肝"可以说成"买肝"，"买猪肚子"可以说成"买肚子"。又如"屋"字，本是指一所房屋而言，但北京人所说的"屋子"，只指的是一个房间。又如苏州人单说"饭"，是指午饭而言；单说"房"，是指卧房而言。

这种从大范围转到小范围的演变，往往是某一部分的意义渐占优势所致。"肉"的意义缩小为猪肉的意义，正因为汉族人在肉类中最常吃的是猪肉。苏州的"饭"字专指午饭，也许因他们把午饭看得重要些，也许因午饭在晚饭之前。至于"房"字专指卧房，更易解释，因为客房、书房、茅房之类，都比不上卧房重要的缘故。

实际上，当我们应用任何一个词的时候，它的意义也往往比字典里的意义缩小些，例如牧牛人说的"把畜牲赶回家去"，这里"畜牲"指的是牛，如果这句话到了牧羊人的口里，"畜牲"却指的是羊。又如卖水果的小贩所谓"旺月"（生意很好的时节），与开戏院的人所谓"旺月"，其涵义也各有专指的。

（二）**扩大**的例子就数不清了，譬如：

例字	古义	今义
雄	鸟父也	动物之阳性者
雌	鸟母也	动物之阴性者
双	两鸟也	犹言"一对"也
雏	鸡子也	鸟类之幼子
莲	荷实也	荷也
登	上车也	升也

都是从很狭的意义转到很广的意义的。古人所谓引申,多数就是我们这里所谓扩大式。

极狭的意义,如果不扩大,就有被废除的危险,例如:

藁　苕之黄花也(音"标")　　駒　马白额也(音"的")

芳　苇华也(音"迢")　　　　牬　二岁牛也(音"贝")

棣　栎实也(音"求")　　　　羳　黄腹羊也(音"烦")

以上六字皆见于《尔雅》,只因意义太狭,后来又不扩大,只有渐趋于消灭了。消灭之后,原来一个词所能表示的意义,现在只要不怕累赘,用两三个词去表示,就行了,例如现代不用"牬"字,我们要说二岁牛就说"二岁牛",不是一样地能够达意吗?

(三)移动的例子也很多。譬如"走"字原是快步的意义,但现在官话里的"走"字却变了慢步的意义了。"媳妇"原是子妇的意义,但现在北京一般人所谓"媳妇儿",却是指"妻"而言的了(子妇则称为"儿媳妇")。最有趣的是五官感触的调换,例如,"闻"字原是耳的感受,但现在官话与吴语里的"闻"字却等于文言的"嗅"字,变了鼻的感受了;"听"字原是用耳的一种行为,但现在广西南部该说"嗅"的也说"听"。北京的"闻一闻"等于广西南部的"听一听"(辽东半岛一带也以"听"字当"嗅"字用)。"闻"字在现代官话与吴语里,既失了原来耳的感受的意义,于是这耳的感受的意义只好借"听见"二字组合成词,以表示它了。假设古人复活,听见现代北京人说话,一定会诧异说:"北京人奇怪极了!我们说的'嗅',他们偏要说'闻'；我们说的'闻'，他们偏要说'听见'！"这恰像天上的星宿，因为时令不同，都变更了位置了。

上述三种方式，系假定词汇不增不减而言。然而事实上，词汇决不能不增不减。其增者，系因：新事物的产生或输入；新观念的产生或输入。其减者，系因旧事物的消灭。

新事物，例如"火车、电话"等；新观念，例如"具体、抽象、本能、直观"等。无论新事物或新观念，其词汇之增加，不外三种方式：第一，是创造新字，如"锌、镭、镍"等；第二，是译音，在古代如"菩萨、南无"，在现代如"逻辑、沙发"等（第二与第一的分别，在乎第二类未造新字）；第三，是译意，如"火车、电话、轮船、炸弹"等。

旧事物消灭以后，其词自然也跟着消灭。除非在民间传说中很占势力，如"龙"才能保存在现代的口语里①。否则至多只能在古书中保存着它们的名称。《尔雅》许多不经见的动植物名称，大约都属于此类。

另有一种情形，使词汇的增减恰足相抵的，例如吴语称"蝉"为"蜘蟟"，在口语里，"蝉"字是死了，却有"蜘蟟"一词来替代它。又如《说文》"鲽，比目鱼也"，后世不称"鲽"而称"比目鱼"，也是拿"比目鱼"一词来替代"鲽"。在此情形之下，专就一般口语而论，词汇只有变更，而没有增减。除非在文人的口里或笔下，文言里的字眼或古代的词汇都可应用，才令我们觉得有许多同义词的存在，以致词汇的数量也似乎因此增加。

词汇的演变，其理由大致可如上述。我们不能说没有其他的理由，但为避免繁琐起见，只好说到这里为止了。

---

① "龙"也许古代也不曾有过，今姑假定其有。

第五章 文　　字

第一节　汉字的起源及其演变

说到汉字的起源,我们会想起结绳的故事。这故事并不是中国所特有的,据说秘鲁古代也有类似的办法,叫做基波(quippos),秘鲁所用的绳,有各种不同的颜色;所打的绳结,有各种不同的高度与厚度。众绳错综变化,可以代表思想。中国上古所谓结绳,不知能否像基波那样复杂;但至少结绳的事是有的,不能说是古人捏造出来的故事。据说现代也还有结绳纪事的民族。

然而我们不能说结绳就是文字。我们必须把记号与文字的界限分别清楚。结绳只是帮助记忆的一种工具:古人解释结绳是"大事作大结,小事作小结",可见它只能帮助人类记忆事之有无与大小。纵使它真能启示若干概念,也不能与文字相提并论;因为文字的目的在乎表现一切概念,它的作用绝对不是结绳所能比拟的。

那么,汉字的真正起源是什么呢?

先说,在中国文字学,向来有所谓六书。依《说文》的说法,六书的名称及定义如下:

①象形——画成其物,随体诘诎,"日、月"是也。

②指事——视而可识,察而见意,"上、下"是也。

③会意——比类合谊,以见指㧑,"武、信"是也。

④形声——以事为名,取譬相成,"江、河"是也。

⑤转注——建类一首,同意相受,"考、老"是也。

⑥假借——本无其字,依声托事,"令、长"是也。

在六书当中,只有转注的定义难懂,以致引起许多争论。其中较有势力的是段玉裁的主张。他说:"转注,犹言互训也。"①意思是说"考"可训"老","老"可训"考"。

但朱骏声主张修正《说文》的定义。他说:"转注者,体不改造,引意相受,'令、长'是也。假借者,本无其意,依声托事,'朋、来'是也。"②为便于解释汉字的实际系统起见,我们赞成朱氏的修正。

依六书的定义看来,它们并不全是文字的起源。象形、指事、会意、形声四者才是造字之法,转注、假借二者只是用字之法。前四者能产生新字,后二者不能。所以转注、假借二者与文字的起源完全无关。

说到会意与形声,也显然在象形、指事之后。因为它们是合体字;必须先有单体字,它们才能产生。

剩下来,只有象形或指事可以说是汉字的起源了。向来研究六书的人,或谓象形先于指事,或谓指事先于象形。其实二者是不分先后的。汉族的原始文字,自然是纯粹的意符;它们似乎是直接地表示人类的概念,而不着重于表示语音。但我们不要以为文字可以脱离语言而独立存在;当我们阅读文字的时候,即使不念出声音来,心里还是默默地依照语音"读"下去的。古人所谓象形,就是具体的意符;所谓指事,就是抽象的意符。语言的起源,虽可说是往往由具体变为抽象;但文字的产生,远在语言之后。当汉族有文字时,我们的祖先应该已有很丰富的抽象概念了。由此看来,象形与指事同是原始造字的方法。

六书虽不全是文字的起源,然而它是汉字相当完备时期的一

---

① 段玉裁《说文解字注》卷十五。

② 朱骏声《说文通训定声·序》。

种分类法。我们首先应该明白:古人并非先有六书的计划然后造字,而是汉字产生后数千年,然后有些学者定下一种分类法。这种分类法只是后世对于文字分类的一种学说。既是一种学说,就有修正的余地;我们不必像前人把它奉为天经地义。

依我们的看法,汉字可分为两大类:

1.单体字,古人叫做"文",就是用一个简单的意符来构成的。单体字又可细分为两种:

(1)具体的东西,可以画出形状来的,就用很简单的几笔,画出一个轮廓来,如"马、牛、竹、木"等。这就叫做象形。

(2)抽象的概念,不可以画出形状来的,就设法把这个概念表示出来,如"上、下、一、二"等。这就叫做指事。

2.合体字,古人叫做"字",就是用两个以上的意符来构成的。合体字又可细分为两种:

(1)把两个意思合成一个意思,也就是把两个意符合成一个字。这种字多数表示抽象的概念,如"好、伐、武(止戈)、炙(肉火)"等,这就叫做会意。会意近于指事(合体指事)。

(2)先画出一个意符表示一个概念,但是表示得不明确,于是注上一个音符。音符本来也是一个意符,但它和意义是毫无关系的,如"江、河、湖、海"等。这就叫做形声。这种字最多,占百分之九十以上。后代造字,一般总是按照形声的原则来造的。这里我们还要注意有一种追加意符的形声字,例如"裘"本作"求",后加"衣"作"裘";"仰"本作"卬",后加"人"作"仰",等等。但这类字不多。

由此看来,形声字最为后起。迷信《说文》的人,往往从形声字中寻求"本字",实际上他们却变了舍本逐末! 他们以为"专壹"的"专"当作"嫥","减省"的"省"当作"渻","媄"是"美色"的本字,"枖"或"获"是"桃之夭夭"的本字。这完全是不懂得文字进化史的缘故。

我们讨论汉字,应该知道字式与字体的分别。字式是文字的结构方式;字体是文字的笔画姿态,例如"好"字,左半是个"女",右半是个"子",这是字式。它在小篆里写作𡛸,在隶书里写作好,在楷书、行书、草书里又各有其他写法,这是字体的不同。

殷周时代,字式已经大致完备了,字体却正在变迁。大概说起来,古今字体只有两大类:第一类是刀笔文字,其笔画粗细如一,不能为撇捺;第二类是毛笔文字,其笔画能为撇捺,粗细随意。古文、篆书、鸟虫书等,皆属第一类;隶书、楷书(又称今隶)、行书、草书等,皆属第二类。若按时代划分,则字体的演变大致如下:

(1)殷商至春秋之末为第一期。此期用古文。甲骨文及殷商金石文字是古文中之较古者。

(2)战国至秦为第二期。此期用篆书、鸟虫书。

(3)汉代为第三期,用隶书。但草书和行书亦已存在①。

(4)东汉至现代为第四期,用楷书。行书、草书只是楷书的速写式。它们是辅助楷书,不是替代楷书。

自然,字式也是随时代而变迁的;不过,我们须特别注意,字式的变迁与字体的变迁并不是并行的进展。二者之间,没有必然的关系,例如从殷商至春秋之末,形声字与日俱增,字式可以说是时时刻刻在变迁了,然而字体却大致不生变化。又如"蹤"字之写作"踪",至早是宋代才有的;宋元以后,"蹤"字的字式增加了另一种,然而这与字体完全无关。谈文字进化史的人们,对于这一种分别,是应该非常看重的。

第二节　形声字的评价

如果说世界各族语都经过象形的阶段,那么,它们也一定经过形声的阶段。人类先有语言,后有文字,所以象形字一定可以读出一个音来,遇必要时,这象形字便可当做音符之用。依古埃及文字

①　编者注:"但草书和行书亦已存在"为文集本所增。此从文集本。

而论,形声字可有两种①:

(1)同一事物而有两种名称,则加音符以为分别,例如 象锄形,但"锄"有 mer 与 hen 两音,mer 音在古埃及文里写作 ◯,hen 音写作 ,故"锄"字有下列两式:

 其音同 mer　　　　　 其音同 hen

(2)同一语音而代表几种事物,则加意符以为分别,例如我们已知 是 mer 音,但念 mer 的字不一定都是"锄"的意义,有时候却是"眼、箱、蛇、受苦"等意义,故再加意符如下:

 眼也　 箱也　 蛇也　 受苦也

汉语的形声字,以后一种为最常见。百分之九十以上的汉字,都属于此类。这因为汉字是单音字,同音同义的字特别多,非加意符以为分别不可②。形声字虽说是一边意符(或称形符),一边音符(或称声符),但音符也是由意符变成的,例如"沐"字,篆书作 ,左边是水形,右边是木形,但右边只是一个音符,完全失去了"木"的意义了。

音符与其所组成的字不一定同音,例如以"咸"为音符的字可以有下列数种声音:

鹹	çian
缄(平声)　减(上声)	tçian
喊	han
箴　鍼	tʂən

又如以"甬"为音符的字,可以有下列数种声音:

---

① 举例采自 P.Keraval,Le Langage Ecrit,p.27。
② 这是就文字的功用来说。若就形声字的起源来说,我们觉得还是先画一个形旁,再加上一个音符较为近理,例如"江"字,是先画一条水,后来觉得一条水不一定是江,所以再注上一个声音。

勇　　　　　　　　　　　　yung

通（平声）　桶（上声）　痛（去声）　t'ung

诵　　　　　　　　　　　　sung

这是原始就故意造成不同音呢,还是后世的音变呢?关于这一点,现在还没有定论。不过,单就这些现存事实看来,形声字已经不是很便利的东西,因为我们并不能凭借音符正确地读出那字的音来。

除此之外,现代形声字的毛病还有六种:

(1)字式变易,以致音符难认,例如:

讀——竇声(竇,余六切)。今与"賣"混。

卻——谷声(谷,其虐切)。今与"谷"混。

郭——高声(高,古博切)。今与"享"混。

執——㚔声(㚔,尼辄切)。今与"幸"混。

稽——禾声(禾,古奚切)。今与"禾"混。

哉——才声。今"才"形不可识。

書——者声。今"者"形不可识。

華——亏声(亏,同"于")。今"亏"形不可识。

喪——凵声。今"凵"形不可识。

往——㞷(㞷,户光切)。今"㞷"形不可识。

定——正声。今"正"形不可识。

適——啻声。今"啻"形不可识。

飲——酓声(酓,於琰切)。今变为"食"旁。

急——及声。今"及"形不可识。

襲——龖声(龖,徒合切)。今"龖"形不可识。

(2)字音变易,以致音符不像音符,例如:

等——寺声。"寺、等"古音相近,今音则甚远。

義——我声。"我、義"古音相近,今音则甚远。

醋——昔声。"昔、醋"古音相近,今音则甚远。

蕭——肅声。"肅、蕭"古音相近,今音则甚远。

迪——由声。"由、迪"古音相近,今音则甚远。

贿——有声。"有、贿"古音相近,今音则甚远。

偷——俞声。"俞、偷"古音相近,今音则甚远。

否——不声。"不、否"古音相近,今音则甚远。

(3)字义变易,以致意符不像意符,例如上文第四章第二节所举的"检"字,《说文》云"书署也",大约就是书架上的小木签,以便检查书籍的。后来,引申为检查的意义,大家就忘了它原是木制的书签,于是"木"旁再也不像一个意符,我们也就不能明白为什么"检"字从"木"了。依普通常识推测,检查的"检"字如果从"手"作"捡",不是更合理吗? 近来学生笔下的别字,有许多是由此而起的。

(4)同音的音符太多,以致误用甲音符替代乙音符。在上古时代,凡是纯粹的形声字,它的音符都是可以随便采用的,例如"桐"字,从"同"固然可以,从"童"作"橦"也未尝不可。假使我们的远祖把"桐"字写作"橦",自然也一样地合理。但是,自从"桐"字创造了之后,约定俗成,我们就不许另写作"橦"了。正因如此,所以形声字容易误写。

(5)对于一个概念,可用的意符不止一个。有些字,从这个意符固然很对,从那个意符也说得通。我们有什么理由去说明"喑"字不该写作"諳"? 但是,古人已经用了甲意符,我们就不许再用乙意符。除了很少数的例外(如"脣、唇"通用,"誤、悮"通用),我们只好硬记着古人的习惯,于是"躲避"不许写作"趓避","鞭子"不许写作"鞭子"。为什么? 简单的回答就是因为你不是古人! 甚至很不合理的形声字,也只好保留着,例如"骗"字本是"跃而乘马"的意义,毫无诬骗的意思,后来有人借用为诬骗的骗,相沿成为习惯,大家也只好写个"马"旁;如果有人写作"谝",我们就说他是写别字。其实,平心而论,"言"旁不是比"马"旁好些吗?

(6)形声字的原则深入群众脑筋,以致误加意符。其本有意符而赘加者，如"嘗"误作"嚐"，"感激"误作"憾激"；其本无意符而误加者，如"灰心"误作"恢心"，"夹袍"误作"裌袍"，"安电灯"误作"按电灯"，"包子"误作"饱子"。这一类的别字，是尚为一般文字学者所指斥的；然而古人也未尝不犯同样的毛病，例如"原"本从"水"（今变为从"小"），再加水旁作"源"；"然"本从"火"，再加"火"旁作"燃"，这不是本有意符而赘加吗？"纹"本作"文"，"避"本作"辟"，这不是本无意符而误加吗？不过习非成是，经过社会公认，就不再受指斥罢了。

　　由以上各节看来，形声字的流弊很多，汉字容易写错，就是这个缘故。形声字为什么不像西洋文字那样变为拼音字呢？这因为古代汉语单音词太多，同音异义的词也就太多，非形声字不足以示区别。现在复音词已经大大地增加了，将来是会走上拼音的道路的。

汉语浅谈

目　录

引　言

　　汉语是应用很广泛的一种语言。随着中华人民共和国国际声望的提高,汉语在国际上的地位越来越重要了。中国是一个多民族的社会主义国家,在中国共产党和毛主席的正确领导下,我国的社会主义文化正在蓬勃地发展着,各民族的语言也都获得了发展;同时,汉语被用作全国各民族交际的语言,在民族文化交流中起着巨大的作用。

　　汉语又是世界上历史最悠久的语言之一。从文献上看,汉语已经有四千年的历史,而实际上一定远在有文献记载之前,汉语就已经存在了。

　　我国由于地方大,人口多,汉语不免有方言的差别。但是从东北到西南的广大地区,大家说着彼此听得懂的话,也就是普通话或者接近普通话的语言。这个广大地区的人口约占全国汉族人口的百分之七十左右,这是不少的人数。其他方言的差别也不像人们想象的那么大。就词汇说,大部分是全国一致的;就语法说,差别更小;就语音说,也有对应的规律。因此,除了特殊情况之外,各方言地区的人也不是互相完全听不懂话的。全体汉族人民拥有共同的文字,成为民族团结的纽带,同时也显示出汉语有它的统一性。不管方言有多大的差别,绝不是像资产阶级学者污蔑我们的,成为几种不同的语言。今天我们的党和政府正在大力推广普通话,可以断言,将来各地的方言会逐渐向普通话集中,汉语的统一性还将进一步加强。汉语为祖国人民服务,一定会比今天服务得更好。

壹　汉语的特点

汉语(以普通话为代表)有它的特点。

一、语音的特点

语音方面,绝大多数的音节都属于同一类型。每一个音节在书面语言里以一个字为代表。一般说来,一个音节可以分为两部分,就是声母和韵母。声母是辅音(又叫子音),即 b、p、m、f、d、t、n、l、g、k、h、j、q、x、zh、ch、sh、r、z、c、s;韵母或者是元音(又叫母音),即 a、i、e、o、u、ü 等,或者是复合元音(两个元音相结合),即 ai、ei、ao、ou 等,或者是元音后面加鼻音韵尾,即 an、en、ang、eng 等。这些元音、复合元音、元音加鼻音韵尾的韵母,原则上还可以加上韵头 i、u、ü,即成为 iao、iou、uai、uan、üan、üe 等,例如"巴"的读音是 ba,分析起来是声母 b 加韵母 a,"高"的读音是 gao,分析起来是声母 g 加韵母 ao,"良"的读音是 liang,分析起来是声母 l 加韵母 iang。只有一个特殊韵母 er("儿"字的音),它是永远不跟声母拼的。

声母不能独立成为音节,韵母能独立成为音节。因此,汉字的读音可以没有声母,如"衣"读 i(写作 yi),"欧"读 ou,"王"读 uang(写作 wang)等;但是不能没有韵母,所以"基、欺、希、知、痴、诗、日、资、雌、思"必须写成 ji、qi、xi、zhi、chi、shi、ri、zi、ci、si,而不能简单地写成 j、q、x、zh、ch、sh、r、z、c、s;"波、坡、磨、佛"必须写成 bo、po、mo、fo,而不能简单地写成 b、p、m、f。这不仅是写法问题,而是实际读音必须如此。

　　声调是汉语的主要特点之一。其他语言也有有声调的（中国少数民族语言,有声调的占多数）,但是就全世界来说,有声调的语言是比较少的。所谓声调,就是声音高低升降的各种形状,它们在语言中起着辨别意义的作用,例如"昌"和"常"都读 chang,但是声调不同。这是所谓同音不同调。普通话共有四个声调,就是阴平声、阳平声、上声和去声。在汉语拼音方案中,阴平声以"–"为号,如"昌"（chāng）;阳平声以"ˊ"为号,如"常"（cháng）;上声以"ˇ"为号,如"厂"（chǎng）;去声以"ˋ"为号,如"唱"（chàng）。这四个声调之外还有轻声,轻声不算正式的声调,汉字单念时不念轻声,常常是双音词的第二个音节才有可能念轻声,例如"桌子、石头"。汉语拼音方案规定轻声不加符号。

　　汉语语音的配合非常富于系统性,不是每一个声母和每一个韵母都能相配,或者每一个韵母和每一个声调都能相配,而是有规律的。

　　就发音部位来说,声母可以分为六类:b、p、m、f 是唇音,d、t、n、l 是舌尖音,z、c、s 是舌尖前音,zh、ch、sh、r 是舌尖后音,j、q、x 是舌面音,g、k、h 是舌根音。发音部位相同就是条件相同,语音配合的情况一般也相同。举例来说,ü 不在 b 的后面出现,也不在 p、m、f 的后面出现;jiang 不在 m 的后面出现,也不在 b、p、f 的后面出现。因为 b、p、m、f 同属于唇音,条件相同。舌尖前音、舌尖后音、舌根音的后面都没 i 和 ü,相反地,舌面音的后面只能有 i 和 ü。舌尖音后面没有 en 出现[①],也没有 ün[②]。

　　就韵母来说,语音的配合也有规律,例如 ai、ei 的前面没韵头 i[③];ao、ou 的前面没有韵头 u;ai、ei、ao、ou 的前面都没有韵头 ü。

---

①　北京方言里有一个"抔"字（猛然用力拉）念 dèn,是例外。又"嫩"字,北京有 nèn、nùn 两读,现在规定普通话读 nèn。

②　"淋湿"的"淋",北京人有说成 lǔn 的,但是正音该念 lín。

③　"涯"字从前有人念 iái,现在都念 iá（写作 yá）了。

就声调来说,语音的配合也有一些规律可寻。如果声母是 b、d、g、j、zh、z(这种声母,叫做不送气声母),而又以鼻音韵尾收音的,一律不与阳平声相配合。具体说来,就是汉字当中没有读 bán、bén、báng、béng①、bián、bín、bíng、dán、dáng、déng、dián、díng、duán、dún、dóng、gán、gén②、gáng、géng、guán、gún、guáng、góng、jián、jín、jiáng、jíng、juán、jún、jióng、zhán、zhén、zháng、zhéng、zhuán、zhún、zhuáng、zhóng、zán③、zén、záng、zéng、zuán、zún、zóng 的。

某个音不与某个音配合,有两种原因:一种原因是语音本身所制约,某个音与某个音连在一起,发音不方便,例如 zh、ch、sh、r 不和 i、ü 拼④,j、q、x 不和 a、o、u 拼,就是这个道理。另一种原因是历史所造成的,例如 d、t、n、l 不和 en、ün 拼。声调不与某个音配合也是历史造成的。这个问题比较专门,这里不详细讨论了。

二、词汇的特点

词汇方面,最大的特点是单音成义。所谓单音成义,就是每一个音节代表一个意义。前面说过,汉语每一个字代表一个音节,因此,我们也可以说,每一个字代表一个意义。当然也有特殊的情况:比如,有一种词是由联绵字构成的,或者是由叠字构成的,就必须用两个音节合成一个意义,拆开来就没有原来的意思了。联绵字,就是两个字联结成为一体的意思。大致分为双声的和叠韵的两种。双声联绵字表现为两字的声母相同,如"踌躇"(chóuchú),这两个字的声母都是 ch;叠韵联绵字表现为两个字的韵母相同,如

---

① "甭"字念 béng,但这是"不用"的合音,是例外。
② 北京方言有"哏"字(滑稽,有趣),念 gén,是例外。
③ "咱"念 zán,是"咱们"(zamen)的合音,是例外。
④ "知、吃、诗、日"拼成 zhi、chi、shi、ri,那不是真正的 i,而是跟 i 近似的音。这种 i,单写时可以写作-i 或 i。

"从容"（cóngróng），两个字的韵母都是 ong。不但"踌"和"躇"拆开了不成话，"从"和"容"拆开了，也跟"从容"的意义不相干。也有少数联绵字既非双声，又不是叠韵，如"葡萄"（pútɑo）、"工夫"（gōngfu）等。叠字如"鸡声喔喔"里的"喔喔"、"流水潺潺"里的"潺潺"（chánchán），拆开了"喔、潺"也不成话。但是联绵字和叠字在汉语词汇中毕竟是少数，从一般情况来说，汉语词汇仍旧是单音成义的。

现代汉语有许多双音词，如"电话、电灯、风车、水库"等，也有一些三音词，如"自来水、图书馆"等，四音词，如"无产阶级、共产主义"等。这是所谓合成词。其中每一个字都可以称为词素，词素是一个词的构成部分，词素本身也是有意义的，如在"电话"一词中，"电"和"话"都有意义。当然，简单地把"电"的意义和"话"的意义加起来，并不能构成"电话"的意义，但是我们不能说"电"和"话"跟"电话"无关。"自来水"不能解释为"自动到来的水"，但是当初造词的人确实想到这种水是自动到来的，而不是从井里打出来的，今天我们说这个词的时候，还明确地意识到这个词里面包含着"自动"的"自"、"到来"的"来"、"水火"的"水"。

汉语在接受外来词的时候，还不放弃这个特点，就是一个字有一个意义的特点。"科学"这个词，在最初的时候曾经是音译成为"赛恩斯"，拆开来看，"赛、恩、斯"这三个字（音节）都和"科学"的概念无关。后来改为译意，译成"科学"。科学是分科的学问，这样，"科"和"学"都有意义了。有许多外来词根本没有经过音译的阶段，从一开始就用意译，例如"哲学"，照音译该是"菲洛索菲"，但是这个词来自希腊语 philos（爱）和 sophia（智），所以译成"哲学"。依照中国古代字典《说文解字》的解释"哲，知也"，"知"就是"智"的意思。有时候也不一定依照西洋的语源来翻译，例如"电话"最初翻译为"德律风"，这个词来自希腊语 têle（远）和 phônè（音），直译该是"远音"，但是现在译成"电话"就更合乎汉语的习惯。虽然我们也有一些译音的词,如"咖啡、沙发、阿斯匹灵",但是这种外来词毕竟是少数。我们把外来词分为两类:一类是借词,如"咖啡";另一类是译词,如"科学、电话"等。在其他语言中的外来词,一般总是借词占大多数,而汉语的外来词则是译词占大多数。

汉字正是和汉语单音成义的特点相适应的。既然每一个音节具有一个意义,所以就拿一个方块字作为一个音节的代表了。

单音成义的好处在于使汉语有很大的适应性。不管增加多少新词,原则上不须要增加新字。《新华字典》(1962 年修订重排本)只收了八千左右个单字,就够用了,而一般常用字大约只有三千个左右。现代汉语里的词有好几万个,但是,正如前面所说的,那些双音词、三音词、四音词,一般都是有意义的单字合成的,这样就帮助了人们的记忆。这应该认为是汉语的优点。

三、语法的特点

语法方面,最大的特点有两个:第一是词序的固定,第二是虚词的应用。

词序的固定,指的是句子成分在句子里占有固定的位置。一般地说,主语部分在谓语部分的前面,如在"伟大的毛主席正领导着我们在光明的社会主义大道上前进"一句中,"伟大的毛主席"是主语部分,其余是谓语部分。谓语在宾语的前面,如在上面的句子中,"领导着"是谓语在前,"我们"是宾语在后。定语在它所修饰的名词前面,如"伟大的"是定语,在名词"毛主席"的前面;"光明的"是定语,在名词性词组"社会主义大道"的前面。状语在其所修饰的动词的前面,如"正"是状语,在动词"领导"的前面;"在光明的社会主义大道上"是状语,在动词"前进"的前面。我们已经习惯于这种词序,觉得本该如此,没有什么可谈的。其实各种语言的词序大不相同。俄语的主语部分就不一定放在谓语部分的前面,日语的宾语却放在谓语的前面,越南语的定语却放在它所修饰的名词的后面,英语的状语常常放在它所修饰的动词的后面。

汉语词序的固定所以成为必要,是由于词的本身没有一定的形态变化,词的后面又不附有表示句子成分的记号。这并不能说是汉语的缺点,因为汉语句子成分的位置固定了以后,可以让人清楚地辨认主语、谓语、宾语、定语、状语等。

虚词的应用,在汉语语法中占着极其重要的地位。首先要讲的是语气词。语气词是汉语的一大特点,拿西洋语言来比较,它们缺乏语气词,或者有些所谓"小品词",在作用上有点像汉语的语气词,而不能像汉语语气词那样明确地表示语气,也没有这么丰富的内容。现代汉语的语气词放在一句的末尾,它们所表示的语气可以分为确定语气、揣测语气、假设语气、商量语气、说服语气、当然语气、答辩语气、夸张语气、疑问语气、反问语气等。确定语气用语气词"啦"字,这是"了"和"啊"的合音,例如"他要走啦""你甭说啦""拖拉机开到了咱村啦"。揣测语气用语气词"吧"字,例如"今天不会下雨吧""大概是他吧"。假设语气也用语气词"吧"字,例如"去吧,没有时间,不去吧,问题不能解决"。商量语气也用语气词"吧"字,例如"咱们走吧""你原谅他吧"。说服语气用语气词"啊"字(有变音"呀、哇、哪"等),例如:"我实在没有法子啊!""他的话说得对呀!""他唱得真好哇!""这件事不好办哪!"当然语气用语气词"呗"字,例如:"不懂,我们就好好学呗。"答辩语气用语气词"嘛"字,例如:"有意见就提嘛!""我本来说过我不会嘛!"夸张语气用语气词"呢"字,例如:"不问他还不说呢!""这种事情多着呢!"疑问语气用语气词"呢、吗"或"啊"("呀、哇、哪")。这三个词的用法又各不相同。"呢"字用于交替问,例如:"他来不来呢?""他来呢,还是你去呢?"又用于句中已有疑问词的句尾,例如:"他什么时候才来呢?"又用于不完全句,例如:"我来了,他呢?""吗"字用于句中没有疑问词的句尾,例如:"他来吗?""你同意吗?""他会这样做吗?"这两个疑问词不但在句式上不一样,它们所表达的意思也不一样:"呢"字常常表示纯粹的疑问,而"吗"字则先作出一个假定,然后要求证实,例如"他来了没有呢?"(常常省略"呢"字,说成"他来了没有?")和"他来了吗?"的意思不同:前者表示问话人没有任何倾向性,只是简单地提出问题;后者表示问话人倾向于相信他来了,只是要求对话人加以证实(也可以倾向于反面,如"他会不知道吗?")。疑问语气词"啊"字("呀、哇、哪")用途较广,它既可以代替"呢",如"他来不来呀?"又在某些情况下代替"吗",如"你说的话都是真的啊?"反问语气也用"呢、吗",例如:"我哪能不相信呢!""难道你还不相信吗!"以上所讲的语气词还不能说是全面的,但是已经让人看见它们所表示的语气是非常丰富的。它们大部分都带着浓厚的感情色彩。

还有一种语气副词,同样地带着浓厚的感情色彩。现在举出"偏、竟、都、并、难道"这几个副词来谈一谈。"偏"字表示事情和人的情感相抵触,例如:"我要他去,他偏不去。""他要我说几句好话,我偏不说。"也可以说成"偏偏",例如:"昨天本想出去玩玩,偏偏又下大雨!"也可以说"偏生、偏巧",例如:"不想在车上碰见他,偏生他也上了这辆车,结果还是碰上了。""我要买的这本书,偏巧书店已经卖完了。""竟"字表示事情出乎意料之外,例如:"地主料不到农民竟敢起来打倒他们。"又可以说成"竟然"或"竟自",例如:"那么大的工程,竟然在短短几个月的时间内完成了。""他一声不响,竟自离开了这里。""都"字表示正面的强调,例如:"饭都凉了。""都是你出的主意!""这一片绿油油的庄稼,都是孩子们种的。""并"字表示反面的强调,例如:"他并不怕。""金钱并不能使人幸福。""难道"表示强烈的反问,例如:"难道不是帝国主义和反动派造成旧中国的贫困吗?""难道这件事还能算小事情吗?"汉语在这些地方也表现了它的民族特点。

还有一些副词,如"已"字表示事情已经过去,"将"字表示事情即将到来,"正"字表示事情正在进行,"仍"字表示事情的相同,

"再"字表示事情的重复或连续,等等。这些副词在语言的表达上也都起着很大的作用。但是这些副词在其他语言中可以找到相当的词,不算突出的民族特点,这里就不多讨论了。

贰 汉语的发展

语言是发展的。古代汉语和现代汉语不一样。语音和词汇发展得快些,语法发展得慢些。现在分别加以叙述。

一、语音的发展

语音方面,古今的不同最为人们所忽略了。这因为汉字不是拼音文字,即使古今的字形不一样,也只以为是字形的变迁,不以为是字音的变迁。何况从汉代到现在,字形也基本上稳定下来了。人们用今音读古书,一样读得懂,所以不会意识到古今音有什么不同。实际上,古今音的差别是很大的。

古代有韵尾 k、t、p,这是和现代汉语普通话完全不一样的。古代韵尾 k、t、p,到了现代汉语普通话里都失落了,和以元音收尾的字变为同音字了,例如:

例字	7 世纪	现代
利	li	
历	liek	lì
栗	lit	
立	lip①	

_____

① 这是以汉语拼音字母为基础的一种音标。为了易懂,标音不太严格。以下同此。

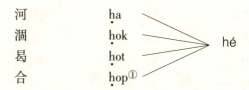

带有韵尾 k、t、p 的字，是所谓入声字。现代普通话没有入声字，原来的入声字都分别归到阴平声、阳平声、上声、去声里去了（关于古代的声调，下面还要谈到），入声字原有的韵尾 k、t、p 也都消失了，本来读音不同的字有许多变成同音了。

古代有三种鼻音韵尾，即 ng、n、m。现代普通话里 m 尾变为 n 尾，和原来的 n 尾合流，就只剩了 ng、n 两种韵尾了，例如：

例字	7 世纪	现代
当	dong	dang
单	don	dan
耽	dom	
星	sieng	xing
新	sin	xin
心	sim	

古今音不同，所以古代同韵的字到了现代不一定同韵，例如杜甫的《客至》诗：

舍南舍北皆春水，但见群鸥日日来。

花径不曾缘客扫，蓬门今始为君开。

盘飧(sūn)市远无兼味，樽酒家贫只旧醅。

肯与邻翁相对饮，隔篱呼取尽余杯。

———

① 这里的 h，严格地说，不同于现代普通话的 h，所以在 h 下面加一点，说明见下文。

韵脚	唐代	现代
来	loi	lai
开	koi	kai
醅	puoi	pei
杯	buoi	bei

同样,现代同韵的字在古代不一定同韵;唐诗中不能互相押韵的字到今天却可以押韵了,例如李季的《阳关大道》第二段:

党河大桥
座落在敦煌城南。
桥下是滚滚的流水,
桥上的大路直通阳关。

韵脚	唐代	现代
南	nom	nan
关	guan	guan

声母的情况也和韵母一样,许多声母起了变化。首先要说的是浊音变了清音。所谓清音,指的是发音时声带不颤动;所谓浊音,指的是发音时声带颤动。古代的 p、f、t、k、h、ch、sh、c、s 都分为清浊两类①,现在我们把浊音的一类写成 ḅ、v、ḍ、g̣、ḥ、ẓh、ṣh、ẓ、ṣ。这类浊音叫做全浊。还有一类叫做次浊,就是 m、n、l、r 等,以及今天普通话一部分念 w、y 开头的字。今天普通话里,全浊已经消失了,它们都变了清音,以致某些字本来是清浊对立的,在现代普通话里合而为一了,例如:

---

① 这并不是说,古代声母的发音部位与现代声母的发音部位完全相当。h、ch、sh 等声母在古代是另一些声母,但是这里只讲清浊问题,所以不详细讨论发音部位了。

例字	7 世纪		现代
霸	ba		ba
罢	ba·		
付	fiu		fu
附	viu		
订	dieng		ding
定	dieng·		
贵	guei		guei
柜	guei·		
汉	hon		han
汗	hon		
致	zhi		zhi
治	zhi··		
兽	shiou		shou
授	shiou·		
再	zoi		zai
在	zoi·		
宋	siuong		song
颂	siuong·		

其次,值得注意的是 j、q、x 的来源。它们有两个来源:一个来源是 g、k、h(包括 g·、h),另一个来源是 z、c、s(包括 z·、s)。当它们在 i、ü 前面的时候,都不再保持原来的 g、k、h 或 z、c、s,而一律变成了 j、q、x。换句话说 g、z 和非平声的 g·、z· 都变了 j;k、c 和平声的 g·、z· 都变了 q;h 和 s 都变了 x。这样,许多不同来源的字的读音都合而为一了,例如:

例字	7 世纪		现代
激	giek		ji
绩	ziek		

姜	giang	jiang
将	ziang	
惧	gi̇u	ju
聚	zi̇u	
乔	giao	qiao
樵	zi̇ao	
契	kiei	qi
砌	ciei	
区	kiu	qu
趋	ciu	
香	hiang	xiang
相	siang	
酗	hiu	xu
续	si̇ouk	
休	hiou	xiu
修	siou	

声调系统的演变，比起声母和韵母来，稍为简单些。古代(中古)声调共有四种，即平声、上声、去声、入声。到了 14 世纪，北方一部分地区已经不存在入声，而平声则分为两类，即阴平和阳平。清音字变阴平，浊音字变阳平。有人称为清平和浊平，那是不妥当的，因为全浊声母已经消失，这些声母只在声调中留下清浊的痕迹罢了。中古时代的四声和现代普通话的四声的对应关系如下(见下页)：

从上面的对应关系看来，中古去声的关系最简单，它到了现代普通话里仍旧是去声①。中古平声的关系也比较简单，它只是依照

───────────

① 有少数例外，如"播"本属去声而读阴平。

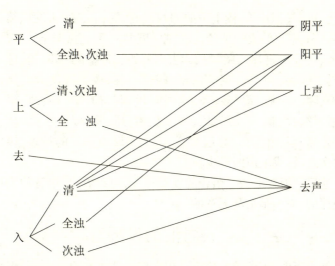

清浊两个系统分化为阴平和阳平罢了①。中古上声的关系比较复杂:清音字如"把、打、狗、浅、主、子"等,次浊字如"母、你、鲁、柳、有、尾、五"等,仍旧属上声,而全浊上声字如"动、项、技、雉、巨、叙、罢、罪、倍、尽、肾、愤、近、旱、伴、限、件、辩、肇、抱、鲍、祸、社、象、丈、荡、杏、幸、静、并、舅、妇、部、朕、淡、渐、湛、范"等,都转成去声了②。中古入声和现代普通话声调的对应关系最为复杂:次浊字变为去声,如"莫、溺、力、立、六、乐、袜、育、玉、岳"等③;全浊字差不多全部转成阳平,如"别、白、薄、独、敌、合、活、极、竭、轴、浊、熟、杂、凿、俗"等④,但是清音字则分散于阴平、阳平、上声、去声。读阴平的如"拨、逼、泼、劈、发、督、踢、鸽、郭、哭、喝、黑、忽、激、接、七、缺、屈、吸、歇、只、粥、插、吃、失、杀、说、擦、剥、削"等,读阳平的如"福、拂、德、格、革、阁、国、夹、急、吉、击、结、节、菊、决、觉、爵、惜、职、

---

① 有少数例外,如"庸、微"本属阳平而读阴平。
② 个别字未转入去声,如"俭"(jiǎn),反而是不规则的变化,可能是受"检"字的影响。
③ 有少数例外,如"摸"读阴平。
④ 有少数例外,如"剧、续、特"读去声,"突"读阴平(也有人读阳平)。

执、札、折、叔、则"等,读上声的如"百、北、笔、卜、发(头发)、笃、塔、铁、骨、渴、郝、给、戟、脚、乞、角、曲(歌曲)、甲、血(语音)、雪、眨、窄、嘱、尺、色(语音)、撒"等,读去声的如"必、壁、毕、不、迫、辟、腹、的、挞、忒、惕、拓、各、克、客、刻、阔、扩、赫、稷、泣、讫、恰、妾、彀、雀、确、隙、血、旭、蓄、陟、炙、祝、赤、斥、刹、彻、掣、触、绰、辍、式、识、适、煞、设、摄、束、朔、仄、作、侧、策、册、猝、促、蹴、撮、萨、飒、色、瑟、速、宿、肃"等。总起来说,入声字转成去声的最多,转成阳平的次之,转成上声的最少。

这里只扼要地谈了语音的发展概况,可以看出,语音的发展是有规律的,而不是杂乱无章的。

二、词汇的发展

词汇方面,古今的变化也是很大的。斯大林说:"语言,主要是它的词汇,是处在差不多不断改变的状态中。工业和农业的不断发展,商业和运输业的不断发展,技术和科学的不断发展,就要求语言用工作需要的新的词和新的语来充实它的词汇。"[1]由此看来,语言的词汇是随着社会的发展而发展的。汉语词汇的发展情况也正是如此。

从出土的殷周铜器来看,当时的饮食用具有鼎(煮肉器),有簋(读 guǐ,又写作"簋",盛饭器),有簠(读 fǔ,方形的簋),有盨(读 xū,簋之一种),有豆(盛肉器),有敦(盛黍稷的祭器),有斝(读 jiǎ,温酒器),有盉(读 hé,温酒器),有爵(温酒器),有尊(饮酒器),有觚(读 gū,饮酒器),有觯(读 zhì,饮酒器),有卣(读 yǒu,贮酒器),有觥(读 gōng,贮酒器)等等。这些东西,随着时代的变迁而消失,今天只能在博物院里看见它们了。而今天我们所用的铁锅、盘子、碟子、杯子等等,却又不是上古时代所能有的[2]。举这样一个例子,

---

① 斯大林《马克思主义与语言学问题》第 8 页,人民出版社 1953 年。
② 上古虽也有所谓盘,那是洗手、洗脸、洗澡用的。

已经可以说明古今词汇的不同是由于社会的发展。

　　人类每次有一种发明或发现,都须要有一个新词或一些新词进入语言的词汇里。近代和现代的发明最多,新词也不断出现。近百年来,从蒸汽机、电灯、无线电、火车、轮船到原子能、同位素等等,数以千计的新词新语进入了汉语的词汇。还有哲学、社会科学、自然科学各方面的名词术语,也是数以千计地丰富了汉语的词汇。总之,近百年来,特别是最近五十年来,汉语词汇的发展速度,超过了以前三千年的发展速度。汉语的适应性很强,任何新的概念,都能完满地表达出来。汉语的词汇,是汉族人民在文化发展上的一种财富。

　　词义的变迁,也是值得说一说的一件事。词义的变迁有三种方式:第一是词义的扩大,就是词的含义扩大了;第二是词义的缩小,就是词的含义缩小了;第三是词义的转移,就是换了一个含义(这个含义必须是邻近的)。以身体部分为例:“眼、脸、身”是扩大的例子。“眼”的本来意义是眼球(睛,眼珠子),《晋书·阮籍传》说“籍能为青白眼”①。后来“眼”变为与“目”同义(包括眼球、眼睑、泪腺等),是“眼”的意义扩大了。“脸”的本来意义是颊(人有两颊,所以也有“双脸”),特别指妇女擦胭脂的地方(读 jiǎn),所以白居易《王昭君》诗里说“满面胡沙满鬓风,眉销残黛脸销红”②。“脸”和“面”是不同的。后来“脸”变为与“面”同义(读 liǎn),是“脸”的意义扩大了。“身”的本来意义是指颈以下、股以上的身体部分,所以《论语·乡党》说孔子“必有寝衣,长一身有半”。寝衣就是小卧被(一说是睡衣),长一身有半,指比身还长一半,就是长到

---

①　阮籍是晋代人。传说他的眼珠子可青可白。他瞧得起的人,就用青眼看;瞧不起的人,就用白眼看。

②　王昭君是汉元帝的宫女,嫁给匈奴的单(chán)于(国王)。匈奴地方风沙大,所以说“满面胡沙满鬓风”。相传王昭君不愿离开汉朝,白居易设想她不再画眉搽胭脂,所以说“眉销残黛脸销红”。

膝间。后来"身"变为指整个身体,是"身"的意义扩大了。"趾(zhǐ)"是缩小的例子。"趾"字的本来意义是足(今天叫脚),所以《诗经·豳(bīn)风·七月》说"四之日举趾"①,"举趾"就是"举足"。后来"趾"变为专指脚指头,是"趾"的意义缩小了。"脚"是转移的例子。"脚"的本来意义是胫(小腿),所以司马迁《报任安书》说"孙子膑(bìn)脚,兵法修列"②。膑脚和刖(yuè)足都是奴隶社会和封建社会的残酷刑罚,但是膑脚比刖足的刑罚更重。刖足是砍掉脚掌,还勉强能走路,膑脚则是去掉膝盖(膝盖是脚的开始),去掉膝盖以后,就完全不能走路了。后来"脚"变为与"足"同义,是"脚"的意义转移了。

我们应该把词义的变迁和词义的引申区别开来。词义的变迁是新义代替了旧义;词义的引申则是本义与引申义同时并存,例如"道"的本义是道路,引申为道理,道路和道理两个意义至今同时并存,并不是有了引申义以后,本义就消失了。引申义往往不止一个,例如"天"的本义是天空,引申义有:天然的(如"天性"),日(如"今天、明天、三天"),季节(如"冬天、冷天、三伏天"),天气(如"阴天、晴天")等。这些引申义也不是一个时代的产物,拿"天"字来说,引申义"天然"已经很古了,而引申义"日"(一昼夜二十四小时的时间)却产生得较晚。

汉语既然有四千年以上的历史,词汇的发展情况就特别复杂一些。尽管文字没有改变,我们今天要读懂古书,已经有很大的困难了。假定有一个七十岁的老人,从二十岁以后就住在国外,不和汉民族接触,也不看中国书报,今天他忽然回国,不但为祖国的伟大建设所震惊,同时也会为汉语词汇的巨大变化感到惊奇,从现在看从前,与从从前看现在,道理是一样的。

---

① 四之日,指四月。周代的四月,等于夏历的二月。举趾,指下地。二月下地开始耕种。
② 孙子,即孙膑,战国时代的大军事家。孙子的同学庞涓事魏惠王,妒忌孙子的才能,把他骗到魏国去,处以膑脚的刑罚。

三、语法的发展

语法方面,变化虽然小些,但也不是一成不变的。现在提出两种语法结构来谈一谈:

第一是判断句。判断句在今天指的是用判断词"是"字造成的句子,如"中国是地大物博的国家""帝国主义是资本主义发展的最高和最后阶段"等等。判断句在上古汉语里是不用"是"字的。有人说上古的"为"字就是"是"的意思,但是上古判断句也不经常用"为"字。最普通的判断句的结构形式是主语部分后面稍有停顿,谓语部分后面加上一个"也"字,如"孔子,鲁人也"。现代的文章在千字以上的,判断词往往用到十个以上;上古时代的文章在千字以上的,一般来说,连一个判断词也找不出来。后来的判断词"是"字,是从指示代词"是"字发展来的。《论语·述而》说:"德之不修,学之不讲,闻义不能徙(xǐ),不善不能改,是吾忧也。"①这里的"是"字当"此"字讲,"是吾忧也"等于说"此吾忧也"。指示代词"是"字在这种情况下正是处在后代判断句里的判断词所处的位置,所以逐渐变为带有判断词的性质,它的用途也逐渐扩大到其他判断句中去,于是"孔子,鲁人也"也变成了"孔子是鲁国人"了。

第二是处置式。我们把那些借助于副动词"把"字把宾语提到谓语前面的结构叫做处置式,处置式的作用是对某事物进行处理,例如"把敌人消灭干净""把革命进行到底"等;或者是产生某种影响或后果,例如"风把他给吹病了""我昨天骑车,把一个小孩儿给碰了"。这种处置式,不但上古时代没有,连中古时代也不常见。《孟子·梁惠王下》说:"为巨室,则必使工师求大木。工师得大木,则王喜,以为能胜其任也。匠人斫(zhuó)而小之,则王怒,以为不

① 好的品质不能养成,学问不能讲求,听见了好人好事不能跟别人学,犯了错误不能改:这些事情都是我所担心的。

胜其任矣。"①其中"匠人斫而小之"一句,译成现代汉语应该是"木匠把它砍小了"。这就显示古今语法的不同。不难看出,古代那种语法结构比较笨重,如果宾语很长,就更笨重了,后代用"把"字把宾语提到前面去,就使结构变得紧凑。这是汉语语法上的一大进步。

这里不能一一地叙述各种语法结构的历史演变。总之,我们要遵守这样一个原则:我们在研究语法史的时候,不要以为现代有的东西古代一定有,也不要以为古代没有的东西现代就不能有。

上面我们浅显地谈了古今汉语的情况,又把古今汉语的特点加以比较。如果我们把每一个方面、每一个时期都谈到,详细讨论汉语发展的过程,并且尽可能地讨论各个阶段发展的原因以及今后发展的趋势,那就成为一部汉语史了。

---

① 要造大房子,必须使工程师去找大木材。工程师找到了大木材,大王您就高兴,以为他能完成任务。如果木匠把这些大木材砍小了,您就会发怒,以为他没有完成任务。

叁　汉语的方言

汉语方言是历史形成的。各地的方言无论如何复杂,追溯到最后还是同出一源。这就说明了为什么各地方言的语音有着对应的规律,词汇有许多共同的地方,语法更是基本上相同。

方言区域的划分,是一件十分复杂而又细致的事情。我们不能简单地认为互相听不懂话就算两种不同的方言。一般地说,甲地懂乙地的,乙地懂丙地的,而甲地和丙地互相听不懂,如果单凭懂不懂作为标准,方言区域的界限就定不下来。因此,要确定方言分区,必须先定标准。到目前为止,语言学家们主要根据的是语音标准,例如吴方言的标准之一是保存着古代的全浊音。湘方言虽也大致具备全浊音,但是发音方法和吴方言不是一个类型,而且有些地方与古代的全浊音系统不完全相当,所以湘方言应该算是另一种方言。

汉语方言共分为多少种,现在还没有定论。依我现在的意见,大致可以分为六种:(1)北方方言,这是区域最大的一种。虽叫北方方言,其实是从东北起,到西南止,包括长江以北地区,长江以南镇江以上九江以下地带,湖北(东南角除外)、四川、云南、贵州四省,湖南省西北角及广西北部。(2)吴方言,包括江苏省长江以南镇江以东的大部分以及浙江全省。(3)湘方言,在湖南省(西北部除外)。(4)赣客方言。这种方言又可再分为赣方言和客家方言。赣方言包括江西省的大部分和湖北省东南角。客家方言散布在广东、广西、福建、江西等省（自治区）。湖南、四川两省也有少数说客家话的。（5）闽方言，包括福建大部分，台湾，广东潮州、汕头一带以及海南岛。闽方言又可以分为闽北话和闽南话。闽北话以福州为代表，闽南话以厦门为代表。（6）粤方言，包括广东的中部、西部、南部，广西的南部、东部、西部。当然，大方言区还可以再分为小方言区，区与区之间有亲疏远近的分别，这里不详细讨论了。

　　从历史上看方言的发展，会引起人们很大的兴趣。原来这些方言都是兄弟姊妹，各自保存着老祖宗的一些东西。在语音方面，表现得最为明显。

一、方言的语音

　　古代入声在现代普通话里消失了，但是在吴方言、湘方言、赣客方言、闽方言、粤方言都保存着入声。粤方言所保存着的古入声三个系统（以 k、t、p 收尾）最为完整，例如：

例字	7 世纪	现代广州话
历	liek	lik①
栗	lit	löt
立	lip	lap
涸	hok·	kok
曷	hot·	hot
合	hop·	hap

　　客家话和闽南话也保存着 k、t、p 这三个入声韵尾，但是不十分完整，例如客家话"历"字读 lit，闽南话"栗"字读 liek。闽北话完全没有 t 尾和 p 尾，福州的"历"和"立"都是 lik，"栗"是 leik。赣方言

---

① 凡与汉语拼音方案不同的拼法，都是方言里特殊的读音。要彻底了解方言里的特殊读音，必须听方言区的人发音，并且向他们学习。读者在这些地方只要知道大意就行了。

跟客家话比较接近,但是入声三个系统比客家话分得清楚,只是有些地方(如临川)以ʔ代k。ʔ是比k发音部位更后的一个辅音,语音学上叫做喉塞音。以上是第一类,这类的特点是有k、t、p收尾,或者是有其中的一两种收尾。

吴方言所保存的入声不能再分为三个系统,例如上海的"历、栗、立"一律读liʔ。北方方言中,也有一些地区保存着入声,如山西省的大部分,河北省南部的武安、磁县,河南省北部的安阳、博爱一带,河北省北部的宣化,内蒙古的呼和浩特、卓资一带。四川省也有个别地区有入声。以上是第二类,这类的特点是一律以喉塞音收尾。

湘方言所保存的入声不但没有k、t、p收尾,连喉塞音收尾也没有,例如长沙的"历、栗、立"一律读li,与"离"字同音不同调。"离"字是个低升调,而"历、栗、立"是个高升调。这是第三类。从韵母的观点看,在这个方言区域中,入声已经没有什么特点了。

关于鼻音韵尾的三分法(收ng、收n、收m),也是粤方言保存得最完整,例如广州的"当"读dong,"单"读dan,"耽"读dam;"星"读sing,"新"读san,"心"读sam。闽南话和粤方言在这一点上相类似,例如厦门的"当"读dong,"单"读dan,"耽"读dam;"星"读sing,"新"读sin,"心"读sim。客家话虽然也保存着三分法,但是在某些情况下,ng并入于n,例如梅县"当"读dong,"单"读dan,"耽"读dam;但是"星"读sên,"新"读sin,"心"读sim。闽北话另是一种情况,它没有n尾,所有古代n尾的字都并入了ng尾,但是m尾仍旧是独立的。赣方言与现代普通话在这一点上相类似,因为它丧失了m尾,古代m尾的字并入了n尾,但是ng尾仍旧是独立的。西南官话(北方方言的一支)的ng尾在i、e的后面不能保持,所以"星、新、心"一律读sin,"争、真、针"一律读zhen("争"在普通话里读zheng)。吴方言ng尾和n尾在i、e的后面可以自由交替(例如"心"既可读sing,又可读sin),这一点和西南官话近似;但是n尾在

a 的后面不能保持,变为元音收尾(如"单、耽"在上海读 dê,"寒、含"在上海读 hö),这是吴方言的特点。湘方言在某些地区还有 ng 在 i、e、a 后面都不能保持的现象,一律变为 n 尾,例如长沙"当、单、耽"一律读 dan,"星、新、心"一律读 sin。

古全浊声母在吴方言中保存得最完整,例如上海"罢"bo 不同于"霸"bo,"附"vu 不同于"付"fu,"定"ding 不同于"订"ding,"柜"guê(或 ju)不同于"贵"guê(或 ju),"汗"hö 不同于"汉"hö,治 zi 不同于"致"zi,授 së 不同于"兽"së,"在"sê 不同于"再"zai,"颂"song 不同于"宋"song。湘方言某些地区也保存着古全浊声母,例如沅江,但是多数地方还是靠着一种低调来反映古全浊声母。如果说吴方言的全浊声母是既浊又低的话,长沙等地则是低而不浊了。用低调来反映古全浊声母的还有粤方言。下文谈到声调的时候,还要回到这个问题上来。

古代的 g 系统和 z 系统,要算粤方言、闽方言、客家方言保存得最完整了。在这些地区中,zh 系统和 z 系统有时混合,但是 z 系统绝对不跟 g 系统混合。原因是 g 系统保存着原来的发音部位。广州的"激"gik 不同于"绩"zik,"姜"göng 不同于"将"zöng,"惧"göü 不同于"聚"zöü,"乔"kiu 不同于"樵"ciu,"契"kai 不同于"砌"cai,"区"köü 不同于"趋"cöü,"香"höng 不同于"相"söng。广州虽然把"休"字读成 yao,但是仍然不跟"修"(读 sao)相混。闽方言和客家方言的情况跟粤方言在这一点上非常相似。厦门、梅县的"休"读 hiu,比广州话更合乎古音了。

在全国大多数地方,g、k、h 在 i、u 的前面都变了 j、q、x[①]。但是这不意味着一定要跟 z 系统相混合。如果 z 系统保存原来的声母不变,就形成了 j 系统和 z 系统对立的局面。京剧的传统唱法中,演员们要辨别尖团音。所谓团音就是 j 系统,尖音就是和 j 系统相

---

① 北方方言只有胶东话没有变。

对立的 z 系统(在 i、ü 的前面)。一方面可以说京剧的发音有存古的性质,另一方面是由于京剧来自汉调和徽调,保存着原来尖团的区别。不但吴方言和湘方言在绝大多数地区能区别尖团,即以北方方言而论,相当多的地区也能区别尖团,例如开封的"绩"zi 不同于"激"ji,"将"ziang 不同于"姜"jiang,"聚"zü 不同于惧 jü,"樵"ciao 不同于"桥"qiao,"砌"ci 不同于"契"qi,"趋"cü 不同于"驱"qü,"相"siang 不同于"香"xiang,"续"sü 不同于"酗"xü,"修"siu 不同于"休"xiu。

声调分为阴阳,是受了清浊音的影响。演变的过程可能是这样:在中古时代,同一声调的字,由于声母有清有浊,影响到声调的高低有细微的分别,但是那种分别太细微了,以至不能构成两个声调,例如"通"和"同"在中古时代同属平声,而无所谓阴平和阳平。但是,后来这种分别越来越明显了,就构成截然不同的两个声调了。特别是全浊音消失以后,阳调类成为浊音的遗迹,声调要分阴阳,就变为更加重要了。

声调既然受清浊声母的影响而分为阴阳,古代的四声演变到现代,原则上应该分为八个声调,即阴平、阳平、阴上、阳上、阴去、阳去、阴入、阳入。实际上,有些方言也正是这样。浙江大部分地区(如绍兴、温州)都能按照清浊系统区别八声。广东潮州虽然丧失了全浊声母,仍旧能辨别八声。有些方言超出了八声。广州话有九个声调,因为入声分为阴入、中入、阳入。中入在名义上虽然算是中性的(不阴不阳),在系统上则该算是阴入的一个分支,因为读阴入和中入的字都是古代的清音字。分化的条件是短元音读阴入,长元音读中入,例如"北"bak,"百" baːk[①];"笔"bat,"八"baːt;"急"gap,"甲"gaːp。广西博白入声有四个声调,阴入和阳入各分为急声和缓声。阴入急声等于广州的阴入,阴入缓声等于广州的

---

① 元音后面加两点,表示长元音。

中入(收字稍有不同),阳入急声和阴入缓声分化的条件也是短元音读急声,长元音读缓声。许多方言不足八声。吴方言多数只有七声,如苏州没有阳上,因为浊音上声字都读成了阳去。客家话只在平入两声分阴阳,所以总共只有六声。长沙话文言有五个声调,即阴平、阳平、上声、去声、入声;白话有六个声调,因为去声也分阴阳。北方方言如果是有入声的,就有五个声调,像安阳;如果没有入声,就只有四个声调(阴平、阳平、上声、去声),像北京。在没有入声的方言里,古入声的归属情况也不一致:西南官话古入声一律归入阳平,黄河以北就各有不同。昌黎离北京不远,北京古入声归上声的很少,而昌黎古入声归上声的很多。

我们在研究方言的声调的时候,必须把调类和调值区别开来。调类是声调的归类,即声调的系统;调值则是声调高低升降的具体情况。我们说汉语方言的声调有着对应的规律,是指调类而言,例如吴方言分去声为阴阳两类,这两类合起来就等于北京的去声,对应规律是很明显的。至于调值,则各地变化多端,并不能规定全国的阴平一定读什么调值,阳平一定读什么调值,等等。一般说来,阴调类是高调,阳调类是低调(吴方言、粤方言都是这样),但是也有相反的情况。天津离北京不远,北京阴平是个高调,天津阴平却是个低调。粤方言和客家方言入声都分阴阳,但是广州的阴入高而阳入低,梅县的阳入高而阴入低(广州读"福"像梅县读"伏",广州读"伏"像梅县读"福")。广州的阴去读中平调,正像长沙、桂林、昆明的阴平,如此等等。当我们听见一个重庆人说"重庆"像北京话的"宠勤"的时候,不要笑他把阳平读成上声、把去声读成阳平。重庆话阳平的调子正是应该像北京话上声(与另一字连读时)的调子,重庆话去声的调子正是应该像北京阳平的调子。

二、方言的词汇

词汇方面,方言之间的差别不像语音那样富于系统性,但是也不是没有任何条理的。首先应该强调各地方言词汇的巨大共同性。总的说来，书面语言是全国一致的。也就是说，比较"文"的话是全国一致的，像"光荣属于中国共产党""勤俭建国""力争上游"，在全国汉语方言里，决不会有别的说法。试拿《人民日报》的一篇社论用广州音念给广州人听，听的人一定完全听得懂，可见方言之间的最大障碍在于语音，而不在于词汇。

固然，方言里有些很"土"的字眼儿。但是，当人们跟外地人交谈的时候，往往注意到把那些很"土"的字眼儿收起来，用一些较"文"或者是较"普通"的字眼儿来代替，例如北京话"头"叫"脑袋"，但是北京话同时也有"头"这个词，北京人对外地人说话时，常常注意说"头"，不说"脑袋"①。又如北京土话里有一个"率"(shuài)字，表示干脆利落或漂亮的意思（"这孩子说话真率，做事也率""这字写得真率"），北京人对外地人不说这个词，也同样能表达思想，如说"说话漂亮""做事漂亮""字写得漂亮"，等等。

同时我们也要注意到，的确有一些词是带有地方色彩的，例如"脖子"等于文言的"颈"，但是北京只说"脖子"，不说"颈"；广州只说"颈"，不说"脖子"；苏州说成"头颈"，也不说"脖子"。又如"胳膊"等于文言的"臂"，但是北京只说"胳膊"或"胳臂"，不说"臂"，广州只说"手臂"不说"胳膊"，苏州说成"臂膊"，也不说"胳膊"。这样，就不能靠文言词来交际了。

亲属的称呼，各地常常不一致。北京话里"妻子"(qīzǐ)和"妻子"(qī·zi)不同，"子"字念重音时，则"妻子"是"妻和儿女"，"子"字念轻音时，则"妻子"等于说"妻"。有时候，加"儿"和不加"儿"也有很大的分别："媳妇"(xí·fu)是儿子的妻子（也叫"儿媳妇儿"），而"媳妇儿"则是妻子。有时候是韵母稍有变化，如"伯(bó)父"指父亲的哥哥，而"大伯(bǎi)子"则指丈夫的哥哥。苏州话的

---

① "头"与"脑袋"的意义也不完全相同，这里讲的是它们可以互相代替的时候。

"娘"和"娘娘"不一样:"娘"念阳平,指母亲;"娘娘"念阴平时指姑母,念阳平时指皇后或女神(旧时迷信的说法)。广西博白县有个"媄"字(念 mê),念阴平时指母亲,念阳平时指祖母。广州话虽然兄与弟并称时仍说成"兄弟",但是一般人总以"大佬"指兄,"细佬"指弟。有些亲属名称很特别,如粤方言多称父亲为"老豆",客家方言多称母亲为"哀"或"哀子",苏州话称妻子为"家小"或"家主婆"。在亲属称呼上,最能显示方言的特点。

在农作物的名称上,方言的分歧也相当大。北方人把粟(小米)叫做"谷子",南方人把稻的果实叫做"谷"或"谷子"。玉蜀黍在各地的名称最为分歧,如北京称为"玉米、老玉米、棒子(玉米的果实)",苏州称为"俞麦",昆明称为"包谷",广州称为"粟米",等等。

对于近代科学发明的东西,各地也有不同的名称。火柴在北京也叫"取灯儿",在上海叫"自来火",在广州叫"火柴"。"肥皂"在北京也叫"胰子",在上海叫"肥皂"("肥"说成 bí),在广州叫"番枧"("枧"念 gǎn)。水泥在北京也叫"洋灰",在上海叫"水门汀",在广州叫"士敏土"。这一类的情况也很不少。

方言的分歧有时候会引起一些误解。北京所谓"老儿子、老闺女、老妹子",并不是最老的儿子、最老的女儿、最老的妹妹,而是最小的儿子、最小的女儿、最小的妹妹。广州所谓"马蹄"并不是马的蹄,而是荸荠。上海的"喊"是叫("侬去喊伊来"等于"你去叫他来","喊伊老周"等于"叫他老周");北京的"喊"是高声叫("喊口号"),广州的"喊"是哭("你一闹佢,佢就喊"等于"你一说他,他就哭")。这些地方就显得方言词汇的地方色彩特别浓了。

古代的词保存在各方言中的情况也不一样。一般地说,北方方言发展得快,南方方言则比较富于保守性。不但语音方面如此,而且词汇方面也如此。拿粤方言来说,名词如"面、颈",形容词如"利"(刀利)、"肥"(人肥),动词如"行、入、饮、食"等,都是古代沿用下来的词。现代北方话虽也沿用这些词的古代意义，但是只在特定的情况下使用它们，如"笑容满面、长颈鹿、利刃、食言而肥、步行、入门、饮水思源、食品"等。在一般情况下，它们已经被"脸、脖子、快、胖、走、进、喝、吃"所代替了。个别的词的古义甚至不再在现代北方话里留下痕迹，例如"走"字，大家只知道它当"行路"讲，除非是懂古文的人，才知道它当"跑"讲；但是广州话里的"走"字正是当"跑"讲的。假使一个不懂体育常识的广州人（或其他粤方言区的人），听人家说"竞走"，还会以为是"赛跑"呢！有人把成语"走马看花"改成"跑马看花"，也是因为不知道成语中的"走马"本来就是"跑马"的意思。

三、方言的语法

语法方面，方言的区别是微小的。以词序而论，全国汉语方言的词序是基本上一致的。曾经有人注意到：北方人说"我到广州去"，南方人说"我去北京"。但是现在北方也有不少人说"我去广州"了。现在粤方言的词序与普通话不同的，主要只有三点：第一，个别形容词用作状语时，放在它所修饰的动词的后面，如"我先走"在粤方言里是"我行先"；"多买三斤肉"在粤方言里是"买多三斤肉"。第二，粤方言在使用双宾语的时候，近宾语指物，远宾语指人，跟普通话近宾语指人、远宾语指物不同，如"给他十块钱"在粤方言（广州话）里是"畀十个银钱佢（畀，给；佢，他）"。第三，在比较的时候，粤方言不用"比"字，而用"过"字，形容词后面紧接"过"字，"过"字后面才出现被比较的事物，如"猫比狗小"在广州话里是"猫细过狗"。

吴语最突出的词序表现在疑问语气词"阿"字的位置上。"阿"字所表示的语气等于普通话的"吗"字，但是它所在的位置和"吗"字所在的位置正相反，"吗"字用于句尾，"阿"字用于谓语的前面，例如"你要吃吗？"译成上海话是"侬阿要吃？"此外也有状语后置的情况,例如"上海快到了"说成"上海到快哉";"南京夏天太热了"说成"南京夏天热勿过",等等。

虚词的差别,是方言语法上最大的差别。这里简单地举出几个例子。说服语气在北京用语气词"啊",在苏州用语气词"惑"(wë?),在广州用语气词"噃"(bǒ),例如"他说得不错呀(啊)",译成苏州话是"俚讲得不错惑",译成广州话是"佢讲得呒错噃"。介词"的"字在北京说"的",在苏州说"葛"(gë?),在广州说"嘅"(gê),例如"我的书"译成苏州话是"我葛书",译成广州话是"我嘅书"。表示动作在进行中的副词,在北京是"正在",在苏州是"勒浪"(le?lòng),在广州是"紧"(gǎn),例如"他正在吃饭",译成苏州话是"俚勒浪吃饭",译成广州话是"佢食紧饭"(注意:"紧"在"食"的后面)。

代词则不但在词形上有差别,在用法上也有不同。在北京话里,第一人称复数有包括式和排除式的分别:包括式用"咱们",包括对话人在内;排除式用"我们",不包括对话人在内[①],例如主人送两位客人到门口,一位客人对主人说:"我们走了,咱们再会吧。"这种区别在别的方言里是少见的[②]。在北京话里,指示代词只分近指和远指:"这个"是近指,"那个"是远指。至于苏州话里,指示代词则分为三种:近指、远指和特指。近指和远指跟普通话一样,特指则是指那些不在眼前而只是提及的事物,表示这事物的名词前面一般要带修饰语,例如"该葛人是广东人,归葛人是上海人,昨日来俚屋里葛葛人是北京人"("这个人是广东人,那个人是上海人,昨天来咱们家那个人是北京人")。其中"该葛"是近指,"归葛"是远指,"葛葛"是特指[③]。

---

① 近年来北京话受别的方言的影响,"我们"也用于包括式,但是"咱们"决不用于排除式。
② 厦门话也有这种区别。
③ "葛"就是"个"字的转音。

拿北京话和苏州话来比较,处置式也各有不同。北京话处置式用"把"字,苏州话处置式用"拿"字,例如"把他打了一顿",在苏州话是"拿俚打仔一顿"。北京"拿"字用在方式状语里,如"拿水浇花"(不能说"把水浇花");"把"字用在处置式里,如"把他打了一顿"(不能说"拿他打了一顿")。苏州话则无论方式状语或处置式,一律用"拿"字(上海等地都是这样)。前面说过,上古时代(直到中古8世纪左右)没有处置式。粤方言比较富于保守性,所以至今没有处置式。"把他打了一顿"译成广州话只能是"打咗佢一顿"(咗,读 zhǒ,是"了"的意思)了。

由上面的事实看来,所谓方言间的语法差别是微小的,只是相对而说的。我们如果要学习自己方言以外的某一方言,除了学习语音、词汇以外,也必须学习语法。

结　语

　　上面我们谈了汉语的特点、汉语的发展、汉语的方言。虽然谈得不多，但是各方面都涉及到了。读者会感觉到：我们伟大祖国的历史长、地域宽，像汉语这样的语言，是世界上独一无二的。它是那样古老，背负着四千年的历史；它又是那样年轻，正在不断地吸收新的文化来丰富自己。它是六亿五千万中国人民大团结的象征，因为全国靠它交流思想。汉民族不用说了，各少数民族在发展自己民族语言的同时，也依靠汉语作为民族间的共同语。世界上恐怕很难找得出一种报纸像中国的《人民日报》那样拥有数以亿计的读者；我国比较著名的小说一销就是一二百万册。为什么？因为六亿五千万人民拥有共同的语言。我们热爱我们的语言，因为它在祖国的社会主义建设事业中所起的作用是异常巨大的。让我们大家都来学好汉语，学好普通话，学会把最准确、最鲜明、最生动的语言应用到我们的工作中去。

字的写法、读音和意义

目　　录

新版序

由于出版业务范围的关系,我的《语文知识》由中国青年出版社转移给新知识出版社出版了。这对我来说完全是一样的;我所抱歉的只是第三册没有写完。

汉字简化了,《语文知识》第一册——《字的形音义》——有关字形的部分不能不重写。我利用寒假的时间重写了这一部分(原书1—13页)。有些读者觉得《字的形音义》这个书名不好懂,现在改称《字的写法、读音和意义》。

初中汉语和文学分科,课本变动很大。我没有时间变换我所举的例子。好在这些例子都很好懂,即使不知道它们的出处,也不至于妨碍了解。

王了一
1957 年 2 月 13 日
北京大学

序　例

　　1951年冬天，人民教育出版社约我写一部《语文知识》，主要内容是讲字的形、音、义和虚词的用法，供初中语文教师教学上的参考。希望教师们融会贯通，用自己的话来教学生。后来由于赶别的任务，就把这一个任务耽搁了下来，但是我已经搜集了一些材料。1953年初，语文学习社希望我写一些关于虚词的文章，我忽然想起了《语文知识》，就利用原有材料先为"语文学习"写第一章《字的形音义》。中国青年出版社想把《语文知识》印成单行本，我觉得全稿尚未完成，恐怕拖延时日，又蹈前次的覆辙，于是建议先出《字的形音义》，因为它是自成首尾的。中国青年出版社同意了。这就是这一本小册子的来历。

　　《语文知识》有关语法的地方很多；就拿《字的形音义》这一章来说，也不能说和语法没有关系。但是，我决定尽可能避免语法上的术语。这有两个理由：第一，初中学生对于语法术语会觉得太深，而且枯燥无味，不容易接受；第二，现在汉语语法上的术语还没有统一，争论太多，倒反模糊了语法的主要内容，如果避免了术语，令人知道不讲术语也可以讲规律（"语法"就是语言的规律），这样就先使学生对语法有了比较正确的认识。

　　《字的形音义》是预备初中第一学年里用的，所以举例只限于《初中语文课本》第一、二两册。例文下面的括弧里，"一、二"分别指第一及第二册，阿拉伯数码指第几课。第一册根据的版本是

1951 年 5 月北京再版本，第二册根据的版本是 1951 年 7 月北京初版本。

《字的形音义》，就全书的内容来说，也是属于举例的性质的。这就是说，书中所叙述的语文事实都不够全面；在初中语文课本第一、二两册里没有发现的语文事实，就往往略而不谈。这样，一方面可以避免篇幅太繁，而更重要的一方面是可以避免和学生们谈论他们所没有学到的东西。

《字的形音义》经叶圣陶、朱文叔两位先生及姚韵漪同志看过，并指正多处，谨此道谢。

著者

1953 年 11 月 1 日

壹　字　形

　　汉语的文字学，一向分为形、音、义三部分来讲。字形是字的结构形式，字音是字的读音，字义是字的意义。这种分法，直到现在还是适用的。这里所讲的形、音、义，都是举例性质；因为不可能说得很详尽，而且没有这个必要。

　　现在先讲字形。我们不想根据什么六书来讲；只是分析一下怎么样的字才算是正确的字。所谓正确的字，就是全社会或全民族通用的字。

一、正字和俗字

　　从前的文字学家们对于汉字的正字法，有一种不正确的看法。他们以为最古的字形才是正确的字，或者说根据传统的字典写法才是正确的字。有些字，虽然全社会通用了，仍然被认为"俗字"，例如"胆"被认为"膽"的俗字，"还"被认为"還"的俗字等。在汉字还没有简化的时代，"膽、還"一类的字算是正楷，印刷必须用它们，正式文件的抄写必须用它们。最可笑的是：有一类字，连正式文件的抄写也可以用它们了，但是仍然被认为俗字，例如"脚"字已经能算是正楷了，字典里还要说它是俗字，并且说正字是"腳"。而这个"腳"啊，连文字学家们自己都不会这样写它的！又如"者"字，据说中间应该有一点（即"者"）才是正字，但是咱们看见过谁写那一点呢？总之，如果全社会都通用的字，哪怕它本来是俗字，也应该认为是正字。拘泥于古代字典的写法,把全社会都不通用的字看作是正字,那是错误的。

事实上,经过了初步的文字改革,汉字简化了,许多"俗字"已经被正式承认为正字了,而原来的正字只能在古书上见面了,例如(左字是原来的俗字,右字是原来的正字):

罢罷	宝寶	备備	办辦	帮幫	标標	边邊	庙廟
奋奮	妇婦	复復	达達	导導	担擔	当當	党黨
灯燈	邓鄧	敌敵	点點	独獨	夺奪	队隊	对對
断斷	动動	态態	头頭	垫墊	体體	铁鐵	条條
听聽	团團	难難	拟擬	农農	离離	疗療	辽遼
刘劉	联聯	灵靈	罗羅	乱亂	龙龍	开開	盖蓋
赶趕	国國	过過	归歸	龟龜	关關	观觀	广廣
巩鞏	块塊	亏虧	华華	画畫	获獲	怀懷	坏壞
会會	欢歡	还還	击擊	际際	积積	极極	继繼
阶階	旧舊	艰艱	歼殲	尽盡	仅僅	进進	惊驚
惧懼	举舉	剧劇	齐齊	窃竊	迁遷	庆慶	区區
权權	劝勸	习習	协協	献獻	响響	兴興	选選
执執	这這	战戰	种種	厂廠	称稱	惩懲	虫蟲
产産	实實	势勢	晒曬	寿壽	伤傷	审審	声聲
胜勝	双雙	让讓	灶竈	总總	辞辭	参參	惨慘
蚕蠶	扫掃	苏蘇	虽雖	爱愛	碍礙	叶葉	医醫
义義	压壓	优優	邮郵	养養	样樣	蝇蠅	应應
务務	万萬	与與	远遠	运運	拥擁		

上面所举的例子,有些是通行了几百年的老俗字,如"宝、边、庙、当、党、担、对、断、头、体、铁、条、听、难、拟、刘、灵、罗、乱、国、过、归、龟、观、坏、会、欢、还、惊、继、旧、尽、惧、举、齐、窃、权、献、响、兴、执、这、称、虫、实、势、晒、寿、声、双、灶、辞、参、蚕、苏、碍、义、蝇、应、万、与"等;有些是最近几年或十几年才通行的新俗字,

如"达、敌、队、农、开、广、华、击、歼、进、庆、习、厂、产、审、胜、让、优、样、务、拥"等。到了现在，它们都取得了合法的地位。

俗字是人民创造的，现在俗字取得了合法的地位，汉字简化了，人民学习文字减少了困难，这是人民的胜利。但是，我们能不能由此得出结论，说人们可以随便创造文字，而不必遵守正字法呢？不，我们不能这样说。文字改革的工作是要给人民学习上的方便，不是给人们添麻烦。汉字简化了，大家写起来节省时间，这是好的；但是简化要有一定的格式，决不是今天你造一个字，明天我造一个字，使汉字进入了无政府状态，不再有规范可言。假使汉字是没有规范的话，咱们认字就会发生困难了。现在汉字简化的工作还没有完成，如果大家创造了好的简化字，可以向中国文字改革委员会提出建议，将来由政府正式公布，就可以用了。但是，没有经过政府公布的简化字仍然应该被认为违反正字法的。

有些字，本来有两种以上的简化形式；但是，由于汉字不能没有规范，政府只能选择一个来公布。这样，被择定的一个应该认为是正字，未被选择的一个（或更多）应该认为是俗字。为了维护正字法，这种俗字是应该避免的。在下面所举各组的简化字当中，第一个字是正字，其余一个（或更多）是俗字：

导寻	邓邒	国囗	关関	广庬	块圤	画畵	汉汗
图夂	价価	齐斉	庆庆	寿壽	胜胂	与与	阶陞
护荨	严嚴	杂什					

总之，为了维护汉字严格的规范，咱们仍旧应该提倡正字，避免俗字。不过咱们对俗字的看法已经和从前文字学家们的看法有本质上的不同：从前文字学家们为了复古，所以他们反对俗字；现在咱们为了人民学习的便利，已经把大量的"俗字"提升为正字。咱们只是不希望一个字有几个形体，所以除了正体之外，只好认为俗字了。

二、异体字

上节说过，咱们不希望一个字有几个形体，否则汉字就缺乏严格的规范。但是，在传统的写法中，就有许多字是不止一个形体的。这在古人叫做通用字，例如"綫"和"線"是通用字；古人认为两种写法都不算错。有些字的写法可以多到四种以上，例如"暖"字又可以写作"煖、暎、煗"；"橹"字可以写作"艣、艕、樐、樐"。实际上，这是增加人民学习上的负担。咱们应该做到字有定形，有定数。因此，应该废除那些异体字。这就是说，每一个字如果有两个以上的形体，就只择定一个，其余都认为异体字，它们将从印刷厂的排字房里被清除出去，咱们写字的时候也不再写它们。

现在我们举出一些比较常见的异体字为例。在这些例子当中，每一组的第一个字被择定为正字，其余都是被废除了的异体字：

霸覇　鉢缽　駁駮　柏栢　杯盃　褒襃　坂阪　奔犇
逼偪　秘祕　弊獘　飚飈　遍徧　冰氷　并併並竝
炮砲礮　匹疋　凭凴凭　瓶缾　骂駡　麻蔴　脉脈脈
觅覔　妙玅　绵緜　凡凣　泛汎　蜂螽　峰峯　俯俛
附坿　搞擣　豆荳　淡澹　凳櫈　堤隄　蝶蜨　吊弔
睹覩　妒妬　朵朶　遁遯　叹歎　剃薙　啼嗁　同仝
拿舍拏挐　奶嬭　乃迺　昵暱　年秊　娘孃　泪淚
懒嬾　厘釐　犁犂　狸貍　璃瓈　留畱　龛龕　炼鍊
帘簾　麟麐　吝恡　梁樑　粮糧　戮勠　裸躶臝
略畧　阁閤　歌謌　丐匄　皋皐　糕餻　够夠　钩鈎
耕畊　粳秔秔　雇僱　菇菰　挂掛　果菓　槟梂
怪恠　阔濶　管筦　馆舘　躬躳　咳欬　考攷　裤袴
馈餽　况況　核覈　和咊龢　恒恆　辉煇　回囬
混溷　鸡雞　迹跡蹟　劫刦刧　杰傑　剿勦　脚腳
厕廁厠　韭韮　笺牋椾　剑劍　鉴鑑　奸姦　剪翦
荐薦　紧緊　僵殭　斤觔　阱穽　径逕　净淨　巨鉅
据據　俊儁　炯焖　迴迴　棋棊碁　栖棲　凄凄悽
旗旂　弃棄　憩憇　菁菨　丘坵邱　虹蚛　鳅鰍

球毬　擒捦　强強彊　墙牆　麵麴　却卻郄　券券

群羣　裙帬　溪谿　晰晳　席蓆　膝厀　厦廈　邪衺

蟹蠏　蝎蠍　泄洩　絏緤　鞋鞵　携攜擕　笑咲

效効傚　修脩　绣繡　衔銜唧　弦絃　仙僊　鲜尠尟鱻

闲閒　岬嶭　餉饟　向嚮　叙敘敍　勖勗　恤卹

婿壻　靴鞾　喧諠　萱蘐　璇璿　勋勳　寻尋①　巡巡

凶兇　胸臅　置寘　蹠跖　只衹祇　志誌　纸帋

辄輒　扎紥紮　谪讁　哲喆　慑慴讋　寨砦　照炤

棹櫂　周週　咒呪　寻帚　盏琖醆　耻恥　痴癡

敕勅勑　察詧　雠讐②　酬酧醻　绸紬　嗔瞋　尝嚐甞

场塲　撑撐　澄澂　锄鉏耡　锤鎚　船舡　唇脣

莼蒪　创剙③　窗窓窻　膅膓　床牀　冲沖翀衝　虱蝨

尸屍　湿溼　谥諡　实實寔　时旹　视眎眡　射躲

删刪　膳饍　慎昚　升陞昇　剩賸　坚竪　疏疎

薯藷　绕遶　饪餁　衽袵　箸筯　蕊蘂蘃　睿叡

软輭　熔鎔　灾灾栽葘　噪譟　皂皁　咱喒嚓偺俗

赞賛讚　匝帀　葬塟　罪皐　樽罇　踪蹤　棕椶

粽糉　词䛐　辞辭辝　糁糝　厕廁　策筴④　才纔

踩跴　采採　彩綵　草艸　凑湊　惭慙　粗觕麤

脆脆　村邨　匆怱悤　葱蔥　饲飤　祀禩　俟竢

似佀　洒灑　涩澁濇　腮顋　搜蒐　伞繖　溯泝遡

诉愬　苏蘇甦　笋筍　腭齶齶　讹譌　额頟　扼搤

鹅鵞鵝　厄阨戹　碍礙　呆獃騃　鳌鼇　庵菴　暗闇晻

鞍鞌　移迻　鸦鴉　丫枒椏　野埜壄　耀燿曜　咬齩

---

① 编者注：教育本作：徇狗。

② 编者注：教育本作：瞅瞜。

③ 编者注：教育本作：春旾。

④ 编者注：教育本作：冊册。

夭妖　　药藥　　游遊①　　雁鴈　　验驗　　烟堙菸　　胭臙

咽嚥　　檐簷　　岩巖嵒　　焰燄　　艳豔　　宴讌　　殷慇

饮歆　　淫婬　　吟唫　　姻婣　　映暎　　污汙　　坞隖　　蛙鼃

袜襪韤韈　　挽輓　　浣澣　　玩翫　　碗盌椀　　吻脗　　蚊䖟蟁

瓮甕罋　　于於　　欲慾　　逾踰　　愈癒瘉　　岳嶽　　猿猨蝯

韵韻　　用佣　　咏詠　　雍雝

上面所举的这些异体字,在从前的时候,多数是完全通用的,例如"霸覇、钵鉢、杯盃、逼偪、秘祕"等等;但也有一些不是完全通用的,例如"匹、疋"虽说通用,那只是说"布一疋"可以写成"布一匹",并不是说"马一匹"也可以写成"马一疋"。"水果"的"果"有人写作"菓","果然"的"果"并没有写作"菓";"席子"有人写作"蓆子","主席"并没有人写作"主蓆"。"鲜"字当"少"字讲的时候,有人写作"尟"或"尠",当"新鲜"讲的时候,有人写作"鱻",并不是"尟、尠"和"鱻"也能通用。其余由此类推。

在文字改革的初期,还不能希望完全消灭异体字。但是咱们只要从这一方面努力做去,将来一定可以达到目的。首先是报纸杂志在基本上消灭异体字,其次在教小学生的时候,不再教异体字。这样,将来一般人不再认识异体字,也就不再写它们了。

正如将来有少数人研究繁体字(如"聽、體、觀、關")一样,将来也要有少数人研究异体字;因为咱们不可能把所有的古书都重新印刷一次,更不应该把古代的善本书都烧毁了。但是,为了一般人民大众的利益,简化汉字和废除异体字的政策是完全正确的。

三、合流字

汉字自古就有同音代替的办法,例如"闢"字在上古写作"辟"(《诗经》说"日辟国百里")。这种同音代替的办法是值得推广的,

---

① 编者注:教育本作:燕鷰。

因为这样做有两个好处：第一，可以减少汉字的总数，例如"闢"字可以从一般字典里删去；汉字总数减少了，就可以减轻人民学习上的负担。第二，可以为将来汉字拼音化作准备。有人怀疑汉字的同音字太多了，拼音化有困难，不知道有上下文的帮助，许多同音字都有它们的特定意义，例如咱们写"开辟"两个字连在一起，这个"辟"字也就一定是"闢"的意思。将来的拼音文字，在原则上，同音字就用同一写法。现在咱们先培养同音代替的习惯，对将来拼音文字的推行是有好处的。

首先，古时同音代替的字，应该让它们合流起来，这就是说，应该让代替者永远代替下去，把被代替的字废除。在下面所举的每一组同音代替的字当中，第一字是被择定了作为正字的字（因为它的笔划比较简单，咱们选择了它，就等于简化），第二字是被废除了的字：

辟闢　凭憑　丰豐　范範　涂塗　了瞭　后後　胡鬍
累纍　借藉　尽儘　秋鞦　千韆　向嚮　象像　准準
个個　舍捨　云雲　别彆　卷捲　表錶　才纔　家傢
踊踴

其次，近代和现代通用已久的同音字（有些在北方同音，有些在南方同音），也应该让它们合流起来。在下面所举的每一组同音代替的字当中，应该根据群众习惯，把第一字认为正字，把第二字废除了：

板（老板）闆　苹蘋（蘋果）　面麫　里裏　谷穀　划劃
价價　姜薑　纤縴　曲麯　只衹　只隻　台臺　出齣
刮颳　笔筆

其次，在不妨碍了解的条件下，还应该更广泛地利用同音代替法。中国文字改革委员会已经采取了这样一个步骤，审定并创造了例如下面的一些同音代替的合流字（有些在全国同音，有些在北方同音，有些在南方同音）。在每一组同音字当中，第二字被废除了：

郁鬱　仆僕　霉黴　蒙矇　蒙濛　弥瀰　蔑懱　发(發)髪

斗鬥　当噹　迭疊　淀澱　冬鼕　台颱　台枱　坛(壇)壜

娄喽　历(歷)曆　干乾　克剋　困睏　合閤　回迴

簽籤　系係　咸鹹　旋鏇　致緻　制製　折摺　征徵

症癥　筑築　丑醜　冲衝　沈瀋　术術　粲燦　松鬆

恶噁　苏嚇　仪彝　洼窪　余餘　御禦　吁籲

　　合流字是经过一番考虑的。主要有下面的两种情况:第一种情况是两字的意义本来就有密切的联系,如"蒙"和"矇"、"霉"和"黴"、"系"和"係"、"冲"和"衝"、"签"和"籤";第二种情况是第一字的原来意义在现代汉语里已经用不着了,如:蔑(没有)、迭(屡次)、咸(都)、筑(古乐器)、丑(地支名)、粲(精米)、余(我)、御(驾驶车马)、吁(叹)、郁(有文采),等。"术"也算这一类,因为除了中药的"苍术、白术",就用不着这"术"字的原来意义了。这样审定或创造合流字,是不会损害文字的明确性的。

　　这种合流字是汉字简化的重要手段之一,因为所谓简化,不但要精简汉字的笔划,而且要精简汉字的数量。合流字既精简了汉字的笔划,又精简了汉字的数量,所以这个办法是好的。至于可能有个别字精简得不妥当,那还是可以从实践中纠正过来的。

四、分化字

　　一个字不一定只有一个意义。当一个字有了两个意义的时候,用起来是不很方便的;群众要求分别,索性在字形上分成两个字。这分出来的字大多数当然也被文字学家们认为是俗字;但这些俗字因为受到群众的拥护,终于取得了合法的地位。下面试举出一些例子:

　　【著—着】本来只有"著"字,后来分化为"著""着"。"著"是"著名、著作"的"著","着"是"着落、沉着"的"着"。虚字的"着"也写作"着"。

王先生恰巧摇着扇子走过来。

【沈—沉】本来只有"沈"字表示沉没。后来"沈"字专用于姓沈(现在兼用于"沈阳"),分化出一个"沉"字来表示本来的意义。

被鱼雷击中的那一艘敌巡洋舰终于在五日九点十分钟沉下海底了。

【分—份】"份"是从"分"分化出来的;"份"念去声,"分"念平声。但是这种分化还不十分清楚。现在"部分"的"分"和"分量"的"分",一般都还写作"分",可见"分"字也念去声。但是"三份客饭、一份报纸"的"份"就只写作"份"。

【火—伙】从前"伙伴"只写作"火伴",没有"伙"字。后来为了分别,群众创造"伙"字。"伙食"的"伙"也写作"伙"。

【那—哪】本来"哪"字只表示语气(又旧小说中有"哪叱",是人名),和"那"字没有关系。表示疑问的"哪"在旧小说里都只写作"那"。后来群众借用"哪"字作为"那"的分化字,表示疑问。

卖?今年谁还缺这个?向哪里卖去?

【罢—吧】本来"来吧、去吧"的"吧"在旧小说里都写作"罢"。后来为了要同"罢休"的"罢"区别开来,"来吧、去吧"的"吧"才写成了"吧"。

快去把他请来吧!

【磨菇—蘑菇】

你说的是蘑菇吗?

【利害—厉害】"利害"是本字,现在所谓"厉害",在旧小说里都写成"利害"。"厉害"是后来分化出来的,因为这样可以同"利害相权"的"利害"区别开来。

合纵派跟连横派斗争得非常厉害。

【计画—计划】"计划"本来写作"计画"（孙中山的实业计画），后来为了同"图画"的"画"区别开来，所以写成了"劃"（现在简化为"划"）。

　　争取在今年十一月内完成全年的生产计划。

【一画——一划】"笔划"本来写作"笔画"，也是由于同"图画"的"画"区别开来，所以有的又写成"划"字。

　　一只大手狠狠地捉着钢笔脖子，左一划，右一划。

"云"字表示"云雨"的"云"，后来"云"被借用为"云谓"的"云"，于是人们另造一个雨头的"雲"和"云谓"的"云"区别开来。由此类推，"闢"是由"辟"分化出来的，"捨"是由"舍"分化出来的，"捲"是由"卷"分化出来的，"傢"是由"家"分化出来的。只不过分化的时代不同罢了。现在文字改革，为了精简汉字的数量和笔划，又让它们重新合流起来。

群众是喜欢简笔字的；但是，为了要求分别，又宁愿加口、加手、加足、加人、加草、加木，把笔划增繁。现在咱们做汉字简化的工作，就要看具体情况，分别处理。分化字确实适合人民需要的，即使多写几笔，仍旧应该保存下来，例如上面所举的"哪"字的口旁、"伙"字的人旁、"份"字的人旁、"蘑"字的草头，都是不能简化的。但是，另有一些可以不必分别的字，就应该让它们合流起来的好。下面试举出一些例子：

念。本来已经有许多人把"念书"的"念"写成"唸"，让它和"想念"的"念"区别开来。现在"唸"字被当作异体字来废除了。

尝。本来有些人把辨别滋味的"尝"写成"嚐"，让它和曾经的"尝"区别开来，现在也被当作异体字来废除了。

背。本来有人把动词的"背"（平声）写作"揹"，以区别于名词的"背"（去声）。现在废除了"揹"。

扇。有人把动词的"扇"（平声）写作"搧"，以区别于名词的

"扇"（去声）。由"揹"字类推，"搧"字也该在废除之列。

　　登。有人把"登三轮儿"的"登"写作"蹬"。字典也收了这个字，但这种分别没有必要。

　　种子。有人把"种子"写成"种籽"。这种分别没有必要。

　　整个汉字的历史就是简化和繁化的矛盾的历史。人们为了写字的便利，所以要求简化；同音代替，在某种情况下，也是为了简化（如以"台"代"臺"）。但是，人们为了认字的便利（为了使别人更容易看懂），却又要求分化。固然，分化不一定就是繁化，从上面所举的例子看来，"着"和"著"、"沉"和"沈"都是同样的笔划，"吧"比"罢"、"划"比"画"还减少了几笔；但是，汉字的分化，基本上是朝着繁化的方向走去的。"云"和"雲"、"辟"和"闢"、"舍"和"捨"、"卷"和"捲"，一直到"念"和"唸"、"尝"和"嚐"、"背"和"揹"、"扇"和"搧"、"登"和"蹬"、"子"和"籽"。这许许多多的例子都说明了繁化的道理。这因为汉字的构成有一个重要的原则，就是所谓形声字。所谓形声字，是把一个汉字分为两部分：一部分是意义偏旁（所谓形符），另一部分是声音偏旁。汉字当中，有百分之九十以上是这种形声字。这一个造字原则深入人心，群众利用这个原则来分化字形，那是很自然的事。今后这一类的分化字还不能在笔下完全绝迹，甚至还有新的分化字产生出来。为了维护正字法，凡是已经废除了的异体字（包括废除了的分化字在内）不应该认为正字，也就是说，不应该再在书籍、报纸、杂志上出现。至于汉字简化和繁化的矛盾的根本解决，有待于文字的根本改革。所谓根本改革，就是走上拼音的道路。

五、译　名

　　大多数的译名只是译出一个声音来。汉字的同音字很多，译的人不止一个，所以译名很难统一。汉语方言复杂，音译更不容易一致。但是，已经通行了的译名，不应该另造一个来代替它，例如

"斯大林",本来有人译作"史太林、史达林"等,现在已经统一了。

【布尔什维克—布尔塞维克】

> 同志们,我们布尔什维克号召的工农革命已经实现了。

过去有人译过"布尔塞维克",现在已经一致用"布尔什维克"了。

【卢梭—卢骚】

> 圈点得最密的是华盛顿、彼得大帝、惠灵吞、卢梭、孟德斯鸠和林肯这些人的传记。

最初有人译作"卢骚",现在一般都译作"卢梭"了。

有些译名是因为译得和原音比较接近而获得更多群众的拥护,例如"卢梭"的读音就比"卢骚"更像法文的原音。法国文学家"雨果"最初被译成"嚣俄",后者因为声音太不像,所以被前者代替了。俄国文学家"契诃夫"也曾一度被译成"柴霍甫",但是,江浙人读起来,"柴"字太不像原音了,所以终于变成了"契诃夫"。

六、别　字

所谓别字,是本该写这个字,却写成另一个字去了("别"就是"另"的意思)。学生笔下的别字很多,这里不能一一细说。现在只举出几个例子。

【成绩—成积】

> 等我们干出成绩来,还可以上北京去见毛主席呢。

"成绩"的"绩"是"功绩"的"绩","成绩"的本来意思就是"成功"。有些人误会是"积累"起来的"积"。

【向导—响导】

> 你们是不是亲自找向导调查了?

"向导"的"向"应该是"方向"的"向",不应该是"声响"的"响"。

【戍—戌】

　　克里姆林的卫戍司令官说:"列宁同志也参加今天的义务劳动。"

"戍"是戍守;"戌"是干支名(例如"戊戌政变"是发生于戊戌年,即1898年)。

【汜—汜】

　　据说那时候黄河汜滥。

"汜"是"汜滥";"汜"音"似",水名。

　　此外,还有一种分化字,因为造得不好,应该只认为别字(别字是必须纠正的)。最典型的例子是"包子"写作"饱子","面包"写作"面饱"。

　　下了种就会有面包了吧?

注意:这里并没有写作"面饱"。

　　包子因为有馅儿包在里面,所以叫做"包子"。"面包"大约是由"包子"的意思转变过来的。写成"饱"字,不但不合理,而且不合分化字的原则,因为它和"饥饱"的"饱"混起来了。

　　别字往往是同音字。但是,汉语的方言复杂,甲地同音,乙地未必同音。因此,教师应该注意学生的方言,好纠正他们的别字。

　　北方的别字,例如:

【艰苦—坚苦】

"艰苦"和"坚苦"都有意义。前者是艰难困苦的意思;后者是坚强耐苦的意思。

【绝对—决对】

"绝对"是没有相对的,所以叫做"绝"。"决对"不成话。

【驱使—趋使】

"驱使"是驱马一样地迫使别人做事,"趋使"不成话。

　　吴语的别字,例如:

【过问—顾问】

"过问"有干涉的意味;"顾问"有咨询的意味。

【固然—果然】

"固然"有"虽然如此"的意思,"果然"有"不出所料"的意思。

【声明—申明】

"声明"是把话说清楚,正式告诉大家,以表示自己的态度的意思。吴语"声、申"同音,许多人误写成"申明"("申明"是郑重说明的意思)。

粤语的别字,例如:

【少数—小数】

"少数"是"多数"的反面;"小数"是数学名词,定点以下叫做"小数"。广州一带的人"少、小"同音,许多人误把"少数"写成"小数"。

【澈底—切底】

广州一带的人"澈、切"同音,有人误把"澈底"写成"切底"。

客家话的别字,例如:

【太阳—大阳】

客家话"太、大"同音,往往有人误把"太"字写成"大"字。

七、错　字

别字是误用了另一个字;错字不是另一个字,而是笔划写错了,不成字,例如:

【模糊—糢糊】

　　神志有点糢糊不清。

"模"受"糊"的同化,有时误写成"糢"。"糢"字在解放前相当流行过,排字房里有它的铅字,解放后才纠正过来了。

其他像"锻冶"的"锻",右边不能像"假"字;"警惕"的"惕",右边不能像"扬"字。常常有人犯这一类的错误,这里不细说了。

此外,还有地方性的错字,例如"蛋"字,广东人写作"蜑";

"诞"字,广东人写作"誕"。如果一个广东人看见另一个广东人写作"蛋、誕",反倒说他写错了。为了保持全国文字的统一性,这种情形是应该纠正的。

八、意义各别

有时候,两种写法都有意义,只是用途不同。上面所举的"艰苦"和"坚苦"、"过问"和"顾问"、"固然"和"果然"、"少数"和"小数",都是这一类。现在再举两个例子:

【包涵—包含】

> 算误会了,包涵一点吧。
>
> 贴近地面的空气因为温度增高,可能包含了更多的蒸气。

"包涵"是原谅的意思,本来的意思是像海一般的度量,所以用"涵"字;"包含"是里面包括着某种成分的意思。该用"包含"的地方,用"包涵"还可以;该用"包涵"的地方,用"包含"就不行了。

【一般——一班——一斑】

> 这也许特殊了一点,一般人不容易理解。
>
> 每一排每一班都紧张起来。

"一般"是"普通"的意思(和"特殊"是相对待的),又是"一样"的意思;"一班"是单位名词;"一斑"出于"管中窥豹,时见一斑"的典故,普通说"以见一斑"是让人知道一点儿情况的意思,有时候表示很不够全面,有时候表示由此可以推知一切。

讲究字形,必须注意文字的社会性。咱们应该根据文字的社会性去判断一个字是否正确。全社会通用的字,决不可能是不正确的字。反过来说,全社会已经不用的字,决不可能再是正确的字。因此,单纯地根据《说文》一类的字书去判断一个字形的正确性,是完全脱离实际的不科学的文字学。另一方面,咱们也不应该采取自由主义;咱们纠正别字和错字,维持文字的一致性,也正是维持文字的社会性。根据这一个原则,咱们对于合理的分化字(如"沉"字、"着"字)是接受的;对于不合理的分别字(如"面饱")是排斥的。最后,我对于援引古书替别字辩护,是不同意的,例如"太、大"两字不能通用,是现代社会的事实;假使有人把"太阳"写作"大阳",就应该认为别字,绝对不应该援引古书中"大上(太上)、大一(太一)、大子(太子)、大和(太和)、大室(太室)、大宰(太宰)、大师(太师)、大庙(太庙)、大学(太学)"等例,以为"太"字和"大"字到现代还是可以通用的。从前有些人有这种不正确的看法,咱们应该纠正过来才对。

贰　字　音

上文说过,汉语的方言是很复杂的。语文课本所选的,大多数是合于或近于北京话的语体文,最好能依照北京音去读它。但是,照现在全国的具体情况看来,各地的学校还不很够得上这一个条件。我认为在特殊情况之下可以容许用方音来读。用方音来读的时候,只须依照直音(例如"打中"的"中"音众),不必依照注音符号来读(例如上海人可以把"打中"的"中"字读成 zùng,不一定要读成 zhùng)。

一、一字数音

一个字可能有两个以上的读音。读音的不同是由于意义的不同。这一类字,有许多是全国一致的,例如"中间"的"中"音钟,"打中"的"中"音众;但也有些是带地方性的,例如在北京话里,"沉着"的"着"念 zhuó,"找着"的"着"念 zháo,"着凉"的"着"念 zhāo(招),"等着他开会"的"着"念 zhe(轻声)。全国一致的分别,必须严格遵守;地方性的分别,就要看用什么语音去念了。假如用北京音来念课文,对于各种不同性质的"着"字自然应该念出不同的语音来,假如用四川音来念,"着"字就只有一个音,用不着分别了。

(一)普通的例子。

【为】 音围(wéi),做。

列宁当选为第一届人民委员会主席。

【为】　音位(wèi)，因为，为了。

为什么只提三门(功课)？
就是为了你们的幸福。
燃烧着为祖国为人民尽忠的热情。
因为列宁把我要告诉他的话全说了。

近来有些人把"因为"念得像"因围"，那是错的。

【好】　上声(hǎo)，良好。

还没有很好的建立起来。

【好】　去声，音耗(hào)，喜欢。

爱好劳动。

近来有些人把爱好的"好"念得像良好的"好"，那是错的。

【中】　音钟(zhōng)，中间。

内中有个年老的。
可是光中看，怕结不了多少葡萄。

【中】　音众(zhòng)，打中。

几乎射中了膝盖。
命中了敌舰。
有一天她中了暑。
又中了连横派的诡计。
他的意见常常是很正确的，很中肯的。

【种】　音肿(zhǒng)，种子，种类。

她在留作种子的南瓜上都刻了些十字。

【种】　音众(zhòng)，栽种。

你为什么种那么多?

【分】 阴平,音纷(fēn),分开。

就利用"黑白分居"的法律来阻挠。

【分】 去声,音份(fèn),天分,名分。

乌里亚诺夫天分很高。

【看】 去声(kàn),观看。

除了浪花,什么也看不见。

【看】 阴平,音刊(kān),看守。

今年不用看了,大家都有了。

【担】 阴平,音耽(dān),挑在肩上。

你要吃就打发孩子们去担一些。

【担】 去声(dàn),担子。

放下铁锹就是担子。

【当】 阴平(dāng),当家,当时,应当。

一切都恢复了当年的旧观。

【当】 去声(dàng),适当,当做,典当。

把他当做好朋友。

用最后的一点儿产业去押,去当。

近来有人把适当的"当"念阴平,那是不对的。

【合】 音盒(hé),分的反面。

都跟尼古拉第二的面貌暗暗相合。

【合】 音葛(gě),一升的十分之一。

　　我抖种一亩也不能差几合。

【长】　音场(cháng),短的反面。

　　是一种长期自然变化的结果。

【长】　音掌(zhǎng),成长,首长。

　　怎么长的啊?
　　李计声是老班长了。

【呢】　阳平,音尼(ní),呢绒。

　　穿个白花格子呢的衣服。

【呢】　念轻声(ne),虚字。

　　怎么冲得出去呢?

　　一字两音,有些是由于词性上的分别,例如"种"字用为名词的时候(种子),念上声;用为动词的时候(最初的意义是把种子埋在地下),念去声。"好"字用为形容词的时候(好坏),念上声;用为动词的时候(好动不好静,好高骛远),念去声。又如"担"字用为动词的时候(挑在肩上)念阴平;用为名词的时候(挑在肩上的东西)念去声。这可以说明为什么意义虽然不同,字形仍旧相同。原来这个意义和那个意义是有密切关系的。有些字读成两种声音不是由于词性不同而是由于意义有区别(例如观看的"看"和看守的"看"),意义上虽有区别,但仍然是有关系的。不过也有少数的例外,例如呢绒的"呢"和用作虚字的"呢",它们在意义上就毫无关系。

　　(二)北京音的例子。上面举的是些普通的例子,不过它们在北京话里也是一字两音的。除此之外,还有一些北京话所特有(或北方话所特有)的读音上的分别。我们把它们叙述出来,给那些用北京音读书的人作为参考。

【着】　阳平(zhuó)，着手，沉着。

李完根舰长更沉着地指挥。

【着】　阴平，音招(zhāo)，着凉。（不举例）

【着】　阳平(zháo)，着火，点着，找着，够不着，用不着。

准会着火。

有几个红灯也点着了。

也用不着花钱办酒席了。

【着】　轻声(zhe)，虚字。

人民委员都等着他去开会呢。

正好邮局里还点着灯。

注意：“灯点着了”和“点着灯”，“着”字读音不同。

【了】　上声，音瞭(liǎo)，了解，了事，忘不了，不得了。

她一辈子也忘不了。

吃不了不能卖。

这工作我们五个也干得了。

【了】　轻声(le)，虚字，表示动作的完成。

他们透了一口气。

他们坐了火车。

【了】　轻声(la)，虚字，表示肯定。在这种用途上，也可以写作“啦”。“啦”是“了啊”的合音，“了”字只有在句尾的时候才有念“啦”的可能。

不再上去当伪军了。

【得】　阳平，音德(dé)，获得，到手。

能立刻得到救治。

【得】　上声(děi),必须。

还得跟体力劳动结合起来。

【得】　轻声(de),虚字。

拿草盖得严严的。

【还】　音环(huán),归还。

把这本书还给那个同学。

【还】　音孩(hái),尚。

还说出自己对于这本书的意见。

【哪】　上声(nǎ),疑问词。

从哪儿入海。

【哪】　轻声(na),语气词。

到嘴的粮食全冲完哪!

【都】　音督(dū),首都,国都。(不举例)

【都】　音兜(dōu),皆。

咱们都希望成为健康的人。

【缝】　阳平,音逢(féng),裁缝,缝纫。(不举例)

【缝】　去声,音凤(fèng),罅隙。

我就在冰缝里看见一只海狗。

【的】　音帝(dì),目的。(不举例)

【的】　音笛(dí),的确。

它的力量的确谁都比不上。

【的】　轻声(de),虚字。

它的力量的确谁都比不上。

那时候的水井差不多全是这样儿的。

【地】　去声(dì)，天地。(不举例)

【地】　轻声(de)，虚字。

人和马都畅快地喝起水来。

【给】　(gěi)，拿东西给人家。

你给我个小南瓜吧。

【给】　上声(jǐ)，供给。(不举例)
近来有许多人把供给的"给"也念 gěi，那是错的。

【待】　去声，音代(dài)，等待。

就像等待和欢迎我们自己的儿子。

【待】　阴平，音呆(dāi)，停留在一个地方。

待了好久……待了半天。

【露】　音路(lù)，雨露。(不举例)

【露】　音漏(lòu)，露出来。

小孩儿一下说露了。

【折】　音哲(zhé)，挫折，曲折。

劈头就碰到挫折。

【折】　音舌(shé)，断了。

也摔折了腿。

主干一折，上面的枝条就长不好了。

【闷】　去声(mèn)，烦闷。(不举例)

【闷】　阴平(mēn)，闷热。

　　夏天雷雨的原因大多是闷热。

【咳】（ké），咳嗽。（不举例）

【咳】（hāi），喊声。

　　咳哟咳呀。

　　北京话一字两读，大多数也是由于词性的不同，例如"都"字用为名词念 dū，用为副词念 dōu；"得"字用为动词念 dé，用为助动词念 děi；"还"字用为动词念 huán，用为副词念 hái；等等。但也有两个意义偶然同形的，例如疑问代词的"哪"和语气词的"哪"、"咳嗽"的"咳"和"咳哟"的"咳"，它们在意义上是没有关系的。

二、误读的问题

　　（一）一般的误读。 学生误读的字很多；应该随时注意。现在只举三个例子：

【械】　该念"懈"（xiè），误念"戒"（jiè）。

　　毛主席视察了锻冶、机械、修理、机车四个分厂。

【冀】　该念"寄"（jì），误念"异"（yì）。

　　我也上冀县学学去。

【穗】　该念"岁"（suì），误念"惠"（huì）。

　　南风吹摆着多半扠门的穗头。

　　（二）方音的误读。 每一个方言区域都有习惯上误读的字，例如苏州人把"鹤"念得像"鄂"，别处的人听了会觉得奇怪。在用方音读课本的时候，习惯上的误读还不一定要纠正；如果改用北京音来读，就有纠正的必要了。这里只举一些粤语区域误读的字为例。

【迫】　该念"魄"，误念"逼"。

　　得到的是法西斯暴徒的迫害和袭击。

【纠】 该念"鸠"(jiū),误念"斗"(因为"纠"字俗写作"斜",广东人就依偏旁读了)。

我们一定要纠正这些缺点。

【甩】 该念 shuǎi,误念[lat](广东人把"脱"的意义说成[lat],写成"甩")。

说完也把棉衣一甩。

【剥(削)】 该念"拨",误念"莫"(声调和"莫"有点分别)。

一层又一层的剥削。

(三)**不算误读的字**。北京话里有些字音并不符合从古音演变为今音的规律,而有些方言中的读音却是符合语音演变规律的,所以那些字在方言中的读音不应该认为误读,例如:

【况】 北京读"矿"。本该读"荒"去声(现在广东还是这个读法)。(不举例)

【铅】 北京读"牵"。本该读"沿"(现在西南及广东还是这个读法)。(不举例)

【贞、侦】 北京读"珍"。本该读"征"(现在广东还是这个读法)。

和善的侦察兵热心地照顾凡尼亚。

【劲】 北京读"近"。本该读"镜"(现在广东读如"竞")。

心里怪不得劲。

如果读成普通话,自然要照北京的读音。如果用方言来读,就要依照方音。因此,广州人读"况"如"荒"的去声,西南人读"铅"如"沿",从他们的方音系统看来,完全是对的。

(四)**误读的倾向**。现在北京人对于某些字有了误读的倾向,例如:

【虽】 该念"绥"(suī),阴平;有人念"随"(suí),阳平。

【侵】　　该念 qīn,阴平;有人念 qǐn,上声,尤其是在"侵略"里。

【波】　　该念"玻"(bō),有人念"坡"(pō)。

【蝙】　　该念 biān,有人念 biǎn。

　　这一类字和(三)类的字稍有不同。(三)类是北京人全都那样念了;这(四)类并非北京人全都这样念。如果能及时纠正,使它们和其他方言的读音系统能够一致,也是好的。

叁 字 义

　　中国方言复杂,主要是由于语音和语汇的不同,特别是由于语汇的不同。各地语汇既然不相同,说出来或写下来的字虽然也是那些字,意思可不完全一样。甲地的人听乙地的人说话,有时候已经听懂他说的是些什么字了,还不能完全了解他的意思,这就因为字义不相同的缘故。为了彻底了解语文,咱们就应该研究语汇。尤其是应该研究北京的语汇,因为语文课本里的文章是用普通话写的,所谓普通话是以北方话为基础,特别是以北京话为基础的。这里我们谈一谈北京的语汇(一般北方话和北京话相同的地方,也算是北京的语汇),附带地提及一些方言的语汇。

一、北京的语汇

(一)一些最常用的字。

【地】　除了天地的意思之外,还有"田"的意思。

　　地里南瓜豆荚常常有人偷。

　　头年地干,糯花难拿苗。

　　八路军给咱们老百姓种地。

北京人说到路程的远近的时候,把"几里路"说成"几里地"。

　　先在离村一二里地来一个大包围圈。

【道】　除了"道理"的意思之外,还有"路"的意思。"道"字自古就有了这"路"的意思了,但是,到了现代许多地方的口语里,"路"字已经替代了它。在北方,它仍旧是在口语里活着的。

　　　　万一敌人进来,也分不清哪是死道,哪是活道。

　　【屋子—房子】 "屋子"指的是一个房间,"房子"指的是一所住宅。这种习惯,和南方几乎恰恰相反。广东人把住宅叫做"屋",把房间叫做"房"。因此,必须注意。

　　　　且找了店家问道:"有屋子没有?"

等于说"有房间没有?"

　　　　冰块子有间把屋子大。
　　　　在那里,房子坏,房租贵。
　　　　管理这些水路标的人就住在河边的小房子里。

一所房子里面可能有许多屋子,也可能只有一个屋子。

　　此外,抽象地讲住处,不管是一间屋还是一所宅子,通常用"房",如"住房给房钱,吃饭给饭钱"。

　　【窗户】 在北京话里不是指窗和户,只指的是"窗"(不叫做"窗子")。这里的"户"字念轻声。

　　　　向河的一面开着宽大的窗户。
　　　　丹娘站在窗户跟前的床上。

　　【媳妇】 实际上说成"媳妇儿"。"儿媳妇"("儿"字重读)和"媳妇儿"("儿"字轻读)不同;"儿媳妇"是儿子的妻,等于文言里的"媳";"媳妇儿"就是妻,江浙一带叫做"家小",许多地方都叫做"老婆"(北方说的"老婆"——"婆"重读,下面加"子"或"儿"——却又等于说"老太婆",是年老的女人的意思)。

　　　　老品粗声粗气地冲着他媳妇说。
　　　　他媳妇上前拉住粪筐。

【嫂子】 就是嫂。北京话只说"嫂子",不说"嫂嫂"。

嫂子,你给我个小南瓜吧!

【脸】 就是面。但只限于"头面"的意义;至于"方面、场面、由点到面"等,仍是面,不是脸。江浙人把"头面"的"面"说成"面孔";有些江浙人写文章的时候,由于类推的错误,写成"脸孔",其实北京只说"脸",不说"脸孔"。说"脸孔"是不对的。

他的脸很瘦,很憔悴。

【劲】 含有"力量、精神"等意思。北京话有好些字眼里包含这个字,这些字眼有时候在方言里很难找一个恰当的字眼去翻译它。"劲"实际上说成"劲儿",但"儿"字常常不写出。

【泄劲】(又说"泄气") 起劲的反面。

别泄劲,加油干。

【差劲】 不够起劲,落后。

二班今天可有点差劲了。

【死劲】 起劲到了极点。

开头不让大家卖死劲干。

【对劲儿】 西南普通话说成"对头",就是"对"的意思。

大家都认为班长说得对劲儿。

【来劲儿】 就是由差劲变为起劲的意思。

闷着头干容易疲劳,谈谈笑笑就会来劲儿。

【穷劲儿】 就是穷苦的样子。

看见董老头儿的那股穷劲儿。

【活(儿)】 就是工作(一般指生产工作)。"干活儿"就是"做工作"。从前"生计"叫做"活计","活"字是由此来的。

> 还是低着头干他的活儿。
> 干种种杂活儿。
> 谁都巴不得自己能把活儿干得特别好。
> 在庄稼活上头,有什么不通的事,谁不去问他?

【个子】 指人的身材高矮。个子大,就是长得高;个子小,就是长得矮。

> 他年轻,个子大,干活儿顶呱呱。

【乐】 就是高兴,往往兼指笑。

> 心里可乐坏啦!
> 老头老婆们在后边张着大嘴,乐得直拍掌。

【瞧】 就是看,往往指仔细的看。"瞧着吧"等于说"等着瞧吧",也就是"将来你看吧"。

> 瞧着吧,等我们干出成绩来,还可以上北京去看毛主席呢。

【搁】 是"安放"的意思。一般也可以说成"放"。

> 这家伙搁在解放军手里。
> 他慢慢地把它吹旺,搁在地上。
> 不搁盐,我们就把它吃了。

【管……叫做】 也说"管……叫",等于一般说的"叫……做"。

> 大家就管这些地方叫做"火车头坟地"。

等于说"叫这些地方做火车头坟地"。

【行】 表示赞许。西南普通话说成"要得"。

> 这姑娘真行!

【准】 是一定的意思。

准会着火。

你怎么不哭？准是不疼吧？

父亲准赶不回来点灯了。

【管保(准保)】 "管保"是"包管"的意思。也可以说成"准保"。它们和"准"字不同的地方,是可以放在"你"或"他"等字的前面。

要是风风雨雨地突击一阵,管保你干不到两天就要垮下来。

你要是住在我们村里,管保出不了这号事。

修理修理,准保能用。

【老】 表示时间长久。

后来觉得老停在外边还不大放心。

【就】 是"只"的意思。

她不是怕二虎子被鬼子抓去……她就是怕老王被鬼子抓去。

我活了一辈子啦,就没听说过机器能种地。

大家都说歌很好,就是里面拐弯太多。

好容易才从那条水道出来,就是这腿上中了一枪。

【全(全都)】 "全"是"都"的意思(若解作"完全",不算恰当)。有时说成"全都"。

你们全知道,中国约有五万万人民。

不等于说"完全知道",只等于说"都知道"或"人人都知道"。

列宁把我要告诉他的话全说了。

仓库里藏着的东西不一定全是新的。

钻煤,锄煤,铲煤,装煤,全有适当的机器。

把留下的枝条全都拉进去。

【净】　表示除此之外没有别的。

> 你这小子净想好事。
> 我们村里净是穿黑衣裳的。
> 人家冀县农场里净女的。

【打】　就是"由"或"从"。

> 有个老头儿打这儿过。
> 打根上起就分枝。
> 打这以后,老品就加入了拖拉机练习组。

【往】　就是"向"或"朝着"。

> 反动派由丰台往城里头逃。
> 老王的手往腰里摸。
> 所以他再往西走。
> 一拐一拐地往回走。

"往回走"等于说"朝着回去的方向走"。

【……的话】　放在句尾,表示假定。

> 人民政府不来领导的话,哪儿能有现在这样的日子?

【要不、不的话】　等于说"否则"。

> 妈,你给我脖子上围条手巾吧,要不风吹进去可冷啊。
> 灶门边别堆柴火,得搬开。不的话,小心着,准会着火。

"不的话"在这里等于说"如果不搬开的话"。

此外,常用的字还有"能、得、让、自个儿"等,等到以后还要特别提出来讨论的。

(二)其他。

其他还有许多字眼是北京话和一般北方话所特有的。现在简单地再举一些例子。

【街坊】　邻居,邻人。

　　疑心是个街坊偷的。

【星星】　星。

　　一颗星星也看不见。

【水泥】　水门汀(江浙),士敏土(广州)。

　　支撑的柱子全是钢骨水泥的。

【烟卷】　香烟。实际上说成"烟卷儿"。

　　场长拿起烟卷,就往老品手里塞。

【话匣子】　留声机。

　　他首先拉开了话匣子。

这里的"拉开了话匣子"是譬喻。

【脑袋】　头。

　　脑袋胀得像栲斗。

【脖子】　颈。

　　艾戈尔卡扯着脖子叫喊。

【翅膀】　翼(华南人注意)。

　　振动翅膀,向网上一撞。

【娘们家】　女性。

　　我要不是娘们家,我非得学学不可。

【晌午】　中午。

　　晌午了,刘连长他们拿出自己带来的干粮吃。

【本】　簿子。

　　拿你的生字本来给我看。

【回事】　一件事。

　　这是怎么回事啊!
　　原来这么回事。

"回事"是"一回事"的省略,常常放在"这么、那么"或"怎么"的后面。

【一辈子】　一生(华南人注意)。

　　她一辈子也忘不了。

【稠】　稀的反面。

　　不吃稠的喝口汤。

【严】　紧(关得紧)。

　　拿草盖得严严的。

【累】　疲劳。

　　满身是水,又累又饿。

【不赖】　颇好。

　　我这烟不赖。

【顶事、抵事、管事】　中用。

　　这药可顶事呢。
　　雇着看庄稼的也不抵事。

【有两下子】　还算有本事。

　　不赖,二黑有两下子。

【短】　缺少。

我们修车缺材料,短机器。

【扔】 一般说的"丢"(抛弃)。

那些反动派就扔下了车,逃走了。

【丢】 失去。

有个人丢了一把斧子。

【待】 (音獃,亦写作"呆")住,停留。

待了半天才说。

【蹩】 忍。

老品实在蹩不住了。

【摔】 跌。

小彼得去溜冰,把腿摔折了。

【捎】 带(顺便给别人带东西)。

把大哥的好东西给我们捎回来了。

【扛】 捎(江浙、华南人注意)。

还有扛着大红旗的队伍。

这里的"扛"音kʻɑŋ。另音gɑŋ,是"抬"的意思。

【抬】 两人以上共扛(华南人注意)。

一根橡树木头得六个人用杠子抬。

【抬杠】 争论。

年轻的小伙子们就跟他抬起杠来。

【甩】 挥,抛。

说完也把棉衣一甩。

【揍】　打。带有惩罚和轻蔑的意味,如"他打了你,回头我揍他!"

把这个狗爪子揍得可真痛快!

【打发】　派。

你要吃就打发孩子们去担一些。

【拾掇】　料理,整理。

叫他帮自己拾掇葡萄。

【对付、凑合】　将就。

你不管好歹,对付一间吧。

【惦记】　挂念。

我还惦记着那个脊梁弯得像弓一样的人。

【嚷】　叫(高声的)。

高声嚷。

【愣】　因惊讶而发呆。

连教师都愣住了。

【赶会、赶集】　就是广东人的"趁墟"、云南人的"赶街子"。

比赶会还热闹呢。

【解手】　小便或大便(小解,大解)。

一个战士……去解手儿。

【加油】　更加努力。

大家都自动加起油来。

【冲着】　向,对。

　　冲着他媳妇说。

【光】　只,仅。

　　光叫我吃你的。

【直】　不停地。

　　冻得浑身直发抖。

【挺】　很,非常。

　　谁知道他们都挺愿意。
　　他是挺聪明,挺规矩的。

【……点儿】　些。

　　走! 快点儿!

二、方言的语汇

　　写文章的人不全是会说北京话的,因此文章里偶然夹杂着一些方言的语汇是可能的。再说,为了叙事生动,作家有时还有意地运用一些方言,尤其是华北的方言。

　　(一)华北方言。这是指北京以外的华北方言。

【啥】　是"什么"的意思(江浙也有这字)。

　　发啥料做啥活,不发就不做。
　　参谋个啥问题咱们可不行呢。

【好把式】　是精通一种技艺的人。

　　提起高老品,那是……无人不晓的种地的好把式。

华北方言,语文课本上多已注明,这里不多举例。

　　(二)西南方言。

【哪个】　等于说"谁"。

　　　　废纸哪个要？送给书呆子。

北京话只说"谁"，不说"哪个"；北京话里虽也有"哪一个"，但不等于说"谁"。

　　【搞】　是"做"或"干"的意思。

　　　　怎么搞的？我的鞋哪儿去啦？

现在，"搞"字已经全国化了。

　　【口水】　北方叫"吐沫"，江浙叫"涎吐"。

　　　　被口水浸湿了。

　　（三）江浙话（江南话、吴语）。

　　【面孔】　就是脸。

　　　　明朗的面孔，和善的眼光。
　　　　赤黑色的面孔。

　　【打耳光】　北方叫"打耳刮子"，西南叫"打耳丝"，华南叫"打嘴巴"。

　　　　还打了他一个耳光。

　　【蚕宝宝】　就是蚕。

　　　　宝宝健朗，他们就高兴。

　　【运道】　就是运气。

　　　　这些花纸会给他们带来好运道。

　　【幢】　江浙人叫一所楼房做"一幢"（"幢"读如"撞"字阳平）。

　　　　没有一幢完整的房子。

　　【搭挡】　是合作的伴侣。

　　　　列宁跟一个军人做搭挡。

【一道】　就是"一块儿"或"一起"。

毛泽东同志看见和他一道走的一个同学手里有一本书。

【刚刚】　就是"刚"的意思。北方只说"刚",不说"刚刚"。

我刚刚把信笺装进信封,又接到了一封信。

试比较第二册第十课的"他刚由师里受美术训回来",那才是北方的说法。

【通通(统统、统通、通统)】　是"全都"的意思。

我每天要把发生的事情统统记在日记上。

出去,出去,通通出去。

一家人通通杀掉。

这里作者特地用"通通"二字表示日本鬼子的中国话很生硬。

(四)华南方言。

【一点钟】　就是一个钟头。

隔一点钟,还有一艘也要经过这儿。

再过一点钟天就全黑了。

北方人偶然也把一个钟头说成"一点钟",但最普通的说法还是"一个钟头"。"一点钟"或"三点钟"是第一点钟或第三点钟的意思;"一个钟头"或"三个钟头"是一小时或三小时的意思。这样分别开来是有好处的。

写文章的时候,该不该用标准的词汇呢?应该的。那么用什么话作为标准语呢?应该用北京话,也就是我国首都的语言。不过,咱们应该注意用文学语言,不应该用一些太不常见的字眼。

如果不是在北京生长的人,要说出或写出一种纯粹的北京话是有困难的。但是咱们应该朝着这个方向走,也就是要拿标准语作为咱们努力的目标。

肆 同义词、新名词、简称

一、同义词

同义词，就是意义相同的两个或更多的词。严格地说，真正完全同义的词是很少的。当我们说它们同义的时候（甚至说它们完全同义的时候），意思只是说它们在一定范围内意义相同罢了。

（一）完全同义。

【和—跟】

> 矿井和通道都用木柱支撑着。
> 毛主席笑着和我握手。
> 别的铁路跟许多工厂的工人都纷纷起来应响。
> 有一次河水冲到淮河流域，跟淮河会合。
> 李官祥爱护公家的东西跟爱护自己的生命一样。

第一例的"和"跟第三例的"跟"的意思是完全一样的；第二例的"和"跟第四例的"跟"的意思也完全一样。可见"和"和"跟"是完全同义的。在现在北京口语里，"跟"字渐渐占了优势。

【对—向】

> 狼……对那只羊说。
> 他向卫兵说。

【能—能够】

　　然而他们总不能离开机器间。

　　而且能够过着很舒服的生活。

　　重要的文章都能够背诵。

但"能"当"会"字讲的时候，不能说成"能够"。

【别的—旁的】

　　别的一块煤大声说。

　　旁的煤都不作声。

　　别的铁路跟许多工厂……

　　不学好这三门功课，旁的功课就不容易学好。

（二）同义，但其中一个（后一个）地方色彩较浓。

【不用—甭】

　　今年不用看了。

　　你们甭上冀县去啦！

【不要—别】

　　不要留主干。

　　不要射我！

　　大娘，你别伤心。

　　可别再说是八路军了。

【叫做—叫】

　　就叫做"星期六义务劳动日"。

　　南苑花盆村有个六十多岁的老头儿叫王崇阁。

　　人家叫它"琥珀"。

现在北京口语里几乎全都不用"叫做"。因此，只是"叫王崇阁"，不是"叫做王崇阁"；只是"叫它琥珀"，不是"叫它做琥珀"。

（三）同义，但其中一个（后一个）较合口语（北京话）。

【读—念】

　　一个人不能把所有的书都读完。

　　你得念给我听。

【放—搁】

　　他赶快把小刀放在口袋里。

　　他把两段木头并排直搁在火堆旁边。

【从—打】

　　听说有一家刚从山东移来的难民。

　　打根上起就分枝。

【替—给】

　　你们要替我报仇呀！

　　秋上回来给你割谷子，打场。

【猛然—猛的（猛地）】

　　班长想了一想，猛然拍手说。

　　猛的觉得一只脚让什么东西碰了一下。

【如果—要（要是）】

　　如果你不想吃面包，你可以到牧场上去。

　　我的信如果要发表，且有发表的地方，我可以同意。

　　要不是你，我们一定要吃些小苦头了。

　　自己树上的〔叶子〕要是不够，就赶快计议。

【但（但是）—可是】

　　但是跟实在的情形差得很远。

　　但也有人替秦国打算，竭力破坏六国同盟。

可是苏维埃国家就在这艰苦的年头里开始它的经济建设。

【这里—这儿】

这里好像要出什么事情似的。
不许到这儿来!

【那里—那儿】

在那里,房子坏,房租贵。
那儿有呼伦和贝尔两个大湖。

【哪里—哪儿】

冰块会把我们漂流到哪儿去……
它流到哪里去……

【今天—今儿(今儿个)】

大家都觉得今天的工作真有意思。
今儿早上咱们吃什么呀?
今儿个是从宣化回老家去,路过这儿的。

"明天、明儿、明儿个、昨天、昨儿、昨儿个",由此类推。但"今天"当"现在"讲的时候,只是"今天",不是"今儿个"。

(四)同义,各带地域性。

【挑—担】

叫王小五给挑到这里来了。
你要吃就打发孩子们去担一些。

"挑"字的应用比较普遍些。

(五)不完全同义。

【时间—工夫】 "工夫"有时候当"时间"讲。"没有时间"可以说成"没有工夫","时间长"可以说成"工夫大"。这只是指做一件事所费的时间而言。"时间"的涵义较广,因此,"延长时间"不能说成"延长工夫","时间地点"不能说成"工夫地点"。同时,"工夫"也有一种意义是"时间"所没有的,譬如"真工夫"也不能说成"真时间"。

不到一天工夫,王家的葡萄园就变了样儿了。

【说—讲】 "说"是"说话"。"讲"字有时也指"说话",但有时是指讲出一番道理来,因此"首长在大会上讲了话"就不能改为"首长在大会上说了话"。此外,"讲"字又有"解释"的意思,所以和"说"字的用途不完全相同。

刘连长自己领在前头,连句话也不讲,就用力开起地来。

也可以说成"连句话也不说"。

大家不讲话,只听见脚步声。

也可以说成"大家不说话"。

接着就是杜伯洛维娜讲话。

这里用"讲话",是演讲的意思,不能用"说话"。

一个鬼子讲话了。

这里用"讲话"较妥。

会写,会念,会讲,会用。

这里不能说成"会写,会念,会说,会用",因为"会讲"是"会讲解"的意思。江浙人和华南人应该特别注意。

二、新名词

这里所谓新名词,就是随着社会发展而发展的新语汇。多数是国际化的字眼。必须彻底地了解它们,才能正确地运用它们。

【条件】 "条件"是甲方对乙方要求实行的一件或一些事情。

最后依了文化教员的条件。

再说，如果要等待甲事实现，乙事才能实现，那么，这甲事就是乙事的条件。咱们说"先决条件"，就是乙事所等待着的甲事（必须把甲事先解决了，乙事才能解决）。咱们说"条件不够"，就是乙事所等待的甲事还没有完全实现。

当咱们因为"条件不够"而不能实现咱们的理想的时候，咱们就该"创造条件"。在工厂或学校里，咱们常常听说"创造条件，争取入团"。这条件是什么呢？就是："要求入团的青年，除年龄必须相符，历史必须审查清楚之外，还必须遵照团章所规定的拥护中国共产党的主张，承认中国共产党是青年团的组织者和领导者，愿意忠实地在党的领导下为国家逐步实现工业化和逐步过渡到社会主义社会而奋斗；并且不仅在口头上拥护，还必须经过自己实际的革命行动，经过自己在生产的、工作的或学习的岗位上的积极表现，来积极促进这些原则的实现。"入团是乙事，在生产的、工作的或学习的岗位上的积极表现是甲事，这甲事就是乙事的条件。不够积极就是入团的"条件不够"；今后更加积极，做到合于入团的条件，就是"创造条件，争取入团"。

【质量】　质量是从品质或质料上看出来的程度的高低，譬如布织得结实、耐用、好看，咱们就说它的质量好。质量往往和数量并提，譬如一个工厂出产的布又好又多，就是在质量上和数量上都有了成绩。"质量"原是一个物理学名词，一般所谓"质量"，从前是分别指"质"和"量"（"量"指数量），现在大家渐渐把"质量"当做一个单词来用，"质量"只指"质"的一方面，不包括数量了。工人在工厂里，不但要保证产品的质量和数量，而且要努力提高产品的质量和数量。

我们一定要完全消灭事故，继续提高修车的数量质量。

【争取】　"争取"本来的意思是"争得"。它的新兴用法是指尽最大的努力去达到某一个目的。那些要尽最大努力才能达到目的的事情,往往是条件不很够或者困难很多的事情。这新兴的用法表现了一种新的精神:条件不很够,或者困难很多,仍旧做得到,足以显出工人阶级的伟大力量。咱们说"五年计划,争取四年完成",这里就充分表现着工人阶级的精神。

　　我们一定要保持这个荣誉,争取在今年十一月内完成全年的生产计划。

　　把各项定额工作做好,争取早日实现企业化。

【突击】　"突击"的原意是"突然袭击",是战斗用语。引申来说,凡是为了特殊的任务,在很短促的时间里加紧努力工作,去完成那个任务,都叫"突击"。在工厂里,加紧努力,迅速争取生产新记录的劳动组织,叫做"突击队"。

　　风风雨雨地突击一阵。

　　她是工厂里的突击队员。

【肯定】　"肯定"和"否定"是相对的。"肯定"是正的方面,"否定"是反的方面。"肯定"是积极的方面,"否定"是消极的方面。因为"肯定"是正的方面和积极的方面,所以也有"认定"和"确信"的意思。譬如说"肯定了新中国四年来的成绩",意思就是认定有成绩。

　　我这样肯定地回答了他。

【强调】　"强调"是把声调加强的意思。咱们说话的时候,说到重要的地方,往往有意地说得特别响亮。这就是"强调"的本来意义。引申来说,凡特别着重地提出一件事,也叫做"强调"。一般只用这引申的意义。

　　他的爱祖国爱人民的那种精神依然是值得我们强调,值得我们学习的。

【可能】　从前只说"可"或"能"；"可、能"连起来表示可能性，则是新兴的字眼，但也用了三四十年了（唐诗里"可、能"两字也有连用的，不过那是另一种意思）。"可能"表示一件事或者会那样，因此，有时候，说"可能"就等于说"也许"。

可能是这些水点太小了，不会很快地落下来。

说某事有实现的可能，是说那件事或者可以实现。但是，最近还有一种更新的用法，就是不带"或者"的意思。譬如说"社会主义社会成为可能"，就等于说"社会主义社会能够实现"了。

【一定】　"一定"本来是"必"的意思。但"一定"的新用法是指达到了某一程度，或有了某一明确的范围。这程度或范围是可知的（所以叫做"一定"），若要说得更明确些也是可能的；但笼统起来，就只说"一定"，例如某一小组每天在上午十时开会，可以说这一个小组"每天在一定的时间开会"或"有一定的开会时间"。又如说某一工作"获得了一定的成绩"，这句话一方面表示还有一些缺点，不能满意（因为只达到了某一程度，尚未达到最高程度），另一方面又表示这成绩是肯定了的，是有许多具体事实可以证明的，令人增加工作的信心。

无论学什么科学，都要有一定的语文程度。

这等于说"都要有相当的语文程度"。假定说，你如果学文科，你的语文程度应该达到四分以上；你如果学工科，你的语文程度应该达到三分以上。这四分和三分对于文科和工科来说都是有一定的，所以说"要有一定的语文程度"。

【一般】　"一般"原来的意义是"一样"。它的新兴用法是指普通的情况。当咱们说"一般"的时候，意思是说，有或可能有一些例外。因此，"一般"是和"特殊"相对的。

一般大众对于新名词也听不懂。

意思是，可能有少数人听得懂。

　　一般的饭店都不准黑人进去。

意思是，只有一些特殊的饭店是准黑人进去的。

　　【任何】　"任何"有"无论什么"的意思。"任何人"等于说"无论是谁"。"任何"有时候等于"一切"。但若在否定语的后面，咱们只说"任何"，不说"一切"。

　　人们一直以为北极上不会有任何生命存在。

　　新名词很多；这里只在语文课本里找出一些例子来谈一谈。咱们对于新名词，一定要懂得透彻，才好用它们。

三、简　称

　　简称是一个名称或一件事，因为字多，省略成为两三个字，说起来或写起来省力些。

　　【政委】　政治委员。

　　我们一个团政委给我来了一封信。

　　【支书】　支部书记（共产党的，或共产主义青年团的）。

　　该向支书汇报啦。

　　【炮一团】　炮兵第一团。

　　刚过了西平县，会见了我们的老伙伴炮一团。

　　简称不能太简单；太简单了，就令人不容易了解。像"老王，八路军的敌工股长"，"敌工股长"这个简称就不妥当。因此，最好是少用简称。下面是两个不用简称的例子：

　　下面写的就是某旅政治委员李震同志关于这次渡淮经过的谈话。

　　支部书记张广福从楼上下来。

　　正式的、庄严的文件是不应该用简称的。试看中国共产主义青年团的团章里，"马克思列宁主义"没有简称为"马列主义"，"中国共产党"没有简称为"中共"，"少年先锋队"没有简称为"少先队"，"中央委员会"没有简称为"中委"，"工作委员会"没有简称为"工委"。为什么不应该用简称呢？因为用简称就不够明确，而庄严的文件是不容许有两可的解释的。再说，既然是庄严的文件，就应该郑重其事，根本不应该贪图省力了。

　　有时候，在正式文件里，在全称说出来之后，也可以用简称。在这种情形之下，通常的办法是在全称的后面加上一个附注，例如政务院为准备普选进行全国人口调查登记的指示的"附二"里说：

　　　　填表单位——户，按"全国人口调查登记办法"（以下简称"登记办法"）第四条的规定确定之。

这样，既简单（下文可以省许多字），又明确（上文交代清楚），就两全其美了。

伍　古语的沿用

语言的起源远在有文字以前。咱们现在所说的话里头,有许多字眼是从古代一直沿用到现在的,例如"人"字,不但古文字里有它,而且经过几千年仍旧活在大众的口语里,我们就把它当做现代口语的字眼看待了。本节里所谈的古语的沿用,不是指"人、马、牛、羊"等等,而是指一般口语里不用或不常用的字眼。这些字眼大都是从书本上学来的,所以是古语的沿用。咱们把这一类字眼叫做文言的字眼。

文言的字眼有些也被吸收到口语里,变为一般口语的字眼。但当它们未变为一般口语的时候,青年人学习起来是比较困难的,所以这里特别提出来谈一谈。

一、文言虚字

所谓虚字,就是意思比较空虚的字眼。它并不表示一种事物,也不表示一种行为或一种状态。文言里的虚字很多,现在只拣几个和口语有关系的来说。

(一)所

"所"字在文言里,放在一种动作的前面,表示这是一种动作,例如"张生所读之书"或"金兵为岳飞所败"。有时候"所"字和动作结合起来,就表示一种事物,例如"张生所读皆有用之书"。在现代的文章里,偶然还可以见到这种"所"字。

果然不出所料。

倘若叮在一处,所得就非常有限。

越过终年积雪的高山,到了他所想到的地方。

旗政府和苏木政府所在的地方都设立了学校。

应该注意:一般的口语里是没有"所"字的;咱们只说"到了他想到的地方","有旗政府和苏木政府的地方都有了学校"等。

此外,还有两个特殊的字眼:第一是"所谓",第二是"所有"。现在分别叙述于下:

"所谓"等于"我们说的……、人们说的……"之类:

所谓经验,不仅是知识方面的事情。

等于说"我们说的经验不仅是……"。

最初他按照所谓意大利典型造成。

等于说"……人们说的意大利典型……"。

有时候,"所谓"表示"他们说的,我们并不承认"的意思。

那种不受任何约束的所谓"绝对自由",实际上是不存在的。

"所有"最初的意思只是"有":

只要穷人团结起来,就可以把富人所有的一切拿到自己手里来。

后来"所有"本身就表示"一切"的意思。

把所有的书集合起来,就是人类所有的经验的总仓库。

(二)其

"其"字在古代是"他的"的意思。现代口语里不用它了,只在某一些特殊结构里保存着。

"其他"就是"别的"或"另外",因为"他"字在古代正是"别"或"另"的意思:

她又把家里其他的人都认了。

"其余"就是"……以外"的意思：

齐国和其余的四国也不算太弱。

等于说"齐国和齐国以外的四国……"。

"其次"的本来意思是"他的（它的）下面一个"。引申来说，有"再说"或"还有"的意思。这里的"再说"和"还有"都表示前面的话还没有说得完全：

其次是可以看世界旅行记。

"尤其"是"特别"的意思。本该只说"尤"，"其"字是加上去的：

梁军的那一架尤其照顾得好。

"莫名其妙"本来的意思是"不能说出（或说不出）它的奥妙"，后来只当做"不明白"（想不通）讲（参看上文第一节）：

刘连长想了一下，也莫名其妙。

"大请其客"，本该只说"大请客"。"其"字加进去，起初只是滑稽的说法，后来变了夸张的说法。"大"字和"其"字相应。咱们可以比着这个格式，说"大吃其亏、大看其电影"等：

今天你大请其客。

注意：一般的"他"字不能译成"其"字，例如"他不知道"不能译成"其不知"。

（三）之

"之"字在古代，普通有两个用途：第一是"他"的意思，如"爱之、杀之"等；但"他去了"不能译成"之去矣"。第二是"的"的意思，如"天之上、地之下"等；但"这书是我的"不能译成"此书乃我之"，"匆匆的走了"不能译成"匆匆之去矣"。由此看来，"之"和

"他"的用途不完全相同；"之"和"的"的用途也不完全相等。在现代的文章里，"之"字的第一用途比较少见。下面是第二用途的一个例子：

> 那平水之上，早已有冰结满。

在第二用途中，有两种特殊形式是现代化了的：第一种是"……之一"，第二种是"几分之几"。

"……之一"表示"……当中的一个"，譬如说"捷克是东欧社会主义国家之一"，这一句话比较"捷克是东欧社会主义国家"的意思更周密些，因为东欧有许多社会主义国家，而捷克只是其中的一个：

> 这是我军南渡的许多渡口之一。

当咱们说分数的时候，就说"几分之几"，如"三分之一、五分之二、百分之九十五"等。

> 这一季的任务比去年哪一季都加重了三分之二。

这两种特殊形式只用"之"字，不用"的"字。"许多渡口之一"不大能说成"许多渡口的一个"；至于"三分之二"，更不能说成"三分的二"了。

（四）于

"于"字的意思颇像口语的"在"（"于家中用膳"），但并不完全相同，例如"昨天我不在家"不能译成"昨日我不于家"。现代口语里，单独的"于"字几乎没有什么用处了，它只被保留在一些特殊结构里。

"对于"是"在……上头"或"在……方面"的意思：

> 还说出自己对于这本书的意见。

等于说"自己在这本书上头的意见"。

"关于"是"在……这一件事情上（或这一个范围内）"的意思：

　　明确地规定了关于劳动保护的项目。

等于说"规定了在劳动保护这一件事情上的项目"。

　　"由于"相当于"因为",用来说明因果:

　　在苏联,由于工人阶级专政,厉行劳动保护政策,这种辛苦危险的煤矿工作大大地改善了。

　　"对于、关于、由于"都是新兴的字眼,借用文言"于"字合成的。

　　"终于"相当于"结果是"或"到底":

　　我们终于抢先渡过了淮河。

　　"至于"相当于"说到":

　　至于看桃花的名所,是龙华。

　　"不至于"就是"不会",或"不会弄到":

　　要使黄河的水流平稳,不至于泛滥。

　　"适于(适宜于)"表示在那件事上是适合的:

　　伏特雅诺夫开始选择适于降落的冰块。

　　"有利于"表示对于那个人或那件事情是有利的:

　　为什么穷人不去做有利于自己的工作呢?

　　"于是"的本来意义是"在这里、在这个时候",后来变为近似"因此"的用途,但仍旧含有"在这个时候"的意思:

　　人类为了交流经验,保存经验,才创造文字,制造书写工具,发明印刷技术,于是世界上有了书。

　　(五)乎

　　"乎"字在古代,普通有两种用途:第一种是"吗"的意思,如"伤人乎?"第二种是"于"的意思,如"合乎标准"。在现代口语里,第一种完全废弃了；第二种用途还在一些成语里保存着。

"几乎"本来是"将近于"的意思，现在变了"差点儿"或"差不多"的意思：

　　突然飞来一枝箭，几乎射中了膝盖。

等于说"……差点儿射中了膝盖"。

"不在乎"本该是"不在乎此"，也就是"不在于此"的意思（现在还有些人说"不在乎此"）。后来演变到丢了"此"字，就只剩下了"不在乎"。"不在乎"变了"不放在心上"的意思：

　　他站在那儿看，毫不在乎的样子。
　　我们对于这样的气候并不在乎。

（六）以

"以"字在古代，最普通的用途是当"拿"字讲（"以子之矛，攻子之盾"），但和"拿"的意义并不完全相同，譬如说"我拿了他的书"不能译成"我以其书"：

　　请给我以火，给我以火！

"给我以火"的"以"字是古代典型的用法。"给我以火"等于说"拿火给我"。注意古今词序的不同。

下面再叙述一些特殊的结构：

"以为"是"拿……当做"的意思，后来变了"想是"或"认为"的意思：

　　人们一直以为北极上不会有任何生命存在。

"所以"用来指出它前面说的是原因：

　　我有好几个青年朋友就死在那里面，所以我是不去的。

"以资"是"拿来作为……用的"的意思，这是十足的文言，只用于一些公文里。"以资"下面一定是一种行为，表示要达到某种目的：

> 特授与金牌，以资奖励。

此外，有些"以"字并非"拿"的意思，只表示它前面的话是说明怎么样的一种动作。这种话太文了，还是不用的好：

> 我们总希望来一阵雷雨，实际上也往往"如愿以偿"。

如愿地达到了目的，即用"如愿"来说明怎样达到了目的。

"以前、以后、以外"，实际上等于说"前、后、外"（"以上、以下"也是一样）。"以"字有"由此一直到"的意思：

> 他无可奈何地把时间推到拂晓以前。
>
> 以前，没有一个人知道这个确实的数字。

单说"以前"就等于说"从前"。

> 这只有在辛勤的工作以后才能得到答复。
>
> 除了主要的矿井和通道装设电灯以外，还有一种新式的灯。

"以外"和"除了"相应，变了比较抽象的意思。

（七）而

"而"字在古代，最主要的用途是表示"但是"或"并且"的意思。

> 精明强干的性格，刻苦耐劳的精神，先要有了健康的身体才能培养起来。而所有的人并不是一生下来就是健康的，一般人的健康都是锻炼出来的。

"而"等于"但是"。

> 这并不是老天爷的恩惠，而是因为雷雨的成因正是闷热。

这"而"字也是由"但是"的意思变来的，不过语气轻了些。

跟"所、于、以"等字一样，"而"字也有一些特殊结构：

"然而"就是"但是"的意思：

> 那儿散满了油的气味，煤的气味，热得叫人头脑发昏。
> 然而火夫们整天整晚在那儿。

"而且"，"而"和"且"的意思差不多，古代只能单用，不能连用，后来在口语里连用起来了。"而且"就是"并且"：

> 而且我们每个国民都应该努力。

此外，有一种"而"字表示它前面的话是说明怎么样的一种动作，例如：

> 我和猎人马克西梅奇划着小船，顺流而下。

用"顺流"来说明怎样"下"去。"顺流而下"和上文所举的"如愿以偿"的结构差不多。

(八) 且

"且"就是"并且"或"而且"。单说"且"是文言，吸收到口语里转变为双音词就成了"并且"或"而且"。在纯粹的口语里一般不说"并且"或"而且"，只说"又、还、还有、再说"等：

> 我的信如果要发表，且有发表的地方，我可以同意。

(九) 若

"若"就是"如果、要是"或"要"：

> 若以此刻河水而论，也不过百丈宽的光景。

有时候说成"倘若"，这也是文言字眼吸收到口语里转成的双音词。

> 倘若叮在一处，所得就非常有限。

二、文言的语汇

上面所谈的文言虚字也就是文言的语汇的一部分。但是除了

文言虚字之外,还有许多字眼是属于文言的语汇的。现在就文言字眼较多的课文里摘出一些例子来看:

黯然泪下　可恕　借此　名所　独骑　险恶　四顾茫茫

越过　吸饱　顺流　馋涎　整洁　呻吟　过深　悲愤　岛屿

绵延　发祥地　河防　觅店　无暇　奔腾澎湃　交辉　苦寒

勤奋　均　滔滔不绝　阻遏　徒涉　沉思　黎明　晨光　怒涛

光润　敌忾同仇　奇袭　永垂不朽　张皇失措　命中　超越

显现　坚韧　养育　嗤笑　盘旋　波涛汹涌　嘶叫　一霎时

翻腾　征兆　飞翔　原野　吼叫　赫赫　宏丽　奇花异草

丛林　牧民　景象

咱们不应该完全排斥文言的词汇;应该好好地把它吸收到口语里来,譬如"顽强"两个字,现在一般口语里都通用了。但是,也不应该滥用文言,像上文所举的"黎明、吼叫、张皇失措"等,都是可以用更接近口语的字眼来代替的。

三、过时的口语

有些字,在几十年或一二百年前还是白话,到现在口语里却废弃了,例如:

【煞】　很。

　像个小插瓶似的,煞是好看。

【却】　可是。

　却又被河边上的冰把几只船冻得牢牢的。

【方】　才(纔)。

　及至仔细看去,方看出哪是云,哪是山来。

【将】　把。

　将那走不过去的冰挤得两面乱窜。

【这般】　这样,这么。

　　此地从来没有这般热闹。

【道、说道】　说。

　　放在桌上,说道。

　　南方人学写文章的时候要留心一件事,就是要学习现代北方的活口语(特别是北京话),不要学习旧小说里的过时的口语。

四、复活的文言

　　有些文言字眼,被吸收到口语里(往往先经过文字,然后到口语),渐渐地传开了,就变成了口语。这可以叫做复活的文言,譬如抗日战争时期,"空袭"和"警报"曾经很快地变为日常的口语,而"袭"和"警"本来是很深的文言。"酝酿、学习、准备、坦白、巩固"等等,本来也很文,现在变为很通俗了:

　　我说不那么简单,应该在班里再充分酝酿。

　　叫他学习,他就把脸皮一耷拉。

　　好一会,他才像当年战前宣誓似地说。

　　说1950年要消灭识七百字以下的文盲。

　　反正你得好好帮我提高文化。

　　炊事班的同志们打开锅挑子和油盐挑子。

　　炊事员老钱忽然从王小五的油盐挑子上解下一把菜刀来。

　　上节的"争取、突击"之类也都是这一种情形。新词的创造,往往是从文言的仓库里取得原料的。可是咱们还得注意:

　　一方面,一部分陈旧字眼将会渐渐地被大众的口语替代,例如"然而"将被"但是"或"可是"替代,"倘若"将被"要是"替代,"黎明"将被"清早"替代,"海滨"将被"海边"替代,等等。

　　另一方面,人民将会不断地创造新的语汇,来适应新文化、新道德和新的社会制度的需要,而新的语汇大多数是从旧的语汇转化来的。

因此,咱们对于陈旧的字眼,最好是避免不用;同时,对于古代的语言,也要有一定的了解能力。

古代汉语常识

目　　录

第一章 什么是古代汉语

古代汉语是跟现代汉语相对的名称:古代汉族人民说的话叫做古代汉语。但是,古人已经死了,现代的人不可能听见古人说话,古人的话只能从古代留传下来的文字反映出来。因此,所谓古代汉语,实际上就是古书里所用的语言。

语言是发展的,它处在不断的变化中。中国的文化是悠久的,自从有文字记载到今天,已经有三千多年的历史。所谓古代汉语,指的是哪一个时代的汉语呢? 是上古汉语,是中古汉语,还是近代汉语呢?

的确是这样。我们如果对古代汉语进行严格的科学研究,的确应该分为上古时期(一般指汉代以前)、中古时期(一般指魏晋南北朝隋唐)、近代时期(一般指宋元明清),甚至还可以分得更细一些。那样研究下去,就是"汉语史"的研究。但是,那是汉语史专家的事情,一般人并不须要研究得那样仔细,只要笼统地研究古代汉语就行了。

研究古代汉语不分时代,大致地说,也还是可以的。封建社会的文人们喜欢仿古,汉代以前的文章成为他们学习的典范。中古和近代的文人都学着运用上古的词汇和语法,他们所写的文章脱离了当时的口语,尽可能做到跟古人的文章一样。这种文章叫做古文,后来又叫做文言文(用文言写的诗叫做文言诗)。我们通常所谓古代汉语就是指的这种文言文。照原则说,文言文是不变的,所以我们可以不分时代研究古代汉语。当然,仿古的文章不可能跟古人的文章完全一样,总不免在无意中夹杂着一些后代的词和后代的语法。不过那是罕见的情况。

历代都有白话文。近代的文学作品中,白话文特别多,如《水浒传》《儒林外史》《红楼梦》等。这些也都属于古代汉语,但是一般人所说的古代汉语不包括近代白话文在内,因为这种白话文跟现代汉语差不多,跟文言文的差别却是很大的。

这本小册子所讲的古代汉语就是文言文,所以不大谈到历史演变,也不谈到古代白话文。这里先把古代汉语的范围交代清楚,以后讲到古代汉语的时候,就不至于引起误解了。

第二章　为什么要学习古代汉语

　　为什么要学习古代汉语？首先是为了培养阅读古书的能力，以便批判地继承祖国的文化遗产；其次是因为古代汉语对现代语文修养也有一定的帮助。现在把这两个理由分别提出来谈一谈：

　　第一，中国有几千年文化需要我们批判地继承下来。我们每一个人或多或少地总要接触古代文化。有时候，是别人先读了古书，然后用现代语言讲给我们听，例如我们所学的中国史就是这样。有时候，是别人从古书中选出一篇文章或书中的某一章节的原文，加上注解，让我们阅读，例如我们所学的语文课，其中有一部分就是这样。将来我们如果研究历史，就非直接阅读古代的史书不可；如果研究古典文学，也非直接阅读古代的文学作品不可。研究哲学的人必须了解中国的哲学史，研究政治的人必须了解中国历代的政治思想，研究经济的人必须了解中国历代特别是近代的经济情况，他们也必须直接阅读某些古书。学音乐的人有必要知道点中国音乐史，学美术的人有必要知道点中国美术史，他们也不免要接触古书。就拿自然科学来说，也不是跟古书完全不发生关系的。学天文、数学的，不能不知道中国古代天文学和数学的辉煌成就；学医学、农学的，不能不知道中国古代医学上、农学上有许多宝贵经验；学工科的，也不能不知道中国古代不少工程是走在世界建筑学的前面的。当然，我们也可以靠别人读了讲给我们听。或用现代白话文写给我们看，但是到底不如自己阅读原文那样亲切有味，而且不至于以讹传讹。

在中学时代，还不能要求随便拿一本古书都能看懂，但是，如果多读些文言文，就可以打下良好的基础。

我们研究中国古代文化，必须剔除其糟粕，吸收其精华。但是，如果我们连书都没有读懂，也就谈不上辨别精华和糟粕了。因此，培养阅读古书的能力，是批判地继承文化遗产的先决条件。

第二，现代汉语是从古代汉语发展来的，现代汉语继承了古代汉语的许多词语和典故。因此，我们的古代汉语修养较高，对现代文章的阅读能力也就较高。像"力争上游"的"上游"（河流接近发源地的部分）、"务虚"的"务"（从事于），本来都是文言词，现在吸收到现代汉语来了。毛主席说："我们还要学习古人语言中有生命的东西。由于我们没有努力学习语言，古人语言中的许多还有生气的东西我们就没有充分地合理地利用。当然我们坚决反对去用已经死了的语汇和典故，这是确定了的，但是好的仍然有用的东西还是应该继承。"我们应该认识到，学习古代汉语，不但可以提高阅读文言文的能力，同时也可以提高阅读现代书报的能力和写作的能力。

第三章　怎样学习古代汉语

现代汉语是从古代汉语发展来的,我们学习古代汉语,无论如何不会像学外国语那样难。但是,由于中国的历史长,古人距离我们远了,我们学习古代汉语还是有一定困难的。一般说来,越古就越难。要克服学习上的困难,就应该讲究学习的方法。

第一,是读什么的问题。中国的古书,一向被称为"浩如烟海",是一辈子也读不完的。我们学习古代汉语,必须有所选择。我们应该选读思想健康而又对后代文言文有重大影响的文章。上古汉语是文言文的源头,所以我们应该多读一些汉代以前的文章,当然中古和近代的也要占一定的比重。

整部的书不能全读,可以选择其中的精华来读。

初学古代汉语,应该利用现代人的选本。首先应该熟读中学语文课本中的文言文和文言诗。这是经过慎重选择的,思想健康,其中大部分正是对后代文言文有重大影响的文章。其次,如果行有余力,还可以选读《古代散文选》(人民教育出版社出版)和《古代汉语》(中华书局出版)。这两部书分量太重,最好请老师代为挑选一些,不必全读。

初学古代汉语不应该贪多:先不忙看《诗经选》《史记选》等,更不必全部阅读《论语》《孟子》等。贪多嚼不烂,这是我们应该引以为戒的。

第二,是怎样读的问题。最要紧的是先把文章看懂了。不是浮光掠影的读,不是模模糊糊的懂,而是真懂。一个字也不能放过,决不能不求甚解。这样,就应该仔细看注解,勤查工具书。

中学语文课本、《古代散文选》《古代汉语》等书都有详细的注解。仔细看注解,一般就能理解文章的内容。有时候,每一句话都看懂了,就是前后连不起来,那就要请教老师。读文章要顺着次序读,有些词语在前面文章的注解中解释过了,到后面就不再重复了。

所谓工具书,这里指的是字典和辞书。字典是解释文字的意义的,如《新华字典》;辞书不但解释文字的意义,还解释成语等,如《辞源》《辞海》。《辞源》《辞海》是用文言解释的,对初学来说,也许嫌深了些。《新华字典》虽然是为学习现代汉语编写的,但是对学习古代汉语也很有帮助,因为其中也收了许多比较"文"的词义(如"汤"字当"热水"讲),并且收了许多比较"文"的词(如"夙"sù,就是"早")。

有了注解,为什么还要查字典呢?因为做注解的人不一定知道读者的困难在什么地方:有时候读者很容易懂的地方有了注解,读者感到难懂的地方反而没有注解。查字典是为了补充注解不足之处。学习古代汉语的人必须学会查字典,并且养成经常查字典的习惯。

在学习的过程中,可以试着翻译一两篇文章作为练习。但是初学的时候不要找现成的白话译文来看,那样做是没有好处的。正如外语课本不把课本翻译出来一样,中学语文课本也没有把文言文译成白话文。假如译成白话文,就会养成读者的依赖性,不深入钻研原文,以了解大意为满足,这样就影响学习的效果。

学习古代汉语的人,常常是学一篇懂一篇,拿起另一篇来仍旧不懂。所以须要学习关于古代汉语的一般知识,以便更好地提高阅读古书的能力。关于古代汉语的一般知识,大致可以分为三个方面:第一是关于文字的知识,第二是关于词汇的知识,第三是关于语法的知识。掌握了这三方面的知识,就能比较容易地阅读一般文言文。这本小册子主要是大略地讲讲这三方面的知识。掌握了这些浅近的知识以后，可以为阅读一般文言文打下良好的基础，以后要提高就容易了。

第四章　古代汉语的文字

古代汉语是用文字记载下来的,所以学习古代汉语就先得识字。这些字虽然跟现代汉语的字基本上一样,但是意思不完全一样,写法也不完全一样,所以须要讲一讲。这里分为四个问题来讲:字形和字义的关系;繁体字;异体字;古字通假。

一、字形和字义的关系

字形是字的形体,字义是字的意义。汉字有这样一个特点,就是字形在一定程度上表示字义。字的最初的一种意义叫做本义,字的其他意义一般是由本义生出来的,叫做引申义。本义和字形是有关系的,懂得这个道理,有助于了解古代汉语的字义。现在举些例子加以说明。

涉　"涉"的本义是趟着水过河,所以左边是"水"("氵"就是水)。古文字的"涉"更加形象,写作𣥥,画的是前后两只脚,中间一道河。后来左边写成三点水,右边写成"步"字,其实"步"字上半代表一只脚(即止字),下半代表另一只脚(即反写的止字,𣥼,不是"少")。苏轼《日喻》"七岁而能涉",其中"涉"字是用的本义。《吕氏春秋·刻舟求剑》"楚人有涉江者"①,其中"涉"字用的是引申义,那不是趟着水过河,而是乘舟过河。后来又引申为牵涉、

---

① 引文为课本常选者,篇名多从课本,下同。

涉历。

　　操持　这类字叫做形声字,左边是形符(又叫意符),表示意义范畴;右边是声符,表示读音(形符也可以在右边、上面、下面;声符也可以在左边、上面、下面)。"操、持"都是拿的意思,所以以手(扌)为形符。"操"从喿声("喿"即"噪"字),"持"从寺声。《韩非子·郑人买履》:"而忘操之。"蒲松龄《狼》:"弛担持刀。"这两个字也有细微的分别:"操"又指紧握,引申为操守、节操;"持"泛指拿。

　　坠　"坠(墜)"本作"隊",从阜(阝),㒸声("㒸"即"遂"字)。阜是高大的山,从高山掉下来叫做"隊",引申为泛指坠落。《荀子·天论》:"星隊木鸣,国人皆恐。"后来加土作"墜(坠)",以区别于队伍的"隊(队)"。《吕氏春秋·刻舟求剑》:"其剑自舟中坠于水。"

　　契锲　"契"是刻的意思,《吕氏春秋·刻舟求剑》:"遽契其舟。"据《说文》,契刻的"契"写作"栔",从木,㓞声("㓞"音锲)。其所以从木,因为木是刻的对象。字又作"锲",《荀子·劝学》:"锲而舍之,朽木不折;锲而不舍,金石可镂。""锲"从金,契声。其所以从金,因为金是刻的工具(刻刀是金属做的)。

　　载　"载"从车,戋声("戋"音哉),本义是车载,《史记·孙膑》:"窃载与之齐。"引申则船载也叫"载",柳宗元《黔之驴》:"有好事者船载以入。"

　　窥　"窥"从穴,规声。"穴"是窟窿,从窟窿里看,叫做"窥",如"管中窥豹"。引申为偷看,柳宗元《黔之驴》:"蔽林间窥之。"

　　骇　"骇"从马,亥声,本义是马惊,《汉书·枚乘传》:"马方骇,鼓而惊之。"引申为泛指害怕,柳宗元《黔之驴》:"虎大骇。"

　　鸣　"鸣"从鸟从口。这类字叫做会意字。会意字没有声符,而有两个或三个形符。鸟口出声叫做"鸣",《诗经·郑风·风雨》:"风雨如晦,鸡鸣不已。"引申为泛指禽兽昆虫的叫,柳宗元《黔之驴》:"他日,驴一鸣。"

顾　"顾（顧）"从页，雇声。"雇"音户。"页"不是书页的"页"，而是音颉（xié）。"页"是头的意思。"顾"是回头看，所以从页，蒲松龄《狼》："顾野有麦场。"

薪　"薪"从艸（艹），新声。"薪"的本义是草柴，蒲松龄《狼》："场主积薪其中，苫蔽成丘。"也指木柴，《诗经·齐风·南山》："析薪如之何？匪斧不克。"

弛　"弛"从弓，也声，本义是把弓弦放松，《左传·襄公十八年》："乃弛弓而自后缚之。"引申为泛指放松，蒲松龄《狼》："弛担持刀。"

尻尾　"尻"从尸，九声，是形声字。"尾"从尸，从毛，是会意字。尸，金文作尸，侧看象人卧之形。从尸的字，表示人体的部分。"尻"是屁股，"尾"是尾巴。据《说文》说，古人和西南夷人喜欢用毛作尾形以为装饰，所以"尾"字从毛。蒲松龄《狼》："身已半入，止露尻尾。"

贱　"贱"从贝，戋声。"贱"的本义是价格低，所以左边是"贝"（上古时代，贝壳被用为货币）。白居易《卖炭翁》"心忧炭贱愿天寒"，其中"贱"字是用的本义。引申为地位低。

驾　"驾"从马，加声。"驾"的本义是把车轭放在马身上（驾车就是赶车），所以下边是"马"。白居易《卖炭翁》"晓驾炭车辗冰辙"，其中"驾"字是用的本义。引申为驾驭。

险　"险（險）"从阜，佥声。"险"的本义是险阻，所以其字从阜，阜就是山。《列子·愚公移山》："吾与汝毕力平险。"

二、繁体字

汉字简化，是中国文化史上的一件大事。由繁体变为简体，易写易认，人们在学习上方便多了。但是古书是用繁体字写的，我们目前还不能把所有的古书都改成简体字。我们学习古代汉语，最好认识繁体字，因为将来读到古书原本时，总会接触到繁体字的。

　　并不是每一个字都有繁、简二体，例如"人、手、足、刀、尺"等字，从古以来笔画简单，不需要再造简体。有些字，笔画虽不简单（例如鞭子的"鞭"），到目前为止，也还没有简化。但是，有许多字已经简化了。

　　汉字简化，最值得注意的是同音代替的情况：读音相同的两个字或三个字，简化以后合并为一个字了。这又分为两种情况：第一种情况是原来两个（或三个）繁体字都废除了，合并为一个简体字。这里举几个例子：

　　發：髮　一律简化为"发"。古代"發""髮"不通用，发出、发生的"发"写作"發"，头发的"发"写作"髮"，例如：

　　　1.齐军万弩俱發。①（《史记·孙膑》）
　　　2.夫因兵死守蓬茅，麻苎衣衫鬓髮焦。（杜荀鹤《时世行》）

　　獲：穫　一律简化为"获"。古代"獲""穫"一般不通用，获得的"获"写作"獲"，收获的"获"写作"穫"，例如：

　　　1.獲楚魏之师，举地千里。（李斯《谏逐客书》）
　　　2.春耕，夏耘，秋穫，冬藏。（晁错《论贵粟疏》）

　　復：複　一律简化为"复"②。古代"復""複"不通用："復"是现代"再"的意思，又解作恢复；"複"是重复，例如：

　　　1.居十日，扁鹊复见。（《韩非子·扁鹊见蔡桓公》）
　　　2.则吾斯役之不幸，未若复吾赋不幸之甚也。（柳宗元《捕蛇者说》）
　　　3.每字有二十余印，以备一板内有重複者。（沈括《活板》）
　　　4.複道行空，不霁何虹？（杜牧《阿房宫赋》）

　　第二种情况是原来两个（或三个）字保存笔画简单的一个，使

---

①　本书所引例句，为阅读方便，一般以句号结句，有的与原文标点不尽相同。
②　旧时字典也有"复"字，但是一般古书不用。

它兼代笔画复杂的一个(或两个)。这里举几个例子：

餘：余　一律写作"余"。古代"餘""余"不通用，剩余的"余"写作"餘"，当"我"讲的"余"写作"余"，例如：

1.其餘，则熙熙而乐。(柳宗元《捕蛇者说》)

2.后百餘岁有孙膑。(《史记·孙膑列传》)

3.余闻而愈悲。(柳宗元《捕蛇者说》)

雲：云　一律写作"云"。古代"雲""云"不通用①，云雨的"云"写作"雲"，当说话讲或当语气词用的"云"写作"云"，例如：

1.旌蔽日兮敌若雲。(《楚辞·国殇》)

2.雲霏霏而承宇。(《楚辞·涉江》)

3.后世所传高僧，犹云锡飞杯渡。(黄淳耀《李龙眠画罗汉记》)

4.尝贻余核舟一，盖大苏泛赤壁云。(魏学洢《核舟记》)

後：后　一律写作"后"。古代"後""后"一般不通用。"後"是前后、先后的"后"，"后"是后妃的"后"。前后、先后的"后"有时候写作"后"(罕见)；后妃的"后"决不能写作"後"，例如：

1.今虽死乎此，比吾乡邻之死则已後矣。(柳宗元《捕蛇者说》)

2.媪之送燕后也，持其踵为之泣。(《战国策·触詟说赵太后》)

徵：征　一律写作"征"。古代"徵""征"一般不通用，征求、征召、征验、征税的"征"写作"徵"，征伐、征途、征徭的"征"写作"征"。征税的"征"写作"徵"，有时候也写作"征"，但是征伐的"征"决不写作"徵"，征求、征召、征验的"征"一定写作"徵"，决不写作"征"，例如：

1.尔贡苞茅不入，……寡人是徵。(《左传·僖公四年》)

2.昭王南征而不复，寡人是问。(同上)

① "云"虽是"雲"的本字，但是在古书中"云"和"雲"显然是有分别的。

3.桑柘废来犹纳税,田园荒后尚征苗。(杜荀鹤《时世行》)

4.任是深山更深处,也应无计避征徭。(同上)

5.京师学者咸怪其无徵。(《后汉书·张衡传》)

乾:幹:干　一律写作"干"(不包括乾坤的"乾")。"乾"和"干"同音,"幹"和"干"同音不同调("幹"去声,"干"阴平声)。古代"乾""幹""干"不通用。"乾"是乾燥的"乾","幹"是树幹、躯幹的"幹"(这个意义又写作"榦")和才幹的"幹","干"是盾牌("干戈"二字常常连用),例如:

1.凡稻,旬日失水即愁旱乾。(宋应星《稻》)

2.柏虽大幹如臂,无不平贴石上。(徐宏祖《游黄山记》)

3.田园寥落干戈后,骨肉流离道路中①。(白居易《望月有感》②)。

以上所述一个简体字兼代古代两个字的情况是值得特别注意的。但是大多数的情况是一个简体字替换一个繁体字,如"书"替换了"書"、"选"替换了"選"、"听"替换了"聽",等等,只要随时留心,繁体字是可以逐渐熟悉的。

三、异体字

所谓异体字,是一个字有两种以上的写法,例如"线"字在古书中,既可以写作"綫",又可以写作"線"。"于"字在古书中,既可以写作"于",又可以写作"於"③。在今天,汉字简化以后,异体字也只保留一个了,如用"綫"(简作"线")不用"線",用"于"不用"於"。但是我们阅读古书,还是应该认识异体字。

---

①　大意是说:战争之后,田园荒芜了,兄弟们在道路上流浪着。

②　这首诗的全名是《自河南经乱关内阻饥兄弟离散各在一处因望月有感聊书所怀寄上浮梁大兄於潜七兄乌江十五兄兼示符离及下邽弟妹》。

③　严格地说,"于"和"於"是略有分别的,这里从一般的看法。

废除异体字,大致有两个标准:第一个标准是保留笔画较少的字,第二个标准是保留比较常见的字。这两个标准有时候发生矛盾,例如"于"字比"於"字笔画少,但是"於"字比"于"字常见。依照简化的原则,决定采用了"于"字。又如"無"字比"无"字常见,"傑"字比"杰"字常见,"淚"字比"泪"字常见①,"无、杰、泪"笔画较少,被保留下来,而"無、傑、淚"就废除了。

有时候,某些异体字不但笔画多,而且很少用,当然就废除了,例如:

德:悳　匆:怱　奔:犇　粗:觕麤　梁:樑

这里不可能把所有的异体字都开列出来。只是举出一些例子,使大家注意这种现象。我们读古书的时候遇见异体字,一查字典就解决了。

四、古字通假

通是通用,假是借用("假"就是借的意思)。所谓古字通假,就是两个字通用,或者这个字借用为那个字的意思。古字通假常常是两个字读音相同或相近,其中一个算是"本字",另一个算是"假借字",例如"蚤"的本义是跳蚤,但是在《诗经》里借用为"早"(《豳风·七月》"四之日其蚤,献羔祭韭"),在早晨的意义上,"早"是本字,"蚤"是假借字。这种假借字,在上古的书籍里特别多,例如:

1.秦伯说,与郑人盟。(《左传·僖公三十年》)

"说"假借为"悦"。

2.先生不羞,乃有意欲为收责于薛乎?(《战国策·齐策》)

"责"假借为"债"

3.距关,毋内诸侯。(《史记·项羽本纪》)

————————————

① "泪"字一般只出现在小说里。

"距"假借为"拒","内"假借为"纳"。

　　4.愿伯具言臣之不敢倍德也。(同上)

"倍"假借为"背"。

　　古字通假的问题是很复杂的,现在先讲一个大概,以后还可以进一步研究。

第五章　古代汉语的词汇

　　词汇是一种语言里全部的词;在汉语里,一个一个的词合起来构成汉语的词汇。我们学习古代汉语,词汇占着极其重要的地位。如果掌握了古代汉语词汇,就可以算是基本上掌握了古代汉语,因为古今语法的差别不大,古今语音的差别虽大,但是不懂古音也可以读懂古书。唯有古代汉语的词汇,同现代汉语的词汇差别相当大,非彻底了解不可。下面分为四个问题来谈:古今词义的差别;读音和词义的关系;用典;礼貌的称呼。

一、古今词义的差别

　　古代的词义,有些是直到今天没有变化的,例如"人、手、大、小、飞"等。有些则是起了变化的,虽然变化不大,毕竟古今不同,如果依照现代语来理解,那就陷于错误。我们读古代汉语,不怕陌生的字,而怕熟字。对于陌生的字,我们可以查字典来解决;至于熟字,我们就容易忽略过去,似懂非懂,容易弄错。现在举些例子来说明古今词义的不同。

　　兵　今天的"兵"指人,上古的"兵"一般指武器,《楚辞·国殇》:"车错毂兮短兵接。"后代也沿用这个意义,如"短兵相接",但是也像现代一样可以指人了。

　　盗　今天的"盗"指强盗,上古的"盗"指偷(今天还有"盗窃"一词),《荀子·修身》:"窃货曰盗。"后代也像现代一样可以指强盗了,如"俘囚为盗耳"(司马光《李愬雪夜入蔡州》)。

走　今天的"走"指行路,古代的"走"指跑,如"扁鹊望桓侯而还走"(《韩非子·扁鹊见蔡桓公》)。注意:即使到了后代,"走"字有时也只指跑,不指行路,如"走马看花"。现在广东人说"走"也还是跑的意思。

去　古人所谓"去",指的是离开某一个地方或某人,如《诗经·魏风·硕鼠》:"逝将去女,适彼乐土。""去女"应该了解为"离开你"。又如范仲淹《岳阳楼记》:"则有去国怀乡,忧谗畏讥。""去国"应该了解为"离开国都"。又如《史记·孙膑》:"魏将庞涓闻之,去韩而归。"古书上常说"去晋、去齐",应该了解为"离开晋国、离开齐国",而不是"到晋国去、到齐国去"(意思正相反)。这是特别值得注意的。

把　古人所谓"把",指的是握住或拿着,如"手把文书口称敕"(白居易《卖炭翁》)。今天我们仅在说"把住舵、紧紧把住冲锋枪"一类情况下,还保存着古代这种意义。

江　古人所谓"江",专指长江,如"楚人有涉江者"(《吕氏春秋·刻舟求剑》)。

河　古人所谓"河",专指黄河,如"为治斋宫河上"(《史记·西门豹治邺》)。"江、河"二字连用时,指长江和黄河,如"假舟楫者,非能水也,而绝江河"(《荀子·劝学》)。

无虑　古代有副词"无虑",不是无忧无虑的意思,而是总有、约有(指数量)的意思,如"所击杀者无虑百十人"(徐珂《冯婉贞》)。

再　上古"再"字只表示两次,超过两次就不能说"再",如"五年再会",意思是五年之间集会两次(不是五年之后再集会一次);又如"再战再胜",意思是打两次仗,一连两次获胜(不是再打一次仗,再胜一次)。《史记·孙膑》:"田忌一不胜而再胜。"是说田忌赛马三场,输了一场,赢了两场。唐宋以后,"再"字也有像现代语一样讲的,如"用讫再火,令药熔"(沈括《活板》)。

但　古代"但"不当"但是"讲,而只当"只"讲,如"不闻爷娘唤女声,但闻黄河流水鸣溅溅"(《木兰诗》)。又如"见其发矢十中八九,但微颔之"(欧阳修《卖油翁》)。又如"无他,但手熟尔"(同上)。蒲松龄《促织》:"但欲求死。"这是没有例外的。如果我们在古书中看见"但"字时解释为"但是",那就错了。

因　今天"因"字解释为因为,古代"因"字解释为于是,意义大不相同,值得注意。《史记·孙膑》:"齐因乘胜尽破其军。"应解释为"齐人于是乘胜大破庞涓的军"。《廉颇蔺相如列传》:"相如因持璧却立倚柱。"应解释为"蔺相如于是持璧,却立倚柱"。柳宗元《黔之驴》:"虎因喜。"应解释为"于是老虎高兴了"。如果把这些"因"字解作"因为",那就大错。欧阳修《卖油翁》的"因曰",也应该解释为"于是他说"或"接着就说",而不是解释为"因为他说"。这是沿用上古的意义。但是唐宋以后,有时候"因"字也当"因为"讲,如"夫因兵死守蓬茅"《杜荀鹤《时世行》)。那又须要区别看待了。

亡　"亡"的本义是逃亡,本写作亾,从人,从乚("乚"即"隐"字),会意。这是说,逃亡的人走进隐蔽的地方。上古时代,"亡"不当死讲,《史记·陈涉世家》:"今亡亦死,举大计亦死。"《廉颇蔺相如列传》:"臣尝有罪,窃计欲亡走燕。"又:"从径道亡,归璧于赵。"

好　"好"的本义是女子貌美,所以"好"字从女子,会意,《史记·西门豹治邺》:"巫行视小家女好者,云是当为河伯妇。"又:"是女子不好。"《战国策·赵策》:"鬼侯有子而好,故入之于纣。""子"这里指女儿。古诗《陌上桑》:"秦氏有好女,自名为罗敷。"

以上所讲,是把古代汉语译成现代汉语来讲的。我们也可以反过来做,假定现代汉语里有某一个词,译成古代汉语,应该是什么词呢?那也是很有趣的。让我们举出一些例子来看。

找　上古不说"找",而说"求",《吕氏春秋·刻舟求剑》:"舟止,从其所契者入水求之。"《史记·廉颇蔺相如列传》:"求人可使报秦者。"《西门豹治邺》:"求三老而问之。"

放　安放的"放",古人不说"放",而说"置",如《韩非子·郑人买履》:"先自度其足,而置之其坐。"

放下　把本来拿着或挑着的东西放下来,古人叫"释",如"有卖油翁释担而立睨之"(欧阳修《卖油翁》)。

换　古人不说"换",而说"易",如"秦王以十五城请易寡人之璧"(《史记·廉颇蔺相如列传》)。

拉　古人不说"拉",而说"曳",如"又夹百千求救声,曳屋许许声"(林嗣环《口技》)。

睡着　古人叫"寐",如"守门卒方熟寐"(司马光《李愬雪夜入蔡州》)。

醒　在上古汉语里,睡醒叫"觉"(又叫"寤"),酒醒叫"醒","觉"和"醒"本来是有分别的。古书中所谓"睡觉",也就是睡醒,不是现代语的"睡觉",如"妇人惊觉欠伸"(林嗣环《口技》),其中的"觉"字沿用了上古的意义。《口技》同时用"醒"字("丈夫亦醒""又一大儿醒"),那是古今词义杂用的例子。

正在　古代汉语说"方",如"守门卒方熟寐"(司马光《李愬雪夜入蔡州》)。

有人　古代在不肯定是谁的时候,用一个"或"字,等于现代语的"有人",如"或告元济曰"(司马光《李愬雪夜入蔡州》)。又如苏轼《石钟山记》:"或曰:'此鹳鹤也。'"

过了一会儿　古代汉语最常见的说法是"既而"(又说"已而"),如"既而儿醒,大啼"(林嗣环《口技》)。又如"既而渐近,则玉城雪岭际天而来"(周密《观潮》)。

差点儿　古代汉语说"几",如"几欲先走"(林嗣环《口技》)。

一点儿也不　古代汉语说"略不",如"人物略不相睹"(周密《观潮》)。又如"而旗尾略不沾湿"(同上)。

本来　古代汉语说"固",如"我固知齐军怯"(《史记·孙膑》)。

但是　古人说"然",如"人人自以为必死,然畏愬,莫敢违"(司马光《李愬雪夜入蔡州》)。

罢了　古人说"耳"("尔")或"而已",如"俘虏为盗耳"(司马光《李愬雪夜入蔡州》)。又如"无他,但手熟尔"(欧阳修《卖油翁》)。又如"一桌、一椅、一扇、一抚尺而已"(林嗣环《口技》)。

由此看来,古今词义的差别是很大的,我们不能粗心大意。如果我们把古书中的"走"看作今天普通话的"走",把古书中的"睡觉"看作现代语的"睡觉",等等,那就误解了古书。这是初学古代汉语的人应该注意的一件事。

二、读音和词义的关系

一个字往往有几种意义。有时候,意义不同,读音也跟着不同。在现代汉语里,已经有这种情况;在古代汉语里,这种情况更多些。下面举出一些例子来看[①]:

长　长幼、首长的"长"应读 zhǎng,如"长幼有序"(《荀子·君子》)。又如"推为长"(徐珂《冯婉贞》)。

少　年轻的意义应读 shào,如"丈夫亦爱怜其少子乎"(《战国策·触詟说赵太后》)。

中　射中、击中的"中"应读 zhòng,如"见其发矢十中八九"(欧阳修《卖油翁》)。

间　用作动词,表示夹在中间或夹杂着的意义时,应读 jiàn,如"中间力拉崩倒之声,火爆声,呼呼风声,百千齐作"(林嗣环《口技》)。

横　用作横暴、横逆的意义时,读 hèng,如"义兴人谓为三横"(刘义庆《世说新语·周处》)。

---

① 　其中比较常见的一种读音和意义就不讲了,因为大家都知道了。

奇　用来表示零数的意义时,读 jī,如"舟首尾长约八分有奇"(魏学洢《核舟记》)。

好　表示喜欢的意义时读 hào,如"医之好治不病以为功"(《韩非子·扁鹊见蔡桓公》)。"好为《梁父吟》"(《三国志·隆中对》)。又如"好古文"(韩愈《师说》)。"有好事者船载以入"(《柳宗元《黔之驴》)。

属　古书中"属"字往往有"嘱"的意思,也就读 zhǔ,如"属予作文以记之"(范仲淹《岳阳楼记》)。

汗　可汗的汗读 hán,如"昨夜见军帖,可汗大点兵"(《木兰诗》)。

骑　用作名词时旧读 jì,当"骑兵"或"骑马的人"讲,如"翩翩两骑来是谁"(白居易《卖炭翁》)。

咽　用来表示低微的哭声时读 yè,如"夜久语声绝,如闻泣幽咽"(杜甫《石壕吏》)。用来表示咽喉时读 yān。

亡　用作"无"字时读 wú,如"河曲智叟亡以应"(《列子·愚公移山》)。

度　解作测量时读 duó,如"先自度其足"(《韩非子·郑人买履》)。又如"度简子之去远"(马中锡《中山狼传》)。

说　解作游说时读 shuì,如"说齐使"(《史记·孙膑》)。解作喜悦时读 yuè,同"悦"(见上文)。

数　解作屡次时,读 shuò,如"扶苏以数谏故,上使外将兵"(《史记·陈涉世家》)。又如"几死者数矣"(柳宗元《捕蛇者说》)。

号　用作动词,解作叫喊或大声哭的意义时,读 háo,如"谁之永号"(《诗经·魏风·硕鼠》)。又如"阴风怒号"(范仲淹《岳阳楼记》)。

旋　用作副词时读 xuàn,如"旋斫生柴带叶烧"(杜荀鹤《时世行》)。又如"旋见一白酋督印度卒约百人"(徐珂《冯婉贞》)。

将　用作名词时读 jiàng,如"王侯将相宁有种乎"(《史记·陈涉世家》)。又如"于是乃以田忌为将"(《史记·孙膑》)。用作动词时,如果当率领讲,也读作 jiàng,如"自将三千人为中军"(司马光《李愬雪夜入蔡州》)。

几　解作差点儿的"几"字读 jī,如"几欲先走"(林嗣环《口技》)。又如"几死者数矣"(柳宗元《捕蛇者说》)。

予　当"我"讲的"予"读 yú,如"瞻予马首可也"(徐珂《冯婉贞》)。当"给"讲的"予"读 yǔ。

由上所述,可见在大多数情况下,一字两读只是声调的差异,例如多少的"少"读 shǎo(上声),老少的"少"读 shào(去声);中央的"中"读 zhōng(阴平),射中的"中"读 zhòng(去声);横直的"横"读 héng(阳平),横暴的"横"读 hèng(去声);等等。除了声调不同之外,声母、韵母完全相同。但也有少数情况是声母不同的,如长短的"长"读 cháng,长幼的"长"读 zhǎng。或者是韵母不同的,如制度的"度"读 dù,测度的"度"读 duó。或者是声母、韵母都不同的,如解说的"说"读 shuō,喜悦的"说"读 yuè(这些字在声调上有同有不同)。

有些字,同一个意义也可以两读,例如观看的"看",既可以读阴平,也可以读去声。今天我们把"看"字读去声,但是读古典诗词的时候,为了格律的需要,有时候也还该读成阴平,如杜甫《春夜喜雨》:"晓着红湿处,花重锦官城。"又如苏轼《题西林壁》:"横看成岭侧成峰,远近高低各不同。"其中"看"字都该读 kān。毛主席《菩萨蛮》(大柏地):"装点此关山,今朝更好看。"其中"看"字也该读 kān。这和词义无关,但是和一字两读有关,所以附带讲一讲。

三、用　典

用典,就是运用古书中的话(典故)。作者常常不明说是用典,但是读者如果古书读多了,就懂得他是用典。有时候,我们必须懂得那个典故,然后才能了解句子的意思。现在举出一些例子,并加以说明：

并驱 《诗经·齐风·还》："并驱从两狼兮。"蒲松龄《狼》："骨已尽矣，而两狼之并驱如故。"按：《诗经》原意是两人并驱，追赶两狼。蒲松龄活用这个典故，说成"两狼并驱"。

马首是瞻 《左传·襄公十四年》："荀偃令曰：'鸡鸣而驾，塞井夷灶，唯余马首是瞻。'"意思是说，你们看着我的马头的方向，跟着我去战斗。徐珂《冯婉贞》："诸君而有意，瞻予马首可也。"按：这也是活用典故，那时冯婉贞并没有骑马。

修门 《楚辞·招魂》："魂兮归来，入修门些。"修门，指楚国首都郢的城门。文天祥《指南录后序》："时北兵已迫修门外。"这里文天祥指的是南宋临时首都临安的城门。

下逐客令 李斯《谏逐客书》："臣闻吏议逐客，窃以为过矣。"《史记·李斯列传》："秦王乃除逐客之令，复李斯官。"文天祥《指南录后序》："留二日，维扬帅下逐客之令。"这里文天祥活用秦始皇下逐客令的故事，指维扬帅李庭芝不能相容，下令要杀他。

号呼靡及 《诗经·大雅·荡》："式号式呼。"《小雅·皇皇者华》："駪駪征夫，每怀靡及。"文天祥《指南录后序》："天高地迥，号呼靡及。"

乌号肃慎 《淮南子·原道》："射者扞乌号之弓。"《国语·鲁语》："武王克商，通道于九夷八蛮，于是肃慎氏贡楛矢石砮。"马中锡《中山狼传》："授乌号之弓，挟肃慎之矢。"

处囊脱颖 《史记·平原君列传》："毛遂曰：'臣乃今日请处囊中耳。使遂蚤得处囊中，乃颖脱而出，非特其末见而已。'"马中锡《中山狼传》："今日之事，何不使我得早处囊中，以苟延残喘乎？异时倘得脱颖而出，先生之恩，生死而肉骨也。"按：这里马中锡活用毛遂自荐的故事。"使我得早处囊中"指东郭先生让狼躲进口袋里，"脱颖而出"指赵简子走后，狼从口袋里出来。

生死肉骨 《左传·襄公二十二年》："吾见申叔夫子，所谓生死而肉骨也。"注:"已死复生,白骨更肉。"马中锡《中山狼传》用了这个典故,见上条。

跋胡疐尾　《诗经·豳风·狼跋》:"狼跋其胡,载疐其尾。"马中锡《中山狼传》:"前虞跋胡,后恐疐尾。"

猬缩蠖屈　蛇盘龟息　皮日休《吴中苦雨》:"如何乡里辈,见之乃猬缩!"《周易·系辞下》:"尺蠖之屈,以求信(伸)也。"《后汉书·安帝纪》:"又有蛇盘于床笫之间。"《抱朴子》:"粮尽,见冢角一物,伸颈吞气。试效之,辄不复饥。乃大龟尔。"马中锡《中山狼传》:"猬缩蠖屈,蛇盘龟息。"

多歧亡羊　《列子·说符》:"杨子之邻人亡羊,既率其党,又请杨子之竖追之。杨子曰:'嘻! 亡一羊,何追者之众?'邻人曰:'多歧路。'既反,问:'获羊乎?'曰:'亡之矣。'曰:'奚亡之?'曰:'歧路之中又有歧焉,吾不知所之,所以反也。'心都子曰:'大道以多歧亡羊,学者以多方丧生。'"马中锡《中山狼传》:"然尝闻之,大道以多歧亡羊。"按:这是引用《列子》原文,所以说"尝闻之"。

守株缘木　《韩非子·五蠹》:"宋人有耕者。田中有株,兔走触株,折颈而死。因释其耒而守株,冀复得兔。兔不可复得,而身为宋国笑。"《孟子·梁惠王上》:"以若所为,求若所欲,犹缘木而求鱼也。"马中锡《中山狼传》:"乃区区循大道以求之,不几于守株缘木乎?"按:这是"守株待兔、缘木求鱼"两个成语的结合。

古书用典的地方很不少。在中学语文课本里,为了照顾中学水平,不选典故太多的文章。将来如果接触古书,还会遇见许多典故。应该体会到:大多数典故都是活用的,如果死抠字眼,那就讲不通了。

四、礼貌的称呼

在现代汉语里,人称代词"您"(nín)是一种礼貌的称呼。在古代汉语里,由于封建社会等级制度的关系,礼貌的称呼规定得很严,而且比现代汉语里的礼貌称呼多得多。第一人称用谦称,第二人称和第三人称用敬称。现在分别加以叙述：

（1）第一人称　第一人称就是说话人自称。在古代汉语里，第一人称代词有"吾、我、余、予"等。但是，说话人对于尊辈或平辈常常用谦称。

对君自称为"臣"，如"今在骨髓，臣是以无请也"（《韩非子·扁鹊见蔡桓公》）。在上古时代，对尊辈或平辈，也可以自称为"臣"，如"君弟重射，臣能令君胜"（《史记·孙膑》）。汉代以后，也自称为"鄙人"，如"鄙人不慧，将有志于世"（马中锡《中山狼传》）。

对尊辈或平辈自称其名，如"夫以秦王之威，而相如廷叱之"（《史记·廉颇蔺相如列传》）。有时候，写作"某"，其实也是自称其名，如"某启"（王安石《答司马谏议书》）。正式写信，实际上还是写本名的，只是在起草的时候，为了省事，可以用"某"代本名。因此，王安石《答司马谏议书》中的"某启"，实际上就是"安石启"。下文还有四个"某"，都是"安石"的意思。

君对臣，自称"寡人"。这是春秋战国时代的称呼，如"寡人无疾"（《韩非子·扁鹊见蔡桓公》）。又自称"孤"。这是战国以后的称呼，如"孤不度德量力"（《三国志·隆中对》）。

（2）第二人称　第二人称就是说话人称呼对话人。在古代汉语里，第二人称代词有"汝、尔"。但是，在表示尊敬或客气的时候，第二人称常常改用敬称。

臣对君，称"君"（春秋时代），称"王"或"大王"（战国时代及后代），如"君有疾在腠理"（《韩非子·扁鹊见蔡桓公》）。又如"五步之内，相如请得以颈血溅大王矣"（《史记·廉颇蔺相如列传》）。又称皇帝为"陛下"，如《史记·淮阴侯列传》"陛下不能将兵，而善将将"（您不会统率士兵，但是您很会统率将军）。

对一般人表示客气，称"子"，如《诗经·郑风·褰裳》："子不我思，岂无他人？"也称"君"，如《三国志·隆中对》："君谓计将安出?"又称"足下",如《史记·陈涉世家》:"足下事皆成。"又称"公",如《陈涉世家》:"公等遇雨。"

对有爵位的人称他的爵位,如《三国志·隆中对》:"将军身率益州之众出于秦川,百姓孰敢不箪食壶浆以迎将军者乎?"又如《史记·廉颇蔺相如列传》:"鄙贱之人,不知将军宽之至此也。"

对长者,称"先生",马中锡《中山狼传》:"先生岂有志于济物哉?"

对朋友,称其字。古人有名有字,如司马光名光,字君实;王安石名安石,字介甫。尊辈对卑辈,可以直呼其名,如果对平辈,就该称其字,才算有礼貌,如王安石《答司马谏议书》:"重念蒙君实视遇厚,于反覆不宜卤莽,故今具道所以,冀君实或见恕也。"

(3)第三人称 第三人称是说话人同对话人说起的另一个人或另一些人。在古代汉语里,第三人称代词是"其、之"等。第三人称也有敬称,这种敬称一般就是那人的身份,如《史记·廉颇蔺相如列传》:"公之视廉将军孰与秦王?"

以上所述,只是比较常见的谦称和敬称;此外还有许多谦称和敬称,这里不详细讲了。

第六章　古代汉语的语法

　　语法,指的是语言的结构方式。就汉语来说,主要是讲词与词的关系、虚词的用法、句子的结构。在本章里,我们着重讲古代语法与现代语法不同的地方。我们打算分七节来讲:词类,词性的变换;虚词;句子的构成,判断句;"倒装"句;句子的词组化;双宾语;省略。

一、词类　词性的变换

　　古代汉语的词类,跟现代汉语的词类大致相同:总共可以分成11类①,即名词、动词、形容词、数词、量词、代词、副词、介词、连词、助词、叹词。现在分别加以叙述:

　　1.名词　表示人或事物的名称的词,叫做名词,例如:

　　　　其剑自舟中坠于水。(《吕氏春秋·刻舟求剑》)
　　　　黔无驴,有好事者船载以入。(柳宗元《黔之驴》)
　　　　时大风雪,旌旗裂。(司马光《李愬雪夜入蔡州》)

　　2.动词　表示人或事物的动作、行为、发展变化的词,叫做动词,例如:

　　　　一屠晚归,担中肉尽。(蒲松龄《狼》)

① 关于词类,这里的说法和我主编的《古代汉语》略有不同,因为这里要与中学语文课本的说法取得一致。

木兰当户织。(《木兰诗》)

谍报敌骑至。(徐珂《冯婉贞》)

在现代汉语里,动词下面还有三个附类:a.判断词,即"是"字;b.能愿动词,即"能够、会、可以、应该、肯、敢"等;c.趋向动词,即"走来"的"来"、"放下"的"下"、"跳下去"的"下去"等。判断词和趋向动词在古代汉语里都是少见的(参看下文第三节)。能愿动词则是常见的,例如:

以君之力,曾不能损魁父之丘。(《列子·愚公移山》)

郑人有欲买履者。(《韩非子·郑人买履》)

尔安敢轻吾射!(欧阳修《卖油翁》)

3.形容词　表示人或事物的形状、性质的词,表示动作、行为、发展变化的状态的词,叫做形容词,例如:

寒暑易节。(《列子·愚公移山》)

肉食者鄙,未能远谋。(《左传·曹刿论战》)

将军身被坚执锐,伐无道,诛暴秦。(《史记·陈涉世家》)

4.数词　表示数目的词叫做数词,例如:

而戍死者固十六七。(《史记·陈涉世家》)

一桌、一椅、一扇、一抚尺而已。(林嗣环《口技》)

策勋十二转,赏赐百千强。(《木兰诗》)

5.量词　表示人或事物的单位的词,表示动作、行为的单位的词,叫做量词,例如:

距圆明园十里,有村曰谢庄。(徐珂《冯婉贞》)

欲穷千里目,更上一层楼。(王之涣《登鹳雀楼》)

军书十二卷,卷卷有爷名。(《木兰诗》)

孤帆一片日边来。(李白《望天门山》)

　　量词还可以细分为两种：一种是度量衡的单位和其他规定的单位，如"亩、卷"等；另一种是天然单位，如"匹、张"等。在现代汉语里，表示天然单位时，数词很少与名词直接组合，一般总有量词作为中介；在古代汉语里，表示天然单位时，数词经常与名词直接组合，不需要量词作为中介，例如"一桌、一椅、一扇、一抚尺"，并不说成"一张桌、一把椅、一把扇、一把抚尺"。

　　量词又可以分为名量词、动量词。名量词是"个、只、张、把"等。动量词是"次、趟、回、下"等。在古代汉语里，不但名量词是罕用的，动量词也是罕用的。夏禹治水，"三过其门而不入"，不说"过三次"，又如：

　　　　齐人三鼓。（《左传・曹刿论战》）
　　　　于是秦王不怿，为一击缻。（《史记・廉颇蔺相如列传》）
　　　　客莆田徐生为予三致其种。（徐光启《甘薯疏序》）

　　6.代词　代替名词、动词、形容词或数量词的词，叫做代词，例如：

　　　　会长老，问之民所疾苦。（褚少孙《西门豹治邺》）
　　　　方欲行，转视积薪后，一狼洞其中，意将隧入以攻其后也。（蒲松龄《狼》）
　　　　余幼好此奇服兮。（《楚辞・涉江》）
　　　　余将告于莅事者，更若役，复若赋，则何如？（柳宗元《捕蛇者说》）
　　　　谁可使者？（《史记・廉颇蔺相如列传》）
　　　　吾终当有以活汝。（马中锡《中山狼传》）

　　7.副词　有一类词，经常用在动词或形容词的前面，表示程度、范围、时间等等，这类词叫做副词，例如：

　　　　度已失期。（《史记・陈涉世家》）
　　　　陈胜、吴广乃谋曰。（同上）

　　尉果笞广。(同上)

　　皆指目陈胜。(同上)

　　吴广素爱人。(同上)

　　膑亦孙武之后世子孙也。孙膑尝与庞涓俱学兵法。庞涓既事魏,得为惠王将军。(《史记·孙膑》)

　　于是宾客无不变色离席,奋袖出臂,两股战战,几欲先走。(林嗣环《口技》)

　　8.介词　有一类词,同它后面的名词、代词等组合起来,经常用在动词、形容词的前面或后面,表示处所、方向、时间、对象等等,这类词叫做介词,例如:

　　何不试之以足?(《韩非子·郑人买履》)

　　生乎吾后,其闻道也,亦先乎吾。(韩愈《师说》)

　　叫嚣乎东西,隳突乎南北。(柳宗元《捕蛇者说》)

　　乃取一葫芦置于地。(欧阳修《卖油翁》)

　　9.连词　把两个词或两个比词大的单位连接起来的词,叫做连词,例如:

　　与王及诸公子逐射千金。(《史记·孙膑》)

　　既驰三辈毕,而田忌一不胜而再胜。(同上)

　　于其身也,则耻师焉。(韩愈《师说》)

　　居庙堂之高则忧其民;处江湖之远则忧其君。(范仲淹《岳阳楼记》)

　　10.助词　助词附着在一个词、一个词组或一个句子上,起辅助作用。在现代汉语里,助词可以分为三类:(1)结构助词,如"的";(2)时态助词,如"着、了、过";(3)语气助词,如"啊、吗、呢、吧"。古代汉语文言文里,时态助词非常罕见(上古汉语没有时态助词),常见的只有结构助词和语气助词,例如:

　　遂率子孙荷担者三夫。(《列子·愚公移山》)

　　自此,冀之南,汉之阴,无陇断焉。(同上)

　　诸将请所之。(司马光《李愬雪夜入蔡州》)

以上是结构助词。

　　虎见之,庞然大物也。(柳宗元《黔之驴》)

　　今虽死乎此,比吾乡邻之死则已后矣。(柳宗元《捕蛇者说》)

以上是语气助词。

11.叹词　表示感叹或呼唤应答的声音的词,叫做叹词,例如:

　　嗟乎,燕雀安知鸿鹄之志哉!(《史记·陈涉世家》)

　　嘻,技亦灵怪矣哉!(魏学洢《核舟记》)

以上 11 类词可以合成两大类,即实词和虚词。能够单独用来回答问题、有比较实在的意义的词叫做实词;不能单独用来回答问题,也没有实在的意义,但是有帮助造句的作用的词叫做虚词。一般以名词、动词、形容词、数词、量词、代词为实词,副词、介词、连词、助词、叹词为虚词。但是代词所指人或事物是不固定的("他"可以指张三,也可以指李四),在古代汉语里,许多代词都不能单独用来回答问题(如"其、之"),所以从前的语法学家把代词归入虚词一类。下节讲虚词时,我们也是把代词归入虚词的。

词入句子以后,性质可以改变,如名词变动词,形容词变动词,等等。这叫做词性的变换。现在拣古代汉语里与现代汉语不同的三种词性变换提出来讲一讲:

(1)名词变动词　事物和行为发生某种关系,古人以事物的名称表示某种行为,于是名词变了动词,例如:

　　石之铿然有声者,所在皆是也,而此独以钟名,何哉?(苏轼《石钟山记》)

　　人有百口,口有百舌,不能名其一处也。(林嗣环《口技》)

虎不胜怒,蹄之。(柳宗元《黔之驴》)

皆指目陈胜。(《史记·陈涉世家》)

乃钻火烛之。(《史记·孙膑》)

假舟楫者,非能水也,而绝江河。(《荀子·劝学》)

孔子师郯子、苌弘、师襄、老聃。(韩愈《师说》)

齐威王欲将孙膑。(《史记·孙膑》)

公将鼓之。(《左传·曹刿论战》)

策蹇驴,囊图书。(马中锡《中山狼传》)

先生之恩,生死而肉骨也。(同上)

大喜,笼归。(蒲松龄《促织》)

(2)形容词变动词　这又可以分为两种情况:第一种是使某物变成某种状况,叫做使动;第二种是把事物看成某种状况,叫做意动。使动的例子:

敌人远我,欲以火器困我也。(徐珂《冯婉贞》)

远我,是使我距离远。

吾所以为此者,以先国家之急而后私仇也。(《史记·廉颇蔺相如列传》)

其必曰"先天下之忧而忧,后天下之乐而乐"乎。(范仲淹《岳阳楼记》)

乃出图书,空囊橐。(马中锡《中山狼传》)

空囊橐,使囊橐空。

专其利三世矣。(柳宗元《捕蛇者说》)

意动的例子:

贼易之。(柳宗元《童区寄传》)

易,以为容易对付。

　　剌史颜证奇之。（同上）

奇，以为奇特。

　　愬然之。（司马光《李愬雪夜入蔡州》）

　　（3）不及物动词变及物动词　不及物动词是经常不带宾语的动词，及物动词是经常带宾语的动词。拿现代汉语说，"起来、下去"等是不及物动词，"拿、打"等是及物动词。在古代汉语里，不及物动词变及物动词也是一种使动，例如：

　　广故数言欲亡，忿恚尉。（《史记·陈涉世家》）

"忿恚尉"是使尉发脾气。

　　臣舍人相如止臣。（《史记·廉颇蔺相如列传》）

止臣，是叫我不要这样做。

　　然得而腊之以为饵，可以已大风、挛踠、瘘、疠，去死肌，杀三虫。（柳宗元《捕蛇者说》）

"已"是使止，"去"是使去。

　　君将哀而生之乎？（同上）

"生"是使活下去。

　　殚其地之出，竭其庐之入。（同上）

"殚、竭"都是使尽的意思。

　　先生之恩，生死而肉骨也。（马中锡《中山狼传》）

"生死"是使死者复生。

　　出图书，空囊橐。（同上）

"出"是使出，拿出来。

下首至尾。（同上）

"下"是放下。

又数刀，毙之。（蒲松龄《狼》）

"毙"是使毙，即杀死。

（4）名词用如副词（用作状语）　副词是用作状语的。如果名词用作状语，也就用如副词，例如：

肉食者谋之。（《左传·曹刿论战》）
而相如廷叱之。（《史记·廉颇蔺相如列传》）
得佳者笼养之。（蒲松龄《促织》）
有狼当道，人立而啼。（马中锡《中山狼传》）
猬缩蠖屈，蛇盘龟息。（同上）
道中手自抄录。（文天祥《指南录后序》）
将军身被坚执锐。（《史记·陈涉世家》）
元济于城上请罪，进城梯而下之。（司马光《李愬雪夜入蔡州》）

以上所讲的词性的变换，是古代汉语的主要特点之一，是值得特别注意的。

二、虚　词

虚词在汉语语法中起着很重要的作用。古代汉语的虚词和现代汉语的虚词有很大的差别。这里着重讲古代汉语的虚词。虚词不能全讲，只拣重要的、古今差别较大的来讲。我们不打算按词类分开讲，因为有些词是兼属两三类的。我们按音序来分先后，只是为了查阅的便利罢了。我们打算讲18个虚词，它们是：

1.ér 而	2.fú 夫	3.gài 盖	4.hú 乎	5.qí 其
6.shì 是	7.suǒ 所	8.wèi 为	9.yān 焉	10.yé 耶
11.yě 也	12.yǐ 以	13.yǐ 矣	14.yǔ 与	15.zāi 哉
16.zé 则	17.zhě 者	18.zhī 之		

1.而

"而"是连词。它有三种主要的用法：

第一种用法等于现代的"而且"，例如：

> 国险而民附。(《三国志·隆中对》)
>
> 号呼而转徙，饥渴而顿踣。(柳宗元《捕蛇者说》)
>
> 中峨冠而多髯者为东坡。(魏学洢《核舟记》)

但是，不是每一个"而"字都能译成现代的"而且"；有些"而"字只能不译，它只表示前后两件事的密切关系，例如：

> 自吾氏三世居是乡，积于今六十岁矣，而乡邻之生日蹙。(柳宗元《捕蛇者说》)
>
> 惑而不从师，其为惑也，终不解矣。(韩愈《师说》)

第二种用法等于现代的"可是、但是"，例如：

> 此用武之国，而其主不能守。(《三国志·隆中对》)
>
> 舟已行矣，而剑不行。(《吕氏春秋·刻舟求剑》)
>
> 狼亦黠矣，而顷刻两毙。(蒲松龄《狼》)
>
> 西人长火器而短技击。(徐珂《冯婉贞》)
>
> 以枪上刺刀相搏击，而便捷猛鸷终弗逮。(同上)

第三种用法是把行为的方式或时间和行为联系起来。这种"而"字也不能译成现代汉语，例如：

> 哗然而骇者，虽鸡狗不得宁焉。(柳宗元《捕蛇者说》)
>
> 捷禽鸷兽应弦而倒者，不可胜数。(马中锡《中山狼传》)
>
> 狼失声而逋。(同上)

除了上述三种用法之外，还有一种比较特殊的用法，就是当"如果"讲，例如：

> 诸君无意则已，诸君而有意，瞻予马首可也。(徐珂《冯婉贞》)

2.夫

"夫"字有三种主要用法：

第一种"夫"字是助词，它用在句子开头，有引起议论的作用。有"我们须知、大家知道"的意味，例如：

夫解杂乱纷纠者不控卷，救斗者不搏撠。(《史记·孙膑》)

夫赵强而燕弱，而君幸于赵王，故燕王欲结于君。(《史记·廉颇蔺相如列传》)

夫寒之于衣，不待轻暖；饥之于食，不待甘旨。(晁错《论贵粟疏》)

夫六国与秦皆诸侯，其势弱于秦，而犹有可以不赂而胜之之势。苟以天下之大，而从六国破亡之故事，是又在六国下矣！(苏洵《六国论》)

夫羊，一童子可制之，如是其驯也，尚以多歧而亡；狼非羊比，而中山之歧可以亡羊者何限？(马中锡《中山狼传》)

第二种"夫"字是代词(指示代词)，略等于现代的"这个、那个、那些"等，但是语意较轻，例如：

且鄙人虽愚，独不知夫狼乎？(马中锡《中山狼传》)

故为之说，似俟夫观人风者得焉。(柳宗元《捕蛇者说》)

予观夫巴陵胜状，在洞庭一湖。(范仲淹《岳阳楼记》)

第三种"夫"字是语气助词，表示感叹语气，例如：

嗟夫！予尝求古仁人之心，或异二者之为，何哉？(范仲淹《岳阳楼记》)

悲夫！有如此之势，而为秦人积威之所劫，日削月割，以趋于亡。(苏洵《六国论》)

一人飞升，仙及鸡犬，信夫！(蒲松龄《促织》)

3.盖

"盖"字是副词,表示"大概、大概是",例如:

> 未几,敌兵果舁炮至,盖五六百人也。(徐珂《冯婉贞》)
> 尝贻余核舟一,盖大苏泛赤壁云。(魏学洢《核舟记》)
> 盖简桃核修狭者为之。(同上)

"盖"字又是句首助词,仍带一些"大概"的意味,表示下边说的话是一种带推测性的断定,例如:

> 盖儒者所争,尤在于名实。(王安石《答司马谏议书》)
> 盖将自其变者而观之,则天地曾不能以一瞬;自其不变者而观之,则物与我皆无尽也。(苏轼《前赤壁赋》)

"盖"字又是连词,表示"因为"的意思,仍带推测性的断定,例如:

> 余是以记之,盖叹郦元之简,而笑李渤之陋也。(苏轼《石钟山记》)
> 及敌枪再击,寨中人又鹜伏矣。盖借寨墙为蔽也。(徐珂《冯婉贞》)

4.乎

"乎"是语气词,表示疑问,略等于现代的"吗"。这是最常见的用法,例如:

> 若毒之乎?(柳宗元《捕蛇者说》)
> 汝亦知射乎?吾射不亦精乎?(欧阳修《卖油翁》)

有时候表示反问,例如:

> 求剑若此,不亦惑乎?(《吕氏春秋·刻舟求剑》)
> 览物之情,得无异乎?(范仲淹《岳阳楼记》)

有时候表示揣测,略等于现代的"吧",例如:

莫如以吾所长攻敌所短,操刀挟盾,猱进鸷击,或能免乎?(徐珂《冯婉贞》)

助词"乎"字又表示停顿,没有什么意义,例如:

知不可乎骤得,托遗响于悲风。(苏轼《前赤壁赋》)

"乎"又是介词,等于"于"字,例如:

生乎吾前,其闻道也,固先乎吾,吾从而师之;生乎吾后,其闻道也,亦先乎吾,吾从而师之。(韩愈《师说》)

叫嚣乎东西,隳突乎南北。(柳宗元《捕蛇者说》)

5.其

"其"字是代词,等于现代的"他的、她的、它的、他们的、她们的、它们的",例如:

帝感其诚。(《列子·愚公移山》)

断其喉,尽其肉,乃去。(柳宗元《黔之驴》)

有时候,"其"字只能译成"他、她、它"等,不能译成"他的、她的、它的"等。但是这些"其"字及其后面的动词(及其宾语)只构成句子的一部分,不能成为完整的句子,例如:

未知其死也。(《史记·陈涉世家》)

不能单说"其死"。

其闻道也,固先乎吾。(韩愈《师说》)

不能单说"其闻道"。

惧其不已也。(《列子·愚公移山》)

不能单说"其不已"。

如果把现代汉语的"他死了"译成古代汉语的"其死矣",那是不合古代汉语语法的。

"其"字又等于说"其中的",例如:

邺三老、廷掾常岁赋敛百姓,收取其钱得数百万,用其二三十万为河伯娶妇。(褚少孙《西门豹治邺》)

因得观所谓石钟者。寺僧使小童持斧,于乱石间择其一二扣之。(苏轼《石钟山记》)

"其"字又可以译成"那个、这种",例如:

至其时,西门豹往会之河上。(褚少孙《西门豹治邺》)

臣窃以为其人勇士,有智谋。(《史记·廉颇蔺相如列传》)

有蒋氏者,专其利三世矣。(柳宗元《捕蛇者说》)

"其"字又是语气助词,放在句子开头或中间,表示揣测等语气,例如:

今其智乃反不能及,其可怪也欤!(韩愈《师说》)

6.是

"是"字在古代汉语里,最普通的用法是用作代词,当"这、那"讲,例如:

孰知赋敛之毒有甚是蛇者乎?(柳宗元《捕蛇者说》)

是年谢庄办团。(徐珂《冯婉贞》)

"于、是"二字连用,表示"在这个地方、在这个时候"。有时候,"于是"的意思更空灵一些,表示后一事紧接前一事,例如:

于是集谢庄少年之精技击者而诏之曰。(徐珂《冯婉贞》)

上文说过,古代文言文一般不用判断词"是"字。在某些地方,虽然译成现代"是"字(判断词)似乎也讲得通,仍然应该译成"这、那",例如:

是进亦忧,退亦忧。然则何时而乐耶?(范仲淹《岳阳楼记》)

这样,进也忧,退也忧,那么,什么时候才快乐呢?

7.所

"所"字是结构助词,它经常跟动词结合,造成一个具有名词性质的结构,例如:

> 鲁直左手执卷末,右手指卷,如有所语。(魏学洢《核舟记》)
>
> 君子慎其所立乎?(《荀子·劝学》)
>
> 女亦无所思,女亦无所忆。(《木兰诗》)
>
> 可汗问所欲。(同上)
>
> 婉贞挥刀奋斫,所当无不披靡。(徐珂《冯婉贞》)

"所"字也可以跟形容词结合。但是,在这种情况下,形容词已变为带动词的性质,例如:

> 莫如以吾所长攻敌所短。(徐珂《冯婉贞》)

所长,等于说"所擅长"。所短,等于说"所欠缺"。

"所"字和动词的中间,也可以插进副词或介词,例如:

> 自张柴村以东道路皆官军所未尝行。(司马光《李愬雪夜入蔡州》)
>
> 是吾剑之所从坠。(《吕氏春秋·刻舟求剑》)

在现代汉语里,没有什么虚词能跟"所"字相当;因此,有时候就沿用古代的"所"字。有时候,人们用"的"字译"所"字,如把"何所思"译成"想的是什么";有时候,人们用"什么……的"译"所"字,如把"如有所语"译成"好像有什么说的"。这些都只是译出大意,并不是说古代的"所"等于现代的"的"。

"所"字及其动词后面,有时候还可以跟着一个"者"字,例如:

> 所击杀者无虑百十人。(徐珂《冯婉贞》)

又可以跟着一个名词或名词性词组,例如:

乃丹书帛曰"陈胜王",置人所罾鱼腹中。(《史记·陈涉世家》)

名词前面还可以加个"之"字,如"所罾之鱼"等。

特别要注意的是"所、以"二字连用。古代的"所以"不同于现代的"所以"。古代的"所以",是追究一个为什么,或者说明为了什么,例如:

故君子居必择乡,游必就士,所以防邪僻而近中正也。(《荀子·劝学》)

君子居必择乡,游必就士,是为了防邪僻,近中正。

师者,所以传道受业解惑也。(韩愈《师说》)

老师,是为了传授道理,教给学业,解释疑难问题的。

余叩所以。(方苞《狱中杂记》)

我问这是为什么。

此所以染者众也。(同上)

这就是染病人多的原因。

"所"字另一用法是跟"为"字呼应,表示被动,例如:

仅有敌船为火所焚。(周密《观潮》)

这种"所"字,在文言白话对译中,也是可以不必翻译的。

8. 为

"为"(wèi)是介词,有"给、替、为了、因为"等意思,例如:

苦为河伯娶妇。(褚少孙《西门豹治邺》)

愿为市鞍马,从此替爷征。(《木兰诗》)

"为"(wéi)也是介词,跟"所"字呼应,表示被动。这种"为"字可以译成"被"字,例如:

仅有敌船为火所焚。(周密《观潮》)

　　行将为人所并。(司马光《赤壁之战》)

　　"为"(wéi)又是语气助词,用在句末,往往与"何"字呼应,表示反问,例如:

　　　　如今人方为刀俎,我为鱼肉,何辞为?(《史记·鸿门宴》)

　　9. 焉

　　"焉"字等于介词"于"加代词"是",放在一句的末尾,例如:

　　　　自此,冀之南,汉之阴,无陇断焉。(《列子·愚公移山》)

无陇断焉,无陇断于是,即冀南汉阴无陇断。

　　　　积水成渊,蛟龙生焉。(《荀子·劝学》)

蛟龙生焉,蛟龙生于是,即生于渊中。

　　　　去村四里有森林,阴翳蔽日,伏焉。(徐珂《冯婉贞》)

伏焉,伏于是,即伏于森林之中。

　　有时候,"焉"字并不表示"于是"的意思,只是用来煞句,例如:

　　　　寒暑易节,始一反焉。(《列子·愚公移山》)

　　　　句读之不知,惑之不解,或师焉,或不焉。(韩愈《师说》)

　　"焉"字又是副词,表示反问。等于现代的"怎么"或"哪里",例如:

　　　　且焉置土石?(《列子·愚公移山》)

　　10. 耶

　　"耶"又写作"邪",是语气助词,表示疑问或反问。它比"乎"字语气较轻,略等于现代的"吗",例如:

　　　　六国互丧,率赂秦耶?(苏洵《六国论》)

　　如果前面有疑问代词或疑问副词,则略等于现代的"呢",

例如：

> 又安敢毒耶？（柳宗元《捕蛇者说》）
>
> 何忧令名不彰邪？（刘义庆《世说新语·周处》）
>
> 岂可近耶？（柳宗元《童区寄传》）
>
> 主上宵旰，宁大将安乐时耶！（毕沅《岳飞》）

11.也

"也"是语气助词，表示判断语气。在文白对译时，这种"也"字不必翻译，但是在译文中应该加一个判断词"是"字，例如：

> 陈胜者，阳城人也。（《史记·陈涉世家》）

陈胜是阳城人。

> 道之所存，师之所存也。（韩愈《师说》）

道之所在，就是师之所在。

> 此，劲敌也。（徐珂《冯婉贞》）

这是强大的敌人。

"也"字也可以解释疑问，说明原因，例如：

> 于是赵王乃斋戒五日，使臣奉璧，拜送书于庭。何者？严大国之威以修敬也。（《史记·廉颇蔺相如列传》）
>
> 强秦之所以不敢加兵于赵者，徒以吾两人在也。（同上）
>
> 吾所以为此者，以先国家之急而后私仇也。（同上）
>
> 臣所以去亲戚而事君者，徒慕君之高义也。（同上）

有时候，"也"字并非解释疑问或说明原因，而是表示简单的肯定和否定。这些地方可以翻译为"是……的"或"啊、呢"等，例如：

> 子子孙孙无穷匮也。（《列子·愚公移山》）
>
> 并力西向，则吾恐秦人食之不得下咽也。（苏洵《六国论》）
>
> 小学而大遗，吾未见其明也。（韩愈《师说》）

则吾斯役之不幸,未若复吾赋不幸之甚也。(柳宗元《捕蛇者说》)

有时候,"也"字不是用来煞句,而是用来引起下面的分句,例如:

> 惩山北之塞,出入之迂也,聚室而谋曰。(《列子·愚公移山》)
> 于其身也,则耻师焉,惑矣。(韩愈《师说》)

12.以

"以"字的用法颇多,现在只讲四种比较常见的用法:

(1)最常见的用法是用作介词,表示"拿、用"的意思,例如:

> 何不试之以足?(《韩非子·郑人买履》)
> 以残年余力,曾不能毁山之一毛。(《列子·愚公移山》)
> 敌人远我,欲以火器困我也。(徐珂《冯婉贞》)

(2)作为介词,表示"为了、因为、由于",例如:

> 吾所以为此者,以先国家之急而后私仇也。(《史记·廉颇蔺相如列传》)

这是"为了"。

> 强秦之所以不敢加兵于赵者,徒以吾两人在也。(同上)

这是"因为"。

> 以我酌油知之。(欧阳修《卖油翁》)

这是"由于"。

(3)作为连词,表示目的,等于说"来"或"以便",例如:

> 吾必尽吾力以拯吾村。(徐珂《冯婉贞》)

尽我的力量来救我的村子。

> 时墨者东郭先生将北适中山以干仕。(马中锡《中山狼传》)

去中山以便求官。

（4）作为连词，用法同"而"，可以译成"而且"，例如：

> 就其善者，其声清以浮，其节数以急。（韩愈《送孟东野序》）
> 古之君子，其责己也重以周，其待人也轻以约。（韩愈《原毁》）

13.矣

"矣"字是语气助词，用在句末，等于现代的"了"或"啦"，例如：

> 舟已行矣。（《吕氏春秋·刻舟求剑》）
> 官军至矣！（司马光《李愬雪夜入蔡州》）
> 事急矣！（马中锡《中山狼传》）
> 我将逝矣。（同上）

14.与

"与"字是连词，跟现代的"和"相当，例如：

> 吾与汝毕力平险。（《列子·愚公移山》）
> 尝与人佣耕。（《史记·陈涉世家》）

"与"又是介词，跟现代的"同"相当，例如：

> 此犹文轩之与敝舆也。（《墨子·公输》）
> 白沙在涅，与之俱黑。（《荀子·劝学》）

"与、其"二字连用，跟后面的"孰若"相应，用来比较两件事的利害得失，例如：

> 与其杀是僮，孰若卖之？与其卖而分，孰若吾得专焉？（柳宗元《童区寄传》）

"与"又读 yú（阳平声），后来又写成"欤"。这是语气助词，用在句末，表示疑问，跟"耶"的意思差不多，也可以译成"吗"或"呢"，例如：

不知周之梦为胡蝶与,胡蝶之梦为周与?(《庄子·齐物论》)

有时候,"与(欤)"又表示一种感叹语气或揣测语气,略等于现代的"啊"或"吧",例如:

将有作于上者,得吾说而存之,其国家可几而理欤?(韩愈《原毁》)

15.哉

"哉"是语气助词,用在句末,表示感叹。可译为"啊",例如:

嘻,技亦灵怪矣哉!(魏学洢《核舟记》)

在多数情况下,"哉"字与疑问词相应,表示反问,但仍带感叹语气。可以译为"吗"或"呢",例如:

先生岂有志于济物哉?(马中锡《中山狼传》)

禽兽之变诈几何哉?(蒲松龄《狼》)

16.则

"则"是连词,表示两件事的先后相承的关系。可以译为现代的"就",例如:

非死则徙尔。(柳宗元《捕蛇者说》)

其余,则熙熙而乐。(同上)

有时候,"则"字应该译成"那么、那么……就",例如:

君不如肉袒伏斧质请罪,则幸得脱矣。(《史记·廉颇蔺相如列传》)

三十日不还,则请立太子为王,以绝秦望。(同上)

君将哀而生之乎?则吾斯役之不幸,未若复吾赋不幸之甚也。向吾不为斯役,则久已病矣。(柳宗元《捕蛇者说》)

17.者

"者"字是结构助词,它经常附在动词或形容词的后面,组成名词性的结构。一般可把"者"字译成"的",例如：

> 存者且偷生,死者长已矣!（杜甫《石壕吏》）

有时候,译成"的人"更合适些,例如：

> 募有能捕之者。（柳宗元《捕蛇者说》）
> 京中有善口技者。（林嗣环《口技》）

有时候,"者"字不再能译为"的",它只是和前面的字合成一个名词,例如：

> 时墨者东郭先生将北适中山以干仕。（马中锡《中山狼传》）
> 向者霸上、棘门军,若儿戏耳。（《史记·周亚夫军细柳》）

"者"字又是语气助词,用于句末,等于现代的"似的",例如：

> 言之,貌若甚戚者。（柳宗元《捕蛇者说》）
> 然往来视之,觉无异能者。（柳宗元《黔之驴》）

"者"字又放在小停顿的前面（在书面语言中放在逗号前面）,表示下面将要有所解释,例如：

> 北山愚公者,年且九十,面山而居。（《列子·愚公移山》）
> 诸葛孔明者,卧龙也。（《三国志·隆中对》）
> 师者,所以传道受业解惑也。（韩愈《师说》）
> 开火者,军中发枪之号也。（徐珂《冯婉贞》）

如果要解释原因,也可以采取这个方式,例如：

> 强秦之所以不敢加兵于赵者,徒以吾两人在也。（《史记·廉颇蔺相如列传》）
> 吾所以为此者,以先国家之急而后私仇也。（同上）

18.之

"之"字有两种主要用法：一种是用作代词,另一种是用作结构助词。

　　"之"字用作代词,表示"他、她、它、他们、她们、它们",但是只能用在动词的后面,不能用在动词的前面,例如:

　　　　郑人有欲买履者,先自度其足而置之其坐。至之市,而忘操之。(《韩非子·郑人买履》)

　　　　有遗男,始龀,跳往助之。(《列子·愚公移山》)

　　注意:有些"之"字虽可解释为"它",但不能翻译为"它"。现代汉语在这种地方用"它"就很别扭。这也是古今语法不同的地方,例如:

　　　　"吾祖死于是,吾父死于是。今吾嗣为之十二年,几死者数矣。"言之,貌若甚戚者。(柳宗元《捕蛇者说》)

"之"指"吾祖死于是,吾父死于是……"这一件事。

　　　　以吾酌油知之。(欧阳修《卖油翁》)

"之"指手熟就能善射的道理。

　　有时候,甚至前面没有说到什么,也可以来一个"之",例如:

　　　　怅恨久之。(《史记·陈涉世家》)

　　　　人非生而知之者,孰能无惑?(韩愈《师说》)

　　　　如有离违,宜别图之。(司马光《赤壁之战》)

　　"之"字用作结构助词,使名词和前面的词发生关系,略等于现代的"的"字,例如:

　　　　故不登高山,不知天之高也;不临深溪,不知地之厚也。(《荀子·劝学》)

　　　　生于高山之上,而临百仞之渊。(同上)

　　有时候,"之"字后面不是一个名词,而是颇长的一个结构,那么,这个结构也该认为带有名词的性质,例如:

则吾恐秦人食之不得下咽也。(苏洵《六国论》)

下文第五节讲到"句子的词组化"时,还要再讲这个问题。

三、句子的构成　判断句

一般的句子由主语和谓语两部分组成。主语部分是陈述的对象,谓语部分就是陈述的话,例如:

妇‖抚儿。(林嗣环《口技》)

黔‖无驴。(柳宗元《黔之驴》)

主语部分里的主要的词叫做主语;谓语部分里的主要的词叫做谓语,例如:

君之病‖在肠胃。(《韩非子·扁鹊见蔡桓公》)

病,主语。在,谓语。

公‖亦以此自矜。(欧阳修《卖油翁》)

公,主语。矜,谓语。

句子里除了主语和谓语以外,还常常要用一些词作连带成分。一般讲连带成分,指的是宾语、定语、状语。

宾语表示行为所涉及的人或物,一般放在动词的后面,如上面所举"抚儿"的"儿"、"无驴"的"驴"、"在肠胃"的"肠胃"。又如:

亮躬耕陇亩。(《三国志·隆中对》)

老翁逾墙走,老妇出门看。(杜甫《石壕吏》)

定语放在名词的前面,用来修饰、限制名词,例如上文所举"老翁"的"老"、"君之病"的"君"。又如:

阿爷无大儿,木兰无长兄。(《木兰诗》)

以刀劈狼首。(蒲松龄《狼》)

状语是动词、形容词前边的连带成分,用来修饰、限制动词、形

容词的,例如上面所举"公亦以此自矜"的"亦、以此、自","晋陶渊明独爱菊"的"独","故人西辞黄鹤楼"的"西"。又如:

> 其剑自舟中坠于水。(《吕氏春秋·刻舟求剑》)
> 于厅事之东北隅施八尺屏障。(林嗣环《口技》)
> 儿含乳啼。(同上)
> 宾客意少舒。(同上)

由于谓语性质的不同,句子可以分为三类:叙述句;描写句;判断句。

叙述句以动词为谓语,例如:

> 诸将请所之。(司马光《李愬雪夜入蔡州》)
> 四鼓,愬至城下。(同上)

描写句以形容词为谓语,例如:

> 雄兔脚扑朔,雌兔眼迷离。(《木兰诗》)
> 夜半雪愈甚。(司马光《李愬雪夜入蔡州》)

判断句以名词为谓语,例如:

> 吴广者,阳夏人也。(《史记·陈涉世家》)
> 其巫,老女子也。(褚少孙《西门豹治邺》)

以上所述汉语句子的构成,大多数情况都是古今语法一致的,所以不详细加以讨论。现在只提出判断句来讨论一下,因为古代汉语的判断句和现代汉语的判断句是大不相同的。

在古代汉语里,判断句一般不是由判断词"是"字来表示的。最普通的判断句是在主语后面停顿一下(按现代的标点是用逗号表示),再说出谓语部分(即判断语),最后用语气词"也"字收尾,例如:

> 浙江之潮,天下之伟观也。(周密《观潮》)

浙江的海潮是天下雄伟的景象。

有时候，主语后面加上一个"者"字，更足以表示停顿，例如：

> 师者，所以传道受业解惑也。（韩愈《师说》）

有时候，判断语很短，虽然主语后面加上"者"字，"者"字后面也不停顿，例如：

> 杨诚斋诗曰"海涌银为郭，江横玉系腰"者是也。（周密《观潮》）

杨诚斋诗里说的"海涌银为郭，江横玉系腰"，就是指这样的景象。这里的"是"字不是判断词，而是代词，指这样的景象。

如果主语是个代词，中间一般就没有停顿（按现代的标点不加逗号），但是仍旧不用判断词"是"字，例如：

> 我区氏儿也。（柳宗元《童区寄传》）

我是区家的孩子。

> 此谋攻之法也。（《孙子·谋攻》）

这是用谋略攻取的方法。

> 谁可使者？（《史记·廉颇蔺相如列传》）

谁是可以出使的人？

有时候，句子开头有个"是"字，但这种"是"字不是判断词，而是代词（等于现代语的"这"），例如：

> 星坠木鸣，国人皆恐。曰：是何也？曰：无何也。是天地之变，阴阳之化，物之罕至者也。（《荀子·天论》）

"是"字都应翻译作"这是"。

有时候，句子里没有主语（主语省略了），只有谓语（判断语），更用不着判断词"是"字，例如：

> 对曰："忠之属也。"（《左传·曹刿论战》）

曹刿说:"这种事是尽了本职的一类事情。"

> 虎见之,庞然大物也。(柳宗元《黔之驴》)

那驴是庞然大物。

> 旋见一白酋督印度卒约百人,英将也。(徐珂《冯婉贞》)

一会儿看见白人头子率领着大约一百名印度兵,那就是英国的军官。

有两个字能有判断词的作用:第一个是"非"字,第二个是"为"字。

"非"字可以认为一种否定性的判断词,略等于现代语的"不是",例如:

> 人非生而知之者,孰能无惑?(韩愈《师说》)

"为"字可以认为一种肯定性的判断词,略等于现代语的"是",例如:

> 自冯瀛王始印五经,已后典籍皆为板本。(沈括《活板》)

五代冯道时开始印五经,从此以后,书籍都是板印的本子。

> 若止印三二本,未为简易。(同上)

如果只印两三本,不能算是简便。

> 若印数十百千本,则极为神速。(同上)

如果印数十、数百、数千本,那就是非常快速的。

但是要注意:并不是所有的地方都用得上"为"字,例如"童寄者,郴州荛牧儿也",在古代汉语里就很少人写成"童寄为郴州荛牧儿",而且绝对没有人写成"童寄为郴州荛牧儿也"。

古代汉语里也不是绝对不用判断词"是"字。汉代以后,比较通俗的诗文还是用判断词"是"字的,例如:

翩翩两骑来是谁？（白居易《卖炭翁》）

两个骑马的人翩翩而来，他们是谁呀？

　　但是，就通常情况说，古代汉语是不用判断词"是"字的。这一点必须特别注意。

四、"倒装"句

　　古代汉语的句子和现代汉语的句子，结构方式不很一样。有时候，宾语放在动词的前面，若拿现代语的句法来比较，觉得用词的次序颠倒了，可以叫做倒装句。不过，在古人看来，却并非"倒装"，因为古代这种句法是正常的句法。现在分为四种情况来讲：

　　（1）疑问句　在古代汉语的疑问句里，如果宾语是个代词，它就放在动词或介词的前面，例如：

　　　　卿欲何言？（司马光《赤壁之战》）

你想说什么？

　　　　客何为者？（《史记·鸿门宴》）

这客人是干什么的？

　　　　介词"与、以"本来有动词性，它的宾语也该放在它的前面，例如：

　　　　微斯人，吾谁与归？（范仲淹《岳阳楼记》）

不是这样的人，我跟谁在一起呢？

　　　　何以知之？（《史记·廉颇蔺相如列传》）

你凭什么知道呢？

　　　　注意：宾语必须是个代词，然后可以"倒装"。如果宾语不是代词，就不能"倒装"。

　　（2）否定句　在古代汉语否定句里，如果宾语是个代词，它就

放在动词前面,例如:

　　　古之人不余欺也。(苏轼《石钟山记》)

古人不骗我。

　　　每自比于管仲、乐毅,时人莫之许也。(《三国志·隆中对》)

当时没有谁承认他能比管仲、乐毅。

　　　城中皆不之觉。(司马光《李愬雪夜入蔡州》)

城里人都不觉察它。"它"指官兵进城这回事。

　　注意一:宾语必须是代词,然后可以"倒装"。如果宾语不是代词,即使是否定式,也不能"倒装",例如"不闻爷娘唤女声"(《木兰诗》)不能说成"不爷娘唤女声闻"。"遂不得履"(《韩非子·郑人买履》)也不能说成"遂不履得"。

　　注意二:否定词必须是直接放在代词宾语前面的,然后宾语可以"倒装"。如果句中虽有否定词但不是直接放在代词宾语前面,就不能"倒装",例如:

　　　板印书籍,唐人尚未盛为之。(沈括《活板》)

不能说成"未盛之为"。

　　　不以木为之者,文理有疏密,沾水则高下不平。(同上)

不能说成"不以木之为"。

　　(3)是以　"是以"这个词组也算"倒装",因为"是以"是"以是"的颠倒,是"因此"的意思(是=此;以=因),例如:

　　　今在骨髓,臣是以无请也。(《韩非子·扁鹊见蔡桓公》)

　　(4)之、是　"之"和"是"是使句子"倒装"的一种手段。说话人把宾语提到动词前面去,只要把"之"或"是"插在宾语和动词的中间就行了,例如:

富而使人分之,则何事之有?(《庄子·天地》)

富而让人分享,还有什么事呢?

唯余马首是瞻。(《左传·襄公十四年》)

只看我的马头。

以上所述的"倒装"句都是上古时代的语法。到了中古以后,口语已经变为"顺装",但是在文人的作品里,这种"倒装"句还是沿用下来了。

五、句子的词组化

两个或更多的词的组合,叫做词组。词和词并列地联合起来,叫做联合词组,如"工农"。定语、状语、补语和中心词组合起来,叫做偏正词组,如"中国人民的革命斗争"。动词和宾语组合起来,叫做动宾词组,如"战胜敌人"。主语和谓语组合起来做句子的一个成分的,叫做主谓词组,如"人民相信革命一定会胜利","我们不知道你来"。

在古代汉语里(特别是上古汉语里),主谓词组很少。凡主语和谓语组合起来,往往算是一个句子;如果要使它词组化,作为主语或宾语,还得在主语和谓语之间加上一个"之"字,使它变为偏正词组,例如《史记·廉颇蔺相如列传》"即患秦兵之来",若依现代汉语语法,只说"就怕秦兵来"就行了("秦兵来"在这里是个主谓词组);但若依上古汉语语法,"即患秦兵来"不成话,必须说成"即患秦兵之来"("秦兵之来"是偏正词组)。我们从古代汉语译成现代汉语的时候,可以省去"之"字不译,只译成"就怕秦兵来",但是,我们讲古代汉语语法的时候,仍应了解为"就怕秦兵的到来",看成偏正词组。这又是古代汉语的重要特点之一。

既然古代汉语的主语和谓语结合起来一般地只构成句子而不构成词组,那么这种在主语和谓语中间插进一个"之"字的方式也

就可以称为词组化,例如:

> 故不登高山,不知天之高也;不临深溪,不知地之厚也;不闻先王之遗言,不知学问之大也。(《荀子·劝学》)
> 且夫水之积也不厚,则其负大舟也无力。(《庄子·逍遥游》)
> 吾师道也,夫庸知其年之先后生于吾乎?(韩愈《师说》)
> 师道之不传也久矣!欲人之无惑也难矣!(同上)
> 呜呼!师道之不复,可知矣。(同上)
> 悍吏之来吾乡,叫嚣乎东西,隳突乎南北。(柳宗元《捕蛇者说》)
> 岂若吾乡邻之旦旦有是哉!(同上)
> 比吾乡邻之死则已后矣。(同上)

有时候,词组化了以后,并不作为主语,也不作为宾语,只作为不完全句,表示感叹,例如:

> 医之好治不病以为功!(《韩非子·扁鹊见蔡桓公》)
> 天之亡我,我何渡为!(《史记·项羽本纪》)

这是天要我灭亡,我还渡江做什么!

这种表示感叹的不完全句,中古以后就很少见了。

"其"字的意义是"××之",所以"其"字的作用和"之"字的作用一样,也能使主谓形式词组化,例如:

> 操蛇之神闻之,惧其不已也。(《列子·愚公移山》)

"其不已"是"惧"的宾语。

> 秦王恐其破璧。(《史记·廉颇蔺相如列传》)

"其破璧"是"恐"的宾语。

六、双宾语

在现代汉语"给他书"这个结构里,共有两个宾语:第一个宾语是"他",因为它和动词接近,叫做近宾语;第二个宾语是"书",因为它距离动词较远,叫做远宾语。近宾语是个代词,远宾语是个名词。

在古代汉语里,"给他书"可以译成"与之书"。这类结构是常见的。但是,在古代并不限于说给予的时候才用双宾语。双宾语在古代汉语里的应用,比现代汉语还要广泛些,例如:

议不欲予秦璧。(《史记·廉颇蔺相如列传》)

秦,近宾语。璧,远宾语。

相如视秦王无意偿赵城。(同上)

赵,近宾语。城,远宾语。

问之民所疾苦。(褚少孙《西门豹治邺》)

之,近宾语。民所疾苦,远宾语。

使人遗赵王书。(《史记·廉颇蔺相如列传》)

赵王,近宾语。书,远宾语。

取吾璧,不予我城,奈何?(同上)

我,近宾语。城,远宾语。

双宾语中的近宾语,往往用"我、之"等字。当译成现代汉语时,可以译为"给我、给他、为了我、为了他、对我、对他"等。

七、省　略

古代汉语另有一种结构也显得比现代汉语简单些,那就是所谓省略。"省略"是省掉句子里的一个部分,如省掉主语(《晏子使楚》"对曰'〔　〕齐人也'");或者是省掉一个词。这里我们专讲省略一个词的情况,因为这种省略不但是常见的,而且是容易忽略的。

(1)"于"字的省略

动宾词组中,宾语如果是代词(有时候是名词),而后面的介词结构是"于"字加名词,那么,这个"于"字往往省略,例如:

西门豹往会之河上。(褚少孙《西门豹治邺》)

等于说"会之于河上"。

复投一弟子河中。(同上)

等于说"投一弟子于河中"。

以区区百人,投身大敌。(徐珂《冯婉贞》)

等于说"投身于大敌"。

如果谓语是个不及物动词,谓语后面的介词是"于"字加名词,这个"于"字也往往省略,例如:

皆衣缯单衣,立大巫后。(褚少孙《西门豹治邺》)

等于说"立于大巫后"。

如果谓语是个形容词,谓语后面的介词是"于"字加名词或名词性词组,介词结构表示"在……方面",这个"于"字也往往省略,例如:

西人长火器而短技击。(徐珂《冯婉贞》)

等于说"长于火器而短于技击"。

火器利袭远,技击利巷战。(同上)

等于说"火器便于袭远,技击便于巷战"。

如果谓语是个形容词,而介词结构表示比较,"于"字也往往省略,例如:

是儿少秦武阳二岁。(柳宗元《童区寄传》)

等于说"少于秦武阳二岁"。

(2)介词后面代词的省略

　　介词如果是个"为"字(读 wèi,为着、为了),或者是个"以"字,介词后面是个代词(一般是"之"字),这个代词可以省略,例如:

　　　　女居其中。为具牛酒饭食。(褚少孙《西门豹治邺》)

等于说"为之具牛酒饭食"。

　　　　愿为市鞍马,从此替爷征。(《木兰诗》)

等于说"愿为此买鞍马"。

　　　　愿以闻于官。(柳宗元《童区寄传》)

等于说"愿以之闻于官"。

　　所谓省略,其实只是习惯上容许的另一种结构。不能了解为非正式的、例外的。"为具牛酒饭食",并不比"天子为之具牛酒饭食"更少见,"愿以闻于官"并不比"愿以之闻于官"更少见。"于"字的省略,也同样不能了解为非正式。

　　本章讲的是古代汉语语法,特别着重讲了古今语法不同之点。为了便于初学,叙述得特别简单。如果要深入研究古代汉语语法,还要看一些专书。

漫谈古汉语的语音、语法和词汇

我今天讲的题目是"漫谈古汉语的语音、语法和词汇"。所谓漫谈，就是随便谈一谈。

我们学习和研究古汉语的目的，主要是为了培养学生阅读古书的能力，并不是为了教大家写文言文。那么，怎样培养阅读古书的能力呢？我经常说，要建立历史观点。什么叫历史观点呢？就是利用历史发展的观点研究古汉语的语音、语法和词汇。现代汉语是从古代汉语发展来的，现代汉语和古代汉语在语音、语法和词汇方面有些是相同的，有些是不同的。因此，我们研究古代汉语就要知道，什么是古代汉语有而现代汉语没有的，什么是现代汉语有而古代汉语没有的，不能把时代搞错了。不同的时代，语音、语法和词汇三方面都有很多不同。下边分三方面来讲：

首先讲语音问题。古代汉语语音，跟现代汉语语音有很多不同，就是上古时代的语音跟中古时代的语音也有很多不一样的地方。这就是说语音不是一成不变的，而是在不断发展变化着。但是语音的发展变化不是杂乱无章的，而是很有系统地很有规律地发展变化着。我们研究古代汉语就要知道些古音知识。这样，古代汉语中的有些问题才容易理解。我们不要求照古音来读古书，那样做，一是不容易，二是没必要。我们只要求知道古代读音与现代读音不同，比如有些诗歌，现在念起来很不顺口，不押韵，但用古音来念就押韵，就很顺口。所以我们学习和研究古代汉语，要有一些古音的知识。今天我们不谈上古的语音，只谈中古的语音，也就是唐宋时代的语音，或唐诗宋词的读音。我举两首诗来说明这个问题，这两首诗都是大家熟悉的，一首是杜牧的《山行》：

> 远上寒山石径斜，白云生处有人家。
> 停车坐爱枫林晚，霜叶红于二月花。

如果用现代普通话来念，"家、花"可以押韵，"斜"和"家、花"就不押韵了，而它是平声字，应该是入韵的。是不是杜牧作诗出了错误呢？不是的。这是因为现代读音跟唐宋时代的读音不一样了，语音发展了。我们有些方言，读起来就很押韵，比如苏州话，"斜"音[ziɑ]，就可以和"家、花"押韵了。这说明苏州话"斜"的读音接近唐宋时代的读音。另外一首是宋人范成大的《田园四时杂兴》之一：

> 昼出耘田夜绩麻，
> 村庄儿女各当家。
> 童孙未解供耕织，
> 也傍桑阴学种瓜。

照北京话来念，"麻、家、瓜"是押韵的，这说明这几个字北京话的读音比较接近唐宋时代的音。如果用苏州话来念，"麻"和"瓜"还是押韵的，"家"和"麻、瓜"就不押韵了。北京人念杜牧那首诗，"斜"与"家、花"不押韵，苏州人念这首诗，"家"与"麻"不押韵，可见要读懂唐宋诗词，须要有些古音的知识。如果懂得了平水韵，懂得了唐宋古音，就不会有不押韵的感觉了。还有一个平仄问题，写诗要讲究平仄，所谓平，就是平声；所谓仄，就是上、去、入三声，苏州话有入声字，北京话没有入声字。古代的入声字，在现代北京话中分派到阴平、阳平、上声、去声中去了。这样，北京人遇到在古代读入声而现在读阴平、阳平的字，就不易分辨了，比如刚才范成大那首诗中"童孙未解供耕织"的"织"，北京话读阴平，这就不对了，这句诗应该是平平仄仄平平仄，"织"字所在的位置不应该用平声字,所以北京话"织"字读阴平就与古音不合了,"织"字在古代是个入声字,这样就合乎仄了。所以说,我们应该懂一些古音的知识。当然,要透彻地了解古音,是不容易的,但是学习古代汉语总要有一些古音的基本知识。

其次讲语法问题。古今语音变化很大,语法的变化就小得多。因此,古代的语法,也比较好懂。但是,也有困难的地方。有些语法现象好像古今是一样的,其实不一样。我常对我的研究生说,研究古代语法,不能用翻译的方法去研究,不能先把它翻译成现代汉语,再根据你翻译的现代汉语去确定古代汉语的结构。我们不能用翻译的方法去研究古代汉语语法,就跟不能用翻译的方法去研究外语语法一样。用翻译的方法去研究古代汉语是很危险,很容易产生错误的。因此,这种研究方法是一种错误的研究方法。现代汉语有所谓包孕句,上古汉语没有这种包孕句,而上古汉语有一种"之"字句,即在主语和谓语之间有一个"之"字,如:

　　　　不患人之不己知,患不知人也。(《论语·学而》)

"人之不己知"不是包孕包中的子句,而是名词性词组,它们所在的句子也不是复句式的包孕句,而是一个简单句。如果把它翻译成现代汉语,"之"字不翻出来很顺畅,"不怕人家不了解自己";如果"之"字翻译成"的"字,"不怕人家的不了解自己",就很别扭。这就说明,在上古汉语中,这个"之"字必须有,有这个"之"字句子才通,没有这个"之"字就不成话,而现代汉语中,没有那个"的"字才通畅,有了那个"的"字,就不通了。这就是古今汉语语法不同的地方。

这种"之"字,《马氏文通》里没有提到,后来好像很多语法书也不怎么提。我在《汉语史稿》中特别有一章,叫做"句子的仂语化"。"仂语"就是我们现在叫的"词组"。所谓仂语化,就是说,本来是一个句子,有主语,有谓语,现在插进去一个"之"字,它就不是一个句子了,而是一个词组了。后来南开大学有一本教材,大概是马汉麟编的，称这种结构叫"取消句子的独立性"。这就是说，它本来是一个句子，现在插进了一个"之"字，就取消了它的独立性，就不是一个独立的句子形式了。叫"句子的仂语化"也好，叫"取消句子的独立性"也好，都有一个前提，就是承认它本来是一个句子，后来加"之"字以后，被"化"为仂语了，被"取消"独立性了。这种说法对不对呢？最近我重写汉语史，写到语法史的时候，碰到了这个问题，重新考虑了这个问题，感到从前的说法是片面的，甚至是不对的。为什么不对呢？因为这种"之"字句在上古汉语中是最正常的最合乎规律的。这种"之"字，不是后加上去的，是本来就有的，没有这个"之"字，话就不通，那怎么能叫"仂语化"呢？不是"化"来的嘛，也不是"取消句子的独立性"。所以那么叫，是因为先把它翻译成现代汉语了，在现代汉语中那个"的"字是不必要的，于是就以为古代汉语的那种"之"字也是加上去而使它成为一个词组的。这种"之"字结构，就是一个名词性词组，这种"之"字的作用，就是标志着这种结构是一个名词性词组。这种"之"字结构可以用作主语、宾语、关系语和判断语，下边我举几个例子：

> 民之望之，若大旱之望雨也。(《孟子·滕文公下》)
> 纣之去武丁未久也。(《孟子·公孙丑上》)
> 知虞公之不可谏。(《孟子·万章上》)
> 君子之至于斯也，吾未尝不得见也。(《论语·八佾》)

第一个例子，"民之望之"作判断句的主语，"大旱之望雨"作判断句的判断语；第二个例子，"纣之去武丁"作描写句的主语；第三个例子，"虞公之不可谏"作叙述句的宾语；第四个例子，"君子之至于斯也"作关系语，表示时间。这里的"之"字都不能不要，不要这个"之"字就不合上古语法了。

与"之"字句起同样作用的是"其"字句。"其"字是代词，但这个代词总处于领位，因此，"其"字等于"名词+之"。有人用翻译的方法定"其"字就是现代汉语中的"他"字，这是错误的。古汉语中的"其"字,跟现代汉语中的"他"字在语法上有很多不同。"其"字永远不能作宾语,从古代汉语到现代汉语,都不能把"其"字当宾语用。我二十七岁要去法国,买了一本《法语入门》,这本书把法语的jee′aime(我爱他)翻译为"我爱其",就非常错误。这本书的作者,法文程度很好,中文程度就很差了。"其"字能不能当主语呢?从前有些语法学家以为"其"字可以充当主语,这是一种误解。黎锦熙先生在《比较文法》中承认"其"字可以充当子句的主语,但他有一段很好的议论,他说:"马氏又分'其'字用法为二:一在主次,二在偏次。实则'其'字皆领位也。""其"字不是只等于一个名词,而是等于"名词+之",所以只能处于领位,不能处于主位。下边举几个例子来看。

例一:《论语·学而》:"其为人也孝弟,而好犯上者鲜矣。""其为人也孝弟"译成现代汉语是"他为人孝弟",那么"其"字不等于主语了吗?刚才说了,这种翻译的研究方法是一种错误的研究方法,古代汉语的"其"字不同于现代汉语的"他"字。这个句子的主语是"其为人",谓语是"孝弟"。"其为人"等于"某之为人",是一个名词性词组,这个名词性词组作主语,不是"其"字作主语。

例二:《论语·阳货》:"孔子时其亡也而往拜之。"这句话的意思是孔子窥测阳货不在家的时候去拜访他。"其亡"是"阳货之亡",是一个名词性词组,作动词"时"的宾语。

这种"其"字结构和"之"字结构有同样的作用,它们都是一个名词性词组。我在重新写的语法史里举了很多的例子,大家可以看。

有时候,"之"字和"其"字交互使用,这更足以说明"其"等于"名词+之"。举两个例子:

例一:《论语·泰伯》:"鸟之将死,其鸣也哀;人之将死,其言也善。""鸟之将死"用"之","其鸣也哀"用"其",这里的"其"字等于"鸟+之","其鸣也哀"就是"鸟之鸣也哀"。为什么用"其鸣"而不用"鸟之鸣"呢?因为前边已经说了"鸟之将死",后边再说"鸟之鸣也哀",就重复了,不如后边的"鸟之"用代词"其"表示更精练。"人之将死,其言也善"情况相同。

例二:《庄子·逍遥游》:"水之积也不厚,则其负大舟也无力。""其负大舟"就是"水之负大舟"。因为前边用了"水之积",后边的"水之负大舟"的"水之"就可以用"其"字代替了。

从上边"其"字和"之"字交互使用的情况看出,"其"字决不是一个"他"字,而是包括了"之"字在里边,它是"名词+之",因此,它不能用作宾语,也不能用作主语,只能处在领位。

古代的"之"字句、"其"字句,其中的"之"字是必需的,不是可有可无的。现代汉语中没有这种句式,我们不能把这种"之"字翻译成现代汉语的"的"字,也不能把"其"字翻译成"他的"或"它的",如"水之积也不厚"不能译成"水的积蓄不多","其负大舟也无力"也不能译成"它的负担大船无力"。从前我们编《古代汉语》说这些"之"字可以不译出,这种说法不够好,不是可以不译,而是根本不应该译,因为现代没有古代的那种语法。

最后,讲词汇问题。先举两个例子:头一个是"再"字。上古的"再"字,是两次、第二次的意思,这个意思一直用到宋代以后。这不同于现代"再"字的意思。古代"再"字只作"两次、第二次"解,"第三次"就不能用"再"了。数目字作状语,"一次"可以用"一","三次"可以用"三","六次"可以用"六","七次"可以用"七",如:"禹三过其门而不入。""诸葛亮七擒孟获,六出祁山。"唯独"两次"不能用"二",必须用"再",如:"一鼓作气,再而衰,三而竭。"古书这样的例子很多,比如《易·系辞》:"五年再闰。"就是五年之内有两次闰月。《史记·孙子吴起列传》:"一不胜而再胜。""再胜"就是赢两次。"再"字作"又一次"讲,产生得很晚,现在还没有研究清楚到底在什么时候。再举一个例子,"稍"字在古代是逐渐的意思,而不是现代的稍微的意思,比如《史记·魏公子列传》:"其后稍蚕食魏。""稍蚕食魏"就是"逐渐地像蚕吃桑叶那样来吃魏国"。

"稍"表示的是一步一步地吃,而不是稍微吃一点,所以下文才有"十八岁而虏魏王,屠大梁"。"虏魏王,屠大梁"是渐渐地吃的结果,如果只是稍微吃一点,就不会产生这种结果了。又比如《史记·绛侯世家》:"吏稍侵陵之。""稍侵陵之"就是一步一步地欺负他,绛侯周勃很忠厚,他属下的人就得寸进尺,一步步地欺负他。不能说成"稍微欺负",那不成话。又比如,苏轼有一句话,"娟娟明月稍侵轩",它的意思是美好的月光渐渐地照进窗户。因为月亮是移动的,所以是一步一步地照进窗户,不是一下子都照进来了,也不是只稍微照进来一点,要是那样,就没有诗意了。

从上面举的例子可以看出,我们学习古代汉语,就是要准确地掌握古代汉语的词义。一个词,在古代汉语中的意义与在现代汉语中的意义是不相同的,不能用现代汉语的词义去解释古代汉语的词义,比如上边讲到的"再"字、"稍"字,如果就现代汉语的意义去解释,那就错了。古汉语中有些看起来很浅的字,最容易出错误。比较深的字会去查字典,问老师;很浅的字,以为自己懂了,实际上不懂,这就容易理解错了。所以我们有一个搞古代汉语的同志说,学习和研究古代汉语,主要是词汇问题,这话是有道理的。

这是作者 1982 年 11 月 5 日在苏州铁道师范学院的讲演,由唐文先生整理,原载《苏州铁道师范学报》(社会科学版)1984 年第 1期。后载《谈谈学习古代汉语》,山东教育出版社 1984,有改动

文言的学习

　　文言和语体是对立的,然而一般人对于二者之间的界限常常分不清。普通对于语体的解释是依照白话写下来的文章,反过来说,凡不依照白话写下来的,就是文言。这种含糊的解释就是文言和语体界限分不清的原因。所谓白话,如果是指一般民众的口语而言,现在书报上的"白话文"十分之九是名不副实的,所以有人把它叫做"新文言"。如果以白不白为语体文言的标准,"新文言"这个名词是恰当的。但是,现在书报上又有所谓文言文,它和语体文同样是和一般民众的口语不合的。那么,文言和语体又有什么分别呢?原来这种文言文就是把若干代词和虚词改为古代的形式,例如"他们"改为"彼等"、"的"改为"之",等等。它和语体文的分别确是很微小的。如果语体文可称为"新文言"的话,这种文言文可称为"变质的新文言",或"之乎者也式的新文言"。

　　这种"变质的新文言"如果写得很好,可以比白话文简洁些。有人拿它来比宋人的语录。在简洁一点上,它们是相似的。但是,宋人的语录是古代词汇之中杂着当时的词汇,语法方面差不多完全是当时的形式。现在那些"变质的文言文"所包含的成分却复杂得多了,其中有古代的词汇,有现在口语的词汇,有欧化的词汇;有古代的语法,有现代口语的语法,有欧化的语法。总算起来,欧化的成分最多,现代口语的成分次之,古代的词汇又次之,古代的语法最少。由此看来,现在一般所谓文言文并不是民国初年所谓文言文,后者是严复、林纾一派的文章,是由古文学来的,前者却是纯然现代化的产品，古文的味儿几乎等于零了。

现在一般人所谓文言文，既可称为"变质的文言文"，又可称为"变质的语体文、白话化的文言、文言化的白话"，等等。这些都可以说明，它和语体文是没有界限可言的。但是，我们所谓文言却和现在一般人所谓文言不同，它是纯然依照古代的词汇、语法、风格和声律写下来的，不杂着一点儿现代的成分。若依我们的定义，文言和语体就大有分别了。语体文是现代人说的现代话，心里怎样想，笔下就怎样写。有时候某一些人所写的话超出了一般民众口语的范围，这是因为他们的现代知识比一般民众的高，他们的"话"实在没有法子迁就一般民众的"话"，然而他们并没有歪曲他们的"话"，去模仿另一个时代的人的文章。文言文却不是这样。作者必须把自己的脑筋暂时变为古人的脑筋，学习古人运用思想的方式。思想能像 19 世纪中国人的思想就够了，至于词汇、语法、风格和声律四方面，却最好是回到唐宋或两汉以前，因为文言文是以古雅为尚的。必须是这样的文言，才和语体有根本的差异。我们必须对于文言给予这样的定义，然后这一篇文章才有了立论的根据。

说到这里，读者应该明白我们为什么向来不主张一般青年们用文言文写作了。我们并不排斥那种"白话化的文言"。我们只以为它和普通的语体文的性质相似到那种地步，语体文写得好的人也就会写它，用不着一本正经地去学习。至于我们所谓文言，纯然古文味儿的，却不是时下的一般青年所能写出来。科举时代，读书人费了十年或二十年的苦功，专门揣摩古文的"策法"，尚且有"不通"的。现代青年们脑子不是专装古文的了；英文、数学之类盘踞了脑子的大部分，只剩下一个小角落给国文，语体还弄不好，何况文言？中学里的国文教员如果教学生写两篇"白话化"的文言文，我们还不置可否，如果教他们正经地揣摩起古文来，我们就认为是误人子弟。因为学不好固然是贻笑大方，学好了也就是作茧自缚。文章越像古文，就越不像现代的话。身为现代的人而不能说现代的话,多难受! 况且在学习古文的时候不知不觉地学会了古人运用思想的方式,于是空疏、浮夸、不逻辑,种种古人易犯的毛病都来了。所以即使学得到了三苏的地步,仍旧是得不偿失。

什么时候可以学习文言呢? 我们说是进了大学之后。什么人可以学习文言呢? 我们说是中国语言文学系的学生。研究中国语言史的人,对于古代语言,不能不从古书中寻找它的形式。研究中国文学史的人,更不能不研究历代的文学作品。语史学家对于古文,要能分析;文学史家对于古文,要能欣赏。然而若非设身处地,做一个过来人,则所谓分析未必正确,所谓欣赏也未必到家。甲骨文的研究者没有一个不会写甲骨文的,而且多数写得很好。他们并非想要拿甲骨文来应用,只是希望写熟了,研究甲骨文的时候可以得到若干启发。语言史和文学史的研究者也应该明白这个道理,如果你对于文言的写作是个门外汉,你并不算是了解古代的语言和文学——至少是了解得不彻底。

但是,模仿古人,真是谈何容易! 严格地说起来,自古至今没有一个人成功过。拟古乃是一种违反自然的事情。自己的口语如此,而笔下偏要如彼,一个不留神,就会露出马脚来。姚鼐、曾国藩之流,总算是一心揣摩古文了,咱们如果肯在他们的文章里吹毛求疵,还可以找出若干欠古的地方。至于一般不以古文著名的文人,就更常常以今为古了,例如《三国演义》里所记载的刘备给诸葛亮的一封信:

> 备久慕高名,两次晋谒。不遇空回,惆怅何似? 窃念备汉朝苗裔,滥叼名爵。伏睹朝廷陵替,纲纪崩摧:群雄乱国,恶党欺君。备心胆俱裂! 虽有匡济之诚,实乏经纶之策。仰望先生仁慈忠义,慨然展吕望之大才,施子房之鸿略。天下幸甚。社稷幸甚。先此布达,再容斋戒薰沐,特拜尊颜,面倾鄙悃,统希鉴原。

如果现代的人能写这样一封文言的信,该算是很好的了。但是,汉末的时代却绝对不会有这样的文章。"先此布达、统希鉴原"一类的话是最近代的书信客套,不会早到宋代。至于排偶平仄,整齐到这种地步,也不会早到南北朝以前。单就词汇而论,也有许多字义不是汉代所有的。现在试举出几个显而易见的例子来说:

1."两次晋谒"的"两次",汉代以前只称为"再"。《左传·文公十五年》"诸侯五年再相朝",就是"五年相朝两次"的意思。《穀梁传·隐公九年》"八日之间再有大变",也就是"八日之间有两次大变"的意思。中古以前,行为的称数法不用单位名词(如"次"字之类),这里是词汇和语法都不合。

2."不遇空回"的"回",汉代以前只叫"反"。《论语》"吾自卫反鲁",《孟子》"则必饜酒肉而后反",都是"回"的意思。汉代以前的"回"只能有迂回、潆洄、邪、违一类的意思。

3."滥叨名爵"的"叨"、"再容斋戒薰沐"的"再"、"特拜尊颜"的"特"等等,也都是当时所没有的词汇。

依古文家的理论看来,这一封信的本身也不是最好的文章,因为它的格调不高。所谓格调不高者,也就是词汇、语法、风格、声律四方面都和两汉以前的文章不相符合的缘故。

咱们现在模仿清代以前的古文,恰像罗贯中模仿汉末或三国时代的古文一样的困难。虽然咱们距离清代比罗氏距离三国近些,但是,这几十年来,语文的变迁竟敌得过四五个世纪而有余。自从白话和欧化两种形式侵进了现代文章之后,咱们实在很难辨认它和海通以前的正派文章有多少不同之点。然而咱们必须先能辨认文言文的特质,然后才能进一步学习文言文。现在我们试按照上面所说的词汇、语法、风格、声律四方面,谈一谈文言文的特质和学习文言文的方法。

(一)词汇　词汇自然是越古越好。因此,每写一句文言之前,须得先做一番翻译的工夫。譬如要说"回",就写作"返"(或"反");要说"走",就写作"行";要说"离开",就写作"去";要说

"住下"，就写作"留"；要说"甜"，就写作"甘"；要说"阔"，就写作"广"；要说"才"（"你这个时候才来"），就写作"始"；要说"再"（"说了三次他不肯，我不想再说了"），就写作"复"。其间有些是可以过得去的，例如以"回"代"返"、以"甜"代"甘"、以"阔"代"广"，虽然欠古，却还成文；有些是清代以前认为绝对不行的，例如以"走"代"行"、以"离"代"去"、以"住下"代"留"、以"才"代"始"、以"再"代"复"，等等，简直是不文。

词汇虽然越古越好，却也要是历代沿用下来的字。有些字的古义未有定论，或虽大家承认上古时代有这个意义，而后世并没有沿用者，咱们还是不用的好，例如《诗·小雅·頍弁》篇"尔殽既时"，毛传说："时，善也。"后世并未沿用这个字义，咱们也就不能写出"其言甚时"或"其法不时"一类的话。

一般人对于文言的词汇有一种很大的误会：他们认为越和咱们的口语相反的字越古。其实有些字的寿命很长，可以历数千年而不衰；有些字的寿命很短，只有几百年或几十年存在于人们的口语里，例如"哭"字和"泣"字都是先秦就有了的；现代白话里有"哭"字没有"泣"字，咱们不能因此就认为后者比前者古雅。又如"裹"字，很像是现代白话里专有的字，然而《诗·邶风》已有"绿衣黄裹"，《左传·僖公二十八年》又有"表裹山河"，前者是指衣裳的里子，后者已经引申为"内"的意义。至于像唐李邕《麓山寺碑》的"月窥窗裹"，简直和现代白话的"里"字是完全一样的意义了。相反的情况例如"憨"字，它虽然对于一般人是那样陌生，但它却是南北朝以后的俗语，用于诗词则可，用于散文则嫌不够古雅。又如"偌"字，当"如此"或"如彼"讲。"偌"字对于一般人，当然比"如此"或"如彼"要陌生得多；然而"偌多、偌大"并不比"如彼其多、如彼其大"更古雅。相反地，后者比前者古雅得多了，因为《孟子》说过："管仲得君，如彼其长也；行乎国政，如彼其久也；功烈，如彼其卑也。"其中正作"如彼"；而"偌"字非但不见于古书，而且不见于现代正派的文章。由此类推，写文言文的时候，与其说"尪"，不如说"弱"；与其说"慵"，不如说"嬾（懒）"；与其说"夥"，不如说"多"；与其说"叵"，不如说"不可"；与其说"棘手"，不如说"难为"。案牍上的词汇，向来是被古文家轻视的，因此，"该生、该校、殊属非是、即行裁撤"之类，用于公文则可，用于仿古的文言文则适足以见文品之卑。所以咱们不能因它们违反白话就认为是最古雅的词句。

　　典故也往往是和现代口语违异的，但也不一定可称为最古雅的话。咱们试想：典故是根据古人的话造出来的，上古的人得书甚难，怎么能有许多典故？到了汉代的文人，才偶然以经书的典故入文；然而汉赋中也只着重在描写景物，不着重在堆砌典故。堆砌典故盛于南北朝，初唐还有这种风气。自从韩愈、柳宗元以后，古文家又回到两汉以前那种不以典故为尚的风气了。咱们现在学习文言，除了特意模仿骈体之外，最好是避免堆砌典故。因此，说"龙泉"不如说"宝剑"，说"钟期"不如说"知己"，说"弄璋"不如说"生子"，说"鼓盆"不如说"丧妻"。因为典故的流行远在常语之后，例如"生子"二字见于《诗·大雅·生民》篇（"不康禋祀，居然生子"），而"弄璋"用为"生子"的意义恐怕是最近代的事。至于"玉楼赴召、驾返瑶池"一类的滥套，连骈体文中也以不用为高，普通的文言更不必说了。

　　方言的歧异也往往被认为古今的不同。自从北平的方言被采用为国语之后，有些人对于自己的方言竟存着"自惭形秽"的心理，以国语为雅言，以自己的方言为俚语。其实，如果以古为雅的话，国语并不见得比各地的方言更雅。北平话和多数官话都叫"头"做"脑袋"，叫"颈"做"脖子"，显然地，"脑袋"和"脖子"是俚语，"头"和"颈"是雅言。这是大家都知道的。但是，像广东人称"大小"为"大细"，似乎是俚语，官话和吴语以"细"为"粗"之反，似乎才是雅言。这种地方就容易令人迷惑了。实际上，"细"和"小"在古代一般地是"大"之反,所以《老子》说:"图难于其易,为大于其细。"《韩非子·说难》:"与之论大人,则以为间己矣;与之论细人,则以为卖重。"《汉书·匈奴传》:"朕与单于皆捐细故,俱蹈大道也。"在某一些情况之下,"细"比"小"还要妥些,例如粤语谓小的声音为"细声",古代对于声音的小正称为"细",不大看见叫做"小"。至于"细"当"粗细"讲,来源也很早,例如"细腰、细柳"之类,但是这种"细"字只是长而小的意思。现在官话和吴语谓不精致为"粗",精致为"细",却是古语所没有的。这一个例子可以说明,每一个方言里都有合于古语的词汇,咱们非但不必努力避免现代口语,而且不必避免方言。一切都应该以语言的历史为标准。

相传唐代诗人刘禹锡要做一首重阳诗,想用"餻"字,忽然想起五经中没有这个字,就此搁笔。宋子京作诗嘲笑他道:"刘郎不敢题餻字,虚负诗中一世豪。"其实,古代文人像刘禹锡的很多。因为大家受了"不敢题餻"的约束,数千年来的文言文里的词汇才能保持着相当的统一性。假使每一个时代的每一个文人都毫无顾忌地运用当时口语和自己的方言,那么,写下来的文章必然地比现在咱们所能看见的难懂好几倍。但是,古人都并非因为希望后人易懂而甘心受那不敢题"餻"的约束,他们只是仰慕圣贤,于是以经史子集的词汇为雅言。"古"和"雅",在历代的文人看来,是有连带关系的。咱们如果要学习文言,得先遵守这第一个规律。

(二)语法 古代的语法,比古代的词汇更不容易看得出来。现在书报中的"文言文",较好的也往往只能套取古代的若干词汇,而完全忽略了古代的语法。关于后者,可以写得成一部很厚的书,我们并不想在这里作详细的讨论。只提出几点重要的来说:

第一,中国上古没有系词"是"字;而"为"字也不是纯粹的系词(例证见于拙著《中国文法中的系词》)。古代只说"孔子,鲁人",或"孔子,鲁人也";非但不说"孔子是鲁人",而且通常也不说"孔子为鲁人"。这种规矩,在六朝以后渐被打破,到韩愈一班人提倡古文，大家却又遵守起来，例如苏轼《贾谊论》："惜乎！贾生王者之佐，而不能自用其才也。""贾生"和"王者之佐"的中间并没有"是"或"为"。

第二，中国上古没有使成式。所谓使成式，就是"做好、弄坏、打死、救活"之类。做好，古谓之"成"（《诗·大雅》"经始灵台，经之营之，庶民攻之，不日成之"）；弄坏，古谓之"毁"（《左传·襄公十七年》"饮马于重丘，毁其瓶"）；打死，古谓之"杀"（《孟子·梁惠王》"杀人以梃与刃，有以异乎？"）；救活，古谓之"活"（《庄子·外物》"君岂有升斗之水而活我哉？"）。由此类推，咱们写文言文的时候，要说"想起"，只能说"忆"或"念"；要说"赶走"，只能说"驱"；要说"躲开"，只能说"避"。有时候，形容词或不及物动词可以当使动词用，例如《论语·述而》："人洁己以进。""洁"等于"弄干净"；《论语·宪问》："夫子欲寡其过而未能也。""寡"等于"减少"；《左传·宣公十五年》："华元登子返之床，起之。""起"等于"叫起"或"拉起"；《史记·晋世家》："齐女乃与赵衰等谋醉重耳。""醉"等于"灌醉"；《史记·卫青传》："走白羊楼烦王。""走"等于"赶走"或"打退"；《汉书·朱买臣传》："买臣深怨，常欲死之。""死"等于"害死"。由此类推，咱们要说"推翻"，只能说"倾覆"；要说"攻破（城池）"，只能说"隳"。使成式大约在唐代以前已经有了；唐诗里有"打起黄莺儿"的话。但是，后代只在诗词中有它，散文中非常罕见。俚语可以入诗词，却不可以入散文。使成式不过是其中之一例而已。

第三，中国上古没有处置式。所谓处置式，就是"将其歼灭、把他骂了一顿"之类。这种语法在唐诗里已有了，例如李群玉诗："未把彩毫还郭璞。"方干诗："应把清风遗子孙。"但是，它也像使成式一样，一般地只能入诗，不能入文。一般人以为"将"字比"把"字较古，其实即在唐诗里，"将"和"把"的用途也并不一样。"将"是"拿"的意思（国语里，"拿"和"把"也不一样，细看《红楼梦》便知),动词后面有直接目的语。例如刘禹锡的诗:"还将大笔注春秋。"王建诗:"惟将直气折王侯。"上面所引的"把彩毫还郭璞"可以倒过来说成"还彩毫于郭璞",而"将大笔注春秋"不可以倒过来说成"注大笔于春秋"。近人的"将"字用于处置式,可说是一种谬误的仿古,"将其歼灭"一类的句子是极"不文"的。

第四,中国古代的人称代词没有单复数的分别。《左传·成公二年》:"鲁卫谏曰:'齐疾我矣,其死亡者,皆亲昵也。子若不计,雠我必甚。'"这里的"我"是鲁卫自称,并未称为"我等"。《论语·公冶长》:"颜渊、季路侍,子曰:'盍各言尔志?'"这里的"尔"是指颜渊、季路,并未称为"汝等"。《孟子·滕文公》:"梓匠轮舆,其志将以求食也。""其志"也未说成"彼等之志"。关于这一点,我们在《中国文法学初探》和《中国语文概论》里有更详细的讨论①。

第五,中国古代有用"之"字把句子形式变为名词性仿语的办法,例如《左传·成公三年》:"臣之不敢受死,为两君之在此堂也。"若改为"臣不敢受死,为两君在此堂也",就完全不是古文的味儿,前者是用"之"字把连系式(句子)转成组合式(仿语),语气紧凑得多。这种语法一直沿用到后代的古文里,例如王安石《读孟尝君传》:"鸡鸣狗盗之出其门,此士之所以不至也。"若改为"鸡鸣狗盗出于其门,故士不至也",也就变得无力了。

古今语法的异点,决不止这五条,例如上文所说的,古人称数不用单位名词("两次"只谓之"再"),就不在这五条之内。较详细的讨论见于拙著《中国语法理论》里。

(三)风格 所谓风格,用极浅的话来解释,就是文章的"派头"。同一的意思可以有两种以上的说法。你喜欢那样说,我喜欢这样说,这是个人的风格。古人喜欢那样说,今人喜欢这样说,这是时代的风格。西洋人喜欢那样说,中国人喜欢这样说,这是民族

---

① 编者注:《中国语文概论》即本卷的《汉语讲话》。

的风格。中国人的文章向来只有个人的风格和时代的风格。民族的风格在最近几十年才成为问题,因为文章欧化了,风格也就不是中国话的本来样子了。

中国人学习古文,有以学习个人的风格著名的,例如某人学韩愈,某人学柳宗元;有以学习时代的风格著名的,例如某人学六朝文("选体"),某人学唐宋文。我们并不愿意批评各种风格的优劣;我们只想要指出,所谓文言文必须具备古代文章的风格,而不能依照现代白话的风格。从前的人学习古文,虽也不知不觉地露出当时白话的风格,但是,因为着意学习古文的缘故,总不至于远离古人的绳墨。现在的情形却不同了,语体文在社会上的势力是那样的大,它又是那样的时髦,多数写文言文的人又都是"半路出家",并非"童而习之",自然容易把现代白话的风格用于文言文的上头。再加上欧化的风格,就把文言文原有的风格剥夺净尽了。

风格是很难捉摸的东西,然而向来所谓揣摹古文,却多半是希望得到它的风格。古人所谓气韵,依我们看来,也就是风格之一种。"气韵"虽难捉摸,而多数谈古文的人都觉得实在有这样的东西,例如说韩愈的文章是刚的美,柳宗元的文章是柔的美,多读韩柳文的人都会有这种感觉。这自然和修辞学有关。然而修辞学也不能和时代完全没有关系,例如有某种"气韵"是韩柳和唐代文人所同具,而现代一般的文章所没有的。

古人所谓谋篇、布局、炼句之类,大致也是属于风格方面的事。不过,咱们现在研究古文,不应该再拿批评的眼光去看古人的谋篇、布局、炼句,只应该拿历史的眼光去观察它们。咱们应该留心观察古人的谋篇、布局、炼句和现代文章有什么差异之点,哪一种篇法或句法是古所常有而今所罕见的,又哪一种是古所罕见而今所常有的。古所常有的篇法和句法,咱们在文言文里就用得着它,古所罕见的,咱们在文言文里就应该避免。

我们虽说风格是不易捉摸的,然而也不能不举出若干实例来,使读者得出一些具体的观念。在句子的形式上，咱们也大概地看得出古今风格的异同，例如关于假设的问题，上古的人喜欢用处所的观念来表示。《论语·子罕》："有美玉于斯，韫椟而藏诸？求善贾而沽诸？"《孟子·梁惠王》："今有璞玉于此，虽万镒，必使玉人雕琢之。"又《滕文公》："有楚大夫于此，欲其子之齐语也，则使齐人傅诸？使楚人傅诸？"可见"于斯、于此"乃是一种表示假设的话，而"假令、设如"一类的字样倒反没有。现代欧化的文言，在这种地方该是："假使子有一美玉……""假使王有一璞玉……""假设有一楚大夫，欲其子习齐语……"之类，意思是一样的，而风格却完全不同了。

文章的繁简也和文章的风格有关。今人以为应该简的地方，古人不一定以为应该简。反过来说，今人以为应该繁的地方，古人也不一定以为应该繁。韩愈《原道》里说："其所谓道，道其所道，非吾所谓道也；其所谓德，德其所德，非吾所谓德也。"若依现代的风格，可省为："其所谓道德，非吾所谓道德也。"柳宗元《封建论》里说："天地果无初乎？吾不得而知之也。生人果有初乎？吾不得而知之也。"若依现代的风格，也可以省为："天地与生人之有初与否，吾不得而知之也。"但是，古人以为这种地方若不拉长作为排句，则文气不畅。相反的情形却不是没有，《左传·僖公九年》："夷吾弱不好弄。"若依现代的风格，该说成："夷吾年幼之时不喜游戏。"《孟子·滕文公》："滕文公为世子，将之楚，过宋而见孟子。"若依现代的风格，该说成："滕文公为世子时，将之楚……"此外，古代文章里的主语尽量省略，现代欧化的文章几乎没有一句缺少主语的话，这又是语法和风格两方面都不同了。

风格和思想也有关系。现代的人经过了逻辑的训练，说话总希望有分寸，没有漏洞，譬如要提防人家找出少数的例外来批驳我的理论，我就先加上一句"就一般情形而论"；又如要说明某一真理必须是有所待而然，我就添上句"在某一些条件之下"。中国古代的人并未这样运用思想,自然说话也用不着这种方式。但是,这也并不足以证明古人比今人糊涂。古文里有许多话,在明眼人看来自然暗藏着"就一般情形而论"或"在某一些条件之下"的意思,所以古人教咱们"不以辞害意"。不过,古人在这种地方是"意会"的,今人在这种地方是"言传"的。"意会"和"言传"也就是风格的不同。

明白了这些道理,咱们就知道把语体译为文言是非常困难的事。严格地说,除了词汇和语法之外,风格也应该翻译。因此,逐字逐句的翻译只能译成"变质的新文言";真正要译成一种有古文味的文言文,非把语体文的风格彻底改造不可。

(四)**声律**　这里所谓声律,大致是指声调和节奏。古人对于文章,讲究朗诵。梁任公先生常说:"念古文非摇头摆尾不可。"因为念到声韵铿锵之处,常常忍不住手舞足蹈的。古人所谓"掷地当作金石声",虽不完全指声律而言,然而文章之美者必包含着声律之美,这是古文家所公认的。骈体文讲究平仄和对仗,固然离不了声韵;就是普通的散文,也或多或少地含有声律在内。上古时代距离咱们太远了,上古文章的声律颇难捉摸。唐宋以后,散文受近体诗的影响,其中的声律显然可知,现在姑且举王安石的《读孟尝君传》为例:

世皆称孟尝君能得士,士以故归之。而卒赖其力,以脱于虎豹之秦。嗟乎!孟尝君特鸡鸣狗盗之雄耳,岂足以言得士?不然,擅齐之强,得一士焉,宜可以南面而制秦,尚取鸡鸣狗盗之力哉?鸡鸣狗盗之出其门,此士之所以不至也。

首先咱们应该注意到节奏问题。节奏往往是和意义有关系的,例如"世皆称"为一顿,"孟尝君"为一顿,"能得士"为一顿。但是,有时候由于一个字难于成节,就连下文为一节,例如"士以故"可为一顿,"特鸡鸣"可为一顿,这是意义和节奏不尽一致的地方。煞句的语气词虽只一字,也能自成一节,例如这里的"耳、哉"和

"也"都应该把声音拉得很长，并且不妨和上面的"雄、力、至"距离得相当的远。这样，才显得文气是畅的。写文言文的人，做好了文章，先自朗读几遍，然后有些地方再添上一个"之"字，有些地方再添上一个语气词，无非为了节奏谐和的缘故。句读的长短也是有斟酌的，例如"以脱于虎豹之秦"，若改为"以免于难"，就太短了，支持不住上面的一段话。句读的长短，要看全篇的气势而定，譬如全篇用长句，突然用四字的句子一收，就嫌短。若篇中以四言为主，则长句结束反不相宜。这些全凭体会出来，不能十分拘泥的。

　　其次，咱们应该注意到声调的问题。散文的声调只有平仄的关系。普通最好是每一个节奏的平仄能够替换，换句话说就是，上一节用仄，则下一节用平；上一节用平，则下一节用仄，例如"鸡鸣狗盗之出其门"，"鸡鸣"是平平，"狗盗"是仄仄，"之出"是平仄，"其门"是平平。这里的声调共有两个对偶，"鸡鸣"是平起，"狗盗"是仄收；下一对如果仍用平起就没有变化了，所以"之出"是仄起，"其门"是平收。煞句的字的平仄也最好是能有变化，例如第一句（指古人所谓"句"）用"士"字收仄声，第二句用"之"字收平声；第三句用"力"字收仄声；第四句用"秦"字收平声。第五句"嗟乎"是感叹语，不算。第六句"雄"字平声应该拉长，和第七句"士"字仄声相应。第七、八、九、十，四句都用平声收，是让文气一直紧下去，到了"力"字仄声应该拉长，和那些平声相应，然后用"哉"字煞句。第十一句的"门"字平声，也是和第十二句的"至"字仄声相应的。

　　在这里我们要声明一句：我们所讲的这一篇古文的声律未必都是当时作者着意安排的。但是，当时韵文的声律深入人心，能使散文的作者不知不觉地受了它的影响。意义和声律比起来，自然当以意义为重；咱们不能牺牲了意义来迁就声律。近体诗中还有所谓拗句（平仄不依常格者），咱们在散文里更不应该做声律的奴隶，例如《读孟尝君传》里，"卒赖其力"的"赖"、"岂足以言"的"以"、"南面而制秦"的"制"、"所以不至"的"以"，如果都改为平声字,朗诵起来就更顺口些,然而王安石并没有这样做,因为没有相当的平声字去替代它们。不恰当的替代倒反把文章的意义弄歪了,或把句子弄得太生硬了。

由此看来,声律在文言文中的地位,并没有词汇、语法和风格那样重要。有些人喜欢"古拙"的文章,倒反把拘泥于声律的作品认为格调卑下。所以讲究平仄的事必须和某一些较近代的风格相配合,不然,反而成为一种文病了。

我们虽然希望中学生不用文言文写作,但是,既然中学国文教科书里选录文言文,那么,就让他们知道文言文有这许多讲究,自然不敢轻易尝试。据我们评阅大学新生国文试卷的经验,语体文还是好的,文言文则几乎没有一篇可以够得"通顺"二字。因此,我们奉劝一般青年,除非万不得已,否则还是不写文言文的好。

即使是有心学习文言的人,也不应该仅仅以分析古文的词汇、语法、风格、声律为能事。必须多读古文,最好是能熟读几十篇佳作,涵咏其中。这样做去,即使不会分析古文的词汇、语法等等,下笔自然皆中绳墨。语言学家调查某地的方言,极尽分析的能事;但是,假使一个七岁的小孩,让他在那个地方住上半年,他所说当地的方言,无论语音、语法、词汇各方面,其纯熟正确的程度一定远胜于语言学家。同理,学习文言的最好的方法就是凭着天真与古人游,等到古人的话在你的脑子里能像你自己的方言一般地不召自至的时候,自然水到渠成。大匠诲人以规矩,不能使人巧;我们以上这许多话,即使没有错误,也不过是一些"规矩"而已。

原载《国文月刊》13 期,1942

研究古代汉语要建立历史发展观点

我们研究古代汉语,要建立历史观点,要注意语言的社会性和时代性。

发展意味着变化。一切物质都是发展变化的,语言也不可能是例外。汉语有几万年的历史,由文字保存下来的语言材料,也有三四千年的历史。在这三四千年的漫长时期中,不知经历了多少变化。就语音方面说,现代汉语保存古代汉语的语音(指文字的读音)很少。就语法方面说,古代有些语法形式已经消失了,新的形式取代了旧的形式,并且加以发展,旧的事物不断消失,新的事物不断产生,不能不影响到旧词的消亡和新词的出现。今天为时间所限,我不能详细谈这些问题,只是就基本词汇的历史发展谈一谈。

一、词汇是怎样改变意义的

词,特别是常用词,是在不知不觉中改变了意义的。由于意义相差不远,所以常常被人们忽略了。语言学家把词义的演变分为三个类型:(1)扩大;(2)缩小;(3)转移。扩大是词义的外延扩大了;缩小是词义的外延缩小了;转移是词义由原来的概念转移到邻近的概念。

(1)扩大的典型例子是"江、河"。"江、河"原指长江、黄河,例如《论语·子罕》:"河不出图。"《孟子·滕文公下》:"水由地中行,江淮河汉是也。"后来一般河流都可以称为"江、河"。另一个例子是"器"字。"器"的本义是器皿(陶器)。《老子》:"埏埴以为器。"但是很早就扩大为一般的器具了。又一个例子是"狗"字。"狗"的本义是小狗。《尔雅·释畜》:"未成毫,狗。"郭注:"狗子未生毫者。"后来词义扩大了,泛指一般的狗。

就动词来说,也有词义扩大的情况。试举"洗、踢"二字为例。"洗"字本是专指洗脚。《礼记·内则》:"面垢燂潘请靧,足垢燂汤请洗。"《汉书·黥布传》:"王方踞床洗。"《郦食其传》:"沛公方踞床,令两女子洗。""洗"就是洗脚。《说文》:"洗,洒足也。"后来词义扩大为一般的洗涤、洗濯,例如杜甫《与任城许主簿游南池》:"晚凉看洗马,森木乱鸣蝉。"王建《新嫁娘》:"洗手做羹汤。""踢"字的来源是"踶"字,本来专指马踢。《庄子·马蹄》:"夫马……喜则交颈相靡,怒则分背相踶。"后来音变为"踢",泛指一般脚踢,例如《水浒传》二十八回:"抢将来,被武松一飞脚踢起,踢中蒋门神小腹上。"

(2)缩小的典型例子是"瓦"字。《说文》:"瓦,土器已烧之总名。"《诗·小雅·斯干》:"乃生女子,载弄之瓦。"毛传:"瓦,纺塼(砖)也。"后来词义缩小为屋顶上的瓦。另一个例子为"子"字。"子"的本义为儿女的总称。《诗·卫风·硕人》:"齐侯之子,卫侯之妻。"指女儿。后来专指儿子。又一个例子是"禽"字。《说文》:"禽,走兽总名。"未妥,"禽"的本义应是猎获物。《易·卦》:"田有禽。"《左传·宣公十二年》:"使摄取奉麋献焉。曰:以岁之非时,献禽之未至,敢膳诸从者。"后来变为鸟兽的总称。《礼·曲礼上》:"猩猩能言,不离禽兽。"华佗五禽戏有虎、鹿、熊、猿、鸟,最后才专指鸟类。

（3）转移的典型例子是"脚"字。"脚"的本义是胫（小腿）。孙子膑脚，是去掉膝盖，使两条小腿不能走路。膑脚和刖足不同。后来"脚"字变为"足"的同义词。

二、概念是怎样改变名称的

概念在语言中表现为词。某一概念在不同的民族语言中有不同的词，这是大家知道的。在同一民族里，某一概念在不同的历史时期也往往表现为不同的词，这一语言事实往往被人们忽略了。所以我在这里讲一讲概念是怎样改变名称的。

最主要的原因是：表示某一概念的词已经被用来表示另一概念，于是不能不找另一个词来表示它，例如《庄子·盗跖》："比干剖心，子胥抉眼，忠之祸也。"《史记·刺客列传》："（聂政）因自皮面决眼，自屠出肠，遂以死。"直到晋代还用这个意义，例如说阮籍"能为青白眼"。后来"眼"的词义扩大了，变为"目"的同义词，只好另找一个"睛"字表示眼珠子，例如唐张彦远《历代名画记》有这样一段话：

> 金陵安乐寺画四白龙，不点眼睛。云："画睛即飞去。"人以为妄诞，固请点之。须臾雷电破壁，两龙乘云腾去上天，二龙未点眼者见在。

前面说"点睛"，下面说"点眼"，可见"睛"即是"眼"，也就是眼珠子。《三国演义》第十八回的题目是"夏侯惇拔箭啖睛"，下文说："惇大叫一声，急用手拔箭，不想连眼珠拔出。乃大呼曰：'父精母血不可弃也！'遂纳于口内啖之。"前面说"啖睛"，后面说"眼珠"，可见"睛"就是眼珠子。后来"眼睛"变为双音词，"睛"字不表示眼珠子，又只能找出一个新名称"眼珠子"来表示了。这样，"眼珠子"这个概念曾经两度改变了名称。

再举一个例子，就是走路这个概念，古人叫做"行"；奔跑这个概念,古人叫做"走"。现在广东人还是这样说的。《孟子·梁惠王上》:"弃甲曳兵而走。"《庄子·大宗师》:"夜半有力者负之而走。"都是奔跑的意思。下面《战国策·楚策》一个例子最能说明"走"和"行"的分别:

> 虎求百兽而食之,得狐。狐曰:"子无敢食我也。天帝使我长百兽,今子食我,是逆天帝命也。子以我为不信,吾为子先行,子随我后,观百兽见我而敢不走乎?"

前面说"行",后面说"走",前后的词义是不同的。直到近代,"走"字才变为"行"的同义词。那么,"走"字原来奔跑的意义又用什么字表示呢?就用"跑"字。"跑"字起源很晚。起初的时候,"跑"是兽类前脚刨地的意思。今浙江杭州有虎跑泉。"跑"字读 páo,音转为 pǎo,表示奔跑。这样说来,走路的概念由"行"改称为"走",同时,奔跑的概念由"走"改称为"跑"。词汇发展的线索是很清楚的。

概念改变名称的另一原因是委婉语。为了避免不吉利的话,人们改用一些代称。最典型的例子是死的概念。人们忌讳"死",就用"亡、逝、没(殁)、徂(殂)"等字。"亡"的本义是逃走,讳"死"就说"他逃了"。《论语·雍也》:"亡之,命矣夫!""没"的本义是沉没,讳"死"就说"他被淹没了"。《论语·学而》:"父在观其志,父没观其行。""逝"的本义是"往",讳"死"就说"他走了"。司马迁《报任安书》:"则是长逝者魂魄私恨无穷。""徂"的本义也是"往",讳"死"也可以说成"徂"。《孟子·万章上》:"放勋乃徂落。"《书·舜典》作"殂落"。《史记·伯夷列传》:"吁嗟徂兮,命之哀矣。"

无论词汇改变了意义或概念改变了名称,都可以说是产生了新词。

这并不是说,有了新词,旧词就一定消失了。在文言词和成语里,它们还可以保存下来,与新词成为同义词,例如"江南、江左、待河之清、投鼠忌器、白眼、目不转睛、步行、人行道、日行千里、奔走相告、走马看花"。至于委婉语，只能在特定场合使用，更是不能取代旧词了。

三、语言的时代性

语言的时代性，对于古代汉语的研究是很重要的。某一个字，在上古时代是这个意义，到中古可能不是这个意义了。因此，用中古的意义去读上古的书，是错误的；用上古的意义去读中古的书，同样也是错误的，例如"眼"字，如果我读《庄子·盗跖》"子胥抉眼"以为就是"抉目"，那是误解，因为伍子胥挖的是眼珠子，不是整个眼睛（目）。汉刘向《说苑》写作"抉目"，可能是传抄之误。如果我读元稹《遣悲怀》诗"唯将终夜长开眼，报答平生未展眉"，以为"眼"是眼珠子，同样也是错误的，因为眼珠子是不能开的。"开眼"译成上古汉语应该是"张目"，而不能是"张眼"。

我问我的研究生，吃饭这个概念，上古汉语里怎么说，许多人回答不上来。说成"食饭"吗？不是的。"饭"字在上古汉语里只当动词用，不当名词用。《论语·述而》："饭疏食，饮水。""饭疏食"是吃粗粮的意思。那么，能不能把"吃饭"译成"饭食（sì）"呢？那也不行。上古没有这种构词法。上古时代，人们把吃饭这个概念简单地说成"食（shí）"或"饭"（上声），例如《左传·成公二年》"余姑翦灭此而朝食。"《史记·廉颇列传》："廉将军虽老，尚善饭。"

既然上古汉语里"饭"字只用作动词，那么现在饭这个概念，上古又该怎么说呢？那就是"食"字，读去声（sì），例如《论语·述而》："饭疏食。"《论语·雍也》："一箪食，一瓢饮。"《孟子·梁惠王下》："箪食壶浆以迎王师。"

下面再举一些例子来说明语言的时代性。

（1）"羹"字。羹就是带汁的肉，所以其字从羔。旧《辞海》云："羹，羹汤之和以五味者。"新《辞源》云："羹，和味的汤。"新《辞海》云："羹，本指五味调和的浓汤，亦泛指煮成浓液的食品。"都是错误的。其错误在于把羹说成一种汤，其实应该说羹是一种肉。《尔雅·释器》："肉谓之羹。"古人用来就饭的菜肴往往只有一碗肉，那碗肉就叫做"羹"。《左传·隐公元年》："（颍考叔）有献于公，公赐之食，食舍肉，公问之。对曰：'小人有母，皆尝小人之食矣，未尝君之羹，请以遗之。'"前面说"肉"，后面说"羹"，可见"羹"就是肉。《后汉书·陆续传》："续系狱，见饷羹，知母所作。葱必寸断，肉方正，以此知之。"可见羹就是肉，这里是加葱调味的肉。穷人没有肉吃，就吃菜羹。菜羹就是煮熟的菜，加上米屑，用来就饭，也不是汤。《论语·乡党》："虽疏食菜羹，必祭。""菜羹"被解作小菜汤。《孟子·告子上》："一箪食，一豆羹，得之则生，弗得则死。"被解作"一筐饭，一碗汤"。这都是错误的。《史记·项羽本纪》："吾翁即若翁，必欲烹而翁，则幸分我一杯羹。"从前我以为刘邦只要一碗汤，其实也不是汤。

"羹"由于是带汁的肉，所以词义转移为汤。那是中古以后的事情了。王建《新嫁娘》诗："三日入厨下，洗手作羹汤。"大约唐代"羹"字已经解作汤了。《红楼梦》第三十五回："白玉钏亲尝莲叶羹。"那是新荷叶做的鸡汤。时代不同，"羹"的意义也就不同了。

（2）"睡"字。《说文》："睡，坐寐也。""睡"的本义是坐着打瞌睡的意思。《左传·宣公二年》："盛服将朝，尚早，坐而假寐。""假寐"是不脱衣而睡的意思。"坐而假寐"就是坐着打瞌睡的意思。《战国策·秦策》苏秦"读书欲睡，引锥自刺其股，血流至足"。《史记·商君列传》："孝公既见商鞅，语事良久，孝公时时睡，弗听。"《汉书·贾谊传》："将吏披介胄而睡。"这些都是打瞌睡的意思。直到中古时代，"睡"字才变为一般的睡觉。杜甫《茅屋为秋风所破歌》："自经丧乱少睡眠。"《彭衙行》："众雏烂漫睡，唤起沾盘飧。"这些再也不是打瞌睡了。这就是"睡"字的时代性。

（3）"红"字。《说文》："红，帛赤白色。"赤白色就是红和白合成的颜色，也就是粉红。上古时代，红色不叫"红"，叫"赤"。红不是正色,而是间色(杂色)。《论语·乡党》:"红紫不以为亵服。"《文心雕龙·情采》:"正采耀乎朱蓝,间色屏于红紫。"紫是青赤色,也不是正色。所以红紫都在摒弃之列。到了中古时代,"红"变为"赤"的同义词。杜甫《北征》诗:"或红如丹砂,或黑如点漆。"那该是大红,而不是粉红了。这就是"红"字的时代性。

(4)"青"字。上古所谓"青",就是蓝色。《荀子·劝学》:"青取之于蓝而青于蓝。"蓝,指染料蓼蓝。可见青就是蓝,不是绿。有的字典把"青"字解作"蓝色或绿色",是不对的。青和绿不同。我们说"青青河畔草",又说"年年春草绿"。这是季节不同,春天的嫩草是绿的,后来才变为青的。青是五色之一,所以是正色。绿是青黄色(见《说文》),即蓝和黄合成的颜色。上文所引《文心雕龙》"正采耀乎朱蓝",朱、蓝都是正色,也就是赤和青。到了近代,"青"也表示黑色,例如京剧的角色有青衣(黑衫)。这就是"青"字的时代性。

总之,语言的时代性是非常重要的。某一时代某一个词还没有这种意义,即使这样解释可以讲得通,也不可以这样讲,例如《荀子·劝学》:"假舟楫者,非能水也,而绝江河。""江河"虽可解作一般的河流,仍旧应该讲成长江黄河(这里代表一般河流)。《史记·淮阴侯列传》:"时乎时,不再来。"与其解作"时机不再来一次",不如解作"时机不会来两次"。因为上古时代"再"字只能当两次讲。

四、语言的社会性

语言是社会的产物,个人不能创造语言。如果解释一个词的意义,而这种意义只是一次见于某一部分或某一篇古文,这个解释就是不可信的。数年前,我看见一本词典稿,其中的"信"字有一个义项是"旧社会的媒人"。举的例子是《孔雀东南飞》:"自可断来信,徐徐更谓之。"别的书中"信"字都没有当媒人讲的,唯独《孔雀东南飞》的"信"字当媒人讲,谁看得懂? 余冠英先生注:"断来信就是拒绝来使,指媒人。"这样解释就对了。

近人喜欢讲通假,通假说常常出毛病。清代的俞樾喜欢讲通假,而他所讲的往往是不可信的,例如他说《诗·魏风·伐檀》:"不稼不穑,胡取禾三百廛兮?""不稼不穑,胡取禾三百亿兮?""不稼不穑,胡取禾三百囷兮?"其中"廛"应是"缠"的假借字,"亿"应是"繶"的假借字,"囷"应是"稇"的假借字。我们要问,正字是正例,为什么这样巧,三处都用了假借字呢?"繶"是僻字,并且是彩丝的意思,为什么忽然变了一个量词呢?"億"假借为"繶",谁听得懂呢?又如《庄子·养生主》:"技经肯綮之未尝。"俞氏以为"技"是"枝"字之误,"技经"是枝脉、经脉的意思。《养生主》还有几个"技"字("技盖至此乎、进乎技矣"),为什么别的"技"字都不错,只有这个技字错了呢?把枝脉经脉说成"枝经",谁看得懂呢?过去我们在《古代汉语》里讲《庖丁解牛》时曾采用俞氏的说法,后来才修正了我们的错误。

总起来说,研究古代汉语要建立历史发展观点。要注意语言的时代性和社会性。把语音、语法、词汇三方面的历史发展研究好了,就是一部汉语史。今天只就词汇方面讲一讲,讲得不深不透,只是从研究方法上讲了一些。希望同志们掌握这个方法,学起古代汉语就容易了。

这是作者 1983 年 5 月 5 日在安徽省语言学会上的讲话。原载《语言与语文教学》,安徽教育学院编印,1983 年

建议破读字加破读号

一字两读或三读，容易读错。古人注释古书时，在容易读错的地方注明某字应读某音。如果是习惯上最通常的读法，就注云"如字"。但是如字一般可以不注，除非在有可能被人误读的情况下才注云"如字"。如果是最通常的读音以外的读音，就得注明，这叫破读或读破，例如陆德明《经典释文》在《诗·魏风·伐檀》"胡瞻尔庭有县貆兮"下面注云："县，音玄。"在《硕鼠》"适彼乐土"下面注云："乐，音洛。土，如字。"

破读的字，大多数是声调的差异。因此，近代的学者使用一种破读号，即一个圆圈，附在字的四角上。平声在左下角加圈，上声在左上角加圈，去声在右上角加圈，入声在右下角加圈。起初是塾师这样做了，后来人们觉得这个办法很好，在普及性的读本也刻上破读号，甚至钦定的《周官义疏》《仪礼义疏》《礼记义疏》等，也加上了破读号。下面举出钦定《礼记义疏·中庸》的几个例子：

莫见°乎隐，莫显乎微，故君子慎其独也。

喜怒哀乐°之未发谓之中，发而皆中°节谓之和。

中庸其至矣乎！民°鲜能久矣。

舜其大知°也。与？舜好°问而好°察迩言，隐恶而扬善。

人皆曰"余知°"，驱而纳诸罟攫陷阱之中，而莫之知辟°也。

人皆曰"予知°"，择乎中庸，而不能°期月守也。

素患难，行乎患难。

故君子居易以俟命，小人行险以徼幸。

射有似乎君子，失诸正鹄，反求诸己身。

妻子好合，如鼓瑟琴；兄弟既翕，和乐且耽；宜尔室家，乐尔妻帑。

齐明盛服，以承祭祀。

神之格思，不可度思，矧可射思？

有时候，破读字不仅是声调的差异，而且有声母、韵母的不同，例如整齐的"齐"qí，破读为齐 zhāi（同"斋"）。有时候，破读字不是声调的差异，而是声母的差异，例如音乐的"乐"yuè 本来就是入声字，破读为快乐的"乐"lè，仍是入声字（今普通话读去声）。那也不要紧，因为习惯上把齐戒的"齐"认为是破读字，快乐的"乐"认为是破读字，就不会引起误解了。

我们为什么建议破读字加破读号呢？这是因为现在有许多人把破读字当做如字来读（甚至广播员也有这样读的），例如把"因为"读成 yīnwéi，"自为阶级"读成 zìwéijiējí，"燕京"读成 yànjīng，"应该"读成 yìnggāi，"处分"读成 chùfen，"处理"读成 chǔlǐ，"勉强"读成 miǎnqiáng，"与会"读成 yǔhuì，"适当"读成 shìdàng，"妥当"读成 tuǒdāng，"爱好"读成 àihǎo，"中肯"读成 zhōngkěn，"离间"读成 líjiān，"晴间多云"读成 qíngjiānduōyún，等等。若不及时纠正，长此以往，普通话的读音就乱了。破读字加破读号，可以纠正读音的错误。

破读字加破读号，用于中小学的课本上。字典、词典可用可不用，一般书报可以不用。

破读字表

（1）破读字加传统的破读号。平声字在左下角加小圆圈，上声字在左上角加圈,去声在右上角加圈,入声在右下角加圈。

(2)普通话没有入声。破读字之所以沿用入声号,是因为许多方言里还有入声。

(3)破读号主要用于传统的破读字。现代普通话一字两读,有些字不属于传统破读的范围,如"没"字有 mò、méi 两音,"得"字有 dé、de、děi 三音,等等,不作为破读字处理。但是方言区容易读错的字也适当地收一些,如角色的"角"jué、供给的"给"jǐ 等。

(4)本表所收的破读字,例如山阿的"阿"读 ē、象棋车马炮的"车"读 jū、反省的"省"读 xǐng,等等,本该是如字,现在把它们加上破读号,是为了读者的便利。因为这些字的这些读音在现代普通话里已不是最通常的读音了。

(5)破读号本是一个小圆圈,但是为了书写的便利和美观,可以写成手写体,即半圆圈,如"为、燕、应、处、强、当、中、间"等。

(一)阴 平

chāi 差	~遣	以别于差错的差
chuāng 创	~伤	以别于创造的创
cōng 从	~容	以别于随从的从
cuī 衰	等~	以别于衰老的衰
dāo 叨	唠~	以别于叨蒙的叨
ē 阿	山~、~谀、~胶	以别于阿姨的阿
gāng 扛	力能~鼎	以别于扛粮食的扛(káng)
gēng 更	变~、~动	以别于更多的更
gōng 共	同"恭、供"	以别于共同的共
gōu 句	~践、高~丽	以别于字句的句
guān 纶	~巾	以别于经纶的纶
guān 矜	古同"鳏"	以别于矜夸的矜
guō 涡	~河(水名)	以别于旋涡的涡
hū 戏	於~(同"呜呼")	以别于游戏的戏

jī 期	~年、~月	以别于时期的期
jī 其	郦食~	以别于代词的其
jī 奇	~数、~偶	以别于奇怪的奇
jī 几(幾)	~乎、庶~、见~	以别于几何的几
jiān 渐	~染、~渍	以别于逐渐的渐
jiān 浅	~~(水声)	以别于深浅的浅
jiāo 教	~课、~历史	以别于教育的教
jiē 楷	~树	以别于楷书的楷
jīn 禁	~得起	以别于禁止的禁
jū 车	~马炮	以别于火车的车
jū 据	拮~	以别于证据的据
jū 且	唐~(人名)	以别于而且的且
kān 看	~守、~家	以别于观看的看
ōu 区	姓~	以别于区域的区
pān 番	~禺(县名)	以别于番茄的番
piān 扁	~舟	以别于扁形的扁
qiū 龟	~兹(古国名)	以别于乌龟的龟
qiāng 抢	~地、~风	以别于抢劫的抢
sāng 丧	~事、治~	以别于丧失的丧
shēn 参	~商、人~	以别于参加的参
shēn 信	同"伸"	以别于信任的信
shēng 胜	~任、不可~数	以别于胜败的胜
shuāng 泷	~水镇(地名)	以别于急流的泷
suī 尿	小便	以别于尿布的尿
tāi 台	天~山	以别于戏台的台
tāi 苔	舌~	以别于青苔的苔
wēi 委	~蛇(逶迤)	以别于委任的委
wū 於	~戏、~菟	以别于介词的於

wū 恶	叹词	以别于善恶的恶
xī 栖	~~	以别于栖身的栖（楼）
xū 圩	集市	以别于圩（wéi）田的圩
yā 哑	~~学语	以别于哑巴的哑
yān 燕	幽~、~京	以别于燕子的燕
yān 殷	朱~	以别于殷切的殷
yāo 要	~求、~挟	以别于重要的要
yī 椅	木名	以别于椅子的椅
yīng 应	~该、理~	以别于答应的应
zhā 查	山~、姓~	以别于调查的查
zhāi 斋	同"斋"	以别于整齐的齐
zhān 占	~卜、~卦	以别于占领的占
zhēng 正	~月、~鹄	以别于正确的正
zhēng 丁	伐木~~	以别于丙丁的丁
zhī 氏	月~、阏~	以别于姓氏的氏
zī 仔	~肩	以别于仔细的仔

（二）阳 平

ái 呆	~板	以别于发呆的呆
céng 曾	~经、未~	以别于曾祖的曾
cháo 朝	~廷、~代	以别于朝夕的朝
chéng 盛	~饭	以别于茂盛的盛
chóng 重	~叠、~复	以别于轻重的重
chóng 种	姓~	以别于种植的种
cuán 攒	~聚	以别于攒钱的攒（zǎn）
fú 夫	~天地者、悲~	以别于夫妇的夫
hán 汗	可~、成吉思~	以别于流汗的汗
háng 行	~列、银~	以别于行走的行
háng 吭	引~高歌	以别于吭声的吭

háo 号	呼～、～啕	以别于号令的号
hú 和	赌博用语	以别于和平的和
láng 浪	沧～	以别于风浪的浪
liáng 量	～地、思～	以别于数量的量
léi 累	～～、～赘	以别于积累的累
lí 丽	高～、～水	以别于美丽的丽
lún 论	～语	以别于议论的论
mí 靡	～费	以别于披靡的靡
mán 谩	欺骗、蒙蔽	以别于谩骂的谩
nián 粘	同"黏"	以别于粘贴的粘
pán 胖	心广体～	以别于肥胖的胖
páng 磅	～礴	以别于重量的磅
páo 炮	～烙、～制	以别于枪炮的炮
páo 跑	虎～泉	以别于跑步的跑
pí 裨	～将、偏～	以别于裨益的裨(bì)
pí 陂	黄～(县名)	以别于陂池的陂(bēi)
pián 便	～宜、～～	以别于便利的便
piáo 朴	姓～	以别于朴素的朴
pó 繁	姓～	以别于繁荣的繁
qiú 仇	姓～	以别于仇敌的仇
rén 任	姓～、～丘	以别于责任的任
tú 菟	於～	以别于菟丝子的菟
wú 亡	同"无"	以别于灭亡的亡
xiáng 降	投～、～伏	以别于降落的降
xuán 县	同"悬"	以别于州县的县
yáo 侥	僬～	以别于侥幸的侥(jiǎo)
yáo 陶	皋～	以别于陶冶的陶
yé 邪	同"耶"	以别于邪恶的邪

yí 蛇	委~	以别于蛇蝎的蛇
yí 黇	芟刈	以别于柔黇的黇(tí)
yíng 荥	~经(县名)	以别于荥阳的荥(xíng)
yóu 繇	同"由"	以别于繇役的繇(徭)
yú 与	同"欤"	以别于与共的与
yuán 圜	同"圆"	以别于圜绕的圜
yún 员	伍~(人名)	以别于人员的员

(三)上 声

bǎng 膀	肩~	以别于膀胱的膀
chǎng 场	市~、商~	以别于场院的场
fǔ 父	渔~、田~	以别于父母的父
gě 盖	姓~	以别于掩盖的盖
gǔ 贾	商~	以别于姓贾的贾
guǎn 莞	东~(县名)	以别于莞尔的莞(wǎn)
jǐ 纪	姓~	以别于纪念的纪
jǐn 尽	~量、~可能	以别于穷尽的尽
jiǎo 湫	~隘	以别于水池的湫
kǎn 槛	门~	以别于栏杆的槛
lǎo 潦	路上的流水	以别于潦草的潦
lǒng 笼	~络、~统、~罩	以别于鸟笼的笼
mǔ 姥	年老的妇人	以别于姥姥的姥
pǎi 排	~子车	以别于排列的排
piǎo 漂	~白、~染	以别于漂流的漂
qiǎng 强	勉~、率~、~求	以别于强壮的强
rě 喏	唱~	以别于叹词的喏(nuò)

rǔ °女	同"汝"(代词)	以别于男女的女
sǎn °散	零~、~装、~文	以别于聚散的散
shě °舍	取~、~身	以别于房舍的舍
shǔ °数	可~、~不清	以别于数量的数
tǎng °帑	国~、公~	以别于妻帑的帑(孥)
tiǎo °挑	~战、~拨	以别于挑水的挑
xǐ °铣	~床、~刀	以别于铣锹的铣(xiǎn)
xiǎn °鲜	~见、~有	以别于新鲜的鲜
xǐng °省	反~、内~、深~	以别于省市的省
xǔ °浒	~墅关(地名)	以别于水浒的浒(hǔ)
yǐng °景	同"影"	以别于风景的景
yǔ °予	给~、赐~	以别于代词的予
zǎi °载	记~、登~、转~	以别于载货的载
zǎi °仔	<方>小孩子	以别于仔细的仔
zhǐ °徵	宫商角~羽	以别于徵求的徵(征)

(四)去 声

bào 瀑°	~河(水名)	以别于瀑布的瀑(pù)
bào 刨°	~子、~床	以别于挖掘的刨
bèn 奔°	~向	以别于奔走的奔
bèn 夯°	同"笨"	以别于打夯的夯(hāng)
dài 大°	~夫(医生)	以别于大小的大
dàn 担°	重~、扁~	以别于负担的担
dàn 弹°	子~、~丸、~弓	以别于弹琴的弹
dàn 石°	十斗为一~	以别于石头的石

dàng 当°	适~、妥~、稳~	以别于相当的当
dào 倒°	颠~、~茶、~数	以别于摔倒的倒
dèng 澄°	~清(口语)	以别于文言的澄清(chéng)
diàn 佃°	~户、~农	以别于佃作的佃(tián)
diào 调°	腔~、声~	以别于调整的调
dòng 垌°	田~	以别于垌冢的垌(tóng)
dòu 读°	句~	以别于诵读的读
duì 敦°	盛黍稷器	以别于敦厚的敦
fèn 分°	名~、本~、~内	以别于分开的分
fèng 风°	古同"讽"	以别于风雨的风
fèng 葑°	菰根	以别于葑菲的葑
gào 膏°	~油、~车	以别于脂膏的膏
guàn 冠°	弱~、~军	以别于衣冠的冠
guàn 观°	庙~、楼~	以别于观看的观
hàng 巷°	~道	以别于街巷的巷
hào 好°	爱~、嗜~、~客	以别于良好的好
hè 和°	唱~、附~	以别于和平的和
hè 荷°	负~、~锄、感~	以别于荷花的荷
hèng 横°	蛮~、~祸	以别于横竖的横
huà 华°	~山、姓~	以别于华丽的华
jì 系°	~鞋带	以别于联系的系
jì 偈°	和尚唱的词句	以别于勇武的偈(jié)
jià 假°	休~、放~、暑~	以别于真假的假

jiàn 间°	离~、~隙、~断	以别于中间的间
jiàn 监°	太~、国子~	以别于监察的监
jiàng 虹°	义同"虹"(hóng)	以别于虹霓的虹(hóng)
jiè 价°	遣~、来~	以别于价值的价
jiè 解°	起~、~款、~无	以别于解脱的解
juàn 圈°	猪~、羊~	以别于圆圈的圈
juàn 卷°	书~、考~、~子	以别于卷起的卷
juàn 隽°	~永	以别于隽秀的隽(jùn)
kuài 会°	~计	以别于会议的会
là 落°	丢三~四	以别于降落的落
lài 厉°	同"癞"	以别于严厉的厉
lào 落°	~架、~炕、~子	以别于降落的落
lào 烙°	~饼	以别于炮烙的烙(luò)
lào 络°	~子	以别于脉络的络
liàng 踉°	~跄	以别于跳踉的踉(liáng)
lèi 累°	劳~	以别于积累的累
lòu 露°	~面、~馅儿	以别于雨露的露
mò 磨°	石~、~豆腐	以别于磨炼的磨
mù 莫°	同"暮"	以别于否定的莫
mù 牟°	~平(县名)	以别于牟利的牟(móu)
nàn 难°	灾~、逃~、~民	以别于难易的难
nì 泥°	拘~、执~、~墙	以别于泥土的泥
niào 溺°	同"尿"	以别于沉溺的溺

nìng 宁°	~可、~愿、~死	以别于安宁的宁
pèn 喷°	~香	以别于喷泉的喷(pēn)
piào 漂°	~亮	以别于漂流的漂
pù 铺°	~子、店~	以别于铺张的铺
qì 妻°	以女嫁人	以别于夫妻的妻
qì 亟°	屡次	以别于急需的亟
sài 塞°	要~、边~、~外	以别于闭塞的塞
sào 扫°	~帚	以别于扫地的扫(sǎo)
shàn 禅°	封~、~让	以别于禅宗的禅(chán)
shàn 单°	姓~、~县	以别于简单的单
shào 少°	年~、老~、~将	以别于多少的少
shào 召°	~公、~南、姓~	以别于号召的召
shèng 乘°	车~、千~之国	以别于乘车的乘
shì 峙°	繁~(县名)	以别于耸峙的峙(zhì)
shuì 说°	游~、~客	以别于说话的说
sì 食°	箪~、疏~	以别于饮食的食
tì 褅°	婴儿的衣服	以别于袒褅的褅(xī)
tòng 通°	擂鼓三~	以别于开通的通
tù 吐°	呕~	以别于吞吐的吐(tǔ)
tùn 褪°	把袖子~下来	以别于褪色的褪
xiàn 见°	请~、景星~	以别于看见的见
xiàng 相°	~貌、~片、宰~	以别于互相的相
xìng 兴°	高~、~致、~趣	以别于兴旺的兴

xiù 宿°	星~、二十八~	以别于住宿的宿
xuàn 旋°	~风、~床	以别于周旋的旋
xùn 孙°	同"逊"	以别于子孙的孙
xùn 浚°	~县	以别于疏浚的浚（jùn）
wàng 王°	~天下、~气	以别于帝王的王
wèi 为°	因~、~了、~着	以别于作为的为
wèi 遗°	~赠、~之千金	以别于遗失的遗
wù 恶°	憎~、可~	以别于善恶的恶
yàn 咽°	~下去、~气	以别于咽喉的咽
yàn 研°	同"砚"	以别于研究的研
yàn 沿°	井~、河~	以别于沿着的沿
yào 疟°	~子（口语）	以别于疟疾的疟
yì 衣°	解衣~我	以别于衣服的衣
yìn 饮°	~马、~牛	以别于饮食的饮
yù 与°	~会、~闻、参~	以别于连词的与
yù 雨°	~雪、~我公田	以别于风雨的雨
yù 语°	告诉	以别于语言的语
yùn 员°	姓~	以别于人员的员
zhèn 陈°	同"阵"	以别于姓陈的陈
zhì 知°	同"智"	以别于知道的知
zhì 识°	标~、表~	以别于认识的识
zhòng 中°	射~、~肯、~毒	以别于中央的中
zhòng 种°	栽~、~花、~痘	以别于种类的种

zhuàn 转°	~动、~盘、~向	以别于转身的转
zhuàn 传°	~记、~略、左~	以别于传达的传
zuàn 赚°	~骗	以别于赚钱的赚（zhuàn）
zuàn 钻°	~子、~石	以别于钻孔的钻

（五）古读入声，今读阴平

mā 抹°	~桌子	以别于抹灰的抹（mò）
pō 泊°	湖~、血~	以别于泊舟的泊（bó）
pō 朴°	~刀	以别于朴素的朴
xī 腊°	干肉	以别于腊月的腊
yāo 约°	用秤称	以别于约会的约
zhī 只°（隻）	量词	以别于副词的只（zhǐ）

（六）古读入声，今读阳平

dú 顿°	冒~（匈奴主）	以别于停顿的顿
duó 度°	揣~、测~、忖~	以别于制度的度
gé 鬲°	~津河（河名）	以别于鼎鬲的鬲（lì）
hé 盖°	同"盍"	以别于掩盖的盖
hé 害°	同"曷"	以别于利害的害
jí 藉°	狼~	以别于凭藉的藉（jiè）
jí 革°	病~	以别于改革的革
jié 颉°	仓~（人名）	以别于颉颃的颉（xié）
jué 角°	~色、旦~、~斗	以别于牛角的角
jué 脚°	~色	以别于马脚的脚
shé 折°	绳子~、~本	以别于转折的折
zhá 轧°	~钢	以别于轧花的轧（yà）
zhái 翟°	姓~	以别于墨翟的翟（dí）
zhú 术°	白~、苍~	以别于艺术的术
zhuó 着°	~落、~手、沉~	以别于睡着的着（zháo）

zhuó 著。	同"着"	以别于著作的著

(七)古读入声,今读上声

gě 葛。	姓~	以别于葛布的葛(gé)
gě 合。	一升的十分之一	以别于合并的合
gǔ 鹄。	正~、~的	以别于鸿鹄的鹄(hú)
jǐ 给	供~、自~、~养	以别于给钱的给
pǎi 迫。	~击炮	以别于强迫的迫
pǐ 劈。	~柴	以别于劈开的劈(pī)
qǔ 曲。	~子、戏~	以别于弯曲的曲(qū)
xiǔ 宿。	住一~	以别于宿舍的宿
zhǔ 属。	~文、~意、~望	以别于隶属的属

(八)古读入声,今读去声

bì 拂。	同"弼"	以别于拂尘的拂
chù 畜。	~生、~力、家~	以别于畜牧的畜(xù)
cù 卒。	仓~(猝)	以别于兵卒的卒
fù 服。	一~药	以别于佩服的服
lè 乐。	快~、娱~、~趣	以别于音乐的乐
lǜ 率。	功~、利~	以别于率领的率
mò 万。	~俟(姓)	以别于千万的万
mò 冒。	~顿	以别于假冒的冒
mò 貊。	同"貃"	以别于貉皮的貉(hé)
nà 内。	同"纳"	以别于内外的内
pì 辟。	同"闢(辟)"	以别于复辟的辟
pù 暴。	一~十寒	以别于残暴的暴
qiào 壳。	甲~、地~	以别于贝壳的壳(ké)
shuò 数。	频~、~见不鲜	以别于数量的数
tà 漯。	~河(水名)	以别于漯河市的漯(luò)
tà 拓。	~本、~片	以别于开拓的拓(tuò)

xiè 契。	商朝的始祖名	以别于契约的契
yè 咽。	呜~、哽~	以别于咽喉的咽
yì 射。	义同"斁"	以别于射箭的射
yì 昳。	~丽	以别于日过午的昳(dié)
yù 谷。	吐~浑	以别于山谷的谷
yù 尉。	~迟(姓)	以别于太尉的尉(wèi)
yù 蔚。	~县	以别于蔚蓝的蔚(wèi)
yuè 说。	同"悦"	以别于说话的说
yuè 栎。	~阳(地名)	以别于栎树的栎(lì)

原载《文字改革》1982 年第 3 期

从元音的性质说到中国语的声调

一、引　言

在入题之前,我们应该介绍一些关于中国语的声调的常识。

世界各族语都有所谓重音(accent)①;但重音可分为两种:一种叫做音高的重音(accent de hauteur),另一种叫做音强的重音(accent d'intensité)。

无论音高或音强,都可以有下列的三种作用:

1)语句中含有特别的情绪,用高低或强弱的音变表现出来。

2)语句中虽则没有特别的情绪,然而有些比较重要与不重要的字眼须用高低或强弱的音变表现出来。

3)有些音高或音强既不表现情绪,又不关涉逻辑,却占言语本身成分的一部分。

---

① 赵元任先生说:"accent 这个字代表两种不同的东西,不幸而混用一个名词。咱们在中文本来没有翻译它的必要。一个就叫声调,一个就叫轻重音得了。如必要翻译它,暂可称它为'特音',何如?"

普通所谓重音,只是指上述的第三种作用里的重音而言。

中国语的声调,严格地说起来,很难下一个确切的定义。但普通的语言学家或语音学家都把它归入音高的重音一类,另立一个专名,叫做声调(ton)。

因此,中国的声调——旧书所谓四声——很粗浅地说起来,只像中国乐器里的工、尺、合、四、上,或西洋乐器里的 do、ré、mi、fa、sol、la、si,似乎是很容易懂得的。

然而有些人对于这粗浅的常识还弄得不很清楚。这都因为他们被传统的说法所误。现在我举出最普通的两种错误来说一说:

第一,他们误以为四声是有绝对调值的①。他们看到了古人所谓"平声平道莫低昂……"或"平声哀而安……"等语,就以为平上去入都有一定的声调,换句话说就是都有绝对调值。其实,古人已死去了,我们到现在还没能够确切地考定古音里的调值;至于在现代很分歧的中国的言语当中,所谓平上去入各类字的调值,当然也不是到处都一样的。书本里的四声,只是一种总字类的"虚位"的名称,而不是音值的直接描写语。声调的数目及其调值,都是随各地的方音而不同的。固然,中国各地的方音里都保留着古代四声分域的痕迹;但是,其所保留的只是四声的系统,而不是原来高低的调值。所以,假使有人把某一处方言的调值去衡量某一处的四声,那就陷于谬误了,譬如,一个北平人听见一个重庆人读"豪"字很像北平的"好"字,于是说"原来重庆的'豪'字是念作上声的",这种措词就很容易引起误会。固然,重庆的阳平声字念起来,都一律很像北平的赏半(即上声的前半)②;但我们只能说重庆阳平的调值等于——或类似——北平的赏半的调值,却不能说重庆人把

---

① 赵元任先生说:"我向来用'音值、调值'等字样。但近来有人觉得'值'字在音乐上向来当长度讲,用'质'字似乎好一点。我现在主意不定,请斟酌。"

② 赵元任先生说:"赏半是我诌的名称。现在多数仍用'半上'或'半上声'名称。我也从众了。"

"豪"字念作上声或把阳平念作上声。让我再设一个很浅的譬喻：譬如甲校的一年级的级旗是黄的，二年级的级旗是红的，三年级的级旗是蓝的，四年级的级旗是绿的；乙校的一年级的级旗是红的，二年级的是黄的，三年级的是绿的，四年级的是蓝的。乙校的学生看见甲校一年级的学生拿着黄旗，就说："乙校奇怪极了，他们一年级学生都用二年级的旗子！"这岂非类推的谬误？记得某音韵学者以为广东人把侯韵读入豪韵，也是这一类的谬误。所以我们须知，中国的四声是没有绝对调值的，只有各地的方音里的声调是有调值的（但也不能认为是绝对的，说见下文）。

第二，他们误以为中国各地的阳调（阳平、阳上、阳去、阳入）都是浊音字。固然，有些方音里的阳调字就是浊音字，例如吴语；但是，有些方音里的阳调字却是清音字，例如粤语及北方音系。古浊音字到了现代的粤语及北方音系里都变了清音[1]，只把它们念作阳调，我们从此窥见古浊音字的系统，但我们不可以认为它们是浊音字。

以上都是些很粗浅的常识，为一般语音学者所知道的。但是，严格地研究起来，中国语的声调问题并不如此简单。其中有许多难题，我认为直至现在还不曾解决。本篇的目的就在乎提出这些难题，希望与同道的人们合力去解决。但是，这些难题大半是与元音的性质有关系的，所以不得不先讨论元音的性质；在提出这些未解决的难题以前，我们又应该把已往关于中国语声调的结论叙述清楚。

二、元音的性质

要懂得元音的性质，先须懂得音乐上所谓的音色（timbre）。音色是声音的一种德性，藉此以分别音高与音强都相同的两个声音。

---

[1] 除了鼻音不算。

譬如笛子与钢琴，奏着同一的调子，我们听起来，仍能分辨其为笛子或钢琴，这就是音色的关系。

大家知道，声音的颤动往往是复杂的。每一个乐音当中，有一个主要的颤动，又有许多次要的颤动。然而我们的耳朵所能感觉到的，只是这些颤动的总和。

在乐音里，除掉钟、磬等少数的乐器外，大半乐器中的次要的颤动数恰恰是主要的颤动数的二倍、三倍、四倍等。如果我们把 n 来代表主要的每秒颤动数，则其次要颤动数是 2n、3n、4n……。依照 Helmholtz 的说法，若要知道两个复杂的声音的音色的分别，须看：次要的颤动共有若干；它们的相对的音强；它们的起讫点的分别。

元音的性质的分别，主要就在乎音色上的分别。喉咙里发出的声音，是由一个主要音或基本音与许多次要音或陪音组合而成的。元音的次要音往往是谐音（sons harmoniques）。当我们发音时，舌、唇、软腭，一部或全部变了原有的位置或形式，把口腔造成一个共鸣器。某一些谐音适合于口腔的共鸣的，就被增加了强度，其余的就窒灭了：其结果就成了每一元音的固有音色。

Helmholtz 的原则，大致是不错的，他的功劳已经不小。但他对于每一元音的本质的研究，却还没有成功。其研究的结果，都使人不能深信。其后，物理学家及语音学家如 Hermann、Rousselot、Lloyd、Marage、Guillemin 等，对于此问题，聚讼纷纭，莫衷一是。直到今年（1934），意大利语音学家 Gemelli 与 Pastori 才利用了电动音浪计（oscillographe）把元音的性质作实验的研究。我们虽不敢说他们的话就是定论，然而究竟要比 Helmholtz 的结论好得多了。

依 Gemelli 与 Pastori 的意见，元音 e 只是从 a 至 i 的过程，元音 o 也只是从 a 至 u 的过程。从 a 至 i，从 a 至 u，都有无数的过程音，而 e 与 o 只是这些过程音的代表。这些过程音都可以认为是不成型的元音，只剩有 a、i、u 三个元音是成型的元音。这三个成型的元音当中，每一个都有其特征的组织。

元音 a 的特征如下：

1）陪音（ton partiel）的阔度（amplitude）比基本音（ton fonda-mental）的阔度大了许多。

2）陪音相克而变弱。

3）其成型的音期（periode）的组织是富于抵抗力的，无论如何变化，都不易影响及其组织。

元音 i 的特征如下：

1）基本音或其同"均"的音有最大的阔度。

2）在这元音中，一定包含着些很高的音。

3）如果那些具有很高的颤动数（frequence）的音消灭了，元音 i 就变为一种非语音的呼声。

4）它的组织很少抵抗力，甚易变化，尤其是当它变了高音调的时候。

元音 u 的特征如下：

1）基本音的阔度是很大的。

2）只须要在基本音之外再加一个音，就足以形成它的音期，但是，这再加的音的起讫点（phase）与基本音的起讫点必须互相参差。

3）在这元音中，一定包含着些很低的音。

4）如果那些简单的音浪（ondes simples）的起讫点不互相参差，元音 u 就变为一种非语音的嘘气。

5）它的组织很少抵抗力，故甚易变化，尤其是在耳语的时候。

由此看来，一个元音之形成，必需一些谐和的陪音（tons partiels harmoniques）或不谐和的陪音（tons partiels anharmoniques）；又必需起讫点的参差，或陪音的相克。若要得到一个成型的元音（voyelle typique），必须这元音具有其他元音所无的特征。我们可以概括地说：元音 a 需要些阔度很大而相克的陪音；元音 i 需要一个很小的不谐和的陪音，而这陪音的颤动数又须比基本音的颤动数大了许多;元音 u 需要一个陪音,其颤动数与基本音的颤动数相差不远,惟其起讫点必须在某一定方式之下互相参差。

至于基本音对于元音的组织的影响,我们可以说:每逢基本音离去了语音常态的声调的时候,无论是提高或降低,浪纹的组织就渐渐地简单化,渐渐近于简单的正弦线(sinusoide simple)。但是,元音 i 与元音 u 的浪纹,在某一些情形之下,可以达到简单的正弦线的形式;元音 a 及与其近似的元音(o 或 e),唱起来也只能渐渐近于这种形式,永远不能达到。

我们对于这种现象的解释,大约可以作下列的假定:元音 a 的组织很复杂,能代表语音进化的最后阶段,所以不能回到极简单的声音;至于元音 u 与元音 i 并没有完全进化,只在变化形式的过程中,所以元音 i 容易回到非语音的呼声,元音 u 容易回到非语音的嘘气了[①]。以上略述 Gemelli 与 Pastori 的话[②]。

中国语的声调,大致可以归入音高的重音一类。音高,就是指上述的基本音的高度而言。由此看来,我们可以想见中国语的声调与元音的性质是有关系的。在已往的研究中,大家是否注意到这一关系了呢?

现在我先把已往对于中国声调的结论略述,然后再回到这一个论点上来。

三、已往对于中国声调的结论

用科学方法研究过中国语声调的,据我所知,只有吾师赵元任先生与最近逝世的刘半农先生二人。1922 年 9 月,赵先生在他的

---

① 赵元任先生说:"i、u 元音简单化是声学上的现象。我想与语言在历史上的进化不发生关系。a 音在历史上至少与 i、u 同样的 primiif。人类到有言语的时候,他所发的音,在声学上已经是极 avancé 的了。"

② A. Gemelli et G. Pastori, Analyse electrique du language, A chcives Néerlandaises de Phonétique expérimentale, Tome X, Martinus Nijhoff, La Haye 1934。

《中国言语字调的实验研究法》一篇文章里[1]，首先把中国声调作科学的说明，并指示一种简便的实验方法。1925 年 3 月，刘半农先生的《汉语字声实验录》（Étude expérimentale sur les tons du Chinois）出版[2]，可以说是关于中国声调的空前巨著。刘先生所采用的乃是 Rousselot 的语音实验法。本篇的兴趣不在乎述说两位先生的实验方法，而在乎述说他们的结论，以为提出难题之初步。

第一，关于古说的辟谬。赵先生说[3]：

> 对于字调的物理的性质，中国的字韵家一向只有过很糊涂的观念。多数人不过用"长、短，轻、重，缓、急，疾、徐"等不相干的字眼来解说它，其实这些变量（variables）一点也不是字调的要素。一个字成为某字调可以用那字的音高和时间的函数关系作完全不多不少的准确定义；假如用曲线画起来，这曲线就是这字调的准确的代表。假如用器具照这音高时间曲线发出音来，听起来就和原来读的那腔调一样。这是定义充足的证据。假如把上头"长短、轻重、高低……"等纯乎定性的字眼来解释字调，无论说得再详细，也不能使人用口或器具依那声调发出来，这是定性的字眼不够做字调定义的证据。（刘半农先生也说前人对于中国声调没有科学的研究，见《汉语字声实验录》页 5 至页 8。）

第二，关于区域的划分。赵先生说：

> 现在各方言里的调类和古时的调类有比较地简单的关系。要说明这关系，要先把古时调类再分析一下。古时有真浊音（sonant or voiced consonant），现在只有吴音还保存它。凡是古时有浊音声母的字叫做阳调类，其余的叫做阴调类。照

---

[1]　《科学》第七卷第九期。

[2]　出版处：Societe d'Edition"Les Belles Lettres"，Paris。

[3]　《科学》第七卷第九期，第 871—872 页。

这样凡是字就可以归入阴平、阳平、阴上、阳上、阴去、阳去、阴入、阳入八类之一。现在大略说各处调类的系统：（一）黄河流域的北官话；（二）湖北、四川、云南、贵州的西官话；（三）南京、江北一带的南官话。这三种官话是属于官话区域，对于平上去都一样，就是阴平、阳平和古时一样，古阴阳上并作"赏"，而古阳上的一部分又变作去，古阴阳去归并作一个去。入类在北方分散到前四类去了，所以没有这一类，在西官话里完全归在阳平里，就是在南官话里依旧保存，并作一个入类。（四）在吴音（江浙交界）和福建八调和古音差不多，就是阴阳上不大分辨，有时阳上也改成阳去；（五）在广东八调俱全，而且阴入又分作上入、中入两类，所以有九种调类①。（刘先生也把中国方言分为北、南、极南三个区域，与赵先生大致相同，见《汉语字声实验录》页39。）

第三，关于音高的解释。上面用很粗浅的说法说明中国的字调像西洋乐器里的 do、ré、mi、fa、sol、la、si。严格地说起来，问题并不是这样简单的。语音里的声调，绝对不会像乐器的音高在每一个工尺字的范围之内一般地自始至终是一致的，没有变化的。在同一声音里，音高可以变高或变低，或高低递嬗，或高的时间长，低的时间短，或低的时间长而高的时间短。古希腊语里有所谓屈折的重音（accent circonflexe），就是先高后低的一种声调。

语音里的声调，决不能与乐音里的音阶（gamme）相切合，例如 la_3 的颤动数是435，那近似 la_3 的声调就往往只有432或438的颤动数。

还有一个最该注意的事实：就是中国语的声调里没有一定的绝对音高。关于这一点，赵先生说得最明白：

---

① 只广州有九个调类，新会、台山各处并不如此。这是赵先生十余年前的文章，当时他又未到广东调查方音，所以只能说个大概。

字调是一种相对的音高曲线,没有一定的绝对音高。老幼男女音高不相同,一个人说话响的时候,音高高些,轻的时候音高低些(这关系没有物理或生理上的必要,不过最自然的习惯如此)。但是每类字调的形状还是一样的,例如北京"赏"调比阳平低,但是一个孩子或女人的赏调比男人的阳平还高些,可是每调的形状不变就是了。

这是关于中国字调的最重要的一个声明。老幼男女音高不相同,还容易顾虑及;至于一个人说话响的时候音高高些,轻的时候音高低些,这一层就容易忽略了。我在巴黎大学语音学院实验中国字调的时候,有一位助教看到我读两次"王"字就有两种浪纹,其音高相差颇远,觉得很奇怪。后来多验几次,才明白中国字调的特征不在乎音乐性的音高,而在乎其音高转变的形状。可惜当时我没有看见赵先生这篇文章,否则,可以省了许多无谓的猜想。刘先生的书里也不曾作这一种声明,也许因他没有看见赵先生的文章,也许因他以为不关重要,总之,我很替他可惜。一部研究中国语的声调的书,如果不声明这一点,就会令读者误会得很远很远。

第四,关于音色、音强、音长、音高,与中国声调。元音共有四种性质:第一是音色;第二是音强(音的强度,即俗所谓响不响的程度);第三是音长(音的长度,即声音所历时间之久暂);第四是音高。中国的声调,与这四种性质有什么关系呢? 刘先生说:

关于音色,我们可以说:既然在一个方言里,我们可以任择一音而发为种种不同的可能的声调,那么,可见音色与字调是没有关系的了。[①]

关于音强,我们可以说:既然我们可以把一个字调读得强些或弱些,而其特征的声调仍旧不变,可见音强是与字调问题

---

① Étude éxperimentale sur les ton du Chinois, p.25。

没有关系的。①

　　关于音长,我们注意到:在南方与极南的方言里,入声总
比平上去声短些。②

　　关于音高,这就是字调的生命的本身:在北方的方言里,
字调是仅仅由音高构成的;在南方与极南的方言里,虽则音色
与音长不能不管,然而人们究竟藉音高以辨认它们。③

　　依刘先生的意思,除南方与极南的方音里的声调与音色及音
长颇有关系外,北方的方言里的声调是与音色、音强、音长毫无关
系的,仅仅是音高的关系而已。为研究的便利起见,这似乎是一种
"利刀斩乱麻"的手段。两年前,我自己也如此设想,所以在我所著
的《博白方音实验录》④(Une Prononciation Chinoise de Po-Pei,
Étudiée à l'aide de la phonétique expérimentale)里,虽则实验的方法
与刘先生稍有不同,然而对于中国声调与音色、音强、音长、音高的
关系,我还相信刘先生的话。现在积了两年的研究与体验,又受了
Gemelli 与 Pastori 最近一篇文章的启发,才晓得刘先生的话不尽合
于事实。刘先生自己很客气地说过"我并不敢自夸已经得了些不
可动摇的结论"⑤。在这中国语音实验方始萌芽的时候,谁也不敢
自夸已经得了些不可动摇的结论。下面我只提出一些尚待解决的
难题,希望同道的人们以此为研究的路线罢了。

四、现在提出的难题

　　声调的研究,说易就易,说难就难。如果我们找一个人念一个
中国字,用记音机记了下来,而研究这字的声调的现象,那就是很

---

① 　Ibid.p.26。

② 　Ibid.p.28。赵先生说:"只大致如此。比方长沙的入声,广州的中入就是例外。"

③ 　Étude expérimentale sur les tons du chinois,p.28。

④ 　1932 年 7 月出版,发行者为:Librairie Ernest leroux,Paris。

⑤ 　Étude expérimentale sur les tons du chinois,p.2。

容易的一件事。因为只有一个人把一个字念一次,所以问题是很简单的。我们可以利用测微器(micromètre)把每一个音期测量,又可以一定的时间为标准(例如十分之一秒),去计算颤动的数目。由前一个方法,我们可以得到绝对音高(hauteur absolue),由后一个方法,我们可以得到平均音高(hauteur moyenne)。知道了那字的音高之后,可以画成曲线①,真如赵先生所说,假如用器具照这音高的时间的曲线发出音来,听起来就和原来读的那腔调一样。

但是,如果我们要对于中国某一方言里的某一调类下一个完全不多不少的准确定义,那就难了!譬如我们找一个北平人念一个"图"字,用记音机记了下来,我们可以把这次的"图"字的声调测量得非常准确;但是如果我们因为"图"字是属于阳平调的,就把"图"字的声调的曲线当做北平的阳平调的定义,那就很有不准确的危险了。"图"字的曲线,未必同于"田"字的曲线,"田"字的曲线,更未必同于"连"字的曲线。其间的关系很多,现在分段叙说如下:

(一)音色的关系

依刘先生的结论,中国的声调是与音色毫无关系的,至少在北方官话里是如此。但是,就 Gemelli 和 Pastori 研究所得的元音的性质看来,音色与音高颇有关系;中国语的声调既与音高发生关系,恐怕与音色也不能决无关系。北平"油"字的主要元音是 u,然而它的上声"有"字的主要元音却是 o;大致听起来,北平把"油"字念 iu,却把"有"字念 io。就普通说,北平的上声字的元音往往比平声字的元音更开口些,譬如"精"字的主要元音 i 虽不是很闭的,也是个中音,而"井"字的主要元音 i 就开了许多;"谁"字念 shui 而"水"字念 shuei,这是耳朵里可以听出来的。这种倾向,以下流社会的人为甚;我往往听见有人把"走"字念作 tsao。

这并不是说上声能使元音变开口,而是说像北平的上声一类的

---

① 参看 Rousselot, Principes de Phonetique expérimentale, tome Ⅱ, p.1004—1005。

声调的曲线恐怕有使元音读开的倾向（例如福州 u：ou；i：ei；ouy：
ouy；y：øy 等）。但还须再有多一点的例证方能作充分的归纳。

至于音色能否影响及于声调，在未作实验以前，我们未便武
断。但是，依刘先生实验的结果，元音不同而调类相同的两个字，
其音高及其曲线的形状都有差别；因此我们就不能不小心。当我
们作实验时，最好是把元音不同而调类相同的字都拿来实验许多
次，看它的结果如何，再下结论。

（二）复合元音的关系

知道了音色与声调的关系，同时就可以联想到复合元音与声
调的关系。中国语里，每一个字只有一个声调，然而每一个字不一
定仅包含一个简单的元音，例如"陶"字 táo 与"头"字 tóu 就各包
含着两个元音。但这两个元音只有一个读音作用，共成一个音缀
（syllabe），所以叫做复合元音（其实，在未严格地实验以前，我们也
不敢断定它们是复合元音而非两个简单元音的连续；尤其是北平
tuo、tsuo、suo、luo、shuo 等字①，非经实验不可。现在姑从旧说，以便
陈述）。复合元音里包含着两个成分，其一长而强，其一短而弱（例
如"头"字的 o 长而强，u 短而弱）。

于是问题就发生了。复合元音所成的字，其声调是否完全寄
托在主要成分的音高之上，而次要成分的音高可以不管呢？又是
否把声调的曲线分配在两个成分之上，让那长而强的成分占全字
声调的大部分，而让那短而弱的成分占全字声调的小部分呢？依
前一说，则复合元音的全声调必与简单元音的全声调不一样。此
指同调类的两个字而言，例如"打"ta 与"倒"tau，二字同在上声，然
而它们的声调未必相同。因为"倒"字的主要成分 a 既有了"打"字
的声调，那么，那次要成分 u 的声调岂不成了"打"字所无的调尾？
依后一说，字里的元音既发生变化，其声调也难保不发生变化。上

---

① 本篇只注重讨论声调，故用普通音标，以便排印，阅者谅之。

面说过,音色可以影响及于声调,那么,元音的音色变动的时候,声调也不得不变动。

再者,依高本汉的研究,在中国语的复合元音 ua 里,我们很难决定哪一个成分是主要的,或哪一个成分比较长些①。那么,我们更不能决定 ua 字的全声调寄托在第一成分或第二成分了。而且我相信,以 u 为主要成分的 ua,与以 a 为主要成分的 ua,比较起来,其声调(指调类相同时)的调值也不会完全相同的。

如果"音色能影响声调"这一个假定是真理,那么,复合元音的声调更没法子与简单元音的声调相同。所谓复合元音,严格地说起来,并非仅仅由两种音色组合而成,例如复合元音 au,并非由 a 一跃而至于 u;从 a 到 u 之间还有许多许多的媒介音②。若用音标表示,可以说是 à—a—á—ɔ—o—ó—ù—u—ú,但实际上还比这数目多了不知若干倍。这样说起来,如果音色真能影响声调,那么,复合元音的声调就每一刹那都有变化的危险。

所以我们研究声调的时候,应该注意到复合元音。此外还有所谓三合元音(triphtongues),其与声调的关系也像复合元音一样,不必细论了③。

(三)音强的关系

要知道音强与声调的关系,须先知道音强所必需的生理上的条件。音的强度,是与每一声音所耗费的气量有关系的。这并不是说音的强度与每一声音所耗费的气量成正比例;音强与气量的关系不是这样简单的。

当元音相同而音高又相同的时候,气量的平均数越大,则音的强度也越高。胸部的呼吸穴降低得越急,则气管里的气压越重;气压的

---

① Karlgren, Études sur la Phonologie Chinoise, p. 265。

② 参看 Roudet, Elements de Phonétique Generale, p.111。

③ 反过来说,声调亦可影响及于复合元音的长度,见 Karlgren, Études sur la Phonologie Chinoise, p. 253。

结果,使两个声带弯曲而分开,换句话说就是声带增加了长度,同时也增加了紧张的程度。但是,这气压作用的结果只叫做被动的紧张(tension passive);另有所谓主动的紧张(tension active),乃是喉头筋络收缩的结果。我们知道,音高之形成,乃是主动的紧张与被动的紧张的总和。因此,假使我们把一个字读得响些,换句话说,就是气压重些,而同时我们又要保存着那字的原有的音高,那么,我们就不得不减少了主动的紧张。这种现象叫做补偿作用(compensation),是生理学家J.Müller 所发明的①。如果声带的紧张程度不变,只增加了它们的长度与那推动它们的机械力(force mécanique),那么,音的颤动的阔度就增加,而同时那音的强度也增加了。

当元音相同,音强也相同,只有音高不相同的时候,如果那声音越提高,则其所耗费的气量越少。又如果其所耗费的气量不减少,则声音更高时,音的强度亦随之而增加。若要增加音高,同时又要保存着原有的音强,那么,必须在喉头的筋络使声带紧张的时候,令呼吸穴降低得慢些。这也是一种补偿作用,与J.Müller 所述的补偿作用相反,却是一样重要的②。

由此看来,普通的人们以为音高与音强有连带的关系,也未尝没有几分道理,说得响,声音就高,除非你把喉头筋络收缩的程度减低,以补偿呼吸穴降低的速度。声音高了的时候,也就说得响,除非你把呼吸穴的降低作用弄慢些,以补偿喉头的筋络收缩的程度③。

赵先生也说:"一个人说话响的时候音高高些,轻的时候音高低些。"跟着他又说:"这关系没有物理或生理上的必要,不过最自然的习惯如此。"④依我猜想,虽没有物理或生理上的必要,也许与

---

① J. müller, Uber die Compensation der physichen Krafte am mensch lichen Stimmorgane, 1839。

② Roudet,De la depense d'air das la parole。

③ Roudet,Elements de Phonétique Generale,p. 224。

④ 《中国言语字调的实验研究法》,《科学》第七卷第九期,第 877 页。

心理颇有关系。当呼气很急的时候,我们往往不知不觉地把喉头的筋络收缩得更紧。我们说话时,呼气作用(expiration)、发音作用(phonation)、读音作用(articulation)三者相应,其与心理的关系也颇与此相类似。总之,音强之足以影响音高,这是最普遍的事实。现在我们更进一步研究它是否可以影响及于声调的形状。

所谓声调的形状,是指曲线起伏的形式而言,不管其绝对的调值(参看上文第三段)。但音强既能影响及于音高,当然也能影响及于声调的形状。我们念一个字的时候,音高不能始终如一,同理,音强也不能始终如一。假使音高永远跟着音强变化,换句话说就是已变以后的音强在每一音期中与音高的比例仍像未变以前的比例一样,那么,其声调的形状是不会发生变化的。然而这是绝对不可能的一种事实,例如在第一至第七音期中,音强增加了一倍,而音高增加了一又二分之一倍;在第八至第十二音期中,音强增加了一倍,而音高也只增加了一倍;由此类推,其曲线的形状必不能与原来的形状一样了①。

(四)音长的关系

声调可以影响及于音长,这是研究中国语音的人所不能不承认的事实。依高本汉的观察:

1)字首的辅音,就普通说是短的,然其短的程度亦随各种声调而异。

2)字尾的辅音由声调的影响而变化很大。在北京语里,pan 字的 n 在上声为最长,在平声就短了许多,在去声则更短。

3)一个简单元音在开的音缀里(即元音后不带鼻音韵尾者),就普通说是长的。其长的程度亦随声调而异。在北京语里,ma 字的 a 在上声比在平去声长了许多。

4)一个简单元音在闭的音缀里(即元音后带鼻音韵尾者),就

---

① 例如据赵先生的《现代吴语的研究》,江阴的阳平的调值是252,假使读音的人读到第一个2的时候,受了音强的影响而变为3,后面的52没有受音强的影响,没有发生变化,那么,它的调值就是352了。

官话语系说,照规矩是短的。但亦可受声调的影响,例如北京 pən
字的 ə 在上声比在平声长些。

5)在复合元音与三合元音里,其长度亦受声调的影响。北京
ai 里的 a 在上声总比在别的声调长些[1]。

由此看来,声调可以影响及于音长,这是毫无疑义的了,现在
要看音长是否可以影响及于声调。

上面说过,中国语的声调没有绝对的音高;其特征只在乎它的
曲线的形状。所谓形状,非但指起伏的形状,同时也指长短的形状
而言。声音短者,其音高的曲线必短;声音长者,其音高的曲线亦
长。我们须知,纵使起伏的形状相同,如果长短的形状不同,其调
类亦可因之殊异,例如一个准平的曲线(大致看来似乎始终如一),
如果长了一倍,就是平声;短了一半,就是入声。

我有一个猜想:我以为某声调的特征的曲线只在起头若干音
期内呈现,过此以往,就只顺着接上一个尾巴。譬如那字是以升音
收的,如果你再把它念得长些,它就索性上升。又如那字是以降音
收的,如果你再把它念得长些,它就索性下降。又如那字是以平音
收的,如果你再把它念得长些,它就仍旧平行[2]。刘先生的《汉语字声
实验录》里就有这种现象(pl. Ⅵ),但他自己没有找出一个解释[3]。

如果我这一个猜想是对的,那么,音长对于声调的关系不很重

---

[1] Karlgren, Études sur la Phonologie Chinoise, p. 252—253。

[2] 依此说法,吴语里有些入声是可认为与平声同其调类的,如果我们不算它收音时那一
个喉破裂音。

[3] 赵先生说:一个字的拉长,得要问在语言的何种实际情形拉长。如因一字在逻辑上
要分辨的地位,比方说"不是人,是神","人、神"拉长时音程也放大,换言之,尾巴比
平常翘得更高,但因踌躇而拉长,音程不但不加大,有时还更窄,比方说"你猜这个
人是谁?""我猜这个人……是张先生,是不是?"刘半农所试验的长字都是逻辑上的分
辨字。要是突然叫一个发音者把一个字读长一点,他就会莫名其妙。各发音者因其
所体会的拉长的用意不同,就会拉出不同的调来。北平上声拉长(逻辑的)恐怕尾子
不增高,只降更低一点,在低处多留一点,最后还是快升,升到跟平常高度一样为止。

大,至少可以说比音强的关系小些。但是,我这个猜想对不对,还待实验而后能解决。

(五)声调组合的关系

在中国语里,每字虽有一个标准声调,然而只有单念一个字的时候是如此。当我们说话的时候,字的声调受了上面的字的声调的影响,或下面的字的声调的影响,就不能保存它的标准声调,多少总有一些变化,这与标准元音到了句中会发生变化的道理是一样的。刘先生在他的《实验录》里,有时候也注意到声调的组合,但他似乎不曾去追究它的变化的规则。依我个人的研究经验,声调组合的变化有两种:

第一,从甲调变到乙调。例如北平两个上声字相叠的时候,第一个上声字就变了阳平(下一个字该读轻声者,不在此例)。这是一种变化的规则。中国各处方言里,这一类的变化的规则一定很多;如果我们只学了某方言里的标准声调,而没有学会它们的变化的规则,说出话来别人虽也能懂得,但终究觉得很刺耳似的。我在我所著的《博白方音实验录》里曾发见了博白方言里声调变化的规则①,比北平的更多,更有趣。其规则如下:

凡两字相连的名词或动词语,其第一字的声调往往变化②:

阴平变阴去;阳平变阳去;

阴上不变;阳上变阳去;

阴去、阳去、阴入急声、阴入缓声、阳入急声不变③;

阳入缓声变阳入急声。

仔细看来,阴调类仍变阴调类,阳调类仍变阳调类,实在有趣而且有条理。我相信各地的声调一定有许多像博白的例子,我们

---

① Une Prononciation Chinoise de Po-pei, p.83—89。

② 福州方音里也有这情形,看陶燠民《闽音研究》,《史语所集刊》第一本第四分,第163—165页。

③ 博白标准声调共有十个,入声四个。

应该把那声调变化的规则寻出来,不可仅仅研究它的标准声调。

第二,从标准声调变到另一个非标准声调的调子。例如北平的上声与其他非上声的声调组合的时候,就只念了一半,这也是大概的说法,所以赵先生把它叫做"赏半"。这还是耳朵所听出来的。此外还有受了上面或下面的声调的影响,失了其标准的曲线,而又非耳朵所能感觉者。刘先生也曾偶然注意到这种情形,例如他说到江阴的阴平的时候,有下面的叙述:

> 阴平乃是一个降音。当它被单念的时候,是从中高或高甚或很高开始,平均说起来,是从高开始,而其收结则永远是很低的。受了上面或下面的声音的影响,它的开始点和收结点就变化得很厉害,总之,它还是一个降音。

我们可惜的是刘先生没有把开始点或收结点的变化状态仔细研究,看它在某种影响之下就变为某种形状。也许是受了上面或下面的音色的影响,也许是受了上面或下面的声调的影响;总之,我觉得是有规则可寻的,正如北平的赏半有规则可寻一样。

(六)辅音的关系

辅音对于声调的关系,与元音对于声调的关系是一样重要的,也许可以说是更重要些。我们知道,元音与辅音的界限本来就很难划分①。除了元音的极端(e、a、o)与辅音的极端(p、t、k)截然有别之外,其余都是元音与辅音之间的媒介音,譬如鼻音、边音与颤音都能自成一个音缀,其作用与元音无异。所以我说元音与辅音对于声调的关系是一样重要的。

声调的变化,与辅音的发音部位有无关系,我们虽不敢完全断定,但我们可以说其关系就有也是比较小的②。固然,当我们研究

---

① 参看 J.Vendryes,Le Langage,p.25 et suiv。

② 若以古今音比较研究,则见声调的变化与声母的发音部位全无关系,而与发音方法最有关系。见赵元任的《现代吴语的研究》第73页。

某一方言的声调的时候,也不应忽略了发音部位的关系,例如我们必须把舌根音的去声与唇齿音的去声相比较,看它们有什么异同之点。但是,最重要的还是该注意到辅音的发音方法,因为它对于声调的影响是不可避免的。现在就最重要的三点来说:

第一是吐气的关系。我们知道,所谓吐气的辅音,就是当那辅音已完,而后面的元音未来的时候,先有一段气流。我们又知道,无论元音或辅音,其读音作用都可分为三个时期,即紧张期(tension);维持期(tenue);松弛期(détent)。一个辅音或一个元音单念的时候,必须经过这三个时期;但是,当一个辅音的后面紧跟着一个元音的时候,那元音的紧张期往往与那辅音的松弛期混合起来①。说到这里,我们就可以明白吐气对于声调的关系了。吐气的辅音既然把一段气流放在它自己与元音的中间,那元音的紧张期就不会与辅音的松弛期混合起来了。由此看来,吐气的辅音之后的元音乃是一个完整的元音,而不吐气的辅音之后的元音却往往是一个不完整的元音。其元音既不相同,对于其声调当然容易发生影响。

第二是清浊音的关系。就中国语音的历史看来,清浊音与声调的关系是很深很深的。吴语非但保存着浊音(其实是很不纯粹的浊音),而且浊音字的声调与清音字的声调绝对不相混淆。凡浊音字就念入阳调类,凡清音字就念入阴调类。粤音系虽没有保存破裂、摩擦、破裂摩擦的浊音,然而它还保存着清浊音的系统,古代的清音字现在就念入阴调类,古代的浊音字现在就念入阳调类。最把清浊的系统弄乱了的要算北平音了,然而它到底还有阴平与阳平之别。这是大家所知道的。现在我们要研究的乃是同在一个调类里的清浊音字,看它们的声调的曲线究竟有没有分别,例如北平的"打"(ta)字与"马"(ma)字、"亭"(t'ing)字与"灵"(ling)字、

---

① 参看 Roudet, Elements de Phonétique Generale, p. 167—169。

"布"(pu)字与"怒"(nu)字,它们的声调的曲线是否完全相同？这也是不可忽略的。

第三是鼻音韵尾的关系。辅音里的鼻音很有元音的性质,有时候竟可独立而成为一个音缀,其作用就等于元音的作用(例如苏州"呕笃"里的 n,广州"唔系"里的 m)。至于中国语里的鼻音韵尾,虽不能等于一个元音,也就仿佛是复合元音里的一个次要成分①。由此看来,凡是复合元音影响及于声调的现象,也就可以说是鼻音韵尾影响及于声调的现象,譬如北平的"比"(pi)字与"饼"(ping)字相比较,假定它们全字的声音是一样长短,那么,"比"字的声调只寄托在元音 i 上头,而"饼"字的声调却寄托在元音 i②与鼻音韵尾 ng 上头。也许当单念的时候,"饼"字的元音 i 只表现了一个赏半,却由那鼻音韵尾去完成它那渐高的曲线③。总之,一个纯粹元音与一个带有鼻音韵尾的元音相比较,其声调的曲线尽可以有不小的差别,这也是我们所应该注意的④。

(七)情感的关系

这里所说的情感的关系,是撇开惊呼、悲啼等声调不说的。惊呼也自有它的声调,但它的声调是另一回事。这里所说的只是有一定的声调以表示某种情感的事实。

我这意思是在研究博白的声调以后才有的。我在清华研究院的时候,做了一篇《两粤音说》⑤,只知道博白有十个声调;后来

---

① 参看上文论复合元音的关系一节。

② 其实不真的是一个 i 音,现在姑叫它为 i,以便陈说。

③ 赵先生说:"我相信这是事实。"

④ 赵先生说:我想纯元音与带鼻元音(甚至带 m-、l-声母的元音)的声调曲线形状(时间配音高的曲线),在未作实验以前,不料想它会有什么不同的地方。不过带鼻音的韵母的声调曲线连鼻音也盖满了就是了。"饼"字非但升尾全是-ng,恐怕在半上声未完的时候已经起头有-ng 了。

⑤ 见《清华学报》第五卷第一期,1928 年。编者注:见《王力全集》第十五卷,中华书局 2014 年。

到了巴黎,再作详细的研究,然后发现博白方音里共有十一个声调。标准的声调仍旧只有十个,然而多了一个情感的声调(ton affectif)①。无论哪一个标准声调,如果它变了这情感的声调,就有小的意思,或藐视的意思,或不客气的意思,例如称呼"三叔",如果那三叔的年纪大了,就念标准声调;如果那三叔年纪还小,就把"叔"字念入情感的声调了。又如普通把"肉"字念入阳入缓声;如果叫小孩吃肉,就把"肉"字念入情感的声调。而且当其变声调的时候,往往连音色也一起变了。但是它们变音色也有一定的规则:凡以-p、-t、-k收尾的就变为以-m、-n、-g收尾;凡以-u、-o、-e、-i、-a收尾的就加鼻音韵尾-n。此外还有许多有趣的情形,此处不必细述②。

总之,这种情感的声调是有规则的,是自成一种声调而与标准声调对立的,我们在研究某一地方的声调的时候,不能不同时加以研究。

(八)逻辑的关系

有时候,某字的声调的念法,既不按照标准声调,又不按照声调组合的变化规则,这就是逻辑的关系。

北平的声调里,除了标准声调之外,有所谓轻音,例如"馒头"的"头"字、"椅子"的"子"字、"赵家楼"的"家"字、"西单牌楼"的"楼"字,都不念入标准声调而念入轻音③。"椅子"二字,若照上述北平声调组合的变化规则,两个上声字相叠的时候,第一个就变阳平,那么,"椅"字该读阳平了;然而因为"子"字已经变了轻音,不复

---

① 参看 Une Prononciation Chinoise de Po-pei, p. 71—78。

② 赵先生说:"似可添广州'变音'的例,如阳平去变升('钱、帽'),阴平不降而变高横调('鸡')。"

③ 赵先生说:"有时上声字虽变轻而仍有使前一个上声字变阳平的能力,如'小姐','姐'字虽轻而'小'字仍变阳平;'有点儿','点儿'虽轻而'有'字仍变'由'音。有的是两可的,如'想想看',第一个'想'字可读阳平,第二个'想'字读低轻,亦可把第一个字读半上,第二个字读高轻。"

是上声字,所以"椅"字仍保存着原有的声调①。

　　这上头就有逻辑的关系。因为"椅"字是主要的名词,"子"字只是用以形成名词的一个"小词"(particle)。若照法国语言学家Vendryes 的说法,"椅"字乃是意义成分(sémantème),而"子"字只是一个文法成分(morphème)②。所以那些意义成分都该着重,那些文法成分都该轻轻地带过去③。

　　此外还有受句中的节奏(rythmo)的影响的,譬如一个北平人要说"小女管家",三个上声字连在一起,究竟哪一个该改念阳平呢?假使那人的意思是说他的女儿管理家务,那么,"小女"为一音节,"管家"为一音节,必定把"小"字念作阳平;又假定那人的意思是说把"女管家"当作一个名词,指管家的女人而言,那么,"小"字为一音节,"女管家"为一音节,必定是"女"字被念入阳平了。又如博白的阳上在另一声调的前头的时候,照规则该读入阳去,例如"我买酒"的"买"字应该读若"卖";但如果说"我买一壶酒",那么,"买"字又仍旧保存着阳上的声调了④。

　　　　　　*　　　　　　　　*　　　　　　　　*

　　由上面的种种讨论看来,中国语里的声调问题并不像普通人心目中所揣测的那样简单。若欲粗知梗概,就把声调画上五线谱,亦无不可。若欲穷其究竟,就必须再下一番更精细的工夫。这一篇只是理论的文章,但我希望将来从这一条路线去作实验的工作,尤其希望国内同道诸君子分向各地的方言去研究,除了元音与辅音之外,特别注意到中国语里的声调问题。

------

① 　关于轻音,参看赵元任 Tone and Intonation in Chinese,《史语所集刊》第四本第二分,第 129 页。

② 　Vendryes,Le Langage,p.98—99。

③ 　赵先生说:"不全是逻辑的。有好些例只可认为 des faits isoles duvocabularie,如明天,白天;今天,半天;麻烦;规矩。"

④ 　Une Prononciation Chinoise de Po-pei, p. 89。

　　[附言]本文经赵元任师很仔细地看过，详加指正，谨志铭感（惟文中如有错误，仍由我自己负责），此外，朱佩弦、李方桂、叶石荪、沈有鼎诸兄也都看过，并谢。

原载《清华学报》第 10 卷第 1 期，1935 年

现代汉语语音分析中的几个问题

这里谈三个问题:日母的音值问题;标调问题;汉语拼音方案和四呼的关系问题。

一、日母的音值问题

现代汉语的日母,在汉语拼音方案中用 r 来表示;在现代汉语教科书中,用国际音标来说明日母的音值时,通常用[ʐ]来表示。汉语拼音方案用 r 来表示日母,是正确的;教科书中用国际音标[ʐ]来表示日母,则是错误的。日母应该是个卷舌闪音[ɽ]。1963年,我把这个[ɽ]写进我所写的《汉语音韵》里①。现在我讲一讲日母不应该定为[ʐ]而应该定为[ɽ]的理由。

据我所知,现代汉语日母定为[ʐ],是从高本汉(B.Karlgren)开始的。在《中国音韵学研究·方言字汇》中,他把北京话"惹"标为 ʐə̌、"蕊"标为 ʐuei、"锐"标为 ʐuei、"染"标为 ʐan、"任"标为 ʐə̌n、"然"标为 ʐan、"软"标为 ʐuan、"人"标为 ʐen、"闰"标为 ʐə̌n、"仍"标为 ʐə̌ŋ、"攘"标为 ʐaŋ、"饶"标为 ʐau、"柔"标为 ʐou、"如

---

①　编者注:见《王力全集》第十一卷,中华书局 2014 年。

儒"标为 $z_{\iota}u$、"戎茸"标为 $z_{\iota}u\eta$、"热"标为 $z_{\iota}\vartheta$、"日"标为 $z_{\iota}\iota$、"若"标为 $z_{\iota}o$、"肉辱人"标为 $z_{\iota}u$①。他这样做,不是没有理由的。我想,他有两个理由:第一,既然知、痴、诗、日四母发音部位相同,那么,日母应该是诗母的浊音。诗母是[$\mathfrak{s}$],日母就应该是[z_{ι}]了。第二,威妥玛式的汉字译音把日母译成法文字母 j,如"然"译为 jan、"让"译为 jang、"扰"译为 jao、"热"译为 jê、"人"译为 jên、"日"译为 jih、"若"译为 jo、"柔"译为 jou、"入"译为 ju、"软"译为 juan、"锐"译为 jui、"润"译为 jun、"戎"译为 jung。的确,现代汉语日母很像法语的 j,只不过法语的 j 不卷舌,汉语的日母卷舌。既然法语的 j 在国际音标是[z],那么,再加卷舌,岂不就是[z_{ι}]了?

我们认为,现代汉语日母并不是[z_{ι}],而是个[$\mathfrak{z}$]。理由有四:

第一,在听觉上,它不是[z_{ι}]。[z_{ι}]是摩擦音,而日母字并不能令人有摩擦的感觉。实际上,日母也并不是摩擦发出来的音。试使一个法国人按照法语的 j 再加卷舌读一个现代汉语普通话的日母字,像不像?很不像。许多人依照 z_{ι} 的发音方法来说中国话的日母字,很难听。

第二,从语音系统上说,现代汉语的日母也不可能是个[z_{ι}]。我们知道,任何语言的语音都是很有系统性的,现代汉语普通话也不例外。在音韵学上,浊音声母分为全浊、次浊两种②。全浊包括塞音、擦音和塞擦音的浊音,次浊包括鼻音、边音、半元音。滚音和闪音,也应该归入次浊一类。音韵学家把三十六字母中的群、匣、定、澄、床、禅、从、邪、並、奉十母归入全浊,疑、泥、娘、明、微、喻、来、日八母归入次浊。现代汉语普通话只有次浊声母,没有全浊声母。如果说,双唇[p][p']、唇齿[f]、舌尖塞音[t][t']、舌尖前音[ts][ts'][s]、舌面音[tɕ][tɕ'][ɕ]都没有相

---

① 高本汉《中国音韵学研究》中译本第 551—731 页。
② "全浊"又称"浊","次浊"又称"清浊"或"不清不浊"。

配的全浊声母,单单是舌尖后音(卷舌音)[tʂ][tʂʻ][ʂ]有一个全浊声母[ʐ]和它们相配,那就太没有系统性了。事实上是不可能的。

第三,从语音发展规律说,现代汉语普通话的日母也不可能是个全浊声母。我们知道,中古全浊上声字,到南宋以后,已经转入了去声,所谓浊上变去,例如"动"音如"洞"、"是"音如"豉"、"似"音如"寺"、"巨"音如"惧"、"杜"音如"渡"、"弟"音如"第"、"在"音如"再"、"旱"音如"汗"、"践"音如"贱"、"肇"音如"召"、"抱"音如"暴"、"坐"音如"座"、"丈"音如"仗"、"荡"音如"宕"、"静"音如"净"、"舅"音如"旧"、"朕"音如"鸩"、"颔"音如"憾"、"范"音如"梵",等等。但是,次浊声母却安然无恙,直到今天,上声字仍读上声,"勇"不读如"用"、"蚁"不读如"义"、"以"不读如"异"、"语"不读如"御"、"吕"不读如"虑"、"武"不读如"务"、"羽"不读如"芋"、"鲁"不读如"路"、"礼"不读如"丽"、"你"不读如"腻"、"乃"不读如"耐"、"引"不读如"胤"、"吻"不读如"问"、"满"不读如"漫"、"眼"不读如"雁"、"免"不读如"面"、"鸟"不读如"尿"、"渺"不读如"妙"、"卯"不读如"貌"、"马"不读如"骂"、"网"不读如"妄"、"两"不读如"亮"、"朗"不读如"浪"、"有"不读如"右"、"柳"不读如"溜"、"廪"不读如"吝"、"俨"不读如"验",等等。日母也属于次浊声母,所以也安然无恙,上声字仍读上声,不变去声,例如"汝"不读如"洳"、"忍"不读如"刃"、"扰"不读如"绕"、"壤"不读如"让"、"稔"不读如"任"、"戎惹冉"等字也都不读去声。这就有力地证明,日母决不是全浊声母[ʐ],而应该是一种次浊声母。

第四,从来源说,日母应该是卷舌闪音[ɽ]。音韵学家把声母分为七类,叫做七音:1.唇音(帮滂並明,非敷奉微);2.舌音(端透定泥,知彻澄娘);3.牙音(见溪群疑);4.齿音(精清从心邪,照穿床审禅);5.喉音(影晓匣喻);6.半舌(来);7.半齿(日)①。其实,来、日二母应并为一类,《韵镜》把它们归入同一栏,合称"舌齿音"。《四声等子》卷首有一个韵图,也把它们归入同一栏,合称"半舌半齿音"。《韵镜》和《四声等子》把来、日二母合为一类是正确的,因为[l]和[ɽ]都是所谓液音(liquids),正是同一类的。从宋元韵图中可以看出,半舌半齿音排列在最后,是由于它们的发音方法和舌音、齿音的发音方法不同;这些韵图之所以把来、日二母排列在一起,则是由于它们的发音方法有相似之点(都是液音)。由此可见,宋元时代(甚至更早),日母就已经是个[ɽ]。我在我的《汉语音韵学》和《汉语史稿》中,采用高本汉的拟音,把中古日母拟测为[nʑ],是错误的。

现代汉语普通话的日母确是和知、痴、诗三母同一发音部位,所以我把它定为卷舌闪音[ɽ]②。

上文说过,汉语拼音方案用拉丁字母 r 表示日母是正确的,因为闪音是颤音的变种③。记得赵元任先生在什么地方说过,汉语的日母就是英语的 r。的确,许多英国人读 r 用的是闪音④。据英国语音学家琼斯(D.Jones)说,英语的 r 是后齿龈音(post-alveolar),那就和汉语的舌尖后音(知痴诗日)[tʂ][tʂʻ][ʂ][ɽ]非常接近了。从前中国人唱乐谱时,把 re 唱成"唡",那是错误的,现在用日母唱成[ɽe],那就很好,因为[ɽe]非常接近英语的闪音 re(国际音标写作[re])。

---

① 次序依照《韵镜》。若依《切韵指掌图》《四声等子》《切韵指南》,则七音的次序是,1.牙音;2.舌音;3.唇音;4.齿音;5.喉音;6.半舌;7.半齿。《切韵指掌图》还分舌音为舌头、舌上二类,齿音为齿头、正齿二类。喉音次序,依《切韵指掌图》和《四声等子》卷首的《七音纲目》是影晓匣喻;依《切韵指南》是晓匣影喻。
②③ 关于闪音的性质,参看罗常培、王均《普通语音学纲要》第81—82页。
④ 参看 D.Jones, An Outline of English Phonetics,750节,第195页。

二、标调问题

现在通行的一种汉语标调法,是五度标调法①,这是用一根竖线分为四等分,从下到上分为五度(1、2、3、4、5),表示声音高低的尺度(低、半低、中、半高、高),例如北京话阴平是 55˥(高平),阳平是 35 ˧(中升),上声是 214 ˨˩˦(降升),去声是 51 ˥˩(高降)。也可以把四声画成一个总图,如图 1。

图 1

据我所知,五度标调法是赵元任先生创造的②。1927 年,他向国际语音学会提出这个建议,后来发表在该会的刊物 Maitre Phonétique 上。从此以后,五度标调法就被采用了。在此以前,一般用的是乐谱标调法(高本汉用过这种标调法),例如北京话四声的表示,如图 2③。

阴平　阳平　上声　去声

图 2

---

① 罗常培先生把它叫做字母式声调符号。参看罗常培、王均《普通语音学纲要》第 126 页。

② 刘复在他的《四声实验录》里也用过类似的标调法,但没有规定为五度。

③ 参看罗常培、王均《普通语音学纲要》第 126 页。

　　五度标调法有优点，也有缺点。它的优点是不至使人误会声调是绝对音高；它的缺点是有时候不能准确地表示某种声调。五度标调法（指现在通行的标调法）只能表示高平、中平、低平、全升、全降、高升、低降、中降、降升、升降等，它不能表示三折调，例如降平升、升平降。北京话的上声，基本上是个低平调，调头的降、调尾的升，都是次要的。所以刘复《四声实验录》用乐谱记录北京话的上声时，就没有调头的降，如图3。

　　上声字在双音词组的第一字时，如果下字不是上声，上字要读半上，半上就是没有调尾升的部分的，有时候连调头降的部分也可以不用，半上实际上是个低平调①。从《四声实验录》北京话上声的乐谱可以看出，低平占3/4拍，升的部分只占1/4拍，那么，用数目字表示，应该是2114，而不是214。如果标为 ∧，那就是简单的降升调，略等于去声加阳平。简单地用去声加阳平的办法，无论如何念不出一个北京话上声来。所以1958年北京大学汉语教研室编写的《现代汉语》和1963年我所写的《汉语音韵》把声调图修改了一下，如图4。

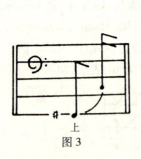

图 3

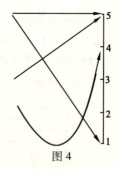

图 4

　　依照刘复实验的结果，北京话上声的频率曲线是：

---

① 对于北京话的上声，一般标为214，依刘复则应是114，依半上则应是211或11。调值不同，实际上应认为同一调位。

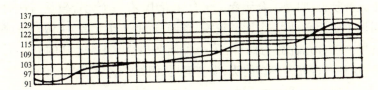

这是和他所做的乐谱标调相符合的。如果依照 214 ∨ 来发音,放到浪纹计上实验,决不会得出这样一个曲线来。

赵元任先生在他没有创造五度标调法以前,曾经使用过一种很好的标调法。在他的《现代吴语的研究》里,他所使用的标调法是:先画一根横线作为平均音高,然后画出声调曲线(这是上述刘复《四声实验录》的声调曲线的简化)。横标里头就是时间,竖标就算音高。右边注出简谱1、2、3、4等(简谱只表示相对音高,不表示绝对音高),例如无锡的声调有八个,如下:

阴平	⟍⟋	5 3♭	阳平	⟋⟍	1 3♭
阴上	⊓	3♭2♭3♭	阳上	⌒	2♭3♭2
阴去	⌐⟋	3♭24	阳去	⟍	2♭13♭
阴入	⎓	4	阳入	⟋	1#4

这样,无锡的阴上是降平升调,阳上是升平降调,阳平是低平升调,阴去是中平升调,都表示得很准确,这是五度标调法所做不到的。这种标调法,可以称为曲线标调法。曲线标调法也是分为五度,但是由于使用了曲线,照顾到音的长短,就比现在通行的五度标调法更为准确。我建议调查方言使用曲线标调法。

三、汉语拼音方案和四呼的关系问题

每一个汉字是一个音节。每一个音节只有一个元音,称为韵母,例如:

大 da　理 li　波 bo　车 che　都 du　徐 xü

有些字似乎包含两个或三个元音,其实是一个复合元音。两个元音复合,叫做二合元音。二合元音中,有一个元音较长、较强,叫做主要元音;另一个元音较短、较弱,近似于半元音,叫做韵头或韵尾。二合元音分为两种:第一种前弱后强,叫做上升的复合元音,这种二合元音只有韵头,没有韵尾,例如:

家 jia　瓜 gua　过 guo　斜 xie　雪 xüe

第二种前强后弱,叫做下降的复合元音,这种二合元音只有主要元音和韵尾,没有韵头,例如:

排 pai　飞 fei　高 gao　楼 lou

此外还有三合元音。在汉语里,三合元音是两头弱当中强,既有韵头,又有韵尾,例如:

条 tiao　忧 iou　怀 huai　威 uei

韵母收尾的 n、ng([ŋ]),我们也叫它韵尾,因为鼻音 n、ng([ŋ])能独立自成音节,带有元音的性质,例如:

等于二合元音的:han 寒　根 gen　刚 gang　冷 leng

等于三合元音的:前 qian　良 liang　关 guan　温 uen

况 kuang　翁 ueng　玄 xüan

根据这个汉语语音系统,中国音韵学家把汉字的音节分为四类,叫做四呼:没有韵头,主要元音为 a、e、o 者,叫做开口呼;韵头或主要元音为 i 者,叫做齐齿呼;韵头或主要元音为 u 者,叫做合口呼;韵头或主要元音为 ü 者,叫做撮口呼。

四呼的说法,便于说明汉语音节系统的性质,所以许多现代汉语教科书都讲四呼,这是合理的。

四呼本来是很好懂的,但是,最近我看了几本稿子(讲曲韵的),看见作者根据汉语拼音方案来讲四呼,有些地方竟讲错了。这不是汉语拼音方案的过错,因为拼音方案不是音标,有些地方为了某种便利,可以不严格依照实际读音。为了避免误解,这里我把汉语拼音方案和四呼不一致的地方加以说明。

1)汉语拼音方案委员会认为,在拼音方案中应该尽可能少用拉丁字母 u，因为 u 在手写时容易和 n 相混。这样，"轰"的韵母本该是 ung，写成了 ong；"雍"的韵母本该是 üng，写成了 iong。合口呼变了开口呼了。我们讲四呼时，仍应把它们归入合口呼。"熬"的韵母本该是 au，由于怕容易和"安"的韵母 an 相混，改写为 ao；"腰"的韵母本该是 iau，由于怕容易和"烟"的韵母 ian 相混，改写为 iao。我们讲韵尾时，应该把这类韵尾认为是 u。

2) 音韵学认为"恩、因、温、晕"是相配的开齐合撮四呼，注音符号 ㄣ、ㄧㄣ、ㄨㄣ、ㄩㄣ 反映了这个系统。汉语拼音方案把 ㄧㄣ 写成 in，不写成 ien，把 ㄩㄣ 写成 ün，不写成 üen，一则因为可以省掉一个字母，二则现在实际读音也确是 in、ün。不过，从语音系统说，仍应认为是相配的开齐合撮四呼，即 en、ien、uen、üen。十三辙把"恩、因、温、晕"合为一个辙（人辰辙），并不分为两个或三个辙，正是说明了这个道理。汉语拼音方案把它们并列一个横行，也是合理的。

3) 音韵学认为"亨、英、轰（翁）、雍"是相配的开齐合撮四呼，注音符号 ㄥ、ㄧㄥ、ㄨㄥ、ㄩㄥ 反映了这个系统。汉语拼音方案把 ㄥ 写成 ing，不写成 ieng，一则因为可以省掉一个字母，二则现在实际读音确也是 ing[①]。方案把"轰"的韵母写成 ong 是为了避免 u 与 n 相混（前面说过了），方案把它摆在开口呼的直行，在音韵学上是错误的，但是已经改写为 ong，也只好这样摆了。方案把"翁"写成 ueng，是因为北京话实际读音是这样。从音位学上说，ueng 是 ung 的变体，前面有声母读 ung，没有声母读 ueng。这样，"翁"的读音 ueng 倒可以证明 ung 是 eng 的合口呼。在许多方言里，"翁"字念 ung 不念 ueng。方案把"雍"的韵母写成 iong，其实应该是 üng，前面已说过了。依照实际语音，"雍"的韵母也可以认为是 iung，因为其音在 üng、iung 之间。但是，在音韵学上，必须认为它是 üeng，然后 eng、ieng、ueng、üeng 成为相配的四呼。方案把它

---

① 许多北京人说 ing 时，往往说成 iəng，那也说明 ing 是 eng 的齐齿呼。

摆在齐齿呼的直行,在音韵学上是错误的,但是已经写成了 iong,
也只好这样摆了。《康熙字典》卷首的《字母切韵要法》把这四呼归
入庚摄,是合理的。十三辙把"亨、英、翁、轰、雍"合为一个辙(中东
辙),正是说明了这个道理。有人写现代诗韵(韵书),分 eng、ing
和 ung、üng 为两个韵,则是错误的。

4)汉语拼音方案规定,iou、uei、uen 前面加声母的时候,写成
iu、ui、un,例如 niu(牛)、gui(归)、lun(论)。这不但是为了节省一
个字母,而且也符合实际读音。iou 和 iu 是互换音位,有人说 iou,
有人说 iu,一般人听不出分别来[1]。uei 和 ui、uen 和 un,也是同一
音位。没有声母,或声母是 g、k、h 时,实际上读 uei(威)、guei
(归)、huei(辉)、uen(温)、guen(棍)、kuen(昆)、huen(婚);其他
情况,实际上读 ui、un,如 zui(最)、dui(对)、lun(论)、dun(顿)。
汉语拼音方案没有加以区别,是按照音位论来处理的。但是,这样
规定以后,就引起许多误解。照理,声调符号应该放在主要元音上
面,iou 的主要元音是 o,uei、uen 的主要元音是 e,现在规定,前面
加声母的时候写成 iu、ui、un,o 和 e 不出现了,声调符号放在哪一
个字母上面呢? 当时汉语拼音方案委员会有两种意见:一种意见
主张把声调符号放在 iu 中的 i 上、ui 中的 u 上。另一种意见主张
把声调符号放在 iu 中的 u 上、ui 中的 i 上[2]。我赞成前一种意见,
因为在这种情况下,iu 中的主要元音是 i,ui 中的主要元音是 u。后
来委员会决定采用后一种意见,这样就令人误解,以为 iu 中的 i、ui
中的 u 是韵头,而 iu 中的 u、ui 中的 i 反而是主要元音了,例如"牛"
写作 niú,i 被认为是韵头,u 被认为是主要元音。i 认为是韵头还不
算大错,但应说明主要元音 o 不出现;u 认为是主要元音则是大错。
又如"催"写作 cuī,u 被认为是韵头,i 被认为是主要元音。u 认为
是韵头还不算大错,但应说明主要元音 e 不出现;i 认为是主要元

---

[1]　有人说,上声是 iou(如"柳"),其余是 iu。
[2]　关于 un,没有争论,因为不会有人主张把调号放在 n 上。

音则是大错。我所看见的一本书稿,就是这样错了的。正当的办法是:在分析四呼的时候,应该把主要元音补出,iu 还原为 iou,ui 还原为 uei,un 还原为 uen,然后说明,在 iou 中,i 是韵头,o 是主要元音(也叫韵腹),u 是韵尾;在 uei 中,u 是韵头,e 是主要元音,i 是韵尾;在 uen 中,u 是韵头,e 是主要元音,n 是韵尾。这样,才不至陷于错误。

　　以上三个问题,都是在编写现代汉语教材中遇到的问题。我在这里提出我的意见,供参考。

原载《中国语文》1979 年第 4 期

再论日母的音值，兼论
普通话声母表

最近看见《中国语文通讯》1982 年第 3 期上登载了关于普通话日母的音值的两篇文章，一篇是朱晓农同志写的，另一篇是夏秋同志写的，读了很受教益。我接受朱、夏两同志的批评意见，所以写这一篇文章。

我的错误在于把普通话日母说成是闪音。朱晓农同志批评说："'日'不是断续的，发音时舌头并不颤动，因此它不是闪音，不能用[ɾ]来表示。"他的话是对的。朱同志又说：

> 事情正像王力先生所说的，外国人学汉语，把"然"读成[ʐan]，把"人"读成[ʐən]，是很难听的。其所以难听，是因为读得太"强"了，摩擦太大了。实际上，"日"的摩擦并不大于[j]。试比较"壤"："阳"，"容"："勇"，"然"："盐"，"日"："倚椅异"等。在音色上"日"最接近[ɻ]。当发"日"字音时，听感上很难把声母和韵母区别开，这有点像"倚"[ji]、"五"[wu]，只是韵母同部位有少量摩擦。"日"跟[ɻ]的关系平行于[j：i]的关系。"日"是个舌尖后浊久音，但不闪动（闪动便成了[ɾ]），摩擦也不太强（若是摩擦音便成了[ʐ]），也就是说，是个半元音。

这一段话也讲得很好，所谓浊久音，就是赵元任先生在《中国话的文法》中所说的 voiced contiuants，吕叔湘先生译作"浊持续音"，丁邦新先生译作"浊通音"。

唯一可以商榷的是：日母可否认为是半元音？我看不大合适。国际音标最后一栏是"无擦通音及半元音"。可见无擦通音和半元音不是同类，只是性质相近而已。赵元任先生只把日母归入浊通音，没有认为是半元音。赵先生是对的。夏秋同志比朱晓农同志更进一步，他认为日母就是元音。他说：

> 如果不考虑声调的因素，我们说"值日生"时，说完"值"，口型、舌位不作任何改变，只要拖长"值"的韵母[ʅ]，即成了"日"字的读音。构成日音节的音素与"知痴诗"的韵母[ʅ]应该是同一个音。由此可见，"知痴诗"的韵母[ʅ]是可以自成音节的。日音节就是自成音节的韵母[ʅ]。它和声母后的[ʅ]应该加以合并，在韵母表中占有一个位置。

这话更不妥。"值日生"的"值"，即使不考虑声调因素，随便拉得多长，也拉不出一个"日"音。韵母[ʅ]在普通话里不单独成音；但是在京剧里，支思韵字拉长时，就有自成音节的[ʅ][ɿ]出现，而这两个元音并不就是"日、思"的字音。应该承认，日母是声母，不是韵母。赵元任先生把日母认为是声母，那是对的。在中国音韵学上，一向认为日母是声母。

赵元任先生虽然采用过高本汉的[ʐ]作为普通话日母的音标，但是他并不相信这个[ʐ]就是[ʂ]的浊音。他宁愿相信这个[ʐ]等于英语的 r，而英语的 r 也就是无擦通音[ɹ]。在他的《现代吴语的研究》中，一方面，他采用高本汉的[ʐ]作为普通话日母的音标（原书 26页）；另一方面，他又在说明声母表的时候，说[ʐ]（如普通话"人"[ʐən]）等于英语 draw 中的 r。此后，他常常讲起，普通话的日母就是个 r，他制订的国语罗马字也就用 r 作为日母字的声母。他的《中国话的文法》的声母表中（原书 22 页）并没有[ʐ]，也就是说，在塞音、塞擦音、擦音的发音方法中没有浊音一栏，日母[ɹ]作为浊通音和边音[1]同一直行,这是完全正确的。也就应了我的话:古人把来、日二母放在一栏内,叫做半舌、半齿,不是没有理由的。

赵元任先生把日母[ɹ]比作英语的r,是有道理的。典型的英语r,也就是无擦通音。Daniel Jones 说(《英语语音学纲要》47 页):

> 无擦通音:发音部位和摩擦辅音一样,但是气流很微弱,以致听不出摩擦音来,例如主要的英语r。

普通话日母[ɹ]和英语的r[ɹ]只有两点不同:第一,发音部位方面,英语的[ɹ]是个舌尖前音,普通话日母[ɹ]是个舌尖后音;第二,发音方法方面,典型的英语[ɹ]是圆唇化的。但是赵元任先生并没有错,他在《中国话的文法》的声母表中,正是把浊通音[ɹ]放在卷舌音一栏内的。

我在我的《现代汉语语音分析中的几个问题》中,也把日母比作英语的r,本来是不错的;但是,我认为它是闪音,那就错了。我说:

> 记得赵元任先生在什么地方说过,汉语的日母就是英语的r。的确,许多英国人读r用的是闪音。

我这一段话是根据 D.Jones 的话来说的,D.Jones 的原话是:

> 许多人用闪音r作为r音位的辅助音;主要是出现在非重音的、夹在两元音中间的位置上,例如 very、period,或者用在一个单词的末尾。这种辅助性的r还不是主要的;在这种情况下,也常常用的是摩擦音r。

由此可见,我根据 D.Jones 这段话是不合适的。在英语r音位中,最常见的只有两种读音:一种是摩擦音r,另一种是无擦通音r,我应该把日母[ɹ]比作英语的无擦通音r[ɹ]①。

---

① 参看 D. Jones《英语语音学纲要》第二十二章《无擦通音》(205 页)。

剩下的问题是音标问题。朱晓农同志说：

> 总之，"口"是个不易把握的音，说得确切点，是个用现有的国际音标难以表示的音。几十年来用了三个不同的音标且都不能使人满意，正说明了这一点。因此我们想另外提出两个供选择的办法。

朱同志的两个办法是：创造一个新音标[ɭ]；用[ʐ]同时表示舌尖后浊擦音和舌尖后半元音。我认为，朱同志第二个办法不好；第一个办法可以考虑采用。但音标问题不是重要的问题，只要决定它的音值，就便于教学和学习了。

这里顺便谈谈普通话声母表的问题。过去我们搞汉语音韵学，一般依照国际音标的次序安排列表，例如北京大学中国语言文学系汉语教研室编写的《现代汉语》(1962 年版)，其中的辅音表如下①：

发音方法＼发音部位			双唇音	唇齿音	舌尖音	舌尖前音	舌尖后音	舌面音	舌根音
塞音	清	不送气	b		d				g
		送气	p		t				k
塞擦音	清	不送气				z	zh	j	
		送气				c	ch	q	
擦音	清			f		s	sh	x	h
	浊						r		
鼻音	浊		m		n				ng
边音	浊				l				

---

① 表内是汉语拼音字母，不是国际音标。

这种辅音表有一个缺点：汉语普通话没有全浊声母，塞音、塞擦音、擦音都没有浊音（普通话的 r 并不是 sh 的浊音），所以我们不必区别清浊。鼻音、边音有浊无清，我们更不必区别清浊。强调了清浊的区分，反而掩盖了汉语普通话的特点。

赵元任先生在他的《中国话的文法》里，根据汉语普通话的特点，特制一个声母表如下①：

方法 部位	不送气塞音	送气塞音	鼻　音	擦　音	浊通音
唇　　音	ḅ	pʰ	m	f	
舌　尖　音	ḍ	tʰ	n		l
舌尖前音	ts	tsʰ		s	
卷　舌　音	tʂ	tʂʰ		ʂ	
舌　面　音	tɕ	tɕʰ		ɕ	ɹ
舌　根　音	ǧ	kʰ	(ŋ)	x	ʁ—ø

这个表有许多优点：第一，它改正了以前的错误，把日母从浊擦音移到浊通音的位置上来；第二，它把[l]和[ɹ]排在同一直栏内②，符合等韵学半舌、半齿并列的原则；第三，它略去了辅音清浊的对立，强调送气不送气的对立，符合汉语普通话的特点。我想，只要稍为改动一下，就能适应教学和学习的需要了。我的意见是这样：

第一，仍依国际音标的办法，横行是发音部位，直行是发音

---

① 见原书 22 页。原有两个表：（甲）国语罗马字；（乙）国际音标。这里只录第二表。
② 辅音[l]既是边音，又是通音，赵元任先生把[l]归入通音是可以的。参看 D. Jones《英语语音学纲要》188 节。

方法。

第二，在发音部位上，取消浊通音的 ʁ—Ø。据赵元任先生说，ʁ 指喉塞音，Ø 指元音开头。从音位观点看，都属于零声母，可以不列。

第三，在发音方法上，把塞擦音和塞音区别开来。塞擦音是先塞后擦（成阻是塞，除阻是擦），和塞音混在一起似乎欠妥。

第四，在声母表上，应该有半元音①，国际音标把无擦通音和半元音合并在一栏，我们认为，为了照顾汉语的特点，应该分列。

第五，国际音标不必用[b̥][pʰ][d̥][tʰ][g̊][kʰ]。固然，从实验语音学上看，赵先生这样标音是有道理的；但是，从音位观点看，标作[p][pʻ][t][tʻ][k][kʻ]就可以了。

根据上面的原则，我试拟一个汉语普通话声母表如下：

（甲）汉语拼音方案

发音方法 ＼ 发音部位	唇音	舌尖音	舌尖前音	卷舌音	舌面音	舌根音
不送气塞音	b	d				g
送气塞音	p	t				k
鼻　音	m	n				
不送气塞擦音			z	zh	j	
送气塞擦音			c	ch	q	
擦　音	f		s	sh	x	h
通　音		l		r		
半元音	w,y(u)				y,y(u)	(w)

---

① 我们认为，汉语拼音字母 y、w 也应该看作声母，容当另文讨论。

（乙）国际音标

发音方法 ＼ 发音部位	唇音		舌尖音	舌尖前音	卷舌音	舌面音	舌根音
不送气塞音	p		t				k
送气塞音	p'		t'				k'
鼻　音	m		n				
不送气塞擦音				ts	tʂ	tɕ	
送气塞擦音				ts'	tʂ'	tɕ'	
擦　音	f			s	ʂ	ɕ	x
通　音			l		ɻ①		
半元音	w	ɥ				j(ɥ)	（w）

原载《中国语文》1983 年第 1 期

---

① 日母依照朱晓农同志的建议,标作[ɻ]。但若印刷有困难时,仍可标作[ɹ]（即倒写的 r）。

汉语语音的系统性及其
发展的规律性

语言是一种符号系统。语言的各个成分是互相联系而又互相影响的,这在语音方面表现得特别明显。世界上任何语言,它的语音都是有系统性的。语音发展的结果,破坏了旧的系统,同时就形成了新的系统。我们研究汉语语音的系统性,就是研究各个语音成分的相互关系和互相影响;我们研究汉语语音发展的规律性,也就是研究它的系统性的发展。毛主席说:"和形而上学的宇宙观相反,唯物辩证法的宇宙观主张从事物的内部、从一事物对他事物的关系去研究事物的发展,即把事物的发展看做是事物内部的必然的自己的运动,而每一事物的运动都和它的周围其他事物互相联系着和互相影响着。"我们必须用唯物辩证法来研究汉语语音的发展。

现在先总的谈一谈汉语音韵发展的规律性,然后就声母、韵部、声调三方面分别加以论述。

一、概　说

我们将从上古语音、中古语音、现代语音三方面加以叙述。上古语音指的是先秦时代的语音,中古语音指的是唐代的语音。时代的起讫很难确指。但是我们所根据的材料已足够我们说明汉语音韵发展的概况了。现代语音以现代北京音(普通话的读音)为主,但是,为了更好地说明语音发展的规律性,必要时也讲到各种方音。

系统意味着整齐的条理,例如我们知道汉语有[p]和[pʻ]的对立,一个不送气,一个送气。这个现象不是孤立的。我们发现:[t][tʻ],[k][kʻ]也都对立着,于是我们得出一个结论:塞音都有送气不送气的一对。我们又发现:[ts][tsʻ],[tʂ][tʂʻ],[tɕ][tɕʻ]也都对立着,于是我们得出一个更全面的结论:塞音和塞擦音都有送气不送气的一对。此外还有许多整齐的条理,使我们得出一个总的结论:语音是有系统性的。

有些大的系统性值得注意,例如,声母方面,北方音系没有全浊音;韵母方面,客家话和云南某些方言(如昆明话)没有撮口呼(即没有[y]),粤音系(如广州话)没有一切韵头。了解这些系统性,可以在语音描写上避免某些错误,例如我从前说现代北京的日母是[ẓ],说粤音系具备开齐合撮四呼,都是错误的。

在整个系统中,有各种对应关系。仍以送气不送气为例。送气和送气对应,不送气和不送气对应,例如在历史上有舌根音变为舌面前音的现象,但是[k]只能变为[tɕ],都是不送气,[kʻ]只能变为[tɕʻ],都是送气。这就是对应。

对应还有一种很有趣的现象,那就是阴、阳、入三声的对应。这个等到下文讲到韵部方面再讲。

在许多情况下,语音变了,系统不变,例如中古的歌韵读[a],现在西南官话读[o],只是具体读音变了,由于所有的[a]都变了[o],所以系统没有变。

在语音演变过程中,有分化和合流的现象。这两种现象都是最常见的,所以值得提出来谈。

先谈分化。原则上,完全同音的字是不会分化的,同类的字也是不会分化的。所谓同类的字,指的是韵母相同、声母发音部位又相同之类,例如"天"和"田"自古同韵母,直到今天普通话和各种方言里也都同韵母,只是声母发音方法不同罢了。分化必须具备分化的条件。声母的分化常常是由于韵母不同,韵母的分化常常是由于声母发音部位不同,例如[k][kʻ][x]变为[tɕ][tɕʻ][ɕ]是有条件的,必须是位置在[i]或[y]的前面("见"[kien]→[tɕien])。又如中古宵韵是[iæu],在今普通话里分化为[au][iau]是有条件的:在声母[tʂ、tʂʻ、ʂ、ʐ]后面变为[au],其余变为[iau]。

再谈合流。合流也不是没有条件的。一种是声音相近,才能合流,例如中古的韵尾[-m]和[-n]合流为[-n],是因为[-m]和[-n]都属鼻音韵尾。一种是韵头或韵尾消失,也能合流,例如中古的[uk]和[u]合流为[u],是因为韵尾[-k]消失了。合流之后,有时发现一种情况,可以叫做遗迹,例如中古东韵本来分为[uŋ][iuŋ]两个韵母,后来到了现代北京话里,韵头消失了,合流为[uŋ]。但是"穷穹"等少数字读[iuŋ],仍保留着中古音的遗迹。又如"庄初床山"一类字,至少在唐末就和"照穿神审"一类字合流了,但是由于"庄初床山"本来近于[ts、tsʻ、dz、s],所以至今北京音还留下一些遗迹,如"阻"[tsu]、"所"[suo]、"森"[sən]、"色瑟"[sə]等。

总的来说,语音的变化是系统性的。除非不变,要变,就是同类的音都变。以搬家为例,一般总是全家搬到同一个地方。知道[k]在[i、y]前面变为[tɕ],也就可以推知[kʻ]在[i、y]前面也同时变为[tɕʻ],[x]在[i、y]前面也同时变为[ɕ],因为[k、kʻ、x]是"一家人",在同样情况下([i、y]前面),是不会搬到不同的地方去的。上面所说的遗迹,那只是比较少见的特殊情况。

语音的变化,照正常的情况说,都是渐变,不是飞跃。这就是说,只能变为近似的音,不能突然变为远距离的音。语言是交际的工具,变得厉害了,人家就听不懂了。语音的变迁,常常是由于祖孙传授的误差。儿女们向爹娘学话，误差只能是细微的，是自己觉察不出来的。一代一代传下去，差别才越来越大。试举"歌"字为例，上古读[ka]，现代北京话读[kɤ]，差别很大。但是这种差别应是经历渐变的过程的，大概是[kai]→[ka]→[kɑ]→[kɔ]→[ko]→[kɤ]。我们所叙述的汉语语音发展，从上古的先秦到中古的唐代将近一千年，从唐代到现代一千多年，发展的过程决不是简单的，所有的变化都应该从渐变去了解。这里就不详细叙述了。

二、声母方面

上古声母表：

唇　音	[p]帮[p']滂[b]並[m]明
舌尖前	[ts]精[ts']清[dz]从[s]心[z]邪
舌尖中	[t]端[t']透[d]定[n]泥[l]来
舌　叶	[tʃ]庄[tʃ']初[dʒ]床[ʃ]山[ʒ]俟
舌面前	[tɕ]照[tɕ']穿[dʑ]神[ȵ]日[ʎ]喻[ç]审[ʑ]禅
舌　根	[k]见[k']溪[g]群[ŋ]疑[x]晓[ɣ]匣
喉	[ʔ]影

中古声母表：

双　唇	[p]帮[p']滂[b]並[m]明
唇　齿	[pf]非[pf']敷[bv]奉[ɱ]微
舌尖前	[ts]精[ts']清[dz]从[s]心[z]邪
舌尖中	[t]端[t']透[d]定[n]泥[l]来
舌　叶	[tʃ]庄[tʃ']初[dʒ]床[ʃ]山[ʒ]俟
舌面前	[ʈ]知[ʈ']彻[ɖ]澄[ɳ]娘[r]日
	[tɕ]照[tɕ']穿[dʑ]神[ç]审[ʑ]禅[j]喻
舌　根	[k]见[k']溪[g]群[ŋ]疑
喉	[ʔ]影[x]晓[ɣ]匣

现代普通话声母表：

双　　唇　[p]帮[p']滂[m]明

唇　　齿　[f]非

舌尖前　[ts]租[ts']粗[s]苏

舌尖中　[t]端[t']透[n]泥[l]来

舌尖后　[ʐ]日[tʂ]知[tʂ']痴[ʂ]诗

舌面前　[tɕ]基[tɕ']欺[ɕ]希

舌　　根　[k]姑[k']枯[x]呼

喉　　　[ø]影

(一)关于唇音的讨论

远在清代,钱大昕就证明古无轻唇音(即唇齿音)。即是说,"非敷奉微"一类的音,在上古时代属于帮滂并明。微母字,直到今天广州话还是读 m-("微"[mei]、文[man]、物[mat])。非敷奉三母的字,直到今天潮州话、厦门话还有读[p]的(潮州"飞"[pue]、厦门"肥"[pui])。

在中古初期(7世纪,《切韵》时代),非系字还没有从帮系字分化出来。但是已经有了分化的倾向。在《切韵》里,帮系字虽然有时用非系字作为反切上字,但是非系字却一律不用帮系字作为反切上字。相传唐末有个和尚叫守温,传下了三十六字母,其中有非敷奉微。有人在敦煌发现守温字母残卷,其中只有三十字母,唇音只有不芳并明四母,则是轻唇还没有从重唇分化出来。但是,最晚当在宋初(10世纪至11世纪),轻唇音已经出现,因为宋郑樵的《七音略》是按三十六字母排列的。

轻唇音从重唇音分化出来,分化的条件是在介音 iu 的前面,即所谓合口三等字[①]。

从双唇的[p、p'、b、m]分化出唇齿的[pf、pf'、bv、ɱ],只是一种过渡现象,后者大约很快就变为[f、f'、v、ɱ][②],然后[f、f']又合流为

---

① 明母字有极少数例外,如"谋、梦"。

② 送气的 f 是可能的,越南语的 f(写作 ph)就是送气的。

[f]。微母字也就变为今天的[w]("文"[vən]→[wən]),和影喻母字合流了("微"="威"[wəi])。

(二)关于舌齿音的讨论

古人把舌尖到舌面的辅音分为舌音和齿音。舌音指舌尖和舌面的塞音(包括鼻音),齿音指塞擦音和擦音。还有半舌和半齿。半舌指的是边音;半齿指的是擦音性的[r](非颤音)。舌音还细分为舌头、舌上两类,舌头指端系字,舌上指知系字。齿音还细分为齿头、正齿两类,齿头指精系字,正齿指照系字。后人从《切韵》的反切中考证出正齿还应细分为两类,即照系字和庄系字。

钱大昕证明古无舌上音,意思是说,在先秦时代,知系字读如端系字。直到今天的闽方言里,知系字还读[t]音("茶",福州[ta],厦门白话[te];"猪",福州[ty],厦门[ti])。客家话也有上古音的残迹,如"知"读[ti]。中原一带,知系字从端系字分化出来大约在晚唐,其分化条件是在介音[i、iu]的前面。在开始的时候,读为[ȶ、ȶʻ、ȡ、ȵ],虽与端系有别,仍属舌音(塞音)。后来大约最晚在元初(14世纪),知系字就由舌音转入齿音,和照系合流(《中原音韵》反映了这种情况)。知照庄三系合流,是现代普通话的情况,也是多数方言的情况。某些方言则是知照庄精四系合流在一起,例如上海、广州。

日母在上古无疑地是一个[ȵ]。直到今天,客家话和吴方言都保存着("人",客家话和上海白话都是 ȵin)。《切韵》时代的中原音也可能是这个[ȵ];但是最晚在韵图时代(宋初),日母已经由舌音变为齿音,即由[ȵ]变成[r]了。这个[r]也是一个新的拟测①。韵图把它和来母放在一起,可见来、日二母性质相近。来是半舌,属于舌音一类即塞音一类,边音 l 本来就和塞音性质相近;日是半齿,属于齿音一类即擦音一类,[ɽ]如果不是颤音而是闪音,那就和

①　我在《汉语史稿》里依高本汉拟测为 ȵʐ 是不合理的。汉语音系里不会有这种怪音。

擦音性质相近①。我们拟定中古日母的[ʐ],是某种闪音,发音部位与[z̩]相同。

知照庄三系的卷舌化(变为[tʂ]等),乃是近代的事。直到今天湖南话里,知照系还有一部分字保存中古的[tɕ、tɕʻ、ɕ](长沙"专"[tɕyē],"书"[ɕy])。《中原音韵》似乎只有小部分字开始卷舌(支思韵的支类字大概是卷舌字),其余还是[tɕ、tɕʻ、ɕ],因为"战"等字假如读[tʂ、tʂʻ、ʂ]就不可能有韵头[i],不能入先天韵了。

我们在这里要顺便讨论现代普通话日母的实际音值问题。一向都以为普通话的日母是个[z̩],那是不对的。[z̩]是[ʂ]的浊音,把[ʂ]音加上声带颤动,并不能正确地发出普通话的日母来。从语音的系统性来说,它也不可能是个[z̩]。我们知道,现代普通话和其他许多方言(粤方言等)一样,是没有全浊声母的,[z̩]是一个全浊声母,不能进入现代北京话的语音系统。[ʐ]则不同,它和l一样是次浊声母,进入现代北京话的语音系统就是合适的。再说,全浊声母上声字也未变去声,不是足以证明它是次浊吗? 它在中古是个[ɹ],后来跟着知照系字卷舌化,变为[ʐ],发展的过程也是很清楚的。

上古音照穿神三母读音与知彻澄相近(钱大昕注意到这个问题),因此,上古照穿神三母应该是塞音[t、tʻ、d],到了中古才变为塞擦音[tɕ、tɕʻ、dʑ]。至于审禅二母,则从上古到中古都是[ɕ、ʑ]。

庄系字依李荣加一个俟母。俟母字虽很少,但是合乎语音系统性,应该是存在的。

黄侃说庄系字在上古属精系,他的话相当有理。古双声字如"肃爽、萧瑟、萧疏、萧洒、萧森、飒爽"等,都足以证明,庄系字和精系字性质非常相近。我们把上古庄系字拟成[tʃ、tʃʻ、dʒ、ʃ、ʒ],表示它们是和[ts、tsʻ、dz、s、z]非常近似的音。直到中古,它们仍

_____

① 有人索性把闪音归入擦音,如Jones。

旧是[tʃ、tʃʻ、dʒ、ʃ、ʒ]①。上文说过,现代北京话里虽然知照庄三系合流为卷舌音,庄系仍然有一部分保存着上古的[ts、tsʻ、s]等音②。特别有趣的是,庄系字在声母上和照系字相混了,但在某些地方它们的韵母还留下了特殊的形式,例如现代北京的"庄、创、霜"读[tʂuaŋ、tʂʻuaŋ、ʂuaŋ],有别于照系的"章"[tʂaŋ]、"昌"[tʂʻaŋ]、"商"[ʂaŋ]。又如广州的"阻初楚助疏所"等庄系字的韵母都是[-ɔ],有别于照系的"诸处书暑"等字,它们的韵母都是[-y]。

照系的船禅两母,都有塞擦音和擦音互相转化的情况,在现代汉语里表现出来。在现代北方音系里,船禅两母送气塞擦音和擦音互相转化,其一般规则是,平声读送气塞擦音,仄声读擦音,例如支韵"垂、睡"同是禅母字,但北京"垂"读[tʂʻui],而"睡"读[ʂui];真韵"臣、慎"同是禅母字,但北京"臣"读[tʂʻən],而"慎"读[ʂən];清韵"成、盛"同是禅母字,但北京"成"读[tʂʻəŋ],而"盛"读[ʂəŋ]。蒸韵的"乘"是船母字,有平、去两读,平声读[tʂʻəŋ]而去声读[ʂəŋ],和"乘"对应的入声是"食",读[ʂɿ]。也有少数字不依照上述的规则,例如禅母"谁"字平声而读[ʂui],崇母"神"字平声而读[ʂən],"绳"字平声而读[ʂəŋ]。山母字也有转化为初母字的,如"产"依《切韵》应读[ʂan],但今北京读[tʂʻan]。床母字也有转化为俟母字的,如"士"字本属床母,今北京读[ʂɿ],各地方言也不一律,例如"鼠深"本属审母,但"鼠"字上海读[tsʻ ʮ],梅县、厦门读[tsʻu],潮州读[tsʻɿ],福州读[tsʻy];"深"字梅县读[tsʻəm],厦门、潮州读[tsʻim],都读到穿母去了。精系的心母,也有转化为清母的现象,例如"赐"字依《切韵》属心母,今北京、成都、扬州、长沙等地都读[tsʻɿ],是读到清母去了。

粤音系的禅母很稳定。禅母本是擦音,没有转到塞擦音去的

———————————

① 高本汉拟成[tʂ、tʂʻ、dz、ʂ],那不合适,因为庄系字常与介音 i 相遇,卷舌音和 i 是有矛盾的。

② 假定上古的[tʃ、tʃʻ、dʒ、ʃ、ʒ]是从[ts、tsʻ、s]等音变来的。

（广州"垂"[ʃœy]、"臣"[ʃɐn]、"成"[ʃiŋ]）。崇母正相反,本是塞
擦音,几乎全部转化为擦音了(广州"崇"[ʃuŋ]、"船"[ʃyn],平声
的"乘"[ʃiŋ],只有"床"读[tʃɔŋ])。

　　邪母本是擦音,但今粤音系全部读入塞擦音[1],例如"徐随"
[tʃʻœy]、"辞"[tʃʻi]、"寺"[tʃi]、"旬巡"[tʃʻœn]、"祥详"[tʃʻœŋ]、
"夕"[tʃik]。

　　现代吴方言多数以知照庄精四系合为一系,而且浊塞擦音一
律转入浊擦音。这样,澄船床从四母和禅邪合流了,例如上海
"垂"="谁"="随"[ze],"陈"="神"="臣"[zən],"持"="慈"=
"辞"[zɿ],"秦"="旬"[zin],"籍"="席"[ziʔ]。

　　在现代普通话里,精系齐撮字由舌尖音变为舌面前音,见系的
齐撮字早已由舌根音转化为舌面音,于是两系齐撮字汇合在一起
了。这是很晚起的现象,必须等到知照系字卷舌化以后,否则知照
本来也是舌面前音,就混在一起了。精系齐撮字和见系齐撮字合
流,大约是 18 世纪以后的事。在北方音系,还有许多地区精系字
齐撮字仍读[ts、tsʻ、s](开封"西"[si]、"渐"[tsiɛn])。这是所谓尖
团音的区别。现代吴方言多数都能区别尖团音。

　　守温字母的喻母,在中古以前应分为两类:一个是云类,另一
个是余类。云类有"云雨于羽王为韦永有远荣"等字,古音应属匣
母。余类有"余予夷以羊翼与移悦"等字,即我们的上古声母表所
列的喻母。直到《切韵》时代,还是这样明显地分开的。后来(大约
在唐末)二者才合流了。所谓合流,就是云类从匣母分化出来,转
入了喻母。分化的条件是在介音[i、iu]的前面。

　　喻母的拟音,是一个有争论的问题。我批评高本汉把上古喻
母(余类)硬分为[d、z]两类[2],我自己则主张全归[d]音。现在看
来,我当时的拟音也未必正确。因为从语音的系统性看来,声母各

---

① 　湖南双峰有类似情况。
② 　《汉语史稿》。

系浊音都不分送气、不送气两类，唯独定母分为送气、不送气，那就不合系统。现在我把上古喻母拟测为[ʎ]，这是舌面边音①。[ʎ]从上到下，匣母的[ɣ]从右到左，正好汇合为中古喻母的[j]。从发展的过程上是讲得通的。

（三）关于喉牙音的讨论

古人把舌根音叫做牙音，指的是见溪群疑四母；至于古所谓喉音，指的是晓匣影喻四母，既然喉牙分立，晓匣应该是[h、ɦ]，而不应该是[x、ɣ]。但认为[x、ɣ]也有理由，因为晓匣和见溪群疑的关系在上古确是密切的。现在我们在上古声母表中把晓匣定为舌根擦音，但是在中古声母表中定为喉擦音，像现代吴方言一样。晓和匣是清浊配对，影和喻虽也是一清一浊，但不是配对②。因此，我们把影母定为喉塞音[ʔ]，把喻母定为[j]③，是合适的。

见溪群晓匣五母的发展过程是比较简单的。除匣母云类字转入喻母为全国所同外，华南诸方言如粤方言、闽方言、客家话等，直到今天基本上还保存这些舌根音和喉音。粤方言溪母字大多数转入晓母去了(广州“空”[huŋ]、“开”[hɔi])。溪晓两母的合口字则转入非母(广州“苦”＝“虎”[fu]、“宽”＝“欢”[fun])，匣母的合口字则转入云母(广州“湖”[wu]、“魂”[wan])。现代北方音系见溪群晓匣五母分化为两类：一类是开合口字，仍读舌根音[k、kʻ、x]，如“干”[kan]、“枯”[kʻu]、“共”[kuŋ]④、“好”[xau]、“痕”[xən]等；一类是齐撮口字，转变为舌面前音[tɕ、tɕʻ、ɕ]，和精清从心邪的齐撮口字合流了，如“见”＝“箭”[tɕiɛn]、“去”＝“趣”[tɕʻy]、“权”＝“全”[tɕʻyan]、“晓”＝“小”[ɕiau]、“鞋”＝“邪”[ɕiɛ]。现代吴方

---

① 依国际音标，[ʎ]是舌面中的边音，这里借来表示舌面前的边音。赵元任等翻译高本汉《中国音韵学研究》也用[ʎ]表示舌面前的边音。

② 《韵镜》说晓匣是“喉音双飞”，影喻是“喉音二独立”。

③ 这个[j]，开始是擦音，后来变为半元音。

④ 群母本无开合口字，“共狂”等少数字由撮口转入合口。

言的情况和北方音系近似,也是分为两类的。

见系分化为两类,是晚起的现象。大约直到清初,才分化了的。

疑母原是舌根鼻音,一直到中古,还是很稳定的。中古以后,就多数地区来说,比起其他鼻音来,算是最不稳定的了。保持疑母原音[ŋ]最完整的,要算闽北方言,例如福州"语"[ŋy]、"严"[ŋieŋ]。其次是粤方言,例如广州"银"[ŋan]、"牛"[ŋau]。其次是客家方言,例如梅县"牙"[ŋa]、"咬"[ŋau]。其次是吴方言,例如上海"我"[ŋu]、"岳"[ŋoʔ]。北方音系某些地区也有少数字保存了声母[ŋ],例如汉口"我"[ŋo]、"岸"[ŋan]。[ŋ]在[i、y]的前面时,往往变为[ɲ],例如"语",上海[ɲy],梅县[ɲi];"愿",上海[ɲiø],梅县[ɲian];"玉",上海[ɲioʔ],梅县[ɲiuk]。现代普通话没有声母[ŋ],有极少数疑母字转入泥母,如"拟"[ni]、"逆"[ni]、"孽"[nie]。绝大多数疑母字都转入零声母,如"岸"="按"[an]、"傲"="奥"[au]、"饿"="恶"[ɤ]、"疑"="移"[i]、"危"="为"[wəi]。闽南方言疑母字绝大多数变为[g],例如厦门"傲"[go]、"银"[gun]、"仰"[giɔŋ]。

影母自古以来都是零声母①。只有一点值得注意:如果是开口呼的字,某些方言往往加上声母 ŋ,以致影母字转化为疑母字,例如汉口"按"="岸"[ŋan]。在某些方言影母开口呼的字,零声母和[ŋ]声母是互换音位,例如广州"爱"字,既可说成[ɔi],又可说成[ŋɔi]。

(四)关于清浊音的讨论

古人对于清浊音的分类是非常符合汉语语音系统的;依守温三十六字母,分清浊如下表②:

---

① 我们把上古和中古影母拟成喉塞音[ʔ],其实[ʔ]和零声母是同一音位。声母前面固然常常有喉塞音,但不是必要的。

② 参照《韵镜》《四声等子》《音学辨微》。

全清	帮非端精知照见影
次清	滂敷透清彻穿溪
全浊	並奉定从澄床群
次浊	明微泥娘来日疑喻
又次清	心审晓
又次浊	邪禅匣

由上表可以看出，全清指的清塞音不送气（零声母也算全清），次清指的是清塞音送气，又次清指的是清擦音。全浊指的是浊塞音，次浊指的是鼻音、边音、闪音和半元音，又次浊指的是浊擦音。注意：全浊、次浊都没有送气不送气的对立①，次浊没有清浊的对立（次浊并不是次清的浊音）。

全浊和次浊的区别是十分重要的。浊音在现代普通话和许多方言中消失，指的是全浊，而不是次浊。浊音上声变去声，也指的是全浊，而不是次浊。

在全国各地区中，汉语浊声母的发展，有各种不同的情况。我们在上古声母表和中古声母表的比较上可以看出，上古浊音和中古浊音是对应的，浊音没有消失。直到近代，各地区的浊音可以大别为两种情况：一种是保存着浊音，另一种是浊音消失了，但是在声调上或多或少地保留着浊音的痕迹。

保存着浊音的典型代表，是吴方言，例如上海"陪"[bᴇ]、"淡"[dᴇ]、"魂"[ɦuən]、"肥"[vi]、"旗"[dʑi]、"时"[zʅ]、"慈"[zɿ]。次浊微母文言字变全浊[v]，例如上海"微"="肥"[vi]、"文"="坟"[vən]。湘中方言也保存了浊音，例如双峰"近"[dʑin]、"桃"[də]。不过有少数浊音消失的现象，例如双峰"避"[pʻi]。

在浊音消失的方言里，在声调上或多或少地保留着浊音的痕

---

① 有人把中古的全浊拟成送气，有人拟成不送气，我们认为，既然全浊音没有送气不送气的对立，就可以认为送气不送气均可（现代吴方言就是这样）。在声母表上，我们把全浊写成不送气。

迹。汉语声调分为阴调类和阳调类,阴调类原属清音,阳调类原属浊音。华北方言平声分阴阳,阴平就是原清音,阳平就是原浊音①,例如北京"贪"［t'an］、"谈"［t'an］。但是原入声字转入平声时有例外,如"急"原属清音见母,"节"原属清音精母,今皆读阳平。西南官话原入声字一律归阳平,原入声字的清浊就分不清了,例如成都"滴":"敌"。长沙话去声也分阴阳,阳去只是白话音,如"汗"［xan］、"蛋"［tan］,但也可以窥见浊音的痕迹。客家话入声分阴阳,阴入就是原清音,阳入就是原浊音,例如梅县"福"［fuk］、"伏"［fuk］。粤音系多数方言四声都分阴阳,例如广州"贪"阴平、"谈"阳平、"毯"阴上②、"淡"阳上③、"探"阴去、"啖"阳去、"答"阴入④、"踏"阳入。因此,粤方言虽然浊音消失了,但是浊音的系统还完整地反映在声调上。

　　浊音消失后送气不送气,各地方言有各种不同的情况。大致可以分为三种:第一种是平声送气,仄声(包括原入声字)不送气。这以北京话为代表,例如"渠、巨"同属浊音群母,但"渠"读送气而"巨"读不送气;"局"也原属浊音群母,但因原属仄声(入声),今天虽转入阳平,也读不送气。第二种是平、仄声一律送气。这以南昌、梅县为代表(所谓赣客家方言),例如南昌、梅县"便"="骗"［p'iɛn］,梅县"白"［p'ak］。第三种是平、仄声一律不送气。这以长沙为代表(湘北方言),例如长沙"同"［toŋ］、"蚕"［tsan］、"题"［ti］。

（五）关于发展方向

　　语音的发展,决不是杂乱无章的,它有一定的方向。就声母而论,大致有三种情况:第一种是发音部位的移动,第二种是发音方

---

① 有个别例外,如北京"殊"［ʂu］,原属浊音禅母,今读阴平,"突"［t'u］,原属浊音定母,今读阴平。

② "毯"旧读［t'am］,今读［t'an］。

③ 广州阳上都是白话音,如"淡"还有文言音读阳去。但有些粤方言则阳上不限于白话音,如广西博白"淡"在文言也读阳上。

④ "答"字读中入,但中入也是阴入之一种。

法的改变,第三种是辅音的脱落。

发音部位的移动,有移后,有移前。移后的,如双唇音移后则为唇齿音,即[p]→[pf](帮分化为非),舌尖中移后则为舌面前,即[t]→[ȶ](端分化为知),[ts]→[tɕ](精分化);舌根音移后则为喉音,即[x]→[h](晓)。移前的,如舌面前移前则为舌尖后(知照系字),舌根移前则为舌面前(见系分化)。有时候,移前的和移后的中途相遇,造成了合流,如见系齐撮字和精系齐撮字在今北京话里合流了。在部位移动中,有一种比较特殊的情况,那就是唇音和部位较远的辅音互相转化。最常见的现象是[h、x]→[f、ɸ](ɸ是双唇的[f])。转化的条件是必须在元音[u]或介音[u]的前面,例如"呼",长沙、成都、温州、广州、梅县读[fu],南昌读[ɸu];"荒",长沙读[fan],广州、梅县读[foŋ],南昌读[ɸuoŋ]。相反的现象是[f]→[h、x],转化的条件是必须[h]后面有[u],例如"夫",厦门、潮州[hu],福州[xu];"方",厦门[hoŋ],潮州[huaŋ],福州[xuoŋ],温州[xuo]。比较少见的现象是[tʂ、tʂʻ、ʂ]—[pf、pfʻ、f],例如西安"猪"[pfu]、"初"[pfʻu]、"书"[fu]、"专"[pfã]、"穿"[pfʻã]、"拴"[fã],怎样解释这些现象呢? 这是由于[h、x][tʂ、tʂʻ、ʂ]后面有圆唇元音[u],带动辅音也有圆唇的性质,所以能和唇音[f、ɸ、pf、pfʻ]相通。根据这个理由,厦门的"方"应该是先经过[huoŋ]的阶段,然后转化为[hoŋ]的。

发音方法的改变也有多种情况。有浊音清化的转变,已见上文。有塞音变擦音,如[pf、pfʻ→f]。有塞擦音变擦音,如[dz→z](上海、苏州"从"[dzoŋ→zoŋ])。有鼻音变浊塞音,如[ŋ→g](厦门、潮州"饿"[go]),[m→b](厦门"蜜"[bit],潮州"蜜"[bik])。有鼻音变浊擦音,如[ɱ→v](上海、苏州"微"[ɱi—vi])。有闪音变边音,如[r→l](扬州"人"[rən→lən])。

一般地说,发音部位转变时,发音方法不变;发音方法转变时,发音部位不变。这才合乎渐变的原则。

　　辅音的脱落,最常见的是疑母[ŋ]。有全部脱落的,如北京。有开合字不脱落,齐撮字脱落的,如汉口"昂"[ŋaŋ]、"仰"[iaŋ]。在某些方言里,齐撮字也不脱落,如"仰",潮州读[ŋiaŋ],保持了[ŋ-],苏州读[n̩iaŋ],梅县读[n̩ioŋ],转入邻近的鼻音[n̩],也不脱落。其次是微母[ɱ],华北方言和西南官话都转变为半元音[w-]。其次是日母[n̩],桂林、广州、福州都变为[i]开头,或半元音[j]开头,如"人",桂林[in],广州[jɐn],福州[iŋ];"日",桂林[i],广州[jɐʔ]。这大约是上古的[n̩]失落,不是中古的[r]失落。至于华北方言"儿"读[ɤ],西安"日"读[ɤ],那是较晚的现象,应该是[ʐ]的失落。辅音脱落还有一些特殊现象,如云南玉溪见母开合字辅音脱落了,如"高"[gau→au]。广东台山透母字由[tʻ]变[h](天[tʻin]→[hin],头[tʻɐu]→[hɐu]也可以算为辅音脱落,因为辅音[t]已经脱落了,由于透母送气,剩下的一股"气"变成了[h]。

三、韵部方面

上古韵部表:

[ə]	[e]	[a]	[ɔ]	[o]	[u]	[əi]	[ei]	[ai]
之	支	鱼	侯	宵	幽	微	脂	歌

[əŋ]	[eŋ]	[aŋ]	[ɔŋ]		[uŋ]	[ən]	[en]	[an]	[əm]	[am]
蒸	耕	阳	东		冬	文	真	元	侵	谈

[ək]	[ek]	[ak]	[ɔk]	[ok]	[uk]	[ət]	[et]	[at]	[əp]	[ap]
职	锡	铎	屋	沃	觉	物	质	月	缉	盍

中古韵部表:

[i]	[a]	[ɑ]	[o]	[u]
支	麻	歌	鱼	模

[iŋ]	[əŋ]	[ɐŋ]	[aŋ]	[ɔŋ]	[oŋ]	[uŋ]
青	蒸	庚	阳	江	东	冬

[ik]	[ək]	[ɐk]	[ak]	[ɔk]	[ok]	[uk]
锡	职	陌	铎	觉	屋	沃

[əi]	[æi]	[ɐi]	[ai]	[ɑi]
微	祭	废	皆	灰

[in]	[ən]	[æn]	[ɐn]	[an]
真	文	仙	元	删

[it]	[ət]	[æt]	[ɐt]	[at]
质	物	薛	月	黠

[im]		[æm]	[ɐm]	[am]	[ɑm]
侵		盐	严	咸	覃

[ip]		[æp]	[ɐp]	[ap]
缉		葉	业	洽

	[æu]		[an]	[au]	[ou]
	宵		肴	豪	侯

现代普通话韵部表①:

[i]	[y]		[u]	[ai]	[əi]
衣期	居鱼		姑苏	怀来	灰堆

[e]		[ɤ]	[o]	[au]	[əu]
乜邪		车遮	梭波	遥迢	由求

			[ɚ]②	[an]	[ən]
			儿	言前	人辰

[a]				[aŋ]	[əŋ]
麻沙				江阳	中东

关于韵母系统性的讨论

(甲)总的情况

汉语有单音韵,有复音韵。单音韵是个简单的元音,在上古是[ə]之、[u]幽、[o]宵、[ɔ]侯、[a]鱼、[e]支;在中古是[i]支、[u]

---

① 这个表完全依照注音符号的系统,基本上依照十三辙,不过从衣期分出居鱼,从梭波分出车遮。

② [ɚ]只有一个音,不成韵部。但这个音又自成一个音位,表内不能不收。

模、[o]鱼、[ɑ]歌、[a]麻；在现代普通话是[i]衣期、[y]居鱼、[u]姑苏、[e]乜邪、[ɤ]车遮、[o]梭波、[a]麻沙、[ɚ]儿。复音韵是带韵尾的韵。

复音韵分为舒声、入声两种①。

舒声复音韵有韵尾[-i、-u、-m、-n、-ŋ]；入声复音韵有韵尾[-p、-t、-k]。

（乙）阴阳入对应

古人把韵部分为阴声韵、阳声韵、入声韵。阴声韵指以元音收尾的韵（单音韵和有韵尾[-i、-u]的复音韵），阳声韵指以鼻音收尾的韵（[-m、-n、-ŋ]），入声韵指以塞音收音的韵（[-p、-t、-k]）。

阳声韵和入声韵相配，[-m]配[-p]，[-n]配[-t]，[-ŋ]配[-k]，即是唇配唇，舌配舌，牙配牙②。

阴声韵和阳声、入声相配，单韵母和以-u收尾的韵配[-ŋ、-k]，以[-i]收尾的韵配[-n、-t]，至于[-m、-p]，则没有阴声韵和它们相配。[-i]配[-n、-t]是容易解释的，因为[i]是舌面音，和舌尖音[-n、-t]发音部位接近。[-u]配[-ŋ、-k]也很容易解释，因为[-u]是舌根元音，和[-ŋ、-k]的发音部位相同。单韵母配[-ŋ、-k]不很容易解释，但是事实确是如此。

在上古韵部系统中，阴声和入声的关系比较密切，表现在谐声里，如"肃"声有"萧"、"叔"声有"椒"；也表现在诗韵里，如《诗经·小雅·大东》叶"来服"，《大雅·常武》叶"塞来"。

在中古韵部系统中，阳声和入声的关系比较密切，表现在新兴的谐声字里，如"散"声有"撒"、"产"声有"萨"③。至于[-m]和[-p]的密切关系，则从上古就是这样。如"乏"声有"泛"、"盍"声有"艳（豔）"、"厌（厭）"声有"压（壓）"等。在现代有入声的方言里，阳声和入声的对应是严格的。在入声仍分[-p、-t、-k]的方言

---

① 凡非入声都叫舒声。

② 牙指舌根音。

③ 旧谐声也有个别例子，如"广"声有"扩"。

里,阳声和入声的对应,整齐到无以复加的程度。尽管音值变了,音系仍旧完整地保存下来。

(丙)等呼

在古人的韵图中,韵母分为开口呼和合口呼,每呼分为四等。依后人考证,一、二、三、四等的区别在于元音部位由后到前,如开口一等的韵是[ɑn],二等是[an],三等是[iæn],四等是[ien],合口一等是[uɑn],二等是[uan],三等是[iuæn],四等是[iuen]。这样,一个韵图实际上包括几个韵部①。这是中古的韵部。

上古的韵部,也可以分成四等,例如寒部,开口一等是[an],二等是[ean],三等是[ɪan],四等是[ian];合口一等是[uan],二等是[oan],三等是[ɪuan],四等是[iuan]。

明清等韵学家变四等为四呼,是适应新的语音系统的。四呼指的是开口呼、齐齿呼、合口呼、撮口呼。凡没有韵头而主要元音又不是[i、u、y]的,叫做开口呼;凡韵头或主要元音为[i]的,叫做齐齿呼;凡韵头或主要元音为[u]的,叫做合口呼;凡韵头或主要元音为[y]的,叫做撮口呼。客家话、闽南方言,以及昆明等地的方言缺撮口呼。粤方言没有韵头(介音),也就无所谓四呼。粤方言有[kwa、kʻwa]等音节,那不算合口呼,因为那些声母是圆唇的[k、kʻ],而不是[k、kʻ]后面加 w。粤方言有[jɐn][wɐn]等音节,[j、w]都应看作声母,更不是齐齿呼和合口呼。

韵尾和韵头是互相制约的。[-u、-m]收尾的韵,一般都没有韵头[u]。这是由于韵尾是圆唇元音或唇鼻音,和介音[u]是同性相排斥的缘故。当然这也不是绝对不可能。越南语就有 buóm(帆)一类字。上古冬部字本是侵部合口字,如"中"[tiuəm],后来由于异化作用(避同音),才变为冬部,如"中"[tiung]。[-i]收尾的字,

---

① 开口呼和合口呼不同图,所以常常是两个图合成一个整体。但也有独图,或者是有开口而无合口,或者是有合口而无开口。

常常没有韵头[i]。这就说明了为什么"街"在西南官话读[kai]，在普通话读[tɕie]，但是还很少发现读[kiai]或[tɕiai、tɕiei]的方言。不过，韵头[i]和韵尾[i]的互相排斥，并不像韵头[u]和韵尾[u]的互相排斥那样严格。因此，在历史上出现过不少既有韵头[i]又有韵尾[i]的字。

声母和韵头也是互相制约的。最明显的情况是卷舌声母[tʂ、tʂʻ、ʂ、ʐ]后面不能有齐齿撮口[①]，舌面前声母[tɕ、tɕʻ、ɕ]后面不能有开口、合口，例如"招"本是齐齿字（福州[tsieu]、厦门[tsiau]、广州[tʃiu]、温州[tɕiɛ]），今普通话变为开口呼[tʂau]，"书"本是撮口字（广州[ʃy]，南昌、汉口、长沙[ɕy]），今普通话变为合口呼[ʂu]。

（丁）a系统和ə系统

上古汉语、中古汉语、现代普通话以及许多方言的韵部，都可以分为两个大系统，即a系统和ə系统。a系统，指的是主要元音为[ɑ][a][æ][e]的韵部；ə系统，指其他韵部。上古韵部：鱼[a]、支[e]、宵[o]、歌[ai]、脂[ei]及和它们对应的阳声、入声，谈[am]及其入声，属于a系统；侯[ɔ]、幽[u]、之[ə]、微[əi]以及和它们相应的阳声、入声，又侵[əm]及其入声，属于ə系统。中古韵部：歌[ɑ]、灰[ɑi]、皆[ai]、祭[æi]，又庚[ɐŋ]、覃[ɑm]、咸[am]、盐[æm]及其入声，以及麻[a]、豪[ɑu]、肴[au]、宵[æu]，属于a系统；侯[ou]、模[u]、鱼[o]、废[ɐi]、微[əi]、支[i]、青[iŋ]，又蒸[əŋ]、严[ɐm]、侵[im]及其入声，属于ə系统。现代普通话里，有韵尾的韵部，a系统和ə系统的韵部两两配对，即[ai]:[əi]，[au]:[əu]，[an]:[ən]，[aŋ]:[əŋ][②]。

（戊）系统性的一些典型

在上古韵部里，最突出的典型是脂真质和微文物的分立。这

---

① 高本汉所拟中古音有[tʂi-、tʂʻi-、ʂ]，是不合理的。

② [əi]，一般认为是[ei]；[əu]，一般认为是[ou]。那是语言学的描写。若依音位学，则应认为[əi]、[əu]。

六部,段玉裁只分为脂真文三部,缺乏系统性;章炳麟、黄侃分为脂真质文物五部①,稍有系统性②,但是文物缺乏相应的阴声。我们把微部从脂部分了出来,系统性很强,并且完全合乎上古的语言事实。在中古韵部里,原来微文物的一部分字有系统地转入了脂真质(见下文),成为新的系统。中古这三个韵部有一个共同特点,就是都属三等韵,都只具有喉牙和轻唇字③。

中古韵部系统性的另一典型,是废元月和严业的对应。跟微文物的情况一样,中古这五个韵也有一个共同特点,就是都属三等韵,都只具有喉牙和轻唇字④。

(己)关于长入、短入

段玉裁说"古无去声",这是可以说的。但是要补充一句:就是上古有两类入声字,一类是长音,一类是短音。长入到中古变了去声,短入直到现代许多方言里都还保存着。《广韵》以元音收尾的去声韵,其中大部分的字原属入声。现在把这些去声韵和入声韵对照列表如下:

去声韵	例字	入声韵	例字	去声韵	例字	入声韵	例字
寘支去	避	锡青入	霹	夬	话	镘山入	刮
至脂去	致	质真入	侄	队灰去	悖	没魂入	勃
志之去	置	职蒸入	直	代咍去	赛	德登入	塞

---

① 章氏称质为至,称物为队。黄氏称脂为灰,称真为先,称质为屑,称文为痕魂,称物为没。

② 章氏以真与质(他称为至)对应,脂物(他称为队)与文(他称为谆)对应,相当乱。

③ 文,《切韵》分为文、欣两韵,开口呼属欣,合口呼属文;物,《切韵》分为物、迄两韵,开口呼属迄,合口呼属物。从它们同微的对应关系看,微韵包括开合两呼,文物亦应包括开合两呼,文欣应合并,物迄应合并。

④ 严,《切韵》分为严、凡两韵,开口呼属严,合口呼属凡;业,《切韵》分为业、乏两韵,开口呼属业,合口呼属乏。从它们同元月的对应关系看,元月包括开合两呼,严业亦应包括开合两呼,严凡应合并,业乏应合并。

去声韵	例字	入声韵	例字	去声韵	例字	入声韵	例字
未微去	沸	物文入	佛	废	废	月元入	发
御鱼去	据	陌庚入	剧	啸萧去	徼	锡青入	激
遇虞去	赴	屋东入	卜	笑宵去	肖	药阳入	削
暮模去	路	铎唐入	洛	效肴去	棹	觉江入	卓
霁齐去	帝	锡青入	滴	号豪去	诰	沃冬入	酷
祭	税	薛仙入	说	祃麻去	借	昔清入	籍
泰	赖	曷寒入	辣	宥尤去	呪	屋东入	祝
卦佳去	债	麦耕入	责	候侯去	窦	屋东入	读
怪皆去	瘵	黠删入	察				

　　从上表所举的例子可以看出,去声和入声常常同一谐声,可见原来都属入声韵部,后来才分化为去、入两声的。

　　　　　　　　　原载《社会科学战线》1980 年第 1、2 期

汉语语音史上的条件音变

条件音变,指的是在一定语音环境下发生的音变。就汉语来说,不同的声母可以引起不同的韵母变化,不同的韵母可以引起不同的声母变化,等等。我们分为五种情况加以叙述。

一、声母对韵母的影响

唇音字的韵母和喉牙舌齿字的韵母往往有不同的音变,例如(1)上古之部三等字"丕否鄙备"等转入《切韵》的脂旨至;(2)梗、曾两摄开口字"彭朋萌甍孟"等转入《中原音韵》东钟的合口呼;(3)通摄合口唇音字"蒙蓬风梦"等在现代北京话里变为开口呼;(4)唇音声母对韵尾[-m]起异化作用(dissimilation),使它变为[-n]或[-ŋ]尾。咸摄唇音字"凡泛",深摄唇音字"品",在《中原音韵》里转入[-n]尾,深摄"禀"字转入[-ŋ]尾。同理,唇音声母也对韵尾[-p]起异化作用。现代广州话"法、乏"二字都由[-p]尾变为[-t]尾。

有时候,舌齿唇为一类,喉牙为一类,有不同的韵母变化,例如果摄开口一等"歌可何"在今北京读[ə]韵,"多左罗"变为合口呼,读入［uo］韵。又如遇摄合口一等"乌呼姑枯胡"在今广州读［u］韵，"都图租布普路"变为开口呼，读入［ou］韵。又如山摄开口一等"安寒干"在今上海读［ø］韵，广州读［ɔn］韵，"单残难兰"在今上海读［e］韵，广州读［an］韵。

照系二等和照系三等对韵母有不同的影响，例如宕摄开口三等"章昌商常"在今北京读［aŋ］韵，二等"庄窗床双疮霜爽"变为合口呼，读入［uaŋ］韵。又如遇摄三等"朱主书处"在今广州读［y］韵，二等"阻楚助所疏"变为开口呼，读［ɔ］韵。

卷舌音产生以后，等呼大受影响。由于卷舌音不宜与［i］［y］接触（［i］［y］是舌面元音，卷舌后马上把舌放平，是不方便的），所以知照系齐撮呼的字都变了开口呼和合口呼，例如：真［tɕin］→［tʂən］、唇［tɕ'yn］→［tʂ'un］、战［tɕian］→［tʂan］、穿［tɕ'yan］→［tʂ'uan］、善［ɕian］→［ʂan］、朝［tɕiao］→［tʂao］、少［ɕiao］→［ʂao］、征［tɕiŋ］→［tʂəŋ］、声［ɕiŋ］→［ʂəŋ］、沉［tɕ'im］→［tʂ'ən］、占［tɕiam］→［tʂan］、朱［tɕy］→［tʂu］、除［tɕ'y］→［tʂ'u］、书［ɕy］→［ʂu］、如［ry］→［ʐu］、人［rin］→［ʐən］，等等。

舌尖元音［ɿ］和卷舌元音［ʅ］是由舌尖声母（精系）和卷舌声母（知照系）影响而产生的。舌尖元音大约在宋代已经产生了。《切韵指掌图》把"兹雌慈思词"归入开口一等，这就表示它们的韵母是个［ɿ］。到了元代，卷舌元音也产生了。《中原音韵》的支思韵就代表着［ɿ］和［ʅ］。止摄开口四等精系字的韵母［i］由于受舌尖声母的影响，发音部位移到与声母相同的发音部位，就变成了舌尖韵母［ɿ］。同理，止摄开口二、三等知照系字的韵母［i］由于受卷舌声母的影响，发音部位移到与声母相同的发音部位，就变了卷舌韵母［ʅ］。

二、韵母对声母的影响

韵母对声母的影响，主要有五种情况：腭化；轻唇音的产生；新的［h］［f］的产生；新的［tɕ］［tɕ'］［ɕ］的产生；新的［ŋ］［n］的产生。

1）腭化，指的是辅音的舌面化。在汉语语音史上，最早是舌尖音的舌面化，即舌头音端透定泥分化为舌上音知彻澄娘。分化的条件是韵头[i][iu]的影响。知系字，直到唐初（《经典释文》时代）还是[t][tʻ][d][n]，到了晚唐，变为塞音[ȶ][ȶʻ][ȡ][ȵ]，到了宋代才变为[tɕ][tɕʻ][dʑ][ȵ]。

2）依钱大昕的考证，古代没有轻唇音。依我们的考证，晚唐时代才出现轻唇音。轻唇音是从重唇音分化出来的，分化的条件是合口三等。这里指的是真正的合口三等，例如"悲、丕"等字，《切韵考》定为合三，其实当依《七音略》《韵镜》归入开三，所以没有轻唇化。又如"方、芳、房、亡"等字，《切韵考》《七音略》《韵镜》都定为开三，其实当依《指掌图》归入合三，所以轻唇化了。为什么唇音合口三等字变为轻唇呢？这是因为韵头[iu]（=[y]）是圆唇元音，它往往使牙床骨向前伸，以致上齿接触下唇，所以前面的双唇音变为唇齿音（轻唇）。那么，为什么韵头[u]不能使双唇音变为唇齿音呢？这是因为[y]比[u]能使牙床骨更向前伸，所以合口一等的唇音字没有变为唇齿音，而合口三等的唇音字变为唇齿音了[①]。

3）在合口呼[u][iu]的前面，[f]往往转化为[h]，[h]往往转化为[f]。这是因为[u][y]（=[iu]）是圆唇元音，[f]是轻唇音，摩擦既轻，就容易失落，而变为喉摩擦音[h]或舌根摩擦音[x]；[h]是喉摩擦音，在圆唇元音[u][y]的前面，也容易变为双唇摩擦音[ɸ]或唇齿摩擦音[f]。前一种情况例如闽语。闽语没有轻唇音[f]，非敷奉三母字在福州、厦门、潮州多数转化为[h]，例如"凡"字，在今福州读[huaŋ]，厦门读[huan]，潮州读[huam]。后一种情况例如今长沙话、广州话和客家话。"花"字在今长沙、广州、梅县都读[fa][②]，"灰"字在今长沙读[fei]，广州、梅县读[fui]；"挥"字在

---

① 参看 E.G.Pulleyblank：Dentilabiallzation in Middle Chinese。

② 据黎锦熙先生考察，长沙的[f]实际上是双唇摩擦音[ɸ]。

今长沙读[fei]，广州读[fɐi]，梅县读[fi]。

溪母合口呼[kʻu-]也有可能转化为[f-]，这种现象出现在今广州话里，例如"裤"读[fu]、"苦"读[fu]、"快"读[fai]、"宽"读[fun]、"阔"读[fut]。依我观察（我从前就说过的），这不是由[kʻu-]直接转化为[f-]的，而是以[hu-]为过渡，例如"阔"字，其发展过程当是[kʻut]→[hut]→[fut]①。溪母[kʻ]是送气声母，那股气越来越重，把[k]吞并了，就只剩下一个[h]，例如"开口"读成[hoi hɐu]。如果是个合口字[hu-]，就会再变为[f]了。

4)[tɕ][tɕʻ][dʑ][ɕ][ʑ]自隋唐到明清都是照系三等字的声母，后来这些声母卷舌化了，又有新兴的[tɕ][tɕʻ][ɕ]来填补它们的遗缺，这就是舌根音和舌尖音的腭化。舌根音[k][kʻ][x]受韵头[i][y]的影响，舌面化了，因为[i][y]是舌面元音，所以能使[k][kʻ][x]的发音部位移到舌面，例如"基"[ki]→[tɕi]、"欺"[kʻi]→[tɕʻi]、"希"[xi]→[ɕi]。舌尖音受韵头[i][y]的影响，也舌面化了，这样精系字就和见系字合流，例如"记、祭"都读[tɕi]，"欺、妻"都读[tɕʻi]，"希、西"都读[ɕi]。在今北京话里，两种腭化都有，是合流了。但是，在开封等地，就只有见系腭化，精系不腭化。吴方言一般也只有见系腭化。在粤方言、闽方言、客家方言里一般都不腭化。这里顺便说一句，一切条件音变都只是可能的，不是必然的。

5)影母开口一等字本来是零声母，但是许多地方的人都加一个声母[ŋ]或[n]。加声母[ŋ]的地方较多，例如"爱"字，济南、西安、太原、成都、长沙都读[ŋ-]。加声母[n]的较少，例如"爱"字，保定、大同、兰州、平凉读[n-]。有的地方，加不加[ŋ]均可，例如"爱"字，广州既可读[oi]，又可读[ŋoi]；"安"字，广州既可读[on]，又可读[ŋon]；"恶"字，广州既可读[ok]，又可读[ŋok]；"屋"字，广

---

① 今广西博白话"阔"字还停留在[hut]的阶段。

州既可读[uk]，又可读[ŋuk]。

三、等呼对韵母的影响

等呼对韵母的影响，主要有三种情况：韵尾[-m]的异化；韵尾[-i]的异化；韵头[i][y]使主要元音前化。

1）韵尾[-m]的异化，是战国时代发生的。在《诗经》时代，古韵冬侵同部，收音于[-m]。到了战国时代，冬侵分开了，冬部收[-ŋ]，侵部收[-m]。依我的拟测，冬部原来是侵部的合口呼，有韵头[u]或[iu]，例如"冬"是[tuəm]、"中"是[tiuəm]。由于韵头[u][iu]是圆唇元音，韵尾[-m]是唇音，有矛盾，以致韵尾[-m]转化为[-ŋ]，例如"冬"读[tuŋ]、"中"读[tiuŋ]。这就是上古汉语中韵尾[-m]的异化。

2）韵尾[-i]的异化，发生在近代。佳皆韵喉牙字，在中古时代没有韵头[i]，后来产生了韵头[i]。现在京剧的上口字还把"街"字读[tçiai]、"鞋"字读[çiai]，等等。这样，韵头[i-]和韵尾[-i]就发生矛盾，结果是韵尾[-i]失落了，主要元音也变为[e]，例如今北京话"街"字读[tçie]、"鞋"字读[çie]。齐祭韵字，本属蟹摄三、四等，有韵头[i]，又有韵尾[-i]。头尾发生矛盾，解决矛盾的结果有两种：一种结果是把韵头[i]变为主要元音，并去掉[-i]尾，如今北京话"稽"字读[tçi]、"妻"字读[tç'i]、"西"字读[çi]；另一种结果是取消韵头，保留韵尾，如广州话"齐"字读[tʃ'ɐi]、"溪"字读[k'ɐi]、"西"字读[ʃɐi]、"计"字读[kɐi]。这两种结果也都是音变中的异化作用。

3）韵头[i][y]使主要元音前化，是因为[i][y]是前元音，所以影响到主要元音的发音部位，使它由[a]变[e]。《切韵》的麻韵字，到《中原音韵》分化为家麻、车遮两韵，就是这个道理。麻韵"车、遮、爷、斜、蛇、爹、嗟、些、奢、者、野、也、捨、惹、扯、写、卸、谢、舍、社、射、夜、柘、借"等字，由于是三、四等字，韵头是[i]，所以韵母都由[ia]变为[ie]。戈韵"茄、靴、瘸"等字,韵头是[i][y],它们的韵母也变为[ie][ye]。《中原音韵》皆来韵喉牙字,其主要元音及韵尾本来是[ai],由于韵头[i]的影响,到现代北京话里也变为[e]了。

四、声母对声调的影响

声母对声调的影响,主要是浊母对声调的影响。中古的平上去入四声,到现代吴方言分化为阴阳两类,共八声(也有分为七声的)。其分化条件就是清音字读阴调类,浊音字读阳调类。在现代广州话里,浊音声母消失了,但是阳调类仍然保存着,而这些阳调类的字正是古代浊音字,和吴方言是一致的。从现代吴方言和粤方言的情况看,一般地说,阴调类是高调,阳调类是低调。从一些无辨义声调的语言来看(例如英语),浊辅音也往往导致低音调。我们从这一点上能看出汉语声调分化为阴阳的道理。

有人说,中古汉语的声调本来就分阴阳。这个看法是错误的。《广韵》的反切,往往以今读阳调类的字切阴调类的字(如:东,德红切;此,雌氏切;志,职吏切;吸,许及切),又往往以今读阴调类的字切阳调类的字(如:床,士庄切;鲍,薄巧切;郑,直正切;莫,慕各切),可见中古时代的声调尚未分为阴阳。那么,中古同调的字,后代为什么能分化为两个调类呢? 依理推测,应该是浊音字原来的声调就比清音字的声调稍低,但是人们耳朵里还不能辨别这种细微的分别,所以把它们看成同一调位。后来随着时间的推进,这种区别逐渐显著,人们就把它们看成两个调类了。

浊上变去,也是一种条件音变。不过须要说明一点:所谓浊上,指的是全浊的上声。至于次浊字(明微泥娘疑喻来日等母的字)则并没有变为去声。

入声的消失,始于《中原音韵》时代。在《中原音韵》里,入声字归入平上去三声。其所归入的平声,则全都是阳平。依《中原音韵》分析,清音入声字归上声,全浊入声字归阳平,次浊入声字归去声。这也是条件音变。

五、声调对声母、韵母的影响

声调对声母的影响,大约有三种情况:

第一种情况是:禅母字和床母字平声读塞擦音[tʂʻ],仄声字读擦音[ʂ],例如"垂"读[tʂʻui],而"睡"读[ʂui];"蜍"读[tʂʻu],而"署"读[ʂu];"臣"读[tʂʻən],而"慎"读[ʂən];"纯唇"读[tʂʻun],而"顺"读[ʂun];"崇"读[tʂʻuŋ];"成"读[tsʻəŋ],而"盛"读[ʂəŋ];"雠"读[tʂʻou],而"授"读[ʂou];"忱"读[tʂʻən],而"甚"读[ʂən]等①。这种条件音变,在《中原音韵》时代已完成了,例如《中原音韵》"垂、鎚(锤)"同音,"蜍、除"同音,"臣、陈"同音,"崇、重"同音,"床、幢"同音,"成、澄"同音,"雠、筹"同音,等等。不过,《中原音韵》时代,这些字还没有读卷舌音,而只读[tɕʻ][ɕ]。

第二种情况是:浊塞音和浊塞擦音在今北方方言、粤方言、客家方言都变为清音。但是那些原属浊音的字送气不送气在各地方言里并不一致。在客家话里,这类字全都送气,如"堂"读[tʻoŋ]阳平、"荡"读[tʻoŋ]去声;"同"读[tʻuŋ]阳平、"洞"读[tʻuŋ]去声。在北京话和广州话里,平声送气,仄声不送气,如"堂",北京读[tʻaŋ],广州读[tʻoŋ];"荡",北京读[taŋ],广州读[toŋ];"同",北京、广州都读[tʻuŋ]。在北京话里,古入声字,由于它们属仄声,所以虽读阳平,也不吐气,例如"薄"读[po]、"拔"读[pa]、"达"读[ta]、"敌"读[ti]、"夺"读[tuo]、"毒"读[tu]、"极"读[tɕi]、"局"读[tɕy]、"杂"读[tsa]、"贼"读[tsei]、"闸"读[tʂa]、"宅"读[tʂai]、"直"读[tʂʅ]、"逐"读[tʂu]、"浊"读[tʂuo]等。可见这种条件音变是在入声未消失以前就完成了的。

---

① 有少数例外,如"时"读[ʂʅ]、"殊"读[ʂu]、"绳"读[ʂəŋ]、"骤"读[tʂou]等。

　　第三种情况是:广州话里有少数古全浊上声字在口语里没有变为去声,仍读阳上,这些字读送气;在书面语里,这些字读去声,也就读不送气了。这也是一种条件音变,例如"坐"在上声读[tsʻɔ],在去声读[tsɔ];"在"在上声读[tsʻɔi],在去声读[tsɔi];"断"在上声读[tʻun],在去声读[tun];"重"在上声读[tʃʻuŋ],在去声读[tʃuŋ];"淡"在上声读[tʻam],在去声读[tam];"伴"在上声读[pʻun],在去声读[pun]。个别古全浊上声字至今只读上声,如"舅"读[kʻɐu],送气。

　　声调对韵母的影响,是比较少见的情况。这里只谈两种情况:

　　第一种情况是:北京话果摄见系合口呼平声字变为开口呼,仄声字仍读合口呼①,例如"戈"读[kə],而"果过"读[kuo];"科"读[kə],"和"读[xə],而"祸货"读[xuo]。古入声字也按仄声字变化,所以"郭"虽平声而读[kuo],"豁"虽平声而读[xuo]。

　　第二种情况是:北京话灰堆辙合口呼在阴平、阳平、去声读[ui],在上声读[ue],例如"谁睡"读[ʂui],而"水"读[ʂue];"推退"读[tʻui],而"腿"读[tʻue]。不过,这种分别是人们所不觉察的。

　　以上所讲汉语语音史上的条件音变,恐怕讲得还不够全面,可能有所遗漏,也可能有些音变规律还没有被发现。这就有待于将来补充了。

　　　　　　　　　　　　原载《语言研究》1983 年第 1 期

---

① 　例外:"课"读[kʻə],不读[kʻuo]。

在中国音韵学研究会第二届年会开幕典礼上的讲话

同志们,朋友们:

中国音韵学研究会第二届年会今天开幕了。我很高兴地来参加这次盛会。自1980年第一届年会以来,我们研究会做了不少的工作,促进了中国音韵学的发展。昨天晚上,我读了大会发给的论文,其中有不少是写得不错的,比如关于内外转的几篇就提出了一些新的见解。还有好些论文作者的名字,我不认识。这表明我们的音韵学研究队伍扩大了。后继有人,音韵学不是"绝学"了。所以我感到特别高兴。

音韵学愈来愈为更多的人所了解,因为它在语文研究工作中发挥愈来愈大的作用。现代汉语的语音研究、方言调查、汉字改革、推广普通话,都需要音韵学的知识;学习古代汉语、考释古代文字、整理古代典籍,也需要音韵学的知识。近年来,汉藏系语言的研究有了很大的进展,它为汉语音韵学,特别是上古音的研究提供了丰富的比较材料;同时音韵学也是研究汉藏系语言的人必须具备的基本知识。我相信,音韵学今后在我国语言研究工作中还将发挥更大的作用。

为了进一步发展我国音韵学,我想提出两点希望:

第一,我们要重视等韵学的研究。等韵学是我国古代的语音学。清代古音学家有许多是对等韵学很有研究的,比如江永、戴震、江有诰等,他们不仅考古之功不浅,而且审音之功很深。他们注重语音分析,所以能取得超越前人的成就。今天,我们要继承重视等韵学的优良传统,同时也要结合现代普通语言学来研究等韵学,使传统的等韵学更科学化。

第二,我们要学点历史比较法。历史比较法是西方在研究印欧系语言的历史中创立起来的。所谓历史比较法,就是按照语音演变的一般规律,通过亲属语言或方言的比较,重建历史语音的方法。把这种方法运用到汉语音韵学上来,就开辟了一个新的领域。清代古音学家只讲音系的分类,不讲音值,这种研究是不全面的。清儒在研究《诗经》音时,也注"古音",如"家"音"姑"、"友"音"以"。但这种直音法很不科学,因为语音的变化都是有条件的,相同的条件不可能产生不同的变化。如果古代"家"和"姑"、"友"和"以"的读音完全相同,那么后代为什么会有不同的读法呢? 按照历史比较法的原则,在上古,"家"和"姑"、"友"和"以"本来就不是完全同音的,虽同韵部,呼等还有差别。古代没有音标,也受到历史的局限。今天我们研究音韵学就不能走清代的老路了。我们学习、运用历史比较法,重建比较科学的古音音值,可以更好地说明汉语语音的发展规律。

谢谢!

祝年会圆满成功!

1982 年 8 月于西安

原载《中国音韵学研究会通讯》第 3 期,1983 年

上古音学术讨论会上的发言^①

李先生的文章我看了，但是还没吃透，有些东西还没有体会得很好。

我们中国传统的音韵学不谈古音构拟，清代没有谁谈。我原来在《汉语音韵学》一书中说清代学者不懂得谈。其实他们不是不懂，他们是认为古音现在还存在，所以他们说有古本纽、古本韵。那是错误的。为什么古音一定到现在还存在呢？存在的可能性很小，不存在的可能性很大。比方之部，大家都认为上古时之部的元音是ə，但是在现在的方言和《广韵》里都不念ə。所以，所谓古本韵、古本纽是完全错误的。那么，就要搞拟测。搞拟测有个事儿很不好办，古人离开我们几千年了，你怎么知道古音是什么样子？在四十多年前，我跟李先生谈过这问题。当时我说，清朝人只知道古音系统，但是不知道那实际读音，他们不懂得拟测，不知道那个音值。李先生说，现在搞拟测也是搞系统，真正的读音是不是那样子的，还不能说。这话是对的，我永远记住。我们现在搞古音拟测也是搞系统，不过是用声音来说明的系统。这比那种古本韵、古本纽的说法要强得多。比方说之部的元音是ə，那么解释阴阳对转就好说话了，之蒸对转就好解释了。比方鱼部拟成ɑ，鱼阳对转就好解释了。从前以

① 编者注：1983年10月18日李方桂先生在北京大学做了有关上古音的学术报告。10月21日，北京大学中文系为李先生来校召开了上古音学术讨论会。该文即为王力先生的会上发言。

为之念作 tʂ̩，那它怎么和蒸对转呢？认为鱼念 y，那和阳怎么对转呢？搞拟测虽然得不到真实的音值，但是它是构拟一个系统。

搞古音拟测，各人搞出来不一样，没有一个人和另外的人完全相同的（几十年前，李方桂先生就跟高本汉辩论过古音问题）。但是，也不是完全不同，有些地方还是相同的，或者说相同的地方还相当多。在没有开始讨论以前，李先生对人说，王先生一定不同意我的。我今天说，我同意你的地方多得很。至少有两点我跟李先生是一样的：第一点是最重要的一点，就是说上古的同韵部的字，不管一、二、三、四等，一定要同元音。高本汉和董同龢就不是这样，高本汉把一、二、三、四等搞成不同的元音，他的一等字要是后 α，二等字就要变成前 a，三、四等还有别的不同元音。元音不同，《诗经》怎么押韵呢？元音一定要相同。元音不同，应该说是错误的。高本汉认为古代同一韵部到后代已经分为不同的元音了，那么原来也一定是元音不同。这一点我们的看法跟他不一样。我们认为，以前同元音，后来不同元音，这是自然的分化趋向，是完全可能的。我认为李先生在这一点上做得对，我一看他的文章讲到这里就不禁拍案称快，我说这下儿好了，有个和我意见一致的了。但是这样一来，上古音还有没有等呢？还有没有一、二、三、四等呢？如果说上古音没有一、二、三、四等，那么是错误的。前人说上古的"姑"字读如"家"，如果"姑、家"完全同音，那么后来又依什么条件分化了呢？"姑"和"家"在上古的读音一定是有差别的，这种差别就表现为韵头的不同。这样看来，上古音还是有等的，我们说同韵的字一定同元音，所不同者就在于存在着一、二、三、四等以及开口、合口的差别。我的设想是这个样子：开口一等没有介音，开口二等的介音是个 e，开口三等的介音是个松的 ǐ，开口四等的介音是紧的 i。对此我自信不自信呢？我也不太自信。为什么呢？因为你怎么就知道它一定是这个样子呢？介音有分别是毫无疑问的，但究竟怎样分别，还须要深入研究。李先生给二等搞出一个卷舌的韵头来,这也是一种分别的办法。同韵部必同元音,这一点李先生和我是一致的,跟高本汉是大不相同的,这大不相同我认为很重要。

第二点,就是李先生把喻母四等拟成一个 r 一类的东西,对此我也很高兴,因为那个喻母四等我一直没法子处理。我前几年写的文章假定它还是中古那个音,还是一个 j,到了最近一两年我才改变了,我把它拟成 ʎ,这个 ʎ 和 r 非常接近。可见我们是所见略同。总之,我跟李先生一致的地方多得很。

我跟李先生不同的一点,主要就是在收音上头。我始终感觉到阴声韵——拿现在的话说就是开音节——在上古不可能太少,如果像高本汉那样把之部拟成收-g,脂部收-r,歌部收-r,等等,那上古汉语的开音节就太少了,少到不可想象的程度,让人感到这种构拟是人为的,这不大可能。我对各种语言的研究很不够,可是我知道在我国少数民族语言里,没有闭音节的语言倒是有的,比如哈尼语,就没有闭音节,只有开音节。但是,没有开音节,或者很少开音节的语言我还没有看见过。所以,是不是要把传统所说的阴声韵拟成闭音节,恐怕还得再考虑考虑。有些韵部很不好办,章太炎说支、之、鱼、侯、幽、宵六部没有入声,他只注意到押韵相通的一面。其实,入声字和非入声字是可以通押的。我早年采取二十三部的说法,后来认为是二十九部,又认为战国时代冬跟侵分开了,那就是三十部。为什么我有这个转变呢?因为搞古音拟测时有困难。比方拿之部来说吧,要是全部拟成入声字,而且收尾还有-k、-g的清浊对立,那跟我们传统的音韵学是不相符合的。如果你说上古这六个韵部没有-p、-t、-k 收尾,就更加说不通了,因为既然如此,那后代的-p、-t、-k 收尾又是怎么冒出来的呢?所以最后我就改成二十九部三十部,独立出来六个入声韵部。这样处理也不是尽善尽美,这个问题恐怕还会继续争论下去。

语言学在现代中国的重要性

本届清华所提出的留美科目，原有语言学（philology）一门，听说是被取消了，我们想对此说几句话。

philology这一个字，普通的意义就是语言学，和linguistic相混。但是，若就语言学上的术语而论，前者乃是偏于历史上的考据，尤其是对古代某一作家的文字、背景及其所含的教育意义等作精深的研究。赵元任先生曾把它译为"语史学"。其实它有点像汉代五经博士的学问。后者乃是关于历史上和世界上的一般语言事实作普遍的研究。据我们的推测，清华当局提出的科目乃是就普通的意义而言，不是就语言学上的术语而言。但是清华提出时，把它译为"文字学"，也许引起政府方面的误会。我们希望今后凡"普通语言学"或"历史语言学"一律用linguistics，以避免两可的意义。

中国公费留学生之有"语言学"，是始于民国二十四年，留美公费招过一次普通语言学，一次印欧语言学；留英公费招过一次英国语言学。在那两三年之间，可以说是政府提倡语言学不遗余力。一般人从此才知道有这一门学问，政府"开风气"的功劳不小。但语言学到底还是一种新兴的学问，一般人还不大明了它的内容。我们趁此机会谈一谈，似乎不算是多余的。

语言学的本身价值不待言。政府这次不肯招这一门，并不是它本身没有价值，只是认为它非当务之急。我们如果不就功利方面论，这篇文章就会失去它的意义。所以本文所要讨论的只有两点，就是语言学对于外国语教学的作用和国学的作用。

　　现在中国大学里的外国语，算是很重要的课程；但是，教外国语的教师多数由研究西洋文学的人来充任，西洋文学的研究者于外国语文系里自然是很重要的，但是他们教的应该是西洋文学史和文学专家研究之类，而外国语的语音、语法方面，应该让语言学者来担任。咱们须知，西洋文学很有根底的人，他的外国语发音可以是很坏的。即使发音正确，也不能根据语音学的原理来指导学生发音。至于语法方面也是如此，一个对于外国文下笔千言绝无错误的西洋文学者，未必对西洋语法的教学能够胜任愉快！他们都是在外国"十年窗下"，和外国的语言习惯融化于无形，自然用不着走语法的捷径。可惜咱们的中国大学生在国语环境里学习外国文，所谓"一傅众咻"，就非使他们彻底了解中西语法的异同不为功。除了外国语文系的学生外，其他各院系都不希望学生能写极典雅的外国文，或懂得很深的西洋文学。因此，假使咱们叫受过外国语训练的人去教外国语，一定会事半功倍。而且他们和西洋文学者是相得益彰的，不是互相妨碍的，例如大学里若有"英语语源学"一科，则对于英国古代文学的研究可予以不少的助力。

　　因为我是中国语文系的人，我愿意就此撇开语言学对于外国语教学的作用，转到它对于国学的功用上。

　　我们常常觉得，派遣学生到外国去学习文法两科，结果往往是把他养成一个很好的国学家。他们并不是在外国研究中国的东西，只是因为他们回国以后，觉得长此把西洋文研究下去，很难超过西洋人（并非中国人的才力不如西洋人，只是中国的环境不适于作西洋的学问），于是转到国学方面。他们在治学上得到了科学的方法，所以他们的成就往往超过一般老学究和老学究的弟子。他们在中国的环境里，资料的应用上又胜于西洋的汉学家。说派文法科的留学生是为了造就国学人才，似乎是惊世骇俗之论，然而事实上确曾得到过这样的结果。现在国内第一流的中国哲学家、中国史学家，以及中国谱系专家之类，多半是留学生。在不久的将来,中国也可有新的"小学家",如果政府肯继续地提倡语言学的话。

中国小学界的现状是怎么样的? 趁着一般人视音韵之学为玄妙,就拿双声、叠韵、对转、旁转、一声之转来证明一种很靠不住的学问。靠着自己熟读了一部《说文》,碰着任何方言的一个俗字都向《说文》里寻找它的老祖宗。这是就正派的"小学"而论,至于自以为新的文字学家或新的音韵学家就更加令人啼笑皆非。有人认英文的 king 字和中国的"君"字同源,又有人从中英音义相近的字去发现人类创造语言的自然法则,在这种错误的途径上,用尽了毕生的精力也是徒然的。

中国有没有一部好字典? 依我们看来,非但说不上好,连差强人意恐怕也还没有。《说文》一类的书,其可贵之处在于"古"而不在于"好"。《康熙字典》错误的地方且不必说,它的体例就够坏的。晚出的几种字书和辞书,除了新名词因有书可抄,大致可用之外,仍旧是以一字释一字的老办法。它们仍旧是为治经而作的字典;见于先秦的字义,虽僻必存;近代产生的字义,则虽极常用者亦多遗漏。现代中国的青年有几个是治经的? 何不为他们写一部一般人通用的现代字典? 即以治经而论,是否完善无疵? 甲字典说"往,去也";乙字典说"往,之也"。其实凡是细心读先秦古书的人,都知道"往、之、去"这三个字在先秦是有三种不同的意义的。《康熙字典》是官书,近来各大书店每编一部字书或辞书也总要用几十个学者,费十年以上的功夫,而成绩之不满人意竟有如此者,这完全是因为缺乏方法。

中国有没有一部好语法? 我们常常有机会说起,中国一般语法书只知道套取英国语法的术语和分类法,对于中国语法的特征差不多全未注意。这种缺点,只有普通语言学可以矫正,因为它能使我们知道世界上除了英语之外还有许多族语,它们的语法与英语不同。连英语的祖宗,近如盎格鲁撒克逊语,远如印欧语,也与英语不同。眼界一宽，就不甘心受一个族语的束缚了。又使咱们知道了语法只是一种习惯，其中并没有天经地义的存在，自然不至于歪曲事实来迁就某一种理论了。

咱们对于抗战建国，没有必胜必成的信念则已，否则咱们应该料想到中国语文有兴盛的一日，那时节，汉语虽不一定能像英语一般地走到人家的中学的黑板上，至少人家的大学里也会有汉语一科，和英法德俄诸语并重。那时节，咱们有没有像《牛津字典》一样的好字典给人看？有没有像叶斯泊生或泊尔姆的英国语法一样好的中国语法给人家看？

我们并不是说派送两个留学生出洋去学习语言学，将来他们归国就一定能担负起这种重大使命。但是，政府提倡的效力是很大的；上有好之者，其下必有甚焉者，将来一定有人能满足我们的意愿。

中国语言学的人才是非常缺乏的。最近教育部虽把中国语文系分语言文字和文学两组，但实际上已设语言组者，据说只有西南联大一校（据近日的《益世报》），将来如果每一个中国语言文学系都设语言组，咱们可以想象需要多少语言文字方面的教师。中央研究院方面，因为各研究员的兴趣关系，偏重于调查方言，以致有人误会，以为所谓语言学就只是调查方言。我希望将来中国语言学界人才济济，分工合作，把中国语言学范围内的各部门都弄出好成绩来。但我们的希望是要靠政府的提倡才容易实现的，不知道政府当局能不能采纳我们的意见。

原载《华北日报》1947 年 9 月 4 日

中国语言学的现况及其存在的问题

一

中国语文学的成绩是辉煌的；至于语言学（语言科学）则还处在幼年时代。中国人知道有语言学这一门科学，大约只有五十多年。本来，就全世界来说，在各种科学当中，语言学也算是个年轻小伙子。但是，就中国的语言学来说，却又比欧洲的语言学落后七八十年。

解放以前，只有极少数的人在那里搞语言学，一般人根本不去理会它。解放以后，有几件大事使中国语言学忽然兴旺起来了。这几件大事是：

1950年，斯大林发表了他的《论马克思主义在语言学中的问题》（后来改称《马克思主义与语言学问题》）。

同年，中国科学院语言研究所成立。

1951年，《人民日报》发表了《语法修辞讲话》。

1952年，中国文字改革研究委员会成立（1954年改组为中国文字改革委员会）。

1955年，召开三个会议：全国文字改革会议；现代汉语规范问题学术会议；民族语文科学讨论会。

1956年，中国科学院少数民族语言研究所成立。

第一件大事显得语言学在社会科学中是有重要地位的；其余几件大事显得我们的党是重视语言学的。

除了上述的几件之外，还有两种对教育界来说也算是大的事情：第一件是1954年综合大学中文系的教学计划的修订，修订的结果，语言课和文学课分庭抗礼起来了。第二件是1955年初级中学的汉语和文学分科。这些都是学习苏联的结果。

总起来说，解放以来，语言学的发展的原因有两个：第一是学习苏联的结果；第二是党重视并支持语言学工作的结果。

语言学的发展，首先表现在我们的队伍的扩大。几年以来，少数民族语言的调查的队伍壮大了，而且有了显著的成绩，基本上做到了又多，又好，又快，又省。高等学校里也培养了一些语言学人才。但是，有些人还看不见中国语言学的发展的全面情况。举例来说，我们调查语言学人才，往往只晓得看看大学和师范学院中文系有多少关于语言学方面的教师，但是我们忽略了俄语学院、外国语学校的教师、大学俄语系的教师、西方语文系和东方语文系的教师、中学里的教师、杂志编辑人员等等。特别值得指出的是搞俄语教学工作和俄语课本、杂志编辑工作的同志们，由于他们学习苏联比较直接，所以普通语言学的修养较好；又由于他们重视比较教学法，所以他们重视汉语的研究。这是一支前途远大的生力军，而我们一谈语言学就往往只知道联系到中文系，轻易把他们忘了。其次是中学教师，我们对他们的力量估计不足，对他们的研究工作也帮助不够。他们比我们忙，但是他们当中有些人的刻苦钻研并不比我们差，例如有一位中学教师寄一篇论文给我看，这篇论文就很有创见。据他叙述他研究语言学的经过，除了精读中国语言学方面几部重要著作之外，还看了几本普通语言学的著作，又系统地阅读了《反杜林论》《自然辩证法》《黑格尔〈逻辑学〉一书摘要》等。我所联系到的中学教师，像上面所述的那一位还很多，此外有一位四十多岁的小学教师写信和我辩论一个语法问题，很有见地。当然,小学的研究条件要比中学差一些,但是小学的语文教师在教学实践中可以提出许多问题,让大家来研究、解决。

另外还有很大的一部分散布在各专科学院、各生产部门和军队中,还有一些未说明身份的人们。我们可以把他们叫做业余的语言学爱好者。有一位同志写信给我说:"这几年来,我自学了俄语、西班牙语和德语,复习了英语和法语这几种主要的印欧系语言,又自学了哲学、逻辑学、语言学和现代汉语语法。"有一位解放军战士立下志愿要把现代中国语言学的重要著作读完。在这里我们不去讨论关于研究方法的问题,只是说他们对于语言学的这种劲头是值得鼓励的。虽然直到现在为止,我们在学校里传授语言学还有许多人不愿意接受;但是在社会上却有不少人爱好语言学,甚至表示愿意"把一生贡献给祖国的语言科学"。这不能不说是好现象。他们在暗中摸索、"无师自通"的情况下,还要坚持下去,我们除了钦佩之外,还应该帮助他们,支持他们。我们绝对不应该轻视业余的语言学爱好者,因为他们有可能由业余变为专家(已经有过一些这样的事实);即使不变成专家,他们为语言学扩大影响,也是对语言学的前途有利的。

解放以来,语言学的定期刊物的数量虽然很少,质量却是不差的。比较难于令人满意的是《中国语文》。从它的内容上很难看出它的对象是哪一种读者,因此也就很难衡量它是否很好地完成了它的任务(我是这个刊物的编委之一,怎样把它编得好一些也是我的责任)。《语文学习》比较切合实际,它的主要对象是中学语文教师,最近着重在交流语文教学经验,在语言教育上能起直接的作用。《语文知识》是一种通俗读物,在语言科学的普及工作上,作出了一定的贡献。现在还缺少一种科学研究性质的刊物;大家正在盼望着语言研究所的《语言研究》出版,以满足语言学工作者的需要。听说还有一两种语言期刊要出版,那也是值得欢迎的。其他不算语言学期刊而对语言学有贡献的,还有《俄文教学》等。

最近五年来,中国语言学的进展是很快的,但并不是一帆风顺的。由于语言学的推广超过了人们思想认识的水平,没有足够的群众基础,又由于年轻的中国语言学本身存在着许多缺点,以致我们在语言学的推广工作中遭遇着很大的阻力,具体表现在最近高等学校关于语言、文学分家的问题上。我不打算在这里讨论分家的问题,也不打算在这里详细分析问题发生的各种客观因素;我只想指出一点:中国语言学本身存在的问题必须逐步加以解决。在短短五年中,中国语言学能有这种蓬蓬勃勃的气象,是可喜的。再过十年以后,如果中国语言学还停留在这个进程上,就不能再认为可喜的了。

二

中国语言学目前存在的问题很多。没有经过群众的讨论,很难把问题提得全面而正确。现在我所谈的只是我一时想到的,没有经过周密的考虑,全面固然谈不上,连正确也很难自信。姑且说出来请同志们指教。

(一)理论和实践的统一问题

解放以来,经过马克思列宁主义的学习,我们没有人否认理论和实践的统一的重要性;但是,在语言科学的实践上,我们并没有把这个问题解决得很好。从最坏的情况来说,简直是"甲乙丙丁,开中药铺";有些语法书以分类代替整个内容,而分类的本身也还缺乏逻辑性。经过了读者的批判,这种粗制滥造的东西逐渐减少了。现在的新问题是:语言科学如何和语言教育密切结合的问题。就马克思主义的观点来说,一种科学如果不能指导生产实践或阶级斗争实践,简直就不成其为科学。就语言科学来说,首先而且主要的是要达到这样一个目的:使语言能发挥它的最大作用,以服务于人类文化,服务于阶级斗争。如果在语言教育中,只是对语言事实作了一些笼笼统统的叙述,和语言实践联系得不密切,那么,语言教育的本身就不健全。最近两年来,我们常常强调语言学的独立性,包括我个人在内,我们主张现代汉语在大学里不能代替写作实习,汉语一科在中学里不包括作文。这样,就整个科学体系来说,自然是说得过去的。但是,就语言教育来说,就留下一个很大的空白点。拿语法来说,我们的语言结构是比较简单的,是不是在语言教育中它也和西洋语法占同等重要的地位? 是不是可以适当地增加修辞方面的训练? 这似乎是值得考虑的。社会上要求一个中学毕业生文从字顺,要求一个大学中文系的毕业生能写出一篇相当流畅的文章,我们不能说这种要求是过分的或者是不合理的。如果研究语言科学的人放弃了语言教育的责任,这就只能使它一天天流于教条,流于繁琐,而我们也只好"孤芳自赏","与世相忘"了。

与此相反的另一个极端是狭隘的功利主义。有许多人喜欢追问语言科学的实践意义;甚至死心塌地干这一行的人在研究一个专门问题津津有味的时候,忽然被人家问起这么一个问题,也不免惘然不知所答。语言科学的实践意义在于找出语言的规律,从而指导我们的语言实践,使语言能发挥最大的作用;同时,某些有关语言的政治措施(如文字改革)以及有关语言的技术革新(如翻译自动化),也都用得着语言学的知识。但是,某些语言学的知识的确是和实践的关系比较间接的。可以这样说,问题越专门,越令人觉得缺乏实践意义。可能有人这样说:只要有了三分学问,已经可以解决实践问题的十分之九。平常我们很少遭遇某一个难题是需要学问渊博的专家才能解决的。从这一点上看,我们简直不须要费很大的力气去培养研究生,也不需要孜孜矻矻再做什么科学研究。当然也有人会反驳说:不做科学研究就赶不上世界科学的先进水平。我觉得这样的答复还不是正面的答复。古人说得好:"行百里者半九十。"九十里才算百里的一半,就因为最后的十里最艰难,而且最有价值。一个医生一年到头可能没有遇到一次奇难杂症,但是懂得医治奇难杂症的医生应该说是好医生。再说,问题的解决是整个的,在某些问题上,解决十分之九等于没有解决,往往最后的解决会动摇甚至推翻那认为已经解决了的十分之九。我们只要肯定语言是值得研究的对象,那么,对于语言任何方面的深入了解,都是对语言科学有帮助的。拿语言教育来说,不能想象,没有语言科学的理论指导而语言教育会进行得好的。

我们所谓理论,不但是指马克思主义语言学的理论,而且是指科学研究所积累起来的关于语言现象的一切知识,包括自己所发现的知识在内。这是我们必须付出辛勤劳动的代价才能取得的。如果为狭隘的功利主义所蒙蔽,急功近利,中国语言学就不会再有发展的前途。

(二)教条主义、主观主义和虚无主义的问题

自从斯大林的《马克思主义与语言学问题》出版以后,中国语言学界中存在着教条主义。这并不是说解放前就没有教条,我自己就搬过或偷偷地套用过许多洋教条。但是搬那些洋教条并不能像搬斯大林的教条那样名正言顺。我们得承认,包括我个人在内,在过去五六年中间,我们在语言学领域中,往往免不了要犯教条主义。特别是在教学工作中,唯有教条最方便,也最安全。应该指出,斯大林反对马尔学派庸俗唯物主义观点,他的功劳是不可以埋没的,他的理论也是基本正确的。问题在于"缺乏生动而全面的关于各种材料的具体的历史的研究,过分地引用斯大林著作中的话,毫无批判地对待他的著作"(《语言学的问题》1956年第4期社论)。

和教条主义性质相近的主观主义。本来,马尔学派错误就在于脱离具体的材料,脱离正在进展中的语言事实的深入研究,不以语言现象及其发展的规律的历史分析作为立论的根据。而我们中国语言学近年来也正是有不少这一类的论文和著作。作者们往往从原理出发,然后去寻找一些合用的材料来证明他们的原理。有

些同志连找材料的耐心也没有,只是在别人的讨论中兜圈子,唯一的目的是表示一些"创见",而这些"创见"不是从具体材料来的,也不是从历史分析来的,而是从他们所想象的原理来的。我们反对马尔学派,而实际上我们重犯了马尔学派研究方法的错误。这是应该纠正的。

另一方面,有些人曲解了充分占有材料和全面分析的研究方法,因而忽略了问题的主要方面。汉语的历史是那样长,方言是那样复杂,如果我们对于所研究的问题不分主次,我们就很容易在纷繁的材料中迷失了方向。任何语言规律的发现,任何概括语言事实的结论,都经不起吹毛求疵。举例来说,丁声树先生分析了上古汉语"弗""不"两字的分别,可说是证据确凿的了,但是不能没有例外,于是有人根据那些例外去反驳他。实际上,如果不区别通例和例外,研究的工作就寸步难行。我们指出例外,追究例外的原因,那都是应该的,只是不应该让例外把通例掩盖了。对汉语规范的问题也应该这样说。有些人根据某些权威作家的文章去批评《语法修辞讲话》所指出的不合汉语规范的例子。《语法修辞讲话》是否完全正确,那是另一问题。但是,如果按通例来说这是一句不合规范的话,也就不必根据个别作家的特殊用语来反对语法的规范。对所有一切被概括出来的语言规律都表示怀疑,这就是语言学上的虚无主义。我们常常听说某人对于某种结论"能破不能立"。在某些情况下这不是能破不能立的问题,而是怀疑论派的思想方法的问题,这是不相信相对之中有绝对,而片面地强调极端相对性的问题。就拿"弗""不"的例子来说,丁声树先生所举的一大堆的材料都成了枉然;丁先生的结论被某些例外所"破"了,结果那些很明显的界限都成为偶然的现象,唯一的结论只能说是"没有什么"。这和上面所说的主观主义是两个极端:一个是不知道重视材料,另一个是陷入了材料的重围,找不出一条出路来。

(三)语言学各部门的发展问题

由于语言学在中国是一门年轻的科学,许多人都不知道语言学有些什么内容。这些人应该是包括拥护和反对两方面的人在内。有人说学习多种语言或多种方言就是语言学,这当然是很幼稚的说法,但是也不能说是完全不对。有人说研究《说文解字》就是研究语言学,表面上看来,似乎比前一种说法强一些,但是依我看来,也不过半斤和八两的差别。在国民党统治时期,前中央研究院历史语言研究所的工作着重在方言调查,许多人以为方言调查代表了整个语言学。1951年《语法修辞讲话》发表后,又有许多人以为语法代表了整个语言学。现在为了推广普通话,要调查方言,方言学又由冷而热起来了。此外还有少数民族语言的调查研究,也是当前的迫切任务,我们认为,为了完成迫切的任务而提出某些重点,多多培养这一方面的人才,这是完全正确的,问题在于:要不要适当地发展其他各部门?

我个人认为:解放以来,大多数喜爱语言学的人都只想研究现代汉语,而对于语法的研究,又往往喜欢在分类和归类的上头下工夫,这种情况对于中国语言学的发展来说不是很有利的。就目前迫切的需要来说也不是这样。我们不反对人们研究语法,相反地,在语法方面我们还有许多工作要做。我们只是希望语法以外的某些迫切的任务也要有人来完成。

首先应该强调的是普通语言学。可以这样说,最近五十年来,中国语言学各部门如果有了一点一滴的成就,那都是普通语言学的恩赐。普通语言学通过直接或间接的道路来影响中国语言学。但是如果我们不承认中国语言学的落后,我们就是没有自知之明。而中国语言学的落后,主要是由于我们的普通语言学的落后。这一个薄弱的部门如果不加强,中国语言学的发展前途就会遭受很大的障碍。

其次应该强调的是词汇学、语义学和词典学。汉语规范化的工作,主要应该是放在词典工作上面,而历史性的大词典,它的作用还远远超出规范化工作之外。词典是我们十二年远景规划中的"重头戏",并且是硬性任务。词典的主要内容显然不是语音和语法,而是词义。过去有人提过同义词的研究,这是非常迫切的任务,而至今还没有一部同义词的词典。在这一方面我们需要大量的人才,如果目前不着手培养,就要来不及了。

其次应该强调的是修辞学。上面说过,将来的语言教育,恐怕离不了修辞学。这里所谓修辞学,有人叫做文体学,有人叫做风格学。我个人认为,不管修辞学的定义怎么样,我们的语言教育中的修辞部分应该解决这样的两个问题:第一是怎样说的话才是最合逻辑、最生动、最有力量的话? 第二是怎样能利用不同的语言手段去最有效地适应不同的环境和不同的对象? 关于第一个问题,应该研究历代作家的语言表达方法;关于第二个问题,照我看来,应该首先调查各个阶层和各种文化程度的人们的语言了解能力。我觉得第二个问题在目前特别显得严重。现在的书面语言大多数是公式化、概念化的语言;不管写给哪一种读者看(不管年龄、文化水平、职业等等),用的是千篇一律的语言,而且是不很高明的语言。这实际上是大大地降低了语言的交际功能。

最后应该强调的是实验语音学。从最富于实践意义的一方面来说,单是为了推广普通话,也就不能不搞语音实验。大家知道,汉语方言相互之间的差别主要是语音上的差别。现在虽然肯定以北京语音为标准音,但是我们对于北京语音的知识是不够全面的。从高本汉、赵元任一直到现在流行的课本,关于北京语音的记录,人各一说,令人无所适从。现放着一位可靠的老师——语音实验仪器——而不去请教他,那就太可惜了。搞好语音实验,不但可以解决一些争执的问题,而且可以解决一些没有人研究过的问题,例如普通话的声调的变化,决不像我们所想象的那样简单。应该进行深入的研究,找出它的规律。此外,语音实验还可以帮助调查少数民族语言和方言,这里不必细谈了。

中国语言学的当前任务是不是只限于上面所说的几件呢? 当然不是的,例如翻译自动化就是迫切的任务之一,又如作家词典(鲁迅词典等)也是值得鼓励的工作。在这里我们不可能一一列举,就只能拣比较重要的说一说。

(四) 发扬优良传统和赶上世界语言科学先进水平的问题

上面说到中国语文学有辉煌的成就,这一个优良的传统,到现在还有一些老前辈继承下来。但是,就一般情况来说,老一套的语文学和新一套的语言学是脱节的。语文学的伟大成就在历史方面,特别是在上古汉语方面,而某些青年语言学工作者们对于老一套是望而生畏的。这样,在语言学的发展前途上就隐藏着一个危机:一方面,就西洋传来的一套语言学来说,我们是那样落后;另一方面,对于我们祖先的优良传统,我们又不愿意继承,我们拿什么去赶上世界语言科学的先进水平呢? 能不能说过去的老一套已经完全过时了,没有值得发扬光大的地方呢? 我想不能这样说。我们的前辈从历史上研究语言并没有错误;可以这样说,假使西洋没有语言的历史研究,也就没有今天的普通语言学。他们的错误只在于不懂得用历史主义的观点去研究汉语的历史,而不在于他们研究汉语的历史。相反地,假使我们要在语言科学领域中赶上世界的先进科学水平的话,对语言现象及其发展的规律性进行历史的分析,这应该被认为是最有希望的研究工作之一。

我们的前辈还有值得我们学习的地方,就是朴学的精神。他们为了一个字的语源所写的文章,所费的时间往往和现代人写半部书的时间相等。他们想好了一个问题还不轻易下笔,写好了一部书还不轻易刊行。他们的颠扑不破的考证,完全是充分占有材料的结果。我们可以这样说,缺乏这种朴学的精神,而想要赶上世界语言学的先进水平,那是很难的。高深的科学和怕麻烦的思想是不相容的,和微言大义也是不相容的。

前人研究的成果,在今天还是很有用处的。鄙弃前人的成绩,以为那些是没有实践意义的东西,那是绝对荒谬的。

<h2 style="text-align:center">三</h2>

天津语言学会成立了,这件事又一次证明了党对语言学工作的重视和支持。我想我们能有信心和决心来做好我们的语言学工作。

正如我们的国家将由落后的农业国变为先进的工业国一样,中国的语言学也将逐渐摆脱落后的状况而向前迈进。就语言学界本身来说,我们的队伍是空前壮大了;但是比起其他的科学部门来,仍然是小国寡民的情况。我们也不必为这个担忧。没有人立下过这样的一个定理:最少人研究的科学是最无用的科学。只要世界上还有人类社会,就一定有语言存在;只要有语言的存在,就一定有语言学,正如有生物存在就一定有生物学一样。

但是,要赶上世界科学的先进水平,质量和数量是应该并重的。我们一方面要提高我们的科学研究的质量,另一方面还要扩大我们的队伍。这就要靠各位同志多做一些科学普及的工作。

天津语言学会本身就是推动语言学工作的一个机构。希望多多进行科学活动。

我今天是抱着兴奋的心情来参加这个成立大会的。因为兴奋了,所以话多了。其中一定有许多不妥当的地方。敬请同志们批评指正。

这是作者在天津语言学会成立大会上的讲话。原载《中国语文》1957 年 3 月号

语言学当前的任务

同志们！北京市语言学会成立大会现在开幕了。

我们语言学会经过了几个月的筹备，今天条件成熟，可以开成立大会了。这在语言学界来讲，是很值得高兴的大事。今天到会的代表，有很多都是我们语言学界的老同志，有的还是带病来参加成立大会，所以我感到我们北京市语言学会的前途是很有希望的。我们这个学会，虽然现在人数不算很多，但是我们的会员已经在各个方面、各个团体、各个学校都有代表。我们语言学会的范围很广泛，这恐怕是我们北京市语言学会的特点。这使人更感到高兴。

昨天我才收到通知，要我来讲几句话。我没有准备，今天我就随便讲一讲。我想谈谈我们语言学当前的任务。我感觉有几个问题值得考虑，值得在这几个方面进行工作。

首先就是语言学现代化的问题。语言学现代化，应该而且已经提出要有国际水平，要有世界水平。因此我们应该了解世界上语言学的新的动态。比方说，现在有些新的学派：结构主义学派、生成学派和其他学派，这些，我认为都应该研究，应该借鉴。唯有了解到现代世界上语言学有什么新的动态，然后才能更好地发展自己的语言学。当然，并不是说所有的新的东西都是好的东西，我们要用马克思主义来衡量。近年来有不少文章，对外国语言学新学派写了些评论，我觉得这是很好的事情。我们应该研究语言学的新的情况。

我认为学术是没有什么国界的。比方说，音位学本来是波兰语言学家鲍杜恩·德·柯尔特耐（Baudouin de Courteney）发明的，但是它马上就传到捷克去，传到俄国去，被各个学派所接受。后来别的国家的语言学界也都接受了。比如说英国的语言学家丹尼尔·琼斯（Daniel Jones），他也写过文章介绍音位学。可见学术没有国界，只有好的、正确的、非错误的，没有国家的分别。所以我们研究现代语言学的新的动态，只是洋为中用，并不产生所谓崇洋媚外的问题。这是我想说的第一点。

第二点，我认为作为一个语言学工作者，应该研究语言学理论，研究普通语言学，但这在我们中国，现在还不够普及。作为一个语言学会，我认为应该好好地把语言学普及起来。研究普通语言学对我们的帮助很大。我们可以根据语言学的理论来进行我们汉语的研究，进行我们的少数民族语言的研究。研究语言学理论是为了指导我们做的研究工作。这算是我想讲的第二点。

第三点，我们中国古代，虽然严格说起来不算是语言学，应该说是语文学，但是我们对中国传统的语文学，应该好好地继承。特别是乾嘉学派的研究方法，直到现在我们觉得还是对的，是科学的。王念孙所说的"引伸触类，不限形体"，这种理论，我认为是千古不刊之论，是很好的。所以对于我们原有的语言学，应该好好地继承。当然，继承就意味着发展；唯有发展，才是很好的继承。所以我们继承我们中国固有的语文学的时候，也要用马克思主义作为指导思想，来发展我们固有的语文学。这是我想讲的第三点。

第四点，我想说，我们要搞好应用语言学的研究。应用语言学是很重要的。信息处理，汉字编码，这些学问对我们的四个现代化是直接服务的。我想我们应该有人研究而且现在已经有人在研究。另外，还有语言教学问题，这是很值得研究的。现在大家都感到，中学的语文水平，甚至到了大学的语文水平，都是不能令人满意的。这牵涉到语言教学的问题，是不是我们还要好好地研究语文教学，怎么能够更有效地教好语文课？还有外语教学，我们有很多成就。是不是没有缺点？恐怕也不是。最近我看了一篇文章，批评现在的外语教学，我看里面有些意见值得我们深思。还有我们对外国人教汉语怎样教？更是一个大问题。往往是外国人学汉语的时候，提出一些问题，是我们想不到的。因为我们汉语有些特点，外国人不容易了解，这就使我们思考怎样教好外国人学汉语。北大给外国留学生编的教材是很好的，体现了怎样针对外国人教汉语。最近教育部要召开一个会议，就是研究美国人怎么学汉语，我看这种工作很值得做。我们现在执行革命的外交政策，我们对外派出了不少教师去教汉语，这也值得我们考虑：怎样把汉语教好。教学的问题很值得研究。

我们须要研究的东西很多很多，幸亏我们各个方面都有人研究。古文字的研究，出土的文物越来越多了，我们的文章也就多了。可是有的研究我们做得很少，戏剧语言、曲艺语言的研究，我们做得更少，我们语言学方面能够而且应该做的事太多了。我希望力量搞得雄厚一点，把各方面的工作做好。这对我们的社会主义，对我们祖国的社会主义现代化能够作出贡献。我们的任务是艰巨的、光荣的，所以我就有那么个希望，希望我们的语言学会带头兴起研究语言学的热潮来，发展我们中国的语言学。我们做的工作已经成了中华人民共和国政策的一部分。所以我们大家要积极动员起来，把我们中国的语言学发展到一个新的阶段，能够达到国际水平。

以上所说的只是表示我个人的希望，也不能算什么开幕词。因为我刚才所讲的话，也没有经过筹备组讨论，只是我个人的一些意见。说得有错误，请同志们批评指正。完了。

这是作者 1980 年 6 月 18 日在北京市语言学会成立大会上的讲话。原载《语文现代化》1980 年第 4 期

中国语法学的新途径

这四年来,我的著作里,旧所谓"文法"一律改称为"语法"。依现代语言学的理论,咱们之所以研究 grammar,是把它认为语言的一种要素而研究它,并不是想教人们在那里得到作文的法则。因此,我们以为"文法"这一个旧译名实在不必保存了;尤其是如果依照现代语言学的理论而写成一部 grammar,再称为"文法",更是名不副实。本文的意见,和四年前拙著《中国文法学初探》的意见不相同之处颇多,可认为一篇"再探"。

(一)**词汇不是语法**。词未入句时,是属于词汇的;词入句后,就有了语法的存在。但是,有些词却是必须入句才有存在的意义,这就是所谓虚词(虚字)。因此,虚词的本身就是一种语法成分;如果解释虚词的意义,就等于解释语法成分的意义,所以普通人总认为《经传释词》一类的书是语法书。

然而《经传释词》一类的书决不是语法书,因为它们完全放弃了语法的根据地——句子。至多,我们只能承认它们是一种虚词词典。好的虚词词典,固然可以给我们研究语法的许多帮助,例如能使我们知道某一虚词的词性和用途等。但这种东西只能算是语法大厦所需要的一些散材,并不能就称为语法。

(二)**翻译不是语法**。自马眉叔以后,大家不再走《经传释词》的路了。即使事实上是走《经传释词》的路,也总加上西洋语法的面架子。我们会在别的地方攻击模仿西洋语法不遗余力,这里似乎不必再费唇舌了。况且中国语法学家也没有一位肯承认完全模仿西洋语法的;即以马眉叔而论,他也有创作的地方。反过来说,除非不写中国语法,否则无论是谁,总也不免有几分模仿,因为中西语法总不免有几分相似之处。

但是,我们这里所要指摘的,是有意识地或无意识地把西洋某词"译"成中国话,再把这中国话认为和西洋那一个词同一性质,例如把英语的 to ride 译成"骑"字,于是把"骑"字认为不及物动词(或内动词);把英语的 to enlarge 译成"放大",于是把"放大"认为单词。这样,就完全为西洋语言所蔽,中国语法的特征就完全看不出来了。

我们须知,语言之表达思想,并不限于一种方式;外物之反映于观念,更没有一种定型。先说,在同一的族语里,就有种种不同的表现法:英语 resemble 、pear 是动词,而 pike、afraid 却是形容词,lostpone 是单词,而 to off 却是语。若非同一族语,不同的地方更多了。及物和不及物是没有逻辑上的根据的:中国的"待"字,译成英语是 to wait for,是不及物动词,译成法语是 attendre,是及物动词。甲族语里的单词,译成乙族语可以是仿语:法语的 mise,译成英语是 try end …。甚至甲族语里是一个描写句(英语 I am hungry),译成乙族语是一种简单的叙述句(法语 laiaim),译成丙族却是一种包孕句(中国语:我肚子饿了)。由此看来,凡欲从族语经验上看出词的性质或用途,都是劳而无功的尝试。

我们非但不该凭中西的对译,而且还不该凭古今的对译来判定某词的性质。"孟子宿于昼"虽可译为"孟子在昼住",但"于"和"在"的词性并不相同;"杀人以刃"虽可译为"拿刀杀人",但"以"和"拿"的词性并不相同。连方言的对译也是无凭的:"粥"是单词,"稀饭"却是仿语;"恰好"是仿语,"□"(粤语)却是单词。所以语法只该就一时一地的语言作个别的观察,一切的对译都是不能帮助词性或用途的确定的。

(三)**分类不是语法**。这二三十年来,中国语法学家所争论的全是词的分类问题和术语的问题,例如中国的词该分为几类,"所"

字该不该归入代词，"出、入、居、住"等字该不该称为"关系内动词"，"有、在"等字该不该认为"同动词"等等。这样，所争论的只是语法的皮毛，不是语法的主要部分。自然，我们并不否认：分类的比较地妥善，可以使语法更有条理；术语的比较地谨严，可以使读者的观念更加清晰。但是，这只是一种著书的艺术，立论的老到工夫，而对于族语结构上的特征，仍然是隔靴搔痒。须知所谓语法，就是族语的法则，主要的部分乃在于其结构的方式，并不在乎人们对语言成分的称谓如何，例如英语的 than，尽管我们认为连词或介词，或依照 Jespersen 的理论，称为虚词，都是不关重要的问题。主要的却在于告诉人家，在什么情形之下，than 的后面须跟着主格，又在什么情形之下须跟着目的格，或两格均可。当我们能使一个别国人运用 than 字没有错误的时候，我们的责任已完；称谓之争，都是鸡虫得失罢了。

坊间有些"小学文法"，专教小学生分别词类，不及其他。这简直是教他们买椟还珠，小学里，如果要教语法的话，应该努力避免分类和术语，只从举例上设法灌些族语的结构方式，如"呢"和"吗"的分别等。假使一个人只晓得中国某字是名词，某字是动词之类，不知其他，可以说他是不懂中国语法。

又假如有一个英国人跟你学习中国语法，你告诉他，"马"是名词，"白"是形容词，"跑"是动词，等等，又告诉他在"狗咬吕洞宾"这句话里，"狗"是主语，"咬"是动词，"吕洞宾"是目的位，等等，那英国人一定大失所望，因为你只套取了英语语法的一些术语并没有把中国语的结构方式告诉他。将来他在中国住得久些，他会问你："呢"和"吗"有什么分别？为什么我们能说"我把他打死了"，而不能说"我把他爱"？又为什么我们能说"他被我打了一顿"，而不能说"他被我赏了十块钱"？这些问题，才真正的问到结构的方式了。如果你不能解答这些问题，你就不算懂得中国语法；你只晓得套取英语语法的一些术语而已。

（四）**可争论者不是语法的本身**。研究某一族语的语法，如果把最大的努力用于可争论的地方，实在可惜。小至一个名称，也可引起百年的辩论，甚至于永远不会有定论的，例如"名、动、形容"等名称，没有一个能经得起指摘。给它们一个定义，固然好些，但是定义的本身也不会达到完善的地步。然而我们可以断说：可争论者并不是语法的本身。上文说过，语法是族语的结构方式，这种方式是没有争论余地的。英语第三人称单数领有代名词，不随其所领有之物的性和数而异其形式，只随领有者的性而异其形式（he、his、its），法语恰恰相反，不随领有者的性而异，只随被领有者的性和数而异（soo、sa、ses）。这是习惯的结晶，没有争论余地的。现代中国语里，也有它的不容争论的地方，例如：

1. 描写句里不用系词；
2. 复合句和递系式常用意合法；
3. 及物动词和不及物动词或形容词结合，可以成为使成式；
4. "把"字后面的动词必须带一种处置的结果；
5. 被动式专指不如意或不企望的事，并非可由一切及物动词转成；
6. 时间的表示着重在情貌；
7. 代词第一人称复数有包括式和排除式的分别（北平话）；
8. 联绵字的运用特别多。

诸如此类，才是语法的本身。然而二三十年来，它们或被完全忽略，或屈处于附注里，这真所谓舍本逐末、轻重倒置了。

（五）**易懂的不一定不是语法**。本来，把本国现代的语法教本国现代的人，目的并不在要他学话或学做文章。一切语法上的规律，对于本国人，至多只是"习而不察"的，并不是尚待学习的。但是，我们不应该因为它们容易就略而不谈。中国语法书虽不是为外国人而作，却不妨像教外国人似的，详谈本国语法的规律，譬如有某一点，本国人觉得平平无奇，而外国人读了觉得是很特别的，正是极值得叙述的地方。甲族语所有而乙族语所无的语法事实，正是族语的大特征。我们虽不知道世界各族语的结构方式共有多少种，但从两个以上的族语比较，往往发现某一种思想可以有两种以上的表现法，那么，这两种以上的表现法在各该族语里都是值得叙述的。中国学生学了十年英语，往往还不会说 yes 和 no，就因为普通的英语语法书里不曾说明关于问答的种种方式；而英语语法书之所以不说明这一点者，又因为英美人没有一个不会作这种简单的答复。然而这到底是英语语法书的一个缺点，因为像 Are you yet going tomorrow? -No, I am not going 这一种的答语方式和一般东方民族的答语方式是相反，正是英语语法的大特征（或可说是西洋语法的大特征），不能略而不提（据我所知，只有林语堂先生的《开明英文文法》叙述到这一点）。若就中国语而论，词序也是每一个中国人所不会弄错的，然而词序的固定却是中国语法的大特征，也不能略而不提。总之，族语结构上的特征，就是语法的主要部分：如果乙族语区域的人，熟读了甲族语的一部语法书，而于甲族语的结构方式还不免有所误会，这一部语法书一定是不完善的。如果他读了一部语法书，只知道一些词类区分法及术语，而这些词类区分法及术语又和自己的族语里差不多，那么他的一片热诚竟是白费的了。

（六）中国语法学的途径。西洋古代所谓语法，本包含三部分：音韵学；形态学；造句法。后来音韵部分渐渐扩大，现在已经成为独立的一种科学，于是现代普通所谓语法就只剩了形态学和造句法两部分。汉语没有屈折作用，于是形态的部分也可取消。由此看来，中国语法理论，就只有造句的部分了。

恰巧造句的部分是向来被西洋语法学家所轻视的。多数的梵语语法、希腊语法、拉丁语法，都只包括音韵和形态。这种习惯深入人心，以致西洋竟有人说中国没有语法！有时候，虽已有些西洋人编著中国语法，然而除了音韵部分之外，就只把西洋形态学所有的范畴,硬搭配在没有形态部分的汉语上。这样,对于西洋人学中国语,也许有多少便利,然而对于中国语法学,就相隔千万里了。马伯乐先生(H.Maspèro)说得好:

> 中国语法只有些位置上的规律,换句话说就是只有造句法,这是大家久已知道了的。然而语法学家们因为念念不忘西洋语言的缘故,尽管自己承认了这一点仍是常常忽略了。Gabelentz 的语法,素称为科学的中国语法的模范,仍然保存一种旧的术语;也实在太离不开西方的种种概念,所以他不能随着词的位置去寻求它们的价值。他认为中国语也像德语或拉丁语那样有所谓格,他以为共有五个格,他的书中有一章的标题就是"格的变化";此外,还有所谓及物动词、中性动词、被动词、使成动词,等等,这一切在中国语法里都是没有意义的。

可惜所谓"久已知道"的中国语法学只是西洋的汉学家久已知道,西洋留华的教士们并不曾知,中国一般语法学家更不曾知! 固然,除了造句法之外,中国语法里不是没有别的东西值得讨论的,像替代法和称数法就不在造句法之内(但也不在形态学之内),马氏的话稍嫌说得偏些;但是,中国语法必须以造句法为主,这是毫无疑义的。

[注]原著附有英法文字颇多,因印刷所字母缺少,无法全部排出,特请作者及读者原谅。

原载《当代评论》1941 年第 1 卷第 3 期

中国语法学的发展

自从 1898 年马建忠的《马氏文通》出版以后，中国开始有了汉语语法学。马氏依照拉丁语法的框框来叙述汉语语法，主要是讲词类，最后一章讲造句法。有时候他也注意到汉语的特点，例如助词（后来我叫做语气词）一类就是汉语所特有的。

马建忠之后有杨树达。杨氏写了一部《高等国文法》(1929)。这部书对上古汉语的语法有比较详细的叙述。他另写了一部《词诠》，那是继承王引之的《经传释词》的，在古代汉语的研究上有较大的参考价值。

马建忠、杨树达的书都是讲古代汉语语法的。五四运动以后，白话文兴起，于是现代汉语的语法书出现了，其中的代表作是黎锦熙的《新著国语文法》(1924)。

《新著国语文法》不是依照拉丁语法的框框，而是依照英语语法的框框，所以在叙述上和《马氏文通》稍有不同。但是从整个语法体系来说，它和《马氏文通》没有什么差别。黎氏是现代汉语语法研究的先驱者，他的书至今还有参考的价值。

从 1898 年到 20 世纪 20 年代，可以说是模仿西洋语法的时代。

就在 20 年代，已经有人感觉到，简单地模仿西洋语法不是好办法，陈承泽在他的《国文法草创》里批评了"以英文法为榰"。当然我们并不排除借鉴西洋语法；我们只是反对不顾汉语语法的民族特点，一味抄袭西洋语法。

王力在 1936 年 1 月号的《清华学报》上发表了《中国文法学初

探》一文,指出:"我们对于某一族语的文法的研究,不难在把另一族语相比较以证明其相同之点,而难在就本族语里寻求其与世界诸族语相异之点。"1939 年,王力在西南联合大学根据他的新看法写成《中国现代语法》讲义,提出了能愿式、使成式、处置式、被动式、递系式、紧缩式等等,这都是根据汉语的特点研究出来的。后来这本讲义分为两部书出版,即《中国现代语法》和《中国语法理论》。

与王力这两部书先后出版的有吕叔湘的《中国文法要略》、高名凯的《汉语语法论》。吕、高的书在语法体系上虽与王书有所不同,但是在注重汉语特点、反对模仿西洋方法上是一致的。王、吕都受 Jespersen 的影响,王、高都受 Vendryes 的影响,吕氏兼受 Brunot 的影响,所以他除词句论之外兼讲表达论,那就是从思想到语言。

从 30 年代到 40 年代,是从汉语特点建立汉语语法学的时代。

1933 年,Bloomfield 的《语言论》出版了。Bloomfield 是结构主义的代表,他的著作对中国语法学有很大的影响,1948 年赵元任出版了他的 Mandarin Primer,可以说是结构主义的代表作。这本书通过显然不同于传统语法的路子挖掘汉语的特点,建立新的语法体系。1968 年赵氏出版了他的 A Grammar of Spoken Chinese,可以说是 Mandarin Primer 的扩大。1962 年,丁声树等写了一部《现代汉语语法讲话》,这是在中国出版的结构主义著作。此后朱德熙写了《说"的"》和《论句法结构》,也是一种结构分析法,结构分析法对词组和句子的分析采用直接成分分析法即层次分析法,和传统语法的图解法不同。

1957 年 Chomsky 提出了转换生成语法,马上在中国语法学上产生了影响。朱德熙的《说"的"》和《论句法结构》就是在运用结构分析法的基础上还运用了转换方法。转换分析是语法研究中固有的一种方法。最近藤堂明保教授写了一篇《从王力先生的语法理论讲到"变生语法"》,指出王力所讲的一些特殊结构,如紧缩式、递系式等,经过变生语法的分析,可以得到更清楚的解释。的确,王力常常讲到处置式和被动式的转换,主动式和被动式的转换,并由此断定汉语被动式的特点(表示不如意的事情)。吕叔湘在《中国文法要略》中也曾具体地讨论了词组和句子之间的各种变换的情况,不过王、吕都不曾把这种变换叫做转换生成语法罢了。

这里附带讲一讲"暂拟汉语教学语法系统"。这是 1956 年人民教育出版社中学汉语编辑室拟订出来的一部语法。这是黎、王、吕三家语法体系的杂糅,同时也在某种程度上受苏联语法学的影响。最近在哈尔滨召开汉语语法和语法教学讨论会,打算修订"暂拟汉语教学语法系统"。在会议上,争论最多的是句子分析的问题,有人主张采用结构分析法和转换生成分析法,有人主张维持原来的句子成分分析法。最后如何定案,还不知道。但是学校语法并不影响专家语法。

将来中国语法学家们继续进行深入研究,中国语法学还会有更大的发展,这是可以预料的。

参考资料
徐通锵、叶蜚声《"五四"以来汉语语法研究评述》,《中国语文》
    1979 年第 3 期

这是作者 1981 年 10 月 9 日在日本大阪外国语大学的报告,原载《语文园地》1982 年第 2 期;又《语文月刊》1982 年第 1 期

斯大林语言学著作对于中国语言学的影响和作用

一

斯大林的天才著作《马克思主义与语言学问题》出版五周年了。五年以来，它对于中国语言学的影响和作用是很大的。我们有必要在这些影响和作用上作出总结，一方面显示中国语言学界学习苏联先进科学的成就和缺点，另一方面指出今后努力的方向。这一篇短文不敢说是具有总结的性质，只是陈述一些较重要的事实，供同志们参考而已。

语言学在中国，是新兴的科学；它只有四十年左右的历史。在斯大林语言学著作没有发表以前，全国语言学工作者不满三百人。1932 年我在清华大学讲授语言学概论，选修的学生只有一个人。在文化教育界中，大多数人不知道有所谓语言学；少数人接触到了这一个学科的名称，也往往误会语言学的培养对象是语言通（即会说多种语言的人）。1950 年 7、8 两月，《人民日报》陆续发表了斯大林《论马克思主义在语言学中的问题》《论语言学的几个问题》《给同志们的回答》；同年 10 月，人民出版社出版了《马克思主义与语言学问题》，从此以后，斯大林这一著作成为中国每一位马克思主义者必读的一部书。这一件大事，对于中国语言学的发展，是起了决定性的作用的。尽管我们对于新生力量的培养还存在着许多缺点,但是社会上已经造成了重视语言学的风气。据我个人所接触到的来说,除了正式由学校培养的大学生和研究生以及科学院语言研究所培养的研究实习员之外,还有相当大数量的自学成材的语言学工作者,他们散布在大中小学教师群中、部队的文化教员群中、解放军战士中。其他我所没有接触到的,估计决不在少数。在今天,中国语言学欣欣向荣的气象,是解放以前我们所梦想不到的。在中国共产党和毛主席的正确领导下,过去一些不合人民需要和反动的伪科学是无人过问或被唾弃了,相反地,适合人民需要而被国民党反动派所轻视和践踏的真正科学,现在才获得了它们应有的地位。中国语言学,在斯大林语言学著作的光辉照耀下,无疑地是有它的光明的前途的。

二

　　从消极方面说,斯大林语言学著作扭转了我们的错误方向,帮助我们批判了唯心的和非马克思主义的错误观点。

　　解放以前,马尔的语言新学说在中国虽然没有广泛地流传,但也曾有人把它介绍到中国来,发生了一定的影响,例如有一位署名宜闲的同志曾经写了一篇《玛尔及其语言学说》[①]。当时有人提出"新兴阶级的普通话"来[②],这显然是受了马尔的"阶级语言"的说法的影响。解放以后,1950 年 7 月以前,在短短的时期中,据我所知,中国已经出版了两部介绍马尔学说的书:一部是徐沫译的 A.P. 安德烈也夫所著的《马尔的语言学说》[③],另一部是缪灵珠教授所著的《苏联新语言学》[④],罗常培同志在这时所作的《语言与文化》也

---

① 宣浩平编《大众语文论战》续编二,第 3—117 页。
② 参看罗常培《从斯大林的语言学说谈中国语言学上的几个问题》,《科学通报》第三卷第七期第 421 页。
③ 大众书店 1950 年出版。
④ 北京天下图书公司 1950 年出版。

曾引用过马尔的学说①。斯大林语言学著作的发表,把我们从错误的方向扭转过来,使我们少走了许多弯路,就整个社会主义建设事业来说,苏联的经验总是成为我们的指南针,语言学也不能是例外,斯大林语言学著作将永远成为中国语言学的灯塔。

斯大林这一部伟大的著作,又可以作为马克思主义语言学的标准,来衡量过去的中国语言学,从而批判我们过去的错误。中国语言学所受马尔的影响不深;除了罗常培同志检讨了他自己受马尔影响对语义学的意义作了过高的估计,对雅弗语言学说中的"古生物学分析法"作了不适当的颂扬之外②,只有吴玉章同志检讨了他自己把文字看作上层建筑,但是他并未读过马尔的书。另一方面,中国语言学工作者所受西洋资产阶级普通语言学的唯心理论的影响就很深了。我自己就是代表人物之一。我曾经把资产阶级语言学家叶斯泊生的形而上学的三品说整套地搬到汉语语法中来;我又曾经自然主义地把语法的分析看成了生物学上的解剖。斯大林著作的光辉照见了我们的错误;我们初步批判了我们的唯心观点。

三

从积极方面说,斯大林语言学著作帮助我们把马克思主义灌输到中国语言学中来。

斯大林肯定了语言的无阶级性、全民性和稳固性,使文学语言在人民的语言修养中占着最重要的地位。我国自从反动的主观唯心的实用主义者胡适把白话和文言对立起来,把汉代以来许多伟大作品的语言看作死的语言以后,影响所及,许多人都重视方言和俗话,轻视文学语言。在 1934 年大众语运动的时候,也出过偏差。一方面,在当时的大众语论战中,明确地提出了语言和文学要面向

---

①② 参看罗常培《从斯大林的语言学说谈中国语言学上的几个问题》,《科学通报》第
　　三卷第七期第 425 页。

人民大众,鼓励大家学习人民大众的语言,并且对当时反动派的复古运动给予了无情的打击,那完全是对的;但另一方面,过分强调俗话的作用,以为说话作文越俗就越好,则是错误的看法,鲁迅对此曾予以正确的批评①。应该指出,文学语言并不拒绝吸收方言和俗话,但吸收它们是为了丰富自己,我们不应该了解为文学语言让位给它们。斯大林明确地指示我们:方言和土语是服从于部落或部族统一的和共同的语言的;民族语言不是阶级性的,而是全民性的②。从这里我们看见了文学语言的重要性,因为文学语言也正是全民语言的加工形式。文学语言的规范化工作,是目前中国语言学范围内最重要的工作。汉语方言的分歧是严重的。我们一方面应该驳斥帝国主义者御用的语言学家的谰言,说汉语方言实际上是互相不了解的许多种语言。实际上汉族书面语言的统一就意味着文学语言的统一,也就是说,汉族除了共同的地域、共同的经济生活和经济联系,和表现在共同文化上的共同心理状态之外,还具有民族形成的另一特征——共同的语言。但是,另一方面,我们也得承认,方言的分歧——特别是语音的分歧——在社会主义建设中是一件不小的障碍物。中国语言学界对于这一个问题非常重视。中国科学院将于今年8月间召开汉语规范化会议。在过渡时期内,全国语言学工作者将为汉语文学语言的规范化而奋斗。这样将要促成汉语的全民性的增强,使全国人民更有效地掌握并运用这一个交际的工具和斗争的武器,同时,也为汉字的改革创造了条件。

　　毛主席说过:“文字必须在一定条件下加以改革。”③改革的步骤是由汉字的简化逐渐走上拼音文字的道路。大家知道,语音不统一,实行拼音文字是有困难的。斯大林说:“某些地方方言在民族形成过

① 《且介亭杂文·门外文谈》,《鲁迅全集》卷六第109—111页。
② 斯大林《马克思主义与语言学问题》第10页,人民出版社译本。
③ 《新民主主义论》,《毛泽东选集》卷二,第680页。

程中可以成为民族语言的基础并发展为独立的民族语言。"①就现在的汉语文学语言来说，北方话早已成为民族语言的基础，并已发展为独立的民族语言。但是，如果文字实行拼音化，那么，书面语言不但要求语法和词汇的统一，同时还要求语音的统一。换句话说，不但就语法和词汇上说，而且从语音上说，也要求其他方言"丧失了自己的独特性"，"溶入"民族语言中，并在民族语言中"消灭"了，然后拼音文字才能胜利地完成它的任务。当然，我们不须要等待方言的完全消灭才实行拼音文字，相反地，拼音文字的推行，会加速语音的统一；但是，我们也不能忽视文学语言规范化的工作，特别是标准音的传播工作。语言的全民性增加一分，拼音文字推行所遭受的阻力就会减少一分。相信全国语言学工作者和语文教师们一定能够重视语文教育中的正音工作，争取在三个五年计划期间内，做到人人能够掌握标准音。这样，文字改革一定能早日实现的。

语法的研究，在斯大林语言学著作发表以后，也有了蓬勃的气象。尽管有着许多粗制滥造的语法小册子，但是，中小学校中汉语语法的传授，真是破天荒的一件事。语法的观念在一般青年的脑筋中建立起来了。这五年来，中国语言学界的争论，多数是有关汉语语法的争论，这样就使汉语语法的研究工作推进了一大步。

斯大林教导我们说："语言学的主要任务是在于研究语言发展的内部规律。"②我们过去虽也研究古音，但是只把它放在一个平面上来研究，很少注意它的历史发展，尤其是不懂得研究它的发展规律。至于历史语法方面，就更少人过问了。由于斯大林的指示，我们才知道了汉语史的重要性。最近综合大学汉语言文学专业的教学计划中已经规定了汉语史作为必修的课程。

在社会主义国家的民族政策下，少数民族的语言文字受到重

①　斯大林《马克思主义与语言学问题》第43—44页，人民出版社译本。
②　斯大林《马克思主义与语言学问题》第28—29页，人民出版社译本。

视，这是理所当然的事。在中国科学院语言研究所中，少数民族语言文字的研究，成为重点工作之一。帮助少数民族创制文字或加以改善，这是许多语言学工作者目前的光荣任务，也是斯大林的两部经典著作——《马克思主义与民族问题》和《马克思主义与语言学问题》——在民族政策实践中的有机联系。

四

斯大林关于语言学的天才著作是马克思列宁主义理论宝库中的大贡献，它在中国的影响决不限于语言学。但是，单就语言学而论，中国语言学在这一部卓越的著作出世后，短短五年内的发展远胜于过去的三四十年，这是一个飞跃，是马克思主义语言学代替了资产阶级语言学的过程。

不容否认，中国语言学中的唯心主义尚未彻底清除，自然主义的描写、唯心主义的解释，以及反历史主义的形而上学观点，到处可以遇到。批判唯心观点，把马克思主义灌输到中国语言学中来，还须要经过长期的斗争。但是，五年来的成绩还是必须肯定的。

可以预料，在中国共产党的正确领导下，被斯大林语言学说武装了头脑的中国语言学家们，一定能够付出全部力量，充分发挥创造性，使中国语言学迅速前进。

原载《俄文教学》1955 年第 8 期

在语言科学中提倡百家争鸣

　　自从《红旗》杂志发表了《在学术研究中坚持百花齐放百家争鸣的方针》的社论以后,整个学术界都更加活跃起来了。正如社论所指出的,"百花齐放百家争鸣是发展社会主义社会中的科学事业的一个积极的方针,是不断地巩固和加强马克思列宁主义在学术界中的领导地位的一个方针,是充分表现了马克思列宁主义的战斗性的一个方针"。党的这个方针,对于我国科学发展的推动作用是非常巨大的。

　　社论指出:"承认马克思列宁主义的指导,并不等于已经能够正确地运用马克思列宁主义。"我们试拿解放后特别是最近三年来的学术争论来看,就可以证明社论的话是完全正确的。在现在的学术界中,不但公开反对马克思列宁主义作为指导思想的人没有了,连在科学研究实践中不愿意运用马克思列宁主义观点而坚持资产阶级学术观点的人,恐怕也是极其个别的。因此,在学术争论中,人人自以为运用了马克思列宁主义,而真理只有一个,辩论双方的对立观点不可能都是对的。我们从旧社会来的知识分子,虽然在思想上经过自我改造,承认和接受了马克思列宁主义的指导,但是一到具体的学术问题上,我们的旧的同马克思列宁主义对立的观点又会流露出来。我们让这些错误的观点流露出来好呢,还是不让它们流露出来好呢? 自然是让它们流露出来好。如果一种错误的学术观点在今天还被提了出来,这种观点往往是有一定的代表性的,提出来讨论,错误得到了纠正,对学术的发展是有好处的。

我们必须把马克思列宁主义贯彻到每一门科学中去。毛泽东思想是把马克思列宁主义的普遍真理同中国实际相结合的典范，我们必须把毛泽东思想贯彻到每一门科学中去。

社论正确地指出："马克思列宁主义不能代替每一门具体科学的研究。马克思列宁主义的指导作用，就在于它提供了一种基本理论和方法，依靠这种理论和方法，科学研究工作者还必须付出艰苦的劳动，大量地收集材料，独立地进行思考，才能在某一个具体问题的科学研究中得到成绩。"语言科学跟其他科学部门一样，也有它自己的特点；我们必须考虑如何把马克思列宁主义很好地贯彻到语言科学的每一个具体问题的科学中去。我看这就是一个很重要的课题，迫切地须要解决的。

大跃进以后，我们注意搜集了马恩列斯关于语言的理论，也注意搜集了毛主席关于语言的理论，那是很好的，但是在马恩列斯和毛主席的著作中，我们不可能找出对语言科学每一个具体问题的具体答案。因此，更重要的是把马克思列宁主义的整个思想体系作为对语言科学的指导思想，换句话说就是熟练地掌握马克思列宁主义的武器，使语言学上各种问题迎刃而解。要达到这个境界是很不容易的，而百家争鸣正是达到这个境界的有效方法之一。

理论联系实际，这是马克思列宁主义最重要的一条。我们要求语言科学为社会主义建设服务，也就是要求联系社会主义建设事业的实际。没有人反对语言科学联系实际，但是当我们接触到具体问题时，例如当我们进行语言课的教学时，或者是进行语言科学的研究时，对于联系实际的具体做法，远不是一致的。特别是像语法教学的问题尤为突出。这就很有展开辩论的必要。

过去曾经有人说，语言科学本来就是密切联系实际的一门科学，因为人们天天说话，天天离不开语言，我们研究它，就是联系了实际。这个看法显然是错误的，因为我们不可能设想凡是关于语言的讨论都算是联系实际的科学。1958年以后，再也没有人这样说了，但是在语言课的教学中满足于名词概念的解释，在科学研究中或学术辩论中满足于脱离实际的名词术语的争辩，这种现象仍然相当普遍，这是未能令人满意的。语言科学虽然不能以语言教育与语言修养为其全部目的，至少也是主要目的之一。今天我们提倡改进文风，提倡词章修养，这些事情都和语言科学息息相关。近三年来，许多高等学校都进行了对毛主席语言的研究，这是很可喜的现象。希望今后语言学界在语言教育与语言修养方面多多研究，做出成绩来。这样，就非在语言科学怎样联系实际这个具体问题上多多讨论不可。

理论联系实际作为一个指导原则，不但指示了科学研究的方向，而且也还可能影响到一定的科学体系。譬如关于语法体系就是如此。这里说的语法体系，指的是语法学上的理论体系，不是指语法本身的系统。语法本身的系统是客观存在的，我们只能说明它，不能改变它。至于怎样去说明它，那就可能有多种方式。现在有这样一种意见：汉语语法应该是简单明了的，容易接受和掌握的，有助于语言教育和语言修养的。可以想象：如果真正有这样的汉语语法出现，这是中国语法学的一大革命。但是，大家同意不同意这个原则？如果同意了，怎样才能贯彻这个原则？也还是需要大家讨论的。

上文说到语言教学还有脱离实际的现象，但同时也应当注意到，许多学校正在走向联系实际的方向。有的学校甚至走得很远，譬如说，讲语法时只拣与写作有关的来讲（特别注意语法错误），而不是全面地、系统地讲授语法。我们知道，联系实际应当与狭隘的功利主义区别开来。系统的理论知识还是要的，否则过犹不及，没有本门科学的系统理论作为基础，要深入而彻底地了解一个具体问题是困难的，甚至连实用的目的也不一定能达到。联系实际与狭隘的功利主义之间的界线应当划在哪里，这也是一个值得辩论的问题。

以上所说,不过是举一个例。实际上,在语言科学中,可以争鸣的问题很多,决不止上面所说的一点。我们可以从各方面进行争鸣。

在党的号召下,过去争鸣得不够或者差不多没有争鸣的科学部门现在都鸣起来了,过去争鸣较多的科学部门现在鸣得更热闹了,我们语言学界自然也应该热烈响应党的召号,展开百家争鸣。大家明确地认识了百花齐放百家争鸣的方针在科学发展上的重大意义,热烈参加争鸣,深信在三年大跃进的基础上,我国语言科学一定能够取得更大的成绩,达到欣欣向荣的地步。让我们全国科学工作者都来一个"和声鸣盛",共同走向学术繁荣的道路吧!

原载《光明日报》1961 年 3 月 22 日

答复张欣山《对王力先生两本著作的意见》

编辑同志：

我诚恳地接受张欣山同志的意见，并表示衷心的感谢。

我有严重的个人名利思想，所以在我的各种著作中表现了不严肃和对读者不负责任的态度。往往是一部书才写完，就忙于写另一部新的著作，对旧的著作的缺点和错误不再放在心上。我以往的著作在很大程度上表现了我的粗疏，和我们先辈学者们对学术谨严的优良传统是相反的。张欣山同志除了举出《汉语音韵学》和《汉语史稿》上册印刷上的错误的一些例子来证明我的对读者不负责任的态度以外，还指出我的粗疏的一个例子，就是我把江永《音学辨微》的话引错了。当初我是先有了一个成见，以为依常理推测，合口至三等则为撮口，于是我粗心地把江永的原意歪曲了。这虽是简单的一个例子，它很能说明问题，那就是我做学问的极端不严肃的态度。由于我在语言学界有一定影响，我这种资产阶级个人名利思想指导下的科学态度和科学工作就有很大的危害性，给人民带来了很大的损失。

在双反运动中，我的个人名利思想受到了批判，我的思想认识提高了一步。我下决心改正我的错误。我保证在三年内把我的主要著作如《汉语音韵学》《汉语讲话》《中国现代语法》《中国语法理论》《汉语史稿》《汉语诗律学》重新校订一次，以

期不辜负人民对我的期望。其他著作,如有再版机会,也要加
以校订。

王　力　1958,4,29

［附］

对王力先生两本著作的意见

　　王了一(王力)先生是国内有数的几位语言学家之一,对汉语
的语法、声韵以及文字都有很深的研究,他的著作流行很广,影响
很大;如果著作在某一方面有着严重的缺点,自然也就会发生不良
影响。我很希望王先生能纠正一些不应有的,至少也是可以避免
的缺点,所以谨向王先生提一点可能是不正确的意见。

　　我要谈的只限于王先生关于声韵方面的著作,特别是《汉语音
韵学》。《汉语音韵学》原名《中国音韵学》,解放前以大学丛书的
性质出版,装成两巨册。从表面看,我以为一定校对得很细致,谁
知买来一读,其错字之多使人万分失望。旧社会里一些专家学者,
有时做事也是不负责任的,错误无论怎么多,错误无论怎么多,可
不必去管它;但解放以后,这种现象就不应该继续存在了。王先生
在其改名为《汉语音韵学》的新版自序中说:"既然重印了,小小的
修订总是应该的,至少也应该校正一些错字。"这是很好的,而且也
是必要的,这是著作者对读者应该尽的最起码的责任。但这部校
正了的新版本,却使我们更加失望,甚至使我们有些气愤,它不是
没有错字,而是错字更多了。最离奇的是24页第一行一连串重复
了上页的五个字。这种现象,大概是出版此书的中华书局怕麻烦,
为迁就旧纸型产生的;但王先生却不能辞其咎。我们想底样排好
以后,王先生总该看过吧? 如果看漏了,至少第二版也应该校正,
可是第二版却依然照旧。这是最不应该的。这种不负责任的态度

也和王先生在学术界的地位以及人们对他的信任和景仰极不相称。研究语言的书籍和一般文学作品的书籍不同,后者有一两个错字关系不大,而前者一字之差,可能就有天渊之别。所以语言学书籍,尤其应该认真校对,尽可能地减少错误。这本书的错字比任何书都多,书里的图表几乎没有一个没有错误的,就连戴震的"广韵独用同用四声表"也有错误。这就大大地减低了本书的使用价值。本来这本书对于那些在声韵方面有研究的人没有太大的用处(不是说没有用处),而对于一些初学的人却很有用处,因为它材料丰富;但因其错误太多,初学者不能辨别,也就只有望而兴叹了。

王先生的第二种声韵学书籍是《汉语史稿》(上册)。这本书比起《汉语音韵学》来错字少多了,但在同类的书中还是错误最多的一本(这拿罗莘田先生的《汉语音韵学导论》和《普通语音学纲要》来比较,就很明显地看得出来,虽然罗先生的书也还是有错字的),而且也还是多得令人感到遗憾,例如,几乎所有"江有诰"的"诰"字都错成"浩"字。

最后,还有一点是我百思不得其解,而希望王先生加以说明的;因为这一点光说成印刷上的错误是解释不通的,而除了印刷上的错误以外,又别无其他道理。就是关于等呼的问题。王先生说:"江永说'开口至三等则为齐齿,合口至三等则为撮口'。"其实江永说的是"开口至三等则为齐齿,合口至四等则为撮口"。江永在其《四声切韵表》和《音学辨微》两书中都是说的"合口至四等则为撮口",而王先生在《汉语音韵学》和《汉语史稿》中都说江永说"合口至三等则为撮口"。这就令人莫名其妙了。若说王先生的两本书都是"四"字误排为"三"字,也许不会这么凑巧;若说王先生有意窜改江永的话以就己见,似乎令人不可理解;若说王先生马虎到把江永的两本书的"四"字都误为"三"字,也是不可思议的。不管原因如何,读者对王先生的这本书颇怀戒心,那是很自然的事了。据王先生说，《汉语史稿》是他在北大讲授汉语史的讲义，不知他的学生对这个问题如何看法，我想也会像我们一样感到茫然吧！所以我很希望王先生能就这一点加以说明。

关于汉语语音，尤其关于古汉语语音的书籍，现在出版的还很少，王先生这两本书是应时的著作，购买的人很多，但因其错误太多，遂使读者拿在手里徒唤奈何。王先生在这两本书的序言中都很虚心地请求大家提意见，关于内容，各人的看法不同，我不想谈什么；我只就这看来是无关宏旨而其实是很关重要的错字问题向王先生提点意见，请王先生为读者的利益着想，再版时，认真地、仔细地校正一下。

诗歌的起源及其流变

诗歌起源之早,是出于一般人想象之外的。有些人以为先有散文,后有韵文。这是最靠不住的说法,因为人类发明了文字之后,已经开化到了相当的程度,当然有了散文同时也就有了韵文;韵文以韵语为基础,而韵语之产生远在文字产生之前,这是毫无疑义的。比较地值得考虑的问题是:到底人类自从有了语言就有了诗歌呢,抑或诗歌的产生远在语言的发明之后呢?关于这个问题,我们倾向于相信前一说。若不是诗歌和语言同时产生,至少也不会迟到一个世纪以后。因为诗的情绪是天籁,而韵语也是天籁;试看现代最不开化的民族,连文字也没有的,也有他们的诗歌,相传尧帝的时候有一首《康衢歌》(《列子·仲尼篇》):

> 立我蒸民,莫匪尔极;
> 不识不知,顺帝之则。

又有一首《击壤歌》(《帝王世纪》):

> 日出而作,日入而息;
> 凿井而饮,耕田而食。
> 帝力何有于我哉?

我们当然不相信这两首诗是尧时的民歌。前者是凑合《周颂·思文》的两句和《大雅·皇矣》的两句而成的,且不要管它。后者的风格似乎也在战国以后;不过,它也不会太晚,因为它用的韵是之部字,以"息、食、哉"为韵,这种古韵决不是汉以后的人所能伪造的。依我们的猜想,它也许是战国极乱的时代,仰慕唐、虞盛世的人所假托的。同样假托的诗还有一首《南风歌》(《圣证论》引《尸子》及《家语》),相传为帝舜所作:

> 南风之薰兮,
> 可以解吾民之愠兮;
> 南风之时兮,
> 可以阜吾民之财兮。

我们不必因为它的出典不古,就怀疑到它的本身不古;这种诗歌很可能是口口相传下来的。试看它以"时、财"为韵,这种古韵也决不是汉以后的人所能伪造的(伪造古韵最难,因为直至明末陈第以前,并没有人意识到古今音韵的不同)。总之,尧、舜时代虽不能有这种风格的诗,却一定已经有诗歌的存在,假使这尧、舜时代本身存在的话。

至于韵语,它在上古时代的发达,更是后来所不及的。这里所谓韵语,除了诗歌之外,还包括着格言、俗谚及一切有韵的文章,比如后代的汤头歌诀和六言告示,它们是韵语,却不是诗歌。古人著理论的书,有全部用韵语的,例如《老子》《文子》《吕氏春秋》《淮南子》《法言》等。文告和卜易铭刻等,也掺杂着韵语,例如《尚书》《易经》和周代的金石文字。许多"嘉言",是借着有韵而流传的,例如《孟子·滕文公上》所引放勋(尧)的话:

> 劳之,来之,
> 匡之,直之,
> 辅之,翼之,
> 使自得之:
> 又从而振德之。

"来、直、翼、得、德"是押韵的。至于格言俗谚之类,就更以有韵为常了,例如:

　　畏首畏尾，
　　身其余几！　　（《左传·文公十七年》）

　　虽有智慧，
　　不如乘势；
　　虽有镃基，
　　不如待时。　　（《孟子·公孙丑》）

兵法如《三略》《六韬》，医书如《灵枢》《素问》，都有大部分韵语。这些书虽不是先秦的书，至少是模仿先秦的风格而作的，于此可见韵语在上古是怎样的占优势了。

　　诗歌及其他韵文的用韵标准，大约可分为三个时期如下：

　　唐以前为第一期。在此时期中，完全依照口语而押韵。

　　唐以后，至民国初年为第二期。在此时期中，除了词曲及俗文学之外，韵文的押韵，必须依照韵书，不能专以口语为标准。

　　民国初年以后（新文学运动以后）为第三期。在此时期中，除了旧体诗之外，又回到第一期的风气，完全以口语为标准。

　　现在先说第一期。所谓完全依照口语而押韵，自然是以当时的口语为标准。古今语音的不同，是清代以后的音韵学家所公认的。所以咱们读上古的诗歌的时候，必须先假定每字的古音是什么，然后念起来才觉得韵脚的谐和，例如《诗·秦风》：

　　蒹葭采采，白露未已；
　　所谓伊人，在水之涘。
　　溯洄从之，道阻且右；
　　溯游从之，宛在水中沚。

咱们假定"采"字念 tsəg，"已"字念 diəg，"涘"字念 dziəg，"右"字念 giuəg 或 giuɐg，"沚"字念 tiəg，然后这首诗才念得和谐。当然，你也可以假定这五个字的古音是 tsai、diai、ziai、giai、tiai，或别的拟音，这在音理上也许差些，但在读诗的原则上是对的。

汉代用韵较宽。这有两个可能的理由:第一是押韵只求近似,并不求其十分谐和;第二是偶然模仿古韵,以致古代可押的也押,当代口语可押的也押,韵自然宽了(模仿古韵的人往往弄成笑话,并不真能伪造古韵,唐代的韩愈模仿古韵之失败,可以为证)。到了六朝,用韵又渐渐趋向于严。这是时代的风气,和实际口语韵部的多少是没有关系的。

现在说到第二期。六朝时代,李登《声类》、吕静《韵集》、夏侯该《韵略》一类的书,虽然想作为押韵的标准,因为是私家的著作,没法子强人以必从。隋陆法言的《切韵》,假使没有唐代的科举来抬举它,也将遭受到《声类》等书同一的命运。后来《切韵》改称《唐韵》,可说是成了官书,作为押韵的标准,尤其是今体诗押韵的标准。《切韵》和《唐韵》都共有 206 个韵,但是,唐朝规定有些韵可以同用,凡同用的两个或三个韵,做诗的人就把它们当作一个韵看待,所以实际上只有 112 个韵。到了宋朝,《唐韵》改称《广韵》,其中文韵和欣韵、吻韵和隐韵、问韵和焮韵、物韵和迄韵,都同用了,实际上只剩了 108 韵。到了元末,索性泯灭了 206 韵的痕迹,把同用的韵都合并起来,又毫无理由地合并了迥韵和拯韵、径韵和证韵,于是只剩 106 个韵。这 106 个韵就是普通所谓诗韵,一直沿用至今。

唐朝初年(所谓初唐),诗人用韵和六朝一样,并没有以韵书为标准。大约从开元、天宝以后,用韵才完全依照了韵书。何以见得呢? 比如《唐韵》里的支、脂、之三个韵虽然注明"同用",但是初唐的实际语音显然是脂和之相混,而支韵还有相当的独立性。所以初唐的诗往往是脂、之同用,而支独用(盛唐的杜甫犹然)。又如江韵,在陈、隋时代的实际语音是和阳韵相混了,所以陈、隋的诗人有以江、阳同押的;到了盛唐以后,倒反严格起来,江、阳绝对不能相混,这显然是受了韵书的拘束。其他像元韵和先、仙,山韵和先、仙,在六朝是相通的,开元、天宝以后的今体诗也不许相通了。这一切都表示唐以后的诗歌用韵不复是纯任天籁,而是以韵书为准。虽然有人对于这种拘束起来革命,终于敌不过科举功令的势力。

词曲因为不受科举的拘束,所以用韵另有口语为标准。但是,词是所谓诗余,曲又有人称为词余,本文所讲的诗法,指的是狭义的诗,并不包括词法和曲法,所以只好暂时撇开不谈了。

末了说到第三期。新诗求解放,当然首先摆脱了韵书的拘束。但是,这上头却引起了方音的问题。从前依据韵书,得了一个武断的标准,倒也罢了。现在用韵既然以口语为标准,而中国方音又如此复杂,到底该以什么地方的话为标准呢? 大家都会说应该根据国语,但这是不大容易做得到的事。若说是国语区域的人才配做诗,更是笑语。但是现在既然没有人拿方言做诗,自然用的国语的词汇,那么,大家自然倾向于拿国音来读它,这样,就不免有些不大谐和的地方,例如真韵和唐韵,依照西南官话和吴语,是可以同用的,若依国语就不大谐。屋韵和铎韵,歌韵和模韵,依照大部分的吴语是可以通用的,若依国语也不谐和。试看下面的一首歌:

> 咕噜噜,咕噜噜,
> 半夜起来磨豆腐。
> 一直磨到大天亮,做成豆腐真辛苦。
> 吃豆腐,好处多:
> 价钱很便宜,养料又丰富。

用上海话念起来,"噜、腐、苦、多、富"的语音是 lu、vu、ku、tu、fu,自然是很谐和的;若用国语念起来,"多"字念 tuo,就不谐和了。由此看来,除非写方言的白话诗,否则还应该以一种新诗韵为标准,例如民国三十年教育部所公布的"中华新韵"。这种新诗韵和旧诗韵的性质并不相同:旧诗韵是武断的(最初也许武断性很少,宋明后就大大地违反口语了),新诗韵是以现代的北平实际口语为标准的。这样,才不至于弄成四不像的诗歌。

原载《国文月刊》第 13 期,1942 年

我从《红楼梦》研究的
讨论中得到的一些体会

最近学术界普遍展开了《红楼梦》研究的讨论，由批判俞平伯对《红楼梦》的错误观点进一步要求肃清胡适资产阶级思想在中国学术上的影响。这是 1952 年思想改造运动以后，知识分子群中的又一件大事。在两年前的思想改造运动中，主要是在政治思想上划清了敌我界线，还谈不到彻底肃清资产阶级思想。思想改造是长期的，因此对资产阶级思想的斗争也是不断地进行的。为了完成国家在过渡时期中的总任务，知识分子必须进行社会主义改造。这次《红楼梦》研究的讨论的展开，应该看做知识分子社会主义改造的一个过程。特别是人文科学和这次的学术讨论的关系最为密切。我们中国语言学界过去受资产阶级思想的毒害很深；我们应该从这次讨论中，接受应得的教训。

在我看来，俞平伯先生《红楼梦研究》的特点之一，就是为学术而学术的思想。俞平伯先生把《红楼梦》的研究看做一种趣味，这样，他并没有把研究工作看做为人民服务的工作。他看不见《红楼梦》这一部伟大的现实主义作品的社会意义，因为连他自己的研究工作本身也没有被他看做具有社会意义的工作。个人主义笼罩着他，从兴趣出发，也就难怪他把《红楼梦》看成茶余饭后的消遣品了。我在解放以前屡次向学生们说："语言学好比鸦片，你抽上了瘾自然会喜欢它。"这样单纯地把语言学看做趣味，和俞平伯先生把《红楼梦》看做趣味,本质上是一样的。这样去研究语言,就会过分强调分析,看轻实践,例如我在我的《汉语语法纲要》里叙述朋友们希望我研究语法以后,给人们写文章定出一个准则,我的答复是:"惭愧得很! 语法却不会有这种功效!"这是多么明显的脱离实践的研究态度! 语法研究的目的,应该是指导语言的实践,而我连这一点都给否定了,剩下来也就只有充满着个人主义的兴趣了。《红楼梦》研究的讨论展开后,使我更深刻地检讨了我的为学术而学术的资产阶级思想。

俞平伯先生的《红楼梦研究》是受了胡适资产阶级思想的影响。人文科学界中,像我们这样年纪的人,都或多或少地中过胡适的"科学方法"的毒。实际上,胡适的"科学方法"是最不科学的。他提倡"大胆的假设,小心的求证"。我们并不反对假设,但是我们坚决反对"大胆"。只有科学的假定才是可贵的;所谓"大胆的假设",实际上只是主观的猜测。举个例子来看吧。胡适在他的《国语文法概论》里提出一种比较研究法,他说比较研究法可以分做两步:第一步是积聚些比较参考的资料;第二步是"遇着困难的文法问题时,我们可寻思别种语言里有没有同类或大同小异的文法"(《胡适文存》页 669)。他所谓"寻思"也就是"大胆的假设",因此,他在研究那个不表示过去时的"了"字的时候说(同上,页661):"我看了《水浒传》里这几条例,心里早已提出一个假设:这个了字是用来表示虚拟的口气(subjunctive mood)的。"又说(同上,页673):"这个假说是从比较得来的。"在这里,我们可以明显地看出,所谓"大胆的假设"是怎么一回事了。按照一般的科学假设,是根据原因的后果来推出原因,因此,假设也必须是能说明若干现象的。胡适对于"了"字的假设,显然不是科学的假设,而是胡猜,因为所谓"口气"(现代我们叫做"语气")只表示说话人所建立的行为与现实之间的关系,虚拟口气主要是表示非现实的东西,如主观愿望、可能性等,而汉语动词后面的"了"字则表示一种情貌(体),

情貌和口气完全是两回事,而胡适把它们混同起来。他"遇着困难的文法问题时",不从汉语的内部规律上去"寻思",而是从"别种语言里"找出路,这已经是极端不科学的研究方法。况且他先就主观地肯定了别种语言里一定有同类或大同小异的东西,然后"灵机一动","随手拈来","拈"着一个"虚拟口气"。这样"大胆"的假设之后,无论怎样"小心"的求证,那只有离开真理更远罢了。俞平伯先生的《红楼梦研究》有许多地方都犯了这样的毛病。我们语言学界对于这样的假科学方法,是不能不提高警惕的。

从汉语史的研究来说,我们也要留心避免胡适资产阶级思想的影响。胡适强调说:"发明一个字的古义,与发现一颗恒星,都是一大功绩。"这样就教人们去专门从事繁琐的考证,使人们只见树木,不见森林。我们知道,汉语史的任务是研究汉语发展的内部规律。古代词义的考证只是汉语史研究中的一个过程,而不是汉语史的目的。假使我们看不见每一时期的汉语的系统性,找不出它的内部发展规律,只是孤立地去寻找每一个字的古义,这样的研究工作是没有多大意义的。胡适、俞平伯从曹雪芹的身世去研究《红楼梦》,也正是这种发明字义的思想;他们不知道"恒星"是在伟大的现实主义上面,不是在曹雪芹的身世上面。发明字义的思想也就是为学术而学术的思想,胡适教人们停留在字义的考证上,而不知道汉语史的主要目的之一是指出现代汉语是怎样发展来的。必须把汉语史和现代汉语有机地联系起来,然后汉语史的研究才有了现实的意义。研究汉语史的人的眼睛应该向前看,不应该向后看。而胡适却正是希望人们在古纸堆中一辈子钻不出来,脱离了现实。我们在批判胡适、俞平伯的资产阶级思想的时候,必须指出他们眼中的"科学""研究"是不肯为人民服务的这一点。这样,对今后中国语言学工作的改进,才有益处。

胡适教人们盲目地跟着资产阶级语言学家走。他曾经表示只要讲了高本汉的"中国音韵学",其他的中国语言课程都可以不要

（根据魏建功先生所述，见 11 月 16 日《光明日报》）。这是根本错误的。固然，高本汉的"汉学"也有可以批判地接受的地方（《苏联大百科全书》"汉语"条把他的著作列为参考书），他所拟测的中古汉语的语音不是毫无道理的；但是到了拟测上古语音的时候，他就成了典型的形式主义者。根据他的拟测，上古汉语除了［a］韵之外，就没有任何开口韵（以元音收尾的韵），这样就把上古汉语描写成了世界上最奇特的语言。我们对于这一个"汉学权威"几乎不敢说一个"不"字，我在我的《汉语音韵学》里竟全部采用了他的学说。同样，我在我的《中国语法理论》和《中国现代语法》里也彻头彻尾地接受了叶斯泊生的形而上学的三品说（《中国语法理论》重印时，将有长序批判三品说）。在今天，我们应该从思想上检查。当时我引用高本汉和叶斯泊生等资产阶级语言学家的学说，并不是完全因为信服他们，例如我对高本汉所拟测的上古音早就不满意，但是我以为采用他的说法毕竟稳当些，免致受人批评。我在《中国语法理论》等书中尽量援引资产阶级语言学家的话，想借此抬高自己。这都是买办阶级思想的表现。在今天我们要求肃清胡适反动学术思想的影响的时候，首先应该肃清中国语言学中的买办阶级思想，同时彻底清除资产阶级唯心主义语言学的影响。

最后，我想谈一谈"权威"思想。俞平伯先生自以为他的《红楼梦》研究了三十多年，掌握了许多材料，别人是赶不上他了。自满情绪妨碍了他的进步。其实何止他一个人？我们和他同辈的人，都不免或多或少地有着权威思想。我们是嘴里谦虚，心里骄傲。我们是知识的传授者，不知不觉地总以为我们要比青年人高一等。其实不但吃饭多不能表示学问高，连知识丰富也不能表示学问了不起。没有正确的和科学的思想方法来指导我们的科学研究，那么，三十多年积累下来的零碎知识只造成了我们的笨重包袱。新中国青年们幸运地受到正确的科学的教育，很快就具有正确的科学的头脑，而我们这些等待着社会主义改造的"老前辈"，伐毛洗髓是还需要很长的时间的。解放以来,特别是最近两三年,我在学校里和同学们接触,并且和各地的青年同志们通信,都深深地感觉到他们的马克思列宁主义修养和分析问题的能力很高,其中有些人比我们高得多。这是我们应该在心灵深处放下架子的时候了。有时候我们在报纸杂志上看见一篇"无名小卒"的文章写得很好,因而觉得奇怪。假使我们不虚心向青年们学习,而只是奇怪他们为什么赶上以至赶过了我们,那么,将来我们不被新社会所遗弃,那才奇怪呢!

　　这是我从《红楼梦》研究的讨论中得到的一些体会。不知是否正确,希望读者指教。

原载《中国语文》1954 年第 12 期

文学和艺术的武断性

文学和艺术,它们和人生是那样融合无间,令人忘了它们的武断性。一般总认为,它们和自然有一种必然的关系:应该怎样才算美善,似乎有一定不易的真理;参透了这一种理,文学或艺术就可以登峰造极。我们也并不否认文学上或艺术上的真理,但是,我们应该同时承认它们的另一面貌,就是它们的武断性。

那些对于文学或艺术的某一部门极知门径的人,它们对于那一部门往往没有充分的欣赏力和鉴别力。这有两种可能的原因:其中的一种自然是因为他们自己没有造诣到那美善的境界,对于美善的东西不能成为一个识货者,例如不懂戏的人喜欢听花腔,又如初学文艺的青年喜欢看那些暴筋露骨、毫无回味的小说,都是属于这一类的。另一种原因却是往往被人们所忽略的,就是在某一民族的文艺或艺术里,有若干具有民族特征然而并非美善境界的内在成分的东西。这些东西,在这民族的文学家或艺术家看来是必要的,但是,若在另一民族的文学家或艺术家看来却是多余的,甚至在同一民族的另一时代,也可能有不同的看法。文学或艺术的武断性就寄托在这些既是必要又是多余的东西上头。粗知门径的人对于文学或艺术之所以被认为没有充分的欣赏力和鉴别力,有时候并非因为他们不懂美和善,却是他们忽略了某一时代某一个民族的某一些名家所武断下来的某一些东西。

这上头最武断的一点就是由难生美。某一些文学家和艺术家经过了最崎岖的道路才达到了美善的境界之后,就教后来的人们也走这一条他们所认为唯一的道路。有时候,这条路并不能达到最美善的境界,只因它是最崎岖的,也就被认为最美善了。他们当然不肯自觉地承认"难就是美",但是,在无形中,他们会使许多人得到这一种错觉。侥幸得很,咱们中国人并没有承认用口咬笔写字,或用手指绘画是高明的艺术;但是,在其他的文学部门和艺术部门里似乎还不免有若干以难为美的地方。此外,有些被名家认为必要的东西并不是难,而是很特别。文学界和艺术界所谓家或秘诀,往往是这一类的东西,例如中国有些画家以为画竹比画什么都难,就因为中国某一派的画家画起竹来有一种特殊的运笔法,若不依照这种运笔法,即使你画得非常像竹,或十分传神,仍然会被那一派的画家认为门外汉的。

本来,文学和艺术,它们和一个民族的风俗习惯有很大的关联,而风俗习惯的本身就含着甚多的武断性,单靠武断固然不能形成一个民族的文学和艺术;但是,如果要摆脱一切的武断,纯然靠着普遍的美善来建立文学和艺术也只是个乌托邦,明白了这一层,我们也就不该太轻视它们的武断性。一个民族的文学和艺术的构成因素,在原始时期尽管是武断的,经过千百年后,和民族习惯渗透了,也可以变成那民族心理中的美善境界的内在成分,例如中国的书法就是最富于武断性的,然而经过了至少二千年的传统,它也就有了准绳。除非你否认它是艺术,否则你必须承认它的武断性就是和它的艺术不可分离的。

说到这里,我们就联想到外族的文学和艺术的模仿及移植问题。咱们是应该接受外族的美善境界而剔除它那些武断的部分呢,还是应该囫囵地全盘接受呢? 这似乎是不能一概而论的。譬如西洋音乐和西洋绘画,既然用的是西洋乐器和画具,自然应该全盘搬过来。假设咱们用西洋文字写诗或小说,自然也应该全盘西化。但是,假使咱们用的是中国文字,而又刻板地模仿西洋,那么,在不同的民族个别形式之下,是否仍能容纳许多武断的成分,实在是很大的一个疑问，例如近来盛行的十四行诗，除了节奏方面也许有若干自然的关系外，其他如行数和韵脚等，我们看不出任何和美善不可分离的因素来。在西洋，正如上文所说，它和民族习惯渗透了，可说是已经变成民族心理中的美善境界的内在成分；然而在中国，它脱掉民族习惯的外套，就只剩有那原始的武断性。这即使不是有害的，至少也不是必要的。

文学上和艺术上的许多主义，也就是富于武断性的东西。那些和美善不可分离的因素应该是具有不变性的；文学和艺术的可变性恐怕只限于它们的武断的一方面。这一个理由可以说明若干主义的兴废、递嬗和循环。提倡一种主义的人自然不肯承认这一种说法，因为它将要削减主义的号召力量，而文学界和艺术界将要缺乏许多新颖的东西。其实我们这个反新主义也不是我们的创见；惭愧得很，叔本华他们已经说在我们的前头。

我们也得承认文学和艺术的武断性是富于刺激的力量的。这种刺激可以满足某一部分人的好奇心。文学上和艺术上的一种新主义或新形式之可能地受人欢迎，或盛行一时，原不足怪。不过有眼光的人会透视过那些武断的部分，去欣赏或鉴别那些非武断的部分。他将看见同一新主义的服膺者或同一新形式的运用者当中，他们的文学的价值或艺术的价值可以有天渊之别。

我们又得承认某一些新主义和新形式是必要的，至少是有用的，譬如语言已经演化到了某一阶段，咱们在文学上就应该有一种新的形式和它配合。这一种新的形式既然是适应自然的需要的，就不该再认为武断的东西。这样看来，武断和非武断的辨别，有时候要求很卓越的识力。不过，有一点是我们可以断言的，这一类的新主义或新形式必须是因势利导的，和民族习惯易于交融的，而不是纯然抄袭外族的。民国初年的新文学运动，可说是至今没有很大的成就。当时大家努力于废弃中国文学的一切武断性部分，让它只剩下一个纯然美善的境界。这自然是不很对的：因为如上文所说,如果要摆脱一切的武断,纯然靠着别的美善来建立文学或艺术,也只是个乌托邦。当时的文学革命家并没有想到一条捷径,就是在废弃了本族的武断部分之后,马上把外族的武断部分移植过来,既可以耳目一新,满足了大家的好奇心,又省得走了二十几年的冤枉路,仍然只走到当时就可以走的一条路上。但是,当时他们里头就不少精通西洋文学的人,为什么没有一个人这么主张过?这似乎是值得咱们仔细思量的。

总之,在原则上,文学和艺术的武断部分并不是必要的。在事实上,为了某种原因,它可能地变为必要,但它仍不是主要的因素。一种文学作品或艺术作品之所以有大价值,差不多完全靠着那些非武断的部分达到或接近美善的境界。咱们可以说,越有永久性的文学作品或艺术作品,它们所包含的非武断部分就越多或越有价值;无论民族的风俗习惯及其他的社会成约(如语言文学)变迁到什么地步,它们那非武断的部分永远可以做同族甚至于外族的文学家或艺术家的模范。反过来说,如果忽略了它们那非武断的部分,而只知道效法它们那武断的部分,就变了买椟还珠。明白了这个道理,咱们才可以了解严沧浪和王渔洋的提倡神韵为什么远胜于一般人的讲究诗的词藻和格律;明白了这个道理,咱们才知道怎么样接受先贤的文学遗产和艺术遗产,又怎么样吸收外族文学和艺术的精华。

原载《当代文艺》第 1 卷第 3 期,1944 年

毛泽东词四首

沁园春
长　沙

独立寒秋,湘江北去,橘子洲①头。看万山红遍,层林②尽染;漫江③碧透,百舸④争流。鹰击长空,鱼翔浅底⑤,万类⑥霜天竞自由。怅寥廓⑦,问苍茫大地,谁主沉浮⑧?　　携来百侣曾游。忆往昔峥嵘岁月稠⑨。恰同学少年,风华⑩正茂;书生意气⑪,挥斥方遒⑫。指点江山⑬,激扬文字⑭,粪土当年万户侯⑮。曾记否,到中流击水⑯,浪遏⑰飞舟?

注　释

①橘子洲,指水陆洲,是长沙西边湘江中的一个小岛,在岳麓山边。旧称橘洲。杜甫《岳麓山道林二寺行》:"桃源人家易制度,橘洲田土仍膏腴。"

②层林,山上的树林,高低不齐,像是一层一层的,所以叫"层林"。这里指岳麓山上的树林。

③漫江,满江。

④舸(gě),船。

⑤鹰击,苍鹰击取食物。这里指鹰在空中飞翔。《战国策·魏策》:"苍鹰击于殿上。"《诗经·大雅·旱麓》:"鸢飞戾天,鱼跃于渊。"

⑥万类,指一切生物。

⑦寥廓,宽广。这里指宇宙的广阔。

⑧主,主宰,管。　沉浮,比喻人的失意和得志。这里指人民的命运。

⑨峥嵘(zhēngróng),山势高峻的样子。杜甫《敬赠郑谏议十韵》诗:"筑居仙缥渺,旅食岁峥嵘。""岁峥嵘"指年月多。这里"峥嵘岁月"指不平凡的岁月。　稠,多。

⑩风华,风采和才华。

⑪意气,意志和气概。

⑫挥斥,等于说"奔放"。《庄子·田子方》:"挥斥八极(八极,八方极远之处),神气不变。"这里的"挥斥"指意气风发。　方,正是……时候。　遒(qiú),刚劲有力。

⑬指点,用手指着别人看。杜甫《咏怀古迹》诗:"最是楚宫俱泯灭,舟人指点到今疑。"指点江山,语意双关:说的是用手指着山水名胜给大家看,同时也比喻谈论当前形势。

⑭激扬,激发。激扬文字,激发成为慷慨激昂的文章。

⑮粪土,把……看成粪土。　万户侯,古代封侯,食邑万户。万户大约等于一个县,这万户的租税都归他享受。这里万户侯泛指大官僚。

⑯中流,河水的中央。《晋书·祖逖传》:"逖(tì)统兵北伐,渡江,中流击楫而誓曰:'不能清中原而复济者,有如此江!'"这里"中流击水"就是中流击楫的意思,大约也是发誓要澄清天下。

⑰遏(è),阻止。

这首词是在1925年写的,词中有"独立寒秋"的话,大约是作于1925年的秋天。1925年春天,毛主席回湖南家乡养病。在养病期间,积极从事农民运动,几个月内组织了二十多个农民协会,对地主进行了增加雇农工资和减租的斗争。毛主席在1925年从湖南回到广州后,就主持广州农民运动讲习所的工作。这个学校培养了大批干部,成为后来农民运动的领导骨干①。毛主席这首词大约是写在回乡养病之后,主持广州农民运动讲习所工作之前。

当时的形势是:全国范围的大革命风暴,因为1925年5月上海工人反英反日大罢工而爆发了。5月15日,上海日本纱厂资本家枪杀了共产党员工人顾正红。5月30日上海工人和学生在上海租界举行了援助纱厂工人的示威游行。上海租界英国巡捕在南京路枪杀了大批的游行示威的工人、学生,引起了全上海以至全国人民的极大愤激。在以后数日,上海工人、学生和市民,继续举行了反对帝国主义枪杀中国人的示威游行,并继续遭受了英、美和日本巡捕的枪杀。全上海的工人举行了总罢工,学生举行了总罢课,商人举行了总罢市②。五卅运动发动以后,迅速地扩展到全国各地,形成全国规模的反帝斗争。各城市的工人、学生和市民,都举行反帝示威和罢工、罢课、罢市,并发动了一个全国的(包括农村在内的)群众性的抵制英货、日货运动。这些斗争中规模最大、影响最广的是香港、广州工人的大罢工——省港大罢工③。由于当时在广东的革命政府支持了罢工工人和人民的反帝斗争,所以省港大罢工一直坚持了十六个月之久④。

面对这样的大好形势,毛主席是怀着极大的革命激情来写这首词的。词的中心思想是通过游览岳麓山和水陆洲(橘子洲)时的感触和学生时代的回忆,抒写了对革命事业的坚强信心、对中国人民的光明前途的乐观主义精神。

词分两段。前段描写山水的景色及其所引起的联想。诗人把自己的思想感情和客观事物统一在艺术形象里。只有伟大的心胸才能和山水的壮观交融成为一体,所以毛主席所看见的是无数壮

---

① 参看王实等编著《中国共产党历史简编》第47页。
②④ 参看胡乔木《中国共产党的三十年》第11页,1951年。
③ 参看王实等编著《中国共产党历史简编》第52页。

丽的景色,和古代那些悲秋的诗人所见的萧瑟惨淡的景象大不相同。"万山红遍,层林尽染",象征着星火燎原的革命火炬。"漫江碧透,百舸争流",象征着波澜壮阔的革命潮流。"鹰击长空,鱼翔浅底,万类霜天竞自由",象征着饥寒交迫的奴隶终将挣脱了枷锁,成为天下的主人。"问苍茫大地,谁主沉浮?"这是没有疑问的问题。诗人已经准备好了答案,中国人民自己能掌握自己的命运,中国人民的前途是无限光明的。

后段写的是回忆当年的旧游。毛主席于1913—1918年在湖南第一师范学习时,常常和同学们到岳麓山、水陆洲游览,他又于1917年发起成立了新民学会(1918年4月18日正式成立),当时入会的有蔡和森、何叔衡、陈昌、张昆弟、罗学瓒等同志。会上通过了一个由毛主席起草的章程,大意是要有远大的志向,为国家民族做事①。"携来百侣曾游。忆往昔峥嵘岁月稠",只"峥嵘"二字就写出了当年的气概。"同学少年,风华正茂;书生意气,挥斥方遒",这是正面描写岁月峥嵘。"指点江山,激扬文字,粪土当年万户侯",大概是指一面游览,一面讨论写反对祸国殃民的军阀的文章;"粪土"二字写出了对敌人的藐视。最后写"到中流击水,浪遏飞舟",语意双关:从回忆旧游来说,这是描写船到中流的时候,大家用力划船,飞奔前进,浪头虽大,也阻挡不了飞舟的前进。但是,毛主席在这里显然讲的是革命斗争,浪头比喻反革命的恶势力,而飞舟比喻革命力量。这样写,就和前段有了照应。

毛主席诗词政治与艺术是统一在一起的;我们在领会毛主席诗词的思想性的同时,不能不欣赏这些诗词的艺术性。当然思想性和艺术性在一篇好作品里是不可分割的,前面我们所讲的《沁园春(长沙)》的思想性,同时也反映了它的艺术性。但是,这是语文

---

① 关于当时的情况,参看《毛主席诗词讲解》第9—10页,中国青年出版社。

讲座,我还想从语文的角度来谈一谈这首词的艺术技巧。

一开头,"独立寒秋"四个字总领全篇。由于是寒秋,所以描写了许多秋天的景色;由于是独立,所以浮想联翩,既"怅寥廓",又"忆往昔峥嵘岁月稠"。"湘江北去,橘子洲头",这是点题。题目是"长沙",但是不须要明白说出长沙,只说代表长沙的山水就行了,这样不但含蓄,而且合乎文学要求具体形象的原则。毛主席善于运用这种艺术手法,例如七律《人民解放军占领南京》:"钟山风雨起苍黄,百万雄师过大江。"第一句是南京,第二句是解放军占领。又如七律《登庐山》:"一山飞峙大江边。"这是庐山;"跃上葱茏四百旋",这是登。这种地方最值得我们学习,因为把题目点明了,就不至于浮泛了。题目点明以后,作者就开始描写景色。山水的景色多得很,诗人不是看见了什么就写什么。诗总是诗人思想感情的表现,但主观的思想感情要和客观的事物统一于艺术形象之中,然后成为诗。毛主席在这里选择了秋山的红叶和秋水的绿波来加以描写,正因为这些景色可以寄托革命的激情。又选择了鹰击长空、鱼翔浅底来加以描写,反映了人民要求解放的愿望。《诗经·大雅·旱麓》说"鸢飞戾天,鱼跃于渊",这里改为"鹰击长空,鱼翔浅底",不但起了推陈出新的作用,而且"击"字比"飞"字有力量,"翔"字比"跃"字有力量("翔"是夸张的说法)。"怅寥廓"以下,由写景转入写情:"怅"不是真的惆怅,"问"不是真问,只是说得含蓄一些,但是以天下为己任的胸怀已经溢于言表。

前段把游览的话都说完了,后段转入"携来百侣曾游",有"柳暗花明又一村"的妙处。这句的意思本是"曾携百侣来游",换一个说法令人有新鲜的感觉。古人说"峥嵘岁月"表示一种感伤情绪,毛主席灵活运用了这一个典故。这里的"峥嵘"语意双关:既表示了岁月峥嵘,又表示了头角峥嵘,与下文"同学少年,风华正茂"相应,"挥斥"一词出自《庄子》。这里附带说一说,写诗最忌生造词语,我们读毛主席诗词,不但对于用典的地方要了解它的出处,即使不是用典的地方,常常也都是有来历的(例如"鹰击长空"的"击"字)。同时又要做到熟而不腐,例如词中说"中流击水",不说"中流击楫",可见诗人也有避熟趋新的时候。如果一味搬用现成的词句,那又成为陈词滥调了。

要欣赏旧体诗词的艺术,还须要懂得平仄和对仗。平仄比较难懂,这里不讲了。对仗就是对对子,名词对名词,动词对动词,形容词对形容词,副词对副词,颜色对颜色,数目字对数目字。在这首词里,"万山红遍,层林尽染",对"漫江碧透,百舸争流";"鹰击长空"对"鱼翔浅底";"同学少年,风华正茂"对"书生意气,挥斥方遒";"指点江山"对"激扬文字"。其中有对得很工整的,也有对得比较灵活的。词的对仗,和诗的对仗稍有不同:词有一字豆(逗),像本词的"看"字、"恰"字都是一字豆,要除开一字豆来看对仗,才能看得出来。对仗可以形成整齐的美;但是有时可以对得灵活些,甚至可以不用对仗。总之,不要让思想被对仗束缚住了。

这首词讲得详细些,希望能起举一反三的作用。下面的三首词可以讲得简单些。

菩萨蛮
黄鹤楼①

　　茫茫九派流中国②,沉沉一线③穿南北。烟雨莽苍苍④,龟蛇⑤锁大江。　　　黄鹤知何去⑥? 剩有游人处。把酒酹滔滔⑦,心潮逐⑧浪高!

注　释

　　①黄鹤楼,在武昌西。相传晋代有仙人黄子安骑黄鹤在这个楼上休息,后人称为黄鹤楼。

　　②茫茫,水势很大的样子。　　九派,指长江。古人说长江有九个支流(称为九江。九江的名称,各家说法不同),"派"就是支流

的意思。全句是说,滚滚的长江从西到东贯穿着全中国。

③沉沉,沉重的样子。铁路所载,任重而道远,所以说"沉沉"。一线,指铁路。

④莽苍苍,烟雨迷茫的样子。

⑤龟蛇,指龟山和蛇山,这两座山隔江相对。

⑥黄鹤知何去,这是暗用唐代诗人崔颢诗的典故。崔颢《黄鹤楼》诗:"昔人已乘黄鹤去,此地空余黄鹤楼。"

⑦把酒,拿起酒(杯)来。 酹(lèi),以酒浇地,这是古代祭祀的一种仪式。 滔滔,水大的样子,这里指长江。把酒酹滔滔,是暗用了苏轼《念奴娇·赤壁怀古》的典故。苏轼原词是:"人生如梦,一樽还酹江月。"

⑧逐,随着。

这首词是在 1927 年春天写的。那是革命最艰苦的年月。蒋介石在帝国主义的指示之下,1927 年 4 月 12 日在上海举行了反革命政变,屠杀了大批的工人和共产党员,宣布了反共。汉口的国民党左派虽然宣布了讨伐蒋介石,其内部的反动倾向也迅速增长。4 月 25 日,中国共产党在危机中在汉口召集了第五次代表大会。这次大会毛泽东同志虽然参加了,但完全被排斥于大会的领导之外,并被剥夺了在大会上的发言权。瞿秋白、任弼时等同志斥责了陈独秀的机会主义领导,但是缺乏积极的办法。第五次大会虽然通过了斥责机会主义的决议和实行土地改革的决议,但是仍然选举陈独秀为党中央的总书记,而陈独秀却在实际上坚持他一贯的机会主义观点。这样,第五次大会在事实上就没有解决任何问题①。

在这种情况下,毛主席写了这一首词。词中通过描写武汉山川的雄伟,表现了斗志昂扬、百折不挠的革命精神。

---

① 参看胡乔木《中国共产党的三十年》第 16 页。

词分两段。前段写的是武汉的雄壮的形势,它是水陆交通的咽喉,又有龟、蛇二山,更加显得险要。毛主席好像预见到长江大桥的远景;今天我们朗诵"烟雨莽苍苍,龟蛇锁大江"的诗句,恰像咏的是春天火车正在经过那长达二千多米的、矫如游龙的长江大桥的情景。后段前半点出黄鹤楼,似乎平铺直叙。最后"把酒酹滔滔,心潮逐浪高",这是一个飞跃。有了这两句,不但"剩有游人处"变了无限的感慨,连前段所描写的大好河山,也都变成激发革命情绪的客观事物了。

全词的关键在"心潮逐浪高"五个字。前面"黄鹤知何去?剩有游人处",似乎和崔颢的《黄鹤楼》所说的"昔人已乘黄鹤去,此地空余黄鹤楼"的意思差不多,"把酒酹滔滔",似乎和苏轼的《念奴娇·赤壁怀古》所说的"一樽还酹江月"的意思差不多。但是,同样是怀古,崔颢怀古的结果是悲哀,毛主席怀古的结果是振奋。同样是酹江,苏轼所表现的心情是颓废,毛主席所表现的心情是激昂。我们拿"心潮逐浪高"一句和崔颢所说的"日暮乡关何处是,烟波江上使人愁"相比较,或者和苏轼的"人生如梦"相比较,就能看见无产阶级政治家的思想感情和封建阶级文人的思想感情有本质上的不同。毛主席在革命遭受挫折的岁月里,不是意志消沉,而是革命情绪更加高涨。长江的波浪是大的,是所谓"江间波浪兼天涌"(杜甫诗句);"心潮逐浪高",是说心中的波浪和江上的波浪一般高,作者用这句话来形容自己的热血正在沸腾,准备迎接新的战斗,坚决要把革命进行到底。

开头两句用对仗。说"九派"不说"长江",一方面是由于平仄的关系,另一方面是由于对仗的关系("九派"对"一线"),但更重要的是"九派"比"长江"更有力量。"茫茫"对"沉沉"也对得好:"茫茫"表示气魄大,"沉沉"表示责任重。"烟雨莽苍苍"写的是春天,缺少这一句就分不出时令来。"锁"字是炼字,诗人在这种地方最费推敲。譬如说,"连"字不好,"跨"字不好,"对"字也不好,只有"锁"字最形象。"黄鹤知何去?"就是"知黄鹤何去?"的意思,换一个说法是为了平仄合乎格律,同时也使它更像一个诗句。"把酒酹滔滔",这句话不要看得太呆板,作者并不是真的酹了酒(苏轼所说的"一樽还酹江月"也未必是真的酹了酒),只是表示当时心情的激动。"滔滔、潮、浪",意思都差不多,交替着用,才显得词汇丰富,能有变化。"逐"字也是炼字。若说"如浪高",或者说"比浪高",都没有"逐"字生动。"逐"字有随着波浪高低起伏的意思,象征着情绪翻腾,久久不得平静。这不是个人得失的考虑,而是革命激情的表现。

《菩萨蛮》这个词谱的押韵方式比较特殊。共用四个韵:前后段都是先用仄声韵(包括上声、去声、入声),后用平声韵。毛主席这一首《菩萨蛮》前段先押"国、北",是入声韵;后押"苍、江",是平声韵。后段先押"去、处",是去声韵;后押"滔、高",是平声韵。

浪淘沙
北戴河①

大雨落幽燕②,白浪滔天③,秦皇岛④外打鱼船。一片汪洋⑤都不见,知向谁边⑥?　　往事越⑦千年,魏武挥鞭⑧,东临碣石有遗篇⑨。萧瑟秋风⑩今又是,换了人间。

注　释

①北戴河,地名,在河北省秦皇岛市的西南,是避暑的胜地。

②幽,指幽州,古代九州之一,在今河北省东部和辽宁省。燕(yān),指燕国,战国时代七国之一,在今河北、辽宁两省,这里幽燕指河北省东部秦皇岛一带地方。

③滔天,淹没了天,形容水势大。《书·尧典》:"浩浩滔天。"

④秦皇岛,这是终年不冻的海港,可泊万吨海轮。

⑤汪洋,水深广的样子。

⑥谁边,什么地方。

⑦往事,从前的事。　　　越,超过。

⑧魏武,指曹操。曹操死后,被尊为魏武帝。　　挥鞭,挥动马鞭子,指曹操在建安十二年(207)北伐乌桓的事。

⑨碣(jié)石,古代的山名,汉代还在陆上(曹操伐乌桓经过碣石),后代已没入海中。依《水经注》说,碣石在临渝(榆)县南水中,那么,正是在今秦皇岛海港内。　　遗篇,遗留下的诗篇。曹操《观沧海》诗:"东临碣石,以观沧海。水何澹澹,山岛竦峙。树木丛生,百草丰茂。秋风萧瑟,洪波涌起。日月之行,若出其中;星汉灿烂,若出其里。"东临碣石有遗篇,是说曹操有遗留下的诗篇讲到了"东临碣石"。

⑩萧瑟秋风,这也是曹操诗中的话(参看上文所引)。原文是"秋风萧瑟",这里因平仄关系,改为"萧瑟秋风"。

这首词是在1954年夏天写的。这时中华人民共和国已经成立了将近五年。1953年,党向全国人民提出了发展国民经济的第一个五年计划。全国人民以空前高涨的热情进行着大规模的经济建设,开展了热火朝天的增产节约运动,并且在各方面都取得了巨大的成绩。

毛主席在这首词里通过北戴河的怀古,指出翻天覆地的大变化,以及全国人民在党的领导下进行着史无前例的伟大的事业。

词分两段。前段描写北戴河的景色。大雨滂沱,而且海上掀起了滔天大浪,这样雄壮的气势,只有解放后劳动人民的冲天干劲可以相比。打鱼船隐没在一片汪洋的大海里,这是写大雨大浪所引起的结果。有了打鱼船作为陪衬,更显得波浪的汹涌澎湃。后段怀古感今。诗人看见北戴河外的大海就想起了这就是古代的碣石,同时想起曹操北伐乌桓时曾经路过这个地方。曹操当时正是在这里写下了他的《观沧海》诗,所以作者很自然地联想到曹操诗中的"东临碣石,以观沧海"和"秋风萧瑟,洪波涌起"。这是一千多年前的往事了,作者今日不也是"东临碣石"吗?不也是面对着"秋风萧瑟,洪波涌起"的景色吗?今昔对比一下,该是很有意义的。当年曹操算得是英雄人物,他挥鞭北伐,终于打败了乌桓,以免中国再受侵略,也算是有功的了;但是,比起今天中国人民在共产党领导下所做出的翻天覆地的大事业来,曹操的事业简直渺小得很。中国人民得到解放,这不是换朝换代,而是换了一个天地,所以词在最后说"换了人间"。毛主席七律《到韶山》说"为有牺牲多壮志,敢教日月换新天",我们拿来和这一句"换了人间"对比着看,更能领会其中的深意。这个新人间、新天地,不是轻易得到的,而是牺牲了千万同志和劳动人民的生命换来的。

题目是"北戴河",整首词都切合着这个题目。"幽燕",这是北戴河所属的地区;秦皇岛正是在北戴河的西面。"魏武挥鞭,东临碣石有遗篇",正是北戴河的故事。词中没有"北戴河"字样,但处处写的是北戴河。挥鞭代替行军,这在修辞学上叫做换说法。换说法是旧体诗词里最常用的修辞手段之一。"挥鞭"不单是为了押韵,而且是为了使语言更有诗意。"谁边"就是"哪边",因为这句第三字要求平声,所以改为"谁边"。"萧瑟秋风"就是"秋风萧瑟",因为这句开头四个字依平仄规则应是仄仄平平,所以"秋风"和"萧瑟"对调一下位置。毛主席诗词这种地方很多,如七绝《为女民兵题照》首句"飒爽英姿",出自杜甫《丹青引赠曹将军霸》的"英姿飒爽",也是由于平仄关系而变更了语序的。

蝶恋花
答李淑一

我失骄杨君失柳[1],杨柳轻飏直上重霄九[2]。问讯吴刚[3]何所有,吴刚捧出桂花酒[4]。　　寂寞嫦娥舒广袖[5],万里长空且为忠魂舞。忽报人间曾伏虎,泪飞顿作倾盆雨[6]。

注　释

①骄杨，指杨开慧烈士。骄，有坚强不屈的意思。　　　柳，指李淑一同志的爱人柳直荀烈士。

②重霄九，古人把天的最高处叫做重霄。王勃《滕王阁序》："层台耸翠，上出重霄。"又叫九霄。杜甫《春宿左省》："星临万户动，月傍九霄多。"这里说"重霄九"，是把重霄和九霄合起来说。

③问讯，兼有问好和询问的意思。　　　吴刚，神话中的人物。传说他修仙犯了错误，被罚砍月中桂。桂树高五百丈，吴刚用斧子砍树，树干的伤口立刻合起来。

④桂花酒，等于说"桂酒"。《楚辞·九歌·东皇太一》："奠桂酒兮椒浆。"

⑤嫦娥，也是神话中的人物。传说有穷国的国君后羿（yì）向西王母讨得不死之药，嫦娥偷了这药，奔入月宫，唐代诗人李商隐《嫦娥》诗说："云母屏风烛影深，长河渐落晓星沉。嫦娥应悔偷灵药，碧海青天夜夜心！"　　　舒，舒展，展开。　　　广袖，等于说"长袖"。古代妇女舞衣的袖子是长而阔的。《韩非子·五蠹》："长袖善舞，多财善贾。"李白《高句骊》诗："金花折风帽，白马小迟回。翩翩舞广袖，似鸟海东来。"

⑥顿作，立刻成为。　　　倾盆，形容雨大，像盆倒水似的。苏轼《介亭饯杨杰次公》诗："前朝欲上已蜡屐，黑云白雨如倾盆。"

这首词是在 1957 年 5 月 11 日写给湖南长沙第十中学语文教员李淑一同志的。词中"柳"是指李淑一同志的爱人柳直荀烈士。他是毛主席的老战友，1923 年加入中国共产党，曾任湖南省政府委员、湖南省农民协会秘书长，参加过南昌起义，1933 年在洪湖战役中牺牲。"骄杨"指杨开慧烈士。她在 1930 年红军退出长沙后，被反动派何键杀害。她是李淑一同志的好朋友。这是一首和词。李淑一同志写了一首纪念她死去二十几年的爱人柳直荀同志《调寄蝶恋花》的词,寄给毛主席,毛主席写了这首词和她。

毛主席写这首词的时候,解放已经八年了。"资产阶级民主革命和社会主义革命的胜利,以及社会主义建设的成就,迅速地改变了旧中国的面貌。祖国的更加美好的将来,正摆在我们的面前。人民所厌恶的国家分裂和混乱的局面,已经一去不复返了。我国的六亿人民正在工人阶级和共产党的领导下,团结一致地进行着伟大的社会主义建设"①革命先烈的鲜血没有白流。这首词的主题是通过神话般的描写来赞扬柳直荀、杨开慧两位烈士。

词分两段。前段想象柳直荀、杨开慧两位烈士牺牲后,忠魂飘飘然一直升上了九重天。月宫里的吴刚捧出桂花酒来招待他们。后段叙述月宫里的嫦娥为了慰问烈士们的忠魂,在长空中跳舞;正在跳舞的时候,忽然捷报传来,人间已经降龙伏虎,两位烈士激动得流下了欢欣的热泪,泪花像倾盆大雨般地飞到人间来了。这不是迷信,而是美丽的神话。前段从现实世界转入幻想世界,后段从幻想世界回到现实世界,人物是真的,情节是虚构的,这样既有革命的现实主义的真实性,又有浓厚的革命的浪漫主义色彩,最富于感染人的力量。失掉爱人,自然是值得悼念的;想来李淑一同志原词一定有许多悼念柳直荀烈士的话,毛主席和词向李淑一同志表示同情,同时也表示悼念杨开慧烈士。但是,坚强的革命战士对于战友的牺牲只是悼念,而从来不悲伤。"他们从地下爬起来,揩干净身上的血迹,掩埋好同伴的尸首,他们又继续战斗了"。所以作者在这首词里不说一句悲伤的话,只用两个"失"字表示悼念,马上转到歌颂。通常赞扬烈士有"精神不死"的话,作者就是从"精神不死"联想到烈士们上了天。通常赞扬烈士又有"视死如归"的话,作者就是从"视死如归"联想到烈士乐观的豪情。吴刚和嫦娥,一个祝酒,一个舞蹈,简直是给两位烈士开欢迎会!作者写了这个,忽

---

① 毛泽东《关于正确处理人民内部矛盾的问题》(1957年2月27日),《毛泽东著作选读》(甲种本)下册第442页。

然又转到了人间。烈士们虽然上了天,还念念不忘人民。烈士是流血不流泪的,但是听见了革命胜利的消息,反而流起眼泪来了。这是欢喜的眼泪,这是为人民的幸福而流的眼泪。诗人以"倾盆雨"来形容眼泪之多,以"飞"来形容泪如泉涌,实际上是形容烈士们快乐到了极点。这是无产阶级崇高的感情,是封建阶级和资产阶级所不能有的。

"骄杨"的"骄"字下得好。"骄"字兼有壮健、骄傲的意思,只这一个字就充分表现出烈士昂首阔步的革命气概。"轻飏"二字也下得好:"轻飏"就是轻举,也就是飞。但说"轻飏"比说"飞"更为形象。由九重天联系到月宫,由月宫联系到月中丹桂,再联系到桂花酒,这是很自然的叙述。嫦娥前面加"寂寞"二字,表示嫦娥也怀念人间。"舒"就是"展","广"就是"长",不说"展"而说"舒",不说"长"而说"广",这是平仄的关系。"万里长空"四字是为舞蹈制造气氛。"万里长空"作为舞台,显得嫦娥、吴刚和杨、柳两烈士都是巨人,这样,眼泪化为倾盆大雨也就很自然了。"曾伏虎"等于说"已伏虎",不说"已"而说"曾",也是平仄关系。"伏虎"是一种比喻,诗人常常喜欢用比喻,因为比喻更生动,更形象。试拿七律《到韶山》"敢教日月换新天"来比较,就更能了解这个道理,"飞"字是炼字。如果说"泪流",就软弱无力。"顿"字和"忽"字相应,表示突然的变化。

毛主席的诗词,善于在结尾处来一个高潮。这里所选的四首词都是这样的。《沁园春·长沙》最后一句是"曾记否,到中流击水,浪遏飞舟?"这是把革命进行到底的誓言。《菩萨蛮·黄鹤楼》最后一句是"把酒酹滔滔,心潮逐浪高!"这是和逆流搏斗的心情。《浪淘沙·北戴河》最后一句是"萧瑟秋风今又是,换了人间"。这是对新中国的颂赞。《蝶恋花·答李淑一》最后一句是"忽报人间曾伏虎,泪飞顿作倾盆雨"。这是为人民解放而欢欣。把高潮放在最后,这是戏剧小说中常用的手法;诗人在诗词中,也常用这种手法。

　　毛主席每一首诗词都是反映着时代精神的,所以大家说他的诗是革命的颂歌。这里选的四首词,可以分为两个时期:《长沙》和《黄鹤楼》写在革命胜利以前,作者在词中充满了敢于斗争、敢于胜利的决心和信心;《北戴河》和《答李淑一》写在革命胜利以后,作者在词中写了今昔对比和怀念先烈的功勋。离开了时代和环境,我们是不可能很好地体会作品的意境的。

原载《语文学习讲座丛书》第 7 辑,1981 年

唐诗三首

今天讲唐诗三首,我先分开来讲每一首诗的思想内容,再合起来讲这三首诗的表现方式和艺术技巧,最后讲一讲诗的格律。

一

望 岳①

杜 甫

岱宗夫②如何? 齐鲁③青未了。
造化钟神秀④, 阴阳割⑤昏晓。
荡胸生曾⑥云, 决眦⑦入归鸟。
会当凌绝顶⑧, 一览众山小。

注 释

①岳,指东岳泰山。公元735年(唐开元二十三年),杜甫到洛阳应进士考试,没有及第。他在赵齐一带(今河南、河北、山东)漫游,时间约在736—740年之间。杜甫写这首诗时,大约是二十六岁或者二十七岁。

②岱宗,泰山。　夫,音扶(fú),语气词。

③齐鲁,都是春秋时国名。齐国在今山东临淄一带;鲁国在今山东曲阜一带。

④造化,创造和化育。这里指万物的创造者,即大自然的主宰。　钟,聚集,集中。　神秀,神妙,秀丽。

⑤阴阳,山北为阴,山南为阳。　割,剖分,分开。

⑥荡,洗涤。　　　曾,同"层"。

⑦决,裂开。　　　眦,音恣(zì),眼眶。

⑧会当,不久将要。　　　凌,升,登。特指升到非常高的地方去,如"凌空、凌云、凌霄"。　　　绝顶,指最高峰。

　　在诗里两句为一联,八句是四联。现在我就一联一联地讲。

　　第一联两句是说:泰山是怎样的一座山呢? 它横亘齐鲁,一片青葱,绵延千里,看不到边。这是多么大的一座山哪!

　　第二联两句是说:大自然把世界上所有的神妙、秀丽的景象,都集中到泰山来了。泰山的高峰,耸入云霄,山南迎着太阳,天容易亮;山北背着太阳,天容易黑。这是多么高的一座山哪!

　　第三联两句是说:白天,高山上升起一层层的白云,把我的胸怀都给洗干净了;到了黄昏,群鸟归山,我睁大了眼睛看,把眼眶都睁裂了。这是多么远的一座山哪!

　　第四联两句是说:我爱这座高山,我不久将要攀登它的最高峰,看看其他的山,该是多么渺小啊!

　　这首诗表现了杜甫的伟大的心胸和气魄。他借着泰山的崇高和远大,来描写自己的理想的崇高和远大。

春　望①

杜　甫

国破山河在,　　　城春草木深。

感时花溅泪,　　　恨别鸟惊心。

烽火②连三月,　　　家书抵③万金。

白头搔更短,　　　浑欲不胜簪④。

　注　释

　　①春望,春天远望。公元 757 年 3 月,在长安作。当时安禄山已反,长安沦陷。

②烽火,古时边防报警的烟火。有敌人来侵犯的时候,守卫的人点火相告。这里"烽火"代表战争。

③家书,家信。当时杜甫的妻子在鄜(fū)州,通信很困难。抵,抵当,这里当"值"讲。

④浑,简直。　欲,将要。　　不胜,经不起。胜,音"升"。

簪,用来绾住头发的一种首饰,古时也用它把帽子别在头发上。这里指的是男用的帽子上的簪。簪读 zēn,不读 zān。

第一联两句是说:国家已经破碎了,山河还在,但是什么都完了;春来了,城中草木很茂盛,很深,但是城中的居民呢? 也快完了!

第二联两句是说:春天花开了,但是时局使我感伤,春花只能使我流泪;春天鸟叫了,但是妻离子散,春鸟只能触动我的悲哀。

第三联两句是说:战火已经连续三个月了,我多么盼望有人捎一封家信给我呀! 一封家信真是值万两黄金呢!

第四联两句是说:我的头发白了。我每逢心里烦闷时就挠头,白头发越挠越短,我的簪子简直绾不住我的头发了! 我是多么苦闷哪!

这首诗表现了杜甫忧国忧民的心情,同时也道出了个人的苦闷。

登柳州城楼寄漳汀封连四州刺史①
柳宗元

城上高楼接大荒,　　海天愁思②正茫茫。
惊风乱飐芙蓉③水,　　密雨斜侵薜荔④墙。
岭树重遮千里目,　　江流曲似九回肠⑤。
共来百粤文身⑥地,　　犹自音书滞一乡⑦。

注　释

①漳汀封连,漳州,今福建漳州市。汀州,今福建长汀县。封州,今广东封川县。连州,今广东连阳各族自治县。　　四州刺史,漳州刺史韩泰、汀州刺史韩晔(yè)、封州刺史陈谦、连州刺史刘禹锡。他们和柳宗元是同时被贬谪的。

②愁思,悲哀的心绪。思,读 sì,去声。

③惊风,急风。　　飐,读 zhǎn,风吹动。　　芙蓉,荷花。

④薜荔,读 bìlì,一种蔓生植物。

⑤九回肠,回,转。九回,形容肠的曲折。司马迁《报任安书》:"肠一日而九回。""九回肠"又表示人的悲哀到了极点。

⑥百粤,种族名,也叫"百越"。这里的百粤指今福建、广东、广西三省的地方。　　文身,在身体上画花纹。古人以为越人有断发文身的风俗。

⑦音书:音信。　　滞,不通。滞一乡,指音信通不到他乡(暗指四州)。

柳宗元被贬官到广西柳州,任柳州刺史,同他一起被贬官的还有四人,分住在漳州、汀州、封州、连州四个地方,大家都是患难朋友。当时北方人认为南方是很野蛮的地方,如果谁被贬官到南方去,就感到很悲伤。有一天,柳宗元登上柳州城楼,作了一首诗,想寄给四个朋友,由于当时寄东西很不容易(寄,就是委托人带的意思),因此在柳宗元的诗里有很多感慨。

第一联两句是说:我登上城楼,眺望荒僻的旷野。海呀(柳州没有海,这是诗人的联想),天哪,这些景色不但不能使我快乐,反而增长了我的茫茫的悲哀。

第二联两句是说:风是那样急,荷花塘里的水都被吹乱了;雨是那样密,薜荔墙也被飘湿了。

第三联两句是说:山上的树重重地遮住了我远望千里的眼睛,

我的好友所在的地方看不见啦！江中的水弯弯曲曲的，多么像我那弯弯曲曲的愁肠啊！

第四联两句是说：我们四个人都是被贬斥到遥远的南方来的，应该可以常常通信，但是事实上通信是这样困难，这就令人更加伤感了。

这首诗表面上是柳宗元叙述自己谪居生活的悲哀，实际上却隐藏着对朝廷政治的不满。当时柳宗元参加了比较进步的政治集团，这个集团失败了，他和四州刺史同时遭受贬斥。这首诗是寄给四州刺史的，因此不可能是简单地表示个人的悲哀。

二

这三首诗都是描写远望的，但是表现出来的思想内容有很大的差别。首先是地点的差别：泰山，长安，柳州，地点不同，景色当然也有所不同。其次是时令的差别：《望岳》咏的是春天或夏天的景色，《春望》咏的是春天的景色，《登柳州城楼寄漳汀封连四州刺史》咏的是夏天的景色。但是更重要的不是这些，而是心情的不同。有句成语"触景生情"，这话说得不大全面，应该是先有一种感情，然后触景才能生出情来。而这个感情是因人因时因地而不同的。杜甫在写《望岳》时，只有二十六七岁，正是少年气盛、奋发有为的时期，到了写《春望》时，年纪已经大了，则是饱经忧患、流离丧乱的时期，心境大不相同。而柳宗元则是一肚子牢骚，无处发泄，这跟杜甫的心境又不同。

感情不同了，所看见的外界事物，也就引起了不同的联想。譬如说，许多人都看见过高山的白云，但是只有像杜甫这样的人，才会感到洗荡心胸。人人都看见过春花，但只有像杜甫这样忧国忧民的人，春花才能刺激出他感时的眼泪来。人人都看见过江水，只有像柳宗元这样满怀悲愤的人，才联想到它好像九回肠那样绞痛。诗人们常常把自己的感情寄托在景物上。景物本身是没有感情的,感情是人所具有的。因此,诗人的意境永远是主观的东西。今天我们有无产阶级的感情,无产阶级的诗人就经常地把这种感情寄托在景物上。

诗有写情,有写景,有情景交融。诗人并不常常直接写出他的感情来,在多数情况下总是把感情寄托在景色上,所以要写景。所谓写情,就是叙事,讲自己经过的事情;所谓写景,就是描写大自然的景色。有人说,诗人们总离不了描写风花雪月这样的景色。为什么呢?因为风花雪月是大自然中最主要的景色,诗人要通过花的颜色、鸟的叫声来反映自己的感情,这就是写景的作用。有时候则是情景交融在一起的。下面就来具体讲讲这三首唐诗的情景:

《望岳》这首诗,前四句是写景,第三联两句是情景交融,末两句是写情。

《春望》这首诗,前四句是情景交融,后四句是写情。

《登柳州城楼寄漳汀封连四州刺史》这首诗,第一联是情景交融,第二联是写景,第三联是情景交融,第四联是写情。

一首诗应在何处写情,何处写景,完全是诗人的自由。但是,诗人最重视声音和色彩,所以写景是诗人的重要的艺术手段。写景就是使诗歌形象化。这可以说是对于诗的基本知识之一。

写诗也像写文章,要有章法(组织结构)。现在就来讲讲这三首唐诗的章法:

《望岳》这首诗,先写了岳(前四句),再写望(第五、六句),最后(第七、八句)写望后的感想作收。

《春望》这首诗,先是分头写"国破"和"春来"(头两句),然后以"感时"句承"春来",以"恨别"句承"国破",然后又以"烽火"句承"感时",以"家书"句承"恨别"。这样一环扣一环,组织非常严密。最后双承,以感叹作收。

《登柳州城楼寄漳汀封连四州刺史》这首诗,第一联总写登城楼,第二联写近景,第三联写远景,最后发出感慨作收。

这三首唐诗的共同点,都是以感想来作收的,如不这样,就收不住。这三首诗的章法都很严密。但是,也有一些诗是不大讲究章法的,因为诗有跳跃性,有时候读者摸不清它的来龙去脉,初学诗的人还是应该先讲究章法。我们今天不鼓励大家学写诗,但是要欣赏诗,就得从章法上来欣赏。

三

现在讲诗的格律。所谓格律,就是规则,诗人根据这个规则写诗。诗有古风(古体诗),有律诗(今体诗),这是诗的两大类。古风的规则很简单,只要押韵就行了。律诗的规则比较复杂,除了押韵之外,还有平仄的格式。在这三首唐诗中,《望岳》是古风,其他两首是律诗。诗除了分古风和律诗外,还分五言诗和七言诗两种。五字一句的古风叫五言古诗(简称五古),七字一句的古风叫七言古诗(简称七古);五字一句的律诗叫五言律诗(简称五律),七字一句的律诗叫七言律诗(简称七律)。还有长短句,除五言、七言外,也有三言、四言、六言的不等,这叫杂言诗。杂言诗一般是归在古风里,因为古风的字数没有规定,可长可短。律诗的句数和字数都有规定:五律八句四十个字;七律八句五十六个字。《望岳》是古风,但也是八句四十个字,这是偶合。此外还有绝句,它是律诗的一半。如五绝四句二十个字;七绝四句二十八个字。绝句一般属律诗体裁,但有例外,今天不讲。七言绝句的规则和律诗的规则是一样的。

唐诗一定要押韵。什么叫押韵呢,就是韵母相同的字,在不同句子的同样位置上出现,叫做押韵。押韵一般都在句尾,所以又叫韵脚。单句不押韵,双句押韵。《望岳》第二句的“了 liǎo”、第四句的“晓 xiǎo”、第六句的“鸟 niǎo”、第八句的“小 xiǎo”,韵母都是 ǎo,所以押韵。《春望》也是一样,第二句的“深 shēn”、第四句的“心 xīn”、第六句的“金 jīn”、第八句的“簪 zēn”,韵母都是相近的，只是听起来不够谐和，这是由于古人的读音与现今普通话的读音不大一样，如按古人的读音也就谐和了。现今在广东的东边、福建的西边、江西的南边，有人说一种客家话，这种话还保留着古人的读音，比如客家话的"深"念 qim、"心"念 sim、"金"念 gim、"簪"念 zim，韵母都是 im，听起来就谐和了。律诗的第一句也可以押韵（特别是七律），如《登柳州城楼寄漳汀封连四州刺史》这首诗，第一句的"荒 huāng"、第二句的"茫 máng"、第四句的"墙 qiáng"、第六句的"肠 cháng"、第八句的"乡 xiāng"，韵母都是 ang，所以是押韵的。五律也是一样，第一句可以押韵，也可以不押韵。要是第一句押韵的话，一首诗就有五个韵脚了。

　　律诗还有个特点，就是平仄的格式。要知道什么叫做平仄，先要知道汉语的声调。比方说"天"跟"田"是两回事；说"买"跟"卖"的意思正相反，声调的不同，就有这么大的区别。所以欧洲人学汉语是感到困难的。说话的高低不同（指音乐上的高低），长短不同，这也就是声调的不同。唐朝的声调跟现今普通话的声调不同，如果以现今普通话的声调去读唐诗，听起来就不同了。古代汉语中共有四个声调：平声、上声、去声、入声。现代普通话里也有四个声调：阴平、阳平、上声、去声。古代汉语的入声，在现代普通话里是没有的，已分别归并到普通话的四声中去了。入声比较短促，一出声就收住。这种入声，在广东、广西、福建、江苏、浙江，甚至山西、内蒙、河北（部分地区）还存在。比如"衣"字，按古代汉语四声念"衣"（平声）、"椅"（上声）、"意"（去声）、"益"（入声）。再如"剥削"，在普通话里都是阴平，在古代汉语里是入声，上海人念 poʔsiɒʔ，还保留着古代汉语的入声。怎样才能知道古代汉语的入声呢？办法不太多，最好的办法是查字典，或者是查书，如我写的《诗词格律》（中华书局出版）一书的后面，就附有诗韵举要，其中分别了四声，有空可以看看。

　　什么叫做平仄？平声仍叫平声，其余三声（上、去、入）叫仄声。

"仄"的意思就是不平。古人作诗,就靠平仄的交替形成一种音乐上的美,也叫做抑扬的美。如果声调毫无变化,那就显得单调不美了。比方唱歌,如果老是一个调子,那就不美了。古人把四个声调分成两类:一类是长调,也叫平调;一类是短调,也叫仄调。这两类声调怎样交换法呢? 常见的有以下四种格式:

律诗的平仄格式

(一)五言律诗(仄起式)

　　⊗仄平平仄,平平仄仄平。
　　⊕平平仄仄,⊗仄仄平平。
　　⊗仄平平仄,平平仄仄平。
　　⊕平平仄仄,⊗仄仄平平。

例子:杜甫《春望》

(二)五言律诗(平起式)

　　⊕平平仄仄,⊗仄仄平平。
　　⊗仄平平仄,平平仄仄平。
　　⊕平平仄仄,⊗仄仄平平。
　　⊗仄平平仄,平平仄仄平。

例子:李白《送友人》

(三)七言律诗(仄起式)

　　⊕仄平平仄仄平,⊕平⊗仄仄平平。
　　⊕平⊗仄平平仄,⊗仄平平仄仄平。
　　⊗仄⊕平平仄仄,⊕平⊗仄仄平平。
　　⊕平⊗仄平平仄,⊗仄平平仄仄平。

例子:柳宗元《登柳州城楼》

(四)七言律诗(平起式)

　　⊕平⊗仄仄平平,⊗仄平平仄仄平。
　　⊗仄⊕平平仄仄,⊕平⊗仄仄平平。
　　⊕平⊗仄平平仄,⊗仄平平仄仄平。

　　◯仄◯平平仄仄，◯平◯仄仄平平。

　　例子：毛泽东《长征》

　　在以上四例中，凡是字外加圆圈的都表示可平可仄。平仄是律诗中最重要的因素，我们讲诗的格律，主要就是讲平仄。绝句是律诗的一半，取律诗的一、二两联，中间两联或头尾两联都可以，因此绝句的平仄容易懂，就不再讲了。上面说过，双句押韵，单句一般不押韵，如果单句押韵的话，平仄就有点变化。如五言律诗（仄起式），第一句是◯仄平平仄，如果要押韵的话，就得把最后的仄插入◯仄和平平的中间，成为◯仄仄平平，与第四句一样；七言律诗（仄起式），第一句是◯仄平平仄仄平，这是押韵的，如果不押韵的话，就得把最后的平插入◯仄和平平仄仄的中间，成为◯仄◯平平仄仄，与第五句一样。平仄的格式并不难记，它是每两字成为一组，而且要交换。如头两字是仄仄，后两字就是平平，再后两字又是仄仄。如果是五言律诗，就去掉最后的一个仄字，成为仄仄平平仄。平仄的变化方法有两种：一是加尾，一是插中。加尾就得加一个相反的字，如仄仄平平，加仄字，成为仄仄平平仄；插中就得一个相同的字，如仄仄平平，插仄字，成为仄仄仄平平。这是由四个字变为五个字。由五个字变七个字，这很好办，只要在五个字的前面加两个字就成了，而且这两个字总是相反的，如五言律诗（仄起式）与七言律诗（平起式）一样，只是七言律诗头上加了两个相反的字。

　　律诗的平仄有对和粘的规则。对，就是单句的平仄与双句的平仄相对，也就是相反的意思，如五言律诗（仄起式）的第一句与第二句，平仄正是相对的。所以说单句的平仄与双句的平仄永远是相反的，这种相反的规则就叫对。不这样，就叫失对。粘，就是平粘平，仄粘仄；后联出句第二字的平仄要跟前联对句第二字相一致。具体说来，就是第三句跟第二句相粘，第五句跟第四句相粘，第七句跟第六句相粘。粘的意思就是相同，如五言律诗（仄起式），第二、三两句都是平平起的，四、五两句都是仄仄起的，六、七两句又是平平起的,这就叫粘。不这样,就叫失粘。早期的唐诗也有失粘的,后来才严格起来。

对和粘的作用,是使声调多样化。如果不对,上下两句的平仄就雷同了;如果不粘,前后两联的平仄又雷同了。

明白了对和粘的道理,可以帮助我们理解和掌握诗的规则;可以帮助我们背诵平仄的歌诀(即格式)。只要知道了第一句的平仄,全篇的平仄都能背诵出来了。

对仗问题。对仗就是对联。古代的仪仗队是两两相对的,这是"对仗"这个术语的来历。

对仗就是把两个字相对,一个字在单句,一个字在双句。对仗的一般规则,是名词对名词,动词对动词,形容词对形容词,数字对数字,颜色对颜色,如《春望》这首诗的第三联,"烽火"对"家书"(名词对名词),"连"对"抵"(动词对动词),"三"对"万"(数字对数字),"月"对"金"(名词对名词)。

对仗还有一个规则,是平对仄,仄对平。这跟平仄相对是一样的,如"风"(平声)对"雨"(仄声)。"风"对"云"就不合式了,因为"风"跟"云"都是平声字。要对的话,也只能在五言律诗的头一个字或七言律诗的头一个或第三个字相对,因为这里是不拘平仄的。做诗要有对仗,如《登柳州城楼寄漳汀封连四州刺史》这首诗,第二联、第三联对仗。首尾两联可用可不用。《春望》这首诗,一开头就用对仗。最后两句话一般不用,但有时也用,所以律诗比绝句更难做。古风一般不用对仗,但《望岳》这首诗,中间两联用了对仗,平仄也有些合律,而且字数与律诗符合,这样,《望岳》也算是古风与律诗之间的诗体了。

原载《语文学习讲座丛书》第7辑,1981年

宋词三首

今天讲宋词三首，跟过去讲唐诗三首一样，先念课文，然后一句一句地讲。讲完以后，再讲每段的大意，讲词的艺术技巧，最后总的讲一讲什么是词，什么是词牌，词是怎样写成的，根据什么规则来写。

念奴娇
赤壁怀古
苏　轼

大江东去，浪淘尽、千古风流人物。故垒西边，人道是、三国周郎赤壁。乱石穿空，惊涛拍岸，卷起千堆雪。江山如画，一时多少豪杰？　遥想公瑾当年，小乔初嫁了，雄姿英发。羽扇纶巾，谈笑间，强虏灰飞烟灭。故国神游，多情应笑我，早生华发。人生如梦，一樽还酹江月。

"念奴娇"是词牌名。"赤壁怀古"是题目。这首词共分两段，下面逐段来讲。

第一段

大江东去。大江，长江。古人所谓江，一般都指长江。东去，向东流去。

浪淘尽、千古风流人物。浪淘尽，波浪像淘米似的，把古代一些风流人物都冲走了，也就是说这些风流人物已经成为过去了。风流人物，指古代既有文采又有功业的人物。

故垒西边。故,旧的意思。垒,古代的军营。

人道是、三国周郎赤壁。人道,据说。周郎,指周瑜。周瑜在吴国被任为建威中郎将(武官名)时,才二十四岁,吴国人尊称他为周郎。赤壁,从字面讲,就是红色的石壁。是三国时周瑜击破曹操数十万大军的地方。据考证,赤壁应在今湖北省嘉鱼县东北,苏轼所游的是黄州的赤壁,在今湖北省黄冈县。

乱石穿空。乱石,就是石壁。穿空,形容石壁很高,高到好像冲破天空似的。

惊涛拍岸。惊涛,像马惊而狂奔的巨浪。有人解释为惊人的波浪,这种解释不妥当。拍岸,拍打着江岸,好像要冲破江岸的样子。

卷起千堆雪。浪花很大,就像雪一样。

江山如画。形容江山很美,美得就像图画一样。有人会问:真的江山不是比画的江山更美吗?为什么说"江山如画"呢?这是因为画家们所画的江山是按照最理想的江山来画的,江山如画,这就表示江山美到了极点。

一时多少豪杰。一时,一个时代。豪杰,指三国时代的英雄人物,如魏国的曹操,蜀国的诸葛亮、关羽、张飞、赵云,吴国的孙策、孙权、周瑜等都是。为什么只说三国时代的英雄人物呢?因为苏轼当时所游的地方是赤壁,是周瑜大破曹操的地方,所以他只怀念三国时代的英雄人物。

串讲大意

长江向东流去,波浪把千古的风流人物都冲走了。我们看到的旧的军营的西边,据说是三国时代周瑜大破曹操的那个赤壁。这个赤壁,简直是乱石穿空,惊涛拍岸,这种波浪,好像卷起千堆雪似的。江山好像图画一般,令人想起一个时代该有多少的豪杰呵!

这一段,作者写的是古战场的景色。通过这种描写,读者就可以想象出当时打仗的情况。为什么要写"乱石穿空,惊涛拍岸,卷起千堆雪"呢？因为这样一写，就可以想象出当时战斗的激烈，同时也就联想起古代的豪杰，而这些豪杰已经是一个一个地被长江水冲走了，只剩下江山如画。

第二段

遥想公瑾当年。遥想，远远地想。因为年代相隔很久，所以说遥想。公瑾，周瑜的字。当年，指周瑜大破曹操的时候。

小乔初嫁了。小乔，周瑜的妻子。乔公有二女，嫁给孙策的叫大乔，嫁给周瑜的叫小乔。初嫁了，刚跟周瑜结婚，表示周瑜很年轻。

雄姿英发。就是奋发有为的意思。说明周瑜年轻的时候就有英雄气概。

羽扇纶巾。纶（guān）巾，青丝带做成的头巾（一种帽子）。羽扇纶巾，就像今天戏剧中诸葛亮的打扮。这是三国时代一直到南北朝的一些将军们相当流行的打扮，表示文雅镇静。这里是形容周瑜的镇静。

谈笑间。说说笑笑，满不在乎的样子。

强虏灰飞烟灭。强虏，强大的敌人。虏，敌人的代称。把敌人叫做虏（俘虏），是藐视敌人的意思。灰飞烟灭，大破曹操是用火攻的，即火烧赤壁，所以用灰飞烟灭来形容敌人被消灭。

故国神游。故国，旧国，指古代的三国。神游，精神之游，即心里幻想出（当时）的情况。

多情应笑我。多情，容易触动的感情。说明苏轼怀念古人有丰富的感情。应笑我，说苏轼动感情以后会有人笑他。

早生华发。"华"同"花"。华发，花白的头发。这里表示苏轼已老了，跟周瑜比差得很远，自己的理想没有实现。

人生如梦。感到自己已经老了，没有做多少事情，好像做梦一样。这是古人颓废思想的表现。

一樽还酹江月。就是说对着江月浇愁。樽，盛酒器，其作用等于今天的酒壶。酹(lèi),以酒洒地,这是古代的一种祭礼。

串讲大意

我从遥远的年代想起当年的周公瑾,他刚刚跟小乔结婚的时候,他那英雄的姿态,显得多么奋发有为呵!他头戴纶巾,手挥羽扇,在轻松地谈笑间,强大的敌人已经是灰飞烟灭了。今天我来神游故国,我如此多情地凭吊古人,人们就会笑我,我的头发已经这样花白了。人的生活如梦一般,不如临江对月喝它一个痛快吧!

这一段,作者颂扬周瑜是一个了不起的风流人物。但是作者自己的理想不能够实现,所以只好借酒浇愁。这首词是苏轼在政治上不得志,受到打击以后写的,他自我排遣,心里有很多不平之气,很多感慨没有地方发泄,于是就借怀古来发泄心中不平之气。这首词有它消极的一面,并不是每句话都那么健康。如"人生如梦"这句话就不好,是消极的。人生应该是乐观主义的,不应该悲观失望,这种思想应当批判。但是在封建社会里,由于社会制度不合理,使一个有文才的人不能实现自己的理想,弄得他感到悲观失望,感到没有出路,这也是可以理解的。我们除了批判他消极的一面之外,还应该肯定他积极的一面。苏轼怀念古人,是怀念他们消灭了强敌的英雄行为,要向他们学习,所以说他还是有雄心大志的,不能就"人生如梦"这句话,认为苏轼是一个颓废的人。我们要全面地看,"人生如梦"是他很愤慨的话,他还是想实现自己的理想、自己的志愿的人,要不然,他不会怀念有英雄气概的古人。所以说苏轼这首词的基调是健康的,我们要学习他追求自己理想的一面。

苏轼的词以豪放闻名。豪,即雄壮的笔调。放,即不受任何的束缚。为什么说苏轼的词是豪放的呢?因为在苏轼以前,一些词人常常纠缠在谈情说爱里,或者是谈那些悲观失望、感伤主义的东西。从苏轼开始改变了这种风气,影响很大,所以说苏轼的词是豪放的。

艺术技巧

我们说一首词好,一方面要看思想内容,一方面要看艺术技巧。这首词一开始就写长江，就给人一种雄伟壮丽的感觉。词人从来不说抽象的话，如把"浪淘尽、千古风流人物"这句话，说成"几千年以来，一些英雄人物都死完了"，那就很抽象。这里说长江的波浪像淘米似的把一些英雄豪杰都冲走了，这就很形象。这种有形象的句子，人们通常叫它有诗意的句子。"乱石穿空，惊涛拍岸"是映衬上句的"赤壁"。把赤壁的形状描写出来，衬托了当时打仗的情况。"卷起千堆雪"又映衬上面的"浪淘尽"。在这首词里，"乱石穿空，惊涛拍岸，卷起千堆雪"三句话是最好的句子。为什么说它好呢？因为没有这三句话，就不能把古战场的雄壮景色描写出来。"乱石穿空，惊涛拍岸"这两句话是一副对联，而且对得很工整，很雄壮。"乱石'对"惊涛"，"穿空"对"拍岸"。再从词性来看，"乱"对"惊"是形容词对形容词；"石"对"涛"是名词对名词；"穿"对"拍"是动词对动词；"空"对"岸"是名词对名词。"卷起千堆雪"的"卷"字用得极好。如果我们写，很可能用"激"字，也可能用"溅"字，但是这两个字都没有"卷"字好，为什么？因为"激"是激动的意思，"溅"是飞溅的意思，不能把波浪最美的形态描写出来，而波浪最美的形态就像卷一张白纸的样子。所以写诗写词的人很讲究用字。

"小乔初嫁了"这句话也好，如果说"周瑜当年还很年轻"，这就不像诗句了。大小二乔都是当时有名的美人，说"小乔初嫁了"，就增加了词的风趣。

强虏灰飞烟灭。强虏一作"樯橹"（樯是船上的桅杆，"橹"同"橹"，是桨的一种），表现曹操的战船都给烧光了。这里作强大的敌人都被消灭了，两种解释都好。

"羽扇纶巾"是写人的打扮，跟前面写景"乱石穿空"句有异曲同工之妙。

"故国神游"这句话很好，好在能承上启下。因为上面讲的都是神游故国的事情，人家的事情，下面要讲自己了。

"人生如梦,一樽还酹江月"这两句话也有优点,如果单说"人生如梦"那就抽象了,所以用长江和明月来衬托自己愁闷的心情,这就有形象有诗意了。

满江红
岳　飞

怒发冲冠,凭栏处,潇潇雨歇。抬望眼,仰天长啸,壮怀激烈。三十功名尘与土,八千里路云和月。莫等闲、白了少年头,空悲切。

靖康耻,犹未雪。臣子恨,何时灭?驾长车、踏破贺兰山缺。壮志饥餐胡虏肉,笑谈渴饮匈奴血。待从头、收拾旧山河,朝天阙。

这首词没有题目,"满江红"是词牌名。词可以不要题目,因为写的内容一看就明白。

第一段

怒发冲冠。这是一种夸大的说法,就是说发怒的时候,头发把帽子都冲掉了。另外有一句成语"令人发指",意思是说头发竖着把帽子都顶起来了。

凭栏处。凭栏,靠着栏杆。

潇潇雨歇。潇潇,风雨的声音。雨歇,雨停了,不下了。

抬望眼。抬起头来往远处看。

仰天长啸。抬起头来大喊一声,或是长叹一声。

壮怀激烈。激烈,不能用今天的意思来理解,说是某人说话很激烈。这里要拆开来讲,"激"是激动的意思,"烈"是热烈的意思。

三十功名尘与土。三十,就是三十岁。功名,就是事业。把功名当尘土一样,也就是说不看重功名。

八千里路云和月。八千里路,形容路很远,立志长征打金人。云和月,就是说白天黑夜都得赶路。

莫等闲。不要轻易的意思。

白了少年头。时间过得很快,头发都白了。

空悲切。徒然悲哀的意思,也就是说人老了,想作一番事业也不行了。

串讲大意

我满腔热血,感到怒发冲冠;我靠着栏杆,看着风雨潇潇,以后又停止了。这个时候,我抬起头来远望,同时我还仰天长啸,我雄壮的胸怀再也压不住了。三十多岁的人了,功名还未立,但是我感到满不在乎,我感到功名好比尘土一样,都是不足关怀的。我渴望的是什么东西呢? 渴望的是八千里路的长征,我昼夜地赶路,跟白云和明月作伴侣。我们不要让少年头轻易地变白了,到那时悲哀就来不及了。

这一段表现了岳飞急于立功报国的宏愿。

第二段

靖康耻。靖康,宋钦宗年号。靖康二年(1127),金人攻陷汴京(今河南省开封市),把徽宗(钦宗的父亲)和钦宗一齐掳去,岳飞认为这是一种莫大的耻辱。

犹未雪。没有能够雪恨,即仇没有报。

臣子恨。做臣子的心中之恨。古人常把臣跟子连起来说。

何时灭。什么时候才能消灭这个仇恨呵!

驾长车、踏破贺兰山缺。长车,不是说车长,而是指路长。贺兰山,在今宁夏回族自治区东北。缺,缺口,指隘口。全句说"驾着车子一直冲破贺兰山的隘口"。

壮志饥餐胡虏肉。胡虏,指敌人。胡,古代北方的民族,即当时的女真。这句话是夸大的说法,就是说恨敌人恨到极点了。

笑谈渴饮匈奴血。这句话也是夸大的说法。匈奴,古代北方的一个民族。这里指金人。以上两句实际上是表示跟敌人决一死战。

待从头、收拾旧山河。待,等待。旧山河,失去的山河。即岳飞写的四个大字"还我河山"的意思。

朝天阙。最后回来朝见皇帝报功。阙,皇宫门前两边的楼。天阙,皇帝住的地方。

串讲大意

靖康二年的国耻还没有洗雪,臣子的恨什么时候才能够消灭呢? 我要乘长车踏破这贺兰山口。肚子饿了,我就吃敌人的肉;口渴了,我就喝敌人的血。我有这个雄心壮志,而且我相信笑谈之间就可以做到。等待我重新收拾旧山河的时候,再回到朝廷报功吧!

这一段表现了岳飞对"还我河山"的决心和信心。

这首词,可以说是岳飞"精忠报国"的誓言。如果说苏轼的词豪放,而岳飞的词则是雄壮。豪放跟雄壮有所不同,豪放只是摆脱了束缚和某些旧的框框;雄壮却是表现出一种浩然之气,英雄的气概。苏轼的词有消极的一面,岳飞的词全是积极的,没有任何消极因素。岳飞表现了一种报国的乐观主义精神。我们说爱国是好的,但是当敌人来了的时候,就有两种爱国的想法:一种是悲观失望,所谓失败主义者,怕亡国而痛哭流涕,不知怎么才能把危亡的局面挽救过来,这种想法,就不值得赞扬了。岳飞是另一种爱国的想法,一点不悲观,而是"壮志饥餐胡虏肉,笑谈渴饮匈奴血","待从头、收拾旧山河"。这种乐观主义精神非常伟大。读了这首词以后,我们可以体会到,只有具有高尚思想的人,才能写出感人的词来。岳飞的诗词留下的很少,可是质量非常高。

艺术技巧

"怒发冲冠"和"潇潇雨歇"两句话里,隐含着一个典故。战国时代有一个人,他名叫荆轲,当时燕太子叫他去行刺秦王,他动身前唱了一首歌,歌中有两句话:"风萧萧兮易水寒,壮士一去兮不复还。"他唱完这首歌以后,听的人都非常愤慨,愤慨到发上指冠。荆轲是一个壮士,他敢于一个人去刺秦王,这种英雄气概是很了不起的。岳飞用了这个典故,"怒发冲冠"就是从"发上指冠"来的,"潇潇雨歇"就是从"风萧萧兮易水寒"来的。知道这个典故以后,我们就能理解岳飞为什么要这样写了。这样写，一开始就使人感到有一种非常壮烈的气概，岳飞以当时荆轲的豪气，来比自己今天的豪气。

从"怒发冲冠"到"仰天长啸"，都是写在家里的情况，他靠着栏杆看下雨，按理说这是一种很惬意的生活，可是他却按不住心头之恨而怒发冲冠。再从"仰天长啸"一句里，就可以看出岳飞精忠报国之心了。

"三十功名尘与土，八千里路云和月"，这里表明岳飞高尚的人生观。他对功名不在乎，在乎的是八千里路长征打敌人。这两句话把他爱的是什么，恨的是什么，想要的是什么，看不起的是什么，说得很清楚。他不说"不在乎"，而说"尘与土"；他不说"走很远的路去打敌人"，而说"八千里路云和月"。这样说很形象，很有诗意。

"莫等闲、白了少年头，空悲切"，这两句话很好懂，可是作用很大，有力地结束了前面说的壮烈胸怀，所以才说不要等到白了少年头，那时悲哀也就来不及了。

第二段开始写具体事实。第一段里不写，只是把自己的心情写了，把报国之念隐含在里面不明说，留到第二段的开始来说。

"靖康耻，犹未雪。臣子恨，何时灭"这几句话，简单地把这首词的中心思想点明白。为什么要作这首词呢？就是为了这个。这几句话很抽象，但是过渡得很好，下面"驾长车、踏破贺兰山缺"就具体化了。

"驾长车、踏破贺兰山缺"跟下句的"壮志饥餐胡虏肉，笑谈渴饮匈奴血"都是夸张的写法，实际上并不会真是这样子。"饥餐胡虏肉、渴饮匈奴血"也有典故，在《左传》里就有"食肉寝皮"的说法。岳飞用了这句话，无非是表示他对凶残的敌人的无比愤恨。

"待从头、收拾旧山河，朝天阙"，表示胜利的信心，以此作收。这里岳飞不说"我一定胜利"，如果这样说就太抽象了，所以还是说山跟河，显得有诗意。

南乡子

登京口北固亭有怀
辛弃疾

何处望神州？满眼风光北固楼。千古兴亡多少事？悠悠。不尽长江滚滚流！　　年少万兜鍪，坐断东南战未休。天下英雄谁敌手？曹刘。生子当如孙仲谋！

"南乡子"是词牌名。"登京口北固亭有怀"是题目。京口，今江苏省镇江市。北固亭即北固楼，在北固山上。有怀，有所怀念。这首词怀念的是孙权，跟苏轼怀念周瑜差不多。

第一段

何处望神州。神州，战国时驺衍称中国为赤县神州。后来也称中原为神州。东晋时王导说："当共戮力王室，克复神州。"这里指的是尚待克复的神州。南宋与东晋都因外族入侵，迁都江南，情况是类似的。古人有一种说法，认为全世界有九个大州，神州就是其中的一个。这里的神州指中原。原来宋朝的都城在今河南开封，后因金人入侵，宋朝失败，迁都临安（今浙江省杭州市）。这句话是说，在什么地方可以看到中原呢？

满眼风光北固楼。在北固楼上，满眼看到的都是美好的风光，但是中原还是看不到。

千古兴亡多少事？悠悠。从古到今，有多少国家兴起了，又有多少国家灭亡了。悠悠，时间很长，数不清了。

不尽长江滚滚流。长江的水呵！永远流不完，而兴亡之事，也永远是这样。

串讲大意

什么地方可以看见中原呢？在北固楼上，满眼都是美好的风光，但是中原还是看不见。从古到今，有多少国家兴亡大事呢？不知道，年代太长了。只有长江的水滚滚东流，永远也流不尽。我们今天所能看到的就是长江，多少兴亡事情已经过去了。

第二段

年少万兜鍪。年少，少年时代，指孙权十九岁就统治吴国。兜鍪（dōumóu），即头盔。万兜鍪，即一万个头盔，也可以说一万个士兵，形容多的意思。全句是说孙权在年轻的时候就做了元帅，统治着三军了。

坐断东南战未休。坐断，不能拆开来讲，就是据有、占有的意思。战未休，是说打仗没有个完。三国时，吴国的君主孙权，他占有整个东南地方，一边可以对曹操打仗，一边可以对刘备打仗。

天下英雄谁敌手？曹刘。天下英雄谁是孙权的敌手呢，只有曹操和刘备。三国时有袁绍、袁术、刘表、刘焉、公孙瓒、陶谦等诸侯，后来逐渐被消灭了，只剩下孙权、曹操和刘备三个。这里是说孙权的本领大，他能独霸一方。

生子当如孙仲谋。这句话是曹操说的。当时曹操见孙权的军队严整，士气旺盛，他就感到孙权是了不起的人，于是感慨地说，一个人生儿子，要生像孙权那样的才好。曹操为什么要说这句话呢？原因有二：一是曹操年纪大，孙权年纪小，按岁数看，孙权可以是曹操的儿子；一是因为其他诸侯都失败了。如刘表，字景升，为荆州牧，封为武侯，被曹操所灭。所以曹操就说，生儿子要像孙权那样，有雄才大略，能独霸江南，不要像刘景升的儿子那样，等刘景升死了以后，荆州（今湖北省襄阳）就守不住了，这等于养个猪，养个狗。曹操这人很可爱，凡是能跟他做敌手的人，他是很尊敬的。辛弃疾借用这句话作收全词。

串讲大意

当年孙权在青年时代，做了三军的统帅，他能独霸东南，坚持抗战，没有向敌人低头和屈服过。天下英雄谁是孙权的敌手呢？只有曹操和刘备而已。这样也就难怪曹操说："生子当如孙仲谋！"

这首词跟前两首词不同。前两首词的意思比较明显，这首词的意思不那么明显,需要我们去揣摩。苏轼和辛弃疾齐名,都被称为豪放派。辛弃疾写这首词的用意在哪儿呢?就是为了讽刺当时的朝廷,所以他说话不那么直率。他讽刺当时南宋朝廷无能,不但不能光复神州,连江南也快要保不住了。苏轼和辛弃疾的词都是怀古,所怀念的都是三国时代吴国的英雄,在这方面是一样的,但是表现的思想不一样。苏轼生于北宋时代,国家还不那么衰弱,他只是政治上不得志而已,所以他羡慕早年得志的周瑜,同时表现出一种愁闷的心情。辛弃疾生于南宋时代,国家已经只能偏安在江南,所以他借古喻今,颂扬孙权。他说孙权的好,也就是说朝廷的坏,无力抵抗敌人。因此,苏轼的词不是讽刺,而辛弃疾的词全是讽刺。再拿岳飞的词跟辛弃疾的词来比,岳飞的词是爱国思想的表现,很清楚。辛弃疾的词也是爱国思想的表现,但是两者表现不相同。岳飞很直率地说出杀敌报国的决心和勇气,辛弃疾只是委婉地暗示他对于朝廷的不满,所以说表现不同。

艺术技巧

何处望神州?满眼风光北固楼。这两句是倒装句法,即前一句可以移到后面去说,后一句可以移到前面去说,成为:“满眼风光北固楼,何处望神州?”为什么不这样说呢?这就跟词牌有关系,因为这种词牌规定头一句只能五个字,第二句七个字,所以只能倒过来说。

千古兴亡多少事?悠悠。这是问答句,先问后答。这两句跟下面“天下英雄谁敌手?曹刘”两句一样。

不尽长江滚滚流!这句话很好,在说千古兴亡事总在那里变化着,而只有长江滚滚流,永远不变。另外,这句话是杜甫《登高》诗中的,诗中说:“无边落木萧萧下,不尽长江滚滚流。”辛弃疾用了现成的句子摆在这里,很合适。所以我们多读古诗有好处。“千古兴亡多少事?悠悠”是问答句,“不尽长江滚滚流”是人家的话;这跟下面“天下英雄谁敌手?曹刘”是问答句,“生子当如孙仲谋”又是人家的话对衬起来了,对得很好。

"天下英雄谁敌手"也隐含着一个典故。据《三国志·蜀书·先主传》载,曹操曾经对刘备说:"天下英雄,惟使君(使君,指刘备)与操耳!"这里辛弃疾运用原话,再加上孙权,成为三人。

"年少万兜鍪"这句话为什么不说一万个士兵,而说万兜鍪呢?这就是以物代人,因为士兵的特征,除了战甲以外,头盔也是特征之一,所以拿头盔当士兵。这样写非常形象。

"生子当如孙仲谋",这句话隐含着很深的意思,就是说今天的朝廷不如当时的东吴,今天的皇帝(指宋高宗、孝宗等)不如孙权。为什么不直说呢? 因为直说了就有生命危险。我们这样去体会,就知道辛弃疾写这首词的真正用意了。他对当时朝廷的不满,也就体现了他的爱国主义精神。他的好些词,都是怀着这种心情写的。他有像岳飞那样的"还我河山"的志愿,但是达不到。

以上把三首词讲完了,下面来讲什么是词,什么是词牌等问题。

(一)诗跟词的区别

诗跟词有四方面的区别:

1. 词是由民间文学来的。它本来是配音乐的,跟现在用乐器伴奏唱歌一样。诗最早也是配音乐的,如《诗经》就是如此。后来诗不再配音乐了。词原来是配音乐的,像唐朝的一些词就是歌词,后来文人写词也不作配音乐用了。到了不配音乐的时候,词跟诗没有什么差别,词也可以说是诗的一种,所以有人把词叫做"诗余"。

2. 诗的句子,字数是一定和一致的,如五言诗,五字一句;七言诗,七字一句。词的字数不一定,也不一致,如《南乡子》这首词,有五字一句的,有七字一句的。有些词,从一字一句到十一个字一句的都有。由于词的每句字数不一定,有人就给词起了个别名,叫长短句。

3. 诗的格式只有极少数的几种,如古体诗、今体诗。今体诗里有律诗(五言律诗、七言律诗)、绝句(五言绝句、七言绝句),数来数去也不过这几种。可是词的格式很多,有一千多种,因此词的变化很大。但是在一种里面还是有一定的格式,在这一种格式里字数是一定的。凭什么来决定呢? 就凭词牌来决定。词牌就等于一个调的名称,一种格式的标志。

4.词里用的口语比诗里多得多。可以这样说,诗里用的口语比散文多,词里用的口语又比诗里多,后来有一种体裁叫做曲,曲里用的口语又比词里多,所以越来越白话化了。词有人写得很文,但不管怎么文,总免不了有些白的地方,如苏轼的《念奴娇》一词里,"小乔初嫁了"的"了"字,岳飞《满江红》里的"白了少年头"的"了"字都是白话,再如辛弃疾的《南乡子》一词里,"坐断"就是宋朝时代的白话。所以说词里用的口语是比较多的。

(二)什么是词牌

词牌都有来历。如《念奴娇》,大概在很早的时候就是一个歌曲的名称。"念奴"是一个人的名字,唐代有个很有名的歌女叫念奴,大概有首歌就叫念奴娇。又如《南乡子》,可能最初也是一个歌曲的名称。"南乡"就是南国,或是南方,歌咏这个地方。《满江红》也可能是个题目,大概是说晚霞把江都照红了。因此可以说,原来很多词牌都是题目,只是后来有人模仿这些格式写词,如《念奴娇》有一百个字,有人就模仿它的字数、韵数、平仄和格式来写另外一首词,这种做法就叫做填词。为什么叫填词呢? 因为是照旧格式填写的,字换了,但格式没变。填词的时候,不再依原词的题意,于是题目变成了词牌了。《念奴娇》这首词很有名,有人就按这首词的词牌来填写。由于这首词只有一百字,有人就叫"百字令",又由于苏轼的这首词头一句话是"大江东去",有人又改词牌叫"大江东去";这首词最后一句话里说"酹江月",有人又把词牌叫做"酹江月"。不管叫什么,实际上都是《念奴娇》的格式。所以填词以后,词牌就跟题目分离了。但是也有的词的题目跟词牌统一起来,如黄庭坚有一首《画堂春》，它的词牌就跟题目统一起来，这种统一起来的就叫本意。本意的词是很少的，多数的词是题目跟词牌不发生关系，词牌只管格式。词牌跟题目分离以后，有些词人在写完词以后才标题，如苏轼的《念奴娇》，他就标个题目"赤壁怀古"。但也有不标题的，如岳飞的《满江红》，就没有标题目，让读者自己去体会词的中心思想。所以有些词只有词牌没有题目，有些词既有词牌也有题目。

词的字数是根据词牌来规定的，如《念奴娇》是一百字，《满江红》是九十三字，《南乡子》是五十六字，都是有规定的。但是某个词牌也可以有几种格式，如《满江红》有九十三字的，有八十九字的，有九十一字的，有九十七字的等等。虽有这么多种格式，但有些是常见的，有些是少见的，现在我们填写《满江红》，一般都是填九十三个字的，即按岳飞的来填。词有单调和双调之分。所谓双调，就是分为两大段，今天讲的三首词都是双调。这两大段的字数常常是相等或大致相等的，平仄也是大致相等，好像现在一个歌谱可以谱两个歌一样。单调只有一段，这样的词也不少，三段、四段的词也有，那就很少了，一般只有单调、双调两类。

词的韵数也是由词牌来规定的，什么地方押韵，什么地方不押韵，由词牌来规定。词跟诗一样，总是要押韵的，不过词人用韵有时比较宽一些，有时比较严一些。宽一些的韵就不那么协调，严的就协调一些，但不管宽也好，严也好都得用。有人问，为什么《念奴娇》这首词没押韵，这是一个误会，其实这首词是押韵的，不过押得宽一些，是入声韵，北方没有入声，所以不大体会得出来。这首词的"物、壁、雪、杰、发、灭、发、月"等字，如果用上海话念起来都是押韵的字。哪首词用平声韵，用仄声韵，用入声韵，也大致有个习惯。如《念奴娇》《满江红》一般用入声韵，《南乡子》一般用平声韵。

诗跟词都有平仄的规定。词的平仄也是固定下来的，如苏轼的词里说"乱石穿空，惊涛拍岸"这两句话，能不能对换呢？不能。

因为必须先写"乱石穿空"(仄仄平平),后写"惊涛拍岸"(平平仄仄),如果换了,平仄就不合。再如岳飞的词里说"壮志饥餐胡虏肉,笑谈渴饮匈奴血"这两句里的"胡虏"和"匈奴"都指敌人,能不能对换一下呢?不能。因为第一句的第六个字必须是仄声字,第二句的第六个字必须是平声字,所以不能调换。就以"笑谈"两字来说也不能对换,因为第二字要求是平声字。还有辛弃疾的词里说"千古兴亡多少事"这一句,实际的意思是"千古多少兴亡事",为什么不这样说呢?就是由于平仄的限制,这句的平仄要求是:仄仄平平平仄仄。所以"兴亡"跟"多少"必须对调。在毛主席的词里有句话"一唱雄鸡天下白",意思就是"雄鸡一唱天下白",为什么不这样说呢?道理跟上一句话是一样的,如果说"雄鸡一唱天下白",意思没有错,可是平仄不对了。

国家出版基金项目
NATIONAL PUBLICATION FOUNDATION

王力全集　第二十卷

龙虫并雕斋文集补编
（二）

王　力　著

中华书局

总　　目

中国文法欧化的可能性

这里所谓文法,是对语法而言的。中国语法欧化难,而中国文法欧化易。如果采用了拼音文字,则文法欧化更是毫不费力的一件事。

中国现在是否该改用拼音文字,不在本篇讨论范围之内。但我们假定将来有这么一天,中国政府也像土耳其政府一般地明令改用拼音文字,我们有没有一个完善的方案以供政府采用呢?

中国文字改为拼音之后,最大的难关就是同音字太多了;如果不管声调的差异,则同音的字更多。词类连书只能补救一部分的损失,因为词类连书之后,也还嫌同音的"词"太多,例如"主义"与"注意"、"知识"与"指示"、"解放"与"街坊"、"打倒"与"大刀",如果不管声调的差异,写起来就毫无分别。在这一点看来,似乎国语罗马字要比拉丁化新文字好些,因为它对于上面的例子,写起来都是有分别的。但如果遇着"教诲"与"教会"、"成立"与"成例",连国语罗马字也只好写成一样了。

我们不能处处乞灵于上下文,因为我们希望一看就懂;我们不能常常用猜谜的办法,因为我们要节省阅读的时间。根据这一个理由,如果罗马字适宜于拼写音调的话,我们将毫不迟疑地赞成国语罗马字拼写声调的办法。但只可惜罗马字是不适宜于拼写声调的。

理想中的适宜于拼写中国字调的音标,该是把每一个元音分为若干调类,再为每一个元音中的每一个调类制一个音标,例如 a

音该有四种至八九种的写法。但罗马字并不能给予我们这种便利。国语罗马字只能借字母的变换或增添以表示声调,于是发生了两种毛病:(1)字形太长,像"劝"字拼成 chiuann,令人觉得有许多无用的字母;(2)有时候不得已而借用些易起误会的字母,像"唐"字拼成 tarng,"头"字拼成 tour,英美人还不至于误会,别国人就会把 r 念出音来了。

关于拼写四声的困难,我将来会另写文章详细讨论。现在先说,如果我们不拼写声调,同音字就会多了几倍,我们是不能不走一条新路以补救这一个缺憾的。

中国文法欧化,就是避免同音异义字相混的一种好办法。依我的意见,中国文字依词性可分为三类:名词;动词;其他。我们可以把名词的第一字母大写,像德文的办法;动词在词尾加 h 不发音;其他则不用词性的标记。

国语罗马字能把北平话里的字依声调分为四类,现在我的办法能依词性分为三类,其功用已与国语罗马字相差不多。此外,我更主张形容词语尾的"的"字(像"美丽的")写成简单的一个 d(像 mei li d),副词语尾的"的(地)"字(像"好好的")写成简单的一个 t(像 hao hao t),这么一来,大部分的形容词和副词也都有了标记,比国语罗马字的办法更便利了。

我们知道,中国语是孤立语;现在若要改用屈折语的文字,就不妨索性使文字带有一点屈折性。嘴里无屈折,字上有屈折,欧洲不乏先例。法文的名词复数照例加 s,但并不发音。法国人有许多语法成分只是纸上的,不是嘴里的。我们也可以在纸上表示许多文法,不一定只限于拼音。这种办法,除了可以避免同音相混之外,还有两个好处:

第一,可以补救汉字因改革而失去的优点——范畴。在屈折语里,有性、数、时等等的范畴;汉字虽没有那些,但它的义符(即意义偏旁)也可算是变相的范畴,例如植物用"草、木"为义符,矿物用

"玉、石"为义符,人的动作用"手、口"之类为义符。我们看不出植、矿、人、事诸范畴与德文里的阴、阳、中三性的范畴有绝对不能相比的地方。这种范畴深入国民的心理,连一般民众也受了它的暗示,蚕豆的"豆"写作"荳","安电灯"的"安"写作"按",都是从汉字范畴里引出来的逻辑。今若由形声字改为纯然拼音的文字,就失掉了汉字原有的范畴。人家的好处(屈折作用)没有得到,自己的好处先丢了。如果我们能在新汉字里加上若干屈折性,就把这种损失补偿过来了。

第二,可以使中国文法国际化。我始终认为中国文是有文法的,尤其是现代中国语,对于词性竟是无意识地分别得很清楚,例如北平白话,名词后面加"儿"字或"子"字(尤其是农工的土话语,几乎有"无名不儿"之势);动词表示完成性的后面加"了"字,表示持续性的后面加"着"字,形容词后面加"的"字等等。我们不妨因势利导,把无意识的改为有意识的:动词语尾"了"字简单地写作 l(例如"吃了饭"写作 che l fan),"着"字简单地写作 zh(例如"慢慢地走着"写作 man man t tsou zh)。恰巧"着"字本身就带一个 h,自然用不着再加一个 h 去表示动词性;就是"了"字后面也用不着加h,我们只须定下这么一个规则:"凡词儿后面有 h 或 l 的都是动词。"就行了。这么一来,中国语的文法就国际化了,如果不是为了文字国际化,我们犯不着提倡国语罗马字;既然为了文字国际化而提倡国语罗马字,就不妨让它多带些国际化的成分,这是有益而无害的。

词性的分别,在语言学上看来,是很难的;然而在实用上看来,却是很容易的,例如某词既可认为形容词,又可认为动词,在语言学上可以引起许多争端;然而在实用上,只要大家硬派它作形容词(或动词),并在字典里注明,就可以行得通。"渴"字在法、德文里都是名词(soif、durst),在英文里却是形容词(thirst),而法、德、英三国的人都不曾提出抗议。有些词显然有两种词性,也不妨在字典里注明，这是西洋字典里常见的事。

也许有人批驳说："民众不会分别词性，怎么办？"但是：

1. 如果不懂很浅的文法，就不会词类连书；如果懂得很浅的文法，就该懂得名词、动词的分别。

2. 何况我们教他们的时候，并不必告诉他们这是名词，那是动词，只须告诉他们"马"字该写作 Ma，"骂"字该写作 mah，"碗"字该写作 Wan，"晚"字该写作 wan，"解放"该写作 giefangh，"街坊"该写作 Giefang，就行了。对于文法的错误，我们也该采取一种宽容的态度。在欧洲，民众的文法错误是常见的，但他们能读能写，能把自己的思想传达给别人，国家文化教育的目的已经达到了。英、法、德各国也未尝取消文法去迁就民众。

3. 民众读书报的机会较多，写字的机会较少。他们写的不合文法，不要紧；至于读书报呢，决不至于因为字母大写了或词的后面加了一个 h 就不认识了的。

4. 我们要把民众的文化程度提高，不要事事迁就民众。如果说名词、动词的分别也只有我们懂，未免太瞧不起民众了。

采用了分别词性的办法之后，有些词性相同的字或词仍旧该有两样的写法，例如"买"与"卖"、"那里"与"哪里"，固然有分别，其他如"主义"与"注意"等，凡是常见的字，写下来也不让它们相混。这是词典编成后才能决定的。

中国文法欧化是可能的；尤其是采用罗马字之后，这是迟早必须走到的一条路。如果大家仍主张不用罗马字，那么，这篇文章就等于空谈。

原载《独立评论》第 198 期，1936.4.13

主语的定义及其在汉语中的应用

关于主语、宾语问题的讨论，我想建议先解决主语的问题。主语解决了，宾语问题也跟着解决了。

主语问题的解决关键在主语的定义上。"定义是对现实的认识过程的基本要素"[①]。陈凡同志说得对："要讨论主语和宾语，首先得解决一个问题：什么是主语，什么是宾语。如果在这个问题上大家的认识不一致，讨论起来是不会有什么结果的。"[②]

主语在希腊文里是 hypo-keimenon，在拉丁文里是 subjectum，最初都是放在下面的意思。这个词在英文说成 subject，法文、德文也差不多。逻辑上的主语（主辞），和语法上的主语，实际上是一个词。咱们可以说，先在逻辑学上有了"主语"这个名称，然后语法学上采用了它。有了这个历史渊源，语法上的主语和逻辑上的主语显然是有密切关系的。在俄文里，语法上的主语一般用подлежащее，逻辑上的主语一般用субьект，但是这并不能说明语法上的主语和逻辑上的主语没有关系，因为逻辑上的主语虽不能用 подлежащее，而语法上的主语却可以用 субьект。再说，подлежащее 正是由拉丁文 subjectum 模写来的（подлежащее 来自

---

① 参看斯特罗果维契《逻辑》第 111 页，三联书店。
② 陈凡《分析句子的依据和标准》，《语文学习》1955 年 8 月号第 29 页。

"放"лежать 和"在下面"под）。

主语最普遍的定义是"陈述的对象"。这个定义正是从逻辑学上的定义来的。在逻辑学上，主语是"判断的对象"。我们知道，在逻辑上，和语法上的句子相当的东西就是判断。因此，"陈述的对象"显然和"判断的对象"是同一类型的。

"陈述的对象"这个定义本身没有什么大毛病，只是它在实践上不能经常帮助我们辨别主语，例如关于"台上坐着主席团"，你说"台上"是主语，因为这句话是陈述台上的情况的；我说"主席团"是主语，也因为这句话是陈述主席团的。谁也说服不了谁。在西洋语法书中，表面上用了这个定义（当然也有不用这个定义的），实际上并不靠它来辨别主语，而是靠形态来辨别主语，例如靠格、身、数、态等。汉语名词没有格，动词没有身、数、态，如果用了这个定义，在辨别主语的实践上会遭遇许多困难的。

其次，我们再看另一个古老的定义："主语是陈述的出发点。"这个定义也是从逻辑学上的主语的原始意义来的。"放在下面"（"位置在下面"）就是说作为基础，判断必须在这个基础上进行。这个基础就是判断的出发点。由此看来，陈述的出发点就和陈述的对象的意思差不多。对汉语来说，这个定义容易引起曲解，使人们专从词序上看问题，以为摆在一句的开头的东西就算是个出发点。这样是单纯地从形式出发，正如岑麒祥教授所说的，否定了汉语的倒装句，取消了修辞学和语法的界限，取消汉语的修辞学，把汉语里丰富多彩的表达方式简单地列成了几条死板的规律①。

有人把主语看做题目或话题，那是不对的②。但是，这种看法也不是偶然的。大家知道，在法语里，主语和题目同是一个词，即

---

① 岑麒祥《讨论主语宾语问题的几个原则》，见《语文学习》1955 年 10 月号第 20 页。

② 又有人把主语看做"主题"，那更不对了。"主题"是文学和艺术上的专门术语，是不能乱用的。

subject,英语也有类似的情形。但是,那只是就来源说,"主语"和
"题目"这两个词义在英、法等语里是同源的。实际上,英、法等国
的语法书中,也并没有人把主语解释为题目或话题。在应用上,这
个定义是行不通的,例如我们开会讨论发奖金的事,"奖金"应该是
我们的话题。假定你说"奖金应该发给张三",主语和话题自然一
致了;假定我说"张三应该获得奖金","张三"是主语,但不是话题,
因为你所未知而我所要告诉你的正是"张三",而不是"奖金"。这
个定义运用在汉语语法上,必然引导到单纯地以形式为根据的办
法,例如上面所举"张三"的例子,由于它的位置在句首,它就算是
题目,下面的话就是针对这个题目做出来的文章。实际上,每一个
句子中的每一个名词(或作用相当于名词的词)都有资格做题目,
因为它既然是句子的一部分,必然和其他部分有密切的关系。主
张主语是话题的人认为"这里今天没有人"的"这里"是话题,因为
这句话是说明这里的情况的;"今天这里没有人"的"今天"是话题,
因为这句话是说明今天的情况的。我不知道在"这里不卖票"和
"今天不上街"一类的句子中,"这里"和"今天"还算不算主语。如
果拿话题作为主语的定义,只要句首的词是名词,就非承认它是主
语不可。我很怀疑该不该这样机械地分析句子。我自己在我的
《中国现代语法》里曾经说:"主语好比题目,谓语好比整篇的文
章。"这句话虽然用意在于说明谓语比主语重要[1],但是这个譬喻是
不恰当的。我又把主语认为句子的主脑,那也是极其模糊空洞的
说法,不能解决问题。

　　对于屈折语来说,最合理的定义应该是从屈折形态上规定下
来的定义。苏联科学院语言学研究所所编的《俄语语法》对主语所
下的定义是(第二卷上册第 370 页):

---

[1]　下文说:"有文章没有题目,倒还可以;有题目没有文章,就等于不会说话。因此,一
　　个句子里可以没有主语,却绝对不能没有谓语。"

主语是双成句中的主要组成部分①,它在语法上不依存于句子的其他部分,它通常是由名词、代名词或其他变格的词,用主格(第一格)的形式表现出来,而它所指的是事物(广义的),这种事物的标志(行为、状态、特性、性质)是在谓语里确定的。

这个定义是十分精密的,可惜前一半完全不能应用在汉语语法上,因为汉语名词没有变格。

顺便说一说,苏联学校里教俄语语法,一般对主语所下的定义都很简单:主语就是用来回答"谁"(кто)和"什么"(что)的。徐仲华同志也谈到了这一点②。在汉语语法里我们却不能用这样简单的定义,拿 кто 这个疑问代名词来说,它本身就是主格,所以它要求用主格形态的名词来答复。而汉语的情况不是这样。

如果我们把苏联科学院语言研究所的《俄语语法》对主语所下的定义,去掉不适合于汉语的前半,保留后半作为汉语语法里的主语的定义,行不行呢? 我想应该这样做。假使后半不重要,《俄语语法》尽可以不提,因为从形态上已经辨别出主语来了。苏联大多数语法学家都遵从谢尔巴院士和维诺格拉多夫院士的原则,以为句子成分是词在句中起作用的词义·语法的范畴,因此给主语下定义的时候,不能把意义抛开不管。对于形态丰富的俄语已经是应该这样,对于形态不丰富的汉语自然更应该这样了。龙果夫教授说:"我们说词义·语法范畴而不单纯地说语法范畴,因为决定汉语的词的句法功能和词的各种句法上的联系是词的意义。"③龙果夫教授的话是完全正确的。

现在我们再看一看两部著名的俄语词典对主语所下的定义是怎样的。乌沙阔夫教授主编的《俄语详解词典》里说:

---

① "双成句"指具有主语、谓语两个成分的句子。
② 徐仲华《分析句子应该从语法标志出发》,见《语文学习》1955 年 9 月号第 33 页。
③ 龙果夫《现代汉语语法研究》,译文见《中国语文》1955 年 1 月号第 5 页附注。

　　　　主语是句子的主要组成部分,它指称事物,这事物发出行为,而这行为是由句子的第二个主要组成部分——谓语——表示出来的。

奥热柯夫同志所编的《俄语词典》里说:

　　　　在语法上,主语是句子的主要组成部分,它指称事物,而谓语所指称的行为或标志是属于这一事物的。

　　这两部著名的俄语词典对主语所下的定义有一个共同之点,就是不从形态出发,而从意义出发。可见在主语的定义这个问题上,意义处在怎样重要的地位了。

　　我想,根据上述苏联的三部重要著作对主语所下的定义,再结合汉语的具体情况(汉语的句子有三个类型:叙述句、描写句、判断句),汉语语法中的主语定义可以定为这样:

　　　　主语是句子的组成部分①,它通常是由名词、代词或具有名词用途的词(有时加上附加语)来表现的;它指称事物,谓词所指称的行为(包括主动、被动)、性质或属性是属于这一事物的。

　　语法上的主语和逻辑上的主语,基本上是一致的。我们说语法和逻辑不能混为一谈,主要是说不能拿逻辑的规则来衡量语法。至于说到主语这个问题上:谓语所指称的标志(行为、状态、特性等)应该属于主语所指称的事物,这是语法和逻辑的共同点。

　　最近苏联《语言学问题》杂志(1955 年第 5 期)发表了阿力西耶夫和柯尔山斯基两位同志合写的一篇文章,题目是《论逻辑范畴和语法范畴的对应关系》。我认为这篇文章对于汉语语法很有意

---

①　在俄语语法中,所谓主语,等于我们所谓主词(附加词不在内);所谓谓语,大致等于我们所谓谓词(宾语和附加语不在内)。因此,在我们这个定义中,主语只能称为句子的组成部分,不能用"主要"二字;谓语也该称为谓词。

义。他们首先说:"基本的语言现象(词和各种句子)要求我们在研究它们的时候对于相应的思维范畴(概念、判断、推理)加以分析。"又说:"由此可见,思想的逻辑结构及其在语言的语法构造中的实际表现,有非常密切的联系。句子中包括着多少成分,判断里也同样地包括多少成分(如果认为逻辑上的主语和谓词还各自可以细分的话)①。语法上的可划分性和逻辑上的可划分性是相对应的。"

俄语和西欧别的语言里都有逻辑主语和语法主语的分别,那是在语法和逻辑发生矛盾的时候才这样说的。像陈凡同志所举的Мне не хотелось есть(我不想吃)、Мне думается(我想)等,就是逻辑主语和语法主语不一致的例子②。这种事实一方面说明语法和逻辑混为一谈是错误的,另一方面(对汉语语法来说是更重要的一方面),这种不一致的情况极少,可见语法的主语和逻辑的主语基本上是一致的。在名词、代名词有变格,动词有变位的语言里,我们可以从某一名词、代名词是否用主格,动词是否和某一名词、代名词的人称和数相当,来判断它是不是主语。汉语没有这些限制,语法的主语和逻辑的主语应该更能一致;但是有些同志的看法正相反。这些同志们认为汉语语法主语和逻辑主语不一致的地方比较屈折语里不一致的地方更多。这是很难令人信服的。

根据上述苏联三部重要的著作所下的主语定义,我们对主语可以这样了解:

1. 在叙述句里,谓词所表示的行为是属于主语的。这里所谓行为,包括主动的行为和被动的事件。

2.描写句里,谓词所表示的性质是属于主语的。

3.判断句里,谓词表示主语所指称的事物的属性。

---

① 上文说到,有人认为逻辑上的主语和谓语没有附加语,而语法上的主语和谓语有附加语,所以逻辑和语法不能完全相对应。著者不同意这种看法。

② 参看波斯贝洛夫《斯大林关于语言的语法构造的理论》,《斯大林著作光辉下的语言学问题》第116页。

　　根据上述的了解,让我对最近大家讨论的主语、宾语的问题表示一点意见。我只就吕冀平同志所提出的经常引起争论的四种例句来谈一谈①。好在有了定义,其他也就可以类推了。

　　第一,像"这样的事情谁肯干"一类的例子,我同意伊三克同志等的《华语课本》的说法②,这只是把宾语放到句首去做强调成分。大家都承认"肯干"这一行为是属于"谁"的,但是有些同志看"这样的事情"像个题目,像出发点,于是把"谁肯干"看成主谓谓语。这么一来,本来是个简单句,反而复杂起来了。我也主张句子形式可以做谓语,但是,我所主张的句子形式构成的谓语,是限制在很小的范围内的("他肚子饿了""他胆子小")。我不主张把范围扩大,因为像"肚子饿"和"胆子小"之类实际上等于一个单词,说它们是主语所指称的事物的行为和性质是可以成立的;"谁肯干"之类不能认为一个单词,说它是主语所指称的事物的行为或性质是不能成立的。

　　"这个意思我懂"也像"这样的事情谁肯干"一样,是倒装句。即使在"这个意思我懂了,你也懂了,只有他还在那儿捉摸呢"一类的结构里,它还是倒装句,因为他所捉摸的是那个意思,"捉摸"这一行为是属于"他"的。

　　如果像"婚姻的事情我自己做主",动词后面另有宾语,那又怎么办呢? 这就关涉到我所一向主张的关系语了。名词在句子里的职务是多样性的,除了作为主语、宾语之外,应该还有其他职务。古印欧语有八格,现代俄语也有六格,表示名词在句子里有八种或六种职务。汉语没有变格,但是不能说连这些职务都没有了,例如汉语的主语基本上等于俄语的第一格,宾语基本上等于第四格,然而汉语的主语、宾语又何尝有变格呢? 我所谓关系语,大致等于俄

----

① 见《语文学习》1955 年 7 月号第 9 页。

② 参看《华语课本》第 142—143 页。

语的第三、五、六格①。特别值得注意的是,这些关系语前面都不需要介词(前置词)。依照较新的句法,应该说"关于婚姻的事情我自己作主",但是从汉语的历史上看来,一向不用"关于",甚至许多地方连"于"字也不用。这种传统的关系语,直到现在,还是口语中最常见的结构形式②。

关系语不一定能加"关于"。有时候,它真的像题目,如《水浒传》第六回:"粥也胡乱请小人吃半碗。"有时候,它可以有副词的作用,如《水浒传》第十五回:"大块切十斤肉来。"有了一个关系语,然后汉语语法的名词用途才能包括得尽。

第二,关于"他什么事情都做""学生们功课做完了"一类的句子,我不承认"什么事情都做"和"功课做完了"是主谓谓语,理由和第一类相同:主谓谓语不能认为是主语所指事物的标志。

第三,关于"钱花完了,精力也绞尽了"和"凡是敢说敢干的,差不多都收进来了"一类的句子,我认为"精力"和"敢说敢干的"都是主语。"花完了"表示被花完了,"绞尽了"表示被绞尽了,"收进来了"表示被收进来了。这是用主动句的形式来表示概念上的被动。在汉语语法里,使用被动句的形式的时候一般要求施事者出现,否则用主动句的形式。在汉人的语感上,动词的主动和被动的区别,并不是十分清楚的。

吕冀平同志在他的文章的附注里,根据我在《汉语语法纲要》里把"人的高低不识,还说灵不灵呢"称为倒装句,来推断我把"钱花完了"的"钱"、"精力也绞尽了"的"精力"认为宾语。吕同志在这一点上误解了我的意思。我以为"人的高低不识"和"钱花完了,精力也绞尽了"并不是同一类型的句子。"钱花完了"可以了解为

---

① 汉语名词作另一名词的附加语的时候,略等于俄语名词的第二格,我想仿照《马氏文通》"偏次"的名称,叫做"偏语",其所处的地位叫做"偏位"。

② 陈庭珍同志所提到的两个例子(见《语文学习》1955 年 9 月号第 34 页):"这样的事,中国人的经验太多了。""这事儿,我也没有办法。"也是这个类型。

被花完了,"精力也绞尽了"可以了解为被绞尽了,但是"人的高低不识"不能了解为不被认识。更重要的是:"人的高低不识"可以加上"连"字,改成"连人的高低都不懂得",而"钱花完了"在这里却不能加上"连"字。

顺便谈谈"连"字的问题。"连"字是一个强调的字眼,所强调的是名词。顺装既用不着强调,自然用不着"连"字,所以以不能还原为理由来反对它所在的句子是倒装句,也不能令人信服。"连"字的作用只是强调,并不是凡有"连"字都是倒装。因此,在"连我也不认识"这个结构里,"我"字可以是宾语("他连我也不认识"),也可以是主语("连我也不认识他")。

第四,关于"台上坐着主席团"和"隔壁店里走了一帮客"一类的句子。依照上文主语的定义,必须否定"台上"和"店里"的主语资格,因为"坐"和"走"的行为并不是属于"台上"和"店里"的。龙果夫教授说"台上坐着主席团"的主席团是依存主语[1],说它有一系列的语法特点使它接近补足语,但是他并没有说"台上"是主语。龙果夫教授的意见是正确的。"主席团"和"一帮客"在这里是主语,因为"坐"和"走"的行为是属于它们的;但这类主语不是一般的主语,它们是依存于谓语的。

地位词和时间词能不能做主语呢? 这要看情况。像"北京是中国的首都""今年是 1956 年",谁也不会反对"北京"和"今年"是主语。再像"这里就是北京""这时候不早了",也都没有问题。至于"这里不卖票""今天不进城"之类,我们应该否定"这里"和"今天"的主语资格,但是,假使单从形式出发,我们也就没有理由否定它们是主语。可见完全不管意义是不行的。

"北京有个故宫""北京城里有个故宫",这两种结构有什么分别呢? 大家知道,在"北京有个故宫"这种句子里,我认为"北京"是

---

[1] 龙果夫《现代汉语语法研究》第 99 页附注,译文见《中国语文》1955 年 7 月号第 39 页,原译为"附属主语"。

主语。至于"北京城里有个故宫",我曾经倾向于把"有"字认为无主动词。这样在形式上是讲得通的:凡是有"里、外、上、下"一类表示方位的词的,就都不算主语。但是,这样专凭形式,上文所举"这里就是北京"也只能认为无主句了。肃父同志令人信服地说明"书有插图"和"书中有插图"在主语的问题上不能有所区别①。我想他的看法是对的。

但是,决不能因此就认为一切放在句首的地位词都应该算是主语。我看,除了领有关系和一些特殊情况之外,许多地位词只能认为是关系语。下面是一些《水浒传》的例子:

> 山岗上瞧见一个樵夫挑一担柴过来。(二十七回)
> 船上各带三两个做公的去前面探路。(十九回)
> 四下草堆上点了十来个火把,待走那里去!(十回)

时间词也往往只用作关系语,例如:

> 两年时间增加了四十六个。(毛主席《关于农业合作化问题》2页)

关于地位词和时间词作主语,仍旧用得着上文所提出的主语定义。"北京城里"之所以能成为主语,是因为"城里"有它的名词性,它能领有。由汉语史上看来,方位词是具有名词性的(天上、九天之上、海内、四海之内)。

内容和形式是一个不可分割的整体,片面地强调意义和片面地强调结构形式,都是不合理的。在某些情况下,形式仍然是判别主语的标准,例如在"北京城里有个故宫"里,"北京城里"是主语,在"在北京城里有个故宫"里,"北京城里"不再是主语;在"钱花完了"里,"钱"是主语,在"把钱花完了"里,"钱"不再是主语;在"这件事情办得好"里,"这件事情"是主语,在"这件事情你办得好"

---

① 见《语文学习》1955年11月号第30页。

里,"这件事情"不再是主语。

意义往往是随着结构形式转变的,某词在某种结构形式里,已经不再是词典里的原来意义,例如"王冕七岁上死了父亲",按汉语语法的一般规律,动词下面加"了"字,"了"字后面再加名词,这动词就是一个外动词("了"字后面加"三次"之类是例外),因此,这里的"死"字已经变了外动性质。这句话的结构和"王冕七岁丧父"是同一类型的。严格地说,当然不能说"死"就等于"丧失",因为"死"字由内动变外动,而"丧失"本来就是外动。但是,我们应该承认一个词除了经常职务之外往往还有临时职务,临时职务不是词典里所能一一规定的。吕冀平同志提出"李大可四十九岁时生了一个孩子"一句话,以为它和"王冕七岁上死了父亲"无论从哪一方面看都应该是相同的句式①。我以为并不相同,因为"死"字本来不是外动词(词典上不能注它外动),而"生"字本来就是外动词。在词典里,我们可以注明作为动词的"生"字有两种词性:一种是内动词,意义是"死"的反面(《论语》"未知生,焉知死");另一种是外动词,意义是生出来。前一种意义在现代普通话里很少用了,我们平常口语总说"死活",很少说"生死",后一种意义才是最常用的意义,从《老子》"道生一,一生二,二生三,三生万物",一直到今天的"鸡生蛋"都是这个"生"。从这两个例子上,也可以看出内容和形式不可分割的道理。

意义上下连贯不是辨别主语的最好标准。《语法修辞讲话》里谈到"暗中更换主语"②。其实无所谓暗中更换,我们大家一向不太讲究主语贯串全句。将来汉语规范化了,情形又会好一些,但是还不能规定一个死板的格式。法语在古代就常有"暗中更换主语"的情形(现在分词或过去分词和主语不一致),直到现代也还不能完全避免。我们不能先假定汉族人民口语的每一句话都是主语贯串

---

① 　见《语文学习》1955 年 7 月号第 10 页。

② 　见吕叔湘、朱德熙《语法修辞讲话》第 185 页。

到底的,然后企图从这个假定中辨别哪一个名词是主语。

　　我的总的意见是:主语的定义应该根据上述苏联的三部重要著作所下的定义①。在主语的定义上,汉语语法和俄语语法不应该有什么不同。"主谓谓语"是一个为汉语造出来的特殊术语,遇着必须表示汉语特性的地方,自然可以用(我个人仍旧主张叫做"句子形式");但是,我以为应该尽可能少用。如果先硬性规定句首的名词必须是主语,然后把"主谓谓语"当做万灵膏药,到处用上;这不是在结构上重视汉语语法的特性,而是把汉语语法简单化了。

原载《语文学习》1956 年 1 月号

---

① 　如果定义中有涉及俄语形态的,汉语语法就不能照抄。我以为苏联科学院的《俄语语法》对主语所下的定义加上俄语形态,是专为俄语说的;乌沙阔夫和奥热柯夫的词典则是泛指语言的主语,所以奥热柯夫的词典只说"在语法上",不说在"俄语语法上"。由此看来,这两部词典的定义更适合于汉语的语法。

语法体系和语法教学

一

语法体系是语法学家对语法现象的观点及其根据这些观点作出的一切阐述。

有人说，目前汉语的语法体系很混乱。这是事实，但是我们也得分别清楚，哪些是语法体系的问题，哪些不是语法体系的问题。

一般说来，术语的选择就未必是语法体系的问题，例如"词组、短语、仂语"都是指词的组合，无论用哪一个术语，都不至于影响语法体系。这只是所谓异名同实。如果异名同实的事情太多了，也妨碍语法的学习和研究。关于术语的分歧，读者也许比我知道得更多，这里不多说了。

既然如此，似乎语法学家不该在这一方面斤斤计较，他们应该尽量采用已经通行了的术语，以免增加学习者的负担。但是，术语的改革，除了少数人是为了标新立异外，多数人还是自己以为有不得不改的充分理由。而且，术语也不是没有优劣之分的，例如"词"在《马氏文通》里本称为"字"，后来杨树达、黎锦熙诸先生改称为"词"，这一改革有两个优点：第一是把代表单音节的"字"和代表意义单位的"词"区别开来；第二是把书写的文字和有声的语言区别开来。有了这两个优点，所以现在如果有人主张用"字"来表示

"词",就不会得到许多人拥护了①。又如黎锦熙先生所称的"短语",我们曾改称"仂语"②,因为"短语"有时很长,成了名不符实;但是"仂语"也有缺点,因为"仂"字太深了,许多人读不出声音来,最近大家又倾向于改称为"词组"。这种斟酌尽善的精神是值得鼓励的。不能一概认为标新立异。

术语的选择也不是完全和语法体系没有关系,例如"代名词"改称为"代词",这不是简称,而是因为汉语代词所代的不仅是名词,还有形容词、副词等。这就牵涉到代词的范围问题,也就是语法体系问题,苏联汉学家龙果夫教授采用了"代词"这个名称,译成 Слова-заместители③。这就不单纯是术语的选择问题了。总之,术语的选择不一定影响到语法体系,语法体系也不一定影响到术语。但是,如果由于语法体系的不同,术语也跟着有些不同,那也是很自然的。

二

汉语语法体系的分歧,是有它的历史根源的。中国本来没有语法这一门科学。这不等于说中国古人完全没有语法概念,但是中国古人的语法概念是隐藏在训诂学和修辞学里面的。《马氏文通》以前,语法这一门科学还没有建立,当然没有语法体系可言。马建忠不可能白手兴家,他基本上采用了西洋语法体系,那是很自然的。但是,马建忠也不是完全不照顾汉语特征的,例如在词类中分出"助词"一类,那就是汉语所特有的东西。对汉语特点的注意,是中国语法学向前发展的推动力量。陈承泽著《国文法草创》,就

---

① 曹葆华、毛岸青两同志所译斯大林《给同志们的回答》(人民出版社《马克思主义与语言学问题》第45页)把"词的语言"译成"字的语言",引起许多人的误会,以为是"书面语言"(参看《俄文教学》1956年1月号第50页"问题解答"栏)。

② 实际上是严复开始用"仂语"这个名称,"仂语"比"短语"出世更早。

③ 龙果夫《现代汉语语法研究》俄文本第215页。

是企图从汉语特征上开辟一个新天地。由于汉语特征的不断发现,并且由于对这些特征进行了更深入的研究,后起的语法学家所建立的体系势必和前人不同。我认为这种发展情况是健康的。我们不能为了教学的方便而希望今天的汉语语法体系马上就完全固定下来,我们应该认识到汉语语法学在中国只有五十多年的历史,它真正为广大人民群众所注意还只有短短的五六年的历史。生摘的瓜不甜,我们应该让年轻的汉语语法学好好地发育成长,不应该揠苗助长,那样对于汉语语法学的发展是没有益处的。

有两种不正常的情况使汉语语法体系更加复杂化:第一种是汉语语法学的逆流。上面说过,寻找汉语特点是五十年来汉语语法学向前发展的推动力量,但是至今也还有少数人仍旧喜欢用西洋的语法体系套在汉语头上。其中有些人是可以原谅的,因为他们所得的语法知识是从英语或俄语来的,近年来人民政府重视汉语语法,他们也就研究起汉语语法来了;因此,他们不知不觉地就用西洋语法体系来处理汉语语法。第二种是汉语语法学的左倾幼稚病,仿佛汉语语法和西洋语法体系距离得越远越好,汉语特点"找"得越多越好,这样无原则地找特点也是一种偏差。但是,我们相信上面所说的两种偏差会很快地被纠正过来的。

目前汉语语法体系既然这样分歧,我们怎样进行语法教学呢?答案是:根据汉语课本。今天的中学汉语课本是经过语法学界许多同志提过意见的,它比任何个人的著作有更大的代表性,应该获得群众更深的信任①。我认为目前在中学里应该完全按照这一个语法体系进行教学。在教学中我们决不能造成无政府状态;我们

---

① 我以前有机会发表过意见(《中学语法教学问题》,《语文学习》总 27 期第 4—9 页)。我劝一般语法基础较差的同志们不要企图"兼采各家之长",我说唯有比各家更长的人才能兼采各家之长,否则有可能变成了兼采各家之短。我又劝大家暂时采用"一家之言"。我现在还是这个意见。那么今天应该采取的就是汉语课本,在教学中不应该企图在课本的体系之外再去"融合"别的说法,那样会徒滋纷扰,对于教学没有什么益处。

需要一个全国统一的、首先是在中学里统一的语法体系。

这样做,是不是意味着汉语语法体系已经完全固定下来了呢?那又不是的。

下面我要说明既非完全固定而又可以统一教学的道理。

三

首先要讨论的是语法教学的目的和要求的问题。

语法教学的目的应该是在马克思主义语言学的原则下,使学生们能认识并掌握汉语的结构规律。因此,它的要求应该是:在体系上不违反马克思主义的基本原则;在教学内容上不违反语言事实。我们的课本如果能做到这两点,我们就可以根据它来教学。

在今天的汉语语法体系中,是否存在着一些非马克思主义观点呢? 显然是存在着的。上面所说的套用西洋语法,忽视汉语特点,和生造汉语特点,无原则地和西洋语法背道而驰,都是非马克思主义的。应该肯定地说,今天汉语语法学界的非马克思主义观点不但是存在的,而且是很严重的。

但是,我们也不能在语法学界的每一个分歧意见上寻找唯物和唯心的对立。不但术语的分歧常常不是原则性的问题,连体系的分歧也不一定是对抗性的。我们要善于区别基本原则的分歧和语言事实分析上的观点的分歧。我们对于前者的分歧必须要求统一,批判唯心的,建立唯物的。我们对于后者却不应该采取强求统一的粗暴态度。

在教学过程中,我们固然不能根据某一语法学家的学说来否定汉语课本的语法体系,同时也不应该以中学汉语课本的语法体系为唯一正确的体系,来否定各家的体系,因为不要说别的,单说综合大学现代汉语一科的教学大纲暂时就未必能和中学汉语课本的语法体系完全取得一致。

举例来说,叹词算不算词类之一,这是语法体系的问题。但是,语法学家把它看成词类或不看成词类,这并不是马克思主义语言学上的基本原则问题,而只是对语言事实的看法问题。这一类的分歧,不但目前存在,将来也会存在的。不过我们不同意中学的语文教师把这种分歧带到课堂上去。

就拿今天的苏联来说,俄语的语法体系也不是完全没有分歧的,但是苏联的语言学家善于看待这些分歧。在1955年苏联科学院语言学研究所出版的《语法构造问题》论文集的序文里,有这样的一段话:"自然,在论文集里,在思想方法上虽然是有着共同的立场,而在这个或那个语法现象上,各篇论文还有着一些不同的观点。这是由于对各种语言事实的研究还有着各种不同的观点和看法,但是,对于苏维埃语言学的基本原则来说,这是没有矛盾的。"①

在语法学基础薄弱的中国,我们更应该这样做。在马克思主义语言学的基本原则上,我们有了统一认识的可能,将来汉语的语法体系一定逐渐趋于一致;但是,在各种语言事实的分析上,还应该有不同意见的争论,然后语言科学才有进步。

语法体系无论怎样分歧,总不能改变语言事实。改变语言事实是反马克思主义的。既然语言事实是不容改变的,而语言的结构规律又是从语言事实中概括出来的,那么,语法教学的目的并不是把语法体系传授给学生们就算了事,真正的目的是在于把语言事实分析给学生们听,使他们学会正确地运用语言。试拿"是"字为例:如果把"中国人民解放军非常勇敢"这一类句子认为其中省略了一个"是"字,那是企图改变语言事实,是唯心主义。但是,如果把"我是中国人"里面的"是"字认为是动词、同动词、系词,或者像汉语课本那样叫做判断词,那都可以从长计议的。最重要的是要做到使学生们学会使用这个"是"字,能够百发百中。

我并不是说语法体系没有好坏的分别。语法体系越完善、越

① 《语法构造问题》第7页,莫斯科1955年。

合理,就越能够帮助我们分析语言事实,越能够指导语言实践。我的意思是说:在中学的语法教学中,更多的注意力应该放在怎样使学生掌握语法结构上。过去有不少语文教师只教学生们学会一些术语和分类,而并不能正确地用词造句,那应该说是没有完成语法教学的任务。这是我们应该注意的。

从上述的两个要求——掌握马克思主义的基本原则和指导语言实践——看来,语文教师们尽可以完全根据现在的汉语课本来进行语法教学。因为汉语课本经过许多语法学者的研究讨论,基本原则上的错误虽不敢说一定没有,总不会比一般语法书的更多;汉语语法课本的语法体系虽然是不够完善的(目前要完善也是不可能的),但是要通过这个语法体系来理解并掌握汉语结构的基本规律,那是完全可能的。

四

其次,我们要谈一谈学校语法和科学语法的关系问题。

这里所谓学校语法,不是马尔学派所谓学校语法。马尔学派把学校语法和科学语法对立起来,以为学校语法是非科学的。对这个问题的正确了解应该是这样:学校语法着重在实践;科学语法着重在理论的提高。这并不是说学校语法不需要理论基础,但是在中学里必须把理论寓于实际材料之中,而不是单纯地传授理论;也不是说科学语法不解决实践问题,但是在解决实践问题的同时,它还要解决一些重大的理论问题,如语言和思维的关系、语言和历史的关系等。学校语法和科学语法不是互相排斥的,而是互相依存的。学校语法要以科学语法为源泉;科学语法要以学校语法为出发点[①]。

学校语法和语法教学的关系密切,科学语法和语法体系的关

---

① 关于学校语法和科学语法,参看布达柯夫教授的《语言学简论》第130—131页。

系密切。但是,教师们在语法教学中可以发现很多问题,提出来作为科学语法的研究对象;科学研究的成果又可以回过头来指导我们的实践,也就是不断地修正并改善我们的学校语法。

因此,我们不能希望,也不应该希望今天的学校语法成为一个定局。目前许多人热望中学里的语法体系统一起来,这是非常正确的要求。中学汉语课本的编定,可以满足这一个要求。但是,如果把它了解为一种定型,那又是不对的。汉语课本里面的语法体系还远不能成为完善的体系,还有待于修订和补充。语文教师同志们都有权利和责任来经常提意见,经常参加科学语法的工作,从理论上指导学校语法走向更完善的道路。

我们不要怕变革。混乱固然是不好的,但不变也是不好的。我们不要因为反对今天语法体系的混乱而走向另一个极端,错误地要求一成不变,一劳永逸。

苏联的语法体系也不是一成不变的。拿词类来说,俄语语法的奠基人罗蒙诺索夫(Ломоносов,1711—1765)把俄语的词分为八类,即:名词、动词、代名词、形动词、副词、前置词、连词、叹词。到了伏斯托可夫(Востоков,1781—1864)才把形容词从名词中分出来,又不把形动词独立为一类(他认为是形容词里面的一个附类)。再到了巴夫斯基(Павскии),然后又把数词独立起来(19 世纪 40年代①)。直到现在,还有一派语法学家(Винотрадов 等)主张另立状态词一类②。这一切都没有妨碍苏联的语法教学。

我们认为语法体系在学校语法中的统一并不妨碍科学语法的研究,同时也不能因为目前在科学语法的研究中还存在着许多争论,就不甘心采用一种语法体系来进行教学。中学教师们一方面可以而且应该经常考虑学校语法中的语法体系的得失,随时反映意见给领导上参考,使能逐步修订,渐趋完善;另一方面却不应在

---

① 参看波斯贝洛夫《俄语传统语法中的词类学说》第 9—13 页,莫斯科 1954 年。
② 参看维诺格拉多夫院士主编的《现代俄语(形态学)》第 394 页,莫斯科 1952 年。

课堂上按照自己所喜欢的体系自由发挥，和课本的内容冲突起来，弄得学生们无所适从。过去的语法教学，由于体系的分歧，甲校和乙校打擂台，高中和初中打擂台，甚至在一校之内，在同一教研组领导下，甲班和乙班也打起擂台来，这种教学上的无政府状态决不容许继续存在。

总起来说，中学教师们一方面要通过实践来检验语法体系，另一方面在教学中要按照课本的体系进行，科学上的争论不应该带到课堂上去。在科学语法中，语法体系不应该也不可能完全统一，特别是在目前汉语语法的研究尚未成熟的时候，自由争论的风气必须鼓励。在学校语法中，情形正相反，语法体系必须统一，特别是对于中学生来说，他们还没有语法理论的基础，还没有对复杂的理论问题进行独立思考的能力，我们即使有独到的见解，也不应该对他们发挥。在语法教学中应该做到的事情有两件：第一是充分掌握教材中的语法体系，要求自己先懂得透彻了，然后能对学生们讲得明白；第二是通过语法的讲授把学生们带到语言实践中去，不应该引导学生们把注意力都放在术语和分类上头。前面说过，语法教学不是把体系传给学生就算完成任务的。我们要使语法教学起积极作用，也就是使它能指导语言实践，使学生们都有了语言的修养，不说不通的话，不写不通的文章。

原载《语法和语法教学》，人民教育出版社 1956 年

文言语法鸟瞰

这里对文言语法只谈一个极其概括的轮廓。分为三个方面加以叙述：句子成分；词序；单复数。

一、句子成分

上古汉语句法成分有两个主要的特点：第一是判断句一般不用系词；第二是第三人称代词一般不用作主语。

判断句，又叫做名词谓语句，就现代汉语说，也就是"是"字句，例如"孔子是鲁国人"，这就是一个判断句，"是"字是判断句中的系词。在上古汉语里，这个句子只能是"孔子，鲁人""孔子，鲁人也"或"孔子者，鲁人也"，不用系词"是"字。有人以为文言文里另有系词"为"字、"乃"字等，那至少不是正常的情况。甚至在判断句中用了副词的时候，依现代汉语语法应该认为这些副词都是修饰系词的，而上古汉语在这种情况下仍然不用系词，例如《孟子·公孙丑上》："子诚齐人也。"依现代汉语语法，"诚"后面应该有"是"字，但是古人在这种地方一律不用系词。

如果我们不了解上古汉语不用系词这一个语法事实，有时候会使我们对古文的语句产生误解。特别是中学生接触古文不多，误解的可能性更大。对于《战国策·唐雎不辱使命》"此庸夫之怒也"，很可能误解为"这个庸夫的怒"，而不懂得是"这只是庸夫的怒"。在上古时代,"是"和"此"是同义词,都当"这"字讲,但是一般人看见"是"字很容易误会,以为就是系词了,例如《孟子·梁惠王上》:"直不百步耳,是亦走也。"中学生们很可能把这个"是"字和现代汉语的"是"字等同起来,而不知道"是亦走也"应该解释为"这也是逃跑"。假定有系词的话,系词也只能用在副词"亦"字的后面,而不能用在前面,可见这里的"是"字只是指示代词,不是系词。

主语这个句子成分,无论在古代汉语或现代汉语的句子里,都不是必须具备的。但是,上古汉语的句子不用主语的情况要比现代汉语多得多,主要的原因之一是上古第三人称代词一般不用在主语的位置上。试看《论语·阳货》有这样一段话:"阳货欲见孔子,孔子不见。归孔子豚。孔子时其亡也而往拜之。遇诸塗。"这些句子也有用主语的,也有不用主语的。当它们用主语的时候,只用专有名词,不用人称代词:"孔子不见"不说成"其不见","孔子时其亡也而往拜之"不说成"其时其亡也而往拜之"。但是,专有名词用得太多也嫌累赘,所以在许多地方索性不用主语,例如这里不说"阳货归孔子豚"和"孔子遇诸塗";至于"其归孔子豚、其遇诸塗"则为上古汉语语法所不容许的,更是不能说了。

具体地说,所谓第三人称代词不能用于主语,实际上就是"其"字不能用于主语。大家知道,人称代词"之"字用于宾语,"其"字则用于领位,大致等于现代汉语的"他的、她的、它的",或"他们的、她们的、它们的"。"其"字不能用作独立句的主语,因此,"其归孔子豚、其遇诸塗"一类的句子都不成话。有时候,"其"字很像主语,其实"其"字的作用在于取消句子的独立性,使主谓结构变为词组,例如《孟子·离娄上》:"三代之得天下也以仁,其失天下也以不仁。""其"字实际上代替了"三代之",所以"其失天下"按照上古语法应该解作"他们的失天下"(或"它们的失天下")。

"彼"字倒反可以用作独立句的主语,例如《孟子·梁惠王上》:

"彼夺其民时。"但"彼"字不是一般的人称代词,它带有指示代词的性质,而且它被用作主语的情况也是相当罕见的。

二、词　序

关于词序,这里想谈两种情况:第一是动宾结构的词序;第二是介词结构的位置。

在动宾结构中,动词在前,宾语在后,现代汉语是这样,古代汉语也是这样。但是,上古汉语有一种特殊情况:在否定句里,宾语如果是个代词,就经常放在动词的前面,例如《论语·宪问》:"莫我知也夫!""我"是代词,所以提到动词的前面。要了解这个语法规则,必须辨别哪些词是代词,哪些不是代词。《论语·学而》:"不患人之不己知,患不知人也。""己"是代词,所以放在动词的前面;"人"不是代词,所以放在动词的后面,这是鲜明的对比。"君、子、先生"等都是以普通名词作为尊称,不能算为真正的代词,所以这些词永远不能放在动词的前面,例如《论语·宪问》,在孔子说了"莫我知也夫"之后,子贡接着就问"何为其莫知子也?""莫知子"才是对的,"莫子知"反而是违反语法的。真正的代词宾语如"我、汝、之、是"等,在否定句里,虽然也偶尔出现在动词后面,那是非常罕见的了。

在疑问句里,宾语如果是个疑问代词,也必须放在动词的前面。《孟子·梁惠王上》:"牛何之?"《庄子·逍遥游》:"彼且奚适也?"这种例子是不胜枚举的。今天的成语还有"何去何从"等。疑问句中代词宾语的位置比之否定句中代词宾语的位置更为固定,差不多没有什么例外。

介词结构是修饰谓语的。按照现代汉语语法,介词结构一般是放在谓语的前面。但是按照上古汉语的语法,许多介词结构是放在谓语后面的;特别是"于"字结构跟现代的词序很不相同。"于"字跟现代汉语对译时,随着情况的不同,可以译成"在、向、从、被、比"等。在上古汉语里,"于"字结构一般总是放在谓语的后面;在现代汉语里,情况正相反,"在"字结构、"向"字结构、"从"字结构、"被"字结构、"比"字结构却都是放在谓语前面的。试比较下面的几个从《论语》中选出来跟现代汉语对照的例子:季氏旅于泰山(季氏在泰山举行旅祭);哀公问社于宰我(鲁哀公向宰我问关于社的制度);虎兕出于柙(老虎犀牛从笼子里跑出来);屡憎于人(经常被人们憎恨);季氏富于周公(季氏比周公更富)。就这些情况看来,词序的差别是很大的。当然也有古今词序相同的时候,例如《孟子·公孙丑上》:"今人乍见孺子将入于井。"译成现代汉语是:"现在有人忽然看见一个小孩儿将要掉在井里。"但是,这种词序相同的情况是比较少见的。

"以"字结构也有类似的情况。《论语·为政》:"生事之以礼,死葬之以礼,祭之以礼。"这些句子的词序都是跟现代汉语不同的。

三、单复数

在现代汉语里,我们用"们"字表示复数。不但人称代词后面可以加"们"字变为"我们、你们、他们、她们、它们";甚至有的名词也可以加"们",如"同志们、科学家们"。我们又用"些"字加在指示代词后面表示复数,如"这些、那些"等。在上古汉语里,这种单复数的区别是没有的。不但名词没有单复数的区别,就是代词也没有单复数的区别。"吾"或"我"可以表示"我",也可以表示"我们";"尔"或"汝"可以表示"你",也可以表示"你们";"之"可以表示"他、她"或"它",也可以表示"他们、她们"或"它们";"其"可以表示"他的、她的"或"它的",也可以表示"他们的、她们的"或"它们的"。"是、此"或"斯"可以表示"这",也可以表示"这些",有时候还可以表示"那"或"那些"。

第一人称复数用"我"字。《论语·阳货》:"日月逝矣,岁不我与。"这句话大意是说:"时间不等待我们。"

第二人称复数用"尔"字。《论语·先进》："子路、曾皙、冉有、公西华侍坐。子曰：'以吾一日长乎尔，毋吾以也。居则曰不吾知也；如或知尔，则何以哉？'"这里子路等一共四个人，"尔"指的是"你们"。

第三人称复数用"之"字。《论语·公冶长》："老者安之，朋友信之，少者怀之。"老者、朋友、少者都不止一个人，所以"之"字应该解释为"他们"。

第三人称复数用"其"字。《论语·子张》："百工居肆以成其事。"既然是"百工"，可见"其"字表示了复数。

指示代词表示复数的也不少见。《孟子·梁惠王上》："王立于沼上，顾鸿雁麋鹿，曰：'贤者亦乐此乎？'""此"是鸿雁麋鹿。《孟子·滕文公下》："古者不为臣不见。段干木逾垣而辟之，泄柳闭门而不纳，是皆已甚。"这里有个"皆"字，"是"字的复数性更加明显了。我们虽然不能说古人没有复数的观念，但是单复数的区别不须要在语言形式上表现出来。

在《左传》《史记》《汉书》等书里，有"吾侪、我曹、若属"一类的说法，那不是简单地表示复数，而是说"我们这一类的人、我们这些人"等等，是一种强调的说法。这和我们上面所说代词没有单复数的区别的原则是没有矛盾的。

＊　　　　　＊　　　　　＊

以上所谈，就是我所说的古代汉语语法的几个粗线条。在简短的篇幅里，不可能谈得很全面。但是，如果我们让中学生得到这些文言语法常识，作为学习古代汉语的基础，也就很够了。

在讲述这些文言语法常识的时候，不要忘了历史观点。我们不要以今律古，大谈其"省略"和"倒装"。上古汉语本来就不需要系词，并不是"省略"了系词。如果真的是系词被省略了，应该总有不省略的时候，而且不省略的情况应该比省略的情况更常见些，为什么上古汉语的系词是那样罕见呢？上古汉语的否定句和疑问句的代词宾语本来就是放在动词前面的，无所谓"倒装"，如果说"倒装"，那只是以现代汉语作为标准。关于单复数问题，也应该这样看待。现代汉语的代词有单复数的区别，这是历史发展的结果，并不能以此证明古代汉语里也一定有这种区别。这样研究古代汉语的语法，才是合乎历史主义的。

原载《人民教育》1962 年 1 月

语法答问

几个月以前,我收到王还女士的一封信,对于我的《中国现代语法》提出了许多疑问。其实这些疑问多数不算疑问;一大半可认为纠正我的错误。我想把它们写下来,使其他读过我的书的人也知道我在这些地方是错了的。同时,也许还可以使读者因此发现些更妥善的理论或说明。

王女士的原信说:

　　王先生:我这封信完全是求救的性质。很希望您能抽空答复我几个问题。在过去一年中,我在剑桥大学教现代中文,就用您的《中国现代语法》作主要教材,同时自然还用另外一种课本。那不过是为认字,没有多大关系。尤其是我个人只是对您这本书感到兴趣。可是我对中国语法完全是外行,只有这一年才对这个问题稍微想了一想,看您的书难免时时发生疑问,简直无法解决。因为这里的中国人有限,说国语的更有限,研究中国文法的一个也没有。剑桥教现代中文自我始;他们的中文教授夏伦博士(Haloun)学问固然不错,可是不会说中国话,对现代中文并无研究。于是我连一个可以互相讨论的人也没有。这暑假我住在牛津,这大学的中文系也以古文为限。虽然有一位中文讲师(吴世昌先生),他也不研究中国语法,而且国语说得不好。所以我只好来麻烦您了。其实本来就该来问您,因为书是您的大著。只因为邮递费时太多,而且中国现在的国外航空费又如此之贵,所以我这封信迟迟未写。不过我想我这几个问题也许不成问题,那还要请您原谅。您的书我还没有完全看完,说不定还会有问题,那以后再说罢。您若能写一封航空信(平信有点太慢)赐教,那我十分感谢。不过如果信太长,航空太贵,就寄平信罢。无论如何,总希望您有个回信。给您写信也不免有点战战兢兢,不定哪儿就让您给抓住一个文法错儿了。此请

暑安

王还谨上　8月12日

现在我对于每一个问题,先把原书抄一段(或援引大意),然后把王女士的疑问抄下来,最后再由我答复几句。

1.(原书)造句法中有一种形式叫做能愿式。能愿式分为两种:可能式;意志式。可能式细分为三种:可能性;必然性;必要性。末品词"宁可"是归入必要性的。

(问)"宁可",您归之于必要性,隶属能愿式之下。我觉得其中的"意志"成分很多,因为"宁可"常常和"情愿"合用的。譬如说:"我不情愿去,宁可在这里饿死。"这岂不等于说"我情愿饿死也不愿意去"?您以为如何?

(答)您完全有道理,是我错了。现在回想,还不大明白我为什么会这样弄错了的。也许因为"宁可"这一个词里有一个"可"字,我就很大意地把它放进可能式里,其实应该以"宁"字为准,把它放进意志式里去,因为古代只说"宁",不说"宁可"。

2.(原书)造句法中另有一种形式叫做使成式,它是由一个动词和一个末品补语构成的。那末品补语可以是一个动词,例如"打死",也可以是一个形容词,例如"弄坏",又可以是三个字,例如"拿起来、赶出去"。关于动词做成的末品补语,我以为它们的本身须是一个不及物动词。

（问）您说这动词末品它们的本身须是不及物动词，那您怎么解释"我看懂了这句话了"里面的"懂"字呢？"懂"字不是一个及物动词吗？

（答）不错，"懂"字是一个及物动词，但"看懂"却不是使成式。所谓使成式（causative form），是使受事者（即目的语所表示者）成为某种状态，例如"打死"，是被打的人死，"弄坏"是被弄的东西坏。但是，"看懂"却不是被看的懂。看书的人之懂是主动的（至少在形式上该是这样解释），不是被动的，所以和被打的人之死不同。"看懂"和我所举"看惯"的例子性质相近，其分别仅仅是动词和形容词不同，但懂是主事者懂，惯也是主事者惯，所以同属一类。我们把这一类认为使成式的变例；严格地说，它们根本不是使成式。我应该说得更周密些，把动词做成的末品的变例也叙述一下，就不至于令人误会了。

3.（原书）一件事极值得注意：末品谓语形式表示处所的时候，若用"在"字，普通总是放在叙述词的前面的，如"专在这些浓词艳诗上做工夫"（《红楼梦》23 回），"宝钗、探春正在那边看鹤舞"（《红》27）；但若在处置式里（按：凡用"把"字帮助动词者叫做处置式），这种处所末品就必须放在叙述词的后面了，例如：

　　A. 把他派在怡红院中。（24）
　　B. 也把我送在火坑里去。（46）

（问）您说"……若用'在'字，普通总放在叙述词的前面的"。下面您举了两个《红楼梦》的例子。我觉得这两个例子中的两个"在"的用法不太相同。头一个例子若是变成处置式就和您说的对了："把功夫用在……"第二个例子自然不能变成处置式，可是我们可以作一个相仿的句子："他父亲在家里打他。"这句话若变为处置式就成为"他父亲在家里把他打了一顿"，那"在"不是还在"打"字的前面吗？我的意思，这种

"在"的谓语形式是另一种。同时您的处置式的两个例子若变为普通句子，"在"字仍在叙述词之后："派他在怡红院中""送我在火坑里去"，绝不能说"在怡红院中派他""在火坑里送我去"。所以我认为这两个例子的"在"的谓语形式又是一类。于是我觉得用"在"的谓语形式应该分为几类，因而它们的地位也就不同，不能说一定总在叙述词之前或之后的。您以为如何？

（答）王女士对于这些语法事实的观察，精细深刻，令人惊叹。我这一段话的毛病是把不相同的语法事实拿来比较。王女士主张那些用"在"字的谓语形式应该分为几类，这是对的。我以为应该分为两类：第一类是纯粹地表示一种范围或处所，"在"字的谓语形式放在叙述词的前面；第二类是表示一种趋向（向上、向下之类），"在"字的谓语形式放在叙述词的后面。第一类的例子如"专在这些浓词艳诗上做工夫""他父亲在家里打他"。第二类的例子如"派他在怡红院中""送我在火坑里去"。这第二类的"在"字大多数（如果不是全部）可换成"到"字。我在谈及"处所限制之后置者"，已经提到了"趋向"这一种特殊状况，并且举出"果然应在他身上""别是掉在茅厕里去了"和"那里没找到，摸在这里来"三个例子。但是，在那里，我仍旧以为在处置式与被动式里处所限制必须放在其所限制的谓语之后，那是我错了。我实在应该只以表示趋向为标准，不问它是不是处置式或被动式。如果表示趋向，即使不是处置式或被动式，处所限制也应该在谓词的后面；如果不表示趋向，即使是处置式，处所限制也应该在谓词的后面的。"宝钗、探春正在那边看鹤舞"，假使能变为处置式，也该像"他父亲在家里把他打了一顿"，"在"字的谓语形式放在叙述词的前面，只不过"把鹤看"或"把鹤舞看"在性质上不能构成处置式罢了（参看拙著《中国语法理论》）。说到这里，还有十余年前胡适之先生向我提出过的一个问题。他写信问我："'我住在北京饭店'和'我在北京饭店住'都可以说,但'我在北京饭店跳舞'不能说成'我跳舞在北京饭店',这是什么缘故呢?"我当时瞎猜,以为是单音词和复音词的分别。胡先生又问:"若说'住'字因为是单音,前置、后置均可,为什么'我在床上笑'不能说成'我笑在床上'呢?"我当时答不出。现在依上文所说的规律看来,"我在北京饭店住"应该是正例,"我住在北京饭店"则是受了"我住北京饭店"的类化所致。"在"字可用为不及物动词,也可用为及物。由此类推,"我在床上笑"虽不能说成"我笑在床上",但是"我在床上睡(或坐)"却可以说成"我睡(或坐)在床上",因为"我笑床"不成话,而"我睡床"(或我坐床)成话。这可以补充上文的漏洞。但不知道这一个类化的说法能说得通否。

4.(原书)被动式的结构是:主位加助动词(即"被"字)加关系位加叙述词。句子如果没有关系位,"被"字就不大用得着了,例如"我们被欺负"这类的句子是很少见的,至少也得加上一个"人"字,如"我们被人欺负"。但若被动式转为次品,则又可以不用关系位了,例如《红楼梦》第四回:"老爷可知道被卖的丫头是谁?"

(问)您觉得不觉得这类句子只限于用在人而不用在物?因为我们说"你知道卖了的书是哪几本?"而不说"你知道被卖了的书是哪几本?"

(答)是的。但是,这因为在根本上,人和物在被动式里就是不同待遇的,和省略关系位的问题无关。即使在正常的被动式里,要说"那些书被我卖了"还是不妥的。物类不能做被动式的主语,自然不会有那种的被动式变为次品了。

5.(原书)在被动式里,主事者无说出的必要,或说不出主事者为何人,则不用关系位,同时也不用"被"字。

(问)您觉得不觉得这里得顾虑到习惯用法?因为有许多动词,即使主事者无说出的必要,或说不出主事者为何人,还是不能这么用。譬如"欺负",主事者至少得用"人",而且不用"被"也得用"让","他让人欺负得一点气也没有了"。又譬如"管",这个动词若加"该"字就可以不用"被",不用关系位:"这小孩真该管管了。"可是我们却不能说"他管得服服帖帖的",我们非得说"他让人管得服服帖帖的"。

(答)王女士的话是对的。在未能做更进一步的研究以前,我愿意先将原文改为"则往往不用关系位"。

6. (原书)在递系式里,初系可以是描写性的,但次系只能用"很"字为谓语,例如:"两家和厚得很呢。"

(问)我们可否说"很"字是副词,这里升为次品?凡次系的谓语是否都用次品?

(答)是的。副词用为次品,恐怕只有这个"很"字了。次系的谓语都是次品。

7. (原书)申说式的紧缩,往往是因为申说的那部分太短了,以致和被申说的部分之间没有停顿,例如"身子更要保重才好"。

(问)这个我最感到困难。为什么我们不能说"身子更要保重才好"中的"身子更要保重"是首品句子形式?譬如"他来不来没有关系"这句话是不是申说式的紧缩呢?我们不能说"他来不来"是个句子形式吗?这就影响到前面您说的句子形式了。在 66 页里,您就说首品句子形式往往用于目的位。为什么不能用作主语呢?

(答)"身子更要保重才好"之所以被认为申说式的紧缩,是因为话到"保重"已经完整了,"才好"二字竟像仅仅用来加强语气的。若认"才好"为首品句子形式的谓语,它和一般谓语的重要性太不相同了。若专就形式而论,王女士那样分析,我也不反对。"他来不来没有关系"不能相提并论,这里的谓语"没有关系"是很吃重的。"他来不来"自然是个首品的句子形式。我说首品的句子形式往往用于目的位,并不是必须用于目的位的意思。书中凡说"往往",总是大多数或多数的意思;有时候觉得自己没有顾虑周到,就加上"往往"二字。当时我如果想到了"他来不来没有关系"一类的例子,也许我干脆就不说"往往用于目的位"了。

8.(原书)"是"字可用来解释原因,例如"那张华不过是穷急,故舍了命才告"(《红楼梦》68)。但如果及物动词后面不带目的位,就须在后面加一个"的"字,例如"众人都说是秋菱气的"(《红》80)。

(问)您是否认为也有不及物动词也可以这么用的?譬如:"她的眼睛(红了)是哭的。"

(答)是的。当于再版时补充。

9.(原书)和"极"相当的仿语有"十分、非常"等。

(问)"十分"和"非常"是否有些不同?"十分"或不能叫做副词,只认为可以用为末品。而"非常"可否干脆叫做副词呢?这两个字在口语里岂不已成双音词?难道还可以拆开吗?而且它除用为末品外,还能用作别的品吗?

(答)单词和仿语的界限本来是很难分的。说"非常"是仿语,大约是受了文言的影响。但是,某一些文人的心目中,也许还有"不是寻常"的概念罢。但我仍旧承认王女士更有道理,因为以纯粹口语为根据总是对的。"非常"可用为次品,如"非常时期"。但那又是文言了。

10.(原书)范围修饰的副词,有一类是指示目的位的范围者。在处置式里,目的位既被提至叙述词的前面,也就可用"都、也"等字来修饰目的位的范围。

(问)指示目的位的范围的副词是否应该也包括"只、就"?譬如说:"我就买了一本书,没买第二本。"我觉得这句话的

"就"字和"我就看书了,没写信"里面的"就"字不同。这个"就"是指示谓语的范围的副词。

(答)如果仔细分析,是可以这样说的。要么,就不仅是处置式里才有指示目的位的范围的副词了。

11. (原书)时间副词用来表示最近的过去者,是"方才"或"刚才"。

(问)指示最近过去的副词是否也应该包括"刚"和"才"。这两个字每一个单独用似乎和合用不大一样,似乎比合用更为近于现在。"刚才"和"刚"或"才"的分别很像是英文中的 just now 和 just 的分别。在 277 页您说"才"表示时间很晚,这往往和"呢"字合用,而"才"指最近过去时就不用"呢":"他才来,还没开始讲。"

(答)谢谢王女士的指教。我大约因为在《红楼梦》没有遇见这种"刚"和"才",所以疏忽了。

12. (原书)表示经过很长的时间,包括现在,用副词"总"字。

(问)表示经过很长的时间的副词是否也应该包括"老"字?"老"是否可以算一个词分隶于形容词和副词之下:"他很老。""他老不上我们家来。"

(答)是的。等再版时补上。

13. (原书)表示充分的时间,用副词"尽量",如《红》109:"爷叫得紧,那里有尽量穿衣裳的空儿?"

(问)"尽量"是否也可以作范围副词,指示谓语的范围:"这些书我都不用,你尽量拿罢。"在"你尽量笑吧"里面,这两个字是否又可以算方式副词呢?

(答)是的,"尽量"本来该是一个范围副词,指示目的位的范围

(不是谓语的范围)。"尽量"本该是"盡量",就是"盡其量"的意思。"尽"字本有慈忍、即忍二切,后来前者变了去声,后者仍读上声,并且写作"儘"以示分别。前者用为动词,后者用为副词,"儘量"最初虽是用为范围副词,而"儘"字独用,最初却是方式副词,如《曲礼》"虚坐盡前,食坐盡后"(若认"前、后"为作动词用,则"盡"为方式副词)。

14. (原书)程度副词作不足的表示者有"颇、稍、略、些"等字。

(问)"稍"或"稍微"是否也可以算作方式副词?譬如:"这书我只稍微看了一看,没仔细看。"

(答)在这种地方,程度副词和方式副词没有明显的界限。依我的意见,"稍微(稍为)"认为程度副词亦无不可。

15. (原书)时间副词表示重复者,有"再、又"二字。"再"字纯粹地陈说事情,"又"字兼带多少情感。

(问)这两个字我觉得分别不在"又"字带情感而"再"字不带,虽然"又"字有时确有情感的成分。譬如:"他昨天来了,今天早上又来一次,说明天再来。"这里面的"又"不能代以"再","再"也不能代以"又"。也许我们可以说,凡过去的事实,或现在已成的事实,或想象将来已成的事实都用"又":"那天见过他之后,我又见过他一次。""今天天又坏了。""明天我又要去了。"这三个"又"都不能用"再"代替。第三个例子和您说"了"字表示完成貌理解相符。这句话一定要用"了"字结尾。而您在上册318页里说"了"字可以表示将来的完成。我们说"明天又要走了"的时候,就是表示这事是无可逃避,一定要走的。同时我们也可以说里面有情感成分,甚至有"恐惧",那和您说的"了"可以表示恐惧(319页)又相符。"再"只是表示纯粹将来,可以是过去的将来:"昨天早上他叫我晚上再去一次。"这是不能用"又"字代替的。不过因为"再"字有时表示后做的事(279页),所以有时该用表示重复的"再"改用"又",以免误会。尤其是在条件式里:"若你明天再不来,就晚了。"这"再"表示后做的事。"若你明天又不来,今天先告诉他,免得他像昨天那样白等你半天。"这"又"表示重复。关于"又"和"再"我特别要知道您的意见。

(答)这是王女士一种很好的发现。真的,"再"字表示纯粹的将来,它藉此与"又"字有别。由此一说,"又"字应该是表示重复的行为的完成,它们的分别由来已久。试比较"时乎时乎不再来"和"前度刘郎今又来",可见"再"和"又"是不能互相代替的。王女士最后一段话我却不敢赞同。"若你明天再不来……"的"再",我们认为和"明天再来"一样地表示将来,只不过把一种表示将来的副词放进条件式里。至于"若你明天又不来"的"又",我们也认为和"今天早上又来一次"的"又"一样地表示完成,只不过是表示一种悬想的完成,稍有分别而已。"明天再不来"的"再"和"吃了饭再去"的"再"显然不同,后者才是表示后做的事,而前者不是。这样解释,王女士的理论更为完美。

16.(原书)当"所"字所附动词的受事者显然可知时,这受事者往往可以省略,例如:

a. 前日娘娘所制,俱已猜着。(《红》22)

b. 今见金桂所为,已经开了端了。(《红》91)

有时候,受事者的范围甚为浮泛,也被省去,例如:

c. 如今见此光景,心有所感。(《红》64)

d. 我虽丈六金身,还藉你一茎所化。(《红》91)

(问)在"心有所感"里,"所感"的主事者是什么?这句话如果翻为比较口语的句子,它真正的构造是否:"心里有他所感觉的事(或情绪)"?那这个例子是否也可以证明下面的理论,就是主事者可以省略?"心"好像是主语,可是构造就完全不对了。因为"心有所感"是一个独立的句子,而"娘娘所制、金桂所为"都只是首品仂语。第二个例子我更不懂了。宝玉在那里参禅。凡他参禅的话我都不大懂。到底"我虽丈六金身,还藉你一茎所化"是什么意思?浮浅地看来,这"所"字却像 292 页上您说的可以用在被动式里的"所"字。可否请您把这个"所化"中的被省略的地方都给补出来?

(答)王女士把"心有所感"解释为"心里有他所感觉的事(或情绪)"是很对的。她说它和"娘娘所制、金桂所为"不同,也是对的。我们说"有时候受事者的范围甚为浮泛",也并没有说错。试看王女士补出"感"字的受事者是"事"或"情绪",可见得并不能十分确定,这就是浮泛了。凡只能补出"事、物"或"东西"一类不着边际的字眼者,都是浮泛。但是,我这一段话实在写得不好:第一,"心有所感"既和"娘娘所制、金桂所为"结构不同,就不该放在一起,而应该如王女士所说,移到下文去,与"所费、所养"一起证明主事者可以省略。"浮泛"的意思,或者移到下文去讲,或者索性不讲。第二,"一茎所化"的例子根本要不得。我想删去"范围浮泛"这一段,不知王女士以为如何?

17.(原书)"儿"字又可用为末品叠字词的后附号,所叠的词原来是什么词都可以不拘,例如:

    a. 好好儿的又生事。(《红》74)
    b. 巴巴儿的打发香菱来。(《红》16)

(问)您觉得不觉得叠字中的第二字就是与"儿"字合而为一的,应该读阴丨?不论那个字原来是哪一声,而头一个却不变。

(答)这话完全是对的。

18.(原书)并行谓语的疑问式,如果要用语气词,就用"呢"字,如:"他今天来不来呢?"但是,如果第二个谓语形式不

完全,就不能用"呢"字,例如:

　　a. 汤好了不曾?(《红》35)

　　b. 看见了二爷没有?(《红》100)

　　c. 过了后儿,知道还象今儿这样不得了?(《红》44)

　　(问)我觉得第二个谓语不完全,还是可以用"呢"字。譬如:"你到底看见了他没有呢?"这非常难说,因为"呢"是可以不用的。我不过觉得用也可以。可是我自己每每作一个句子,多念几遍,越念越怪,最后简直不知到底对不对。

　　(答)这个规律,我是从《红楼梦》里归纳出来的。也许现在的口语稍微不同了,也未可知。如果加上"呢"字,似乎是为了加重语气,譬如"你看见了二爷没有"只是纯粹的疑问,若加"呢"字成为"你看见了二爷没有呢?"就变成了质问或追问。假定你说二爷回来了,而我深信二爷没有回来,我可以这样质问你;又假定我怀疑你的话的真确性,我也可以这样追问你。王女士所举的例:"你到底看见了他没有呢?""到底"二字正是表示追问的意思。关于这一点,我们等待着国语区域的人给我们一些指示。

　　19. (原书)"岂"字本身含有反诘的意思,故只能和"呢"字相应,不能和"吗"字相应,例如:

　　　a. 岂不是有意绝我呢?(《红》33)

　　　b. 岂不心有余而力不足呢?(《红》78)

　　(问)您说"岂"不能和"吗"相应,只能和"呢"相应,而我觉得有的时候非用"吗"不可,而有的时候非用"呢"。好像"岂不"后面用"吗","岂有"或"岂是"后面用"呢",如:"这岂不成心气我吗?""那岂不糟了吗?""这岂是作人的道理呢?""岂有不去的呢?"最怪的是您举的两个《红楼梦》的例子我都觉得"呢"字应该为"吗"字。关于"岂不"后面用"吗"字我似乎觉得很靠得住,不像我上一个问题的"呢"字,那里我不十分确定。

（答）就现代国语而论，王女士所说的规律完全是对的。但是，在《红楼梦》时代，"岂"字的确应该和"呢"字相应（不止两个例子），因为"岂"字本身含有反诘语气，反诘和疑问同一个类型，是应该用"呢"字煞句的。但是，"岂"字毕竟是文言的字眼，它的真义渐渐不为一般人所了解，又为"难道"所同化，所以就变了用"吗"字煞句了。依王女士的例子来看，凡否定的"岂"后面就用"吗"，肯定的"岂"后面就用"呢"（"岂有不去的呢？"应该是"岂有不去的道理呢"的省略，所以仍是肯定的"岂"）。但是肯定的"岂"似乎有消灭的趋势，像"这岂是作人的道理呢"这一类的话恐怕是太文了。关于现代国语里否定的"岂"变为和"吗"相应，似乎我已经在拙著《中国语法理论》里提及（手边偶然无原著，不能指出页数），但那是不够的，因为读《现代语法》的人不一定同时读《语法理论》。我在《现代语法》里硬性规定"岂"字不能和"吗"字相应，大有主张复古的嫌疑，这是我应该对读者抱歉的。

20.（原书）重说语气用"又、并、简直、就"等词。

（问）重说语气里可以不可以有"干脆"？

（答）"干脆"是应该补进去的。我想补在慷慨语气里，和"索性"放在一起，如何？

21.（原书）有时候，两个相同的疑问代词互相照应，咱们可把它们比代数学上的 x，例如我说："谁听我的话，我就喜欢谁。"这"谁"所替代的人没有一定的，但是前后两个"谁"字所替代的必须是同一个人。

  a. 谁得了谁先联。（《红》49）

  b. 凭你说是谁就是谁。（《红》65）

  c. 妹妹说谁妥当，就叫谁在这里。（《红》68）

  d. 谁收在屋里谁配小子。（《红》111）

（问）例 d 是否不恰当？这两个"谁"字似乎替代两种人。

（答）不是的。d 例等于说"谁被收在屋里谁配小子"，前后两个"谁"字仍旧指的是同一种人。但是，凡是容易引起误会的例子我都愿意取消了它。

王女士这封信使我受了很多益处，我在这里表示谢意。这篇《答问》还没有写到一半的时候，王女士的第二、第三封信又陆续地到了。为篇幅所限，我想分为两次或三次答复她。

卅七、十二、卅一

于岭南大学

原载《国文月刊》第 76 期，1949 年

语法答问（续）

上次在本刊第七十六期里，我答复了王还女士对于我的《中国现代语法》所提出的一些问题。正在答复她的第一封信的时候，她的第二、第三两封信已经到了，现在她的第四封信又早已到了。我打算在这里先答复她的第二封信。王女士在第二封信里说：

（前略）您的书还没有看完。是这样一个情形：去年我的一年级学生都是在未入学以前已经会了一点中文的，也有是这里的研究生或二、三年级的念中文的学生（按：王女士指的是剑桥大学），总之，都是已会一点的，教时自然不必从头教起。这里教现代中文的主要目的是看学术性文章书籍。我想既是看书要紧，自然得注重文法。他们又已会一点中文，所以去年用您的教材，讲了许多文法。不过还没有讲完。现代中文这里定为两年的课程；在两年之后，学生要能看普通白话书。所以今年我想讲文法来不及了，去年的一年生，今年我就叫他们念书；碰到小问题，讲一讲，是完全没有系统的文法。普通中文白话文为外国人用的课本，多半是会话材料，这对看书的能力也帮助不多。我就选了胡适的《四十自述》中几段叫他们预备，讲给我听，成绩很好。现在又在念短篇小说。下学期我就想选书评，以及别的带学术性的文章了。今年的一年级生只有两名，是一个中国字不认得的，从头教起，程度太浅，也无法讲文法。所以今年就不大用您那本书，只是我自己翻来作参考。下册的后一半，简直没有仔细看。我有很多时间都用来想某一个字的用途，譬如"着"、"再"、"又"、"也"之类，觉得非常有趣。(下略)

王还谨启，十一月廿一日

现在我仍旧依照上次的办法，对于每一个问题，先照抄原书，或录其大意；其次叙述王女士的问题，最后由我答复。

1.(原书)记号是一种附加成分，用来表示词或仂语的性质的。在双音词里，两个成分不一定是同样重要的，有时候，其中有一个成分仅仅表示这词的性质，例如"栗子"，"子"字表示"栗子"是一个名词。

(问)这个问题其实不太重要。就是名词加了后附号"子"字之后，我们自然认为它是一个"双音词"了；可是若是加"儿"字呢？对于眼睛说，是两个字，可称为"双音词"；可是对耳朵说，不是只有一个音吗？除非是蓝青官话！

(答)我的脑子里始终没有想过名词加"儿"字成为双音词，我也没有说它是双音词，所以我只举"栗子"为例。但是，我的原书那样叙述法，的确容易令人误会。将来有机会的时候，非把它增订不可。着重眼睛是前人的毛病，现在我们正应该着重耳朵，所以这个问题也是很重要的。

2.(原书)"子、儿"二字有时可以连着做后附号，如"铜子儿、瓜子儿、鸡子儿"。"子"尾和"子儿"尾又可以有不同的意义：现在北平"鸡"可称为"鸡子"，"鸡蛋"则必须称为"鸡子儿"。"铜子儿"又可省称为"子儿"。

(问)关于后附号"子"和"儿"，我想"子"字有时不是后附号。最显著的例子是"妻子"，您也提到。还有譬如"鱼子"、"虾子"、"花子"，这是很显然的。而且读的时候重音在"子"。您以为如何？如果这一点成立，那您所说的"子"和"儿"连着做后附号,我就有一点不同意了。这里只有"儿"是后附号,而"子"并不是。这里的"子"或是"卵"或是"种子"的意义,如"鸡子儿"、"瓜子儿"。这些是双音词,而且相符于本书三三页上您所说的名词作成次品中的第一类:首品所指的东西是属于次品所指的东西。不但这样,"子"可以用在凡是小颗形状的东西,如"铜子儿"、"石头子儿"。这相符于本书三四页的第五类:首品所指的东西是借来形容或譬喻某物(次品)所造成的东西的。由这个字我联想到"头"字。"舌头"、"馒头"、"日头"中的"头"字是后附号,而"钟头"、"窝窝头"中的"头"字就不是后附号。"头"可以用来形容成为一块一段的东西(又属于第五类)。我认为如此的证明有二:(一)平常"子"或"头"用为后附号时,若把它取消,剩下一个字的意义不变,如"桌子"、"椅子"、"鸡子"、"木头"、"舌头"、"石头"、"日头",而"铜子儿"、"鸡子儿"、"窝头"、"钟头"若把"子"或"头"取消,意义全变了。(二)国语或北平话里,后附号读得非常之轻,如"桌子"或"舌头",而"铜子儿"、"鸡子儿"、"窝头"、"钟头"重音绝对在"子"和"头"上。"头"还可以用为领袖之义,如"工头儿"、"老头儿",重音仍是在"头"上。如果您同意我的意见,我们可以说,在平常说话里,重音并不是完全习惯,确有理由。"年头儿"、"派头儿"也可属此类。"水头儿"我不知道是什么。"馒头"也很难办。现在好像没有"馒"这么个东西,而且重音又在"馒"上。河南话馒头叫"馍",是否即"馒"呢? 关于"头"字,我又有个很有趣的证明。北平人管"砖"只叫"砖",很少叫"砖头"(重音在第一个字)。北平人说"砖头"的时候,重音在"头",而且意思是一块碎砖。"他拾起一块砖头来,把狗打跑了。""堆了一院子砖头、瓦块儿。"北平人还有时说"布头儿",意思是一块小破布,重音在"头"。"只要一块布头儿就够使的了。"还有"蜡头儿"。"他点了一个小蜡头儿看书。"是否"头"可以用为东西的残余？

（答）这个（这些）问题很复杂，很有趣。当时我以为没有独立意义的字就都该认为语法成分，"鸡子儿"的"子"和"钟头"的"头"这一类字都被我认为没有独立意义的。依王女士说来，"鸡子儿"的"子"是有独立意义的；"钟头"的"头"的意义虽难确定，但因"钟头"并不等于"钟"，可见"头"字也有独立意义，不过颇难确切指出罢了。王女士对于"子"和"头"之是否后附号，认为应该以是否读轻音为标准。在这里，我惊叹她的精明。北平人虽然管"鸡蛋"叫"鸡子儿"，但偶然也可称为"鸡子"，只须把"子"字念重音就是了。于是北平话里应该有两种"鸡子"：第一种是"子"念轻音的，就是"鸡"；第二种是"子"和"鸡"一样念重音的（不是"子"重"鸡"轻），就是"鸡蛋"，但后者往往加"儿"字成为"鸡子儿"。关于"子"字，王女士的意见，百分之百是对的。关于"头"字，她的意见，大体上也是对的。陆志韦先生在他的《国语单音词词汇》里说（第77页）："'钟头'的'头'跟'罐头'的'头'，'窝头'的'头'跟'馒头'的'头'，'滑头'的'头'跟'鬼头'的'头'，并没有意义上的分别，可是一个说本音，一个说轻音。这在当初一定有个原故。"原故是有的，但是，有时候它是很复杂的。我在《中国语法理论》里说："'日头'的称呼在明代以前就有了的，杨慎《答李仁夫论转注书》'今楚南犹呼日头为热头'，这恐怕是由象形上出来的，因为'日'形像'头'，所以叫做'日头'（暹罗语叫做'天头'，安南语叫做'天脸'，可以比较——了一补注）；'芋头、罐头、窝窝头'恐怕都是这一类。只有'舌头'的'头'是从'端'的意义来的，因为一张口先看见'舌的头'。'派头、年头、钟头'就颇难解释了。"我以为这类"头"字恐怕只有两种意义（"工头儿"的"头"有显然的实义，不在此例）：一种是表示圆形，另一种是表示尽头；而这两种意义都是从"人头"的"头"来的，因为人头是人的身体上最高的尽头的圆形的东西。王女士说"头"可以用来形容成为一块一段的东西，我不十分赞同这种说法；但当她说"头"用来表示东西的残余，我却同意了。但这种残余的意义恐怕也是从"尽头"的意义来的，"蜡头儿"是洋蜡（烛）的残余部分，也就是洋蜡的尽头处。"馒头"的来源颇古，相传诸葛亮杂用牛、羊、豕之肉而包之以面，像人头以祭神，叫做"馒头"。故事的真实性不必管它，至少元代以前（《三国演义》以前）就有了"馒头"这个名称了。当时的"馒头"应该是圆的，包肉的，像现在江、浙的生煎馒头而加大；后来才变为北方不包肉的馒头，甚至有椭圆形的馒头。"馒头"也许就是"面头"的音转（决不会像《七修类稿》所猜的"蛮头"）。如果是"面头"，它本是属于我在上册第33页里所说的第一类；如果古代有一种东西叫做"馒"，它本是属于我所说的第五类。由此看来，"馒头"的"头"本来也不是后附号，后来因为"头"字变了轻声，圆头的意义隐晦了，才变了后附号的。王女士说，在平常说话里，重音并不是完全习惯，这点我是承认的，尤其对于"子"字是如此。不过，有时候，规则的不划一是由于时代的不划一。假定"馒头"产生的时代比"窝窝头"早了几百年（这很可能是事实）或千余年，当"馒头"的"头"变了轻音的时候，也许"窝窝头"还没有出世，也就难怪"窝窝头"的"头"字还没有变为轻音了（当然，即使永远不变轻音，也并非不可能）。"舌头"的"头"在原始的时候，正像"箭头"的"头"，因为舌的功用在舌尖，所以称舌时常称"舌头"，后来因为转指（metonymy）的关系，"舌头"等于称舌，以偏概全，同时"头"字也就变了轻音了。由此看来，王女士由意义上去决定是否后附号的办法是颇危险的，或者可以说，是和她由轻音去决定的办法是矛盾的。我只赞同她的后一办法。讲语法，我是倾向于形式主义的，因为语法上的问题就是一些形式的问题。以轻音为标准，"馒头"的"头"和"石头"的"头"一样地应该认为后附号，"钟头、窝窝头"之类不该认为后附号。至于动词后面的"头"字，如"逛头儿、听头儿、吃头儿"之类，我本来认为和"儿"字连用为后附号的，现在我接受了王女士的意见，认为只有"儿"字是后附号,"头"字不是了。这种说法,并不妨碍我们仍认定"逛头儿"之类是双音词,并且我们应该另找一个适当的机会,说明"头"字加于动词的后面能有使它成为首品的妙用。这样,我们可以得到一个划一的规律:凡后附号都念轻声。这个问题牵涉太广,我想暂时说到这里为止。

3.(原书)"可"字也是为减轻谓语的语意而设的。在某一些情形之下,"可"和"倒"的意义竟是相同的。试比较下面的两个句子:

　　a.这可别委屈了他。(《红》63)

　　b.倒别委屈了他们。(《红》74)

但是,普通"可"字的语气总比"倒"字更轻些。像下面这些例子,就只能用"可",不能用"倒":

　　a.这可该去了。(《红》19)

　　b.我可比不得你们奶奶好性儿。(《红》14)

　　c.妈妈每日进来,可都是我不知道的。(《红》63)

(中略)"可也"和"倒也"差不多。例如:

　　c.果然如此,我可也见个大世面了。(《红》16)

(问)您说"可"字是减轻谓语的语意而设的,可是我有时觉得"可"字非常之重,譬如:"这件事商量了一个星期了,今天可商量完了。""他来了半天了,现在可走了。"此处"可"大有"好容易"的意义。a、b、c三个例子我都以为是很重的语气。a的意思说刚才拖了半天不去,现在是一定得去了。b的意思说我的性情绝对没有你们奶奶好。c是说我真是一点也不知道(宝玉这里自然要绝对表明这妈妈每晚来时他已经睡着了,证明他每天都睡的早)。不过"可也"倒是轻说语气,如:"他固然很聪明,可也不十分惊人。"可是三七○页上"可也"的例子c中的"可也"我又认为不是轻说语气,我认为这里的"可"有"好容易"的意思。一件非常想要的东西,想了好久,好容易到了手。而这里的"也"就是最普通的意义,英文的 also。凤姐和赵妈妈谈天,提到贾府要接元春,先谈到从前甄家如何四次接驾,王家如何招待皇上,凤姐说她自己出世太晚,都没看见,于是她说如果贾府真要接元春,她也可以作她老想作而作不到的事:见个大世面了。"也"表示也和那些老辈一样。您以为如何?

(答)王女士的话都是对的。我愿意把"也"字改隶重说语气。"可别委屈、倒别委屈"两个例子只是偶合的现象。"可也"的例子该另找。

4.(原书)凡表示事情正在进行中者,叫做进行貌。此类用词尾"着"字表示,例如:

    a.今日太太提起这话来,我还记挂着一件事。(《红》34)

    b.凤姐正数着钱,听了这话,忙又把钱穿上了。(《红》47)

凡某一行为有相当的持续性者,也可以用进行貌:

    a.紫鹃忙忙端了痰盂,雪雁捶着脊梁。(《红》82)

    b.那只手仍向窗外指着。(《红》83)

此外,有些事情虽成过去,然而其成绩或结果仍存在着,俨然如未过去者,亦可以用进行貌;

    c.后面又画着几缕飞云,一湾逝水。(《红》5)

    d.票上开着数目。(《红》14)

注意:进行貌不受否定词的修饰。

(问)"着"字您说是表示进行貌,我想了半天(这半天真是非常夸张的半天!),觉得"着"字固然可以表示进行貌,而它最主要的用途却不在进行貌。很多进行貌的"着"字可以省掉,如例 b 改为"凤姐正在数钱",意义并不变。进行貌往往可以用"正"、"正在"之类的字表示。"着"表示进行貌而不可省略的地方,往往不是在一句中的主要动词之后,譬如您所说的谓语形式,甚至例 b 中"数钱"也并不是主要动词,"又把钱穿上了"是主要的话。我觉得"着"的主要用途第一是把一个动作性的动词变为一个静止性的动词。您比较下面每一对的句子,就可以明白我的意思:

　　a.你去拿一本书。　　　　　b.你拿着这本书。

　　a.他出去时,关上了门。　　b.我去的时候,他关着门。

　　a.你不要拉他的衣服。　　　b.我拉着他的手。

　　这三个"着"字如省略掉,句子的意思就变了。"拿"和"拿着"在英文甚至可以用两个不同的动词,"拉"和"拉着"也可以用两个不同的动词。"着"的另一个用途是表示持续性,如您在三一五页上所说的。这里的例 a 中的"着"不可省,而例 b 我觉得是应该用为我所说的第一个用途的例子。您试想"捶着"和"指着"两个动作的不同处,就可以明白我的意思。还有三一五页上您说的进行貌不受否定词的修饰,我想得加一两句,因为在我上面给的三对例子里,三个有"着"字都可以加否定词,而且"着"字不可取消,取消了意义就变了。还有您所说的那种"事情虽成过去,然而其成绩或结果仍存在……"的句子变为否定时,"着"亦是可有可无。"票上没开着数目","书上没写着字"。

　　(答)首先我不同意王女士所说的,进行貌往往可以用"正、正在"之类的字表示的话。情貌这种东西,应该是由动词变化表示的,"着"和"了"虽和西文的屈折作用不甚相同,但它们是紧接动词之后的,所以我们把它们称为"词尾"。开始貌的"起来"、继续貌的"下去"和近过去貌的"来着"已经不是纯粹的词尾了,但我们仍旧避免从副词上去决定情貌,恰像我们不愿凭着"已"字、"方"字和"将"字而说中国语里有过去、现在、将来三时。还有一层,情貌这东西,是着眼在时间的点和线上的,若说"着"字的主要用途是把一个动作性的动词变为一个静止性的动词,就无所谓点和线了。我在三一五页上所举的表示持续性的两个例子"捶着"和"指着",王女士把它们细分为两类,也有道理。但是,依我看来,"指着"的一类是"持","捶着"的一类是"续"。所谓持,是一种行为维持得相对的长的时间;所谓续,是一连串的同一动作。很粗地看起来是一样的,所以都可以用"着"字。"你去拿一本书"和"你拿着一本书"比较,后者显然时间长些。这里所谓长些,不一定是实际行为的时间长短,而是说话人所着眼的时间长短。当他说"你去拿一本书"的时候,他只着眼在书拿到手的一刹那,拿到以后是否继续拿着,他全不关心;至于他说"你拿着这本书"的时候,情形恰恰相反,他至少不希望你只拿到手就放手,甚至他心目中想象你的拿书的行为的维持,比实际的时间还长。前者因为着眼在点,所以王女士觉得它动;后者因为着眼在线,所以王女士觉得它静。进行貌不一定是很合适的名称,举例更有不妥之处,例如"凤姐正数着钱"一个例子就举得不好。但是,情貌的特色是在时间的点和线,这一个基本理论我是希望保持的。末了,关于进行貌可以受否定词的修饰,我愿意接受王女士的订正。

5.(原书)普通否定语的主要叙述词,是只用普通貌,不用情貌记号的。例如:

"凤姐正数着钱",反面是"凤姐不数钱",不是"凤姐不数着钱"(进行貌);

"凤姐等上了东楼",反面是"凤姐等不上东楼",不是"凤姐等不上了东楼"(完成貌);

"他和我说来着",反面是"他没有和我说",不是"他没有和我说来着"(近过去貌)。

(问)"凤姐不数钱","凤姐等不上东楼"中两个"不"字是否应改为"没"字? 很奇怪,"没"字虽常为完成貌的否定词如"没上东楼",而进行貌的否定词却是"没"而非"不",如"我正在看书"的反面是"我没看书","他坐着呢"的反面是"他没坐着"。我觉得"不"和"没"用作否定词的分别不在时间;"没"是否定一个事实,"不"大体说来,否定一个意志。您看下面的例子:"他昨天没去。""昨天我叫他去,他不去。""他没坐着","我叫他坐,他不坐。"进行貌总是事实,所以否定总用"没"。您以为如何?

(答)进行貌的否定词确是应该用"没",不该用"不"。是我错了。我以为只证明这一点就够了。至于事实和意志的说法是否妥当,也难说。"不"字除了否定叙述句之外,还否定描写句和判断句,那些情形却是与意志无关的。证明一件语法事实容易,说明其所以然往往比较地困难,让我们以后再细细地考虑罢。

6.(原书)不必叙述。

(问)"着"字有时不是后附号,大有使成式中动词用为末品补语的意义,如您在上册一五五页上的一个例子 H(H.有事没事都碍不着什么——了一注)。它不过不能用为独立动词,如:"我没坐着车,走回来的。""我站在这里,他打不着我。"尤其与"睡"和"点"合用:"他睡着了。""他点着了灯。"在这两个意义里,"着"甚至可以独立:"他着了。""火着了。"这又证明口语中念字并不是随便的,也有理由的。"着"作后附号时口语中念得非常轻,轻到可以读为"之"的声音;而在使成式中,"着"可以读为重音,而发音不是 cho 就是 chao,绝不是"之"。您觉得怎样?

(答)这个道理,我在另一个地方已经讲过了。《中国现代语法》上册第 28 页:"着,ㄓㄨㄛ(着落),ㄓㄠ(着凉),ㄓㄠ(睡着,打着),都是动词;ㄓ,记号。""着"作后附号时口语中念得非常之轻,轻到比"之"还轻。在使成式中"着"字口语念 chao,只有"着落"一类文言字眼念 cho。

7.(原书)顿挫语气,此类用"也、还、到底"等词。

(1)"也"字,表示本该那样,或本可以那样,现在也只能这样,例如:

    a.我也不要这老命了。(《红》20)

    b.兴儿也不敢抬头。(《红》67)

    c.也犯不着气他们。(《红》26)

    d.是谁接了来的,也不告诉。(《红》63)

"倒也"和"也倒"的意义相同。这是委婉语气和顿挫语气的结合;但是委婉的成分多,顿挫的成分少,例如:

    a.我这会子跑了来倒也不为酒饭。(《红》16)

    b.这话也倒是。(《红》70)

"就"字本是时间副词,但若和"也"字相连,就有了顿挫的语气。"也就"比"也"的语气重些,例如:

    a.袭人见了自己吐的鲜血在地,也就冷了半截。(《红》31)

    b.你那妹妹在大太太那边,也就很苦。(《红》101)

(问)我已经用了许多时间在"也"上,还无端倪。"也"往往暗含意思,不说出来,所以难。有时像您所说的本该那样现在也只能这样,可是有时又含别的意思。如三七〇页上两个"倒也"的例子 a、b 都可以"也"代之,两个"也就"的例子 a、b 也可以"也"代之,而这四个"也"都不同。您说中文,只要说顿挫语气,可是讲给外国人听,就得说出:为什么这里要用"也"字? 不用,对于这句子影响如何? 真费了我的老劲了!"又"和"再"也并不是像我上次说的过去与现在的分别,又是事实不事实的分别。信已太长了,先不要说了罢。

(答)"也"的前身是"亦"字(参看拙著《中国语法理论》)。"亦"的语音变迁概况大约是 zia·→ia·→ɐi→ɛi→i,现代的白话"也"字比文言"亦"字走慢了几步,所以还停留在 ia 的阶段,有些方言里的"也"字变为 a(如吴语)或 ie(如北平)。古代的"亦"已经用作顿挫语气了。"也"字本来既是一个范围副词,我们必须追到它的老家去了解它。"我也不要这老命了",是假定有许多类的东西,其中有几类是我所要的,有几类是我所不要的;"老命"这一类东西本来在要的范围之内，现在也（also）把它归入不要的范围之内了。引申的意义往往比本义灵活、流动，所以比较地难于说明。"顿挫语气"这个名称确是不好，应该考虑更改。

话说得太长了，先结束了罢。希望下次能把王女士的第三、第四两封信同时答复。

三十八年一月十五日

原载《国文月刊》第 78 期，1949 年

词和语在句中的职务

一、什么是语

一般的实词只是一个概念。两个以上的概念相结合(也就是两个以上的词相结合),表现一个比较复杂的概念的,叫做语,例如:"好人"是形容词"好"和名词"人"相结合;"吃饭"是动词"吃"和名词"饭"相结合。有时候,实词和实词中间放着一个虚词,仍旧算是语,例如"好的人、吃了饭"等。结合的方式有多种,试看下面的一些例子:

西方资产阶级的文明,资产阶级的民主主义,资产阶级共和国的方案,〔在中国人民的心目中,一齐破了产。〕(毛)

〔对于反动阶级和反动派的人们,在他们的政权被推翻以后,只要他们〕不造反,不破坏,不捣乱,〔也给土地,给工作,让他们活下去,让他们在劳动中改造自己,成为新人〕。(毛)

〔人民的国家是〕保证人民〔的〕。(毛)

〔孙中山和我们具有各不相同的宇宙观,〕从不同的阶级立场出发〔去〕观察和处理〔问题。〕(毛)

〔中国人向西方〕学得很不少,〔但是〕行不通。(毛)

〔人民是什么? 在中国,在现阶段,是工人阶级,农民阶级,〕小资产阶级和民族资产阶级,〔这些阶级在工人阶级及共产党的领导之下,团结起来,组成自己的国家,选举自己的政府,向着帝国主义的走狗即〕地主阶级和官僚资产阶级〔以及代表这些阶级的国民党反动派及其帮凶们实行专政,实行独裁,压迫这些人,只许他们规规矩矩,不许他们〕乱说乱动。(毛)

〔人民民主专政的国家,必须〕有步骤地解决〔这个国家工业化的问题。〕(毛)

二、什么是句

无论一个单纯的概念或一个复杂的概念,都不能构成句子。说话并不是为了表示一个概念,而是要表示一种思想或情感。单说一样东西,不成话;必须叙述它、描写它或判断它,比如你说"鸡",这只是一个概念,不成一句话。人家会问你:"鸡做什么?"必须说"鸡叫",才算一句完整的话。因此,句的定义是:词和词的结合,能表示一种完整的思想者,叫做句子。

句子的构成,不在于字数的多少。"鸡叫"虽只有两个字,它们已经构成一个句子。"鸡叫的时候"反倒不能成为一个句子,只是一个语,因为"的"字把"鸡叫"和"时候"结合起来,成为一个概念了。必须说成"鸡叫的时候,他醒了"等等,才算成了一个句子。下面两个都是句子,虽然一个很短,一个比较长些:

人民民主专政需要工人阶级的领导。(毛)

中国无产阶级的先锋队,在十月革命以后学了马克思列宁主义,建立了中国共产党。(毛)

三、句和语的分别

一般句子可以分为两部分:主语和谓语。主语是被叙述、被描写或被判断的部分;谓语是叙述、描写或判断的部分。在上面两个例子里,"人民民主专政"是主语,"需要工人阶级的领导"是谓语;"中国无产阶级的先锋队"是主语,"在十月革命以后……"是谓语。凡不止一个词而又不够一个句子的,都叫做语。

四、主　语

主语是句子的第一部分。在主动句里,主语所表示的人或事物就是一种行为的主事者:

> 我们党走过二十八年了。(毛)
> 帝国主义的侵略打破了中国人学西方的迷梦。(毛)

但在被动句里(比较地少见),主语所表示的人或事物却是受事者:

> 华容的三个劣绅终被捉回。(毛)
> 一切别的东西都试过了。(毛)

有些句子的主语所表示的人或物,虽不能认为一种行为的主事者(因为根本不是一种行为),但这种句子既然不是被动句,所以普通也把它归入主动句的一类:

> 虎妞脸上的神情很复杂。(老)
> 他既非天才,也非豪杰。(鲁)
> 去也是枉然的。(丁)
> 那有什么要紧呢?(丁)

如果仔细分析起来,咱们可以说有些是主词,有些是主语。主词是一个单词,如上面例子里的"他、去、那"等。主词又是主语里面的中心词,如上面例子里的"党、侵略、劣绅、东西、神情"等。从主语里辨认出一个主词(中心词)来,这是非常有用的分析。

五、谓　语

谓语是句子的第二部分。这可以说是主要部分，因为有了谓语，句子才是"有所谓"的，有意思的。谓语可以比主语长，也可以比主语短：

　　这是错误的想法。（毛）

　　孙中山亲自领导的有共产党人参加的国民党第一次全国代表大会，通过了一个著名的宣言。（毛）

　　过去蕴藏在地下为外国人所看不见的伟大的俄国无产阶级及劳动人民的革命精力，在列宁、斯大林领导之下，像火山一样突然爆发出来了。（毛）

谓语里有一个中心词，叫做谓词，如上面例子里的"是、通过、爆发"等。从谓语里辨认出一个谓词来，这也是非常有用的分析。

在特殊的情形之下，句子可以缺少主语或谓语。缺少谓语的情形是很少见的。只有在疑问句或感叹句里，间或有缺少谓语的，如"你贵姓？""你这坏东西！"缺少主语的情形比较常见：

　　要救国，只有维新。（毛）

　　对于人民内部，则实行民主制度，给予言论集会结社等项的自由权。（毛）

在一般情形之下，没有主语的都可以补出一个主语来。但在命令句里，主语却是常常不用的：

　　不要摆官僚架子。（毛）

六、宾　语

宾语是谓语里面的一部分。可以分为三种：

（一）叙述宾语　叙述宾语普通是放在谓词的后面，这谓词往往是一个外动词①，而宾语所表示的人或事物就是动词所表示的行为的受事者：

　　他们实行了资产阶级对无产阶级及其他人民的一个阶级的独裁制度。（毛）

　　我们必须学会自己不懂的东西。（毛）

有时候，叙述宾语有两个，叫做双宾语。比较地接近谓词的，叫做近宾语，另一个叫做远宾语：

　　给你钱，先去买扫帚。（老）

注意：在北方话里，近宾语指人，远宾语指物。在华南的某些方言里，习惯上是近宾语指物，远宾语指人（"给钱你"）。

（二）判断宾语②　　判断宾语是"是"字后面的宾语。它表示一种人或事物，这种人或事物是拿来判断主语所表示的人或事物的：

　　这厨子一定是一个北方人。（丁）

　　这三件是主要的经验。（毛）

（三）关系宾语③　关系宾语是放在介词后面的宾语。这种介词及其宾语，是表示一种行为的方式、范围、处所等等的：

　　谢谢马克思、恩格斯、列宁和斯大林，他们给了我们以武器。（毛）

　　我们仅仅施仁政于人民内部。（毛）

关系宾语及其介词，不一定放在谓词（及其叙述宾语）的后面；有时候是放在谓词的前面，甚至于放在主语的前面：

　　以此作为条件，使中国有可能在工人阶级及共产党的领导之下稳步地由农业国进到工业国。（毛）

---

① 即及物动词，亦称他动词。

② 即表语。

③ 有的书上不列介词，称副动词，此处所谓关系宾语即副动词的宾语。

对于敌对的阶级,它是压迫的工具……(毛)

有些关系宾语并不需要介词,它是独立地放在谓词或主词的前面的:

你们一边倒。(毛)

任何政党,任何个人,错误总是难免的。(毛)

这天晌午,最着急的是恒元父子。(赵)

二十多年前,张木匠在一个阴历腊月三十日娶亲。(赵)

吃饭时候,邻居们端上碗爱到三仙姑那里坐一会。(赵)

宾语里有一个中心词,叫做宾词,如上面例子里的"制度、东西、人、经验"等。从宾语里辨认出一个宾词来,这也是很有用的分析。

七、加 语①

在两个以上的词结合成为一个语的时候,中心词前面的词或语,叫做加词或加语。

(一)主词和宾词的加语 这是表示主词或宾词所表示的人或事物是属于什么人或什么性质的:

吃过午饭,苇弟便来了。(丁)

你可照应着点我的老娘。(老)

结果一切落空,反而遭到了无情的打击。(毛)

我们不熟悉的东西正在强迫我们去做。(毛)

晚上七点钟的时候,毓芳和云霖来邀我。(丁)

上面的例子告诉我们,有些加语是经过虚词"的"字的介绍,才和主词或宾词结合的。什么时候用"的"字?这要依照语言的习惯。大致说来,单音的加词比较地不需要"的"字的介绍,如"午饭"不说"午

---

① 即附加语。

的饭"。"白马"虽可说"白的马",但普通总是说"白马"。有些地方必须用"的"字,例如"煎的包子",若说"煎包子"就变成另一个意思了。像"我们不熟悉的东西","的"字是不能省的。

有人把主语和宾语的加语分为两类:隶属的和性质的。隶属的加语后面用"底"字,如"我底书、中国人民底经验"等;性质的加语用"的"字,如"宝贵的经验、无情的打击、我们不熟悉的东西"等。

有了加语,就把意义的范围缩小了,比如"饭",是把早饭、午饭、晚饭、稀饭等,都包括在内的;若说"午饭",就没有那样大的范围。因此,用加语必须谨慎。

(二)谓词的加语　谓词的加语是表示一种行为的方式、范围、时间等,或一种德性的程度、范围等:

> 如要乱说乱动,立即取缔,予以制裁。(毛)
> 你们太刺激了。(毛)
> 〔为什么理由这样做?〕大家很清楚。(毛)
> 〔曾经留恋过别的东西的人们,有些倒下去了,有些觉悟过来了,〕有些正在换脑筋。(毛)
> 帝国主义还存在,国内反动派还存在,国内阶级还存在。(毛)
> 我们党走过二十八年了,大家知道,不是和平地走过的……(毛)
> 人民民主专政的国家,必须有步骤地解决国家工业化的问题。(毛)

在"是"字前面,也可以有加语:

> 任何政党,任何个人,错误总是难免的。(毛)
> 这主要地是指人民的军队、人民的警察和人民的法庭。(毛)

"能(能够)、可(可以)、会、必(一定)、须(得)、也许"等词,经常用来表示可能性、必然性、必要性、或然性等,也可以认为谓词的加语:

> 资产阶级的共和国,外国有过的,中国不能有。(毛)

现时英美的统治者还是帝国主义者,他们会给人民国家以援助吗?(毛)

我们必须克服困难,我们必须学会自己不懂的东西。(毛)

否定词"不"和"没有(未)",也是谓词的加语:

她是幸福的,她不否认。(丁)

她没有想到会弄假成真。(丁)

在表示方式的时候,常常用虚词"地"字把加语和谓词结合起来,如上面所举的"和平地、有步骤地"等。用"地"字是比较新起的办法,有些人仍用"的"字:

父亲悄悄的朝着窗外叹息。(丁)

但是,为了把主词、宾词的加语和谓词的加语分别开来,所以很多人都把后者所带着的"的"字写成"地"字了。

(三)加上再加　加语是可以重叠的。主词或宾词加上了加语,变了主语或宾语之后,还可以在这主语或宾语的前面再加上一个加语。这样加上再加,可以重叠到多次:

她读过许多古典主义浪漫主义的小说。(丁)

"古典主义浪漫主义"是"小说"的加语,"许多"又是"古典主义浪漫主义的小说"的加语:

这些是西方资产阶级民主主义的文化。(毛)

"资产阶级"是"民主主义"的加语,"西方"又是"资产阶级民主主义"的加语,"西方资产阶级民主主义"又是"文化"的加语:

谓词加上了加语,变成了谓语之后,还可以加上一个或好几个加语:

努力工作,创设条件,使阶级、国家权利和政党很自然地归于消灭。(毛)

"自然"是"归"的加语,"很"又是"自然"的加语。

　　但是民族资产阶级不能充当革命的领导者,也不应当在国
家政权中占主要的地位。(毛)

"能"是"充当"的加语,"不"是"能"的加语;"在国家政权中"是
"占"的加语,"应当"是"在国家政权中"的加语,"不"是"应当"的
加语,"也"又是"不"的加语。

　　有时候,加语不是重叠,而是并行:

　　　　他们已经建设起来了一个伟大的光辉灿烂的社会主义国
家。(毛)

　　　　拜他们做老师,恭恭敬敬地学,老老实实地学。(毛)

后一例的意思是"恭恭敬敬地、老老实实地学",把"学"字重复一
下,更清楚些。

八、补　语①

　　加语是加在前面的,补语是补在后面的。

　　(一)解释补语②　　有些补语是附在别的词语的后面作为解释
或补充之用的,有点儿像夹注:

　　　　阶级消灭了,作为阶级斗争的工具的一切东西,政党和国家
机器,将因其丧失作用,没有需要,逐步地衰亡下去。(毛)

　　　　中国人找到了马克思列宁主义这个放之四海而皆准的普遍
真理。(毛)

　　　　中国的主要的剥削阶级——地主阶级和官僚资产阶级即垄
断资产阶级,就最后地消灭了。(毛)

"地主阶级和官僚资产阶级"是"中国的主要的剥削阶级"的补语;

---

①　有的书上称表语(即本文所谓判断宾语)为"补语",与此处所称补语不同。

②　即同位语。

"即垄断资产阶级"是"官僚资产阶级"的补语。

　　等到将来实行社会主义即实行私人企业国有化的时候,再进一步对他们进行教育和改造的工作。(毛)

　　被推翻,例如眼前国民党反动派被我们所推翻,过去日本帝国主义被我们及各国人民所推翻,对于被推翻者来说,这是痛苦的。(毛)

　　(二)结果补语　有时候,要叙述一种行为,一个动词还不够把意思表达清楚,于是在后面加上形容词或另一个动词来表示这种行为的结果:

　　划清反动派和革命派的界限。(毛)

　　帝国主义的侵略打破了中国人学西方的迷梦。(毛)

　　(三)程度补语　有时候,表示程度的词语不放在形容词的前面,而放在后面:

　　安静点吧,不要慌。(丁)

　　错误和挫折教训了我们,使我们比较地聪明起来了,我们的事情就办得好一些。(毛)

　　命既苦到底儿,身体算什么呢?(老)

　　(四)数量补语　有些词语,放在谓词的后面,表示时间的数量,以及次数、倍数等:

　　我们党走过二十八年了。(毛)

　　尤老二想烹他们一下。(老)

原载《语文学习》1952 年第 7 期

谓语形式和句子形式

一

谓语形式,在形式上和一般谓语没有什么不同,但是,它们在句子里所起的作用,并不是一般谓语的作用。有些谓语形式是当做主语或宾语来用的,它们的作用大致等于一个名词;有些谓语形式是当做主词或宾词的加语来用的,它们的作用大致等于一个形容词;有些谓语形式是当做谓词的加语来用的,它们的作用大致等于一个副词。谓语形式并不是谓语;它们是以谓语的形式转变为主语、宾语或加语去了。

二

(一)谓语形式用为主语或宾语

就一般说,一个句子里面不能有两个以上的谓词。谓词的前面,如果有一个谓语形式,这个谓语形式往往就是当做主语来用的:

> 置红军的支队于次要的作战方向也是必要的。(毛)
> 插起来费事。(赵)

谓词的后面,如果还有一个谓语形式,这个谓语形式往往就当做宾语来用了:

> 中国要实现经济上的真正的独立,还需要经过很长的时间。(毛)

有时准备过早,会变为等待敌人。(毛)

对于谓语形式用为主语者,有时候为了要求更加明确,或更加顺口,就用代词复指:

走俄国人的路——这就是结论。(毛)

或者把老虎打死,或者被老虎吃掉,二者必居其一。(毛)

(二)谓语形式用为主词的加语或宾词的加语

主词或宾词的加语,普通是用形容词来做的("大山、小狗、健康的身体");但是有时候谓语形式也可以替代形容词的用途,而且比形容词的含义更加丰富:

因为中国是受帝国主义压迫的国家。(毛)

康有为写了《大同书》,他没有也不可能找到一条到达大同的路。(毛)

那时,求进步的中国人,只要是西方的新道理,什么书也看。(毛)

阶级消灭了,作为阶级斗争的工具的一切东西,政党和国家机器,将因其丧失作用,没有需要,逐步地衰亡下去。(毛)

这是下种的时候呵!(丁)

她又想起了今晚将要来的客。(丁)

我是要离开了这住惯了的小屋子。(老)

就谓语形式用为加语者来说,上面这些例子的结构还是比较简单的。此外还有更复杂的,例如层叠的加语:

洪秀全、康有为、严复和孙中山,代表了在中国共产党出世以前向西方寻找真理的一派人物。(毛)

"向西方寻找真理"是"人物"的加语,"在中国共产党出世以前"又是"向西方寻找真理"的加语。

我们欢迎这种善良的要求重新学习的态度。(毛)

"重新学习"是谓语形式,它是"要求"的宾语,但"要求重新学习"又是"态度"的加语。

又如平行的加语:

一个有纪律的有马、恩、列、斯的真理武装的探取自我批评方法的联系人民群众的党。(毛)

这一个党是:有纪律的;有马、恩、列、斯的真理武装的;探取自我批评方法的;联系人民群众的。

又如转折的加语:

这个字带着不愿说而又不能不说的曲折。(老)

他不怕吃苦,也没有一般洋车夫的可以原谅而不便效法的恶习。(老)

(三)谓语形式用为谓词的加语

一般句子分为主语和谓语两部分。在谓语部分里,有时候还包含着谓语形式,这个谓语形式是谓词的加语。一般谓词的本质是一个动词,当谓语形式用为它的加语的时候,往往是表示一个动作行为的方式、处所、范围、时间或理由。

1.比较简单的谓语形式:

木杵不住地敲着石上的衣服。(丁)

他不觉对她妈说。(丁)

他自语般说。(丁)

你姊姊好说别人坏话,你怎好拿来讲呢?(丁)

三仙姑那天被一群妇女围住看了半天。(赵)

2.颇复杂的谓语形式(它本身带着宾词或简短的宾语):

他们成功地建设了资产阶级的现代国家。(毛)

日本人向西方学习有成效。(毛)

这个反革命专政,实行了二十二年,到现在才为我们领导的

中国平民所推翻。(毛)

妈便转身走回屋去。(丁)

托邻居们趁势和说一说。(赵)

他们给我种那三亩地。(赵)

就去请区长替咱管教管教。(赵)

就干脆卖了马养起人来。(赵)

全村连我的马只有三个牲口。(赵)

幺妹,到屋里去吧!(丁)

3. 更复杂的谓语形式(它本身带有较长的宾语或其他成分):

只好拿着铁锨走进马圈里。(赵)

她还是抱着愉快的心情去望那些美的田坎。(丁)

姊姊正在这时捧了一盆粥进来。(丁)

幺妹一人朝着冲口走去。(丁)

俄国人曾经在几十个年头内,经历艰难困苦,方才找到了马克思主义。(毛)

孙中山在绝望里,遇到了十月革命和中国共产党。(毛)

在十月革命以前,中国人民不但不知道列宁、斯大林,也不知道马克思、恩格斯。(毛)

西方资产阶级的文明,资产阶级的民主主义,资产阶级共和国的方案,在中国人民的心目中,一齐破了产。(毛)

谁去"唤起"和"扶助"呢? 孙中山的意思是说小资产阶级和民族资产阶级。但这在事实上是办不到的。(毛)

中国人和全人类对俄国人都另眼相看了。(毛)

用无产阶级的宇宙观作为观察国家命运的工具。(毛)

根据苏联的经验,需要很长的时间和细心的工作,才能做到农业社会化。(毛)

依靠这三件,使我们取得了基本的胜利。(毛)

像一个人一样,有他的幼年、青年、壮年和老年。(毛)

团结国内国际的一切力量击破内外反动派。(毛)

(四)等立的谓语形式：

中国人民在中国共产党领导之下,在驱逐日本帝国主义之后,进行了三年的解放战争,取得了基本的胜利。(毛)

除了谁领导谁这一个问题以外,当作一般的政治纲领来说,这里所说的民权主义,是和我们所说的人民民主主义与新民主主义相符合的。(毛)

谓语形式用为谓词的加语,是汉语的大特征之一。

三

句子形式,在形式上和一般句子没有什么不同,但是它们并不是句子的全部,它们只是句子的一部分。用通俗的话来说,就是句子之中有句子。有些句子形式是当作主语或宾语来用的;有些句子形式是当作主词或宾词的加语来用的;有些句子形式是当作谓词的加语来用的;有些句子形式甚至是当作谓语来用的。

(一)句子形式用为主语或宾语

句子形式用为主语或宾语,和谓语形式用为主语或宾语,基本上是相同的。只有一点不同,就是句子形式本身有它的主语。当它被用为主语的时候,是主语之中有主语;当它被用为宾语的时候,是宾语之中有主语:

中国人找到马克思主义,是经过俄国人介绍的。(毛)

第二次世界大战打倒三个帝国主义国家并建立各新民主国家,也是这样。(毛)

他要害我们是很容易的。(丁)

以上句子形式用为主语。

1949 年的 7 月 1 日这个日子表示:中国共产党已经走过了

二十八年了。(毛)

目前形势的基本特点,就是日本帝国主义要变中国为它的殖民地。(毛)

以上是句子形式用为宾语。

(二)句子形式用为主词或宾词的加语

句子形式用为主词或宾词的加语,分析起来,有三种情形:第一,这个句子形式本身有它的宾词:

这就是19世纪40年代至20世纪初期中国人学习外国的情形。(毛)

帝国主义的侵略打破了中国人学西方的迷梦。(毛)

这就是我告诉你为什么他们是虎狼的道理了。(丁)

第二,这个句子形式本身的宾词已经变了被修饰的部分,在这种情形之下,往往是用"的"字把这个句子形式和被修饰的部分隔开:

孙中山临终时讲的那句必须联合国际革命力量的话,早已反映了这一种经验。(毛)

孙中山临终时讲了那句话。

中国人民在几十年中积累起来的一切经验,都叫我们实行人民民主专政。(毛)

中国人民积累了经验。

改造自己从旧社会得来的坏习惯和坏思想。(毛)

自己从旧社会得来了坏习惯和坏思想。

第三,这个句子形式本身没有宾词:

有几个胆子太小的人还悄悄地劝大家。(赵)

(三)句子形式用为谓词的加语

句子形式用为谓词的加语,等于一个副词。这时往往是有一个"的"字("地"字)跟在这个句子形式的后面：

> 他好像很得意，嗓子拉得长长的说。（赵）

"嗓子拉得长长的"是谓词"说"字的加语。

(四)句子形式用为谓语

有时候，句子形式被用为谓语。这样，整个句子形式只等于一个动词或一个形容词的用途：

> 我肚子饿了。

等于说"我饿了"。

> 不过他人还好，肯受恭维。（丁）

等于说"他还好"。

句子形式用为谓语，也是汉语的特征之一。但这种句子形式的主语须是身体的一部分（如"我肚子饿了""他胆子小"），或简直用一个"人"字（"他人还好"）。咱们不应该把"我肚子饿了"解释作"我的肚子饿了"。否则遇着"我肚子饿了，想吃一点东西"这类的句子分析起来就很别扭，竟像是"肚子想吃东西"了！

原载《语文学习》1952 年 9 月

句子的分类

句子的分类,对于语言结构的说明有一些好处。我们在这里只简单地谈一谈。

一、从谓语的性质上区分

从谓语的性质上来看,句子可分为三类:

(一)**叙述句**,是用一般动词做谓词的。因为它叙述一个事件,所以叫做叙述句:

德意法西斯竭力援助日本帝国主义。(毛)

人民民主专政需要工人阶级的领导。(毛)

(二)**描写句**,是用形容词做谓词的。因为它描写一种状态,所以叫做描写句:

你太傻了!(老)

小资产阶级人数较少,革命坚决性较小。(毛)

(三)**判断句**,是用"是"字做谓词的。因为它判断是非,所以叫做判断句①：

> 军队、警察、法庭等项国家机器,是阶级压迫阶级的工具。(毛)
>
> 我们在这方面使用的方法,是民主的即说服的方法,而不是强迫的方法。(毛)

二、从句子结构的繁简上区分

从句子结构的繁简上区分,句子可以分为两类:

(一)简单句,是只有一个简单的句子形式:

> 杨大个儿们一齐叫了声"哥儿们"。(老)
>
> 她紧紧的挤到她哥哥身边去。(丁)

有时候,句子形式用做主语、宾语或加语,它所在的句子仍可认为简单句②。

> 农民打倒土豪劣绅这件事完全是革命行为。(毛)

(二)复合句,是两个以上的句子形式结合起来成为一个句子(有些谓语形式应该当做句子形式来看待)。复合句又可分为两种:平行句;主从句。平行句所包含的那些句子形式是处于平等地位的:

> 真正的友谊的援助只能向这一方面去找,而不能向帝国主义战线一方面去找。(毛)
>
> 中国人向西方学得很不少,但是行不通。(毛)
>
> 老者很同情祥子,而且放了心。(老)
>
> 拿了家伙敢报官吗? 况且,敢不拿着吗? (老)

---

① 在另一些著作里,我说叙述句以动词为主要骨干,描写句以形容词为主要骨干,判断句以名词为主要骨干。在判断句里,"是"字虽可以从宽认为谓词,但它的意义比较空虚,主要骨干还是名词。

② 在另一些书里,我把这类句子叫做"包孕句",现在觉得没有另立名称的必要。

连词"而、而且、况且、但是"等,是联结平行句的工具。

主从句所包含的那些句子形式,有一个(或更多)处于主要的地位,另一个(或更多)处于从属的地位:

> 为着说清我们在下面所要说的问题,在这里顺便提一下这个人类进步的远景的问题。(毛)
>
> 他们如果不愿意劳动,人民的国家就要强迫他们劳动。(毛)
>
> 这是值得庆祝的,因为这是人民的胜利,因为这是在中国这样一个大国的胜利。(毛)
>
> 事变是发展得这样快,以至使很多人感到突然。(毛)
>
> 等到将来实行社会主义即实行私人企业国有化的时候,再进一步对他们进行教育和改造的工作。(毛)
>
> 虽然如此,他现在心中可有点乱。(老)

连词"如果、虽然、因为、以至"等,都是放在从属部分里面的,它们的职务是表示从属部分对于主要部分的从属关系。"等到……的时候"虽然不是连词,也有连词的作用;"当……的时候"也是如此。"如果、虽然、即使、当……的时候"所在的主从句,是从属部分在前,主要部分在后的。"因为"所在的主从句,从属部分在前在后都可以;如果从属部分在前,往往在主要部分加上连词"所以",例如"因为下雨,所以他不去"。"以至"所在的主从句,从属部分是在主要部分的后面的。

汉语里的复合句并不一定需要连词;相反地,没有连词的复合句还比较常见。我们把没有连词的复合句叫做意合句:

> 资产阶级的民主主义让位给工人阶级领导的人民民主主义,资产阶级共和国让位给人民共和国。(毛)
>
> 我们熟悉的东西有些快要闲起来了,我们不熟悉的东西正在强迫我们去做。(毛)

这两个平行句都没有用连词"而"字。在现代一般口语里,这种"而"字是以不用为常例的。

> 要救国,只有维新。(毛)
>
> 不承认这一条真理,就不是共产主义者了。(毛)
>
> 没有工人阶级的领导,革命就要失败。(毛)

这三个主从句都没有用连词"如果"。当从属部分是否定语的时候,不用"如果"的情形更为常见。

有些复合句只有意合的办法,不用连词,实际上也不需要连词:

> 错误总是难免的,我们要求犯得少一点。(毛)
>
> 孙先生有了经验了,他吃过亏,上过当。(毛)①

有些句子,虽然也可以认为复合句,但若认为简单句(就是把许多谓语形式都认为谓词的加语),就觉得句子的结构更紧凑些,同时在逻辑上也更容易了解些。

> 我们完全可以依靠人民民主专政这个武器,团结全国除了反动派以外的一切人,稳步地走到目的地。(毛)

主要是说:我们完全可以稳步地走到目的地。"依靠人民民主专政这个武器"和"团结全国除了反动派以外的一切人",这两个谓语形式只是用来表示"走"的方式的。

在普通的简单句和普通的复合句之外,汉语里有两种特殊的句子结构。它们不是复合句,因为它没有两个以上的句子形式,有时候甚至没有两个以上的谓语形式。它们也不是简单句,因为它比普通的句子结构多出了一些东西。第一种叫做递系句。最常见的递系句是两个句子形式密切联系在一起,上句的宾语兼做下句

---

① "错误总是难免的,我们要求犯得少一点"这一类句子,我们叫做按断式;"孙先生有了经验了,他吃过亏,上过当"这一类的句子,我们叫做申说式。参看王力《中国现代语法》。

的主语：

> 孙中山……欢迎中国共产党和他合作。(毛)

孙中山欢迎中国共产党——中国共产党和他合作。

> 我们应该……帮助他们摆脱背上的包袱。(毛)

我们应该……帮助他们——他们摆脱背上的包袱。

　　所谓两个句子形式密切联系在一起，只是从结构的形式上说；如果从意义上说，下一部分和上一部分是一个整体，有了下一部分，句子的意义才算完整，它是不能分割开来的：

> 我们还有帝国主义站在旁边。(毛)
>
> 世界上只剩下一个帝国主义大国即美国没有损失。(毛)
>
> 环境迫使人们活不下去。(毛)

　　此外还有一种递系句也是很常见的，它也是两个句子密切联系在一起，但是它和上面所说的递系句在结构上不相同，它是上句的谓词兼做下句的主语：

> 中国人向西方学得很不少，〔但是行不通。〕(毛)

"学"字，对主语"中国人"来说，它是谓词；对"不少"来说，它又有主语的性质，因为"不少"是指"学"来说的，不是指"中国人"来说的。

> 也对他们做宣传教育工作，并且做得很用心，很充分。(毛)
>
> 我们的事情就办得好一些。(毛)

　　从这些例子里，咱们可以看出，这种递系句必须用"得"字，放在上句的谓词的后面，作为联系的工具。上句的谓词必须是不带宾语的(说"对他们做宣传教育工作很用心"是不很顺的，该说"对他们的宣传教育工作做得很用心")；下句的谓词必须是一个形容词或形容语(形容词如"少、好、充分"等，形容语如"用心"等)。

　　第二种叫做紧缩句,就是把意合句紧缩为一句。意合句和紧缩句的分别是:意合句显然有两个句子形式(或谓语形式),说话的时候,两个句子形式的中间要停顿一下(在文字上用逗点来表示);紧缩句是把这两部分说得十分紧凑,在意义上虽然是复合的性质,在形式上却像一个简单句:

　　　　人到老年就要死亡。(毛)

说成复句是:人到老年的时候,他就要死亡。

　　　　刺激也是那样,不刺激也是那样。(毛)

这是两个复合句的紧缩:如果刺激他们,也是那样;如果不刺激他们,也是那样。

　　　　没他们是不行,有他们是个累赘。(老)

这也是两个复合句的紧缩:如果没有他们,那是不行的;如果有了他们,那又是个累赘。

　　此外还有一种紧缩句也是常见的,它是两个句子形式紧紧结合在一起,中间用一个“得”字,作为联系的工具。一般说来,“得”字后面的部分是夸说某一件事的厉害程度的:

　　　　他痛快得要喊叫出来。(老)

他很痛快,以至要喊出来。

　　　　我的脸红得冒出火来,把头低得无可再低。(老)

这是两个复合句的紧缩:我的脸红得很,以至〔好像〕冒出火来;我把头低得很低,以至无可再低。

　　上面带“得”字的递系句和这里带“得”字的紧缩句的共同点是:“得”字必须和谓词紧接着,中间不得插一个宾语。它们的分别是:在递系句里,“得”字后面是一个形容词或形容语;在紧缩句里,“得”字后面必须是一个谓语形式,里面有一个动词(“喊叫、冒等），或带动词性的形容词（"低"等）。带"得"字的紧缩句还有一个特点，就是"得"字后面容许有一个完整的句子形式，里面有它的主语。这是带"得"字的递系句所不容许的：

猛的一股风顶得他透不出气。（老）

递系句和紧缩句里的"得"字，有人写成"的"字。写成"得"字妥当些，因为在南方许多方言里，"的"和"得"不同音，就只说成"得"字，不说"的"字。

原载《语文学习》1953 年 1 月

关于"它们"

转来李一毅同志的信，收到了。我很感谢李一毅同志的指教。

我的文章里说"它们"表示中性复数，说了之后并没有举例，同时也没有充分估计到读者会有疑问，不能预先作一解释。这样做，是不妥当的。

李一毅同志说"们"字只表示人的复数，这话是有理由的。照咱们的老规矩正是这样。但是，照咱们的老规矩，也并没有"他""它""她"在写法上的区别；四十多年来，咱们有了这个新规矩。而"它们"呢，在书面语言里，也渐渐发展起来了。试举新华社的电讯为例：

> 总理们希望，这种澄清将使所有被邀请的国家都能接受它们的邀请。（见1955年2月17日《人民日报》及其他各报）

这是翻译的一段话，因为原文的"它"是复数，所以译成"它们"。再说咱们的"它"从"他"分化出来，也正是受了外来的影响。因此，"它们"这个新词，在现代汉语里是前途远大的。至少是在书面语言里，"它们"会渐渐变为常见。李一毅同志说，在一般人说话中有时也有这样错误，例如："这群羊真可恶，把我的菜吃了，你把它们赶走。"依我个人的意见，这不能认为错误，我并且认为这种新兴的用法是值得提倡的。

不过，"它们"这个新词有一点跟"它"不同。"它"字在口语中和"他、她"虽无分别，但"它"字在口语中指无生之物早已存在了的，"五四"以后，改"他"为"它"，在书面语言上毫不费力，在口语中也无所谓改不改。"它们"就不同了，咱们老规矩"们"字只指人，不指物，那么，要在口语里创造一个"它们"，不是太容易的事情，自然也并不是不可能。至于书面语言里，"它们"肯定是通的，而且我们可以肯定地说，在书面语言里，"它们"的用途会渐渐普遍起来，正像四十年前的"它"一样。

原载《语文学习》1955 年 4 月

[附]　　　　　**李一毅同志的来信**

《语文学习》今年 1 月号《语文知识》(十六)里，王了一先生解释"它们"说(53 页)："'它们'表示中性复数。"我认为这样提法是不够妥当的。因为"它"一般用于指动物或一种事情；而"们"是词尾，表人的复数，例如"你们、咱们、工人们、农民们"等等，我们绝不能说"桌子们、事情们、牛们、马们"，只说"几张桌子、几件事情、两头牛、三匹马"等等。就在这篇文章里解释"们"字也说：对动物及非动物不能称"们"(56 页)。因此，说它们表示中性复数是不妥当的。在一般人的说话中，有时也有这种说法，例如："这群羊真可恶，把我的菜吃了。你把它们赶走。"那也是错误的。

我学语法

我学语法，最初主要是看了三部书：一部是《马氏文通》，一部是《高等国文法》，另外一部是《新著国语文法》。三种里面，最值得称赞的就是《新著国语文法》。因为它是头一部讲国语的文法（当时的所谓国语，就是我们现在所说的白话文）。在 1924 年以前的教科书讲的都是古代汉语，唯有黎先生的书讲的是白话文，是现代汉语。这部著作对于我们提倡白话文、推行国语，是建立了很大功勋的。

刚才张志公先生讲到，我们应该用历史观点来看待黎先生的贡献，这很对。当时像《马氏文通》《高等国文法》，还不都是仿照西洋文法来写的吗？黎先生的这部书，我认为在某些地方胜过《马氏文通》，胜过《高等国文法》。在这一点上，我们应该肯定这部书的成就，承认这部书在当时所起的很好的作用。

黎先生博古通今，他一方面提倡白话文，一方面又读了很多古书。所以，他除了《新著国语文法》之外，还另有一本《比较文法》。这部书把现代汉语和古代汉语加以比较，照我看来，是比《新著国语文法》更有分量的书，有很多地方现在还在起着作用。最近我写的语法史，里面谈到上古汉语没有系词。这不是我的新发现，黎先生早就说了。《马氏文通》认为《论语》里已经有系词了，杨树达也这么认为，可是黎先生认为《论语》里的"是"还是代词，不是系词。这个见解，还有其他很多见解，我觉得到现在还是很有价值的。

所以，我们今天纪念黎先生意义重大。

这是王力先生 1984 年 8 月在北京市语言学会召开的纪念《新著国语文法》发表六十周年学术座谈会上的讲话，由奚博先根据录音整理，原载《语文建设》1995 年第 9 期

文化建设与新训诂学

今天我很高兴能到贵会来演讲,但同时也很惭愧,因为广东建设研究委员会是研究广东建设问题,我所演讲的题目是"新训诂学",虽然罗委员曾和我商谈过将题目加多"文化建设"几个字,以表示与建设有关联之意,但是,我仍不敢当,因为我所讲的新训诂学,对于广东建设能不能有所帮助,尚成问题。

在未讲新训诂学之前,我们先要知道何谓训诂? 简单地说:训诂者是谈字的意义。为什么要说是新训诂学呢? 因为我们所讲的与前人多有不同——我们有我们的意见,不能跟前人一样,所以要提出来,这也是本讲的意义。

前人研究文字学多分为三方面:第一讲字形的;第二讲字音的;第三讲字义的;即《四库全书提要》里面所谓小学(即文字学)的"字书之属、韵书之属"和"训诂之属"。若依语言学的眼光看来,语言学也可分为三方面:第一为声音,即语音学;第二为文法,即文法学,又称语法学;第三为意义,即语义学。今天我所讲的是属于语义学(semantics)的范围,即训诂学。又我们所要讲的"新"训诂学,是有把旧的检讨和加以改良的意思。

回顾从前研究训诂学的人,可分为三派:

(1)纂集派:是把前人每一字的诠释都搜集起来的。如阮元的《经籍纂诂》,及近日的《韵史》(商务)、《辞通》(开明)等是。这派的好处是具有一种科学精神,只引述他人的意见,没有成见,故如有错误则是人家的错误,而非它的错误。这是它的好处,但它的毛病也就在这里,因为它无意见,不能算是一种学问,一本作品,学问是在求真理,辨是非,而这派则没具有这种作用。故如《中华大字典》《辞源》之类,搜罗虽广博,而弊端丛生;注释虽多,但不免庞杂,使人无所适从。试举一个例,比方《辞源》对"媚"字的注释是:"说也,谄也,爱也。"此三义本是一贯相通的,就是说三者合而为一的。"说也"(音悦)一训引自《说文》,说(悦)者,是讨人欢喜之意,换句话说,即是讨好;"爱也"一义,出自《诗经》("媚兹一人")。讨好平辈便算谄媚,讨好皇帝便认为是爱了:故三者是有联贯性的。但纂集者不作总观,而把它分拆开来,便易混乱,混乱就是这派的毛病。

(2)注释派:从古人很多的注释中有新的发明,是此派的特色。故许多人称这派是注解中的诤臣,能纠正前人之误,补充其不足,故很有用处。比方王筠之《说文释例》谓"禾麻菽麦"都是专门名词,但在"十月纳禾稼"一句里,"禾"字则是普通名词。这种就文法上去诠释,固是有其好处,但有时对前人太过相信,所以也有害处。如《说文》:"夫,丈夫也。"这个"夫"字不是现在所谓夫妇的夫,或女人称其夫为"丈夫"的意义,这所谓丈夫即是"男人"。段玉裁说的很对,释"夫"为"丈夫、男子"。但他在《说文解字注》又有"壻,夫也"一个注释。壻,亦男也,从表面看来本同一义。但"壻"字只指夫妇之夫,不能一切男子都叫做壻。所以这种方法有时也要不得的,他们有两个毛病:呆板;材料不足。自甲骨文出土后,新的材料发现得更多了,如"行"字作"╬"是表示十字路口,两旁有房屋,原义是路,如"術",邑中道也,"衕",巷也;"街、衢、衝"都是路,《诗经》:"寘彼周行。"《易经》:"中行独复。""行"都是路的意思。

(3)发明派:这派是最后起的,把前人的训诂加以发明。他们定有很多通则:从声音相通,或声音之转而判其意义亦同。可以章太炎为代表。如"毌"字应念"贯",是穿钱的绳子,即穿过之意,而"贯、关"是相通的,门的闩子为"关","关"也有穿意。"环"也是一样,也是一音之转,故其义也相同。但这种专靠声音而求义,却不足恃,有时声音不正确,很容易发生毛病,绝不能"融会贯通",包括无遗。所以章太炎以后,讲训诂发明的人,便错误百出,如说英文 king 与"君"是一音之转,故有人谓 king 之音是英人偷我的。又说英文 road 与路为同源,其实这种望"音"生义,殊属荒谬。英文 bad 与波斯的 bad 声音同而来源异,德文 feuer 与法文 feu 声音相同而出源不同。总之,音同而源异的例子甚多,故不能以此训彼;或彼此通训。又《说音》一书以为声音相同,必有同一的道理,如"肥"与(fat),但是与"匪"则说不通,究其理由何在,仍属茫然。章太炎著《新方言》,认为现在的方言,都可以在古书上找出根源来,其实他这些话是靠不住的。据我们所知,粤语的方言,有很多字在书上是找不到的。它的原因有二:根本失传;传自外族,如苗瑶,或外国等处。广东南路有一部分人说咀嚼为 gnai,这声音本源自安南的 nhai,非本土所有。又如《新方言》有"啥"字,是"什么"的意思,章说:"啥"即"舍",亦即"什么"之义,而不知这"舍"字是一种古人的语法,《孟子》"舍皆取诸其宫中而用之",若将"舍"改为"何"字,而成"何皆……"当"什么都……"讲,在文法上,则唐宋以前是绝对未有的。后人推波助澜,自辖巧妙,更加是扑风捉影了,如《辞海》"嚇(吓)"字注"惊恐人曰嚇",下面就引《庄子·秋水》:"今子欲以子之梁国而嚇我也。"谓语言读如下,亦写作"吓",其实"嚇我"在全文中的意思就是拿这种声音来对待我,《辞海》凭空引出恐嚇的意思来,是不对的。

我现在对于旧的训诂学,想下个总批评:他们完全崇拜古人,专从故书堆着想,所谓"非三代两汉之书不敢观",故弊病百出,虽然古人的宝藏,我们不能抹煞,但我们自有头脑,不应全部泥古,故旧训诂学之为功为罪,已有定论,我们不用赘述。

我们对新训诂学,自要着重其历史的渊源,比方如"鬆"字,周秦以前的书并没有这个字,"腿"字汉代以前也找不到。"脖"字"膀"字确实产生于何时,我们现在也没知道。如果我们把这种字的训诂,从历史的渊源去探索,则可得其真义。

西洋人研究语义的变迁,说是约有三种方式:

(1)扩大法:如"脸"字原义是擦胭脂的地方,即现所说的"颊"部,但现在已扩大它的意义为"面"之全部。

(2)缩小法:如"止"字,《仪礼》云:足也。后书为"趾"即缩小其范围为脚趾的趾。

(3)移动法:如"脚"字,现在作为走在地上的"足"字。但汉以前则指小腿。太史公《报任安书》有云"膑脚",即将小腿割去。故"脚"字由小腿而移动为足的全部(已包括大小腿)。又如"细"字从糸(即丝)原指丝,后扩充而指一切东西的细小,现广东便有"细事、大细事"之语,但北方则将"细"字转为"细致"之义。又"幼"原谓"幼稚",但粤语说"绸好幼",即绸好细的意思。他如古称"行路",今北方话叫"走路",现在广东人还保存此"行"字在口语里;"喊"原是"叫"义,广州话则转为"哭"义。——以上都是意义之移动。

其次,移动法还有感觉的移动:原来"见"应是看见,睇见,而广州话则有"听见"词,若循之文法,则没有道理。

此外由于封建时代帝名忌讳的移动:如因汉明帝名庄,则当时所有关于"庄"字的音都改为"严"字,如"庄光"改"严光",即"行装"亦改"行严"。唐后因避讳唐太宗李世民的"世、民"二字,故"世"改为"代","民"改为"人","五世同堂"改为"五代同堂","生民"改为"生人"等。

利害之忌讳:市场上常把不利的字隐讳,而以有利的字来代替,例如"猪舌"改叫"猪利","猪肝"改叫"猪湿"或"猪润","担杆"改"担湿","通书"改"通胜"。就是由于忌避"蚀、干、输"等字的音。

习俗上的移动:广东人讳血,云南人亦讳血,故广东称猪血为猪红,云南称猪血为"旺子"。

反面的称法:如叫汤(与杀义之"创"同音)为"羹"或"顺"。又粤音"空、凶"同音,故称"空身"为"吉身",称"空屋"为"吉屋"。均是用反面意义来代替的。

总之,各种字义的移动,不是一人一时所造成,而是经过相当的时间逐渐变化过来的。此外还有二种方法:减轻原义;加重原义。如"诛、赏"二字是。"诛"本义是责备,后来变为诛杀的意义;"赏"本义是拿宝贝赏人,现则有所谓"欣赏",与原义大不相同了。

又如广东人叫"便宜"为"平",原来"平"是"相当"之意,而云贵一带则叫"相应",都变成"贱"的意思了——这些也是一种转变。

所以我们对于古书,去研究它的训诂,都要从几方面看:音韵方面;意义方面;文法方面。就文法来看,"舍皆"绝不能与"何皆"通用。就字形来说,有些字不能单就字形来看,如"屎、尿"两字是后起的,在古书只有"矢溺"(《史记》"矢溺")二字。"糖"字古只有"饧"字。就音韵来说:有许多是形古而意义不古,如"抢"字,《庄子》已有,其意为摩擦,非是"抢劫"的抢;"穿"字原非有穿衣服的"穿"意义。所以我们研究训诂学最好:

(1)避免远绍:要从历史上去考查,从前有而后不见的,则靠不住,因它的真实性很少,如"该"字现有二义:应该;该欠。汉以前虽亦作"赅"义,即"军中约也",但经过数千年,原义已失,故以古证今,已靠不住。有些人云亦云,所谓大同小异,均属妄诞。

(2)摒除成见:如"脚"指"小腿"或"胫",是汉以前的解释,现则已改为"足"了。《辞源》另释为"足之别称",是不当的。"仅"在唐以前是"多"意。"山城仅百层",指百层以上,白乐天有云"分别仅一纪矣",即是说分别有十二年之多。如说"我仅有十块钱",唐以前即是说"我有十块钱之多",但现在人对"仅"的用法适相反了。何以会这样转变,则殊不可解。

如"稍"字宋以前作"渐"解,现作"略"解。"再"字,古指"二次",即英文之 twice,说"再首、再拜"是对的。今则作为二次以上,如英文之 again，意义就不同了。"两、二"在今则并无分别，古代则区别很清楚，"二"是数目字，而"两"是指车两，因车有两轮，后来指两件东西相配而没有第三样的。现代人所谓饭锅里盛了"两碗饭"，谓屋子有"两间"，叫二人为"两人"等均是不对的。这些"两"字应用"二"字。

总之，字之意义（即训诂学）乃文化史之一部，由语言部分可知古代风土人情。从"牛、马"等偏旁的字之多，可知古代有过一段畜牧时代，如小马称"驹"，小牛称"犊"，二岁三岁以上的马都各有专名，均有牛、马字旁。阿拉伯的骆驼有数千种名称，这都是社会生活使然。又现作"治家治国"之"治"字，何以有水旁呢？今天多莫名其妙，朱骏声《说文通训定声》则释谓"理导水也"，即因以前有洪水，要治国必要治水，故从水旁。英文的 rice 一字，我国有稻、米、禾之分，盖因我国为农业社会，关于这类东西分别不能不精细，故字也较多。

古人对"鬚（须）"的位置及名称分得很清楚，如上边的叫"髭"，两旁的叫"髯"，中间下垂的叫"鬚"，现只用"胡子"二字来代替一切，就因为古人多留胡子，故区别得很仔细。

我们研究训诂学，要利用古人留下的遗产，加以科学的方法、历史的眼光去研究语义的变迁，观察社会的变迁，认为它是一部整部的历史，去处理，研究，才能有新的发现，新的收获。如果专以经学视之，是古而非今，那就偏于一隅了。

原载《广东建设研究》1946 年第 1 卷第 2 期

谐声说

自来音韵家于谐声字,皆以韵说之,谓声母在某韵,从其声者必与之同韵。段玉裁《六书音均表》、严可均《说文声类》、朱骏声《说文通训定声》、戚学标《汉字谐声》、姚文田《说文声系》皆主此说。静安先生独疑字之衍声,当以纽,不当以韵。尝以语力,力归而思之,先生之言确也。然韵衍之说,案据俱在;舍韵言纽,则凿不可通。意必纽韵俱同,声母读某音,从其声者皆与之同音。质之先生,先生未以为然。随举"午、杵、许"三字为例,明其不能混为一音,且"许"古作"鄦",将谓音与"午"同乎?与"无"同乎?力无以对。又归而思之,得一说焉。盖音之嬗变,由于外铄。使乡民老死不相往来,其韵纽虽至今未变可耳。五方之音同源异致者,水土异也。既异矣,又交相摹拟,稍趋于同。而终不能尽同,各变其所变,而音乱矣。今广西南部读齐韵字,与支韵迥殊,独"兮、溪"等字,或读与支韵混。盖江河南北,皆读齐如支,广西效其声势,而不知自乱其例也。岭外三州语,晓纽"许、朽"等字读如北京音,"虎、火"等字读如广州音,亦不知自乱其例也。古今一理,音之嬗变,殆由于此。今"午、杵、许"之音读,盖由数地之音混合而成。要溯其源,皆归疑纽。"鄦"字本音如"無(无)",其后音变为"午",今北方"午""無"音亦无别也。"午"音复变为"许",展转嬗化,亦理之常也。夫谓字之衍声以韵不以纽,则"舟、朝,冒、曼,元、兀,难、傩"等字皆不可通,王篈友尝辨之矣。

若云或以纽衍,或以韵衍,则其例不纯。何如以同音说之之为愈耶？尝思制字之初，意在便民；声母同音，即偏旁可知其音，其例易晓；执一御万，识字甚易。若或以韵衍，或以纽衍，纷然淆乱，无从知其音读，惟恃字字强记，非便民之道矣。按：《释名》："害，割也。""水，准也。""掣，制也。"由今纽韵读之，音皆不近，是古与声母同音而今异矣。六书之作，谐声后起，然必权舆于三代以前。降及周末，字音或已微异于古。汉又异周，然去古未远。即其书以求音原，十得八九。每欲从事于此，先为是说，以质于先生。

原载《北京大学研究所国学门月刊》第一卷第五号，1927 年

先秦古韵拟测问题

小引 拟测的意义

拟测又叫重建。但是先秦古韵的拟测，和比较语言学所谓重建稍有不同。

比较语言学所谓重建，是在史料缺乏的情况下，靠着现代语言的相互比较，决定它们的亲属关系，并确定某些语音的原始形式。至于先秦古韵的拟测，虽然也可以利用汉藏语来比较，但是我们的目的不在于重建共同汉藏语；而且，直到现在为止，这一方面也还没有做出满意的成绩。一般做法是依靠三种材料：第一种是《诗经》及其他先秦韵文；第二种是汉字的谐声系统；第三种是《切韵》音系（从这个音系往上推）。这三种材料都只能使我们从其中研究出古韵的系统，至于古韵的音值如何，那是比系统更难确定的。

是不是我们就应该放弃这一方面的探讨呢？我以为先秦古韵的拟测，在汉语语音发展史的说明上有很大的用处。因为研究上的困难而放弃这一方面的探讨，那是因噎废食，是不应该的。

首先必须声明,所谓拟测或重建,仍旧只能建立一个语音系统,而不是重建古代的具体音值。如果拟测得比较合理,我们就能看清楚古今语音的对应关系以及上古语音和中古语音的对应关系,同时又能更好地了解古音的系统性,例如清儒说古音"家"读如"姑",意思是说读为[ku]。为什么不说古音"姑"读如"家"呢?假如鱼部字一律读 a 韵,"姑"读为[ka],不是一样地解决问题吗?再说,清儒把"家、姑"认为同音,是违反比较语言学原则的:假如它们完全同音,后来凭什么条件分化为两音呢?前人又说"亡"通"无"是鱼阳对转,这只指出了现象,至于鱼阳凭什么对转,就非把古音拟测出来不能从音理上加以说明。

拟测出来的语音系统好比一种示意图:示意图不是精确的,但也不是随意乱画的。拟测必须做到近似而合理。

十年以来,我一直反复考虑古音拟测的问题。有些地方我自以为有把握,另有些地方我还没有把握。现在把先秦古韵拟测问题提出来讨论一下。我在我的《汉语史稿》里只讲了我的结论,现在我想解释一下我之所以得出这些结论的理由。其中也有一些小小的修正。

一、韵部是不是韵摄

中国传统音韵学从来不认为韵部等于韵摄。实际上韵部就是韵。其所以被称为韵部,是对《广韵》而言的。顾炎武以《广韵》的鱼虞模侯及麻之半合为一部,就意味着这些韵在先秦应该合为一个韵,元音只有一个[u](其撮口呼为[y])。所以他说"家"古音"姑","牙"古音"吾","茶"古音"涂","奢"古音"都","华"古音"敷","斜"古音"徐","侯"古音"胡","楼"古音"间","偷"古音"俞","头"古音"徒","沟"古音"沽",等等。后人证明侯韵不属鱼部,"侯"古音"胡"之类是错的。但是这个例子可以说明一个道理,古韵部无论相当于《广韵》多少韵,也只能认为只有一个共同的元音。当然,顾炎武由于主张"韵缓不烦改字",有些韵部也读成两种元音,例如他说"天"字不必读铁因反(见《音论》),"麻"字不必读为"磨"(见《唐韵正》卷四)。这样他的韵部又太大,等于臻摄和山摄相通,假摄和果摄相通。

江永纠正了他,认为"天"古读铁因切,"坚"古读居因切,"贤"古读下珍切,"年"古读泥因切,"麻"古读莫婆切,"嗟"古读子娑切,"蛇"古读唐何切,"嘉"古读居何切,"沙"古读桑何切(见《古韵标准》)。从此以后,再也没有人主张"韵缓不烦改字"了。

段玉裁提出"古音韵至谐说",他说(见《六书音均表》):"明乎古本音,则知古人用韵精严,无出韵之句矣;明乎音有正变,则知古人咍音同之,先音同真,本无诘屈聱牙矣。"

清儒所讲古韵的读法,有简单化的毛病,但也有合理之处,那就是"古音韵至谐"的理论。不能设想,先秦押韵多半是马马虎虎的(段氏所谓诘屈聱牙)。假如像高本汉(B.Karlgren)所拟测,"家、华"等字的元音是å(很开口的o),鱼模韵字的元音是o,那就只能偶然通押,而不能像《诗经》那样经常碰在一起。如高本汉所拟,虽在先秦,仍然麻韵内部的字是一家,鱼模韵字另是一家,那是所谓同门异户,不够亲密。清儒认为"家"古读如"姑","华"古读如"敷"等,那才亲如一家了。把韵部看成韵摄,如高本汉所为,是不合乎段氏"古音韵至谐"说,是认为先秦诗人经常押些马马虎虎的韵,那是不合事实的。

韵摄只有十六摄,而古韵有廿九部(如果冬部独立则有三十部)。如果把韵部拟测成为韵摄,势必造成上古汉语元音系统的极端复杂化。如上文所论,古音拟测只应该是一种示意图,因此,上古元音只能是音位性质的描写,不应该是实验语音式的描写。高本汉利用了几乎一切可以利用的元音音标来拟测上古汉语的语音,我们怀疑事实上存在过这样纷繁的元音系统。这和他所拟测的上古汉语声母系统是不相称的。声母由于可根据的材料少,就拟测得比较简单。韵部由于有先秦韵文和《切韵》系统对照,就拟测得非常复杂。这种形而上学的观点,是值得批判的。

把韵部看成韵摄,最大的毛病是韵部与韵部之间的界限不清楚,例如高本汉把鱼部的"家"拟测为 kå,"古"拟测为 ko,歌部的"歌"拟测为 kâ,"加"拟测为 ka。他并且说明:å 是很开口的 o,â 是 â grâve(法语的 pâte),a 是 a'aigu(法语的 patte)。这样说,å 就是国际音标的[ɔ],â 就是国际音标的[ɑ],a 就是国际音标的[a]。试看下面的元音舌位图:

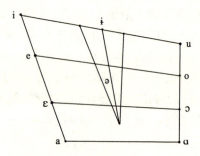

可以看见,[a]和[ɑ]的距离颇远,而[ɔ]和[ɑ]的距离很近,只相当于[ɔ]和[o]的距离。人们不禁要问:为什么"加"和"歌"读音的距离颇远,却同在一个韵部,"家"和"歌"读音的距离很近,反而不能同在一个韵部呢?"家"和"古"的距离跟它和"歌"的距离相等,为什么"家"类字和"古"类字能押韵,而和"歌"类字不能押韵呢?这是无法说明的。

鱼部已经占了[o]的位置,剩下只有从[o]到[u]的狭小范围,要摆得下宵部、药部、幽部、觉部、侯部、屋部,以及之职两部的一些字,可以说是"拥挤不堪"!高本汉把宵药拟测为 og、ok 等,固然和鱼铎没有冲突,因为他把鱼部大部分去声字(如"度")拟成 ag 等,铎部拟成 âk 等。但是这样仍嫌鱼部平、上声的 o 和宵部元音相重,人们会问:鱼部平、上声既然是 o,为什么它的去、入声不能是 og、ok?为什么同是一个"著"字,当它读去声时是 tio,读入声时又是

ti̯ak，元音距离那么远？更严重的是，像《邶风·式微》的"故、露"（ko、glâg），《唐风·葛生》的"夜、居"（zi̯ag、ki̯o），不但收音不同，连元音也不同，为什么可以经常押韵①？其次，高本汉把宵拟成 og，幽拟成 ôg（相应地，入声分别拟成 ok、ôk），这样细微的区别还分为两个韵部，显然违反了他把韵部看成韵摄的原则，与 a、â 合为一部，å、o 合为一部成为鲜明的对比。又其次，我们不能了解：之部"久"类和谷部"仆"类、"觳"类，一方面是 i̯ŭg，一方面是 i̯ug、ŭg，读音如此相近，为什么韵部不同？同理，职部"圅"类和谷部"曲"类、"角"类，一方面是 iŭk，一方面是 iuk、ŭk，蒸部"弓"类和东部"恭"类、"江"类，一方面是 iŭng，一方面是 iung、ŭng，读音如此相近，为什么互相不押韵？高本汉解释说：谷部之所以没有 i̯ŭk、i̯ŭg，是由于 i 后面的 ŭ 读得特别开，所以转移到 ək 类（按：即之部）去了。他这样解释，是躲开了一个麻烦，又碰上了一个麻烦。不错，短音的 ŭ 确实比长音 u 开一些（比较英语的 good 和 food），但是开了以后应该是接近了 ô（闭口的 o），而不是接近 ə，应该是转入幽部，而不是转入之部！高本汉在这些地方遭遇了不可逾越的困难。

不但高本汉是这样，凡是把韵部看成韵摄的人都会得到同样的结果。高本汉在后高元音的范围内搞得拥挤不堪，别人可能在别的范围内搞得拥挤不堪。把先秦古韵拟成二百多个韵母（高本汉拟成了 223 个），元音的舌位有限，要避免拥挤是不可能的。这和清儒的简单化的作法形成了两个极端。过犹不及。

我的设想是：每一个韵部只有一种主要元音。由于声母的不同或介音的不同，发展为中古的不同的韵。

开口呼原则上共有四种韵母。除第一种没有介音外，其余三种都有介音，即 e、ɪ、i。假定主要元音是 a，则开口呼的四种韵母就是 a、ea、ɪa、ia。介音 e 表示一种很松的介音，它可能是很开口的 i。

---

① 这类例子很多。参看段玉裁《六书音均表》。

ɪ 表示带辅音性的 i，i 表示元音性的 i。

　　合口呼原则上共有四种韵母，它们都有介音，即 u、o、ɪw、iw。假定主要元音是 a，则合口呼的四种韵母就是 ua、oa、ɪwa、iwa。介音 o 表示一种很松的介音，它可能是很开口的 u。ɪw 略等于 y̆，即带辅音性的 y；iw 表示元音性的 y。

　　大家可以看出，开口呼的四种韵母和合口呼的四种韵母反映了韵图的两呼八等（每呼四等）。但是，由于每一个韵部只有一个主要元音，所以仍旧不同于韵摄。

　　介音 ɪ、i、u、ɪw、iw 是高本汉的老办法，我想用不着解释了①。须要解释的是介音 e 和 o。

　　介音 e 不是不可能的。英语 shame（羞耻）来自古英语 sceamu；shoe（鞋）来自古英语 sceȯh②。这显然是上升的复合元音，强元音在 a 或 ȯ，弱元音在 e，后来 e 在发展中消失了。我认为中古汉语的二等字在上古也是有介音 e 的，到了中古，介音 e 消失了，于是"家"从 ke 变 ka，"间"从 kean 变 kan 等。现代北方话"家、间"等字有介音 i，可能不是由于元音 a 的分裂，而是直接从介音 e 演变而来，即 kea>kia>tɕia、kean>tɕian，没有经过 ka、kan 的阶段。

　　介音 o 也不是不可能的。越南语既有 tùa（拾），又有 tòa（座），既有 lúa（稻，谷），又有 lóa（闪眼），既有 thua（输），又有 thoa（抹、擦），既有 hùa（搞阴谋），又有 hòa（和），等等。虽然现代越南语在主要元音 a 上的读法有分别（在 u 后面读 [ɑ]，在 o 后面读 [a]），但是既然在文字上都写成 a，我们可以设想二者原先都是同一的 [a]，而分别只在介音上。法国语言学家 Roudet 曾经指出，法语在文字上写成 oi 的地方，有人读成 [ua]，也有人读成 [oa]③。现在我把上古汉语拟成既有 ua 等，又有 oa 等。其实我所拟的介音很接近高本汉所

---

① 不过我想应该把 ɪw、iw 看成 y̆、y，否则很难想象如何发音。

② 参看叶斯泊森《现代英语语法》第一册第 94 页。

③ Roudet《普通语音学概要》第 108 页。

拟的介音 w,只是为了跟开口呼的介音 e 相应,才拟成了 o。

先秦韵部主要元音既然只有一个,有时候就产生同呼同等的字如何处理的问题。歌部有麻韵三等极少数的几个字(如"嗟、蛇")以外①,同等同呼的字集中在鱼铎阳三个韵部②。这三部正好是对转的,可见不是偶然的。现在我的设想是:鱼部的麻韵三等字拟成有介音 i 的,与鱼韵的介音 ǐ 有别("邪"zia:"徐"zǐa),铎部的陌韵三等字和昔韵字(还有麻韵去声三等字)拟成有介音 i 的,与药韵的介音 ǐ 有别("戟"kiak:"脚"kǐak;"炙"ȶiak:"斫"ȶǐak;"赦"ɕiak:"庶"ɕǐak)。歌部的麻韵三等字也可以拟成有介音 i 的,与支韵字有别("嗟"tsiai:"厜"tsǐai)。阳部的庚韵三等字拟成 iang、iwang,与阳韵的 ǐang、ǐwang 有别("京"kiang:"姜"kǐang;"永"ɣiwang:"往"ɣǐwang)。这样,是承认麻庚陌的三等字和昔韵字从四等转入三等。这是完全可能的。

有些韵部并不具备四种韵母,例如侯部开口呼只有一类(o),合口呼只有一类(ǐwo),屋部开口呼只有两类(ok、eok),合口呼只有一类(ǐwok),东部开口呼只有两类(ong、eong),合口呼只有一类(ǐwong)。之部虽有极少数的字发展为二等字(如"戒革麦臹"),但是字数少到这种程度,恐怕不能自成一类。应该允许有少数不规则的变化。与"该改"相当的一等去声字缺乏,正好由"戒"字补缺(读 kək),与"该改"相当的一等入声字只有僻字"祴臧臧",这些字是先秦没有的,正好由"革"字补缺。"麦"二等,"默"一等,放在一起似乎不行,但是"默墨"等字很可能是合口呼的字③,这样,"麦"开"默"合④,都归一等也没有矛盾了。支锡耕真四部有一种很有趣

---

① 这里所谓三等包括韵图中的一些四等字,因为这些四等字在《切韵》中是和三等字互切的。余类推。

② 其有声母作为分化条件者,不在此例。参看下文第二节。

③ 参看王力《汉语史论文集》。

④ 在这一点上,我和高本汉相反,他认为"默"开"麦"合。

的情况：它们在韵图中都没有一等字，正好以二等归一等。我们于开口二等字拟成介音 e，而支锡耕真的主要元音又拟成 e，不是有矛盾吗？现在以二等归一等，这个矛盾很自然地解决了。这不是偶合，而是说明了介音 e 的拟测是符合事实的。侯部没有二等，屋东两部没有二等合口呼，也避免了介音 o 和元音 o 相撞。这也不是偶合，而是说明了介音 o 的拟测是符合事实的。

二、声母系统和拟测的关系

在语音发展中，正常的情况是有条件的变化。注意到了变化的条件，则复杂变为简单；不注意变化的条件，则简单变为复杂。关于元音所受的影响，在印欧语系中有重音关系，有后面的元音与前面元音的关系（如日耳曼语系的 um-laut）。古代汉语以单音节为主，所以重音关系和后面元音影响前面元音的关系都是罕见的。汉语发展有一个特点，就是声母对韵母的影响。大家知道，现代普通话的卷舌辅音 tʂ、tʂʻ、ʂ、ʐ 与元音 i 不相容，韵母的介音 i 因此被失落（如 tʂian>tʂan），如果全韵为 i，则演变为［ʅ］。这是很明显的影响。有时候不是不相容，而是一种倾向性使韵母因声母不同而分化，例如《广韵》的寒韵（ân）在现代广州话里分化为［ɔn］和［an］。分化的条件是喉牙音变［ɔn］（干［kɔn］、汉［hɔn］），舌齿音变［an］（蓝［lan］、残［tʃʻan］）。这是由于喉牙音发音部位靠后，所以把元音往后拉，舌齿音发音部位靠前，所以把元音往前拉。把元音往前拉以后，使寒韵的舌齿字与删山韵的韵母合流了，以致寒韵的"餐"［tʃʻan］和山韵的"产"［tʃʻan］，韵母完全相同（只有声调不同）。如果不从声母的条件去说明韵母的分化，我们是不能把问题讲清楚的。

高本汉在拟测先秦韵部读音时，虽然不是完全忽略，但是他对于这些因素是注意得不够的。他一般只知道从韵母上寻找分化的条件：先秦能分的，他要分，例如分先韵为二：1.寒部"见"kian、"涓"kiwan；2.真部"天"tien、"渊"iwen。中古能分的，他也要分，例如元仙两韵虽同属先秦寒部,他也要区别开来,例如元韵的"言"ngǐɐn、"原"ngǐwǎn,它们的韵母不同于仙韵的"展"tǐɐn、"转"tǐwan。这样,越是追溯到上古,韵母越复杂。幸亏李登《声类》亡佚了,否则多了一层,不知更复杂到什么程度!为什么不多考虑一下声母的条件呢?当高本汉拟测中古韵母的时候,并没有因为现代普通话读之韵为[i][ɿ][ʅ][ɚ]四个韵母("基"[tɕi]、"之"[tʂʅ]、"思"[sɿ]、"而"[ɚ])而把中古的之韵拟成四种不同的韵母,也没有因为现代广州话读寒韵为[ɔn][an]两个韵母而把中古的寒韵拟成两种不同韵母(他那样做是对的),为什么不能用同样的原则来处理先秦韵部呢?我们认为:清儒完全不讲分化条件的简单化做法固然是不对的,高本汉常常只从韵母着眼来看分化条件,不大考虑声母的因素,也是不对的。

现在就那些因声母条件而分化的先秦韵部分别加以讨论。

(1)之部开口呼ə、ǐə,喉舌齿音为一类,发展为中古的咍之两韵,如"在"dzʻə>dzʻɒi,"基"kǐə>kǐə;唇音自为一类,发展为中古的侯脂两韵,如"母"mə>məu,"鄙"pǐə>pi。与"母"同类者有"剖亩某"等字①,与"鄙"同类者有"丕䟆秠"等字。

(2)幽部开口四等的iəu,舌齿音为一类,发展为中古的萧韵,如"调"dʻiəu>dʻieu,"萧"siəu>sieu;喉牙唇音为一类,发展为中古的幽韵②,如"幽"iəu—iəu,"谬"miəu—miəu③。

(3)微部合口三等ǐwəi,舌齿音为一类,发展为中古的脂韵合口,如"追"tǐwəi>ȶwi,"虽"sǐwəi>swi;喉牙唇音为一类,发展为中古的微韵合口,如"归"kǐwəi—kǐwəi,"飞"pǐwəi—pǐwəi④。

(4)寒部二等开口的ean,齿音为一类,发展为中古的山韵,如"山"ʃean>ʃæn,"栈"dʒean>dʒæn;喉唇音为一类,发展为中古的删

---

① "埋、霾"是例外,它们从里得声,可能原来不属唇音。

② 幽韵在韵图属四等,近人归三等。依先秦韵部的系统看,仍当属四等。

③ 《广韵》幽韵有"稵",子幽切;"慘",山幽切。这都是些僻字,不算。

④ 高本汉注意到这部的分化条件,见 Grammata Serica 第25—26页。

韵,如"颜"ngean>ngan,"班"pean>pan。二等合口的 oan 只有喉牙类①,所以都发展为中古的删韵②,如"关"koan>kwan,"还"ɣoan>ɣwan。三等开口 Ian,舌齿唇音为一类,发展为中古的仙韵,如"连"lĭan>lĭɛn,"钱"dzʻĭan>dzʻĭɛn,"边"pĭan>pĭɛn;喉牙为一类,发展为中古的元韵,如"言"ngĭan>ngĭɐn,"轩"xĭan>xĭɐn。三等合口 Iwan,舌齿为一类,发展为中古的仙韵,如"传"dʻĭwan>dʻĭwɛn,"泉"dzʻĭwan>dzʻĭwɛn;喉牙唇音为一类,发展为中古的元韵,如"元"ngĭwan>ngĭwɐn,"园"ɣĭwan>ɣĭwɐn,"蕃"bʻĭwan>bʻĭwɐn。这个韵部最富于启发性。《广韵》仙韵虽有喉牙音字,但大多数是从元韵变来的,所以"援媛瑗圈卷"等字元、仙两收,当以元韵为正("骞"字有虚言、去乾两切,也当以虚言切为正)。同一谐声偏旁,读舌齿就发展为仙韵,读喉牙就发展为元韵。"亘"声的字最为典型:"亘",须缘切,"宣"从"亘"声,因是齿音,所以发展为仙韵字;"垣"也从"亘"声,因是喉音,所以发展为元韵字。"宣"声有"喧暄萱",读况袁切,属喉音,所以属元韵;"宣"声又有"揎瑄",因是齿音,所以属仙韵。声母系统作为韵母分化的条件是很明显的。

(5)文部开口三等的 Ĭən,舌齿唇音为一类,发展为中古的真韵,如"辰"zĭən>ẑĭĕn,"贫"bʻĭən>bʻĭĕn;喉牙音为一类,发展为中古的欣韵,如"欣"xĭən>xĭən,"勤"gʻĭən>gʻĭən。合口三等 Ĭwən,舌齿音为一类,发展为中古的谆韵,如"春"ṭʻĭwən>tɕʻĭuěn,"遵"tsĭwən>tsĭuěn;喉牙唇为一类,发展为中古的文韵,如"云"ɣrwən>ɣiwən,"群"gʻĭwən>gʻĭwən,"分"pĭwən>pĭwən③。

---

① 舌齿类有删韵上声"撰馔",去声"篹"。《说文》无"撰"字,《论语》"异乎二三子之撰",《经典释文》引郑云作"馔"。《说文》有"篹"无"馔"。今《广韵》去声线韵士恋切有"馔篹馔",当以此为正。"篹"字是不规则的变化。

② 中古山韵合口有"鰥",那是由先秦文部发展而来。

③ 高本汉注意到文部在发展中所受声母的影响,他看到了开合三等喉牙音及合口三等唇音发展为中古的文欣两韵,开合三等舒齿音及开口三等唇音发展为中古的真谆两韵(Grammata Serica 第22页)。

这个说法，对《汉语史稿》略有修正。在《汉语史稿》里，我把欣韵认为古四等，原因是真欣都有喉牙字，有矛盾。现在仔细考察，文部的真韵并没有喉牙字。"巾"字虽在《诗经·郑风·出其东门》叶"门云存员"，好像是在文部，但是它在宋玉《小言赋》叶"尘鳞身泯"，则在真部。《诗经》的"巾"字可能是合韵。"银"字虽从"艮"得声，但《荀子·成相》叶"陈银门分"，似乎是"陈"与"银"叶（真部），"门"与"分"叶（文部）。段玉裁《说文解字注》"银"字下注云"十二部"（即真部），想必有所据。"禋"字在《诗经·周颂·维清》叶"典"字。但是江有诰把"典禋"都归元部，则"禋"字隶属也有问题。这样，我们可以认为文部真韵没有喉牙字，与欣韵的喉牙字正好互补。我过去又把谆韵的喉牙字认为古四等，那也不很合理（因为舌齿字在三等）。其实谆韵只有少数喉牙字如"麇囷阉殒"，可能都是不规则的变化。"员"声的喉牙字时而入仙韵（如"员圆"），时而入谆韵（如"陨殒"），可能都由文韵变来，《出其东门》"员"字，《释文》云"员音云，本亦作'云'"，可以为证。

过去我在这一点上忽略了语音发展的系统性，现在这样修正，然后文部与微部的对应关系才显示出来了（参看下文第三节讲阴阳对转的一段）。

（6）谈部二等的 eam，分化为中古的咸衔两韵，《汉语史稿》没有讲分化条件。看来，应该是舌齿为一类，发展为中古的咸韵，如"谗"dʒeam>dʒɐm，"斩"tʃeam>tʃɐm；喉牙为一类，发展为中古的衔韵，如监 keam>kam、岩 ngeam>ngam。咸韵有个"陷"字，似乎是例外。但段玉裁以"臽"声的字归侵部，那就没有问题。江有诰以"臽"声归谈部，但"臽"声既有喉音字如"陷"，也有舌音字如"馅啗"。"陷"字的原始读音不一定是单纯的喉音。衔韵有个"芟"字，也是例外，这可能是不规则的变化，待将来再考。

（7）铎部四等开口呼 iak，舌齿音为一类，发展为中古的昔韵（转入三等），如"怿"diak>jĭɛk，"昔"siak>sĭɛk；喉牙音为一类，发展为中古的陌韵三等,如"戟"kiak>kǐɐk,"逆"ngiak>ngǐɐk。

(8)月部二等开口呼 eat,舌齿音为一类,发展为中古的黠韵,如"察"tʃ'eat>tʃ'æt、"杀"ʃeat>ʃæt;喉牙音为一类,发展为中古的镈韵,如"鞨"ɣeat>ɣat。"揠"字属黠,应认为不规则的变化(《汉语史稿》没有讲清楚这一点)。这样,镈黠就和删山对应①。二等合口呼比较复杂:黠韵既有"拔苩"(邹滑切),又有"滑";镈韵既有"刮",又有"刷"。留待再考。三等开口呼 ǐat,舌齿唇音为一类,发展为中古的薛韵开口,如"列"lǐat>lǐɛt,"泄"sǐat>sǐɛt,"别"b'ǐat>b'ǐɛt;喉牙音为一类,发展为中古的月韵开口,如"歇"xǐat>xǐɐt,"竭"g'ǐat>g'ǐɐt。三等合口呼 ǐwat,舌齿音为一类,发展为中古的薛韵合口,如"悦"dǐwat>jǐwɛt,"雪"sǐwat>sǐwɛt;喉牙唇音为一类,发展为中古的月韵,如"越"ɣǐwat>ɣǐwɐt、"厥"kǐwat>kǐwɐt,"发"pǐwat>pǐwɐt。这些情况和寒部元仙两韵的关系是完全对应的。月韵喉牙唇音字有许多兼入薛韵,如"蹶",居月切,又纪劣切;"哕",於月切,又乙劣切;"戛",望发切,又许劣切;"訐揭",居竭切,又居列切;"竭揭碣楬",其谒切,又渠列切;"钀",语訐切,又鱼列切。这跟元韵喉牙唇音字有许多兼入仙韵一样,应该以月韵为正轨,而以薛韵为不规则的变化。像"杰孽"入薛,就是不规则的变化。"孑孓"叠韵,"孓"在月韵(居月切),"孑"最初恐怕也在月韵(读如"訐"),后来才转到薛韵(居列切)去的。

(9)质部开口一等的 et,齿音为一类,发展为中古的栉韵(转入二等),如"栉"tʃet>tʃǐet,"瑟"ʃet>ʃǐet;喉唇为一类,发展为中古的黠韵(转入二等),如"黠"ɣet>ɣæt,"八"pet>pæt②。

(10)物部合口三等的 ǐwət,ǐwə̄t,舌齿音为一类,发展为中古的术至两韵,如"律"lǐwət>lǐuět,"戌"sǐwət>sǐuět,"类"lǐwə̄t>lwi,"醉"

---

① 《广韵》黠配删,镈配山。经近人考证,应该是镈配删,黠配山。这里所讲的发展规律证明近人的考证是对的。

② "八"字可能不是质部字,而是月部字。

tsǐwə̄t>tswi；喉牙唇音为一类，发展为中古的物未两韵，如"鬱"ǐwə̄t>ǐwət，"屈"kʻǐwə̄t>kʻǐwət，"物"mǐwə̄t>mǐwət，"谓"ɣǐwə̄t>ɣwəi，"贵"kǐwə̄t—kwəi，"费"piwə̄t—pwəi[①]。

（11）葉部二等开口呼 eap，以阳声咸衔类推，齿音为一类，发展为中古的洽韵，如"插"tʃʻeap>tʃʻɐp，"霎"ʃeap>ʃɐp；喉牙音为一类，发展为中古的狎韵，如"压"eap>ap，"甲"keap>kap。这样，"夹"（古洽切）和"翣"（所甲切）要算不规则的变化。

由上述的情况看来，声母作为韵母的分化条件，并不是孤立的、单一的，而是系统性的。大致说来，舌齿是一类，喉牙是一类，唇音则开口呼归舌齿一类，合口呼归喉牙一类。这样整齐的局面，这样富于规律性，决不是主观臆测出来的。

三、韵母系统和拟测的关系

本文所讨论的是先秦韵部的拟测问题，当然与韵母系统有密切关系。这里特别提出三个问题来谈：第一是阴阳入的对应，第二是韵部的远近，第三是开合口问题。

（一）阴阳入的对应

古音学家江永、戴震、黄侃都强调了阴阳入三声之间的对应关系。孔广森、严可均、章炳麟讲了阴阳对转。段玉裁虽不讲阴阳对转，但他所谓"异平同入"实际上包括着阴阳入三声对应的关系，和江永的学说差不多。也有人不赞成阴阳对转的理论，例如姚文田和江有诰。但是他们所不赞成的是阴阳互相押韵的说法。那是我们也不完全同意的。我们所赞成的是：在语音发展过程中，阴阳入三声可以互转。

一字两读最能说明问题。举例来说，《广韵》"等"字多肯切，又多改切；"能"字奴登切，又奴来、奴代两切。古音学家以为

---

① 高本汉注意到物部在发展中所受声母的影响，见 Grammata Serica 第 23 页。

"等"的古音应是多改切,"能"的古音应是奴来切;但是如果之蒸两部主要元音不相同,则由之部转入蒸部就很难说明。如果拟测为"等"tə>təng,"能"nə>nəng,就比较容易说明了。这显示了阴声和阳声的关系。又如《广韵》"嶷"字有语其、鱼力二切,或者由之部转入职部,或者由职部转入之部,主要元音总该是一样,即"嶷"ngǐə>ngǐək,或 ngǐək>ngǐə,或者同时存在,即 ngǐə∶ngǐək。这显示了阴声和入声的关系。又如《广韵》"縢"字有徒登、徒得二切,或者由蒸部转入职部,即 d'əng>d'ək,或者由职部转入蒸部,即d'ək>d'əng,或者同时存在,即 d'əng∶d'ək。这显示了阴声和入声的关系。由此看来,在拟测先秦韵部的时候,我们必须坚持阴阳入三声的对应关系,凡有对应的阴阳入三声,必须是主要元音相同的。

　　高本汉对先秦韵部的拟测,在阴阳入对应方面,有些地方做得很好,有些地方做得很差。这大致有四种情况:第一,对应合理、拟音基本上正确的,如歌部 â、a,月部 ât、at、ǎt,元部 ân、an、ǎn;盍部 âp、ap、ǎp,谈部 âm、am、ǎp。第二,对应合理、拟音不合理的(主要在阴声韵上),如之部 əg、ɛg,ǔg,职部 ək、ɛk、ǔk[①],蒸部 əng、ɛng、ǔng;支部 ěg、eg,锡部 ěk、ek,耕部 ěng、eng。第三,对应不合理的,如脂部只有 ər、ɛr,与脂部对应的入声分为质部的 et、ět 和物部的ət、ɛt,与脂部对应的阳声分为真部的 en、ěn 和文部的 ən、ɛn。如果说脂部只配物文,不配质真,则更讲不过去,因为脂质关系密切,所以王念孙把它叫做至部(至韵是脂韵去声),又因为质真关系密切,所以段玉裁把质部字归入真部。高本汉不知道区别脂微两部,所以看不出脂微和质物、真文的对应关系来。附带说说,高本汉对于真文之间的界限、质物之间的界限,也分不清楚。他把"艰鳏诜巾陨"认为是收-ɛn 的,那么文部是收-ən 了;但是他把"臻"拟成 tsiɛn,

---

①　高本汉的职部不完全与我们的职部相当,其余-k 尾的韵部准此。

把"莘"拟成ṣiɛn(与"诜"同音①)，"臻莘"是真部字②，那就产生矛盾了。他又把"戛滑瑟暨橘"认为同类(Grammata Serica,23页)，应该是同属物部了③，但是他自己反对了自己，在另一个地方(同书230页)他却把"瑟"字归入质部。依他的体系，"暨"应拟成gʻiɛd(他在同书257页正是这样做的)，却错误地拟成了kiɛt(23页)。实际上"栉瑟"都是质部字(高本汉在同书227、230页在归类上做对了)，高本汉把它们拟成tṣiɛt、ṣiɛt，就跟物部没有分别了。最糟糕的是他把"质"字本身都归到物部去了(23页、250页)，跟"质"在一起归到物部去的还有"疾"(250页)，我不知道他根据的是什么。第四，缺乏对应的是鱼部与铎部的关系、鱼部与阳部的关系。中国古音学家一向认为铎部是鱼部的入声，鱼部与阳部是阴阳对转。高本汉故意把鱼部跟阳铎两部隔离开来，鱼在第二部，阳在第十六部，铎在第十七部。其实鱼部与阳铎两部有千丝万缕的联系。高本汉只注意到阳和铎的对应关系，把阳部拟成âng、ang、ǎng，铎部拟成âk、ak、ǎk；他忽略了鱼和阳铎的对应关系，把鱼部拟成了å、o。这是最严重的缺点。

　　这里有必要谈一谈鱼部的拟测问题。很早就有人讲到中国人以"浮图"或"浮屠"翻译Buddha是上古鱼部读a的证据④。当然，单靠一两个翻译的例子是不够的，但是，加上谐声偏旁、一字两读和声训的证据，就完全能够说明问题。先讲鱼铎对应。固声有"涸"，虡声有"劇"，尃声有"博"等，都是谐声的证据。一字两读则有"著恶"等。高本汉把"著"拟成tio：tiak，元音相差很远，不知是怎样互转的。他把"恶"拟成•âg：âk，似乎没有问题，但是他忽略了"恶"字还读平声(疑问词)，照他的体系应拟成•o，那就跟•âg、

·âk 不好对应了①。其次讲鱼阳对应。"莽"字有莫补、模朗二切，"亡"字古音通"无"，都是鱼阳对转的证据。声训如"荒幠"之类也是旁证。高本汉对证据较为薄弱的支耕对转已经承认了，对证据确凿的鱼阳对转反而否认（表现在拟音上），那是无论如何讲不通的。这又是他把韵部看成韵摄的结果：两种 a（â、ɑ）都被歌部占用了，鱼部不能再用 â 了。这样反而形成了歌阳对转，铎部变了歌部的入声，这显然是违反语言事实的。

我的拟测反映了阴阳入三声的对应，如下表②：

第一类

之部	ə	ǐə	uə	ǐwə
职部	ək	ǐək	uək	ǐwək
蒸部	əng	ǐəng	uəng	ǐwəng

第二类

幽部	ɔu	eɔu	ǐɔu	iɔu
觉部	ɔuk	eɔuk	ǐɔuk	iɔuk

第三类

宵部	au	eau	ǐau	iau
药部	auk	eauk	ǐauk	iauk

第四类

侯部	o	—	ǐwo
屋部	ok	eok	ǐwok
东部	ong	eong	ǐwong

第五类

鱼部	a③	ea	ǐa	ia	ua	oa	ǐwa

① 还有《诗经》鱼铎互押不好解释，已见上文。

② 除歌部外，拟测基本上与《汉语史稿》相同。

③ 鱼铎阳三部的元音 a，不一定是前 a，可能是中 a 或后 a（â）。现在歌部改拟为 ai，鱼部拟成 a 也没有冲突，但 a 的性质不必十分确定。

铎部	ak	eak	ǐak	iak	uak	oak	ǐwak	
阳部	ang	eang	ǐang	iang	uang	oang	ǐwang	

第六类

支部	e	ǐe	ie	ue	ǐwe	iwe		
锡部	ek	ǐek	iek	uek	ǐwek	iwek		
耕部	eng	ǐeng	ieng	ueng	ǐweng	iweng		

第七类

歌部	ai	eai	ǐai	iai	uai	oai	ǐwai	—
月部	at	eat	ǐat	iat	uat	oat	ǐwat	iwat
元部	an	ean	ǐan	ian	uan	oan	ǐwan	iwan

第八类

微部	əi	eəi	ǐəi	uəi	oəi	ǐwəi		
物部	ət	—	ǐət	uət	—	ǐwət		
文部	ən	eən	ǐən	uən	oən	ǐwən①		

第九类

脂部	ei	ǐei	iei	uei	ǐwei	iwei②	
质部	et	ǐet	iet	uet	ǐwet	iwet	
真部	en	ǐen	ien	uen	ǐwen	iwen	

第十类

缉部	əp	eəp	ǐəp	—	uəp	—	ǐwəp
侵部	əm	eəm	iəm	iəm	uəm	oəm	iwəm

第十一类

盍部	ap	eap	ǐap	iap	ǐwap	
谈部	am	eam	ǐam	iam	ǐwam	

比较难解决的问题是冬侵合部的问题,其中牵涉到幽冬对转的问题。孔广森别冬于东,几乎成为定论,严可均并冬入侵,章炳

---

① 比较《汉语史稿》:文部删去 iəu、iwən,理由见上文。另增加 oən(鳏类)。

② 比较《汉语史稿》:增加了 iwei(瞵类)。

麟晚年也并冬入侵，看来也很有道理。《诗经》《易经》，冬侵通押的地方很多，不能说是偶然。按语音系统说，"风"也该属冬部（因为是东韵三等，东韵三等字都该属冬部），清儒以"风"字归侵，因为"风"字押侵韵的情况太常见了，不容否认。其实冬部"宫中虫"等字和"风"一样都是 ǐwəm 类，后因异化作用（ǐw 圆唇，与 m 有抵触），转为收-ng。"风宫中虫"有着共同的命运，高本汉把"风"拟成 pium（接近我所拟的 pǐwəm），而把"宫"拟成 kiung，在音理上是讲不通的。章炳麟早年虽未把冬侵合并，但是他在《成均图》中把冬侵缉放在一条线上，与幽对转。一方面，他认为冬部与侵部非常近似（"同门而异户"）；另一方面，他又认为幽冬可以对转。章氏不承认幽部有入声，又以缉部算阴声，所以没有阴阳入三声对应上的困难。如果我们承认觉部独立，缉部又算入声，则共有两类入声，冬侵合并后，侵部就只能与入声缉部对应，不能与觉部对应了（章氏认为宵谈对转，我们也不能接受，也是因为宵谈都有入声，不好对应）。总之，要设想冬幽对转，必须冬侵分立才能做到。我们不承认冬侵分立，也就不能设想冬幽对转。冬部和幽部实际上有没有对应关系呢？在押韵上看不出来。从谐声偏旁看，个别字有对应关系，例如"臭"声有"遚"（香仲切）。但这是僻字，虽见于《说文》，而不见于先秦文献，不足为凭。古音学家之所以讲幽冬对转，主要是考虑到幽部的入声（觉部）在《切韵》里正好与冬部相配：东韵三等与钟韵属冬部，屋韵三等与烛韵属幽部入声（觉部），系统井然不紊。但是我们可以设想冬部很早就从侵部转入东部，它与觉部相配的整齐局面也可以形成。这样处理是否妥当，尚待进一步研究。

　　阴阳入三声对应的理论也值得仔细探讨。阳声和入声的对应关系最好解释：ang 与 ak 对应，因为 ng 和 k 都是牙音（舌根音）；an 与 at 对应，因为 n 和 t 都是舌音；am 与 ap 对应，因为 m 和 p 都是唇音。除了主要元音完全相同之外，韵尾的发音部位也相等，所以它们的对应是自然的。阴声和阳声的对应就不同了：假定阴声为 a，按理说,跟它相配的阳声既可以是 ang,也可以是 an 或 am。但是古音学家只说鱼阳对转,不说鱼元对转,也不说鱼谈对转,可见 a 只跟 ang 对应,而不跟 an、am 对应。阴声与入声的对应关系也是不容易解释的:假定阴声为 a,按理说,跟它相配的入声既可以是 ak,也可以是 at 或 ap。但是古音学家只说铎部是鱼部入声(或鱼铎合为一部),不说月部或盍部是鱼部入声,可见 a 只跟 ak 对应,而不跟 at、ap 对应。

高本汉企图用加韵尾的办法来说明阴声和入声、阳声的关系:之部、幽部、宵部、支部一律加-g 尾(基 ki̯əg,求 gʻi̯ŏg,高 kog,知 ti̯ĕg),鱼侯部分去声字加-g 尾(度 dʻǎg,彀 kŭg),歌部小部分字及脂部(包括我们的微部)平上声字加-r 尾(罷 dʻǎr,归 ki̯wər),月质物三部的去声字收-d 尾(带 tǎd,嚏 tied,利 li̯əd)。这样,收-g 的字必然与-k、-ng 相配,收-r、-d 的字必然与-t、-n 相配,似乎把问题解决了。其实完全没有解决。除收-d 的韵颇有理由以外①,其他都不能成立。阴声收-g,是阴声变了入声,因为-g 与-k 是同性质的;阴声收-r,是阴声变了阳声,因为-r 与-n 是同性质的。这样就大大违反了中国传统音韵学,把上古汉语的开口音节局限于三个韵部(鱼侯歌),而且从这三个韵部中还抽出一部分字作为收-g 的和-r 的。上古汉语开口音节贫乏到那个地步,那也是违反语言学常识的②。

唯一合理的解释是韵尾-i 与韵尾-t、-n 相对应,其他韵尾与韵尾-g、-ng 相对应。韵尾-i 是部位最高、最前的舌面元音,与[t][n]的发音部位最近,所以能够对应。我在《汉语史稿》里把歌部拟成 a,后来在《汉语音韵》里改拟为 ai,就是考虑到它应该有-i 尾③。这样,"单"声有"罼"(tan∶dʻai),"番"声有"播"(pi̯wan∶puai),

① 但是只要收-t 就够了,不必收-d,见下文。
② 关于这个问题,详细的讨论见于我的另一篇文章《上古汉语入声和阴声的分野及其收音》(《王力全集》第十九卷,2015 年——编者注)。
③ 歌部拟为 ai,还有其他理由,见下文。

"峁"声有"瑞"（tuan：ʑǐwai），都得到合理的解释。入声-k 尾的性质可能接近于喉塞音［ʔ］尾，或者是短而不促（连［ʔ］尾也没有），后来逐渐由［ʔ］尾过渡到-k，所以先秦-k 尾的字往往与阴声字押韵。阳声-ng 尾的韵部可能不是真正带-ng 尾，而是鼻化元音。普通语音学证明，高元音不容易鼻化。幽宵两部收-u 尾，所以没有鼻化元音跟它们相配（虽然它们的入声收-k）；歌微脂三部收-i 尾，所以另配-n 尾，而不配鼻化元音。

（二）韵部的远近

自从段玉裁改变《广韵》的次序，依照先秦韵部的远近，"循其条理"，重新安排次序以后，古音学家们都按韵部远近来排列。他们的排列与段氏大同小异。这种排列有两个好处：第一，可以说明合韵（邻韵才能通押）；第二，可以用作拟测的根据之一。这两个好处又是互相联系着的。

段玉裁把先秦韵部分为六类：第一类之部；第二类宵部、幽部、侯部、鱼部；第三类蒸部、侵部、谈部；第四类东部、阳部、耕部；第五类真部、文部、元部；第六类脂部、支部、歌部。现在分别加以讨论。

第一类，之部为 ə，其入声职部为 ək。我们就从这里作为出发点进行讨论。

第二类，段氏以为宵近之，所以排在之部后面，幽近宵，所以排在宵部后面，侯近尤（尤韵是幽部三等），所以排在幽部后面，鱼近侯，所以排在侯部后面。

江有诰改之宵幽侯的次序为之幽宵侯，章炳麟改排为侯幽之宵。我觉得江有诰最有道理。依先秦押韵的情况看，没有必要把幽侯连在一起。幽侯的接近，是汉代的事了①。段氏也许因为看见幽部入声字和侯韵去声字在谐声偏旁上相通（如族：嗾；续：窦；

---

① 《诗经》只有《棫朴》叶"槱趣"是幽侯合韵。《生民》叶"揄蹂叟浮"，但"揄"字《说文》引作"舀"。《抑》"苟"字非韵（据江有诰），段氏误以为韵。

𣪊：𣪊），其实这些所谓幽部入声字正该是侯部入声字（段氏晚年对王念孙、江有诰承认了这一点）。因此，幽部应该提升到之部后面，认为读音相近。段氏所引《诗经》之幽合韵者十处（包括职觉合韵），《丝衣》叶"紑俅基牛鼐"，《思齐》叶"造士"，《召旻》叶"茂止"，《楚茨》叶"备戒告"，《抑》叶"告则"，《七月》叶"穋麦"，《閟宫》叶"稷福穋麦国稑"，《烈文》叶"福保"，《闵予小子》叶"造疚考孝"，《生民》叶"夙育稷"，大致都确凿可据。现在设想之部读 ə，幽部读 əu，职部读 ək，觉部读 əuk，主要元音相同，自可通押。

幽宵也有合韵的情况。依段氏所举《诗经》的例子，《载驱》叶"滔儦敖"，《月出》叶"皎僚纠"，《七月》叶"葽蜩"，《鸱鸮》叶"谯消翘摇哓"，《思齐》叶"庙保"，《公刘》叶"舟瑶刀"，《桑扈》叶"觩柔敖求"，《角弓》叶"浮流髦忧"，《丝衣》叶"敖休"，《君子阳阳》叶"陶翿敖"，《抑》叶"酒绍"，《良耜》叶"纠赵蓼朽茂"，都是合韵。现在设想宵部读 au，幽部读 əu，药部读 auk，觉部读 əuk，其中的 u 相同，自可通押。

鱼侯两部在《诗经》中没有合韵的情况。段玉裁以为《宾之初筵》叶"鼓奏祖"，《有瞽》叶"瞽虡羽鼓圉奏举"，江有诰以为两处"奏"字都不入韵。江氏是对的。既然不合韵，元音应有相当的距离，所以鱼是 a 而侯是 o，铎是 ak 而屋是 ok。

第三类，段氏之所以把它放在第二类的后面，并非因为这类和第二类音近，而是因为蒸部近于之部（"蒸登音亦近之，故次之"）。这个理由是不充分的，所以王念孙、章炳麟把这一类都搬到东部后面去，而江有诰也把它搬到东冬两部后面去了。但是，蒸侵谈三部的接近，则是段玉裁、孔广森、王念孙、严可均、江有诰、章炳麟、黄侃所共同承认的。这三部的读音是怎样接近的呢？章炳麟把蒸部拟测为 -m 尾，使它和侵谈的 -m 尾一致起来，这未免太鲁莽了[1]。蒸

---

① 章氏还把东部拟成 -m 尾，那更是难于接受的。

部如果是-m 尾的韵,它和职部的-k 尾就没法子对应了。实际上,蒸与侵近,侵与谈近,但是蒸与谈并不近。蒸侵合韵有《小戎》叶"膺弓滕兴音",《閟宫》叶"乘滕弓綅增膺惩承",《大明》叶"林兴心"为证,入声职缉合韵有《六月》叶"饬服急国",《小戎》叶"合軜邑"为证。侵谈合韵有《泽陂》叶"菡俨枕"为证①,入声缉盍合韵有《烝民》叶"业捷及"为证。至于蒸谈两部之间,却并没有合韵的情况。那么,只要侵部既有可以与蒸部押韵之处,又有可以与谈部押韵之处,就行了。那么,侵部只可能是 əm,因为它既可以凭元音 ə 的相同与蒸部 əng 通押,又可以凭韵尾 m 的相同与谈部 am 通押。如下图:

蒸	əng		职	ək
⋮			⋮	
侵	əm		缉	əp
⋮			⋮	
谈	am		盍	ap

第四类是东部(包括冬部)、阳部和耕部。段氏认为东冬钟江与侵谈两部音近,所以排在侵谈的后面。阳庚音近冬钟,所以排在东部的后面;庚耕清青音近阳,所以排在阳部的后面。其实只有冬部与侵部关系密切,其他与侵谈关系并不密切。段玉裁以为《殷武》叶"监严滥遑",其实经江有诰证明,《殷武》叶的是"监庄滥遑"("监"与"滥"押,"庄"与"遑"押)。段玉裁以为《桑柔》叶"瞻相臧肠狂",但是江有诰并不承认"瞻"字入韵。只有东部与阳部有通押的情况,例如《烈文》叶"公疆邦功皇"②。这可以从韵尾-ng 相同得到解答,不一定要把元音拟得十分近似。

段氏既说耕部与阳部音近,又说耕部与真部音近。前者是一种假象,是受《广韵》的影响;后者才是真实情况,因为《诗经》真耕互押已经屡见不鲜,《易经》这种情况更多。真耕不同韵尾(真是

---

① 段氏以"枕"属谈部,不算合韵。江有诰以"枕"属侵部,算合韵。江有诰是对的。

② 段氏以为叶"邦崇功皇",我以"崇"不入韵。

-n,耕是-ng),唯一的可能性是主要元音相同,否则不会经常押韵。真部是 en,耕部只能是 eng。

第五类是真部、文部和元部。由于韵尾同是-n,互相合韵的情况是有的。不必细说。

第六类是脂部、支部和歌部。段氏以为脂部音近文元两部,所以把脂部排在文元的后面。支近脂,歌又近支,所以排成一类。其实它们之间的关系是不一样的,支与脂的关系浅,歌与支的关系、歌与脂的关系都较深。段氏所引《诗经》三处支脂合韵的例子都是不可靠的。《小弁》叶"伎雌枝知",段氏以为"雌"是脂部字,江有诰以为"雌"是支部字。江有诰是对的。段氏以为《载芟》叶"济积秭醴妣礼",江有诰以为"积"字不入韵。江有诰也是对的。《韩奕》叶"巘厄",情况特殊,但"巘"是月部字,与脂部无关(依王念孙、江有诰)。我们把支部拟成 e,脂部拟成 ei,微部拟成 əi(从脂部分出),支部读音与脂部读音距离较远(一个是单元音,一个是复合元音),是理所当然的。歌支合韵例子不少,《诗经·小雅·斯干》叶"地裼瓦仪议罹"("裼"属支部入声),《楚辞·九歌·少司命》叶"离知",《九章·涉江》叶"知螭",皆可为证。我们本来可以设想支部为 ε(其入声锡部为 εk),让它与歌部的 ai 比较接近,但是由于支耕对转的关系,终于拟成了 e。这个问题没有解决得很好,留待来哲讨论。歌部与脂部关系很深。我们把脂微分为两部以后,歌部与微部关系最深。《易经·家人》叶"义谓"("谓"是微部入声),《楚辞·九歌·东君》叶"雷蛇怀归",《九章·远游》叶"妃歌夷蛇飞徊"("歌蛇",歌部;"妃飞徊",微部;"夷",脂部),《庄子·则阳》叶"知化为围过"(据朱骏声、江有诰。"知",支部;"围",微部;"化为过",歌部),皆可为证。我们如果从谐声偏旁看歌微两部的关系,两部更是明显地接近的,如"衰"声有"襄"(据《说文》,"衰"即"蓑"的本字),"妥"声有"绥"(依段玉裁说),"委"声有"倭"("委"入微部是依朱骏声),"累"声有"骡螺"。对于这些声符的字,我们不能简单地用"同声必同部"的原则来解释;它们的读音徘徊于歌脂两部之间。"衰"声的字,段玉裁认为是歌部字,但是《论语·微子》叶"衰追",《荀子·成相》叶"衰归累怀",《礼记·檀弓》叶"绥衰","衰"显然属于微部(朱骏声、江有诰亦以"衰"声入脂部,即我们的微部)。"绥"从妥声,段玉裁的说法是对的①。但"妥"在歌部而"绥"在微部。段玉裁以"绥"归歌部是拘泥于谐声,《樛木》叶"纍绥",《南山》叶"崔绥归怀",《鸳鸯》叶"摧绥",《有客》叶"追绥威夷","绥"显然是微部字。段玉裁在《说文解字注》中以"绥"归歌部,而在《六书音均表》中以"绥"归脂部(我们的微部),也不能做到一致。朱骏声、江有诰索性以"绥"字归脂部。关于"委"字当在何部,段氏在《说文解字注》中闪烁其词,他说:"十六、十七部合音最近,故读于诡切也。《诗》之委蛇即委随,皆叠韵也。"看来段氏还是倾向于肯定"委"属歌部。他提到十六部(支部)最为无理,"委"在《广韵》虽属纸韵,那是后代的读音了。他在《六书音均表》中以"委"声归脂部,那才对了。朱骏声、江有诰都以"委"声归脂部。《谷风》叶"嵬萎",《檀弓》叶"颓坏萎",又叶"绥衰",可以为证。但是我们不能忽略联绵字"委蛇、委随、逶迤、倭堕"等,段氏以"委"声归歌部也是有根据的。"累"声属脂部(微部)是没有争论的,但作为声符,"累"又和"赢"(郎可切)相通,"骡螺"本作"赢赢"。由上述这些事实看来,歌部和微部的关系,比之它和脂部的关系,还更密切得多。我最近把歌部改拟为 ai,与其说是从阴阳入三声的对应上考虑,不如说是更多地从歌微两部读音相近的事实上考虑,ai 和 əi 是可以合韵的,也是可以互谐的,也许微部竟是一个 ɐi(相应地,物部 ɐi,文部 ɐn)。只要心知其意,也不必更动了。高本汉也看见了歌微两部的密切关系,所以他把"衰妥委"等字都归入竈部,让他们收音于-r,好与微部相通("衰"读

---

① 　朱骏声"挼"从妥声,依段玉裁;"绥"不从"妥"声,不依段说,是自相矛盾。

swâr,又读 si̯wər;"妥"读 t'nwâr,"绥"读 sni̯wər;"委"读 ·i̯wăr,"蹉"读 ·wâr)。他这样一来,畾部与脂微的关系照顾到了,畾部与歌部的关系反而疏远了(畾与歌,中国传统音韵学只看成一部),例如他把"羸"拟成 luâ,"嬴"拟成 lwâ,"累"拟成 li̯wər,"骡"拟成 lwâr,这些谐声相通的字时而不带-r 尾,时而带-r 尾,它们怎能互相通假呢?

(三)开合口问题

汉字谐声,开合口的界限是很明显的。一般说来,开口谐开口,合口谐合口。凡开合口不对应的地方,常常是后起的现象。江有诰在他的《入声表》中也注意到古开今合、古合今开的情况,因为他寻找阴声和入声的对应关系,开合口的矛盾就显露出来。合理的解释应该是:凡对应的字,特别是同一声符的字,要么同属开口,要么同属合口。江有诰的原则是对的,但是他所定的开合口和我们不尽相同。现在把十一类先秦韵部中的开合口问题,分别讨论如下。

第一类是之职蒸三部。之部尤韵字古读合口,所以拟成 i̯wə,这样就和入声职部搭配上了。如"有"yi̯wə:"郁"i̯wək,"富"pi̯wə:"福"pi̯wək。江有诰把"有郁富福"一律归开口,和我们正相反。高本汉在这一点上和我们是一致的。

第二类是幽觉两部。觉部屋韵字我们拟成开口呼("菊"ki̯əuk,"竹"ti̯əuk),与江有诰是一致的。和高本汉也是一致的①。必须拟成开口,然后去入两读的字才有着落,如"宿"si̯əuk:si̯əu,"畜"xi̯əuk:xi̯əu。再说,谐声字的入声与非入声才有了对应,如"肃"si̯əuk:"萧"si̯əu,"叔"çi̯əuk:"椒"tsi̯əu。但是,元音 ə 很早就变为模糊了,所以 əu、əuk 也近似合口呼,以致东晋时代以"优"或"忧"与梵文字母 u 对音②。

---

① 我在旧作《上古韵母系统研究》中,认为幽部有开合两呼。后来在《汉语史稿》中放弃了这种说法。

② 见法显译《大般泥洹经》和昙无谶译《大般涅槃经》。

　　第三类是宵药两部。这两部没有开合口问题。少数屋沃韵字都是不规则的变化，如"曝"bʻauk>bĭuk，"沃"auk>uok。

　　第四类是侯屋东三部。江有诰以侯屋的一、二等为开口，三等为古开今合。江氏在《入声表》里没有提到东部，若由此类推，也应该是古开今合。高本汉把侯屋东拟成 u、ĭu、uk、ŭk、iuk、ung、ŭng、ĭung是一律归入合口呼，与江君正相反。我们认为侯屋东的拟音应该是 o、ĭwo、ok、eok、ĭwok、ong、eong、ĭwong，一、二等属开口呼，三等属合口呼。

　　第五类是鱼铎阳三部。江有诰认为麻铎昔陌麦鱼部字都是合口呼的字，那仍然是古侈今弇的看法。我们的看法正相反：鱼部读音应该是古侈今弇，不是"家"读如"姑"，而是"姑"读近"家"（ka：kea），"姑"与"家"都算开口呼。在传统音韵学里，铎部一字有去入两读时，是去声合口，入声开口。江永的看法是上古一律归合口；我们的看法正相反，应该一律归开口，如"度"dʻak：dʻāk，"著"dʻĭak：dʻĭāk，"恶"ak：āk 等。其实在《切韵》时代，鱼韵也属开口呼（是 ɪo）[①]。《七音略》以鱼韵为"重中重"，也正是开口呼的意思。

　　这并不是说鱼部就没有合口呼了。虞韵有轻唇字，显然从上古就属合口呼。麻韵"瓜华"等字当然也属合口呼。模韵在《七音略》中与虞韵合图，算"轻中轻"，也该算合口呼。但是模韵有相当大的一部分字在上古应该归开口呼，如"模"从"莫"声，"莫"是 mak，"模"也应该是 ma，而不是 mua。把模韵字的上古音分为开合两类，是很费考虑的一件事。我在《汉语史稿》中根据这样一个标准：凡与轻唇音有谐声偏旁关系的字算合口呼，如"补"pua："博"puak："甫"pĭwa，"布"（父声）pua："父"bĭwa；凡与合口字有谐声

---

① 　参看罗常培《切韵鱼虞之音读及其流变》（《史语所集刊》第十三本第 119—152 页）和李荣《切韵音系》第 145—149 页。

偏旁关系的字也算合口呼,如"孤"kua:"瓜"kua,"污"ua:"华"
(亏声)ɣua。根据这个标准,《汉语史稿》还有须修正的地方,如
"吴误"应属合口呼,读 ngua,因为从吴得声的字有"虞娱"ngĭwa。

高本汉大约也是出于同样的考虑,他把"都屠祖古胡鼓股蛊户
顾互乎壶虎五吾午乌土於徒兔图苏素卢鲁卤普库步塗奴"拟成开
口呼的-o,又把"孤瓠裤汙布补蒲"拟成合口呼的-wo。只有"吴误
博薄"是例外。"吴"声的字应属合口,上面已说过了。从古音通假
说,"吴"通作"俣"(《方言》"吴,大也";《说文》"俣,大也"),"吴"
字也该属合口。"博"字,高本汉拟为 pâk,"薄"字拟为 b'âk,这就
和他所拟的"缚"b'ĭwak 有矛盾。

第六类是支锡耕三部。这三部没有开合口问题。

第七类是歌月元三部。这三部基本上也没有开合口问题。只
有一些唇音字不容易断定,例如"拔",蒲八切[1],陈澧《切韵考》认
为是开口二等字,《切韵指南》也把它归入开口图内,但是《七音略》
《切韵指掌图》都把它归入合口。《韵镜》"拔"字开口、合口两收,
起初我以为是传抄之误,现在看来是摇摆不定。"拔"从"犮"得声,
"犮",蒲拨切,是合口字,从"犮"得声的"髪"也是合口字,依谐声
偏旁看,"拔"应该属合口呼。

第八类是微物文三部。没有开合口的问题。

第九类是脂质真三部。也没有开合口的问题。

第十类是缉侵两部。缉部假定有合口呼 uəp、ĭwəp,如"纳"
nuəp,"立"lĭwəp,"泣"kĭwəp。因为"纳"从"内"得声,而"内"的上
古音是 nuət;从"立"得声的字有"位"(从王筠说),而金文"立"即
"位"字,"位"的上古音是 ɣĭwət。uət 与 uəp 相通,ĭwət 与 ĭwəp 相
通都是很合理的,因为介音和主要元音都相同了。侵部有合口呼
uəm、oəm、ĭwəm。如"冬"tuəm,"降"ɣoəm,"中"tĭwəm。上文说过,

---

[1]　在《切韵》里,"八"字作为反切下字,既切开口,又切合口。若按《说文系传》的朱翱
反切,"拔"字彭札切,显然是开口字。

由于异化作用（圆唇介音与唇音韵尾有矛盾），冬类字演变为-ng尾。"降"字发展为江韵字。江韵在《七音略》里被认为是开口呼（重中重），但是江韵字在上古有两类：一类属东部，如"江"keong，"邦"peong①；另一类是合口呼，如"降"γoəm。在汉代以后，这两类合流了，"江邦"等字仍属开口，"降"等字由合口变为开口。

第十一类是盍谈两部。这两部没有开合口问题。

四、声调系统和拟测的关系

入声在汉语里是一个特别的声调，例如，依《切韵》系统，"帮、榜、谤、博"为四声，但是"帮、榜、谤"读音都是pâng，而"博"是pâk（中古音）。那么，入声不但意味着声调不同，而且意味着韵尾（收音）不同。不论上古或中古汉语，当我们谈到入声的时候，指的就是以塞音收尾的韵母；当我们拟测成为塞音收尾的韵母的时候，这个韵母就应该认为是入声。因此，当高本汉把之幽宵支四部字与职觉药锡四部去声字以及铎屋两部去声字拟成收-g尾的时候，我们就认为他把这些字都拟成了入声。当高本汉把月物质三部的去声拟成收-d尾的时候，我们也认为他把这些字都拟成了入声。入声的概念本来是一种常识，但是竟然有人把收-g、-d的字（假定它是存在的）认为是阴声字，这是不可不辨的。

我们反对高本汉把之幽宵支四部的平上声字拟成收-g，也就是反对他把这些字归入入声。我们有条件地赞成高本汉把之幽宵支鱼侯六部的大部分去声字以及月物质三部的去声字拟成收-g或-d，也就是赞成他把这些字归入入声。

我们同意段玉裁的看法：上古音平上为一类，去入为一类。我们也赞成段氏古无去声说。既然说去入为一类，又说古无去声，不是自相矛盾了吗？段氏当时的话可能稍欠斟酌，以致前后不一致。

---

① "邦"从"丰"声，而属开口（"丰"属合口），是由于它是唇音的缘故。唇音字谐声在开合口上不很严格。

其实他所谓去入为一类是指《广韵》的去入，不是指上古的去入。对于上古，他只承认有入声，不承认有去声，他认为后代去声是入声演变成的。我们同意段氏去声来自入声的说法，但是不赞成他把去声和入声完全混同起来。我们认为：上古有两种入声，其中一种到中古变为去声，另一种到中古仍是入声。我在《汉语史稿》里以前一种为长入，后一种为短入。长短的区别只是一种可能，还不能作为定论。只要有了两种入声，就有了分化的条件，至于这两种入声是长短的区别还是高低升降的区别，那是次要的问题，可以留待将来详细探讨①。在本文里，第二种入声已经不再加上短音符号；第一种入声虽加上长音符号，也不必了解为仅仅在长短上区别于第二种。总之，入声分为两种完全是可能的。现代吴方言的入声不是也分为两种吗？广州话入声还分为三种，博白话入声还分为四种呢！

现在集中讨论一个问题：到底是平上为一类、去入为一类的学说合理呢，还是平上去为一类、入声自为一类的学说合理呢？这个问题很重要：如果承认平上去为一类，入声自为一类，就会像高本汉那样，把在《广韵》属平上去三声而先秦属之幽宵支四部的字一律算-g尾，与入声的-k尾对立。在《广韵》属去声而先秦属铎屋月物质五部的一律算-g、-d尾，与入声的-k、-t尾对立。或者像戴震那样，把阴声韵部的平上去声字都看成收元音，惟有入声字收促音。如果承认平上为一类，去入为一类，就会像段玉裁那样，他在他的《六书音均表·诗经韵分十七部表》和《群经韵分十七部表》里，根本不列去声②。或者像我这样，平上声一律拟为收元音，去声大部分字和入声字一律拟为收-k、-t、-p③。

我们应该分为两个步骤来进行考察：第一步是按照同声必同

---

① 除了长短音的区别以外，去声可能是先强后弱，以致韵尾失落。
② 黄侃也属于段派。
③ 缉、盍两部情况特殊，去声只有少数字在上古属入声。

部的原则,先确定入声韵部的声符。这样,我们将看见中古的去声字在上古还应该分为两类:一类归上声或平声,另一类归入声,例如"疚"虽是去声字,但应归之部,因为"疚"从"久"得声,而"久"属之部。又如"富"字应归职部,算是古入声字,因为"富"从"畐"得声,"畐"读若"伏"(见《说文》)。第二步是按照古入声的声符去检查,可以看见入声与去声的关系非常密切(指阴声韵的去声),它们在先秦韵文中经常互相押韵,直到汉代及南北朝初期还有去入通押的痕迹[1],而这些所谓去声字实际上是读成入声。

试举职部为例,《诗韵》入韵字如下表:

(1)去声:炽试备背富戒异意圅

(2)入声:识织弋忒螣式亟极塞北福辐菖葍直德力食饬饰救息则侧贼测稷色棘穑穡國緎域螣或鹹奭得匿克黑革伏服牧翼亿

入声与去声互押者10处:

翼服戒棘(《采薇》)	菖特富异(《我行其野》)
辐载意(《正月》)	载备祀福(《旱麓》)[2]
亟来圅伏(《灵台》)[3]	背翼福(《行苇》)
告则(《抑》)[4]	极背克力(《桑柔》)
戒國(《常武》)	忒背极匿识织(《瞻卬》)

这是最多的了。入声与平声互押者无一处,如果把去声来自入声的字算上(应该算上),也只有两处:异贻(《静女》),裘试(《大东》);入声与上声互押者只有两处:式止晦(《荡》)[5],鲔鲤祀福

---

[1]　江淹《齐太祖诔》叶"滕日匮逸匹",潘岳《述哀》叶"日毕一失质寐",王融《寒晚》叶"律日苹瑟疾逸辔",江淹《悼室人》叶"郁拂物忽慰",张融《海赋》叶"月界灭雪",谢朓《冬绪羁怀》叶"阙发月对薆绩没越渴昧歇",等等。

[2]　"载"字疑有上入两读,与入声押者读长入。因未能确定,故《大东》叶"载息",《绵》叶"直载翼"皆未列入。

[3]　"来"字疑有平入两读,亦未能定。"圅"字依《广韵》有去入两读,这里算去声。

[4]　"告"是觉部字,职觉合韵。

[5]　江有诰以为"止"字不入韵。

(《潜》),如果把去声来自入声的字算上,也只增加两处;芑试畝(《采芑》),止试(同上)。

最值得注意的是去声自相押韵的只有三处:备戒告(《楚茨》),富忌(《瞻卬》),炽富背试(《闷宫》)。《瞻卬》叶"富忌"是职部与之部通押,《楚茨》叶"备戒告"是职部与觉部通押,《闷宫》叶"炽富背试"则完全是职部字。

各个韵部去声与入声的关系不很一样:关系最深的是月部,它的去声字只跟入声相通,不和平上声相通,这就不可能把去声字分成两类,只须一律算作古入声就是了;没有关系的是歌部,它的去声字只跟平上声相通,不跟入声相通,这也不能把去声分成两类,只须一律算作古平声或古上声就是了①。但是跟之幽宵支鱼侯脂微八部的去声字都应该分为两类:一类归之幽宵支鱼侯脂微,作为这八部的古上声或古平声,另一类归职觉药锡铎屋质物,作为这八部的古入声。

王念孙把至部(我们的质部)和祭部(我们的月部)叫做去入韵,把缉部和盍部叫做入声韵②,章炳麟把至部、泰部(我们的月部)、队部(我们的物部)、缉部、盍部叫做去入韵③。所谓去入韵,实际上就是包括两种入声。唯有把质物月三部去入声字全都拟成-t尾,然后能与平上声没有-t尾的阴声韵对立起来,不相通押。唯有把缉盍两部的去入声字全部拟成-p尾,然后能与平上声收-m尾的阳声韵对立起来,不相通押④。

黄侃把之宵支鱼侯五部的入声独立起来,另成为德萧锡铎屋五部,这五部其实也是去入韵,虽然他不承认上古有去声,但是《广韵》去声字大部分被他收到这五个入声韵部来了。觉部未分出,这

---

① 例如"过磨"都算平声,不算去声。"化"算平声,因为《离骚》叶"他化"。
② 见王引之《经义述闻》卷三十一。
③ 章炳麟《国故论衡》第21页,浙江图书馆《章氏丛书》本。
④ 王氏之所以不认为缉盍是去入韵,因为这两部的去声字很少,只有"垫厌"及一些僻字。

是他的缺点。如果再分出觉部，就成为《汉语史稿》所定的入声职觉药屋铎锡月物质缉盍十一个韵部。

我们之所以反对戴震把祭月分为两部，是因为他不懂得同声必同部的原则，也不懂得去入韵的原则，硬把一个韵部拆成了两个韵部。由于他违反了同声必同部的原则，下面的谐声关系就讲不通了：

"大"声有"奎"，"奎"声有"达"。"大"，祭部；"达"，月部①。

"兑"声有"说脱棁税駾阅锐悦"。"兑棁帨税駾锐"，祭部；"阅悦脱"，月部。"说"读失爇切或弋雪切时属月部，读舒芮切时属祭部。"脱"又音"兑"，则属祭部。

"最"声有"撮"。"最"，祭部；"撮"，月部。

"害"声有"割豁辖害"，祭部；"割豁辖"，月部。但"害"又通"曷"，则在月部。

"轫"声有"齧契挈絜"，"絜"声有"洁"。"契"，祭部；"齧挈絜洁"，月部。但"契"又读私列切，则在月部。

"夬"声有"抉玦缺袂快决"。"夬快袂"，祭部；"抉玦缺决"，月部。

"曷"声有"葛渴遏谒羯竭歇愒"，"葛"声有"蔼"。"蔼"，祭部；"曷葛渴遏谒羯竭歇"，月部。"愒"读苦盖切时属祭部，读丘竭切时属月部。

"世"声有"贳泄"，"贳"声有"勥"。"世贳勥"在祭部，"泄"在月部。但"泄"又读余制切，则在祭部。

"祭"声有"察瘵际"。"祭瘵际"在祭部，"察"在月部。

"埶"声有"势爇热"。"埶(爇)势"在祭部，"爇热"在月部。

"戌"声有"岁威"，"岁"声有"薉(秽)濊哕翙"，"威"声有"灭"。"岁薉翙"在祭部，"戌威灭"在月部。"濊哕"既属祭部，又属月部。

---

① 这是按戴氏的原则来区分的，其实不该分。

"折"声有"逝誓哲晢"。"逝誓"在祭部，"折哲"在月部。"晢"读如"制"则属祭部，读如"折"则属月部。

"叕"声有"啜辍缀惙掇"。"缀"，祭部；"啜辍惙掇"，月部。但"缀"又读陟劣切，则在月部；"啜辍"又读陟卫切，则在祭部。

"列"声有"烈裂栵例"。"栵例"，祭部；"列烈裂"，月部。但"栵"又音"列"，则在月部。

"寽"声有"捋埒酹"。"酹"在祭部，"捋埒"在月部。

"发"声有"废拨泼"。"废"在祭部，"发拨泼"在月部。

"孛"声有"誖悖勃"。"勃"在月部。"孛誖悖"都有蒲昧、蒲没二切，既属祭部，又属月部。

"厥"声有"蹶"。"厥蹶"在月部。"蹶"又读居卫切，则在祭部。

"昏"声有"话活刮括"，"活"声有"阔"。"活刮括阔"在月部，"话"在祭部。

"杀"声有"铩"。"杀铩"都有所拜、所八二切，既属祭部，又属月部。

"剌"声有"赖"，"赖"声有"獭籁濑"。"赖籁濑"在祭部，"剌獭"在月部。违反了去入韵的原则，则下面这些最谐和的押韵也只能算是合韵了①：

厉揭(《匏有苦叶》)　　鼙迈卫害(《泉水》)

发烈褐岁(《七月》)　　结厉灭威(《正月》)

烈发害(《蓼莪》)　　烈发害(《四月》)

鼙逝渴括(《车辇》)　　拔兑駾喙(《绵》)

拔兑(《皇矣》)　　月达害(《生民》)

戟烈岁(《生民》)　　揭害拔世(《荡》)

舌逝(《抑》)　　舌外发(《烝民》)

———————————

① 加重点号的是祭部字，不加的是月部字。

王念孙、章炳麟的去入韵说是古音学上的一大进步。段玉裁虽然主张平上为一类,去入为一类,但是还未能把平上韵和去入韵截然分开。王念孙把缉盍分出,于是收-p 的韵部独立了,章炳麟把泰至队分出,于是收-t 的韵部独立了,黄侃把德沃屋铎锡分出,钱玄同再把觉部分出,于是收-k 的韵部也独立了(但钱氏后来又并药于宵,那是错误的)。到了今天,在古音学昌明的时候,我们不能再回到戴震那种以平上去为一类、入声自为一类的学说上去。

上文说过,除了歌月两部以外,去声还应该分为两类:一类算是古平声或上声,另一类算是古入声。这样,上古汉语的声调到底有几个呢?

我设想阴阳入三声各有两调。阴声只有平上两声,阳声也只有平上两声,入声也分两种,仍称为去声和入声未尝不可以,但若以收塞音为入声的特点的话,则不妨改称长入、短入。所谓长短只是一种假设,也可能不是长短,而是高低升降及其他特征。有一点可以肯定,那就是职觉药屋铎锡六部的去声字一定是收-k,月物质三部的去声字一定是收-t,缉盍两部的去声字(极少数)一定是收-p。

依段玉裁《六书音均表·诗经韵分十七部表》,阳声韵部以及阴声歌宵两部都只有平声;支部只有平声和入声,依章炳麟《国故论衡·二十三部音准》,除泰至队缉盍五部去入韵以外,无论阳声韵或阴声韵,一概只有平声。章氏否认上声的存在①。依我看,上声还是不能否定的。段氏对之幽侯鱼脂五部所定的上声韵证据确凿,不能推翻。宵部上声独用者有《邶风·柏舟》的“悄小少摽”,《陈风·月出》的“皎僚纠悄”,《小雅·鱼藻》的“藻镐”②;歌部上声独用者,有《卫风·竹竿》的“左瑳傩”,《小雅·何人斯》的“祸我可”③;支部上

---

① 　一般人只知道黄侃否认上古有上声,而不知他这种说法是从他的老师那里来的。

② 　如果以去声归上声,还可以加上《月出》三章的“照燎绍慅”,《齐风·东方未明》的“倒召”,《小雅·角弓》的“教效”,《大雅·思齐》的“庙保”。

③ 　如果以去声归上声,还可以加上《大雅·下武》的“贺左”。

声独用者,有《离骚》的"蕊纚"①。同是阴声,应有它们的系统性,不能认为有些阴声韵有上声,另一些阴声韵没有上声。至于章炳麟、黄侃认为阴声韵只有平声,更不可信。即以阳声韵部而论,恐怕也不能认为只有平声。侵部上声独用者有《小雅·斯干》的"簟寝",《巷伯》的"锦甚";谈部上声独用者有《大雅·召旻》的"玷贬"②,《王风·大车》的"槛菼敢",《陈风·泽陂》的"菡俨枕"③,《易经·坎卦》的"坎窞",又"坎枕窞",《楚辞·九章·抽思》的"敢憺";阳部上声独用者有《小雅·北山》的"仰掌",《楚辞·九章·橘颂》的"长像",《檀弓》叶"仰放";耕部上声独用者有《小雅·节南山》的"领骋";真部上声独用者有《小雅·楚茨》的"尽引";文部上声独用者有《邶风·新台》的"洒浼殄",《离骚》的"忍陨",《九章·惜诵》的"忍轸";元部上声独用者有《邶风·柏舟》的"转卷选",《静女》的"娈管",《鄘风·载驰》的"反远",《豳风·伐柯》的"远践",《小雅·杕杜》的"嘽痯远",《角弓》的"反远",《周颂·执竞》的"简反反",《九歌·国殇》和《九章·哀郢》的"反远"。特别是元部上声独用的情况较多。

这样,如果按入声兼承阴阳的说法,则上古汉语应该有四声,即平声、上声、长入、短入。

能不能设想为五声,即平声、上声、去声、长入、短入呢? 我曾经为此踌躇过。如果仍旧觉得古无去声说比较可信。有种种迹象使我们倾向于相信古无去声,其中最重要的有三点:第一,《广韵》阴声韵去声字,除了可认为长入字外,所余不多了,阳声韵去声字虽不能有长入字,但是可以算是平声或上声。第二,一字有平去两读者,往往以平声为古读,这种情况以阳声韵为最常见,如"信"字古通"伸","信义"的"信"亦即读平声,例证有《邶风·击鼓》叶"洵

---

① 段玉裁以"蕊纚"归支部,江有诰把"蕊纚"归歌部。
② 段玉裁以"玷贬"归侵部,这里从江有诰。
③ 江有诰认为"枕"是侵部字,侵谈合韵。

信",《小雅·节南山》叶"亲信",《巷伯》叶"翩人信"等;"庆"字古通"卿"(庆云:卿云),"吉庆"的"庆"亦即读平声,例证有《小雅·楚茨》叶"祊明皇饗庆疆",《甫田》叶"梁京仓箱梁庆疆",《大雅·皇矣》叶"兄庆光丧方",《鲁颂·閟宫》叶"洋庆昌臧方常"等;"梦"字不但在"视天梦梦"里读平声(《小雅·正月》叶"蒸梦胜憎"),而且在"甘与子同梦"里(《齐风·鸡鸣》叶"薨梦憎"),在"乃占我梦"里(《小雅·斯干》叶"兴梦"),在"讯之占梦"里(《正月》叶"陵惩梦雄"),也都读平声。第三,一字有上去两读者,往往以上声为古读,例如"甚",常枕切,又时鸩切,上古读上声,所以《巷伯》叶"锦甚";又如"玷",多忝切(《广韵》),又都念切(《集韵》),上古读上声,所以《召旻》叶"玷贬"。因此,我宁愿设想上古没有去声,而以中古的去声字分别归入上古的长入、平声或上声。

结　语

综合上文的论据,我们得出以下的一些结论:(1)先秦韵部不是韵摄,每一个韵部只有一个主要元音;(2)上古一韵分化为中古的两韵,往往是由于声母条件的不同;(3)阴阳入的对应是汉语系统性的表现,我们应该依照对应的规律来进行先秦韵部的拟测;(4)韵部的远近也是古音拟测的根据之一;(5)上古的开合口和中古的开合口略有不同;(6)以中古的声调和上古的声调对应来说,平上为一类,去入为一类,但是一部分去声字应归古平声或古上声。古入声分两类,一律收音于-k、-t、-p,这两类的区别可能是长短的不同,也可能是高低升降的不同。

古音的拟测是以音标来说明古音的系统。这些音标只是近理的假设,并不是真的把古音"重建"起来。但是,即使是假设也要做得合理,如果假设不合理,连古音的系统也会弄错了的。

原载《北京大学学报》(人文科学版)1964年第5期

《类音》研究

一、本篇的旨趣

专为了解音理起见,中国的等韵书实在不值得我们去研究;我们只须对现代语音学作仔细的研究就行了。等韵书里所阐发的音理,非但不能比现代语音学里所阐发的更高明,有时他们还用"金、木、水、火、土,东、西、南、北、中,春、夏、秋、冬,阴、阳,清、浊"等等玄虚的字眼,使我们着迷,堕入五里雾中。

但是,我们为了两个理由,不得不研究等韵书:第一,如果要研究中国的音韵学史,决不能撇开了等韵学不说。若要叙述等韵学,就非先研究关于等韵学的各种书籍不可。第二,现在中国国学界还有些人以为等韵学乃是很高深的学问,我们应该把他们所崇拜的偶像打破,使青年们不致误以为等韵学比现代语音学更高深,打破偶像的上好方法就是把等韵书加以很浅显的说明,使大家知道所谓等韵者,不过是这么一回事,就不至于再觉得它神秘莫测了。

中国的音韵学者谈及音理的时候,往往犯了夸大的毛病。《类音》里说:"姑就有字者立类,而无字者存其说以告天下。后世之人，万一有神解妙悟者，闻而莫逆于心，遥相应和，是以子云而知子云也。千载下犹旦暮遇之也！"章太炎先生的《音理论》里也说："穷言音理，大地将无解音之人，故顺道大疑而止。"我们觉得，实在不必说得这样神秘。单就音理一方面而论，刘半农先生胜过章太炎先生，但刘先生在他的《调查中国方音用标音符号表》的附注里说："方音浩繁如烟海，要非区区百数十符号所能尽。是以此表在今日或可视为苟完，更越年，容即摧烧毁弃之。此道不乏方家，当知余言之非谬也。"拿刘先生的话比较章先生的话和《类音》里的话，可以看出新旧音韵学家的态度之不同。我们对于前贤的态度是可以原谅的，因为从前没有适当的音标，而中国的字音又与字形不发生一定的关系，他们用了许多"神而明之"的苦功，当然觉得这是高不可攀的学问。

　　但是，就现代语音学看来，等韵学实在平凡得很。语音学也像其他科学一样，有些问题是尚待解决的；然而等韵学里的问题一到了语音学里都得到正当的解决。我们承认等韵学里有些名词很不容易解释，但这并不是我们的知识不够了解它们，而是另外的两个原因：第一，原作者对于音理尚未弄清，所以有些缠七夹八的名称，如果我们在他的书中寻求合于音理的系统，倒反把他的意思解释错了。第二，原作者受了自己的方音的影响，有些地方是拿他自己的方音去推测古音或创立标准音的；如果我们拿现代的国语去解释他的话，或拿别人所定的古音系统去范围他所定的系统，也会把他的意思解释错了。所以我们只该细心去体会原作者的真意，绝对不该对于等韵学有一种高深的感觉。而这一篇文字的旨趣，除了为中国音韵学史作一种整理的工夫之外，就在乎显示等韵学是一种很平凡的学问。《类音》一书，是明、清学派的等韵学的著作当中颇重要的一部，所以我们先从《类音》研究起。

二、《类音》的作者及其著书的目的

　　《类音》的作者潘耒，字次耕，号稼堂，江苏吴江人，生于 1646

年,殁于 1708 年,享寿六十三岁。

潘耒为历史家潘柽章之弟,柽章既遭史祸,死,耒乃受业于同郡徐枋与顾炎武。群经诸史,旁及算数宗乘,无不通贯;诗文尤精博,先辈陆稼书,翼王诸老交推之。康熙十八年(1679),朝廷开博学鸿词科,耒以布衣被荐举。廷试二等,授检讨,纂修明史。充日讲起居注官。时与馆选者多起家进士,耒与朱竹垞、严荪友两先生独由布衣入选,文最有名;凡馆阁经进文字,必出三布衣手,同列忌之。耒尤精敏敢言,无稍逊避,卒为忌者所中,坐降调,以母忧归,遂不复出。著有《遂初堂集》四十卷。又因等韵之法,更推求以己意,撰《类音》八卷,与顾炎武《音学五书》殊有出入。

潘耒著《类音》,其目的在乎修正以前等韵诸书,"更著新谱,斟酌古今,通会南北,审定字母,精研反切,务令音得其真,读得其正"。"使五方之人,去其偏滞,观其会通,化异即同,归于大中至正"。为什么要斟酌古今呢?潘氏说:

> 天下无不可迁之物。声音之出于喉吻,宜若无古今之殊;而风会迁流,潜移默转,有莫知其然而然者。楚骚之音异于风雅,汉魏之音异于屈宋。古读"服"为"匐",而今如"复";古读"下"如"户",而今如"夏";古读"家"如"姑",而今如"嘉";古读"明"如"芒",而今如"名"。此第就常用之字,考其旁押而知之;其不见于风骚,不经于押用,而变音转读者,不知其几也。古无韵书,某字某音莫得而考。自周颙、沈约著为韵谱,系之反切,而后字有定音,音有定韵。凡方隅之音,讹滥之读,质于谱而知其非,立可改正,功不细矣。而无如代异时移,迄于今日,不独唐、虞、三代之音渺不可追,即齐、梁之音,亦已渐失其故。有一母全变者,如微母之字,今北人读作喻母;疑母之字,南人半读作喻母(如"鱼崖牙尧五雅雁药乐月岳"等字),北人全读作喻母;邪母之字,南北人俱读作从母。有一母半变者:泥、娘母下,齐齿、撮口之字,南北人俱读作泥母;照、穿、

床、审四母下，开口、合口之字，南人读作精、清、从、心四母；禅母下字，北人半读作澄母。有一韵全变者：江韵之字，举世读作唐韵；歌韵之字，吴音读作模韵；麻韵之字，吴音读作歌韵；灰韵之字读作规窥，肴韵之字读作宵豪；至侵、覃、咸、盐四韵闭口之音，自浙、闽人而外，举世读作真、寒、山、先。又上声浊母之字，多读作去声；入声之字，北人散入三声。其余只字单音之变，又不可枚举也。

为什么要通会南北呢？潘氏说：

五方之民，风土不同，气秉各异。其发于声也，不能无偏。偏则于本然之音必有所不尽。彼能尽者与不能尽者遇，常相非笑而无所取裁，则音学不明之故也。《淮南子》云："轻土多利，重土多迟；清水音小，浊水音大。"陆法言谓："吴楚时伤轻浅，燕赵时伤重浊，秦陇去声为入，梁益平声似去。"此方隅所囿，无可如何者也。乃北人诋南为缺舌之音，南人诋北为荒伧之调；北人哂南人"知""之"不分，"王""黄"不别；南人笑北人"屋""乌"同音，"遇""喻"同读。是则然矣。亦知其各有所短，各有所长乎？南人非特缺照母开口一呼，混喻、匣二母已也；凡审、禅、穿、床之开口、合口二呼，皆不能读，又以歌、戈混于敷模，庚、青、蒸混于真文，凡五韵之字，无一字正读者。北人非特无入声缺疑母已也；竟以入声之字散入于平上去三声，反谓平声有二，以稍重者为上平声，稍轻者为下平声，欲以配上去为四声。是四声芟其一、添其一矣。疑母同喻，微母亦同喻；至群、定、床、从、并五母之上去二声，竟与见、端、照、精、帮五母相乱，非唯本母不能再分阴阳，并上去入三声而皆失之。此其所短也。若夫合口之字，北人读之最真，撮口之字，南人读之最朗。清母之阴阳，北人天然自分；浊母之阴阳，南人矢口能辨。此其所长也。倘能平心静气，两相质正，舍己之短，从人之长；取人之长，益己之短，则讹者可正，缺者可完，而本有之音毕出矣。

由上述的两段文章看来,潘氏著《类音》的目的在乎正天下之音。什么是正音呢?以古音为标准吗?不,潘氏以为"生今之世,不能不用今音"。这是他的主张与他的老师顾炎武的主张大不相同的地方。他所谓正音,不是古音,而是南北音的调和。所以他说:"举世同然之音则从之,方隅偏驳之音,则正之。"举世同然之音,自然没有问题;至于所谓"偏驳之音",拿什么做标准呢?这只好拿古音来做标准了,例如微母与喻母,古音能分而今北音不能分,就算北音是偏驳之音。又如真韵与庚韵,古音能分而今南音(吴语)不能分,就算南音是偏驳之音。依这一个标准去规定正音,正音的声母韵母的数目,比南音或北音里的声母韵母的数目都要多些。这种目的,与民国初年初制注音字母之目的大致相似。但是,除此之外,潘氏又以为有些音是古人能分而今南北音都不能分的,也该矫正,例如"邪母之字,南北人俱读作从母",灰韵之字,南北人俱读作"规窥",我们为保存古音的分别起见,仍不能不分。

《类音》的目的,除了规定正音之外,还要订正旧韵书的排列法与反切法。这已经是从内容的问题到体裁的问题了。至于潘氏主张如何排列,如何反切,详见下文。

潘氏撰《类音》的经过,依他自己叙述如下:"余自少留心音学。长游京师,寓卫尔锡先生所。适同此好,锐意讲求。先生,晋人也;余,吴人也。各执一见,初甚抵牾;发疑致难,日常数返。渐相许可,渐相融通。久而冰释理解,不特两人所素谙者交资互益,而昔人所未发者,亦钩深探赜而得之。于是五十母、四呼、二十四类之说定,而图谱成焉。犹未敢自足。年来遍游名山,燕、齐、晋、豫、湖、湘、岭、海之间无不到,贤豪长者无不交,察其方音,辨其呼母,未有出乎二十四类之外者,亦未有能尽通二十四类之音者。遂将勒成一书,公之天下。"

依这一段文字看来,潘氏先定下了著书的目的,然后到各地求证据。他的态度对不对,我们暂且不谈。我们先依他所定正音的标准去看他能否自圆其说。

三、五十字母

要知道潘耒为什么把三十六字母改为五十字母,须先知道他对于字母的几个基本概念。

第一,他以为字母是有清浊之分的。这似乎与其他等韵学家的看法相同,而实际上是不相同的。譬如他说:"影、喻、晓、匣清也,群、疑浊也,见、溪清浊半者也。"这就与《切韵指掌图》的说法不一样了。《切韵指掌图》以见、影为全清,溪、晓为次清,群、匣为全浊,疑、喻为不清不浊。我们首先要问:潘氏为什么把喻、匣二母认为清音呢? 尤其是匣母,恐怕除了潘氏一人,没有把它认为清音的。但是,我们再看他的五十字母图说,就更惊讶,因为他把《切韵指掌图》所认为半清半浊而《韵会》与《切韵指南》等书所认为浊音的邪、禅二母,以及《切韵指掌图》所认为不清不浊而《韵会》认为次浊的微、来、日三母,都排在横看的第一、二排,换句话说就是与他所谓的清音喻、匣二母同排。说是他的排列法是没有意义的吗?但是潘氏是最讲究排列法的人,他自己说:"务使阴阳清浊各具其音,相偶相从,而不违其序。"这样看起来,邪、禅、微、来、日既然与喻、匣相偶相从,我们就不能不因类推而断定潘氏的意思是以为邪、禅、微、来、日也都是清音了。现在我们要替潘氏对于清浊二字下定义,就只能由他自己所定的系统里归纳出一个道理来。经过了归纳的工夫,我们知道了潘氏所下清浊音的定义是:

1.清音＝纯粹摩擦音及元音,在三十六字母中为审、禅、心、邪、非、奉、微、来、日、影、喻;

2.半清半浊＝闭塞与闭塞摩擦的幽音,在三十六字母中为见、溪、端、透、照、穿、精、清、帮、滂;

3.浊音＝闭塞与闭塞摩擦的响音,及鼻音化的声母,在三十六字母中为群、疑、定、泥、床、从、並、明。

关于这定义，我们还可以替他解释一下子。摩擦音与元音很相近，只要把摩擦音取消了摩擦性，就成为元音，所以他把摩擦音与元音认为同类是有相当的理由的。来母属于边音，但边音也是摩擦音之一种，更用不着怎样解释了。鼻音化的声母，如 m、n、ŋ 之类，也是闭塞的响音之一种。所以潘氏的分类是有他的理由的，只是不幸而用了"清、浊"两个容易令人误会的名词。

第二，他以为字母是有阴阳之分的。他所谓阴阳，既就字母上说，当然与普通所谓韵类的阴阳或声调的阴阳是没有关系的。我仔细地研究他的例子，才知道他所谓阴声的字母乃是不吐气的硬音，阳声的字母乃是吐气的软音（此处所谓软硬，是指筋络收缩的程度而言。发音时筋络收缩很紧，叫做硬音，如果很松，就叫做软音）。

何以知道阴阳是指不吐气与吐气而言呢？我们试看他的《五十字母图说》则见见母属阴而溪母属阳；端母属阴而透母属阳，照母属阴而穿母属阳，精母属阴而清母属阳，"帮"母属阴而滂母属阳。见、端、照、精、帮都是不吐气的声母，溪、透、穿、清、滂都是吐气的声母，可见阴声就是不吐气，阳声就是吐气。就一般说，尤其是就吴语说，不吐气的音总比吐气的音硬，硬与软就是潘氏所谓的"重"与"轻"。潘氏既说："重则为阴，轻则为阳，一阴一阳，常相对偶。"可见阴声就是不吐气的硬音，阳声就是吐气的软音了。

部位相同的辅音，若要再加分别，当然在发音方法上去寻找其相异之点。潘氏所据以分阴阳的，乃是常相对偶的异点；然而在发音方法上常相对偶的异点只有六个：幽音与响音；闭塞与摩擦；非腭化与腭化；不吐气与吐气；硬音与软音；纯粹声母与鼻化声母。幽音与响音，很容易令人误会，以为就是潘氏所谓阴声与阳声，尤其是《中原音韵》分平声为阴阳二类，适与幽音与响音之字母相当。但是，依此说法，该把群母认为见或溪的阳声，定母认为端或透的阳声，床母认为照或穿的阳声，从母认为精或清的阳声，並母认为帮或滂的阳声,才是道理,何至增加"舅、杜、朕、在、奉"五母,以为群、定、床、从、并的阴声呢? 可见阴阳并不是根据幽响而分的了。闭塞与摩擦更不是阴阳分别的根据,因为如上文所述,潘氏既以闭塞与摩擦为浊音与清音,就不能再以闭塞与摩擦为阴声与阳声,所以他说:"其阴阳者,非清浊之谓也。"非腭化与腭化,更与阴阳之说无关,因为潘氏并没有把见、溪等母像《广韵》一般地分为两类。至于纯粹声母与鼻化声母的分别,也不是潘氏所据以分阴阳的理由,因为他还把每一鼻化声母再分阴阳,例如"语"为疑之阴,"乃"为泥之阴,"美"为明之阴等等。由此看来,只剩下不吐气与吐气,及硬音与软音,为阴阳的分别所根据了。

　　但是,这种解释还遇着一个难关。潘氏说:"见、端非溪、透之阴,溪、透非见、端之阳,不相配,故不对列。"假使阴阳仅仅是指吐气关系与硬软关系而言,那么溪、透可以说是见、端之阳了。以我猜想,他所谓阳声字,必须兼具有浊流的条件;溪、透、穿、清、滂虽也吐气,但其所吐的气是清流,只能勉强归入阳声,不能认为见、端、照、精、帮之阳。

　　浊流的说法,可以解释潘氏把晓母认为阴声而把匣母认为阳声的道理。我们假定潘氏读晓母为 h 而把匣母读为 ɦ(h 的响音)。我们知道,吴语里的 ɦ 就等于所谓浊流。所以潘氏就把匣认为阳声,而以晓为阴声了。

　　影、喻之分阴阳,就只靠硬软的差别了。如果当我们发元音的时候,先把声门紧闭,然后突然放开,这就是一种硬的读法,在法文称为 attaque dure,在国际音标为 ʔ。如果我们开始就达到了元音的部位,这是一种软的读法,在法文称为 attaque douce。依潘氏的意思,影母硬而喻母软,所以影为阴声而喻为阳声。

　　当潘氏论及声母的时候,阴阳之说乃是他的最重要的论据,三十六字母所以增加至五十字母,差不多完全根据着这一个理由。他说:

　　《类音》之书未出，先以图目示人。有素谙反切，熟习旧谱者，杂然送难曰："三十六字母，本于梵音，其来尚矣。昔人持论，间有异同，子乃毅然删改，顿增之为五十，且创立字母，何其勇于自信乎？"曰："非敢师心自用也，以声之阴阳辨之也。"影、喻、晓、匣既分阴阳，而群、疑、并、明等不分阴阳，可添之母尚有十余，非缺漏乎？

　　可惜他的话不免有些缭绕的地方，譬如他说"审音则轻者为阳为浊，重者为阴为清"，又说"人知清浊之为阴阳，而不知清声浊声又各自有阴阳"。由后一说看来，清声中有阳声，由前一说看来，清声当然是重的，阳声当然是轻的。那么清声中的阳声究竟是重的呢？还是轻的呢？如果要替他这种矛盾的地方辩护，就只有一个说法，这就是说清声中的阳声比清声中的阴声为重，但它却比浊声中的阳声为轻。

　　至于他说"北人非特无入声……反谓平声有二，以稍重者为上平声，稍轻者为下平声"，这话就把声调的阴阳与字母的轻重混为一谈。又说："清母之阴阳，北人天然自分；浊母之阴阳，南人矢口能辨。"按之事实，亦不相符。潘氏所定的清母之阴阳如心母与"些"母，北人何尝能分？浊母之阴阳如"杜"母与定母，南人何尝能辨？又说："上声必重，重者属阴，宜于配阳。"却又把声调的轻重与字母的阴阳缠在一起。这些地方都是没法子替他辩护的。

　　第三，潘氏以为字母应该分为喉、舌、腭、齿、唇五类。字母的五分法，自古已然。惟宋元的等韵学分为牙、舌、唇、齿、喉，而潘氏分为喉、舌、腭、齿、唇。其字母之归类，亦与宋元派不同。书中《声音元本论下》设问云："旧以见、溪、群、疑为牙音，今何以列诸喉音？旧以照、穿、床、审、禅为齿音，今何以列诸牙音，旧以来、日别缀于末，今何以列来于舌，列日于牙？'而'字止有四声，更无他呼别类，何以标为一母？旧以牙舌唇齿喉为序，今何以喉舌腭齿唇为序？"于是他自己答复说：

　　喉音者,舌居喉中,未著乎齿牙也。试问"衣、希、基、溪、奇、疑"六音者,类乎,不类乎? 齿音者,以舌抵齿而后成声;牙音者,反抵腭耳。试问"诗、时、知、鸱、迟"抵腭乎,抵齿乎? 来为舌,日为牙,类也,有本位在也。"而"虽独音,然不入他母,则自为母矣,安可废乎? 凡声之出口,必自内而渐及于外:始喉,次舌,次腭,次齿,而终之以唇,无余声矣。岂非天然之序乎?

　　在未批评潘氏的说法以前,我愿意先谈一谈古人所谓牙、舌、唇、齿、喉。当我们研究古人的分类的时候,应该好好地体会古人的意思,不该专看字面。这恰像潘氏所分的清浊阴阳,如果我们专看字面,就很容易误会他的意思了。体会的方法,就在乎把原书里的例子做一番归纳的功夫。假使古人只提出牙、舌、唇、齿、喉五个名称,我们就很难知道古人的真意。幸亏他们在每一类都举了些代表字,又以那些代表字去统摄一切的音,那么,我们很容易归纳出一个系统来,而断定他们所谓牙、舌、唇、齿、喉的定义。依归纳的结果,除喉音的定义与现代语音学上的定义相符之外,古人所谓牙、舌、齿,都与现代所谓牙、舌、齿不同。古人所谓牙,是指大牙,而且是靠着喉咙的、最尽头的大牙,最近舌根,所以古人误以舌根音为由尽头的大牙发声。潘氏不知此意,于是认为古人所谓牙音等于他自己所谓齿音。其实他所谓"牙音者,反抵腭耳",定义既与古人所谓牙音的定义不同,也就不容混为一谈了。古人所谓舌音,乍看这名称觉得很糊涂。人类的语音,除了喉、唇之外,没有不用舌的。端系的字与精系的字,都是以舌抵齿的,为什么分为舌音与齿音两类呢? 原来古人所谓舌音,就是现代所谓口内的闭塞音;齿音,就是现代所谓口内的摩擦音。闭塞摩擦音虽以闭塞始,却以摩擦终;闭塞的时间短,摩擦的时间长,所以古人也把它归入齿音。但是,古人为什么把口内的闭塞音叫做舌音,而把口内的摩擦音叫做齿音呢? 因为口内的闭塞音发音时,舌与腭紧接而成全阻,所以古人感觉到舌的作用,而把这类的音叫做舌音。见系所以不会被称为舌音,也因舌根靠近口后,翘起时不像舌的前部或舌面翘起时容易使人感觉到的缘故。口内的摩擦音虽也用得着舌头,但舌只与上腭靠近而成半阻,所以古人感觉不到舌的作用,又因摩擦音可以维持很久,很像是从齿缝中摩擦而出,所以古人把它叫做齿音。边音虽也属于摩擦,但当其发音时,舌的中部也紧接上腭,很容易令人感觉到舌的作用,同时又觉得它与普通舌音不同,所以古人把它叫做半舌。日母乃是鼻音的闭塞摩擦,因为带鼻音,与普通的闭塞摩擦不同,所以古人把它叫做半齿。

　　明白了古人分类的原则,我们就知道潘氏的分类并不见得比古人高明。再说苛一点,潘氏的分法还比不上古人的分法。古人把端系与精系分为舌音与齿音两类,是因为他们如上文所说以闭塞与摩擦为标准,《韵镜》与《切韵指掌图》里,闭塞音与摩擦音的界限很分明,决没有混为一类的道理。至于潘氏就不同了:唇闭塞与唇摩擦可以同类,那么,舌尖闭塞的端系为什么不能与舌尖摩擦的心、邪,舌尖闭塞摩擦的精、清、从为一类呢? 边音与鼻音的闭塞摩擦“别缀于末”,正是古人音理精到处;明清的等韵家往往知求整齐而不顾其是否有悖于音理。日母在潘氏的时代,大约已读如今北平音,所以他依当时的语音而把日母归入照系,尚无可议。至于边音的来母,就尽可不必归入端系了。

　　“自内而渐及于外”,潘氏分类的原则是很可取的,可惜他实际上分起来,却违背了他自己所定的原则了。端系与精系的发音部位相同,然而端系被排在第二类,而精系被排在第四类。这可以说是全书中的最大缺点之一。

　　第四,潘氏以为喉、舌、腭、齿、唇五类,每类都该有一个鼻音,换句话说,就是每一个发音部位的纯声母皆有一个同部位的鼻化声母与之相当。他说:

　　　喉舌唇皆有最浊之音,牙齿何独无之? 为其邻于疑、泥也,故隐而不出,必细审然后得之。试以"基溪奇疑""低梯题泥""知鸱迟〇""虀妻齐〇"相联并读,久而必有一音出焉。既得其阴,必得其阳,故有无字之二母。字者,子也。无字而必列之,如家有兄弟十人,其八有子,其二无子,作谱者必尽载其名。若以无子而删二人,不成谱矣。

潘氏的意思是要在照系与精系各添一个最浊的音,换句话说就是各添一个同部位的鼻音闭塞摩擦。这固然是可能的音,但也因潘氏力求整齐,所以把它们请了来。

根据上述潘氏的四个基本观念,就生出了五十字母。他以为知、彻、澄、娘同于照、穿、床、泥,非与敷又异呼而同母,所以原有的三十六字母可以归并了五个。"群、疑、来、定、泥、日、床、邪、从、微、並、明"有阳无阴,心母有阴无阳,该给它们添上配偶,于是原有的三十六字母应该增加十三个。又喉音、舌音与唇音里都有最浊音,腭音与齿音里也该有最浊音,而且这些最浊音该是成对的,于是在原有的字母里又该增加四个。"而"字虽独音,而有平上去声,居然一母;这母又该是成对的,所以原有的字母里又该增加两个。照这法子增减,就成为五十字母。潘氏所定的字母名称是:

喉音阴声:影、晓、见、舅、语

喉音阳声:喻、匣、溪、群、疑

舌音阴声:老、耳、端、杜、乃

舌音阳声:来、而、透、定、泥

腭音阴声:审、绕、照、朕、〇

腭音阳声:禅、日、穿、床、〇

齿音阴声:心、巳、精、在、〇

齿音阳声:些、邪、清、从、〇

唇音阴声:非、武、邦、鞶、美

唇音阳声:奉、微、滂、並、明

今将五十字母的音值假定如下表:

喉音:影 ʔ	喻①	晓 h	匣 ɦ	见 k
溪 k'	舅 g	群 g'	语 ŋ	疑 ŋ'
舌音:老 l	来 l'	耳 ɹ	而 ɹ'	端 t
透 t'	杜 d	定 d'	乃 n	泥 n'
腭音:审 ʂ	禅 ʂ'	绕 ʐ	日 ʐ'	照 tʂ
穿 tʂ'	朕 dʐ	床 dʐ'	○nʐ	○nʐ'
齿音:心 s	些 s'	巳 z	邪 z'	精 ts
清 ts'	在 dz	从 dz'	○nz	○nz'
唇音:非 f	奉 f'	武 v	微 v'	邦 p
滂 p'	奉 b	並 b'	美 m	明 m'

表中的音值有须说明者。"来、禅、些、奉、而、日、邪、微、群、定、床、从、並、疑、泥、○、○"诸母所有的吐气符号(·)都表示一种浊流;而"溪、透、穿、清、滂"五母所有的吐气符号却表示一种清流。理由已见于上文。

关于字母,且说到这里为止,下面要叙述潘氏的等呼论。

四、四 呼

潘氏所定的四呼,就是开口、齐齿、合口、撮口。他说:

> 何谓四呼? 曰,开口也、齐齿也、合口也、撮口也。凡有一字,即具此四呼。如见母之在真文韵则为"根、巾、昆、君";在元先韵则为"干、坚、官、涓"。各母各韵,无不皆然。或有字,或无字,而其音具在。

我们首先要问:开齐合撮的名称是不是潘氏创始的? 潘氏云:

> 等韵但分开合。邵子书虽有开、发、收、闭之名,徐披其目,惟"黑、花、香、血"为具四呼。其他"古、甲、九、癸"等,或

---

① 编者注:原作"喻音"。

二,或三,亦未尝相对也。惟梅氏《字汇》末卷四呼皆全,而不均之各类。陈氏《统韵》之图,但取纵横三十六,至以"根"之开口附于"昆"之合口,"家"之齐齿附于"瓜"之合口;又别立混之一呼,以"姜、阳"之齐齿,"肱、肩"之合口撮口当之,谬误滋甚。

又劳乃宣《等韵一得》云:

> 《字母切韵要法》,各摄皆分开口正韵、开口副韵、合口正韵、合口副韵,所谓四等呼也。韵之四等,以洪细别之:以开合言,则开细而合洪;以正副言,则正洪而副细;故开正为细之洪,开副为细之细,合正为洪之洪,合副为洪之细。梅膺祚《韵法图》开口正韵作开口,开口副韵作齐齿,合口正韵作合口,合口副韵作撮口,其称名尤为显切。独增出混呼卷舌等名为蛇足。潘次耕《类音》删之,而专用开口、齐齿、合口、撮口为四呼,良是。

由此看来,四呼之分,起于《字母切韵要法》;开齐合撮之名,始于梅膺祚之《韵法图》。都不能说是潘次耕创始的。但后人遵用开齐合撮的名称,大约是受潘氏的影响居多,一则因为潘氏是顾亭林的大弟子,二则因为他把开齐合撮都下了比较明显的定义。不过,四呼的分类与名称都不是他创始的,为什么他还自矜为独得之密呢?原来,他所定的四呼的内容与别人有不同之处,除了删去混呼卷舌等名称之外,他与别人的最大区别乃在乎排列无字之音。他说:

> 开与合相应,齐与撮相应,有则俱有,无则俱无。一几四隅,一马四蹄,不可增减者也。世人止就有定之音求之,故或二或三,不得其全。……今则一母必具四呼,四呼始成一类。少一母则知此母之音未竟,多一呼则知彼类之音当分。以此审音,而潜伏之音毕出;以此摄类,而凌杂之类皆齐。

这种排列无字之音的方法，骤看似乎很精明，其实是容易出毛病的，这待下文再论。现在先述潘氏对于四呼的定义。他说：

> 四呼非他，一音之变也。音之由中达外，在牙腭间，则为开口呼，历舌端则为齐齿，畜于颐中，则为合口，聚于唇端，则为撮口。

我们知道，开口呼就是韵头没有半元音或短弱元音的韵母（u、i 除外），齐齿就是韵头为 i 或全韵为 i 的韵母，合口就是韵头为 u 或全韵为 u 的韵母，撮口呼就是韵头为 y 或全韵为 y 的韵母。为陈述方便起见，我们可以把 a、e、o 代表开口，i 代表齐齿，u 代表合口，y 代表撮口。这是稍习音韵学的人都懂得的。现在我们就根据语音学的原理来批判潘次耕的定义。他这定义，骤然看来，很容易使人误会，以为开齐是直达的音，合撮是含蓄的音。语音由中直达于外，达到了牙腭之间，便是开口，再达到了舌端，便是齐齿。但如果音从内出，含蓄不发，情形又不同了：蓄于颐中，便是合口，若更向外，蓄于唇端，便是撮口。由此看来，开合是内的音，齐撮是外的音。本来 a、e、o 是比 i 后些，u 与 y 就更不必说了，所以内外的说法是不能怎样批驳的。毛病只在乎"达、历、蓄、聚"四个字。我们知道，语音都是直达的，没有含蓄的；潘氏因为 u 与 y 是圆唇音，所以想出"蓄、聚"的字样来形容。我不敢说潘氏心里不明白，但他的话实在含糊。现在我们再看他的另一种说法：

> 凡音皆自内而外。初出于喉，平舌舒唇，谓之开口；举舌对齿，声在舌之间，谓之齐齿；敛唇而蓄之，声满颐辅之间，谓之合口；麼唇而成声，谓之撮口。

这一个定义是比较地好些了：第一，他说到了舌的部位，平舌就是低元音，举舌就是高元音。第二，他在开合撮的定义里都说到了唇，令人知道元音有圆唇与非圆唇的区别。但是，发 i 音时，唇是扁的，他没有道及。a 固然是舒唇，但 e 却是扁唇，o 却是圆唇，潘氏

以舒唇为开口呼的特征,大约感觉到 e 没有到极扁的程度,o 没有
到极圆的程度。关于撮口,潘氏但云"蹙唇而成声",没有说到舌的
部位。其实,如果不靠舌的部位来分别,合与撮还有什么分别呢?
敛唇与蹙唇,岂不是一样的吗?不过,潘氏毕竟给我们下了一个定
义,在当时算是极难得的,我们也不必求全责备了。

潘次耕是嘲笑等韵自乱其类的,但他自己所分的四呼也是其
例不纯。依江永的说法,等韵里的字,开口至三等则为齐齿,合口
至三等则为撮口。潘末虽生在江永之前,但他似乎也知道这个道
理。因为拿清代实际语音学等韵的图比较,很容易得到这种结论。
因此,潘就把知、彻、澄、照、穿、床的二等字认为开口呼或合口呼,
三等字认为齐齿呼或撮口呼。这么一来,有许多字在清代大约已
是同音的,却被他分为两呼,例如"锥"与"追"、"鉏"与"除"、"愁"
与"俦"、"臻"与"真"、"庄"与"桩"、"阻"与"主"都被他认为不同
音,这纯然因它们在古代是不同呼的。但是,潘次耕并不处处这样
依照等韵的系统。群母在等韵里是没有一、二等的,潘氏却把"狂"
字认为合口呼;轻唇音在等韵里是仅有三等的,潘氏却把"风冯夫
扶无甫父武赋附务废吠福伏"等字认为合口,"浮封逢方房凡否阜
奉防范富俸放妄汎梵法乏"等字认为开口。"汪王"等字本属三等,
潘氏却认为合口。诸如此类,却又证明了潘氏根据清代的音。这
种紊乱状态,乃是潘氏的基本思想的自然结果;因为他要"斟酌古
今",所以时而从古,时而从今。甚至在同一情形之下,从今从古也
不一定,例如上述轻唇类字,既与古音的系统相违,又与今音的系
统相近,但"废吠"二字依今音该认为开口,"富"字依今音该认为合
口,潘氏却因"废吠"二字在等韵里属于合口呼,"富"字在等韵里属
开口呼,所以不敢擅改。

然而潘氏改的地方总算不少。他所以改,当然因为不满意于
宋、元的等韵。他说:

> 字之在韵,散乱无统,得等韵而始有条理,为功甚大。顾

其书未能尽善,后人立诸门户,尤多纷纠,则以列母不清、置等不定故也。按三十六母中,知、彻、澄、娘本系复出,可以不用。即用之,自应以三十六母并列一格,而以开口、齐齿、合口、撮口分置四等,则出切行韵,画一分明,有何门法之可立哉? 乃作等韵者,见各韵中或止有开齐,或止有合撮,或止有开口,遂谓两等足以置之。而纵列三十六母为三十六行则太密,横列二等则太疏,乃取知、彻、澄、娘列于端、透、定、泥之下……蹙为二十三行,横列四等……江摄见、溪、疑、晓、匣、影、来母下齐齿字当在四等,知、彻、澄、娘齐齿字当在三等,帮、滂、並、明开口字当在一等,乃与穿、床、审开口字并居二等,尤为自乱其例。止摄前幅则见、溪、晓、匣等十母齐齿之字,既列三等,复列四等,字异而音不殊;帮、滂、並、明四母齐齿之字既列四等,又列三等,遂侵非、敷、奉、微之位……

总括潘氏的意思,他以为宋元等韵把开合两呼各分四等,认为纯然著者因为意欲疏密平均的缘故。开口一等与二等都一样地是开口,但因著者想把端系的字与知系的字排在同一的直行上,所以只好立为两等,把端系排在第一,知系排在第二。开口三等与四等都一样地是齐齿,也为了上述的原因,著者把端系排在第四,知系排在第三。合口呼的四等也是这个道理。推而至于精系与照系,帮系与非系,也是这个道理。但是见、溪、群、疑、晓、匣、影、喻、来、日十母都是自为一行的,依潘氏的说法,只该有一等与四等,一等代表开合,四等代表齐撮就够了,为什么一、二、三、四等都有字或有音呢? 潘氏想不出一个道理来解释,就只好说等韵自乱其例了。他说:

> 然以上层二十三母之一等、四等与下层十三母之二等、三等相对,既已参差不齐,而端、透、定、泥、帮、滂、並、明、精、清、从、心、邪十三母齐齿撮口之字,既置于第四等,见、溪、群、疑、晓、匣、影、喻、来、日十母下齐齿撮口之字却置之第三等,是上

层三十三母中又互相乖异。并自立之例而乱之，何怪出切行韵之一彼一此，纷如乱丝也哉？

其实关于这一点，潘氏的见解全是错的。潘氏因为想要"斟酌古今"，反而弄出"以今绳古"的毛病来。清初离南宋初期郑樵时代已经五六百年，潘氏意为当时的语音与南宋的语音完全相同，真是可怪。然而后世还有许多人的见解与潘氏大致相同，就因为他们认四呼为一音之变，而一音也只能变为四呼，绝对变不出八呼来。所以章太炎先生说：

> 始作字母者，未有分等。同声之字，大别之不过开口合口，分齐视合口而减者为撮口，分齐视开口而减者为齐齿。合口开口皆外声，撮口齐齿皆内声也。依以节限，则合口为一等，撮口其细也；开口为一等，齐齿其细也。本则有二，二又为四，此易简可以告童孺者。季宋以降，或谓合口开口皆四等，而同母同收者可分为八。是乃空有名言，其实使人哽介不能作语。验以见母收舌之音，"昆、君、根、斤"以外，复有他声可容其间耶？

假使宋元的八等也只表示一音之变，当然使人哽介不能作语，但是宋元所分的八等，尽可以不与明清所分的四呼同其义，换句话说就是，八等并非一音之变。依高本汉的假定，三等与四等的分别在声母，一、二、四等相互间的分别在乎主要元音之不同，例如山摄开口一等为ân，二等为an，三、四等为iän、iɐn、ien，合口一等为uân，二等为wan，三、四等为üän、üɐn、üen。我们虽不能完全赞同高本汉所假定的音值，但是，八等非一音之变，这一个原则是可以承认而毫无危险的。

由此看来，我们知道四呼只是明清的韵摄法，江永所谓开口至三等则为齐齿，合口至三等则为撮口，乃是一种错误的解释。十余年前国语读音统一会所编的《国音字典》依江永的说法以定字之开合齐撮，也就因为误认明清的等韵与宋元的等韵系统相同的缘故。

末了，我们要看潘氏以一几四隅、一马四蹄譬喻一音四呼，是否合于真理。关于这一点，让我先引章太炎先生的一段话：

> 一母或不兼有合撮开齐，斯又口舌所碍也。正齿撮、齐即齿头，齿头开、合为正齿。及夫"疑、尼"二母，其音易以爻错。今世呼"疑牛颙仰"皆乱于"尼"，"银鄂吾危"又乱于"喻"，独广东不误，江浙间微有出入耳。然疑母至于撮口齐齿，终不得不与"尼"母同呼。"语俣"之讹如"宇"，虽近正者，财如"女"；"颙"之讹如"容"，虽近正者，财如"浓"。斯由声等不能完具，韵书虽著其音，而言者犹弗能刌切本纽，况欲令开合皆四乎？夫寄窠作规者，有其音无其字可也，本无其音可乎？章炳麟曰：声音出口，则官器限之。龃差之度，孰非一剂，非若方位算数之整齐也。故言音理者，亦故而已矣，恶其凿也。

章先生的例子虽则举得不妥当，但他的原则是完全合于真理的。在这一点上，章先生显得是一位先觉的、高明的语音学家。因此，潘次耕"一几四隅、一马四蹄"的话当然说不通了。譬如现代北平的知、照系字乃是舌尖与硬腭后部接触而生的音，俗称卷舌音。这音乃是与韵头的 i 或 y 不相容的。我们知道，发 i 或 y 音的时候，舌尖与下层的门齿相触，舌的前面与前腭相触，造成一个狭长的孔道。我们试想一想，假使我们先把舌尖与硬腭后部接触，立即把舌尖移到前面与下层的门齿接触，舌的两边还须重新翘起来，造成一个孔道，这种麻烦的事，叫我们怎样忙得过来？依上文的推测，在潘氏所定的声母系统里，恰有今北平照系的舌尖后音。潘氏说："照、穿、床、审四母下开口合口之字，南人读作精、清、从、心四母。"可见他认为照系与精系只有北人能分，于是把北人所读照系的音认为正音。这是铁证。但是，他在知、照系里还排列着许多齐齿字，例如"知绖驰贞称呈征耻者侈肘丑展阐"；又排列着许多撮口字，例如"猪摅除追椎朱枢厨贮楮中铳仲竹俶逐"。请问，这些音是可能的吗？

由此看来，潘氏的四呼之说有两个缺点：第一，他不该随便排斥宋元的等韵；第二，他不该断定一音必有四呼。第一个缺点还小，因为纵使他不能破坏别人的系统，如果他能建立自己的系统，也就过得去了。第二个缺点就大了，因为他自己的系统还经不起仔细审查。

五、全分音

潘氏书中，最新颖的理论乃是"全分音"的说法。他说：

> 何谓全？凡出于口而浑然噩然，含蓄有余者，是为全音。何谓分？凡出于口而发越嘹亮，若剖若裂者，是为分音。二者犹一干也，枝则歧而为二。既已为二，不可得合矣。而世人或读其全，则不知有分；或读其分，则不知有全。此亦方隅习俗使然，莫能自觉者也。

由现代语音学的说法，潘氏所谓"全音"就是唇化元音，所谓"分音"就是非唇化元音。所以他举例说：

> 南人读"麻"如"磨"，读"瓜"如"戈"，口启而半含；北人读"麻"为马退切，"瓜"为古洼切，唇敞而尽放。含者，全也，放者，分也。

"口启而半含"是唇化的描写语，"唇敞而尽放"是非唇化的描写语，这是非常显明的。但是，他为什么又拿"浑然噩然，含蓄有余"去描写"全音"，拿"发越嘹亮，若剖若裂"去描写"分音"呢？这却要涉及声学上的问题了。依标准的元音而论，唇化元音也就是后元音，非唇化元音也就是前元音。我们知道，就声学上说，后元音的特征的声调较低，前元音的特征的声调较高。依 Rousselot 的研究，法语里的五个主要元音的特征的声调为：u = 228v.d.　o = 456v.d.　a = 912v.d.　e = 1824v.d.　i = 3648v.d.

中国的元音的特征的声调，虽则可以与法语有程度上的歧异，但是，后元音的特征的声调低、前元音的特征的声调高，这乃是普遍的事实。低的特征的声调所形成的元音，听起来当然觉得"浑然噩然"，高的特征的声调所形成的元音，听起来当然觉得"发越嘹亮"。南人读"麻"为 mɔ，读"瓜"为 kuɔ，ɔ 是后元音，而且是唇化元音，所以叫做全音，北人读"麻"为 má，读"瓜"为 kuá，á 是前元音，而且是非唇化元音，所以叫做分音。我们再看他所举的另一些例子：

> 灰回，全也；皆咍，分也。歌戈，全也；家麻，分也。肴豪，全也；萧宵，分也。元先，全也；删山，分也。东冬，全也；庚青，分也。江庚，全也；阳姜，分也。覃盐，全也；咸凡，分也。

若以下文所假定的音值去替代了上述的韵目，就可以替潘氏这样说：

ài，全也；ɛi，分也。

ɔ，全也；á，分也。

ɔu，全也；áu，分也。

àn，全也；ɛn，分也。

oŋ，全也；əŋ，分也。

ɔŋ，全也；áŋ，分也。

ám，全也；ɛm，分也。

u、ɔ、à 都是后元音，而且是唇化元音，所以都是全音；ɛ、á 都是前元音，而且是非唇化元音，所以都是分音。ə 虽是混合元音，不是后元音，但它仍是非唇化元音，所以该认为分音。我们又看他所举的另一些例子：

> 北人读"湍"如"滩"，读"潘"如"攀"，读"肱"如"公"，读"倾"如"穹"，读"江"如"姜"，读"腔"如"羌"，读"嫌"如"咸"，读"兼"如"缄"；南音则判然为二。其读"傀"如"乖"，

读"恢"如"勄",则南北音皆然。"湍、潘"也,"公、穹"也,"江、腔"也,"嫌、兼"也,"傀、恢"也,全音也,启而半含者也;"滩、攀"也,"肱、倾"也,"姜、羌"也,"咸、缄"也,"乖、勄"也,分音也,敞而尽放者也。

根据潘氏的意思,可以列成下表:

唇化元音(全音)	非唇化元音(分音)
湍 t'wàn	滩 t'ɛn
潘 p'wàn	攀 p'wɐn
公 kwoŋ	肱 kwən
穹 k'yoŋ	倾 k'yən
江 kioŋ	姜 kiáŋ
腔 k'ioŋ	羌 k'iáŋ
嫌 ɦiàm	咸 ɦiɛm
兼 kiàm	缄 kiɛm
傀 kwài	乖 kwɛi
恢 k'wài	勄 k'wɛi

依我想,潘氏所谓"全分音",完全是唇化元音与非唇化元音的分别,毫无疑义。知道了"全分音"的定义,就可以由此推测到潘氏所定的韵的音值,下节对于韵的研究,可与此节互相发明。

六、二十四类

潘氏把韵分为二十四类,有字之类二十二,无字之类二。有字之类为:第一支微,第二规窥,第三遮车,第五灰回,第六皆咍,第七敷模,第九尤侯,第十尤侯分音(按:即幽韵),第十一歌戈,第十二家麻,第十三肴萧,第十四豪宵,第十五真文,第十六元先,第十七删山,第十八东冬,第十九庚青,第二十江唐,第二十一阳姜,第二十二侵寻,第二十三覃盐,第二十四咸凡;无字之类为:第四遮车分音,第八敷模分音。

　　潘氏对于入声的主张,近于"异平同入"的说法,他说:"四声者,一声之转。平上去三声皆同,而入声独异。三声韵多,而入声韵少。三声一类一转,入声多类共转。北音无入声,强以南音韵之,易致淆讹,南音虽天然有入,而不得其条理,亦不明某类之确转何类。谓屋、烛、质、物为东、冬、真、文之转,而虞、模、支、微无入声者,固非;谓虞、模、支、微转屋、烛、质、物而东、冬、真、文无入声者,亦非。必明各类之有全音,有分音,而全者转全,分者转分,井然不乱。既明全分,则知有字之类二十二,无字之类二,共有二十四类,而入声分承之。用少摄多,乃有正转、从转、旁转、别转之不同,非精心细审不能明也。

　　什么叫做正转、从转、旁转、别转呢?潘氏自己解释说:

　　　　都堵妒笃、知止制质,此正转也。东董冻笃、真珍震质,此旁转也。"笃"字长言之即"都","质"字长言之即"知",不待变声也。故曰正也。"笃"长言之非"东","质"长言之非"真",必变声而得也。故曰旁也。"遮"与"毡"之转为"哲","挨"与"殷"之转为"轧","幽"与"英"之转为"益","歌"与"冈"之转为"各","家"与"姜"之转为"脚",一正一旁,亦犹是也。"灰"之转"忽","高"之转"各",变声为近,亦正也。若夫侵之转缉,覃之转合,咸之转洽,是谓闭口之音,别为一类,故曰别转也。

　　这一段文章没有说到从转,依他的《平声转入图》看来,我们可知"挨"之转"轧","幽"之转"益"就是从转。为它们"长言短言非即一声",所以与正转稍有分别。正转是"一体天亲",从转是"支流族属",旁转是"外戚旁亲"。

　　入声共分十类:第一质、物,与支微、规窥、真文相配;第二月屑,与遮车、灰回、元先相配;第三黠镉,与遮车分音、皆哈、删山相配;第四屋烛,与敷模、尤侯、东冬相配;第五陌职,与敷模分音、尤侯分音、庚青相配;第六觉铎,与歌戈、肴萧、江唐相配;第七药灼,与家麻、豪宵、阳姜相配;第八缉习,与侵寻相配;第九合叶,与覃盐相配;第十洽乏,与咸凡相配。

现在我们依次序分论平上去声二十四类及入声十类的音值。因为潘氏力求整齐,"伍次部居,不相侵滥","纵欲清之,不可得而清;纵欲变之,不可得而变",这种非常呆板的排列法,恰使我们很容易推测着他所欲定的音值。换句话说,如果我们所走的音值不够整齐,不够呆板,纵它更近似清初的实际语音,仍算是误解了《类音》的真意。

支微类里,齐齿呼"衣"韵乃是一个简单的元音 i,这该是大家所公认的。潘氏《等韵辨淆图》中,支微齐齿的"衣移义奚"等字,在现代北方音系及吴音系都读 i,潘氏志在通会南北,至于用不着通会的时候,当然就遵用南北所同有的音。i 音既定,支微的开口、合口、撮口,规窥的四呼,真文的四呼,质物的四呼,都连带地得了解决。

图中支微类的开口呼,"师"韵仅在照系与精系有字,我们自然倾向于假定它的元音是 ʅ 或 ɿ。这两个元音,听起来很相像,大约潘氏就把它们认为一个。如果把它们认为同一的元音,潘氏是吴江人,他本人只能念 ɿ,不能念 ʅ,自然把照系与精系的开口呼一概认为 ɿ 了。

支微类的合口呼"疏"韵该是 u,撮口呼的"於"韵该是 y。这是由齐齿呼"衣"韵推知的,"衣"韵既是简单的元音 i,"疏於"韵也该是简单的元音了。

规窥、真文、质物的开口呼虽与支微的开口呼相配,但它们的主要元音该是 ə,而不是 ɿ。此中自有道理。本来,潘氏把"师"韵定为 ɿ 就仅仅适用于照系与精系的字;他虽假定见系、晓系、非系、帮系有音无字,但是,实际上,kɿ、hɿ、fɿ、pɿ 等音都是很难发的,势必变为其邻近的元音 ə。也许潘氏就把 ʅ、ɿ、ə 三音认为同一的东西。

因此,我们把规窥的开口呼定为 əi,齐齿呼定为 iəi,合口呼

"威"韵定为 wəi,撮口呼定为 yəi。真文的开口呼"恩"韵定为 ən,齐齿呼"因"韵定为 in,合口呼"温"韵定为 un,撮口呼"氲"韵定为 yn。质物的开口呼"纥"韵定为 ət,齐齿呼"一"韵定为 it,合口呼"搵"韵定为 ut,撮口呼"郁"韵定为 yt。

潘氏说"支微、规窥、真文三类转为质物则无全分",这因为质物类中有前元音,也有后元音,所以不能称为全,也不能称为分。但他又说"唯支微、规窥、真文、侵寻四类无分音",这似乎有点儿自相矛盾了。

遮车、灰回、元先、月屑四韵相配。元先类的字最多,我们自然该从元先研究起。元先的四呼,"安、烟、蜿、鸳"四韵,无疑地,人人都会猜想它们的音值是 an、ian、wan、yan。但潘氏既把元先认为"口启而半含"的全音,我们又该把元先类的主要元音认为唇化的元音,即后元音 ɑ。这么一来,其余各韵都迎刃而解。遮车的四呼是 ɑ、iɑ、wɑ、yɑ;灰回的四呼是 ɑi、iɑi、wɑi、yɑi;月屑的四呼是 ɑt、iɑt、wɑt、yɑt。整齐极了。

遮车分音、皆咍、删山、黠镳四类相配。我们也从删山类研究起。潘氏说:"'官'之与'关','桓'之与'还',北音固可混而为一,南人读之,类乎?不类乎?"可见他根据南音以分别元先、删山为两类。但元先与删山,对入声皆为旁转,换句话说就是都收鼻音。删山在吴语里,其主要元音为 ɛ,但必须加上了鼻音韵尾,然后能与真文、东冬、庚青、江唐、阳姜诸旁转者相配。因此,我们可以把删山的四呼定为 ɛn、iɛn、wɛn、yɛn。删山既定,由此可知遮车分音的四呼为 ɛ、iɛ、wɛ、yɛ;皆咍的四呼为 ɛi、iɛi、wɛi、yɛi;黠镳的四呼为 ɛt、iɛt、wɛt、yɛt。

敷模、尤侯、东冬、屋烛四韵相配。我们也从东冬类研究起。潘氏说:"如东、冬、钟韵中,'攻恭公弓鞏龙笼隆'各分四切,'冲充忡松淞嵩宗纵嵸琼从众'各分三切,安知古时不有开口齐齿二呼,而今亡之乎?况今吴人读东、钟韵正作开口齐齿;此虽方音,亦足见此韵之本有开齐二呼"。由此看来,潘氏把吴人读东、钟之韵定为东冬韵之开齐。按现代吴江音里,东、钟韵读为 oŋ、ioŋ,那么,潘氏所定该是这两音。东冬类的合口,依潘氏的语气去推测,似乎是以北音为标准,那么,合口呼该是 uŋ,撮口呼当是 yŋ 了。不过,uŋ、yŋ 与 oŋ、ioŋ 配起来不很整齐,所以若要更整齐一点儿,该把东冬类的四呼定为 oŋ、ioŋ、woŋ、yoŋ。东冬既定,我们就知道敷模的四呼是 o、io、wo、yo 四音。合口呼"乌"韵也许实际上是个 wù,但为整齐起见,只好把它认为 wo 了。现代北平语里没有 o、io、yo 三音,所以潘氏说:"北人不能读'乌'之开齐合撮。"东冬与敷模的主要元音为 o,尤侯的主要元音也该是 o,所以尤侯的四呼是 ou、iou、wou、you。屋烛类的四呼也该是 ok、iok、wok、yok。合口呼屋韵也许实际上是个 uk,但为整齐起见,只好把它认为 wok 了。

　　敷模分音,尤侯分音,庚青、陌职四类相配。我们也从庚青研究起。庚青的开口呼,以南北音为证,都可证明是个 əŋ。由此推测,庚青的四呼就是 əŋ、iəŋ、wəŋ、yəŋ。齐齿呼"英"韵实际上大约是 iŋ,但若认为 i 加 əŋ 就觉得整齐些,这与注音字母ㄧ+ㄥ=ㄧㄥ是同样的道理。庚青既定,陌职的四呼也就可定为 ək、iək、wək、yək。齐齿呼"益"韵也许实际上是 ik,但为整齐起见,也定为 iək。敷模分音与尤侯分音都是潘次耕凭空悬拟的韵类,所以,我们尽可以用呆板的法子去推测,把敷模分音的四呼定为 ə、iə、wə、yə,把尤侯分音的四呼定为 u、iu、wu、yu。

　　歌戈、肴萧、江唐、觉铎四韵相配。我们也可以从江唐类研究起。江唐在今吴江音里,依赵元任先生的研究,其主要元音为 ɑ。但是,上文既证明遮车、灰回、元先、月屑的主要元音为这个后元音 ɑ,那么,歌戈、肴萧、江唐、觉铎的主要元音就不能也是后元音 ɑ。我们自然倾向于寻找一个与 ɑ 相近的后元音,因为潘氏说江唐是全音。与 ɑ 相近的后元音是 ɔ,我们只好假定江唐的四呼为 ɔŋ、 iɔŋ、wɔŋ、yɔŋ。由此推测,觉铎的四呼是 ɔk、iɔk、wɔk、yɔk;恰巧现代吴江的觉铎韵的主要元音是 ɔ,越发可以证明江唐类的假定音值。由江唐、觉铎推测歌戈,则可知歌戈类的四呼是 ɔ、iɔ、wɔ、yɔ,也与现代北音相近。至于肴萧,在满清初实与豪宵相混,潘氏硬把它们分开。他说:"其萧、肴、豪三韵,似乎一类,而不知肴萧韵为全音,豪为分音。观等韵效摄中'交'之转入为'觉','骄'之转入为'脚','包'之转入为'剥','褒'之转入为'博',虽《洪武正韵》之概从并省,而'骄藨交敲'亦分隶二韵,其为二类可知。"依现代的语音去推测清初的语音,大约实际上肴、萧、豪的主要元音是 a 而不是 ɔ,换句话说就是潘氏所谓分音。潘氏既认此三韵当分为二类,于是硬把肴萧定为全音。所以肴萧的四呼当定为 ɔu、iɔu、wɔu、yɔu。

家麻、豪宵、阳姜、药灼四类相配。我们由现代南北音里的家麻、豪肴、阳姜韵里推想,都倾向于假定它们的主要元音为 a。这四类既被认为分音,当然也就是前元音 á。这四类的音最容易确定了:家麻是 á、iá、wá、yá;豪宵是 áu、iáu、wáu、yáu;阳姜是 áŋ、iáŋ、wáŋ、yáŋ;药灼是 ák、iák、wák、yák。

侵寻与缉习相配,覃盐与合葉相配,咸凡与洽乏相配。潘氏说:"其实此三类者,举天下之人读之,侵寻无异于真文,覃盐无异于元先,咸凡无异于删山;惟浙东瓯闽之人闭口读之,别成一种。"由此看来,侵寻该定为 əm、im、um、ym;缉习定为 əp、ip、up、yp;覃盐为 àm、iàm、wàm、yàm;合葉为 àp、iàp、wàp、yàp;咸凡为 ɛm、iɛm、wɛm、yɛm;洽乏为 ɛp、iɛp、wɛp、yɛp。

现在把潘氏所分的韵类及四呼的音值列为一图如下页:

看了上图,我们就知道潘次耕对于韵类的分配是达到非常整齐的地步了。横看第一排,支微、遮车、遮车分音、敷模、敷模分音、歌戈、家麻共七类,都是没有韵尾的音;第二排,规窥、灰回、皆哈、尤侯、尤侯分音、肴萧、豪宵共七类,都是以短弱的最高元音为韵尾

				全音		分音		全音		分音										
开	支微	师 ɿ	遮车	à	遮车分音	ɛ	敷模	o	敷模分音	ə	歌戈	阿 ɔ	家麻	哈 á						
齐		衣 i		耶 ià		iɛ		io		iə		iɔ		鸦 iá						
合		疏 u		wà		wɛ		乌 wo		wə		倭 wɔ		窊 wá						
撮		於 y		yà		yɛ		纡 yo		yə		yɔ		yá						
开	规窥	əi	灰回	ài	皆咍	哀 ɛi	尤侯	沤 ou	尤侯分音	əu	肴萧	坳 ɔu	豪宵	麈 áu						
齐		iəi		iài		挨 iɛi		忧 iou		幽 iəu		幺 iɔu		要 iáu						
合		威 wəi		隈 wài		娃 wɛi		wou		wəu		wɔu		wáu						
撮		yəi		yài		yɛi		you		yəu		yɔu		yáu						
开	真文	恩 ən	元先	安 àn	删山	阑 ɛn	东冬	洚 oŋ	庚青	罂 əŋ	江唐	佒 ɔŋ	阳姜	áŋ	侵寻	əm	覃盐	谙 à	咸凡	掐 ɛm
齐		因 in		烟 iàn		殷 iɛn		邕 ioŋ		英 iəŋ		iɔŋ		央 iáŋ		音 im		淹 iàm		iɛm
合		温 un		蜿 wàn		弯 wɛn		翁 woŋ		泓 wəŋ		汪 wɔŋ		wáŋ		um		wàm		wɛm
撮		氲 yn		鸳 yàn		yɛn		融 yoŋ		yəŋ		yɔŋ		yáŋ		ym		yàm		yɛm
开	质物	纥 ət	月屑	遏 àt	黠鎋	阘 ɛt	屋烛	沃 ok	陌职	戹 ək	觉铎	恶 ɔk	药灼	ák	缉匀	əp	合葉	姶 àp	洽乏	廅 ɛp
齐		一 it		谒 iàt		iɛt		欲 iok		益 iək		握 iɔk		约 iák		邑 ip		裛 iàp		押 iɛp
合		搵 ut		斡 wàt		空 wɛt		屋 wok		擭 wək		臒 wɔk		wák		up		wàp		wɛp
撮		郁 yt		哕 yàt		yɛt		郁 yok		yək		yɔk		yák		yp		yàp		yɛp

的音;第三排,真文、元先、删山、东冬、庚青、江唐、阳姜、侵寻、覃盐、咸凡共十类,都是以鼻音为韵尾的音;第四排,质物、月屑、黠镉、屋烛、陌职、觉铎、药灼、缉习、合蓋、洽乏共十类,都是以唯闭音为韵尾的音。入声的韵尾-p 没有问题,至于-t、-k 就未必完全是潘氏的本意。也许他以为除了闭口韵的入声之外,其余的入声都该以"喉的唯闭音"为韵尾。不过,他既然力求整齐,我就索性顺着他的意思,在可能范围内替他弄整齐些。

潘氏之所以忽从南音,忽从北音,忽从今音,忽从古音,无非想要造成这个整齐的局面。为了要有全分音,所以根据南音而把元先与删山分开,为了要使黠镉有旁转,所以根据北音而认删山为有鼻音韵尾。灰回与皆咍,尤侯与幽,肴萧与豪宵,在清初的南北音都不能分别;但若归并起来,我们将见图中剩有三个空栏,岂非缺憾?因此,潘氏就把古人请了来,根据古音把它们分成六类。关于灰回与皆咍,他说:"等韵蟹摄中,限灰傀恢等字,其转入声也,既不为'揾忽骨窟',复不为'乞僭刮勘',而为'幹黠括阔',则非支微之合口,复非皆来之合口,其为全音无疑。"关于尤侯与幽,他说:"尤侯一类,全音也;尚有分音,人皆不能读。今观《广韵》尤侯之外,别有幽韵,似同实异;细审之,足明其为二类矣。"关于肴萧与豪宵,潘氏亦以等韵为依据,已见于上文。潘氏排斥等韵,不遗余力;但为了要维持整齐的局面,却甘心地请等韵来做救星。其实若依古音,可分之韵甚多,例如支韵与微韵,自古不混,直至《洪武正韵》还分为两类,为什么潘氏把它们归并起来?岂非恐怕它们在图中没有容身之地?最有趣的乃是增加"无字无韵"的遮车分音与敷模分音,以求完成他那整齐的形式。"无字无韵"之音何止二类?但他以为二类已够应用了。

《类音》的韵分为二十四类,每类各有四呼。以四乘二十四,可能的韵共有九十六,再以平上去三声乘之,可能的韵共有二百八十八。入声只有十类,每类各有四呼,以四乘十,可能的韵共有四十。

平上去入相加，可能的韵共有三百二十八。但是，有字的韵只有一百四十七。平声四十九韵：师、衣、疏、於、威、耶、隈、哀、挨、娃、乌、纤、沤、忧、幽、阿、倭、哈、鸦、窊、坳、幺、鏖、要、恩、因、温、氲、安、烟、蜿、鸳、阑、殷、弯、泽、邕、翁、融、罳、英、泓、佚、汪、央、音、谙、淹、潝；上声三十四韵：史、倚、所、掫、委、野、猥、欸、隝、伛、呕、飑、婀、媒、蠢、拗、襖、夭、穗、稳、悻、俺、椀、苑、懒、拱、翁、梗、益、鞅、饮、晻、㒎、埯；去声三十八韵：使、意、疏、楙、畏、夜、荟、爱、隘、黯、污、妪、沤、宥、侉、嘎、㤉、突、奥、要、鷃、揾、酝、按、堰、愰、怨、烂、晏、碻、瓮、樱、醋、酿、快、荫、暗、讘；入声二十六韵：纥、一、揾、郁、遏、谒、斡、哕、闟、圪、沃、欲、屋、郁、戹、益、攫、恶、握、朣、约、邑、始、裒、盝、押。

其实，有字的韵并不止一百四十七。潘氏把字少的韵都归并到邻近的韵里去了，例如庚青类的撮口呼"荣萦兄扃倾琼"等字并入合口呼"泓"韵；江唐类的齐齿呼"肛降江腔"等字并入开口呼"佚"韵；甚至一韵可以包括四呼，例如上声"梗"韵，去声"樱"韵等。这些事实都没有大关系，不必细述了。

七、反　切

潘次耕对于古人的反切方法，也不能满意。他排斥类隔，因为他不知道后世所谓类隔就是古人的音和。此外，他所认为不满意者有两点：

> 即非类隔交互，而出切多不用本呼之字，如以"息兹"切"思"，"许归"切"挥"，"都奚"切"低"，"古谐"切"皆"，"将伦"切"遵"，"他前"切"天"，或以齐齿而切开口，或以撮口而切合口，或以合口而切齐齿，或以齐齿而切合口。如此者，一韵之中，居其大半。而其取韵则唇、舌、牙、齿、喉五部之字交参杂用，初无定准。夫所凭以切音者，惟上下二字耳；而二字俱不甚的当，则所得之音容有模糊，是未尽用切之道也。

因此,他就主张"上一字必用本呼,以开切开,以齐切齐,以合切合,以撮切撮;必用同转,仄音切平,平音切仄,全音切全,分音切分。下一字必用影喻二母之元音;阴以影切,阳以喻切;影喻无字,则用晓匣之字;又无字然后用见溪群疑之字"。

潘氏的见解,与明清一般等韵家的见解大致相同,但我们必须根究古人上字不必用本呼,下字不必用影喻的原因。纯然因为孙炎、陆法言比吕坤、潘耒、李光地傻些呢?抑或有其他的缘故呢?我们先引陈兰甫的一段话,已经颇能替古人辩护:

> 读二字成一音,诚为直捷……然必拘此法,或所当用者有音无字;或虽有字而隐僻难识,此亦必穷之术也。而吕新吾《交泰韵》、潘稼堂《类音》必欲为之,于是以"蝰翁"切"终"字,以"竹硧"切"中"字。夫字有不识乃为切语!以"终中"易识之字,而用"蝰硧"难识之字为切,不亦慎乎?孰若古人但取双声叠韵之为坦途哉?

然而依我的意见,除此之外,古人还有更重大的理由,以致仅能取双声叠韵,而不能一定使二字连读即成一音。顾亭林《音论》说过,南北朝人作反语多是双反,韵家谓之正纽倒纽。他举的例是:"清暑"反为"楚声",因为"楚声"为"清","声楚"为暑;"袁愍"反为"陨门",因为"陨门"为"袁","门陨"为"愍";"刘忱"反为"临雠",因为"临雠"为"刘","雠临"为"忱";"旧宫"反为"穷厩",因为"穷厩"为"旧","厩穷"为"宫";"东田"反为"颠童",因为"颠童"为"东","童颠"为"田";"大通"反为"同泰",因为"同泰"为"大","泰同"为"通";"叔宝"反为"少福",因为"少福"为"叔","福少"为"宝";"武平"反为"明辅",因为"明辅"为"武","辅明"为"平";"杨英"反为"嬴殃",因为"嬴殃"为"杨","殃嬴"为"英";"通乾"反为"天穷",因为"天穷"为"通","穷天"为"乾";"索郎"反为"桑落",因为"桑落"为"索","落桑"为"郎";"幽婚"反为"温休",因为"温休"为"幽","休温"为"婚"。可见古人的反语还可以有双反的妙处。如果依照潘次耕的法子，就没法子可做双反。反语，在上古大约是一种游戏语或秘密语，所以人们利用它做童谣，例如吴孙亮初童谣云"于何相求常子阁"，"常子阁"反为"石子堈"，因为"常阁"为"石"，"阁常"为"堈"，我们可以推想比孙亮更古的时候，民间就懂得这种游戏语或秘密语。赵元任先生说："就是在中国没有文字以前就有反语都是可能的，或许文字的反切是从反语的暗示而来的。"我倾向于相信这是事实。因此，孙炎、陆法言的反切法就是从双反变来的，所以还多少有双反的痕迹。双反在南北朝乃是很普遍、很通俗的玩意儿，一般人用起来并不感觉困难，也就当然用不着改良了。

　　潘次耕的反切法，有一点是与明清诸等韵家大不相同的，就是他所谓"阴以影切，阳以喻切"。乍看这一句话，我们很容易误会，以为潘次耕的意思是：阴调类的字以影母的字为切，阳调类的字以喻母的字为切。如果他的意思确是这样，那就与吕坤、李光地诸人的意思相近或相同了。但是，上文说过，潘氏所谓阴阳并不是指声调的阴阳而言，也不是指韵类的阴阳而言。他所谓阴阳，只是不吐气与吐气的分别。这么一来，潘氏所用的反切下字是只顾到他所谓阴阳，而不顾到普通人所谓阴阳调类的，换句话说就是，潘氏的反切下字不一定与其反切出来的字同清浊，例如：

钦，泣淫切。"钦"清而"淫"浊

通，他红切。"通"清而"红"浊

初，出蜍切。"初"清而"蜍"浊

村，猝魂切。"村"清而"魂"浊

丕，醇为切。"丕"清而"为"浊

舅，桀飚切。"舅"浊而"飚"清

偶，我呕切。"偶"浊而"呕"清

懒，唻亶切。"懒"浊而"亶"清

动，杜蓊切。"动"浊而"蓊"清

这一点很奇怪。自从声调分了阴阳之后,如果用阴调类的字去切阳调类的字,或用阳调类的字去切阴调类的字,拼起音来,与用去声切平声一样地不合理。吕坤、李光地都见到了这一点,潘次耕努力改良反切,为什么倒反忽略了这种重要的地方呢? 若说当时吴江的声调未分阴阳,似乎又不是事实,这真是颇难索解了。

八、结 论

平心而论,潘次耕的语音学的知识,在当时已算是超群的了。假使他著一部《吴音谱》,尤其是《吴江音谱》,我们可以据此考见清初的吴音,他的功劳真不小。他的毛病正在乎"斟酌古今,通会南北",以致成为非古非今、非南非北的一部四不像的音谱,在中国语音史上占不着一点地位。他著书的目的在乎使"今音可赖以永存";但是,他所记载的并不是同一时代同一地域的今音,怎能永存? 永存又有什么用处呢?

潘氏不谈古音,是因为他的老师顾亭林已著《音学五书》,顾亭林述而不作,潘氏却想要创造一种标准语。他理想中的标准语是完善的,而他所认为完善的标准就在乎包罗天下一切可能的语音。所以他说:

> 有字之类二十二,无字之类二。有全分之类二十,无全分之类四。全分者,自一而二可相通也;如通之,则少其十。故此诸类者,束之为十四,开之为二十四,而天下之音莫或遗焉,莫或缺焉。

我们试看:实际上,潘次耕是否已经达到了"天下之音莫或遗焉,莫或缺焉"的地步呢? 我们相信,非但潘次耕的音谱未能包罗天下一切可能的音;就是请一位现代超等的语音学家来,也不能把一切语音归入一个谱里。常常有些朋友问我:"音标可以有多少?"我不能答复这个问题,因为我实在不知道音标可以有多少。我只能说:假使我们把人类每一个可能的语音都用一个音标记载下来,那么,音标的数目可以多至于无穷。但是,依照潘氏的图,连声调的分别,可能的韵只有三百二十八,若以五十字母乘之,可能的音只有一万六千四百。若除去平上去三声的分别不算,可能的韵只有一百三十六,若以五十字母乘之,可能的音只有六千八百,实在太少了。依上文所假定潘氏二十四类的音值看来,元音只有ɿ、i、u、y、ə、ɑ̀、ɛ、o、ɔ、á十个,假使天下可能的元音只有这一个小数目,岂不是太可怜了吗? 潘氏自矜阐发天然之音,如"贫儿之骤富";现在看起来,真像叫化子拾着一块大洋钱了。

　　把人类可能的语音填满了很整齐的表格,如果所填的只是些简单的音素,自然没有大毛病。但如果把某一时代的某一族语里所有的音素填在很整齐的表格里,而且要每一格必有一音,那就是纸上谈兵,与实际的真相不能符合了。上文所假定的音值,是完全根据潘氏的原则产生出来的;且不说潘氏所排列的不是同一时代同一地域的语音,纵使是同一时代同一地域的,由表格推测出来的音值也只能得其大概,因为实际的语音绝不能如此呆板。宋元以来的一切等韵图,皆当作如是观。譬如有人把现代的北平语音排成等韵图,一定会把"我"字排为"窝"字的上声;但实际上北平的"窝"字念uo,而"我"字念成一个uɔ。我们研究等韵图的时候,必须懂得这个道理。

原载《清华学报》第 10 卷第 3 期,1935 年

唇音开合口辨

在《切韵》的反切中，开口呼与合口呼的界限是分明的。惟独唇音字开合的界限不分明。有些唇音字本来是开口字，而用合口字为反切下字，也有些唇音字本来是合口字，而用开口字为反切下字，造成系统的混乱。宋人的韵图，原是依照《切韵》的系统而作的，但于唇音开合口的归属，也有混乱的情况。我这一篇文章是把唇音开口呼和合口呼辨别清楚，同时也纠正陈澧《切韵考》的错误。

(一) 通摄

通摄字一般认为是合口呼①。唇音的归属没有问题。《切韵考》"瞢"字归一等，则是错误。瞢，莫凤切，"凤"是三等字，"瞢"也该是三等字。

(二) 江摄

江摄一般认为是开口呼。唇音的归属没有问题。《切韵指掌图》以"邦胮庞厖"归合口呼，是错误的。

(三) 止摄

止摄有开合两呼。韵图除微韵唇音字归合口呼外，支脂韵唇音字都归开口呼，这是正确的。《切韵考》这样分析：

支韵

| 卑 | 府移开四 | 俾 | 并弭合四 | 臂 | 卑义开四 |
| 陂 | 彼为合四 | 彼 | 甫委合三 | 贲 | 彼义开四 |

---

① 《韵镜》以东韵为开口呼，是例外。

铍	敷羁开三	姕	匹靡合三	帔	披二开三
坡	匹支开四	諀	匹婢合四	譬	匹赐开四
皮	符羁开三	被	皮彼合三	髲	平义开三
陴	符支开四	婢	便俾合四	避	毗义合四
弥	武移开四	縻	靡为合三		

脂韵

悲	府眉合三	鄙	方美合三	秘	兵媚合三
		匕	卑履开四	痹	必至开四
丕	敷悲合三			濞	匹备合三
纰	匹夷开四	噽	匹鄙合三	屁	匹寐开四
邳	符悲合三	否	符鄙合三	备	平秘合三
魮	房脂开四	牝	扶履开四	鼻	毗至开四
眉	武悲合三	美	无鄙合三	郿	明秘合三
				寐	弥二开四

从四声相配看,《切韵考》有下列的错误:

1."卑"平声,"俾"上声,"臂"去声,"卑、臂"属开口,不该"俾"属合口。

2."陂"平声,"彼"上声,"贲"去声,"贲"属开口,不该"陂、彼"属合口。

3."铍"平声,"姕"上声,"帔"去声,"铍、帔"属开口,不该"姕"属合口。

4."坡"平声,"諀"上声,"譬"去声,"坡、譬"属开口,不该"諀"属合口。

5."皮"平声,"被"上声,"髲"去声,"皮、髲"属开口,不该"被"属合口。

6."陴"平声,"婢"上声,"避"去声,"陴"属开口,不该"婢、避"属合口。

7."弥"平声,"縻"上声,"弥"属开口,不该"縻"属合口。

从三、四等相配看①,《切韵考》有下列的错误:

1."縻"三等,"弥"四等,"弥"开口,不该"縻"属合口。

2."陂"三等,"卑"四等,"卑"开口,不该"陂"属合口。

3."髲"三等,"避"四等,"髲"开口,不该"避"属合口②。

4."鄙"三等,"匕"四等,"匕"开口,不该"鄙"属合口。

5."秘"三等,"痹"四等,"痹"开口,不该"秘"属合口。

6."丕"三等,"纰"四等,"纰"开口,不该"丕"属合口。

7."濞"三等,"屁"四等,"屁"开口,不该"濞"属合口。

8."邳"三等,"毗"四等,"毗"开口,不该"邳"属合口。

9."否"三等,"牝"四等,"牝"开口,不该"否"属合口。

10."备"三等,"鼻"四等,"鼻"开口,不该"备"属合口。

11."郿"三等,"寐"四等,"寐"开口,不该"郿"属合口。

高本汉的《方言字汇》把支韵的"臂披皮弥"、脂韵的"比臂琵"列入开口③,支韵的"碑"、脂韵的"悲丕美"列入合口,更是杂乱无章。其实应该一律列入开口,和韵图取得一致。

(四)遇摄

遇摄一般认为是合口呼④。模韵"逋"博孤切,"铺"普胡切,"酺"薄胡切,"模"莫胡切,属合口一等。虞韵"夫"甫无切,"敷"芳无切,"扶"防无切,"无"武夫切,属合口三等,无异议。

(五)蟹摄

蟹摄有开合两呼。

咍泰两韵唇音属开口一等,例如"姏"普来切,"啡"匹恺切,"俖"薄亥切,"穤"莫亥切,"贝"博盖切,"霈"普盖切,"旆"蒲盖切,"昧"莫贝切。

---

① 在韵图中,支脂唇音三、四等同图,同属开口呼。

② "髲"平义切,"避"毗义切。反切下字相同,更不应有开合的差别。

③ "臂"是支韵去声字,高氏误作脂韵去声。

④ 《韵镜》以鱼韵属开口,《七音略》以鱼韵属重中重,亦即开口。但虞、模则都属合口。

灰韵唇音属合口一等,例如"杯"布回切,"肧"芳杯切,"裴"薄回切,"枚"莫杯切。

佳皆两韵唇音属开口二等,例如"牌"薄佳切,"买"莫蟹切,"排"步皆切,"埋"莫皆切,"拜"布戒切,"湃"普拜切。《切韵考》以"派粹"归合口,是错误的。

祭韵唇音属开口三等(韵图入四等),例如"蔽"必袂切,"獘"毗祭切,"袂"弥獘切。

齐韵唇音属开口四等,例如"鼙"部迷切,"迷"莫兮切,"闭"博计切。

以上无异议①。

夬韵唇音的归属有问题。《韵镜》《七音略》《切韵》都以夬韵"败迈"二字归合口呼。惟《切韵指掌图》以"败"字属开口(《四声等子》《切韵指南》不收"败迈"二字)。按:"败迈"等字当属开口二等。《说文系传》"败"步拜反,"迈"谋败反,"拜"是开口二等字,则"败迈"也应该是开口二等字。

(六)臻摄

臻摄有开合两呼。

魂韵唇音字属合口一等,例如"奔"博昆切,"渍"普魂切,"盆"蒲奔切,"门"莫奔切。

真韵唇音字属开口三、四等。三等例如"彬"府巾切,"贫"符巾切,"珉"武巾切;四等例如"宾"必邻切,"缤"匹宾切,"频"符真切,"民"弥邻切。《切韵考》"愍"合三,误。

文韵唇音字属合口三等,例如"分"府文切,"芬"抚文切,"汾"符文切,"文"无分切。

无异议。

(七)山摄

---

① 惟《韵镜》以"派卖"属合口呼。这是没有道理的,因为它把"买"字归开口,自相矛盾。

山摄有开合两呼。

桓韵唇音字属合口一等，例如"般"北潘切，"潘"普官切，"盘"薄官切，"瞒"母官切。

仙先两韵唇音字属开口三、四等，例如仙韵"鞭"卑连切，"篇"芳连切，"便"房连切，"绵"武延切。先韵"边"布贤切，"片"普面切，"蹁"部田切，"眠"莫贤切。《切韵考》"免楄缅变面辡灭"都归合口，误。

元韵唇音字属合口三等，例如"蕃"甫烦切，"翻"孚袁切，"烦"附袁切，"晚"无远切。

以上无异议。

删山两韵唇音字的归属有问题。删韵"班"布还切，"攀"普班切，"蛮"莫还切，"慢"谟晏切，《韵镜》《七音略》《切韵考》都归合口；山韵"编"方闲切，"盻"匹苋切，"瓣"蒲苋切，则归开口。删山同是山摄二等字，不应开合各异。《切韵指掌图》以"班攀蛮"与"扮盻瓣"同图是对的，但同归合口则是错的。惟有《切韵指南》以"班攀蛮"与"扮盻瓣"同归开口，才是正确的。"八"是"班"的入声，《切韵考》"八"读开口而"班"读合口，自相矛盾。

（八）效摄

效摄没有合口呼。

豪韵的唇音字属开口一等，例如"褒"博毛切，"袍"薄褒切，"毛"莫袍切。

肴韵的唇音字属开口二等，例如"包"布交切，"胞"匹交切，"庖"薄交切，"茅"莫交切。

宵的唇音字属开口三、四等[①]，例如"飙"甫遥切，"瓢"符霄切。

（九）果摄

果摄有开合两呼。唇音属合口呼，在戈韵，例如"波"博禾切，

---

① 实则只有三等，但韵图以"飙瓢"等字归四等。

"颇"滂禾切,"婆"薄波切,"摩"莫婆切。

(十)假摄

假摄有开合两呼。唇音属开口呼,在麻韵,例如"巴"伯加切,"葩"普巴切,"爬"蒲巴切,"麻"莫霞切。

(十一)宕摄

宕摄有开合两呼。

唐韵的唇音字属开口一等,例如"帮"博旁切,"滂"普郎切,"傍"步光切,"茫"莫郎切。《韵镜》《七音略》《四声等子》《切韵指南》这些字都归开口,那是对的。《切韵指掌图》这些字归合口,则是错的。陈澧《切韵考》以"滂榜髈"归开,"帮傍螃"归合,则是自乱其例。"傍"读平声则合口,读去声则开口,尤其没有道理。

阳韵的唇音字属合口三等。《韵镜》《七音略》《四声等子》"方芳房亡"归开口呼,与"帮滂旁茫"同图,是错误的。《切韵指掌图》《切韵指南》"方芳房亡"归合口呼,是正确的。高本汉《方言字汇》以这些字归合口呼,也是正确的。《切韵考》这些字的归属自相矛盾。"方芳房亡昉髣𩖕网访"归开三,"放防妄𩜁缚"归合三。"放"是"方"的去声,"缚"是"房"的入声,不应开合异呼。因此,《切韵考》把宕摄唇音三等字分为开合两呼是错误的。

(十二)梗摄

梗摄有开合两呼,但唇音只有开口呼,没有合口呼。

梗摄唇音二等属开口呼。庚韵二等"閍"甫盲切,"磅"抚庚切,"彭"薄庚切,"盲"武庚切。《韵镜》《七音略》《切韵指掌图》《四声等子》《切韵指南》都不错。《切韵考》也不错。耕韵二等"浜怦𡧛甍",《韵镜》《七音略》《切韵考》也不错。

梗摄唇音三、四等也属开口。庚韵三等"兵"甫明切,"平"符兵切,"明"武兵切,清韵四等"并"府盈切,"名"武并切,青韵四等"𰁰"普丁切,"瓶"薄经切,"冥"莫经切,《韵镜》《七音略》都归开口不错。《切韵指掌图》《四声等子》《切韵指南》清青混合，但仍属开口四等不误。陈澧《切韵考》、高本汉《方言字汇》都以"并聘名瓶"归开口，而以"兵平病明"归合口。高本汉摇摆不定，其实都该是开口呼。《切韵考》"頳竝茗"归合口，是错误的。

（十三）曾摄

曾摄有开合两呼，但唇音只有开口呼。

登韵唇音属开口一等，例如"崩"北滕切，"漰"普朋切，"朋"步崩切。

蒸韵唇音属开口三等，例如"冰"笔陵切，"砅"披冰切，"凭"扶冰切。

（十四）流摄

流摄只有开口呼。

侯韵唇音属开口一等，例如"哀"薄侯切，"呣"亡侯切，"部"蒲口切，"母"莫厚切，"茂"莫候切。

尤韵唇音属开口三等，例如"不"甫鸠切，"浮"缚谋切，"谋"莫浮切，"缶"方久切，"妇"房九切，"富"方副切，"副"敷救切，"复"扶富切。

幽韵唇音属开口四等，例如"彪"甫烋切，"淲"皮彪切，"缪"武彪切，"谬"靡幼切。

（十五）深摄

深摄只有开口呼。唇音常见的字只有"禀、品"二字。"禀"笔锦切，"品"丕饮切，都属开口三等。

（十六）咸摄

咸摄有开合两呼。

谈韵有"姏媣"二字，"姏"武甘切，"媣"谋敢切，都是僻字，属开口一等。

衔韵有"蔓埿"二字，"蔓"白衔切，"埿"蒲鉴切，属开口二等。

盐韵有"砭贬窆"三字，"砭"府廉切，"贬"方敛切，"窆"方验切,属开口三等。

添韵有"忝"字,明忝切,属开口四等。

凡韵有"凡范梵乏汎法"诸字,属合口三等。

《切韵考》之所以在唇音开合口的问题上有那么多错误,是由于他拘泥他的系联法。他看见在《切韵》中,某字以开口字为反切下字,就断定它属开口呼;某字以合口字为反切下字,就断定它属合口呼,例如"皮"符羁切,"羁"是开口字,所以他说"皮"属开口呼;"被"皮彼切,"彼"甫委切,"委"是合口字,所以他说"被彼"属合口呼。至于"被"是"皮"的上声,不应该开合异呼,他就不管了。又如"方"府良切,"良"是开口字,所以他说"方"属开口呼;"放"甫妄切,"妄"是合口字,所以他说"放"属合口呼。那么,为什么"昉"分网切,"网"是合口字,他说"昉"属开口呼呢? 这又是因为"网"文两切,"两"是开口字的缘故。这样展转系联,越系联越乱。现在我们根据宋人的韵图来纠正《切韵考》的错误,才算把问题搞清楚了。

《切韵》于唇音的开合口,为什么混乱不清呢? 原因在于:合口字的韵头是[u][y],[u][y]都是圆唇的元音,所以唇音开口字容易令人觉得是合口呼;唇音合口字又容易令人觉得是开口呼[①]。为了严格区分唇音开合口,《切韵》的反切可作下列的改订[②]:

陂　彼为切　　依《说文系传》改作彼移切。

彼　甫委切　　依《说文系传》改作邦是切。

麛　靡为切　　依《说文系传》改作美皮切。

派　匹卦切　　依大徐本《说文》及小徐本改作匹卖切。

粺　傍卦切　　依《说文系传》改旁卖切。

愍　眉殒切　　依《说文系传》改眉引切。

班　布还切　　依《说文系传》改补蛮切。

蛮　莫还切　　改莫姦切。

---

① 北京的"波颇婆磨"实际上是合口呼。现在一般标为开口呼。

② 僻字不录,可以类推。

版	布绾切	改布赧切。
辬	薄泫切	依《集韵》改婢典切。
缅	弥兖切	依《正韵》改美辨切。
变	彼眷切	改彼卞切。
方	府良切	依《集韵》改分房切。
网	文两切	依大徐《说文》改文纺切。
访	敷亮切	依《说文系传》改敷妄切①。
傍	步光切	改步郎切。
丙	兵永切	改彼影切。
皿	武永切	依《说文系传》改美丙切。
竝	蒲迥切	依《说文系传》改频静切。
茗	莫迥切	改莫顶切。
凡	符咸切	改符芝切。

唇音开合口的辨别,十分重要。在汉语史的条件音变中,最能说明问题。例如我们说唇音合口三等字发展为轻唇②,假使我们像陈澧那样,把"彼被靡"等字归入合口三等,就不能说明为什么它们没有发展为轻唇。又假使我们像《韵镜》《七音略》那样,把"方芳房亡"归入开口,就不能说明它们为什么发展为轻唇。又如我们说脂韵合口字属古韵微部,就必须把"眉美"等字除外,因为它们不属于合口③。这是我写这篇文章的目的。

原载《河北廊坊师专学报》1986 年第 1 期

---

① 《说文系传》作夫妄反。今按:"访"是敷母字,故改作敷妄切。
② 开口三等也有发展为轻唇的,例如尤韵的"不、浮",那是唯一的例外。
③ "悲"字不属合口而归古韵微部是唯一的例外。

浊音上声变化说

记得一段笑话,便拿来做个楔子:

我是广西人。广西的话可以分为官话、非官话两种。大概广西北部说的是官话,而南部说的是非官话。说非官话的人便要学官话,以便将来见官或做官。所谓官话,是以桂林话为标准的。古人云:"北以北京为宗,南以桂林为正。"故又谓之正音。这种正音的官话,和那种非官话相差很远,尤其是玉林、容县等处,难于摹仿。俗话说:"第一怕,怕广东人说官话。"我们广西人也说:"第一怕,怕玉林人讲官话。"我们博白县,从前属于玉林直隶州,然而说话和玉林很不相同,腔调并不重浊难变,所以学官话比较的容易些了。我在十三四岁的时候,不知是否想要做官,或者为好奇心所驱使,便学起官话来了。当时虽没有听人家说过"逻辑",却也晓得利用类推法,便私自立了一个定律说:我的上声腔调,等于桂林的平声腔调;我的阴平声腔调,等于桂林的上声腔调;——这样类推,居然十得八九。于是人家便说我聪明,无师自通,我也有点自夸。又偶然看见《康熙字典》的《分四声法》说是:"平声平道莫低昂,上声高呼猛烈强,去声分明哀远道,入声短促急收藏。"按之桂林腔调,无所不合,便喜得手舞足蹈了(北京上声不是猛烈强,而是分明哀远道,照字典看来,桂林才算正音了,所以北京唱戏时,老生的道白,还用桂林腔调)。于是牢记着上声高呼猛烈强的话,每遇上声的字,便拼命尽力地高呼,自谓没有不对的。于是把"运动"念做"运董","是的"念做"屎的","城市"念做"成屎","造化"念做"草

化","簿子"念做"补子","兄弟"念做"兄底"……诸如此类,他们
桂林人一概不懂。又听他们念"在不在"为"再不再",念"坐不坐"
为"做不做",才恍然大悟,我们的上声,未必便是他们的上声:因为
他们有许多上声字已经变了去声了。但是好好一个上声字,为什
么变了去声呢? 这是我怀疑了十年的一件事。到了今年今月今
日,总算有了一个解答。

　　这个解答,乃是建筑在清浊音的基础之上的。当初我并不晓
得清浊音的分别,虽然觉得博白的四声有八种的读法(实则还有浊
音入声之半音,共九种读法),偶然联想到清浊四声或许便是这八
种读法,然而终于不敢断定。后来经过赵元任先生的指导,才的的
确确地证实了我们的八种腔调便是四声的清浊音,所谓八声是也
(但只能说阴阳入声可以拿来分别四声的清浊,不能说现在的八声
等于清浊四声)。北方没有入声,但平声也分清浊,便是俗所谓阴
平、阳平。桂林稍为把入声分出来了,然而也只有阴阳上去入五种
腔调。湖南、湖北、四川、云南、贵州,都和桂林差不多,也是五声。
江浙人却把平去入都分出清浊来,便成为清平、浊平、清去、浊去、
清入、浊入,连上声共七声;然而上声到底分不出清浊来(可惜我不
懂福建话,不知道他们于上声的清浊有无分别)。由此观之,在理
论上应该四声各有清浊,共是八声,而实际上只分得七声。所以毛
先舒《韵学通指》说:"平去上皆有阴阳,惟上声无阴阳。阴平:种、
该、笺、腰;阳平:篷、陪、全、潮;阴去:贡、玠、霰、钓;阳去:凤、卖、
电、庙;阴入:谷、七、妾、鸭;阳入:孰、亦、蓺、镴。这因为毛氏的方
言只有七声,所以没法把上声分出阴阳来了。若照我博白话,也可
以补它一补说:阴上:董、海、浅、小;阳上:动、亥、免、鸟;便够八声
了。何以知道上声也有清浊之分呢? 譬如"董"在端纽,"海"在晓
纽,"浅"在清纽,"小"在心纽;端、晓、清、心四纽都是清音(端是全
清,晓、清、心是次清)。"动"在定纽,"亥"在匣纽,"免"在明纽,
"鸟"在泥纽;定、匣、明、泥都是浊音(定是全浊、匣、明、泥是次浊)。

故知上声也有清浊之分了。我们博白人有分别八声的便宜，便应该负说明浊音上声变化的责任。今将所有浊音的上声字一律找到，按照北京、桂林、广东（指广州、新会、香山、台山、肇庆一带）、嘉应州，以及博白，总共五处的方音，分别说明其变成某声。北京可以包括北方各省，桂林可以包括西南各省，广东可以包括广西中部及东部，嘉应州可以包括福建之一部、广西之一部，以及南洋华侨之大部分。至于江浙方面，我想他们上声的变化，也和北京、桂林差不多。我虽然在上海住了两年，究竟对于江浙每个字的平上去入，未能十分明了，所以不敢冒昧列入。至于博白则是我自己的地方，说来千真万确。其次要算对于客话（即嘉应州语，章太炎谓之岭外三州语）最为明了。但我始终没有到过嘉应州，我所懂的只是由嘉应州传到广西的客话。如今我和嘉应州人说话，彼此尚可通晓，但其间有无万一的分别，我也不敢武断。所以下面列表，只称它做客话，不称它做嘉应州话，以免嘉应州人骂我冒牌。又其次对于北京、桂林的平上去入，也颇明了；广东话也算懂得。所以只列了这五种方音。古人云："北以北京为宗，南以桂林为正。"有了这两种方音的平仄，大概已经可以概括中国大部分的平仄，纵使我多懂几处方音，也不必拿来多占篇幅了。今先将百余个浊音上声字列成一表，然后好做我的结论。在未列表之前，先定几个凡例：

（1）同音之字，但录一字为代表。其在甲地为同音，而在乙地为异音者，则并录之。

（2）凡较深僻之字，因为不常用的缘故，往往在同一地方或读上声，或读去声，或读平声。这类字一概不录。

（3）凡一字只有一义，而古读上去两声者，今虽不读上声，亦不算是变化，这类字也不录。但甲地读上，乙地读去者，仍录。

（4）切音根据《集韵》。《集韵》与《广韵》虽稍有异同，而清浊四声的分别是一样的。这因为我觉得《集韵》比《广韵》容易检查，没有其他的用意。

（5）广东和博白的去声，都有阴阳的分别，所以注明"阴去、阳去"字样，北京、桂林、嘉应州的去声不分阴阳，所以只注一个"去"字。其仍读上声者，注云："不变。"其由阳上变阴上者，注云："变阴上。"

（6）表中所谓变某声者，只以一般人口里所说为根据。至于博雅君子，口里所说，往往纠正，仍读上声；又如吟诗的人，也不会错，这些我都不管。

浊上变音表

"动"杜孔切，北京变去，桂林变去，广东变阳去，客话变阴平（读书变去声），博白不变。

"奉"父勇切，北京变去，桂林变去，广东变阳去，客话变去，博白变阳去。

"项"户讲切，北京变去，桂林变去，广东变阳去，客话变去，博白变阳去。

"是"上纸切，北京变去，桂林变去，广东变阳去，客话变去，博白不变。

"氏"上纸切，北京变去，桂林变去，广东变阳去，客话变去，博白变阳去，永嘉变阳去。

"重"柱勇切，北京变去，桂林变去，广东变阳去（或不变），客话变阴平，博白不变（"重"字本亦可读去声，因或读上声，姑录之）。

"尔"忍氏切，北京不变，桂林不变，广东不变，客话变阴平（读书或不变），博白不变。

"婢"部弭切，北京变去，桂林变去（或阳平），广东变阳去（或不变），客话变阴平，博白不变，永嘉变阳去。

"汝"忍与切，北京不变，桂林不变，广东不变，客话变阴平，博白不变。

"市"时止切（此字《集韵》无切音，今从《唐韵》），北京变去，桂林变去，广东不变，客话变去，博白不变。

"雉"直几切,北京变去,桂林变去,广东变阳去,客话变阴平,博白不变。

"以"养里切(据《韵会》),北京不变,桂林不变,广东不变(间有变阳平者),客话不变,博白不变,永嘉不变(或变阴去)。

"已"养里切,北京不变,桂林不变,广东不变,客话不变,博白不变。

"祀"象齿切,北京变去,桂林变去,广东变阳去,客话变去,博白变阳去。

"耳"忍止切,北京不变,桂林不变,广东不变,客话不变,博白不变。

"里"两耳切("理"属之),北京不变,桂林不变,广东不变,客话变阴平,博白不变。

"李"两耳切,北京不变,桂林不变,广东不变,客话不变,博白不变。

"士"鉏里切("仕"属之),北京变去,桂林变去,广东变阳去,客话变去,博白变阳去。

"俟"床史切,北京变去,桂林变去,广东变阳去,客话变去,博白变阳去。

"矣"于已切,北京不变,桂林不变,广东不变,客话变阳平,博白不变,永嘉不变(或变阴去)。

"你"乃里切,北京不变,桂林不变,广东不变(变阳去),客话变阳平(读若广一),博白不变。

"御"牛据切,北京变去,桂林变去,广东变阳去,客话不变,博白变阳去,永嘉变阳去。

"吕"两举切("旅"属之),北京不变,桂林不变,广东不变,客话变阴平,博白不变。

"与"演女切,北京不变,桂林不变,广东不变,客话不变,博白不变。

"女"碾与切,北京不变,桂林不变,广东不变,客话不变,博白不变。

"拒"臼许切("巨"属之),北京变去,桂林变去,广东不变,客话变阴平,博白不变。

"叙"象吕切("序绪"属之),北京变去,桂林变去,广东变阳去,客话变去,博白变阳去。

"雨"王矩切("宇禹"属之),北京不变,桂林不变,广东不变,客话不变,博白不变。

"武"罔甫切("舞侮"属之),北京不变,桂林不变,广东不变,客话不变,博白不变。

"父"奉甫切("腐"属之),北京变去,桂林变去,广东变阳去,客话变去,博白变阳去。

"户"后五切,北京变去,桂林变去,广东变阳去,客话变去,博白变阳去。

"乳"药主切,北京不变,桂林不变,广东不变,客话不变,博白不变。

"兽"笼五切,北京不变,桂林不变,广东不变,客话变阴平,博白不变。

"勇"尹竦切,北京不变,桂林不变,广东不变,客话不变,博白不变,永嘉不变。

"簿"伴姥切,北京变去,桂林变去,广东变阳去,客话变去,博白不变。

"部"伴姥切,北京变去,桂林变去,广东变阳去,客话变去,博白变阳去。

"五"阮古切("午伍"属之),北京不变,桂林不变,广东不变,客话不变,博白不变。

"聚"在庾切,北京变去,桂林变去,广东变阳去,客话变阴平,博白变阳去。

"柱"重主切,北京变去,桂林变去,广东不变,客话变阴平,博白不变。

"杜"动五切,北京变去,桂林变去,广东变阳去,客话变去,博白变阳去。

"愈"勇主切,北京变去,桂林变去,广东变阳去,客话变去,博白变阳去,永嘉变阳去。

"礼"里弟切,北京不变,桂林不变,广东不变,客话变阴平,博白不变。

"米"母礼切,北京不变,桂林不变,广东不变,客话不变,博白不变。

"陛"部礼切,北京变去,桂林变去,广东变阳去,客话变去,博白变去,永嘉变阳去(或不变)。

"弟"待礼切(兄弟也),北京变去,桂林变去,广东变阳去(或不变,陈澧《广东音说》云:"广东读兄弟之弟为上声,考弟之弟为去声。"今新会尚存此种读法),客话变去(如言兄弟则弟字读去声,如言老弟则弟字读若ㄊㄝ阴平),博白不变。

"蟹"下买切,北京变去,桂林变去,广东不变,客话不变,博白不变,永嘉变阴上。

"亥"下改切,北京变去,桂林变去,广东变阳去,客话变去,博白不变。

"买"母蟹切,北京不变,桂林不变,广东不变,客话变阴平,博白不变。

"在"尽亥切,北京变去,桂林变去,广东变阳去,客话变阴平,博白不变。

"乃"囊亥切("奶"属之),北京不变,桂林不变,广东不变,客话变阴平,博白不变,永嘉不变(或变阴上)。

"待"荡亥切("怠殆"属之),北京变去,桂林变去,广东变阳去,客话变去,博白变阳去。

"尽"在忍切,北京变去,桂林变去,广东变阳去,客话变去,博白变阳去(间有不变者)。

"美"无鄙切(今读明鄙切),北京不变,桂林不变,广东不变,客话变阳平,博白不变。

"陨"羽敏切,北京变去,桂林变去(或不变),广东变阳去,客话变去,博白变阳去,永嘉变阳去(或阴去或阴平)。

"牝"婢忍切,北京变去,桂林变去(或不变),广东不变,客话不变,博白不变。

"愤"父吻切("忿"属之),北京变去,桂林变去,广东变阳去(或不变),客话变去,博白变阳去。

"近"巨谨切,北京变去,桂林变去,广东变阳去,客话变阴平,博白不变。

"远"雨阮切,北京不变,桂林不变,广东不变,客话不变,博白不变。

"晚"武远切,北京不变,桂林不变,广东不变,客话变阴平(读书不变),博白不变。

"盾"竖尹切,北京变去,桂林变去,广东变阳去,客话变去,博白变阳去。

"旱"侯旰切,北京变去,桂林变去,广东不变,客话变阴平,博白不变。

"煖"乃管切,北京不变,桂林不变,广东不变,客话变阴平,博白不变。

"满"母伴切,北京不变,桂林不变,广东不变,客话变阴平,博白不变。

"懒"鲁旱切,北京不变,桂林不变,广东不变,客话变阴平,博白不变。

"卵"鲁管切,北京不变,桂林不变,广东不变,客话不变,博白不变。

"诞"荡旱切,北京变去,桂林变去(或不变),广东变阴去,客话变去,博白变阴去,永嘉变阴去。

"断"杜管切(绝也),北京变去,桂林变去,广东不变,客话变去。

"但"徒旱切(据《唐韵》)("蛋"属之),北京变去,桂林变去,广东变阳去,客话变去,博白变阳去,永嘉变阳去。

"眼"语限切,北京不变,桂林不变,广东不变,客话不变,博白不变。

"免"美辨切("勉"属之),北京不变,桂林不变,广东不变,客话变阴平,博白不变。

"辨"皮苋切("辩"属之),北京变去,桂林变去,广东变阳去,客话变去,博白变阳去。

"篆"柱兖切,北京变去,桂林变去,广东变阳去,客话变去,博白变阳去,永嘉不变(或变阳去)。

"件"巨展切,北京变去,桂林变去,广东变阳去,客话变去,博白变阳去(郁林人却不读变)。

"绍"市沼切("肇"属之),北京变去,桂林变去,广东变阳平,客话变阳平(或去),博白变阳平(此字变得最奇怪,甘肃也有读阳平的),永嘉变阳去。

"鸟"尼了切(从《正韵》。因《集韵》丁了切,普通话无此音),北京不变,桂林不变,广东不变,客话变阴平,博白不变(江浙和广西的俗话念做㲲ㄠ属端纽,尚存古音)。

"赵"直绍切("兆"属之),北京变去,桂林变去,广东变阳去,客话变去,博白变阳去。

"卯"莫饱切,北京不变,桂林不变,广东不变,客话变阴平,博白不变。

"鲍"部巧切,北京变去,桂林变去(或变阳平),广东变阴平,客话变阴平,博白变阴平。

"皓"下老切（"昊"属之），北京变去，桂林不变（或变去），广东变阳去，客话变去，博白变阳去。

"浩"户老切，北京变去，桂林不变，广东变阳去，客话变去（或阴平），博白变阳去。

"老"鲁皓切，北京不变，桂林不变，广东不变，客话不变，博白不变。

"道"杜皓切（"稻"属之），北京变去，桂林变去，广东变阳去，客话变去，博白变阳去。

"造"在早切，北京变去，桂林变去，广东变阳去，客话变去，博白不变。

"抱"簿皓切，北京变去，桂林变去，广东不变，客话不变，博白不变。

"我"语可切，北京不变，桂林不变，广东不变，客话变阴平，博白不变。

"坐"徂果切，北京变去，桂林变去，广东不变，客话变阴平，博白不变（"坐"字本有上去二声，不知先有上声，抑先有去声，今因广东与博白皆读上声，姑录之）。

"祸"户果切，北京变去，桂林变去，广东变阳去，客话变去，博白不变。

"马"母下切，北京不变，桂林不变，广东不变，客话变阴平，博白不变。

"野"以者切，北京不变，桂林不变，广东不变，客话变阴平，博白不变，永嘉变阴上。

"下"亥雅切（低也），北京变去，桂林变去，广东变阳去，客话变去（或种客话有时也念阴平，例如"地下"念做"地虾"），博白变阳去。

"雅"语下切，北京不变，桂林不变，广东不变，客话变阴平，博白不变。

　　“瓦”五寡切,北京不变,桂林不变,广东不变,客话不变,博白不变。

　　“社”常者切,北京变去,桂林变去,广东不变,客话变阴平,博白不变。

　　“也”以者切(“冶”属之),北京不变,桂林不变,广东不变(或读阳去),客话变阴平,博白不变(或读阴上),永嘉变阴上。

　　“养”以两切,北京不变,桂林不变,广东不变,客话变阴平,博白不变,永嘉变阴上。

　　“象”似两切(“像”属之),北京变去,桂林变去,广东变阳去,客话变去,博白变阳去。

　　“仰”语两切,北京不变,桂林不变,广东不变,客话变阴平(或读不变),博白不变(或读阴上)。

　　“往”雨两切,北京不变(或变去),桂林不变,广东不变,客话变阴平,博白不变(或读阴上)。

　　“朗”里党切,北京不变,桂林不变,广东变阳去,客话变去,博白变阳去。

　　“强”巨两切(勉强也),北京不变,桂林不变,广东不变,客话不变,博白不变。

　　“两”里养切,北京不变,桂林不变,广东不变,客话言一两二两则不变,言几斤几两则变阴平,博白言一两二两则不变,言几斤几两则变阴上。

　　“丈”雉两切(“仗杖”属之),北京变去,桂林变去,广东变阳去,客话变去,博白不变(或变阳去)。

　　“上”是掌切(升也),北京变去,桂林变去,广东不变(或变阳去),客话变阴平,博白不变。

　　“壤”汝两切,北京变去(或不变),桂林变去(或不变),广东变去,客话变去,博白不变(或变阳去),永嘉变阳去。

　　“领”里郢切,北京不变,桂林不变,广东不变,客话变阴平,博白不变。

"永"于憬切，北京不变，桂林不变，广东不变，客话不变，博白不变，永嘉变阳上。

"静"疾郢切（"靖"属之），北京变去，桂林变去（或不变），广东变阳上，客话不变，博白不变。

"冷"鲁打切，北京不变，桂林不变，广东不变，客话变阴平，博白不变。

"幸"下耿切（"杏倖"属之），北京变去，桂林变去，广东变阳去，博话变去，博白变阳去。

"並"部迥切（"併并"属之），北京变去，桂林变去，广东变阳去，客话变去，博白变阴去。

"有"云九切（"友酉"属之），北京不变，桂林不变，广东不变（偶变阳去），客话变阴平，博白不变。

"母"莫后切，北京不变，桂林不变，广东不变，客话变阴平，博白不变。

"妇"扶缶切，北京变去，桂林变去，广东不变（或变阳去），客话变去（但言"新妇"则读博乌切，又谓"妇人"为"妇娘"，亦读博乌切，皆变阴平），博白不变。

"负"扶缶切，北京变去，桂林变去，广东变阳去，客话变去，博白变阴去（或阳去）。

"厚"很口切，北京变去，桂林变去，广东不变（或变阳去），客话变阴平（读书变去），博白不变。

"受"是酉切，北京变去，桂林变去，广东变阳去，客话变去，博白变阳去。

"阜"房九切，北京变去，桂林变去，广东不变，客话变去，博白变阳去。

"咎"巨九切，北京变去，桂林变去，广东变阳去，客话变去，博白变阳去。

　　"某"莫后切("亩"属之),北京不变,桂林不变,广东不变,客话变阴平,博白不变。

　　"舅"巨九切,北京变去,桂林变去,广东变阳去(或不变),客话变阴平,博白不变。

　　"藕"五口切(据《唐韵》),北京不变,桂林不变,广东不变,客话不变,博白不变。

　　"牡"莫后切,北京不变,桂林不变,广东不变(或变阳去),客话变去,博白变阳去。

　　"纣"丈九切,北京变去,桂林变去,广东变阳去(或不变),客话变去,博白变阳去。

　　"廪"力锦切,北京不变,桂林变去,广东不变,客话变阴平,博白不变。

　　"淡"杜览切,北京变去,桂林变去,广东变阳去,客话变阴平,博白不变。

　　"俭"巨险切,北京不变,桂林变去,广东变阳去,客话变阴平。

　　"渐"疾冉切,北京变去,桂林变去,广东变阳去,客话变去,博白变阳去,永嘉变阳去。

　　"舰"户黤切,北京变去,桂林变去,广东变阳去,客话变去,博白变阳去,永嘉变阴上。

　　"犯"父錣切("範范"属之),北京变去,桂林变去,广东变阳去,客话变去,博白变阳去。

　　上表共一百二十九个字,所有浊音上声字差不多搜罗尽了。如今一层一层地加以按语,随按随断,如后:

　　第一按语:

　　在一百二十九字之中,五种方音都能保存上声的读法者,只有"以已李与耳女雨武乳努五米蟹远卯眼老瓦强永藕"二十一个字,不及六分之一。

　　断曰:可见浊音上声最易变化,这是八声中最特别的一种声调。

第二按语：

在一百二十九字之中，五种方音都不能保存上声的读法者，只有"奉项氏祀士俟御叙父部聚杜愈陛待陨诞但辨篆件赵绍鲍道下象壤幸亚负受咎纣俭渐舰犯"三十九个字[①]。不及三分之一（这三十九个字变的都是去声。博白话及客话读"绍"为阳平，是偶然的例外）。

断曰：可见虽易变化，也还有一大部分的古读留在人间，使我们现在还能靠嘴里发声去定它是上是去。

第三按语：

北京能保存上声的字，约共五十五个，不及全数的七分之三。

桂林能保存上声的字，约共五十六个，仅及全数的七分之三。

广东能保存上声的字，约共六十九个，超过全数的二分之一。

客话能保存上声的字，约共二十五个，不及全数的五分之一。

博白能保存上声的字，约共八十三个，几及全数的三分之二。

断曰：由此观之，第一要算博白最能保存古读，第二算广东，第三算桂林和北京，第四算客话。客话几乎把浊音上声通通变做阴平或去声了。我发现这个例，很觉得有趣味（兄弟之弟，与孝弟之弟；决断之断与断绝之断，在官话都没有分别。又如北京"近你"像"敬你"，客话说"打马"像"打妈"，也很有趣味）。

第四按语：

北京变的，都是去声。

桂林变的，也都是去声。

广东变的，都是阳去；只有一个"诞"字变阴去（又有一个"绍"字变阳平）。

客话变的，约有四十五个字是变阴平，约有五十六个字是变去

---

① 编者注：所举例字 38 个。

声，又有一个"绍"字变阳平。

博白变的，都是阳去；只有"负诞"二字变阴去，又有一个"绍"字变阳平。

断曰：由此观之，第一要算北京和桂林变化得有规则；第二算是广东，第三算是博白。这两个地方都是以变阳去为常例，倒也有规则可寻。惟有客话变得没有规则。大抵博白不变的字，客话都变阴平；博白变去声的字，客话也一样变去声。然如"永"字"聚"字，却又不在此例。真可谓变化无端了。

结论：

依我研究的结果，可得结论如下：

清浊四声之中，阴平、阳平、阴上、阴去、阳去、阴入、阳入，都很少变成他种声调的；惟有阳上（即浊音的上声）一大部分都变了他种声调。

这种客观的报告，我自以为铁案如山了。至于浊音上声为什么变得这样厉害？还要请我国的音韵专家仔细研究，作一个切实的解答。今先述我的意见，以供采纳。

浊音上声变化的主要原因，便是上声清浊的混淆。我们须知，依音学原理说来，清浊四声只宜分做八种声音；不宜先分平上去入四大类，再分为八小类。须知八声的地位是平等的，并不是阴平和阳平亲密些，阴平和阳上便隔了一层。因此之故，北京、桂林、江浙等处，既然只有阴上，没有阳上，那么，本来是阳上的字非变声不可。变成阴平、阳平、阴上、阴去、阳去、阴入、阳入，都可以的。我们不能说阳上变成阴上便亲密些，阳上变成阳去便隔了一层了。或问："既说变成阴平、阳平、阴上、阴去、阳去、阴入、阳入都可以，为什么照上面一百二十九个字看来，在普通话方面，只变了阴上或阳去，并不变平声或入声呢？"这因为从来平仄的界限很严，读书、考试尽可以不识四声，却不可不识平仄。因为考试的诗，以及平日做的诗，都用平声韵为多；又要分别平平仄仄平平仄的诗调，因此仄声的字,断断不容混到平声的字里去。所以客话虽有许多浊音字在说话时变了阴平,而在读书时必须改读上声,尤其是读诗时,不容一字误读阴平。若误读为去声的字,则不去管它了。这是阳上不能变平声的缘故。至于入声,短促急收,显然和平上去大有分别,划若鸿沟,和上声有天渊之别。因此也不致误读上声为入声。而且北方没有入声,越发不成问题了。所以浊音上声字既失去自己的地位,只有和阴上、阴去、阳去拼合的可能。阳去(即浊音去声)因为与阳上同是浊音,比较的亲密些,所以阳上便大多数和阳去合并了。北方连阳去都没有,便又混入阴去的地位。剩有少数的阳上,一般人都还记得它们本来是上声,便归入阴上一类去。所以今日的浊音上声字,便是一大半归阳去,一小半归阴上了。这个解答,或许不过分穿凿吧?

或又问:"博白的上声清浊并不混淆,何以也有三分之一变了阳去呢?"我想博白的阳上当初本来个个都不变化,后来因为博白话用途不广,百里之外便不通行,于是对外交际必须用官话,至少也须用广东话才行,因此便受了广东话或官话的同化。官话念去声的,我们也跟着念去声,不知不觉,便变化了许多,例如"丈"字,在博白乡下人口里还是念做阳上,我们城市的人,早已跟着官话、广东话,变了去声了。然而自身不起变化,只受外面的影响,同化了的究竟不多,所以只变了三分之一。

末了,我想要告诉广东、广西的人,这样说:"我们如果要学国语,那么,对于我们所读为平声、去声、入声的字,按照国音平上去入的腔调,平声还它一个平声,去声还它一个去声,入声还它一个入声,便百个中有九十九个是不错的,又每逢我们所读为清音上声的字,一律读为国音的上声,也包管不错的。因为国语于平去入声及清音上声的字,很少变化,像"跳"字平声变去声的,可谓绝无仅有;况且,"跳"字之类,我们自己也变去声,便不会错了。惟有遇到浊音上声的字,便要万分注意,我们所读的上声,未必是他们的上声。若按照《诗韵》里的上声发为国音的上声,那就闹出大笑话了。所以我们遇到浊音上声字的时候,如果没有听见人家说过,最好查一查《国音字典》(校改的),如果没有功夫查字典,甚至于胡乱读为去声,也比胡乱读为上声的错误少些;因为已有七分之四变了去声了。

　　我这篇文章很有表扬博白方音的嫌疑;然而我不能丢却自己最确知的不说。记得陈兰甫作《广东音说》云:"予非自私其乡也。"我也只得以此解嘲了。

十五年(1926)十一月作于清华

原载《广西留京学会学报》第 4 期,1927 年

京剧唱腔中的字调

京剧的字调,用的是湖广音。所谓湖广音,基本上是汉口音,但也稍有分别。汉口话只有四个声调,即阴平、阳平、上声、去声。京剧的字也有这四个声调,升降和汉口音一样,但高低稍有不同。依我们的分析,京剧的四声,若用五线谱表示,其形状如下:

阴平　　　　　阳平　　　　　　上声　　　　去声

字调的音高,只是相对的音高,不是绝对的。字调的特征只是它的高低升降的形状。因此,我们可以说:京剧的阴平是中平调,阳平是低平调,上声是高降调,去声是中升调。在一般情况下,京剧唱腔的字调是依照这个标准的。

首先,谈谈京剧老生唱腔的韵脚字调。一般说来,京剧单句唱词韵脚用仄声,即上、去声;双句用平声,即阴平、阳平。下面通过一些比较典型的例子,加以分析、讨论。

(一)阴平

阴平是个中平字调,它在唱腔韵脚的标准音应该是个"2"或"1"(指老生唱腔而言)。

再进一步说则是二黄唱腔双句(或称下句)韵脚字调音是"2",西皮唱腔双句韵脚字调音是"1"。下面先看看二黄唱腔的阴平韵脚：

《捉放宿店》〔二黄慢板〕

$$5\,6\,6\,6\quad 5\,2\,3\quad 3\,|\,3\quad 3\,5\,6\,5\,7\,6\,|\,2\,2\,7\,6\,5\,0\,|$$
款　　　　待　　　与　　　　　他

《洪羊洞》〔二黄快三眼〕

$$5\,6\,6\,5\,3\,(3\,5\,2\,|\,3\,5\,)\,3.\,5\,6\,5\,7\,6\,|\,2\,2\,7\,6\,5\,0\,|$$
以呀　　假　　　成　　　　真

　　以上二例的"他、真"二字均以"2"为韵脚音，显现出阴平字的中平调特征。此外，在《洪羊洞》的同一唱腔中，另一个阴平韵脚字——"尊"，从谱面上看落在了"1"上而没有落"2"，即：

$$0\,3\,5\quad 6\,2\quad 2.7\,|\,5\,7\,6\,3\,5\,5.3\,5\,6\,|\,6\quad 6\quad 6\,5\,6\,1\,6\,5\,3\,|$$
梦（呃）见（呐）了　　年　　迈

$$2\quad -\quad -\quad -\,|\,2\quad 0\,2\,2\,1\,2\,3\,|\,1\quad 1.\,2\,7\,7\,|$$
爹　　　尊（呐）

$$7\,7\,7\,6.2\,7\,6\,|\,^{\#}4\,3\,2\,3\,5\,6\,6\,|\,5\,6\,5\,5\,-\quad 0\,|$$

　　对此，须略作解释：二黄唱腔双句（或称下句）韵脚字改"2"就"1"的现象是不典型的。在这里其所以用了"1"音，主要原因在于"尊"字之前的"爹"字也是个阴平字。"爹"字已经用了"2"音，如若"尊"字再用"2"音，在唱腔上则会使人产生重复、平淡之感。为了求诸一点变化，又不失去中平调的特征，故而改用"1"音。这句唱腔实际上是把下列唱腔略作变化而成：

$$2\ \overset{3}{\underline{\tilde{2}}}\ \underline{1\ 2}\ 7\ -\ |\ 7\ \overset{2}{\underline{\tilde{7}}}\ \underline{7\ 65}\ \underline{2\ 76}\ |$$

愁人心似箭　　穿

$$\sharp\underline{4\ 3}\ \underline{2.\overset{}{3}}\ \underline{5\ 6}\ \overset{7}{\underline{\tilde{6}}}\ |\ 5\ \underline{5\ 0}\ |$$

《文昭关》〔二黄慢板〕如果将"尊"字也照"穿"字那样处理，唱成：

$$2\ \overset{3}{\underline{\tilde{2}}}\ \underline{1\ 2}\ 7\ -\ |\ 7\ \overset{2}{\underline{\tilde{7}}}\ \underline{7\ 65}\ \underline{2\ 76}\ |$$

尊（呐）

这样更符合阴平字调和唱腔曲调的要求。总之，二黄唱腔阴平韵脚字调落在"2"音上可以说是一种规范，而落"1"者，则是偶然现象。"2"音作为中平字调的标准音这在节奏较快的二黄唱腔中，显现得更为清楚。这里不妨补举几例，聊供参考：

《借东风》〔二黄原板〕

$$\underline{\overset{.}{6}\ 6}\ 3\ |\ \underline{0\ \overset{.}{1}\ \underline{6\ 16}}\ |\ \underline{3\ \overset{1}{\underline{\tilde{2}}}\ \underline{2\ 3}}\ |\ 0\ \underline{2\ 321}\ |\ 2\ |$$

南屏山　设坛台足踏　魁　　罢

《搜孤救孤》〔二黄摇板〕

$$\underline{1216}\ |\ \overset{.}{5}\ |\ \overset{.}{6}\ |\ \overset{.}{1}\ 3\ |\ 2\ \overset{.}{1}\ |\ \overset{o}{1}\ \overset{.}{1}\ |\ 2\ |$$

母　子快快两离分。

《借东风》〔二黄散板〕

サ…… 5̣ 6̄1̄ 1 3̇.̇2̇ 1̄2̄ 1̄.̇2̇3̇ （3̇ 6̣ 1 2̄ 3̂）
　　　趁　此　　时　返　夏　口

1 2̇ － － 2̄3̄ 2̄3̄ 1̄.̇2̇ 3̄ 2 2 －
再　作　　　　　　　　主　张。

下面谈西皮唱腔韵脚阴平字的落音。

西皮唱腔韵脚阴平字的标准音,与二黄唱腔不同,它几乎绝对是个"1"音,例如:

《四郎探母》〔西皮慢板〕

5̣ 3̄7̄ 6̣3̄ 5̣ ｜5̣ （5̣6̄） 1.̇ 6̣ ｜ 1 －
受　了　　孤　　　单

7̄6̄5̣ 3̣ 5̣ ｜5̣ （5̣ 6̄） 4.̇ 6̣ 3̄2̄ ｜ 1 －
久　困　在　　沙　　滩

《失街亭》〔西皮原板〕

2.̇ 1̄ 1̄2̄ ｜2 0 5.̇ 6̣ ｜ 1 1 ｜ －
统　　貔　貅

《捉放宿店》〔西皮流水板〕

0 1̄ ｜1̄ 3̄ ｜2̄ ｜2̄6̄1̄ ｜ 1 ｜ 6̣ ｜ 5 ｜ 3 ｜ 1.̇ 6̣1̄ ｜ 1 －
同　奔　原　　为　汉　家　　邦

《捉放宿店》〔西皮散板〕

错把一 家 好 人 伤。

（二）阳平

阳平字在湖广语音中是个低平调。这一点体现在韵脚字上，常常是个"5̠"或"6̠"音。无论是在二黄唱腔中，还在西皮唱腔中，均是如此。下面首先看看二黄唱腔韵脚的阳平字：

《捉放宿店》〔二黄慢板〕

陈宫心中乱 如 麻

自有那神灵天地鉴 察。

为了充分说明问题，再补充几例：

《文昭关》〔二黄慢板〕

我好比波浪中失舵的 舟 船（呐）

《搜孤救孤》〔二黄原板〕

$$5\ \widehat{7\ 6}\ 5\ \ \ 3\ \widehat{5\ 6}\ \mid\ 0\ \widehat{2\ 6}\ \widehat{2\ 7\ 6}\ \mid\ \widehat{6\ 3}\ \widehat{5\ 3}$$

三百余口　命　赴　幽　冥

《文昭关》〔二黄原板〕

$$2\ \mid\ 2\ -\ \mid\ 2\ 0\ \mid\ \widehat{2\ 5}\ 5$$

我冷冷清清向　　谁

$$5\ -\ \mid\ \widehat{6.7\ 6}\ 5\ \mid\ \overset{5}{\widehat{6}}\ -\ \mid\ \widehat{6}\ 5\ -$$

言　　　（呐）

《洪羊洞》〔二黄散板〕

（注）

$$\overset{7}{\underset{-}{6}}\ \overset{7}{\underset{-}{6}}\ \overset{36}{\#4}\ 3\ \ 2\ -$$

白发人反送了黑　发　　　　　人

注：上列"黑发人"的曲调实际上是下列唱腔的移调：

$$2\ \overset{3}{\underset{-}{2}}\ \overset{3}{\underset{-}{2}}\ 2\ \overset{62}{7}\ 6\ 5\ -$$

黑　发　　　　人

再看看西皮唱腔韵脚的阳平字：

《四郎探母》〔西皮慢板〕

$$\overset{5}{3}\ 2\ 6\ 1\ 1\ .\ 2\ 3\ \overset{5}{3}\ \mid\ 2\ 3\ 5\ 2\ .\ 3\ 7\ 6\ \mid\ 6\ 5\ 5\ 6\ 7\ 2\ 6\ \overset{1}{6}$$

好　　不　　　　惨　　　然

```
1  -    （下略）
```

《失街亭》〔西皮原板〕

```
6 1 2 25 | 2乙 3 2 | 6276 | 5 5 6 | 1 | 1     （下略）
莫 要       自 由
```

这里也须要补充几例快节奏的西皮唱腔：

《斩马谡》〔西皮快板〕

```
0 1 1 3 | 6 1 | 1 | 1 | 6 3 | 6 |（下略）
靠 山 近   水   扎   大   营
```

```
0 1 | 1 | 2 | 6 1 | 1 | 2 | 6 |（下略）
不 由 老 夫 咬 钢 牙
```

《卖马》〔西皮散板〕

```
サ 1 6 | 5 1 | 6 5 | 5 3丁 | 6 2 | 7 2 | 5 61 |（下略）
好 汉   无 钱   到   处   难
```

就以上各例看来，均显示出京剧唱腔上的阳平低出的特点。但是这不等于说阳平字在唱腔中永远是低平调。特别是唱腔韵脚上的阳平字，有时也可以唱成中平调，与阴平字唱同音。即二黄是"2"，西皮是"1"。为了说清这一点，我们另外举几个例子：

《文昭关》〔二黄原板〕

| 3 1 2 3 | 0 1 6 3 | 2 1 $\frac{2}{1}$ 1 | 2 － |

且听愁人　口　　　内　言

| 2 1 ̃3 | 0 1 6 3 | 2 1 $\frac{2}{1}$ 1 | 2 － |

铁石人儿　也　　　泪　涟

《文昭关》〔二黄散板〕

サ 5 3̄2̄ 1̄2̄ 1̇.2̇ 3 V$\frac{3}{1}$2 2̄2̄3̄2̄3̄2̄3̄2̄1.2̄3̄5̄ 2

将军　为　何　　白　　　了

| 2 － 2̄3̄ 2̄3̄ 2̇.1̇ 1 | 2 － |

髯

《朱痕记》〔西皮慢板〕

| 1 3 2 1 1 1 | 7̇ 0 5̇.6̇3̇2̇ | 1 0 |

莫不是魍魉鬼来　把　　　我　　　缠

《文昭关》〔西皮二六板〕

| 2 3 5 | 2̇.5̇3̇2̇ | 1 0 |

乔装改扮　往（呃）东　　行。

《斩马谡》〔西皮快板〕

| 0 1 | 1 3 | 1 | 2 | 2̄5̄ | 3̄2̄ | 1 |

叫　他　背　地　笑　孔　明

《捉放宿店》〔西皮快板〕

$$0\,\underline{1}\ \ |\ \ 1\,\underline{3}\ \ |\ \ \overset{\underset{23}{\frown}}{2}\ \ |\ \ 0\,\underline{\overset{6}{1}}\ \ 1\ \ |\ \ 2\ \ |\ \ \underline{3\,3}\ \ \overset{\frown}{\underline{1\,2}}\ \ |\ \ 1\ \ |$$

这　　桩　　事　　倒叫　我　无计　奈　何

《文昭关》〔西皮摇板〕

$$\sharp\ \overset{3}{\underset{}{}}\ \underline{2.5}\ \ 3\ \ \underline{2\,3\,2\,1}\ \ 1\,\underline{2\ 2.3}\ \ 2\ 0\ \ \overset{\frown}{5\,6\,1}\,0\ \ \underline{2\,2}\ \ 1\ -$$

大　胆　且　　把　　　虎　　山（呐）行。

以上所列，均是阳平字唱腔中平调的例子。其所以在韵脚阳平字里有时出现中平调的唱法，这是音乐调式制约的结果。就唱腔的音乐调式而言，二黄是以"2"为主音的商调式，西皮双句（下句）则是以"1"为主音的宫调式。按照传统习惯，双句唱腔的尾音必须落在主音上，也就是说，二黄要落"2"，西皮须落"1"，这也可以说是传统成法。这就同字调发生了矛盾，阳平字调是低平调，音乐调式主音却是中平调。解决矛盾的办法，通常是二者兼顾，既保持字调特征，又须归属到音乐主音上去。如二黄双句韵脚上的"6̣ 1̣ 2"，西皮双句韵脚上的"5̣ 6̣ 1"，就是解决这种矛盾的常用办法。具体例子如下：

二黄《王佐断臂》

$$0\ \underline{5}\ \ \underline{2\,3}\ \ |\ \ \underline{5.3}\ \ \underline{5\,6}\ \ |\ \ \overset{1}{\underset{}{6}}\,0\ \ \overset{\frown}{\underline{6\,1}}\ \ |\ \ \overset{\frown}{6.\,1}\ \ 2\ \ |$$

食　君禄　未　报　　宗　　王

西皮《空城计》

$$\overset{\frown}{3\,5}\ \ \overset{\frown}{5\,1}\ \ |\ \ \underline{6.5}\ \ \overset{\frown}{3\,5}\ \ |\ \ \underline{3\,2}\ \ \underline{7\,2}\ \ |\ \ 5\ \ 0\underline{6}\ \ |$$

进　退　　两　难　　为　的是　何

$$\overset{\frown}{5\,6}\ \ 1\ \ |$$

情？

上列二黄末节的"6"和西皮末节的"5",体现了阳平字的低平调特征;它们之后的"2"和"1"(即最末一个音),则是音乐调式主音,如此处理两全其美。但是在速度较快的唱腔中,无法顾及字调特征时,解决矛盾的办法就是字调服从主音,因此便出现了韵脚阳平字改唱中平调的情形。

(三)上声

在湖广语音中,上声是个高降调。这一点反映在京剧唱腔的韵脚里,通常是只保持上声字的调势,而不拘泥于其声调的高低。也就是说只保持降调的调势,声调的高低则较为自由。一般说来,韵脚上的上声字,在西皮唱腔中多为高降调,常见的是"5 3、3 2",有时也唱低降调的"7̣ 6̣、6̣ 5̣",例如:

《斩黄袍》〔西皮二六板〕

$$6\stackrel{\frown}{\ 1}\quad 5\ |\ \underline{3532}\ \underline{1235}\ |\ \stackrel{5}{\overline{\text{或}}}\ \stackrel{\frown}{3\cdot 1}\ 2\ |$$

寡人一见　龙　心　　　　　宠

《斩马谡》〔西皮摇板〕

$$卅\quad \underset{.}{6}\ \stackrel{1}{\overline{亍}}\ |\ 1\ \underset{.}{6}\ \stackrel{1}{\overline{亍}}\ |\ 1\ 3\ 3\ \underline{3\ 2}\ \stackrel{3}{\overline{亍}}\ 2$$

算　就汉室　三　分　鼎

《空城计》〔西皮散板〕

$$卅\quad \stackrel{\frown}{3\ \underline{2\ 1}}\ 1\ \stackrel{\frown}{1\ \stackrel{6}{\text{或}}\ }\ \stackrel{\frown}{1\ }\ 1\ \stackrel{6}{\overline{3}}\ \stackrel{3}{\overline{亍}}\ 2\ -\ \stackrel{32}{\overline{}}$$

诸葛　一　　生　不　弄(uo)　险

《朱痕记》〔西皮慢板〕

......　6 7　6 1 ｜ 2 3　（下略）

赵锦堂左手上有朱砂　一　（ie）　点

《武家坡》〔西皮原板〕

2 6 7 2 ｜（6 7 2）1 ｜ 7 · 6 ｜ 7 2 ｜

官封我后军　都　　　　督　府　（uo）

7 7　6 ｜ 6 ｜

《捉放宿店》〔西皮原板〕

5 · 3　7 2 ｜ 7 2 0　3 5 ｜ 6 · 5　7 2 ｜

高朋好友　常　　　　　来　往

6　6　6 ｜

在二黄唱腔中，则多是中降调，常用的音是"1 6"，例如：

《法场换子》〔二黄快三眼〕

7　6　5 5 3 5　6 ｜ 0 1 3　2 3 2 1 6 1 2 ｜

把一个两辽王　午　　门　　　斩（呐）

1 6

首

《借东风》〔二黄原板〕

…… | 3 2 3 | 5 3 | 3 0 | 2 6 1 |
曹孟德 占 天 时 兵(呐) 多 将

1 6 | 2 3 2.6 | 1 - | 1 - | 1 - | 2 2 |
广

7 2 7 6 | 5 6 7.2 | 6. 7 | 6 |

《文昭关》〔二黄慢板〕

| 5 3 1 6 1 3 5 3 0 | 0 3 3 2 1 5 3 2 1 |
俺伍员好一似 丧 家

1 6
犬

同上〔二黄摇板〕

廿 1 1 2 2 0 | 6.1 1 | 2 2 | 1.6 |
但 愿 过 得 昭 关 险

以上各例,不论是西皮,还是二黄,尽管它们的韵脚上声字声调有高低不同之分,但都充分显示出降调的调势。

此外,我们从大量的京剧老生唱腔中,还可以看到有许多韵脚上声字改唱中平调的情形。不论是二黄,或是西皮,这种情形并非个别。特别是在快节奏的唱腔中较为多见,例如:

《宝莲灯》〔二黄快三眼〕

```
……| 5  6 5 6  1 2 1  1  1 3 5  6 1  5 6 |
首阳山前　冻　　　　　　　　饿

1 2 0 0
死（啥）
```

《断臂说书》〔二黄摇板〕

```
廿
        1 - 1 - 1 1 6 6  1 - 6
    我断臂的情由休　声　　　　　嚷
```

《搜孤救孤》〔二黄摇板〕

```
廿
    2 3 2 1  1 1  3  2 1  1 2  1.6 6 1
    手　　执 钢 刀 项 上　　刎
```

《卖马》〔西皮慢板〕

```
    | 5 5  6 5  3 | 3  0  2 2  1 2 3 |
店主东带过了　黄　　　　　骠

    2 2  3 3 | 2 - 0 0 |
马　　（la）
```

《空城计》〔西皮二六板〕

```
        3 | 2 1  6 3 |  2 0
诸葛亮在敌楼把　　驾　　等
```

《空城计》〔西皮快板〕

$$\underset{\cdot}{6}\,1\,|\,1\,|\,1\,\overset{\frown}{6}\,|\,1\,1\,|\,1\,\overset{\frown}{6}\,|\,\underset{\cdot}{6}\,1\,|\,2\,|$$

不　　是　　画　　图　　来　　得　　紧

《武家坡》〔西皮摇板〕

$$\text{サ}\quad 0\,2\,1.\,\underset{\cdot}{5}\,3\,\overset{1}{\underset{\frown}{2}}\,2\,|\,(\,3\,5\,|\,2\,1\,|\,\underset{\cdot}{6}\,1\,|\,2\,)\,2\,|$$

不　骑　马　来　　　　　　　　　　步

$$\overset{\frown}{1\,1}\,6\,3\,|\,\overset{\frown}{2}\,|$$

下　　赶

　　上声字之所以有许多时候唱成中平调，其道理与某些阳平字改唱中平调完全相同，也是囿于音乐调式主音的限制。我们都知道，上声是仄声，通常只用于单句（或曰上句）韵脚，而单句韵脚的标准落音，二黄是"1"，西皮是"2"（正好与双句韵脚的标准落音相反），都是中平调。当唱腔不便照顾语言字调时，就发生了上列直唱标准音的情形，这就是某些上声字弃高降调改唱中平调的根本原因。

　　值得特别注意的是韵脚上声字有时竟与湖广字调相反，不唱降调唱升调。下面将唱升调的例子举几个，以供参考：

《追韩信》〔二黄快三眼〕

$$\cdots\cdots\,|\,\overset{\frown}{5}.\,\underset{\cdot}{1}\,5\,|\,0\,|\,0\,\underset{\cdot}{5}\,|\,\underset{\cdot}{6}\,1\,\underset{\cdot}{5}\,6\,|$$

全凭着韬和略　　将　　我　　　　点

$$\overset{\frown}{1\,2}\,0\,0\,0$$

醒

《搜孤救孤》〔二黄原板〕

手执皮鞭　将（呃）　你（ir）打

《断臂说书》〔二黄散板〕

我王佐学断臂番营　去　闯（呃）

《捉放宿店》〔西皮慢板〕

马行在夹道内我难（呐）以　回

马

《卖马》〔西皮流水板〕

分　明　认　得他　是　响　马

《卖马》〔西皮散板〕

1　1　3　1　1　2　—　ˇ　6 1　6 1　6 1　2
店　主　东　卖　黄　骠　　不　见　回　转

《击鼓骂曹》〔西皮二六板〕

5 6 5 6 1 | 0　1 2 | 3 . 5　2
列公大人　提　　　醒　我

韵脚上声字之所以有升调现象,不能不说是京音在唱腔中的反映。

(四) 去声

去声是中升调。由于也是个仄声,多用于唱词的单句(上句)韵脚。它在唱腔上的基本音型二黄是"1 2",西皮是"2 3"。试看以下各例。

《捉放宿店》〔二黄慢板〕

……| 3 . 5 3 5 | 7 7 . 6 | 6 0 6 3 2 1
又谁知此贼的 疑　　　心(呐)　　太(呀)

1　2　0　0
大

同上〔二黄原板〕

| 6 1　3 | 0　3 2 1 | 1 2　0 |
听樵楼打罢了　二(喏)更　　鼓　　下

《断臂说书》〔二黄原板〕

$$3\overset{1}{\overset{\frown}{2}}\ 2\ 1\ 3\ |\ 0\ \ \underline{5\cdot}\ 6\ |\ 1\ 2\ 3\ \ 1\ \|$$

想当年在洞庭逍　遥　　　放　　荡

$$1\ \overset{2}{\overset{\frown}{1}}\ \overset{2}{\overset{\frown}{1}}\ |\ \underline{6\ 5}\ \ \underline{3\ 2}\ |\ \underline{7\ 6}\ \ \underline{2\ 5}\ |\ 6\ -\ \|$$

《搜孤救孤》〔二黄摇板〕

$$\underline{1\cdot 2}\ \underline{1\ 2}\ \overset{3}{\overset{\frown}{2}}\ 0\ \underline{6\ 1}\ 1\ 3\ \overset{6}{\overset{\frown}{2\ 1}}\ 1\ 2\ \overset{1}{\overset{\frown}{2}}\ 1\ -$$

但　愿　救　得　忠　良　后

以上是二黄唱腔中比较典型的例子。下面是西皮唱腔的典型例子：

《打渔杀家》〔西皮快三眼〕

$$\cdots\cdots\ |\ \underline{1\cdot}\ 2\ \underline{6\ 5}\ 3\ |\ (\underline{3\ 4}\ \underline{3\ 5})\ 6\ 1\ 6\ 1\ |$$

我本当不打鱼（呀）关　门　　　　闲

$$\overset{\frown}{2}\ 3$$　（下略）

坐

《武家坡》〔西皮原板〕

$$\cdots\cdots\ |\ 3\ \ \underline{2\ 6\ 1\ 6}\ |\ 0\ \ 6\ 7\ 6\ 1\ |\ 2\ 3\ |$$

恨魏虎是内亲　将　我　　　谋　　害

《追韩信》〔西皮二六板〕

$$\underline{5\ 6}\ |\ \overset{1}{\overset{\frown}{1}}\ 6\ 0\ |\ \overset{1}{\overset{\frown}{1}}\ 6\ 0\ |\ \underline{1\cdot 2}\ \underline{3\ 3}\ \underline{2\ 2}\ \underline{1\ 2}\ |$$

倒不如告职我就　归　　原　　郡

6 1 6 1 2 3　　1 2 7 6 ｜　　5 0 3 4 3 5　　6 2 7 6 ｜

5 0 6 1　4 . 3 2 1 2 3 5　7 6 — 6 5 —

《武家坡》〔西皮摇板〕

3　2　2 1　1　1 3　2　2 3 ｜（3 5 ｜ 2 1 ｜ 6 1 ｜ 2）

三　姐　不　　必　寻　短　见

下面各例也反映了去声的升调特点：

《捉放宿店》〔二黄慢板〕

6 6 1　2 3　1 6　3　0　3　3 2321　6 5 .｜

一轮明月　照　　　　　　　窗

6 . 1　2 3　7 6　5 6 ｜……

下　　　　　　　　　（下略）

同上〔西皮慢板〕

……｜7 6 5　5 1 5 ｜ 0 1　5 6 1 ｜

这时候我只得暂且　忍　耐　在　心

2 . 5　3 2　7　6 ｜ 5　（下略）……

下

《武家坡》〔西皮原板〕

2　2 1 6 5 ｜ 0　1 2 ｜ 3 . 5 3 3 ｜

青是山绿是水　花　花　　世　界

《打渔杀家》〔西皮快板转散〕

$$2\ 2\quad 2\quad \underline{1\ 2}\quad 3\quad 5\quad 2\quad \underline{3.\ 1}\ 2\quad -$$

船行到半江中儿要 掌 稳了 舵

以上四例，头一例是低升调，其余皆为高升调。尽管这类情况不及中升调的"12"和"23"多见，但也都显示出去声的升调特点。

此外，尚有比较多见的把韵脚去声字唱成中降调、中平调、高平调和低平调的现象，这是须要特别加以解释的。首先看看中降调的例子：

《文昭关》〔二黄慢板〕

$$\cdots\cdots\ |\ \underline{5\ 3}\ \underline{1\ 6}\ \underline{1\ 3}\ \underline{5\ 3}\ 0\ |\ 0\ \underline{3\ 3}\ \underline{2\ 1\ 5}\ \underline{3\ 2\ 1}\ |$$

我好比哀哀 长 空

$$\underline{1\ 6}\ 0\ 0\ 0\ |$$

雁

同上〔二黄原板〕

$$|\ \underline{3\ 2}\ 3\ |\ 0\ \underline{2\ 3\ 2\ 1}\ |\ \underline{1\ 6}\ 0\ |$$

背地里只把 东 皋 公 怨

《捉放曹》〔西皮慢板〕

$$|\ 1\ 1\ \underline{5\ 3}\ |\ \overset{\underline{6\ 7}}{7}\ \underline{6\ 5}\ |\ (\underline{3\ 6\ 5\ 3})\ \overset{\underline{2\ 3}}{2}\ \overset{3}{\underline{5\ 6}}\ |$$

听他言吓得我 心（呐） 惊 胆

$$1\ \underline{1\ 6}\ \overset{\underline{3\ 5}}{}\ \underline{3\ 5}\ |\ 2\ \overset{\underline{3\ 5}}{}\ \underline{3.\ 1}\ 2\ \overset{3}{2}\ \overset{3}{2}\ |\ 2$$

怕

把去声字唱成降调，应该说这是京音。在以湖广韵为基础的京剧唱腔中出现北京语音，是不足为奇的，甚或说是必然的。徽、汉调如果不予京化，何以成为京剧？这当中当然包括字调的声韵变化。

下面是去声唱中平调的例子：

《上天台》〔二黄慢板〕

```
……│ 7 6 3 5 │ 7 5  6 │ 0  3 5 6 1 5 6 │
孤登基也曾把  兔       死       牌

1  0  0  0 │
赠
```

《借东风》〔二黄原板〕

```
│ 1 6  1 │ 0 1 1 3 2 1 │ 1 0  0 │
我料定了甲子日  东   风  必（呀）  降
```

《借东风》〔二黄散板〕

```
1   3   2 3 2 1   1 1 0   2 1 0
耳听得风声起  从  东  而  降     （呃）
```

《武家坡》〔西皮原板〕

```
6 7 6 1  3 2 3 │ 2  2 │
自从降了红    鬃（呃）  战
```

《武家坡》〔西皮原板转散〕

```
2 2  2  2.3 2 3 2.1  1 │ 2  2 │
柳林下拴战马武（哇）家          坡  外
```

前曾说过，韵脚仄声字多出自单句（上句），而单句唱腔旋律所规定的落音（二黄是"1"，西皮是"2"）又是传统成法，因此去声的韵脚字在唱腔曲调的制约下不便于唱中升调时,就出现了直接落到旋律本音(中平调)的情形。

至于高平调或低平调的出现,其原因也是由唱腔旋律所决定的。通常是单句唱腔的末尾需要甩腔时,才出现高平调或低平调的唱法,例如:

《空城计》〔西皮慢板〕

```
……| 1  1 2  6.  5  3 |(3. 4 3 6) 1 6 5 |
周文王访姜尚  周     室         大
 3  —  —  — | 3  —  3 5 3 5  3 1 | 2  — （下略）
 振
```

《打渔杀家》〔西皮快三眼〕

```
……| 1.  2  6 5 3 |(3 3  3 6) 1  6 4 |
清早起开柴扉  乌 鸦            叫
 3  3  3  3 | 3  3  2  2 | 3  —  —  —
 过
```

《借东风》〔二黄原板〕

```
| 7 2 6 7  2 | 0  7 5 6 |
我这里执法剑把 七    星    台
 6  — | 6  — | 6  6 5 6 | 7 1  7. 2 7 6 |
 上
 5 6  5 6 5 | 6  —
```

　　总观京剧老生唱腔的韵脚字,除了按照湖广字调落音者外,也常常受唱腔曲调的制约,落在别的音上。也就是说,韵脚字调的高低升降,并不完全依照湖广字调的调势。特别是在节奏较快的唱腔中,韵脚字常常是遵循音乐调式的要求去落音,而不顾字调的高低升降。因此便出现了阴阳上去四声都有落中平调的情形。这一点我们已在前述各节中有过解释,此不赘述。

　　现在我们再看看非韵脚的一般字调。总体来说,非韵脚的字调较韵脚字调更具有湖广音的特点。虽然词句中所有的字并不都是按照湖广字调行腔,但多数还是以湖广字调的高低升降为准的。京剧唱腔的设计者,在设计一段唱腔时,一般的作法通常是首先保持某种板式的基本曲调不变,然后对每个字在可能的范围内按照湖广字调的高低升降去调节其音高和行腔。下面我们通过一些具体的例子,看看非韵脚字的湖广字调特点。

　　(一)阴平

　　阴平虽然是个中平调,但在非韵脚的字中,往往唱成高平调,在京剧传统演唱习惯中所谓"阴平高出"的说法,也就是说阴平字常常用较高的音调唱出。从另一方面理解,也可以说是阴平字一般不可唱低调。至于中平调,与低调相比较,也被视为是"高出"了,例如:

《捉放宿店》〔二黄慢板〕程君谋唱

　　例中"宫、心、中"三字皆为阴平字。此三字与其前面的"陈"字和后面的"乱"字相比较,可谓高出。再看看同一段唱腔的另几个阴平字:

$$\overline{7\ 6}\ \ 6\ \overset{\frown}{\underset{L}{6}}\ \ 1\ \overset{\frown}{7\ 0}\ \ |\ \ 0\ \ \underline{3\ 5}\ \ 7\ \ \overset{\frown}{6\ 5}$$
　悔　　不　　该　　　　随　　他　人

$$5\ \overset{\frown}{\underset{L}{6\ 7}}\ \overset{\frown}{\underline{7\ 6\ 7\ 6}}\ \underline{5\ 6\ 5\ 3}\ |\ 0\ \ \underline{2\ 3\ 2\ 7}\ \underline{6\ 7\ 2}\ \underline{6\ 2\ 7\ 6}$$
　到　　　　　　　　吕

$$1\ \overset{\frown}{7\ 6}\ \ \ \text{(下略)}$$
　家

　　例中"该、他"二字可谓中平调。"家"字用了个"1",较前面的"不(6)"和后面的"随3 5"都高;"他"字是个"7",虽然音调略低,但较其前之"随3 5"和其后之"人6 5"亦高,也符合"阴平高出"的原则。

　　诚然,在京剧唱腔中并非是所有非韵脚的阴平字都是高平调或中平调,例外也是有的。诸如某些节奏位置不甚重要的阴平字,就不一定要遵循"阴平高出"的原则。也就是说,可以不是中平调或高平调。但在重要节奏位置上的阴平字,譬如唱词的头一个字,一般来说总还是要高出的,不是中平调便是高平调。下面不妨看一看《打渔杀家》和《借东风》唱腔中的所有以阴平字开头的句子:

　　《打渔杀家》〔西皮快三眼〕

$$0\ \ 0\ \ \underset{\cdot}{1}\ \overset{\frown}{\underset{\cdot}{5}}\ |\ \underline{5\ 3\ 1}\ \underset{\cdot}{6}\ \ 3\ \underline{0\ 3}\ |\ \ \ \text{(下略)}$$
　他　劝　　我　　把打鱼的事一旦丢却。

```
0    0    1    1  | 1͡7  7   6  0  |      （下略）
         清 早    起          开柴扉乌鸦叫过，
```

```
0    0    2    2  | 1.5  3   2  0  |      （下略）
         飞 过    来          叫过去却是为何？
```

```
0    1    | 1͡6  7  | 6͡3   5  |      （下略）
将        身   儿
```

以上几例的阴平字都是中平调。

《借东风》〔二黄原板〕

```
3͡2 1   1͡6 5  | 3  2͡  0  |      ……
孙     仲 谋      无决策难以抵挡，
```

```
4͡3 2   3 0  | 6͡1   6͡11  |      ……
东吴的 臣    武将 要战   文官要降。
```

```
3͡2 3 3   3 0  | 2͡2 1  6͡0  |      ……
搬 请（呐）我   诸葛  亮 过长江同心破曹共作商量。
```

```
4͡3 2 3    | 0 2 4͡3  |      ……
诸葛 亮     在 坛台   观看四方。
```

这几例的首字都是高平调。

（二）阳平

阳平是个低平调。在京剧传统演唱习惯中总是把阳平字唱得

较低,素有"阳平低出"之说,例如:

《追韩信》〔二黄快三眼〕周信芳唱

此例一句中竟有四个阳平字。很明显,唱腔的音高与低平字调完全一致,严格地遵循着"阳平低出"的原则。

此外,阳平字通常有低升、低降的情形,但仍然还是低出,例如:

《卖马》〔西皮慢板〕许良臣唱

《击鼓骂曹》〔西皮二六板〕程君谋唱

0	5̲0	0	1	6

压　　　　当　　朝

《卖马》〔西皮散板〕程君谋唱

……　3̲6̲　5　1　6̲5̲　5·³̣¹　6̲1̲　3̲3̲ ²¹̲　1　6̲3̲

　　秦　琼　的　名　儿　在　天　下

2̲¹̲　1

传　（呐）

　　以上三例，除最后一例的"传"字外，其余所有的阳平字无一不是低出，尽管低出之后有升有降，但都不超越低调范围。"传"字所以唱成中平调的"2"，这是因其前面出现了一个较高的"3"音，其后又必须落到西皮唱腔所规定的主音"1"上，所以只有"2"才是最合适的过渡音。诚然，如果唱成5̲6̲1，也是可以的，这样处理倒是低出了，但与前面连着唱下来不大顺口，从"3"到"5"跳动太大。

　　阳平字除了低出之外，也常常有高出的情形，成为高平调，如：

《捉放宿店》〔二黄慢板〕程君谋唱

5　⁶̣5　²̣30　5̲2̲3̲　4　³⁵̲3̲1̲　｜　2　³̣2　³̣2̲3̲　0　0　｜

一　　　　轮

5　⁶̣5　²̣30　6̲6̲1̲　2̲3̲4̲　3̲3̲　3̲5̲3̲2̲　1̲3̲　2̲3̲

明　　　　月

1̲2̲1̲2̲　1̲2̲　　（下略）

《借东风》〔二黄原板〕马连良唱

3　3 2 5 ｜3 0 2　1 2 3 1 ｜2　（下略）

曹　孟　　德

《文昭关》〔西皮二六〕杨宝森唱

0 4 ｜3 2 3 . 5 ｜1 2 2 1 ｜0　｜3 2 5 ｜5 0 3 2 1 ｜2 0

伍　员　在　头　上　　　换　儒　（噫）巾

还有一个把阳平字处理得更妙的例子，现在把它录出供研究：

《文昭关》〔二黄原板〕杨宝森唱

0 2 ｜2 3 5　5 0 ｜2 0　2 7 6 ｜5　-

我　冷　冷　清　清　向

5　-　｜5 3 7 . 6 ｜6　-　｜6　6

5 6　5 . 3 ｜2　-　｜2　-　｜2　0

2　-　｜2　-　｜2　2 0 ｜2 5　5

谁

5　-　｜5　-　｜6 . 7　6 5 ｜6　-

言　　　　（呐）

6　6 ｜5　-　｜5 .　0 ｜

　　例中"谁、言"是连着出现的两个阳平字。孤立地看,"谁"字所用的"2",本不是高音,可算是中平调,但与其前之"2"相较,却比前者高了八度,显然非常突出,所以成了高出。继之上升到"5",始进入高平调。在这里我们发现,从"2"到"5",将这两个音拼在一起唱,便成了高音的阳平字调。"言"字是典型的低平调,妙在它是接在高调"5"之后骤然降到低调的,这就与前面的"谁"字形成强烈的对比,一个是高平调,一个是低平调;一个是高出,一个是低出,高低相映,妙趣横生。

　　(三)上声

　　上声是个高降调。但在唱腔中通常是只保持其降调的调势,并不拘泥于高降,也常常唱成中降或低降调。下面分别举几个不同降调的例子:

高降调

　　《捉放宿店》〔二黄慢板〕程君谋唱

　　$\underline{3}$　$\underline{2\ 0}$　$\underline{6\ 1}$　3　│　$\overset{\frown}{\overset{1}{\underset{\frown}{2}}}$　$\overset{3}{\underset{\frown}{2}}\overset{\frown}{3}$　0　0　│　(下略)

　　悔　　　不　该

　　《捉放宿店》〔西皮慢板〕

　　$\overset{\frown}{6\cdot\ 1}$　$\underline{6\ 1}$　│　$\overset{3}{\underset{\frown}{5}}$　$\overset{2}{\underset{\frown}{3}}\overset{2\ 3}{\underset{\frown}{2}}$

　　背转身自埋怨我　　自　　(噫)　己

　　$\overset{\frown}{\underline{7\ 6}}\ \underline{5\ 3}$　$\overset{\frown}{6\cdot\ 1}\ \underline{6\ 1}$　│　$\overset{3\ 5}{3}$　$\underline{2\cdot\ 6}$　1　$-$　│　(下略)

　　　作　　　　差

　　《空城计》〔西皮慢板〕程君谋唱

东　西　战　　南北　剿

（过门略）

保　　定（啊）了　　乾

坤。　（下略）

中降调

《断臂说书》〔二黄原板〕刘叔诒唱

前　也　思　　　　后　又

想　　　　　　　无　有

计　　定

《捉放宿店》〔西皮慢板〕程君谋唱

背　转　　身　　　自埋怨我自己作差。

低降调

《打渔杀家》〔西皮快三眼〕周翁园等唱

```
 1   5 │ 5 3³⁷   6   3  03 │ 2 1 6.1   1   2 │
 他   劝    我      把 打 鱼 的   事(噫)

 7 635  5  -  │  0  0  4⁶⁷ 3 2 │ 1 │
 一 旦    丢        却,
```

此例有三个上声字，"我"系低降；"把"字很短暂，未能显示调势，但是个高调；"打"字则是略高的中降调。

《击鼓骂曹》〔西皮二六板〕程君谋唱

```
 0   5 3 │ 2 3 2   7 6 │ 2²³ 2 5.6 │ 7  07 │
     手 摸   胸(啊)腔      我

 67  2 1 │ 5⁷ 3 5   6⁷ 7 6 │ 5 6  1 │
 自 揣      摩。
```

"手"字是典型的低降调。"我"字虽然亦是上声，但也是个一带而过的字，未能充分显示调势。

以上各例说明，在唱腔中基本保持了上声字的降调特征。

（四）去声

去声是个中升调，但在京剧唱腔中，其音高的起点并不一定尽是中音，却常常是低升或先降而后升。总之它的调势是个升调，这是它的基本特征。现就起调的高低分别举例：

中升调

《洪羊洞》〔二黄中三眼〕谭鑫培唱

……　|　0　　2 5　3 5 3 2　7 2 3 5 |

又谁知焦克明他私自　　后

2　亡̇²̣　2　7 6　(5 6 4 3　2 3 5)

跟（呐）

《失街亭》〔西皮原板〕余叔岩唱

……　|　亡²³̣ 2．1　　1．2 3 5 | 亡³̣ 2　亡³̣ 2　0 |

此一番领兵　去　镇　　　守

《上天台》〔二黄慢板〕言菊朋唱

3　6　1．2　3 5 | 2 3　7 6　6 3 5　3 5 |

寡人戒　　　　　酒　我

5 3 5　2　3 5 3　5 |

不　听　谗　言

低升调

《捉放宿店》〔二黄慢板〕余叔岩唱

|　2．1 3 0 6．1 2 3 4 | 3 3　亡⁴̣ 3．2 1．2 3 2 2 6 |

一轮明　　月

1　-　亡²̣丁　（过门略）　| 6 6 1　2 3　1 6　亡⁵̣ 3　(6 1 2 |

照

3 6)　3　亡²̣ 3 2 3 2 1 6 5．| 6．1 2 3 7 6 5．6 | （下略）

窗　　　　下

《二堂舍子》〔二黄原板〕周信芳唱

6 5 3 2 2 | 2 1 2 7 | 0 5 5 7 2 | 5（6 5 3 5 6 7 |

后　宰　门　　　　　逃　走　二

6 5）6. 1 | 1 6 1　2 |

圣　　人

同上段

　　　　　　| 3. 5　5 3 | 0 5 5 2 7 6 |

我的儿怎比前朝古，要　比　　二　圣

5. 6　6 | 0 - 7. 6 | 5. 6　7 7 | 6 5　7 6 |

万　　　不　能

4 3　2. 3 | 5　6 6 | 5

先降而后升

《打渔杀家》〔西皮快三眼〕周翁园唱

3 5　5 | 3 1　6　5 0 | 3 3 2 1　6　6　6 |

怎　奈　我　　家　　贫　穷

2　2　2　3 | 3 5 3 5　6 2 7 6 | 5（1 3 2）1 6 3 |

（啊）无　计　　　　奈

2　6　1　- |

何。

《洪羊洞》〔二黄中三眼〕谭鑫培唱

我前番命　孟　良　　　　　　骸骨搬请

《击鼓骂曹》〔西皮二六板〕程君谋唱

家　住在　　平　原　孝

义　　村

此例"孝"字属于先降而后升，其余"住、在"二字是低升；"义"字中升调。

以上讲的是京剧唱腔和自然字调的一致性。有没有例外？当然是有的。处处依照字调来制谱，或处处依照曲谱的高低升降来填字，势必束缚思想，削足适履。但是作曲家和有修养的演员，在设计唱腔时，仍是尽可能力求做到唱腔曲调和自然字调基本上的一致，这是艺术上的要求。

〔附注〕本文经马龙文同志看过，蒙他补充修改多处，特此道谢。

原载《戏曲艺术》1986 年第 1、2 期

三百年前河南宁陵方音考

明万历年间，有一个吕得胜，做了一部《小儿语》，他的儿子吕坤，又做《续小儿语》。他们是河南宁陵人氏，我们读他们这两篇文章，便可考见当时宁陵的口音。因他们做的是歌谣体，而且要叫小儿喜欢唱的，必定音韵和谐，从此考求，不会错的。我们知道，考求古代口音，高雅的诗歌是靠不住的。譬如今人作诗，在口音"兄"字、"荣"字读入东冬韵里去，然而写起诗来，一定要押入庚韵，这便叫做笔不对口。所以我们要考求古代口音，与其信赖诗词，不如信赖风谣；与其信赖大人的风谣，还不如信赖小孩的天籁，所以这两篇《小儿语》便是很可宝贵的资料了。再者明朝离现代不远，我们尽可以现代所有的口音，比拟他们的口音，也差不了多少。这二个缘故，便是我做这篇文章的动机。

宁陵的方音，有可以一个韵归入他韵的，有可以一个字读如他字的。我今便零零碎碎地陈述出来：

（一）东冬韵字都混入庚青蒸

《续小儿语》说："丈夫一生，廉耻为重；切莫求人，死生有命。"我想"重"字的口音必是知病切。他又说："鼹鼠杀象，蜈蚣杀龙，蚁穴破堤，蝼孔崩城。"我想"龙"字的口音必是力征切。他又说："意念深沉，言辞安定，艰大独当，声色不动。""动"字必是徒径切。他又说："修寺将佛打点，烧钱买免神明，灾来鬼也难躲，为恶天自不容。""容"字必是于兵切。今湖南衡阳一带正读此音。他又说："因循惰慢之人，偏会引说天命，一年不务农桑，一年忍饥受冻。""冻"

字必是丁径切。他又说："世人三不过意,王法天理人情,这个全然不顾,此身到处难容。""容"字也是于兵切。他又说:"一向单衫耐得冻,乍脱棉袄冻成病。""冻"字也是丁径切。他又说:"辩者不停,讷者若聋。""聋"字必是力征切。陈宏谋说:"《小儿语》,天籁也;《续小儿语》,人籁也。"我也觉得《续小儿语》有点高雅的习气,于是我又看看所谓天籁的《小儿语》是否也有这一种的例。《小儿语》里说:"蜂蛾也害饥寒,蝼蚁都知疼痛,谁不怕死求活,休要杀人害命。"这里的"痛"字非读他径切不可。又看:"天来大功,禁不得一句自称。"这里的"功"字也非读古丁切不可。所以敢断定当时的口音,一定是东冬混入庚青蒸。或曰:"这也可说是庚青蒸混入东冬,何必一定说是东冬混入庚青蒸呢?"这因为我见东冬变入庚青蒸似乎容易些,实在我也不敢断定。但是有一句话可以断言的,便是庚青蒸韵字的收音,必有一大半和东冬韵相混,不是庚青蒸归入东冬,便是东冬归入庚青蒸。断没有两种收音的字,会拿来叶韵的。

(二)先韵字都混入寒删韵

　　先此声明一句:我这里所谓寒删韵,是包括覃咸韵而言;所谓先韵,是包括盐韵而言。因为当时宁陵的口音,寒删与覃咸、先与盐已不能分别了。何以见之? 试看《续小儿语》说:"酒少饭淡,二陈没干。"把"淡"字和"干"字叶韵,便可见覃咸混入寒删了。又看《小儿语》,说:"乞儿口干力尽,终日不得一钱;败子羹肉满桌,吃着只恨不甜。"可见盐韵混入先韵了。这都没有什么奇怪,现在除却广东、广西之外,哪一省不是这样呢? 至于先韵与寒删韵,现在各省的口音,大概都能分别,而当时宁陵的口音,已经混在一起了。这一类的例证多得很,《小儿语》说:"自家过失,不消遮掩,遮掩不得,又添一短。"这"掩"字想必读于懒切,"短"字读丁懒切,才能叶韵。又说:"世间生艺,要会一件,有时贫穷,救你患难。"这"件"字想必读渠旦切。又说:"休着君子下看,休教妇人鄙贱。"这"贱"字想必读昨旦切。又说:"使他不辩不难,要他心上无言。"这"言"字想必读语寒切。《续小儿语》说:"遇事逢人,豁绰舒展;要看男儿,须先看胆。"这"展"字想必读知旱切,今普通话已经变像这个音了。又说:"从小做人,休坏一点,覆水难收,悔恨已晚。"这"点"字想必读丁旱切。又说:"怒多横语,喜多狂言;一时褊急,过后羞惭。"这"言"字也要读语寒切。又说:"人生在世,守身实难;一味小心,方得百年。"这"年"字想必读泥寒切。又说:"读圣贤书,字字体验,口耳之学,梦中吃饭。"这"验"字想必读语旦切。又说:"天公不要房住,神道不少衣穿;强似将佛塑画,不如救些贫难。"这"穿"字想必读昌寒切,今普通话已经如此了。又说:"休说前人长短,自家背后有眼。"这"眼"字想必读俄旱切。又说:"任你心术奸险,哄瞒不过天眼。"这"险"字想必读许旱切,上面说"验"字读语旦切,"验、险"二字,现在普通都读入先韵,而当时宁陵人却都读入寒韵了。又说:"湿时捆就,断了约儿不散;小时教成,没了父兄不变。"这"变"字想必读帮散切。又说:"未饥先饭,未迫先便。"这"便"字想必读并饭切。又说:"欲心要淡,道心要艳。"这"艳"字想必读于散切。又说:"辩者自惭,讪者自谦。"这"谦"字想必读去惭切。——这都说是先韵混入寒删韵;或者翻过来说,寒删韵混入先韵,也可以说得通。总之,当时宁陵口音,先、寒、删、盐、咸、覃六韵都混在一起,是可以断言的。

(三)阳韵混入唐韵

现在的诗韵没有唐韵,这是从《广韵》里分出来的。我所以要特别分开,是因为现在普通话阳唐都能分开,便是把阳韵念做开口呼,或齐齿呼,而唐韵念做合口呼。然而,阳韵里如"方、访、放"等字,已经变了合口呼了,可见,阳韵字有变合口的可能性。我今考见宁陵的阳韵字完全变了合口呼,和唐韵没有分别,这也不是奇怪的事情。以我所知,广东的客家话便是这样。我们且看《小儿语》说:"宁好认错,休要说谎;教人识破,一差作养。"这"养"字须读于党切,才能叶韵。又说:"兄弟分家,含糊相让;子孙争家,斯打告状。"这"让"字想必读如浪切。《续小儿语》说："要知亲恩,看你儿郎;要求子顺,先孝爷娘。"这"娘"字想必读女郎切。又说:"好衣肥马,喜气扬扬;醉生梦死,谁家儿郎。"这"扬"字想必读于郎切。又说:"改节莫云旧善,自新休问昔狂;贞妇白头失守,不如老妓从良。"这"良"字想必读里郎切。又说:"事到延挨怕动,临时却恁慌忙;除却差错后悔,还落前件牵肠。"这"肠"字想必读昌郎切。又说:"若要度量长,先学受冤枉。"这"长"字想必读知党切。又说:"十日无菽粟,身亡;十年无金珠,何伤?"这"伤"字想必读式郎切。《小儿语》说:"能有几句,见人胡讲;洪钟无声,满瓶不响。"这"讲"字想必是读古党切,"响"字是读许党切。这样看来,当时宁陵口音,阳韵混入唐韵,当无疑义了。如其不然,若照现在普通话读去,好像没韵的一样,哪里好引诱得小孩子爱唱呢?

(四)齐韵混入支韵

齐支相混,现在除了两广之外,大概都不能分别了。在这一节,用不着繁征博引,只看他把"气、济"叶韵,"济、地"叶韵,"倚、底"叶韵,"体、己"叶韵,"体、理"叶韵,便可知那时宁陵口音,不分齐支,也像现在普通话一样了。惟有一条说:"只管你家门户,休说别个女妻;第一伤天害理,好讲闺门是非。"这"非"字要读分衣切,方能叶韵,这是和现在普通话稍为不同的地方。

(五)萧肴韵混入豪韵

现在普通话萧肴韵字也有混入豪韵的,但不如当时宁陵口音混得多。《小儿语》说:"话多不如话少,话少不如话好。"这"少"字必读式老切,方能叶韵,今普通话也读此音。《续小儿语》说:"人夸偏喜,人劝偏恼;你短你长,你心自晓。"这"晓"字想必读呼老切。又说:"少年志肆心狂,长者言必偏恼;你到长者之时,一生悔恨不了。"这"了"字想必读里老切。又说:"童生进学喜不了,尚书不升终日恼。"这"了"字也必读里老切。又说:"君子口里没乱道,不是人伦是世教。"这"教"字想必读古到切。又说:"毋贱贱,毋老老,毋贫贫,毋小小。"这"小"字想必读苏老切。又说:"侵晨好饭,算不得午后饱;平日恩多,抵不得临时少。"这"少"字必也读式老切。又说:"声休要太高,只是人听的便了;事休要做尽,只是人当的便好。"这"了"字也必读里老切。

(六)真元韵通

依《续小儿语》看来,真元韵字是混用的;但是似乎不可专说真混入元,也不可专说元混入真,我想二者都有。看他说:"万古此身难再,百年展眼光阴;纵不同流天地,也休涴了乾坤。"我想"坤"字当时必读苦邻切。又说:"恩怕先益后损,威怕先松后紧。"这"损"字想必读苏浅切。这是元混入真。又说:"莫防外面刀枪,只怕随身兵刃;七尺盖世男儿,自杀只消三寸。"这"刃"字想必读如寸切。又说:"上看千仞,不如下看一寸。"这"仞"字也必读如寸切。——这是真混入元。

以上说韵的混合,大概注重在今普通话不同的地方。至于侵韵混入真韵,像《小儿语》及《续小儿语》都把"心"字和"人"字叶韵,可见当时"人"字必读如邻切,"心"字必读苏邻切;又《续小儿语》以"循"字叶"今"字,也可见"今"字必读居邻切。又如质、陌、锡、职相混,像《续小儿语》以"积"叶"室",以"失"叶"益",以"一"叶"积"。又如屋、沃、物、月相混,像《续小儿语》以"不"叶"福",以"欲"叶"物",以"骨"叶"木",以"足"叶"物"。又如乏、黠相混,像《续小儿语》以"法"叶"煞"。这些都和现在普通话一样,不必细为叙述了。下面再说四声的变化:

(七)浊音上声变去声

现在普通话,浊音上声字大半变了去声。只有浙江永嘉、嘉兴、湖州各处不变,又两广也变得少些。这种变法,究竟始于何时呢? 至少,明朝便有这种变化,因为我看见《小儿语》及《续小儿语》里已经有了例证了,例如《小儿语》说:"海那深罪,禁不得双膝下跪。"我想这"罪、跪"二字都变了去声。又说:"强取巧图,只嫌不够;横来之物,你要承受。"这"受"字变为去声了。《续小儿语》说:"欲心要淡,道心要艳。"这"淡"字也变去声了。又说:"丈夫一生,廉耻最重,切莫求人,死生有命。"这"重"字也读去声了。又说:"意念深沉,言辞安定,艰大独当,声色不动。"这"动"字也读去声。照此看来,当时宁陵口音,浊音上声变去声,也像现在普通话一样了。

(八)入声变平声

北方的入声,都变了平上去声,宁陵也是北方,我想它也没有入声。试看《续小儿语》说:"自家痛痒偏知,别个辛酸哪觉;体人须要体悉,责人切莫责苛。"这"觉"字必读平声。只有这一个例,所以我单说入声变平声,其实我想,入声也有变上去声的。总之,宁陵没有入声就是了。

以上把四声略说过了,下面再把一个个字的读音零碎地叙述出来:

(九)只字读音

只字读音,我想用注疏体,比较明了些。

> 与人讲话,看人面色;意不相投,不须强说。
> 仆隶纵横,谁向你说;恶名你受,暗利他得。
> 矮人场笑,下士涂说;学者识见,要从心得。
> 解环破结,毕竟有说。
> 厚时说尽知心,提防薄后发泄;恼时说尽伤心,再好有甚颜色。
> 人悔不要埋怨,人羞不要数说;人极不要跟寻,人愁不要喜悦。
> 恶名儿难揭,好字儿难得。

注:色,式屑切;说,式屑切;得,丁屑切;结,居屑切;泄,苏屑切;悦,于屑切;揭,居屑切。

> 老子终日浮水,儿子做了溺鬼。

注:鬼,古水切。

> 事只五分无悔,味只五分偏美。

注:美,明悔切。

好面上灸个疤儿,一生带破;白衣上点些墨儿,一生带浼。
自注:浼,乌卧切。今两广正谓汙秽曰"浼"。

责人丝发皆非,辨己分毫都是;盗跖千古元凶,盗跖何尝
觉自。

注:是,苏自切。读若现在普通话音,不读北京音。

坐井观天,面墙定路;远大事业,休与共做。

注:做,精路切。

威震四海,勇冠三军,只没本事,降服自心。

注:军,居邻切;心,苏邻切。

分卑气高,能薄欲大;中浅外浮,十人九败。
算计二著现在,才得头着不败。
当面证人,惹恼最大,是与不是,随他说罢。

注:大,徒外切;败,并外切;在,精外切;罢,并外切。

世间第一好事,莫如救难怜贫;人若不遭天祸,舍施能费几
文。慕贵耻贫,志趣落群。

注:文,无贫切;群,渠贫切。

自家有过,人说要听;当局者迷,旁观者醒。

注:醒,苏丁切。

贫时怅望糟糠,富日骄嫌甘旨;天心难可人心,哪个知足饿
死?乘时如矢,待时如死。

注:旨,照死切;矢,审死切。读若现在普通话,不读北京音。

祸到休愁,也要会救;福来休喜,也要会受。强取巧图,只嫌
不够;横来之物,你要承受。

注:受,式救切;够,古救切。

说到这里算完了。然而还有一点,可以看出宁陵话和北京话不同的地方,便是现在普通话都把庚青蒸韵混入真韵的音,例如"名"字与"民"字一样读法,这在宁陵似乎是没有的事。何以见之?因为《小儿语》和《续小儿语》里头没有庚青蒸韵和真韵混杂的地方,如其口音混杂了,我想不会不形诸笔墨,因为这明明是叫做"小儿语",不像试帖怕失韵的。你看他们把庚青蒸和东冬通押,把先盐和寒删覃咸通押,便是不怕失韵的表示;他不把庚青蒸和真韵通押,便是因为口音也能分别,这是很明显的,毫无疑义的了。至于庚青蒸到底读什么音,真韵又发什么音,这要待问于现在的宁陵人了。现代的宁陵和三百年前比较,口音也许变化了些,然而大概相差不远。我很希望有宁陵或宁陵附近的人看见我这篇文章,订正我的谬误。

原载《国学论丛》第 1 卷第 2 期,1927 年

语音分析初探[*]
——区别性特征及其相互关系

一、区别性特征的概念

1.1 分解语言为最小单位 在测验语言的可懂度的一次典型实验中,一个说英语的说话人念出一些孤立的根词(如 bill、put、fig 等),而一个说英语的听话人努力去正确地听懂这些词,对于听者,这种情况,在某种意义上要比正常的语言交际简单些,因为他所对付的样品词不能分解为更短的有意义的实体,也不曾被组合成更高的单位。这样,对这个听者来说,既没有把句子分解为词的问题,也没有把词分解为语法成分的问题。他不用说出句中诸词的相互关系,也不用说出某一复杂词(如 ex-port-s、im-port-ed、re-port-ing、mid-night)里面的各种不同的语法成分。

但是,从另一意义上说,这种测验却比正常的语言交际更复杂

* 　编者注:这是王先生的一篇译文。原作者 Roman Jakobson,C.Gunnar M.Fant,Morris Halle。

些。既没有上下文,也没有任何情景可以帮助这个听者进行辨别。假如 bill 这个词出现在 one dollar bill(一美元的钞票)这个序列里,或者你在用餐后对饭馆服务员说出 bill(账单)这个单词来,那么,听者会预先料到它的出现。在这种情况下,构成这个词的那些音在很大程度上是多余的,因为人们可以"预先推断出来"[1]。但是,如果这个词不出现在富于启示性的环境里(不管是口头的或非口头的),听者就只能凭语音形状去了解。因此,在这种情况下,语音就传达着最大的信息的量。

　　问题发生了,在样品词的语音形状里,包含着多少有效的,也就是说,同辨别样品词相干的单位呢? 在听到 bill 和 pull 这一类音节的时候,听者辨认出这是两个词,它们的分别在于词的开头部分/bi/和/pu/的不同。但是,这个区别性的片段还可以再加分解。这个听者,和英语社会的任何成员一样,在他的语汇中,还有像 pill 和 pull 一类的词,一方面,要用同样的办法把 bill 同 pill 区别开来,把 bull 同 pull 区别开来。另一方面,bill 和 bull 之间的分别,跟 pill 和 pull 之间的分别是一样的,这样,为了辨别 bill 和 pull,须要经过双重手续。bill 里面的/bi/还可以再分为/b/和/i/,前者可以拿 bill—pill 这一对词作为例证,后者可以拿 bill—bull 这一对词作为例证。

　　如果其他条件相同,上面分出的两个音段,每一个都把 bill 这个词同一系列的单词区别开来。这两个音段可以各用一套别的音段来替换。片段与片段的这种替换,叫做交换。

　　我们可以列出一个全套的交换来看看。如果交换第一个音段,我们得出系列 bill—pill—vill—fill—mill—dill—till—thill—sill—nill—gill/gil/—kill—gill/gil/—chill—hill—ill—rill—will。对这样的系列进行更细致的观察,可以得出一些推论。

　　在这一组词中的某些成对的词,区别的最小值是相等的,例

---

① 　D. Gabor:Lecture on Communication Theory,Research Laboratory of Electronics,M. I. T. , 1951 年。

如：人们可以有把握地说，bill 和 pill 配对，就像 vill 和 fill、dill 和 till、gill 和 kill 等等的配对一样。为了书写上的便利，也可以写成 bill：pill≃vill：fill≃dill：till≃gill：kill，等等。

用同样的办法表示：

1）bill：vill≃pill：fill≃till：sill，等等。

2）bill：mill≃dill：nil，等等。

3）bill：dill≃pill：till≃fill：sill≃mill：nil，等等。

在一给定的语言里，用来区分词与词的区别性，如果不能再行分解，就叫做最小的区别性，这个术语是琼斯（Daniel Jones）创造的，我们还从他那里借用了下列的定义："更大的区别可以称为二重区别、三重区别等，要看整个区别性中包括多少最小的区别而定。二重区别性是两个最小区别性的结果。"①

bill 和 pill 之间、bill 和 vill 之间、bill 和 dill 之间的区别性是最小区别性，因为它们不能再分解为更简单的区别去区分英语的词。另一方面，bill 和 till 的关系则是二重区别性，因为它包括两个最小区别性：（1）bill—dill（相当于 pill 和 till 的区别）；（2）bill—pill（相当于 dill 和 till 的区别）。bill 和 sill 之间的关系是三重区别性：在上述的两个最小区别性之外，还加上第三个最小区别性，即 bill—vill（相当于 pill—fill 的区别，和 till—sill 的区别）。

bill 和 fell 这两个词之间的区别，在它们的开头音段（/b/——/f/）包含着二重区别性，在它们的中间音段（/i/—/e/）包含着一个最小区别性，在区别 bit 和 said 这样两个词的时候，对于它们的第一音段，我们需要三重区别性，对于其余两个音段（译者按：指/i/和/e/、/t/和/d/），则只各需要一个最小区别性。

用不着再举更多的例子，我们已经可以看出，对于某一语言样品，听者面临着一系列的二中择一的选择。为了辨认 bill 这个词

---

① D. Jones：The Phoneme：Its Nature and Use，Cambridge，1950 年。

语,听者必须确定它是由非元音性开始而不是由元音性开始的,是由辅音性开始而不是由非辅音性开始的。经过这两重分析,我们可以肯定它不是元音、液音和滑音,因为如果这个词是由元音开始,它的开始必然听成元音性和非辅音性;如果是由液音开始,必然听成元音性和辅音性;如果是由滑音开始,则必听成既非元音性,又非辅音性(关于这些区别性的解释,见2.2)。

下一步我们要相继在 bill 和 gill/gil/,即分散和集聚之间(见2.41),bill 和 dill,即函胡和清越之间(见2.42),以及最后,bill 和 mill,即非鼻音和鼻音(见2.44)之间作出确定。在最后一对中,如果确定为后音,就没有进一步选择的余地了,因为/m/是英语中唯一的函胡和鼻音兼备的音。但如果作相反的选择,那就必然还须要继续在 bill 和 pill,即弱和强(更概括的术语是松和紧,见2.43)之间,以及最后,在 bill 和 vill,即塞和擦(更概括的术语是暂和久,见2.311)之间作出抉择。样品词中后面的两个音段/i/和/l/也用类似的分析手续。但是,比起开头的音段来,选择是比较有限的,譬如说,当一个序列像 bill 那样由一个塞音开始的时候,后面的选择必然是元音性,因为在英语里,塞音后面跟着的只有元音和液音。

语言交际中,任何最小区别性都使听话人面临二中择一的情况。在某一语言里,在这些对立中,每一种对立都有它区别于一切其他的对立的特有性能。听话人必须选择或者是同一范畴的两个极端的性质,例如函胡对清越、集聚对分散;或者是某一性质的存在或阙如,例如带音对不带音、鼻音对非鼻音、升音对非升音(平音)①。两个对立项之间的选择,叫做区别性特征。区别性特征是语言中最基本的区别性实体,因为它们中没有一个可以分解为更

---

① 本书的"升音"(sharpened,音乐术语为高半音)、"平音"(plain)和"降音"(flat,音乐术语为降半音)这三个用语,都借用音乐术语,指唇化和腭化等声谱中的声学特征,不是指声调语言中的调型。——译者

小的语音单位。区别性特征结合成同时发生的一束，或如脱瓦德耳(Twadell)恰当地所称，共现束构成一个音位。

举例来说，bill 这个词包含着接连的三束区别性特征，即三个音位/b/、/i/、/l/。bill 这个词的第一音段是音位/b/，它具有下列这些特征：(1)非元音性，(2)辅音性，(3)分散，(4)函胡，(5)非鼻音(口音)，(6)松弛，(7)暂音。在英语里，(7)蕴含(1)和(2)，因此，(1)和(2)是多余的。同样，(4)蕴含(3)，因此，(3)也是多余的。

话语在两个因次上传递信息：一方面，区别性特征是一个叠一个摞在一起的，也就是说，它们是(结合成音位)协同作用的；另一方面，区别性特征在时间系列上又是一个跟着一个的。在这两种安排当中，叠置是首要的，因为它离开序列也能起作用；序列是次要的，因为它必须具有首要的东西，例如法语的 oú/u/(哪里)，eu/y/(有,分词)，y/i/(那里)，eau/o /(水)，oeufs/ø/(蛋,复数)，et/e/(与,而且)，aie/e/(拿吧)，un/œ̃/(一个)，on/ã/(年)等，这些词都只包括一个音位。

相邻音束区别性特征之间的差异，容许我们把一个序列分解为若干音位，有些是完全的差异，如 wing(翅膀)这个词的最后两个音位/i/和/ŋ/，它们之间没有一个区别性特征是共同的；有些是部分的差异，如 apt(恰当)这个词的最后两个音位/p/和/t/，除了/p/是函胡/t/是清越这个区别性特征不同之外，所有其他的区别性特征都是共同的。

某些特征，如暂音性、分散性、非鼻音性等，它们的超音段的扩展，是选择性的，试比较这一类的序列：asp(久与暂)、act(集聚与分散)、ant(鼻与口)。另一方面，强(紧)与弱(松)这两种辅音则不能在英语单词里面互相跟随。试比较 nabs/nabz/、nabbed /nabd/、和 naps/naps/、napped/napt/。这就是说，在辅音的序列中，紧和松的特征是超音段的。

任何语言代码都有一套有限的区别性特征,而且有一套有限的规则来组织它们成为音位,并且组织音位成为序列。这一套复合的东西,叫做音位模式。

语言信息在一定序列的一定位置上所用的任何一束特征(音位),都是从一套可交换的束中选择出来的,例如 pat 这个序列,我们试把它的第一个音位中的一个特征进行交换,就得出系列:bat—fat—mat—tat—cat。任何给定的音位序列都是从一套可以掉换次序的序列中选择出来的,例如 pat—apt—tap。但是 tp'a 这种排列没有而且不可能作为一个单词存在于英语里,因为它开头是塞音序列,收尾是带重音的单个元音,依照现代英语的代码规定,这两种排列都是不容许的。

1.2 不变性和多余性的变异 试比较英语的 coo(低声说话)和 key(钥匙),或比较法语的 coup(打击)和 qui(谁),其中的辅音是大不相同的。在这两种语言里,这个辅音放在/u/的前面时,发音部位靠后(舌根);放在/i/的前面时,发音部位靠前(舌面)。这个辅音的共振峰和后面元音的共振峰是密切适应的,因比,在频谱中/u/前面的那个/k/的区域中心就较低而接近于/p/的区域中心;/i/前面的那个/k/就有较高的区域中心而接近于/t/的区域中心。无论在英语或在法语,/p/和/t/都是函胡和清越相对立的两个单独的音位,至于/k/的两种变体则只代表一个音位。这种表面上的不一致是由于/p/和/t/的对立是自主的,就是说,/p/和/t/能出现在完全相同的环境中,如 pool—tool、pea—tea;至于两个 k 音之间的分别,都是后面元音所造成,它是一种环境的变异。一种 k 音的发音部位靠后,频率较低,另一种 k 音的发音部位靠前,频率较高,这不是区别性特征,而是多余的特征,因为担负区别的是后面的元音。在罗马尼亚语里,上述的两种 k 音都出现在相同的环境里,例如,同是在/u/前面,cu(跟、和)里面的 k 音发音部位靠后,而 chiu(欢呼)里面的 k 音发音部位则较前,因此,它们代表两个不同的音位。

同理，英语里的/l/有所谓明、暗的分别，那也是多余的。明/l/是有元音跟随着的变体，暗/l/是没有元音跟随着的变体：例如在lull(缓和)里，开头的/l/是明的，收尾的/l/是暗的。在波兰语里，这两个音可以在同样的环境里出现，构成区别性的对立。试比较laska(藤条)和taska(优雅)，前者发成英语的明/l/；后者则接近英语的暗/l/。

在英语里，tart和dart、try和dry、bet和bed，它们之间的关系表现为同一的最小区别性，尽管在发音和听觉上，上述的三种t音都有明显的区别。不变的是强和弱的对立(更明确的实例见2.43)。在英语里，这种对立有一个经常的伴随因素，就是强辅音的不带音和弱辅音的带音。但是这种多余的特征偶尔也会消失，例如英语语音学家们注意到，/b d z/都有不带音的变体。

必须注意：音强的程度并不用于区别的目的，强度完全要凭环境来决定，例如：词首的强音/p t k/在重读元音前面，如tart，有很重的送气；反之，在其他音位的前面，如try，它就不送气。这些只是环境变体，并不妨碍把/p t k/看作强音而和弱音的/b d g/对立地区别开来。

丹麦语是表现着强弱辅音对立的另一种语言，这种对立有各种表现方式，要由单词里面的辅音位置来决定，在丹麦语的单词中，有所谓强位置和弱位置，在单音节的词中，辅音的强位置在音节的开头，弱位置在音节的收尾。在强位置上，强塞音在正常发音时总是有很重的送气；而它们的弱对立体则出现为弱塞音(它们不带音，以此区别于英语的/b d g/)。试比较tag(屋顶)—dag(日子)。在弱位置上，强音的/t/就弱化到/d/的水平；至于它的弱对立体，那就从/d/进一步弱到/ð/的最弱水平，有几分像英语the里的辅音，例如hat[had](帽子)—had[hað](憎恨)。由此看来，在两种位置上，强音和弱音的对立保持不变。同时，弱位置引起对立双方多余的更换,指出后面既不跟随重读元音,也不跟随长元音,虽然强位置上的弱音位和弱位置上的强音位在语音上重叠一致,但是依区别性特征的严格的关系意义来说,却并没有重叠。

两种模式,如果它们的关系结构可以纳入一对一的对应,使模式甲的每一项都同模式乙的一项相对应,那么,这两种模式就是等同的。[①]

因此,用来区分两种位置和每一位置内的两个对立项的自动检别器,将无误地"辨认出"强音和弱音:

音位	位置	
	强	弱
强[t]	t	d
弱[d]	d	ð

上面的例子表明:最小区别性的不变异性怎样能同序列中受毗邻音位制约的多余特征分别开来。

区别性特征的序列安排,并不是产生多余特征的唯一因素。此外还有一类多余性特征,虽然分析得不多,却很重要,那是同时出现的区别性特征的叠置所造成的。在有些语言里,舌根音[k]和相应的舌面塞音,或者和更靠前的前腭塞擦音(如英语的 chew 咀嚼)构成互补分布。譬如说,舌根音只出现在后元音的前面,而舌面音(或前腭音)只出现在前元音的前面。在此情况下,前者和后者被认为是代表一个音位的两个环境变体。同理,在法语里,我们

---

① N. Wiener: The Human Use of Human Beings, Boston, 1950 年。

发现舌根塞音/k/，又发现舌面鼻音/ɲ/（如 ligne 线），又发现前腭擦音/ʃ/（如 chauffeur 汽车司机），我们必须认为，舌根、舌面、前腭这种发音部位的差异是完全多余的，因为这种差异只是补充了其他的自主的区别性。所有这些辅音都和口腔前部所发出的那些辅音构成集聚和分散的对立（见 2.41）。在法语的辅音里，如果暂音（塞音）、鼻音、久音这些特征被叠置在集聚特征上，它们就会分别被伴随着出现舌根、舌面、前腭的多余特征。这样，在法语里，/p b/、/t d/之与/k g/，/f v/、/s z/之与/ʃ ʒ/，以及/m/、/n/之与/ɲ/都是同样的关系。

在英语的集聚辅音里，舌根和前腭的特征，也具有多余的性质，我们可以用类似的办法来证明这点。但是，在捷克语或斯洛伐克语里，舌根音和舌面音（后者包括前腭音）之间的同样的差异却是区别性的，因为在这两种语言里，舌根音和舌面音是在其他条件相同的情况下出现的。舌根塞音/k/和舌面塞音/c/对立，舌根擦音/x/和舌面（前）擦音/ʃ/对立。因此，在这两种语言里，函胡和清越的对立不但说明唇音和齿音的关系，而且也说明舌根音和舌面音的关系：/k/对/c/等于/p/对/t/。

如果我们剔除同元音和辅音的有关对立相连的那些多余特征，那么，语音分析中传统上所接受的许许多多的区别，其实可以大大地减少。譬如说，我们可以证明：一方面，闭元音和开元音的关系，另一方面，唇音、齿音和硬腭、软腭辅音的关系，都可以归结为单一的对立，即分散和集聚的对立的体现（见 2.41）；条件是：必须把元音性特征和辅音性特征之间的基本差别所偶然涉及的那许许多多的多余特征全部剔除。同样，后元音和前元音之间、唇辅音和齿辅音之间的关系，也属于函胡和清越这一共同的对立（见 2.421）。

辅音和元音所共有的这些特征的关系结构表现出一种确定的等构性（一一对应）；至于变异，则处在互补分布的关系，就是说，决定于它们出现的不同环境,看元音或辅音是否加上了函胡—清越特征和集聚—分散特征而定。

连续地排除一切多余特征(它不能传达什么新的信息),把语音分析为若干区别性特征,这样就能克服"音位问题解决中的不一致性"[1]。赵元任指出,只要音位被看做是最后的分析单位,而不再分解为组成成分,这种多样性就会干扰语音分析。我们的这个研究就是要为一定的解决方案建立简单性的准则,因为,两种解决办法如果有分歧,其中一种往往不够简明,包含有较多的多余的东西。

互补分布的原则已被证明在语音分析中是最有效的。如果它的最终的逻辑含义被阐述清楚,可以开辟许多新的可能性。比方说,如果某些音位区别性具有一个公分母,而且它们在一种语言中又从来不同时并存,那么,就可以只把它们解释成单个对立的变体。进一步还可以提出这样的问题:该变体之所以在某一语言中被选用,莫非跟同一语言模式所固有的另一些特征有牵连。

照此法研究,就成功地减少了世界诸语言的区别性特征的数目。特鲁别茨柯依把辅音的对立分为三种[2]:第一种是强辅音和弱辅音的对立。所谓强辅音,它的特征是具有对气流的较大的阻力并且有较强的压力。第二种是只有强和弱的阻力的对立,而没有伴随的压力的差异。第三种是送气和不送气的对立。但是,在任何一种语言内部,这三种对立从来都只有一种在单独地起作用;因此,这三种对立应该被认为只是一种对立的变体。再说,这种变异性表面上也是多余的,因为它是由存在于同一模式中的另一些辅音性特征来决定的(见 2.43)。

---

[1]　Y.R.Chao:The Non-Uniqueness of Phonemic Solutions of Phonetic Systems,Bulletin of the Institute of History and Philology,Academia Sinica IV,part4,Shanghai,1934 年。

[2]　N.Trubetzkoy:Grundzüge der Phonologie,Travaux du Cercle Linguistique de Prague,Ⅶ,1939 年。

作为语言基础的一套区别性的特征是极其有限的,它们实际上结合成束和序列也有限制。最后,多余的特征又特别多,这样就减轻了言语事件的参加者的负担。

在声音特征的等级体系中,区别性特征是头等重要的。但是,多余特征的作用也不能低估,在有的情况下甚至能代替区别性特征。在俄语里,腭化音与非腭化音之间的差异,在区别单词中起重要的作用。腭化引起共振峰的轻微升高(见 2.423)。音位/i/在非腭化辅音的后面表现为后元音/i/,在其他位置上表现为前元音/i/。这些变体是多余的。平时,在俄国人听来,音节[sɨ]和[ṣi]的不同是靠非腭化的[s]和腭化的[ṣ])有分别;但是,一个泥水匠打电话给工程师说墙 сыреют(受潮了),电话的传播使[s]的高频失了真,以致工程师很难分辨对方说的是墙"受潮了"还是сереют(变灰了),泥水匠只好一再重复这个词,特别强调[i]的音,通过这个多余特征,听者才作出了正确的选择。用斯提文斯的话来说:

> ……多余性特征能增加语言交际的可靠性,使它能够抵制各种形形色色的失真。我们限制要求听者察觉的区别的数目,又通过多余的信息代码帮助听者作出他的选择,这样就使交谈成了合理地令人满意的事情。[1]

1.3 区别性特征的辨识 任何区别性特征,如果属于发出者和接受者共有的代码,被准确地传递,并且到达接受者,通常都能被接受者所辨认。

假定参加言语事件的双方用的是同样的标准英语,听者所接收的是 gip、gib、gid 这几个音节,这些音节是他们所不熟悉的,就像其他许多说英语的人一样。他不懂 gip 是把(鱼)弄干净的意思,gib 是阉猫的意思,gid 是动物的一种病的意思,但是他从这三个样品了解到,它们可能是英语的词,因为它们包含的特征和特征的组

---

① S.S.Stevens:A Definition of Communication,J.Ac.Soc.Am.,XXII,No.6,1950 年。

合没有任何违反英语规则的地方。此外,这三个样品还告诉听者,如果它们是词的话,那么必然各自有其不同的意义,因 gip 和 gid 之间具有二重区别性,而 gib 之不同于 gip 和 gid,则是靠两种不同的最小区别性。假如说英语的这个听者听见了下列的这句实际上未必有的句子:The gib with the gid shall not gip it(带病的阉猫不会弄干净它),他会从他所了解的英语的编码规则中知道/gib/ ≠ /gip/≠/gid/。假如这些样品在德语里传达出来,那么 gib 和 gip 将被认为可能是同一个词的任选变体,因为在德语里,/b/和/p/的区别在词的收尾是被取消的。在芬兰语里,我们也会有同样的辨识,因为按芬兰语的规则,[b]和[p]这两个音的差异是没有区别性价值的。

信息论应用二元选择的序列,作为分析各种通讯过程的最合理的基础①。这是研究者出于实用的考虑加于题材的作业方法。但是,具体到语言来说,这样一套二元选择其实是交际过程本身固有的,它是语言代码加于言语事件参加者的限制,这些参加者是编码者(encoder)和译码者(decoder)②。

由此可见,区别性特征所传递的唯一的信息就是它的区别作用。听话人靠着一个特征来区别/gib/和/gid/这两个词:其他条件相同,/b/的函胡性和/d/的清越性形成对立。同一个词/gib/靠另一特征区别于/gip/:这就是同/p/的强性相对立的/b/的弱性。在这两个例子中,配对的词在其他完全相同的条件下都表现出在对应的音段中有一个最小区别性。其他配对的词可能在一个或更多的音段里表现出为数较多的最小区别性。如果我们检查一下用来区别这些配对的词的最小区别性,我们发现只有两种可能性:(1)同一对立的出现(如 gib:gid ≃ fat:sat);(2)两个区别性各有自己

---

①　R.M.Fano:The Transmission of Information,M.I.T.,Research Laboratory of Electronics,Technical Report,No.65,1949 年。

②　编码者指说话人,译码者指听话人。——译者

的特性(如 gib：gid≠gib：gip)。

当然,从发音上说,从物理上说,从听觉上说,从耳语到完整的噪音存在着一连串的等级,但是只有两个极端——有音和无音——才被选择为区别性特征。嘴唇的圆扁程度有一连串的变异,在声学上也有相应的各种效果,但是只有两种相距较远的唇位及其所产生的对比的声学效果,在语言学上才构成对立而具有区别性的价值,这就是降音和平音的对立(例如德语 Küste 岸—kiste 盒子)(见 2.422)。一般地说,没有什么语言利用唇圆度构成一个以上的最小区别性。

二分法是语音结构的主要原理。语言代码把它施加于语音。

只有一种音位关系呈现略微不同的面貌,那就是频谱中呈现为集聚元音和分散元音两种之间的关系(从发音上说是开和闭的关系)。比方像土耳其语,在其他条件相同时,元音是按集聚和分散配对的,例如/kes/“割呀!”和/kis/“瘤”配对,/kol/“手臂”和/kul/“奴隶”配对,但是,像匈牙利语,其他条件相等,却能分辨出三个等级的集聚度来,例如带有圆唇后开元音的/tår/“秃顶”—带有相应的半开元音的/tor/“宴席”—带有闭元音的/tur/“他把出”;同样,在不圆唇的前元音系列里,也有例如/næ/“拿着!”—/ne/“别弄!”—/ni/“瞧!”①。在土耳其语里,最小区别性是一样的:/o//e/和/u//i/的对立都是相对集聚和相对分散的对立。但是,在匈牙利语里,同一对立(相对集聚和相对分散)却重复出现于/tår/对/tor/和/næ/对/ne/,这就是说,/a/：/o/≃/o/：/u/。在这个“音位比例”里,/o/(或/e/)起了“比例中项”的作用。它担负两种对立特征:一种是同分散音/u/(或/i/)相对的集聚性;一种是同集聚音/ə/(或/æ/)相对的分散性(分析过程中处理这类两极音位的办法,见 2.414)。

---

① 　这些例子引自洛茨(John Lotz),它们属于匈牙利标准语的一种口语变体。

其他固有的音位对立都没有这种两极的复杂情况。但是有的共轭区别倾向于合并,例如久—暂和刚—柔两对就会有这样的情况。当两种共轭的对立合并时,那合成的对立是最显明、最合格的。譬如说,最合格的久音是糙音,最合格的暂音是柔音。函胡清越的对立和降音平音的对立也可以结成类似的关系。最合格的函胡元音是降音的,最合格的清越元音是平音的(关于这些特征的相反的结合,如暂而糙,久而柔,降而清越,平而函胡,以及分析过程中的处理办法,见 2.324 和 2.4236)。

具体说,是区别性特征的二分尺度,一般说是语言代码的整个模式,在很大程度上决定着我们对语音的听觉感知。对于语音,我们并不只是作为声音,而是专门作为语言的成分来感受的。而且,我们感受语音的方式,是由我们最熟悉的音位模式来决定的。因此,一个只会说斯洛伐克语的人,他听见了法语 jeu(游戏)里面的圆唇前元音/ø/,会觉得是个/e/,因为在他的母语里,只有清越(前元音)和函胡(后元音)的对立,而没有降音(圆唇)和平音(不圆唇)的对立。相反,一个只会说俄语的人会觉得法语的 jeu 里是个/o/,因为他的母语只具有上述两种对立之一,即降音和平音的对立。甚至作为语言学专家的法国人梅耶(A. Meillet)也把俄语的升音/ţ/听成是由/t/和非音节的/i/构成的序列,而没有辨出它是同时带着叠加的升音(腭化)的一种辅音,因为梅耶的判断建立在他的母语——法语的基础上,而法语缺乏升音特征而只有非音节的/i/。因此,如果拿无意义的音节用于可懂度测验(传统上叫做清晰度测验),其结果就要看这些序列的模式是否符合语言代码的组合规则而定。

语言模式的干扰,甚至影响到人们对非语言的声音的反应。间隔均匀的敲门声,如果每逢第三声都比较响,人们听起来,觉得是每三声为一群,其间有停顿隔开。捷克人听起来,往往觉得停顿落在较响一声的前面,法国人听起来,往往觉得停顿落在较响一声的后面;波兰人听起来,则往往觉得停顿落在较响一声后面的第二个声音。这种听觉上的差异,正好和上述三种语言的词重音的位置相当:在捷克语里,重音落在词的第一音节上;在法语里,落在最后音节上;在波兰语里,落在倒数第二音节上。如果敲门声每一声的响度相等,而每逢第三声以后的间隔时间比较长,那么,捷克人听起来是第一声较响,波兰人听起来是第二声较响,而法国人听起来是第三声较响。

语音分析如果在听觉的平面上也用二元的音位对立来进行,那么任务就会容易得多,而且或许能够提出区别性特征的最有启示性的相关性。

至于语音的声学研究,它的全部发展一直是朝着愈来愈有选择地描绘语音刺激的方向前进的。无论所用的仪器和对仪器所录数据的解释,都愈益朝着抽取适当项目的方向发展。研究者发现,声波印迹中包含着过多的信息,必须设法选择那些基本的信息[①]。人们一旦认识到选择的适当标准就是由二元项表现出来的语言的有关性,语音上的声学问题马上获得了更有决定意义的解决方法。相应地,语言的发音阶段也必须利用任何一对相互对立的效果的取得方法来加以规定,例如,就语言利用函胡和清越这一自动的区别性对立来说,我们就须检验有关的语言学价值的声学相关性和这些性质的发音性质的前提。

总之,无论在哪一个平面上研究语音,语言功能总是决定性的。

勃洛克提出一种有趣的试验,考察记录下来的足够数量的语句,就能说出一种语言的音位模式[②]。这种办法虽然麻烦,然而行得通。但是它暗含着两条严格属于语言学的假设:第一条是韦纳(Wiener)提出来的:"在译码的问题上,我们所能掌握的最重要的

---

① R.Potter:Visible Patterns of Sound,Science,1945 年。

② B. Bloch:A Set of Postulates for Phonemic Analysis,Language,XXIV,1948 年。

情况,就是知道我们所读的语言材料并不是胡乱的声音(见前注)。"这相当于听者在达到所谓的感受阈时,也就是声音开始作为语音而被感受时所得的了解①。既然是语言,那么,第二个假设就必然从第一个假设推断出来:任何语言在它的语音形状中都是凭着分立的两极的区别性特征而运转的,正是这种两极性使我们能够检测在其他相同条件下起作用的任何特征。

这种译码任务碰到通讯工程上叫做"转辙代码"②,语言学上叫做"共存的音位系统"③的那类时常出现的情况,显然更困难些。前一个世纪俄国贵族甚至在一句话内部,也不断由俄语转到法语,由法语转到俄语,就是突出的例子。另一个例子是某些回教徒的文化语言,常常在句子里插进阿拉伯词语。同一语言里的两种风格可以有着不同的代码,它们也可能在一段话甚至一个句子内部被故意纠结在一起,例如捷克的城市口语是文学语言和民间土话的古怪的拼凑,而每一种话都在其中呈现着各自的音位模式。

二分尺度是由语言把它叠加在声音物质上的,正如自然音阶尺度是由音乐模式把它叠加在声音物质上一样④。但是,正如离开声音物质我们就不能掌握音乐上的音阶一样,我们分析区别性特征,也不能离开声音物质。托其贝用一贯的反证法说明了这一点,那是很有道理的⑤。离开了特殊属性,我们也就无从辨认区别性特征。

探究这些特征在语言序列中的分布,可以补充这种研究,但是不能代替这种研究。裘斯(M.Joos)注意到,复合元音/au/(写作

---

① L.L. Beranck:Acoustic Measurements,New York,1949 年。

② R. M. Fano:The Information Theory Point of View in Speech Communication, J. Ac. Soc. Am.XXII,No.6,1950 年。

③ C.C.Fries and K.L. Pike:Coexistent Phonemic Systems,Language,XXV,1949 年。

④ R.Jakobson:On the Identification of Phonemic Entities,Travaux du Cercle Linguistique de Copenhague,Ⅵ,1951 年。

⑤ K.Togeby:Structure Immanente de la Langue Francaise,Travaux du Cercle Linguistique de Copenhague,Ⅵ,1951 年。

ou,如 council 议会)在英语单词中从来不出现在[p b f v m]的前面,这种分布特征规定了英语辅音中的唇音类①。但是,在作出这样一种叙述以前,我们必须对上述辅音,不论在什么情况下出现,都能一一辨认。我们必须知道 rout(崩溃)里面的/t/与 rite(仪式)里面的/t/相同,而 rite 里的/t/则和 ripe(成熟)里的/p/在其他相同条件下构成函胡与清越的对立。否则我们无从知道 rout 里面的复合元音/au/后面跟随着的是个/t/而不是个/p/,而上面的叙述也就无从得到证实。

由此看来,我们如果要辨认/p/或其他音位,那么,指出它的每一区别性特征的特性,是必不可少的。但是语音的传送有一连串的阶段,我们要指的是哪一个阶段呢?在对收到的音信(A)进行译码的时候,听者所处理的是感知材料(B)。(B)来自耳朵的反应(C),而(C)又是说话人的发音器官(E)产生的音响刺激(D)所引起的。我们越是密切地研究音信所要达到的终点(即听话人的感受),我们对于音信的语音形状所传送的信息就越有精确的估量。这决定了我们进行分析时的一套作业平面,按照有关程度由大到小排列,包括:感受平面、听觉平面、音响平面和发音平面(发音平面不给听话人带来直接的信息),对于这些平面当中的头两个平面的系统探讨,这是将来的事情,然而是迫切的任务。

这些接连发生的阶段,从发音到感知,每一阶段都可以由前一阶段进行预测。每进一个阶段,选择性就增加一分,所以预测性不容逆转,而前阶段的某些变数对后阶段也就不发生关系。声道的精密测量可以把声波计算出来②。但是同一声学现象也可以用完

---

① M. Joos:Description of Language Design,J.Ac.Soc.Am.,XXII No.5,1950 年。

② T.Chiba and M.Kajiyama,The Vowel,Its Nature and Structure,Tokyo,1941 年;C. G. M. Fant:Transmission Properties of the Vocal Tract,M. I. T. Acoustics Laboratory,Quarterly Progress Report, July-September, and October-December, 1950; H. K. Dunn: The Calculation of Vowel;Resonances, and an Electrical Vocal Tract,J.Ac.Soc.Am.,XXII,No. 6,1950 年。

全不同的方法获得。同理,听觉上的任何一定属性都可能是各种不同的物理变量的结果①,因此,在声音刺激和听觉属性两方面的因次(dimension)之间并没有一对一的关系。前者不能从后者预测,但是声音刺激诸因次的总体则使听觉属性可被预测。

总而言之,对语言行为的任一阶段,从说话人的发音到听话人的感受和译码,都可以作出音位对立的说明。只有一个条件,那就是任何先行阶段的变数都必须按照以后各阶段的情况来选择和相互关联,因为我们说话要人听见,是为了被人理解,这是明摆着的事。

1.4 固有的和韵律的区别性特征 区别性特征可以分为两类:(1)固有的;(2)韵律的,后者叠加在前者上面,它和前者结合在一起成为音位。函胡与清越的对立、集聚和分散的对立、带音和不带音的对立,以及固有的区别性特征的其他对立,虽则在一定的音位序列中出现,但是可以根本不提序列就把它们定出来。我们并不须要比较同时的两个点。韵律特征则不是这样,它们只有参照时间序列才能规定。只要很少的例子就可以说明这个道理。

在一个音节里面,成音节的音位靠相对的突出性来和非音节的音位相对立。就大部分情况说,音节的构成全是元音的作用。某些元音或液音,在其他相同条件下,具有音节性和非音节性的区别对立,但这种情况是特别罕见的,例如在古捷克语里,b r d u 这个序列的意义视/r/是否成音节而有所不同(见 2.226)。

显然,/r/是否具有最大的响度,那是要和同一序列其他音位的响度比较,才能断定的。

在音节的序列里,相对的突出性使一个成音节的音位和其他成音节音位处于重音与非重音的对立。许多语言中的词,其他条件相同,具有不同的重音位置,例如英语 billow(巨浪)/ˈbilou/对

---

① S.S.Stevens and H.Davis:Hearing,New York,1938 年。

below(在下面)/bi'lou/。成音节音的突出性的大小,这是一个相对概念,只有从属于同一序列的一切成音节音的比较中,才能加以断定。区别性作用不表现在响度的大小,而在音高的高低时,也是同样的情况。用派克(K.L.Pike)的话来说,那就是,"主要的特征在于一个音节和前面或后面的音节比较出来的相对高度"①。

如果起区别作用的不是或者不只是高低强弱的程度,而是它的变化,我们就要靠在时间序列中比较两个点来辨认一个音位的音高或响度的轮廓,例如在立陶宛语里和升调对立的降调是由于频率下降,习惯上还伴随着振幅的下降,这要比较有关元音的开头部分和收尾部分才能辨认出来。丹麦语的"语音的降低响度"(所谓stød)是振幅的降低,往往伴随着频率的降低;对于它,我们也通过同样的比较来辨识②。

有一种韵律对立是长和短的对立(区别简单的音位和持续的音位,或简单的音位和缩减的音位),它的基础是某一序列中音位的相对长度,而不是绝对长度。它们的绝对长度则起着语言节奏的作用,例如捷克语的 pravá práva/prava:pra:va/(真正的权利),在第一个词里,第一个元音比较第二个元音,前者被认为是短的,后者被认为是长的,在第二个词里却是相反的关系。

1.5 区别性特征和其他声音特征的比较　语言的最小意义单位叫做语素。词根、前缀、后缀,都是语素,根词是只有一个语素的词。区别性特征和音位本身并不具有意义,它们所承担的唯一意义任务就是指示:如果某一语素在其他相同条件下呈现着一种对立的特征,那就是不同的语素,例如/gip/、/gib/、/gid/。这种区别作用也可以由一个以上的特征(或音位)来担任,例如/bit/对/sed/。

① K.L. Pike:Tone Languages,Ann Arbor,1948 年。

② S.Smith:Contribution to the Solution of Problems Concerning the Danish Stød,Nordisk Tidsskrift for Tale og Stemme,VⅢ,1944 年。

各种不同的特征(或音位)在功能上没有什么差别,例如所谓鼻音,或者具体说,英语里的/m/,它表示什么? 这个问题并没有什么意义。map(地图)、mess(混乱)、aim(目标)这些词里的/m/在语义平面上并没有公分母把它和/n/或/b/划分开来。各种不同的区别性特征之间缺乏意义上的差异,这就使它们成为纯粹的区别记号,此外空无所有。这种缺乏,把它们同语言中起作用的其他声音特征区分开来。只有这些纯粹区别性的、此外空无所有的单位被用来建立世界一切语言的全体语素。

构形性特征是这样一种特征,它标志语句的声音连锁之划分为各种不同的复杂程度的语法单位。譬如说,某些语言的重音固定在开头(或收尾)的音节,因此它不能用作区别性特征,它只能作为表示一个词的开头(或收尾)的边缘记号。相反,如果某一语言的重音是自由的(即随便落在任何音节上),它的位置就执行了区别的作用,而不包含有特别的含义。

英语的语调有着各种丰富的、具有表现力的特征,哈里斯从中抽出三种构形单位:"/? /是升调,/./是降调,/,/是(和低声域相对的)中声域的基线。"①/./表示一句的终点。/,/表示句中短语的终点,还要继续说下去。/? /表示问题;在构形的术语里,意味着一句终结,还等待着一个答案来补充,也就是说,语句可能是完整了,但是对话并不完整。当它们用作区别性特征的时候,升和降除了表现语素之间的区别之外,并没有其他作用;但是,当它们被用作构形特征的时候,它们就带有特殊的含义,例如降调表示句子的完整,而升调,即使加在鼻音的哼哼上,被英国人听见了,他马上辨认出这是一个词句。

表现性特征是这样一种特征,它标志说话人的情感姿态以及对话语中某些地方的着重。这里借用琼斯的一个例子。英语的 e-

---

① Z.S.Harris:Methods in Structural Linguistics,Chicago,1951 年。

normous(极大的)一词可以用这样的方法来强调："元音的强度增加,伴随着长度也增加,并使用特殊的语调(扩大降势)。"对于表现性特征,我们面临一种特殊的关系。中性的、非情感的样式是和表现性的样式配对的,后者提出一种"分级的音域"(grading gamut)——这是萨丕尔的术语,他把这种关系定得很清楚①。跟构形特征一样,表现性特征也有自己的专门含义。在英语里,加强的重音和正常的重音对立,表现一种强调的姿态,此外还有更加强的重音,那就表现一种更强调的姿态。

区别性特征和构形性特征都是用于语句中的有意义单位的;表现性特征则用来表示说话人的姿态,而多余特征(见 1.2)则指其他的声音特征,如英语/l/的多余的"明朗性"表示有元音跟随。多余特征和构形性特征、表现性特征都具有特殊含义,它们合成一类,以与区别性特征分开来。正是区别性特征的"空虚性"使它和其他的声音特征区别开来②。

下面的研究只限于固有的区别性特征。至于韵律特征和其他关于序列安排,特别是关于序列的分段问题,将另行讨论。

二、对区别性特征的初步探索

2.1 声学预备知识　在声谱图上③,语音的频率—声强的模式,表现为时间的函数。在这种"动态频率分析"中,语声波的统计特

---

① E. Sapir: Grading: A Study in Semantics, Selected Writings, Berkeley and Los Angeles, 1949 年。

② 在某种情况下,单一的区别性特征可以承担一种附加的构形作用。在这种作用中,它们具有正面的含义,例如在某些苏格兰方言里,鼻元音只在第一个音节中和口元音对立(见前注),鼻元音的出现是一个词的开头的标志,但是在第一音节的范围内,鼻元音和口元音的对立,仍然是一种"空虚"的区别手段。——译者

③ 这篇报告里所依据的声谱或者是凯依电气公司的"声字",或采自波特、哥卜和格林的《可见的语言》(R. K. Potter, G. A. Kopp and H. C. Green: Visible Speech, New York, 1947 年)。

征是在极短的时间间隔里进行抽样的,这种间隔比音位的延续时间还短。声谱图以及声强对频率的补充"截面"提供了一个信息源。信息可能是相当混乱的,必须在分析语音时利用一组最佳参数。找出这些参数的最好的办法是把语言分解为区别性特征。

语声波可以认为是一个线性网络的输出,这网络就是与一个或多个声源偶合的声道。除了这些声源和网络的性能之外,语声波没有别的性能。这种关系可以写成

$$W = T \cdot S$$

其中 W 表示语声波,T 是网络的传递函数,S 表示声源。两个同时的声源可以通过叠加来处理:

$$W = T_1 S_1 + T_2 S_2$$

语音分析表明,只有极其有限的声源特征和传递函数在世界诸语言里被用作语义的判据。这些特征,将在下列各节里加以描述。

2.11 声源函数的性能在语言里的应用

2.111 声源的类型 声源基本上分为两类:周期源和噪声源。周期源在频谱中表现为特有的谐振结构。噪声源则相反,它在时间因次上表现出能量的不规则分布。这两种声源可以同时在单个音位的产生中起作用。

2.112 声源的数目 某些语音像[v]或[z]之类有两个声源。其中一个位于声道最狭隘处;另一个即所谓浊音,位于喉头,多少具有周期性。声道中位于喉头之上的声源在传递函数中产生反共振(参看 2.122)。

2.113 瞬态效应 声源打开或关闭的方式具有语言上的意义。声源的急起或急落,跟平缓的起落大不相同,例如,在 chip(薄片)里的/š/是急起的,至于 ship(海船)里的/s/则是缓起的。

2.12 传递函数在语言里的应用

2.121 一般性能 对于声道的传输性能作数学处理时,应用网

络分析的技术和概念①,是很方便的。网络分析所处理的标准情况之一,是一条无损耗的传输线,没有并联的支路,输入(声源)在线的一端,而输出在另一端测量。这样一条传输线的输出的"声强—频率"谱,可以用无限输出(共振)的频率来完满地说明。在网络分析中,通常把这种共振频率叫做极点。

有时候,无损耗传输线的某些条件不具备,例如声源不位于线的末端,这时输出就会偏离上述的情况;在某些频段就没有输出。产生偏离的原因可以看成是由于反共振,或零点在某一频段抑制了能量,即仿佛它起着相反的共振作用。因此,为了说明任何无损耗系统的输出的"声强—频率"谱,我们只要指出极点和零点(如果有的话)的频率就行了。

有时候,一个系统含有小的损耗,共振和反共振的响应是有限的。于是,在复频率的记法里,极点和零点具有两部分,一部分指明是共振或反共振的频率位置,另一部分表明阻尼的量(阻尼常数)。

极点主要取决于系列传输线的电性能。就语言的情况说,这意味着极点取决于声道的形状。另一方面,零点主要取决于并联支路的相互作用。在语言里,这意味着零点取决于并联的两个共振系统的相互作用,这两个系统产生于:(1)开辟附加通道;或者(2)声源不在端头。

当零点的位置接近极点时,零点倾向于抵消极点的效果。它们分离得越远,这抵消作用就越小。

2.122 声源的位置 一般说来,在某一频率当声源朝着气流相反方向所产生的阻抗力无限大时,就出现零点。位于喉头的波源,不会再转移函数中造成重大的反共振。由于这个原因,我们完全

---

① E.A.Guillemin:Communication Networks, Ⅱ, New York, 1935; W.H.Huggins, Conjectures Concerning the Analysis and Synthesis of Speech in Terms of Natural Frequencies, Cambridge Field Station Report, 9 Februrary, 1949 年。

可以凭着给定共振峰的频率位置和带宽(阻尼常数)的极点,来判断元音。声源的位置如果在声道中高于喉头的地方,而且在两个相互具有有限偶合的声腔之间,它就会把零点导入传递函数。

2.123 声道的形状 传递函数的极点,主要与声道的几何形状有关,与声源及其位置无关。根据 X 射线数据的计算,可以与预测和实测频谱的极点和零点基本上一致。

2.13 声道的中性位置 下面将讨论声道的中性位置。这就是产生开口度很大的[æ]时发音器官的位置。这一发音部位的音响结果可以大致跟一端封闭的管子相比。大家知道,长度为 L 的管子封闭了一端,共振的频率表现为 L 等于四分之一波长的奇倍数,由于男性的声道的平均长度大约是 17.5 厘米,共振大致出现于 500 赫、1500 赫、2500 赫,等等。中性位置的重要性在于:它能预测各人发声腔总长度的差异对共振峰位置的影响①,中性位置也可以用作紧张性特征的参照点(参看 2.431)。

2.14 音位的界限 为了实用的目的,每一音位可以表示为准稳定的频谱,它的传递函数,除了按上述瞬态效应那样的方式以外,在时间上是不变的(参看 2.113)。这些瞬态效应,由于声源函数的急速变化而发生,可以用来确定一连串音位中各别音位的界线。由发音器官位置的急速改变而引起的传递函数的急速变化,也指示一个音位的开头或结尾(界限)。但是,每一情况的改变的最小速率都必须由实验来决定。音波总强度的急速的起伏变化,为确定音位的界限提供一种补充手段。

2.2 基本的声源特征 这一类包含两个二元的对立:一个是

---

① C.G.M. Fant: Transmission Properties of the Vocal Tract, M. I. T. Acoustics Laboratory, Quarterly Progress Report, July-September 1950 and October-December 1950; Transmission Properties of the Vocal Tract, Technical Report *12, M. I. T. Acoustics Laboratory, 1952; Acoustic Analysis of Speech——A Study for the Swedish Language, Ericsson Technics, 1952 年。

元音性对非元音性,一个是辅音性对非辅音性。

2.21 元音性对非元音性　具有元音性特征的音位,只有单一的周期"带音"声源,这种声源的起始不是急剧的。

通常的情况是,男声的头三个元音共振峰在 3200 赫以下,元音共振峰有小阻尼,阻尼本身表现为共振峰的带宽相对狭小,由于"带音"频谱有负数坡度,较低的共振峰有着较大的强度,但是由于耳朵对大约 1—2 千赫的区域的响度有较高的敏感,使我们在感知上觉得下降频谱的效果好像是趋于均衡的。

2.22 辅音性对非辅音性　音位之具有辅音性特征,在声学上表现为影响整个频谱的零点的存在(见 2.441)。

2.221 元音和辅音　元音是具有元音性特征的音位,它没有辅音性特征。为数有限的头三个共振峰位置的组合,对于辨认元音有重要意义,强度级(其他条件相等,元音比其他语音有较高的响度)、持续时间、语音的兴衰时间上的信息,都能提供补充辨认元音的标准。

辅音是具有辅音性特征的音位。它没有元音性的特征,有些辅音特征,由于它们对毗邻元音的共振峰所施的影响而很容易被感知;但是,即使没有任何毗邻的元音,一个辅音所具有的一切特征,也都是可以完全辨认的,试比较英语 whisk"小扫帚"、whist"惠斯特牌"、whisp"耳语"这些词的最后一个音位,又试比较俄语 лифт "升降机"和 финифть"珐琅",букв"字母"[复数第二格]和 /xarʼикf/[①]"标准"这两个词的最后一个音位。

2.222 液音　所谓液音,就是边音 l 和各种断续的 r 音,它们既有元音性特征,又有辅音性特征;和元音一样,液音只有一个谐波声源;和辅音一样,液音在它们的频谱包络里表现出有明显作用的零点,液音的共振峰结构基本上和元音相似。但是,它们的头三个

---

① 原文如此,疑有误。——编者

共振峰的外形通常是和任何元音不同的,在液音的开头,我们观察到大多数共振峰突然下移,这是由于共振器系统的长度比毗邻元音的共振器系统长度增加了,液音的总强度比起元音来要低得多。

2.223　滑音　所谓滑音,如英语的 h 和喉塞音,它们和元音的分别在于:或者像[h]那样具有一种非谐波的声源,或者像[ʔ]那样,声源的起始非常急促。它们和辅音的分别在于:它们在频谱里没有明显作用的零点。

2.224　产生　元音发音时,口腔的中央线没有障碍;至于辅音,则有足够的障碍。或者产生完全的闭塞作用,或者产生一种湍流的噪声源。液音是复杂的结构,它们顺着气流的方向,有较大的轴长因次,它们把开和闭结合起来,或者是连续开闭,或者是把中路堵住,而开放边路。滑音的产生,则是气流通过声门时,或者把声门挤成狭小孔道,或者把声门完全闭塞而又突然放开。

2.225　感知　元音的功率比辅音的功率高得多。根据萨奇亚和倍克的试验,英语各种元音的平均功率是 9~47 微瓦,至于辅音的功率,则是 0.08—2.11 微瓦[①]。

2.226　出现　元音和辅音之间的区别是全世界共同的。在美洲和非洲,个别语言没有液音。许多语言,如意大利语和俄语,没有滑音。

元音主要表现为成音节音,反过来说,成音节音的作用也主要由元音来完成。大多数元音性音位只出现为成音节音。个别其他的元音性音位虽也主要表现为成音节音,但在某些位置上,丧失了它们的音节性,举例来说,英语里非重读的/i/和/u/,当它们与其他任何元音(包括重读的/i/和/u/)毗邻的时候,就变为非音节的,如 boy"男孩"、day"日子"、geese"鹅〔复数〕"、yes"是的"、yield(语音标音[jˈiːld],音位标音/iˈiild/)"给与"、out"在外面"、soul"灵魂"、

① C.F.Sacia and C.J.Beck:The Power of Fundamental Speech Sounds,Bell Syst.Tech.J.,V. 1926 年。

shoe"鞋"、well"好"、wood(语音标音[w'ud],音位标音/u'ud/)"木材"、woo(语音标音[w'uː],音位标音/u'ua/)"求爱"。

罕见的情况是:非音节的元音,处在相应的成音节音位的位置而成为自主的音位,如俄语 улей"蜂房"〔单数〕、улья"蜂房"〔复数〕。

元音以外的其他音位,大多数都只出现为非音节音。少数其他音位(大多数是液音和鼻辅音)虽然主要表现为非音节音,但是在某些位置上也能取得音节性,例如在捷克语里 r 和 l 如果前面有一个非音节音而后面又不跟随着一个成音节的音,它们就变为音节性的。试比较双音节的词如 škrtl[ʃkr̥tl]"刮(过去时)"、trval[tr̥val]"持续(过去时)"和单音节的 rval[rval]"撕破(过去时)"、zlo[zlo]"邪恶"(译者按:r 和 l 下面加圈表示音节性,不加圈的表示非音节性)。成音节的液音偶然也作为自主的音位出现在相应的非音节音位所居的位置上,例如在古捷克语里,双音节词 brdu/br̥du/"到顶峰"—单音节词 brdu/brdu/"我闲逛"。

有一套规则(其中有些是普遍的)规定着音节的模式,例如,在我们所知道的语言当中,没有一种是不能以辅音为音节开头,元音为音节收尾的;却有相当多的语言是不能以元音为音节开头,辅音为音节收尾的。因此,对于音位的序列来说,元音性和非元音性的对立是头等重要的;至于这些对立物出现在同一位置上,则有很多限制,如英语 wet[u'et]"湿的"、yet/i'et/"可是"对 vet"兽医"、set"放置"、net"网",等等;又如/h'ii/"他"对 his/h'iz/"他的"、hit/h'it/"打击"等等。

2.3　次要的辅音声源特征　这一类包括:

(1)主要声源导致的两个类型:包络特征;粗糙性特征。

(2)辅助声源导致的带音特征。

2.31　包络特征　所谓声音强度的时间包络,是指平均大约以0.02 秒作为时间函数的语言功率。包络有两个基本类型:平缓与突兀,带有平缓包络的音位,其起始和衰没都是逐渐进行的,在时间过程中没有急剧的变化。带有突兀包络的音位在时间过程中有着急剧的功率变化。后者还可以细分为两类,要看它在急剧功率变化以后是否还有声音。

起音平缓的音位叫做久音,久音有暂音(更确切地说,应该叫做非持续音)对立,暂音则有急剧的开始。音位依照它们的衰没情况还可以细分为两类:即急刹的(急剧的衰没)和非急刹的(逐渐的衰没)。

2.311 暂音和久音

2.3111 刺激 暂音(塞音)是急剧开始的,借此区别于久音(擦音),久音的开始是渐进的。塞音的主要特征正相反,它有急起的"波前",其前有一段完全无声,或者在某些条件下,仅只声带的振动代替无声。在这里,声谱图表现出一条陡起的垂直线,它的前面或者是一段无声,或者是一条浊音横杠。

在英语里,如 pill"药丸"里的/p/和 bill"发票"里的/b/区别于 fill"充满"里的/f/和 vill"村"里的/v/,是急剧开始和缓和开始的对立,till"迄"里的/t/之与 thill"辕"里的/θ/,sill"窗槛"里的/s/,也是同样的对立。

在液音里,区别主要不是用起始和衰没的情况来表现,而是用声音过程的中断与否来表现。久音 l 是和暂音 r 对立的。后者有两种变体:第一种是闪音,它只有一次中断;第二种是颤音,它有反复出现的中断。后者比较前者常见得多。对捷克语颤音的测量,正常地表现为两次或三次敲击;它在收尾的位置上可能只有一次敲击,但是在开头的位置上在强调时可以多到四或五次敲击。敲击的速度大约是每秒二十五次。有些语言,例如蒙古语,有滚动厉害得多的/r/,中断的次数更多。捷克语液音的中断特征,其例子有/kora:l/"珊瑚"——/kola:r/"罗马式衣领"。

所谓久音 r,实际上是一种非音节性的元音,例如在英语的"公认读音"中,有一个元音音位,对/a/来说它是分散音,对/i/来说它是函胡音,对圆唇(降音)的/u/来说它是不圆唇(平音)音。这个音位在韵律的平面上分为非重读的/ə/和重读的/'ə/,前者由于跟另一元音音位毗邻,丧失了它的音节性(bear/b'eə/熊)。如果后面跟一个元音,则变得"较闭"(red/r'ed/红),重读的/'ə/或者在非重读的/ə/前面表现为较前而闭的变体(bird/b'əəd/鸟),或者在其他位置表现为较后而开的变体[ʌ](bud/b'əd/蓓蕾)。

2.3112　产生　塞音是完全闭塞然后放开,擦音是不完全的闭塞,但是它所形成的狭隘大大地减低了发音部位后面的各个声腔的作用。久音的液音,即如边音/l/,它是中央封闭,旁边开放;至于暂音的液音,如/r/,则是由于舌尖或小舌的一次或多次敲击,造成气流的全部或局部隔断。

2.3113　感知　L.G.琼斯在东北大学领导的实验表明:像[s]或[f]这样的擦音,如果把起始部分从录音上擦去,听起来就感觉是个塞音,它不再是[s]而是[ŝ]或[t],不再是[f]而是[f̂]或[p](关于这两种不同感知的分布,见2.323)。

2.3114　出现　在多数语言里,都有暂音(塞音)和久音(擦音)的对立。一般地说,一个语言里的擦音数目比塞音数目少;有时候,一个语言只有一种擦音,而且往往是/s/。在某些语言里,擦音和塞音的对立不是自主的,而是或者伴随着粗糙和柔润的对立(见下文2.324),或者所有辅音都是塞音而和元音对立,后一种情况存在于大洋洲和美洲的某些语言里。

在很多语言里,例如,在远东的几乎所有的语言里,液音并不分为暂音和久音,这些语言里的液音,或者像汉语表现为[l]或者像日语表现为[r],或者像朝鲜语那样[r]和[l]都是同一个液音音位的两个呈互补分布的条件变体:元音前是[r],别处是[l]。基于此种理由,朝鲜语只为这两个音造了一个字母,例如[maru]"地板"、[pal]"脚"。让朝鲜人听起来或者说起来,捷克语/karar/、

/volal/、/oral/、/dolaf/都是以[-ral]收尾的。

2.3115 复塞音　在南非洲的语言里,广泛地存在着一种有双重闭塞作用的特别辅音,它们其实只是一丛辅音的特殊形式,这是语言里广泛用来建立音位序列的同时发音的极端情况[①]。在产生这样的辅音时,两种闭塞作用的除阻是密切接连着的,但是它们给人的感觉是一丛音,因为尽管序列被大大地紧缩了,两种除阻不是同时的;又因为其他类型的音丛,在这些语言里不出现(至少不在同一位置上出现)。南非的搭嘴音,较前部位(如齿或腭)的闭塞,除阻在先,舌根部位则除阻在后,这是在声谱图中可以看出的。非洲的唇—舌根塞音(写作 kp、gb)则表现为相反的次序。由于它是呼气产生的,舌根闭塞的除阻早于双唇音的除阻[②]。

2.312 急刹对非急刹

2.3121 刺激　急剧的衰降是跟缓和的衰降对立的。在声谱图里,急刹音呈现为突然的收尾,但是这种情况往往不如急剧开端那样突出。

2.3122 产生　声门的闭塞或压缩,制住了气流。

2.3123 出现　某些急刹塞音的变体,叫做声门化塞音,出现在美洲、非洲、远东、高加索等地的许多语言里。那伐何语与西尔加西亚语的声门化塞音的声谱图,揭示出它们在结构上的惊人的相似性。

急刹和非急刹对立的例子:西尔加西亚语/t'a/"挖"—/ta/"我们";/c'a/"名"—/ca/"牙齿";/p'a/"地方"—/pa/"喘不过气

---

① P. Menzerath and A. de Lacerda: Koartikulation, Steuerung and Lautabgrenzung, Berlin-Bonn,1933 年。

② N. J. Jušmanov: Phonetic Parallels between the African and the Japhetic Languages, Academy of Science of the USSR, Africana, I. Leningrad, 1937 年;R. Stopa: Die Schnalzlute im zusammenhang mit den Sonstigen Lautarten der menschlichen Sprache, Archiv f. Vergleichende Phonetik. Ⅲ,1939 年。

来!",还有一种不那么明显而且很不普通的情况,那就是声门化的擦音①出现在美洲西北的特灵基特语和北高加索的加拔尔颠语里。

在具有急刹塞音和非急刹塞音对立的语言里,急刹的滑音(叫做喉塞音)和非急刹的(平匀的或渐变的)滑音的关系,也就是声门化辅音和非声门化辅音的关系。

2.32 粗糙对柔润

2.321 刺激 声门具有不规则的波形者,叫做粗糙音,这类声音在声谱图里表现为黑色区域的随机分布。这类声音和较有规则的波形的声音相对立,后者称为柔润音,在柔润音的声谱图中,黑色区域可以形成水平或垂直的条纹,测量这种性能的适当方法是"自相关函数"。在其他相同条件下,也就是说如果有关的音经过适当的规格化,柔音比其相应的糙音有更广泛的自相关性。

在擦音的情况下,柔润性就是在能量对频率的分布中限制了随机性的结果。在糙音/s/的频谱中,我们观察不到明显的共振峰区域;而柔音/θ/则不然,我们很容易发现共振峰的区域。波形图显示,像/θ/这类柔擦音,跟/s/及其他糙擦音比较,其周期性和均匀性都明显地比较高。

在塞音的情况下,柔性的出现是由于对相位的随机性加了限制。请看利克赖特的有关说明②:

> 白噪声的各种频率成分,其相位角是随机给定的,单一脉冲的频率成分,当时间 t = 0 时,都达到最大的振幅,而在一切其他时间,它们却互相抵消,结果是:我们听见的白噪声是 ssh-hhh,而单一脉冲是 pt。

---

① E.Sapir:Glottalized Continuants in Navaho,Nootka and Kwakiutl,Selected writings,Berkeley and Los Angeles,1949 年。

② J.C.R.Licklider:Basic Correlates of the Auditory Stimulus,Handbook of Experimental Psychology,ed.by S.S.Stevens,New York,1951 年。

例：糙擦音对柔擦音,英语 sin"罪孽"—thin/θˈin/"薄";breeze/brˈiiz/"微风"—breathe/briið/"呼吸"。爱威语(西非洲)/fu/"羽毛"—/ɸu/"骨";/vu/"泪"—/ʙu/"小船"。下索尔比亚语/ʃiç/"缝"—/çiʃ/"平静"。西尔加西亚语/χy/"海"—/xy/"网"。糙塞音对柔塞音:德语 zahl/ŝaːl/"数目"—tal/taːl/"山谷";Pfanne/f̂anə/"盘子"—panne/pɑnə/"崩溃"。捷克语 č elo /ĵelo/"眉"—tělo/celo/"身体"。裘克其语(西伯利亚东北部)/x̂ale/"软帽"—/kale/"图画"。

糙塞音被称为塞擦音,塞音加收缩的序列跟塞擦音的分别,在于有一种最小的强度介入,这种介入可以从音波在时间上的展示加以观察,试比较波兰语 czy/ĵi/"或者"—trzy/tʃi/"三";Czech/ĵex/"捷克"—trzech/tʃex/"三的"。

2.322　产生　糙音的特征主要是由于发音部位的湍流产生的噪音。这种强烈的湍流又是更复杂的障碍所引起的,借此把糙辅音跟相对应的柔辅音分别开来:唇齿音区别于双唇音,咝音和嘘音各自区别于非咝音的齿音和非嘘音的腭音,小舌音区别于舌根音。发糙音时,需要一种补充的障碍,以便对气流有较大的阻力。譬如说,发双唇音的时候,嘴唇是唯一的障碍,而唇齿音则除了唇的障碍以外还利用了齿的障碍。除了相应的柔辅音所利用的障碍之外,咝嘘音还利用了下齿,小舌音还利用了小舌。糙塞音除阻后,气流冲击补充的障碍,造成区别于其他塞音的特有的摩擦效果。

2.323　感知　在 L.G.琼斯的实验中,录下的擦音(如[s])被擦去开端后,如果留下的音长延续 25—30 毫秒(千分之一秒)以上,听者就以为这是一个塞擦音(如[ŝ]);如果时间长度更短,听起来就以为是一个柔塞音(如[t])。

2.324　出现　使辅音最大限度地,因而也就是最合格地区别于元音的办法是:或者使劲压抑住声音,或者使它最接近于噪声。高度压抑表现在柔塞音,而糙擦音则最接近噪声。因此,最合格的擦音是糙性的,最合格的塞音是柔性的。在许多语言里,擦音和塞音的对立是同糙音和柔音的对立合在一起的,例如在法语里,所有的擦音都是糙音,即 /f v s z ʃ ʒ/;所有的塞音都是柔音,即 /p b t d k g/。

在上述的语言中,有些语言只有糙柔的对立是有关的,经常的;在某些条件下,擦音和塞音的区别变成了多余性特征而不能实现。葡萄牙语就是这样;夹在两个元音中间的 [d b g] 变为柔擦音 [ð β ɣ],这样,它们和 /z v ʒ/ 的对立并不是靠塞音特征,而只是靠它们的柔性。在两种对立融合在一起的另一些语言里,如果有些塞音(至少是在一定条件下)表现为塞擦音的话,糙柔特征就变成了多余的。

许多语言在糙擦音和柔塞音之外,还有糙塞音(塞擦音)和(或)柔擦音,例如,德语和捷克语除了 /s/ 和 /t/ 之外,还有相应的塞擦音 /ŝ/,试比较:德语 reissen "撕"、reiten "骑"、reizen "嘲弄"。此外,德语除了 /f/ 和 /p/ 之外,还有 /f̂/。捷克语除了擦音 /ʃ/ 和柔塞音 /c/ 之外还有 /ĵ/。另一方面,英语除了 /sz/ 和 /td/ 之外,还有柔擦音 /θ, ð/,二者都写成 th。

当一种语言除了糙擦音和柔擦音之外,还像德语那样有相应的糙塞音,或者像阿拉伯语那样有相应的柔擦音的时候,这种状况可以解释为只有一种对立,即最合格的擦音和最合格的塞音的对立。如果我们用正号 "+" 来表示前者,用负号 "-" 来表示后者,那么,像糙塞音或柔擦音这样的复合单位,我们就用 "±" 号来表示。同样,像英语里,一对最合格的擦音和最合格的塞音(如 /s/—/t/)有柔擦音 /θ/ 补充,而另一对(/ʃ/—/k/)有糙塞音 /ĵ/ 补充,这两个复合单位,我们也可以用 "±" 号表示。在相当少的语言里,全体四种合成了一套,例如北高加索有些语言,有糙擦音 /χ/,柔塞音 /k/,柔擦音 /x/,糙塞音 /ʁ/,这样我们就该判断为两种自主的对立,即擦音和塞音的对立,糙音和柔音的对立。此外,由于排除复合单位,处理简单的两择情况,是比较可取的办法,对于英语那样三个音位构成一套的情况,也可以把两种对立分开加以处理。

在真正的辅音之外,还有液音也可以形成糙柔的对立。在少数语言里,例如捷克语,音位/r/有一种糙音和它配对。这是颤音的一种咝音变体,在文字上写成ř,例如:řada"排,行",rada"议会"。某些美洲印第安语、非洲语言、高加索语言,音位/l/有相配的糙音,这就是边塞擦音和(或)边擦音[①]。尽管它们的共振峰有很高的阻尼,这些音位在音响上都显示出它们和液音的关系。它们是液音加上了糙性(参看下文2.441)。

2.33 补充的声源:带音对不带音

2.331 刺激 带音或"蜂音"音位/d b z v/之所以跟不带音或咝音音位对立,是由于在后者的噪声源上,加添着一种谐音的声源[②],对于带音的辅音来说,这就意味着两种声源联合出现。带音辅音的频谱包含着谐音声源所产生的共振峰。带音的突出表现是出现一种强而低的成分,它在声谱图上由一条沿着基线的带音横杠所表示[③]。

2.332 产生 带音的音位发音时,伴随着声带的周期性振动,而不带音则没有这样的振动。

2.333 出现 带音对不带音的辅音对立的区别,在世界语言中广泛地应用。譬如说,在欧洲,所有斯拉夫系诸语言以及匈牙利语都有这种区别。俄语/don/"唐,先生"—/ton/"声调"。这种区别推广到液音则是非常罕见的。在盖尔语里,带音的/r、l/和相应的不带音

① N.Trubetzkoy:Les Consonnes.Latérales de quelques langues Caucasiques septentrionales, Bulletin de la Société de linguistique de Paris,XXII,1922年。

② H.Dudley:The Carrier Nature of Speech,Bell Syst.Tech.J.,XIX.1940年。

③ R.K.Potter and J.C.Steinberg:Toward the Specification of Speech,J.Ac.Soc.Am.,XXII, No.6,1950年。

的/r、l/可以出现在同样的位置上(关于鼻辅音,见 2.443)。

元音一般是带音的,某些语言里,除了辅音有带音不带音的对立以外,在元音上是否也有带音的元音和耳语式的不带音元音的区别性对立?据说少数美洲印第安语(如哥曼彻语)就是这样,那不一定可信,耳语式的声音,或者并非区别性特征,而只起着边缘记号的作用,或者可能是松紧对立的伴随物。

某些语言缺乏带音不带音的自主对立,不带音的辅音或者像英语那样,纯然是松紧辅音对立的伴随物(参看 2.434)。或者像芬兰诸方言那样,口辅音一般总是不带音。在这里,"咝音"和"蜂音"的分别只是辅音和元音对立的伴随物。在这些语言当中,有的语言的辅音在一定的语言环境下会发生自动带音。

2.4 共振特征 这一类包括:

(1)在基本共振器中产生的三个类型的特征:集聚性特征;三种音调性特征;紧张性特征。

(2)由补充共振器引起的鼻化特征。

2.41 集聚对分散

2.41 刺激 集聚音的特征是一个位于中央的共振峰区域(或共振峰)占着相对优势;它的对立面是分散音。分散音表现为,占优势的是一个或一个以上的非中央共振峰或共振峰区域。

集聚元音对分散元音:英语(公认读音)pet/p'et/"宠爱物"—pit/p'it/"坑";pat/p'at/"轻拍"—putt/p'ət/"击高尔夫球";pot /p'ot/"罐"—put/p'ut/"放"。集聚辅音对分散辅音:kill"杀"—pill"药丸"或 till"迄";shill—fill"充满"或 sill"窗槛";ding/diŋ/"叮(咚)"—dim"模糊"或 din"喧嚣"。捷克语口腔辅音集聚和分散的对称模式,是一一对应的好例子,如 ti/ci/"他们"—ty/ti/"他们(宾格)",šál/ʃail/"披肩"—sál/saːl/"厅";kluk/kluk/"男孩"—pluk/pluk/"军团";roh/roχ/"角"—rov/rof/"墓穴"。

在元音的情况下，这种特征主要表现在第一共振峰的位置上[1]。第一共振峰的位置较高（即比较接近第二[2]和更高的共振峰的时候），音位就比较集聚。第一共振峰越是接近较高的共振峰，第一共振峰以上的区域，特别是两峰间的强度级就越高。

在辅音，集聚性表现在位于中央的占优势的共振峰区域，跟以非中央区域占优势的音相对立（参看方特对瑞典语塞音的分析，见第 719 页注[1]）。集聚鼻音的占优势的共振峰区域是在特有的鼻音共振峰之间（200 赫和 2500 赫）。德拉特尔对塞音和鼻辅音第一共振峰位置的观察[3]，证实了元音和辅音集聚性特征的相似。

有人提出，集聚性特征的正常量数，有点像统计学中的离散度的量数。为此而通常使用的量数是围绕平均数的第二动差。初步的计算启示我们，这是测度集聚度的一种可行的量数。关于"频率对强度"频谱如何适当加权的问题，特别是响度曲线的加权是否应在算出动差之前就用于频谱，还有待于解决。

2.412 产生 集聚音和分散音之间的主要发音区别，表现在最狭阻道前面的共振腔容积和后面的共振腔容积的对比关系。前者对后者之比，在集聚音是高于相应的分散音。因此，发音部位在软腭或硬腭的辅音（舌根音和舌面音），比起发音部位在口腔前部的辅音来，集聚度就高些。在元音的情况下，任何阻道的横切面越大，则其集聚度越高，因此，开元音是最集聚的，闭元音是最分散的。

缩短咽腔也能提高前腔对后腔的容积比率。这就是产生集聚辅音的情况。在发相应的分散辅音的时候，软腭升高，会厌软骨下

[1] R.K.Potter and J.C.Steinberg：Toward the Specification of Speech，J. Ac. Soc. Am.，XXII，No.6，1950 年。

[2] 校注：原文为第三，似误。

[3] P.Delattre：The Physiological Interpretation of Sound Spectrograms，PMLA，LXVI，No.5，1951 年。

降,咽腔因而加长。索维雅尔维所做的 X 光摄影,照出了芬兰语元音的发音部位并加以测量,在这方面很有启发①。其他条件相等,分散音的咽腔容积总是大于相应的集聚音的容积。

2.413 感知　由于较高的总声级通常总是伴随着较长的持续,所以,其他条件不变,集聚音比起分散音来,就呈现较高的"语音功率"。弗莱彻尔的计算对美国英语的辅音提出了下列的"平均值"(第八表,末行)(元音也有类似的结果)②:

集聚音		分散音			
/k/	3.0	/t/	2.7	/p/	1.0
/g/	3.3	/d/	1.7	/b/	1.1
/ʃ/	11.0	/s/	0.9	/f/	1.0
/ŋ/	2.0	/n/	4.1	/m/	2.9

在感知平面上,明显的联想把辅音的和元音的集聚与分散的对立连到了一起。最近在哈斯金斯实验室所做的一次实验③,发现同一个人工合成的"画出的塞音在与[i][u]相配时,被大多数人听成[p],但是在与[a]相配时,则听成[k]"。[a]是最集聚的元音,[k]是最集聚的塞音,所以,这个塞音跟[a]接触时就被认为是个[k];[i][u]是最分散的元音,[p]是最分散的辅音,所以,这个塞音跟[i][u]接触就被认为是个[p]。同样,数量的尺度,即大小对立的标志,在一般听众也是潜在地跟集聚分散的对立联系在一起的。这种尺度对于元音和辅音起同样的作用④。

---

① A.Sovijärvi:Die gehaltenen,geflüsterten und gesungenen,Vokale und Nasale der finnischen Sprache,Helsinki,1938 年。

② H. Fletcher:Speech and Hearing,New York,1929 年。

③ A.M.Liberman,P.Delattre and F.S.Cooper:Study of One Factor in the Perception of the Unvoiced Stop Consonants,Program of the Forty-second Meeting of the Acoustical Society of America,Chicago,1951 年。

④ S. S. Newman:Further Experiments in Phonetic Symbolism,American Journal of Psychology,1933 年。

元音模式中集聚和分散的对立是唯一能在两个极项以外呈现中项的特征。在感知平面上，通过集聚元音和相对应的分散元音的混合获得这样一些中项的实验[1]，似乎证实了这种元音性特征区别于其他固有特征的特殊结构。

2.414 出现　集聚和分散元音的区别，看来是具有普遍性的。只有少数几种地理上很分散的语言，像塔希梯亚语和喀西莫夫鞑靼语，缺乏集聚性辅音（舌根的和舌面的都没有），集聚性辅音往往只出现在塞音当中，例如丹麦语。

辅音服从于严格的二分律，或者是集聚的，或者是分散的。类似情况在元音性模式中，虽属常见，但不普遍，例如，在罗马尼亚语里（类似的关系存在于其他许多语言里），开口/a/和闭口/i/是作为集聚与分散而互相对立的，如 rad"我刮胡子"—rid"我笑"。它们相对应的央元音/ə/对/a/来说是分散音（比较 răi 坏的——rai 天堂），但同时对/i/来说是集聚音（比较 văr 堂兄弟——vîr 我介绍）。集聚性和分散性可以看成两个对立物，如果一个用正号表示，一个用负号表示，那么/ə/就用"±"号表示，但是两个对立物的这种对立也可以分解为矛盾性的两个二元对立，即：集聚对非集聚，分散对非分散。在此情况下，/ə/将是双负性，它既是非集聚的，又是非分散的。

2.42 音调性特征[2]　这是共鸣特征的亚类，包括三种明显不同又能以种种方式相互起作用的二分特征：函胡性特征；降音性特征；升音性特征。

2.421 函胡性对清越性

2.4211 刺激　从声学上说，这种特征意味着频谱中重要部分的一边对另一边占优势。当频谱较低的一边占优势时，这种音就

---

① K.Huber: Die Vokalmischung und das Qualitâtensystem der Vokale, Archiy für Psychologie, XCI, 1934 年。

② 这里所说的"音调性"（tonality）是指元辅音音色方面的特征，同汉语等声调语言的声调是两回事。——译者

叫做函胡音;较高的一边占优势时,这种音就叫做清越音。对此特征,有两种适当的量数:区域中心;区域中心周围的第三动差。如上(2.411)所述,在应用这些标准之前,必须使频谱按某种方式规格化。目前,恰当的规格化的函数还未能确定。

第三动差的一个非常有利的条件,就是频谱的较低一端的优势在这里将表示负值,而较高一端的优势将表示正值。这样我们毋须参照其他标准就能确定一种声音的函胡性或清越性。但是我们必须把变量之一(效率的差异)自乘两次,求出立方值,这样,似乎就使第三动差成为一种非常敏感的量数,唯有非常小心谨慎才能应用。

应用区域中心,我们可以避免这些困难,但同时我们又失去了上述的有利条件。区域中心的绝对值不能指出一个音是函胡的还是清越的,因为清越音的区域中心完全可能低于函胡音的区域中心。试比较英语 deaf"聋"一词中的清越音/e/和函胡音/f/的区域中心。因此,只有我们至少还知道某个音所具有的其他一些特征,我们才能判定它是函胡的还是清越的。

函胡元音对清越元音:土耳其语/kɨs/"恶意的"—/kis/"肿瘤"、/kus/"吐出来!"—/kys/"减少"、/an/"片刻"—/en/"宽度"、/on/"十"—/øn/"前面"。

频谱上第二共振峰相对于其他共振峰的位置,最能说明这个特征,当它和第一共振峰接近,这个音就是函胡音;当它和第三共振峰以及更高的共振峰接近,这个音就是清越音。

函胡辅音对清越辅音:fill—sill、pill—till、bill—dill、mill—nil。我们在辨认辅音的函胡与清越特征时,往往可以观察其毗邻元音(如果有的话)的第二共振峰;如果下降,就是函胡辅音;如果升高,就是清越辅音。这是本文第一页脚注所引《可见的语言》所提倡的方法。在某些情况下,第三甚至更高的共振峰的位置也可能受影响。

2.4212 产生　辅音或元音的函胡性产生于较大而分隔较少的

口腔,清越性产生于较小而分隔较多的口腔。因此,唇辅音是函胡的,借此跟齿辅音对立,同样,舌根音也借此跟舌面音对立,舌位较后的后元音,借此跟舌位较前的前元音对立[①]。

但是,通常的情况是,函胡音(后元音、唇辅音,以及和舌面音对立的舌根音)的形成,有一种值得注意的补充因素,那就是通过咽腔的变窄,使共振口腔的后部孔道收缩;至于相对应的清越音(齿音、舌面音和前元音),则由放宽了的咽腔发出,例如捷克语中这两类辅音发音时,咽腔横切面的宽度偏离静默时横切面的宽度(13.3 毫米)如下(以毫米计):

函胡音		清越音	
/u/	−3.8	/i/	+15.2
/o/	−5.5	/e/	+4.0
/f/	−4.7	/s/	+6.3
/x/	−3.8	/ʃ/	+1.7
/p/	−2.5	/t/	+0.5
/k/	−2.6	/c/	+12.7
/m/	−2.5	/n/	+8.9

2.422 降音性对平音性

2.4221 刺激 降音性在频谱中表现为一组共振峰乃至所有一切共振峰都向下移动。

降音性元音对平音性元音:土耳其语/kus/—/kis/、/kys/—/kis/、/on/—/an/、/øn/—/en/。我们借用通行的音乐术语来表示这种特征,在音位记音的时候,我们可以把音乐上的降半音记号"b"放在音标下面或上面来表示降音性,例如北高加索的鲁徒利亚语/iak/"光"—/iak/"肉"、/χar/"更多"—/χar/"雹"。

2.4222 产生 降音性的产生,主要是由于嘴唇开孔的缩小(圆

---

① L'Abbě Millet:Etude Expérimentale de la Formation des Voyelles,Paris,1938 年。

唇），这同时也就伴随着双唇窄道的伸长。因此，降音性和平音性的对立，原先称为"唇孔的变化"，而函胡音和清越音的对立称为"声腔的变化"①。

有时候不是口腔的前开孔，而是咽部的腔道，它的收缩也可以产生同样的降音性效果②。这种独立的咽部收缩称为咽音化，能影响清越辅音而削弱它的清越性。有些民族（如班图人和乌兹别克人）自己的母语中没有咽化音，他们说阿拉伯语词中的咽化辅音时，就发相对应的唇化音来代替，这个事实说明了咽化和圆唇在听觉感受上是类似的。这两种过程不在同一个语言里出现。因此，它们可以被看成是降音性和平音性一种对立的两个变体。音标[ţ]用来代表圆唇的[t]，[t]用来代表咽化的[t]，这两个音标在音位记录中，都可以用单个符号来代替。我们用来表示高加索圆唇辅音的，放在音标下面或上面的音乐上的降半音记号，同样适用于阿拉伯语的咽化辅音：/dirs/"臼齿"—/dirs/"骆驼尾巴"、/salb/"上十字架"—/salb/"掠夺"。

关于函胡辅音和关于元音的"后孔道变化"的独立应用见2.4236。

2.423 升音性对平音性

2.4231 刺激 这种特征表现为第二共振峰的微升，而且在某种程度上，也表现为较高的共振峰的微升。

例子：俄语 мять"揉，搓"（不定式）—мят"经过揉搓的"（短尾过去时被动形动词）、мать"母亲"—мат"（下棋）将死"、кровь"血"—кров"庇护所"。

2.4232 产生 为了实现这一特征，舌的一部分翘向硬腭以缩小口腔。这种调节叫做腭化，它是与辅音的主要发音动作同时

---

① B.Polland and B. Hála：Les Radiographies de l'articulation des Sons Tchèque, Prague, 1926；B.Hála, Uvod do fonetiky, Prague, 1948 年。

② W.H.Gairdner：The Phonetics of Arabic, Oxford, 1925 年。

做的,比起相应的平音性辅音来,咽部通道更扩大一些。如果是升音性的清越辅音,比起平音性的清越辅音来,咽部又更要扩大。平音性函胡辅音是咽部收缩的,要变为升音性,只须用咽部扩张代替收缩。因此,在使函胡辅音成为升音性的过程中,咽的作用特别重要,而且,在某些情况下,可以变成它的主要因素(见2.4236)。

2.4233　音调性特征的感知　清越音的高频率如果被消除掉,它的可懂度将被严重地损害;函胡音正相反,如果丧失了低频率[1],就难以辨认。一个人工合成的塞音如果赋予它明显的高频率,听起来像个[t];如果赋予它明显的低频率,听起来就像个[p](见2.413)。

在联带感觉方面反应灵敏的人,听了函胡与清越对比的音,如/u/对/y/,或/ɨ/对/i/,或/f/对/s/,容易认为一是暗,一是明;听了降音性和平音性对比的音,如/u/对/ɨ/,或/y/对/i/,他的感受则是深、宽、重、钝对浅、高、轻、锐。进一步研究听感的这两个因次和不同音响刺激的关系,以及和同一批听众对集聚特征的反映的关系,将有助于阐明和分清不同的声音属性。

阿拉伯语法传统根据听觉经验把咽化辅音说成是更加"粗壮"和"坚实",高加索人对于圆唇辅音也有同样的说法。

升音性的清越辅音如/ʂ//ţ/,在感觉灵敏的被测验的人听起来,感到它们比/s//t/稍为明亮些,而升音性的函胡辅音/f//p̣/则不如/f//p/那么暗。

具有"听色"天赋的人,提到元音是有彩色的,辅音是没有彩色的,灰色的。对于清越与函胡之间的对立,他们的反应是白与黑的对立,黄与蓝的对立,绿与红的对立,至于集聚音则一般被比成距

---

[1]　C.Stumpf: Die Sprachlaute, Berlin, 1926 年; H. Fletcher: Speech and Hearing, New York, 1929 年。

离黑白轴最远的那些颜色①。元音混合的实验表明,同时发出的函胡音与清越音,听起来不像单个的元音(见本文第 733 页注①)。这种实验可以跟颜色的同类实验相比;人们没听说有黄中带蓝、绿中带红的说法②。

　　2.4234 音调性特征的出现　一种语言至少呈现一个音调性特征,我们叫它主要特征。此外,一种语言也可能包含一种或两种次要的音调性特征。

　　2.4235 主要音调性特征　辅音差不多普遍地具有音调性特征。一般地说,分散音呈现着函胡与清越的对立,而这种对立也往往见于集聚音之中。换句话说,辅音模式通常包括唇音和齿音,而且也往往包括相互对立的舌根音和舌面音,例如中欧有几个语言——捷克语、斯洛伐克语、塞尔维亚-克罗地亚语、匈牙利语——就是这种情况。它们的辅音音位构成方形模式。有些语言则不然,如英语和法语,它们的集聚音,如果其他条件相等,并不分裂为函胡与清越音,它们的辅音音位构成三角形模式:

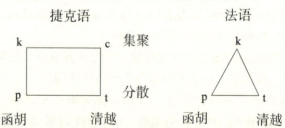

在美洲、非洲的少数语言中没有唇音,这种情况大多可以追溯到嘴唇装饰品的传统的应用。再说,这类少见的辅音模式,大多数没有函胡与清越的对立,而有另一种音调性特征,即降音性与平音

①　R. Jakobson: Kindersprache, Aphasie und Allgemeine Lautgesetze, *Sprakvetenskapliga Sällskapets i Uppsala Förhandlingar*, 1940—1942 年。

②　D.B.Judd: Basic Correlates of the Visual Stimulus, Handbook of Experimental Psychology, ed.by S.S.Stevens, New York, 1951 年。

性的对立,例如特林吉特语(阿拉斯加)、易洛魁语、维奇达语(俄克拉荷马州)都是如此。试比较特林吉特语的[jaːḳ]"独木舟"—[jaːk]"贝壳"。

在只有一种音调性特征的元音模式中,我们发现下列三种情况:(a)只有函胡与清越的对立;(b)罕见的,只有降音性和平音性的对立;(c)很常见的,两种对立的融合。第一种情况例如维奇达语①和斯洛伐克语,像斯洛伐克语 mat'/mac/"母亲"—mät'/mæc/"薄荷"。又如在日本语里,与/i/对立的函胡音并不圆唇。第二种类型可以俄语为例,在俄语里,闭口的/u/和/i/只是作为降音性(圆唇)和平音性(不圆唇)而相互对立,因为在某些位置上这两个音位都有前元音变体,而在另一些位置上又都有后元音变体:шутить"戏谑"—[ʃidʼitʼ]"抽烟"、рву"我撕"—рвы"壕沟"。在此情况下,两个过程当中,只有一个过程在音位学上是有关的,至于另一个过程则是多余的特征,它只在一定的上下音中出现。第三类型是两种过程的不可分解的融合,在西班牙语和意大利语出现,例如西班牙语/puso/"他放"—/piso/"践踏"、/poso/"沉淀物"—/peso/"重量"。这里,在函胡与清越的对立中,圆唇始终伴随着宽的不分隔的口腔,而从不伴随较窄的、较有分隔的口腔。因此,在这些模式中,只有最合格的函胡音和最合格的清越音是相互对立的。

如果某一语言的元音只有一种音调性特征,那么它可以同辅音的主要的(或唯一的)音调性特征合在一起,而不管上述的三种模式实际出现哪一种,例如俄语应用降音性与平音性这一对立作为元音的唯一音调性特征,另一方面又应用函胡与清越这一对立作为辅音的主要音调特征。可是,这些特征之间的分别是多余的,因为伴随着这种分别的还有元音和辅音的对立。由此,这里唯一

---

① P.L.Garvin:Wichita Ⅰ:Phonemics,Int.J.Am.Ling. ⅩⅥ,1950 年。

有关的因素是这两种音调特征的公分母。

唯一的或主要的音调性特征往往只限于分散元音。因此，元音也跟辅音一样，形成一个四方形或者三角形的模式（见下图）：

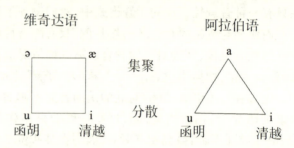

2.4236　次要音调性特征　在好些语言里，辅音除了主要特征，即函胡和清越的对立以外，还应用降音性和平音性的对立作为次要特征。圆唇产生的降音性在高加索诸语言中是广泛应用着的，而且它出现在亚洲、非洲、美洲某些土著语言里。它主要是在舌根音起作用，但有时候它扩展到其他辅音。降音性的另一变体——咽化辅音（又叫强调音）出现在某些闪族语言及其邻近的语言里。这种过程作用于分散的清越辅音（齿音），削弱它们的清越性。至于在集聚辅音中，它跟函胡与清越这个主要的对立融合，而且加强舌面音和舌根音的区别，因为它给舌根音加上了非常强烈的咽部收缩作用。

特别显现在印度各种语言里的卷舌辅音和齿辅音的区别，是同一对立的另一表现：无论在发强调音或发卷舌音时，咽部都要收缩，共振腔都要伸长。但是，发强调音时，似乎咽部收缩更重要些；发卷舌音时，似乎共振腔伸长更重要些。

液音和滑音也有圆唇作用或者咽化的作用。因而也可能有降音性与平音性的对立，譬如说，塞卡西亚语区别圆唇的喉塞音和不圆唇的喉塞音：/ʔa/"说！"——/ʔ°a/"手"。阿拉伯语则区别咽部收缩的送气音和咽部不收缩的送气音：/hadam/"（过去）天热"——/hadam/"他

（过去）拆坏"、/jaʰdim/"（现在）天热"—/jahdim/"他（现在）
拆坏"。

升音性与平音性音的对立在许多语言里起着重要的作用，例
如盖尔语、罗马尼亚语、波兰语、俄语及其邻近的好几种语言。这
种对立主要作用于分散的清越辅音（齿音），但是有时候也扩展到
其他种类（唇音和舌根音）。

在少数语言里，圆唇辅音（降音性）和腭化辅音（升音性）可以
同时存在，例如高加索的阿布哈兹语，它的平音性音如/g/，一方面
跟相对应的降音性/gʷ/对立，另一方面又跟升音性/gʲ/对立。个别
语言如东干汉语和克什米尔语，同时存在的两种对立，形成四种可
能的组合：（1）圆唇的非腭化；（2）不圆唇的非腭化；（3）圆唇的腭
化；（4）不圆唇的腭化（比较元音系列/u/—/ɨ/—/y/—/i/），例如
克什米尔语用这个方式区别动词"做"的四种不同的语法形式：
/kar/—/kar/—/kar/—/kar/。在圆唇的腭化音里，第二共振峰移
近第三共振峰，同时一切共振峰的频率都向下移。

最后在一种语言内部，降音性和升音性的结合还可以采取另一
种形式。除了像阿拉伯语那样把咽部的独立作用限于收缩，以便把
清越辅音造成降音性以外，在东北高加索还有少数语言利用咽部的
扩大来把函胡辅音造成升音性，这就是所谓"强调音性的软化"的实
质[1]。这两种过程——清越音的降音化，函胡音的升音化——可以
约减为一个公分母：即通过咽头变形削弱主要特征。这样我们可以
用同一方式来记录咽部窄化的齿音，例如东北高加索的拉克语：
/ḋaː/"中央"—/daː/"来"、/m̈a/"门闩"—/ma/"拿吧"。

在好多语言里，函胡性和清越性、降音性和平音性两种对立，
在元音模式中是分别起作用的。在这类语言里，如果两个元音音
位互相对立是由于它们第二共振峰的位置相反，那么，其中至少一

---

[1] N.Trubetzkoy：Die Konsonantensysteme der ostkaukasischen Sprachen，*Caucasica*，Ⅷ，1931 年。

个音位由于头三个共振峰以及某些更高的共振峰的移位而跟第三个音位对立,例如法语(同样还有斯堪的纳维亚诸语言、标准德语、匈牙利语)区别两类清越元音和一类最合格的函胡元音,即平音性清越元音—降音性清越元音—降音性函胡元音:nid/ni/"鸟巢"—nu/ny/"裸体"—nous/nu/"我们"。

另一些语言,例如罗马尼亚语和乌克兰语,具有两类函胡元音(降音的如/u/,平音的如/ɨ/),而只有一类最合格的清越元音(平音的如/i/)。在 D.琼斯所描写的英语变体(公认读音)中,有一种可供比较的分布。分散元音:清越的如,pit/p'it/"坑"—平音函胡的,如 putt/p'ət/"小飞机"—降音函胡的,如 put/p'ut/"放";集聚元音:清越的,如 pet/p'et/"宠爱物"—平音函胡的,如 pat/p'at/"轻拍"—降音函胡的,如 pot/p'ot/"罐"。固然,在 pat 里,代表/a/这个音位的条件变体是前元音[æ],但是在产生这个英语元音时,舌头位置比清越元音靠后,此外,据 D.琼斯和其他观察者说,咽部的收缩"看来是这个音的固有特征"。这就把它和同一音位的后部位变体以及其他的函胡元音联系起来了。

最后,土耳其语不论函胡元音和清越元音都再分为降音性与平音性两小类:/kus/—/kɨs/—/kys/—/kis/;/on/—/an/—/øn/—/en/。参看下面的图解:

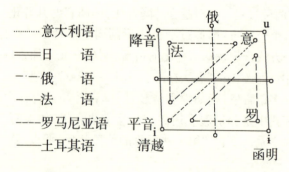

一种语言如果只有三类元音:一类最合格的函胡音,一类最合

格的清越音,一类被削弱音,或者是降音性清越,或者是平音性函胡,那么,只要元音模式的结构许可,我们就可以把这三类元音解释为一种对立。在这一假设下,/u/是"+",/i/是"−",/y/或/ɨ/则对/i/来说是"+",对/u/来说是"−",因此,可以标为"±"。降调和平调的对立,作为元音的次要音调性特征,可以用削弱的函胡和(或)清越来补充最合格的函胡和清越的对立,例如用/ɨ/和(或)/y/来补充/u/和/i/。在少数高加索、尼罗河流域诸语言和印度语言里,有类似的削弱,那是通过咽部的扩张(升音化)来削弱函胡元音,通过咽部的收缩(降音化)来削弱清越元音。这种咽部作用产生两列央化元音,分别与后元音、前元音对立,例如在丁卡(英—埃苏丹)语里,/ü/—/u/;/ö/—/o/;/ɪ̈/—/i/;/ĕ/—/e/,如/dɪ̈t/"鸟"——/dit/"大的"。

2.43 紧张性对松弛性

2.431 刺激 同相应的松音位相对照,紧音位有较长的音长和较大的能量(定义为处在音强曲线包络下面的区域;参看2.31)。

在紧元音里,共振峰偏离中央位置的总和大于相应的松元音(参看2.13)。可以推测,紧辅音(称为强音)的频谱,与松辅音(称为弱音)相比,也有类似的偏离。

在辅音中,紧张度主要表现在它们的出音的长度,如果是塞音,则加上爆发时的较大的强度。

紧元音与松元音的对立,往往被混同于较分散与较集聚元音之间的区别,以及较高与较低舌位之间的相应的发音的差异。但是,较分散的元音短于(其他条件相同)较集聚的元音,而紧元音的持续时间却长于相应的松元音。

例子:紧辅音对松辅音:英语 pill—bill、till—dill、kill—gill/gil/、chill—gill/ʒil/、fill—vill、sip—zip。紧元音对松元音:法语 saute/sot/"突然变化"—sotte/sot/"蠢妇"、pâte/pɑt/"面团"—patte/pat/"脚爪"、las/lɑ/"疲倦"—là/la/"那里"、jeûne/zøn/"吃斋"—jeune/ʒœn/

"年轻"、tête/tẹt/"头"—tette/tet/"乳头"、thé/tẹ/"茶"—taie/te/"枕套"(/ẹ/与/e/之间的长度区别,在辅音前面时是很要紧的,但在词的收尾显然不太重要了)。

法语紧松元音表[1]

	F_1	F_2	F_3	$\sum \Delta f$
中性位置 (发音人 D,女)	570	1710	2850	
Saute/sọt/	480	1000	2850	
Δf	90	710	0	800
Sotte/sot/	520	1400	3000	
Δf	50	310	150	510
pâte/pạt/	600	1200	2800	
Δf	30	510	50	590
patte/pat/	650	1600	2650	
Δf	80	110	200	390
tête/tẹt/	600	2100	3200	
Δf	30	390	350	770
tette/tet/	600	1900	2500	
Δf	30	190	350	570
thé/tẹ/	450	2300	3200	
Δf	120	590	350	1070
taie/te/	600	2100	2650	
Δf	30	390	200	620

　　紧元音共振峰偏差的总和总是大于相对应的松元音。紧元音通常比相对应的松元音长得多。

　　2.432 产生　紧元音的发音比起相对应的松元音来,具有更大的明显性和更大的压力。肌肉的拉力影响舌头、声道壁和声门。较高的紧张作用伴随着整个声道较大地脱离常态的变形。这符合紧音比相对应的松音有着更长的持续时间的事实。由于声道壁硬度的变化而引起的音响效果,至今还待研究。

　　2.433 感知　卢斯洛[2]和弗莱彻尔(见第 732 页注[2])的实验证

① 表内 F 表示共振峰(formants),Δf 表示偏差,∑Δf 表示偏差的总和。——译者
② P. J. Rousselot:Principes de Phonétique Expérimentale, Ⅱ, Paris, 1908 年。

明，在其他相同条件下，紧音比起相对应的松音来，有更高的可听度。对于英语的辅音，弗莱彻给了下列的数据，这是以分贝（decibels）为单位计算的，单个的声音应把这个数目衰减，以示其难于听见。

| 紧 | k 83.8 | t 84.1 | p 80.6 | s 82.4 | f 83.6 |
| 松 | g 82.9 | d 78.9 | b 78.8 | z 81.6 | v 81.4 |

为了区别紧辅音和松辅音，持续时间的差异很重要，这在 L.G.琼斯的实验中得到了证明：当[p][t][k]（原先是通过切去相应的擦音产生的，参看 2.3113）的开头在磁带记录中被抹掉，英国人听起来觉得是[b][d][g]。但是说斯拉夫语的人听起来仍旧是[p][t][k]，因为他们所意识到的不是松和紧，而是带音不带音（见2.434）。

2.434 出现　在许多语言里，例如广州话，辅音音位既不表现为带音与不带音的对立，也不表现为松与紧的对立。

在相当数量的语言里，只有这两种对立当中的一种是有关的。如果只有紧辅音和松辅音的对立是区别性的，那么，或者像丹麦语那样，都不带音，或者像英语或法语那样，带音与不带音分别变成了松与紧的伴随因素。在这一类语言里，松紧特征比起多余的带音不带音特征更为经常。这种格局可以用法语的模式作为例子来证明。在法语里，tu la jette"你扔掉它"中带音的松辅音（弱音）[ʒ]在 vous la jetez"你们扔掉它"里，由于[ʒ]在不带音的[t]的前面而变成了不带音的[ʒ]，但是它仍区别于 vous l' achetez"你们买它"中不带音的紧辅音（强音）[ʃ]。在这类语言中，某些语言的紧塞音是送气的，或者是普遍送气，或者像英语那样，送气限于一定的位置上。

我们也可以观察到相反的关系，例如斯拉夫语系诸语言，带音不带音的特征才是有关的，至于松紧的特征只是伴随着的，在一定程度上是随便的。

最后，在为数相当有限的语言里，这两种对立都存在于音位模式之中。在此情况下，带音与不带音的自主对立通常限于塞音；送气不送气表现着紧塞音与松塞音的对立，而且，在大多数情况下，只有不带音的塞音才分为送气不送气,例如南非洲的苏托语:/dula/"坐"—/tula/"裂"—/thula/"以头撞"①。偶尔,特别是在少数印度语里,带音的塞音也有紧和松的配对(送气与不送气)。相反地,在高加索的某些语言里,例如在莱兹金语和奥塞特语里,塞音区分带音的、急刹的、紧的和松的四类,至于送气则是多余的特征,成了与紧塞音对立的松塞音的标志。

元音前或元音后的送气/h/,其对立面是元音的均匀而不送气的开头或收尾。前者是紧滑音(拉丁文:spiritus asper)。后者是松滑音(拉丁文:spiritus lenis),正确地说,是一种零音位。在英语里,这种对立(/h/—/#/)出现在一个词开头的、元音前的位置上:

hill:ill≃pill:bill;hue/hi'uu"色度":you/i'uu/"你们"≃tune/ti'uun/"曲调":dune/di'uun/"沙丘"。

与/h/对立的松音有一种随意的变体,在强调的情况下,喉塞音可以代替均匀的开头,例如an aim"一个目标"可以表现为[anʔ'eim]的形式,以求明显地区别于a name[ən'eim]"一个名字"。通常的情况是具有紧辅音与松辅音对立的语言同时也具有/h/这个音位。

紧与松的对立,在液音里的表现可以举西班牙语的强烈的滚动音与闪音/r/作为例子,例如在西班牙语里,perro"狗",紧音—pero"但",松音。

紧松元音的对立,出现在世界各个区域。有时候,它涉及整个元音模式。但更多的时候是只作用于某些元音音位,例如意大利语只有两对紧松元音的对立:/torta/"果馅饼—/torta/"弯曲的(阴性)";/pesca/捕鱼"—/pesca/"桃"。

2.44 补充的共振器:鼻音对口音

2.441 刺激 鼻化特征既可以属于辅音,也可以属于元音。英

---

① D. Westermann and I. C. Ward: Practical Phonetics for Students of African Languages, London, 1933 年。

语 din—did、dim—dib、ding/diŋ/—dig。法语 bane［bā］"板凳"—bas［ba̧］"纸"。

鼻音在频谱上表现出共振峰密度高于相应的口音。依照裘斯的实验①，在鼻元音里，在元音的第一和第二共振峰之间还出现一个外加的共振峰，而且头两个共振峰的强度减弱。像/ɑ/这样第一共振峰是高的元音，外加的鼻音共振峰则出现在相应口元音的最低共振峰的下面，而不是上面。

鼻辅音比起相对应的口辅音来（/m/比/b/，/n/比/d/，/ŋ/比/g/，/p/比/f/），多了一种嗡嗡的鼻音贯穿着整个的持阻期。除了几个可变的共振峰之外，这种嗡嗡声具有两个经常的明显的共振峰，一个大约是 200 赫，另一个大约是 2500 赫。嗡嗡部分的那些共振峰是相对稳定的：在声谱图里，它们表现为直的水平线，从毗邻音过渡和过渡到毗邻音时，线条往往很陡。

由鼻化而增加的极点和零点，在频谱中是一种局部变形，对其他共振特征没有任何影响。这些基本特征只由影响整个频谱的原来的那套非鼻音的极点来决定②。

2.442　产生　口音（更正确地说是非鼻化音）的形成，是来自喉头的气流只通过口腔冲出。至于鼻音（更正确地说是鼻化音）则相反，发音时软腭下降，以致气流分为两路，口腔共鸣器得到鼻腔的补充。

2.443　出现　在辅音模式中，口音和鼻音的对立，差不多是普遍存在的，只有零星的例外，如维奇达语。但是，很大数量的语言却没有鼻元音和口元音的区别。在元辅音模式中，鼻音的数目从来不高于、而且通常总是低于口音的数目。鼻化特征可以跟其他

---

① 　M.Joos：Acoustic Phonetics，Baltimore，1948 年。

② 　洛兹有这样的意见："有的元音是鼻音，有的元音不是鼻音，从而反映出元音模式有辅音的成分插入。但是，鼻化性质显然是外加的，因为它只在加于别的音质时才起作用。一般说来，如果一种特征是蕴含的——而且在等级体系中处于次要的地位——我们就从总波中把它扣除，从而获得基本的现象。"

共振特征相结合。而且,除了罕见的例外,至少有两种鼻辅音可以区别开来,即分散性清越音/n/和分散性函胡音/m/。此外还往往有一种,偶尔有两种集聚性鼻音:一种是清越的/ɲ/,一种是函胡的/ŋ/。关于带音特征,鼻辅音的情况和液音一样,在正常情况下它们是带音的。偶尔也有带音和不带音的对立。试比较西南非洲的关雅马语:/na/"以"—/n̬a/"非常"。其他的辅音声源特征在鼻音里也是非常罕见的。

2.5　结论　我们从世界语言中发现的、作为全体词汇和语法成分基础的固有的区别性特征,共计有十二对的二元对立:(1)元音性/非元音性;(2)辅音性/非辅音性;(3)暂音/久音;(4)急刹/非急刹;(5)粗糙/柔润;(6)带音/不带音;(7)集聚/分散;(8)函胡/清越;(9)降音/平音;(10)升音/平音;(11)紧张/松弛;(12)鼻音/口音。

没有一种语言包含这些特征的全部。在同一语言里和在同一音位里,这些特征或者联翩出现,或者不能共存,这在很大程度上决定于普遍有效的,或者至少有很高的统计概率的蕴含律:X 蕴含 Y 的存在和/或 Z 的阙如。这些规律显示着音位模式的分层,并把它们的表面多样性简化为一套有限的结构类型。

尽管在一个音位里和在整个音位模式里,各种不同的区别性特征互相依存的形式那么繁多;但是,区别性特征都是独立自主的。任何特征都能执行它的区别功能(/gip/ ≠ /gib/ ≠ /gid/),不但这样,我们还看到,每一特征都是不管它所出现的不同音位而加以辨认的,这在语言中也起着重要的作用。

各种区别性特征的独立性,由于某些语言有一种名为元音和谐的语法过程而更加明显。在这类语言里,元音特征的选择限定着词单位的范围,例如在远东的某些语言里,一个词单位的元音要么全都是集聚的,要么全都是分散的。比方黑龙江上的哥尔特语里的词,或者是全都用/o ɑ e/一套集聚元音,如/gepɑlego/"解放";或者是全都用/u ə i/一套分散音,如/gisurəgu/"重述"。

在芬兰语里,那些在其他相同条件下与函胡元音配对的清越元音,不能和函胡元音同属一个简单的词单位。芬兰语的元音模式包括:

降音性		平音性	
函胡	清越	函胡	清越
		a	æ
o	ø		e
u	y		i

因此,一个词单位或者是用/a o u/一套函胡元音,或者是用/æ ø y/一套清越元音,至于平音性清越元音/e i/,由于没有平音性函胡元音和它们相对应,它们就能跟任何元音相结合。

在突厥语系的多数语言里,函胡元音和清越元音是不能在一个词单位内部共存的;这种办法在一定程度上也适用于降音性元音和平音性元音,例如土耳其语:

词根元音	后缀“我们的”
降音函胡	/-muz/
平音函胡	/-mɨz/
降音清越	/myz/
平音清越	/-miz/

尼日利亚南部的伊波语有八个元音音位,呈现着三种对立:集聚对分散,函胡对清越,紧张对松弛。一个词根只能包括紧元音/o̩ e̩ u̩ i̩/,或者只能包括松元音/o e u i/。

“辅音和谐”见于喀莱特西北部(在立陶宛)的语言。一个词单位或者全都用升音性辅音,例如/ku̩nḷarḍɑn/“由日子”;或者全都用平音性辅音,例如/kunlardɑn/“由仆人”。

赫尔佐格(G.Herzog)记录和分析的西南美洲的丕马歌(Pima Songs),对于用词的选择有一套约定的支解辅音的方法,那就是取消别的辅音特征,只把辅音的集聚分散特征和函胡清越特征抽取出来。

　　在斯拉夫诗歌的半谐韵脚中,辅音特征只是带音或不带音,例如在波兰语里,口诵的和写下来的诗歌,在应用半谐韵脚时,一切带音的辅音都是等价的(doba—droga—woda—koza—sowa),同理,一切不带音的辅音也都是等价的(kopa—sroka—rota—rosa—sofa);但是,带音的辅音和不带音的辅音相配押韵则是不容许的(译者按:例如以 doba 和 kopa 押韵是不容许的)。/rota/"连队"和/rosa/"露水"这两个词由一种区别性特征(暂音对久音)把它们从语义上区别开来,但是同一音位的另一种区别性特征(不带音)又使这两个词在半谐韵脚方面成为等价物,这一事实突出地证明,区别性特征是具有运用的独立性的。

三、附　录

　　分析式记音　音位可以被分为若干固有的区别性特征,这些区别性特征是最终的离散信号。如果分析工作简化为"是与非"的情况,那么,英语(公认读音)的音位模式可以表现如下:

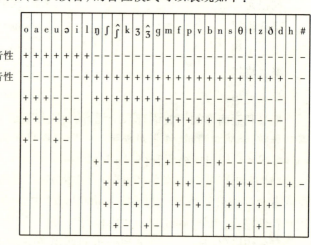

	o	a	e	u	ə	i	l	ŋ	ʃ	ʃ̂	k	ʒ	ʒ̂	g	m	f	p	v	b	n	s	θ	t	z	ð	d	h	#
1.元音性/非元音性	+	+	+	+	+	+	−	−	−	−	−	−	−	−	−	−	−	−	−	−	−	−	−	−	−	−	−	−
2.辅音性/非辅音性	−	−	−	−	−	−	+	+	+	+	+	+	+	+	+	+	+	+	+	+	+	+	+	+	+	+	−	−
3.集聚/分散	+	+	+	−	−			+	+	+	+	+	+	+														
4.函胡/清越	+	+	−	+	−										+	+	+	+	+									
5.降音/平音	+	−	−	+																								
6.鼻音/口音								+							+					+								
7. 紧张/松弛									+	+	+	−	−	−		+	+	−	−		+	+	+	−	−	−	+	−
8.久音/暂音									+	−	−	+	−	−		+	−	+	−		+	+	−	+	+	−	+	
9. 粗糙/柔润																+					+	−		+	−			

音位记音举例:/o/–pot√/a/–pat√/e/–pet√/u/–put√/ə/–putt、/i/–pit√/l/–lull√/ŋ/–lung√/ʃ/–ship√/ĵ/–chip√/k/–kip√/ʒ/–azur√/ẑ/–juice√/g/–goose√/m/–mill√/f/–fill√/p/–pill,/v/–vim√/b/–bill√/n/–nill√/s/–sill√/θ/–thill,/t/–till√/z/–zip√/ð/–this√/d/–dill√/h/–hill√/#/–ill。重音对非重音,作为韵律对立,把每一个元音音位分而为二。

区别性特征在一定语言(在这个例子里就是英语)中的叠加情况,决定了它们在分析式记音中的次序。

Ⅰ.辨别基本声源特征(1、2),把话语的成分区分为元音、辅音、滑音、液音;液音不要求进一步的分析。

Ⅱ.元音和辅音中共振特征的叠加,表现为下列的次序:

(A)集聚分散特征(3),它包括着所有的元音和辅音;

(B)函胡清越特征(4),它关系到所有的元音以及集聚辅音,当清越元音的分析手段无能为力的话;

(C)降平特征(5)只限于函胡元音,而且元音的分析到此为止;

(D)鼻音口音特征(6)只对辅音起作用,而且鼻音的辨认即作结论;

最后,紧松特征(7)关系到没有元音性特征和鼻音特征的一切音位,即口腔辅音和滑音。

Ⅲ. 次要声源特征(8、9)只说明口腔辅音①。

可是,我们使用英语音位的分析式记音是想确定这些音位在语言通讯中实际担负的有效的信息量,所以最好把不可预测的特征跟可预测的因而也就是多余的特征区别开来,而把多余的特征放在括弧内。其次,如果我们承认两种对立特征(±)在一个音位中

---

① 在仪器的探测上,进行的程序应该改为:先定6、8、9,然后再定3、4、5。

可以同时存在，那么，整个特征表还可以再简化。这样前面所列的英语模式可以压缩如下：

	o	a	e	u	ə	i	l	ŋ	ʃ	ĵ	k	ʒ	ẑ	g	m	f	p	v	b	n	s	θ	t	z	ð	d	h	#
元音性/辅音性	+	+	+	+	+	+	±	⌣	⌣	⌣	⌣	⌣	⌣	⌣	⌣	⌣	⌣	⌣	⌣	⌣	⌣	⌣	⌣	⌣	⌣	⌣	⌣	⌣
集聚/分散	+	+	+	-	-	-		+	+	+	+	+	+	+	⌣	⌣	⌣	⌣	⌣	⌣	⌣	⌣	⌣	⌣	⌣	⌣	⌣	⌣
函胡/清越	+	±	-	+	±	+									+	+	+	+	+	-	-	-	-	-				
鼻音/口音								+	⌣	⌣	⌣	⌣	⌣	⌣	+	⌣	⌣	⌣	⌣	+	⌣	⌣	⌣	⌣	⌣	⌣	⌣	⌣
紧张/松弛									+	+	+	-	-	-		+	+	-			+	+	+	-	-	-	+	⌣
最合格擦音/最合格塞音									+	±	+	±				+	-	+			+	±	-	+	±			

有一个著名的实验句子：Joe took father's shoe bench out；She was waiting at my lawn①，用分析式记音法，将成为下面的样子：

	ẑ	o	u	t'	u	k	f'	a	e	ð	ə	z	ʃ'	u	u	b	e	n	ĵ	#'	a	u	t
元音性	(-)	+	+	(-)	+	(-)	(-)	+	+	(-)	+	(-)	(-)	+	+	(-)	+	(-)	(-)		+	+	(-)
集聚	+	+	-	(-)	-	+	(-)	-	+	(-)	-	+	+	-	-	(-)	+	(-)	+		+	-	(-)
函胡		+	+	-	-	+	±	±	-	±		+	+			+	-	-			±	+	
鼻音	(-)			(-)	(-)					(-)			(-)					+	(-)				(-)
紧张	-			+		+	+			-		+	-			+			+	(-)			+
最合格擦音	±			-		-	+			±		+				+			±				
重音		+	-		+			+	-			+	-			+	-		+		+	-	

---

① 这个句子之所以著名，是因为英语的各种音位都在其中出现。——译者

	ʃ 'i	i	i	u'	ə	z	u'	e	i	t	i	ŋ	#	ə	t	m'	a	i	l'	o	ə	n
元音性	(-)	+	+	+	+	(-)	+	+	+	(-)	+	(-)		+	(-)	(-)	+	+	±	+	+	(-)
集聚	+	-	-	+	-	(-)	-	+	-	(-)	-	+		-	(-)	(-)	-		+	-		(-)
函胡		-	-	+	±	-	+	-	-	-	-			±	-	+	±		+	±		
鼻音	(-)					(-)				(-)		+			(-)	+						+
紧张	+				-				+						+							
最合格擦音	+					+				-					-							
重音		+	-	-	+		-	+	-		-			-			+	-		+	-	

　　有些特征从音位环境完全可以预测,如果省略这些特征,还可以更进一步减省分析式记音中多余特征的数量,例如在英语里,/'a/不可能有集聚元音跟随着,序列/au/或/ai/的第二成分可以清楚地由函胡与清越的对立表现出来。所以/u/和/i/的分散性在这些组合中变成多余,在记音中可以省略掉。如果贯彻这个原则,把凡是可以从同一音位的其他特征或同一序列的其他音位预测到的特征都放在括弧内,那么,一个序列里的实际的区别性特征将是非

	v̩	i	l	a	s̩	i	p̩	e	t
元音性/辅音性	(-)	+	±	+	(-)	+	(-)	(+)	(-)
集聚/分散	( )	(-)		+	(-)	(-)	-	±	-
函胡/清越	+	(-)			-	-	+	-	
鼻音/口音	(-)				(-)		(-)		(-)
升音/平音	+			(-)		+		(+)	
	v̩	i	l	a	s̩	i	p̩	e	t
久音/暂音	+		+		+		-		-
带音/不带音	+				-		-		(-)
重读/不重读		(-)		(-)		(-)		(+)	

常有限的,例如俄语 велосипед "自行车"一词,如果依照这个办法来分析,差不多一半特征是多余的,非多余特征平均大约每一音位只有三个。

上表加括弧的理由,几句话就能说明白。在俄语里,不重读的/e/是不存在的,因此,这里的重音特征实际上是多余的。由于俄语词的重读元音不能多于一个,在我们所用的例词里,除了/e/以外,一切其他元音必然是不重读的(这是第二层的多余特征)。在/v/的后面,唯一可能的不重读元音只有/i/,所以这个音位的分散性和清越性是第三层的多余特征。这里,辅音抵消了后面跟着的元音的若干特征。下一个音节说明相反的过程:元音抵消了前面辅音的若干特征。在平音性的/l/后面,不重读的元音可以是集聚的,也可以是分散的;如果是分散的,可以是函胡元音,也可以是清越元音。但是在不重读的/a/前面,不可能出现升音性的/l/。因此,在这种情况下,升音的阙如乃是多余特征,正像/e/前面升音的存在反倒是多余的特征一样(例如/p'et/这个音节里的升音性塞音)。

考虑前面不曾提到的少于一的概率,可以进一步抽出多余特征。为了进行这项工作的数学方法已经发展到一个很先进的阶段,这是靠着马尔科夫(A.A.Markov)的科学研究[①]。他第一个把数学方法应用到语言材料上。山农(C.E.Shannon)的科学研究对这个理论作出了进一步的基本的贡献[②]。如果把口语材料和作为口语基础的语言代码都分析成一个个两位的信息,作为它们的最小

[①] A.A.Markov:Essai d'une recherche statistique sur le texte du roman 'Eugène Onĕgin', illustrant laliaison des épreuves en chaine,Bulletin de l'Acadèmie Impériale des Sciences de St.Petersbourg,V Ⅱ,1913 年。

[②] C.E.Shannon:The Redundancy of English,Cybernetics,Transactions of the Seventh Conference,ed.by H.von Foester,New York,1951,and Prediction and Entropy of Printed English,Bell Syst. Tech.J.XXX 1951 年。

成分,问题就显然容易得到解决。要是仍然把口语看成连读体(continuum),情况就"复杂得多"了[1]。

四、补遗和更正

1.3 如果一种语言,例如像土耳其语,具有函胡降音的/u/,函胡平音的/ɯ/,清越降音的/y/,清越平音的/i/,那么,/u/和/i/的区别是最合格的,因为函胡和降音具有公分母(都是共振峰下移),而清越与平音具有公分母(都是共振峰上移)。函胡与平音的结合,清越与降音的结合,都没有公分母,因而不是最合格的。

2.2 为了元音性和辅音性特征问题的最后解决,还有必要做进一步的实验工作。把这两种特征简化为只是它们的声源函数的区别,现在我们看来这种尝试未免太简单化了。我们试着对这些特征的声学特性下这样的定义:

具有元音性特征的音位,它们的声学特性是存在着带有轻微阻尼的、因而带宽比较窄的共振峰。具有辅音性特征的音位,它们的声学特性是共振峰和共振峰区域的加宽、减少和相融,这是零点或高度阻尼或共振峰频率的瞬态变化造成的。

原载《国外语言学》1981 年第 3、4 期

---

[1]　C.E.Shannon and W. Weaver:The Mathematical Theory of Communication,Urbana,1949 年。

紧和松*

琼斯在讨论所谓紧元音和松元音的对立的时候,特别是在谈到紧的/i//u/和松的/ɪ//ʊ/的区别的时候说道:把紧松归结为舌部肌肉的不同的紧张程度是不恰当的。"把英语的短[i]描写为舌位低于和后于'闭'位置的元音,对于普通的实际工作已经是够精确的了。'松'这个术语也可以用来描写英语短[u](在 put/put/里)的器官位置,以便和长的'紧'[uː](在 boot/buːt/里)相比较。这里,短[u]的器官特征,跟长[uː]比较起来,可以更精确地描写为舌位较低、较前,而嘴唇有较大的开展度"①。这较低较后的[i]和较低较前的[u],和其他的松元音一样,如许东浦(Carl Stumpf)所说是"向着元音三角的中央移动"②。任何松元音比其相对应的紧元音"总是更接近元音三角的中央"。因此,如方特和我们自己所指出过的③,紧元音比起其对立的松元音来,发音时偏离声道的中性位置,即假定产生很开的[æ]的位置有较大的距离,从而使紧元音偏离中性共振峰模式的距离也比较大④。

---

* 编者注:这是王先生的一篇译文。原作是〔美〕R.Jakobson,M.Halle1961 年 3 月写于加州斯坦福,为琼斯纪念文集(伦敦,1962)所撰稿。

① Daniel Jones:An Outline of English Phonetics,8th Ed.,Cambridge,1956,39。

② Carl Stumpf:Die Sprachlaute,Berlin,1926,259。

③ R. Jakobson,C. G. M.Fant and M.Halle:Preliminaries to Speech Analysis,2nd Ed.,Cambridge,Mass.,May 1952,2,43。

④ G.Fant:Acoustic Theory of Speech Production,'S Gravenhage,1960,210。

斯威特(Henry Sweet)在他的《语音学手册》(1877)"元音"一章里声称:"最重要的一般变更就是导致窄与宽(这里的窄与宽后来改称"紧"与"松")的区别的那些变更。"斯威特成功地指出,这两个"从高到低"系列的元音各有它的独立性,而且任何一类元音都能分为成对的紧元音和松元音。下文我们在区别这两种元音的时候,将用指数^{1}代表紧元音,指数^{2}代表松元音,这是方言学中常用的方法。

紧松区别的独立性在非洲的有些语言中很明显地展示出来,那些非洲语言的"元音和谐"就是建立在紧与松对立的基础上的,例如在巴利语里有五个紧元音和五个松元音相对应,即/u^1/、/o^1/、/a^1/、/e^1/、/i^1/对/u^2/、/o^2/、/a^2/、/e^2/、/i^2/。"一个词,它的词干是紧元音,则其前缀或后缀必然是松元音",例如/to^2-gi^{1}rja^1/(擦抹)对/to^1-gi^{2}rja^2/(使长疤)①。马萨伊语也一样,词干用紧元音或松元音,由此决定词缀的元音性质是紧的还是松的;而且,在某些语法范畴里,松的词干元音和相应的紧元音相交替②。在伊波语里有着四对紧松元音,即闭元音(扩散)/u^1/—/u^2/、/i^1/—/i^2/,和开元音(浓缩)/o^1/—/o^2/、/e^1/—/e^2/,松紧与浓缩扩散特征的独特的相互作用成为元音和谐的基础:如果动词词根是一个紧元音,那么,它的前缀就是扩散音;如果动词词根是一个松元音,那么,它的前缀就是浓缩音③。

贝尔(Nelville Bell)第一个注意到紧松的区别,他归结为咽头动作的差别起了决定作用,至于斯威特主要是强调"舌头的形状"④。但是,后人的研究,据哈佛纳(Heffner)在《普通语音学》里

---

① D.Westermann and I.C.Ward: Practical Phonetics for Students of African Languages, Oxford, 1933, 388。

② A.N.Tucker and J. Tompo Ole Mpaayei: A Maasai Grammar, London, 1955, 260。

③ I.C.Ward: An Introduction to the Ibo Language, Cambridge, 1936。

④ Handbook, 26 ff。

所归纳的,则是把提法"从舌的高度和舌部肌肉的紧张度转到了喉头的部位和气流的压力"①。

塞维尔(Sievers)已经觉察到"在口腔紧张度降低的同时,声带的紧张度也减小",而且"实际上表现为有关元音的相应的'变低'"②。稍后,梅耶尔(Meyer)在他仔细研究了紧元音之后指出,声音压力起着主要的作用。他说:"我认为,紧元音和松元音的主要区别,在于声带的紧缩程度不同,以及由此而决定的吐出的气量的不同。"③

发紧元音时喉头下面的气压升高,是和较长的持续时间不可分地配合着的。各方面的观察者多次指出,紧元音比起相对应的松元音来,持续时间必然较长。紧元音需要较长的持续时间来表现它是最清楚、最合格的元音;松元音比起紧元音来,无论在数量上和质量上都降低了。它是不清楚的,它偏离对立的紧元音而倾向于中性共振峰模式。

斯威特一般总是采用贝尔的术语,以为那是"令人惊叹地明确而简要",但是对于紧元音,他却喜欢用"窄"这个术语来指称,以代替1867年贝尔的《可见的语言》一书中提出的"主要"这个字眼④。不过,斯威特在术语上这个建议反而模糊了。贝尔的命名中表达得非常明确的一个事实,即正是紧元音构成了"主要"的,因而是最合格的元音模式,而松元音则代表次要的、削减了的元音模式。

语言里存在着两种削减音量的方式,它们都在例如非重读的元音模式里可以观察到。一种是从紧减到松;另一种是从集聚减到分散。其他条件相等,一个分散元音(较闭)比起相对应的集聚元音(较开)来是较短的,例如/i/、/u/对/e/、/o/;松元音尽管发音

———————

① R-M.S.Heffner:General Phonetics,Madison,W is.,1949,96ff。

② E.Sievers:Grundzüge der Phonetik,5th Ed.,Leipzig,1901,§256。

③ E.A.Meyer:Festschrift Wilhelm Viëtor,Marburg,1910,238。

④ Handbook,xi。

部位较开,比起相对应的紧元音来,持续时间也较短,例如/i²/、/u²/、/e²/、/o²/对/i¹/、/u¹/、/e¹/、/o¹/。塞维尔正确地提醒人们防止混淆两种区别的根深蒂固的倾向。他说:"人们应该注意:'紧'(或'窄')和'松'(或'宽')的概念不要混同于'闭'和'开'的术语。"[①]

"高窄"元音特别短,这由于它们既是松的,又是分散的。因此,在分散元音中,紧和松的对立不但体现为[i]—[ɪ]或[u]—[ʊ]这样的对立,而且也体现为成音节和非音节的对立,即:[i]—[j]和[u]—[w]。法语的元音性模式及其紧松音位的一贯对立,是分散元音的这种分叉类型的好例子,例如[ai]/ai¹/aī(树獭)—[aj]/ai²/aiɪ(蒜)的区别就相当于/te¹t/tête(头)—/te²t/tette(奶头)。在法语里,[i]和其他紧元音一样,比起松音[j]来,具有较长的持续时间,距离中性共振峰模式的偏离总和也较大[②]。

持续时间在紧松对立中的主要作用引起了这种特征和韵律上的长短对立之间的关系问题。在《语言的基本原理》一书中,我们试图划分两种音位特征的界限。我们说:"韵律特征只用形成音节峰的那些音位表现出来,我们只能凭着音节或者节链的起伏来给它下定义;至于固有特征则不然,表现这类特征的音位不管在音节的起伏中起什么作用都可以,因此在给固有特征下定义时也就不必参照音节或音节链的起伏轮廓。"[③]依照斯威特的术语来说,音量"主要属于声音的综合,因为它永远是相对的,永远蕴含着比较",特别在比较"两种不同的声音"时是这种情况[④]。一个元音的韵律长度是从对比音节序列中的长元音和(一切其他条件相等)短元音推断出来的,至于长度作为紧松特征的一个成分,则是和该特征在

① Grundzüge, § 258。
② 参看我们的 Preliminaries,36、46 页的数据。
③ Jakobson and Halle:The Fundamentals of Language,' S Gravenhage,1956,22。
④ Handbook, § 179。

同一音位内部的其他音质表现内在地联系在一起的。

德格鲁特(de Groot)在他对于荷兰语的音位模式的精细研究中注意到:松元音跟它的对立面紧元音比较起来,不但比较模糊、松弛,而且也比较短("如果其他条件相同,总是短些");但是对于这些音位的辨认,"短"不起决定作用,因为无论你怎样伸长/ra^{12}t/rad(车轮)里面的/a^2/,它也不会变成/ra't/raad(议会)。因此尽管固有特征紧松和韵律特征长短之间存在着密切的相互关系和多方面的转换性,这两种特征本质上是属于两类不同的区别性特征[①]。

但是对紧松特征作了过细的分析以后就能发现,上述两类特征都呈现同样的三分格局。就韵律特征来说,依照斯威特的说法,它有三个类型,称为音调、力量、音量,分别同声音感觉的三种主要属性,即音高、音强和感知的持续时间相对应。韵律特征的这三个类型和固有特征的三个类型十分近似。我们试在《语言的基本原理》作出概述的音调性(tonality)和音响性(sonority)特征,跟韵律特征的音调和力量很是接近的,不过,紧松的对立还是应该跟音响性特征区别开来,把它看成是一种单独的"延续"(protensify)特征,这种特征在固有特征中跟韵律领域里的音量特征相对应。

发前列松元音时,喉头收缩,相应地稍稍降低音调;发后列松元音时,咽部扩张,相应地提高音调。咽部在发松元音时的中和作用,显示出同尼罗、高加索和印度少数语言里尖元音的形成和结构有着若干相似之处。这些语言的语音系统似乎特殊地体现了紧和松的音位对立,相应地,像定加语里的元音系统,就应该看成是七对元音,即:/u^1/[u]—/u^2/[ï]✓/o^1/[o]—/o^2/[ö]✓/ɔ^1/[ɔ]—/ɔ^2/[ö̈]✓/ə^1/[a]—/a^2/[ä]✓/ɛ^1/[ɛ]—/ɛ^2/[ɛ̈]✓/e^1/[e]—/e^2/[ë]✓/i^1/[i]—/i^2/[ɪ][②]。但是,这个问题还须要进一步的研讨。

①　A.W.de Groot:Donum Nataliclum Schrijnen,Nijmegen-Utrecht,1929,549ff。

②　Westermann and Ward:Practical Phonetics,207ff。

　　德格鲁特在分析荷兰语的音位模式时,试图把紧松元音间的关系同辅音的洪(fortes)细(lenes)对立看成同一件事①。这两种关系的公分母现在是很明显的了。洪音总是凭着发音部位后面的较高的气压,又凭着较长的持续时间,而和细音相对立。这种差别可以伴随着另一种差别,即:洪音不带音,而细音带音;也可能没有这种伴随物。紧松塞音和紧松擦音的产生,可以完全不需要声带参加,典型的例子见于瑞士德语的辅音模式。第一个研究这问题的人是温特勒(Winteler),他说,洪细音的区别性记号是"形成语音时呼气和发音的能量,更明白些说,就是所感到的呼气压力的强度和由此而决定的发音器官的阻力。此外,还有这两种音的持续时间"②。这位杰出的现代音位学的先驱者对于洪细的本质给了这样一个定义:"发洪音时,可以感觉到发音器官仍然保持在紧张的顶点。至于细音,在紧张达到顶点的时候,发音动作就已经撤消了。"③

　　辅音和它前面一个音位的相对持续时间,对于紧松辅音的某些环境变体或随选变体来说,可能仍然是它们之间的区别的首要的甚至是唯一的标志④。

原载《国外语言学》1982 年第 3 期

---

① de Groot:Donum,549ff。

② J.Winteler:Die kerenzer Mundar des Kantons Glarus in ihren Grundzügen dargestellt,LeipzigHeidelberg,1876,25。

③ 同上,27。

④ 参看 Jones:The Phoneme,Cambridge,1950,52ff;F.Fale'hun:Le Système Consonantique du Breton,Part Ⅰ,Rennes,1951;P.Denes:The Effect of Duration on the Perception of Voicing,J.Acoustic. Soc.Amer.,ⅹⅹⅤⅡ,1955,761ff.;P.Martens:Einige Fällevon sprachlich relevanter Konsonanten Dauer im Neuhochdeutschen,Maître Phonétique. ciii,1955,5ff,;N.chomsky:Review of Jakobson and Halle:The Fundamentals of Language,Int. J. Am. Ling.,ⅹⅹⅢ,1957,288。

正字法浅说

一、正字的意义

语言是人类交际的工具,同时也是社会斗争和发展的工具。文字是记录语言的符号,语言通过文字来传远、传久。我们学习文化,是从识字开始的。正确地掌握文字,是学习文化的基本任务。

正字法是文字的书写规则。必须掌握正字法,才能正确地使用文字。汉字的正字法,指的是把汉字的构成部分安排妥当,笔画无误;同时也指的是字形与字义相当,不写成另一个字。如果把字写错了,小则使文字失去了交际作用,大则造成政治错误。我们在使用文字的时候,决不能掉以轻心;特别是在正式文件中,我们应该以严肃的态度对待文字的书写。

毛主席曾经说过:"报上常有错字,就是因为没有把消灭错字认真地当做一件事情来办。如果采取群众路线的方法,报上有了错字,就把全报社的人员集合起来,不讲别的,专讲这件事,讲清楚错误的情况,发生错误的原因,消灭错误的办法,要大家认真注意。这样讲上三次五次,一定能使错误得到纠正。"我们必须认真注意正字法,为消灭错别字而努力!

二、汉字的性质

汉字有字形、字音和字义。这三方面是互相联系的。但是汉字只是表意文字,不是表音文字,因为同音的字并不一定同形(如"工、公、恭、躬")。

汉字的构成,是依照造字四原则的:第一是象形。这是画出事物形状的简单轮廓,并给予一定的读音,例如⊙(日)、☽(月)。由于字体的变迁,现在这种象形字已经不再象形了。第二是指事,这是因为有些抽象概念是画不出来的,只能用笔画表示一点意思,例如"一、二、三"。第三是会意。这是两个字合成一个字来表示一个意义,例如"鸣"字从口从鸟,表示"鸣"最初的意义是鸟叫。又如"吠"字从口从犬,表示"吠"的意义是狗叫。第四是形声(谐声),这也是两个字合成一个字,一个字表示意义的种类,叫做意符;另一个字表示读音,叫做声符,例如"城"字由"土"和"成"合成,"土"是意符,"成"是声符;"榆"字由"木"和"俞"合成,"木"是意符,"俞"是声符。象形和指事是单体字,会意和形声是合体字。合体字一般由两个字合成,也有一些字是由三个字合成的。形声字占全部汉字的百分之八十以上。由于字形、字音和字义的变迁,许多汉字的意符和声符已经不容易辨认和了解了。但是,至今仍有不少形声字是容易说明的(如上面所举的"城、榆")。分析形声字的偏旁,对于认字和正字还是有帮助的。

形声字的结构,主要有下列的八种形式:

1.意符在左,声符在右,如"驹、鲤";

2.声符在左,意符在右,如"鹏、飘";

3.意符在上,声符在下,如"晨、房";

4.声符在上,意符在下,如"忠、赏";

5.意符在外,声符在内,如"围、裹";

6.声符在外,意符在内,如"闻、问";

7.意符位置占一大半,声符占一小半,如"徒、徙"(原来是"辻、辿",即"辻、迀");

8.声符位置占一大半,意符占一小半,如"颖、毂"("颖"的声符是"顷","毂"的声符是敐",即"壳")。

某些意符有它们的变形:人的变形是亻,如"伴、侣"。刀的变形是刂,如"削、剃"。心的变形是忄,如"悟、惜"。手的变形是扌,如"指、授"。水的变形是氵,如"湘、渭"。火的变形是灬,如"烈、照"。犬的变形是犭,如"狼、猴"。玉的变形是王,如"珍、珠"。竹的变形是⺮,如"筐、箕"。艸(草)的变形是艹,如"花、菜"。肉的变形是月,如"肝、胸"。衣的变形是衤,如"袍、裤"。言的变形是讠,如"议、论"。阜(小山)的变形是阝(在左),如"陵、陲"。邑的变形是阝(在右),如"邻、郊"。金的变形是钅,如"镰、锹"。食的变形是饣,如"饱、饥"。有些意符并不单独成字,只是作为偏旁,例如疒,病床儿,表示疾病,如"疮、瘤";纟(糸),绞丝儿,表示丝织品,如"绸、缎"。辶(辵),走之儿,表示走路,如"运、迁"。

三、部首检字法

部首就是意符。古代字典,把意符相同的字都归为一部,把用作意符的那个单体字放在一部的开头,叫做部首。中国最古的字典《说文解字》共收 540 个部首,后来的字典逐渐简化为 214 个部首。直到解放前出版的词典《辞源》《辞海》仍然沿用 214 个部首。

部首检字法有很大的缺点。过去我们要查一个字,必须先分析出它的意符来,才能查到。如果这个字的意符是不容易辨认的,那就困难了。现在的字典,一般都改用音序检字法。我们按照拼音字母的顺序,就能很快地查出字来,方便极了。但是,由于汉字还不是拼音文字,如果我们遇见一个字,还不知道它的读音,也就无从使用音序检字法。在这种情况下,部首检字法还是有它的用处的。因此,《新华字典》前面附有一个部首检字表。

　　为了改善部首检字法，《新华字典》对旧的部首有所改并。改并的根据，主要有三点：第一，许多意符的变形都另立部首，如人亻分立，刀刂分立，心忄分立，手扌分立，等等。第二，分不清部首的字，按起笔的笔形，收入点（丶）、横（一）、直（丨）、撇（丿）、折（乙，包括乛丁乚等笔形）五个单笔部首内，如"永"入丶部，"无"入一部，"旧"入丨部，"冬"入丿部，"司"入乙部，等等。第三，原来的部首，有些是收字太少而又意义不显，就把这一部取消，这个部的字归到别的部里去，例如《辞源》《辞海》原来有至部，收了"致、臺（台）、臻"等几个字，现在《新华字典》把"至、臻"归入一部，"臺"归入士部，"致"归入攵部，至部就取消了。本来，旧字典的部首由540部减为214部，已经不是完全按照意符的原则；现在《新华字典》这样一改并，更是不拘泥意符的原则，而这样改并了以后，部首检字法使用起来就更方便了。改并以后，《新华字典》的部首共有189部。

　　部首的次序按部首笔画数目排列，从少到多。检字表内，同一部的字，按除去部首以外的画数排列，也是从少到多，例如"潮"字在氵部，这个字共有十五画，除去氵的三画，还有十二画，我们在氵部十二画的地方就找到了"潮"字。这个按照笔画数目查字的办法，对于《辞源》《辞海》也是适用的。

四、汉字的写法

　　汉字的基本笔形，大致可以分为八种：

　　1.横，如"天、下"等字的首笔。

　　2.竖，又叫直，如"中、华"等字的末笔。

　　3.撇，如"人、手"等字的首笔。

　　4.捺（nà 纳），如"水、木、敢、取"等字的末笔。又"道、越、走、足、之"等字的捺叫做长捺。

　　5.点，如"主、唐"等字的首笔，"小、太"等字的末笔。又"奇"的第三笔、"聚"的第八笔等叫做长点。

6. 挑，又叫趯（tì 替），如"海、持"等字的第三笔。

7. 折，向下折，如"口、田"；向左下斜折，如"水、多、社、次"；向右上斜折，如"以、衣、越"；锐角折，如"台、去"；向右折，如"山、匚"。注意：汉字没有"⌐"这样的折笔。

8. 钩，向左钩，如"丁、子、月、力、乃、而、安、队、郊"；向右钩，如"戈、心、元、化、九、气"。

学写汉字，首先要学会笔顺。笔顺就是汉字笔画的书写次序。有一个二十字口诀：

> 先上后下，
>
> 先左后右，
>
> 先外后内，
>
> 先横后竖，
>
> 最后封底。

先上后下，如"云"的笔顺是 1）一，2）二，3）㐅，4）云。先左后右，如"州"的笔顺是 1）丶，2）丿，3）州，4）州，5）州，6）州。先外后内，如"同"的笔顺是 1）丨，2）冂，3）同，4）同，5）同，6）同。先横后竖，如"支"的笔顺是 1）一，2）十，3）𠂇，4）支。最后封底，这句口诀是补充先外后内、先横后竖的，如"因"的笔顺不是先写方框再写"大"字，而是写完了"冂"就写"大"，最后封底写成"因"。又如"土"字不是先写"二"再写"丨"，而是先写"十"再封底写成"土"（"王、主、生"等字都是这样）。因此，"由"和"甲"的笔顺是不一样的。"甲"依照先横后竖的笔顺，最后一笔是竖（丨）；"由"依照最后封底的笔顺，最后一笔是横（一）。

依照上面的口诀，例如我们写一个"其"字，就不能只根据"先横后竖"一句话，把"其"字的四个横都写完，再写两竖和"八"；它的笔顺应该是 1）一，2）卝，3）甘，4）其，5）其。为什么？因为根据"先外后内"的口诀，应该在写完两个长竖之后再写两个短横，又根据"最后封底"的口诀,要等到写完"甘"之后再加一个长横,这个长横算是底,下面的"八"算是另外一部分了。

为什么要讲究笔顺呢? 因为依照这种笔顺才容易把字写得齐整。先上后下、先左后右、先外后内的道理用不着解释了,没有人颠倒写字,也没有人先写右边,再写左边,或先写里边,再写外边。至于先横后竖,是因为便于安排竖笔,例如"未"字,把两个横画都写了,才好安排竖笔在横画的正当中。再说最后封底,也是为了便于安排,例如"圆"字,在写了"冂"之后,把里边的"员"写完再封口,就不至于方框里写不下它。又如"由"字,如果先写"曰",后写"丨"就容易穿底,变成了"申";现在先写"由",再封底,就没有穿底的危险了。

有一些特殊情况,是口诀所概括不了的,例如"刀、力、万、方"等字,最后一笔该是丿呢,还是乛呢? 我们一般都先写乛,后写丿,这样更好安排笔画。相反,对于"乃、及"等字,我们又先写丿,后写乁、乁了。

从戈的字,也是一种特殊情况,"成"的笔顺是 1) 丿,2) 厂,3) 厂,4) 戊,5) 成,6) 成。要使右边的长钩和左边取齐。根据先上后下的口诀,"戈"的最后一笔应该是一撇,但是,依照传统的笔顺,最后一笔却是一点。现在两种笔顺都通行。

"半、卷、米"等字,要先写"丷",然后再按先横后竖来写。

"道、通、遏、逾"等字,不是根据先左后右的笔顺来写,而是根据先上后下的笔顺来写,即把走之儿写在最后。这是因为把声符写完了,才便于安排走之儿的高度和长度。

字形的布局(叫做间架),是书法上最重要的一件事。汉字被称为方块字,因为大多数的汉字都被写成正方形或近似正方形。写汉字的人常常用印有方格的纸来写。初学写字或临帖时,还有人在方格内再分九个小方格(叫九宫格)。这样做的目的,是要把汉字写得端正、匀称、美观①。

单体字的布局是很重要的。笔画长短和距离都有一定的规矩，例如"大"字，横画应在方格的中间（九宫格横排第二行），高了低了都不好看。又如"心"字，三个点采取三种不同的形式，互相照应，一个横钩又和中点照应，这四笔相互间的距离是一样的。又如"弗、弟"等字，其中像"弓"字的部分，第一笔和第二笔之间、第二笔和第三笔之间，距离必须相等。这些地方都特别值得注意。

合体字，一般由两个字合成。左右合成的，如"鲤、鸽、雕、醋"等，上下合成的，如"监、浆、柴、辈"等，都是意符和声符各占一半位置。但是，更多的情况是意符占三分之一或五分之二的位置，而以较多的空间让给声符。意符在左的，如"佩、授、征、海、榆、怀、诗、神、裕"等，意符在右的，如"副、削、勒、欣"等，意符在上的，如"英、筐、崇"等，意符在下的，如"垄、恩、熟"等。这些都是意符占较小位置的。

三拼的合体字，原则上是各占三分之一的位置，如"锹"。有些字，依文字学说是双拼（两个字形成的），但在字形布局上，应该当作三拼看待，如"慧"字由"彗"和"心"构成，在字形布局上，应是"丰、彐、心"各占三分之一。有时候还要斟酌情况，不能机械地三分，例如"湖、谢、傲、懈、蓄、寨"等，都要求意符让出更多的空间。

有些偏旁或成分采用敛笔或变形，也是为了布局的需要，如"木、火、禾、米"用作左边偏旁时，应变捺为点，"土、玉、金"用作左边偏旁时，变横为挑，"玉、金"还省笔为"𤣩、钅"，就是因为点和挑少占点地方。又如"奇"中的"大"、"聚"中的"取"，都变捺为长点，诸如此类，都是由于这些成分在那些地方宜缩不宜伸（比较"奇"和"夺"）。

---

① 这里讲的字形布局，是依照手写体的，和印刷体稍有不同，印刷体中有一种楷体，和手写体相近。这里讲的字形布局，和楷体是大致适合的。

并不是所有的汉字都要写成一样的大小,也不是都要写成方块,例如"口"字,它的形体本来就小,如果写成和其他的字一般大,反而不好看,又如"算、囊、鞭、蜘、麟"等字,由于笔画繁多,本来就该多占地方,如果写得比其他的字稍大一点,并不难看,压缩得和其他字一般大小,反而不相称。又如"心、曰"等本来是扁体字,不能硬把它拉长;"多、意"等本来是长体字,不能硬把它缩短。即以合体字而论,也不能处处构成正方形。下列的四种情况值得注意:

1. 左齐上。左边的偏旁只要求上部和右边取齐,或大致取齐,不要求下部也取齐,例如:鸣、城、决、研。

2.左居中。左边的偏旁既不齐上,也不齐下,只是居于左边的中间,例如:明、略、峰、蝗、攻、鸠、难、规、端。

3.右齐下。右边的偏旁只要求下部和左边取齐,不要求上部也取齐,例如:即、郭、初、勤、乳、记、机、灯、细、把、翔、取。

4.右居中。右边的偏旁既不齐上,也不齐下,只是居于右边的中间,例如:和、知、如、加、红、扛、杜、社、弘、私、驰。

合体字一般既是两个字组成,那么其中的偏旁不可能是正方形,而只能是长形。有些偏旁不宜于写长,写长了不好看,所以采取上述的四种变通办法。这些布局,都是要在临帖时好好体会的。

五、关于错别字

错字是笔画有错误的字,别字是误写成另一个字。为了正确地使用文字,我们必须消灭错别字。

(一)错别字的种类

错别字可以大致分为形近而误和音近而误两大类。

形近而误　汉字的成分是多种多样的,其中有许多互相近似的成分,很容易引起书写上的错误。现在举出一些常见的例子:

厂广　厅厨厢厦厕压:庐库府庭庄

　　冫冫　　凉冷冻凄凌凝凛冽决减冲净凑况冯冶准：浅沙沃污治淮

　　卩阝　　叩印卯柳却即：那邮郊部都郭邵

　　冖宀　　冠写罕冤冥军：寇实宝宿

　　巳已己　　危卷犯：巷祀异导：起岂改

　　卂凡　　汛讯迅：帆巩恐筑

　　弋戈　　式试拭弑武赋斌鹉贰腻：哉载战

　　少少　　步涉陟：抄杪秒

　　大犬　　庆类契奕：厌哭臭

　　户卢　　庐驴芦炉沪：颅鲈轳泸

　　木术　　杀杂朵：述怵

　　小氺　　恭慕忝添舔：泰暴漆滕滕藤

　　仑仓　　论沦轮抡：枪沧舱抢

　　今令　　吟含念岑：冷岭领

　　毌母　　贯惯：每海毒

　　印卯　　仰抑迎昂：柳铆聊

　　䂓䏍　　坚贤紧竖：监鉴览

　　氏氐　　纸祇祗：抵邸鸥诋砥底

　　予矛　　野预豫：茅蟊鹜

　　礻衤　　社礼福：初裕被袖

　　东东　　冻栋：练炼拣

　　癶夊　　登凳澄瞪：祭察蔡擦

　　束束　　枣策刺棘：速赖辣喇

　　艮良良　　痕很狠银：朗郎廊：粮狼浪

　　臽舀　　陷馅焰谄阎：稻滔蹈韬

　　段叚　　段缎锻：假蝦暇遐霞

　　如果把"冷"写成"泠"，把"含"写成"忩"，把"段"写成"叚"等等，都是形近而误。

还有一种错字是由于受上下字的影响而造成的,例如:

辉煌——辉*煌　　　　模糊——*糢糊

糟蹋——糟*糢　　　　绫罗绸缎——绫*绹绸缎

形近而误,绝大多数是错字,但是也有一些形近而误的别字,误写成为另一个字去了。现在举出一些形体上容易相混的字为例:

己(自己)——已(已经)

毋(wú 不要,别)——母(母亲)

戍(shù 卫戍)——戌(xū 地支名)

灸(jiǔ 针灸)——炙(zhì 烤)

沪(hù 上海的别称)——泸(lú 泸州)

沦(lún 沦陷)——沧(cāng 沧海)

抡(lūn 抡大锤)——抢(抢劫)

竞(竞赛)——竟(竟然)

肓(huāng 病入膏肓)——盲(máng 瞎)

折(折断)——拆(拆开)

析(分析)——柝(tuò 打更用的梆子)

呜(wū 呜呼)——鸣(叫)

钧(钓鱼)——钧(jūn 三十斤)

侯(hóu 王侯)——候(hòu 时候)

梁(房梁,桥梁)——粱(高粱,黄粱)

销(推销)——锁(锁门)

辨(辨别)——辩(辩论,辩证)

别字的问题比错字的问题更为严重,因为别字既是误写成为另一个字,就有引起误解的可能(如"睡炕"误为"睡坑"),甚至造成很大错误(如"开幕"误为"开墓")。所以我们必须极力避免写别字。

音近而误　有些形近而误的别字,同时也是音近而误,如"竞"

与"竟"混、"侯"与"候"混、"梁"与"粱"混、"辨"与"辩"混。但是，多数的情况是，字形并不近似，只因读音相同或相近，也就误写了，例如：

部署——*布署　*步署	安排——*按排
驱使——*趋使	首屈一指——*手屈一指
即使——*既使	变本加厉——变本加*利
既然——*即然	生活艰苦——生活*坚苦
夹杂——*加杂	按部就班——按*步就班
带来——*代来	任劳任怨——*认劳*认怨
刻苦——*克苦	汗流浃背——汗流*夹背
残酷——*惨酷	一唱一和——一唱一*合

音近而误的别字，比形近而误的别字更为有害，因为中国方言复杂，甲地同音的字，乙地不一定同音，同音别字容易妨碍全国语言的交际，例如上文所举的"部署——*布署、驱使——*趋使、即使——*既使、夹杂——*加杂、带来——*代来、残酷——*惨酷、一唱一和——一唱一*合"，在吴、粤、客家等方言里都不同音，这些方言地区的人读到这一类别字简直莫名其妙。反过来说，各方言地区也都有自己的同音别字，如吴方言区的"生平——*身平、责无旁贷——*职无旁贷、不即不离——不*接不离"，粤方言区的"整风——*井风、彻底——*切底"，也都是别的地区的人所不能理解的。

形声字的造字原则是那样深入人心，以致历代都有人造出一些新形声字，如房梁、桥梁的梁写成"樑"，诋毁的毁写成"譭"，注解的注写成"註"，等等。比较晚起的，未经字典正式承认的则有尝味的尝写成"嚐"，背驮的背写成"揹"等。这些字，现在《新华字典》都作为异体字来处理，规定照原来的字形书写了。有些字，像模糊的模字写成"糢"，虽然一度在报纸杂志出现过，但是字典没有收它，只能算作错字。现在比较流行的，但是仍然应该认为错别字

的,则有:

　　　　家具——*傢具、*傢*俱("傢"是异体字,"俱"是别字)

　　　　安装——*按装

　　　　包子——*饱子

这一类错别字,都是应该避免的。

(二)造成错别字的原因

　　形近而误,多半是由于平日不留心字的笔画。有些字,只是一笔半画之差,如:己(jǐ)、已(yǐ)、巳(sì 地支名),戊(wù 天干名)、戌(xū)、戍(shù),风(fēng)、凤(fèng)。有些字,写得端正时容易辨认,写得潦草一点就容易混淆,如"天、无","处、外","归、旧","极、板","合、会"。有些成分也只是一笔半画之差,一不小心就容易出错,如"厅、厨、厢、厕、厦"等字误从广,"凉、冷、冻、凄、净、决、减、况"等字误从氵,"印、却、即"等字误从阝,"冠、写、冤、冥"等字误从宀,"危、卷、犯"等字误从巳,"汛、讯、迅"等字误从凡,"式、武、腻"等字误从戈,"冷"误从今,"含、念"误从令,"纸"误从氏,"初、裕、被、袖"等字误从礻,"刺、策、棘、枣"等字误从束,"抢、枪、舱、创"等字误从仑,"痕"误从良,"陷、焰"误从臽,"段"误作"叚","恭、慕、添"等字误从水,"庄、庆、类、杀"误加一点,"压、厌"误缺一点,等等。

　　音近而误,多半是由于没有了解字的意义。单音词的别字是比较少见的,因为单音词的意义(除了生僻的以外)是比较好懂的,但若不留心字义,也会出错,例如以"向"代"像(象)",就是因为平日没有注意"向"字并不表示相似的意义。又如以"代"代"带",也是因为平日没有注意"代"字并不表示携带的意义。更多的、更常见的同音别字则是在合成词或成语中出现的。合成词在汉字上表现为两个以上的字,成语则常常表现为四个字。在合成词和成语中,为什么容易出现同音别字呢? 这是因为合成词和成语包含有古代的字义,这些字义已为现代一般人所不了解,人们在学习这个合成词和成语的时候,只是作为一个囫囵的整体接受下来,没有深入了解其中某一个字的实在含义,于是就在某些情况下写了别字。同音别字并不是随便写一个同音字,而是写字的人满心以为有理由写这个字,例如"残酷"之所以被写成"惨酷",是由于写字的人认为"残酷"的概念和"悲惨"的概念有关,他不知道"残"字在古代有凶恶的意思,这个古义在这个合成词中保存下来了。又如"首屈一指"之所以被写成"手屈一指",是由于写字的人认为屈指是属于手的事情,他不知道首先弯下一个大拇指才是表示第一的意思,音近而误,可能还有其他原因,但是对字义的不了解,则是主要的原因。

(三)消灭错别字的方法

要消灭形近而误的错字,主要靠平日注意字的笔画,一笔不苟。注意容易相混的成分加以区别。

形近而误的别字,与认字有关。有些比较生僻的字,常常容易写错,例如:

棘手——*辣手

形容事情难办,像荆棘刺手。也叫"扎手"。

病入膏肓——病入膏*盲

我国古代医学上把心尖脂肪叫膏,心脏和膈膜之间叫肓(huāng 荒),认为是药力达不到的地方。

鬼鬼祟祟——鬼鬼*崇*崇

指偷偷摸摸,不光明正大。祟(suì 岁),迷信说法指鬼神带给人灾祸。

音近而误,如上文所说,主要原因是写字的人不了解字义。因此,消灭同音别字的方法就在于深入了解字义,例如:

绝对——*决对

"绝对"是跟"相对"相对的。没有相对,叫绝对。"绝"在此是没有的意思。

贡献——*供献

古时官吏或人民献东西给君主,叫做"贡"。"贡"和"献"同义。

　　至少——*止少

"至"是"最"的意思,不能写成"止"。

　　精简——精*减

"精简"来自"精兵简政",不能写成"精减"。粤、客家、闽南等方言,"简、减"不同音。

　　挖墙脚——挖墙*角

挖墙脚是把基础挖掉,不是只挖一只墙角。南方许多方言,"脚、角"不同音。

　　权利义务——权*力义务　　国家权力——国家权*利

权利是公民或法人依法行使的权力和享受的利益,跟义务相对,如选举权,言论集会结社的自由,都是我国人民的权利。权力是政治上的强制力量,或者是职责范围内的支配力量。南方许多方言"利、力"不同音。

　　变本加厉——变本加*利

"厉"在这里是严重的意思。"变本加厉"语出萧统《文选·序》。萧统原来的意思是说:冰是积水所成,但是积水改变了本来的性质,变为更加严重(更冷)了。现在这个成语被用来表示人的缺点错误比原来更加严重。粤、闽北、闽南等方言"厉、利"不同音。

　　按部就班——按*步就班

按部,是按照规定的部位;就班,是站到指定的班次。"按部就班",原是各就各位的意思。现在这个成语被用来表示办事要按照一定的程序。

　　任劳任怨——*认劳*认怨

"任"是担当的意思,所以不能写成"认"。粤、客家、闽南等方言"任、认"不同音。

　　汗流浃背——汗流*夹背

"浃"(jiā 加)是湿透的意思,所以不能写成"夹"。

　　一唱一和——一唱一*合

"和"（hè 贺）是跟着唱的意思。不能写作"合"。吴、粤等方言"和、合"读音相差很远。

由此看来，要避免错字，必须认真了解字义，不能囫囵吞枣，不求甚解。在词和成语被写错了的情况下，不能认为我们真正掌握了这些词语，也就是说，我们学习语言还没有学好。我们要学好语言，消灭错别字是必要条件之一，决不可以等闲视之。

六、关于简化字

（一）汉字简化的意义

毛泽东同志说："文字必须在一定条件下加以改革，言语必须接近民众。"汉字简化是文字改革的第一步。汉字简化，使本来难写难认的字变为易写易认。举例来说，从前小学生入学，语文第一课就教"开学了"三个字，当时，"开学"写作"開學"，小孩学起来是非常困难的。现在，"開"字从十二笔简化为四笔，"學"字从十六笔简化为八笔，不但易写，而且易认了。又如"廠礦"简化为"厂矿"，"戰鬪"简化为"战斗"等等，节省了大量学习的精力和写字的时间，对于工农兵学文化，给予了很大的便利。

（二）自造的简字

简字是从群众中来的。简化汉字是自然的趋势。但是我们也不能任意自造简字，以免造成混乱。周恩来总理在《当前文字改革的任务》中指出："目前社会上使用简字，还存在一些混乱现象。有些人任意自造简字，除了他自己认识以外，几乎没有别人认识，这种现象自然不好。这种滥造简字的现象，应当加以适当的控制，一个人记笔记，或者写私信，他写的是什么样的字，谁也无法管。但是写布告或是通知，是叫大家看的，就应该遵守统一的规范。特别是在印刷物和打字的文件上，必须防止滥用简字。"我们必须遵照周总理的指示，不要滥造简字；在正式文件中，必须遵照统一的规范来书写文字。

自造简字有四种情况：第一种是在狭小范围内使用过或正在

使用着,但为广大群众所不熟悉,例如:

霸——*雷　出——*击　富——*守　搞——*捁
假——*�　舅——*勇　璃——*琍　儒——*仔
闹——*咘　凝——*泞　嚏——*㖵　厦——*厈
穗——*芗　掀——*抚　魏——*乱　喜——*苩
雍——*里　邀——*迻　鹰——*鸥

　　这种简字必须避免。第二种是已经有了简体,又另造了一个,例如:

检——*枍　楼——*柚　数——*攺　图——*畐、*叅
围——*囯　医——*匚　验——*骄　扬——*扣
杨——*杣

这样就造成混乱,也应该避免。第三种是过去两种写法都通行,例如:

场——*坊　导——*㝵　邓——*邔　阶——*阰
让——*诶　胜——*胂　卫——*卩

　　现在国务院已经选定前者公布了,就不应该再用后者了。第四种是在群众中已经相当流行的,例如:

李——*朩　窗——*窓　家——*宁　两——*及

但在国务院未采用并推行以前,还不能认为是合乎规范的,在正式文件中,这种简字还是应该避免。

　　同音代替,本是简化汉字的一种手段。但是,未经国务院公布而自造的同音代替,同样不能认为合乎规范,例如:

辨——*弁　解——*介　整——*正

　　一个字有两种以上的写法,叫做异体字。为了统一的规范,国务院宣布废除了异体字,例如“线”字在过去有“綫、線”两种写法,现在统一于“线”。但是,有极少数异体字,由于笔画比较简单,仍为一部分群众所沿用,例如:同——*仝。无疑地,在正式文件中,这种异体字还是不应该出现的。

(三) 方言区的简字

有些简字,在方言区是通行的,例如:

整——*井(广东)　　　　　革——*廿(山西)

带——*佈(广西)　　　　　现——*乱(四川)

增——*坤(山西)　　　　　楼——*枀(武汉)

方言区的简字,离开了这个地区就为人们所不识,必须避免。

七、字形的规范

　　字形的规范,应该以字典为标准。衡量错别字,也就是按照字典来衡量。常用字不过三四千,容易写错的字不过一二百个。同音别字,常见的也不多。只要我们重视文字的规范,随时留心,基本上消灭错别字,是完全可以做到的。我们必须"把消灭错字认真地当做一件事情来办"。从思想上重视正字法,下决心消灭错别字,我们的目的一定能够达到。

　　我们写字,在多数情况下,是给人看的。因此,我们写字就要求字形端正,笔画清楚,不要潦草。现在有一种习惯很不好,就是在横写的时候,字和字之间的界限不清楚,上字的右边和下字的左边连起来,下字的右边或者是孤立,或者是又和下面的另一个字的左边结合,这样连绵不断,使读者感到十分费力,甚至引起误解。这种文字上的缺点必须克服。

　　楷书是汉字的正体,也就是字典里规定的字体。书籍杂志上的字,都是这种字体。除此之外,还有行书和草书。草书笔画简单,常有连笔,写起来快。行书是介乎楷书和草书之间的一种字体。行书和草书也有它们的规范,不是随便乱画一气。没有学会行书、草书的人,不要乱用行、草。这样,才能达到字形规范的目的。

原载《中学语文教学》1980 年第 2 期至第 4 期

"本"和"通"

　　《古代汉语》古汉语通论（六）《古今字、异体字、繁简字》一文是马汉麟教授写的，是我同意的。马汉麟教授已经去世，我来答复有关的问题。

　　所谓本字，指本来有的字。人们不写本来已有的字，而写一个同音字，那才是通假字。如果作者所处的时代这个字还没有产生，那就无从"通"起。作者当时认为这个字本来是这样写的，他并不是假借。后人说他假借，是冤枉他。这在我们注释古书时是一个重要的原则。编字典、辞书时也是一个重要原则。

　　最近我在《辞源》座谈会上称赞《辞源》修订得好，其中有一条就是说后起的谐声字不叫"同"或"通"，例如"坐"字，1915年本说是与"座"通，举《汉书》"在便坐受事"为例。1964年修订本也说通"座"，举《史记》"劾灌夫骂坐不敬"为例。这都是不对的。班固时代还没有"座"字，他怎么能通？1979年修订本改为"座"的本字，那才对了。"坐"是"座"的本字。"座"是王筠所谓的分别字。我在《同源字典》中称为区别字。我们并不反对区别字，而且认为区别字是一种进步。名词的"坐"，后人写作"座"，以别于动词的"坐"，很有好处。同时，我们应尊重汉字发展的事实，不能倒果为因。

　　再以"说"字为例。《说文》："说，说释也。"段注："说释即悦怿，说悦、释怿古今字。"据此，"说"是"悦"的本字，我们不能反过来说，"悦"是"说"的本字。

《古代汉语》在这个问题上讲得不够透彻，今后修订时，应该讲得透彻些，以免引起误解。

原载《辞书研究》1980 年第 1 期

字　史

　　每一个字都有它的历史。有些字已经有几千年的历史了，例如"人"字；有些字只有几十年的历史，例如"锰"字。有些字，依字形看来，虽有几千年的历史；然而依字义看来，它却是只有几十年历史的新字，例如"叽"字虽已见于《史记》，但"哗叽"的"叽"却是一个新字，和《史记》里的"叽"字完全没有关系，它们本该是两个字，不过偶然同形而已。反过来说，有些字，依字形看来，只有几十年，甚至只有几年的历史；然而依字音和字义看来，它却已经活了几千年了，例如"嚐"字，连最新出版的字典还不肯收它，可见它至多只有十余年的历史；然而它的本字是"尝"，越王勾践曾经卧薪尝胆。

　　这道理说来很浅，但是要辨别起来却又很难。甚至老师宿儒，都会有弄错的时候。不过，如果读书随时用心，对于古今的字义，总可以明白一个大概。

　　我们研究字史有什么用处呢？我先说一个小小的用处，就是对于作文有益。譬如你知道了"嚐"字是字典里不收的字，它就是俗字，你如果不喜欢俗字，就该写作"尝"；如果你提倡俗字，自然也可写作"嚐"。但是，当你学写文言文的时候，却绝对不能写作"嚐"。"卧薪尝胆"写成了"卧薪嚐胆"是最难看的。其次，我要说一个较大的用处，就是对于古书看得彻底了解。譬如你读白居易《燕子楼诗序》："尔后绝不复相闻，迨兹仅一纪矣。"这是说他和关盼盼分别之后，十二年不复知道她的消息。一纪就是十二年。但是,"仅"字应该怎么讲呢? 若依它的现代意义,解作"仅仅只有十二年",就不成话! 原来唐朝的"仅"字是差不多的意思,"差不多十二年了",才见得白居易的感慨。我们读古书,往往有些地方似懂非懂,就因为拿现代的字义去读古书。遇着罕见的字不要紧,我们知道去查字典;遇着常见的字最危险,因为我们自己以为懂了,其实是不懂,就弄错了。末了,我要说一种更大的用处,就是辨别古书的真伪。譬如有一个字形或一个字义是同时代的书都没有的,就只这一部书有,那么,这就很可能是一部伪书,至少它是经过后代人的修改,或传抄致误的。这里我举一个极浅的例子。我手边有一部《儿女英雄传》,里面有很多"她"字,这一定是翻印这书的人改过了的,因为"她"字只有二十余年的历史,而《儿女英雄传》已经有二百余年的历史了。非但我们现在很容易明白修改的情形,就是千百年之后,精通字史的人也可以考证出来的。

　　字史应该分为三方面去研究,就是字音的历史、字形的历史和字义的历史。现在为了印刷的便利,我们暂时撇开字音和字形,先来叙述字义的历史。我们先拣一些极常见的字来说。字的排列是没有系统的,因为我们偶然想到哪一个字就先述哪一个字。字的历史只能是粗略的、大概的,因为这不过是一个草稿。希望将来重新排列,详细增订,再编成一部书。

　　代　"代"就是替代(to take the place of)。它这种意义是上古就有了的,例如:

　　　　天工人其代之。(《书·皋陶谟》)

人工替代了天工。

　　　　使子张代子良于楚。(《左传·宣十四年》)

使子张到楚国去替代子良。

　　　　同时,它如果由动词变为副词,它就从替代的意义变为轮流

（alternately）的意义，例如：

　　春与秋其代序。（《楚辞·离骚》）

春天和秋天轮流着过去。

　　燕雁代飞。（《淮南子·地形》）

燕和雁轮流着飞过。

　　所谓轮流，就是甲先替代了乙，然后乙再替代了甲。因此，替代的意义就生得出轮流的意义来。但是，替代的意义一直活到现在，而轮流的意义却不为现代一般人所了解了。

　　"代"字又当"朝代"（dynasty）讲。这意义也是上古就有了的。因为这一个朝代替代了那一个朝代，所以替代的意义能生出朝代的意义来，例如：

　　周监于二代，郁郁乎文哉。（《论语·八佾》）

二代，就是夏朝和商朝。

　　斯民也，三代之所以直道而行也。（《论语·卫灵公》）

三代，就是夏朝、商朝和周朝。

　　现代咱们说的"祖孙三代、五代同堂"，其中的"代"字当"世代"（generation）讲。它这种意义却是上古所没有的。依上古的说法，应该是"祖孙三世"和"五世同堂"，例如：

　　禄之去公室，五世矣；政逮于大夫，四世矣。（《论语·季氏》）

　　五世其昌，并于正卿；八世之后，莫之与京。（《左传·庄二十二年》）

　　秦始皇的儿子胡亥称"二世皇帝"，就是第二代的皇帝的意思，但是依当时的语言决不能称为"二代皇帝"。直到了唐朝，唐太宗的名字叫做李世民，于是臣子们避讳，每逢应该说"世"字的地方都说成"代"字,例如杜甫诗里说"绝代有佳人,幽居在空谷",本该说成"绝世有佳人"的;汉朝蔡邕《陈太丘碑文》说"绝世超伦","绝世"正是绝代的意思。汉朝袁绍"四世三公",意思是说一连四代都做三公(太尉、司徒和司空称为三公),但是王维诗里说"汉家李将军,三代将门子",只说"三代",不说"三世",因为王维是唐朝人,所以必须避讳。由此看来,唐太宗以前(627年以前),世代的意义只用"世",不用"代",它们是有严格的分别的;唐太宗以后,直到唐亡以前(905年以前),世代的意义倒反是只用"代"字,不用"世"字;唐亡以后,直至今日,"世"字和"代"字在这种意义之下是互相通用的,但是,在现代白话里,"代"字却替代了"世"字了。因避讳而引起字义的变迁,这种情形颇多;"代"字只不过是一个例子。

　　替　"替"字当"替代"(to take the place of)讲,是唐朝以后的事。白居易诗"敢有文章替左司";杜牧诗题"得替后移居云溪馆";《唐书·杜审言传》"但恨不见替人",这些"替"字都是替代的意思。但是,唐朝以前,似乎没有看见它有过这种意义。

　　唐朝以前,只有"隆替、陵替"一类的说法。"隆"是兴隆,"替"是衰微,"隆替"等于说"盛衰",亦可说成"崇替";至于"陵替"就等于说"陵夷"或"陵迟"("替"和夷、迟恐怕只是一个字,不过写法不同就是了),也是衰微的意思,例如:

> 唯独居思念前世之崇替。(《国语·楚语》)
> 悠悠者以足下出处,足观政之隆替。(《晋书·王羲之传》)
> 晋氏陵替,虚诞为风。(梁武帝《公卿入陈时政诏》)

　　这些"替"字好像是形容词,但它实际上是一个不及物动词(内动),试看下面的一些例子:

> 于是上陵下替,能无乱乎?(《左传·昭十八年》)
> 令德替矣。(《国语·鲁语》)
> 君之冢嗣其替乎?(《国语·晋语》)

　　风颓化替,莫相纠摄。(《晋书·慕容暐载记》)

　　如果再往上追溯,它还是一个及物动词(外动词),它是废除、取消、罢免一类的意思,例如:

　　　　子子孙孙,勿替引之。(《诗·小雅·楚茨》)

子子孙孙〔应该继续着那样的祭祀〕,不可废除,只该引长。

　　　　不敢替上帝命。(《书·大诰》)

不敢废除了上帝的命令。

　　　　謇朝谇而夕替。(《楚辞·离骚》)

早上进谏,晚上就被罢免了。

　　　　荐可而替不。(《晋书》)

推荐好人,而且罢免那些不好的人。"不"读为"否"。

　　凡罢免一个官,总不免另外任命一个官来替代他;凡废除某一事物,也往往找另一事物来替代它。这恐怕就是"替"字从废替和陵替的意义转变到替代的意义的原因。

　　购　《说文》:"购,以财有所求也。"拿现在的话说,就是出赏格或悬赏,例如:

　　　　吾闻汉购我头千金。(《汉书·项籍传》)

我听说汉出千金的赏格要我的头。

　　　　能捕豺貀一,购钱百。(《汉律》)

能捕一只豺或一只貀,有一百钱的赏格。

　　和"出赏格"的意义极相近的一种意义,就是重金征求,例如:

　　　　乃多以金购豨将。(《汉书·高帝纪》)

于是以重金征求陈豨的将。

　　由此看来,"购"字在汉代以前,并没有买的意义。"购"和

"买"有什么分别呢？"购"字带有报酬的意思，"买"只是拿货币去换取物品。"购"的东西不一定有物产的用途，而"买"的东西却一定有物产的用途（除非是譬喻的话）。拿上面的三个例子来说，"购头"和"购将"的报酬是因为被报酬的人对汉有功，"购豺貊"的报酬是因为被报酬的人为民除害，那"头"和"豺貊"并不是像猪肉和鸡鸭一般地买来吃的，也不是像杯盘和房屋一般地买来用或居住的。譬如近日报纸上有许多购车启事，内容是买了人家的汽车，登报声明一下。但是，若依汉代以前的人的了解，"购车"只是征求汽车，或悬赏寻觅汽车，和买车的意义相差很远。

"购"字从悬赏或重金征求的意义转化到买的意义，大概是很晚的事。我们未曾考证出是哪一个时期，但我们料想不会早到宋代以前。那么，古代用什么字表示买的意义呢？也许有人说是"贸"字，因为《诗·卫风》有一句"抱布贸丝"的话。但是，"贸"字最初的意义只是交易的意思；以物易物才叫做"贸"，以钱币易物并不叫做"贸"。只有一个"市"字，才是真正以钱币易物的意思，例如：

> 市贱鬻贵。（《国语·齐语》）

买进来很便宜，卖出去很贵。

> 窃为君市义。（《战国策·齐策》）

我冒昧地给您买了一种义气。

这种意义一直沿用到后代，例如：

> 共入留宾驿，俱分市骏金。（李商隐《过故崔兖海宅》）

"买"字本身用于以钱币易物的意义也很早，几乎可说是和"市"字同时代，例如：

> 买妾不知其姓则卜之。（《礼记·曲礼》）
> 郑人买其椟而还其珠。（《韩非子·外储》）

马已死,买其骨五百金。(《战国策·燕策》)

这样,"买"字用于以钱币易物的意义,比之"购"字用于这同一的意义,至少要早一千年。如果咱们译白话为文言,把"买"译为"购",这是大错的。

售　"售"字的历史比"购"字的历史要不清楚些。《诗·邶风》"贾用不售",普通把"售"字当做卖出解,这是很靠不住的。《诗经》以后,直到汉代,都没有人把"售"字用于卖出的意义。凡一种意义只有一个孤证,这意义的本身便成问题。《说文》里没有"售"字,文字学家都说"售"就是"雠","雠"是相当,"贾用不售"是价不相当的意思,这话大致是对的。拿现在的话说,"售"大约是还价的意思,"贾用不售"是没有人还价,或可以说没有人还相当的价("贾"同"价")。换句话说,就是并没有得到那应有的价值。《史记·高祖本纪》:"高祖每酤,留饮酒,雠数倍。""雠数倍"就是还数倍的价钱,超过了那应得的价值。

"售"字在古代既没有卖的意义,那么,卖的意义在古代是用什么字表示的呢? 说也奇怪,"市"字既可表示买,又可表示卖,例如:

为近利,市三倍。(《易·说卦》)

市三倍就是卖三倍的价钱。

但是,一经解释,也没有什么可怪的。在中国语里,借出、借进都叫做"借"(德语同此情形,法语却分为两个字);租出、租进也都叫做"租"(法语同此情形,德语却分为两个字)。"买、卖"虽分为两个字,但是江浙人说起来声音却差不多,也不至于混乱了意义。

和"市"字相似的有"沽"字和"贾"字("沽、贾"本来是一个字)。《论语·子罕》:"求善贾而沽诸。""沽"是卖的意思。《论语·乡党》:"沽酒市脯不食。""沽"是买的意思(依《经典释文》及朱注)。又有"酤"字,就只限于买酒和卖酒了。

专用于"卖"的意义者有"鬻"字(亦作"粥")。除了《国语》

"市贱鬻贵"之外,还有下面的几个例子:

> 有鬻踊者。(《左传·昭三年》)
> 鲋也鬻狱。(《左传·昭十四年》)
> 君子虽贫,不粥祭器。(《礼记·曲礼》)
> 巫马则使其贾粥之。(《周礼》)

"卖"字的出现也很早,它应该和"买"字同时代,因为它们是一对的,例如:

> 听卖买以质剂。(《周礼·天官·小宰》)
> 民卖买之。(《史记·平准书》)
> 楚人有卖其珠于郑者。(《韩非子·外储》)
> 倪宽卖力于都巷。(《潜夫论·赞学》)

正像"买"字不可译为"购",咱们把白话译为文言的时候,也不该把"卖"字译为"售"。如果要译的话,就译为"市"或"沽",更好是译为"鬻";但最好是不译,因为"卖"字已经够古了。

爱　"爱"字用为动词,这种意义一直沿用到现在,例如:

> 心乎爱矣。(《诗·小雅·隰桑》)
> 爱之能勿劳乎?(《论语·宪问》)
> 有与君之夫人相爱者。(《战国策·齐策》)
> 爱亲者不敢爱于人。(《孝经》)
> 君子自爱。(《法言》)

若用为名词,古代就和现代颇不相同了。古代的"爱"字有恩惠的意思,有时候可解作"好处",例如:

> 古之遗爱也。(《左传·昭二十年》)
> 爱施者,仁之端也。(《说苑·谈丛》)

但是,唐代以后,"爱"字用为名词者,也渐与现代相同了,例如:

劝君便是酬君爱。(元稹《张校书元夫》)

"爱"字在古代另有一种意义,就是舍不得或吝啬。心爱的东西往往舍不得,这是很自然的引申:

尔爱其羊,我爱其礼。(《论语·八佾》)

你舍不得那羊,我舍不得那礼。

百姓皆以王为爱也。(《孟子·梁惠王上》)

人民都以为您是舍不得那牛。

甚爱必大费。(《老子》)

太吝啬了,结果一定弄到大大的破财。

由这一种意义再引申,"爱死"也就是"舍不得死",例如:

臣之不敢爱死,为两君之在此堂也。(《左传·成公三年》)

这舍不得或吝啬的意义,到了六朝以后,就成为死义了。

怜 "怜"字,在汉以前的古书中不大看见,《说文》:"怜,哀也。"《尔雅·释训》:"矜、怜,抚掩之也。"这好像就是现代"可怜"的意思,但这种说法是靠不住的,因为汉以前的古书里没有实际的用途可作证明。关于可怜的意义,古代只用"哀"字或"矜"字。

《方言》云:"亟、怜、怃、俺,爱也。"又云:"怜,爱也。"《尔雅·释诂》也云:"怜,爱也。"这大约才是"怜"字的最初意义。"怜"的意义近于"爱",比"爱"的意义轻些,于是又近于现代所谓"喜欢",例如:

我见犹怜,何况老奴?(《世说新语·贤媛》注引《妒记》)

这种怜爱的意义一直沿用到宋代以后的诗歌,例如:

幽花色可怜。(刘敞《临雨亭》)

幽花色可爱。

山里风光亦可怜。(王禹偁《寒食》)

山里风光亦可爱。

但是,凡人爱或喜欢一个人或一样东西,如果那人或那样东西受了损害,就会生出怜惜或怜悯的心理。因此,"怜"字由爱或喜欢的意义很快地就转到惜或悯的意义上来,例如:

愁容镜亦怜。(刘长卿《赴南巴书情寄友人》)

扪襟还自怜。(李白《郢门秋怀》)

可怜冲雨客,来访阻风人。(白居易《风雨中寻李十一》)

可怜无定河边骨,犹是春闺梦里人。(陈陶《陇西行》)

总之,"怜"字的历史颇短。大约它产生于汉代的方言中,到六朝以前才被大量地应用的。

勤　"勤"字在古代是"劳"的意思。它和"劳"微有不同。"勤"等于现代所谓"辛苦",有时候又等于现代所谓"忙"(古代没有"忙"字)。"辛苦"和"劳"差不多;"忙"和"劳"就颇有分别了,例如:

四体不勤。(《论语·微子》)

四肢不劳动。

肩荷负担之勤也。(《淮南子》)

肩荷负担的辛苦。

一直到唐宋以后,还沿用着这一种意义,例如:

惟天地之无穷兮,哀生人之常勤。(李翱《拜禹歌》)

"常勤"就是永远忙碌和辛苦。

凡民之事,以身劳之,则虽勤不怨。(朱熹《论语集注》)

"虽勤不怨"就是虽然辛苦也不怨恨的意思。

由此看来,古代的"勤"字并没有现代努力的意思。那么,古代用什么字表示努力呢？关于这个意义,古人多从反面说,如"无逸、不懈、不倦"等。如果从正面说,就用"敬"字(《说文》"惰,不敬也",可见惰的反面是敬),"敏"字(《论语》"敏于事而慎于言",朱注"敏于事者勉其所不足"),或"勉"字。其中要算"勉"字为较常见,或作"黾勉",例如:

> 尔其勉之。(《左传·昭二十年》)
> 丧事不敢不勉。(《论语·子罕》)
> 黾勉从事。(《诗·小雅》)
> 黾勉就善谓之慎,反慎为怠。(《贾子·道术》)

这最后一例"黾勉"和"怠"对称,可见"黾勉"就是现代所谓"勤"。

"勤"字由劳的意义引申,为王效劳叫做"勤王",为民尽力叫做"勤民",又由内动词转为外动词,使人辛苦也叫做"勤"。

直到唐宋以后,"勤"字有时候用作副词,才表示事情的多做或常做。事情多做了就辛苦,就忙,所以也是很自然的转化义,例如:

> 鼎罢调梅久,门看种药勤。(刘长卿《秋日夏口涉汉阳》)
> 个中勤著语,老耳欲闻韶。(周孚《赠萧光祖》)

这样,"勤学"或"勤读"就是多多读书。至于"勤"字用作形容词,例如"勤、俭"并称,这是演化的最后阶段,和最初的意义就差得颇远了。

劝　"劝"字最初是奋勉的意义。故《说文》云:"劝,勉也。"行政能感化人,人民自知奋勉,就是劝,例如:

> 举善而教不能,则劝。(《论语·为政》)
> 上德不赏而民劝。(《吕氏春秋》)

由内动词转化为外动词,"劝"字就由奋勉而变为勉励的意义。故《广韵》云:"劝,奖勉也。"例如:

> 劝农之道未备。(《史记·文帝本纪》)

孟夏劳农劝民。(《吕氏春秋》)

　　劝做善事才叫做劝,故《荀子》有《劝学》篇。现代语里,例如说"劝他到上海去",这在汉以前不叫做"劝"。"劝他做贼"在汉以前更不叫做"劝"。这种后起的意义,大约到了唐代才有的,例如:

　　劝君更尽一杯酒,西出阳关无故人。(王维《渭城曲》)
　　诗听越客吟何苦,酒被吴娃劝不休。(白居易《城上夜宴》)

这并不是勉励,只是委婉地叫人家做某一件事而已。

　　　　　　　　　原载《国文杂志》第 3 卷第 4、5、6 期,1945 年

"江、河"释义的通信

编辑同志:

　　3月1日来信收到。你们收到一篇稿子,是对我在《古代汉语》中关于"江、河"二字的解释提出商榷意见的。你们希望我答复。我认为这篇稿子提出的问题是有理由的,我在书中讲得不透,不全面,以至引起读者的误解。我愿意借贵报的篇幅答复一下。

　　(1)我说古人所谓"河",专指黄河;古人所谓"江",专指长江。"江、河"二字连用时,指长江和黄河。我说的"古",指的是上古。中古、近古的文人喜欢仿古,他们的诗文中的"江、河"也往往指的是长江、黄河。当然,到了后代,"江、河"的意义扩大了,就不专指长江、黄河了。《说文》:"河,水出焞煌塞外昆仑山,发原注海。""江,水出蜀湔氐徼外崏山,入海。"可见至少在汉代以前,"江、河"是专指长江、黄河的。至于什么时代"江、河"用为大川的通称,尚未研究清楚。

　　(2)"江、河"的支流也可称"江、河"。不过要注意:黄河的支流只能称"河",不能称"江";长江的支流只能称"江",不能称"河"。我在别的书里讲过这个道理。因此,《尚书·禹贡》的"三江、九江",《孟子》《史记·夏本纪》的"九河"都是可以理解的。中古以后,不但江河的支流可以称"江、河",而且北方的河流都可以称"河",南方的河流都可以称"江"(如珠江)。至于东北的黑龙江、松花江称"江",那是更晚的事了。

　　(3)有些地方的"江、河"似乎解作通名或专名都可以,那就该按时代作出判断。汉代以前的,一定要解作专名,即长江、黄河。《庄子·山木》:"彼其道远而险,又有江山。"上文讲的是南越,从鲁国去南越,正是要渡过长江。《史记·乐毅列传》:"遂破骑劫于即墨下,而转战逐燕,北至河。"黄河故道正在燕地(参看《中国历史地图集》第六图),怎能说"燕离黄河甚远"呢?《鄘风·柏舟》(李、于两同志误为《邶风》):"泛彼柏舟,在彼中河。"李、于两同志说:"邶离黄河甚远,很难说专指黄河。"这又牵涉到黄河故道的问题。朱熹《诗集传》说:"邶、鄘、卫,三国名,在《禹贡》冀州,西阻太行,北逾衡漳,东南跨河。"可见黄河正是邶、鄘所跨之地,怎能说离黄河甚远呢?《诗·魏风·伐檀》"河水清且涟猗"引起李、于两同志的疑问。但是,上面说过,黄河支流也可称"河",那么,魏国南枕河曲,北涉汾水(朱熹说),譬如说,《柏舟》指的是汾水(那只是假定),不也可以吗?

　　(4)李、于二同志又对我所引的例证提出疑问。他们说:"'楚人有涉江者'的'江'乃是作者为阐明'先王之法''不可得而法'的主张,涉笔成趣不必认真落实。"这不是什么"落实"的问题。为什么不说"楚人有涉河者"呢?因为黄河离楚国太远,长江正在楚国地,可见楚人涉的是长江。

　　李、于两同志说:"'为治斋宫河上'(《西门豹治邺》)是指漳河,因为古时邺在今河北临漳西南,漳河流经其地。"李、于两同志的意见是对的。我在上文说过,黄河支流也可称"河"。上古黄河未改道以前,漳水是黄河的支流。《说文》漳,水名,"浊漳出上党长子鹿谷山,东入清漳;清漳出沾山大要谷,北入河"。可以为证。

　　李、于两同志说:"'假舟楫者,非能水也,而绝江河'(《劝学》)。这个'江河'也不是专指长江、黄河,应当理解为指所有的江江河河。"我在上文说过,在似乎两种情况都讲得通的情况下,必须以时代为断。在《荀子》时代,"江、河"只能解释为长江、黄河。

　　李、于两同志花了很大的劳力来举例证,这种钻研精神值得赞扬。我写这封信不是和他们辩论，只是就我自己在书中没有讲清楚的地方加以补充说明罢了。

此致

敬礼

王　力
1982 年 3 月 6 日

原载《天津师专学报》1982 年第 2 期

说"江、河"

前些日子,我收到《天津师专学报》编辑部的一封来信,说是他们收到唐山市的两位语文教师的一篇稿子,对我在《古代汉语常识》中关于"江、河"两词的解释提出商榷意见,希望我答复。我已经答复了,意有未尽,所以我再写这一篇文章。

我屡次强调读古书要有历史观点。我写这篇文章的目的也是借"江、河"二字来说明历史观点的重要性。

我在《古代汉语常识》22页上说:

〔江〕古人所谓"江",专指长江,如"楚人有涉江者"(《吕氏春秋·刻舟求剑》)。

〔河〕古人所谓"河",专指黄河。如"为治斋官河上"(《史记·西门豹治邺》)。"江、河"二字连用时,专指长江、黄河。如"假舟楫者,非能水也,而绝江河"(《荀子·劝学》)。

唐山两同志批评我说:"清、明、元、宋、唐各朝代的人,算不算古人?若算,'江'就不专指长江,'河'也不专指黄河。"这个批评意见是对的。我应该说上古时代,不应该泛指古人。但是,即使在唐代以后,"江、河"也不是大川的通称。说见下文。

"江、河"二字的本义是什么?这件事情最关重要。《说文解字》说:

河,水出焞煌塞外昆仑山,发原注海。
江,水出蜀湔氐徼外崏山,入海。

可见专名是"江、河"的本义,通名是"江、河"的引申义。在汉代以前,"江、河"还不当通名用。段玉裁、桂馥、王筠都没有说"江、河"可以用作通名。只有朱骏声引《庄子》"自制河以东"《释文》:"北人名水皆曰河。"《后汉书·郦炎传》注:"河者,水之总名也。"《经典释文》作者陆德明、《后汉书》注的作者李贤都是唐朝人,不足为凭。

许多人误认通名为"江、河"的本义,专名为"江、河"的引申义,倒果为因,所以就误以为上古时代"江、河"也可以用作通名了。

我在别的地方说过,河的支流也可以称"河",江的支流也可以称"江"。《尚书·禹贡》:"九河既道。"笺引《尔雅》:"徒骇一,太史二,马颊三,覆釜四,胡苏五,简六,絜七,钩盘八,鬲津九。"[①]《尚书·禹贡》:"九江孔殷。"疏:"传以江是此水大名,九江谓大江分而为九,犹大河分为九河。"[②]

"江、河"由专名发展为通名,大约经过三个阶段:第一阶段是"九河、九江"之类,都指的是江河支流,没有具体的名称。上古大川的通称是"水",不是"江、河",例如"汾水"不叫"汾河","湘水"不叫"湘江"。第二阶段大概到了晋代以后,才加上大类名"江、河",例如《浔阳记》说九江一曰乌白江,二曰蚌江,三曰乌江,四曰嘉靡江,五曰畎江,六曰源江,七曰廪江,八曰提江,九曰箘江。第三阶段是不但长江支流可以称"江",黄河支流可以称"河",而且长江流域的大川都可以称"江",黄河流域的大川都可以称"河",甚至北方一律称"河",南方一律称"江"。这样,可否说这是大川的通称呢?不可以。因为"河"只用于北方,例如汾河不能叫做汾江,湘江

---

① 蔡沈《蔡氏尚书》说:"九河,《尔雅》一曰徒骇,二曰太史,三曰马颊,四百覆鬴,五曰胡苏,六曰简洁,七曰钩盘,八曰鬲津,其一则河之经流也。"蔡说是。

② 蔡沈《蔡氏尚书》说:"九江,即今之洞庭也。……今沅水、渐水、元水、辰水、叙水、酉水、沣水、资水、湘水,皆合于洞庭,意以是名九江也。"

不能叫做湘河,珠江不能叫做珠河①。唯一的例外是东北有黑龙江、松花江等,那是很晚的事情了。黑龙江古称黑水,松花江古称粟末水,大约明代以后才改名黑龙江、松花江的②。

为了建立历史观点,在上古书籍中凡是似乎"江、河"解作专名、通名都讲得通的,都应解作专名或江、河的支流。

下面试举出旧《辞海》、新《辞海》、旧《辞源》、新《辞源》四部书关于"江"、"河"的解释,一一加以评论。

(一)旧《辞海》:

> 〔江〕①大川之通称。《释名·释水》:"江,共也,诸水流于其中,所公共也。"②长江在古时专称曰江,或称江水;后世以江为大川之公称,乃称长江或大江。
>
> 〔河〕①流水之通称。《后汉书·郦炎传》:"韩信钓河曲。"注:"河者,水之总名也。"②黄河在古时专称曰河,或称河水;后以河为大川之公称,乃称黄河或大河。

评:应以"江、河"的本义为第一义;若以通称为第一义,容易令人误解,以为先有通称,后有专称。

"大川之通称"和"流水之通称"的提法不妥。因为北方的大川不称"江",南方的大川不称"河"。

引《释名·释水》来证明"江"是大川的通称,这是很大的误解。《释名》是声训,不足为凭,而且《释名》的"江"仍旧指长江,不能因它以"公"为训就认为是通称。

《后汉书·郦炎传》的注是不妥的。上文说过,河的支流皆得称"河",段玉裁、朱骏声都说淮水有一度合于河,那么,韩信钓于淮水,说是钓于河曲,不足为怪,不能由此引出结论,说河是水的总

---

① 《庄子·外物》:"自制河以东。"制河就是浙江。《释文》:"河亦江也,北人名水皆曰河,浙江今在余杭郡。"这正说明浙江应该称江,不应该称河。
② 参看《中国历史地图集》第三十图。

名。再者,《史记》说韩信"钓于城下",《汉书》说韩信"至城下钓"都没有说到"河曲"。《后汉书》的作者范晔是南北朝时代的人,可能当时北方(长江以北)的大川都称河了。

(二)新《辞海》:

〔江〕①大河流的通称。如黑龙江;珠江。②专指长江。《书·禹贡》:"江汉朝宗于海。"(语词分册第 955 页)

〔河〕①水道的通称。如"内河、运河"。②黄河的专称。(语词分册第 971 页)

评:这个解释比旧《辞海》好些。同样的缺点是把本义降为第二义,又把"江"解释为大河流的通称,"河"解释为水道的通称。应该说,"江"是南方大河流的通称(东北称江是例外),"河"是北方大河流的通称。新《辞海》为了照顾全面,把"河"字解释为水道的通称,举"内河、运河"为例,那样反而不妥。运河是人工河,河流的通称可以把运河包括在内了。

(三)旧《辞源》:

〔江〕①水名,为中国最大之川。俗称长江。②大川之通称,如黑龙江、钱塘江、珠江之类。

〔河〕①水名。今称黄河,中国之大川也。②水之通称,如"运河、内河"。

评:旧《辞源》的优点是把"江、河"的本义放在第一义,缺点是没有举例。对"河"作为水的通称举"运河、内河"为例不妥,因为"运河、内河"是特殊情况,古书中不常见。这不是典型的例子。

"大川之通称、水之通称"的提法不妥,上文已经说过了。

(四)新《辞源》

〔江〕①古代专指长江。《书·禹贡》:"江汉朝宗于海。"②江河的通称。如珠江、松花江。《书·禹贡》:"九江孔殷。"

《楚辞·屈原九歌·湘君》："鼂骋骛兮江皋，夕弭节兮北渚。"①

〔河〕①黄河。《书·禹贡》："导河积石，至于龙门。"《尔雅·释水》："河出昆仑虚，色白；所渠并千七百一川，色黄；百里一小曲，千里一曲一直。"②河流之通称。《诗·周南·关雎》："关关雎鸠，在河之洲。"

评：新《辞源》把"江、河"的本义放在第一义，这是好的。每个义项都举例，那也是好的（没有例子的字典只是一具骷髅）。但是，举例多错，就变了缺点。"江"字②江河的通称应举浙江、钱塘江为例——因为是"辞源"，应尽可能举较古的例子。下面又举《书·禹贡》"九江孔殷"、《楚辞·九歌·湘君》"鼂骋骛兮江皋"为例，那就更错。上文①说古代专指长江，下文②江河之通称反举《禹贡》《湘君》为例是自相矛盾。我在上文说过，上古时代，江的支流亦得称"江"。但只限于"三江、九江"之类②，并不是在江名的后面加上大类名"江"（如浙江、钱塘江）。《楚辞·九歌·湘君》"鼂骋骛兮江皋"江指的是湘水，湘水是江的支流，故得称"江"。《禹贡》《湘君》的"江"字都是用的本义，并不是江河的通称。关于"河"②河流的通称举《诗·周南·关雎》"关关雎鸠，在河之洲"为例，更是大错。西周在黄河上游，"在河之洲"的"河"自然是指黄河，不必解作河流的通称。新《辞源》的编者这样说是有根据的。朱熹在《关雎》注上说："河，北方流水之通名。"③但是朱熹是没有历史观点的，不可凭信。

我初步考虑，关于"江、河"二字，我们的字典可否这样写：

〔江〕①上古时代长江的专称。《书·禹贡》："江汉朝宗

---

① 原编者注：新《辞源》中"湘君"原作"湘夫人"，误，今改为"湘君"；下文照改。
② 朱骏声说："《书·禹贡》：'扬州三江既入。'郑注：'左合汉为北江，会彭蠡为南江，岷江居其中则为中江。'按三江实一江，三者，据上流言之，非截然有三也。"朱说是。
③ 说河是北方流水之通名，比说成"河流之通称"要妥当些，不过他拿这个意义来解释《诗经》的"河"字，那就错了。

于海。"在数目字后面,江的支流亦得称江。《书·禹贡》:"九江孔殷。"②南方河流的通称。《史记·项羽本纪》:"于是项王乃欲东渡乌江。"近代东北的河流亦称江,如黑龙江、松花江。

〔河〕①上古时代黄河的专称。《书·禹贡》:"导河积石,至于龙门。"在数目字后面,河的支流亦得称河。《书·禹贡》:"九河既道。"②北方河流的通称。《晋书·舆服志》:"横汾河而祠后土。"

旧《辞海》"河"字有第③义,云:"天汉也。"新《辞海》和新《辞源》都说指银河,这个义项是多余的。天河意思是天上的黄河,并非另有一义。谢朓诗"秋河曙耿耿",只是受五言的限制,省称为"河"罢了。

下面让我答复唐山两同志的商榷意见。

唐山两同志说,我在《古代汉语常识》中所举的三个例子都是错的:第一,"楚人有涉江者"的"江"乃是作者为阐明"先王之法不可得而法"的主张,涉笔成趣,不必真的落实。我不懂,为什么涉笔成趣就不可以指长江。为什么说楚人涉江而不说楚人涉河,正是因为楚国有江没有河。第二,唐山两同志说"为治斋宫河上"(《西门豹治邺》)是指漳河,因为古时邺在今河北临漳西南,漳河流经其上。这个辩驳比较有理由。曾经有一位读者提出同样意见。我在上文说过,黄河的支流也可以称"河"。问题是漳河是不是黄河的支流。今漳河经卫河、海河,入渤海,没有经过黄河。这就牵涉到黄河故道的问题。《说文》漳:"浊漳出上党长子鹿谷山,东入清漳;清漳出沾山大要谷,北入河。"可见漳水在上古时代是黄河的支流。第三,唐山两同志说,《荀子·劝学》"假舟楫者,非能水也,而绝江河"这个"江河"也不专指长江、黄河,应当理解为泛指所有的江河。我在上文说过,为了建立历史观点,在上古书籍中,凡是"江、河"似乎解作专名、通名都讲得通时,都应解作专名。上文所举《诗·周南·关雎》"在河之洲"是这种情况,《荀子·劝学》"假舟楫者,非能水也,而绝江河",也是这种情况。

唐山两同志说,清、明、元、宋、唐各朝代的人算不算古人?若算,那么,"江"就不专指长江,"河"就不专指黄河。他们举杜甫《恨别》"草木变衰行剑外,兵戈阻绝老江边",说此江当指锦江。又举柳宗元诗"孤舟蓑笠翁,独钓寒江雪",说此江当是诗人想象中的不管什么江。又举王昌龄诗"前军夜战洮河北,已报生擒吐谷浑",李颀诗"白日登山望烽火,黄昏饮马傍浇河",说"河"都不是指黄河。我在上文说过,江的支流也得称"江",河的支流也得称"河"。杜甫诗"兵戈阻绝老江边","江"指锦江,锦江是长江的支流。柳宗元诗"独钓寒江雪","江"指的是湘水,湘水也是长江的支流,不应该解释为诗人想象中的不管什么江。诗人写的是真实的情景,否则毫无诗味了。王昌龄诗的"洮河",也是黄河的支流。李颀诗的"浇河",原文是"交河",唐山两同志抄错了。《唐诗三百首》注引《汉书》云:"车师前国王治交河城。河水分流绕城下,故号交河。"那么,"交河"实际上指的就是黄河,更没有问题了。浇河又名浇水,在今安徽省,"浇"字读 xiáo,与交河不同,不要误会。要提请注意的是黄河流域称"河",长江流域称"江",不可互换。

唐山两同志说,即使在唐以前,南北朝、两汉人所谓"江、河",也不专指长江、黄河,如《史记·夏本纪》:"彭蠡既都,阳鸟所居,三江既入,震泽致定。""三江"之"江"是注入彭蠡的三条江,合为一江之"江",才是长江。又如《夏本纪》:"北过降水,至于大陆,北播为九河,同为逆河,入于海。"既为"九河",当然就不专指黄河。又举《史记·乐毅列传》:"遂破骑劫于即墨下,而转战逐燕,北至河。"他们认为,此河在燕,离黄河甚远。关于"三江、九河",我在上文已经解释过了。"三江、九河"很早就出现在《书·禹贡》,《史记》只是照抄《禹贡》的原文。至于《史记·乐毅列传》"转战逐燕,北至河",这个"河"是否指黄河,这又牵涉到黄河故道的问题。按:黄河故道正是流经燕地①，所以"河"是指黄河。

唐山两同志又举了一些先秦的例子，如《庄子·山木》："彼其道远而险，又有江山。"说这"江山"当泛指大江大山。《孟子·滕文公上》："禹疏九河。"所谓九河，也当不专指黄河。《左传·宣公二十年》："祀于河，作先君宫，告成事而还。"这里的"河"，据顾栋高《春秋大事表》当指汴河，古称泲水。《吕氏春秋·古乐》："疏三江五湖，注之东海。"既言"三江"，当不专指长江。关于"三江、九河"，我在前面已经解释过了。汴河在上古是黄河支流，故得称"河"。《庄子·山木》"道远而险"讲的是南越，由鲁国去南越要经过长江②，所以不说"河山"，而说"江山"。

唐山两同志说，《诗·魏风·伐檀》："河水清且涟猗。"这个河，似乎是黄河，但"河水清且涟"，说明河水清澈，又不大像指黄河。又《诗·鄘风·柏舟》："泛彼柏舟，在彼中河。"鄘（两同志误作邶）离黄河甚远，很难说专指黄河。关于"河水清且涟"，似乎很难解释。但若河的支流也得称"河"，就好讲了。《诗·邶风·谷风》："泾以渭浊。"《释文》："泾音经，浊水也；渭音谓，清水也。""河水清且涟"指的是渭水③，那就好讲了。朱熹说："邶、鄘、卫，三国名，在《禹贡》冀州，西阻太行，北逾衡漳，东南跨河。"又说："武王克商，分自纣城，朝歌而北谓之邶，南谓之鄘，东谓之卫，以封诸侯。"由此看来，鄘国当有河水经过，不可谓远。《诗·鄘风·柏舟》"在彼中河"指的是黄河，毫无疑义。

唐山两同志又说，"江、河"连用，也不见得专指长江、黄河，例如《庄子·天下》："昔禹之湮洪水，决江河而通四夷九州也。"这里的"江河"要比长江、黄河的内涵大得多。我说，如果包括江、河支流在内，也就讲得通了。《庄子》在下文说："名山三百，支川三千，

① 参看《中国历史地图集》第六图《战国时代图》和旧《辞海》"黄河故道"条。
② 《庄子·山木》："南越有邑焉，名为建德之国。"注："寄之南越，取其去鲁之远也。"
③ 今人说，其实是渭浊泾清。不知是古人弄错了呢，还是河名互换了。

小者无数。"正是说明包括江、河的支流(支川)。

　　我写这篇文章的目的是要说明一个道理:读古书要有历史观点,要注意语言的时代性;要有发展观点,要注意古今词义的差别。今人可以沿用古义,古人绝不会用今义,因为古时还没有这个意义。词义的发展有三种方式:扩大;缩小;转移。"江、河"的词义的发展是扩大型,是由专名发展为通名;许多人误认为缩小型,以为是由通名发展为专名,种种误解由此而生。我希望我这一篇文章能解答读者的疑问。

原载《中学语文教学》1982 年第 6 期

词义的发展和变化

一、词义的发展(805)　　　二、词义的变化(807)

古今词义不同,是由于发展和变化。发展与变化不同。发展指的是一般所谓引申,例如"口"是身体的一部分,引申为山口、河口、路口的"口",而口的本义还用于现代双音词里,如"口腔、口气、开口、说不出口"。变化指的是本义消失了,现代只用它的引申义,例如"脚"字本来是小腿的意思。《说文》:"脚,胫也。"《论语》:"以杖叩其胫。"注:"胫,脚胫。"后来变化为指足(脚丫子),不再用来指小腿了。

我们可以从范围来看词义的变迁。一般把词义的变迁分为三种情况:扩大;缩小;转移。扩大是词义的外延扩大了;缩小是意义的外延缩小了;转移是词义的范围转移了。我们又可以从语法意义去看词义的变迁,例如名词发展为动词,不及物动词发展为及物动词,等等。现在我们分别加以叙述。

一、词义的发展

(一)词义范围的变迁

1. 词义的扩大例:

皮　本义是兽皮(人的皮叫做"肤")。《左传·僖公十四年》:"皮之不存,毛将安傅?"《孟子·梁惠王下》:"事之以皮币,不得免焉。"引申为人和动物的皮。

肉　本义是兽类的肉(人的肉叫做"肌")。《论语·宪问》:

"三月不知肉味。"《乡党》:"鱼馁而肉败不食。"后来兼指人及其他动物的肉。

觜 本义是鸟嘴。引申为人嘴。《南齐书·刘休传》:"武人厉其觜吻。"后人加口作"嘴"。

袴 本义是套裤,字本作"绔"。《说文》:"绔,胫衣也。"引申为后代的裤子。

2. 词义的缩小例:

屋 本义是房屋。今北京人称房间为"屋子",词义缩小了。

3. 词义的转移例:

日 本义是太阳,引申为一昼夜的时间。

月 本义是月亮,引申为一个月的时间。

(二)语法意义的变迁

1. 名词→动词:

面 本义是脸(名词),引申为面向(动词)。《论语·雍也》:"雍也可使南面。"《孟子·梁惠王下》:"东面而征,西夷怨。"

背 本义是背脊(名词),引申为背向(动词)。《周礼·秋官·司仪》:"不正其主面,亦不背客。"

2. 不及物动词→及物动词:

往 本为不及物动词,后面不带宾语(目的地是不言而喻的),例如:

> 今朕必往。(《书·泰誓》)
>
> 佛肸召,子欲往。(《论语·阳货》)
>
> 彼陷溺其民,王往而征之。(《孟子·梁惠王上》)

后来也可以用作及物,例如杜甫《新婚别》:"今君往死地。"

来 本为不及物动词,后面不带宾语(来的地点是明显的),例如:

> 徯我后,后来其苏。(《书·仲虺之诰》)

> 王来自商。(《书·武成》)
>
> 有朋自远方来。(《论语·学而》)
>
> 不远千里而来。(《孟子·梁惠王上》)

后来也可以用作及物,例如杜甫《发同谷县》:"始来兹山中。"

3. 及物动词→不及物动词→及物动词:

去　本为及物动词,指离开某地,例如:

> 微子去之。(《论语·微子》)
>
> 孟子去齐。(《孟子·公孙丑下》)
>
> 桓公去国而霸诸侯。(《墨子·亲士》)

也可以用作不及物,不带宾语,例如:

> 鸟乃去矣。(《诗·大雅·生民》)
>
> 渔父莞尔而笑,鼓枻而去。(《楚辞·渔父》)

现代又用作及物,有"往"的意思,例如"去广州"。

二、词义的变化

(一)词义范围的变迁

1.词义扩大例:

身　本义是自肩至股的部分。《论语·乡党》:"必有寝衣,长一身有半。"长一身有半就是寝衣盖到膝间。后来词义扩大为身体,"身"的本义就消失了。

眼　本义是眼珠子。《史记·吴太伯世家》:"抉吾眼置之吴东门。"后来"眼"变为"目"的同义词,"眼"的本义就消失了。

脸　旧读如"检",本义是颊,一般指妇女搽胭脂的地方。梁简文帝《妾薄命》:"玉镜歇红脸,长嚬串翠眉。"白居易《王昭君》:"满面胡沙满鬓风,眉销残黛脸销红。"杜牧《冬至日寄小侄阿宜》:"两脸明且光。"后来"脸"变为"面"的同义词(读如"敛"),"脸"的本义就消失了。

器　本义是陶器。《老子》："埏埴以为器。"《韩非子·难一》："东夷之陶者,器苦窳,舜往陶焉,期年而器牢。"后来"器"字泛指器具,不专指陶器了。

房　本义指正室两边的室。《说文》："房,室在旁也。"《诗·王风·君子阳阳》："左执簧,右招我由房。"后来"房"字泛指房屋,不专指正室旁边的室了。杜甫《得舍弟消息》诗："汝书犹在壁,汝妾已辞房。"现代"房子"指住宅,词义更扩大了。

2.词义的缩小例:

禽　本义是猎得的鸟兽。《易·师卦》："田有禽。"《左传·宣公十二年》："使摄叔奉麋献焉。曰:'以岁之非时,献禽之未至,敢膳诸从者。'"引申为泛指鸟兽(扩大)。《三国志·华佗传》："吾有一术,名五禽之戏:一曰虎,二曰鹿,三曰熊,四曰猿,五曰鸟。"后来专指鸟类(缩小)。本义就消失了。

瓦　本义是土器已烧之总名。《诗·小雅·斯干》："乃生女子,载弄之瓦。"传："瓦,纺塼(砖)也。"后来专指屋顶上的瓦,本义就消失了。

3.词义转移例:

脚　本义是小腿。膑脚是去掉膝盖骨,使腿失掉作用。《荀子·正论》："捶笞膑脚。"后来变为"足"的同义词,本义就消失了。

趾　本义是足(脚)。《诗·豳风·七月》："四之日举趾。"后来变为脚指头的意思,本义就消失了。

羹　本义是带汁的肉。《字林》："羹,肉有汁也。"《左传·隐公元年》："小人有母,皆尝小人之食矣,未尝君之羹。"《后汉书·陆续传》："续系狱,见饷羹,知母所作;葱必寸断,肉方正,以此知之。""羹"字后来变为汤的意思,唐王建《新嫁娘》诗："三日入厨下,洗手作羹汤。""羹"的本义就消失了。

(二)语法意义的变迁

1. 动词→名词

任　本义是抱。《诗·大雅·生民》："是任是负。"毛传："任，犹抱也。"《国语·齐语》："负任儋何。"注："任，犹抱也。"本是动词，后来变为名词，表示任务、责任。"任"的本义就消失了。后来虽又发展为动词，表示任用、任命，那已经不是本义了。

饭　本义是吃饭，动词。《说文》："饭，食也。"《论语·述而》："饭疏食，饮水。"《孟子·尽心下》："舜之饭糗茹草也，若将终身焉。""饭"又用作不及物动词，表示吃饭。《论语·乡党》："待食于君，君祭，先饭。"《史记·廉颇列传》："廉将军虽老，尚善饭。""饭"又用作使动词。《吕氏春秋·举难》："宁戚饭牛居车下。"《汉书·朱买臣传》："见买臣饥寒，呼饭饮之。"后来"饭"字变为名词，本义就消失了。

2. 动词→形容词

低　本义是低头。《庄子·盗跖》："据轼低头，不能出气。"司马相如《大人赋》："低卬夭蟜据以骄骜兮。"杨恽《报孙会宗书》："奋袖低昂，顿足起舞。"后来变为高低的"低"，是由动词变为名词，现在我们不能单用"低"字来表示低头了。

词义变化以后，词的本义消失了，往往产生一个新词来替代它，例如，当"眼"字不再表示眼珠子的时候，就产生一个"睛"字（后来又变为复音词"眼珠子"）；当"脚"字不再表示小腿的时候，就产生一个"腿"字替代它。以上所述，是汉语史的一个方面。为时间所限，只是简单地谈了这些。

1983 年

原载王力《谈谈学习古代汉语》，山东教育出版社 1984 年

论唐兰先生的文章的
思想性和逻辑性

唐兰先生的《论马克思主义理论与中国文字改革基本问题》是一篇缺乏思想性和逻辑性的文章。为了掩盖他反对汉字走世界各国共同的拼音方向的思想本质,他不得不大放其烟幕弹。我在这里不打算讨论他对汉字拼音化的主张是否比别人的主张更合理,我只想指出他的文章充满着矛盾和混乱,最后我还要指出他的矛盾和混乱的真正原因是反对汉字的根本改革。

让我首先提出相关联的两个问题:

1. 唐兰先生要不要拼音文字?

2. 如果要的话,他的文章有没有自相矛盾的地方?

唐先生要不要拼音文字?据他自己说是要的。他主张在三五年的时间内,插入一千多个注音字母式的拼音简字,到那时候,汉字将变成以拼音为主(?)的"综合文字",每个人将只须要学习两三千个简单的文字而其中一千多个是可以用字母拼音的。将来在一切条件成熟以后,就会迅速地转化成为完全拼音的文字。

这里表现出了唐先生的第一个矛盾:到底他要的是"综合文字"呢,还是拼音文字?"综合文字"决不能算是拼音文字,世界上也找不出一种连基本词汇都不拼音的"拼音文字"。于是唐先生赶快转个弯儿,说"综合文字"会转化为拼音文字。

唐先生是不是真正打算从他的"综合文字"转化为拼音文字

呢？读了唐先生的文章之后,对于这个问题,只能得出一个否定的答复(理由见下文)。唐先生自己也说:"我们不能断言完全转化为拼音文字将在什么时候。"然后他又开一张空头支票:"在一切条件都成熟后,将迅速地转变为完全拼音的文字。"在农业合作化运动到了高潮的时候,在工人、农民迫切需要文化的时候,而唐先生却这样来空谈逐渐过渡! 我们由新民主主义到社会主义的过渡时期是十五年左右,而唐先生所主张的从表意文字到拼音文字的过渡时期呢? 他不敢说是十五年,甚至不敢说是三十年或五十年。他好像是说:"请对我的综合文字表示满意吧,别的暂时不谈。"这不是变相的反对拼音文字是什么?

唐先生也许不肯承认他主张永远停留在"综合文字"阶段,他也许说他的最后目的是"完全拼音"。那么唐先生的理论就更站不住脚了。假使唐先生单纯地提出"综合文字",同时老老实实地反对汉字的根本改革,他的文章的矛盾要少得多;现在他假装拥护拼音化,假装希望将来走到"完全拼音",他的文章就显得矛盾百出了。

假定将来汉字依照唐先生的主张来"完全拼音",拼出来的文字将是注音字母式的文字[①]。注音字母式的拼音方案在我们看来是有缺点的[②]。但是我在这里用不着谈它的缺点。相反地,我们得承认注音字母也是可能的方案之一。问题在于:唐先生把注音字母和拉丁字母(或斯拉夫字母)对立起来。同是拼音文字方案,拼音文字的主要的优缺点应该是共同的。而在唐先生看来,仿佛注音字母由于"取古文篆籀径省之形",就具有一种特殊的魔力,它能具有拼音文字之长而无其短。这完全是一种自欺欺人的说法!

---

① 唐先生主张的"完全拼音",仍想保持方块形式,单音节,不按词儿连写,这种主张也是不实际的,因为如果完全拼音,即使用的是注音字母,人们也一定会接受一般拼音文字的原则按语言的词来拼写,而不会长期保持汉字的方块制的。

② 参看谢尔久琴柯教授对注音字母的意见,见《中国语文》1955 年 11 月号,第 25 页。

　　唐先生从方言统一的问题来看拉丁字母式（或斯拉夫字母式）的汉语拼音字母的缺点，以为这种拼音文字"只能在一小部分人中间或只在个别的区域"中应用，"超出了这个界限以后，文盲依旧是文盲"。这是低估了我们大力推广普通话的作用，我不打算在这上面多费笔墨。我只想指出一点：如果说方言不统一是实行拼音文字的障碍的话，用注音字母式的拼音文字和用国际形式的拼音文字，情况完全是一样的。把"田"字写成ㄊㄧㄢ，和 tian 相比较，我们绝对不能说后者不能打破方言的障碍而前者却有打破方言障碍的神通。

　　唐先生又从同音字的问题上企图指出国际通用字母的拼音文字的缺点。同音字问题的解决，同志们谈得很多了，唐先生都不愿意听。我只想问一句：注音字母式的拼音文字，从哪一点上比国际通用字母更能解决同音字的问题呢？唐先生以前提出过"新形声字"，那倒是解决同音字的方法之一；现在他不谈"新形声字"了，而用注音字母来拼音，那么，他凭什么来辨别同音字呢？

　　唐先生又从保存文化遗产的问题上来看国际通用字母的拼音文字的缺点，他以为新文字"用字用词"和汉字的体系不同，所以毛主席的著作须要翻译，古书须要翻译①。难道用注音字母式的拼音文字就不要翻译了吗？如果"综合文字"真的像唐先生所说的迅速地转化为"完全的"拼音文字，我看也非翻译不可。关于翻译古书的问题，许多同志都谈过了，大概唐先生没有被说服吧？不幸得很，唐先生自己也主张汉字拼音化，反对拼音化的人也会向唐先生提出同样的问题。唐先生怎样答复他们呢？如果唐先生说"我们用不着翻译"，那就等于说唐先生自己也反对"完全的"拼音文字了。

---

① 在这里我要挑一两个小毛病。新文字只有用字不同，不可能有"用词"不同，唐先生把语言和文字混为一谈了。毛主席的著作只要译音，古代著作兼要译意，唐先生笼统叫做翻译，又是把语言和文字混为一谈了。

　　唐先生危言耸听地说:"正如斯大林同志所说:'在历史上没有特别必要的时候,决不会作什么重大改革的。'消灭现成的文字,创立新的文字来替代它是会在社会生活中造成无政府状态并使社会受到崩溃的威胁的。"我们拥护文字改革的人,谁也不会被这种危言所吓倒。这里想要指出的是:注音字母式的拼音文字,如果"完全拼音"的话,也会是一种重大的改革。只要是"完全拼音",无论是用注音字母也好,用国际通用字母也好,同样地是汉字的根本改革。唐先生的文章的毛病不在于他主张用注音字母,而在于他主张用"综合文字"。只要他承认"完全拼音",他就不能不承认汉字拼音化是对汉字的根本改革。在拼音化的总原则之下,采用任何形式的字母都只是技术性的问题。决不能说用注音字母来拼音就不是重大的改革。唐先生自己承认,"汉字的基本结构""是方块字,是音节文字,是以形声字为主的综合文字",那么,等到"完全拼音"之后,它不再是方块了,不再是音节文字了,不再是形声字为主了,完全变了另一个体系,难道还不是重大的改革吗? 同样是拼音文字,如果说用注音字母不是重大的改革,用国际通用的字母才是重大的改革,那是没有任何理论根据的。

　　一切都引导我们得出这样一个结论:唐先生并不是真的希望汉字"逐渐过渡"到"完全拼音"的文字,而是希望借"综合文字"为名,来反对汉字的根本改革。

　　试看唐先生自己的话:"汉字拼音化既然没有改变汉字的体系,没有抛弃民族文字,那么,一切过去的文化遗产都可以继续保存下来,任何人都有可能直接读祖国伟大的作品如屈原的《离骚》……"汉字拼音化而又可以不改变汉字的体系,那是骗人的话。唐先生的真正的意思是不要拼音文字。改用了拼音文字而又可以直接读《离骚》,这个戏法谁也变不出来!

　　上文说过,"综合文字"并不能算是拼音文字。日本人用汉字加假名,并没有人称日本文字为拼音文字。如果日本文字已经是拼音文字,现在日本人就不会再有拼音化运动了。唐先生的"综合文字"比现在的日本文字还不如,因为日本的基本词汇用假名(拼音),汉语借词才用汉字,而唐先生的"综合文字"却是基本词汇用汉字,次常用和不常用的字才用拼音。因此,初学文化的人简直用不着"拼音简字",例如"文字必须在一定条件之下加以改革"这十五个字据说将仍旧是汉字,又如"要走世界各国共同的拼音方向"这十三个字据说也只有一个"拼"字将用拼音。这种文字还叫做拼音文字,说得过去吗? 唐先生还说是"以拼音为主",这不是强词夺理吗?

唐兰先生是不折不扣的改良主义者。

唐先生之所以是改良主义者,并不是由于他主张用注音字母来拼音;文字改革委员会曾经收到几百个汉字笔画的拼音方案(包括一些注音字母式的方案),提案人都是拥护汉字根本改革的积极分子。文字改革委员会也曾经花了三年的时间来讨论并拟订过汉字笔画的方案。因此,一般主张用注音字母拼音的人们都不是改良主义者。唐先生之所以是改良主义者,是由于他主张用"综合文字"。"综合文字"是对汉字改革运动的敷衍;"综合文字"是基本上保存方块字的一种方案。

唐兰先生的文章将引起反对汉字拼音化的人们的共鸣。

反对汉字拼音化的人们说,中国方言复杂,汉字不能改为拼音。唐先生支持他们。

反对汉字拼音化的人们说,汉语同音字太多,汉字不能改为拼音。唐先生支持他们。

反对汉字拼音化的人们说,文化遗产是不能翻译的;因为要保存文化遗产,所以汉字不能改为拼音。唐先生支持他们。

反对汉字拼音化的人们说,汉字拼音化会引起天下大乱。唐先生支持他们。

唐先生和他们只有一个不同之点,就是他们老实,唐先生不老实。他们老老实实地反对汉字走上拼音的道路,唐先生却披着马克思主义的外衣,挂着拼音的幌子来阻拦汉字走世界各国共同的拼音方向。

现在有一类文章很少用或完全不用马克思主义的词句,而事实上从头到尾贯彻着马克思主义。另有一类文章满纸"马克思主义"的字眼,而事实上没有一点马克思主义的气息甚至是反马克思主义的。我看唐先生的文章是属于后一类的。

唐先生错误地认为任何东西只要是逐渐积累起来的就都算是"新质的逐渐积累"。他不懂什么叫做质,因为他以为每年主观地"插入"一些"拼音简字",就可以叫做"新质的积累"。这完全是对马克思主义的庸俗化和歪曲。

再举一个例子,唐先生说:"当人们看文字的时候,也只是看它所包含的内容,不一定把它当做语言;只有把它读出来的时候,才由文字转化为语言。"这样把文字和概念直接联系起来,正是典型的唯心主义。依照唐先生的说法,似乎看书读报都可以不用思维。如果承认用思维的话,是不是可以有脱离语言的思维?

总起来说,唐先生这篇文章表现出一种非常混乱的思想。它缺乏思想性,因为唐先生的文章引用马克思主义的词句而实际是反马克思主义的;它缺乏逻辑性,因为唐先生自己的话矛盾百出。关于他反对汉字的根本改革的理论部分,我想留给别的同志来驳斥他。但是,一篇文章如果缺乏思想性和逻辑性,也就不可能有什么说服的力量了。

原载《中国语文》1956 年第 1 期

语言的使用和了解

　　一个人说出来的话，他自己了解不了解，这可以有两种看法：（1）说话人对于他所说的每一词句，都给予一种确定的意义，意义既是他自己给的，他自然可以说是彻底了解。（2）说话人对于他所说每一词句，其所给予的意义未必都合于社会一般人所给予的意义，有时候，难合于社会一般人所给予的意义，而说话人只是知其然而不知其所以然。又有时候，说话人既知其然，又知其所以然，但是，他所用的词句不很合于社会的习惯，以至说得不妥帖闹出笑话来。这几种情形都可以说是因为说话人对于自己所使用的语言形式不曾彻底了解。

　　我们觉得第二种看法才是对的，词句用错了固然不算是能了解，知其然而不知其所以然和不妥帖也都不能认为彻底了解。《论语》里说"民可使由之，不可使知之"，我们想借这"由、知"二字来说明语言的使用和了解，用错了字等于走错了路；这是不由众人之所由。知其然而不知其所以然是由而不知，用得不妥帖是由和知都不曾恰到好处。

　　十年前，我回到故乡去，听见某绅士告诉我一个笑话：有一个乡下女人去投诉他说："某老爷，我要自由。"那绅士仔细问她，才知道她所谓"我要自由"乃是"我要离婚"的意思。数月前，我在昆明乡下，听见两个女人在那里谈论"土洋人"，我仔细一问，才知道所谓"土洋人"乃是本国神父，原来在她们心目中，一切神父都该称为"洋人"。我们也没有工夫笑那些乡下女人，因为像我们从前在《今日评论》上所说的，用字不当的毛病在现代青年文章里非常流行。最可怪者，书报上也免不了这种毛病。譬如日美战争前一些时候，报纸上有两三次电讯都把应该说"范围"的说成"范畴"，这和"离婚"说成"自由"比起来不过是五十步和百步的分别而已，用字不当，是对于语言形式有所误解。

但是，就多数的情形而论，咱们说话的时候，并不须要对于每一语言形式都彻底了解然后用得适当，这就是孙中山先生所说的"不知亦能行"，现在乡下人都会说"敌机"和"警报"，甚至于会说"抗战期间、技术人员"等等，并且用得很适当。但是，他们是不是彻底了解了这些字眼的真意义呢？我们敢说，十人中有九人是不曾了解的。在他们的心目中，"敌机"也许是等于"日本的飞机"，也许是等于"来轰炸咱们的城市乡镇的飞机"；他们未必懂得"敌"字的真意义。所谓"警报"，在他们看来，也就等于有些人所谓"烟囱响"；他们非但不懂得什么是"警"，甚至于不很了解什么是"报"。"抗战期间"就是"打战时候"，他们并不理会什么叫做"抗"；"技术人员"就是"修理汽车之类的人物"，他们并不理会什么叫做"技术"，什么叫做"人员"。但是他们对于语言形式的不了解并不妨碍他们对于语言形式的使用，至少，在中国现况之下，"敌机"确是等于"日本飞机"，"警报"确是等于"烟囱响"，"打战"确是"抗战"，"修理汽车之类的人物"确算是一种"技术人员"。这是事实造成他们可以用模糊的知识来使用他们所够不上的字眼。除非那向来会说"抗战时期"的人忽然说出一句"听说日本又和美国抗战了"，你才有权利说他用字不当，其实他早就有了用字不当的潜在性，随时可以被人发觉。一般学生在国文卷子上，就是在这种"不知亦能行"的情形下，使用若干他们所不曾彻底了解的词句，例如某生对于"汉奸"这一个名词，并不曾深究什么叫做"汉"什么叫做"奸"，然而他在卷子上写了几十次"汉奸"，都不曾出过病，忽然有一天，他写了一句："法国也有汉奸。"然后先生发觉他之所以向来不选

"红勒帛",都是机会救了他的。

　　然而咱们且慢嘲笑乡下人和中小学生,连咱们这一班知识社会的中年人,对于自己所说的话或所写的文章,即使词句都没有用错也不见得每一个字都能彻底了解。我们说实话,并不想完全在语源学上找根据,在提倡白话文初期,有些老师宿儒说白话文比文言文更难写,因为口语有些字确曾见于古书,而普通人因为不通小学就不会写"本字",又有些词句,看来很像鄙俚,其实是文雅的,例如近日某君在报纸的副刊上说,吴语谓"事"为"事体"是本于《宋书》"兹事体大"一语(其实《宋书》又本于司马相如的《难蜀父老》),这种语源是否可靠姑勿论,然而老师宿儒中确有人以为你如果不知道"事体"系从"兹事体大"演变而来,就不算是了解"事体"一语,正像你如果不知道某人的学生就不算了解那人,这样,我们的看法并不如此;一个人读书虽不应该不求甚解,然而当他使用某一个语言形式的时候,在相当的条件之下可以不求甚解,这就是说,如果某一词句原义已晦,全社会都不能彻底了解它的原义,然而它的现代意义却甚显明者,咱们对于它的原义当然可以不管,例如"滑稽"一词,有人说"滑,乱也;稽,同也,言辩捷之人,言非若是,说是若非,能乱同异";有人说"滑稽读为骨稽,流酒器也;言出口成章,词不穷竭,若滑稽之吐酒";又有人说"滑稽犹俳谐也,滑读如字,稽音计,言谐语滑利,其智计突出也"(并见《史记·滑稽列传》索隐)。除非你是个语源学者,否则你可以完全不理会这些,你只须知道"滑稽"能引人发笑的意思,就算是彻底了解它了,因为语言的价值是现代的,并没有追溯它身世的必要。但是,有些情形又微有不同,譬如我说"每况愈下"(说妥当些是"每下愈况"),这不像"滑稽"那样只是一个单词(指现代意义)其中"每、愈、下"三个字都是我所了解的,就更显得我对"况"字意义的模糊之感,然而我并不愿放弃了我对于"每况愈下"这一个成语的使用权,因为我深信不至于用错了它。又如我尽可以使用"乐不思蜀"这一个成语毫无错误,然而我并不知道这是什么典故。以上说的是古语的残留和典故使我们常常入于"不知亦能行"的状况;但是,在纯粹现代语里,"不知亦能行"的情形也并不是没有,例如"别针"一词,现在是通行全国了,然而我们相信中国大多数人都不明白"别"字是什么意思。原来江浙的裁缝在未缝衣裳以前,先用针扣定,这个行为叫做"别",用于这个用途的针叫做"别针",这个名词是从吴语区域传遍全国的,而动词"别"字并未通行全国。因此,中国大多数人对于"别针"一词,就只能"由之"而不能"知之"了。

末了,我们说到语言的不妥帖,这不完全是不了解的问题,有时候是因为措词欠斟酌,例如某日某报有一个标题:"美洲共和国利用停滞船只计划,英政府决定赞同。"表赞同是借所谓"决"的,而且英政府已表赞同,这是已成的事实,更用不着再"决定",做标题的人也许本意想要说"英政府完全赞同",或"英政府表示绝对赞同",也许是一时间不检点,在思想上发生逻辑的错误。此外还有一种不妥帖的情形,就是说话人或写文章的人不会想到对话人或读者可能的误解,或虽不误解,而所得的印象并不如说话人或写文章的人所预期的,例如我们看见乡下人家的大门有一副春联:"花脸自知迎客笑,柳眉先己人舒。"①做这一副的人本意是想描写初春的风景,然而过路的人看了,往往觉得可以移赠某一种人家春联而且更适合些。这一件事实可以使我们感觉到使用语言不是容易的,人类三岁能言,这是一种说法,但是,如果"能"字指的是了解而又用得不差,许多三十岁甚至六十岁的人,还是够不上"能言"两个字的。

---

① 编者注:原作如此。疑应作"柳眉先己向人舒"。

语言的变迁

　　在语言学上，当我们说一种语言起了变迁的时候，可以有三种不同的意义：第一，是那语言里的词汇起了变迁；第二，是语音起了变迁；第三，是语法起了变迁。固然，在上述的两方面或三方面都起了变迁的时候，我们该认为语言上的大变迁；但是，假使只有一方面发生了变化，我们仍旧不能不认为语言上的一种变迁。

　　词汇的变迁是很容易的。法语的 fiancé，被英语采用了，就会用得很恰当；英语的 beefsteak，被法语采用了（写作 bifteck）也用得很恰当。现在北平的车夫、校工也会采用"牺牲、摩登、自由"等字眼，虽也偶然用得不很恰当，例如把"摩登"专当坏的方面讲，但这是很容易矫正的。有些词汇的变迁却犯了语病，例如"认为"的"为"字本已有"是"的意思，而现在一般人都说"认为是"；又如"除非"或"无非"的"非"字已有"不是"的意思，而现在一般人往往说"除非是"或"无非是"。这种自由变迁而引起的语病，是由于白话中采用了文言的残留，又掺进了白话的成分，所以弄得四不像了。对付这种语病，有两个办法：第一就是索性把"认为是"三个字认为一个不可分析的动词，把"除非是"三个字认为一个介词，把"无非是"当中的"非"字认为副词，这是以不了了之的办法；第二就是大家提倡只说"认为"而不说"认为是"，只说"除非"或"无非"而不说"除非是"或"无非是"，这也不是难事。总之，词汇只是概念的表现；我们要改革一个表现概念的形式，是很容易的；尤其是采用另一语言里的表现的形式，越发容易了。

　　语音的变迁就比较地困难多了。一个人从小就养成了某一种的发音习惯，这在语音学上叫做"读音的基础"（based articulation）。所以我们到了成年之后，语音就很难更改。刘半农先生的语音学总算是很好的了，然而他在北平住了十余年，仍旧有的是故乡江阴的语音与声调。话剧团对于国语，当然是特别考究的，但是最近我听见某剧团的一位主角把"废话"念成"会话"，把"饭"念成"患"。这虽不是习惯的关系，却是想要改习惯而犯了类推的谬误。湖南（至少大部分是如此）"废"与"会"同音，都读为 fei（为印刷便利计，不用国际音标）；那主角是湖南人，大约因听见北平人把"会"字念 huei 不念 fei，于是他就推想凡湖南念 fei 的在北平都念 huei，所以把"废话"念成"会话"了。关于"饭"与"患"，也是这个道理（湖南的合口字里的 h 变 f，自有语音学上理由，这里不谈）。又如江浙皖各省的人，大多数是把"庚"与"根"、"恒"与"痕"、"宾"与"兵"、"平"与"贫"念成同样的声音的，且不说他们改起来不容易，纵使改变了，会不会也犯类推的谬误呢？现在法国人倾向于采用英语的 gentleman 一字，但他们念起来却颇像北平人念的"张特勒孟"！可见语音之变迁比词汇的变迁难得多了。这是颇严格的说法。至于上海某君说上海话的 b、d、g 与英语的 b、d、g 是一样的，依这种很粗的说法，那么，北平的"会话"也可以认为与湖南的"废话"相同了。

　　语法的变迁是最难的。但如果我们希望语言改善，似乎以语法上的改革为比较地有意思。许多模糊两可的话，都可以因语法上的改革而成为显明的；许多不合逻辑的话，都可以因语法上的改革而成为合逻辑的。譬如有人说"醉人的歌声"，这话不很明白，他的意思是说"令人陶醉的歌声"呢，还是说"一个醉了的人的歌声"呢？又如《诗经》"无忝尔所生"，古人皆释"所生"为父母。但"尔所生"依文法讲，当然是"子女"。这种话，都须经过一番改革。然而改革起来却又最难。这不是改革一个表现概念的形式的问题，而是改革"语言观念"的问题。语言之成立,必须先有一种精神行为,而这精神行为包括两种顺序的动作:第一步是分析,就是我们心里起了表象之后,分辨出若干成分,而在这些成分之间建立了一种关系;第二步是综合,就是那些不相同的成分被精神认识了而且分析了之后,复由精神把它们组合,以成语言观念。语法就是语言观念里的一种综合的方式。若要改革语法,就要一直影响到"主动的习惯"(habitudes motrices)。所以中国人学外国语,学到了读音颇正确,而且离了字典也能看书的时候,说起外国话或写起外国文来仍旧往往不合外国人的语法,这就因为他们的语言观念里的综合方式并没有完全改变过来的缘故。又譬如现在的文人写起文章来往往掺杂了些欧化的语法,然而说起来仍旧不能那样欧化,这也因为写文章能有充分的时间去改变他们的"主动的习惯",而说话就没有充分的时间。

由此看来,即使语言是可以改革的话,也只能在词汇方面得到颇好的成绩;至于语音与语法两方面,非经过很长很长的时间,是不会有很显著的效果的。

二十三年十一月二十八日,清华园

原载《独立评论》第 132 期,1934 年

语言的化装

语言与观念是表里两面。语言是能表者,观念是所表者。依理论说,每一个能表者只该与一个所表者相当,每一个所表者也只用得着一个能表者,这是所谓语言的统一性(univocity)。狭义的语言统一性专指文法成分之变化一致而言,广义的语言统一性兼指一切观念的表号而言。就中国语而论,它既没有屈折作用,这里所谓语言统一性当然是广义的。北京人管猴子叫"猴子",苏州人叫做"活猴",广州人叫做"马骝",这都是合于语言统一性的,因为一物只有一名。假使苏州人把猴子叫做"活猴",同时又叫做"马骝",一物而有两名,语言统一性就被破坏了。

人造的语言(如 Esperanto 与 Zdo)都是趋向于语言统一性的,这适足以间接地证明自然语言缺乏统一性。同是一句话,既可以这样说,有时也可以那样说;同是一件物事,既可以这样称呼,有时也可以那样称呼。换句话说,一个所表者有时也用得着许多能表者,在这许多能表者当中,必有一个是族语原有的,拿服装来做譬喻,这可以叫做语言的常装。此外,或不是族语所原有,或虽可算为原有而不是最普遍的说法,都可叫做语言的化装。至于文字,是所谓书写的语言(graphical language),所以文字里如果有这种情形,也可称为语言的化装。就普遍说,文字中的化装,比口语更甚;文学作品中的化装,比科学作品更甚。

就心理作用说,化装乃是观念间接的表现。在未说话以前,我们在脑子里先打好稿子,这叫做语像(verbal image)。语像里所有的,该是我们最熟悉的语言;依照语像说出来,该是语言的常装。当我们要化装的时候,可说是把语像中我们所最熟悉的语言再加以翻译,所以是间接的表现。由此看来,化装往往是比常装麻烦些,人们为什么还要化装呢?大致说起来,可以有下列两个原因:

1.为炫耀而化装。这里头包括写古体字、用古语、用洋语、自创新词新句等。手段虽则不同,目的却是一样的。目的能否达到,要看手段是否高超,又要看对话人或读者的程度如何而定。就一般情形而论,炫耀确有多少效果。一般人总不免喜欢新奇,讨厌平凡,化装也是避免平凡之一道。不过这种化装的标准很难确定;说中国话而每句带英国字的人未必是化装,十句当中只有一个英国字的人也许恰是化装。有些人为了环境的关系,对于英语比中国话更为熟悉,说话时,脑子里先有英语的语像,然后译为中国话说出来,那么,每句话所带的英国字反该叫做原装或常装。另有一些人,和英国人说话时,脑子里也先打中国话的稿子,然后译为英语说出来,当他说中国话的时候,自然不该再杂着英语,不然就是矫揉造作,化装了。但这种比较只是深究说话人的心理作用的说法;在旁人看来,在常语中杂着非常语(如运用古语、洋语等)总当作化装看待的。

2.为忌讳而化装。凡能引起恐怖、羞惭、恶心的语言,往往用得着化装。明明是开刀,医生为避免病者恐怖起见,喜欢叫做"施手术"。明明是死,一般人宁愿说是"升仙"。当一位妙龄女郎向你谈及某男与某女接吻的时候,她宁愿说某人 kiss 某人,不大愿意说某人与某人接吻,更谈不到"亲嘴"。又当她告诉你某男与他的女友已经"很要好很要好了"的时候,你该懂得她这"很要好"乃是另一个动词的化装。一般人把拉屎称为"大便",也因为"大便"一词不像"拉屎"那样引起恶心。这是语言上的"朝四暮三主义":分明是名异而实同,然而事实上却有若干功效,因为语言既非熟习,就不容易引起恐怖、羞惭、恶心的潜在回忆。然而等到这化装的语言本身变为常语的时候，又须要另外化装了。从"亲嘴"转到"接吻"，最初本有避免羞惭的功效，后来"接吻"也变了常语，再要避免羞惭，只好借用洋语了。从"拉屎"转到"出恭"，最初是很文雅的，尽足以避免恶心，后来"出恭"也变了常语，只好改用"大解、大便"等词，现在这"大便"也变了常语，所以江浙的妇女们又新创"到小间"一类的字眼了。

此外，有三种情形不能认为化装：第一，是外来词的借用，例如"手续"一词，只是外来语，不是化装，因为中国常语里没有一种字眼可与"手续"相当。一切科学上的名词，不是我国所原有的，都不算是化装，只算是借装。我们本来没有这东西，又需要它，只好借用，并不是本有此物而偏要用舶来品。第二，是隐喻法（metaphor）与拐弯法（periphrasis），例如以"花"喻美人，以"故都"代北平，以"万物之灵"代人之类，说话人与听话人都不觉得二者的涵义完全相同，因为"花、故都、万物之灵"除了令人知道是美人、北平、人之外，还可令人有其他的联想。第三，是语言的变迁，例如广州忌讳"猪肝"（"肝"与"干"同音，而"干"字在粤语里有囊空如洗之意），改称"猪润"（"干"的反面是"润"），广西南部改称"猪湿"（"湿"也是"干"的反面），自从改称之后，原语已经作废（"猪肝"只存于文言中，但我直至十三岁还不知道"猪湿"就是"猪肝"），这该称为服装的改革，不是化装。

现在把语言化装的种类略为分析并讨论如下：

（一）古装

凡是写古体字、用古语，都可称为古装。中国数千年来的文学是提倡古装的。所谓言必雅驯，大半指的是古装。古人用过的字眼而现代口语里不用的，特别显得"古雅"。前辈讲究作文章，几乎有一半功夫用在这上头，例如称"公公婆婆"不如称"公婆"，称"公婆"不如称"翁姑"，称"翁姑"不如称"姑嫜"或"舅姑"，不喜欢写"公婆"。"姑嫜"见于杜甫《新婚别》，"舅姑"见于《礼记》，该是

"舅姑"比"姑嫜"古得多,然而除了经学家及小学家之外,普通人不会觉得"舅姑"比"姑嫜"更雅。恰恰相反,有些人会觉得"姑嫜"比"舅姑"雅些,因为"舅姑"的"舅"字,意义虽与现代的意义不同,到底现代口语里还存着一个"舅"字,至于"嫜"字则为现代口语所无。由此看来,一般人之爱好古装,与其说是崇拜古人,不如说是故意避免口语。

假使从头到脚都是古装,自然是无可訾议的。我们虽则提倡以现代汉语表达现代思想,但如果偶然以古代语表达旧思想,甚至以古代语表达现代思想(只要表达得出),都是作家的自由。不过,现代的文言文大半都不能达到全副古装的地步,常常在峨冠博带之间加上手表眼镜之类,或在西装衣裤下面穿一双古鞋,不免令人有太不协调的感觉。固然,古装与现代装束之间的界限并不十分显明,古装在现代再流行起来(如"牺牲、矛盾、瓜分"之类),也就算是现代装束。有时候,某种意思只有文言中某词适宜于表达,也犯不着努力避免它。但是,我们总该努力朝着一方面走,为环境所限,我们很难学会全副古装,而且也没有学习的必要,所以我们应该努力讲究"时装"。现代还有些中学国文教员教学生拼命学习古文,恰像自己免不了戴手表眼镜,而偏要把峨冠博带传给门徒。

(二)洋装

上文说过,中国借用许多外国的新名词不算化装,那么,属于化装方面的乃是与中国固有语完全相当的外国语,例如不说鱼而说 fish,不说驴而说 donkey,才算真正的化装。但这种真正的化装在口语里也许不少,在文字上却不多。甚至从外国借来的新名词,中国人还喜欢改头换面,使它们与本国出品相似,例如 telephone 初译为"德律风",后改为"电话"(瑞士汉学家斐安理曾著一书专论此类事实),后者很像中国原有的名词。

但是,就词汇方面说,虽则很少由中装化为洋装的,若就文法方面而论,洋装就常见了。这就是所谓欧化的句子。欧化有故意和无意两种。为了修辞起见，故意把中国句子改装为欧式，这是故意的欧化。西书读得多，西文写得多，不知不觉地养成了西洋的语言习惯，写起中文来，也不知不觉地杂着西洋的文法，这是无意的欧化。无论有意无意，旁人总觉得是化装。不过，无意比有意总好些，因为有意化装往往化得太过火了。有些青年自己没有熟习西洋语言，却专门学欧化的句子，有时弄得很别扭。

(三) 奇装异服

这是指自己创造的新名词而言。语言本是社会的产品，个人是不能创造语言的。但是，在某一些条件之下，个人可以创造语言中一极小部分：第一，创造新词新句的人在文学界有相当权威；第二，所创造的词句须与族语的机构不发生重大冲突；第三，新词新句须是极少数量，例如只有一个名词，或一个短句，杂在一篇文章里，而且常常用它，跟着又有许多人用它，于是它渐渐冒充族语的一个部分，为一般人所采用了。

奇装异服，大半是以炫耀为目的。文学家喜欢炫耀，所以文艺作品里更多奇装异服。其目的能否达到，就要看创造者的才力如何，与能否符合上述几个条件而定。恰如我们在大街上看见有些奇装异服是可爱的，另有一些是令人作呕的，文艺作品里的奇装异服也不能一概而论。

前面所述的为炫耀而化装，固然包括着三种装束；就是为忌讳而化装，也不能出于这三种装束之外。由"亲嘴"化装为"接吻"，是古装；由"接吻"化装为 kiss，是洋装；由"拉屎"化装为"出恭、大解、大便、到小间"，是奇装异服。

既然语言的化装以文艺作品中为最多，下面我想专就文艺讨论：语言的化装能不能提高文艺的价值？

要答复这问题，我们仍旧应该回到语言与观念的关系。语言是能表者，观念是所表者。文艺思想乃是某一些观念的绵延。因此，我们很容易明白，文艺的价值是建立在所表者上头的，不是建立在能表者上头的。能表者是躯干,所表者是灵魂。而文艺作品之所以足贵,自然在灵魂而不在躯壳。我在上文说,为炫耀而化装确有多少效果,这是就一般人的感觉而言,然而文艺作品的真价值是不能由一般人随便估定的。眼光锐利的读者将忽略了你的语言形式,以求认识你的真思想;他们将漠视你的躯壳,而透视你的灵魂。

再说,化装纵然有效果,也只是暂时的。无论古装、洋装、奇装异服,都有一旦变为常装的可能。谁敢担保将来"接吻"不会像"亲嘴、香面孔"一般俚俗? 费几天功夫研究出来的一个新词或新句,也许不到几时就成为"陈词"。惟有思想的价值是永久的,语言的化装至多只能炫耀一时。仅仅知道欣赏杜甫、嚣俄、拜伦的奇字奇句的人,乃是程度最低的欣赏者,在某一些情形之下,甚至可说是走入魔道的读者。

"以艰深文浅陋",这一句老话很值得深思。如果思想高超,便用不着艰深;如果思想浅陋,拿艰深晦涩的语句来掩饰,也逃避不了锐利的眼光。有时候,倒反因为艰深晦涩而引起一般读者的不快。喜欢化装的文艺作者说:"我这是所谓曲高和寡。"是真的"曲高"吗? 恐怕人家只说是"耍花腔"!

这一篇议论并未损及修辞学本身的价值。恰恰相反,选择适当的思想表现法,使思想非但可由语言完全表达,而且特别巧妙地表达,这才是文学家运用语言的好手段。然而化装与修辞乃是迥不相同的两件事:化装只是改头换面,修辞却是把语像润饰成为巧妙的结构,然后说出来或写下来。文艺的技巧固然值得提倡,然而什么是技巧必须先弄清楚。

原载上海《文学杂志》第 1 卷第 2 期,1937 年

谈标点格式

　　文章的标点和格式的问题，在一般人的心目中显得那样小，所以始终没有人在杂志上认真讨论过。据我所知，只有孙福熙先生在《书人月刊》上略略谈了几句，大意是指摘句号用圈不用点，及书报上的句号、逗号等常常排在一行的首格。当时这一篇短短的杂感很能引起我的兴趣，总希望有机会仔细讨论这一个被一般人所忽略的问题。

　　关于句号应该用点，孙先生以为西洋的句点和分号、疑问号、感叹号是一套的，分号是句点和逗点的结合，疑问号和感叹号所带的一点也就是句点，所以句点不该用圈。这话是很对的。中国句号用圈是古法的残留，它的好处是和逗点的分别很大，排印时不容易排错；它的坏处却是使我们的标点不能全盘西化。听说有些学生写起英文来，在句子的完结处打圈，这就是受了中式标点的坏影响。其实，在中国书报上，句号用点也并不难看，曾经有人试行过（如商务出版的《复兴说话教本》），我们希望将来大家能改圈为点。付排的稿子，为了避免排错，不妨用圈，只须关照排字工人，凡遇圆圈都排圆点就是了。将来的铅字里如果废了圆圈，排字工人自然会把圈排为点的。

　　关于顶格标点的避免，已经有些印刷所能够做到了，例如商务印书馆的印刷所。这只是排字工人的训练问题：凡遇标点顶格的时候，只要把前一行的字匀疏些，移末一个字到这一行的第一格就行了。

　　以上是孙先生的话所引起的一些感想。下面是我自己要提出的一些意见。

　　就一般书报而论,句号实在用得太少了。原因在于句子的界限认不清。这也难怪。在英文里,如果不用连词,普通每一个句子里只能有一个定式动词,句子的界限是很容易辨认的;在中文里,我们既然没有定式动词,就难认了。普通以意思完整为一句,但这"意思完整"四字就够使人误会的。句与句之间,意义上总不免有若干关连,于是一般人总误认一小段为一句。据说某国学家写起文章来,只在每段之末用一个句号,其余都是逗号。现在报纸上的新闻就是这样标点的,而且这还算是进步的了。两年前有些报纸的新闻栏还是专用逗号,完全不用句号的呢。我们以为句号应该尽量多用,越多用则意思表示得越清楚。"因为、而且、所以"等词,在某一些情形之下,都可居于一句之首;"又、也、却、还"等字更不必认为和上句牵连不断了。

　　当一个懂中文的西洋人阅读中国书报的时候,一定觉得中国人太感情化了,因为几乎每一段文章总有几个感叹号;至于诗歌,竟有每句话都用感叹号的。我们知道,英文感叹号往往只用于感叹词之后,或用于 how、what 等词居首的感叹句里。此外,就很少用感叹号的,譬如感叹词后面虽紧接着用感叹号,但后面真正表示感叹的句子却不必再用感叹号了。试拿同性质的中西两部书相比较,则见中文里的感叹号实在多得惊人。最可怪的是纯理论的文章还滥用感叹号。某日报的社论里说:"这是我们推测!"另一篇论文里说:"施行预防注射,庶几无虑!"依我们看来,这种感叹号都是多余的。感叹号如果真能表示一种强烈的情感,适足以见著者不能平心静气;感叹词如果只是一种形式,则文法上并没有这种要求。至于文学作品,滥用感叹号也是有害无益的。文学家如果不能在语句里表示丰富热烈的情绪,只乞灵于区区的一直一点,有何用处?小孩天天哭喊,比不上大人的一滴眼泪来得动人。这只在乎真诚不真诚，并不在乎形式上的夸饰。

　　公文或书信里作感叹号也往往是不妥的。"为何"下面用感叹号，已经令人觉得未免多情；至于"敬请台安"下面再来一个感叹号，更是奇中之奇，令人想象到颤声问候的怪现象。中国书信里的请安，颇像法国书信里的"敬礼"之类，然而我们并不曾看见法文书信在"敬礼"后面加上一个感叹号。

　　我们并不想在这一篇短文里把一切标点的通病都谈到，但是其中最值得注意的不妨大略说两句。如一个句子终结处若附有夹注，句号应在夹注括弧的后面。又如一切反诘句都该用疑问号，不必用感叹号，更不必两种符号并用。因为反诘句在形式上和疑问句没有分别，就不必在标点符号上求其分别，读者自会辨认的。

　　这两年来又出了一种新毛病，就是引号的误用。自从东三省伪组织成立后，我们因为不承认"满洲国"，所以把这三个字加上一个引号，意思是说，这是我们援引他人的话，我们自己并不承认。这道理是很浅显的；然而竟有人误会了。近来报纸上，甚至杂志上，往往把伪满两个字加上引号，变成"伪满"。伪满是我们的话，不是敌人的话，为什么也加引号呢？加了引号，就等于说："别人以为是伪的，我却以为是真的。"岂不是和本意大相违背了吗？这是误用标点的严重影响，必须矫正才好。

　　以上讨论的是标点符号，下面再谈一谈格式。

　　不知是谁起的例，中文句子里所引的英文第一字母要用大写法。推寻倡始者的原意，大约以为英文每句的第一字母是大写的，现在虽中文里引用一二个字，不成句子，也该把第一字母大写才是。其实这种见解是错误的，英文插入中文里，无论作为文义，或作为夹注，除非用于句首，否则一律该用小写。因为英文既和中文融为一体，它就该认为中文句子里的一个"异族分子"，虽属异族，实际上已经是句子的一个成素了。试看英文书里引用法文或法文书引用英文，除居句首者外，何尝大写？这虽是小事，然而在道理上是说不通的。

　　中文直行横行办法的混乱，可说是中西文化杂用的缩影。在引用西文甚多的书报里，横行确是好看些；若就中文本身而论，我们看不出必须横行的理由。中文也有横行的时候，例如招牌匾额等。但这种横行是由右而左的，与西文的由左而右不同。近年来有人写招牌、匾额、标语、指路牌之类，却是依照西文的办法，由左而右了。这样，我国文字共有三种排列法：当我们看一个标语的时候，由右而左看不懂，须得由左而右再看一遍；如果横看成两行，你还要当心它是直行的，因为也有人喜欢两个字作一行。假定看一个标语需时两秒钟，偶然不对劲，得倒过来看，又需两秒钟。将来欧化势力更大些，我们会连店子的字号也叫不上来，例如由右而左念去是"祥和"，由左而右念去是"和祥"，只好请教店中的老板或伙计了。这是中西冲突所引出来的麻烦。类似这种的麻烦多着呢，我们似乎也不必为此叹气；然而它的坏影响可真不小。

　　现在宣传抗战的标语，大多数似乎是给欧化的摩登青年看的，又有一小部分是给老秀才看的，至于农人们看得懂的，实在是太少了。写标语的人竟像嫌不够违背他们的习惯似的，于是再来一套佉卢书法，叫他们照数千年的老规矩看去（由右而左），摸不着头脑，这大约不会是宣传的初衷罢？

原载《今日评论》2 卷 6 期，1939 年

逻辑和语法

本文里所谓逻辑,只就最普通的涵义而言,就是思想的正确运用。所谓语法(grammar),就是普通所谓文法。我们主张改称为语法,同时保留文法这名称,专指文章的结构方式而言。至于口语的结构方式,则可称为话法。这样,语法是一个总名称,包括文法和话法。改名的理由是很明显的:依照现代语言学家的见解,语法已经不复是为做文章而设的,只是一种科学,专用于研究语言的结构方式,特别注重口语。因此,实在不能再用文法这个旧译名了。

一

从前,逻辑和语法的界限是不清楚的,因为从前语法的定义涉及逻辑的范围,例如说:"语法是教人把话说得对,把文章写得对的一种学问。"这里面的一个"对"字就牵连到逻辑。若要把话说得对,或把文章写得对,就必须先把思想运用得对,而这思想运用得对也就是逻辑了。

依照现代语言学的学说,语法只是一个民族的说话习惯。若依这个定义,它和逻辑的界限就很清楚了。有些话,逻辑上没有毛病,然而不合语法。假如中国人说"他买了一斤肉牛",这是不合中国语法的,因为依照中国的说话习惯,该说"他买了一斤牛肉"。然而咱们不能说这话不合逻辑,因为这话的词序(word order)在世界上是可能的(安南人就说"肉牛"不说"牛肉"),和思想的正确不正确是没有关系的。另有些话,语法上没有毛病,然而不合逻辑,例如说"三加二等于七",这话不合逻辑,因为说得不对;然而咱们不能说这话不合语法,因为咱们既然可以说"一加二等于三,二加二等于四……"等等,就可以依照这种形式造出"二加三等于七"的句子来。说错了,是因为算错了,并不是因为犯了语法的规则。

现在懂得这种分别的人似乎不多,譬如作文的卷子上写了一句"你们有为的身躯,正是为国家出力的机会",国文教员就会批上一句"文法错误"。实际上,这只是逻辑上的错误,因为如果把句子里附加的部分都取消了,剩下来主要的部分乃是"身躯是机会",身躯怎能是机会呢? 这话显然说得不妥,但是这种错误并非由于语法的错误,因为咱们既然可以说"孔子是人,猫狗是兽……"等等,就可以依照这种形式造出"身躯是机会"的句子来。说错了,是因为思想运用得不正确,也并不是因为犯了语法上的规则。

世上有些族语,例如欧洲语言,它们的语法似乎是有逻辑的背景的,例如有时、数和人称的变化,等等。但这些逻辑都是很难说得透彻的,例如说"地球是圆的",英文里的"是"字,照习惯是用现在时,然而这并不是说过去不是圆的或将来不是圆的,只是以现在包括过去和将来。试问为什么不用过去包括现在、将来,或用将来包括过去、现在呢? 唯一的答案乃是"习惯如此"! 习惯如此就是所谓约定俗成,是语法,不是逻辑。

习惯的力量是很大的。我们习惯了某一件事,就会觉得这事是对的,同时,又会觉得和这事相反的事是不对的,譬如您初学安南话,往往觉得安南人把"牛肉"说成"肉牛"是不合理的。这种感觉,和城里人笑乡下人的口音不正或俗气,是犯了同样的错误。这是所谓成见。西洋人往往抱着类似这样的成见,来观察东方语言的语法,于是看出了许多"缺点",例如说中国语没有时、数、人称的变化是它的"缺点",等等。其实他们之所以看出"缺点",乃是根据他们的逻辑,而他们这种逻辑却又是由他们的语言习惯生出来的。中国的"是"字没有时的变化,当咱们说"地球是圆的"的时候,

"是"字不是更可以包括过去、现在、将来吗？中国的一切动词也都没有变化，但是，当咱们说"他明天来"的时候，"来"字自然指的是将来的一种行为，动词变化反成赘疣。我们并不是说中国语法比西洋语法更好更对，或更合逻辑，只是说语言是一种习惯，无所谓好不好，或对不对。虽然有些族语的语法拿一种特别的逻辑做语法的证据（如西洋语言），然而语法的本身并非逻辑，最有力的证据是另有些族语的语法可以完全不拿逻辑做根据（如东方语言），只依照一定的词序和若干用词的习惯而已。

<h2 style="text-align:center">二</h2>

逻辑虽和语法没有必然的关系，然而咱们作文，对于逻辑和语法两方面都应该注重，或者可以说，逻辑更该注重些。在普通的作文卷子里，真正语法上的错误很少；除了写别字之外，最容易犯的要算是逻辑上的错误了。现在分开几层来说：

第一，是整个思想不合逻辑，因而语言不合逻辑。这种毛病，常见于思想没有经过相当训练的人，例如某生分析国弱的原因：（1）人民没有组织和训练；（2）国防人才不够；（3）我们的准备不充分。这第三个原因很含混，包括很广，显然不应该和（1）（2）并列。又如某日某报上说"马相伯先生百龄高寿，不但为国之大老，且在我国近代学术史上占重要地位"。这句话有一个小毛病，一个大毛病，小毛病是"国之大老"和"占学术地位"这两句不很适宜于并列，大毛病是"百龄高寿"下面接着就说不但为国之大老，且占学术地位，一口气念下去，竟像因为百龄高寿才占学术地位似的。这因为作者的思想太乱，该分为两句的话（"马相伯百龄高寿，可算是国之大老。老已经难得，何况他又在我国近代学术史上占重要地位"），被他并作一句含糊地说了。

第二，是思想偶然疏懈。这和前一类虽没有严密的界限，但若就整篇文章看来，就看得出其间的分别，例如整篇文章都很清楚，只有某一句话不妥,往往不是作者能力不及,而是作者一时不留心之所致。常见最著名的文学家,也会偶然写出一两个不妥的句子。假使他把这句子再审察一次,一定会修改过来的,例如近日我读了一篇很好的游记,末了却有这样的一句话:"这条大街……是游客们所最值得留恋的。"毛病就出来了。咱们可以说"这条大街是最值得留恋的",或"这条大街是游客们所最留恋的",或"这条大街是最值得游客们留恋的",但咱们不能说"……是游客们所最值得留恋的",因为如果这样,意思就缠绕不清了。现在一般青年作文,似乎只求其长,不求其精,甚至连重读一遍的工夫都不肯下。思想有如奔马,而文笔还不够熟练,写到下半句,忘了上半句,以至上下不能相应,例如"他们必要在明天到达香港不可"("必要"和"不可"不相应),"所以这样一个环境中是怎样叫人羡慕"("所以"和"怎样"不相应),"尚望中枢当局,在此战事紧张之时,应如何拯救难民"("尚望"和"应如何"不相应),都是不肯细心检查之所致。思想是疏懈不得的,咱们不要以"谁也有失于检点的地方"作为原谅自己的话;咱们应该处处留心。留心已经难免不妥,不留心,不妥的地方就触目皆是了。

　　第三,是不明字义所致。青年们常常喜欢用些自己懂得不很透彻的字眼,例如典故、新名词和古代的词句。误用了,就变为不通。单就作者的思想方面说,这不算是不合逻辑,因为思想本身并没有毛病。但若就句子本身说,这又该算是不合逻辑,因为事实上这明明是一个"费解"的句子,例如某生说"大学该是研究学术的场合",这在他的心理上并没有犯什么逻辑的规律,因为他以为"场合"就是"场所"或"地方"。他的思想可算是运用得正确了,只可惜他不懂"场合"的真意义罢了。这是我们"略迹原心"的说法。然而这在辨别上是很困难的:有时候,咱们实在猜不透作者是不明字义呢,还是思想运用得不正确,例如某生说"这是当前政府救济学生的初衷",既说"当前",就不该说"初衷",但是,这是由于作者不明"初衷"的字义呢,还是太粗心,一时失于检点呢?这只有他自己知道了。闽广人写的白话文,常因国语的词汇懂得不透彻,而弄成不合逻辑,例如某生说"在高中三年级时,曾经苦了我一辈子的考虑",刚刚读到高中,就算一辈子,若活到八十岁,岂不共有四五辈子?但是,咱们不要太取笑他了;当咱们运用古语或新名词的时候,类似这样的笑话还多些呢!

三

现在我们要谈一谈语法了。上文说过,语言只是一种习惯,无所谓好不好,或对不对。由此看来,世上一切活语言都是对的。根据某一个族语或某一种方言说话,只会偶然不合逻辑,决不会有什么不合语法的地方。说来很可笑,西洋有些所谓模范语法学家,硬说社会上流行的某一种说法不合语法,要青年们改正。再过数十年,大势所趋,全社会都采用这种说法了,当时排斥这种说法的语法学家早已死了,现在连字典都采用新的说法了。可见人力非但不能创造一种语法,而且不能墨守一种语法,只能听之自然。其实,语法的变迁并不会伤及逻辑,咱们又何必硬说某一种语言形式是对的呢?因此,一部语法书只该客观地记录某一族语的真相,不必希望它成为千百年的金科玉律。

既然一切活语言都是对的,那么,咱们写文章可以永远没有语法上的错误吗?是的,如果您完全依照您的方言写下来,决不会有什么语法上的错误。可惜现在一般青年很少能完全依照自己的方言写文章,这或者由于自己的方言里许多字是汉字中所没有的(如吴、闽、粤语),或者还有其他的原因。既然不能完全用自己的方言,就不免要"学话"了。学话有两种:学国语;学古语(文言文)。若学得不像,语法上的错误就难免了。

国语(北平语)的语法,和各处方言的语法虽没有大分别,然而不能说完全没有分别,广东人说"我去先",北平人说"我先去",这一类的例子颇不少。国语里最难学的要算动词词尾"着"字。这种"着"字，大致总是表示事情正在进行中，例如某君的信里说"多谢您费着心"，当"多谢"的时候，"心"已经"费"过了，就不该用"着"字了。又如某报上说"某人曾经这样地说着"，既说"曾经"，就是完全过去，不能再用"着"字，只能用"过"字了。

学古语更难。现在的青年虽然多数写白话文，但不知不觉中总掺杂些文言里的词汇。其中如"其、于、所"等字，用得不妥，就算是不合语法。"其"字，在古代，不能用于纯粹的主格，例如"他不去"，不能写成"其不往"。"于"字，是虚词（介词），不是动词，例如"他不在学校"，不能写成"他不于学校"。"所"字，误用的人就更多了，报纸杂志上常常见到，例如"不能防御五百年后所进步的兵器""会员纷纷到会，所来者共数百人"，诸如此类，都是误用了的，因为"所"字后面该是一个外动词。此外，"以、与、相"等字也有用错了的，例如"闹得他穷以应付""此事与当前的中国便利甚大""法意新使互相赴任"，这都是从报上抄下来的；至于怎样错法，读者自会看出，不必详说了。

刚才我们不是反对"模范语法学家"吗？为什么现在又这样拘泥，硬说某一些说法是不合语法呢？这里的情形是不同的。学话必须学得像，若学不像，就变了"捏造"！上面我们说一切活语言都是对的，现在我们要说：如果您学北平话学不像，就是不对，就失了活语言的本质，例如您说"多谢您费着心"，这是您自创的一种说法，不是一种活语言，因为世上没有一个社会用它。古语在古代，也是一种活语言。它已经死了，咱们现在最好不去学它；若要学它，就必须跟着当时的活人去学（细读古代的文章）。学古语不像，也是"捏造"的语言，它从来不曾"活"过，倒不如干脆用现代语了。

四

现在的国文教员看见作文卷子里满纸别字，就摇头叹气。我们虽不是提倡写别字的人,但我们认为现代青年作文的大毛病并不在别字上头。依我们看来,最大的毛病乃是:不合逻辑;不合语法。欲求文章合于逻辑,也不必多看逻辑学(论理学)的书籍,只须用慎重的态度去写文章,每一句话都不妨仔细推敲。欲求文章合于语法,也不必死读语法书。如果您不是官话区域的人,就该多留心国语里的虚字用法;如果您是官话区域的人,问题就更简单,只须努力避免文言的字眼(尤其是代名词、连词、介词),就是了。总之,有一个最靠得住的办法,就是像您对弟弟妹妹亲切地谈话,用极平淡的语句,去表现极清楚的道理,不要陷入两种"魔道":第一种魔道是勉强求意思高超,其流弊就往往是不合逻辑。第二种魔道是勉强求文章古雅,其流弊就往往是不合语法。我们常常感慨地说"一个不识字的农夫所说的话,往往比一个大学生所写的文章更合逻辑,更合语法",这就因为农夫顺其自然,不曾在语言上勉强要做些什么。常常看见有些青年朋友,在十岁上下的时候,文章已经全篇清通了,到了十七八岁以后,倒反不通起来,这里头的缘故,不是很值得深思的吗?

　　[附注]本文里所举的不合逻辑与不合语法的例子,除了头两个("肉牛""三加二等于七")之外,全是从报上抄下来,或从大学一年级的作文卷子上摘出来的。

原载《国文月刊》第 1 卷第 2 期,1940 年

从语言的习惯论通俗化

我们常听见一句谚语："天不怕，地不怕，只怕广东人说官话。""广东"二字有时变为"苏州"，有时变为别的地方。其实，这话只说出了一半的真理。假使有这么一天：广东话被封为官话，我们也会听见人家说："天不怕，地不怕，就怕北方人学官话。"官话之所以难学，是因为学官话的人从前没有这种习惯。广东人或苏州人之所以特别不容易学会官话，是因为他们的语言习惯与北方的语言习惯相差特别远的缘故。

这个道理非常容易懂，只可惜人们不很会由此类推。事实上，从地域的殊异，我们很可以推想到社会的殊异：南北的语言固然不同，农夫、工人的语言与知识分子的语言又何尝相同？在北平住了十年的学生，往往自以为会说北平话；其实他们所会说的只是知识分子的话，农夫、工人的话他们未必完全会说，因为他们不会养成农夫、工人的语言习惯。这种语言习惯的殊异乃是从社会的殊异生出来的。

说起来很有趣：一个南方人到北方来，总会摹仿北方话，以求表达自己的意思；然而一个大学教授或大学生对一个农夫或工人说话，却从来不会想到要摹仿他们的话，以求获得他们的彻底了解。这是很大的错误，然而犯这种错误的人真不少。

五年前盛极一时的"大众语"运动，以及近来颇有人提倡的"通俗化"运动，似乎是开始感觉到这种错误而力求补救了。然而一般提倡的人往往又犯了另一种毛病，就是轻视语言的习惯及其社会性。他们误以为"大众"的语言是知识分子所能为的。原先只是不屑为,而不是不能为;现在既然甘心"大众化"或"通俗化",就毫无问题。假使真是这样设想,就等于把知识分子看成万能,以为农夫、工人要学我们的话是想吃天鹅肉,而我们要学农夫、工人的话是"俯拾即是",毫不费事。这未免与事实相距太远了。

我们也承认知识分子学"大众"的话容易些,因为有知识的人也曾经过没有知识的童年时代,他们也曾听惯了洋车夫、老妈子的言谈,不至于像洋车夫、老妈子听大学功课那样觉得高不可攀。然而听懂是一件事,使他们懂又是一件事;把吃饭睡觉的话和他们谈是一件事,向他们陈述一篇大道理又是一件事。我们自以为说得很浅,在他们听起来却很深。我们自以为已经极力摹仿他们的谈话方式,然而我们的话仍旧不像他们的话。这因为我们自从读书十年之后,许多书本上的语句已经侵进了我们的习惯里,要恢复童年的"大众语"是很不容易的了。这也可以拿官话的学习来做譬喻:一个上海人在北平住了十年之后,重返故乡,对故乡的父老仍旧是满口的蓝青官话。起初大家以为他是摆架子,后来才晓得他已经把官话和家乡话杂糅,官话固然不满六十分,家乡话也变为不及格了。由此我们可以明白:知识分子说话之所以不能通俗化,是因为他们失掉通俗的语言习惯,而不是故意摆架子。

写起文章来,比说话更加困难了。一支笔在手,一支烟在嘴,我们尽有修饰字句的余暇。修饰字句,不一定为的是漂亮,大多数的时候为的是明确。越是明确,越与口语发生更远的距离。我们日常谈话是想着就说,别人听不懂可以改变一个方式再说;写文章却不能如此,我们必须预防别人看不懂或误会,于是不能不求其明确。然而我们须知,要使笔下明确,同时又不违反口语的习惯,这是多么困难的一件事!

固然,社会的语言习惯没有明显的界限,知识分子的语言往往被仆人、车夫摹仿,仆人、车夫的语言也往往传染及于知识分子,彼此略得调和。然而这种调和的力量很小，因为知识界与非知识界都时时创造新语，二者之间永远保存着若干距离。况且除了词汇不同之外，还有语法与表现方式的殊异，更是无法调和的。

这里所谓无法调和，并没有丝毫轻视非知识界的语言的意思。依现代语言学的看法，口语比文言更值得重视，大众的语言比少数知识分子的语言更值得重视。正因为重视大众的语言，才会把"俗语"看作圣贤的经典一般，认为值得我们费最大的精力去研究。

现在有一种矛盾的现象，就是多数提倡通俗化的人，自己写起文章来往往不能通俗；倒反是某一些小报的文字较能通俗，然而他们却不曾提倡这个。说句笑话，通俗化用不着提倡，只要找一个文理粗通的工人或农夫来，由我们授意给他，让他自由地写下来，就是一篇很好的通俗文字。有一次，我看见清华大学校工所编的刊物，觉得他们的文字真可以做一般提倡通俗化的人的"文范"。因为他们是写自己的话，所以容易写得合适。我们写他们的话，乃是矫揉造作，吃力不讨好。我们必须承认他们的话也是"高不可攀"，因为我们的语言习惯与他们的相差太远了。至于南方的知识分子用北方话去写通俗文，自然加上方言习惯上的障碍，更是不能胜任了。

除了语言之外，还有思想的问题。知识界的思想方式，往往与大众不同，难怪他们的话大众看不懂。再加上了欧化的语句与欧化的思想更与大众相隔万里。现在有一班青年，如果要他们不写欧化的句子，或不用欧化的思想方式，就写不出文章来。当他们发愤要写"大众语"或"通俗文"的时候，也仍旧是这一套，因为他们被西洋语言或本国欧化文字所潜移默化，竟忘了中国语言的本来面目。由此看来，要达到通俗化的目的，必须先学会了纯粹的中国话，完全运用中国的思想方法。这是与大众接近的第一步。如果连这第一步也做不到，通俗化就变了纸上谈兵。

我在某一次的演讲里说过，大众语乃是一种艺术。知识分子在写通俗文的时候,必须将身跳出自己的圈子之外,设身处地,把自己变成一个目不识丁或粗通文理的劳动者。这样写通俗文,该比写普通的文章吃力十倍,然而好不好还要看你的艺术呢! 在北平住了廿年的一个上海人,能说蓝青官话不足为奇;如果他回到上海,仍能说得一口纯粹的上海话,不杂北平的色彩,这才算是真本领。知识界的文章好比北平话,通俗文好比上海话,社会的殊异与地域的殊异一样地是语言的障碍,我们不要轻视这种障碍,才能达到我们的目的。

从另一方面看来,通俗文又是一种科学。"俗语"也是语言之一种,值得我们研究。我们对于方言固然应该调查,对于一般民众的语言也一样地应该调查。要写通俗文,必须先知道什么是"俗语"。我们可以定下一个标准,只有按民众的话说的话才是俗语,按照他们的话写下来的文章才是通俗文,这样的通俗文,只要你教他们认识了字,他们马上就看得懂。所以要写通俗文必须先从调查俗语下手。

调查的对象是他们的词汇、语法,及表现方式。哪怕是欧化的词汇,只要它已经深入民间,就算是通俗化了,就算是道地化了。如果只流行于士大夫的口里或笔下,也不能认为通俗。到了那时节,我们才能写得出一篇像样的通俗文。在未经过切实的调查以前,大家只能各凭自己的本领,去实现通俗化的艺术。

原载《今日评论》第 4 卷第 25 期,1940 年

什么话好听

我们今天要讲的题目是"什么话好听？"，关于这个，我们想撇开个人的特长不讲。有些口才很好的人，口齿清楚，咬字正确，不太快，不太慢，他们的话自然比一般人的话好听些；但是这只是由于天才或修养得来的，并不是一种本来好听的话。在一般人的心目中，总以为世界上有一种或几种最好听的话，譬如说某一国的话比另一国的话好听，某一省的话比另一省的话好听，甚至于说某一村的话比另一村的话好听，等等。我们现在要问：所谓好听的话，有没有客观的标准？一种话之所以被认为好听，是因为它本来好听呢，还是因为咱们先存着成见呢？

咱们得先承认：成见总是免不了的。因此，没有一个人肯承认自己的方言难听；相反的情形倒是有的，人们往往自夸，以为自己的方言是世界上最好听的一种话。苏州人常说："宁愿听苏州人相骂，不愿意听宁波人说话。"这种说法自然是由于苏州人的主观，宁波人一定不肯承认的。可见习惯的力量很大，不合习惯的东西自然很容易被认为是坏的。譬如您学会了英国话而不懂法国话，自然会觉得英国话比法国话好听些。又譬如您听见两个黑人在谈天，除非您在非洲住过，或者有机会学过非洲话，否则您一定会觉得他们的话怪难听的，《孟子》书里所谓"南蛮鴃舌之人"，"鴃舌"二字只是中国人的偏见，南蛮的人何尝不觉得中国话是"鴃舌"呢？

人们又有一种趋炎附势的心理：乡下人以为城里的话好听，小城镇的人以为大都市的话好听，这又是另一种成见。由于这一种成见,很多人都觉得国语是一种好听的话。这对于国语的推行是有利的。但是,国语之所以好听,如果有客观的标准的话,决不因为它是国语,而是因为它有令人觉得可爱的地方。

上面说过,人们往往觉得自己的方言好听,这自然是一种成见;但是,当甲乙两个地方的人谈起第三种方言的时候,他们对于那种方言的好听或难听,似乎很容易同意。由此看来,似乎也有多少客观的标准在里头。依我们平日观察所得,中国人所认为好听的话,是大致依照下面的几个标准的:

第一,平均声调比较地高,就被认为比较地好听。这里所谓高,自然是音乐上所谓高。北平话、苏州话、梅县话等等,都是合乎这个条件的。普通所谓声音太浊,往往就是指平均声调不够高而言。

第二,声音相当地长,没有促音,就被认为比较地好听。一般官话都是合乎这个条件的。所谓促音有两种:一种是字尾的促音,例如吴语、闽语、粤语和客家话的入声字;另一种是字头或字中间的促音,人们生气的时候说话往往用这种声音。字尾的促音还不大要紧,字头或字中间的促音就往往令别的方言区域的人听了发生一种不愉快的感觉。常听人家说某某地方的人说话像吵架,就往往是因为字头或字中间的促音太多的缘故。

第三,每一个字都依照单念的时候,很清楚、很正常地说下去,没有含糊的字,也没有轻轻地带过去的声音,就被认为比较地好听。法国的人讥笑英国人说话不清楚,就因为英国话里的声音轻重变化太大了。在这点上,南方人往往觉得是北平土话的一个缺点。因此,在南方人听起来,北平知识界的人的话比车夫小贩的话好听些,因为带“儿”的字少些;甚至于觉得南方人学得来的北平话比纯粹的北平话好听些,因为他们不曾完全学会了北平话里的轻声字,就是轻轻地带过去的声音。我们常听人家说最好听的不是北平话,而是江浙女子的北平话,这也许就因为江浙女子学国语学得好的时候,可以得到北平话的优点,而又没有北平土话那些带惰性的地方。

第四,开口字特别多的方言,有时候也给人们一种好听的感觉。所谓开口字,就是口张得很大才念得出的,例如苏州话里"高、好、老、少"一类的字音,有些人觉得好听。又如昆明人说的"买菜"二字,人们往往觉得比重庆人说的"买菜"二字好听些,因为昆明人念得更开口些。但是,这一个标准并不像前面那三个标准那样普遍适用,有些人恰恰相反,觉得太开口的字音特别难听,所以有些苏州人住在上海的,往往有意避免用苏州音念"高、好、老、少",而把它们念成上海音。

由以上所说的话看来,某一方言的好听或难听,似乎有多少相当客观的标准。但是,客观之中仍不免有主观,因为这些标准是寄托在民族的歌唱习惯上头的,现在分别讨论如下:第一,在中国的旧戏里,是以高音为尚的。青衣和小生固然是唱高音,连老生和武生所唱的也往往超出男高音以上。高的程度随着地方而不同,例如广东戏还不算很高,北平戏就够高的了,桂戏和滇戏的青衣歌音简直高到了尖锐的程度。歌音不高的只有花脸,而花脸所扮演的却大部分是奸臣或粗人。而且据戏剧界人说,除非欣赏旧戏程度很高的人,才会赏识花脸的歌喉,在这以高为尚的歌唱习惯之下,自然大家觉得平均声调较高的方言是清脆好听的了。

第二,普通歌唱的字音总比说话的字音长些,这是《书经》所谓"歌永言"。普通说话,虽然不必像歌声那样拉长,然而太短促也是不好听的。语音的长短虽也由于个人的习惯,但方言里的字音也是有长短的差别的,例如北平的阳平声就比重庆阳平声长。促音更是往往不便于入歌,因此,促音在语言里,很不容易显得好听。尤其是没有促音的方言区域的人听起来,更是觉得刺耳了。

第三,歌音里虽也偶然有轻声,但是那种轻声是一段话连下去的,不像语言里的轻声。因此,一个英国字如果包括两个音段,说话时本该把一个音段念重,另一个音段念轻,但是到了唱歌的时候,却应该一律重念了。同理,北平话尽管把"张家"二字念成一重一轻,如果把它们唱起来,"家"字也就不能再轻了。由此看来,一般人不大喜欢那些轻重不均的话,也可以说是有民族歌唱习惯上的根据。

第四,越是开口的字,越是适宜于歌唱。因此,北平戏的韵脚多数是发花辙和怀来辙,其次是江阳辙、言前辙、梭波辙、遥迢辙,最少用的是衣期、姑苏、叠雪等辙。一个方言里,如果开口字太少,就令人觉得气不舒畅似的。不过,如果某一方言里包含着许多极端开口的字,也有人会觉得不顺耳,因为极端开口的字有时候会令人觉得"肉麻"或装腔作势。所以开口的字只要适中就好了。

由此看来,所谓好听的话都可以拿旧戏的标准来解释。旧戏里的道白是和歌词相配合的,而道白也可以说就是社会上所认为最好听的话。咱们知道,北平戏里的道白是崇尚高音的,是不用急促的声音和轻声的,正合上面所说的第一、第二、第三三个标准。有了这种民族歌唱的习惯做根据,关于什么话好听或难听,就不至于漫无标准了。

然而这种相当客观的标准却是有地域性的,有民族的特质的。中国人觉得好听的话,外国人不一定觉得好听,因为各民族的歌唱习惯既不相同,语言的结构也相差很远。外国人不会欣赏中国人所认为好听的话,和他们不会欣赏谭鑫培、梅兰芳的戏就是一样的道理。说到这里,咱们可以明白:所谓好听的话,在民族的习惯上虽有相当客观的标准,在语言学的本身上仍然是没有什么标准可言的。

这个问题,乍看虽然似乎很简单,其实牵涉的范围很大:心理、生理、声学、乐理,都有关系。我们这里所说的未必完全中肯,只是随便提出来和诸位谈谈,作为茶余饭后的谈话资料罢了。

942 年 9 月 9 日在昆明广播电台广播演讲,原载《国文月刊》第 21 期,1943 年

观念与语言

　　凡有语言学常识的人，都知道语言的武断性。语言学家戴·索胥（F.de Saussure）把语言称为"能表者"，把思想称为"所表者"，同时又说明能表者和所表者之间并没有必然的关系。这里所谓没有必然的关系，只是说语言初形成的时候是如此，并不是说语言里各成分像一盘散沙，毫无系统。不过，语言既是富于武断性的，则"能表者"的可能形式当然很多，各民族在用语言表达思想的时候，即使思想完全相同，表现的方式也绝不相同。语音方面，某语音表示某思想，各民族之间大相径庭，这是大家很容易感觉到的。至于未发言以前语像的不同，就很少人注意到了。语像之不同，有关于语法方面的，有关于词汇方面的。本文专门从词汇方面来谈一谈观念与语言的关系。

　　观念和观念的相通，在各民族的心理上并不一致。这种不一致的情形，在各族语的词汇上可以充分表现出来。首先应该论到的是语言上的譬喻法（metaphor）。像"山脚、瓶口、锯齿"之类，以脚譬喻山之低处、以口喻瓶之进物处、以齿喻锯之锯物处，似乎是全人类都有同感的。但是，英国人说"针眼"（the eye of a needle），德、法人并不这样；中国人说"伤口"，英、法人也并不这样说。"山脚"这一个名称，似乎很普通了，但是，据柏龙斐尔特（L.Bloomfield）说，在 Menomini 语里，山而有脚，却成为无意义的话。西洋人称无耻而聪明的人为"狐狸"，风骚的女人为"猫"，中国并没有这种说法；中国人称男色为"兔子"，纵妻卖淫的人为"乌龟"，西洋也没有这说法。

字的本义和引申义的关系,也是观念相通的表现。但是,某一字的引申义,在某一民族里视为当然的,在另一民族看来,往往不知其所以然,甚至百索不得其解,例如法语 respirer 本义为呼吸,引申义为渴望,非但中国人不如此引申,连英国人也不如此引申。又如名词 condition 的原始义为地位,辗转引出条件一义;动词 suppose 的原始义为假设,辗转引出包含 imply 的意思。在中国人看来,地位与条件、假设与包含,两个观念之间应该没有相通之理。即如英文 need 字,既作缺乏解,又作需要解,虽然缺乏和需要二义极可相通,但是中国原来并非一字。又如 charming 一字本为以邪法惑人的意思,引申为可悦,中国虽也有"美色迷人"之说,却不像西洋那样用于正经的方面。再拿中国字为例:例如"须"字,它由待的意义(《诗》"卬须我友")引申到用得着的意义(《汉书》"不须复烦大将"),再引申到应该的意义,本是颇自然的演化,但是在英、法语里,"待"的观念,并没有和应该的观念相通的痕迹("道"字情形与此相仿)。又如"仇"字由仇匹引申为仇雠,二人相偶,易成怨仇,这也有其演化之理,然而西洋在这源上头也并不相通(法文 duel 与此相似,但决斗之 duel 出自拉丁文 duellum,双数之 duel 出自拉丁文之 du lis,并不同源)。再举一个例子:"写好了信、炒好了菜"的"好"字表示完成,英文的 good、well,法文的 bon、biu 都是没有这种引申的。

有些字虽有两个以上的意义,这些意义是否同源不可详知,于是这两个观念在民族心理上是否相通也不可知,例如 air 表示空气,又表示曲调,又表示神态。key 表示钥匙,又表示音乐上的基调。subject 表示臣民,又表示题目。在这种不可详考的情形之下,我们只能暂时认为各不相通。中国语此类例子甚多,如"仁义"的"仁"与"桃仁"的"仁"、"麻木不仁"的"仁","介胄"的"介"和"此疆尔介"的"介","仔肩"的"仔"和"仔细"的"仔","征伐"的"伐"

和"矜伐"的"伐",都只好认为 homonyms 或 homographs,但是,这只是暂时如此判断,并不敢断定它们绝不相通。试举法语 grevel 一词为例,一为沙滩,一为罢工,两个观念似乎绝不相通。然而经 Darmeateter 的考证,巴黎有一个广场名叫 Greve(即今 Hotel-de-Uille),这广场是沿着塞纳河的沙滩的,而昔日工人又在此地等候登记,所以沙滩和罢工有了这一座桥梁,就此相通了。试以中文为例,如"任"字通"妊"(《史记》"纣剖任者"),似与"责任"的"任"绝不相通,但如果我们知道"任"有抱负的意思(《诗》"是任是负"),就明白由负担演化为妊娠和责任是多么自然的趋势了。

以上讨论的是从语言上看观念之相通,各民族并不一致。以下我们还要举出另一件事实,也是各民族不一致的,就是在表示同一事物的时候,其观念也常有综合与分析的不同。

本来,古今的语言相比,也常有分析与综合的歧异。"犊"是小牛,"阈"是门槛,"耕"是种田,"汲"是打水,"举"是拿起来,"置"是放下去。一国之内方言相比,也有同样的情形:粤语叫做"粥",官话叫做"稀饭";上海叫做"蛇",北平叫做"长虫"。但是,若拿甲乙两族语相比,尤其是不同系的语言相比,这种参差的情形,尤为显著。wiek 是灯心,或灯草,mason 是泥水匠,shave 是刮胡子,smoke 是吸烟。这是中文分析而英文综合的例子。"柴"是 bois a bruler(英文 firewood 也是分析而成的合成字),"兄"是 frère ainé,这是中文综合而法文分析的例子。

观念的分析,有很合理的,例如小牛之于"犊",刮胡子之于 shave;也有颇难索解的,例如"打水"的"打"字。暹罗人称"蜜"为"蜂水",称油为"肥水",称"乳"为"胸水",在别的民族看来,已经觉得奇怪;至于他们称"意"为"心水"(namchai),"水"字更是奇中之奇。但是,我们所感觉的"奇",在他们是"平平无奇",因为许多地方可用风俗习惯甚至于宗教来解释的。不过,我们似乎觉得有些族语偏于综合,有些族语偏于分析,例如暹罗人把"河"也称为

"水母",其偏于分析的特征是显然的。

越是范畴分得细,越是用综合的观念。当我们的祖先把小牛叫做"犊"的时候,几乎可说是不把犊和牛看作同类的东西。《说文》里以"猲"为短喙犬,以"猃"为长喙犬,以"猈"为短胫犬,只是追加的释词,其实在语言初形成的时候,未必把它们认为同类。西洋人把鼠分为 rat 和 mouse 两种,在原始的时候,一定是把它们的分别看得很大,然后定出毫不相干的两个字来。这种情形,和某一民族的风土人情大有关系。依《说文》马部所载,马类有种种名称,如马白色黑鬣毛为"骆"、马深黑色为"骊"之类,不下数十种,这足以表示这是畜牧时代的遗迹。据说阿拉伯有几千个字来表示种种的骆驼,却没有骆驼的总名,这一则可见阿拉伯人的生活和骆驼的关系太密切了,二则可见语言形成的初期,阿拉伯人并没有把这几千种骆驼认为同属一大类的感觉。另有些语言里,对于棕榈,有许多名称,却没有一个总名,也是这个道理。有些民族没有"洗"字,只有"洗手、洗脸、洗身"等名称,也因为他们把洗手的动作和洗身洗脸的动作认为差别很大的缘故。我们中国话之所以把"兄"和"弟"、"姊"和"妹"、"伯"和"叔"分得十分清楚,正因为在上古的宗法社会里,长幼之序甚严。中国的"秧、稻、谷、米、饭"五字,在安南只有 lua(秧、稻、谷)、gao(米)、com(饭),而在英文更只有 rice 的总名。这正足以表示中国和安南为产米之国,恰和阿拉伯是产骆驼之国一样。

观念的分析和综合,语法学家最看得清楚,例如 pirate 虽可译为"海贼",然而 pirate 是一个词,是综合的观念;"海贼"是两个词,是分析的观念,不能相提并论。但是,若撇开语法的立场,专从语言的功用来说,综合和分析却是异途而同归。说分析的语言胜于综合的语言固是荒谬,若说综合的语言胜于分析的语言,也有失真理。记得杂志上记载某君的言论,他因中国只有"胡子"一词和英文 beard、moustache 二词相当,就断定中国的语言是贫乏的;其实我们之所以不要分得这样细，大约因为现代中国人留胡子的太少了。试看中国上古以留胡子为美观的时代，我们有"髭、须、髯"的分别，比英文还要分得细呢！

由上所说，我们知道，在语言的表现上，观念与观念之间并没有必然的关系。在语言的结构上，则有综合和分析的分别，但这综合和分析可以说是先天的，就是先在民族的心理上生了根，先在观念上形成综合或分析的语像，然后发为语言。总之，观念与语言的关系，是由各民族的风俗习惯宗教文化决定的。我们只应该在这上头比较它们的异同，无论在语言学本身或社会学上都有裨益，却不应该从它们的异同地寻找民族的优劣或语言的丰富或贫乏的证据，因为这是徒劳无功的。

原载《文学创作》第 3 卷第 1 期，1944 年

敝帚斋读书记

《汉武帝内传》《西王母传》《东方朔传》皆道家言,风格文辞,如出一手。《西王母传》末云:"(王母)至汉武帝元封元年七月七日夜降于汉宫,语在《汉武帝传》内,此不复载焉。"《汉武帝内传》云:"元封元年正月甲子登嵩山起道宫。"又云:"至七月七日王母暂来也。"二书所叙正相合。《汉武帝内传》有东方朔,《东方朔传》有王母,《西王母传》《东方朔传》皆有东王公,苟非出自一手,何能相顾至此?道家语三传亦多相同,善读者当自得之。

《汉武帝内传》旧题班固撰,《四库总目》疑为魏晋间人所伪托,今以文辞观之,不类魏晋人语,虑当出南北朝以后。"阿母、阿环","阿"字乃魏晋时语;"哥哥"用为尊称,似是唐俗。传中两言"就吾",依魏晋以前语法当云"就我"。"不审起居比来何如"亦不似两京风格。《隋书·经籍志》虽载此书之名,疑书已佚而后人伪托之,未必不出唐人之手。

《西王母传》旧题汉桓驎撰,然"蓬发戴华胜虎齿善啸"语出于郭璞《穆天子传》注。"三界"则佛家语,见于《俱舍论》。愚既疑此书与《汉武帝内传》同出一手,则当亦唐人所作也。

《东方朔传》旧题汉郭宪撰,以语法按之殊不似。"慰吾"依汉代语当作"慰我";此与《汉武帝内传》"就吾"如出一辙。"其人与臣一只履"依上古语法当作"一履"或"履一只"。

今语以"都"为"皆",《汉武帝内传》已有之。传言上元夫人"一一手指所施用节度以示帝焉,凡十二事都毕"。

今语"安放"，古人谓为"安著"或"著"。《汉武帝内传》："安著柏梁台上。"又云："臣当时以著梓宫中。"

古人但谓寄书之使为"信"，不谓书为"信"。《汉武帝内传》："辄封一通付信。"此又一证也。

《赵飞燕外传》旧题汉伶玄撰，意亦唐人所伪托。传中有"真腊国献万年蛤不夜光珠"之语。按：汉时真腊尚属扶南，不应独自进贡。唐时扶南为真腊所并，始专称真腊。"侍儿"亦唐人语，白乐天《长恨歌》所谓"侍儿扶起娇无力"是也。然体制视《汉武帝内传》为近古。

先秦"也"字用以煞句者，不外用于判断与解释。六朝以还，"也"字渐戾于古。《薛灵芸传》有云："夜来妙于针工，虽处于深帷之内，不灯烛之光，裁制立成。非夜来缝制，帝则不服。宫中号为针神也。"是其一例也。

《薛灵芸传》旧题晋王嘉撰。嘉所著《拾遗记》已载薛灵芸事，不应为之别立一传，意者后人演《拾遗记》为之。传中记咸熙元年谷习以千金聘灵芸献于文帝。咸熙乃魏元帝年号，与文帝不相值；嘉时去魏未远，不应如是之疏也。

《楚王铸剑记》旧题汉赵晔撰。所著《吴越春秋》亦记干将莫邪铸剑，事与此异。疑《铸剑记》为伪托；然文极古拙可喜，情节亦佳。

《秦女卖枕记》旧题晋干宝撰。然文品甚卑，多后代语。"恰遇秦妃东游"，"恰"字非魏晋人语，唐人诗始常用之。"荒忙"语亦非古。然"荒"未作"慌"，则《卖枕记》亦非近代之作耳。《苏娥诉冤记》亦托名干宝，而文品之卑与《卖枕记》如出一辙，疑出一人之手。"何劳问之"殊不辞。

《山阳死友传》旧题晋蒋济撰，事迹与《后汉书·范式传》略相侔。文辞高古，不似伪托。意者，范晔尝见此传，有所因袭欤？

《古墓班狐记》旧题晋郭颂撰。梁吴均《续齐谐记》亦有《燕墓班狐》一则，语句多同。此剽窃吴书而伪托古人者也。

《古墓班狐记》《燕墓班狐》皆有云:"子之妙解,无为不可;但张公智度,恐难笼络。""但"字用为转折之词远在南北朝以前。

原载《国文月刊》第 45 期,1946 年

漫谈方言文学

我在岭南大学里演讲了一次，题目是"漫谈方言文学"；讲了几天之后，我看见《观察》五卷五期郭绍虞先生的《谈方言文学》。我的态度和郭先生相同，而演讲的内容和郭先生不同。郭先生的文章征引繁博，很有分量；我的演讲只不过随便说说，所以叫做"漫谈"。现在把我的意思写下来，可算是郭先生文章的附录。有些意思是当时没有讲到的；这也没有妨碍，因为这篇文章是可以独立的，和那一次的演讲可以说是不发生关系的。

我们谈方言文学，可以从两方面去谈：首先，我们该说明方言文学有没有它的可能和必要；其次我们要谈到怎样去写方言文学。现在我想只谈前者，留着后者，待将来再谈。

方言文学是可能的。《书经·盘庚》篇非但是白话告示，恐怕还是方言告示。《诗经》里许多难于索解的语句，恐怕都是方言。在西洋文学史里，也有的是方言文学，例如法国的"费力不列士"派（Flibrige），就是用法国南部鹦克语系的各种方言来写作的。其中像罗玛尼（Roumanill，1818—1891）的诗和散文，和米斯特拉尔（Mistral，1830—1914）的诗，在文学史上都是很有地位的（后者并曾得到过 1904 年的诺贝尔奖金）。中国近代像招子庸的《粤讴》，虽然文学的价值不高，也是为方言文学开创了一个新天地。

我虽是国语推行委员会委员之一，但是我个人有八个字的口号，就是："提倡国语，拥护方言。"所谓国语，它本身也是一种方言；它并不比其他方言更优美，更完善，或更能表达意思。我们之所以提倡它,只因为中国需要一种共同语言。正像我们学习英文并不是要取消中国语言一样,我们学习国语并不是要消灭方言。

我们试从真善美三方面来看,一个非国语区域的人用国语写作,至多只能做到一个善字,然而那种作品一定不够真,不够美。反过来说,方言文学虽然不够善,但是容易做到真和美(这和郭先生真和雅的说法不谋而合)。何况这里所谓的善只是从功利主义着眼:因为用国语写作就可以传远,甚至可以传久;如果撇开了功利主义不谈,单从艺术的价值而论,凡不用母语写下来的文学,都可以说是不够善的。

一个人舍其所长,用其所短,是很吃亏的。还是用我们最有把握的武器罢。"十八般武艺,件件精通",那只是一种说法。实际上,关云长最好还是用他的青龙偃月刀,张翼德最好还是用他的丈八蛇矛。当孙悟空无棒可弄的时候,还不甘心借一借猪八戒的钉耙呢!

现在大家写白话文都是用国语来写的;但是,除了道地的北平人,或从小在北平长大的人之外,写下来的国语都不免或多或少地失了真。我知道有人以为这种失真是不要紧的,因为要说的话总算表达出来了。但是,失了真就不纯粹,不纯粹就不自然。大家觉得在语音上的南腔北调是很难听的,为什么在文章上的南腔北调却能容忍呢? 也许有人以为中国未来的国语正是南腔北调的国语,现在何妨让它不纯粹呢? 这又是一种似是而非的理论。将来国语演变成为什么样子,那是另一个问题;现在呢,我们必须用极纯熟、极自然的语言来写文章,然后能合于真善美的标准。尤其在纯文学方面也是如此。

和国语习惯颇远而文风最盛的,是江浙人。因此,我们常常有机会读到江浙人的文章。在语汇和语法方面,国语和吴语的区别常常为江浙的作家们忽略了。这并不是一种羞耻,而是一件很自然的事情;假使吴语被定为国语,北平人不是会犯同一的毛病么?

但是,从真的一方面来说,毕竟是有多少欠缺了。现在试举最常见的两个例子:第一个"脸孔"。北平人只说"脸",不说"脸孔";江浙人只说"面孔",也不说"脸孔"。但是,有些江浙人把"面"字翻译为"脸"字,再加上自己原有的"孔"字,于是变为"脸孔"了。第二是"多少好"。北平人只是"多么好"或"多好"("多"字读阳平),不说"多少好",有些江浙人因为吴语的"几化"等于国语的"多少",所以犯了类推的错误,把吴语的"几化好"译成国语的"多少好"了(第一例是语汇的错误,第二例是语法的错误)。最糟糕的是某一小学国语教科书或小学国语补充读物,把这本吴语化的国语教给小孩儿们。陆志韦先生在一篇文章里叙述了一件很有趣而颇惊人的事情,他说,北平的小孩们,天然是会说国语的,但是,等到他们参加什么演说比赛之前,就不知不觉地受了国语教科书的影响,改用了吴语化的国语了。

　　非但江浙如此,各地莫不皆然。我手边有一张香港的报纸,我随手在一篇用国语写的白话小说里摘出下面的一些例子:

　　　1.男子都是花心萝卜。

　　　2.多少钱? 不要打死狗讲价!

　　　3.你还是坐手车去罢,省得走路。

　　　4.今天我还没有发过市。

　　　5.我拿这皮箱也拿得够了,现在给回你。

　　　6.除掉他,还有别个人吗?

　　　7.敢动老子一根毛,算你够胆!

这些例子,大致可分为三类:1、2 两例是俗谚,俗谚是最寓于表现性而又富于地方性的东西,别的地方的人往往不懂什么叫做"花心萝卜"和"打死狗讲价",即使懂了,因为一向没有这种语言习惯,也会觉得味同嚼蜡。3、4 两例是语汇的不同,因为北平叫"洋车"不叫"手车",说"开张"不说"发市"。5、6、7 三例是语法的不同。"给回你"是粤语"畀翻你"的直译,实际上国语只说"还你"或"还给你"。"别个人"在国语只说"别人",但因粤语说"第二个"或"第二个人",所以类推误作"别个人"了。"够胆"一类的话很特别,国语"够"字只放在形容词的前面,很少(也许没有)放在名词前面的。由此看来,这又是粤语化的国语。

因为写纯粹国语的人太少了,所以许多剧本是不能上口的。有一位话剧的朋友告诉我,他们演话剧的人,往往是先把剧本改为纯粹的国语,然后演出的。最特别的是广东的话剧,他们往往采用国语剧本,而用粤语演出,有些语助词是译为国语了,但是仍有许多语汇大约是因为容易懂的缘故,虽然不合粤语,但并没有改过,例如"里"字,广州话里是很少的,而话剧里却用了它了。这种文学,无论如何是有缺点的。

我们更进一步地说,即使你写下来的白话文完全没有和国语违异的地方,仍旧不如运用你的方言能尽左右逢源之妙。尤其是在纯文学方面,全靠着把最富于表现力的语句运用出来。当你想及一句最富于表现力的话的时候,这句话往往就是最富于地方色彩的,你若把它译为普通的一句国语,你就是把最浓的一种味道冲淡了。假使你把北平土语中最富于地方色彩的一句话来替代它,在某一些情形之下是可以得到相等的表现力的,但可惜的是你既然对于北平话不熟悉,也就做不到这一点。人们把通行最广而地方色彩最少的四不像的话叫做"普通话",这种普通话拿来做随身行李也许是最便利的,但若拿来表现在文艺上,却是最笨拙的;因为活剥剥的语言的精华都被剥尽了,剩下来的只是它的糟粕了。普通的语言的作用在乎达意,但是文学的语言应该更进一步,它应该是能使作者和读者的心灵交感。糟粕的语言是缺乏这种交感的作用的。

近十年来,有些作家喜欢把方言的对白渗入小说里。这种办法也就是《九尾龟》的办法。如果那种方言是那作家最熟悉的,这种办法也颇值得赞扬;否则弄巧反拙,于真善美三方面都无足取。

据我所知,广州、香港一带颇有方言文学的优势。许多小报里面的小说和杂谈,大部分是用粤语写的。虽然偶然掺杂着"之、乎、矣、也"一类的文言字眼,但是,比之《九尾龟》只把苏州话用于对白,可算是进步得多了。这种作品唯一可以指责之点乃是低级趣味,他们之所以用粤语,并非有目的地提倡方言文学,只是迎合商店伙计的程度。不过,即就那些小说杂谈而言,它们那种方言的风趣,已经远非"普通话"所能及了。现在试抄小说一段为例:

> 佢嘅老婆藐一藐嘴,就话:"你话拍戏?真系呃我膝头食辣椒酱咯!你估我懵嘅咩?昨晚去普庆戏院睇戏,遇到黄雨,但话你拖住一个女仔,周围咁荡,我已经知道你必有古怪咯!哥个女仔你慌唔系阿芳咩?你只衰野,静静叫阿芳嚟香港住埋,究竟想点?"

惭愧得很,我不知道"呃我膝头"译为国语该是一句什么话才可以一样地传神。当然,在北平土话里,一定能找到一些字眼像"呃我膝头"一样地有表现力,可惜我不是道地的北平人,我找不出来。

我觉得广东人可以更进一步,把这种方言文学由小报搬到大报去,由低级趣味提高到有价值的文艺作品。另一方面,广东的剧作家可以用纯粹的广州话写剧本,尽量地把最富于地方性而最富于表现力的语句运用在对话里。这样,一定可以得到意外的成功。自然,吴语区域、闽语区域甚至客家话区域的人都不妨作此尝试。

原载《观察》第 5 卷第 11 期,1948 年

漫谈高等学校中的几个问题

高等学校当前的问题很多，我想谈的是三个问题：知识分子改造问题；党群关系问题；党委领导和教授治校问题。

一、知识分子改造问题

在某些单位的整风运动开始的时候，领导上交代，在运动中应该着重讨论某些问题。其中一个问题是思想改造问题。有人就说这是对群众恫吓，使群众不敢"鸣"。依我看来，这可能是领导上交代得不清楚，以致引起误解。实际上，既然是党内整风，思想改造问题应该是党内的问题；党员们犯了官僚主义、宗派主义、主观主义的错误，应该归结到思想的根源去检查一番，从思想上解决问题，以免重犯"三害"。至于党外人士要不要进行思想改造和怎样进行思想改造，那是另一问题。

但是，这另一问题也不能不讨论；因为如果知识分子须要改造的话，就不能不依靠党的领导和帮助，因而就不能说是和整风运动无关。

知识分子要不要改造思想？这个问题如果在一年前提出，大家的认识是一致的，就是肯定须要改造。在今天党号召"百家争鸣"的情况下，这种认识渐渐模糊了。战国是一个百家争鸣的典型时代,庄子注意到"彼亦一是非,此亦一是非",而庄子的结论是:"是非之彰也,道之所以亏也。"这是否认天下有真是非。今天的百家争鸣,可以与战国时代媲美,"持之有故,言之成理"的理论颇多,令一般人不知所从。即以马克思主义而论,也容易令人产生"天之苍苍,其正色耶"的感想。在这种情况下,甚至有人怀疑世界上还有真是非,从而怀疑甚至今天还有改造思想的必要。

从表面上看来,百家争鸣和思想改造似乎是有矛盾的。我们必须辩证地处理这个问题。争鸣是为了追求真理,明辨是非,不是为了抹杀真理,泯灭是非的界限。假使今天由于百家争鸣,就不能说哪一种思想是进步的或正确的,哪一种思想是反动的或错误的,那就不能再谈思想改造。固然,反动思想应该和反革命行为区别开来,人民内部的反动思想应该作为人民内部的矛盾来处理;但是反动思想到底是应该批判的。正确地处理百家争鸣和思想改造之间的矛盾,我认为这是知识分子思想改造问题的关键。

必须肯定:一切违反社会主义的思想都是错误思想。马克思主义是可以发展的;但是,发展和修正的严格区分,本身就是一个是非问题。肯定了天下有真是非,知识分子的思想改造就成为必要了。

不过,我个人认为:今后知识分子的思想改造工作,不能再作为一种运动来搞。1952年的思想改造运动,固然起了一定的作用,但同时也起了不少的副作用。在某些学校里曾经用相当粗暴的方式来对待高级知识分子。当时作为一种运动来搞,与其说是为了改造思想,不如说是为了巩固人民民主专政。在巩固人民民主专政这一点上,1952年的思想改造运动是有成绩的,因为敌我的界线划清楚了。但是,今天的情况不同了:今天国内的主要矛盾已经不是敌我的对抗性矛盾,而是人民内部的矛盾,就用不着沿袭1952年的老办法。我甚至怀疑1955年的肃反运动连反动言论都"肃"在一起是不是妥当。两种不同性质的事情同时做去,容易做出偏差来。如果反革命行为和反动思想应该区别开来的话，把反动言论"肃"在一起就是把敌我对抗矛盾和人民内部矛盾混为一谈了。在今天"鸣""放"的过程中，反动言论比1955年更多了，将来要不要再"肃"一次呢？我看是不必要的。

大家知道，思想改造是长期性的。今天党内既然采用和风细雨的办法来整风，而不是"无情的斗争"；对党外人士的思想改造更应该让它细水长流，一点急躁不得。特别是今天党号召我们向科学进军，要在不长的时间内赶上或接近世界科学先进水平，就不能不让大家过一种宁静的生活。诸葛亮说过："非宁静无以致远。"在今天说来，"宁静"就是在高等学校里少搞一些运动，"致远"就是赶上或接近世界科学先进水平。

我想可以让知识分子从科学实践和政治感受中改造他们的思想。当然，理论学习也是重要的。但是，如果说今天知识分子的思想一般都有了显著的进步，这首先是由于祖国的建设事业有了辉煌的成就；在铁一般的事实面前，不能不承认党的伟大。久而久之，大家更加靠拢党，向党员们学习。现在非党人士常常有和党员共事的机会，看见党员们分析问题能够全面深入（当然也有例外），无形中也就受了辩证唯物主义的熏陶。我们不要低估了这种潜移默化的力量；这是政治课教员唇焦舌敝所达不到的效果。

政治学习是必要的，但是应该照顾到知识分子的特点。某些干部做惯了农村的政治教育工作，就把对农民那种耳提面命、反复叮咛的老办法用到知识分子的头上来。实际上，在高级知识分子当中，不乏闻一知十的颜回，更多闻一知二的子贡，报告何妨精简一点呢？我想：理论学习的时间可以多些，政策学习的时间可以少些，特别是有文件的就应该把文件印出来给大家看，不必再做大报告。应该指出：在北京的政治报告和许多有关政策的报告都是很精彩的，但是有时候工会组织学习，讲体会，谈启发，已经令人觉得是多余的了。至于其他地区，废时失业的情况可想而知。我认为政治学习的时间是可以精简一些的。珍惜知识分子的时间,于党于国都是有利的。

二、党群关系问题

关于党群关系问题,大家谈得很多了,我恐怕没有什么新的意见。在北京大学党委会召开的座谈会上,有一位党员同志作了自我批评。他说从前他认为党员和非党人士的语言不同,要团结很不容易。最后他批评了他不从团结的愿望出发,而没有批评他的"语言不同论"。我觉得"语言不同"这四个字很有研究的价值,因为出自党员之口,就反映了一部分党员对党外人士怀抱着"非我族类,其心必异"的看法。

我们常说,我们和兄弟国家的人民有共同语言,甚至说我们和全世界爱好和平的人民都有共同语言,其实他们讲的并不是汉话。现在呢,中国共产党党员和非党人士同在一个国土上住着,而且大部分都讲汉话,然而,唉!我们之间却没有共同的语言!

如果说我们和蒋介石集团之间没有共同语言,犹有可说;现在说人民内部还没有共同语言,那未免太奇怪了!

党八股的语言,的确是一般人所不擅长的,甚至完全不会说,完全听不懂。但是,人民所不爱听的也正是这种语言。毛主席的话我们完全听得懂,毛主席和我们有共同的语言。

也许这位党员说,所谓语言不同是指思想不同。如果真的是这个意思,问题就更严重了。思想有各种不同的类型,这是不错的,但是思想的类型和入党与否并没有必然的关系。我们不能说,昨天你没有入党,思想属于甲型;今天你入了党,思想就变了乙型了。"语言不同"的想法是党群隔阂的一种根源;如果说党群之间有一道墙,它就是这一道墙的一部分基础。

这里我不想谈什么宗派主义,我只想谈一谈关于党群关系的认识问题。我个人觉得:党群之间不应该有一道墙,但是还应该有一条线。否则党员和非党人士就没有分别了。这一条线的保留，并不妨害党群的团结，问题在于如何了解这一条线。

据我个人粗浅的了解，党是一个政治集团，它有它的党章，党员们承担党章所规定的义务，享受党章所规定的权利，这是非党人士所不能干预的。除此之外，我看不出党员和非党人士之间有什么必然的分别。因此，目前党员和非党人士之间的远距离完全是人为的，是可以改变的。我们也知道，党群关系只能逐渐改善，不能希望党群之间完全没有矛盾，而且这种矛盾还会继续下去，直到政党本身消灭为止。但是，应该指出，目前的党群关系还是不健康的，不正常的。如果不肯承认党员和非党人士能有共同语言，这种矛盾不但不能调和，而且还会扩大的。

三、党委领导和教授治校问题

我看这个问题很简单：在高等学校内，党委会和校长的关系等于党中央和国务院的关系，党委会和校务委员会的关系等于党中央和全国人民代表大会的关系。

必须肯定党能领导科学。社会主义的科学需要，唯有高瞻远瞩的党知道得最清楚。如果说只有党中央能领导，高等学校里的党委会不能领导，那也是说不通的，因为党委会正是受上级党的领导的。从来没有人主张过党委干涉到图书仪器的设备，干涉到教学内容和教学方法；如果有那样的情事，那自然是错误的。但是，如果党根据社会主义的科学需要，从原则上向学校行政方面提出若干建议，像党中央向全国人民代表大会提出五年计划草案一样，那应该是合理的。

目前许多人所反对的不是党委会的领导，而是以党代政。党政不分无论如何是不好的。为了补救这个缺点，我认为应该扩大校务委员会的职权。但是我不赞成"教授治校"。

"教授治校"这一个口号的提出，意味着什么呢？依我看来，

"教授治校"是作为"党委治校"的对立物而提出的,同时,教授治校还意味着讲师、助教不能治校,甚至校长也不能对重大问题作出决定。

我们知道,党委会中并不排除教授;相反地,将来教授入党的人多了,党委会中的教授也就逐渐多起来了。将来再也不能说领导科学的人不懂科学了。我们要变更一种制度,应该把眼光看远一点,至少要看十年八年,不能单看着脚指头走路。

现在许多高等学校已经成立了校务委员会,今后应该充分发扬民主,使校务委员会发生应有的作用。同时,应该适当地吸收有代表性的讲师、助教参加。盐吃多了,不一定经验就丰富了;头发白了,不一定七窍玲珑,比青年人更能全面深入地考虑问题。特别是在这个过渡时期,让新老两代坐在一个会议席上,让存在着的新老矛盾暴露出来,共同寻求解决,比较让老年人和青年人形成了在朝和在野的对峙局面,情况要好得多。所谓"教授治校",顾名思义,就没有这个优点。

校长负责制这个制度是优越的,必须坚持下去。单就这一点来看,"教授治校"的口号也是不恰当的。这里顺便说明一下:如果校长同时是一个党员,他是以校长的身份来处理校务,不是以党员(或党委书记)的身份来处理校务的,正如周总理是以国务院总理的身份来处理国务一样。反对党委以党代政应该是反对党委会对学校行政作出决定,而不是反对校长本人对学校行政作出决定。如果因为反对"党委以党代政"而反对校长负责制,那就不对了。

提出"教授治校"的先生们喜欢举出解放前清华大学的教授会为例。我在清华大学当过十二年的教授,我明确地知道,清华的教授会正是没有讲师助教参加的(抗战前的专任讲师参加了,因为清华的专任讲师等于副教授);由教授会产生的评议会好像资本主义国家的责任内阁,而当年清华的校长几乎等于今天英国的女王。

"教授治校"只是空洞的一个漂亮名词,事实上是行不通的。

假定一个大学有一百多位教授，又假定他们每一个人都肯牺牲一部分科学研究时间，一百多人坐在一起，对于许多具体的行政事务怎样进行讨论呢？清华当年设立评议会，就是要补救这个缺点。但是，毛病从此产生了：由教授选出的评议会逐渐脱离了群众，成为寡头政治。教授会所讨论的往往只是每年学生的毕业名单，关于学生体育不及格该不该毕业的问题常常争论半天；至于一切大政方针和重要措施却完全掌握在评议会，教授们不便过问。这种资产阶级的"民主"，我觉得没有什么可以效法的地方。

　　社会主义制度的优越性应该先肯定下来。一个制度不完善，我们应该在马克思主义思想的指导下，要求做到更加完善，而不应该一味留恋过去，让大家后退一二十年。

原载《人民日报》1957 年 6 月 7 日

为语言科学的跃进而奋斗

北京大学中文系语言学方面的初步规划,刚才已经由高名凯先生说过了。现在我的发言,只是在红与专的问题上,发表一些个人的意见。

许多科学家并不是没有红的愿望,但是当他们主观认为红与专有"矛盾"的时候,也就舍红取专。我自己就是这样的。去年6月7日我在《人民日报》发表一篇文章,主张在高等学校少搞运动,要"宁静以致远",那就是没有认识到政治是统帅,政治是灵魂。去年假如不搞反右斗争,就不能捍卫社会主义。社会主义没有了,还有什么科学研究? 搞科学研究是为谁服务的呢? 今年假如不搞双反运动,就不能像现在这样大跃进,大运动正是推动社会前进的动力,正是解决人民内部矛盾的最好方法。我现在觉悟到少搞运动的看法是极端错误的。在这次双反运动中,我们必须烧掉"五气",同时也要烧掉我们的个人主义。

魏建功先生提出了"知识公有"的口号,我们应该响应他。如果真正认识了"知识公有"的深刻意义,语言学界的团结合作就完全不成问题。"知识公有"了就不会再有门户之见,就能发挥集体力量,来一个大跃进,多快好省地做好社会主义建设事业所提出的语言学方面的一切任务。

由于很少人评论语言学工作中的思想性问题,使许多人产生一种错觉,以为语言既然不是上层建筑,语言学就不像文学那样容易出漏子,容易犯思想上的错误。实际上目前中国语言学存在着来自封建思想和来自资产阶级思想的各种不同的唯心主义，须要进行斗争。我们如果不加强学习，不改造思想，也就嗅觉不灵，不能辨别语言学中的香花和毒草。

根本问题是一个政治立场问题。我们如果能"兴无灭资"，语言学工作中的思想性问题可以迎刃而解。如果不能"兴无灭资"，就只能搬弄教条，不能解决实际问题。我自己的资产阶级思想是严重的，我愿意和同志们共勉，彻底改造自己，过好社会主义这一关。

原载《中国语文》1958 年 4 月号

王力全集　第二十卷

龙虫并雕斋文集补编

（三）

王　力　著

中华书局

总　目

中学语法教学问题

这是我在广州市教育工会举办的语法讲座上所讲的一部分,《语文学习》编辑部要我把它发表出来,供教师同志们参考。我接受了这个建议,把当时的讲稿略加修正和补充,登在这里向读者同志们请教。

一、语法教学的目的和要求

语法教学的目的是结合着一般的语文教学,使学生能正确地使用祖国的语言,为语言的纯洁和健康而斗争。这一个目的是很明确的,也是大家早已知道了的。但是,为什么这一次同志们还要求我从语法教学的目的讲起呢?这是因为大家虽然谁也不反对这个目的,但是有些人觉得,语法教学能否达到这个目的,是可怀疑的。"语法在实用上有什么意义?"学生这样发问。有的老师虽然勉强答复了,但是心里也在问自己:"语法在实用上究竟有什么意义呢?"因此,我想首先来答复这个问题。

我们先来看看否定语法的人的意见,然后来答复他们。

“大文学家也没有学过语法。”是的。语法不是别的,它是语言的结构规律。一个人如果平时注意语言,再多读些好文章,自己说话写文章也就不知不觉地合乎一般规律。但是咱们不能因此否定语言有它的结构规律,更不应该反对人家科学地掌握这个规律。建筑天坛的劳动人民并没有学过建筑学,但是咱们不能因此反对人家研究建筑学。沿海的居民许多没有学过游泳的方法,他们也游得很好,但是咱们不能因此反对体育教员传授游泳的方法。

“文章写不通是由于思想不通,不是语法不通。”是的,思想不通占多数,但有时候也由于语法不通。而且,有时候咱们可以由语法上的通不通去判断思想上的通不通,例如主谓不合或动宾不合,虽然是思维的问题,但是可以利用语法上的术语来加以说明。

应该肯定地说,虽然单靠学语法还不能完全做到正确地使用祖国的语言,但是,这是主要的途径之一。

其次,语法可以养成学生的科学头脑。市一中的总结里说:“检查起来,语法教学是有相当效果的。同学们都很喜欢学习语法,认为语法的学习对于他们的说话作文都有很大的帮助。同时,同学们也认识到语文课不只是文学课,也是语言课,而语言这门课是科学。”这一段话可以证明语法教学的重要性,同时也说明了语法教学的目的。

语法教学的要求是使学生能初步掌握祖国语言的结构规律。多数同志对语法教学的要求认识不清,毛病就往往出在这里。必须指出,只教会一些分类、定义和例句是没有用处的。教分类、定义和例句只是语法教学的手段,不是语法教学的目的,因此也不是语法教学的要求。吕叔湘先生的《语法三问》(《语文学习》1953 年8 月号)里有一段话谈到“讲的学的是什么样的语法”,吕先生这一段话指出了市面流行的某些语法书的通病。必须要求学生掌握语言的结构规律,才是正当的和合理的要求。

语法教学的目的和要求,《语法三问》讲得相当透彻,希望大家多多研究,多多讨论。

二、教材问题

(一)各家讲法不一致的问题

明白了语法教学的目的和要求,就会觉得各家讲法不一致的问题并不十分重要了。语言的结构规律是客观地存在着的,任何语法学家都不能变更这个规律。随便你把某一种语言现象叫做什么名称或归入哪一个种类,都不能损害这个规律。而学生们所须要掌握的正是这个规律,而不是仅仅学会了一些术语和定义。

"参考越多越乱。"是的,同志们说得对。那么就该少参考些。其实,为了中学教学的目的,采用任何一种能够自成体系的著作都可以,不必求多。要是叫我推荐的话,我觉得采用《语法学习》(吕叔湘)就行。如果再参考参考《语法修辞讲话》(吕叔湘、朱德熙)、《汉语语法常识》(张志公)、《语法讲话》(《中国语文》连载的),那就很够了(《语法修辞讲话》按它的性质不适合在中学里用,但可以辨别正误,跟《语法学习》互相发挥。张著在说法上与吕著比较接近,但也略杂时说和己见,内容较详,可作补充。《语法讲话》的说法不同些,但例句多,辨别用例也很细致。所以我举这三种作参考)。我不是说,其他的书籍都不好,都不值得读;我只是说,在这个众说纷纭的时候,要避免"参考越多越乱",这样作可能是有好处的。

兼采各家之长是很难的。必须自己比各家更长,然后有能力兼采各家之长。否则主观上想兼采各家之长,结果怕会是兼采各家之短,甚至于让各家在你的教材中打起架来,这是不妥当的。有时候,两家都不错,因为两家的术语和分类都能自成一说,但是你把两家的话熔为一炉就错了。这好比你用了220伏特的电压,就不能再用110伏特的电灯泡,否则灯泡是要爆炸的。有些同志采用吕叔湘先生的书，想结合黎锦熙先生的书来讲图解，这样，如果语法修养不深的话，就会出毛病。专用黎先生的语法体系倒是可以的，因为黎先生也有他自成系统的见解。但是，就一般情形来说，最好不要企图兼采各家之长。

术语和分类不统一，是同志们感觉到最伤脑筋的一件事。我想可以像市一中那样，以《语法修辞讲话》的术语和分类为标准。这样，至少可以暂时解决问题。但是显然不妥的地方必须改正，例如短语不应该分为联合、主从、动宾、主谓四类，应该根据吕先生另一著作《语法学习》把仂语（短语）分为联合和主从两大类，再从主从仂语（短语）中分出动宾和主谓来。至于短语是否应该称为"仂语"，这上头没有原则性的问题，只要自己取得一致的名称就行。其余由此类推。

既然术语不统一会引起困难，少用术语也是一个办法。吕叔湘先生主张少立名目多举例，这是完全正确的，尤其是在目前术语纷乱的情况下，能够少用更好。

（二）教材编选问题

教材的编选，不外两种办法：第一是采用现成的书作教材，第二是现编教材。如果要采用课本或主要参考书，我以为前面提到的吕著《语法学习》和张著《汉语语法常识》是比较合用的。至于给初中用和高中用，可以由各校斟酌决定。我个人以为前书可以给初三用，后书可以给高中用。初中一、二年级如教语法，还应该少用术语。

市面上流行的语法书很多，其中有的还好，有的就很有问题，千万不可随便用为参考书。有些书尽管选择了许多课本上的例子，叫人觉得很合脾胃，以为用了它可以节省许多劳力。但是这些例子引得是否恰当呢？那就很难说。因此咱们还得自己劳动，不能贪便宜，图省力。

如有可能，可以组织一个语法教材小组来拟定一个全市的语法教学大纲。这样将来学生升学转学都有好处。广雅中学等校已经有了教学大纲,可供参考。

(三)先讲词类还是先讲句子

我想可以先讲词类,因为这样方便些,不过不应该胶着在词类上面,应该很快地转入句子结构。如有必要,讲完句子结构之后,可以再讲一次词类,比最初讲的深入些。

个别学校想把词类放在初中一年级讲,那是不妥当的。应该处处不要忘了咱们的目的和要求,每一堂都应该让学生掌握一点规律。如果只教学生懂得"云"是名词,"飞"是动词,"高"是形容词等等,那是脱离实践的。

(四)应否结合修辞逻辑来讲

我认为讲语法可以结合修辞逻辑来讲。中国语法里有没有形态学,这是争论未决的问题。假定有形态学的话,咱们的形态学也比西洋语法的形态学简单得多,那是事实。一般人轻视中国语法的学习,这也是主要原因之一。如果结合修辞逻辑来讲,那么语法就更有丰富的内容,更能联系语文的实践。不过教师应该先认清语法、逻辑和修辞三者之间的界限,最好能使学生也认清这个界限,然后才是结合,不是混同。前次广雅中学的语法公开教学,结合修辞来讲,成绩很好,缺点是没有划清界限。

三、教学方法问题

(一)应否抽出固定的时间来讲语法

教语法不是一件很简单的工作。要是学校里条件不够,我觉得可以先作些准备工作,稍缓一步再教。要是有条例,可以教,那我就认为在语文课的时间中,抽出固定的时间来讲语法比较好。市一中规定每周语文课最末一时讲授语法(华南师院附中等校情况相类似),我认为是对的。市一中的理由是:"这样似乎是更正规化些。同学们在课前准备及复习旧课上有了一定的预习,上课时也就可以准备好一本专作听讲语法笔记用的本子,不必临时嘱咐带来。"我认为这个理由是充分的。还有一个理由,就是将来中学里的语法课是会独立起来的,现在不妨先让它具有半独立的性质。

(二)结合课文举例问题

大家都知道结合语文课本的课文来举例是好的,因为学生容易懂,并且容易发生兴趣。但是,找例子有困难:一则找不到适当的例子,二则找着了也还不知道对不对,三则功课太忙没有工夫找。我想找例子可以集体找,全校分工,或全市分工。如有语法教材小组,则由小组来搞。除非经过研究认为有把握,不可随便采用流行的语法书上的现成例子。

(三)布置练习问题

语法教学中,布置练习是十分重要的。咱们教语法不能光让学生知道些术语和定义,也不能光让学生知道语言里各种现象的解释,就算完事。更重要的是让学生能够掌握语言的规律,运用它们。这就非靠多做练习不可。练习的方式应该是多种多样的,这得要求教师同志们根据具体情况多动脑筋想办法。练习的目的应该是让学生从反复练习中熟悉各种正确的方法,养成正确的语言习惯。改错之类的练习可以作,但是不宜太多。要是让学生在心理上觉得大家浑身是病,教学效果是不会很好的。

(四)结合写作实习问题

市一中的报告里说:"我校在批改学生习作文卷的时候,特别注意改正语法错误的句子。每一次发还文卷时,照例要作一个课时的习作讲评,在讲评中也找出一些文卷中的语法错误的例句来作分析讲解,结合语法教学所授的知识,使能应用到写作中去。"市一中这样做,我认为很有用处。这正是理论结合实践。

(五)枯燥难学问题

有些学校的学生感觉到语法枯燥难学,这是谁的责任呢? 我想,大部分的责任在教师。咱们教学生不要强调兴趣;但是因此就让功课枯燥下去,艰深下去,以为语法既是有用的,学生就得忍受它的枯燥和艰深,那就不好。教师首先要使这个被认为枯燥难学的语法变为有趣味和容易了解的东西。这一关必须攻破,否则语法的教学效果是不会好的。

(六)回生问题

有些学校反映,说学生对于语法的术语和定义之类容易忘记,一年级学了,三年级忘了。于是引起了"回生"的问题。由回生的问题可以看出同志们对语法的目的和要求有些误解。如果咱们语法教学的要求是使学生掌握语言的结构规律,在教学上多用反复练习的办法,回生问题就会减少它的严重性,甚至根本不成为问题。在这一点上,我完全同意吕叔湘先生的"得鱼忘筌"的说法。

对于回生问题,华南师院附中的解决办法是教时不贪多,到适当的时间要复习,每一堂语法课都布置家庭作业。市一中的办法是每学期一开始就先复习上学期的课。这些都是好经验,值得介绍出来的。

四、结　语

两年以来,广州市的语法教学有了一定的成绩。语文教师们由存在抗拒的情绪到搞通思想,这是一个思想斗争的过程。自己想通了,还要帮助学生想通,同志们在这艰巨的工作上的确费了不少的力量。多数学校已经成立了语法教学的研究小组,并且积极备课。多数学生已能分析句子,有些还能指出书报上某些句子的语法错误。同志们的辛勤劳动,已经得到了一定的成绩。

今后努力的方向,依我个人的浅见,应该是:

1.掌握语言材料,充实语言知识;深入地学习斯大林的语言学说。

2.在语法教学组织比较健全的教研组中,应该展开语法理论的集体学习。一次讨论的问题不要太多或太大,要注重从语言材料出发,不要陷于空洞抽象。

　　3.理论水平较高的教研组可以多看些书,讨论各家的优点和缺点。此外还可以阅读并批判市面流行的某些坏语法书,这样可以从反面巩固正面的理论基础。

　　4.成立全市的语法教材小组,拟定全市高、初中六个年级的语法教学大纲,并指定参考资料。

　　5.继续举办语法公开教学,以收观摩之效。

　　以上是我个人的一些不成熟的意见,提出来请同志们批评和指教。

原载《语文学习》1953 年第 12 期

关于暂拟的汉语教学语法系统问题[*]

——并谈语法工作中向苏联学习的意义

　　暂拟的语法系统在中学里讲授已经一年了,同志们对于这个系统想必很熟悉了。这次大家要我谈一谈这个系统。我没有教中学,我对于这个系统恐怕还比不上同志们熟悉,我能谈些什么呢?我想我只能和同志们谈一谈这个系统的原则和特点,再举词类的划分标准为例来证明这个原则和特点,最后谈一谈语法教学和语言教育的关系。

一

　　中小学的语文教学,无论采取什么方式,无论使用什么样的教材,语法总是非教不可的。要教语法就得有个语法系统。而汉语语法学界在系统方面见解很分歧,这个情况是大家熟悉的。那么,要进行语法教学就必须首先解决教学上的语法系统问题。解决语法系统问题不是一件容易事。过去很有一些语法学者企图这样作,可是没有成功。人民教育出版社为了编写汉语教材,作了不少努力,终于使这个困难的问题暂时得到了一个初步的解决,提出了一个暂拟的汉语教学中使用的语法系统。

---

[*]　这是 1957 年 7 月著者在青岛中学老师汉语文学讲座上的一篇讲演。当时没有讲稿,这是事后根据一位同志的笔记,加以修改写成的,和当时讲演的内容颇有出入。

人民教育出版社编辑部在考虑这个语法系统的时候确立了两个原则:尽可能地使这个系统能把几十年来我国语法学者的成就融汇起来;尽可能地使这个系统的内容(从立论到术语)是一般人特别是中学的语文教师比较熟悉的(《语法和语法教学》6—7页)。——应该说明,语法学界很多人参与了构拟这个系统的工作,语法学者和语文教师很多人提供过意见,不过因为主其事者是人民教育出版社,所以这里就简单地这样说了。

这两个原则是好的,但是,这两个原则是不可能处处遵守的,我们也不应该要求编辑部严格地遵守(所以加上两个"尽可能")。

一部书如果没有它的特点,也就往往没有它自己的体系,因而成为一种坏作品。教科书似乎可以例外;但是,在汉语语法体系莫衷一是的今天,教科书也不能不在纷繁的语法理论中有所取舍,这就须要有眼光,有决断。所谓兼采各家之长只是一种理想;实际上,在兼采了各家之长以后,必须"自出机杼",否则各家之长即使不打架,也会像一盘散沙,组织不起来。这上头还要求一些新东西,没有新东西就无从驾驭全局。由此看来,这个暂拟的语法系统决不仅仅是把几十年来我国语法学者的成就融汇起来,而必须增添若干新的血液;决不能使它的内容完全是中学语文教师所熟悉的,因为有时候没有新的论点和新的术语就无从融汇各家之长。

除了这两个原则之外,还有一个很重要的原则是编辑部勉力遵守然而并没有明白表示出来的,那就是重视汉语语法结构的特点,尽可能依照语法特点而不是依照意义范畴去分析汉语语法。这一个原则就构成了这个语法系统的最大的特点。

举例来说,"天、马、桌子、葡萄"等等都是名词,凭什么说它们是名词呢? 依照一般的说法,凡指称人、物的词叫做名词。平常我们所了解的人、物是看得见摸得着的东西。那么,"思想、意志、力量"算不算名词呢? 特别是"思想"和"想念"相比较,如果单从意义上看,简直分不清它们是动词还是名词。但是,如果从语法特点上看，问题就清楚得多了。《汉语》课本里说（第三册35—36页）："名词的语法特点主要表现在三个方面：1.可以用数量词作定语；2.不能用副词作定语；3.名词作谓语，一般要求前边有判断词'是'，构成合成谓语。"拿这个标准来衡量，我们马上可以断定"思想"是名词，"想念"不是名词，因为我们说"一种思想"，不说"一种想念"；说"不想念"，不说"不思想"；说"这是正确的思想"，不说"这是正确的想念"。

这种重视语法特点的研究方法，主要是受了苏联语言学的影响。

所谓把各家的成就融汇起来，一个不留神，就会炒成一盘大杂烩。融汇要有融汇的标准，而重视语法特点这一个原则就是对于各家取舍的一个标准。

语法特点是有关语言的结构形式的问题，在语法研究上，它为什么比意义范畴更加重要呢？马克思主义不是说内容决定形式吗？为什么现在让形式来决定内容呢？——这样辩论是没有意义的，因为语法特点的本身就是由意义的范畴来决定的，至于意义范畴如何决定语法形式，却又取决于语言的民族特点。因此，如果单看意义范畴而不管民族特点所决定的语法形式，那就是错误的。

二

为了说明暂拟的语法系统重视语法特点，我想最好的例证就在词类划分的标准上。

看来，暂拟的语法系统在处理词类划分的问题上，采用了苏联的词义·语法范畴的学说。这一学说看重了意义范畴，也看重了语法范畴，它把词义和语法特点有机地联系起来。

每一类词都有它本身的意义。课本上说，名词表示人或者事物，动词表示人或者事物的动作、发展和变化，形容词表示人或者事物的形状、性质，或者动作、行为的状态，等等，这就是每一类词的意义。中国语法学家一向喜欢从意义上定出每一类词的名称，所以叫做"名词、动词、形容词"等。直到最近定出的"数词"和"能愿动词"，以及《汉语》课本创造的一个新名称——判断词，也都是从意义上定出名称来的。从每一类词的意义上给它一个定义，这有两个好处：第一是学生容易掌握；第二是这些实词的语法特点和意义是密切联系着的，所以有必要先指出它们的意义。

但是，不但虚词要讲语法特点，即使实词，如果只讲意义，不讲语法特点，那也不算是从语法结构上看问题。过去一般语法书都有这一个缺点，现在《汉语》课本克服了这个缺点。关于名词的语法特点，上面已经说过了。关于动词的语法特点，是：1.能够跟副词组合，受副词的修饰；2.能够用肯定否定相迭的方式表示疑问；3.能够重叠，重叠起来表示一些附加的意义；4.能够带上"着、了、过"这些时态助词表示一些附加的意义。关于形容词的语法特点，除指出有些特点跟动词相同外，还指出：1.双音的动词和形容词各有自己的重叠方式，这是动词和形容词在词形变化上的分别；2.动词能带宾词，形容词不能带宾词，这是动词、形容词在句法功能上的分别。有了语法特点作为标准，就解决了一些问题，例如"模范红旗"的"模范"（第三册 42 页）仍应算是名词，不能算是形容词，因为"模范"不能受副词修饰，不能说成"很模范的红旗"。又如"马路上一个水点也没有，干巴巴地发着白光"和"那毒花花的太阳把手和脊背都要晒裂"（第三册 77 页），其中的"干巴巴"和"毒花花"都是形容词，不能说前者是副词，后者是形容词，因为"干巴巴"和"毒花花"的语法特点是一样的。

语法特点可以分为两种情况：第一是形态；第二是组合能力。

课本里没有把"形态"这个术语提出来，也许是怕中学学生对这个术语不容易理解。但是课本里并不是没有谈形态。在课本里，大凡讲到有关形态的地方都叫做变化。第三册第四章讲动词的变化，其中包括动词重叠，"了、着、过"的应用，"上去、下来"等的应用,第六章讲形容词的变化,其中包括形容词的重叠和嵌音。这些都是汉语语法的形态部分。

课本里也没有正式提出组合能力来,但是,讲语法特点的时候,实际上讲了组合能力,例如动词、形容词能和副词组合,而名词不能;名词可以用数量词作定语,动词、形容词能够重叠,能够用肯定和否定的方式提出疑问等。应当指出,根据组合能力来判断词类,和根据句法来判断词类是不同的。组合能力指的是词和词的结合,一般不牵涉到主语、宾语等问题。形态和组合能力的提出,这是暂拟语法系统的特点。必须彻底认识了这个特点,然后能彻底了解这个系统。至于有些地方采用了俄语语法上的术语(如定语、状语)或俄语语法上的定义(如谓语),我们当然也须要知道这些术语的来源和所以采用的道理,然而那还不是这个系统的重要部分。

由此看来,与其说暂拟语法系统仅仅是融汇了各家的成就,不如说它建立了一个新的体系;如果说它融汇了各家的成就,那就应该把苏联的汉语学家的成就包括在内,因为他们才是特别重视汉语的形态和组合能力的。

在词类划分这一点上,充分说明了暂拟语法系统是学习苏联的结果,并且说明了在语法工作中向苏联学习是有重大意义的。

《苏联大百科全书》"汉语"一条指出:由于中世纪汉语特别是现代汉语的发展,汉语词尾化了,不但在词义和句法上,而且在形态上也有了各种标志。所谓各种标志就是一些语法特点。

龙果夫教授(A. A. драгунов)说:"汉语一般不具备足以把它们归入某一词类的外部的、形态的标志,因此在区分它们的时候,自然就非依靠其他标准不可:1.一定词类对某一句子成分的不同的担任能力;2.它们跟别类的词以及跟某一形态成分的不同的组合能力。"[1]

龙果夫教授对我提出批评。他说我虽然"在某些证据中真正

---

① 龙果夫《现代汉语语法研究》第7—8页。

利用了语法的标准",但是我"不能把这一方法扩充到词类系统上"①。他所谓语法的标准,实际上就是从语法的特点上看问题,不从意义的范畴上看问题。

我们在语法工作中学苏联,不能简单地看作是一个新的派别,而应该看作是把马克思主义灌输到汉语语法工作中来。重视语法特点和否认语法特点应该看作是唯物和唯心的分野。不重视语法特点,在汉语语法系统上很难得出科学的结论;有人把英语的语法系统套在汉语头上,有人把俄语语法系统套在汉语头上,也有人想入非非,那是不能解决问题的。只有重视语法特点,从汉语本身的结构形式上看问题,然后语法学界的意见才有接近的可能。只有重视语法特点,才合乎唯物主义辩证法的原则,因为每一种具体语言都是按照它的内部发展规律而发展的,每一种语言都有自己的语法特点,无论照抄任何其他语言的语法都是犯了主观主义的毛病。

波斯贝洛夫同志(И. С. Поспелов)说得对:在语法范畴中(按:这里所谓语法范畴和词类有密切关系),反映着各种不同的语言的本质的特点。举例来说,在俄语里,动词是和名词、形容词区别开来的;至于汉语呢,更广阔的语法范畴占据了动词的地位,这一个语法范畴有着可变的标志,它不但和动词相当,而且和形容词相当,它在句法上起谓语的作用②。他的意思是说,由于不同的语言有不同的语法特点,所以在俄语里名词和形容词相近,而在汉语里动词和形容词相近。我们可以从汉语课本中得到证明,《汉语》课本明确地说:形容词有些特点和动词相同(第三册74页)。

必须肯定,这样向苏联学习是正确的。并不是说,暂拟的语法系统已经达到尽善尽美的地步。我们是说,大家朝着这个方向走去,集思广益,共同努力,在汉语语法体系问题上,一定会逐步得到

---

① 王了一《中国语法纲要》(即《汉语语法纲要》)俄译本龙果夫教授序言。
② 波斯贝洛夫《斯大林关于语法构造的学说》,《斯大林著作光辉下的语言学问题》第114页。波斯贝洛夫所根据的是龙果夫教授的说法。

科学的结论。

<h2 style="text-align:center">三</h2>

　　在结束这一次谈话以前,我想谈一谈语法教学和语言教育的关系。暂拟的语法系统虽然是一个比较好的系统,但是同志们在进行语法教学的时候,如果只努力阐明这个系统,而不和语言实践密切联系起来,那就有失败的危险:第一,语法在中国是一门新兴的学问,我们过去对这方面的研究又常常是脱离语言实践的,《汉语》课本在这方面可以说是注意到了,但是做得还不够。第二,西洋语法状态复杂,令人觉得不学习语法就说不出正确的话,做不出合乎语法的文章;汉族人民在传统上没有这种感觉,轻视语法的风气还没有转变过来。为了语法这一门学问的发展,语法工作者还有许多事情要做,而最重要的一点,就是要使语法对学生们作文的通顺起一定的作用。

　　语法和逻辑本来是两回事,但它们之间有极密切的关系。在讲授语法的时候,与其强调语法和逻辑的分别,不如强调二者之间的有机联系。主语和谓语的配合,动词和宾语的配合,定语和名词的配合等等,虽然是逻辑问题,但是这些方面对于作文的通顺有重大的作用,要不断加以强调,不惮反复说明;依我个人的浅见,可以配合作文课,在发卷子的时候指出好的模范和坏的典型。

　　在语言教育方面,同志们比我有经验,一定能创造性地想出许多好办法来。我只顺便在这里提醒一下,希望同志们经常注意语法教学的实践意义,因为的确有这样的一些同志,以教给学生们术语定义为满足,那就严重地脱离语言教育的实际了。

　　我的意见不一定正确,自己也觉得谈得不透彻,缺乏条理。希望同志们多多指正。

原载《语文学习》1957 年第 11 期

须要再来一次白话文运动

叶老的《书简》我是看了，我非常赞成，非常拥护。

我对中学语文教学的情况，是很不满意的。语文教学的目的是培养学生的阅读、写作能力，应该围绕着目的进行语文教学。有人主张不要把语文课讲成政治课，也不要把语文课讲成文学课。现在把语文课讲成政治课是不存在了，但是把语文课讲成文学课还多得很。语文课的"语文"是什么意思？是语言文字，还是语言文学？叶老认为是语言文学也可以；但这里"文学"的意思，范围就要大些，就不是现在的文艺作品那种文学。现在中学语文课偏重讲文学方面，从语言方面讲得比较少。中学生毕业后升学，学理工科的多，学文的比较少，我们讲那么多文学知识有什么用？他连文章还写不通呢。这两天，我见到一些科学家，他们说，科技界有些论文写得不通，半文半白，条理不清。如果培养出的学生是这种情况，那是我们语文课的失败。我认为，首先要弄清语文课的目的。

现在语文课里有白话文，有文言文。把白话文、文言文串在一起教是不好的。这样教出的学生常写一些半文不白的文章。前两天，有个朋友说，他的一个才十岁的孩子，上小学高年级，就已经学会写半文不白的句子："清晨，一轮红日冉冉升起。"这像什么话？又不是文言又不是白话。我们语文教学出现这样的问题，也是失败的。我觉得最好还是恢复当年（1956 年）汉语和文学分科，那时那样做，我个人很高兴，不知为什么，后来失败了，还有人说是糟得很。我现在还是很拥护那种做法。也许教材编得不好，或是教学上有些问题。如果我们专教汉语课就可以更好地培养学生阅读、写作两个能力。真正分科牵扯的问题太大。不分科，是否也要提倡：语文课主要是培养读、写两个能力，要把语言提到重要地位。语文教材，每一册都要把着重点放在语言文字方面。特别是错别字，现在越来越多了，不像话。学生写一个启事，"事"字写成"示"字。最近我写了一篇文章叫《谈谈写信》。要教会同学写信，首先要教会他们写信封。有的青年人给我写信，里面写得很客气："尊敬的王力教授"。信封却写得很不客气："王力收"。希望能把最根本的东西教会他，不要好高骛远。先不要去谈什么艺术手法。有人讲毛主席诗词《鸟儿问答》"都是人间城郭"一句，说"城郭"就是战争。有这样的讲法吗？

语文课最要紧的是，一定要从语言的角度来教。但并不是说只是教语法，更不是说在讲格律诗的时候，就去讲什么平仄韵律。我是搞语法的，我认为语法对写作帮助不大。重要的是你用什么语言来表达你的意思，更重要的是你的逻辑思维能力。语言教学，要教学生会运用逻辑思维。句子不通，不合语法，实际上是他不善于运用逻辑思维。"教是为了不教"，要启发学生不写不通的句子，就要提高他们的逻辑思维能力。主谓不合，动宾搭配不当，主要不是语法问题，而是逻辑问题。中学开逻辑课，现在我们还办不到，但是可以引导学生善于运用逻辑思维。

语文课要把写作放在重要地位。把学生的习作拿来做公开的评改。这样做，会有好的效果。建国初期，我们在中华函授学校教过。当时，朱德熙同志的作文评讲课大受欢迎，都说他是我们语文课的侯宝林。我们的语文课应着重摘这些东西，可以拿出三分之一的时间教写作。

总的意思，是要培养学生的阅读能力和写作能力。因此，文言文的教学也要改变。中学里如果还教文言文，应该把文言文和白话文区别开来,先教白话文,后教文言文,就不会乱。又教白话,又教文言,学生不知道哪是文言,哪是白话,乱了。难怪他们写半文不白的文章。我们怀疑,有些教师就鼓励学生写文言文。最近在闲谈中,叶老说了一句很愤激的话:"为什么中学拼命讲文言文?就是因为,文言文我懂,你们不懂。因此,我就教你们。白话文我没有什么好教的。"叶老说的有些过激,但是他说的是有道理的。现在,我们老一辈的人,包括叶老、吕先生都反对写文言文,反对写半文不白的文章。有人因为我主编《古代汉语》,就认为我主张写文言文。其实,我很反对。最近在某大学闹了一个小小的风潮:一个学生办的墙报,写的是文言文。又有一些学生,另外写墙报批评他们说:我们是现代人,应写现代话,为什么写文言文?那一派就反驳他们说,毛主席不是也写文言文吗(毛主席没有写文言文。只写旧体诗)?还说,王力也主张写文言文。另一派说:不对。王力最近写了一篇文章,就反对写文言文。他们还写信给我,希望我表态。你们在那里打仗,我也不好表态。态,我不表了。现在,我在这里说一下。我们还要像"五四"时那样,再搞一次白话文运动。

　　这是王力先生在《教育研究》杂志召开的语文教学座谈会上的发言记录,原载《教育研究》1980 年第 3 期

谈谈提高语文教学水平问题

上次《教育研究》杂志开了一个会，也是谈这个问题，我想还是讲讲我原来的意见。

我看了报纸对你们这次座谈会的报道。你们谈到现在有种重理轻文的现象，因为学校对于语文教学不太重视，所以语文水平提不高。我看主要问题不在这里。现在中学对语文还是相当重视的，高考的时候要考语文，可见还是重视的。最近三年来中学语文水平比起"四人帮"那个时候还是提高了，但是还很不够。原因在什么地方呢？吕叔湘先生发表的那封信的作者语文水平那么低，还说他的老师赞赏他，这说明什么问题呢？这里面牵扯到的问题很多，我看你们座谈会上好像也注意到了。

首先是中学语文教师自己提高语文水平的问题。十年的动乱搞得我们的语文教师队伍青黄不接。许多老教师退休了，这十年本来应该是中年教师和青年教师自己进修、自己提高的时候，却碰上了十年动乱。我了解语文教师本身也有提高水平的问题，是因为最近接到不少中学语文教师的来信，主要是谈古代汉语教学的问题，其中写错别字的也有，句子不怎么通顺的也有。我当然不是说多数人都是这样，但恐怕一部分语文教师水平还有待提高。

另外还有教材的问题。教材很不容易编好。现在的教材把现代文跟古文穿插在一起，我记得周有光同志曾写文章提过意见，说这样做不好。我们现在写文章应该用现代汉语来写，不应该依照古代汉语来写,但现在教材里边常常是讲了几篇现代文又讲古文,讲完古文不久又讲现代文,这样容易使得同学无所适从,搞不清到底作文是按现代文写还是按古文写。现在有个风气,有些学生连现代汉语都不知道该怎么用,就想用古代的词汇、古代的语法。为什么有人在小学里文章已经写得很通顺了,到中学又不通顺了呢?恐怕有个原因就是把现代文同古文摘到一起了。前些日子我收到一封信,向我要《古代汉语》,他说外边买不到,"请你寄给寡人一部《古代汉语》。"这是受了古文的毒,你一个同学怎么就称为"寡人"呢? 像这种情况都是由于分不清什么是现代汉语和古代汉语。我常常听说有人对于批评写半文不白的文章表示反对意见。最近我在《语文学习》上发表了一篇文章说不要写半文不白的话,就收到好几封反对的信,有一封信说:"为什么不让我们学文化? 从前工农兵没有文化,现在我们有文化了,为什么不让我们学?"他把古文与文化混为一谈了。我看这里面恐怕有个教材的问题。

还有教学法的问题。我不大知道中学现在语文怎么教。听说有人教现代文的时候特别着重讲政治,就是说拿一篇文章来,讲应该怎么样从政治上分析,至于写作方面能从文章上面学到什么,就不大注意了。附带讲一句,这里还有教材的问题。我认为教材应该着重选一些典范性的文章,就是说从语言角度看,这篇文章是好文章,才应该选。现在教材还是在赶潮流,看到现在宣传一篇什么文章,就把它选进去了,不管这篇文章从语言角度看到底怎么样,适合不适合当教材。这也是个毛病。应该选一些从语言上看是典范性的,不能根据潮流来选课文。老赶潮流,等到潮流一过,这篇文章就不能用了,语文课本的稳定性就没法保持。本来我们的教材就不能选很多文章,如果选文还不着重于语文,而着重于政治,对语文水平的提高是没有好处的。

我没有仔细了解过现在老师讲课的方法,不过也听到过一些情况。比方讲一篇文章,首先就用很多时间介绍作者,然后讲时代背景,最后才讲文章本身,文章本身又大谈什么主题,什么描写的手法,我认为这是不合适的。应该从写文章的角度。从语言的角度多讲,而不是讲那些作者生平、主题、艺术手法之类的东西。最重要的就是要教会学生能写现代文,不是要把学生造就成文学家。我们的中学生毕业以后,恐怕一大半的学生不是学文科,更不是将来要培养成文学家的,他们最要紧的是把文章写得很通顺,逻辑性强,又能深入浅出,把道理讲清楚。但是我们现在就没能做到这点。

听说现在一些科学讨论会上,特别是在科技方面的讨论会上,有些论文从科技角度看水平还是很高的,但是作者表达不出来,他那个论文写得人家看不懂,可见语文的重要性。语文将来一辈子受用不尽,因为不管你学文科理科,将来总有一天要写论文。论文应该好好表达。学生要学会怎么分析表达,我们中学语文教师应当承担这个任务。文章最重要的是逻辑性问题,文章不通,叫做思路不通,思路不通,就是没有逻辑性,层次混乱,前后矛盾。所以我们在语文教学里,并不要求讲主题、结构、艺术手法,甚至也不要求大讲语法修辞,大讲语法修辞效果也不大。要紧的就是教学生怎么样运用思想。我认为语文水平的提高,有赖于逻辑思维的提高,思想有条理。

在另一个座谈会上,我讲到评改作文的问题。我说公开评改作文是一个很好的方法,宁愿不花那么大力量讲课文,而好好地搞公开讲评作文。公开讲评作文有什么好处呢? 就是告诉学生怎么写就是好文章,怎么写就不好,或者有缺点,要公开用很实际的事例给学生讲解。当然,这样老师费的时间就多了,但是效果会很大的。在文化大革命以前有个中华函授学校,找一些语言学家来讲语文课,其中像朱德熙先生就是讲评改文章。有些是报刊上的文章,有些就是同学的文章,主要还是同学的文章。学校反映说大家非常喜欢这么评改,称赞他为“语言学方面的侯宝林”,确实讲出了道道。从前我在四十岁左右也教过语文,是教大学一年级国文,我也采用过公开对全班学生在黑板上批改作文的方法,也得到比较好的效果。所以教学法的问题也是一个重要的问题。

我希望在我们中学能够把语文教好,不要到大学里边再补课。现在的大学特别是大学文科,很多学校在一年级还教写作。恐怕没有哪个国家到大学才学写文章,只有我们中国,这个情况要改变。本来小学毕业就应该能写粗浅的文章,当然中学毕业更应该学会写文章,在大学里腾出时间做些科学研究。中学语文教学要想办法提高水平,问题是多方面的,我谈的只是一两个方面。我的意见不多,讲得也不深不透,我看还是大家在一起多想些办法,共同把这个工作做好。

　　这是王力先生在《中学语文教学》杂志召开的座谈会上的讲话记录稿,原载《中学语文教学》1980年第8期

在中学语文教材改革
第三次座谈会上的发言

今天我想谈两个问题：一个是中学的语文课程的目的与任务问题，另外一个是中学的语文教材内容的问题。

关于课程的目的与任务，我不知道是怎么规定的。我谈点自己的看法。现在"语文"这个名称很多地方的用法都不一样，比方说各地都有语文学会，有些地方语文学会就是语言文字学会，有些地方语文学会就是语言文学学会。那我们这语文课到底是语言文字还是语言文学呢？好像多数人的了解应是语言文学。可是照我的理解，应该是语言文字，这就跟我们的课程目的任务大有关系了。我们应该培养我们的学生的阅读跟写作的能力，这个就是语文课的目的，也就是我们的任务。刚才叶老讲过了，我们这个课等于个后勤部，应当先行的。在中学的课程里边，最基本的一门课，就是语文课。这门课要达到一个什么目的呢？要达到提高学生阅读能力和写作能力的目的。这个任务很重要，也是很艰难的一个任务。本来语文教育在解放以后就没有搞好，经过十年动乱那就更糟。现在情况怎样呢？就是报纸杂志上的文章，有很多都写得不通顺，文风大有问题。甚至在科学界，提出的科学论文，从科学角度来看很好，可是词不达意，有些论文内容看不懂。所以我们认为这个问题应该在中学就要解决。我们中学生毕业，要他能写出通顺的文章。我觉得这个就是我们语文课的主要任务，过去我们的语文课常常是讲成政治课。为什么讲成政治课呢？一方面我们没有好好地理解怎样对学生进行思想教育。是否都靠语文课呢？我们没有一个很正确的认识；其次，我们讲的语文课的文章，特别是白话文，认为大家都懂了，没有什么好讲的，于是只好大谈政治。这样我认为是把语文课教偏了，不妥当。要不要在语文课进行一些思想教育呢？我看还是要，要在适当的时候进行，比方我们在某一课讲到关于人生观的问题，就可以进行思想教育了，讲讲我们建立什么样的革命人生观。但是也不宜多讲，因为讲这课的目的不在这方面。所以我认为凡是语文课教成政治课，或差不多等于政治课的，就是背离我们的教学的目的。现在把语文课教成政治课的人恐怕不多了。另外一个偏向是把语文课教成文学课，这种情况现在还很多。要不要把语文课教成文学课呢？我看不应该。因为我们培养的中学生将来是不是都成为文学家呢？这个不可能。我们的中学毕业生，如果升学的话，大多数学的都是理工科，文科学生不多，而文科也不都是文学，所以我们不能希望用语文课来培养文学的人材。因此凡是把语文课讲成文学课的，我觉得也不妥当，不应该。我们教出的学生，希望他能够阅读文章，特别是他能够写出通顺的文章来。什么叫通顺的文章呢？主要就是逻辑性强，要训练学生的逻辑思维。刚才叶老也提出逻辑思维的问题。文章好不好，首先就是看他文章的思路清不清，那就是他逻辑思维怎么样？我们的课程任务应该是这个。我们要检验语文课的教学效果怎么样检验呢？不是检验我们的学生念了语文课以后，是不是已经提高了他文学欣赏的能力；也不是检验我们教了语文课以后，将来高考时候，学生都考得及格或满分；而是检验我们教出的学生是不是能够阅读报纸杂志的文章，特别是能不能自己写出通顺的文章来。如果我们的学生中学毕业了，还不能写出通顺的文章来，我们的语文教学就算是失败。这样，语文课的目的要求，我看就明确了。

　　其次,谈谈教材问题。根据刚才我们所说的课程的目的与任务,我们选的文章应该具有典范性,用通俗话来说就是应该选些好文章。从文字的角度来说,这种文章是好的。文章应该是富于逻辑思维性的,同时也是很美的。文章能够有准确性,有鲜明性,有生动性。特别是文章要不啰唆,不说废话。我们现在看到报纸杂志上的一些文章,本来应该有五百字就讲清楚了,他却写了五千字,这种文章是最坏的文章。如果让这些文章做为我们的教材,那我们教学效果不会好的。因此,我觉得我们在编写教材时应避免赶政治潮流。我认为教材里边选的文章,应该有相当的稳定性,不要因为出现一股潮流要提倡什么政治思想,或提倡什么东西,我们就把它选上了。过了三五年,这文章就不合用了。我看这个不好。所以我认为选文应该是典范的,是值得人家学习的,写文章应那么写。如果我们认为应该选些符合当前政治潮流的文章,不妨作为一种课外读物,不须要把它选到教材里边。

　　另外一个问题,就是关于文言文的问题。我觉得现在中学教文言文多了些,听说还有要多选一些的趋势。我的看法恰好相反,不要文言文太多,特别是不应该把古文古诗跟现代白话文混在一起,因为我们是反对写文言文的。为什么要反对写文言文呢? 首先现代人要说现代话,不要写文言文;其次是文言文不易写好,为什么要做这吃力不讨好的事情呢? 前两天收到一个中学教师的来信,底下署名"陌面的学生"。什么叫"陌面"? 这样的语文教师,我看他教语文课的效果一定很坏。我说可以教些文言文,教些古文,教些古诗,但是目的不在此。我说赞成教点古诗文,这跟我从前的看法有点不一样,因为从前我根本就反对在中学教文言文。现在我的态度有些变,我觉得可以教点古文。为什么呢? 因为我们古人是讲究文字简洁、干净、利落的,这种文章很可以治我们今天的文风。向古文学习要学它的文风,这对我们现在纠正文风大有好处。我们教文言的时候,不是教我们的学生去学古代的那些辞藻,学文言文,学古文,学它的辞藻,这是错误的。我们学古文,要学它的文风,学它的文气,就是看人家写文章怎样写,开始怎么写、中间怎么写、最后怎么收的。韩愈不是说"气盛则言之短长与声之高下者皆宜"吗?韩愈就提倡个气,气盛文章就好。学这个气,对改变文风大有好处。选古文也不要选坏文章,坏文章会把我们的学生教坏。现在课本里边有些文章,我们古人从来就没有把它当作好文章,这些文章是不登大雅之堂的,现在居然选到课本里边去了,这个我认为要改。举例来说吧,现在很多课本里边都选了《中山狼传》,这篇文章文格卑下简直不像话。我们多年以来把这些文章选进去,还是原来那个想法,政治标准第一。这要改变。我们选教材的原则应是文章标准第一,好文章我们才选进教材里边去。

原载《中学语文教学》1980 年第 12 期

漫谈中学的语文教学

  我没有读过中学,也没有教过中学,现在我来谈中学的语文教学问题,显然是不合适的。讲得不对的地方,敬请同志们批评指教。

  "语文"这个词有两种意义:一个是语言文字,另一个是语言文学。我想中学的语文课大概是指的语言文学。1956 年中学语文分科,就分为"汉语"和"文学"。

  不管是语言文字也好,语言文学也好,中学语文课的主要目的应该是培养学生的阅读能力和写作能力。特别是培养学生的写作能力。就目前的情况看,许多中学生的文字还不通顺,甚至大学毕业生写一篇科学论文,内容很好,文章却不通,别人看不懂。有人指出,现在报纸杂志上常常出现许多病句和不规范的句子,又有前言不搭后语、前后矛盾的文章。中学毕业了,本该文字通顺了,然而并没有通顺。大学一年级常常开设写作课,那就等于补课。这一补课,那就侵占了学生学习各种科学的时间,问题是严重的。因此,我们的中学语文教师应该在培养学生阅读能力和写作能力这两方面加倍努力,特别是在培养学生写作能力方面加倍努力。

  过去有人把中学语文课讲成政治课,也有人讲成文学课。讲成政治课显然是不妥的。我们的语文课本选了许多政治性很强和思想健康的文章,是用潜移默化的手段去提高学生的政治觉悟,同时也宣传精神文明,并不需要教师们再详细宣传,那样的政治思想教育效果不见得好,反而没有时间教好语文。讲成文学课也是不妥的,因为我们的学生并不希望人人都成为文学家。相反地,他们毕业后,如果升入大学的话,多数进了理工科,少数进文科,进文科的人也不全都进中文系。因此,有的教师在讲堂上高谈艺术手法,我看是无的放矢。当然,有广义的文学,有狭义的文学。如果教师讲一篇游记,讲它写得那样生动,那样情景交融;讲一首诗歌时,讲它的形象思维,讲它的高超意境,还是必要的。但也不能占用太多的时间。

怎样才能提高学生的写作能力,这是一个十分难解决的问题。学生的文章写不好,并不是由于他写了几个错别字,也不是因为他不懂语法。主要是逻辑思维问题。所谓主谓不合,动宾不合,等等,表面上是语法问题,实际上是逻辑问题。至于篇章结构,更是大半属于逻辑思维问题。目前报纸杂志上许多理论文章,在推理方面,用三段论法一衡量,毛病就出来了。所以我们在中学里要进行逻辑思维的教育。我们中学没有逻辑课,培养学生逻辑思维的责任就落在中学语文教师身上。

怎么办?我们不能要求语文教师在语文课里讲逻辑(最近语文课本里也讲一点逻辑,但是讲得不深不透)。而且,即使讲成逻辑课,也没有多大用处。培养逻辑思维并不是背诵一些逻辑条条就能解决问题的,要通过实践。我想,最好是教师在公开评改作文的时候,用语法术语评改不合逻辑的句子,用旧时"起、承、转、收"的说法来评改篇章结构。这样做就很有针对性,会获得较好的效果。

另外一个问题是古汉语的教学问题。本来我是反对语文课本选读古文和古诗的,因为学生并不需要许多古汉语知识,选读了许多古文、古诗,倒反导致学生写不文不白的文章。现在我的看法有了改变,我认为,适当地选读一些古文、古诗有两点好处:第一,我们的青年将来也会接触到一些古书,现在培养他一点阅读古书的能力也是好的;第二,现代的文章常常是长篇大论,拖泥带水,我们学点古文,学它的要言不烦,简洁明快,可以纠正文风。不过,我仍旧主张低年级先学现代文,高年级再适当地选读一些古文、古诗。现在这样把古文和现代文穿插地教学还是不妥当的,这样就会导致青年们不知不觉地写出一些半文不白的文章来。我常常看见人家的孩子在读小学的时候已经能够写出通顺条畅的文章,等到中学毕业后,写的文章反而不通顺了,多半是由于受了古文的影响。

我们学习古文,主要是学它的文气,而不是学它的词藻。韩愈说:"气盛则言之短长与声之高下者皆宜。"这才是高超的文格。如果一味堆砌词藻,就是文格卑下。最近我在一次语文教学座谈会上提出,中学语文课本里不应该选读《中山狼传》一类的文章,引起一些中学语文教师写信来质问。其实《中山狼传》不但一味堆砌词藻,而且滥用不贴切的典故,学生学了,就会写出那样不通顺的文章来。

我们学习古代汉语,是为了培养学生阅读古书的能力,不是为了教学生写文言文。我多次反对青年人写文言文或者是半文不白的文章,引起一些读者来信批评我。其实我反对青年人写文言文的理由很简单:我们是现代人,要说现代话,不要说古代话。有一位工人师傅写信批评我说:"在封建社会里,只有地主有文化,农民没有文化;今天在社会主义社会里,为什么不让我们学文化?"这位工人师傅把文言文和文化混同起来了。《毛选》五卷只有一篇文言文,其余都是白话文。应该说,白话文才是最高文化,因为这是语文现代化,它最能表达现代文明人的思想感情。

有一位中学教师写信批评我说:"你不该嘲笑青年人误用文言词汇。要教会他们运用文言词汇。古代成语言简意赅,可以丰富现代汉语,为什么不让青年人学习古代汉语?"这位同志也是误会我的意思了。古代成语沿用到今天,已经成为现代汉语的组成部分,我们在白话文里用它,就不该认为是半文不白。我所反对的是,放着现代的词汇不用,而用古代词汇;我特别反对的是,放着"呢、吗、的、了"不用,而用"之、乎、者、也、矣、焉、哉"。

我在二十六岁的时候,曾经反对过白话文。我写了一篇《文话平议》,登在《甲寅》杂志上。我主张除了小说、剧本以外,都应该写文言文。这种主张是违反历史潮流的。后来多读了一点书,才认识了我的错误。不料五四运动六十年后的今天,还有人主张写文言文!最近几年来,我收到一些(不多)青年人和中学教师的来信,写的是文言信。大概是因为我编过一部《古代汉语》,以为我喜欢文言文。由此可以看出,文言文又逐渐抬头了。我在这里趁此机会说一说,希望中学语文教师同志们不要鼓励学生写文言文。

文言文之所以不宜提倡,还有一个原因,那就是不容易学好。封建时代,知识分子十载寒窗,专学古文,尚且有人学不好。何况今天我们的青年要学科学知识,哪能有十年的功夫专学古文?结果写下来的文言文一定非驴非马,青年人看不懂,看不惯,老年人看了摇头。吃力不讨好,何苦呢?

拉拉杂杂讲了这些。还是开头我讲的一句话,不对的地方,敬请同志们批评指教。

这是王力先生1981年7月9日在哈尔滨的一次演讲稿
原载《文化知识》第1辑,黑龙江人民出版社1981年

逻辑与学术研究、语言、写作的关系

　　我想谈逻辑跟学术研究的关系、逻辑跟语言的关系、逻辑跟写作的关系。

　　先谈逻辑跟语言的关系。逻辑跟语言的关系非常密切，可以说没有思维就没有语言，语言的表达要受逻辑思维的规律制约；没有语言也难以进行思维，语言是思维的物质外壳，思维，或者说思想，只有在语言材料的基础上才能产生。所以说逻辑与语言的关系是十分密切的。逻辑上的"概念"，在语言里表现为语词，逻辑上所谓"命题"在语言里表现为一个句子。句子在法文里叫作 proposition，这个 proposition 又代表句子，又代表命题。所以在法文里句子和命题是一回事。逻辑上的三段论，其实就是复句，原因复句，推出的结论就是所以，"所以"，语法上叫作连词。我们成立逻辑与语言研究会，把逻辑和语言并排在一起来研究，我认为是合适的。

　　马列主义的哲学跟逻辑关系密切，马列主义的经典著作，很多地方讲到逻辑，所以我们学习马列主义，要学好逻辑（广义的逻辑）。大家知道，恩格斯从黑格尔哲学里面抽出了合理的内核，也就是辩证法，并把它发展成为辩证唯物主义。列宁写了《哲学笔记》，多半讲的是逻辑问题。毛主席写的《实践论》，里边就讲到概念、判断、逻辑推理。毛主席写的《矛盾论》，这篇文章可以说从头到尾是辩证法。所以我们学习马列主义哲学，就必须学好逻辑。

　　学术研究跟逻辑的关系也是很重要的。为什么我们搞学术研究不能先有结论？因为只有在综合分析材料之后，才能引出结论。结论是在综合分析材料之后，而不是在它之前。从逻辑的角度来考虑问题，就是先用归纳，然后用演绎。没用归纳，马上进行演绎，大前提错了，底下一切都错。所以在学术研究上，我们对逻辑的应用非常重要。

　　再说说逻辑跟写作的关系问题。我们写一篇学术论文或是写一篇政治论文，都离不开逻辑。没有逻辑思维，写出的论文常常是前后矛盾，层次不清。刚才说了，就是不能先有结论，然后再由这个结论推出一种新的理论。而我们现在还很难做到。我们的报纸、杂志上有些论文就是先有了结论，然后再去讲道理。结果，结论一错，底下都错了。所以写论文就是要讲点儿逻辑。从前我们的古人教人写文章，没有所谓逻辑，没有这门学问，但是，我们老师教我们写文章的思路。思路就是思想的线索，思想要有条理，要有条不紊。古人不懂什么叫逻辑，他叫"思路"。你不能把该在后面说的话，前面先说了，那就乱了，要做到有条不紊，实际上就是要逻辑思维对头，逻辑思维对头了，就会有条不紊。

　　我们现在在中学里教语文，应该着重教写作。这是现在所谓以作文为中心的语文教学。因为这些孩子们中学毕业后上大学多数不是念文科，所以教语文不要着重在教文学，而是要着重教语言，特别是教他们把文章写通了。文章什么叫"通"呢？也是逻辑问题。所以我们在教语法修辞上指出了很多中学生写文章的毛病，表面上看，好像是语法问题，实际上也是逻辑问题。所以单从语法上教不解决问题，要教写作，就应该从逻辑思维去教。就拿一个句子的结构来说，也是一个逻辑问题。比方说"我们是社会主义国家"。这是一个主谓不合的句子。主谓不合是不是语法问题，实质上不是。因为代词"我们"充当主语是可以的，名词"国家"作谓语也是可以的，在语法上没什么错误。错误在逻辑上。从逻辑的角度说，这句话是直言肯定判断，肯定判断的主概念与宾概念一般都是从属关系或同一关系，而这个判断的主概念与宾概念之间既不是从属关系，也不是同一关系。所以，从内涵来说，这个判断的宾概念不能恰当地反映主概念的属性，从外延来说，这个判断的宾概念的外延更不能包含主概念的外延，犯了主宾不相应的逻辑错误。

最近，收到一位青年同志的信，他说"现在报纸上有一句话是不合语法的"，什么话呢？就是"打扫卫生"。他说："卫生怎么能够扫掉呢？这是不合语法的。"叫我提醒大家不要这样写了。这句话是不是不合语法的呢？不是。"打扫卫生"要不要否定，那是另外一个问题。当然也有人主张说是"用惯了，就不要否定它了"。比如，从前我们有句话讲起来是讲不通的，要说"救人"是对的，"救火"你怎么救呀？"晒书"是可以的，"晒太阳"就不行了吧？但是用惯了还是可以的。约定俗成嘛！因此，"打扫卫生"要说也是可以的。但是，如果你要否定它，我看，这也不是语法问题，因为你表面上看是动宾不合，动词跟底下的宾语配不上，但是配不上并不等于语法上的错误。"打扫"是个动词，底下带着名词宾语，有什么不通？这不是语法问题，是逻辑问题。你要说"打扫街道"是可以的，但是，扫街道连卫生都扫掉了，哪里会有这样的事情？没有这个道理。所以，我说这不是语法问题，而是逻辑问题。

再有，我常常反对报纸上所谓"生产达到历史最好的水平"的提法。我说应该是"达到最高水平"或"历史最高水平"，不要说成"历史最好水平"。这个是什么问题呢？也不是语法问题。"最高、最好"作为一个修饰语，修饰那个名词，两个都是合语法的嘛！并不是语法问题，还是逻辑问题。因为"水平"就是水的平面的意思，水的平面只有高低之分，没有好坏之分嘛！如果"水平"它不平了，那就坏了，但是，"水平"没有不平的，都是平的，所以说，没有这样的事理，不是说没有这个语法。

总的来说，我们在中学里教学生写作，要抓的是逻辑思维的问题,而不是语法问题。逻辑的重要性是说不完的,如刚才说的,大的在学术研究方面需要逻辑,小的在语文学习,在写作教学方面也需要逻辑,能够把逻辑教好了,写作也就教好了。

逻辑好像是很简单,其实不简单。我们拿逻辑的书来看,好像就是那么几条,并不难学,但是,等到你具体运用的时候,你就不会用了。比如,从前有这么个说法:"卫星上天,红旗落地。"这个为什么是错的呢? 那你要找出它是在什么大前提下得出这个结论的,大前提一定是"科学发达就导致社会主义失败",只能是先有这个前提才能导出"卫星上天,红旗落地"的结论。如果没有这个前提,就不会得出这个结论。

逻辑好像容易懂,其实不好懂。等你用时就不好懂,比方我谈到批评一个逻辑上所谓循环论证,这个很好懂嘛! 从前林语堂举个例子,他说:"中国人是个弱小的民族,为什么呢? 因为他脸黄。他为什么脸黄呢? 因为他是弱小民族。"他举的这是个笑话,但是,这种笑话我们常常犯。去年,我们有个研究生写一篇论文,他说:"我们中国上古有一种动词叫使动词,为什么叫使动词呢,因为这种动词后面带着使动宾语。"我就问他:"什么叫使动宾语呢?"他说:"使动宾语吗? 因为它前边有使动词。"你看,真正碰到要处理一个问题时,就忘了逻辑了。说逻辑并不是真正难懂,但是真正学透不容易,真正到了处理问题时,真正要写科学论文时,就忘了。

这是王力先生在中国逻辑与语言函授大学的一次讲话记录稿,原载中国逻辑与语言函授大学《函授通讯》1982 年第1 期

在第一届国际汉语教学研究会上的讲话

国际汉语教学研究会集中了国内外从事于汉语作为外语教学的专家们，提出论文，研究并讨论对外汉语教学的有效方法。专家们欢聚一堂，交流教学经验，必将对中外文化交流作出卓越的贡献。我谨向与会的专家学者们表示热烈的祝贺。

对外汉语教学，我认为最有效的方法就是中外语言的比较教学。要突出难点。所谓难点，就是中国人看来容易、外国人学起来困难的地方。无论在语音、语法、词汇三方面，汉语都有自己的民族特点。这些特点往往就是难点。必须首先让学生突破难点。

语音方面，首先是声调问题。汉语是有声调的语言，和西方语言不同。声调是辨义的，"田"不同于"天"，姓王不同于姓汪，姓李不同于姓黎，陕西不同于山西。其次是送气不送气的问题。在英、法、德、日等语言中，送气不送气是同一音位；在汉语中，送气不送气是不同的音位，"通"不同于"东"，"昌"不同于"张"，"炮"不同于"报"，姓孔不同于姓巩。

语法方面，首先是词序问题，"多吃一碗饭"不要说成"吃多一碗饭"。其次是虚词的运用，"了、着、呢、吗、啊、呀、哇、哪"要用得恰当。

词汇方面自然是教学的重点。要注意此分彼合的情况，例如"穿、戴"在汉语是两个词，在英语只是一个词（wear），要加以区别（穿衣戴帽）。

　　我没有教过外国人汉语，以上所说，不算我的经验。我只是抛砖引玉，希望聆听专家学者们的高见。我预祝大会成功，专家们身体健康，工作顺利。

1985 年 8 月 15 日

原载《语言教学与研究》1985 年第 4 期

现代俄语教学大纲[*]

绪　论

1.俄语是根据斯大林语言学著作的科学研究的对象。

俄语是伟大的俄罗斯民族的语言,是俄罗斯民族文化的形式。俄语在亲属关系的斯拉夫诸语言中的地位。

2.俄罗斯文学语言是全民的民族语言的规范化了和加工了的形式。

书面的和口头的俄罗斯文学语言形式在修辞上的各种基本类型。俄语的能力及其丰富性。马克思列宁主义经典作家们和伟大的俄罗斯作家们对俄语的评价。

3.俄罗斯文学语言的发展道路是自己发展和独立发展的。俄罗斯文学语言是苏联各民族间相互交际的语言。伟大的十月社会主义革命以后,以及伟大的卫国战争胜利结束以后,俄语的世界意义的增长。

词汇和词汇学

1.根据斯大林语言学著作论语言系统中的词汇。

* 这是王先生的译作。原作由加尔基娜·费多路克教授、克留赤柯夫副教授、波斯贝洛夫副教授编拟,维诺格拉多夫院士审订,国立莫斯科大学 1953 年出版。

词是词汇学的研究对象。词和概念：词义。词的表现色彩。词义的发展和词义的变迁。词的多义性。俄语中的同音词。现代俄语词汇系统中的同义词。

2.根据斯大林关于基本词汇和词汇的学说论词汇的基础。

基本词汇及其特征：全民性、稳固性，并作为构成俄语新词的基础。从意义上论基本词汇中各词的主要种类。

语言的词汇，它的易变性和灵活性。基本词汇和词汇的相互关系和相互影响。

3.从历史形成的观点上看现代俄语的词汇。

共同斯拉夫语和东斯拉夫语的词汇。从来就属于俄语的词汇及其与众不同的特征。

俄语系统中的古斯拉夫主义。古斯拉夫语的词在语音、形态和词义上的基本特征。古斯拉夫主义在修辞学上的作用。

外语的词。用外语的词来充实俄语词汇的社会历史原因。从各个不同民族语言中借来的词。外语的词在语音上和形态上跟俄语同化。词汇上的翻译借用。现代俄语中的国际术语成分。外国词的应用范围。必须对滥用外国词作斗争（列宁）。

构词法在俄语词汇发展和丰富中的作用。构词法的基本类型。

4.从社会性和方言性的观点上看现代俄语的词汇。

全民的词汇。方言的词汇。职业的、同行的和黑话的词汇。方言、职业语、同行话在修辞学上的运用。

5.从主动性和被动性的观点上看现代俄语的词汇。

现代词汇和仿古词汇。新词新义的创造是丰富语言的手段。创造新词新义的诸类型。仿古主义和革新主义在文艺作品语言中的修辞作用。

6.从表现性和修辞性的观点上看现代俄语的词汇。

语词的通用层是口头语言和书面语言所固有的，在表现方面是没有色彩的。

口头语言在修辞上的多样性。谈话式的和俗话式的词汇；口语中各种不同的词带有各种情感的色彩。书面语言在修辞上的多样性：书本上的、科学术语上的、公文上的、诗歌上的词汇；书面语言中不同的词带有各种情感的色彩。

7.俄语的成语。

成语的基本单位。成语结合在修辞上的作用。关于现代俄语中个别成语的一些历史知识。

8.苏维埃时代俄语词汇发展的一些基本特点。

在苏维埃国家的社会经济生活、政治生活、文化生活的发展中，跟着充实了俄罗斯文学语言的词汇。一系列的词，从词汇中转移到俄罗斯文学语言的基本词汇里来了。俄语新的词义的发展。

9.关于俄语词典学的一些知识。

俄语词典的各种不同的类型。详解词典，它的用途和它的建立。对于最重要的几部俄语详解词典的评价（达里的《大俄罗斯通用详解词典》、乌沙阔夫主编的《俄语详解词典》、《苏联科学院词典》等。）其他类型的词典：语源词典、成语词典等。

语　音

1.俄语的发音方法　音位、音节，音节构成部分的划分。俄语音节的诸类型。俄语重音的性质。意义上的声调的分析。言语的旋律。

2.俄罗斯文学语言的语音构成　俄语语音的分类。

3.元音音位的构成　元音在位置上的互换；在不同的位置上，软硬辅音的关系所形成的重音节元音；在不同位置上的非重音节元音。

4.辅音音位的构成　浊辅音和清辅音的对应。硬辅音和软辅音的对应。音位 j 和 ъ，它们在辅音系统中的地位。持续性的辅音。辅音在位置上的互换。词的形态部分相衔接时，辅音的组合。

正音法

1.俄语文学发音的历史基础 俄语文学发音的各种大同小异的地方。正字法给予俄语文学发音的影响。现代俄语文学发音的规范。正音法的不固定性及其文学限度。

2.现代俄语文学发音的叙述 非重音的元音的发音。在不同的语音位置中浊辅音和清辅音的发音（清音化和浊音化）。硬浊音和软辅音的发音（硬辅音在软辅音前的软化）。辅音群的发音。个别语法形式的发音（第一格单数形容词 к、г、х 后面的-ии，词尾的-oro、-ero；动词变位第二式第三人身复数词尾；以-сь、-ся收尾的动词形式等）。一些来自外语的词的特殊发音。对文学发音的违反。必须与违反现代俄罗斯文学语言正音规范的行为作斗争。

文字和正字法

1.俄语的文字 俄语字母的构成。字母和语音的关系。词的收尾和在辅音前的辅音的软音符号。在元音前的辅音的软音符号。j 音的符号。

2.俄语的正字法 正字法的形态学性质。语音学上的写法。

3.连写和分写 半连写（用半连号）。字母大写的规则。

4.俄语文字史与正字史略述 格罗特正字法。1917 年至 1918年的正字法改革及其社会意义。现代俄语正字法的不固定性与正字法统一的问题。

语　法

一般原理

语法的对象和任务是根据斯大林关于语言的语法构造的学说来进行科学研究。

语法是研究"词的变化和组词成句的基本共同之点"的科学。形态学和造句法以及它们的相互影响。语法形式和语法意义。俄语语法意义的表现方式。

形态学

1.形态学是关于词的理论,关于言语的构成和变化的理论。词的词汇意义和语法意义的相互影响。构词法和构形法的相互关系的问题。

2.俄语的词的形态的构成(词根、接尾部、词头、词尾)。由非派生词干和派生词干构成的词。在词的构成中,词素与词素的密切联系。简单化和分化的结果,词在构成中的变化。在词的构成时和词形构成时,词中语音的互换。

3.词类是俄语的词在词汇语法上的基本类别;在意义的基础上、形态特征的基础上、造句职能的基础上词类区分的原则。独立词与辅助词。俄语的词类。词类范围中的过渡现象。语气词和感叹词是俄语中的特殊词类。

4.名词。名词的形态特征和造句功能。专有名词和普通名词。有生名词和无生名词。名词的基本语法范畴:性、数、格。名词的性范畴及其在语法上的表现。名词的性的分类。共性名词。名词的数范畴及其在语法上的表现。实体名词、集合名词、抽象名词,仅用于单数或仅用于复数的名词。现代俄语的格的系统。格的一些基本意义。在格的意义表现中,前置词的参加。名词变格的基本类型。格的词尾的小类别及其意义。名词特殊变格在现代变格系统中是一种残留的形式。由形容词形成的名词及其变格。名词变格中的重音基本类型。不变格的名词及其在语法上对于性、数、格的意义的表现。名词形成的方式：加接尾部、接头兼接尾、加词干。孳生的名词接尾部和不孳生的名词接尾部及其在意义上的分类。复合名词和复合简称的名词。

5.形容词。形容词的形态特征和造句功能。形容词的性、数、格的依存性。性态形容词和关系形容词是形容词的基本类别。它们在意义上和语法形式上的相互间的区别。由关系形容词过渡到性态形容词。物主形容词及其构成和应用的特殊性。

短尾形容词：它的形态特征和造句功能。短尾形容词的重音。形容词的比较级。构成形容词比较级的综合方式的分析方式，这些方式产生比较级的能力。比较级的形式中的重音。形容词的变格。全尾形容词和短尾形容词的格形式中的重音。形容词的各种构成方法：加接尾部、加词尾、加头兼加尾、加词干。孳生的形容词接尾部和不孳生的形容词接尾部及其意义。形容词的接头法。复合形容词及其各个类型（从构成方法上分）。由形动词构成的形容词。

6.数词。数词的类别。各种不同类别的数词的形态特征及其造句功能。数量数词是数词中主要的一种。集合数词及其在应用上的特殊性。序数的数词，它们的构成及其和形容词的相应关系。复合数词和凑合数词的构成。各种不同类别的数词变格的特殊性。

7.代名词。代名词在意义上的类别。从代名词和其他词类的关系上看代名词的类别：名词、形容词、数词、副词的关系。各种不同类别的代名词的形态特征和造句功能。各种代名词的变格。其他词类用做代名词。

8.动词。动词的变化形式和不变化形式。动词的不定式，它的意义，它的构成，及它在造句法上的运用。

动词的变化形式。动词的一些基本语法范畴：人身、式、时、体、态。动词的式：在式中表现着行为和现实的关系。直陈式、假定式和命令式。式的一些基本意义及其构成方法。时的范畴。时的一些基本意义及其构成方法。人身的范畴及其表现方式。

动词的体是俄语语法构造的特点。完成体和未完成体及其构成方法。诸体在意义上最重要的一些细微分别。没有另一体形式作为配对的动词。在形态上没有体的分别的动词。时、式、体的对应关系。过渡性的动词和非过渡性的动词。动词的态：主动态、反身中态、被动态。在态中表现着行为和状态跟主观和客观的关系。动词的变位。动词形式的构成是以现在时和过去时为基础的。动词的孳生类和不孳生类。动词变化形式中的重音。接头部和接尾部构成动词。

形动词是动静混合构成的形式。形动词的态形式及其构成。短尾被动形动词的功能。由形动词过渡到形容词。

副动词：副动词形式的构成及其造句功能。由副动词过渡到副词。形动词形式和副动词形式中的重音。

9.副词。副词的形态特征及其造句功能。从构成方式上看副词的类别。从意义上看副词的类别。

10.关于状态范畴的问题。属于状态范畴的词的形态特征及其在句中的作用。

11.辅助词。小品词。小品词在意义上的类别。它们在言语中的功能。系词及其造句作用。前置词及其造句功能。由其他词类形成的前置词。前置词的组合。连词及其造句功能。简单连词、转化连词、复合连词、等立连词和主从连词。

12.语气词和小品词。它们的类别及其应用。

13.感叹词。感叹词在言语中的功能及其在意义上的类别。由其他词类过渡的感叹词。由词组过渡到感叹词。

14.拟声词。拟声词和感叹词的分别。拟声词在言语中的功能。

造句法

1.造句法是关于组词成句和句子类型的理论。词、词组、句子是造句法的单位。词是词组的成分和句子的组成部分。词组是语法上词与词已经定型化了的结合。句子是交际和交流思想的基本结构单位。句子跟判断的对应关系。

2.词组。自由结合的词组及其与非自由结合的成语词组的区别。静词性的、动词性的和副词性的词组。在词组中,各种不同的联系形式:同等联系、支配联系、依附联系。前置词参加词组的构成。

3.句子的类型。从表现句子对现实的关系的性质上看句子的类型,句子所具有的各种不同的声调定型。肯定句和否定句。叙述句、疑问句、祈使句和它们的语法特性。感叹句。从结构上区别句子。双成句和单成句。非扩展句和扩展句。简要句和复合句。

4.双成句的构造。主语和谓语是主要的组成部分,作为双成句的结构基础。次要成分是句子扩展的手段:补语、定语和同位语、状语。

5.主语和谓语的表现方式。用名词、代名词及其他实体性的词类表现主语。不定式动词的主语功能。用词组表现主语。动词谓语——简单的、合成的;动词谓语的种种表现方式。名词合成谓语。系词在名词谓语中的各种不同的形式。谓语跟主语的一致。谓语跟主语不一致的情形。

6.句子次要成分的表现方式。

补语。直接补语。接动词的间接补语、接名词的间接补语。前置词用于间接补语的前面。用词组来表现补语。

定语。一致的定语和不一致的定语。同位语及其各种形式。用词组来表现定语和同位语。

状语在意义上的类型:用各种词类和词组来表现状语。

7.有同词性的主要成分和同词性的次要成分的句子。句中同性成分的表现方式:声调、等立连词。句中有同性的主语或同性的谓语。同性的定语,它和不同性定语的区别。在应用句中同性成分时应用概括的词。

8.有独立成分的句子。用副动词和副动性仿语来表现句中的独立成分。独立的一致定语。形动仿语。独立的不一致定语。独立同位语。独立状语和独立同位语。

9.单成句的类型。

有定人称句,无定人称句,概括人称句。

无人称句及其各种变态。

名词句及其各种变态。

感叹词句及其功能。

独词句及其功能。独词句的各种面貌:表现肯定、否定、情绪和意志。

10.不完全句。不完全句在构成中的多样性。独语和对语中,不完全句的作用。

11.插入词及其在意义上的诸类型。插入句。

12.呼语。它在句中的功能,它的表现形式及其应用。

13.复合句。复合句的等立关系和主从关系。等立句和主从句相互过渡的情形。复合句各部分相互关系的表现方式:连词、关系词、声调,各部分的次序。

14.等立复合句。等立复合句中的联立连词、对立连词、分立连词。等立复合句中等立连词的联结用途。

15.主从复合句。主从复合句的基本类型。带有关系词的主从复合句及其多样性。带有连词的主从复合句。主要句中,指示代名词的应用。从属句的分类。带有递相从属部分的主从复合句。复合句中的同时从属关系和次第从属关系(包孕句)。

16.没有连词的复合句。没有连词的复合句的各种形式。

17.直接语,它和间接语的区别。直接语和作者语的联系,有种种不同的形式。

18.句读法。俄语句读法的基础。句读法和俄语造句法。句读法和声调。标点符号的各种主要类型。标点符号用法概论。

原载《中国语文》1955 年第 36 期

古代汉语的学习和教学

为了发展马克思列宁主义理论，必须批判地继承历史文化遗产，吸收其中一切有价值的东西。为了了解我们的社会发展史、文学史、科学史等，也必须阅读古代的著作。我们又必须学习古人的语言，吸收其中有生命的东西。为了达到上述的这些目的，我们必须培养自己阅读古书的能力。

学习古代汉语，首先必须树立历史观点。应该认识到：现代汉语是从古代汉语发展来的，既有继承，又有发展。由于现代汉语是继承古代汉语的，所以我们阅读古书比阅读外国书容易得多，有许多词语是一看就懂的；同时，由于语言是发展的，发展意味着变化，古代汉语无论在语音方面、语法方面、词汇方面，都跟现代汉语有所不同。时代和我们现在距离越远，语言就越难懂一些。认识了语言的继承性，我们对古代汉语就不会存着害怕的心理而不敢接近它；认识了语言的发展性，我们就会细心研读古代汉语，不至于囫囵吞枣，不求甚解。

我们在研读古代汉语的时候，对语音、语法、词汇三方面，应该首先抓哪一方面呢？我想应该先抓词汇方面。古书既然是书面语言，跟语音的关系不大，除非我们读的是诗歌和韵文（指辞赋），才有必要研究语音，因为语言是和韵律有关系的。但即使是诗歌和韵文，语音迟些再研究也未尝不可。语法方面固然很重要，但是由于语法是比较稳固的，古今差别不大，只须知道一些粗线条，再学习一些古代虚词,也就差不多了。至于词汇,它是变化较快的,正如斯大林所说,它是处在差不多不断改变的状态中。有些词,古代是常用的,现在变为罕用或根本不用了;有些词,古代还没有产生。最要注意的是:同是这一个词(常常表现为一个字),古今的意义或者是完全不同,或者是大同小异,读古书的时候一不留神,就会指鹿为马,误解了词义。所以先抓词汇方面是对的。

现在先举两个例子来说明问题:朱熹的《观书有感》诗:"半亩方塘一鉴开,天光云影共徘徊。问渠那得清如许? 为有源头活水来。"这里"鉴"当"镜子"讲,现代口语一般只说"镜",不再说"鉴"了。苏轼《赠刘景文》诗:"荷尽已无擎雨盖,菊残犹有傲霜枝。一年好景君须记,最是橙黄橘绿时。"这诗乍看很好懂,其实那个"盖"字是不大好懂的。"盖"是车盖,就是车伞,用来避雨,后代的雨伞是从车盖发展而来的。由此看来,"擎雨盖"就等于说"撑雨(撑着挡雨)的伞"了。拿伞来比喻荷叶,既确切,又形象生动。我们阅读古代诗文,应该一字不苟,多查字典。像上面所举的"鉴"字和"盖"字,懂透了,对全首诗都能有更深刻的体会。这是仔细考察词义的好处。

许多人研读古文,只知道注意生僻的词和生僻的意义;讲解古文,也只知道讲解生僻的词和生僻的意义。那样做是不妥当的,因为忽略了主要的东西而重视次要的东西。生僻的词和生僻的意义往往只在一篇文章中出现,即使不懂它(当然还是要求懂),也不妨碍我们读其他的古文。至于常用词的常用意义,那就不同了;我们差不多在任何一部古书中都跟它们接触,如果不彻底了解它们,不但这篇文章懂不透,其他文章也懂不透,甚至完全陷于误解。为了培养阅读古书能力这一目的,我们要有一个比较有效的方法,不能像以前那样,教员讲一篇懂一篇,不讲就不懂。有人希望能掌握古代汉语的钥匙。如果说,要求三五个月内学会了古代汉语,这种钥匙是没有的,因为不付出辛勤的劳动是不会有满意的收获的;如果说,寻求一种系统性的学习方法,使古书的阅读水平提高得更快,这种钥匙是有的,那就是掌握常用词的常用意义。这是一种以简驭繁的方法。

试以"再"字为例。这个字在现代汉语里和古代汉语里都是常用词,但是古今的意义不完全相同。在古代汉语特别是上古汉语里,"再"字表示两次,这是一个动量副词,跟现代汉语表示行为的重复有所不同。现代汉语的"再",等于古代汉语的"复"。如果把上古的"再"同现代的"再"等同起来,就会产生误解,例如《左传·曹刿论战》说:"一鼓作气,再而衰,三而竭。"似乎这里的"再"字和现代汉语的"再"字的意义是一样的,其实不一样。《左传》的原意是说:"一次擂鼓……两次擂鼓……三次擂鼓。""再"字只能固定指两次,更多的次数就不能用"再"了。古人表示动量的时候,一次用"一",如"一鸣惊人",三次用"三",如"三过其门而不入",其余从"四"到"十"都用一般数目字,如"六出祁山、七擒孟获"等,只有二次的动量不用"二"也不用"两",只说成"再"。如果懂得这个常用词的常用意义,阅读上古的书,遇着它就不至于误解。否则很容易把"五年再会"理解为"五年之后再会面"(其实应该是"五年之内会面两次"),"再举足为步"误解为"再举一次足为一步"(其实应该是"举足两次为一步",古人所谓步与今人所谓步不同)了。

语法方面,也应该着重在语法方面的常规,不要一开始就去抠偏僻的虚词和虚词的偏僻用法。总之,要注意通常的语言事实,要扎扎实实地掌握一般的东西。

学习古代汉语,要重视理性知识,也要重视感性知识。从前有人教古代汉语,只讲文字、声韵、训诂的老一套,讲得越是深奥,越是不解决实际问题。有人专讲文言语法、文言虚字之类,这当然比较实用些,但是,只有理性认识而没有感性认识,古代汉语的修养仍旧是提不高的。只有熟读一二百篇古文,然后感性认识丰富了,许多书本上所未讲到的理论知识,都可由自己领略得来。这样由感性认识提高到理性认识,才真正是牢固地掌握了古代汉语。

　　学习古代汉语,是从上古、中古一直到近代比较好呢,还是从近代一直到中古、上古比较好呢? 关于这个问题,一向就是存在着分歧的意见的。有人主张依着历史的顺序,像《古文观止》那样,从周文到秦文、汉文、六朝文、唐文、宋文、明文(当然可以加上元文、清文,又可以加上诗歌),理由是这样可以看清楚文学语言发展的脉络。同时,成语典故都以先秦两汉的作品为源头,我们如果突破难点,下面就顺流而下,势如破竹了。也有人主张把《古文观止》倒过来读,理由是由近及远、由易到难。此外还有第三种意见,就是不拘时代,只看难易,先读易的,后读难的。这三种意见各有优点,要看具体情况来定。在中学里(或十年制学校里),由近及远、由易到难的方法比较合适;在高等学校里,我想依照历史顺序比较合理一些。当然也可以参照第三种意见,采用循环的方法,先读上古的一些浅易的古文,逐渐读到中古和近代,然后周而复始,再读一些较深奥的先秦作品。总之,只要掌握了感性认识和理性认识相结合的学习方法,掌握了先抓常用词和语法常规的学习方法,就会收到成效;时代顺序问题是一个次要的问题。

　　最后一个问题是背诵问题。背诵是传统的好方法,可以加强感性认识。通过熟读和背诵,对古代汉语能有更多的体会,不但古代的词汇和语法掌握得更加牢固,而且对古文的篇章结构和各大家的风格,也能领略得更加深刻。古人说:“熟读唐诗三百首,不会作诗也会吟。”可见熟读的作用是很大的。从前人们熟读诗文,一方面是为了培养阅读能力,另一方面是为了培养写作能力。现在我们有了现代典范白话文可资学习,固然不一定从古文中学习艺术。但是,如果对自己的辞章修养提出更高的要求,古代的诗文可以供给我们更多的借鉴。有人怕背诵古代的诗文会受古人的思想影响,会“中毒”,那是不对的。我们有了马列主义武装的头脑,就应该经得起考验,有辨别香花毒草的能力,不应该害怕“中毒”。何况我们所读的都是经过选择的、思想比较健康的作品，正好批判地继承其中的精华，好处是很大的。当然，对学生是否要求背诵，背诵多少，都应该由教员灵活掌握。如果学生负担过重，就不能硬性规定背诵，造成学习上的紧张。那不是背诵本身的毛病，而是措施不当的毛病。就原则上说，背诵是好事，是值得鼓励的。

原载《光明日报》1961 年 12 月 16 日

古代汉语的教学

一、课程的性质、目的和要求

古代汉语这一门课程,过去在不同的高等学校中,在不同的时期内,有种种不同的教学内容。有的是当做历代文选来教,有的是当做文言语法来教,有的把它讲成文字、音韵、训诂,有的把它讲成汉语史。在同一名称之下,各校各个时期的古代汉语课程的性质不一样,目的、要求也不一样。

古代汉语是一门理论课还是一门历史课? 抑或是一门工具课? 课程的性质必须先确定了,然后课程的内容才能确定。而课程的性质又决定于课程的目的。高等学校开设这门课程是为了解决什么问题的? 这个问题得了解答,然后课程的性质才能确定下来。

经过近几年来的教学实践,大家进一步认识到教学必须联系实际,许多高等学校都重新考虑古代汉语的教学内容,以为它的目的应该是培养阅读古书的能力。这样,课程的性质就明确了:它是一门工具课。工具课不是完全不讲理论,也不是完全不谈历史,但是它的主要目的在于基本技能的训练,既和目的在于理论修养的理论课不同,又和目的在于阐述历史发展的历史课不同。

把古代汉语讲成汉语史是不合适的。在现行的教学计划中,古代汉语和汉语史是不同性质的两门课程。汉语史目的在于研究汉语的历史发展,这是一门新的课程。关于汉语的发展过程及其规律,有许多问题尚待研究。而古代汉语则和西洋学校中的拉丁课相似,它的目的在于教学生读懂古文,正如拉丁课的目的在于教学生读懂拉丁文一样,其中并不须要讲发展,更不必谈发展的规律。汉语史是语言学课程,而古代汉语则只是语言课。凡是须要阅读古书的人(包括理工农医等科的研究工作者)都应该学习古代汉语,但是只有语文科的一部分学生才须要学习汉语史。

把古代汉语讲成文字、音韵、训诂也是不合适的。文字、音韵、训诂的知识诚然是有用的知识,但是其中只有一小部分是培养阅读古书能力所必需的。另外有许多比较专门的知识(特别是音韵方面的知识)只是语文学专家所必需,而不是一般人所必需。有些学校的古代汉语的讲法稍有不同:讲的不完全是文字、音韵、训诂的老一套,而是在一个平面上讲述古代汉语的语音、语法、词汇三方面。这是把古代汉语看成是和现代汉语相对的课程。其实和现代汉语相对的课程是汉语史,而不是古代汉语。这种教法的缺点是只有一些理性认识,而没有足够的感性认识。离开了文选来讲古代汉语的语音、语法、词汇,其结果是学生只能获得一些古代汉语的理论知识,而不能掌握古代汉语。那是一门理论课,不是一门工具课,也就不符合或不完全符合上述的培养阅读古书能力的目的。

把古代汉语讲成文言语法也是不合适的。语法诚然重要,不能不讲。但是,认为文言语法是古代汉语的"规律",掌握了这个

"规律"就能够掌握古代汉语,则是错误的。这是把规则和规律混为一谈。所谓语言的规律,应该就是语言发展的内部规律,这是科学研究的专题;而语法上的规则则比较简单,也容易掌握。问题在于掌握了语法不等于掌握了语言。即以学习外国语而论,语法应该占头等重要的地位,但也不能只学习语法,应该掌握语音,还应该掌握比较丰富的词汇和常用的成语、熟语等。至于古代汉语,它是汉民族自己的语言,现代汉语由此发展而来,汉族人民对于现代汉语是从小就学会了的,古今语法差别不大,所以说汉语的人学习古代汉语的难关不在语法,这一点和学习外国语不大相同。这里应该说明一下:所谓语法容易,是指语言结构的规则容易掌握;至于语法理论,则是另一回事。语法有很大的稳固性,而词汇则几乎处在经常变动中。因此,我们认为学习古代汉语主要是要攻破词汇关;单只学习文言语法还不能解决问题。如果不结合文选来学习文言语法,缺点就更大了,因为那样只能使学生得到一些抽象知识,而对古代汉语缺乏感性认识,从培养阅读古书能力这个要求来看,收效更是微乎其微了。

把古代汉语当做历代文选来教,这是走《古文观止》的老路。我们应该重视古人的经验。如果依照古人的办法,熟读古文二三百篇,篇篇都能成诵,感性认识丰富了,也可以养成古代汉语的习惯,从而获得阅读古书的能力。我们过去在古代汉语课程中采用古文选读的办法之所以成效不大,主要是由于读的篇数不多,又不要求熟读,感性认识不足的缘故,并不能说这个办法注定是要失败的。相反地,在上述这些方法中,要算这个方法比较好,因为重视了感性认识。如果能提高到理性认识,使理性认识和感性认识相结合,收效就更大了。这点下文我们还将谈到。

古代汉语的范围还应该确定一下。和现代汉语相对,从上古到"五四"以前的汉语,都可以算是古代汉语。但是,历史太长了,语言的变化太大了,这门课程不可能包括这么大的范围。企图解决一切,平均使用力量,结果恐怕是各个时代的汉语都掌握不好。例如唐宋元明的口语或接近口语的作品,其中就有很多词语是不好懂的。古代汉语这门课程如果包括历代的白话在内,任务就太重了。因此,我们认为,这一课程的对象应该只限于正统的文言文,即前人所谓古文。

本来,古代汉语放在一个平面上来叙述,似乎是不合理的。古代汉语指的是哪一个时代的汉语呢?如果把各个不同时代的汉语等同起来,囫囵地加以叙述,那就是缺乏历史发展的观点。但是,如果专讲"古文",问题就比较容易解决。韩愈说过"非三代两汉之书不敢观"(《答李翊书》)。这样说来,"古文"应该是三代两汉的文以及后代模仿这些时代的文。说"三代两汉"还嫌时间太长了,实际上,只有战国时代到西汉末年大约四百年的时间是古文的黄金时代。语言是富于稳定性的,在四百年的时间内是不会发生很大的变化的,这样就有可能放在一个平面上来叙述。在历代文人仿古主义的影响下,正统的文言文在很大程度上保存了上古时代的词汇和语法,当然,在后代的仿古文章当中,不可避免地要反映一些当代的词汇和语法。在这些地方我们只要适当地指出就够了,用不着像汉语史那样大谈其发展。古代汉语这一课程以正统的文言文为对象实在是一举两得:一方面既做到了目的单纯,不致顾此失彼;另一方面又照顾了科学性,不至于违反了历史发展观点。

课程的性质、目的、对象都确定了,现在可以谈课程的要求了。我觉得学生学完这一课程以后,应该要求他基本上能阅读先秦到南北朝的作品。为什么要说"基本上"?因为有典故,有难字,有名物,有典章制度,不可能全都看懂的。还有一些聚讼纷纭的训诂和校勘问题,也不能希望学生马上来解决。但是,这个"基本上"是严格的说法,不是大致懂得,更不是不求甚解。我们希望学生学完这一课程后,在阅读古书的能力上能赶得上从前的一般秀才(不是学术造诣很高的秀才)。在典故、名物、典章制度的了解上,在熟读古书的分量上,当然要比秀才差些;但是,在了解常用词和分析古代语法的能力上,甚至在某些常识上,却又要比秀才高些。我们相信,经过努力以后,这个要求是可以达到的。

二、课程的内容

我们主张古代汉语这一课程应该包括三个内容,即:文选;常用词;古汉语通论。这三个内容不是截然分离的三个部分,而是以文选为纲,其他两个内容跟它密切结合在一起的。文选部分是感性认识,通论部分是理性认识,常用词部分兼有感性认识和理性认识,因为它既起了"记生字"的作用,又起了概括词的常用意义的作用。

文选部分首先要解决的是选材问题。要不要选诗歌? 我们认为要选。阅读古书能力应该包括诗歌在内。但是我们认为应以散文为主,因为这一课程的目的是攻破语言文字关,而不是研究文艺作品。要不要选骈体文、辞赋? 我们认为也要选。辞赋在形式上接近诗歌,它也是中国文学的主要体裁,不可以不接触到。骈体文则更为重要,中国古代许多重要著作(如《文心雕龙》《史通》、《旧唐书》的一部分等)都是用骈体文写的,不懂骈体文的人就很难读懂这些书。

文章的思想性非常重要。我们绝不能选那些有思想毒素的作品让学生读。与此同时,我们要注意文章的典范性,要选一些脍炙人口的作品。这不仅是为了欣赏,而是由于好文章对文学语言影响很大,读了它们,就能更好地掌握古代的文学语言。

文选的安排顺序是一个大问题。以时代先后为序呢? 还是由近及远,由易到难呢? 以时代为纲呢,还是以体裁为纲呢? 我们觉得按照时代先后的顺序来安排比较合适,特别是我们主张只教"古文",就必须先找古文的源头,顺流而下,熟语、成语、典故等问题都比较容易解决。开始难些,进度可以放慢些,文章可以短些,少些。太难的东西(例如《尚书》)可以不选。依我们的经验,学生欢迎这种做法。在以时代为纲的原则下,可以再分体裁。我们认为可以先讲散文,后讲诗歌,而骈体文、辞赋则可以排在散文和诗歌的中间。

注释是文选部分的主要工作,教学的质量在很大程度上取决于注释的质量。读书最忌囫囵吞枣,不求甚解,所以注释应该稍为详细些,同时还要随文解释一些语法现象。过去的诗文选本的注释都嫌太文了些,可能是受了前人的文言注释的影响,这种情况不改变,将会在一定程度上妨碍学生的理解。以文言释文言,学生所得的是模糊的印象,甚至产生误解。必须用现代普通话作注释,然后古代词语和现代词语对上了号,学生从此获得了鲜明的印象。这项工作是很艰巨的,不容易做好,有时候找一个恰当的现代词语来解说就得费半天工夫。但这是改进教学的重要关键,不这样做就不能提高教学效果。

对于注释上有争论的问题,我们不主张罗列众说,然后加以选择或折衷。更不赞成两说都"通",致犯客观主义的错误。解决训诂上的疑难问题,这是专家们的事,不能希望在课堂上就解决了。我们只须依照传统的解释或者选择一种一般人容易接受的说法,先给学生讲了,同时声明这只代表一家之言,保留着进一步研究的余地,也就够了。这也是课程的性质所决定的:学生通过文选来培养阅读古书能力,最要紧的是掌握常用的词语,而不是解决前人所未解决的一些疑难问题。

文章要有简单的解题,把原书的性质及时代、作者的生平,简单地交代一下。我看只须写在教科书上,用不着讲授,学生们也能看懂。没有必要在课堂上大讲解题,更没有必要讲时代背景。这也是课程性质所决定的,我们不是讲文学史。根据同样的理由,我们觉得没有必要作太多的艺术分析。文章的艺术价值是它对后代文学语言产生巨大影响的原因,适当地讲一讲也未尝不可,有时候甚至是必要的。但是,我们应该把教学计划中的作品选和古代汉语区别开来:作品选应以艺术分析为主,疏通文字为副;古代汉语则主要是从语言角度来讲解,至于艺术分析则是行有余力才做的事情。跟艺术分析平行的还有思想批判。封建社会文人的作品,其中所表现的思想无不打上阶级的烙印。学生只要懂得了这个根本的道理,他们自己也有一定程度的批判能力。我们在课堂上只要在关键性的地方指点一下,而不需要长篇大论的讲。这样并不是削弱了课程的思想性,因为每一个课程都有它的特点。

常用词部分似乎是新东西,其实它的来源是很古的。《仓颉》《凡将》《急就》《训纂》,都是教人识字的书。《汉书·艺文志》说:"太史试学童,能讽书九千字以上,乃得为史。"许慎《说文解字·叙》也说:"学僮十七已上始试,讽籀书九千字,乃得为史。""讽"是背诵,"籀"是讲解①。九千字是高标准,《仓颉》以下十四篇包括五千三百四十字是中标准,《仓颉》《爰历》《博学》三篇共三千三百字是低标准。这些书大约都是把不同的字编成句子,并且押韵,以便记忆,有点儿像周兴嗣的《千字文》②。但《千字文》的目的是为了习字,不是为了认字,与《仓颉》等篇的目的不同。我们今天也可以考虑把常用词编成韵语(我曾经尝试过);但是,为了跟文选部分相配合,还是让它们零散的好。越南人为了学习汉语,曾经编过一部《三千字》,这个经验也可以借鉴一下。我觉得为了初学,字数还可以减少;有些古今词义差别不大的就不必收入,大约一千二百字左

---

① 《说文解字》:"籀,读书也。""读,诵书也。"段玉裁于"读"字下改"诵书"为"籀书",并注云:"抽释其义蕴,至于无穷,是之谓读。"
② 有些书也有重复的字,如《急就篇》。

右也就够了。

选择常用词,也必须选择这些词的常用意义。只有这些常用意义才有最广泛的用途,我们读古书的时候经常遇见它们。从前我们教古代汉语的时候,学生们反映说:"教一篇懂一篇,不教就不懂。"原因就在于举一隅不以三隅反,学生不能融会贯通。同是这一个词,在另一篇文章出现时,却又弄不清楚了。文字学家教人掌握词的本义,的确是以简驭繁的办法。本义抓住了,虽然词义随着上下文而稍有不同的色调,毕竟是万变不离其宗。曾经有人希望在古代汉语教学上能有一把钥匙开所有的门,这种钥匙实际上是不存在的,但是掌握了常用词的常用意义却是掌握了所有主要的门户的钥匙。

从前我们指导学生学习古代汉语的时候,喜欢介绍他们看《经义述闻》《经传释词》《古书疑义举例》一类的书,现在看起来,这种学习方法是有缺点的。这好比小孩还没有学会走路就要求他学跑,结果即使不栽跟头,也学不好走路。学习是不应该躐等的。《经传释词》于每一个虚词的第一义,往往注明是"常语"。常语不举例,注解也很简单。其实常语是对初学者所迫切须要解决的;一、二年级的学生学习古代汉语,他们的主要任务在于掌握毫无疑义的常用词语,而不在于研究偏僻的东西和罕见的现象。

常用词的注释和文选的注释一样,也必须用现代汉语。照抄《说文解字》或其他字书,既省力,又有凭有据,但是不解决学生的问题,例如《说文解字》说:"仆,顿也。""仆"是向前跌倒的意思,今成语还有"前仆后继",学生也许懂得它的大意;假如注上一个"顿"字,反而把学生弄糊涂了,他不知道"顿"也是向前跌倒(《后汉书·马融传》"或夷由未殊,颠狈顿踬")。又如《辞海》:"赒,给也,赡也,收也。"《辞源》同。这是根据《玉篇》,除"收"义不好懂外,本来没有什么错误。但是,一般青年不会知道"给"字的古义是供应(特指供应食品),以"给"注"餉",反而搞不清楚了。以现代汉语释古代汉语,是一件艰巨的工作。这是所谓画鬼魅易,画犬马难。照抄古注,即使自己懂得不透,也不会注错;译成现代白话,懂得不透就非注错不可。《经典释文》说"再举足为步"(《礼记·祭义》释文)。这个解释对于我们了解古人所谓"跬步"的"步"以至"六尺为步"的"步"都有好处,因为今人所谓一步古人只称为"跬",今人所谓两步古人才算一步,古代尺短,一步就合六尺,量地长度的步跟脚步是有关系的。正确的解释应该是"举两次脚为一步",如果译为"把脚再举起来为一步",或"再一次举脚为一步",那就闹笑话了。又如《说文解字》及许多古注都说:"憾,恨也。"这个注解是完全正确的,问题产生在古人所谓"恨"与现代所谓"恨"的意义不同。"憾"字等于今天所谓"感到遗憾"或"懊恼",而在上古,"恨"也正是"感到遗憾"或"懊恼"的意思,所以《荀子·成相》注、《汉书·郊祀志》集注、《刘向传》集注、《李广传》集注都说"恨,悔也"。无论"憾"或"恨",都不等于今天所谓"怀恨在心"[①]。《论语·公冶长》"愿车马衣轻裘,与朋友共,敝之而无憾"只能解作"不后悔",诸葛亮《出师表》"未尝不叹息痛恨于桓灵也",也只能解作"痛心而感到遗憾",因为车子衣服坏了谈不上怀恨,至于对本朝的皇帝表示怀恨,更不像臣子的口吻了。总之,用现代汉语来解释古代汉语是有困难的,我们还要做许多工作;但是,这种做法是必要的,因为惟有这样做,学生们才能真正把古文读懂了。

　　严格地辨别古今词义的异同,是掌握古代汉语的主要关键。有人注意到:英国莎士比亚和乔叟的作品中,有许多词虽然和现代

---

① 只有"怨、恨"二字连用时,才有"怀恨"的意思。"怨"意深而"恨"意浅,连用时不再区别。《说文解字》:"恨,怨也。"这是用近义词来解释,所谓"统言之则无别"。《正字通》说"恨意深,憾意浅",这是以明代的词义来说明;至于上古汉语,则"憾、恨"语意都浅,只有"怨"意是深的。

英语相同,而语义则发生了相当大的变化①。试想我们的屈原、司马迁,他们的时代比乔叟、莎士比亚早得多,他们在作品中虽然用了许多跟现代汉语相同的词,难道词义不发生更大的变化吗? 因此,我们认为常用词部分主要是说明古今词义的异同:"行"注为"走","走"注为"跑","怨"注为"恨","恨"注为"憾",如此等等,都无非说明词义随时代而变迁的道理。

同义词辨析,也应该是常用词部分的主要内容。《说文解字》等书对于词的注解,绝大多数不能认为定义,也不能认为以完全同义的词互训。举例来说,在《说文解字》中,"憾,恨也""恨,怨也""怨,恚也",这样串连,能不能说"憾,恚也"呢? 显然不能这样说。段玉裁在注《说文解字》时常常说:"析言则分别,浑言则互明。"②的确是这样。许慎说:"喘,疾息也。"这是析言。但是他说:"息,喘也。"却又是浑言了。可惜他析言的时候太少,浑言的时候太多,今天我们有必要仔细分析一下。例如《说文解字》:"女,妇人也。"段注:"浑言之,女亦妇人;析言之,适人乃言妇人也。"这样补充一下,大有好处。其实我们应该做的词义辨析的工作还很多:《说文解字》未辨的,我们要辨;《说文解字》本自分明,只是现代人容易混的,我们也要辨。认字的工作做好了,古代汉语的学习任务也就完成了一半了。

通论部分必须环绕着课程的目的来讲授,避免不切实际的空论。切合实际的古汉语通论也就是(或主要是)一些知识性的东西,这样才符合工具课的性质。

应该教学生学会查字典辞书,要求掌握这方面的一些基本知识。我们还不能讲成工具书使用法,因为工具书的范围较广,学会了查阅各种工具书还是不大容易的事情。字典中的反切牵涉到音

---

① 参看 L.R.Palmer《现代语言学导论》第 77—78 页,伦敦 1936 年。

② 《说文解字》:"恭,肃也。"段注:"肃者持事振敬也。《尚书》曰'恭作肃'。此以肃释恭,析言则分别,浑言则互明也。"

韵学的知识，叙述时也只能适可而止。学生学习了先秦散文和诗歌以后，可以适当地讲一讲怎样读古书的注解。古注中有许多体例和术语，必须交代清楚，然后看得懂，例如许多古注引书时只举篇名，不举书名，如言《大宗伯》而不言《周礼》，言《问丧》而不言《礼记》，言《释兽》而不言《尔雅》，又没有书名号，初学者读来不知所云。又引文不举作者，如言《琴赋》而不言嵇康；引书不用全称，如《经典释文》简称《释文》。这些也都是不好懂的。至于注直音而没有"音"字，注反切而没有"反"字或"切"字（如《文选》李善注），也必须说明一下。凡此种种，在经生看来是家常便饭；而在开始接触古籍的人来看，正是一个必须打破的难关。

　　训诂文字的知识，不须要大讲特讲。但是必须强调古今词义的异同，使学生树立历史发展的观点；必须说明本义与引申义的关系，使学生有语义学的一些常识；又必须讲一讲汉字的结构，使学生知道汉字的特点以及字形和词义的关系。

　　文言语法在古汉语通论中应该是重点之一。虽然如此，也还是不要讲得太多。必须避免《马氏文通》式的讲授，因为课程的时间有限，必须合理地分配通论和文选、常用词之间的比重，通论内部又必须合理地分配语法和其他内容的比重，用最有效的方法、最经济的时间，把学习古代汉语所必需的语法基本知识传授给学生。所谓学习古代汉语所必需的语法基本知识，也就是古今差别较大的语法。没有必要重复现代汉语中讲过的词类、主语、谓语等。

　　语法体系是一个大问题，也是一个小问题①。我们说是大问题，因为科学的语法体系必须建立，不但古代汉语的语法应该如

----

① 这里所说的语法体系，指的是语法学家所建立的语法体系，不是客观的语法系统。二者是既有关系又有区别的。越是科学的语法体系，越是能很好地说明客观的语法系统。

此,现代汉语的语法也应该如此。但是,古代汉语语法的科学研究,在短时期内还不可能获得很满意的结果。我们不能因为语法学界对古代汉语语法体系还没有定论,就不在古代汉语教学中讲授语法。语言中的语法现象是一种客观存在,是不以人的意志为转移的东西。我们只要有了一个暂拟的语法体系,也就可以说明古代汉语中的语法现象;某些理论问题可以留到以后来解决。

在通论中要不要讲古汉语修辞? 我想,修辞是要讲的,但不是从词章方面来讲,没有必要讲成《文心雕龙》式。讲古汉语修辞,主要是解决一个用典的问题。用典,古人叫做事,《文心雕龙》有《事类》一章专讲用典的。用典大约从汉代开始,六朝以后,骈体文和诗用典最多(诗中又以律诗及长律用典最多)。现代人虽也用典,但是方式与古人不同。现代人用典有两种情况:一种是陈述故事,如说"愚公移山";一种是运用成语,如"实事求是"。这两种情况都不难懂。古人用典在上述的两种情况之外还有第三种情况,就是影射。而影射的情况比前两种情况更为常见。王勃《滕王阁序》说:"睢园绿竹,气凌彭泽之樽;邺水朱华,光照临川之笔。"以彭泽代表陶渊明,以临川代表王羲之,已经是一层曲折。睢园本来和陶渊明没有关系,邺水本来和王羲之没有关系,而睢园、邺水、陶渊明、王羲之和滕王阁的宴会又没有关系。《古文观止》于"睢园"句注云"此美座中之有德而善饮者";于"邺水"句注云"此美座中之有德而善书者";这就是影射。睢园、邺水不是具体的睢园、邺水,而是影射良辰美景,彭泽、临川不是具体的彭泽、临川,而是影射贤主嘉宾。所以下面接着说:"四美具,二难并。"现代一般青年不习惯于这种修辞手段,也就觉得格格不入。杜甫《秋兴》第三首说:"匡衡抗疏功名薄,刘向传经心事违。"这也是影射自己。他并没有说"我好比匡衡、刘向",也就难免有人误解,以为杜甫真的在这里评论古人了。总之,在这一课程中讲修辞，也无非是为了培养阅读能力，而不是为了欣赏，这一点是必须弄清楚的。

音韵方面的知识，应该尽可能少讲。因为这一课程以讲散文为主，一般散文是没有很多音韵上的讲究的。但是我们还要讲一些诗和辞赋，不可能不牵涉到用韵的问题，而律诗、词曲以及后期的骈体文又不可能不牵涉到平仄问题。因此，诗是怎样押韵的，古今诗韵有什么不同，辞赋是怎样构成的，骈体文是怎样构成的，律诗和词曲是怎样构成的，都不能不扼要地加以叙述。不懂诗赋词曲以及骈体文的格律，对于这些体裁的作品，不可能有较深的体会。古音通假的道理也要讲一讲，因为古音通假是读先秦两汉的书的人们必须懂得的，而不略懂双声叠韵也就不懂古音通假，所以音韵知识还是相当重要的。

名物、典章制度的知识，对于学习古代汉语的人来说，也是重要的。时间有限，而这一方面的知识无穷，我们不可能讲得很多。但是，告诉学生一些门径，提醒他们多注意这方面的问题，也就不无小补。试以天文而论，《诗经》的"七月流火、维参与昴"，《论语》的"譬如北辰，居其所而众星共之"，《左传》的"龙尾伏辰"，邹阳《狱中上梁王书》的"太白食昴"，《论衡·变虚篇》的"荧惑守心"，王勃《滕王阁序》的"星分翼轸"，《古诗十九首》的"玉衡指孟冬"，诸如此类，数不胜数。如果没有一点天文学知识，那就只好不求甚解了。名物、典章制度这一部分内容应该是概括性的、举例性的和启发性的。"举一漏万"不一定是坏事；如果所举的"一"是典型性的，能启发学生触类旁通，还是能起一些作用的。

最后，我认为通论部分应该谈一谈古书的句读。能否正确地断句，这是衡量能否读懂古书的一种尺度。能正确地断句了，自然还有不懂的可能；但是，如果连断句也断错了，那就肯定是不懂了。自从有了新式标点的古书和点句的古书出版以后，读者感到很大的便利。这种工作以后还应该多做,使现代人更有条件批判地继承祖国的文化遗产。但是,这方面的工作还有待改进的地方,我们往往发现一些句读错误的本子。断句出错的原因是多方面的,我们不可能提出一种简单有效的办法来保证断句不发生错误;但是我们可以举出各种例子来分析致误的原因,以为学生将来的借鉴,这仍然会是有用的。

以上所论文选、常用词、古汉语通论三方面的结合,这是教学方法的问题,也是教学内容的问题。在工具课的教学上,教学方法的改革和教学内容的改革是分不开的。我们衡量教学的好坏,首先要看是否按照课程的目的要求来进行,最后要看教学效果。如果不按照课程的目的要求来进行,即使表面上显得系统性很强,逻辑性很强,学术性很强,也不算很好地完成了教学任务。教学效果是要依照课程的目的要求来检查,不是另有什么标准。我们上述这些做法只是初步的经验,还有许多缺点尚待纠正,还有许多困难尚待克服。

所谓三方面密切地联系,不应该了解为机械地牵合。我们所谓密切地联系,指的是三种内容的教学交叉地进行,常用词部分和通论部分尽可能举文选部分的例子,讲到《诗经》《楚辞》时配合着讲一些音韵知识,讲到律诗词曲时配合着讲诗律、词律、曲律,讲到辞赋骈体文时配合着讲辞赋骈体文的构成,其余的通论则依照循序渐进的原则来安排。我们并不企图机械地把它们处处牵合,因为那样反而损害了课程的科学性。譬如说,在开始的时候,我们曾经设计过那样一个方案:文选与语法"密切"结合。我们打算在讲否定句的时候就选一篇包括许多典型的否定句的文章,在讲疑问句的时候,就选一篇包括许多典型的疑问句的文章,如此等等。在今天看来,那种配合是机械的,不但不能起什么积极的作用,反而使学生产生一种错觉,以为只有这几篇文章有这些语法现象。总之,形而上学地了解结合,那就是为结合而结合,而不是首先重视教学内容的质量了。

三、几个原则

教学改革是学术思想的革命和马克思列宁主义、毛泽东思想的贯彻。虽然古代汉语的教学改革在表面上看来是教学方法的改革问题，但是我们不应该看成是简单的技术性的改革，而应该提到学术思想的高度来看，教学内容的改革仍旧是主要的方面。无论教学内容或教学方法，都须要不断地改进，不能希望毕其功于一役。特别是教学内容的改革，要改到符合马克思列宁主义、毛泽东思想，这是长期奋斗的目标，是不可能一蹴而就的。但是我们必须明确我们努力的方向。在这里我想对古代汉语这一课程的教学改革的原则，谈一谈自己的一些粗浅的意见。

（1）毛主席在他的《实践论》中说："认识的过程，第一步，是开始接触外界事情，属于感觉的阶段。第二步，是综合感觉的材料加以整理和改造，属于概念、判断和推理的阶段。只有感觉的材料十分丰富（不是零碎不全）和合于实际（不是错觉），才能根据这样的材料造出正确的概念和理论来。"[1]又说："如果以为理性认识可以不从感性认识得来，他就是一个唯心论者。"[2]

解放以前，中国的资产阶级教育就是以为理性认识可以不从感性认识得来的。譬如说，教授可以讲半年的《诗经》研究，而学生却从来没有读过《诗经》。今天我们讲授古代汉语，绝不能只讲成"古汉语研究"而不让学生接触古代汉语的原始材料。不但要接触，而且应该让学生所接触的材料是十分丰富的。语言的教学是一个反复的过程：读古文要做到高声朗诵，好像是经常与古人晤对一堂，久而久之，把自己培养成一个二言人（bilingual），既能说现代汉语，又能说古代汉语。前人学习文言文正是这样学来

---

[1][2] 《毛泽东选集》第一卷第 289 页。

的。我们今天虽不鼓励青年人写文言文,但是正如说和听懂相关连一样,写和看懂也是相关连的。不能设想:完全不知道文言文应该怎样写的人能够流畅地阅读文言文。我们即使达不到这个高标准,但是只要经常"与古人晤对",至少也能"听懂"他们的话。

毛主席又说:"第二是认识有待于深化,认识的感性阶段有待于发展到理性阶段——这就是认识论的辩证法。如果以为认识可以停顿在低级的感性阶段,以为只有感性认识可靠,而理性认识是靠不住的,这便是重复了历史上的'经验论'的错误。"①

我们在肯定古人熟读大量古文是一种宝贵的经验的同时,也应该看见封建社会文人的局限性。"读书百遍,其义自见",这句话不但强调了感性认识的一面,同时也照顾了理性认识的一面,因为惟有自己悟出来的理性认识才是最巩固的,最宝贵的。但是,一切都靠自己悟出来,而不接受前人的经验,也是不对的。有一些理性认识,是前人学习古代汉语经验的概括,介绍给学生,也就缩短了他们摸索的过程,缩短了学习时间。

(2)提倡历史观点,反对形而上学,这是教好古代汉语的又一个关键。古人的历史观点是模糊的。只有小学家在捍卫经义的时候,才努力辨明上古时代某一个词应该是某一个意义而不是像后代的另一个意义,或者在古今词义差别非常显著的时候,才提醒大家注意一下。他们仿佛以为不变才是语言的常态,而变化则是偶然的现象。而实际上语言是永远处于绝对的、不停的变化中。拿词汇来说:古人有这个概念,却不一定用今天这个词(例如上古有泪的概念而不说成"泪");古人有这个词,却不一定表示今天这个概念(例如上古有"走"这个词,而不是表示今天普通话所谓走)。我们必须用历史主义去考虑词义的时代性:词义不可能是昙花一

---

① 《毛泽东选集》第一卷第290页。

现的,如果昙花一现而又中断几百年然后再出现,这个词义就是不可信的,例如《中华大字典》说:"虑,忧也。"《汉书·黥布传》:"为百姓万世虑者也。"实际上,汉代的"虑"字不可能有"忧"的意义。《说文解字》说:"虑,谋思也。""为百姓万世虑"只是为百姓万世打算的意思。又如《辞源》和《辞海》都说"便"字有"即也,辄也"这一个意义,举《庄子·达生》"则未尝见舟而便操之也"为例。这是根据《康熙字典》而来的。但是我们认为连《康熙字典》也错了。在上古时代,"便"字还不可能有"即"或"辄"的意义①。成玄英于上文"津人操舟若神"疏云:"而津人操舟甚有方便,其便辟机巧,妙若鬼神。"又于此句注云:"谓津人便水,没入水下,犹如鸭鸟没水,因而捉舟。"成玄英的解释是对的,"便"字是形容词作状语,表示津人便辟机巧,妙若鬼神,并不是"即"的意思。这种违反历史主义的注解在字典中已经不是个别的,在一般的选注本和译文里就更不在少数了。关于语音方面和语法方面,同样有忽视历史发展的情况。固然,我们不应该把古代汉语讲成汉语史,但是,我们决不能以今作古,将无作有。历史观点在古代汉语教学中是必须贯彻的。

(3)训诂考证中的主观主义,在封建主义的学者和资产阶级知识分子当中是常见的。越是疑难字句,就越是穿凿附会的对象。其中最常见的情况是偷换概念。字书上说"甲,乙也""乙,丙也"。假定甲乙丙都是单义词,自然可以推论说:"甲,丙也。"可惜真正的单义词是很少的,如果甲或乙是多义词,或甲乙都是多义词,则"甲,丙也"这个推论就容易陷于主观主义的错误。封建主义的学者和资产阶级知识分子常常因此陷入了主观主义的泥坑。我们今天不能再蹈这个覆辙。

用现代白话翻译古人的注释,也容易犯主观主义的错误。古

---

① "便"字,《列子·黄帝》作"谡"。可能还有误字的问题。

人没有注错，而是我们译错了。有时候，照通常的译法不好讲，就迂回一下子，讲是讲通了，但那是主观捏造出来的，并非原意。这种错误也是应该避免的。

（4）马克思主义者认为：语言是社会的产物，是人类最重要的交际工具。社会以外，无所谓语言。语言具有全民的性质；失去了它的全民性，它就会变成某一社会集团的同行语而退化下去，以致最终消失掉。在古代汉语教学中，我们以为应该紧紧地抓一个"常"字。因为惟有最常用的词句，它的全民性最为显著。不但常用词部分所选的应该是常用词的常用意义，而且通论部分也应该讲最一般的东西。即以语法而论：譬如说，上古有无系词，这是一个有争论的问题，但是上古判断句一般不用系词，则是无可争辩的事；上古否定句的代词宾语是否固定在动词前面，这是一个有争论的问题，但是它以放在动词前面为常规，也是无可争辩的事实。学生们知道了这些常规，对于古代汉语的了解大有好处。又譬如说，关于文言虚词，我们也只须讲最常见虚词的一些最常见的用法，用不着把整个《经传释词》搬过来。

文选部分也应该讲最常见的东西，因此，我们不赞成选那些诘屈聱牙的文章，也不赞成选那些不为一般人们传诵的文章。文章不怕"熟"，越是"熟"，越是对后代文学语言有巨大的影响。

把古代汉语里全民性的东西掌握住了，就算很好地完成了古代汉语的学习任务，即使有些疑难字句解决不了，也没有什么妨碍①。如果全民性的东西没有掌握住，也就是不懂古代汉语里最一般的东西，即使解决了一些疑难字句，这个课程的任务还应该认为没有完成②。语言中全民性的东西是最有用的，也是最可靠的。我们应该从这一方面来检查古代汉语的教学效果。

---

① 其实所谓解决了疑难字句，也未必是真的解决，只是采用了某家的比较近理的说法，或者是新颖可喜然而未必可靠的说法，甚至自己牵强附会一番。

② 听说有一位教员在课堂上把"地方百里"讲成"那个地方有一百里"。

　　以上是我们对古代汉语教学改革的一点粗浅的意见。这些意见不一定都对；即使说对了，也不一定能完全做到。从认识到实践，中间还有一定的距离。这里不过提出来就正有道罢了。

原载《中国语文》1963 年第 1 期

怎样学习古代汉语

今天我来讲怎样学习古代汉语,这个问题分以下五方面来谈:历史观点的树立;感性认识与理性认识相结合;词汇学习的重要性;语法的学习;学习的具体措施。

一、历史观点的树立

我们都知道语言是发展的,它随着历史的变迁而变化,但同时它也不可能变化得很大,因为它一方面有发展,一方面还有它的稳固性。因为有继承,所以几千年前的汉语和现代汉语有许多共同处,这是继承的一方面,但它也有发展的一方面,这就是古代汉语和现代汉语有所不同。因此,我们学习汉语首先须树立历史观点,知道它有相同,有不同,有继承,有发展,这对我们学习汉语是有很大好处的。

现在就词汇面来谈,词汇方面也是有继承有发展的。那么我们对语言的发展要注意什么问题呢? 如果是很大的不同,容易发现，也容易知道它不同。古代没有的东西，现在有的，语言的表现就不同。如现代的飞机、拖拉机以及各种科学和工具，都是古代所没有的，当然它就不同；还有些东西是古代有现在没有的，因为古代有许多风俗习惯和工具，都是现在所没有的，所以不可能在现代汉语中找出从前古老的词汇来，这种大不相同的地方，大家都容易注意到。但是，有些并不是大不相同，而是大同小异，古代的和现代的看起来好像是一样的，可是真正仔细考察起来，却并不一样。为什么呢？因为现代汉语是从古代汉语发展来的，两者不可能有很大不同。刚才说的很大的不同，只是小部分不同，大部分都是大同小异的。因为从古代来是有继承的一面，但由于时代的不同，它也有发展的一面，所以我们学习古代汉语，特别要注意又同又不同、大同小异的地方。

现在举例来说："睡"字不但现代有，古代也有，古书上的"睡"字似乎也好懂，也没有问题。可是仔细一看，却并不完全一样。"睡"字在汉代以前，是坐着打瞌睡的意思，和躺在床上睡觉的意思不同。《战国策·秦策》中说苏秦"读书欲睡，引锥自刺其股，血流至足"。他这句话的意思是说：苏秦一面读书，一面想打瞌睡，于是他用锥子刺他的大腿，他就醒了。这个"睡"就是打瞌睡的意思。因为读书是坐着的，他并不想睡觉，而只是因为感到困乏想打瞌睡，所以用锥子刺他的大腿。如果说他读书时想睡觉，那岂不说他太不用功了。又如《史记·商君列传》："卫鞅语事良久，孝公时时睡，弗听。"这句话是说卫鞅和秦孝公谈话，秦孝公不爱听他的，所以说孝公时时打瞌睡。这个"睡"字如解作睡觉就不对了，因为他们尽管是君臣关系，秦孝公也决不会如此不礼貌，竟躺在床上睡起觉来了。所以，每一个词的意义都有它的时代性，它随着时代的变化而改变，这一点很重要，因为换了时代后，我们就不能以老的意义去看它了，例如唐朝杜甫的《彭衙行》中有一句话："众雏烂漫睡，唤起沾盘餐。"是说小孩们随着大人逃难，到了一个地方后，孩子们困极了,倒在床上睡得很香。如以汉朝以前的意思来讲,说孩子们打瞌睡,那就不通了,因为要说小孩们打瞌睡,就不能睡得那么香。

池塘的"塘"字在唐朝以前的一般意思也和现代的很不一样。原来的"塘"字,是指在河旁边防水的堤而言。唐崔颢《长干行》中有"君家何处住,妾住在横塘"之句,句中的"横塘"是地名,一定是在堤的旁边,她决不会住在池塘里。又如谢灵运的《登池上楼》中有"池塘生春草,园柳变鸣禽"之句,这里的"塘"就是堤的意思。说春草生在堤上是可以的,决不能说它生在池塘里。总之,"塘"字在唐朝时的意义和现在的意思不一样。

又如,"恨"字在汉朝以前,一般的不讲作仇恨的意思,只当遗憾的意思讲。在古代,"恨"和"憾"是同义词。诸葛亮在《出师表》中说:"先帝在时,每与臣论此事,未尝不叹息痛恨于桓灵也。"这句话是说,刘备在世时,常谈到汉桓帝、灵帝时宠信宦官的事,感到悲痛与遗憾。这里的"痛恨",不能用现在的"痛恨"来解释,因为桓帝、灵帝都是汉朝的皇帝,诸葛亮怎能痛恨皇帝、骂皇帝呢。

书信的"信"字,在汉朝以前,写信不说写信,说"作书"或"修书"。当时信就叫"书",带信的人才叫"信",如带信的使臣叫"信使",所以在古代,"信"和"书"的意义不同。《世说新语·雅量》中"谢公与人围棋,俄而谢玄淮上信至,看书竟,默然无言"。是说谢安正与人下围棋时,他的侄子谢玄从淮上派人来了,谢安看信后默默无言。这里面有书有信,"信至"的"信"和"看书"的"书"的意思不一样。

"仅"字在唐朝时和现在的意义不但不一样,且相反。现在的"仅仅"是极言其少,而在唐时,则极言其多,有"差不多达到"的意思。杜甫在《泊岳阳城下》中说:"江国逾千里,山城仅百层。"他说当时的山城差不多达到一百层,是很高的意思,不能拿现在的说法,说它仅仅一百层,这样就不通了。

韩愈在《张中丞传》中说:"初守睢阳时,士卒仅万人。"就是说当安禄山造反,他镇守睢阳时,守城的士兵差不多达到一万人,他都认识他们并能叫出他们的名字,这是很了不起的。如以现代的意义解释,说仅仅一万人那就不对了。

从词的意义的变化,可以看出历史观点的重要。我们要研究古今这些词的意义的异同,哪些相同,哪些不同,应该搞得很清楚。因为看古书,太深的字不怕,我们可以查字典得到解答,如"靝"字,这个字太深,但我们从《康熙字典》上可以查出这个字就是道家的"天",一点也不难。又如"墬"字,这个字也很深,但是我们一查《辞海》,知道它就是"地"字。所以说,难字难不倒我们,容易的字,倒易迷糊。刚才举的许多字,都是很容易的字,每人都认识它,由于太熟悉了,所以古今的不同就容易忽略,容易放过,这样使我们读古书读得半懂半不懂,实际就是不懂,那就有点像我们读日文,许多字我们认识,就是不懂它的意义。当然读古代汉语不能与读日文相比,但有一点是相同的,那就是不要以为字很熟就懂得它的意义了。所以说,我们必须要树立历史观点。

二、感性认识与理性认识相结合

怎样来学习古代汉语?这有种种不同的方法,效果也不一样。一种是重视感性认识,古人就采取这种方法。古人学习一篇文章,强调把它从头到尾地来熟读和背诵。古人读书从小就背诵几百篇文章,重视感性认识。学校成立以后,尤其是"五四"以后,逐渐喜欢讲道理,解放以后,更要求讲规律。不管讲道理和讲规律,都是重视理性认识。这两种办法到底哪一种好?我认为两种办法都好,两者不能偏废,不能单采取一种办法。特别现在大家学习古代汉语,很急躁,想很快学好,容易偏重理性认识,要多讲道理多讲规律。我认为单讲规律,单讲理性认识,没有感性认识,是不对的。古人几千年来学习汉语的经验是讲求背诵,这种读书的方法似乎是太笨,其实并不笨。现在有些青年说,古代汉语难懂,好像比外语还难懂。这话过分了一些，无论如何古代汉语不会比外语难懂，可是其中也说明一个问题，那就是说，我们要以学习外文的方法去学习古代汉语。学外文的经验，首先强调记生字，还要背诵，把外文念得很熟，然后看见一个字、一个词，或读一本书，马上能了解它的意思。最高的程度，就是看书不查字典，举笔就能写文章，说外语时脑子里不用中文翻译，随口而出。过去普通懂外文的人说外国话时，先考虑中文怎么说，然后再翻成外文；外文程度好的人，就不须要先在脑中翻译，可以直接用外文来想。学习古代汉语的经验和学外语的经验差不多。我们要能看到字就知道这字在古代怎样讲，用不着想这个字或这句话在现代怎样说，在古代怎么说，就好像已经变为古人的朋友，整天和古人在一起谈话似的，这样的效果就很好。

古代人学习古文，不但读的是文言文，而且连写的都是文言文。他们对家里人说的是一种话，关在书房里说的是另一种话，他对古人说古人话，甚至还对朋友说古人话，慢慢地训练成为能说两种话的人，就成为语言学中所谓二言人。这种人精通两种话，说哪一种话都用不着想。比如一个孩子是四川人，家住在北京，他在家里讲四川话，在学校里讲北京话，两种话都能说得很好，这种人很不少。我们学习古代汉语也须要培养这种人，就是现代汉语和古代汉语两样都精通，拿起古书来好像跟古人在谈话，不像现代人，等到拿起《人民日报》时，又变为现代人了，这样就容易学好。所以现在连中学都逐渐鼓励背书，这并不是没有理由的。背书就是重视感性认识，是有效果的。我们原来向同学们提出背诵时，大家表示欢迎，后来因为没有时间，有困难，他们就又说："不要背古书了吧，因为古人的思想不对头，有毒素，念熟了容易受他的影响。"我认为不能这样说。因为我们现在选读的古文，大都是思想健康的，即使有一点儿毒素也没有什么可怕，因为我们还有马列主义这个思想武器吗，还怕封建思想的毒害？还怕斗不过它吗？所以我们读古书还要背诵,强调感性认识。我们认为要有足够的感性认识,才能提高到理性认识。

我们学习古代汉语,找出一条经验,就是要把三样东西结合起来学习:一是古代汉语文选,二是常用词,三是古汉语通论。我们要把常常见面的词记熟了,学古代汉语和学外语一样要记生字。古代汉语大概有一千到一千二百个常用词,把它像学外文记生字那样地记住,大有好处。不要记那些深奥难懂的字。从前教和学古代汉语的人都走错了路,专记那些生僻的字,如那时小孩子喜欢找一个难懂的字去考老师,这样做是没有好处的。我们应研究那些在古书中最常见的字。那些不常见的字,你研究它有什么好处呢?同时常用词中,我们还要记它常用的意义,那些生僻的意义,可以不记它。比如一个字有五个常用的意义和五个生僻的意义,那我们就要去记那五个最常用的意义。所以我们要搞常用的、普遍的,不搞那些特殊的、奇怪的。同学们认为记常用词很有用处,因为一个常用词一般在这里是这个意义,在别处一定也是这个意义。要不是这种情况的话,那就要另作处理了,譬如稍微的“稍”字,这个字现代和古代的意义不一样。“稍”字在古代当作“渐渐”讲。《汉书》里有一句话:“吏稍侵凌之。”是说一个人做官很老实,连衙门里的小官吏,都渐渐地欺他老实。这里“稍”字就含有渐渐地、得寸进尺地的意思,如解作“稍微”的话,就不对了,因为不能说稍微地去欺负他。直到宋代,“稍”字还是这个意思。苏轼的诗中有“娟娟云月稍侵轩”之句,是描写他从一个地方回家时看见月亮慢慢升上去,渐渐侵入窗户中的景色,是非常富于诗意的,如要说月亮“稍微”侵入窗户时,就完全没有诗意了。这样我们如掌握了“稍”字这个常用字的词义后,到处就能用“渐渐”来解释它了。

再说“再”字在古代汉语中当“两次”讲。“再来”就是来两次,“再会”就是会两次。所有的“再”字,都当这讲。古代汉语中的“五年再会”,如用现代汉语来讲,是说五年后再见。古代汉语则解作五年之内会面两次。两者差别多大！所以如果掌握了常用词的词义，就到处用得上了。

古汉语通论，就是讲理论、讲道理、讲规律。讲古代语法、语音、词汇以及文字学的一些道理，来帮助我们深入地了解古代汉语。三部分中的文选是感性知识部分，古汉语通论是理性知识部分，常用词既是感性又是理性，说它是感性，就是说它当生字来记，说它理性，就是掌握词义后到处可用，也可说掌握它的规律。把古代汉语分为文选、常用词、古汉语通论三部分，把理性知识与感性知识好好结合起来。此外，我们还要强调自己动脑筋、想问题。这样的要求是比较高一些，可以提出，但不要对一般同学提出这要求。古代汉语怎样能懂呢？把很多的文章凑起来，加以分析、概括、领悟，就能懂了。如"再"当"两次"讲，就是从每一篇有"再"字的文章中去领悟它的意义是否一样，当你发现所有的"再"字都当"两次"讲时，你就恍然大悟，知道这个"再"字当"两次"讲了。所以这是领悟出来的、归纳概括出来的。因为它是客观存在的东西，你从许多文章中加以研究、分析、概括，它的意思就找出来了，比查字典还好。因为字典本身有缺点，如《辞源》《辞海》《说文解字》等，都是以文言文来解释文言文，看了以后仍不懂，等于白看了。

另外，字典中的解释并不都很完善，还有待我们的修正和补充，如"再"字当"两次"讲，在《说文》中是讲了，普通字典就没有这样解释。所以要我们自己去悟它，琢磨它，就可以搞懂这种道理。

再以学外文为例，要学好不能单听老师讲，还要自己动脑筋去悟去领会它。特别中国人学欧洲文字，它和我们中文很不相同，有些地方是我们特别要注意的，是书本所没有讲的，是需要我们领悟出来的。学汉语也是如此，我们不但懂了，而且还要悟出道理来，这就是创造。一方面我们学懂了，而且还做了研究工作，所以说感性认识和理性认识相结合是很重要的。

三、词汇学习的重要性

学习语言有以下四个方面：一是语音，就是这几个字怎样念。二是语法，就是句子的结构，如说"我吃饭"，有的国家和民族就不是这样说，如日本人说"我饭吃"。又如"白马"，我们许多少数民族说成"马白"，等于我们说"白马"。总之，句子的结构都有一种法则，这就叫语法。三是词汇，词汇是一切事物、行为和性质的名称，如"天"字，英语说成 sky，俄语读成 небо，都不相同。第四是文字，是语言的符号。假如文字不算在内的话，那么我们学习语言就只有三个要素：语音、语法和词汇。

语音问题不大，因为我们读古书不一定要学古人的读音，但是我们也要知道古今读音的不同。如"人"字，北京音读 ren，上海音白话读作 nin，文言读 zen。据我们的研究，古人"人"字的读音和上海白话的 nin 差不多。这种东西对于我们学习古代汉语来讲不太重要，古人读音可以让专家去研究，我们一般仍按北京音去读，上海人就按上海音去读好了。

语法比较重要，但不是最重要的一种，我们过去教古代汉语常常有一种误解，以为语法讲法则，只要把古代汉语的语法研究好了就等于掌握了规律，完成学习古代汉语的任务了。其实不然，因为语法有很大的稳固性，它变化不大，如"我吃饭"，在古代和现在差不多。特别是比较文的话，如"抗震救灾"，从古代到现在都一样。语法变化不大，所以我们放弃了词汇不研究，专去研究语法还是不解决问题。再说我们的前辈学古文，也不是从语法入手，他们都是念得很熟，能背诵，那时恐怕还不懂什么叫语法，可是他们学习得比我们现在一般人还好。所以我们应着重在词汇方面。我们不能像学外语语法那样，因为外语的语法和我们的差别太大，不学好是不行的。我们现代汉语和古代汉语差别不大，所以我们学习的重点应放在词汇上面，要注意词义的古今异同。首先我们要攻破词汇关,特别是要掌握常用词。我们常有这种想法,感到古人的词汇很贫乏,不够用,不像我们现在那样的丰富。应该说现代汉语的词汇比过去丰富,但不能说古代汉语的词汇很贫乏。我们应该注意古人的许多概念分得很细,可是由于我们不了解,把它混同起来了而感到贫乏,其实在某些地方,比我们现代分得还细,例如,古人说青、赤、黄、白、黑五色,是正色。此外,还有别的颜色,如青黄加起来成为绿色,白色加青色成为碧色,赤色加白色成为红色,黑色加赤色成为紫色。从颜色来看,分得很清,不简单。再以红色来讲,红有粉红、大红,古人却只有红色,是不是因为没有粉红而觉得贫乏了呢?其实不然,古代大红叫"赤"或叫"朱",粉红才叫"红"。《论语》中孔子说红紫不可为亵服。因为红紫不是正色,赤才是正色。"红旗"是用现代汉语说的;日本《赤旗报》的"赤旗"两字,倒用的是我们古代汉语。但是,从词义讲,我们要注意时代性。"红"在古时作粉红讲,但到唐朝时却当大红讲,如白居易的词中说:"日出江花红胜火,春来江水绿如蓝。"这里的"红"就是大红,和现代的意义是一样的了。再讲蓝色,古人叫"青"。青草的"青"、青天的"青",就是蓝色的意思。所以我们不能说古人没有蓝色的概念,不过它是以"青"字来表示罢了。古时的"蓝"不当蓝色讲。"青出于蓝而胜于蓝"这个成语中的"蓝"是染料,用它来染丝麻织物时,它的颜色是蓝的。它的意思是说:青色从染料中出来,而它的颜色却胜过染料本色。如解作青色出于蓝色,且胜过蓝色,这就乱了。刚才讲过白居易词中的"春来江水绿如蓝",其中的"蓝"也不是青色,是说水色绿得好像染料一样,并不是说绿色比蓝色更绿,否则不像话了。由此可见,古人的概念还是分得很细,由于我们不注意,了解得不够,所以觉得古人的词很多,可是用起来意思却一样而显得贫乏了。其实我们真正深入地去进行研究时,就会发现古人的概念是分得很细的,有些比我们现在还细。

现在来讲几个字:"寝、眠、卧、睡、寐、假寐"。这几个字,虽然同是与睡觉发生关系的概念，可是分得很细。"寝"是躺在床上睡；"卧"是倚着矮桌子睡；"眠"是闭上眼睛，没有睡着；"寐"是闭上眼睛，没有知觉，也就是睡着了的意思。古人说"眠而不寐"，就是闭着眼睛没有睡着。"睡"是坐寐的意思，就是坐在那里睡着了；它和"寝"不同，因"寝"是躺在床上睡的。"假寐"就是不脱衣冠坐在那里打瞌睡。单从上述有关睡觉的概念来说，已分为六类，由此可知古人的概念还是分得很细的。

现在再举"项、颈、领"三字为例。这三个词的概念在古代汉语中也分得很细。"领"是指整个脖子，如"引领而望"是说伸长着脖子在远望；"首领"是脑袋和脖子的总称。"项"是指脖子的后部，古人的成语"项背相望"是说一个跟着一个在走，后面的人望着前面人的"项背"，如说"颈背相望"那就不对了，因为在背后的人是不能望见前面人的颈子的；如说"领背相望"也不好，因为没有说清楚后面的人望着前面人的"项"。"颈"一般是指脖子的前面。古人说"刎颈"是自杀的意思，如楚霸王项羽刎颈自杀了，不能说"刎项"，因为"项"是在后面的，那就自杀不了。所以古人对词的概念在有些地方是分得很细的，不能说它贫乏，相反地，在某些概念上倒是分得很清楚的。

再举例来说，关于胡子的问题，古人分为"须、髭、髯"三个概念。口下为"须"，唇上为"髭"，两旁叫"髯"。关公的髯很长，所以称作"美髯公"。总的名称，也可以用"须"字。我们现在没有这样丰富的概念，不管是上面的、口下的、两旁的都叫做胡子。概念的多少、分得细不细与时代的风俗习惯有关。"须、髭、髯"之分，因为古时男子多数留须，所以须要加以区别。现在我们留胡子的人少，不须要分得这样仔细，统称为"胡子"就可以了。还有，在我们古书上，猪、马、羊、牛的名称种类很多，就是因为在畜牧时代，对初生的猪、一岁的猪、二岁的猪的名称，都须要分开，才能讲得清楚。所以说，一个时代跟一个时代不同，一个民族跟一个民族不同，因此也就不能简单地说古人的词汇是贫乏的。这是讲词汇的第一个问题。

前面提到，古人的词汇不贫乏。在日常生活中用到的词，古人都具备。照斯大林的讲法，这叫做基本词汇。在日常生活中用到的词，就概念来说，古人都有，不过他们所用的词跟我们现在不完全一样。比如红的概念，古人也有，不过用"赤"字来表示。现在的"睡"字，古人则用"寐"字。"睡醒了"，古人也有醒的概念，不过是用了"觉悟"的"觉"或"寤"字。这个"醒"是后起的字，上古时代没有。我们现在讲"睡觉"，在古时只是睡醒的意思。上古时代没有现在的"泪"字，这自然不能表明古人没有泪的概念，上古时代，用"涕"字来表示，《诗经》有句话："涕零如雨。"是说眼泪流下来像雨一样。如果我们不了解它的意思，把它当成鼻涕的意思，那就会解释成"鼻涕流下来像雨一样"。这就不对了。那么，古人用什么字表示鼻涕呢？是个"泗"字。《诗经》有"涕泗滂沱"的话，是说眼泪、鼻涕一起流下来。还有上古时代，没有"睛"字，这个"睛"字，用现在的话说，就是眼珠子。古人有眼珠的概念，是用"眼"字表示的。所以伍子胥死时，曾说过把他的眼挖出来挂在城门上的话。那时说挖"眼"就是挖眼珠的意思。那么古人用什么字来表示眼睛的概念呢？这就是大家所知道的"目"字。这个"目"字，现在还用。再有"高低"的"低"字，上古时候也没有。那时用"下"字表示低的概念，古书中常有"高下"的说法，孟子曾说过"如水之就下"，即水往低处流的意思。根据以上所说，我们可以肯定地说，现在的一般概念，古人都有，至于用什么词来表示，那和现在不一样。

关于古代词汇，现在我们好像懂得，但又不一定真懂。要注意，有些词，不要以为讲得通就算对。讲通了有时也会出错。有时讲起来似乎不会有什么问题了，其实不然，恰恰还有问题。刚才提到苏东坡的诗句"娟娟云月稍侵轩"，其中的"稍"字作"稍微"讲，也能讲得通，但这样的讲法不对。另外，"时不再来"这句话，出在

《史记·淮阴侯列传》，那里说："时乎时，不再来。""时不再来"这四个字，大家都认识，用现在的话解释，就是时间不再来，这样讲好像不难懂。其实这样解释是不对的，"时"不作"时间"讲，而是时机的意思；"再"是两次，"再来"是来两次，整句话的意思是时机不会来两次。可见讲通了的未必就是对的。再举个例子，《史记·万石张叔列传》有"对案不食"的话，这好像容易懂，"案"是桌子，"对案不食"就是对着桌子吃不下饭。因为当时万石君的儿子做错了事，万石君很伤心，吃不下饭，他儿子因此就悔过。所以这个故事中才用了"对案不食"的话。但要知道，汉朝时候没有桌子，古人是席地而坐的。"案"这里不能当桌子讲，是一种有四条腿的托盘，可以用来放饭菜。古人吃饭时，就把饭菜盛在托盘里，因为它有四只脚，可以平放在地上。"对案不食"是说对着盛放饭菜的托盘，吃不下饭去。这样讲就对了。如果这里把"案"讲成桌子，虽然也能讲得通，可是在别的地方就讲不通。语言是有社会性的，一个词在这里这样讲能讲得通，在别的句子里讲不通，那就有问题，比如在"举案齐眉"这个成语里，把"案"讲成"桌子"，那就讲不通。"举案齐眉"的故事是说从前有夫妻二人，丈夫叫梁鸿，妻子叫孟光，他们相敬相爱。孟光给她丈夫送饭，把盛饭菜的盘子举得和眉一般齐。"案"只能解释为"盘"，如果要讲成桌子，那孟光一定举不起来了。总而言之，对古人用词，要有敏感，要仔细分析，要从大量的材料中进行概括，进行比较，通过自己的思考，把它弄清楚。单纯地靠查字典，那是不够的。

四、语法的学习

刚才讲到，语法没有词汇那样重要，因为古今的语法变化不大。但这不等于说，古今语法没有变化，也不等于说我们可以不必学古代汉语语法。

关于古代汉语语法，我想可以找些书看看。比较通俗的有杨伯峻的《文言语法》。因此我不详细讲了,只能举些例子说说。

常常有人提到,在否定句中有个词序问题。所谓否定句,是指含有"不、莫"这一类字眼的句子,比如"不知道我",古人说的时候,要把词序颠倒过来,说"不我知"。这就是说,在否定句中,要把宾语提到动词前面去。还有"你"字,古代说成"汝","他"字说成"之","自己"说成"己"。这一类都是代词,在否定句中,如作宾语用,一律提到动词前面,说成"不我知、不汝知、不之知、不己知"。这可以说是一条规律,用得很普遍。

疑问句中的宾语,也要提前。不过这里有个限制,宾语必须是代词,比如"何"字,是个代词,它在"尔何知"这句话中作宾语用,须要提到动词前面。如果不提前,说成"尔知何",那不合语法。有个成语"何去何从",意思是离开什么,追随什么。这个"何"字也在动词的前面。《孟子》中有句话:"先生将何之。""之"者,往也,是去的意思。这个"何"是动词"之"的宾语,须要提前。上古时候,"往"字不带直接宾语,因此这句话不能改成"先生将何往"。何以见得?这可用《孟子》中另外一句话作比较说明,《孟子》中有句话说:"天下之父归之,其子焉往。"这个"焉"字作"于何处"讲,而"于"是介词,所以"焉"能当"往"的间接宾语用。

学习古代汉语语法,要仔细进行分析。宾语要提前,得有条件,那就是必定在否定句、疑问句的情况下。另外,宾语必须是代词,如果是普通名词,那就不能提前,比如说"不骑马",就不能说成"不马骑"。"知我"不能说成"我知",因为这不是否定句。如果学习时,忘了这些条件,那就容易出错。《论语》中说:"不患人之不己知,患不知人也。"意思是不怕人家不知道自己,只怕自己不知道人家。这句话中,"不己知"中的"己"字,提到了动词前面,"不知人"的"人"却没有提前。这些地方都值得注意。语法方面有很多问题值得研究,有的可研究得很细。不妨再举个例子。"之"和"往"有分别,"之"本来是往的意思,但从语法上看,"之"不等于"往",其中有差别。"之"的后面可以带直接宾语，而"往"则不能，比如说到宋国去，可说"之宋"，到齐国去，可说"之齐"，但不能说"往宋、往齐"。总之，关于学习古代汉语语法，因受时间的限制，不能多讲。上面所讲的，只想说明一个问题，那就是我们也要注意学习语法。

五、学习的具体措施

提到具体措施，首先是要拿出时间，慢慢地学。应当循序渐进，不能急躁，不能企图一下子就学好。这就是所谓欲速则不达。学外国语，有所谓"俄语一月通"，一个月内学通俄语，那种学法是不会学得牢固的。学习古汉语也一样，不能企图一两个月学好。我们说，学古汉语，学一二年不算多。北大学生，每周学四小时，学二年，还只能学到一般的东西，谈不到学得深透。学习不能速成。我知道大家想学得快学得好，希望能讲些规律，以为掌握了规律就算学好。规律是须要讲的，但不能把规律看得很简单。学习语文是个反复的过程，快了不行。比如给古书断句，很不简单，常常有点错的情况。点错的或点不断句的，那他一定不懂书的意思，就算是点对了，也还不能说他就一定懂。同学们常点不断句，他们提出问题，问怎样点才能点得对。这就涉及到掌握规律的问题。不会断句的原因是多方面的，有词汇方面的原因，有语法方面的原因，还有不了解古时风俗习惯的原因，等等。可见规律是很复杂的。如果只是讲规律，不从感性知识方面入手，那是不行的。两者应当结合起来。刚才有人提了这样那样的问题，我想总的回答一句，就是学得多了，才能逐渐积累起来，积累多了，问题就解决了。要不然，一个一个问题解决，零星琐碎，而且还达不到自己的愿望。那么，究竟怎么办呢？我看要多读些好文章。可以读读《古文观止》，这书市面上有卖的，其中一共有两百多篇文章，不要求都读，可以少读些，读三五十篇就可以。要读，就要读些思想性较好的或自己爱读的文章，最好能够背诵，至少要读熟。此外还可念些诗，读读

《唐诗三百首》。三百首太多,不妨打个折扣,也挑选些思想性好、爱读的诗读读,读一二百篇也就可以了。要读得熟,熟能生巧。所以学古汉语的最基本要求,就是念三五十篇古文,一二百首唐诗。宁可少些,但要学得精些。

另外,要学些常用词,这也很重要。关于常用词,只要认真学,是容易掌握的。那些过深的词,可以不必学它。如果要求高些,还可以念些较深的书,如《诗经》《论语》《孟子》。可以先念《孟子》,再念《论语》,这两部书都比较浅。《诗经》稍难些,可以最后学。前两部书可整个念,最末一部可以念选本。《论语》可以选用杨伯峻的《论语译注》,《孟子》可读兰州大学中文系编的《孟子译注》,《诗经》可以采用余冠英的《诗经选》。除此以外,在学习方面还有更高的要求,这里就不多讲了。

诸位都是机关干部,各人的情况不一样。大家可能不会有很多时间学古代汉语,那就不妨少学些。诸位读古文,可能有困难,就是看了注解,也不一定全懂。要慢慢地学。有个函授学校,可以帮助诸位解答一些问题,下次王泗原同志还准备给诸位讲古文。当然不可能讲得很多,只能起一些示范作用,主要还得靠自己去学。我想只要能熟读,即使不懂也没有什么问题。现在有个尝试,小学生读古文,准备他们学不懂,这没有关系,只要熟读了,慢慢地就会懂的。这些话与刚才讲的要仔细地读,好像有矛盾,其实这里没有矛盾,刚才说的那些,都是从较高的要求提出的。我们不要有惧怕的心理,因为古汉语中一定有容易懂的地方。能懂一些,就会培养出兴趣来。有了兴趣,就能慢慢地读通古文。北大的学生在学校要学二年,诸位不妨读它三年或更长的时间。我相信你们是一定能够学得好的。这也算是我对你们的希望吧!

原载《语文学习讲座丛书》第 6 辑,1980 年

《古代汉语》凡例

一、本书包括三个内容:文选;常用词;古汉语通论。这三个内容不是截然分离的三个部分,而是以文选为纲,其他两部分跟它有机地结合在一起的。因此,在安排这些内容的时候,不但要照顾纵的方面的系统性,即三者本身特别是文选的系统性,而且要照顾横的方面的系统性,即三者之间结合上的系统性。在常用词和通论的纵的方面系统性显得不够的地方,常常是为了照顾横的方面的系统性和文选的纵的方面的系统性,因为三部分的密切结合是这一部教材的特点。有必要指出,所谓三部分密切结合,也不是强求三者处处机械地相结合。如果勉强那样做,势必多所迁就,结果会破坏了三者本身特别是文选的系统性。

二、本书分为上、下两册,每册分为七个单元,每一个单元都包括文选、常用词、通论三个部分。

三、文选的次序安排,大致是既按时代,又按文体,有的还照顾到由易到难、循序渐进的原则。上册选的基本上是先秦时代的作品;下册选的是汉魏南北朝唐宋元的作品。上册先列《左传》《战国策》,次列《论语》《礼记》及诸子,后列《诗经》《楚辞》。下册先列散文,次列骈体文、辞赋,后列诗歌。

四、对于重要著作和重要作家,前面都有简单的介绍。

五、注释一般采用传统的说法。其中有跟一般解释不一样的,则注明"依某人说"。但不兼采众说,以免增加学生负担。特别是避免客观主义,如说另一解释"亦通"。教员如不同意这一解释,可以采取别家的说法。

六、本书注释遇着的确难懂的地方就承认它不好懂,姑且援引一说以供参考,或者注"疑有误字、疑有衍文"等,不勉强解说,以免牵强附会。

七、本书不作烦琐的考证。有些明显的错字就根据其他版本或后人的校订改了,但对传诵较广的经书,虽经后人校订,而无其他版本可据,则不改。有时候,由于版本不同而字异,改不改无关重要,也不改。无论是哪一种情况,都在注中略加说明。

八、本书解释词义,指的是那词本身固有的意义,而不是从上下文猜测出来的意义。如果在本文中必须解释得更灵活一些才能使学生更容易了解,就用"等于说、指、这里指"等字样,指出那词在这样语言环境可以这样了解的意义,并且一般都先注出那词本身固有的意义。这表示,那词在这里所有的意义是在它的固有意义的基础上产生的,而且到了别的语言环境就不再具有这种意义。

九、有些词语是一般注释家所不注的,为了便利初学起见,凡是跟现代汉语距离较远的,我们都注上了。下册随着学生古文水平的提高,注释逐渐减少。

一○、在注释中,我们特别注意关于语法的说明。这样,文选部分可以跟通论部分更密切地结合,而且可以补充通论之所不及。不过也不能注得太繁了;教员遇必要时还可以加以适当的补充。

一一、本书注释的术语不用文言,例如不说"怒貌"而说"发怒的样子",不说"犹言"而说"等于说"。对于词语的解释,力求用跟古代汉语相当的现代汉语。只有在找不到合适的现代汉语词句来解释的时候,才酌用浅近的文言。对于句子的串讲,也尽量用跟原句语法结构相同或相近的现代汉语。如不可能则意译,用"大意是"标出。

一二、上册的常用词大致是以《春秋三传》《诗经》《论语》《孟子》《庄子》书中出现十次以上的词为标准,而予以适当的增减。减的是人名、地名和本书文选中不出现的词,以及古今词义没有差别的词,增的是古今词义差别较大而又相当常用的词。下册的常用词一部分也是先秦的常用词,另一部分是汉魏南北朝的常用词。至于唐宋以后产生的新词,则不再收录。

一三、常用词的次序安排,尽可能做到以类相从。但是,由于照顾到跟文选相配合,同类的词可以在不同的单元中出现。书后另附检字表,以便检查。

一四、每一单元所收常用词在 60—80 之间。这些词必须是在文选中出现过的。但是它们的词义有些可以是后面的文选中才讲到的,甚至有些(极少数)是本书的文选所讲不到的。

一五、常用词一般只收单音词。双音词和词组酌量收一些(极少数),附在单音词后面。

一六、在常用词之中,我们也只收常用的意义。不常用的意义,特别是僻义,因为实践意义不大,学生可以暂时不掌握它们。

一七、一个词有两种以上意义者,先讲本义,再讲引申义。《说文》中所讲的本义有些是不可靠的,所以这里所讲的本义不一定跟《说文》符合。在讲本义时,也不指明是本义,学生可以自己领会。有时候,《说文》所讲的本义并不错,但是由于不是常用的意义,我们也就不讲了。

一八、引申义分为近引申和远引申两种。近引申义只附在本义(或它所从出的意义)后面,不另立一种意义;远引申义则另立一种意义。假借义也另立一种意义。

十九、我们是用现代汉语解释古代汉语,而不是用古代汉语解释古代汉语,例如“往”被解释为“去”,意思是说古代的“往”等于现代的“去”,不是说古代的“往”等于古代的“去”。凡遇古今词义相等时,则以本字释本字,例如“来”被解释为“来”,意思是说古代的“来”等于现代的“来”。

二〇、古今差别较大的词义,加⊙号以唤起注意。

二一、在常用词中,凡遇后起的意义都注明"后起义"字样。凡未注明"后起义"的地方,即使举了后代的例子,这个意义也是继承上古的。

二二、常用词举例尽可能举文选中已经读过的或将来会读到的。举已经读过的,可以总结已知的词义;举将要读到的,可以先打一个基础。对于本书文选中所没有的例子,必要时加以适当的解释。

二三、每一种词义不一定只举一个例子。对于古今词义差别较大的地方,往往多举一两个例子,表示这个意义在现代虽然消失了或罕见了,但它在古代却是常见的。

二四、词义和语法有一定的联系,常用词部分解释词义,有时也谈某些语法现象,以便更好地了解词义。

二五、对于某些义近的词,另立词义辨析一项,以[辨]为标识。如果近义的两个词分别在两个单元中出现,就等它们全都出现后再进行词义辨析。如果是两个以上的词,就不一定等它们全都出现。有些词,由于它们的词义跟现代汉语没有什么差别,在常用词中没有为它们另立词条,但是在词义辨析中仍旧拿来跟义近的词作比较,这样对于古代词义的掌握,是有更大的好处的。

二六、通论不都是系统性的理论,其中有些是学习古代汉语所必备的基本知识。通论所涉及的范围很广,但是尽可能做到只讲最基本的东西。

二七、通论大致包含六方面的知识:

(1)关于字典及古书注释的知识。这些知识是学生开始接触古代汉语原始材料时所必须具备的。

(2)关于词汇方面的知识,其中包括文字学的知识、训诂学的知识、名物典章制度的基本知识等。

(3)关于语法方面的知识。

(4)关于音韵方面的知识,主要是说明《诗》《骚》用韵问题,诗词曲的声律问题。

（5）关于修辞的问题以及古书句读、古文结构等问题。

（6）关于文体的特点问题，主要是讲赋的构成和骈体文的构成。

二八、通论的次序安排，依照下面的两个原则：

（1）循序渐进的原则。例如刚开始时先教学生怎样查字典辞书，怎样辨别古今词义的异同，然后讲文字学的基本知识和语法上的主要问题，等等。

（2）配合文选的原则。例如在文选讲到《诗经》时，通论就讲《诗经》的用韵；在文选讲到赋和骈体文时，通论就讲赋的构成和骈体文的构成。在文选讲到唐诗、宋词、元曲时，通论就讲诗律、词律和曲律。

二九、文字学主要是讲字形和字义的关系。只是举例说明，不是逐字分析。

三○、语法只讲古今语法差别较大的地方。虚词只讲一些重要的和常见的。所讲的虚词也只讲它们的一般用法。其余的虚词和其余的用法则在文选的注释中随时讲解。

三一、关于名物典章制度，只是把它作为一个重要的问题提出来加以强调，引起学生的重视。这种知识要靠长期积累，不是短时间就能充分掌握的。因此，这一部分力求简要。

三二、通论举例，尽可能从已读的文选中举出，也可以举将来才读到的文选中的例子。有时候，某一个问题必须加以说明，而本书文选中没有合适的例子可举，也可以从古书中另找一些易懂的例子（极少数）。

三三、通论不能讲得太多太细；每册后面都有若干附录，以供学生要求深入者参考。

原载王力主编《古代汉语》上册第一分册，中华书局 1962 年

《古代汉语》教学参考意见

　　"古代汉语"是一门工具课,教学方法特别重要。这一部教材是根据一定的教学原则来编写的。现在我们根据一年以来北京大学、北京师范大学、中国人民大学"古代汉语"的教学经验,提出几条教学原则来,供使用这部教材的教师同志们参考。

　　(一)本书分上下两册,共十四个单元。如果教学计划规定"古代汉语"讲授两个学期,则每学期用一册。如果是三个学期,则每学期约讲五个单元,第四学期讲四个单元,最后留一段时间进行总复习或者进行一段实习。如果是四个学期,进度大致与三个学期的一样,到第四学期则选读原著,并用原有的注疏,不加标点,进行实习(包括标点分段,用现代汉语注解、翻译等)。

　　(二)文选比通论占的时间要多些,或者各占一半的时间。常用词不须在堂上讲授,只须在开始时讲一讲常用词部分的体例,然后由学生自己阅读。考试和考查,则须包括文选、常用词、通论三部分。

　　(三)在安排进度时,要保留百分之二十五到百分之三十的时间进行习题课。习题课主要是环绕正课,巩固课堂所讲授的知识。习题要多样化,如翻阅工具书、翻阅古注、语法练习、常用词练习、文言译白话、白话译文言、诗词曲律练习,等等。我们在书中没有附习题,因为我们在这方面的经验还不够。希望以后汇总各校的经验,再考虑附入。

（四）文选分为讲读和阅读两种，讲读约占四分之一或稍多，阅读约占四分之三或稍少。每一单元都必须有讲读，有阅读。考试时，对讲读部分与阅读部分应有不同的要求；但作习题时应包括这两部分。书中没有标出哪些篇是讲读的，哪些篇是阅读的，是让各校有较大的选择自由。

（五）文选的讲授以解释词句为主。必须做到学生对文中的词句的意义都懂透了，切忌不求甚解。适当的串讲是必要的，否则学生每个词都懂了，也还不能把意思连贯起来；但篇幅较长而文字较浅的也可以不串讲。每段的大意，我们没有写在书中，全文的中心思想，我们也只在篇幅较长或文意较晦的作品里，作了简单的介绍（见第一段的第一注），这都是让教师同志们有自由发挥的余地。关于作者的介绍和书的解题可以不讲，因为书中已写了，学生可以自己看。分析批判，可以讲一些，也可以不讲。讲时亦不宜多占时间（最多不超过六分之一的时间），要避免把这个工具课讲成作品分析。

（六）可以适当地要求学生背诵若干篇章，至少是鼓励熟读其中一部分。古文不熟读，必然会影响教学效果。

（七）通论原则上每篇都要讲。但也不是逐句逐段地讲，而是重点地讲。估计学生不容易懂的地方要详细地阐发，相反地，某些部分可以简单地交代过去，让学生自己阅读。

（八）课外作业和课外辅导也是重要的教学环节。大约两周留作业一次，教师认真批改。每周辅导一次，或个别，或集体。时间与次数不是硬性规定的，各校可以灵活掌握。

（九）有些学校虽然赞成文选、常用词、通论三结合的原则，但又分开来教，例如甲教师担任文选，乙教师担任通论。我们认为这个办法不很好。我们觉得，即使是两人以上共同担任一门课，最好还是通力合作，而不是把文选与通论截然分开。至于有人主张先讲完全部文选再讲通论，或先讲完全部通论再讲文选，那就变成了两门课,更不合适了。

我们的经验很不够,上述的九项原则不敢说都是好的经验;而且各校的具体经验也不一样,不能胶柱鼓瑟。希望各兄弟学校担任"古代汉语"课的教师同志们创造更好的教授方法,积累更好的经验。

原载王力主编《古代汉语》上册第一分册,中华书局 1962 年

《古代汉语》(修订本)教学参考意见

本书此次修订,得到了许多任课教师的宝贵意见。由于各种原因,有一些意见未能接受。我们认为有责任在这里解释一下,以供教学上的参考。

一、关于教材分量的问题

此书四大册,许多学校特别是师范学院表示讲不完,希望我们压缩一半。我们认为各校古代汉语的课时不一样,材料多了,可以有选择地教,不必全教。有些学校古代汉语课时较多,如果我们削减教材,对这些学校反而不便。

课时不够,可以删去《古代文化常识》不讲;再不够,可以删去一些长篇文章(如《淮阴侯列传》《霍光传》)和长篇词曲(如《莺啼序》《西厢记》)。总之,要删到分量适合课时,不宜赶速度,勉强把全书教完。

二、关于文选、常用词、通论三结合的问题

我们仍旧坚持三结合的原则。有人主张把文选、常用词、通论分为三册，我们不赞成。那样就成为三个课程，不是一个课程了。我们认为文选、常用词、通论三个内容应该是有机联系，应该互相穿插地教。此次征求意见，也有同志鼓励我们坚持三结合的原则。这是这部教材的特点，我们坚持这样做。

三、关于常用词的教学问题

有的同志认为，常用词不好教，学生记不住常用词的各个义项，看不懂例句，不如取消常用词。现在有了《古汉语常用字字典》，学生读古书不懂字义时，可以查看《古汉语常用字字典》。

我们认为，这是教授法的问题。常用词不须要讲授。教师先指导一下，然后让学生自学。也不须要死记每一个词的每一个义项，只要注意记住古今不同的义项(以⊙号为记)。记不牢也不要紧，将来遇到类似的语句，会想起这个词义来的。某些例句看不懂也不要紧，只懂得一个大意就行了。

教材中的常用词的作用，和《古汉语常用字字典》的作用是不同的。人们阅读古书，只有看不懂某一语句时，才去查字典。有时候，自己以为看懂了，其实是不懂。在这种情况下，他是不会去查字典的，例如《左传·隐公元年》："小人有母，皆尝小人之食矣，未尝君之羹。"《史记·项羽本纪》："吾翁即若翁，必欲烹而翁，则幸分我一杯羹。"许多人误解"羹"为"羹汤"，不会再去查字典。如果学了常用词，知道"羹"是带汁的肉，就不会误解为"羹汤"了。教材中的常用词是识字教育，与作为工具书的字典的作用是截然不同的。

四、关于语法的教学问题

有的同志批评说，本书的语法讲得太零碎，不全面，不系统。

希望我们讲得更详细些。

这也是教授法的问题。我们把古汉语的语法讲得比较简单，是假定学生先学习了现代汉语语法。古今语法差别不大，古今相同的语法不必再讲，以免浪费时间，教学效果不好。本来许多学校古代汉语的课时就嫌不够，如果我们全面系统地讲授语法，势必影响讲授文选的时间，那就得不偿失。如果讲课教师知道班上学生没有学过现代汉语语法，可以根据需要，为他们补课。

这也关系到课程的目的性问题。本课程的目的是培养学生阅读古书的能力。我们认为，古代汉语的问题，主要是词汇的问题，语法的关系不大，因为语法富于稳定性，古今语法的差别是不大的。学生们读不懂古书，在多数情况下，都是因为他们不懂文字的意义，而不是因为他们不懂古代语法。我们在古代汉语课程中，不讲语法是不对的，大讲语法也是不必要的。

五、关于语法体系的问题

有的同志认为，本书讲语法时应该采用中学课本的暂拟语法系统。特别是师范学院，在别的课程中用的是暂拟语法系统，在古代汉语这一课程中用的是另一语法体系，非常不便。

我们认为，王力主编的《古代汉语》不用王力的语法体系，是说不过去的①。况且本书涉及的语法体系（如以"之"字为介词、"所"字为代词）并不是王力自己的语法体系，而是马建忠以及许多语法学家的语法体系。讲课教师如果认为不合适，可以改用暂拟语法系统或其他语法体系。在语法问题上，应该提倡百家争鸣。

---

① 王力注：我最近写了一本《古代汉语常识》，为了照顾中学教课的方便，采用了暂拟语法系统，引起了很多人的误会，以为我放弃了我的语法体系了，我在这里声明一句，我没有放弃我的语法体系。

六、关于难句的注释问题

　　古书中有些难句,后人有各种不同的解释,我们采用其中一说,注明依某人说。有的同志认为,应该把诸说罗列出来,以供选择。我们认为这种作法不妥。因为我们的学生初学古代汉语,还没有辨别真伪的能力,罗列众说反而使他们无所适从。教师同志如果认为我们所采的一说是不对的,可以另采他说讲授。

　　有些句子本来并非难句,后来被曲解了,我们为了恢复其本来面目,采用了传统的解释,也注明依某人说,例如《诗经·魏风·伐檀》:"不稼不穑,胡取禾三百億兮?"注:"億,十万,指禾把的数目(依郑玄说)。"言外之意,是反对俞樾的曲解(他以"億"为"繶")。

　　　　原载王力主编《古代汉语》(修订本)第一册,
　　　　　　　　　　　　　中华书局1981年

《古代汉语》编写中的一些体会

《古代汉语》出版了。我们诚恳地期待着专家们和广大读者的批评和指教。

这一部教材,自从1958年教育革命以来,全国各高等学校根据理论与实践相结合的原则,对教学内容和方法都进行了一些必要的改革,古代汉语这一课程也有了崭新的面貌。我们吸收了各校古代汉语教学改革的宝贵经验,编写成了这一部教科书。书中如果有一些优点,那是表现了各校教学改革的成果。书中也一定有许多缺点和错误,那是编者思想水平和业务水平都不高、教学经验又不够的缘故。这里,我想谈一谈我们在编写中的一些体会,以供同志们参考。

一、课程目的

古代汉语这一课程的目的是培养学生阅读古书的能力。要求学生在修完这一课程以后,能阅读唐宋人的一般文章(例如《资治通鉴》);其中业务水平较高的,能凭借古注,阅读汉代以前的古书(例如《左传》《史记》)。

为什么要培养学生阅读古书的能力? 理由是不言而喻的。我们有几千年的文化遗产,必须批判地继承下来。如果我们不能读懂古书,就谈不到批判和继承。我们要评价一位古代文学家的作品,就必须彻底了解作品的内容,而要彻底了解作品的内容,第一步必须通过文字关。如果我们对古人作品中的文字不求甚解,囫囵吞枣,就可能对古人作品产生误解,作出一些错误的判断。文学史如此,历史、哲学也都如此。甚至数学、医学、农学、工学等方面,凡是牵涉到古代文献的,也都存在着文字关的问题须要解决。因此,培养学生阅读古书能力,是我们高等学校文科各系的基本训练项目之一。

在过去,并不是所有的高等学校的古代汉语课程都有这样明确的目的的。有的学校把它讲成文字、音韵、训诂,有的学校把它讲成文言语法,有的学校把它讲成汉语史。有的人认为这个课程的目的在于使学生掌握一些理论知识(文字、音韵、训诂和文言语法),有的人认为它的目的在于使学生掌握一些历史知识(汉语史)。有的人虽然认为它的目的在于培养学生阅读古书的能力,但是教学内容和方法既不是针对这个目的的,也就不容易达到预期的效果。

文字、音韵、训诂,这是传统的所谓小学。当然,文字、音韵、训诂三方面的知识对于提高阅读古书能力是有帮助的。但是,历来讲这一门学问的人都讲得太专门了,其目的是为了解决专门的问题,例如解释古书中的疑难字句。现在我们的青年学生迫切需要的并不在这一方面,而是在于读懂一些最普通的文言句子,使他们能接触一般的古籍。因此,文字、音韵、训诂作为古代汉语课程的整个内容来教给学生是不妥当的。这种做法是不能达到上述培养阅读古书能力的要求的。

文言语法的研究,也像文字、音韵、训诂一样,对阅读古书能力是有一定帮助的。但是,有的人把语法的作用夸大了,以为掌握了文言语法就是掌握了古代汉语的规律,而掌握了这个规律也就自然具备了阅读古书的能力。这是错误地把语言结构的规则(语法)看成规律了。古代汉语自然也有它的规律,例如它的形成和发展的规律等,那是极端复杂的研究对象,绝不是简单的几条语法条文所能说明的。古今语法的差别是不大的。古代汉语的难关在词汇方面,不在语法方面。如果不掌握足够的文言词汇,即使熟读一部文言语法,对于古书,仍旧不得其门而入。相反地,如果掌握了足够的文言词汇,即使不懂文言语法,也能基本上具备阅读古书的能力。我们祖父的一代并不懂得文言语法,他们只要多读古文,也就逐渐养成了阅读古书的能力。这是可以借鉴的。我们并不是排斥语法的教学,但是语法代替一切的观点是不全面的。

汉语史的研究,距离培养阅读古书能力的目的更远一些。汉语史和古代汉语,这是性质不同、目的各异的两门课程。汉语史是一种历史课,讲的是汉语的发展过程;古代汉语是一种工具课,它以掌握语言这个交际工具为目的。现在有的高等学校同时开设这两门课程,二者之间的界限是很清楚的。

古代汉语既是一门工具课,在课程性质上,它是接近外语课的。教外语不能专教语法,不让学生熟读课文;教古代汉语也不能专讲理论知识,不让学生熟读一些文章。前人熟读《古文观止》和《唐诗三百首》的办法应该认为是优良的传统,值得继承下来。事实上,1958年以前有许多高等学校所开的古代汉语讲的也正是历代文选。我们认为,专讲历代文选虽然也是一个偏向,但是在培养阅读能力的要求上说,专读文选要比专讲语法更有效些。

既不能专讲理论知识,又不能专讲文选,那么,唯一的有效方法只能是文选和理论知识结合起来。我们认为这个方法是感性认识和理性认识相结合的方法。

课程的目的是衡量教学效果的标准。教学内容和教学方法,必须是环绕着课程的目的的。假定有五个学校,分别采用五种不同的方式来进行古代汉语教学,一个专讲文字、音韵、训诂,一个专讲文言语法，一个专讲汉语史，一个专讲历代文选，而最后一个运用了感性认识和理性认识相结合的教学原则。如果进行理论知识的笔试，很可能是前三个学校的学生答得更好；但如果测验阅读古书的能力，例如学生自己注解或翻译一段古文，那就会是后两个学校，特别是最后一个学校的学生成绩更好。目前这一部教科书正是针对培养学生阅读古书能力这一个目的来写的。

二、教学内容

这一部教科书一共有三个内容：第一是文选，第二是常用词，第三是古汉语通论。这三个内容是密切地结合的，是交织在一起的。以文选为纲，常用词和通论都跟着文选走。常用词部分所讲的词必须是文选中出现过的，所举的例子也就是文选中已出现或将出现的句子。通论部分所讲的理论知识尽可能跟文选配合，举例也尽可能在文选中找。上文所讲的古代汉语课程的新面貌，指的就是这三个内容的结合。

文选部分的作用是给予学生充分的感性认识。语言的学习是一个反复的过程，要掌握古代汉语，除多读多记以外，并没有其他的捷径。有人企图跳过这个感性认识的阶段，而直接探讨所谓规律，那只是一种幻想。前人在学习古代汉语时非常重视感性认识，所谓"读书百遍，其义自见"，"熟读唐诗三百首，不会作诗也会吟"，都说明了感性认识的重要性。也许有人反驳说，前人为了学写文言文和旧体诗，所以才重视多读诗文，现在我们只为了培养阅读古书能力，不是为了习作，就不必多读了。那也是片面的看法。本来，如果要求较高，我们也应该要求既能读，又能写。惟有学会了写，然后了解得更深入，更透彻，从而更提高了阅读能力。西洋人学拉丁文也要求能读能写。法国人在训练学生学习拉丁文的时候，既有拉译法（Version），也有法译拉（shème）。我们中国也曾要求过文翻白，白翻文。前人经过了较长时间的学习，有了一二百篇诗文读在肚子里,写文言文时就不假思索,摇笔即来,这时他们阅读古书也就非常顺利。我们现在虽然不提倡写文言文,但是应该提倡多读多背诵。熟能生巧,许多道理(词汇方面的、语法方面的)都可以自己悟出来,这样学习古代汉语,就能收事半功倍之效。

选文的标准,应该是思想性和典范性相结合。我们力求做到所选的文章既是思想健康的,又是脍炙人口的。脍炙人口的文章对后代文学语言的影响较大,读一篇胜于读生僻的文章十篇。

文章排列的顺序,曾经有过三种考虑:第一个办法是由古到今,由远及近;第二个办法是由今到古,由近及远;第三个办法是不分古今,只按由浅入深的顺序排列。我们最后采取了第一个办法。这样做的优点是使学生既能看出汉语发展的轮廓,了解文学语言的继承关系,又能突破难点,顺流而下更快地提高阅读古书的能力。文体也要加以区别,然后在学习上更加便利一些。这一部教科书的文选部分就是既按文体又按时代来排列的。

注释是帮助学生了解课文的。为了避免不求甚解,囫囵吞枣,注释不厌其详(当然也要避免烦琐)。注释兼讲语法,与通论互相照应,互相补充。这是本书的一个特点。另一特点则是尽可能用现代汉语作注释,使每一个词都和现代汉语对得上号。这是照顾学生的接受水平。如果以文言释文言,学生往往似懂非懂,就不是真的读懂了古书。彻底了解课文,这是背诵的先决条件,否则不容易读熟,即使读熟了,也不能充分地起感性认识的作用。

常用词的掌握,这是从感性认识过渡到理性认识。学外语必须记生词;学古代汉语也一样地须要"记生词"。从前学生学习古代汉语的时候,常常有这样一种苦恼:老师讲一篇懂一篇,不讲就不懂。这因为老师随文释义,仿佛词无定义,词义只是随上下文而转移似的。现在把常用词的常用意义讲清楚,今后学生在别的地方遇着这些词,一般都可以按照这些词义去了解,那就等于使学生掌握了一把钥匙,再也不感觉到词无定义了。把一个词在诸书中的主要用途归结为两三种常用意义,这是一种概括。词有本义,有引申义,我们把本义和引申义的关系讲一讲,这又是一种概括。再把同义词辨析一下,这又是一种概括。这不是词汇的简单罗列,而是使学生从感性认识提高到理性认识。经验证明,这种学习方法是比较有效的。

通论部分的作用是给予学生足够的理性认识。上文所说的古代汉语课不应该讲成文字、音韵、训诂,不应该讲成文言语法,不应该讲成汉语史,那只是说,不要把全部时间用来讲这些内容,并不是说,这些内容可以完全不讲了。文言语法在通论中仍占相当大的比重,文字、音韵、训诂的知识,也适当地讲了一些,甚至汉语发展的情况也稍为讲一些,特别是要建立学生的历史观点。有人说,古代汉语课既然讲通论,就不该认为是工具课。我们的看法是:这些理论知识都是环绕着培养阅读古书能力这一个目的而讲授的,是学生所必须具备的基础知识,与纯理论的探讨不同。正如我们不能因为外语课讲了语法就不承认它是工具课一样,我们也不能因为古代汉语讲了语法就不承认它是工具课。关于文字、音韵、训诂也莫不如此。我们讲文字、训诂是和常用词联系起来,讲音韵是和诗歌联系起来,都是有的放矢的。

有些学校用了这部教科书以后,嫌语法部分太单薄了,而且不够系统化。这是对课程的目的有不同的认识的缘故。如果想把古代汉语讲成理论知识课,那自然可以大讲语法;如果想把它讲成工具课,就不能多讲语法,因为要腾出足够的时间来让学生多读文章,多记常用词,同时还要储备其他为了培养阅读古书能力所必需的知识。古汉语语法与外语语法的情况也并不完全相同:外语语法对本国学生是陌生的,不能不细讲,古汉语语法对本国学生不是陌生的,古今差别不大,自然可以少讲。着重讲清楚古今相异的部分,省去古今相同的部分,既避免了语法部分过于庞大,又使学生能够有重点地掌握古汉语语法。本书上册讲文言语法共占八节之多,看来已经足够解决一般常见的语法问题了。

通论部分在下册还讲了文化常识。我们认为这些常识也是有用的。古代汉语必然反映中国古代的文化,没有中国古代文化常识也就必然在阅读古书时遭遇一些困难;当然我们教文化常识只是引导学生注意这方面的问题;将来还要经过长期积累,文化知识才算够用的。

除了文化常识以外,下册还讲了古代的文体、古书的句读、古汉语修辞、骈体文的构成、赋的构成、诗律、词律、曲律等。这些章节的作用是很明显的,这里不多谈了。

三、教学方法

这一部教科书为国内大多数高等学校中文系所采用,有些学校采用上册已经将近四年,各校的教学效果不一样。有些学校的教学效果很好,有些学校较差。在同一学校内,教师的教学效果也不相同。这和教学方法有很大的关系。本来,教学方法并没有固定的框框,每一位教师都可以而且应该发挥自己的创造性。但是教学的基本原则还是值得考虑的。我们编写这一部教科书时,也曾按照一定的教学原则来安排它的内容。因此,我们愿意在古代汉语的教学方法上谈一谈自己的意见。

这一部教科书的总的精神是文选、常用词、通论三部分的密切结合。我们不赞成割裂开来的办法。有人主张先讲半年文选,再讲半年通论(假定总共只教一年),那就是把一门课程割裂成为两门课程,不合于这一部教科书的精神。主张这一说法的同志认为应该让学生先积累较多些感性的东西,然后提高到理论。那样做,是希望把后一半讲成理论知识课,而不是自始至终贯彻工具课的目的要求。也有人主张先讲半年理论,再讲半年文选,那又是另一种割裂。主张这一说的同志认为应该让学生先具备了通论的知识(主要是语法知识),将来讲文选时可以得到许多便利。那样做,是希望把前一半讲成理论知识课,其缺点和前一个办法是一样的。有人建议我们把这一部书拆成三部书出版,一部文选,一部常用词,一部通论,我们不愿意这样做,也就是我们不赞成把古代汉语割裂成为三门课程。

有的学校古代汉语教学时间为两年,有的是一年半,有的是一年。每周上课时数也不一样。有的学校嫌教材内容太多了,有的嫌太少了。嫌太少了,那好办,我们建议在最后一个学期或者是最后几周进行实习教学,可以让学生接触原始材料,自己点句、注释和翻译。这样更有利于巩固和提高。如果嫌太多了,怎么办呢?我们认为,正确的做法应该是同时削减文选和通论,而不能造成偏废的现象。我们建议各校自订一个教学大纲;如果时间不够,可以把教材压缩一下,例如文选部分的骈体文和辞赋可以少讲或不讲,通论部分的文化常识可以少讲或不讲。但是我们不赞成专讲通论或专讲文选,也不赞成多讲通论或多讲文选。

我们在编书的时候,不打算另外再指定课外参考书。这一部书的内容已经够多的了,又有一些附录,让业务水平较高的学生得以参考,以便达到因材施教的目的,这样就不宜在课外增加学生的负担。如果一方面嫌教材内容太多,另一方面又指定参考书,矛盾就更大了。指定参考书,大约不外以下的三种:第一种是其他选本,包括《昭明文选》《古文观止》《唐诗三百首》以及现代人选注的本子等;第二种是《说文解字》之类;第三种是《经传释词》《古书疑义举例》之类。其他选本之所以不必读,是因为没有必要增加文选的篇目,其他选本的注释和教材的注释不同时,学生又无所适从。《说文解字》之类(如段注《说文》)不适合低年级学生的接受水平。《经传释词》和《古书疑义举例》等书都是为了解决古书中的疑难问题的,上面说过,目前迫切须要解决的是一般阅读能力问题,而不是疑难问题,所以这些书可以缓读。总之,增加课外阅读,势必影响课内阅读的时间。与其读课外的书,不如把教科书读得更熟一些,了解得更透一些。

如何讲授文选? 这里只介绍比较常用的一种教学方法。按理,在讲一篇文章之前,应该先讲一讲题解,题解包括作家生平、作品的中心思想和作者的动机等。但是,教科书上已经有了题解(作家小传、专著评介和注),教师也可以完全不讲,只让学生自己去看,必要时可作简短的补充,不要占用太多的时间,以免影响课文的讲解。课文的讲解应占讲授文选时间的70%以上。教科书上虽然已有了详尽的注释,其中有些仍然要讲一讲,特别是要把全句的意思贯串起来。讲解一般分为两个层次:第一是逐句讲解,第二是串讲。逐句讲解不厌其详,不放过一个难字,不滑过一个难句。讲完一段以后,再串讲这一段,同时讲全段的大意(书中没有说明全段大意,是留给教师自己发挥)。课文很长而又易懂的,可以不必串讲。文中如果有一些词组和句子在后代变为成语的,可以适当地指出,例如《陈情表》的“零丁孤苦、应门五尺之童、形影相吊、急于星火”(变为“急如星火”)、“气息奄奄”(变为“奄奄一息”)、“朝不虑夕”(变为“朝不保夕”)、“更相为命”(变为“相依为命”)、“乌鸟私情”(有人省为“乌私”)等;沿用成语也可以指出,例如《陈情表》的“终鲜兄弟”(出自《诗经·郑风·扬之水》)、“日薄西山”(出自扬雄《反离骚》)、“皇天后土”(出自《左传·僖公十五年》)等。最后,如有余时,或有必要,可以讲一讲文章的思想性和艺术性,或者进行适当的批判。但是不要占太多的时间,一则和“作品选”一课要有所分工,二则借以避免占用了课文讲解的时间,达不到工具课的目的。

应该帮助学生自学课堂上没有讲过的文选。当然自学不如讲授懂得那样透彻,但是多读可以增加感性认识。

要不要翻译? 我们认为口头上进行大意的翻译是必要的,所谓串讲也就是口头的翻译。但是我们不赞成在每篇文章后面附上译文。有了译文,学生就存着一种依赖心理,不肯钻研课文了。况且十分准确的译文是不容易做到的,如果照原文直译,有时候不文不白,有时候不连贯,既不流利,也不像现代汉语;如果只译大意,可以译得很流利,很像现代汉语,但是有不少词句会跟原意不十分符合,这种翻译在其他场合可以用,在古代汉语这一课程中不宜用。必须让学生自己去碰难点,自己去对原文的词句揣摩、体会,然后学得牢固。贪省力的办法是会带来一些缺点的。

如何讲授常用词? 我们认为常用词不必在课堂上讲授,只让学生自学就是了。不妨在开始时讲一讲常用词部分的体例,但不必单独地进行讲授。有的学校结合文选来讲常用词,那也是很好的一种尝试。考试时要考常用词,这样就能促使学生重视常用词的掌握。

如何讲授通论? 要紧是把它讲透,而不在乎增加新的内容。据我们所知,有的学校把语法讲得太多了,进度就很难掌握。有人说,文化常识太深了,不好讲。其实只讲教科书所叙述的,不去补充它,还是很好讲的。经验证明,学生对这一部分感兴趣,并且不觉得难懂。

最好学生能有预习的时间。如果预先知道学生难点之所在,文选和通论都更能顺利地进行教学。

可不可以由两三个人合教这一门课? 我们觉得:最好是一个人教到底,这样对学生更有利,因为教师更能了解学生的学习情况。两三个人合教也是可以的,不过首先应该在教学目的上有共同的认识,才能作为一个整体来运用教材,避免轻重倒置,互相脱节,各不相谋。其次是每个人都要熟悉全部教科书,然后能与合作教师所讲的互相照应,互相补充。

四、原则问题

教学改革的重要原则之一是理论联系实际。每一门课程都是教学计划的一环,它有它自己的目的和任务。我们在进行某一课程的教学时,首先要搞清楚它是解决什么问题的,然后按照这个目的和任务来安排教材和教学,否则无论教的多么"好",多么"成功",其所达到的是另一个目的,所完成的是另一个任务,而这个课程本身的目的并没有达到,它的任务并没有完成。古代汉语这一课程的目的是培养学生阅读古书的能力,我们就应该想尽办法,采取一切有效措施,来完成这个任务。这几年来,许多学校的实践证明,采用感性认识和理性认识相结合的原则来进行古代汉语的教学,对学生阅读古书能力的提高,是比较有效的办法。当然,这个任务是艰巨的,还需要其他课程如"作品选"等的协助,然后更能保证任务的完成。但是,和其他的方式比较起来,我们认为应该采用各校行之有效的方式。

　　毛主席在《实践论》中说:"认识的过程,第一步,是开始接触外界事情,属于感觉的阶段。第二步,是综合感觉的材料加以整理和改造,属于概念、判断和推理的阶段。只有感觉的材料十分丰富(不是零碎不全)和合于实际(不是错觉),才能根据这样的材料造出正确的概念和理论来。"又说:"如果以为理性认识可以不从感性认识得来,他就是一个唯心论者。"①这个理论对于古代汉语的教学实践来说,具有特别重大的指导意义。解放以前,中国资产阶级教育就是以为理性认识可以不从感性认识得来的。譬如说,教授可以讲半年的《诗经》研究,而学生却从来没有读过《诗经》。今天我们要培养学生阅读古书的能力,必须重视感性认识。感性认识有待于提高到理性认识,理性认识又回过头来丰富感性认识,如此多次反复,逐步上升,阅读古书能力也就逐步提高。

　　适合学生接受水平,这也是联系实际的另一种表现。这是一门低年级的基础课,不能提出过高的要求。汉语的文献已有二千多年的历史,语文学上的问题很多,其中某些专门问题和有争论的

────────────────

① 《毛泽东选集》第一卷第 289 页。

问题,都应该留待高年级或研究生阶段去研究和讨论。全部教科书的精神在解决一个"常"字。不但常用词部分只讲常用词的常用意义,而且文选部分所讲的也是常见的文章。通论部分,讲语法时所讲的是常用而又有别于现代的语法现象,讲中国古代文化时所讲的是一般常识,讲诗词格律时所讲的是一般规则,等等。我们认为:基础课的任务是为学生打基础,一切好高骛远的作法都是不切合实际的。

以上是我们对古代汉语教学改革经验的一些粗浅的体会。我们的教学经验是越来越丰富的。后之视今,犹今之视昔,将来我们的教学内容和教学方法还要不断地改进,以适应时代的需要。我们真诚地盼望全国的古代汉语教师同志们,为了祖国社会主义教育的共同事业,不断地协助我们,经常向我们提出宝贵的意见,以便在不长的时间内进行一次修订。我们深信,同志们是不会辜负我们的期望的。

原载《光明日报》1963 年 10 月 28 日

《古代汉语》编后记

这一部《古代汉语》编完了。从 1961 年 5 月到 1963 年 11 月，共历时两年半。从各校的迫切需要说，编写的时间嫌太长了；从字数、人力和我们的业务水平来说，编写的时间又嫌太短了。书编完后，我们觉得还有一些话要说，所以写这一篇编后记。

本书第一、二册先出讨论本，分送各校提意见，并邀请专家开会讨论。到第三、四册编完的时候，情况变了，来不及出讨论本，也不能再邀请专家讨论了。第一、二册曾经四易其稿，第三、四册恐怕只能说再易其稿。如果说第一、二册工作还不免粗糙的话，那么第三、四册就更加粗糙一些。只有盼望各校在使用过程中发现缺点和错误，随时见告，以便修订。

第三、四册编写时，基本上是按照原定计划的内容来编写的。但是也有一些更动。主要有以下三点：

（1）凡例第九条说："有些词语是一般注释家所不注的，为了便利初学起见，凡是跟现代汉语距离较远的，我们都注上了。下册随着学生古文水平的提高，注释逐渐减少。"我们在编写第三、四册时没有能够做到注释逐渐减少，因为：第一，骈体文辞赋比较难懂，还是不能不详加注释；第二，即使是《史记》《汉书》之类，也不能注得太简单了，因为社会上还有别的注本，学生会找来参考，其中有些注是我们认为不恰当的，不如自己也注上了。

（2）凡例第十四条说："每单元所收常用词在 60—80 之间。"下册每单元的常用词实际上在 80—100 之间，因为我们考虑到常用词约需 1200 字才够用（具体的字将来可能有增删），学生到了这时业务水平提高了，每单元增加 20 字左右是消化得了的。况且下册所选的常用词多数是词义简单的，按篇幅说，也不比上册增加什么。

（3）凡例第廿七条提到通论部分打算讲古文结构。原意是要讲古文结构与现代文结构不同之点，目的在于帮助学生更好地了解古代汉语，而不是讲古文笔法，后来因为这个问题不容易讲得好，就把原来的计划放弃了。

关于教学参考意见，我们想补充以下三点：

（1）我们认为工具课与理论课不同，《古代汉语》是工具课，不须要指定参考书或另发参考资料。现在的篇幅已经够大了，又有附录可供业务水平较高的学生参考，如果再指定参考书或另发参考资料，势必影响学生熟读文选的时间，无形中改变了课程的性质。

（2）对于通论部分的文化常识，各校的意见很不一致。有人认为很有必要，有人认为没有必要。我们的意见是：文化常识讲不讲由各校自己决定。讲授文化常识的学校，希望能将教学情况及其效果随时见告，以便参酌改进。

（3）语法体系的问题是长期争论的问题，要全国语文工作者在短时期内取得一致的意见是不可能的。依照百家争鸣的原则，应该鼓励发表不同的意见。我们认为教员在照教科书讲了之后，可以发表自己的看法。只是要避免讲成语法理论课，因为这个课程的目的是培养阅读古书的能力，不需要过多的理论探讨。

较多的争论在于"所、之"二字。在这部书里，"所"被认为是代词，"之"被认为是介词，而中学汉语课本（1956 年人民教育出版社出版）和某些现代汉语教本把"所、的"认为是助词，读者感到疑惑，教者也往往提出疑问或批评。有的同志希望我们解释一下。

中学汉语课本影响颇大，大学里某些现代汉语教本基本上是按照汉语课本的暂拟汉语教学语法系统来编写的。汉语课本前面有一篇《暂拟汉语教学语法系统简述》，其中有这样的一段话："汉语语法学里还有不少悬而未决的问题，这个'暂拟系统'里不可避免地存在着没有解决的或者解决得不妥善的问题。"可见暂拟系统并不就是一成不变的。我们觉得暂拟系统有许多优点，但也有一些缺点。当然我们所谓缺点还是可以争论的，但是我们不愿意把我们不同意的东西写进自己的书中，这应该获得读者的谅解。

从《马氏文通》起，"所"字就被认为是代词。马建忠称为接读代字，刘复称为关接代词，黎锦熙称为联接代词（《比较文法》40页）。这里我们不想谈理论上的问题，只是想说明"所"字被认为代词乃是传统的说法，不是我们标新立异。

从《马氏文通》起，"之"字就被认为是介词（介字）。黎锦熙先生把"之"字认为特别介词（《比较文法》135页）。现代汉语中，跟古代"之"字大致相当的"的"字，也被黎氏认为是特别介词（《新著国语文法》11页，1956年版）。"之"字该不该算是介词，跟介词的定义有密切关系。汉语课本给介词所下的定义是："用在名词、代词等前边，同它合起来，一同表示动作、行为的方向、对象、处所、时间等的词叫作介词。"按照这个定义，"之"字当然不能认为是介词。但是，《马氏文通》给介词所下的定义是："凡虚字以联实字相关之义者，曰介字。"马氏还解释说："凡文中实字，孰先孰后，原有一定之理，以识其互相维系之情。而维系之情，有非先后之序所能毕达者，因假虚字以名之，所谓介字也。介字也者，凡实字有维系相关之情，介于其间以联之耳。"按照这个定义，"之"字正是名符其实的介词，因为介词只是实词与实词之间的中介，而不管它是不是把名词或代词介绍到动词上去的。黎锦熙先生说："介词是用来介绍名词或代名词到动词或形容词上去，以表示它们的时间、地位、方法、原因种种联系的……可是国语中有一个用得最多的特别介词'的'字（这种介词'的'字略等于古代的'之'字——引者），是用来介绍名词或代名词到旁的名词（或代名词）上去的。”按照黎氏这个定义，“之”字仍应是介词，只不过被认为是特别介词罢了。可见“之”字被认为介词也是传统的说法，不是我们标新立异。

还有一个理由使我们不能把“之”字认为助词。汉语课本助词分为三类：结构助词——的、地、得、所；时态助词——了、着、过；语气助词——呢、吗、吧、啊，等。古代汉语没有时态助词；语气助词是有的，但是现在一般都叫语气词，不叫助词；“所”字我们已归入代词，“地、得”两个助词为古代汉语所无，剩下来只有孤零零的一个“之”字（＝的），也就不能自成一类了。

此外还有一些学术上的问题。我们说上古汉语没有系词，有人不同意。这个问题还可以讨论。如果教员不同意我们的看法，可以讲得灵活一些，只要说“一般”不用系词就行了。说“一般不用”，对古代汉语的了解仍然是有很大的帮助的。

关于常用词的选择和解释，我们也想谈两点：

常用词的选择，原来想以古书中最常出现者为准（例如在某书中出现十次以上）。后来觉得这种统计表面上很科学，实用价值不大。有些常见的词可以不讲（如“人”），有些不大常见的词反而该讲（如“捐”）。现在所选的词，任意性很大。希望古代汉语教师同志们在教学过程中代为考虑一下，提出应删应增的词条，我们再考虑修订。

常用词的解释，我们有意识地打破《说文》的框框，例如“辞”字没有依《说文》分为“辞”“辤”，“鼓”字没有依《说文》分为“鼓”“鼓”。“辤”字较常见，所以在“辞”字下提一提；“鼓”字在古书中几乎完全不用，连提也不值得提了。只在“鼓”字下面分为名词与动词两种意义，稍为照顾一下。关于本义，我们也费了许多斟酌。凡于古书无据的所谓本义，宁缺毋滥，例如“属”字，《说文》说“连也”，我们解作“连接”。有同志认为应该说明为什么从尾。按徐锴《说文系传》说：“属，相连续，若尾之在体，故从尾。”即使这个解释是正确的，也只能说明字形，对于阅读古书没有任何益处；更何况未必可靠呢。总之，凡只从字形上讲本义而无法从古书中找到例证者(或例证出于牵强附会者)，都以不讲为宜。

以上所说的，是我们的一些粗浅的意见。说的不一定对，仅供参考。此书执笔非一人，各册付印非一时，前后不一致的地方很多。虽然改正了一些，想来还有许多地方尚待改正。希望读者在这方面也协助我们。

这一部书从头到尾都蒙叶圣陶先生审阅。他看了上册讨论本。上册第一、二分册付印时，他仔细地看了校样，连一个标点也不放过。下册第一、二分册原稿也蒙他仔细审查过了。我们感谢叶先生给我们的鼓励和帮助。伊世同同志给我们绘了一张天文图作为附录，在这里也一并道谢。

最后，我们还应该向中华书局编辑部表示谢意。此书从审阅、付排到校对，都费了编辑部同志们许多力量。

1963 年 11 月 29 日

原载王力主编《古代汉语》，中华书局 1964 年

为什么学习古代汉语要学点天文学

我们学习古代汉语,是为了培养阅读古书的能力。而我们的古书中,有不少地方讲到天文,所以我们要学点天文学。又有一些地方讲到历法,所以我们要有历法的知识。而历法是和天文密切相关的,要学历法,必须先学天文。

明末大学者顾炎武说(《日知录》卷三十):

> 三代以上,人人皆知天文。"七月流火",农夫之辞也;"三星在天",妇人之语也,"月离于毕",戍卒之作也;"龙尾伏辰",儿童之谣也。后世文人学士,有问之而茫然不知者矣。

"七月流火"出于《诗经·豳风·七月》,这是大家熟悉的诗句。但是这句话一向得不到正确的解释,直到戴震才讲清楚了。余冠英先生在《诗经选》注云:"火,或称大火,星名,即心宿。每年夏历五月,黄昏时候,这星当正南方,也就是正中和最高的位置。过了六月就偏西向下了,这就叫作流。"这是传统的解释,但这是不妥当的。戴震依照岁差来解释,周时六月心宿才中天,到七月才西向流。

"三星在天"出于《诗经·唐风·绸缪》。三星,指心宿。第二章"三星在隅"、第三章"三星在户",也是指心宿。有人说,第一章指参宿三星,第二章指心宿三星,第三章指河鼓三星,不可信。毛传以三星为参宿三星,亦通。那要看诗人作诗的时令了。

"月离于毕"出于《诗经·小雅·渐渐之石》。毕,指毕宿。"月离于毕"是月亮走到毕宿的意思。据说月离于毕将有大雨。

"龙尾伏辰"出于《左传·僖公五年》。原文是:

> 童谣云:"丙之晨,龙尾伏辰,袀服振振,取虢之旂。鹑之贲贲,天策焞焞,火中成军,虢公其奔!"其九月、十月之交乎。丙子旦,日在尾,月在策,鹑火中,必是时也。

这短短的一段话,有天文,有历法(这一段话在《古文观止》和我主编的《古代汉语》的《宫之奇谏假道》里被删去了,因为难懂)。童谣的大意是说,十月初一日清晨,晋国将进攻虢国,虢公将出奔。丙,这里指丙子日。古人以干支纪日。龙尾,即尾宿。尾宿是东方青龙七宿的第六宿,所以叫龙尾。辰,又写作"晨",是日月交会的意思。夏历指日月交会为朔日,朔日就是每月的初一。伏,是隐藏的意思。太阳在尾宿,故尾宿隐藏不见。鹑,指鹑火星,在柳宿九度至张宿十六度之间。按:《礼记·月令》:"孟冬之月,日在尾,昏危中,旦七星中。"这里所谓鹑,当指星宿。火中,就是"鹑火中"的意思。天策,星名。日在尾,月在策,月亮比太阳走得快,半夜日月交会于尾宿,到了天明,月亮已经走到了天策星的所在了。

下面按经、史、子、集,举例说明学习古汉语要学点天文的重要性。

一、经　部

《书·尧典》:

> 乃命羲和,钦若昊天,历象日月星辰,敬授民时。
> 日中星鸟,以殷仲春;

> 日永星火,以正仲夏;
>
> 宵中星虚,以殷仲秋;
>
> 日短星昴,以正仲冬。

"日中、宵中"指昼夜平分,即春分、秋分。"日永"即昼长夜短,指夏至。日短,即昼短夜长,指冬至。春分之日,昏七星中,七星是朱雀七宿的第四宿,所以说"日中星鸟";夏至之日,昏心中,心宿又名大火,所以说"日永星火";秋分之日,昏虚中,所以说"宵中星虚";冬至之日,昏昴中,所以说"日短星昴"。古人不懂岁差,所以得不到正确的解释,只好含糊其辞,例如《礼记·月令》说:"仲冬之月,日在斗,昏东壁中。"那么,应该说"日短星壁",怎么说成"日短星昴"呢? 所以孔颖达只好含糊其辞,说:"昴,白虎之中星,亦以七星并见,以正冬之三节。"直到唐一行才解了这个谜,宋蔡沈《书集传》采用僧一行的说法,以岁差的道理证明,尧时冬至日在虚,昴昏中。

《书·尧典》:

> 朞三百有六旬有六日,以闰月定四时成岁。

这是说,太阳一周天共 $365\frac{1}{4}$ 日,举整数来说,就是 366 日。阴历每年只有 354 日(或 355 日),所以要用闰月来解决阴阳历的矛盾,否则春夏秋冬四时就乱了。"岁"和"年"不同:"岁"指阳历,"年"指阴历,所以说"以闰月定四时成岁"。

《诗·召南·小星》:

> 嘒彼小星,维参与昴。

参,参宿。参宿七星,均属猎户座,白虎七宿之末宿。昴,昴宿。昴宿七星,六属金牛座,白虎七宿之第四宿。

《诗·鄘风·定之方中》:

> 定之方中,作于楚宫。揆之以日,作于楚室。

定,星名,即室宿,又名营室。中,中天。夏历十月(孟冬),昏营室中,这时可以营造宫室。揆,量度。树立八尺的臬(测日影的标杆),度太阳出入之影,以定东西;又参照太阳正中之影,以正南北。

《诗·郑风·女曰鸡鸣》:

> 女曰鸡鸣,士曰昧旦。子兴视夜,明星有烂。

明星,星名,即启明。启明是金星的别名。由于它比太阳先出,所以叫"启明"。金星晨见东方为启明,昏见西方为长庚。

《诗·小雅·大东》:

> 维天有汉,监亦有光。跂彼织女,终日七襄。
>
> 虽则七襄,不成报章。睆彼牵牛,不以服箱。东有启明,西有长庚。有捄天毕,载施之行。
>
> 维南有箕,不可以簸扬;维北有斗,不可以挹酒浆。
>
> 维南有箕,载翕其舌;维北有斗,西柄之揭。

汉,指银河。织女,指织女星。牵牛,指牛宿(不是"牵牛星")。箕,指箕宿。舌,指箕宿下边的两星。斗,指斗宿,即南斗(不是北斗)。柄,指斗柄。

二、史 部

《左传·僖公五年》:

> 凡分、至、启、闭,必书云物。

分,指春分、秋分。至,指夏至、冬至。启,指立春、立夏。闭,指立秋、立冬。

《史记·天官书》:

> 北斗七星,所谓璇玑玉衡,以齐七政。杓携龙角,衡殷南斗,魁枕参首。

《索隐》引《春秋运斗枢》云:"斗第一,天枢;第二,璇;第三,玑;第四,权;第五,衡;第六,开阳;第七,摇光。"第一至第四为魁,第五至第七为杓(biāo)。携,连。龙角,即角宿。殷,中。南斗,即斗宿六星。参,指参宿。

《汉书·天文志》:

> 汉元年十月,五星聚于东井。以历推之。从岁星也。

汉元年十月,是沿用秦代的十月,等于夏历七月。五星聚,也叫五星联珠,指金、木、水、火、土五行星同时并见于一方。东井,即井宿。岁星,即木星。

《后汉书·天文志》:

> 元初元年三月癸酉,荧惑入舆鬼。

元初元年三月癸酉,即汉安帝元初元年(公历114)阴历三月十二日。荧惑,即火星。舆鬼,即鬼宿。

三、子　部

《吕氏春秋》:

> 孟春之月,日在营室,昏参中,旦尾中。
> 仲春之月,日在奎,昏弧中,旦建星中。
> 季春之月,日在胃,昏七星中,旦牵牛中。
> 孟夏之月,日在毕,昏翼中,旦婺女中。
> 仲夏之月,日在东井,昏亢中,旦危中。
> 季夏之月,日在柳,昏心中,旦奎中。
> 孟秋之月,日在翼,昏斗中,旦毕中。
> 仲秋之月,日在角,昏牵牛中,旦觜嶲中。
> 季秋之月,日在房,昏虚中,旦柳中。
> 孟冬之月,日在尾,昏危中,旦七星中。
> 仲冬之月,日在斗,昏东壁中,旦轸中。
> 季冬之月,日在婺女,昏娄中,旦氐中。

孟春,正月。仲春,二月。季春,三月。孟夏,四月。仲夏,五月。
季夏,六月。孟秋,七月。仲秋,八月。季秋,九月。孟冬,十月。
仲冬,十一月。季冬,十二月。日,太阳。在,指太阳行到什么星宿
的所在,叫做"日躔"。昏,黄昏时候。旦,天亮时候。中,中天,指
某星宿走到正中最高的位置。营室、参、尾、奎、胃、七星、牵牛、毕、
翼、婺女、东井、亢、危、柳、心、斗、角、觜嶲、房、虚、东壁、轸、娄、氐
都是星宿名。营室,即室宿。七星,即星宿。牵牛,即牛宿。婺女,
即女宿。觜嶲,又作觜觿,即觜宿。东壁,即壁宿。弧,即弧矢,星
名,在鬼宿之南,近井宿。建星,近斗宿。

　　读《左传》"宫之奇谏假道"时,可以拿《吕氏春秋》对照。《吕
氏春秋》说:"孟冬之月,日在尾,昏危中,旦七星中。"《左传》的"龙
尾伏辰"就是日在尾;"鹑之贲贲""火中成军",就是旦七星中,因
为七星是属于鹑火这个星次的。

　　《淮南子·天文训》(原文略有删节):

　　　　十五日为一节,以生二十四时之变。斗指子则冬至;加十
五日指癸,则小寒;加十五日指丑,则大寒;距日冬至四十六日
而立春;加十五日指寅,则雨水;加十五日指甲,则雷惊蛰;加
十五日指卯,中绳,故曰春分;加十五日指乙,则清明;加十五
日指辰,则谷雨;加十五日则春分尽,故曰有四十六日而立夏;
加十五日指巳,则小满;加十五日指丙,则芒种;加十五日指
午,则阳气极,故曰有四十六日而夏至;加十五日指丁,则小
暑;加十五日指未,则大暑;加十五日而夏分尽,故曰有四十六
日而立秋;加十五日指申,则处暑;加十五日指庚;则白露降;
加十五日指酉,中绳,故曰秋分;加十五日指辛,则寒露;加十
五日指戌,则霜降;加十五日则秋分尽,故曰有四十六日而立
冬;加十五日指亥,则小雪;加十五日指壬,则大雪;加十五日
指子,故十一月日冬至。

　　这是讲二十四个节气。十五日为一个节气(实际上是十五日多一

点）。二十四时，这里指二十四个节气。斗，指北斗的斗柄。子、丑、寅、卯、辰、巳、午、未、申、酉、戌、亥、甲、乙、丙、丁、戊、己、庚、辛、壬、癸，指斗柄所指的方向。中绳，指昼夜平分。这一段话说明了天文和历法的关系。

《论衡·偶会篇》：

> 火星与昴星出入，昴星低时火星出，昴星见时火星伏。

火星，即心宿。昴星，即昴宿。见，出现。伏，不出现。心宿在东方，昴宿在西方，此出彼没，各不相见。这与参商不相见是一样的道理。

四、集　部

《古诗十九首》之七：

> 玉衡指孟冬，众星何历历！……南箕北有斗，牵牛不负轭。

玉衡，北斗第五星，这里指斗柄。指孟冬，斗柄指着阴历十月的方向，即亥方（参看上文所引《淮南子·天文训》）。南箕，南有箕宿。北有斗，北有斗宿。斗指南斗，由于在箕宿之北，所以说"北有斗"。牵牛不负轭，即《诗经》"睆彼牵牛，不以服箱"的意思。

《古诗十九首》之十：

> 迢迢牵牛星，皎皎河汉女。纤纤擢素手，札札弄机杼。河汉清且浅，相去复几许。盈盈一水间，脉脉不得语。

牵牛星，这里指河鼓。河鼓三星，与织女星隔河相对。河汉，指银河。河汉女，指织女。

曹植《洛神赋》：

> 叹匏瓜之无匹兮，咏牵牛之独处。

匏瓜，星名，一名天鸡，在河鼓东。牵牛，这里也是指河鼓。

王勃《滕王阁序》：

> 星分翼轸，地接衡庐。

翼轸，指翼宿和轸宿。据《越绝书》，翼轸是南郡、南阳、汝南、淮阳、六安、九江、庐江、豫章、长沙的分野。

骆宾王《狱中咏蝉》诗：

> 西陆蝉声唱，南冠客思深。

西陆，指昴宿，这里指秋天。司马彪《续汉书》："日行西陆谓之秋。"南冠，指囚犯。《左传·成公九年》："南冠而系者谁也？"

陈子昂《春夜别友人》诗：

> 明月隐高树，长河没晓天。

长河，指银河。

沈佺期《夜宿七盘岭》诗：

> 山月临窗近，天河入户低。

天河，指银河。

张说《恩制赐食于丽正殿书院宴赋得林字》诗：

> 东壁图书府，西园翰墨林。

东壁，即壁宿。《晋书·天文志》："东壁二星，主文章，天下图书之秘府也。"

岑参《冬夜宿仙游寺》诗：

> 太乙连太白，两山知几重？

太乙、太白，皆星名，这里指终南山。

李白《蜀道难》诗：

> 扪参历井仰胁息，以手抚膺坐长叹。

参，参宿。井，井宿。参宿是益州的分野，井宿是雍州的分野。蜀道跨益、雍二州,故云。

杜甫《赠卫八处士》诗:

> 人生不相见,动如参与商。

参,参宿。商,即心宿。参在西,商在东,所以不能同时出现在天空。

杜甫《秋日送石首薛明府》诗:

> 紫微临大角,皇极正乘舆。

紫微,星座名,三垣之一,古人认为是天帝之座。大角,星名,是北天的亮星,即牧夫座 α 星,古人以为是天王座。

杜甫《赠王二十四侍郎契》诗:

> 一别星桥夜,三移斗柄春。

星桥,即七星桥。《华阳国志》:"李冰守蜀,造桥七,上应斗魁七星。"斗柄,指北斗的柄。三移斗柄春,指时间过了三年。斗杓指东,天下皆春。

杜甫《送李八秘书赴杜相公幕》诗:

> 南极一星朝北斗,五云多处是三台。

北斗,即大熊座。三台,上台、中台、下台,共六星。《晋书·天文志》:"在人曰三公,在天曰三台。"

杜甫《泊松滋江亭》诗:

> 今宵南极外,甘作老人星。

南极,泛指南天,也专指老人星。老人,星名,即龙骨座,在弧矢南。古人以为是寿星,指寿。

韩愈、孟郊《城南联句》:

> 文升相照灼(愈),武胜屠换抢。

揽抢(chēng),也作"搀枪"。天搀、天抢,彗星名。《史记·司马相如列传》正义引《天官书》:"天搀长四丈,末锐;天抢长数丈,两头锐。其形类彗也。"

苏轼《江城子》词:

> 会挽雕弓如满月,西北望,射天狼。

天狼,星名,即大犬座 α 星。《晋书·天文志》:"狼一星,在东井南,为野将,主侵掠。"

秦观《鹊桥仙》词:

> 纤云弄巧,飞星传恨,银汉迢迢暗度。

飞星,指牛郎、织女。银汉,指银河。

以上所举经、史、子、集的一些例子,足以说明我们读古书须要具备一点天文历法的知识。

*   *   *

读古史的人,应该知道古代的历法。古代以干支纪日,逢朔日则加"朔"字。从朔日可以推知某月某日,例如《左传·僖公三十二年》:"冬,晋文公卒。庚辰,将殡于曲沃。"我们推知庚辰是鲁僖公三十二年十二月十日。《资治通鉴·淝水之战》:"八月戊午,坚遣阳平公融督张蚝、慕容垂等步骑二十五万为前锋……甲子,坚发长安戍卒六十余万。"我们推知戊午是晋太元八年(383)八月初二日,甲子是八月初八日,因为八月朔日(初一)是丁巳。那么,我们怎么知道哪一天是朔日呢?那就是天文学的问题。日月交会之日为朔日,所谓合朔。

每月最后一日叫做晦,最初一日叫做朔,晦与朔是相连的,晚上没有月光,所以叫"晦"。《说文》有一个"朓"字云:"晦而月见西方谓之朓。"这是历法未密之所致。

《春秋经·襄公二十七年》:"冬十有二月,乙卯朔,日有食之。"《左传》:"十一月乙亥朔,日有食之。辰在申,司历过也,再失闰矣。"这里有两个问题:(1)《春秋经》所载日食的月日与《左传》不同,是谁错了? (2)《左传》说是"失闰",为什么? 这也都是历法问题。杜预说《左传》是对的,因为依长历推算,应该是十一月,不是十二月。杜预又说,周历十一月等于夏历九月,夏历九月应该是斗建指戌,不该是指申("辰在申")。鲁文公十一年三月甲子到襄公二十七年共 71 年,应该有 26 个闰月,现在按长历推算只有 24 个闰月,可见漏了两个闰月("再失闰")。依杜预的意见,这里应该说九月乙亥朔才对(等于夏历七月),这是春秋时代司历(主管历法的官)的错误。

由此可见,读古史的人要懂一点历法;而要懂一点历法,必须先懂一点天文。

原载《中国古代文化史讲座》,中央广播电视大学出版社,1984 年

大学中文系和新文艺的创造

　　我在3月3日昆明《中央日报》上发表了一篇星期论文，用的是上面这个题目。发表后，有一位赵遹之先生写了一封长信和我讨论。前天看见了李广田先生，他说他也写了一篇《文学与文化》，寄给《国文月刊》发表，是对我那篇文章表示了一些不同的意见的。承李先生的好意，特别把底稿誊写一份给我先读为快。我拜读之后，觉得实际上我的意见和李先生的意见距离得并不很远；但是，如果读者不先读我的原文，单看李先生的文章，也许会觉得我们二人的意见俨然成为两个极端。因此，我觉得最好的答复就是把原文在《国文月刊》上再登一次，因为昆明以外的人恐怕很少看见过我那一篇文章，下面照录3月3日发表的原文，文后再来一个附记，算是我于李、赵两位先生的答复。

　　最近看见《国文月刊》第三十九期载有丁易先生的一篇《论大学国文系》，把现在一般大学的中国文学系批评得非常痛快。他说：

　　　　现在大学国文系一部分竟是沉陷在复古的泥坑里……只有一批五四时代所抨击的"选学妖孽"，"桐城谬种"以及一些标榜江西的诗人，学步梦窗的词客，在那些大学教室里高谈古文义法，诗词律式。论起学术来，更是抱残守阙，狂妄荒诞。例如讲文字抨击甲骨金文，说音韵抨击语音实验，甚至述文学

发展不及小说,讲文艺批评蔑视西欧。而作文必用文言,标点
必须根绝……结果最倒霉的自然是学生,恍恍惚惚的在国文
系读了四年,到头来只落得做个半通不通的假古董……假如
国文系就像这样办下去,我觉得不如干脆一律停办。

这一段批评我完全同意,然而丁易先生的改革方案乃是提倡
新文学的创造。他主张国文系应该分为三组:语言文字组;文学
组;文学史组。他所说的文学史组大致等于现在的文学组,而他所
说的文学组的功课着重在文艺的欣赏和批评,创作和实习是本组
的主要精神所在,它的比重应占本组课程的二分之一。这一点我
却不能同意。

丁易先生的意见可以代表一部分人的意见。记得十二年前,
清华大学中文系的一个学生曾在《清华周刊》上表示过他对于本系
的失望。他说,清华中文系的教授如朱自清、俞平伯、闻一多诸先
生都是新文学家,然而他们在课堂上只谈考据,不谈新文学。言下
大有悔入中文系之慨。等到那年秋季开学的时候,照例系主任或
系教授须向新生说明系的旨趣,闻一多先生坦白地对新生们说:
"这里中文系是谈考据的,不是谈新文学的,你们如果不喜欢,请不
要进中文系来。"我不知道闻先生近年来的主张变了没有,我呢,始
终认为当时闻先生的话是对的,不过,"考据"二字不要看得太呆
板,主要只是着重于研究工作(research works)就是了。

大学里只能造成学者,不能造成文学家。这并非说大学生不
能变为文学家,也不是说大学的课程对于文学的修养没有帮助,我
们的意思只是说,有价值的纯文学作品不是由传授得来的。西洋
大学里,很少著名的小说家或戏剧家或诗人充当教授。这并不是
说他们的地位比大学教授的地位低些;他们自有他们的天地,他们
的价值。文学教授研究他们,颂扬他们,批评他们,然而文学教授
本人并没有本事使学生赶上他们,或超过他们,文学家如果充当教
授,他是用学者的资格,不是用文艺作家的资格。

大学教授在教室里讲授的应该是不容否认的考证或其他研究的结果，不应该是那些不可或很难捉摸的技巧。如果要学生的文章通顺，这是中学里就应该做到了的，因为非但中文系，他系他科的学生也都应该能写通顺的文章。如果要学生成为有价值的文艺作家，大学教授却是办不到的。法国诗人 Rim Baud 成名在十八岁，Valery 成名在廿一岁，他们并没有大学教授传授给他们。老实说，大学教授因为学问积累了数十年，在短短的四年内不愁没有知识传授给学生，但若教学生们写作，如果学生是没有天才的，将是一辈子都教不好，如果学生是有天才的，他的文艺作品可能远胜于他们的老师，我们将凭什么去教他们呢？

学生的一篇文艺作品的好坏，是很难定出一个客观的标准的。如果看通顺不通顺，还有相当的标准。至于超过了通顺的水准之后，就很难说了。况且文学的宗派很多，如果一篇文章不合老师的胃口，就难望有好分数。关于欣赏中国旧文学，也有同样的情形：在这玄虚的文论替代了文学批评的中国，你说韩高于柳，他说柳高于韩，你说《获麟解》怎样好，怎样好，他说"角者吾知其为牛"一类的句子根本不通。在这样情形之下，我们除了纯凭教授的主观以外，还有什么客观的标准来评定学生的成绩？假使左拉是学生，嚣俄是老师，嚣俄一定给左拉不及格，因为他以为左拉不该描写人类的丑恶。

在西洋，文学只有宗派，没有师承。文学只是主义的兴衰，不是知识的累积。大学应该是知识传授的最高学府，它所传授的应该是科学，或科学性的东西。就广义的科学而言，语言文字学是科学，文学史是科学，校勘是科学，唯有纯文学的创作不是科学。在大学里，我们可以有文学讨论会，集合爱好文学的师生共同讨论，常常请文学家来演讲。我们可以努力造成提倡新文学的空气，但我们无法传授新文学，或在教室里改进中国的文学。

但是，上文说过，文学的修养是可以在学校里养成的。旧文学正如丁易先生所说的,已经走到了末路,那么,我们所看重的文学修养,应该是指新文学而言。然而新文学的修养非但不能向旧文学中取得,而且单只欣赏或模仿现代中国的新文学家也是不够的。不容讳言地,现代中国所谓新文学也就是欧化文学,欧化的浅深虽有不同,然而绝对没有一种文学是从天而降的,既然要不受旧文学的影响,就不能完全不依傍西洋文学。即使是要融和中西文学而各有所扬弃,也非精通西洋文学不为功。不幸得很,现在中文系的学生除了少数的例外,多数是视外国语文为畏途的。从前清华中文系以西洋文学史为必修科,学生多数是英文程度颇差的,他们竟是叫苦连天。怕学西洋文学而要学新文艺,可说是缘木求鱼。丁易先生主张读文学组的学生必须以外文系的任何一组为辅修,也就是这个道理。

老实说,如果说新文学的人才可以养成的话,适宜于养成这类人才的应该是外国语文系,而不是中国文学系。试看现代的小说戏剧家如茅盾、曹禺,诗人如冯至、卞之琳,文学批评家如朱光潜、梁宗岱,哪一个不是西文根底很深的?

最近闻一多先生主张把中文系和外语系合并,再分出语文和文学两系,这个意见是值得重视的。虽然在实行上也许有困难,但我们觉得原则上值得赞同,学问本是没有国界的,我们如果取消了中文系,以免"选学妖孽"和"桐城谬种"再有托身之所,同时积极整顿文学系,使中西文学可以交融,这才是大学教育里的一大革命。不过,我仍旧反对在大学里传授新文学,反对大学里教人怎样"创作",文学的修养应该是"悠之游之,使自得之",不是灌输得进去的。

[**附记**]李广田先生对于我的文章,不能完全同意的有两点:第一,我以为"大学里只能造成学者,不能造成文学家";第二,我以为"既然要不受旧文学的影响,就不能完全不依傍西洋文学"(李先生

的底稿把"不能完全不依傍"写成了"不能不完全依傍",和我的原意相差很远,不知道他寄交《国文月刊》的稿子是不是这样的)。

关于第一点,李先生也说"中文系并不以造就作家为目的",这就和我的意见差不多。我并不反对中国文学史一直讲到现代文学,我和李先生一般地不满意那些绝口不谈新文学的文学史家。我不赞成大学里教人怎样创作,那是包括新旧文学而言的。对于新文学家,我不赞成在大学里用灌输的方法去"造成",却还赞成用潜移默化的方法去"养成";至于旧式的文学家,连"养成"我也反对。教育部所定的课程缺点很多,凡是李先生批评部定课程的地方,我都很有同感。

关于第二点,我的意思是说现代文学家无论懂不懂西文,总不免直接或间接地受西洋文学的影响。因此,间接地受影响的总不如直接地受影响的。不过,各人的天才不等,若把不懂西文而富于文学天才的人和懂西洋文学而没有天才的人相比较,那是"使方寸之木高于岑楼"。我的全篇文章只着重在"大学里只能造成学者,不能造成文学家"一句话,第二点只是附带说说而已。

赵遂之先生主张中文系不必分组。依他的意思,非但不必像丁易先生所说,把原来的文学组分出文学史和文学两组,连语言文字组也没有独立的必要。关于文学组,他说:"我认为文学史和文学两组根本不必分,干脆还是中国文学系,并且连西洋文学史也得读。至于课程方面,我认为应该像丁易先生所说的文学组那样,注重欣赏、批评、创作三种,不过这三种应占全部课程的二分之一,其余二分之一则放在文学史上。"他的理由是:"如果将旧文学一笔勾销,根本不予承认,那就用不着文学史组。至于'五四'以后的新文学,历史并不悠久,尽可并在文学史组里面。并且,既要学新文学,则'五四'以后的文学史,也决不能不去研究,实际上也不能分而为二以象两。其次,如果还承认旧文学的地位,那就是承认旧文学中还有一部遗产值得承袭,那么,学新文学的也就应该去从文学史中发掘一点宝藏。"同时,赵先生还说:"旧文学中确有许多不可磨灭的地方,《文选》的典丽乔皇,桐城派的清真雅正,我个人读起来确能引起一种快感……不过大势所趋,旧文学确已走到了末路,这不是旧文学本身有何缺点,只是年纪到了……"关于语言文字组,赵先生的意见是:"文学家对于语文学可说是不甚需要,文字只是工具,会用就行,实际上我认为研究语文,只是一种工作,不是一种科学。科学是没有止境的,《说文》上的九千多字和《康熙字典》的四万多字总有一天可以研究完毕,折衷至当。新创的字,数量很少,而且不必费劲去研究。"因此,他主张不必有语文组。

关于赵先生对于文学组的意见,我不想有所论列。至于他对于语文组的意见,似乎他认为语文组是专门研究字典的,并且是为了文学创作而去研究语文。这和大学里设立语文组的用意相差很远。语言文字学自有它的生命,其中有许多部门和文学的关系很浅。因此,我一向极力反对部定课程强迫文学组的学生必修"语言学概要"。

赵先生的信里,有一段话可以矫正我的文章里的缺点。他说:"大学不能给人以天才,但应给人以技巧,至少是已经成功的文学家所曾经运用过的技巧。"这令我想到我所说的"技巧不可捉摸"是一种太偏的议论。我们无论如何,不该抹杀了文学批评的价值。我虽然不赞成"给"人以技巧,却应该承认杰作之所以成为杰作,不是完全不可说明的。

依我想来,现在中国人对于大学中文系,至少有下面的六种意见:

(1)旧派的意见。他们不一定主张传授旧文学的技巧。在他们看来,一切的国学都应该传授,词章不过是其中一个部门而已。

(2)悲观派的意见。他们认为由国学几经转变,其中许多部门被哲学系和历史系分去了之后,中文系的领域越弄越小,几乎是死路一条。有一位中文系教授和我这样说过。我没有得到他的同意以前,不能说出他的名字。

(3)纯文学派的意见。他们认为大学中文系是专以造就或养成文学家为目的的,一切的课程的最终目的只是为了文学的欣赏、批评和创作。赵遂之先生就属于这一派。

(4)纯研究派的意见。他们以为"大学里只能造成学者,不能造成文学家"。我就属于这一派。

(5)研究与创作并重派的意见。他们以为新文学是可以传授的,但文学史不能和新文学分家。李广田先生就属于这一派。

(6)研究与创作分立派的意见。他们以为新文学家虽也不能不大略地研究文学史,但"进一步的工作"却是文学史家的事。丁易先生就属于这一派。

除此之外,还可能有别的意见。以后如果再有人参加这一个讨论,也许意见越来越复杂。我本人以后却不想再参加讨论了。

原载《国文月刊》第 43、44 合刊,1946 年

希望与建议

　　远在文化大革命以前，我就建议在中文系汉语专业中开设"外国语言学动态"课程。我说："我们搞语言学的，要知道国际行情。"最近我们北大中文系汉语专业修订教学方案，也把这一课程加进去了。希望我们能把这一课程开好。

　　《国外语言学》出刊，在我国语言学界外语水平一般不高、外文书籍进口困难的情况下，我们非常需要这样一种刊物。我希望《国外语言学》除了介绍国外的语言学动态之外，还登载一些评述现代语言学派的文章，介绍外国人的汉学，扩大我国语言学界的知识面。

　　曾经有一个时期，我们提出要建立自己的马克思主义语言学。这和我们介绍外国语言学并没有矛盾。语言学本身是没有阶级性的。语言学的某些方面（例如实验语言学）已经接近自然科学，更没有阶级性可言。实践是检验真理的唯一标准，外国语言学可以供我们借鉴的地方很多。我们应该提倡学习外国语言学。

原载《国外语言学》1980 年第 1 期

语言学课程整改笔谈

　　在大跃进高潮中，我们很容易想到多写几部书，多开几门新功课，以满足社会主义文化建设的需要。这当然是很好的，但是，我个人认为中文系语言学课程的改革，主要的问题是基础课的内容的改革问题。

　　在过去，我们的基础课如"语言学引论、现代汉语、汉语史"等的主要缺点是严重脱离实际。今后改革的要求，就是要做到从三方面联系实际：第一是联系阶级斗争的实际，要把马克思列宁主义渗透到课程中去。过去贴标签的方式远远不能满足这个要求，今后学生们的政治思想水平逐年提高，我们这种偶然引经据典的办法而不是融会贯通的办法，实际上不是渗透，而只是装点门面，我们的学生们是不会同意我们这样做的。为了达到这一个目的，就必须经常进行学术批判。

　　第二是联系社会主义文化建设的实际，要把当前的实际问题如汉字改革、推广普通话、汉语规范化、改变文风等，放在最重要的地位上。在这些问题上，首当其冲的是"现代汉语"。学生反映说，"学了语音不会讲普通话，学了语法写文章不通"（《中国语文》1958年4月号165页），这就是脱离实际的证据。我认为今后"现代汉语"这一课程应该有一个明确的要求：第一要求学生能掌握普通话的语音系统，非北京籍的学生能基本上掌握普通话的正确发音（所谓基本上就是不勉强学生完全正确地发出自己方言中所不具备的音素,但是要求他们尽可能改变自己的语音系统来适应普通话的语音系统,例如吴方言区域的人应避免浊音和入声)。在掌握普通话的同时,应使学生能纯熟地应用汉语拼音方案。第二要求学生不仅能写通顺的文章,而且能进一步注意语言的正确性、鲜明性和生动性。为了达到这一个目的,我建议在"现代汉语"中增加两个内容:修辞学和作品分析。语法部分应尽量精简(对于外国人和外语系、外语学院等,现代汉语另编以语法为主的教材)。我甚至主张打破陈规,不为"体系"所束缚。为了提高学生写作能力,可以讲到逻辑思维,可以讲到主题结构,可以讲到文章的思想性。我个人以为写作实习可以作为"现代汉语"的一个组成部分,有些同志不同意这个看法。我想分为两个课程也未尝不可,但是二者之间要有适当的分工。总之,今后"现代汉语"要做到不是为分析而分析,而是要达到提高语言修养的目的。

"汉语史"应该适应中国具体情况,把历史语法和文学语言史糅在一起。应该着重在讲述文学语言史。为了贯彻厚今薄古的精神,"现代汉语"和"汉语史"的比重应该是 6:4。即以汉语史本身而论,也应该着重近代,例如近代语音的发展、近代语法的发展、鸦片战争以后文学语言的发展等。

"语言学引论"也必须联系实际。举例来说,在讲语言和文字的关系及其区别的时候,可以着重讨论语言和文字不能混为一谈,今天的文字改革并不是像某些人所误会的那样影响到语言的变化,同时也可以介绍苏联关于文字改革的先进经验。

以前有人建议在基础课方面开设文字、声韵、训诂这一门课程,那是厚古薄今的表现,现在不必再加以考虑了。

从去年起,北京大学取消了"古代汉语"。最近有些同志建议恢复这一课程,目的是培养阅读古书的能力。我认为培养学生阅读古书的能力还是必要的,但是过去学生反映:"教一篇懂一篇,不教的不懂。"所以还得想个有效的办法。我想也许可以采用实习的办法,课堂上只讲一些关于古代汉语的基本知识,着重在学生自己去阅读古书,教师帮助他们解决阅读上的困难。

第三是联系学生接受水平的实际。在这一点上,"汉语史"的缺点最为突出。烦琐的汉语音韵学体系烦扰每一个学生的脑筋。应该肯定地说:这些知识可以放在专门化课程里讲授,其中有些东西甚至只有研究生才应该知道。作为基础课的"汉语史",尽可以用最简单的方式来叙述语音的发展。我所写的《汉语史稿》就是脱离学生接受水平的实际的。

其次是"语言学引论"的外国语知识的问题(包括举例和外国语的历史)。既然是"引论",应该可以尽少谈到外国语。外国语讲得太多了,也是脱离学生的接受水平的。这是指中文系所开的"语言学引论"而言,至于俄语系和西语系的"语言学引论",又当别论。

脱离实际的教学,就是反马克思主义的和非马克思主义的教学。我们在口头上谁也不反对理论联系实际,但是一谈到具体课程的教学内容,就往往觉得并不须要彻底改革,以为解放九年以来已经改得差不多了。我们很容易这样想:我们现在的缺点只是没有把我们的理论(指本门科学的理论知识)结合到实践中去,很少想到我们的"理论"本身就是不切合上述的三方面的实际的东西。我个人认为:如果不彻底改革教学内容,教学改革会落空的。

要彻底改革教学内容,就要扫除一种思想障碍。自从院系调整以来,特别是1954年以来,大家辛辛苦苦为建设教材而奋斗。现在教材编成了,或者已经编好了一大半,如果要另起炉灶,岂不是前功尽弃了吗?我想我们应该有共产主义的革命的精神,发现教学上的严重缺点就应该有勇气承认,有勇气改正。

学校和工厂不同。工厂的跃进主要是生产的跃进,而学校的跃进还有一个教学内容的问题。我以为在教学改革工作中,首先要考虑的是资产阶级和无产阶级两条道路的问题,其次才是多快好省和少慢差费两种方法的问题。

联系了实际会不会降低语言学的学术水平呢？

我们认为：能在中国社会主义文化建设事业中解决实际问题的语言学就是达到国际水平的语言学。因此我们既不迷信古人，也不迷信外人，更不迷信书本。要有这样的宏愿：我们所培养的后一代一定能创造性地发展语言科学。他们一方面能解决文化建设中的实际问题，另一方面也能概括成为语言学理论，来丰富普通语言学。

原载《中国语文》1958 年 7 月号

谈谈学外语

要学好外语，很重要的是改变自己的语言习惯。这里我谈四个问题：语言习惯的改变；语音习惯的改变；语法习惯的改变；词汇习惯的改变。

一、语言习惯的改变

人们除了自己的母语以外，往往须要学另一种话。从中国革命和世界革命的需要出发，汉语方言区的人民要学习普通话，汉族人民要学习少数民族语言，少数民族人民要学习汉语，中国人民要学习外国语，等等。

当我们学习别种语言的时候，往往只依照自己的语言习惯，用自己的语音去套别种语言的语音，用自己的语法去套别种语言的语法，用自己的词汇去套别种语言的词汇。

这种情况，以语音方面最为明显。一个上海人讲课，把"典型"说成"电影"；一个湖南人讲课，把"图画"说成"头发"；一个广州人讲课，把"私有制"说成"西游记"；一个潮州人讲课，把"青年"说成

"亲娘"。各地的人学习普通话,难点不同,是由于各地方言不同,影响他们学习普通话。学习外语的情况也一样。四川、湖南、安徽等地,许多人 n、l 不分,在他们学习英语的时候,就会把 light(光)说成 night(夜),光明变了黑暗。北京人学英语,把字母 a、b、c、d 念成[ei][pi:][sei][ti:],四个字母念错了三个;上海人学英语,把 a、b、c、d 念成[e][bi:][si:][di:],四个字母念错了一个。错误不同,是由于自己的语言习惯不同。相当一部分学英语的中国人都把 English 念成['jiŋgliʃ],只有闽北方言区的人最会念 English,他们念成['iŋgliʃ],因为[iŋ],正合他们的语言习惯,他们连普通话"原因"的"因"也说成[iŋ]不说成[jin]。这些情况都说明一个道理:初学外语的人总以为外语的语音系统都是本人自己的语言所具备的(有人在初学英语时喜欢把英语单词注出汉字,例如把 modern 注为"摩登",等等),而不知道,外语的语音系统中,有许多音素是自己母语中所没有的,非得现学才能学会。这就是说,在外语语音的学习上,我们必须改变我们的习惯。

再举一些例子来说明问题:例如英语的[r],汉语没有相当的音,于是人名 Richards 只好翻译为"利查兹",地名 Rome 只好翻译成"罗马"。中国人念 radio['reidiou](收音机),有两个类型:第一类型念成['leidiou],这是错误的;第二类型念成['reidiou],是正确的,但必须注意[r]的圆唇化,才是地道的英语。

在语法上,中国人学西方语言,语言习惯更是大不相同。汉语缺乏语法范畴,西方语言中的名词的性、数、格,动词的时态等,都是汉语所没有的。我们学习外语,非大大改变语言习惯不可。

在词汇上,遇到的困难也不少,例如英语中有些词,汉语中没有什么词和它们相当。英语的 prefer,本是一个词,我们只能译成两个词的词组"比较喜欢"。英语的 probable,意义和 possible 不同,我们只能译成词组"非常可能"。英语的 without,是 with 的反面(法语 avec、sans)。with 在汉语中有相当的词,可以译成"以、用"

等;without 在汉语中没有相当的词,译成"没有"是太勉强了。汉译英在某些地方也遭遇困难,例如汉语"我要他去,他偏不去",这个"偏"字就很难译出。

有时候,两种语言的某些词,似乎可以对译,其实是名同实异,例如"春夏秋冬",英语有 spring、summer、autumn、winter,法语有 printemps、ètè、automne、hiver。但是,这些名词并不完全对应。欧美所谓春天、夏天、秋天、冬天,是从春分、夏至、秋分、冬至开始的(见 Larousse 词典),而中国所谓春天、夏天、秋天、冬天,是从立春、立夏、立秋、立冬开始的,相差一个半月。今天 5 月 29 日,在中国叫做夏天,在欧美叫做春天。May blossom(五月花)指的是春花,不是夏花。这不是历法不同,而是语言习惯不同。

二、语音习惯的改变

上面说过,各地的人学外语,在语音方面的错误各有不同,是由于各地的语音习惯不同。母语中没有的音,很难在外语中表现出来。北京人为什么把英文字母 m、n 念成[aimo][ən]呢? 这是由于北京话里没有元音[e],所以把该念[em]的字母 m 念成了[aimo],把该念[en]的字母 n 念成了[ən]。上海人为什么把 snow[snou](雪)念成[sno],把 day[dei](日子)念成[de]呢? 这是由于上海话里没有复合元音[ou][ei]。

现在只把中国人在学习外语中共同遇到的语音上的两个主要的问题,提出来谈一谈:

第一,是浊音问题。在许多语言中,辅音都有清浊音的对立:[p]清而[b]浊,[t]清而[d]浊,[k]清而[g]浊,[f]清而[v]浊,[s]清而[z]浊,[tʃ]清而[dʒ]浊,等等。所谓清音,是发音时声带不颤动;所谓浊音,是声带颤动。中国的汉语,除了一些方言区(如江浙、湖南)以外,多数地方都没有浊音,学习外语时遇到浊音,往往发得不准确。这是带有普遍性的问题,值得提出来研究。

　　辅音除了清浊的对立以外,某些辅音(塞音和塞擦音)还有送气不送气的对立。所谓送气,是指发出辅音后,还带一种气流,然后接上元音。国际音标在辅音后面加[ʻ]号,如"梯"[tʻi];所谓不送气,是指发出辅音后,马上接上元音,不带气流,如"滴"[ti]。在汉语中,送气不送气是不同的音位;在西方语言中,送气不送气是同一音位的变体。这就是说,在欧美人听来,送气不送气是无关重要的。

　　大家知道,英语浊音中的塞音和塞擦音不送气,如 buy[bai](买)不送气,与送气的 pie[pʻai](水果馅饼)有区别。这样就引起中国人的误解,以为送气不送气的对立就是清浊音的对立,只要念得不送气了,就算读出了浊音。这种误解是带普遍性的。其实英语清音字母也有不送气的时候。英语教师告诉我们,清音字母在 s 的后面就读不送气,如 spy(间谍)、sky(天空)、station(火车站)。印度人讲英语,对于清音,一般都不送气,英国人并不认为他们发音不正确。倒反是中国人把浊音念成清音不送气,英国人会说我们发音不正确的。英美人把中国人姓高写成姓 Kao,姓邓写成姓 Teng,那正是因为汉语普通话没有浊音,写成 Gao、Deng 反而不准确。苏联人用浊音字母翻译汉语的不送气清音,如高(Гao),邓(ден)听起来很不像汉语。我们的汉语拼音方案用浊音字母表示不送气的清音,是利用它们来表示送气不送气的对立。如果拿来教外国人,是要声明这些字母不是表示浊音的。

　　不会区别清浊音,学英语时还可以用送气不送气混过去。学法语、俄语、越南语等,就混不过去了。法语 bain[bɛ̀]是洗澡,pain[pɛ̀]是面包,我们不能把"我要洗澡"说成"我要面包"。baba[baʻba]是一种糕点(加酒和葡萄干做成,papa[paʻpa]是父亲。我们不能在饭馆里要一个爸爸。poison[pwazō]是毒药,poisson[pwasɔ̄]是鱼,我们不能把毒药说成鱼。越南语 gaʻ[gaːɹ]是鸡,caʻ[ka]是鱼,我们不能把买鸡说成买鱼。俄语的浊音送气不送气也是随意的,听说列宁格勒人念不送气,莫斯科人念送气。在学习俄语的时候,也有清浊音混同的问题,值得注意。

　　第二,是复辅音和音节尾辅音的问题。所谓复辅音,是两三个辅音连在一起,例如英语的 flag[flæg](旗)、spring[spriŋ](春天)。所谓音节尾辅音,是音节以辅音收尾,例如 bus[bʌs](公共汽车)、serve[səːv](服务)。音节尾也可以有复辅音,例如英语的 himself[himself](他自己)、bricks[briks](砖,复数)。所谓音节(syllable),是一个发音单位,其中包括一个元音和一个或两个以上的辅音(也可以没有辅音)。在汉字中,每一个汉字代表一个音节,元音前面只容许有一个辅音,不可能有复辅音,元音后面,除了收音于-n、-ng 以外,不可能有辅音。粤语、闽语、客家话等方言,元音后面可以收音于-p、-t、-k,如广州话“鸭”[ap]、“雪”[syt]、“六”[luk],但是也和西方语言的音节尾不同,因为这些-p、-t、-k 是不爆破的音。这样,我们就看得出,如果不经过训练,汉人要把复辅音和音节尾辅音念得正确是困难的。Stalin 用汉字写出,成为“斯大林”,两个音节变了三个音节。X-ray['eksreɪ]用汉字写出,成为“爱克斯光”,其中的英文字母 X,本是一个音节,变成了三个音节。苏联有一个城市 Omsk,译成汉字是“鄂木斯克”,一个音节变成了四个音节,另一个城市 Sverdlovsk,译成汉字是“斯维尔德洛夫斯克”,两个音节变了八个音节。这样译成汉字是可以的,但如果我们说外语时这样说,那就不妥当了。

　　要提醒我们汉族人民,学西方语言时,要改变我们的音节习惯。广州人把 bus[bʌs](公共汽车)说成“巴士”[pa'si],cheese[tʃiːz](干酪)说成“芝士”[tsi'si],固然应该加以改变;北京人把 bus 说成“巴斯”['pasi],cheese 说成“欺斯”['tɕʰisi],也还是不很妥当的,必须把 s 后面的元音[i]去掉,才合乎英语的音节习惯。由此类推,spring 不该说成[sipəriŋ],strong(坚强)不该说成[sitərɔŋ],等等。总之,不能在复辅音中间插进一个元音。这也是中国人学外语的通病,应该避免。

三、语法习惯的改变

上面说过,汉人的语法习惯和欧美人的语法习惯差别很大,印欧语系的语法范畴,非下苦功学习不能掌握,例如在法语中,板凳 banc[bã]为什么是阳性名词,桌子 table[tabl]为什么是阴性名词,没有道理可讲,是要靠硬记的。关于语法范畴,要说的话太多了。这里我只提出一些平常人们所不注意的语法问题谈一谈。

(一)关于 yes、no 的应用问题

在答复正面问题时,我们不会错的。在答复反面问题时,我们就要注意了。例如人家问:Haven't you seen it?(你没有看见吗?)答复应是 yes,I have。或 No,I haven't。大家知道在法语里除了 oui (yes)、non(no)之外,还有一个 si。人家问:"你没有看见吗?"你实际上看见了,就说 si。依汉语习惯,前者说成"是的,我没有看见",后者说成"不,我看见了",说英语时,如果前者说成 yes,后者说成 no,那就错了。

(二)关于词性问题

某些概念,在各种语言里的词性是不一样的,例如汉语说"我饿了、我渴了","饿、渴"是动词。英语说,I'm hungry,I'm thirsty,hungry、thirsty 是形容词。法语说:J'ai faim。J'ai soif。faim、soif 是名词。

动词的及物不及物,也往往是不一样的。英语的 speak(说话)往往用作不及物,例如 The baby is learning to speak(这孩子正在学说话),并不说成 speak language;write(写信)往往用作不及物,例如 He promised to write me every week(他答应每周给我写信),并不说成 write letter。否则就变了中国式的英语(pidgin English)了。

(三)关于称数法

在称数法上,汉语的习惯和西方语言的习惯有较大的分歧。法语从十一到十六,从语源上说,实际上是一加十、二加十……等

等(onze 来源于拉丁文 undecim, douze 来源于拉丁文 duodecim, treize 来源于拉丁文 tredecim, quatorze 来源于拉丁文 quatuordecim, quinze 来源于拉丁文 quindecim, seize 来源于拉丁文 sedecim)。到了十七、十八、十九,却变为十加七(dix-sept)、十加八(dix-huit)、十加九(dix-neuf)。法语称数,部分地保留了 Galles 语二十进位的传统,所以八十称为四个二十(quatre-vingt),九十称为四个二十加十(quatre-vtngt-dix),而七十称为六十加十(soixante-dix)。英语的十一(eleven),从语源上说,是零一的意思(Gothic 语 ainlif)。十二(twelve)是零二的意思(Gothic 语 twalif)。从十三到十九(thirteen、fourteen、fifteen、sixteen、seventeen、eighteen、nineteen),是三加十、四加十……的意思。英语量词 dozen,法语 douzaine(打),反映了古代十二进单位。最值得注意的是英法等语的大多数是以千为单位,汉语说万,英法等语说十千;汉语说十万,英法等语说百千;汉语说百万,英法等语说千千。英法语 million,意思就是一千个千,milliard 意思就是一千个千千。八亿,在英法语是八百个千千。这些地方都是和汉语习惯大不相同的。

(四)关于 too…to 结构

这种英语句子,其中并没有否定词,但译为汉语时,要译出一个否定词来,例如 He was too tired to go any farther。译成汉语是"他太累了,不能再走了"。法语 Ila été trop fatigúe pour aller plus loin。也是同样的情况。

(五)关于逻辑命题

有一种逻辑全称命题,西方语言的说法和汉语的说法是不一样的,例如英语谚语 All is not gold that glitters,译成汉语不该是"一切闪光的都不是金子",而应该是"闪光的不都是金子"。法语谚语 Toute la veritèn'estpas bonne à dire,译成汉语不应该是"一切真话都不可以说",而应该是"真话不都是可以说的"。这样,西方语言中的全称命题,译成汉语是变了偏称。

关于语法习惯的改变,问题是很复杂的。为篇幅所限,只简单地谈了这几点。

四、词汇习惯的改变

汉语词汇和外语词汇不同,为什么还有习惯改变的问题呢?有的,这里谈两个问题:

第一是复合词的问题。例如汉语"公路",译成英语是 highway(直译是"高路"),译成法语是 grand chemin(直译是"大路")。汉语的"铁路",法语是 chemin de fer(直译也是"铁路"),但英语是 railway(直译是"轨路")。汉语的"银河",译成英语是 Milky Way(直译是"牛乳路"),法语是 voie lactée(直译也是"牛乳路")。汉语的"太阳",译成越南语是 mǎttrò'i(直译是"天的面孔")。汉语的"口干",译成越南语是 khát nu'ð'c(直译是"渴水")。这也是很有趣的。

第二是概念的广狭问题。有时候,汉语的一个概念,在外语里是两个以上的概念。有时候正相反,汉语两个以上的概念,在外语里是一个概念。现在分别加以叙述:

(一)汉语一名对外语二名或多名

大种、小种。老鼠:英语 rat,大种老鼠;mouse,小种老鼠。法语 rat,souris。

家的、野的。兔子:英语 rabbit,法语 lapin,家兔;英语 hare,法语 lièvre,野兔。

公的、母的、小的。鸡:英语 cock,法语 coq,公鸡;英语 hen,法语 poule,母鸡;英语 chicken,法语 poulet,小鸡。兔子:法语 lapine,母家兔;hase,母野兔。牛:英语 bull,法语 taurcau,公牛;英语 cow,法语 vache,母牛;英语 calf,法语 vcau,小牛;英语 ox,法语 boeuf,牛的总称;英语 buffalo,法语 buffle,水牛;法语 buffonne,母水牛。羊:英语 sheep,法语 mouton,绵羊;英语 ram,法语 bélier,公羊;英语

ewe,法语 brebis,母羊;英语 goat,法语 chévre,山羊;英语 lamb,法语 agneau,小羊。猪:英语 pig,猪;hog,阉过的公猪;boar,未阉过的公猪;sow,母猪。

动物,食品。英语 sheep,羊;mutton(来自法语 mouton),羊肉。英语 ox,牛;beef,牛肉。法语 cochon,猪;pork,猪肉。

数词,量词。十:越南语 mǔ′ɤ′i 作为数词的十;chuc,作为量词的十。

(二)汉语二名或多名对外语一名

形容词。汉语"长、久",越南语 dài(长)、lɑu(久),对英语 long,法语 long。

名词。汉语"房子、家"对越南语 nhà。

植物。汉语"稻、谷(方言)、米、饭",越南语 lúa(稻、谷)、gɑo(米)、com(饭),对英语 rice,法语 riz。

亲属关系。汉语"兄(哥)、弟",越南语 anh(兄)、em(弟)对英语 brother,法语 frère。汉语"姊、妹",越南语 chi(姊)、em(妹),对英语 sister,法语 soeur。汉语"大伯、小叔、内兄、内弟、姊夫、妹夫",对英语 brother-in-law,法语 beau-frère。汉语"嫂子、弟媳妇、大姨、小姨、大姑、小姑",对英语的 sister-in-law,法语的 belle-soeur。汉语的"岳父、公公",对英语的 father-in-law,法语的 beau-père。汉语的"岳母、婆婆",对英语的 mother-in-law,法语的 belle-mère。汉语的"祖父、外祖父",对英语的 grandfather,法语的 grand-père。汉语的"祖母、外祖母",对英语的 grand-mother,法语的 grand-mère。汉语的"孙子、外孙",对英语的 grandson,法语的 petit-fils。汉语的"孙女、外孙女",对英语的 granddaughter,法语的 petite-fille,汉语的"伯父、叔父、舅父、姑父、姨父",对英语的 uncle,法语的 oncle。汉语的"伯母、婶母、舅母、姑母、姨母",对英语的 aunt,法语的 tante。汉语的"侄儿、外甥",对英语的 nephew,法语的 neveu。汉语的"侄女、外甥女",对英语的 hiece,法语的 nièce。汉语的"堂兄、堂弟、堂姊、堂妹、表兄、表弟、表姊、表妹",对英语的 cousin,法语的 cousin(阳性)、cousinc(阴性),等等。

最好学一点语源学。举例来说。英语 window(窗户)来源于 vindauga(风眼),指开一个窟窿让风进来。vinegar(醋)来源于古法语 vinegère(今法语 vinaigre),vin 是"酒",egère(aigre)是"酸",醋是变了酸味的酒。September(九月)的本义是七月,拉丁文 septem 就是七;October(十月)的本义是八月,拉丁文 octo 就是八,November(十一月)的本义是九月,拉丁文 nouem 就是九;December(十二月)的本义是十月,拉丁文 decem 就是十。依罗马历法,这四个词正是指的七月、八月、九月、十月。公元 1582 年 Groegory 改历后,才改为指九月、十月、十一月、十二月的。研究语源,使我们知道词汇的构成和发展。凡对一种语言作深入的研究,必须研究它的语源。

学习外语没有别的秘诀,最要紧的是改变自己的语言习惯。怎样才能改变自己的语言习惯呢? 就是要多读外文,多作语言实践。等到自己说外语,或用外语写文章时,是用外语思想的,而不是用母语思想,然后译成外语说出来或写下来的,那就是真正彻底改变自己的语言习惯了。这正如马克思所指出的:"就像一个刚学会外国语的人总是要在心里把外国语言译成本国语言一样;只有当他能够忘掉本国语言来运用新语言的时候,他才领会了新语言的精神,才算是运用自如。"我们应该向这方面努力。

原载《外国语教学》1978 年第 4 期

谈谈写论文①

　　研究生的任务不单纯是接受知识,而且要进行科研工作。因此,研究生有个很重要的任务就是写论文。所谓写论文,就是把自己的科研成果记下来。研究生学习三年,第二年写一篇学年论文,第三年写一篇毕业论文。最好是写学年论文时就考虑毕业论文的题目,把学年论文作为毕业论文的一部分,作为毕业论文的基础。毕业论文就是在学年论文的基础上写得深入一些、细致一些。当然毕业论文也可以另立题目。不过,如果考虑好自己的方向,还是一致起来更好。我们对研究生写论文不能要求过高,不能要求你们在作研究生的时候写出一部大著作,我们不打算这样做,这样做不但不会有什么好效果,反而会有很不好的效果。我们现在要求研究生写论文,就是要他学会科学研究的方法,学会写论文的方法,将来你写书也还是这个方法。掌握了方法,将来你写什么都可以。下边我想谈三方面的问题:论文的选题;论文的准备;论文的撰写。

　　首先谈第一个问题,论文的选题。

　　论文的范围不宜太大,主要是因为时间不够,两年写一篇很大的论文,写不下来;就是勉强写下来了,也写不好。范围大了,你一

---

① 编者注:本文系王力先生 1979 年 9 月给研究生讲的一次课的记录,由张双棣先生整理。

定讲得不深入、不透彻。拿字数来说,学年论文在万字左右,毕业论文在两万字左右也就可以了。不要求写长文章,不但不要求,而且反对长篇大论。照我所知,在外国大学里,博士论文,一般也就相当汉字两万字左右,他们也是反对写大本的书。在这两万字当中,讨论问题要深入,深入了就是好文章。好到什么程度? 就是要好到能作为中国语言学的好文章流传下来。这叫做小题目做大文章。最近一期的《中国语文》上,头一篇文章是周定一同志写的,题目叫《所字别义》。"所"字的一种意义,别人不注意,没有讲到,他从现代北方话一直追溯到宋代,甚至追溯到先秦,写得很深入。这种文章值得提倡,就是要写这种文章。大家知道,王引之写的《经传释词》是一本好书,他拿一个一个虚词来讲,每个虚词的解释独立出来都是一篇论文,有几个虚词讲得好到没有法子形容了,比如他讲"终"字,总计不到一千字,讲得很透彻,证据确凿。看了他的解释,我们不但知道了虚词"终"是什么意思,而且也学到了他的科学方法。所以说小题目可以写出大文章。

论文的内容,就汉语史来说,分三个方面:语音、语法、词汇。拿语音来说,也是应该选小题目,不宜选大题目。如果我们写一篇文章,叫做汉语语音的发展,那一定写不好,题目太大了。前两天我看见一篇文章,是加拿大一位汉学家写的,讲的是汉语唇音轻化的问题。这个题目够小的了,他写了有六七十页,写得很有内容,讲得很深入,就是要选小的问题,专谈一个问题,谈透了就是好。这两天也看了唐作藩同志的一篇文章,他从《正音捃言》这本小书中归纳出了 16 世纪的韵母系统,题目小,我们赞成。还看到杨耐思同志的一篇文章,叫做《近代汉语 m 尾的转化》。收 m 尾的转化为收 n 尾,如"甘"本来念[kam],后来念[kan],这是转化问题。他这篇文章就专谈 m 尾的转化问题,我看他也谈得很透。就是应该这样,应该写小题目,不要搞大题目,小题目反而能写出大文章,大题目倒容易写得很肤浅,没有价值。语法方面也是这样,比如高本汉有一篇文章,讲《左传》里"於、于"两个字的分别。《左传》里"於、于"两个字都有,它们的用法有什么区别呢? 高本汉作了研究。我们也可以研究关系宾语,它不是直接宾语,又不通过介词。杨树达说是省略了一个"于"字,其实不是省略,本来就有这种语法,不用"于"字,直到《红楼梦》还有"雪下吟诗"的说法。《史记》中这种例子特别多,我们可以做一篇文章专谈《史记》中这种所谓省略"于"字的情况:在什么情况下用"于"字,在什么情况下不用"于"字。现在须要研究的问题很多,比如:汉语被动句的研究,代词的研究。在词汇方面也可以考虑联绵字的研究。联绵字的研究,前人搞了,但他们都研究得不好。这主要是因为他们缺乏音韵学知识,不从古音看联绵字,讲得不透,也不会讲透。另外,还有一个问题,这个问题大了一些,不过也可以考虑,这就是双音词的发展的问题。原来我们主要是单音词,后来双音词越来越多,怎么发展到现代那么多双音词? 整个发展道路是怎样的? 这很值得研究。不过这个题目是大了一点。

　　其次谈谈论文的性质。有两种不同性质的论文:一种是解决汉语史中的某一个问题,另一种是提出问题,综合前人研究的结论。最近我看见一篇文章,一个日本人写的,他讲到中国音韵学家对上古声调的看法,到底先秦有几个声调,是段玉裁所谓上古没有去声呢? 还是江有诰所谓上古实在有四声呢? 还是王国维所谓上古有五声、黄侃所谓上古只有二声呢? 他把各种说法都讲得很清楚,自己并没有提出一个结论。这样做我看也很好,把问题摆出来了,说明汉语史上这么个问题,需要我们研究解决。这种文章也是可以做的。最近看见吕叔湘先生的一篇文章,他说,提出问题就是解决问题的头一步。你连问题都提不出来,怎么谈得上解决呢? 首先要注意到,还有哪些问题没有解决,前人有什么说法,哪一家的说法合理些。我们要善于发现问题,提出问题。有些人念很多书,什么问题也没有,那就不好了,等于白念了。

其次谈第二个问题，论文的准备。

所谓准备，主要就是充分占有材料。一个小小的题目，我们就要占有很多的材料，往往是几十万字，要做几千几万张卡片。刚才我说的加拿大那位教授的轻唇化的文章，后边列的参考文章有好几十篇。这是一方面，占有材料，参考人家的看法。再一方面，更重要的，如《所字别义》，把具有人家没有讲到的那种意义的"所"字能找到的都找出来，随时留意，做出札记或卡片。你别看写出来文章只有一万字，几千字，收集的材料却是几十万字。这叫做充分占有材料，材料越多越好。材料不够就写不出好文章，只能放弃，等将来材料够了再写。所以作研究生时，最好考虑选一个内容比较单一、不须要找多方面材料的题目，比如选《世说新语》中的某一种语法结构或某一个虚词来研究，只就这一本书研究，别的材料可以不管，这样题目就小了，也可以讲出一些道理来。当然如果能找到同时代的别的书的材料或其他材料做旁证，就更好了。最近我写了一篇《朱熹反切考》，材料只限于朱熹的《诗集传》和《楚辞集注》中的反切，不须要查很多的材料，这样范围就小了。我们可以做这样一篇文章，专讲唐诗里边的实词的用法。现在虚词人们研究得很多了，实词倒很少有人写，我看很值得研究，比如"初"字，在散文中从来就不当"时候"讲，唐诗里常常当"时候"讲。再如"平"字，王维诗有"千里暮云平"，李商隐诗有"故园芜已平"，"平"字在唐诗里是什么意思就大有文章可做了。还有一个最基本的也是很重要的准备，就是要具备这一方面的知识，比如要做朱熹反切考，无非是论证朱熹的反切跟《广韵》的反切有什么不同。这就得先熟悉《广韵》的反切，如果没有《广韵》音系的基础知识，这个文章就做不下来。

最后谈第三个问题，论文的撰写。

撰写论文，第一点，也是最重要的一点，就是要运用逻辑思维。如果没有科学头脑，就写不出科学论文。所谓科学头脑，也就是逻辑的头脑。我常常说，科研有两个条件：一个条件是时间，一个条件是分析能力。没有时间就没法充分占有材料。要有分析能力就要有科学的头脑，逻辑的头脑。我们知道，逻辑上讲两种科学方法，一个是演绎，一个是归纳。所谓演绎，就是从一般到特殊；所谓归纳，就是从特殊到一般。我们搞科研，要先用归纳，再用演绎，不能反过来，一反过来就坏了。比如逻辑上的三段论法，大前提、小前提、结论。"凡人皆有死，你是人，你也有死。"这是演绎法，从大前提推出结论。结论对不对，关键在于大前提对不对，主要是"凡"字。"凡"是归纳出来的，我们做研究工作，就是要研究这个"凡"。怎么研究呢？就要从大量具体的材料中去归纳，从个别到一般，结论是在归纳的末尾，而不是在它的开头。所谓分析，是要以归纳为基础的，如果没有归纳就作分析，那么结论常常是错误的。凡是先立结论，然后去找例证，往往都靠不住。因为你往往是主观的，找一些为你所用的例证，不为你所用就不要，那自然就错误了。归纳的重要也就证明充分占有材料的重要。因为归纳是从个别到一般，个别的东西越多，越能证明你的结论是可靠的。也会有例外，例外少倒不怕，多了就不行了，例外多了，你的结论就得推翻。

另外，有些东西，要有旁证，用与它有联系的东西来证明。比如刚才说的"凡人皆有死"，这是不完全的归纳，为什么也站得住？就因为有旁证。医学里人体结构就证明人不可能永远不死。真正掌握归纳的方法，不那么容易，但我们要尽可能的运用归纳的方法做科研工作。清代王念孙、王引之父子，可以说是掌握了归纳的方法，尽管当时没有归纳的说法。他们的一个很好的方法，就是用同一本书中的例子来证明古人对某一个问题解释的错误，比如《经传释词》中"终（众）"字，王引之讲"终"是"既"的意思。前人讲《诗经》中的"终"字，很多都讲错了，《邶风·终风》的"终风且暴"，韩诗说："终风，西风也。"王引之认为这个讲错了，是缘词生训，现在我们叫望文生义。从这句话看，"终风"解释为"西风"是讲得通了，但别的地方"终"都没有这个意思，所以你这一个地方讲通了也不能算数。王引之在《诗经》中找到大量例证来证明"终"当"既"讲，如《邶风·燕燕》的"终温且惠"，《北门》的"终窭且贫"，《小雅·伐木》的"终和且平"，《甫田》的"终善且有"，等等，这些地方都是"终"和"且"对称，结构相同。你说"终"是"西"的意思，"终风"是"西风"，那这些例子怎么解释呢？还有一个例子，《鄘风·载驰》的"众稚且狂"，"众"也是"终"，"既"的意思，但毛传不知道，讲成"众人都幼稚又狂妄"，大错了。"稚"是骄傲的意思，这句的意思是"既骄傲又狂妄"。这叫做拿本书来证本书。王引之用大量《诗经》中"终"和"且"对称的例证来证明，"凡"这样的"终"字都作"既"讲。我们做科研工作，就要达到一个"凡"。

我们进行归纳，不会是一帆风顺的，往往遭遇一些例外，怎样看待例外，也要进行科学分析。例外太多，结论就得推翻，例外少，就要分析为什么会有例外，例如，先秦古韵，段玉裁分为十七部，王念孙、江有诰分成二十一部，我分成二十九部、三十部，分得越多，例外就越多一点。你要毫无例外，恐怕就要回到苗夔的七部去。段玉裁讲合韵，不同部的字可以在一起押韵，但分部还是要分开。这里就有个主观的问题，所以还要有旁证，上回说的语音的系统性就是一个旁证。还有个例子，比如去声，段玉裁说古无去声，江有诰说古有四声，到底有没有呢？我看是有的。到汉代有没有去声产生呢？如果你认为汉代去声没有产生，可它有单用去声押韵的；如果你认为汉代已经产生了去声，那么去声与入声一起押韵的很多。这就要做些科学分析。所以我们说，归纳不是一帆风顺的，要经过很好的思索，找些旁证来证明。

跟归纳相反，就是所谓孤证，只有一个例子来证明，完全没有归纳，它跟科学方法是违背的。前些日子看一些字典的稿子，这里就很有一些孤证的问题。"信"字，它讲做"媒人"，举的例子是《孔雀东南飞》的"自可断来信"。这个地方讲成"媒人"也可以讲得通,问题在于是一个孤证。古书中"信"都不做"媒人"讲,而讲到"媒人"的时候,也没有用"信"字的,为什么单单这一个地方做"媒人"讲?这就是孤证,孤证是不科学的。余冠英就讲得很好,他说,"信"有使者的意思,这里指的是"媒人"。这里指的是"媒人","信"字本身不能解释为"媒人"。《诗经·伐檀》中"三百廛"的"廛"、"三百亿"的"亿"、"三百囷"的"囷",本来很好懂,"廛"表示房子,"囷"是谷仓,"亿"就是现在亿万的亿。可俞樾把这三个字都讲成用绳子捆,这完全不行,是孤证。任何书中的"廛"字都不当捆起来讲,任何书中的"亿"字也不当捆起来讲,任何书中的"囷"字也不当捆起来讲,只有《诗经·伐檀》这么讲,那么诗人吟出诗来,谁懂呵!你想得倒巧,怎么三个字都写了白字了?这样讲是不行的。

　　再者,搞研究工作最忌的是先有结论,然后找例证,这是很有害的。举例说,江有诰先认为上古没有四声,这是错的,后来说实在是有的,走到另一个极端,就更错了。他认为跟去声押韵的字就是去声而不是入声。不能这样看,从逻辑上讲不通。幸亏先秦韵文少一点,如果多,还可以造出更多的去声来,因为你先定了先秦有去声,这个字本来不念去声,你说现在它念了。很多字都有平上入三声,它碰上这个念这个,碰上那个念那个,这跟古无四声还有什么区别?你一个字念几个调,还不是等于没有?还有一个例子,更典型了,这就是黄侃的古本韵、古本纽的说法。他先主观下个结论,古代一定有个本韵,跟本纽相当。一定是古本韵中有古本纽,古本纽只能出现在古本韵。对例外,他就想法解释了,比如东韵,他说,东韵分两类(其实就是一类是一等字,一类是三等字),头一类算数,后一类不算数。别的韵能证明他的理论了,他就不用这个方法了。这个地方碰壁了,没办法了,就说分两类。还有相反的情况,他分明知道觉部应该有,可是他找不出古本韵来了,只好不要了。这牵涉到整个逻辑思维问题。为什么说它是古本韵,因为它里边只有古本纽;为什么说它是古本纽,因为它只出现在古本韵。

林语堂批评他是乞贷论证，现在叫循环论证。其实用另外一种分析方法就对了，有些声母只能用于二、三等，有些声母是一、二、三、四等都能用。一等字、四等字就没有二、三等字那些声母，这跟所谓古本韵无关。胡适那套"大胆假设，细心求证"行不行？"大胆假设"跟先有结论有没有区别？这要看你怎么假设，如果你已经从古书看到了某种端倪，迹象，是可以假设的。王引之首先看到"终风"讲成"西风"不妥，又发现"终"跟"且"对应的地方很多，所以他说："僖二十四年《左传》注曰："终，犹'已'也。"已止之已曰终，因而已然之已亦曰终。故曰词之既也。"他又找到很多例证，来说明"终"当"既"讲。我们可以说王引之也曾做过假设，而这个假设是没有错误的。如果像黄侃的古本韵、古本纽那样假设，就不行了，这种假设是很坏的假设。大胆假设问题不在于假设，而在于大胆。大胆到某种程度，就变成主观臆测了，跟科学的假设风马牛不相及。胡适说《红楼梦》就是曹雪芹的自传，这种假设真是太大胆了。主观的大胆，当然就不科学了。胡适的"大胆假设，细心求证"，问题在于大胆，不应该提大胆，科学的解释就是假设，假设是可以的，大胆是不可以的。细心求证是完全对的。所谓细心求证，应该是充分掌握材料，然后细心地推出结论。但胡适本人就没有做到，他的《入声考》就没有细心求证，讲得很不好。总之，掌握科学方法就是归纳，先归纳，后演绎，先归纳后分析，没有归纳就没有分析。

　　第二点，写起论文来，要层次分明。先说什么，后说什么，这很重要。《文心雕龙》有一篇文章叫"附会"，就是讲篇章结构，讲层次的。这一点跟逻辑很有关系，有了科学头脑，文章就能层次分明。最近，我听说有人给我个评语，说我会搭架子，其实就是个逻辑问题。你写文章是给读者看的，不要先把结论大讲一通，人家还不懂你的结论。你应该按照你研究的过程来引导读者的思路，你怎么研究的，就怎么写，从头讲起，引导读者逐渐深入，逐渐到你的结论上来。至于什么地方多讲，什么地方少讲，要看读者对象。如果写教科书式的文章,给青年学生看,要写得很浅,很多知识都要讲清楚。这是普及性的文章,大学教材也是普及性的。要是写科学论文给同行看,给本行的人看,就要假定读者在这一方面已经很懂,因此就得写得很简单,单刀直入。最近看一些朋友、青年寄给我的文章,我感到往往有这样的毛病,讲了很多不必要讲的话,内行人根本就不看你这种文章。所以,写科学论文,一般的地方要很扼要地讲。相反,在你发明的地方,在你如何得出这个结论的地方,要讲得很详细,要讲透。不详细,就不能深入,没有价值,也说不服人家。

原载《大学生》1981 年第 1 期

关于音位学的教学

——为武彦选《音位学大纲》讲义写的意见

音位学作为一门课，这是第一次。书中讲述了音位学的理论，基本上是正确的。特别是联系实际讲汉语拼音方案中的音位学应用，很精彩。第一次开课，做到这个地步，是很不容易的。

我阅后，有几条意见，写在下面，以供参考：

1.教科书应该深入浅出，简单扼要。此书在叙述上陷于烦琐，重点不突出，使学生难于领会。名为"大纲"，实则是繁论。我想，重点应该讲：什么是音位，什么是音位学，音位学与语音学的区别，音位学的作用。学派可以不讲，或简单地说几句。譬如说，简单地参照赵元任的音位学说讲一讲，也就够了。

2.教科书每出现一个术语，必须先交代清楚，否则学生听不懂。本书开始时没有交代清楚什么是音位，就大讲音位直觉、音位学的科学基础等，使学生坠入五里雾中，这在教学法上是错误的。

3.说中国韵书是音位直觉，说服力不强。我看韵图倒是有点音位直觉的味道，因为舌头与舌上同行，齿头与正齿同行，重唇与轻唇同行等等。

4.详论四种音位学说，我看没有必要。我看这四派学说只是大同小异。强调它们的分歧，反而使学生迷惑不解。

5.有些与音位学无关的内容可以不讲。我认为，句调学不应认为是音位学的发展。因为在音位学没有产生以前已经有了句调学和 prosody 了。

6.应该只讲音位学家的音位学,不必涉及其他语言学家,否则也要声明他们并没有音位的名称,只有音位的概念。你说法国语言学家虽然长期使用 phoneme 这个词,但不是指音位,这是对的,但是你为什么又说索绪尔说音位是社会的,语音是个人的呢?……

我没有细看,不知道还有其他错误没有。

匆匆阅后提出上面这些意见,不一定正确,仅供参考。

1981 年 3 月 13 日

篇章的逻辑性

这篇文章想谈谈两句话以上组成的篇章的逻辑性的问题。

第一种情况叫牵连不断。本来是两件事，两层意思，应分为两句话说的，可是有的人把它连起来说，这样脉络就不清楚了，有些牵连不断。

例一："他秘密或半公开地组织农民，宣传某某的主张，取得了一部分学生运动的领导权，并开始和工人运动建立联系。"这句话为什么说牵连不断？因为前边讲的是秘密或半公开组织农民，后面又说取得一部分学生运动的领导权，又讲和工人运动建立联系，讲了三个方面，中间插了一句"宣传某某的主张"，这到底是想说明前面的农运，还是想说明后面的学运、工运？让人搞不清楚。好像宣传某某的主张，结果就取得了学生运动的领导权，但是，这跟前面的组织农民有什么关系呢？看不出来。你要是理解为半公开地组织农民是向农民宣传，那跟学运、工运又是什么关系呢？也没有交待。到底向哪方面宣传，很不清楚。另外，所说的农运、学运、工运三者有没有关系，有什么关系，也没有说清楚。所以倒不如改成两句或者三句话来说，先讲农民运动，然后讲学生运动，再讲工人运动。这样头绪就清楚了。

例二："在国际上我国外交打开了新的局面，签订了中日和平友好条约，实现了中美关系正常化，胜利进行了中越边境自卫反击战，打击了霸权主义，进一步提高了我国的国际威望。"我国外交打开了新的局面,这个新的局面是什么? 底下讲签订了中日和平友好条约,实现了中美关系正常化,这都是打开了外交局面。可是,胜利地进行了中越边境自卫反击战,怎么能算是打开外交的新局面呢? 我看是不能算的。其实,这又是另一层意思了,不能放在打开外交新局面一句话中来说,应该分成两句话说就清楚了,就不会令人觉得进行中越边境自卫反击战与打开外交新局面有什么牵扯了。

例三:"委员们看到各条战线喜人的形势很受鼓舞,增强了实现四个现代化的信心,提高了为实现新时期总任务贡献力量的积极性,对有关部门和单位提出了一些有益的意见和建议。"这里边有个什么牵连不断的问题呢? 委员们看见喜人形势很受鼓舞,增强了实现四个现代化的信心,也提高了贡献力量的积极性。这话本来是很通的,但底下紧接着就说对有关部门提了意见、建议。这提意见、建议算是有信心呢? 还是算积极性呢? 因为对四化有信心才提意见呢? 还是因为有贡献力量的积极性才提意见呢? 这提意见和建议跟上面说的信心、积极性有什么关系,纠缠得不清不白。其实这是两层意思,不能混在一起说。混在一起说了,让人莫名其妙,在逻辑上也不合。应该在提高积极性后边打句号,表示这句话完了。然后再说委员们对有关部门提了意见、建议。这样分两句讲就清楚了,就不致于使两层没有什么关系的意思纠缠在一起了。

第二种情况,前后矛盾,又叫前后冲突。

毛主席要我们学点语法、逻辑,写文章可以避免前后冲突,很重要。一层意思在前边讲过了,后边再讲的时候,把前边的忘了,因此说了些跟前边发生矛盾的话。现在报纸上、杂志上有不少这种情况。另外,前边讲的意思,到后边应该推出什么结果,可是有的推不出那个结果,这也是前后矛盾。这些前后矛盾的问题,都要从逻辑推理来解决。我们有些推理是不妥当的,比如,最近有位同志写了一本书送给专家们看（专家不是指我），专家们看后说，你的书是外行讲的，你讲的古文字、古音是外行话。这位同志很不服气，就说，连你们那本《说文解字》还有错误呢！这样讲就不对了，错误可能大家都有，可是你有错误也还是错误呀。不能因为别人有错误，你的错误就不算错误了。这就是说，我们一定要有逻辑头脑。所以，我讲文章的逻辑性。怎么把文章写好？一定要注意逻辑性。我们在大学里还要讲汉语，教写文章，这是因为中学里没有学好，没学通，在大学里要补课。这事情单讲是不解决问题的，文章写不通，写不好，完全不是因为你汉语说得不好，主要是没有一个逻辑头脑。因此，我们必须从根本上解决问题，培养学生的逻辑思维，使学生有个科学头脑，把问题条分缕析，弄得清清楚楚，这样写起文章来，自然就能表达得清楚了。

最后再附带讲几句。最近我在《新闻战线》上写了一篇文章，题目叫《谈谈写文章》，编者把我的题目改了，改成《我谈写文章》。一字之差差得很远，我说"谈谈写文章"，是说我谈的可能有错误，是很客气的说法，改成"我谈写文章"，好像我很了不起，谈应该怎么写。我说现在写文章要学人民群众的语言，要口语化，说什么就写什么，不要以为写文章就要文一点，要同说话不一样。常常出错误就出在你要写得文一点上。有很多同志在小学、中学里文章写得很好，很通顺，到了大学毕业，出来工作，写出文章倒反不通了。他认为现在要写文章了，要同说话不一样，这就坏了。四五十字一句的句子，现在特别多。我不知道这个风气是从哪里来的，反正这个风气不好。平常你跟别人谈话，有没有那么长的句子？没有。等到你写文章了，好像造长句子就好。这看法是错误的。应该学会写短句，不要写长句。句法、逻辑错误常常出现在长句子里，因为长句子关系复杂，容易搞错。我们提倡写白话文，就是写话，我们平常怎么说，就怎么写，特别是不要写半文半白的东西。有一天我收到一个不认识的青年同志的来信，讲很多问题，其中一个问题就是讲用文言写信。我说你那个文言谁也不要，也不像文言。要写好文言，很不容易，你们也写不好，并且根本不应该冒出半文不白的文章来。所以叶老叶圣陶先生说，现在我们不叫作文，叫写话。把话写出来，写清楚就好。因此，写文章的时候，头一样就是不要摆出写文章的架势，造些长句子，来显示自己会写文章或文章写得好。其实，文章好坏，不在句子长短，长句子很容易出毛病，短句子反而能把话讲得清楚、简洁。另外就是从外文原著里边学写文章。有的同志外文学得很好，这是学写文章的很好的条件。我不是说外国文章都是好的，有不好的，但有的是很好的，它特别有逻辑性，文章组织谨严，谨严就在于有逻辑性。比如我们学马列主义，同志们可学着看原著，马恩列斯有不少文章，不但思想性好，从文章角度说也是非常好的。我在《新闻战线》上写的文章里，向大家介绍两篇文章：一篇是毛泽东同志的《实践论》，文章特别好，可作我们的典范；一篇是马克思的《工资、价格和利润》，那书逻辑性很强，很严密，从逻辑推理来解决问题，来阐明三者之间的关系。当然列宁有很多文章也是逻辑性非常强的。大家可看原文，看看他们怎么写的。马恩列斯的文章有各种文本，德文、俄文、英文等都有，我们懂哪种语言，就看哪种，看得多了，我们的写作水平就可以提高了。

原载北京市语言学会编《语文知识丛刊》(3)，1982 年

谈汉语的学习和研究

第一,为什么要研究汉语

汉语就是汉民族的语言。汉族人人人都会说汉语。可是要问这个语言是怎么构成的,它的历史怎么样,就很少有人知道了。可见会说并不等于真懂。要想真正弄懂汉语,就得从语言学的角度去研究。语言学这门学问,大家在中学可能没有听说过。现在很多人都不知道语言学是怎么回事,以为语言学就是学语言,学说话,其实这是错的。搞语言学的当然要学会说话,但是学习语言只是个手段,不是目的。语言学的任务是研究语言的本质、语言的构造,还要研究语言的发展,也就是语言的历史。这就不像学说话那么容易了。

研究汉语,不单纯是为了了解它、弄懂它,这个工作在很多方面都有用处。今天只简单举几个例子。比如平时人们学习都离不开字典词典,编字典词典就离不开语言学的知识,不懂语言学就编不好,光是这一件事,就可以看出语言研究跟人们的社会生活关系是多么密切。再拿教学来说,全国那么多中小学生都要学语文,编好语文教科书非常重要,这也要懂语言学才行。现在外国人学汉语的很多,需要很多人去教,你要教人家,自己不研究清楚怎么行?还有推广普通话,任务很重。中国的方言这样复杂,要推广普通话,就得研究方言,找出它们跟普通话之间语音上的对应规律。就是一些新兴的科学技术,如汉字的信息处理,也都离不开语言学的研究成果。

总而言之，语言是文化的一个组成部分。我们中华民族有光辉灿烂的文化，这里边也包含着语言学的成就。我写了一本书，叫《中国语言学史》，讲到我国历史上出现的很多卓越的语言学家。他们对汉语的研究取得了很大成就，为发展我们中华民族的文化做出了贡献。我们今天研究汉语，也就是为提高全民族的文化水平、发展我国的社会主义文化事业做出贡献。前几天有两个外国人来看我，一个是法国的，一个是意大利的，他们在自己国内都是搞汉语教学和研究的，也就是人们说的汉学家。我对他们说，我要鼓励我的学生把汉语研究好，要是我们研究汉语还不如你们，将来中国人学汉语还要到外国去，那就太惭愧了。单凭这一条，我们中国就必须有一些人专门从事汉语的研究。

第二，从学习到研究

学习和研究是两回事，大家进了大学，要把这两个东西区别开。学习是接受别人研究的成果，包括老师在课堂上讲的，自己在书本上读的。研究是在学习的基础上钻研和解决前人没有解决的问题，学习是手段，研究才是目的。这个道理说起来简单，但是有很多人不知道。前几年我招研究生，口试的时候问一个同志："你为什么要考研究生？"他说："我从前学得很不够，想多学点东西。"这个回答我就不满意，研究生就是要搞研究嘛！我们不能为学习而学习，要为做学问而学习，为解决实际问题而学习。

现在汉语中还有很多问题没有解决，大有研究的余地。为什么会是这样呢？一个是古人研究汉语的范围很窄，他们研究汉语主要是为了读经，研究的对象主要是经书以及其他古文，不重视对他们当时的语言的研究。一直到清代，人们都是走这条路，就是研究古的。我们现在当然也要研究古的，更要研究现代的，历代的都要研究。现在现代汉语的研究很差，近代汉语的研究也很差。再一个原因是研究方法问题。从前研究汉语没有语言学作指导，不知道怎么研究。语言学这门学问在西洋也是近一百年的事。根据语言学理论来研究，跟没有这个理论的时候就大不一样。比如汉语语法的研究，我国古代就根本没有。一直到上个世纪末《马氏文通》问世以后才有汉语的语法学，离现在才八十多年。由于时间短，汉语语法的很多问题还没有很好地研究。汉语方言就研究得更少了，因为以前根本不重视。前人下功夫最多的是在字词方面，这个字在古书当中怎么写，怎么读，怎么讲，都要弄明白。其实就是这方面也还有很多工作要做。字义，或者说词义，是发展变化的，同样一个字在不同的时代有不同的意义，前人只注重它在古书中的讲法，很少讲它的发展演变。所以，我们在马克思主义理论的指导下，在语言学理论的指导下进行汉语研究，是大有可为的。

要研究好，首先要学习好，不能轻视学习。我刚才说要在语言学理论指导下进行研究，如果你连语言学理论是怎么回事都还不知道，怎么进行研究？所以还是先要听好课，读好书，掌握基本理论和基本知识，为研究打好基础。这是基本功。学习的时候要独立思考，注意哪些问题是还没有解决的，哪些问题是讲错了的。不要以为凡是书本上写的和老师讲的就都是对的。平常讲"有书为证"，这句话有片面性。今年我在汉藏语学会上有一篇论文，我们系 79 级一个同学见到了，认为里边有一段话讲得不对，给我写信指出来了。后来我发现那段话确实不妥，在发表时就把它删掉了。我们就是要提倡这种破除迷信、独立思考的精神，要敢于和善于发现问题，提出问题。不会发现问题就做不上解决问题。一个大学生，不但要掌握基本知识，而且要学会研究方法。大家到高年级要写毕业论文，主要目的也是要通过实际训练，使大家懂得科学研究的方法。大家从现在起就应该注意这方面的学习。

第三，由博到专

"博"是指有广博的知识，"专"是指在小范围内深入。研究要专，学习要博，博是专的基础。前几个月北京语言学会开会，让我讲治学经验,我讲了八条,我把它叫做八个方面的修养,其中包括:马克思主义的方法论、普通语言学、古代汉语、外语、文学、逻辑、音乐、自然科学。这八条归结起来,就是要博。为什么呢? 因为各个学科都是互相联系的。比如,语言在脑子里形成现象的时候是心理学问题,发音器官发出声音是生理学问题,语言在空气中传播是物理学问题,这些知识,搞语言学的都应该懂一些。前年我在中国语言学会年会上说过,我这一辈子吃亏就在于没学会数理化。有些自然科学,表面上看跟语言研究没有直接联系,但是可以训练自己的科学头脑,随时都用得着。至于社会科学的一些门类,跟语言学的关系就更密切了。所以,应该有很广博的知识,然后再走到专的道路上。不博而想专,就会朝死胡同里钻,或者干脆叫"坐井观天",是不可取的。

所谓专,就是研究范围不能太大。跟整个社会科学相比,语言学这个范围不算大;但是就语言学本身来说,范围还是相当大的。语言有三个要素:语音、语法、词汇。这几个方面我们不能同时都搞,要专一门。不一定一辈子只干一门,但是在一个时期、一个阶段,一般只应该侧重一个方面。我最初在清华大学主要搞音韵,40年代又集中搞语法,以后又转到词汇方面。其实在每个方面里边也不一定要面面俱到,可以选择一个个专题来研究,就是说专中有专。比如可以搞一部书的语法,编写一部书的词典,这些工作都是很有意义的。

我今天讲的一个中心意思,就是希望你们不要满足门门功课都考五分,而要注意培养发现问题、分析问题和解决问题的能力,把自己锻炼成对国家更加有用的人材。

这是王力先生和北京大学中文系汉语专业 82 级新生的谈话,原载河北廊坊师专《语文教学之友》1983 年第 2 期

把话说得准确些

文章有三性:准确性、鲜明性、生动性。新闻报道最要紧的是准确性。所谓准确性,就是语句合乎语法,合乎逻辑,没有歧义,不致引起读者的误解。

缺乏准确性的句子,大致可以分为四类:

第一类是不合语法。有时候是动词和宾语搭配不当,例如:

> 只有这样,才能防止财务大检查不走过场。

"防止"的宾语应该是"走过场",不是"不走过场"。

有时候是主语和谓语搭配不当,例如:

> 在火光硝烟中,只见二十名伤亡的越军被抬着、背着从阵地上仓惶逃下山去。

主语是"伤亡的越军",谓语是"仓惶逃下山去"。这话显然是不准确的。不但死亡的越军不可能逃跑,重伤的越军也是不能逃跑的。

有时候是人称代词使用不当,例如:

> 全国企业整顿领导小组负责人今天向记者发表谈话,称赞浙江海盐衬衫总厂厂长步鑫生是一个顺应时代潮流……企业家。他希望全国各地企业的干部都要学习他的精神……

第一个"他"字没有歧义,第二个"他"字指的是步鑫生,但按语法讲来,这第二个"他"字承上文第一个"他"字而来,应仍是指那个领导小组负责人,就有歧义了。第二个"他"字改为步鑫生,就清楚了。

第二类是不合逻辑,例如:

> 如今,随着党的十一届三中全会以来各项方针、政策的落实,城乡广大人民生活水平提高,电视机正在成为千家万户的必需品,这种状况变成历史了。

是什么状况变成历史了?电视机正在成为千家万户的必需品,怎么忽然变成了历史?作者原意是远承上文。上文说到群众"围观"和"引领观看"电视,这里所谓变成了历史,指的是群众"围观"和"引领观看"的状况。按逻辑说,这种句子是不通的。又如:

> 这种方法(指酒精法)往往把一部分合格羊奶误认为"坏奶",养羊户只好将这些奶用来喂猪或当肥料,浪费了羊奶资源。

把羊奶称为"资源",显然是不通的。"坏奶"加上引号,也是多余的。又如:

> 各种音乐杂志和报刊也出版了她二百多首歌曲。

"出版"应改为"发表"或"登载"。一本书由出版社印行,才叫"出版"。又如:

> 过去,这个居委会的刑事案件多,民事纠纷多,环境卫生差……。一年来,这个居委会的面貌有了很大的改变。

这里所说的"居委会",实际上是指这个居委会所管辖的地段。居委会和居委会管辖的地段是两个不同的概念,不能等同。像上面那种说法,那是把居委会所管辖地段存在的问题,说成是居委会这个组织机构存在的问题了。又如:

> 十五辆……越野车和小型卡车,从上海陆路沿长江而上,行程两千多公里,于二十五日驶进四川省成都市。

既是车,走的是陆路,就不能沿长江而上,因为没有一条公路沿着长江到成都市的。又如：

> 尼泊尔首相洛肯德拉·巴哈杜尔·昌德今晚在这里说，发展中国家和第三世界国家必须努力建立世界情报和通讯的新秩序。

这里把发展中国家和第三世界国家并列是不对的。第三世界国家多属发展中国家，而发展中国家可以说都是第三世界国家。又如：

> 实行这个分配住房的办法，还查出不该搬入新房的住户一百三十四家，从而减少新建住宅六千七百平方米。

已经新建了，怎么能减少呢？作者原意是说可以少建住宅六千七百平方米。又如：

> 北京大学等全国一些高等院校和内蒙古大学等单位的科技人员合作……

内蒙古大学也是高等院校，不该与北京大学分开来说。"全国"二字也是多余的。又如：

> 科技人员成功地研制出供猪、鸡、鱼、兔等各种家畜家禽所需要的饲料配方。

"鱼"不是家畜，也不是家禽。

第三类是生造词语，例如：

> 对那些淫诲的东西，我们坚决反对。

"淫诲"可能是"淫秽"之误，也可能是"诲淫"之误。作者说成"淫诲"，是生造词语。

第四类是滥用成语，例如：

> 王善保在《朝阳沟》中扮演的栓保，在《小二黑结婚》中扮演的小二黑，在《人欢马叫》中扮演的吴广兴等形象，栩栩如生，深受广大群众喜爱。

成语"栩栩如生",一般指绘画中的人和动物,意思是说虽然是画的,好像是"生"的。至于演员所扮演的人物,演员本来就是"生"的,怎么还说"如生"呢?

以上所举诸例,一般常识都能判断其错误。作者稿子写好后,反复多看几遍,也可能发现其错误的。

要把话说得准确些,并非难事。主要是要讲究逻辑思维。语言合乎逻辑,也就准确了。

注:文内所引病句,除最后一例外,均见新华社新闻稿。

原载《新闻业务》1984 年第 7 期

语言的真善美

哲学家认为真、善、美三者有密切的关系,实现真、善、美,是人生的最高目的。文艺批评家认为真、善、美也是文艺创作的根本法则。我认为,语言修养也应该要求真、善、美。所以我今天来谈谈语言的真、善、美。

语言的真,就是语言的真实性;语言的善,就是语言的正确性;语言的美,就是语言的形式美。语言的真实性是语言问题,语言的正确性是逻辑问题;语言的形式美是美学问题,也是文学问题。毛主席说文章有三性:正确性、鲜明性、生动性。正确性和鲜明性是语言逻辑问题;生动性是文学问题。严复说翻译要求信、达、雅。信,就是语言的真实性;不要把外语翻错了;达,就是语言的正确性,不要翻出来不像汉语;雅,就是语言的形式美,翻出来的文章要优雅、生动、漂亮。

现在我分别讨论语言的真、善、美三方面的问题。

一、语言的真

语言要求真实,不真实就失掉语言的作用,甚至犯错误。日本文部省的某些人曾经把对中国的侵略改为"进入",那就是不真实,所以遭到我国人民和包括日本人民在内的世界各国人民的强烈反对。

语言要求真实,说起来容易,做起来不容易。有时候,为了某种政治目的,就会说假话,例如日本文部省改侵略为"进入",又如我国"大跃进"时期虚报丰收,"文化大革命"时期捏造老一辈革命家的罪状。有时候,为了讨好读者,追求趣味,也会捕风捉影,乱说一通。拿我来说,最近两年来,许多介绍我的生活的文章,都不免有些错误。有人说,我名叫王力,字了一,是因为"了一"是"力"字的反切;有人说,王了一就是王子,因为"了"字加一横就是"子"字,等等。其实我只是贪图笔画简单,别无他意。有人说:"王力当了小学教员,头一年每个月拿到三十几个铜钱,连吃饭也不够。"这把我说得太苦了。当时三十几个铜钱只值一毛钱,我不至于苦到这个地步。有人说:我初到法国时,由于不懂法语,到法国饭馆吃饭,连叫三个汤。这是把不懂外语的人的故事(笑话)当做我的故事了。有人说,我每天早上喝一杯鹿茸汤。没听说过鹿茸可以做汤喝的;即使可以喝,我也喝不起。真实的情况是,我每天早上喝一杯咖啡。无论如何,说假话总是没有好处的,到头来,总会被人揭穿。

语言的真实性问题还常常出现在文艺作品上。小说家写工农兵时,有人不知不觉地写上了学生腔(知识分子的语言),那就不真实。有人写古代剧本,掺杂着许多现代词语,那更不真实。从汉语史来说,在那个时代,这种词语还没有产生呢。

二、语言的善

语言的善,就是语言的正确性,也就是语言的逻辑性。我们学逻辑,不是为了记住它的一些条文,而是为了把逻辑的道理应用到语言的实践上。

首先谈一谈概念的分类。我们知道,在概念划分的规则中,有一条规定:划分的诸子项不能互相逾越,而应互相排斥。用通俗的话来说,就是事物的分类应该是界限分明,不应该交叉,不应该在甲类与乙类之间,在概念的内涵和外延上有部分的重叠。拿这个规则来衡量,今天我们的报纸杂志上所谓三×三不×,所谓四×、五×、六×、七×、八×等,许多是不合逻辑的。只有讲究逻辑的人,才能纠正这些缺点。

其次,谈一谈语法和逻辑的关系。一般所谓主谓不合、动宾不合、定语和中心语不合等等,多半不是语法问题,而是逻辑问题,例如有这样一个病句:

> 同学们都发扬了互助友爱的精神和虚心学习的态度。

精神是可以发扬的,态度是不可以发扬的,因为没有这个事理。没有这个事理就是不合逻辑,不是不合语法。

语法,我们在中学里学得不少,但是,在语言实践中,有时候还不免写出一些病句来,这是不善用逻辑思维的缘故。最近我在报纸上看见了这样一个句子:

> 在他们的笔下,日本过去的侵略行为已经正当化、合法化了。

"合法的侵略行为"已经很费解,"正当的侵略行为"简直不成话。应该改为:

> 在他们的笔下,日本过去的侵略行为竟变成了合法的、正当的行为了。

在逻辑学上,我们学过了三段论法。但在语言实践中,有时候还不免犯推理的错误。最近我在报纸上看见另一篇文章,题目是《健康——成才的重要因素》,其中有这样一段话:

> 颜回是个很"好学"的"不惰者",他"闻一而知十",经常与老师言终日而不休息,为人聪明,但他的身体却很弱,三十一岁

就不幸短命。唐代诗人李贺,才气横溢,人称"鬼才",可是二十七岁就夭折了。可见,健康的身体也是成才的重要因素之一。

"可见"二字用得不合逻辑。文中举颜回、李贺为例。颜回是四哲之一,李贺是著名诗人,不能说他们没有成才。可见没有健康的身体也能成才,和作者的结论正相反。作者最好不举颜回、李贺为例,读者会说,我们可以学颜回、李贺那样勤奋,勤奋就能成才,早死我也甘心。如果一定要举颜回、李贺为例,那就应该说,如果颜回、李贺不早死,会有更大的成就。不应该简单地说:"可见,健康的身体也是成才的重要因素之一。"

篇章的逻辑性也应该讲究。我在某处讲过这个问题,现在重复讲一讲。

篇章结构,在逻辑上常犯的毛病有两种:第一种情况是牵连不断;第二种情况是前后矛盾。

关于牵连不断,我举的例子是:

> 在国际上我国外交打开了新的局面,签订了中日和平友好条约,实现了中美关系正常化,胜利进行了中越边境自卫反击战,打击了霸权主义,进一步提高了我国的国际威望。

我国外交打开了新的局面,这个新的局面是什么? 底下讲签订了中日和平友好条约,实现了中美关系正常化,这都是打开了外交新局面。可是,胜利地进行了中越边境自卫反击战,怎么能算是打开外交的新局面呢? 我看是不能算的。其实,这是另一层意思了,不能放在打开外交新局面一句话中来说,应该分成两句话说就清楚了。

另一个例子是:

> 委员们看到各条战线喜人的形势很受鼓舞,增强了实现四个现代化的信心,提高了为实现新时期总任务贡献力量的积极性,对有关部门和单位提出了一些有益的意见和建议。

这里边有个什么牵连不断的问题呢？委员们看见喜人形势很受鼓舞，增强了实现四个现代化的信心，这话本来是很通的；但底下紧接着就说对有关部门提了意见、建议。这提意见、建议算是有信心呢，还是算积极性呢？这提意见和建议跟上面说的信心、积极性有什么关系，纠缠得不清不白。其实这是两层意思，不能混在一起说。

前后矛盾，又叫前后冲突。一层意思在前边讲过了，后边再讲的时候，把前边的忘了，因此说了些跟前边发生矛盾的话。现在报纸上、杂志上有不少这种情况，这里不一一举例了。

学术论文的逻辑性特别重要。逻辑有两条重要法则：归纳和演绎。必须充分占有材料，经过分析归纳，然后引出结论，才是正确的。如果先立结论，然后寻找例证，则是错误的。我们常说帝国主义的"强盗逻辑"，就是因为它的大前提是错误的。

通俗性（普及性）的文章也有逻辑性的问题。通俗性的文章必须做到深入浅出。其实，学术性的文章最好也尽可能做到深入浅出。但是我常说：深入不易，浅出更难。深的道理用浅的话来说，尽可能避免专门术语，往往容易损害文章的科学性。所谓科学性，在某种意义上说，也就是逻辑性。必须你自己对那个道理懂得十分透彻，然后用浅话说出来才不会错。写深入浅出的文章的人就是有群众观点的人。文章发表后，将对广大群众产生有利的影响。但是必须保持文章的科学性和逻辑性，否则结果和作者的愿望相反，将对读者产生不良的影响。

三、语言的美

《老子》说："信言不美，美言不信。"拿今天的话来说，就是"真话不美，美话不真"。这是《老子》的哲学观点。对语言修养来说，完全不是这样。我们是在真和善的基础上，进行语言文字的艺术加工，使它美。这就能做到语言既真又善、又美。

1962 年 10 月 9—11 日《光明日报》上发表了我的《略论语言形式美》，这篇文章后来收入《龙虫并雕斋文集》第一册。文章中讲到了整齐的美、抑扬的美、回环的美。有同志批评我说，照你的说法，八股文应该是最美的文章了。其实我是在真、善的基础上要求形式美的。

我应该加一"美"，就是生动的美。对诗来说，也就是形象思维。你看，毛主席的《长征》诗："五岭逶迤腾细浪，乌蒙磅礴走泥丸。金沙水拍云崖暖，大渡桥横铁索寒。"是多么生动的形象啊！毛主席的《登庐山》诗，"冷眼向洋看世界，热风吹雨洒江天。云横九派浮黄鹤，浪下三吴起白烟。"又是多么生动的形象啊！毛主席的《忆秦娥·娄山关》词："西风烈，长空雁叫霜晨月。霜晨月，马蹄声碎，喇叭声咽。"又是多么生动的形象啊！

在散文中，也要有生动性。毛主席说文章有三性，就包括生动性在内。毛主席在《反对党八股》一文中，说党八股的第四条罪状是语言无味，面目可憎，像个瘪三。这就是要求语言主动。毛主席的文章所用的语言就很生动。他的一句名言"放下包袱，开动机器"，不是用最生动的语言来讲最深的道理吗？

原载《语言学习》1982 年第 12 期

一项成功的教学改革

　　"注音识字,提前读写"最主要的办法是先读纯拼音的课文和读物。学生到了七八岁,智力已经相当发展,过去那种每课只教几个字的办法,根本不能满足学生的要求。我看实验课本《语文》第一册第一课就是《中国人民从此站起来了》,纯拼音,全文58字。第19课是《捞月亮》,纯拼音,全文227字。这样教,才和儿童的语言对得上号。阅读教学分三个阶段:第一阶段先读纯拼音的课文和读物,第二阶段读汉字和拼音对照的课文和读物,第三阶段读难字注音的纯汉字课本和读物。这样做去,儿童识字不是慢了,而是快了。教育部规定,第一学年识汉字696个,第二学年识汉字1680个。现在实验班一年级识字1080个,实验班二年级第一学期识字量达到1800字,实验班二年级第二学期识字量达到2300个。识字起步比普通班稍晚,但到第二阶段阅读注音汉字就突飞猛进,远远赶过了普通班。从这两年的经验来看,第二学期和第三学期进步最快。因为有了注音汉字这个便利工具,就能扫读汉字,不须一一辨认汉字的笔画了。过去我们把汉语拼音当做拐棍,儿童一学会几个汉字就把拐棍扔了,现在我们把汉语拼音当做辅助文字,所以能有这么大的成绩。

　　我认为最有说服力的是实验班和普通班的对比,同一个教师,所教实验班与普通班的成绩如此悬殊,令人不能不承认"注音识字,提前读写"是最好的教学方法。我又看见二年级学生的阅读量达到二百八十多万字，真是不可思议。前天在实验班学生汇报实验成果会上，我自己出了一个作文题目"我的一个星期天"。讷河县实验小学二年级学生王莉莉用 42 分钟写出了 702 个字，她当场朗诵给大家听，她那铿锵的读书声和优美的语言，令我几乎不相信我的耳朵和眼睛！这简直是中学生的语文水平！假如我不来出席这个汇报会，只凭听汇报，我对"注音识字，提前读写"的实验成果还是半信半疑。百闻不如一见，我今天是心悦诚服了。

据预计，"注音识字，提前读写"教学三年，可以达到普通班的五年语文水平。这是语文教学的重要改革，意义非常重大。小学提早两年达到中学水平，中学也就可以提早两年达到大学水平，学生进入大学后，就不须要再补修语文，能腾出时间多学专业知识。这就为国家培养人才创造了有利条件，这就是对我国社会主义现代化建设作出贡献。我希望全国推广这一项重要的改革。

原载《文字改革》1984 年 6 月号

大学入学考试的文白对译

自从白话文通行之后，各大学的入学考试，关于国文一科，除了一篇作文以外，往往再来一个文白对译，就是叫考生把一篇文言文译为白话，又把一篇白话文译为文言。被译的文言文往往是一篇古文，从先秦至清末的文章都有被采用的可能；被译的白话文往往是现代文学家或大人物的作品。这几年教育部统一招考，更规定文白对译是必需的；从前考不考文白对译是须看各大学命题人的意向而定，现在则凡是考大学一年级的学生就非考它不可了。

教育部并未规定文白对译的计分法。依西南联大的习惯，往往是作文占 60 分，文言译白话占 20 分，白话译文言也占 20 分。我不知道别的大学有没有作文占 40 分，其余二者各占 30 分的。单就西南联大的办法而论，文白对译对于国文一科分数的影响，已经是够大的了，例如某生作文只得 5 分，文言译白话却得 18 分，白话译文言也得 17 分，总数是 40 分。依过去的经验，国文得 40 分就有录取的希望，然而一个作文只值 5 分的人考进了大学，试问将来我们有什么法子使他在一年之内（大学国文只有一年）就通顺了呢？因此，咱们不能不重新考虑文白对译是否可以达到咱们所预期的效果了。

叫学生把文言译为白话，目的是在测验他们阅读古书的能力，并非在于试看他们的白话文好不好，因为在那一篇作文里（多数是白话的）已经够表示他们的白话文的程度了。至于叫学生把白话译为文言,目的恰恰相反,并非想要测验他们阅读白话文的能力,而是想要知道他们会不会写文言文。我们这样说,并不是说一般青年对于现代白话文都能彻底了解,而是说把白话译文言作为考试方法的用意并不在此。

这两个目的,咱们是否都能达到呢? 咱们先该知道,文言和白话的界限并不清楚。如果以古代原有的文法词汇为文言,现代一般民众口语里的语法词汇为白话,总算是个标准。然而依照这个标准而论,现在书报上的白话文总有十分之九不能认为纯粹的白话文,因为它们非但无法避免欧化的词汇,连文言的词汇也或多或少地掺杂在里头。至于现在书报上的文言文,更有百分之九十九不能认为纯粹的文言文,因为它们非但不能完全运用古代的文法和词汇,即连风格也和古文相差很远。在这种情况之下,咱们当然不应该希望高中毕业生比一般文人更有见识,更能辨别文白的界限。于是考生们就利用这个弱点来“蒙”阅卷员。所谓蒙,就是对于自己不懂或不很懂的地方,索性照抄不译。固然,有些极文的地方不译为白,或极白的地方不译为文,阅卷员可以断定考生确是不懂;然而即使单就这一点而论,假如考生能有质问的机会,已经可以问得阅卷员哑口无言,因为现代书报上的白话文里面确也有极文的字句,而所谓文言文里面也确有极白的地方。此外还有更使阅卷员容易受“蒙”者:第一是极浅易的文言也不为考生所了解。阅卷员往往把考生的国文程度估计得太高;浅近的文言直抄不译最容易得到原谅,甚至被认为当然,例如去年统一招生的文言译白话是《后汉书·赵苞传》,第一句是“赵苞字威豪”,许多考生直抄不译,阅卷员自然不敢说他们连这样浅易的句子也不懂,后来看见下文赵苞的母亲对他说“威豪,人各有命”,有不少的人译成“威猛豪壮的人各有性命”之类,才知道他们当中该有两类:一类是懂得赵苞的表字是威豪,不过到了下文却忘了上文;另一类简直是不懂什么叫做“字”。现代一般青年都只有名无字,也难怪他们不明白

"字"的意义。三年前,我在桂林遇着一件有趣的事,我一连两天,在同一邮局里,寄了两封挂号信,一封署名"王力",另一封署名"王了一"。那一位挂号的邮务员问我:"一个人怎能有两个名字?"我给他问得呆了一呆,然后笑着对他说:"李宗仁为什么又叫李德邻呢?白崇禧为什么又叫白健生呢?"于是他恍然大悟,很诚恳地向我道歉。这一个故事可以说明:青年们所不懂的地方,有许多是出乎咱们意料之外的。第二是拿模糊的字眼去翻译文言,例如朱自清先生在《再论中学生的国文程度》一文里(《国文月刊》第二期),所举西南联大举行平津高中毕业生甄别试验国文试题里文言译白话一段,其中有一句是:"公何以不使内勿服?则外莫敢为也。""内"字该译为"宫内的女子"或"宫中",然而许多人只译为"里面"。如果考生确是懂得透彻的人,喜欢译成"里面",未尝不可,因为当时说这一段话的人确实是把"里面"代表"宫中";但若仔细根究,恐怕十个人当中有九个是不懂,只想把"里面"二字"蒙"过去罢了。对于这种"蒙"的弊端,咱们确实缺乏应付的方法:想要定下一个懂不懂的标准罢,大家都感觉这标准是很难定的;想要凭着"诛心之论"去判断罢,又怕冤屈了真懂的人。上文所说作文很坏的人,文白对译也可以得到颇少的分数,并非因为他是长于翻译而短于创作,多半是因阅卷员被他"蒙"上了。

　　若把文言译白话和白话译文言相比较,后者是难得多了。这恰像由汉译英比由英译汉更困难一样。老实说,我们这一班阅卷员自己,能把试题中的文言译为白话者不乏真人;至于真正能把试题中白话译为文言者,恐怕很少,甚至没有。现代的词汇,许多是古语所不能表现的;而古文的风格,更和现代白话文(尤其是欧化文)不能相容。我们如果勉强翻译,势必弄成两种结果之一:若非像现代书报上白话式的文言,就是古文气息虽重,而对于原文的意义却不能真实地传达的一篇冬烘文章。这样说来,咱们可以想象:以大学教师所做不到的事而希望一个高中毕业生能做到,岂不是一种绝大的苛求？因此，难怪他们非但不懂得什么叫做古文的风格，连词汇也不辨古今了。非但不可译的字句不译，连可译的字句也不译了，例如"让他多念几年书"的"让"字，有几个考生知道不是文言词汇中所有的字呢？又有几个知道古代有什么字和它相当呢？词汇还不要紧，最令人头疼的乃是文法方面。白话文里不免有许多"他"字（用为主语者），许多考生就径译为"其"，例如"他走了"就译为"其行矣"。另有些人似曾受过多少文言的训练，对于这种"他"字不译为"其"而译为"彼"。我们承认"彼"字比"其"字略胜一筹，因为古文里"其"字不能作为纯粹的主语，"彼"字却是可以的；但是古代的"彼"和现代的"他"意义并不相同（详见拙著《中国文法学初探》）。总之，古文里的第三人称主语是不用代名词的，若非靠名词的复说，就只有把它省略（同书）。找遍了一部《古文辞类纂》，非但没有一篇文章是满眼"彼"字的，而且大多数的作品里连一个"彼"字也找不出来。由此可见一般青年们对于古文的文法是怎样的隔膜；咱们硬要他们把白话译为文言，简直是叫他们"挟泰山以超北海"了。

　　由上所论，可见现有的这种文白对译并不是很靠得住的考试方法。善"蒙"的考生往往能得颇多的分数，而一心想要做个忠实的译者的人，逐字翻译，倒反露出短处来。譬如有一个考生，作文得 30 分（60 分为满分，30 分算是中等的文章了），而文白对译只共得 10 分（因为他想做忠实的译者），总数是 40 分，和上文所述那一个作文只有 5 分而总分数却也是 40 分的相比较，显然是一件不公平的事，因为作文已达中等的人很有进至上等的希望，至于作文在最下等的人就只好在小学里再补习国文！依常识判断，这种人作文只有小学程度，决不会真有阅读古书的能力，或真的会写文言文。不过，阅卷员如果运用这种聪明的判断，就是违背了法治的精神；倒不如把考试方法改良，使甄拔真才的希望容易达到些。

　　依我们的意见，要避免上面所说的弊病，有两条路好走：第一条路是恢复以前的制度，只出一个作文题目，取消文白对译。如果所出的题目范围不太广，性质不太为一般考生所容易猜中，则考生先期背诵好了的稿子没有用处，八股式的标语也不很容易安插，单凭一篇文章也就颇足以判断考生的国文程度了。第二条路是改良文白对译的方法，就是指定必须翻译的字（例如在字旁加记号）。也不必是整篇或整段的文章，尽可以写出若干零碎的句子，每句中指定一两字是要翻译的，其余索性不要翻译。这种句子，文言的最好是摘自古书，白话的则摘自时人的文章，或由命题人自造，均可。凡译起来容易模糊的字，最好是不采用，如果要用，也不妨注明不得用某种译法，例如上文所举的"内"字，底下可注明"勿仅译为里面或里头"。命题时可以着重在词汇方面；至于文法方面暂时可不必考，因为中学生平时对于古代文法太不注意了。这种办法，一则可以避免考生以不译为取巧的手段，二则计分数可以有较好的标准，例如每一个字译得对的给 1 分。关于白话译文言，更有一种好处，就是把最难译的东西如欧化词汇和代名词，最难摹仿的东西如古文的风格，都撇开了。咱们并不希望考生们都是能读《左传》《史记》或能写唐宋作风的文章的人，只希望他们能合咱们理想中的高中毕业程度，对于最普通的文言字眼能够了解，对于最常用的白话字眼能够知道它和文言的某字相当，如此而已。我们相信，我们所提议的考试方法正是从这种"卑之无甚高论"的见解而来的。

[附注]浦江清先生对我说："文言译白话，应该是先由命题人把某一段白话文译成文言，再使学生译为白话；白话译文言，也该是先由命题人把某一段文言文译为白话，再使学生译为文言。这样的翻译是可能的；考生程度好的差不多可以做到'还原'的地步。"我觉得浦先生的意见很好：现行的文白对译是叫考生去遭受困难；浦先生的意见则等于把预备给小孩喝的开水先自喝一口，试一试那种温

度是不是小孩所能喝得下去的。然而单就教人翻译而论,这自然是个好方法;若就测验程度而论,我仍觉得我的主张是对的。

原载《星期评论》第 29 期,1941 年

常用虚词

这一章谈一谈常用的一些虚词。我们不可能谈得很全面,只拣一些比较重要的来说。其中有些词,像"有、来、去"等,它们本来是动词,但同时也有虚词的用途,就在这一章里一起讨论了。

"我、你、他、这、那"这五个词可以分为两类:"我、你、他"是一类,说话的人自称为"我";说话的人把听话的人称为"你";说话的人向听话的人说及另一个人,称为"他"。"这、那"是一类,说话的人指着较近的人物来说,就用"这"字;指着较远的人物来说,就用"那"字。和"我、你、他"有关系的,有"我们、咱、俺、咱们、俺们、你们、您、她、它、他、自己、人们"等;和"这、那"有关系的,有"这些、那些、这样、那样、这么、那么"等。在这一节里,我们就讨论这些词。

(一)我、咱、俺、俺们

"我"是说话人称呼自己:

> 我问了来生老汉的家庭情形。(四 13)

有时候,"我"不单纯是"我"的意思,而是"咱们"或"我们"的意思。

> 敌人立刻张皇失措,向我方乱发炮弹。(二 4)

"我方"等于说"咱们这一方面"。

> 这是我军南渡的许多渡口之一。(二 3)

"我军"等于说"咱们的军队"。

这是文章里的用法;口语里不大用它。而且,它的用途不广,一般只用于"我国、我军、向我进攻、向我投降"等,意思就是"咱们的国家、咱们的军队、向咱们进攻、向咱们投降"。公文上的"我"常指"我们",例如"我校"指"我们的学校"。

"咱"是北方话里的词,等于说"我":

> 咱土生土长这么大,从小就在地里爬。(二13)
>
> 以后别再难为咱了。(二20)

有时候,名词前面的"咱"等于说"咱们的"。那是把"咱们"说快了,说成一个音(ㄗㄚㄇ)的缘故:

> 他常来咱家,年冬时还在咱家吃过饭。(四13)
>
> 你想,我在咱本村里,就只有南墙外的三亩菜地,那中啥用?(四12)

"俺"也是北方话里的词,也等于说"我":

> 你看完了,得给俺批个批。(二20)
>
> 你们刚来,还不认识俺。(三12)

"俺们"等于说"我们":

> 俺们连里有识五百多字的啦。(二20)
>
> 自从共产党来了,领导俺们慢慢地才算翻了身。(三7)

有时候,名词前面的"俺"等于说"我们的",例如"俺村"等于说"我们的村子":

> 俺村是平顺最偏僻的一个小山沟。(三7)

在北京话里,只用"咱们",不大用"咱"(但ㄗㄚㄇ还是常用),也不用"俺"和"俺们"。平常口语里不说"咱、俺"的人,写起文章来最好也不用"咱、俺"。

(二)我们、咱们

"我们"是我加他或他们;"咱们"是我加你,有时候再加他或他们。因此,"我们"和"咱们"的分别是:"我们"没有"你"在内;"咱们"有"你"在内。

"我们":

　　　　我们等待你来。(二7)

"你"不在"我们"之内。

　　　　我要跟他谈谈我们农民的事情。(一8)

这句话是老汉对卫兵说的,"我们"不包括卫兵在内。

　　　　就算没有你吧,这工作我们五个也干得了。(一19)

加上你是六个,没有你才是五个,所以说"我们五个"。

"咱们":

　　　　妈,咱们走吧。(一13)

这话是二虎子对他妈说的,"咱们"包括他妈在内。

　　　　咱们都希望成为健康的人。(一1)

这里的"咱们"是包括我和你,以及许许多多的人都在内。

　　　　在咱们中国,人民已经成了国家的主人。(三14)

中国是我的中国,也是你的中国,同时是六亿人民的中国。

有人误会,以为"咱们"表示人多,"我们"表示人少。这是完全错误的。试看上面所举的例当中,"我们农民"的人数是很多的,而"咱们走吧"只指的是两个人。可见人数多少是没有关系的。

下面我们选择一段会话,是"我们"和"咱们"并用的。从这里可以更清楚地看出它们的分别来:

　　　　刚过了西平县,会见了我们的老伙伴炮一团。大伙儿就像久别重逢的亲人一样，亲热极了。

"你们什么时候到的？什么时候过的黄河？"

"我们到这儿已经一个多月了。"

"那为什么还不前进？"

"还不是为了等你们？你们来了，咱们好一块儿过江，配合着去打漂亮仗啊！"（二 16）

会话的"我们"是炮一团自称；"咱们"包括会话的双方，也就是包括"你们"在内。

在同一段话，甚至同一句话里，也可以同时用"我们"和"咱们"，表示两种不同的意义，例如：

从前你不是和我们混合在一块的吗？也没有你，也没有我们，咱们是整个儿的一块。（五 3）

这里的"我们"是下面的小石头指它自己和同在下面的大大小小的许多石块；"咱们"是连上面的石头包括在内。

但是，"咱们"和"我们"的分别，只存在于北京话和华北一部分方言里。近年来，北京话里这种分别也不大严格了，虽然"咱们"一般还是包括"你"在内，但是"我们"却不一定不包括"你"在内了。就全国大多数地区来说，就只有"我们"，没有"咱们"。因此，凡是应该说"咱们"的地方，如果一律说成"我们"，也不算是错的，例如：

我们还是回去吧。（一 20）

这是西域人对玄奘说的话。依北京话该说"咱们"。

现在，我们来做晚餐吧。（一 21）

这是猎人对"我"说的话，依北京话也该说"咱们"。

那种精神依然是值得我们强调，值得我们学习的。（二 14）

这是作者对读者说的话，依北京话也该说"咱们"。

记住：当你没有彻底了解"咱们"和"我们"的分别的时候，你应该避免用"咱们"。单用"我们"是不会犯错误的。

（三）你、你们、您

"你"是说话人对听话人的称呼；"你们"是"你"的复数：

你给什么东西迷住心了？你忘了从前！（五3）

你们垫在我下面的，算得什么呢？（五3）

有一种情况值得特别注意：说话人在说出一个真理的时候，或强调某一件事的时候，本该说"咱们"怎样怎样，有时候也可以说"你"。这样显得更亲切些：

你如果随便拿一部分，说不定碰巧拿了过时的，发霉的，不合用的，那就对你毫无益处。（一16）

他胸前的那两枚英雄奖章就告诉你：他是打仗的能手。（二20）

实际上，这种"你"就是对读者说的：

这话说来空洞。但请就你周围的人，你所熟悉的小组、班级、车间、机关回想一下：一定会发现这是实际的情形。（五1）

"您"是"你"的尊称，念做ㄋㄧㄣ。这是北京话的词。

上尉对凡尼亚说："……你的生活正在开始，对生活的第一步，要跨的慎重。"接着，他问凡尼亚打算做什么。凡尼亚回答："在您手下当一名炮兵。"（二7）

上尉是长官，所以凡尼亚称他做"您"；凡尼亚是小孩儿，上尉对他不必太客气，可以称他做"你"。

但是，现在不一定要用特定的尊称了。即使对最尊敬的人，也可以用"你"：

毛主席：我们这些日子老提到你。（二8）

有人由"您"字类推，把"你们"写成"您们"来表示尊敬。这在实际口语里是没有根据的。实际口语里,只有"您",没有"您们"。

(四)他、她、它,他们、她们、它们

"他、她、它"这三个字是由一个字分出来的。在汉语里,本来只有一个"他"字,后来因为要分别阳性、阴性和中性,有人建议写成三种形式:"他"表示阳性(男性),"她"表示阴性(女性),"它"表示中性(指物或事)。

"他"表示阳性单数,"他们"表示阳性复数。

> 他到莫斯科以后,便住在我们的那个宿舍里。(五 2)

但是,有时候,表面上说的是单数,实际上只是泛指,无所谓单复数。这样用"他"字,是把许多人看成一个整体。

> 在公共汽车上,白人坐前面,黑人坐后面。如果黑人坐到前面去,司机就会命令他回到后面来。(一 26)

这"他"字泛指汽车上的黑人。

本来应该说"他们两个"或"他们俩"的地方,习惯上也可以说成"他两个"或"他俩":

> 他俩话越说越多,一直说到天黑。(一 10)
> 邮局的人忙站起来向他俩点头。(二 15)

有时候,"他"字并不真的指一个人,只是放在动词后面表示对某一件事的强调:

> 一班出他二百四十罐。(一 23)

这种"他"字既非阳性,也不是阴性,所以写成"它"字也是可以的。

"他们"表示阳性复数:

> 机枪子弹像风一样从他们头顶穿过去。(四 7)

但是,当"他"加"她"、或"他们"加"她们"的时候,也只须写成"他们":

他们的心这时候才定下来。(二 12)

"他们"指养蚕的人,男女都在内。

他们回到屋里。(二 6)

这里是指艾戈尔卡和丹娘,一男一女。

有人因为觉得有女性在内,就写成"他们或她们、他们和她们、他(她)们"等,那完全是不必要的。朗诵起来更是别扭,因为"他、她"是同音的。

咱们说"张三李四等",表示张三李四之外,还有其他的人。"等"不是口语里常用的词。口语里喜欢在人名后面加上一个"他们",表示还有其他的人:

一眼看见这一群人原来是毛主席周总理他们。(一 7)

等于说"毛主席周总理等"。

刘连长他们拿出自己带来的干粮吃。(二 15)

等于说"刘连长等"。

"她"表示阴性单数,"她们"表示阴性复数。

有一天她到秋生院里去。(一 9)
她们静静地坐着。(二 12)

有人仿照"她"字造出一个"妳"字,表示女性的"你",那也是完全不必要的。因为"你"是指听话的人,听话的人就在说话的人面前,是男是女,不问可知。

"您"是"他"和"她"的尊称,念成ㄋㄧㄣ。这也是北京的词。这个词现在很少用了。

"它"表示中性单数,"它们"表示中性复数。中性是不分性别的意思,因此,"它"是指一种动物,一样东西,或一件事情。"它"字,本来先写作"牠"("牛"旁表示"物"的意思,因为"物"字也是

"牛"旁的字);后来有人觉得"它"字现成些(古代字典里本来就有"它"字),也就用"它"不用"牠"。现在又有一个新办法,把"牠"和"它"分别开来,对于动物用"牠",对于非动物用"它"(初中语文课本就是用这个新办法):

指动物:

我们打牠的时候,牠忍受着。(狗)(二 22)

我们就把牠吃了。(松鸡)(一 21)

还可以看见牠们在粘稠的松脂里怎么样无可奈何地挣扎着。(小苍蝇和蜘蛛)(一 12)

指一样东西:

就套上了几个驴把它拉到庙里来了。(坦克车)(一 4)

它把大量的泥沙带进了淮河。(黄河)(一 27)

指国家或集团:

要使它富强起来。(中国)(二 1)

它是根本不把人当人的。(秦国)(二 14)

指一件事情:

如果那经验是错误的,过时的,你也要它吗?(经验)(一 16)

善于发现……每个人的优点,珍视它,培植它,发扬它。(优点)(五 1)

黄河的泛滥虽然是一种长期自然变化的结果,咱们人民的力量是有办法克服它的。(黄河的泛滥)(一 27)

我们就这样把它记录下来。(北极有生物这一件事)(二 22)

也有人把国家、城市、海等写做"她",因为把它们看做女性。这是受了外国话的影响:

这古老的都城,在黑夜间,依然露出她的美丽。("她"指北

京)（三 2）

有时候，虽然是一个动物，但是咱们把它比拟成为一个人，也可以用男性的"他"或女性的"她"：

> 这位小姑娘身子并不大，……要是我不小心，被她的大眼睛看见了，……（"她"指苍蝇）（一 12）

（五）自己、自个儿

"自己"表示不是别人。因此，"我自己、你自己、他自己"等，都是可以说的。"自个儿"是北京话的词，就是自己的意思。虽然写成"自个儿"，实际上念成"自葛儿"（ㄗㄍㄜㄦ）。

如果"自己"放在动词的后面，那么，动词的前面也往往放一个"自己"，成为前后照应的双"自己"：

> 我自己安慰自己。（二 22）

如果动词后面没有"自己"，那么，动词前面的"自己"或"自个儿"就单纯地表示自己做这件事情：

> 来往的旅费全不用自个儿掏腰包。（二 23）

有时候，"自己"替代了"我、你、他"（或"我们、你们、他们"）特别是关于"他"（或"他们"）的时候，因为有许多"他"（或"他们"），不如说"自己"更明确些：

> 田寡妇是中农，半亩园地自然仍是自己的。（一 9）

等于说"自然仍是她的"。

> 秋生明知道是说自己。（一 9）

等于说"明知道是说他"。

> 王崇阁把董老头儿约来，叫他帮自己拾掇葡萄。（一 10）

如果说"叫他帮助他"，就不明确了。

别人也忙着去看自己的鞋。（二 15）

只要穷人团结起来，就可以把富人所有的一切拿到自己手里来。（一 22）

如果说"拿到他们手里"，就不明确。

有时候，"自己"或"自个儿"是表示一个人单独地做一件事，没有别人帮助：

列宁一下子发觉了，他就自己先动手去搬。（一 19）

他摔折了腿，只好自个儿整天躺着。（一 22）

（六）人们

"人们"是指一般人，不属阳性，也不属阴性：

在这以前，人们一直以为北极上不会有任何生命存在。（二 22）

人们赶着牲口这儿那儿地移动着。（二 24）

"人们"是一个新兴的词，口语里还没有常用它。

（七）"们"字

"们"字表示复数，例如"我们、你们、他们、人们"。某一类的人不止一个，也可以称"们"，如"专家们、士兵们、工人们、农民们"：

同学们就不怕教师考问。（二 2）

矿工们上井下井都乘升降机。（一 24）

队员们战斗的意志更激昂。（二 4）

同志们，要沉着！（二 4）

提了一桶开水来给战士们喝。（二 15）

但动物不能称"们"，咱们不说"野兽们、牛们、狗们"。非动物更不能称"们"。

如果说出了一个数目，或用了"许多"一类的字眼，就不能再加"们"字。咱们不说"三百多个工人们、许多专家们"等。

有时候，"们"字并不一定表示复数，只表示属于这一类的人，例如"娘们、姑娘们、孩子们"：

> 我要不是娘们家，我非得学学不可。(二 9)
> 你要吃就打发孩子们去担一些。(一 9)

(八)这、那

"这"和"那"指人，也指事物：

> 这就是美国的人民歌手罗伯逊。(一 25)
> 这是机关枪连的同志。(四 8)

以上是指人。

> 这是团结的纽带。(五 1)
> 大家都觉得这不是提琴。(四 2)

以上是指物。

> 这是工作。(四 4)
> 那可好。(二 10)

以上是指事情。

当咱们要解释一件事的原因的时候，就用一个"这是、这……是"或"那是、那……是"，来带出那个原因：

> 这显然是因为老汉坐在这里，不叫她吃。(四 13)
> 那是他们受了历史家的骗了。(五 3)

如果咱们要说明一件事发生在另一件事之前或之后，就说"在这以前、在这以后"，用不着说"在这个时候以前、在这个时候以后"。

> 在这以前，人们一直以为北极上不会有任何生命存在。(二 22)
> 打这以后，老品就加入了拖拉机练习组。(二 9)

"打"是"从"的意思，参看第一章。

如果咱们要指出一个地点,就说"这里、那里"或"这儿、那儿",不一定要说"这个地方、那个地方":

> 这里好像要出什么事情似的。(一 22)
> 那里长着许多高大的松树。(一 12)
> 车有大破损,应该进大厂,怎么在这儿修?(四 9)

如果咱们要表示目前这个时候,就说"这会儿";要表示以前某一个指定的时候,就说"那会儿"。"这会儿"比较常用:

> 好奶奶,这会儿你不能再睡了。(四 6)
> 昨天老王哼哼了一夜,没睡好,这会儿刚睡着。(二 25)

"这"和"那"的后面,往往跟着一个人物的名称:

> 这红旗我不能要。(四 10)
> 这腌渍瓜果的方法是她祖母传授给她的。(四 6)
> 拆下那发电机。(一 18)
> 总要感谢我的老师——那大森林的主人。(一 21)

更常见的情形是:在"这、那"和人物中间插进一个单位名称("个、只、位"等)。

> 那个军官可想起了他的重要的使命。(一 14)
> 欢迎这位从美国来的人民歌手。(一 25)
> 她现在从这条街上走。(四 6)
> 那匹马也渴得快要倒下来了。(一 20)

当然,单位名称的前面还可以有数目字:

> 这几个月来,大家辛辛苦苦看管这辆车。(一 4)
> 老头儿最心疼那两只鹰。(四 5)

但是,如果这个数目字是个"一",在文章里就往往不写下来。咱们不大看见文章里有"这一个、这一条、那一个、那一条"等,因为在北京口语里,"这一"和"那一"都往往构成合音("这一"念ㄓㄟ,"那一"念ㄋㄟ),所以不必写成两字。再说,"一个"本来也可以说成"个"(买个梨),所以"一"字不说出来也行。反过来,也可以省掉"个"字,保留"一"字,说成"这一"和"那一":

> 群众或地方政府只能检讨自己这一方面的缺点或错误。(五1)

习惯上只说"这一方面",不说"这一个方面"。

> 因为这一资本家与那一资本家要争夺市场。(五1)

也可以说成"这一个资本家"等。

"这些、那些"是"这"和"那"的复数:

> 这些诗句把他同情人民的感情很浓烈地表示出来了。(二14)
> 那些有价值的书籍,他总要想尽方法找来读。(二2)
> 别看那些大事,就只是看这些小事。(四5)

如果要强调数量,就说成"这么些、那么些":

> 保管了这么些日子。(一4)

(九)这么、那么、这样、那样

"这么"和"那么"表示行为的方式,也表示大小多少"等等的程度:

> 这么爱护国家的财物,真得谢谢你们!(一4)
> 咱们就这么试试看。(四4)
> 你这么会种,种了四十年,还是这么穷。(一10)
> 我说不那么简单。(二20)
> 竟有那么多人关心我。(四11)

"这么、那么",又可以说成"这样、那样":

> 这样修了七昼夜,全部完工了。(四9)
> 看着自己的手那样脏。(一7)

但是,如果在句尾,就只用"这样、那样",不用"这么、那么":

> 你不能这样。
>
> 我想不到他那样。

上面所说的"这样、那样",是放在动词或形容词前面的;如果要放在名词前面,就得加上一个"的"字,说成"这样的、那样的":

> 世界上早已有这样的苍蝇和这样的蜘蛛了。(一 12)
>
> 这样的人在一起进行批评和自我批评,往往只会吵闹一顿。(五 1)

"这样、那样、这么、那么"又可以和"一个"等相结合,说成"这样一个"等。但是,人们不大说"这样的一个"等,尤其是不能说"这么的一个、那么的一个":

> 这么一个好姑娘,从小没了爹妈,……(三 17)
>
> 西郊警备路也有这么一辆车。(一 4)
>
> 不知道谁给找来了这么一根不合适的手杖。(二 3)

有时候,把"一"字省掉,就说成"这么个、那么个";但是不能说成"这样个、那样个"。

> 哦,是这么个送法。(三 17)

有时候,说成"这么一两个"来表示大约的数目。但是,这种"这么"不是非用不可的:

> 我躺着休息这么一两个钟头就得起来收拾东西。(四 6)

"这一来",可以认为"这么一来"的省略:

> 这一来,预定时间不够了。(二 3)

"这样、那样"是一般的说法,"这么、那么"是北方话里的词。但是,另有一种"那么"却不是北方话的用法,既不表示方式,也不

表示程度,只是表示"既然这样、既然这样说"或"如果这样做了"的意思:

> 那么,一定要在两点钟以前渡完。(二4)
> 那么到草地里去吧。(一5)
> 那么,为什么不这样干呢?(一22)

这种"那么",在北方一般只说成一个简单的"那"字:

> 那才"开卷有益"。(一16)
> 那你可照看点儿外边。(二25)

(十)"我、你、他、这、那"的活用

"我、你、他、这、那"都有它们本来的意义,像上面所叙述的。但是,有时候"我"和"你"配合着用,"你"和"他"配合着用,或"这"和"那"配合着用,却不是专指某人或某事物,而是打比方。这种用法的特色是"我"和"你"可以对调,"这"和"那"可以对调:

> 你神经衰弱,我消化不良。(一1)

也可以说成"我神经衰弱,你消化不良";又可以说成"你神经衰弱,他消化不良"。

> 这儿一大堆,那儿一大堆,乱七八糟的。(一19)

也可以说成"那儿一大堆,这儿一大堆"。

> 通通这,摸摸那。(二9)
> 又是要这,又是要那。(二25)
> 人们赶着牲口这儿那儿地移动着。(二24)

由上面这些例子看来,这显然是夸张的说法,强调一种普遍性。第一个例子强调每一个人都害了病,第二个例子强调满地都是火车头,第三、第四两个例子强调什么都摸,什么都要,第五个例子强调常常搬家。

　　但是,这种结构有时候也可以没有夸张的意味,只是表示甲乙两方面的关系:

　　　　这一部分跟那一部分怎么样配合……(一 18)

也可以说:"那一部分跟这一部分……"

　　　　这儿一拉,那儿就响。(二 18)

也可以说:"那儿一拉,这儿就响。"

　　　　　　　　　原载《语文学习》(北京)1955 年第 1 期

文话平议

今之青年为文，务用白话，一若非如是不足侪于新学界者。间有一二守旧辈，墨守数千年之格律，不肯随俗浮沉，则群聚而笑之曰开倒车。然此辈虽不齿于新学界，犹有老前辈为之揄扬，为之辩护。文言白话，各张一军；势均力敌，莫肯相下；见攻于敌，见助于党；其势未尝孤，其言未尝败也。今有人于此，捃二者之失而折衷焉，则新党固訾其逆今，旧党亦患其叛古，异其辞而同其诟病，可立而待。夫势孤则无援，言轻则寡效，遭新旧二者之攻，求其不败不可得也。虽然，是犹过虑矣。势孤则不屑与敌，言轻则不屑与争，吾文一出，所谓新文学家，与夫所谓古文家者，必皆少之曰：彼一末学肤受之青年，乌足当吾人之笔讼！亦如春鸟秋虫，听其自鸣自止已耳。故欲见誉于胡适之，宜工于俚俗之辞；欲见誉于章行严，当勉为烹炼之句。今皆不能至，而介于二者之间，立说近于模棱，树敌多于偏激，吾固自知失钓誉之道，丛逗臆之诮。顾心有所怀，不克禁制，发为狂论，以待知言，此吾文之所由作也。

吾尝细玩《现代评论》而善之，又尝朗诵《甲寅》周刊而善之，二者各得其至。非谓其效惟均，祗以各当其用。黄钟大吕，瓦缶污尊，其用殊而其所以足贵则一。文言有所不及，白话有所不能，因其宜而免其弊，惟善学者。力虽不敏，请放论之。

一曰文字繁简之分也。白话繁而文言简,昭然若揭,无可诋诃。近人白话文,间有简明者,然一按其文,惟助字略与文言异,其余无非文言,则谓之白话文者诬也。韩昌黎《原道》篇"人其人"一语,翻为白话,累数十字不能宣其意。文言恒以名字为动字(曾文正所谓实字虚用),着笔少而寓意多。白话文中若是者盖鲜。又同义连用之字,白话亦较文言为多。至助字多寡之差,犹其次也。故同一书也,以文言为之,百叶可讫;以白话为之,必且倍蓰。今世有赫蹄雕镂之技,得书非难,向使简册繁重如邃古,则传抄之所费,相差甚远,必有因白话而致其书,不克问世者。今世印刷便矣,然百叶之书,售价视数百叶者,相差亦必倍蓰。然则贫士力能购书十部者,变而为五部;能购千部者,变而为五百部。白话之累人,何如也?民户受累,则国之文化亦受其影响。白话之病国,何如也?且今庶事日繁,群以时间之经济为尚,不使之读简明之书,以惜寸阴,乃使之费倍蓰之功于呢吗的了之间,抑惑矣。然则白话文终不可用耶?是又不然。诲俚俗之书,不能不用白话;状俚俗之作,亦不能不用白话。故凡小说戏剧之篇,通俗教育之文,用白话以状之诲之,宜也。古文恒简而隐。简近于涩,涩则难读;隐近于晦,晦亦难读。章太炎为文上追周秦,简则简矣,过于高古,读之费时,与白话同。韩退之为文工于隐讽,如送董邵南、高闲上人诸序,暗寓讥弹,然必细嚼其言外之意,庶几得之。其费时亦与白话同。故过于简净含浑之文,非所以便民之道。方今之世,民劳日亟,其读报章杂志,过眼烟云,羌无深究之意,稍觉难读,即复弃置。文字之用,非以自娱,将使吾言入人之心也,简隐过甚之文,使人茫然不知所谓,则文字之用以失。故吾人为肆应之文,畅之惟恐其涩也,详之惟恐其有所不尽也,无白话之繁,无古文之简,将使天下之人乍见而喻,无思索之劳,节时间之费,其亦善用文字之道乎。

二曰辞句深浅之分也。文之深浅,各当其用。倡白话者,而谓志在通俗,吾无间然。贩夫走卒胼胝力田之人,对之道典故、出雅辞,必瞠目不知所答,出诸口且不可,尚复宜笔之于书?故夫对贩夫走卒道典故、出雅辞者,是哑己而聋人也。笔之于书示之者,是瞽之也。言者有口,等于无口;听者有耳,等于无耳;笔者有笔,等于无笔;读者有目,等于无目。岂仓、沮之本旨哉?宋人语录,以俚言说至理,意在使人易晓。明清以还,君父对于臣子之手谕,往往出以白话,盖有高自位置之意,然亦可藉以考见古人未尝废白话也。今人见白话有代文言而兴之势,遂矫枉过正,屏绝白话,不复一用,且令天下人皆不可用,则向之诋白话为专制者,将复得文言专制之讥,攻讦往复,厥失惟钧。虽然,白话之用,止于通俗焉耳。乃有洋洋巨制,高谈哲学,侈言考古,其书非读书五车者不能著,非伏案十载者不解读,著者既非不谙文言之人,读者亦非仅懂呢吗之辈,亦复说以俚辞,恣其繁冗,无所便于读者,适以累之。累之云何?购之价昂,读之时费,如前所论也。且夫《论衡》《国故》,征引必博,雅言俚语相间成章,体制不一,读之生厌,曷若纯用文言之为愈耶?

　　三曰言语华实之分也。刘知几有云(《史通·言语篇》):"盖江芊骂商臣曰:'呼!仆夫,宜君王废汝而立职。'汉王怒郦生曰:'竖儒,几败乃公事。'单固谓杨康曰:'老奴,汝死自其分。'乐广叹卫玠曰:'谁家生得宁馨儿。'斯并当时侮嫚之辞,流俗鄙俚之说,必播以唇吻,传诸讽诵,而世人皆以为上之二言不失清雅,而下之两句殊为鲁朴者,何哉?盖楚汉世隔,事已成古;魏晋年近,言犹类今。已古者即谓其文,犹今者乃惊其质。夫天地长久,风俗无恒,后之视今,亦犹今之视昔。而作者皆怯书今语,勇效昔言,不其惑乎?"刘子之论,止于史乘,推之小说剧本,莫不宜然。盖叙述言语贵得其真,得其真则肖其人,肖其人则当时情态可见于千载之后。此在史则为良史,在小说剧本则为文学大家。苟语必雅驯,事必稽古,是春秋之俗,战国之风,亘两仪而并存,经千载其如一,奚以今来古往,质文之屡变者哉(用《史通》语)?故刘子断之曰:华而失实,过莫大焉。夫朴实之作,未必即非雅驯,史记、小说、剧本无论矣,即论衡今古,评骘人物,雅言之中,偶着俗语,正如鱼肉盈前,间以野味,别饶意趣,岂必语语稽古,如刘郎不敢题"糕"字之愚也哉!白话文之所以动人兴致者,意到笔随,今人今语,不啻自其口出,其谐妙处洵非文言所及。文言非无风趣,究不若白话之纯任自然也。

四曰时效久暂之分也。言语华实之辨,信如上述,然以时效言之,则俚俗之辞,不宜传久,盖言语不能统一,势所必然,亚当夏娃,语固未尝异也,迨生齿日繁,迁徙混杂,格于地理,系乎水土,根乎习惯,限于今古,遂不能不渐以支离。如昔人所云"阿堵、宁馨、遮莫、么生、则箇"之类,在当时为俚言,在今日为僻典,使无人为之诠释,读者不喻,则亦等于衍文而已。后之视今,亦犹今之视昔。今人竞言言语统一,即统一矣,保不再支离耶?即能统一乎四方,亦必不能统一乎今古,故白话行文,非所以传世也。古文家有主言必有出处者,窃尝非之,然细思中国古书之所以僻典尚少者,殆因古人言必稽古,罕用俗语之故。向使各述乡谈,则居今读宋时时文,已如周诰殷盘,不可复识。新文学家斥人用典,已反恣用俚言,以为将来之僻典,贪便易而病后学,吾有以知今日之白话书籍,数百年后,必将覆瓿投火,非特束诸高阁已也。小说剧本必用白话,史乘不避俚言,此恐失真,不得不尔。他若寻常函札,及报章杂志,应用一时者,文言白话,各因所宜,亦无不可。至于论说考据之作,不欲传世则已,苟欲传世,舍文言何由致哉?

五曰声律优劣之分也。人好声律,根于天性。孩提之童,喜欢韵语,散文虽无韵脚,而善措辞者,必声调和谐,不啻有韵。六朝骈俪，为人所诟病久矣，然其声律之叶，读之实生美感。唐宋以还，多尚散行，力避骈举，然而所谓言之长短与声之高下皆宜者，其声律固未尝失也。晚近竞尚白话，不讲声律，遂致文可阅而不可诵，虽曰自然，不生美感，吾所以细玩《现代评论》而朗诵《甲寅》周刊者，此也。近人倡默读之说，此于报章杂志案牍之文，自宜如是。其所以立言为宗，不以情感为主者，默读朗诵，因其所宜，尚无不可。至于纯用情感之文，可歌可哭。歌之而声叶则情弥畅，哭之而音调则恸愈增，此天然感人之利器也，乃世之人惟知直书俚语，怯用文言，抑又何也。

　　六曰文法中外之分也。晚近之白话文，其文法多仿自远西，其尤甚者，谓之欧化。吾谓气息之欧化者，胜于格式之欧化。所谓气息之欧化者，语必缜密而清晰，合乎逻辑，非若古人之措辞闪烁，可移而东西也，非若古人之文思浑沌，上下文恒相抵触也。若此者，今之文人往往能之，不可谓非文学上之一大进步。至于格式之欧化，如标点分段，自可仿其所为，助我不及。盖取其眉目厘分，明白易读，非若古人之耐人寻味也。今人如胡适之所著书，读之者莫不觉其过目了了，其所以能缜密而清晰若是者，欧化之功也。若章行严文，非不佳也，顾不肯标点分段如西文，故虽亦缜密而合乎逻辑，然其清晰则视胡氏稍逊。此不甘欧化之过也。夫择善而从，古有明训，苟于我国文学上有所辅助，吾复何慊？顾采人之长，宜有分量，削足适屦，岂能无弊？物各有其固有之性，欲尽变其格式，非特不能，抑亦不必。故采人之长可也，舍己从人则不可。尝见白话文多有词句颠倒、强效西文者，如先"然"而后"虽"，先"则"而后"苟"，其于修辞，羌无小补，徒乱人意，以矜新奇。然《左传》曰：孝而安民，子其图之，与其危身以速罪也。即与其危身速罪，孰若孝而安民之意。韩退之《张中丞传后序》曰：嵩无子，张籍云。即张籍云嵩无子之意。可见倒装句法，古已有之，特不常用耳。以此言新，新于何有？又有词句拖沓，累百数十字为一句者，彼其见远西有如此长句,遂亦效之,不悟西文常用接续代字于其中,故便于读,今累百数十字为一句,而句中之接续代字恒缺焉,如之何其不令人生厌也?彼其所以如此者,未必皆欲炫新奇,大抵多作西文,惯用其文法,一旦作国文,信笔所及,不觉其文法混杂中西也。要之,白话词句之颠倒拖沓者,其难读甚于古文。吾尝读古文无不通晓其大意,及读近人译本,往往终卷犹未知其命意之所在。吾于是深叹严几道为不可及,而欧化之毒中人之深有如此也。夫白话行文,欲以通俗也,今其词句颠倒拖沓,难读百倍于古文,通俗之谓何?质之新文学家,当复无辞以自解。吾故宁为浅于白话之文言,不为深于古文之白话。深于古文之白话,贵族文学也;浅于白话之文言,平民文学也。所谓浅于白话之文言者,白话不免间以乡谈,未必全国皆晓(例如闽粤),而文言之浅易者,人苟略能识字殆莫不晓也(余家西粤之鄙,每与村农通讯,皆用浅易文言,以其不谙官话而其土音又无字可表也)。少时为文,即深恶割裂典故,拂撦饾饤,以成所谓獭祭之文者,故为文力求浅易。窃谓当此言语未能统一时期,浅易文言之通俗有功,持较白话,无多让也。

断曰:传世之文,宜用文言,简洁含混无伤也(理由见第一、第四项)。但史乘纪言,必肖其口吻,不避俚语(理由见第三项)。其有专门之学,亦用文言,若考古者,词意高古无害(理由见第二项)。他如报章杂志尺牍之文,因人因事而施,文体不一,总期令人读之无不快之感(理由见第四项)。小说剧本,宜用白话,不可华而失实(理由见第一、第三项)。通俗教育之文,宜用白话,明白恳切(理由见第一、第二项)。情感之文,宜用文言,且用声律(理由见第五项)。至于诗歌,宜用文言,或简洁之白话。句之长短浅深,不必计及,惟必用韵,无韵不足称诗也(附论)。凡为文必求其缜密清晰,合乎逻辑,虽仿远西之标点分段无伤也。然远西之语法,必不可移诸我国,盖削足适屦,非所宜也(理由见第六项)。吾言甚似自相抵触,然细察之,正因文言、白话各有利弊,故不能为极端毁誉之辞,惟权其利弊之轻重，特为平议如此。

3 月 7 日作于上海国民大学

原载《甲寅》周刊第 1 卷第 35 期,1926 年

国家应该颁布一部文法

中国古代没有文法书;一篇文章的通不通,只是可意会而不可言传的。自《马氏文通》出版以后,总算有过几部关于文法的书籍,但这些书都偏于研究的性质,而不曾定下了许多不通的标准。我们读了《马氏文通》等书以后,只知道某字属于某种词性,而不甚知道某字应该怎样运用才能免于错误。

因此,大家只把这些书当作文法学上的专著看待,并不把它们当作人人必读的书,结果弄到普通的学生一辈子不曾读过中国的文法。其实,这些书也是不值得给普通人读的,因为读了之后只知道了词的分类,而不知道文章的作法。这恰像把一个机器拆开了给学生看,告诉了他们各机件的名字,然而不告诉他们怎样把机器装起来。这是多么可笑的事!

我们由此可见中国应该有一部实用的文法,书中该把通不通的标准规定出来。但是,私人所著的一部标准文法纵使十分完善,也很难得全国一致采用;所以这一种书该是官书,藉政府的力量以期推行于全国。

现在我们先说出国家颁布文法的可能与必要,然后谈到怎样颁布。

中国文实在是有文法的;只因它没有屈折作用(flexion),大家写起文章来不必顾虑到字的本形的变化,所以其余的一切文法也被人们忽略了。剩下来的只是一些潜在的习惯,违反了这习惯的就叫不通,例如学生在作文簿上写了一句不通的句子,教员就给他改上一句通的。假使学生问为什么这一句算通那一句算不通,教员就只好说习惯如此。这种知其然而不知其所以然的学习法,当然增加了学习中国文的难度。外国人学中国文不容易,也就因为中国没有一部可为标准的文法。

譬如一个外国人来问我们:"吗"字与"呢"字当疑问词用的时候,在文法上有什么分别? 我想大多数的中国人只能回答说是依习惯而定,说不出一个所以然。其实我们只要说:"凡是靠'怎么、什么、怎、谁、哪里'等疑问词发问的句子可用'呢'字,例如'怎么办呢?'又如选言的(disjunctive)句子也可用'呢'字,例如'他来不来呢?'其余的句子都用'吗'字。"他们就懂了。我们又可以说得更简括些:"凡本身不表示疑问或只表示反问的句子就用'吗'字,凡本身已能表示疑问的句子就用'呢'字。"例如"他这么办吗?"该用"吗"字,因为"他这么办"四字本身不表示疑问;至于"他怎么办呢"却该用"呢"字,因为"他怎么办"四字本身已经含有疑问的意思了。外国人如果不懂这个道理,就可以说成"他这么办呢?"或"他怎么办吗?"说穿了却是一个很简单的规律。我们该怪中国的语言文字太难学呢,还是该怪中国没有一部应用的标准文法呢?

又如一个学生来问我们:在文言文的疑问词里,"乎"字与"哉"字有什么分别? 一般的国文教员也不能答复这个问题。其实"乎、哉"二字有一个相异点,一个相似点:"乎"字如在非反诘句里表示真的疑问;"哉"字如在非反诘句里则不成为疑问,故"伤人乎"不能改为"伤人哉"。这是相异点。若在反诘句里,"乎、哉"的用法便相差甚微,例如"岂余所欲哉"亦可写作"岂余所欲乎"。这是相似点。

上面仅仅举出几个助词为例,已经可以知道中国的文法并非像人们意料中那样毫无条理,更不是可意会不可言传的东西。我们如果细心研究下去,一定可以找出许多法则,而这些法则就可以合成一部标准文法。

这是说颁布文法的可能。

也许有些人说，中国人写中国话，只要顺其自然，就没有不合文法的了。纵使这话是真的，我们在原则上也该有一部文法：一个数千年的古国的文字竟没有文法可言，使外国人要研究中文的不得其门而入，已经是一件可惜的事。然而更可惜的乃是中国人因为无文法书可遵，以致各行其是，结果将使这本来有文法的中国文渐渐地变为没有文法！从前的人喜欢用古人的熟语，不合传统的习惯的就叫做不通，所以中国文法就在冥冥中受了保护。现在呢，大家趋向解放与自由，于是中国文法也像中国人的道德一般地彷徨歧路，有破坏而无建设。国人们或采过度的欧化文字，或以自己不大了解的文言里的字句加入白话文中，或模仿文言而不合古人的文法，甚至于随意乱写，然而大家都不敢再说他们不通。《国闻周报》十二卷十七期时人汇志有云："金兆棪……所作戏曲，为程砚秋所编（意思是说金兆棪为程砚秋所编之戏曲），春闺梦，荒山泪，最名于时。"《文化建设》一卷七期载某名人的一篇文字有云："因为经济的能力是不能读书的。"某君《文学概论》自序有云："随时将我编述这一本小书的一点意见，也不妨写他出来，就当作小序，也未始不可罢。"像这一类的句子，如果我们随时记录下来，总不在少数。写这些句子的几位先生也许是一时的疏忽，但我们在这里并不是寻找某一个人的短处，而是要显露现代中国文的病态。

近年来，大学生的文字不通，已成最普遍的现象。各学院的教授们往往看不过眼，就请学校注意，学校又转请国文系设法提高大学的国文程度。一个大学生不能正确地应用本国的文字，在西洋是很少见的事。固然，教授们所谓不通，往往是指满纸别字而言，在我们看来，别字倒是比较地可以原谅的；但是我相信有许多大学生除了写别字之外，还往往不会遣词。我们知道，在言语学上，文法比书法重要得多，房特里耶斯先生的《言语论》就把书法列在最后一章，作为附录。所以我们宁愿原谅满纸的别字，不能原谅一两个不合文法的句子。

要根治这种毛病，当然该从中小学做起。如果有一部完善的而且易懂的文法，教员们也像教英文法一般地把中国文法教给学生，换句话说就是把它插入国文课里，当做必修科。我不敢说中国没有人如此办，但是就有也不过少数，而且没有一部全国遵守的文法，教者也只好随意教教而已。

这是说颁布文法的必要。

在颁布以前，当然须先制定一部完善的文法。现在要说的是应该怎样制定、归谁负责和制定的期限。

谈到怎样制定文法，我们似乎遇着一个很大的难关。中国的文法学还是一片荒芜的园地，有待于多数人的长期的开垦。自马眉叔以来，编中国文法的人都是拿欧洲的文法做模型，结果难免削足适屦的毛病。我们知道，中国语属于藏缅语系，与印欧语系对立，研究中国语的人该先从藏缅系中各族语下手，做一番比较的工夫。这决不是在三五年内所能做到的事。但是，求真与致用，二者有时不至相妨。我们现在所希望的标准文法，只是在族语的习惯中找出许多定律来，至于这些定律该叫什么名字，该如何分类，都不关重要。名字叫错了，种类分错了，留待数十年后的大学者去订正；现在我们所急要知道的乃是怎样遣词才可以不违反中国文的习惯，例如上面所说，在非反诘句里，"乎"字表示真的疑问，"哉"字则否，这就是一个定律；至"反诘句"一名是否妥当，"乎、哉"该不该归入助词，都可以暂时不管。由此看来，也就没有什么难关了。

制定文法的时候，还有三个该注意的地方：第一，已死的文法不能列入，例如《孟子》有云"国之所存者幸也"，我们该认这"所"字的用法已成为过去，现在的人除引用原文外，不得仿照这句话而说"国之所不亡者幸也"。第二,纵使是中国习惯所容许的句法,如果十分不合逻辑,也不妨摒弃,例如《朱子语类》卷八页27有云:"如孟贲与童子相搏,自然胜他孟贲不得。"不如说:"童子与孟贲相搏,自然胜他孟贲不得。"又如我看见某生的试卷有云:"不得不看的参考书,才到图书馆去。"该改为:"为了不得不看的参考书,才到图书馆去。"第三,该特别注重消极的戒条,例如规定"所"字的用法的时候,固然应该指出在什么情形之下可以用它,但最重要的乃是要指出在什么情形之下不能用它。事前应该在报纸书籍及学生的卷子里搜集不通的句子,然后为每一个不通的句子立一个戒条,例如我们既认"国之所存者幸也"为不合现代文法,就该立一条戒条说:"'所'字不能用于自动词之前。"由此戒条类推,"冀北之土,马之所生"也该认为不合现代文法,而该改为"冀北之土,马之所由生"(意义仍未妥,但文法是通了)。

总之,制定文法应带几分创造性。所谓创造,并不是说把外国文法硬加进中国文法里,而是努力使中文逻辑化。譬如一个意思在中国有两个说法,一个合于逻辑,另一种不合逻辑,我们就该采取前者而摒弃后者。这是对于中国文法加上一番洗刷的工夫,并不是彻底的改革。文法上彻底的改革非但不可能,而且不是必要的。

现在说到这一部文法应该由谁负责制定。我以为有两个办法:第一,由政府命令中央研究院制定。中央研究院为中国最高学术机关,里面有历史语言研究所,若由这个研究所悉心研究成书,然后由政府颁布,自然名正言顺。法国的法兰西学院在1932年曾公布了一部文法,使全国遵守,我国尽可以仿效法国(那文法编得不完善,但这是另一个问题)。第二由教育部聘请若干人,组织一个中国文法编制委员会,也是可行的。

至于编制的期限,我以为该限定五年制成草案公布,征求全国学者的意见;再三年,经过精细的修订之后,才由教育部正式颁布。

八年之后，我们将有一部文法，虽不敢希望十分完善，至少比没有文法好多了。

廿四年八月二十日

原载《独立评论》第 167 期，1935 年

论汉译地名人名的标准

　　最近国立编译馆预备规定地名人名音译标准，辱承来函征求意见。我答复之后，觉得还有许多话要说，于是再写这一篇文章。

　　现在我国所译的地名人名，显然有两种毛病：第一是失真，有时候译出的汉字比原文的音相差太远。第二是不统一，例如同是一个 g 音，时而译为"格"，时而译为"葛"；同是一个"德"字，时而对 t，时而对 d。这样，我们看见了译文，往往猜不出原文是什么。一般人看见了"希特勒"三个字，会猜想原文是 Schiteler，等到将来有机会看到了原文 Hitler，也许还不知道就是鼎鼎大名的希特勒呢。这是多么可惜的一件事！

　　失真的原因有两种：其一是方音作怪，如 Dumas 译为"仲马"，Hugo 译为"嚣俄"，假使你不懂闽音，你就会莫名其妙。又知近来报上所载法国外长庞莱，原文是 Bonnet；net 译为"莱"，令我们猜想译者会是川滇湘皖的人。这种情形，对于译者或他们的同乡而言，不算是错误；然而对于中国而言，该说是错误，因为他们不能尽可能地利用国音，使全国的人易于了解。其二是不懂原文的音，以甲国的读法来翻译乙国的读法。最常见的谬误是拿英文的读音应用于一切族语。记得有人曾把 Massolini 译成"慕校里尼"，与意文原音最近，然而最终被"墨索里尼"替代了，其实"墨"不如"慕"的。又如报上把法国 Herriot 译作"赫里欧"，不知 h 不发音，又不知 o 在 i 后，该念像西南官话"岳"字，不该念"欧"。又如上文所举的

Bonnet，其第一音该译作"波"，不该译作"庞"；译者大概是误把它念像法文 bon 字，所以弄错了。

失真之后，偶然有人看见不舒服，自然也会改正了的。"奈端"之改为"牛顿"，可是大快人心的一件事。可惜有些改正后的译音仍是不能令人满意的，如"嚣俄"之为"雨果"，"雨"字虽说得过去，"果"字却不甚妥。"果"字在国语及多数方言里该念 kuo，离原文 go 音颇远，不及"哥、歌"等字。这也是方音作怪，修正的人也许是山东人，也许是江浙人，总之一定是他的方言里"果、哥"念成同音不同调，然后他才喜欢用"果"对 go。此外，如"佛罗贝尔"之改译"福楼拜"、"服尔德"之改译"福禄特尔"，都是无可无不可的，更谈不上大快人心了。

上面所说的失真的原因也就是不统一的原因；但是，译音之不能统一，除了方音的障碍及为英文读音所限之外，还有两个原因：第一，是喜欢用好看的字眼；尤其是对于妇女的名字，喜欢用闺阁的名字译出，例如 Davis，当其为男人之姓时，可译为"大卫斯"，当其为女人之姓时，则喜欢译成"黛维丝"。又如 Louis 译为"路易"，然而 Louise 并不译为"路易士"或"路易寺"，却译成"露意丝"之类。我从前也染了这种习气，非但给它一个男女有别，而且努力求姓名的汉化。这样办法固然也有好处，可以使中国人看得惯些，记得牢些。"张伯伦"令人一看就知道是人的名字，多看就记得牢。但是，有一利必有一弊，它非但叫人误会张伯伦是中国人（像是张伯行的兄弟），而且破坏了译音的统一，假使 Cham 这个音段不在第一音，又得另换一个字了。第二，是中国同音字太多，各人随便乱用，毫无标准，例如 Bi 可译为"俾、比、彼、毕、碧"等，这样，就显得太没有条理了。

补救的办法该是怎样的呢？也许有人说，我们有注音符号（注音字母），拿它来对音，可免不统一的毛病；再把它稍为扩充，各使足敷音译之用，则尽可免失真了。国立编译馆也曾考虑到这个办法。但是,注音符号本身已经不甚美观,若再加扩充,例如在符号之旁再加符号,就更难看了。况且现在认识注音符号的人还不及认识罗马字母的人多,又何必多此一举?

也许有人主张另制一种符号,专为译音之用。这事更可不必。我们之所以译音,固然是为一班不识西文的人设想,同时也因为可以在汉文中不杂西文,取其好看些。如果另制符号,倒不如索性照录原文来得痛快。

我们觉得音译的改良,仍该在汉字的本身上想办法。由欧译汉,最占便宜的地方是一个汉字可译两个至四个的罗马字母,如Pan可译为"潘"或"班",不必译为"伯阿恩"。我们对于音译虽不能达到不失真的地步,至少可以做到"近真"。国音不够用,我们可以略采方音。原有的音译并不是完全要不得的,例如以入声字译短元音(不带鼻音韵尾的),这是采用吴音的好办法。"迭更司"胜于"第更司","杰克"胜于"贾克"。用江浙的蓝青官话念起来,几乎可以逼真。此外,闽粤语及客家话也似乎有可以借用之处:Bismarck译为"俾斯麦","麦"对marck比译成"俾斯马尔克"或"俾斯马克"简便些;Thomson译为"谭森",也比"汤姆森"简便些。然而我们须知,这是国音中没有办法的事,才借助于方音:并不像"仲马、奈端"之类,我们反可从国音中找出更好的对译。这是不可相提并论的。

我们用汉字译欧音,并不能亦不必求其声音完全相同。我们只求其有一定的标准,这可以称为代数式的统一。譬如以"希"代hi未尝不可,因为国音中没有hi,不妨借用粤音(广州"希"字虽念hei,但其他粤语区域多数念hi)。但是,我们该注意一件事:就是以"希"为hi的专有的对译符号,不得再拿它来译shi音,Norma Shearer不得再译为"瑙玛希拉",只能译为"瑙玛喜拉"一类的字了。我们遇着译音中的"希"字,也该一律念hi不可再念shi了。

汉字没有代表纯辅音的,所以遇着西洋的纯辅音也不能译得很像。但是我们的前辈已经替我们发现比较妥当的字了,如"格、克、特、勃"一类的入声字,"斯、士、志、滋"一类的元辅同位的字,以及"尔、儿"等,都是汉字当中比较地适于对译纯辅音的。Franklin译为"佛兰克林","克"字是很妥的。我们只要加以整理,使它们有固定的对音,不许一个字对两个音,就没有什么缺点了。

　　明白了代数式的道理,我们还可以同音的分译数音,如"爱、艾"虽同音,我们可用"爱"对 ai,用"艾"对 ei;"哀、埃"虽同音,我们可用"哀"对 E(法文 Estienne 的第一音),用"埃"对 e(法文 elysec 的第一音);"慕、穆"虽同音,我们可用"慕耐"译法国名伶Maunet,用"穆赛"译法国诗人 Musset。诸如此类,都靠着代数式的统一办法,而不至于相混。

　　总之,我们的目的在求音译的一致,我们的方法在使被择定为译音之用的汉字当中,每一个字都有固定的对音。换句话说,每一个汉字不得对译两种外国语音;每一个外国语音也不得对译两个汉字。这样,我们可以制定一个音译对照表。在中学或师范学校里只须费一两个钟头,就可以使学生完全了解,并且能够运用无误了。

　　本来,我们可以想出更严密的方案来,譬如我们可用口旁的字表示纯辅音,用人旁的字表示重音,用水旁的字表示轻音等。然而这么一来,恐怕要添造许多新汉字,专为音译之用。这是凭空增加了印刷上及认识上的许多麻烦,倒不如将就些的好。音译统一之后,会有人觉得译名不雅,例如"张伯伦"也许会变了"忏怕冷",似乎太难看了。其实完全是习惯的问题,"拿破仑"与"埃及"在当初并不比"忏怕冷"雅些,现在用惯了,"拿破仑"就令我们想起一位盖世英雄,"埃及"就令我们想起金字塔,雅得很。但是,雅不雅不成问题,习惯的突然改变却成问题。试悬想依音译标准,"伦敦"该改为"冷凳",纵使我们不嫌"冷凳"不雅,我们能不能违反数十年的习惯? 国立编译馆有见及此,所以拟出一个保留旧译的办法三条:国

名以保留旧译为原则(如英法德等大国国名);通用已久的重要地
名(如"伦敦、威尔逊"等),以不更译为原则;海外华侨已通用的地
名(如"泗水"等),拟不改。这是很对的。不过,适用已久的标准也
颇难决定,"张伯伦"算不算适用已久?"庞莱、赫里欧"算不算适用
已久?修改的太多,习惯一时改不过来;修改的太少,则旧译与新
译太不一律也不好。这是颇费商量的。

　　总之,音译统一的方案并不难于规定,只是难于实施,请问国
立编译馆或教育部有没有法子统制全国的音译?书籍还可以在审
定时加以矫正,或对于音译不合标准者不予审定。报纸杂志最难
统制;然而我们知道,最先翻译一个新人名或新地名者,恰是报纸
杂志。报纸杂志不能统制,音译的标准就会等于具文。我们希望
当局在公布音译标准以前,先考虑考虑实施的办法。

原载《今日评论》第 1 卷第 11 期,1939 年

语言的规范化和语言的发展

中华人民共和国成立十周年了。在党的正确领导下，无论在政治方面、经济方面、文化方面，我国都获得了辉煌的成就。语言教育是文化工作的主要项目之一，而语言规范化工作又是语言教育的主要项目之一。本文目的在于简单地叙述建国十年来汉语规范化工作的成绩，并试图阐述规范化工作的重要性及其跟语言发展的关系，作为建国十周年的献礼。

一、十年来在党领导下的语言规范化工作

中国共产党一向重视语言教育和语言修养的工作。毛主席教导我们：第一，要向人民群众学习语言；第二，要从外国语言中吸收我们所需要的成分；第三，我们还要学习古人语言中有生命的东西。毛主席引述了鲁迅所说的"不生造除自己之外，谁也不懂的形容词之类"①。毛主席的文章就是以典范性的语言作为人们语言修养的准则的。他曾三番五次指示我们改进文风。1951 年 6 月，党

---

① 《毛泽东选集》第 845 页。

的机关报《人民日报》发表了《正确地使用祖国的语言，为语言的纯洁和健康而斗争!》的社论，同时开始每天以三分之一版的宝贵篇幅登载《语法修辞讲话》，并且连载了半年之久。这种规模广大的语言教育措施，是史无前例的。1950 年斯大林的《马克思主义与语言学问题》的发表和中译本的出版，对于推动中国语言学的发展起了很大的作用。从此以后，中国语言学不再是冷冷清清的少数几个"专家"的为学术而学术的"学问"，而是有巨大实践意义的、为语言教育服务的科学了。从此以后，大家知道我们应该为祖国语言的纯洁和健康而斗争;语言规范化工作实际上已经开始了。

1955 年 10 月，在党的领导下，连续地召开了两个重要的会议——全国文字改革会议和现代汉语规范问题学术会议。这两个会议是互相联系着的。从表面看来，文字改革工作似乎和汉语规范化工作无关;但是文字改革会议的中心议题之一是大力推广以北方话为基础方言、以北京语音为标准音的普通话，这种促进语言统一的措施正是为文字的根本改革创造条件。至于现代汉语规范问题学术会议，那就更明显地是专门讨论规范化问题的。由于是一个学术会议，所以我们还邀请了社会主义国家的语言学家特别是汉学家参加，到会的有苏联汉学家鄂山荫、郭路特，罗马尼亚语言学家格拉乌尔，波兰汉学家夏伯龙、赫迈莱夫斯基，朝鲜汉学家柳烈。会议决定提出下列的具体建议:

1.建议中国科学院聘请专家若干人，组成普通话审音委员会，研究并确定普通话常用词汇的语音。

2.建议中国科学院会同有关部门聘请专家五人至七人，组成词典计划委员会。

3.建议中国科学院、高等教育部、教育部迅速共同拟订在两年内完成汉语方言初步普查的计划。

4.建议中国科学院语言研究所和各高等学校以及各高等学校相互间加强语言研究工作上的联系。

5.建议中国科学院语言研究所、各高等学校语文系科、各语文杂志社,通过报告会、讨论会、座谈会、研究小组等方式,把各地的语言工作者和有志于语言研究的人组织起来,有计划地进行工作。

6.建议各出版社、杂志社、报社以及广播、戏剧、电影部门加强稿件在语言方面的审查工作,并且在读者、观众和听众中广泛进行汉语规范化的宣传工作。

这六项建议中,1、2、3、6四项是关于汉语规范化工作的(调查方言是为了推广普通话),后来都已经做到了。普通话审音委员会和词典计划委员会都在 1955 年 12 月成立,并开始工作。1957 年 10 月,普通话审音委员会公布了《普通话异读词审音表》初稿和《本国地名审音表》初稿。同年,中国科学院语言研究所成立了词典编辑室,积极进行《现代汉语词典》的编写工作,不久可以完稿。汉语方言初步普查工作,现在已基本完成。为了完成这一个政治任务,曾经发动了全国语言学界可以调动的人力参加工作,在调查方言的同时,编写了大量的学习普通话手册,其中有一部分已经出版。

1956 年 2 月,中央推广普通话工作委员会成立,并设立了普通话推广处。国务院发出了关于推广普通话的指示,指示中给予普通话一个更明确的定义。本来,在文字改革会议的时候已经规定普通话以北方话为基础方言,以北京语音为标准音,国务院的这一指示更规定以北京语音为标准音,以北方话为基础方言,以典范的现代白话文著作作为语法规范。普通话有了明确的定义以后,规范化工作就更便于推行。1957 年 11 月,国务院通过了汉语拼音方案草案,后来这个方案又经过全国人民代表大会批准,这样,推广普通话就增加了更有效的工具。三年以来,推广普通话取得了显著的成绩。去年在北京和今年在上海举行的两次全国普通话教学成绩观摩会,以许多生动的事例,具体地、形象地说明了推广普通话的工作是成功的。

当然汉语规范化的工作并不限于推广普通话,也就是说,不限于教人学会说普通话;写文章比说话更应该要求合乎规范,所以加强语文教学和提高人民群众的语言修养就成为当前的重大任务。党和人民政府经常注意到这一方面的工作,采取了一系列的必要措施。近几年来,语言教育越来越受到社会上各方面的重视。可以预料,今后随着生产的发展和人民文化的提高,党所领导的汉语规范化工作一定可以取得更加辉煌的成绩。

二、规范化工作的重要性

马克思说"语言是思想底直接现实"[①]。毛主席说"文章是客观事物的反映"[②]。马克思主义者一向要求语言能充分表达思想,要求文章能正确地反映客观事物。当然,若要文章正确地反映客观事物,就必须有正确的立场、观点和正确的思想方法以及对客观事物的观察体会;但是,语言的修养也是非常重要的。我们试看马克思、恩格斯、列宁、斯大林和毛主席的著作,无一不是字斟句酌,在语言运用上达到至纯至精的。达到这种境地也是必然的。辩证法是高级的思维、认识的法则。掌握了辩证法的人所写的文章必然具有高度的逻辑性。对人民具有高度责任感的人写起文章来一定把它作为一种政治任务,一定能以严肃的态度来对待自己的著作,一定能做到一字不苟。马克思、恩格斯、列宁、斯大林和毛主席都不止一次地告诉我们写文章不能轻率从事。这里为篇幅所限,不能一一引证。总之,如果说自古的伟大作家都注意语言修养的话,马克思主义经典作家的语言修养还更为突出。

斯大林说:"语言是工具、武器,人们利用它来互相交际,交流思想,达到互相了解。"[③]又说:"语言之替社会服务,乃是作为人们

---

① 斯大林《马克思主义与语言学问题》第 39 页。
② 《毛泽东选集》第 845 页。
③ 同①,第 20 页。

交际的工具,作为社会中交流思想的工具,作为使人们互相了解并使人们在其一切活动范围中调整其共同工作的工具。"[1]语言的社会性决定了语言的自然轨范。语言本身有它的不可违反的规则,在说或写的时候,无论在语音方面、词汇方面、语法方面,如果超出轨范到了某种程度,人们听了或者读了就没法子懂得你的意思。这样,你的语言就失去交际工具的作用。每一个人都不希望说出话来人家听不懂,写出文章来人家看不懂,但是实际上许多忽视语言修养的人往往陷于这种境地而不自觉。当然,除非是外国人或者是外族人,还不至于完全不懂;但是,如果人们对你的意思的了解打了一个折扣,或者对你的语言的不纯洁和不健康感到不满意,你的语言的效用也就大大降低。"工欲善其事,必先利其器"。凡是希望写出好文章而忽视语言规范的人都是不懂"必先利其器"的道理。

语言既然是社会的产物,它就不允许个人去破坏它的规范。即使不是个人,而是一些人,如果他们在社会中不占大多数,他们也不能改变语言,而只会造成一种混乱状态。这种混乱状态对于社会是不利的,因为它在一定程度上妨碍了人们互相了解,从而妨碍了人们在社会活动中调整其共同工作。马克思主义者非常重视人的社会性,因此也非常重视语言的社会性。语言不但是交际的工具,而且是斗争的武器;无产阶级重视思想战线上的斗争,因此也重视作为斗争武器的语言。这就说明了我们的党为什么这样重视汉语规范化工作,为什么这样重视语言教育。

推广普通话主要是为了解决语音分歧的问题。各地汉语方言的语法差别是很细微的,词汇的差别也不大,主要是语音的分歧妨碍了语言的统一。在国家空前统一、交通空前发达、全国职工和干部由国家统一安排调度、国家的边疆要由来自各地的战士防守的

---

[1] 斯大林《马克思主义与语言学问题》第 35 页。

今天，无论从政治、经济、国防哪一方面看，语言规范化的工作都是当前的迫切任务。而我们的鼓足干劲、力争上游、多快好省地建设社会主义的总路线，更要求作为交际工具和斗争武器的语言充分发挥它的作用，这就更增加了语言规范化工作的迫切性。上文说过，我们在党的领导下在这一方面已经做了许多工作，取得了巨大的成绩。但是我们的实际工作，还远远赶不上社会主义建设的需要，而且语言规范化的工作是长期的、经常性的，我们不可能一下子把一切不规范的现象都消灭了，而旧的不规范的现象纠正了，新的不规范的现象还会不断地发生。因此，今天语言规范化的工作要求全国语言工作者，在建设社会主义的总路线的光辉照耀下，继续不断地作更大的努力。

三、语言的规范化和语言的发展

有的人对语言规范化工作存在着一种误解，以为它会妨碍语言的发展。其实这是相反相成的两件事，我们不应该把它们对立起来。

斯大林说："马克思主义把科学法则——无论指自然科学法则或政治经济法则都是一样——了解为不以人们的意志为转移的客观过程的反映。人们能发现这些法则，认识它们，研究它们，在自己的行动中估计到它们，利用它们来为社会谋福利，但是人们不能改变或废除这些法则，尤其不能制定或创造新的科学法则。"[①]但是他又说："这是不是说，例如，自然法则发生作用的结果即自然力发生作用的结果是根本无法避免的，自然力的破坏作用在任何地方和任何时候都是以自发的、无可抑制的、不受人们影响的力量而出现的呢？不，不是这个意思……人们如果认识了自然法则，估计到它们，依靠着它们，善于应用和利用它们，便能限制它们发生作用

---

① 斯大林《苏联社会主义经济问题》第 2 页。

的范围,把自然的破坏力引导到另一方向,使自然的破坏力转而为社会造福。"①关于语言的发展,也可以这样说。语言有它的发展的内部规律,这是不以人们的意志为转移的。我们不能违反语言发展的规律,改变语言发展的方向。但是,我们在法则面前并不是无能为力的,我们顺着语言发展的方向,帮助语言沿着健康的道路进展,那完全是可能的。

在封建社会和资本主义社会里,都有过违反语言发展的规律,对语言形式加以主观的规定的例子,例如17世纪法国的波罗雅尔派的学者们主观地规定了所谓合理的语法,要求所有的人都依照这种语法写文章;又如中国的章炳麟建议恢复单音词(火车稍停再走,建议用一个"辍"字表示),或创造单音词(铁路中断,过河后又接上,建议造一个新字表示),他又反对用"汽"字,因为"汽"字本来只有水涸的意义。资本主义国家也有一些"清洁主义者"借口维持语言的纯洁,实际上是墨守旧的形式,反对新词、新语。这些人阻挡不住历史的车轮,结果是他们被时代抛在后面了。那种主观武断的、复古主义的所谓规范,决不是今天我们说的规范。

我们说的规范,指的是:以北京语音为标准音,以北方话为基础方言,以典范的现代白话文著作为语法规范。这种规范是有客观基础的,并不是出于主观臆断。当然,在两种形式相抵触的时候不免有所选择,例如规定甲种形式是正确的,乙种形式是错误的,但是只限于现有的形式,而不是谁创造出来的形式。我们重视语言的规范化,但是并不限制语言根据社会的需要而自然产生的发展,例如,我们不能拘执旧字典上的规定来排斥词义的发展变化。

规范化也并不是不容许同义词的存在。当然,完全同义的词(所谓等义词)将来是要根据实际需要淘汰一些,但是一般的同义词不但不应该排斥,而且还应该提倡。我们说某人的词汇不丰富,

---

① 斯大林《苏联社会主义经济问题》第2页。

往往就是指的同义词不丰富。同义词缺乏,就跟声音单调一样不好听,跟颜色单调一样不好看。古人称色彩的复杂叫做五色,其实一个画家如果只用五种颜色来画画,就未免太单调了。高明的画家们能区别几百种色调,其中有许多种红色,许多种黄色,许多种蓝色,许多种灰色,等等。既然没有人禁止画家用各色单调,也就不会有人禁止写文章的人用同义词。

规范化更不是不容许不同风格的存在。相反地,个人的独特风格应该受到鼓励。自从汉语规范化提出来以后,听说有的作家担心会妨碍语言的发展,实际上是担心下笔不自由。的确,听说有个别的编辑同志把作家的稿子作了不适当的修改。不过那只是极个别的对汉语规范化工作的误解。据我所知,对汉语规范化有正确认识的人,谁也不会限制作家的语言。我们的汉语规范化工作和"清洁主义者"的清规戒律是有本质上的区别的。

事实上,建国十年来,汉语在不断地发展着。在社会主义革命、社会主义建设飞速发展的形势下,在社会生活中充满了新事物的时候,人们就随时创造了许多新词、新语,从"拖拉机、电视机"到"人造卫星、宇宙火箭",从"政治挂帅、红透专深"到"和平共处、东风压倒西风",新词、新语不知增加了多少。但是,我们不要以为新的词语必须是崭新的,连它的组成部分(如词素)也都是新造的;那种词语实际上是极少的。假如是那样,那就是改变而不是发展了。除了外来语之外,新的词语都是利用旧词语而赋以新的意义,例如"力争上游"这四个字都是旧的,而它的意义却是全新的。在这篇文章里,不能详细叙述汉语发展的情况。我们所想要说明的是,汉语规范化工作决不妨碍语言的发展。相反地,它帮助了汉语的正常的、健康的发展。

为什么说规范化工作帮助了汉语的发展呢?不难理解,假如汉语处在一种无政府状态中,那样的语言虽然也会逐渐发生变化,但是那只是迂回的、会增加混乱的,而不是纯洁的、健康的发展。

如果拿河流来比喻语言的发展,规范化工作就好比疏导工作。人的主观能动性体现在规范化工作上。

由上所述,可见党所领导的汉语规范化工作是完全正确的,而且已经有了显著的成效。我们语文工作者应该团结在党的周围,在建设社会主义的总路线的光辉照耀下,积极地贡献出自己的力量,共同为做好汉语规范化工作而奋斗。

原载《语文学习》1959 年第 10 期

论审音原则

审音原则问题,是汉语规范化工作中的重大问题,也是推广普通话工作中的重大问题。《普通话异读词三次审音总表初稿》发表后,讨论的文章还不多。《中国语文》1965年第2期发表了周定一、徐世荣两位先生的文章,但是体会多,讨论少。最近《文字改革》月刊发表了几篇有关审音的文章(见1965年7月号、8月号),8月号还发表了一篇短论,才算讨论开了。现在趁大家讨论的机会,把我的一些看法写出来,向普通话审音委员会诸位先生以及读者同志们请教。

一

普通话"以北京语音为标准音,以北方话为基础方言,以典范的现代白话文著作为语法规范"。正确地理解这一句话的涵义,是搞好审音工作的主要关键。

普通话之所以规定要以北京语音为标准音,以北方话为基础方言,是因为民族共同语必须有一个地区的方言作为基础,又必须有一个地点(一个城市)的方言作为语音标准,然后定得出一个规范来。但是我们必须认识到:民族共同语并不同于方言;它有超方言的性质。以北京语音为标准音,指的是北京的语音系统。我们不能在北京语音系统上面增加一些别的音素或声调,如民国初年的国音区别尖团和增加入声,以及当时有人主张增加浊音,等等;

我们也不能在北京语音系统里面减少一些音素,例如去掉卷舌声母和 eng、ing 等韵母。但是这不等于说,每一个字的具体读音都要依照北京人的读法。《文字改革》月刊社的短论说得好:"汉语普通话以北京语音为标准,主要是说以它的音系为标准,而不是凡北京语音中所有的具体读法,不分个别一般,一概都是标准。为了在全国范围推广普通话,为了使广大人民都能掌握,北京语音在具体读法方面有必要放宽路子,避免烦琐,力求普通。普通话语音注音的字典应该不同于北京土话字典。"①我完全支持这一个论点。

　　不承认普通话的超方言的性质,而要求全国人民说话都跟北京人一模一样,既没有可能,也没有必要,大家知道,北京的儿化词是很多的,说"老伴"而不说"老伴儿"、说"时候"而不说"时候儿",那就不够北京味儿。但是,至今还没人主张学普通话的人一定要学会那么多的儿化词。声母、韵母和声调,也应该是同样的道理。北京太土的读法,可以扬弃一些。这不是说,今后连北京人也不许那样说了;它可以作为北京方言而存在。

　　审音委员会做了许多工作,辛勤劳动是应该肯定的。委员会在有些地方也作出合理的选择。既然是异读字,就至少有两种读法,采取了某一部分人的读法,必然要违反另外一部分人的读法,而另一部分人也一定感觉到不习惯。审音委员会为了做好规范化的工作,不能不作出决定。许多决定是值得赞扬的,例如"侵略"的"侵",北京人常常读成了"寝"音;"友谊"的"谊",北京人常常读成了"宜"音,连广播里也有人这样读了,而审音委员会并没有跟着走,仍然规定"侵"读阴平,"谊"读去声。效果很好,广播电台和电视台都改回来了。可见审音的指导作用是很大的。审音委员会也精简了一些多音字,原来的多音字改为一律读某音的,在《审音表》中就有将近三十个,这就大大地便利了广大人民群众的学习。审

①　《精简异读问题可以讨论》,《文字改革》1965 年第 8 期。

音委员会在一些地方显得很果断,甚至不取北京音("大尽、小尽",北京说 dàjin、xiǎojin,"尽"字阴平,不取);但可惜的是果断的地方少,迁就的地方多。在不少地方审音委员会显得没有一定的原则,常常举棋不定。所以当我们讨论《审音表》的时候,首先应该讨论审音原则。

审音自然应该以北京语音为标准。但是,遇见具体问题的时候,还要一个处理的原则。所谓异读,大致可以分为两类:一类是北京人对某一个具体的词读音不统一,产生了又读;另一类是北京人对某一个具体的词读音本来是统一的,只是作为词素的字和另一些词里面作为词素的字产生同字不同音的现象。现在群众不满意的是第二类问题没有处理好;其实第一类问题也是很重要的问题,必须依照合理的原则加以解决。

第一类问题主要是合不合北京语音的一般发展规律的问题。古代语音发展为现代语音,具体读音虽然变了,而语音的系统性不变。举例来说,现代北京话入声消失了,次浊入声转入了去声,全浊入声一般转入了阳平,只有清音字发展的系统性差些。原浊上变去声,也是很有规则的。至于原阴平、原阳平、原清音上声、原去声,调值虽变,调类未变,不但合于北京语音的一般发展规律,而且合于各地方言调类和北京调类对应的规律。北京语音之所以跟各地方音能够对应,正是因为北京语音也跟各地方音一样,其发展都是有规律的。各地方言区域的人们如果依照这种对应规律来学习普通话,那就事半功倍。有人怀疑学习普通话是否必须掌握方言和北京语音的对应规律,其实是不容怀疑的。差不多每一个人在学普通话时都不知不觉地运用这种规律,例如一个广州人知道了"同"字在北京读高升调,同时他就会联想到"铜桐童潼"等字也该读高升调,甚至联想到广州话里和"同铜"同调的字如"农龙虫从"等也一定读高升调,最后得出结论说,凡广州同调的字在北京都同调,有语言知识的人就说这是阳平对阳平,只不过改变调值罢了。

这是以简驭繁的办法，也是学习普通话最有效的办法。因此我们非常重视语音的对应，认为如果一个字发生异读，原则上应该选择合乎北京语音发展规律的读法，而扬弃不合乎北京语音发展规律的读法。审音委员会把"侵"订为阴平而不订为上声，把"谊"订为去声而不订为阳平，此外如"驯"读"巡"音而不读"训"音，"憎"读"增"音而不读"赠"音，"懿"读"意"音而不读"夷"音，"诊"读"轸"音而不读"珍"音，也都是依照这个原则，这是值得赞扬的。

审音委员会关于异读词的审音原则有一条说："一个字的读音在北京话里非常通行而不合北京语音的一般发展规律的，这个音还是可以采用，但是同时也要考虑到这个音在北方方言里应用得是否广泛。"这个原则是值得商榷的。既是异读字，可见有一部分人读此音，另一部分人读彼音。读此音的人虽是少数，但是合乎语音发展规律，和全国各方言区域的人加起来还是占多数（如上所述，各地方言与北京话读音是有对应关系的）；读彼音的人虽是多数，但是对全国汉族人民来说还是少数。所谓北方方言里应用得广泛，也是不成其为理由的。姑勿论我们的调查研究还很不够，即使调查清楚了，除北方方言以外，还应该连同西南方言、湘方言、江淮方言、吴方言、闽方言、粤方言、客家方言等一并考虑。这样考虑以后，自然应该以合乎语音发展规律的读法比较便利全国人民的学习，因为便于类推，例如上海"期"字与"其旗棋"等字同音，"帆"字与"凡烦繁"等字同音，类推起来很方便，如果"期"读 qi，"帆"读 fān，学起来就增加负担。更值得注意的是，除特别训练的人以外，一般人都只知道利用类推法，而不会对于每一个字都从字典里寻找它的读音。审音时若不因势利导，势必造成广大人民的自然趋势与字典规定的读法产生矛盾，规定的读法不但不能促进语言的统一，反而起消极妨碍的作用。这是不能不引起严重的注意的。

《新华字典》在这一方面保存了许多又读，人们还有选择的余地。现在要统一语音，就应该特别慎重。能依照语音发展规律，就能照顾全国方言,有助于普通话的推广;如果迁就北京的特殊读音过多,表面上虽然统一了读音,实际上会造成更大的分歧。如上文所说,除了专业人员之外,一般人学习普通话都不是字字查字典的,而是凭着类推法来学习的。我们有必要因势利导,使北京语音系统与各地方音系统尽可能接近,而不是扩大它们之间的分歧。下文我们还将回到这个问题上来。

第二类问题比较复杂,但是主要有三种情况:第一种是异读辨义,第二种是文白异读,第三种是连音变读。群众对异读辨义意见不大,譬如说,还没有听见有人反对"长"字分为 cháng、zhǎng 两音(当然异读辨义也不是完全没有问题,下文再说);连音变读,有些已经由审音委员会处理得很好了,如"法子"的"法"旧读阳平,"法儿"的"法"旧读阴平,现在"法"字一律读为上声;"益处"的"益"旧读阳平,现在一律读为去声。看来最使群众不满的是文白异读。

审订原则里有一条说:"每个词原则上暂订一个音,但是也有少数词保留了两个音,例如:血 xiě、xuè。"真的,作为一个"词"来说,确实只有少数词保留了两个音,但是,作为一个"字"来说,多音字就大量出现了。中国人的习惯是认"字"不认"词"。其实"字"也往往作为词素来用,同词素而读音不同,也是令人感觉不便的,例如"厕所"的"厕"读 cè,"茅厕"的"厕"读 sì,虽然没有产生一词两读的问题,却产生了同一词素而有两种读法的问题,各地的广大群众是很难了解的。《审音表》中有许多"一律",如"学"字一律念 xué,"伐"字一律念 fá,"较"字一律念 jiào 等,又有许多"不取",如"雪白"不取 xuèbái,"刻字"不取 kèzì,"好些个"不取 hǎoxiěge,"更"不取 jing 音等,这些都很受群众欢迎。似乎还可以多搞一些"一律"和"不取",少迁就一些文白异读。在这个问题上,还有一些复杂情况,下文再说。

依照上述的原则来审音,有些北京人会觉得别扭。其实,依照目前审订的读音来说,已经够别扭的了,一个北京人不说 fázi 而说 fǎzi(法子),不说 yihuǐr 而说 yihuìr(一会儿),是会觉得不顺口的,也是不像北京话的。但是,为了全国人民的便利,北京人似乎也可以忍受一点别扭。有些地方也可以变通办理,连音变读虽然不在字典里规定,但是在说话里是容许的。

周定一先生《对〈审音表〉的体会》是一篇有分量的文章,其中有精细的分析和很好的见解。但是他有两个观点是我不敢苟同的:第一,他说:"审音工作如果能够多照顾一些学习普通话的方便,少照顾一点北京地区的特殊说法,这种矛盾现象(按:指一字多音现象)也许可以在语音规范化工作中少出现一些。然而普通话又是以北京语音作标准的,不能因为图省事,不顾北京的实际说法,作些硬性规定。假若那样,推行起来更加困难,等到行不通再走回头路,反而费事。"我的意思是:审音工作正是应该多照顾一些学习普通话的方便,少照顾一点北京话的特殊说法。这样做,不是推行起来更加困难,而是更加容易。如果像目前这样多照顾北京的特殊说法,那么这一方面语音规范化工作就只能停留在纸上,而不容易深入到群众中去。第二,周先生提倡调查方言特别是调查北方话,以改进审音工作。我觉得调查方言固然很重要,但是目前的审音工作也不是不可以改进的,只要有了合理的审音原则,那就可以大大改进。

据周定一先生的统计,审音委员会三次审定的异读词里,有异读的单字约一千零八十个。其实有异读而未经审订的字还很多,如"叉乎宅窄压凸凹"等等,不胜枚举。编字典的人若依目前审音委员会的审音原则,必然更多地迁就北京的特殊读法。所以迫切须要从原则上寻求解决。

二

北京的字音,有些是不合语音发展规律的,但是在北京并没有异读,例如"荣"字本属喻母,依发展的一般规律该读 yóng,而实际读 róng;"入"字本属缉韵,依发展的一般规律该读 rì,而实际读 rù。这些读音都不好更动了,因为既然它们在北京没有异读,原则上我们不应该把北京以外的读音引进北京话里来。另有一些字既不合于语音发展的规律,又不合于传统习惯,于是产生了异读,实际上构成了新旧两读。声调的流动性最大,所以异读常常出现在声调方面。在从前的字典里,常常是两读并列,有时候以旧读为正音,新读为又音;有时候以新读为正音,旧读为又音。正音与又音并没有一定的标准,所以各字典并不一致,例如"虽"字,《国音常用字汇》(1932 年版)以 suī 为正音,以 suí 为又音,而《同音字典》则以 suí 为正音,以 suī 为又音。"储"字,《国音常用字汇》只收 chú 音,不收又音;《新华字典》和《同音字典》以 chǔ 为正音,以 chú 为又音。我们不能说最新出现的又音就是最正确的,例如"谊"字,《国音常用字汇》以 yì 为正音,以 yí 为又音;《同音字典》以 yí 为正音,以 yì 为又音。又如"懿"字,《国音常用字汇》与《同音字典》都以 yì 为正音,以 yí 为又音。yì 是旧读,yí 是新读。审音委员会采用了旧读而扬弃了新读,我以为是完全正确的,因为是合乎一般的语音发展规律的。有些新读,字典还来不及收它们,如"侵"字在最近二十年来有 qǐn 音,而且在北京非常通行,然而它被审音委员会否定了。我也以为它是应该被否定的,因为它是不合乎一般的语音发展规律的。我们从《审音表》上猜得出"侵"字有新读,否则用不着当做异读字来审订了。与"侵"同样情况的还有不少字,例如"违",依《新华字典》等书都没有异读,而审音委员会把它当作异读字来审订,想必又有新读出现了(大概是读 wěi)。审音委员会在这些地方不跟随新读为转移,那是完全正确的,规范化工作正是为了防止读音混乱而进行的。

　　这一类异读的发生,常常是由于一部分人的误读。误读的字往往是文言词语(有些后来进入了口语),其中相当大的一部分是受字形偏旁的影响，所谓"秀才读字读半边"，例如"谊"因"宜"旁而误读"宜"音，"俱"因"具"旁而误读"具"音，"柄"因"丙"旁而误读"丙"音，"擁"因"雍"旁而误读"雍"音（今简化为"拥"），"茗"因"名"旁而误读"名"音，"萎"因"委"旁而误读"委"音，等等。也有作为偏旁的字反而受从此偏旁的字影响的（因前者是较文的字），例如"召"因受"招"的影响而误读"招"音，"乎"因受"呼"的影响而误读"呼"音。又有受偏旁相同的字影响而误读的，例如"暇"因受"霞"的影响而误读"霞"音，"勘"因受"堪"的影响而误读"堪"音。单就北京方言而论，习非成是也是可以承认的。但是要全国各地的人都来"习非"，就应该郑重考虑了。

旧入声字的异读，是一个相当复杂的问题。比较妥当的办法是因势利导，使它们变得比较有规律。审音委员会审音原则有一条说："古代清音入声字在北京话的声调，凡是没有异读的，就采用北京已经通行的读法。凡是有异读的，假若其中有一个是阴平调，原则上采用阴平。"这是很好的办法。我只想补充一点：假若没有阴平调，而其中有一个是上声调，原则上也可以采用上声。清入归上声是《中原音韵》的老规矩，它和全浊入声归阳平、次浊入声归去声都是很有规律的。如果这样考虑，像"室"字既有 shì、shǐ 两读，似乎也可以订为上声。至于"髪"字，《国音常用字汇》和《同音字典》都归上声，似乎更不应该改订为去声。

古代全浊入声在今北京话里多数读阳平。对于异读字，也可以因势利导，使更多的全浊入声字转到阳平里去。依照这个原则来看，《审音表》把"度德量力"的"度"由读 duò 改为读 duó 是改对了，把"突"字由读 tú 改为读 tū，反而不如原来的好。

声母、韵母方面的异读，有关语音发展规律的问题不多，这里不细谈了。总之，只要多照顾发展规律，即多照顾方言与普通话对应规律，就便利广大人民学习普通话。

三

一字多音的问题,一般说来,不是合不合发展规律的异读,而是属于别的性质。

第一种是异读辨义。传统的异读辨义占相当大的数量,例如:

藏　(1)cáng 隐藏;(2)zàng 宝藏。

差　(1)chā 差错;(2)cī 参差。

处　(1)chù 处所;(2)chǔ 处理。

畜　(1)chù 牲畜;(2)xù 畜牧,畜养。

创　(1)chuàng 创造;(2)chuāng 创伤。

从　(1)cóng 从属;(2)cōng 从容。

和　(1)hé 和洽;(2)hè 唱和。

合　(1)hé 分合;(2)gě 十合为升。

间　(1)jiān 中间;(2)jiàn 间接。

笼　(1)lóng 牢笼;(2)lǒng 笼统。

难　(1)nán 困难;(2)nàn 刁难。

屏　(1)píng 屏风;(2)bǐng 屏弃。

强　(1)qiáng 刚强;(2)qiǎng 勉强。

散　(1)sàn 分散;(2)sǎn 懒散,散漫。

省　(1)shěng 行政区域名;(2)xǐng 反省。

校　(1)xiào 学校;(2)jiào 校对。

载　(1)zài 装载;(2)zǎi 一年半载①。

钻　(1)zuān 钻探;(2)zuàn 钻孔。

这是《审音表》所有的;至于《审音表》未列的,还有许多。审音委员会有意删掉许多旧时破读的字,如"文过"的"文"、"声闻"的"闻"、"注疏"的"疏"、"品行"的"行"、"朋比"的"比"、"慰劳"的"劳"、

---

① 《审音表》"记载、登载"的"载"也读 zǎi,则与传统不合。

动词的"枕",都不再读去声,"夭折"的"夭"不再读 yǎo,"暴露"的
"暴"不再读 pù,"口吃"的"吃"不再读 jí。有些字还特别注明不依
旧读,如"惫"不读 bài,"哑然失笑"的"哑"不读 è,"叶公好龙"的
"叶"不读 shè,这些都是大受欢迎的。可惜举棋不定,似乎没有一
定的原则,时而革新,时而保守。至于"数见不鲜"的"数"则在可另
读可不另读之间;"不胜枚举"的"胜"不破读,"数见不鲜"的"数"
反而破读,这也是不合理的。我认为破读的问题也应该从全国方
言的对应来考虑。目前北京有许多字渐渐有人不破读了,例如"适
当"的"当"不读去声,甚至"因为"的"为"、"爱好"的"好"、"射中"
的"中"、"种植"的"种"等也都不读去声,这些与各地方言不对应
的读音就不值得鼓励。异读辨义的词应该区别看待,太文的词可
以不考虑异读,因为各方言区一般人也都不知道异读了;比较常用
的词应该考虑异读,因为各方言区多数还存在着异读。

　　有些异读辨义的词,虽然和古代异读作用不完全一致,只要它
能起辨义作用,仍然可以保留,例如"转变"的"转"读上声,"转圈
儿"的"转"读去声,"打扫"的"扫"读上声,"扫帚"的"扫"读去声,
等等。

　　一般地反对异读辨义,自然也是不应该的。我们不要为汉字
所迷惑,有些两读的字实际上可以认为是两个不同的词。名词
"背"读 bèi,动词"背"读 bēi,这是一字两读;但从前动词的 bēi 写
作"揹","背"和"揹"也就是两个词。副词"只"读 zhǐ,量词"只"读
zhī,这是一字两读;但从前量词 zhī 写作"隻","只"和"隻"也就是
两个词。"相同"的"同"读 tóng,"胡同"的"同"读 tòng,这是一字
两读;但从前"胡同"写作"衚衕","同"和"衚衕"也就是两个词。
"分别"的"别"读 bié,"别扭"的"别"读 biè,这是一字两读;但从前
"别扭"写作"彆扭","别"与"彆扭"也就是两个词。现在字形简化
以后不写成两个字,并不因此就能否认它们是两个词。从这个理
论出发去看《审音表》,有许多两读的字也就不应该反对了,例如:

把　（1）bǎ 把持；（2）bà 柄。

堆　（1）duī 堆积；（2）zuī 归里包堆。

坊　（1）fāng 牌坊；（2）fáng 磨坊，油坊。

个　（1）gè 量词；（2）gě 自个儿。

蓝　（1）lán 蓝色；（2）la（轻声）苤蓝（piělɑ）。

囊　（1）náng 口袋；（2）nāng 囊膪（nāngchuài，猪腹部的肥肉）。

卡　（1）qiǎ 关卡，卡子；（2）kǎ 卡车，卡片。

嵌　（1）qiàn 嵌入；（2）qiǎn 狐嵌（狐皮拼成的皮货）。

煞　（1）shā 煞尾；（2）shà 煞白。

腾　（1）téng 奔腾；（2）tēng 毛毛腾腾。

体　（1）tǐ 身体；（2）tī 体己（也作"梯己"）。

择　（1）zé 选择；（2）zhái 择菜，择不开。

从上面这些例子可以看出，在两读中往往有一读是方言词（北京或北方方言），如"归里包堆、囊膪、毛毛腾腾"等。这些异读对普通话的影响不大，甚至可以不予审订。

普通话吸收方言词，该如何审音，也是一个问题，通常有两个办法：第一个办法尽可能接近方言的原读，例如"里弄"的"弄"依上海音读 lòng，与北京读 nòng 的"弄"形成异读；第二个办法并不能接近方言的原读，只是"对音"，例如"一幢房子"的"幢"，因为上海人读如他们的"撞"字音，于是就订为北京的"撞"字音（zhuàng），这样也与读 chuáng 的"幢"（经幢）形成异读。这两个办法有矛盾。审音委员会似乎因为第一个办法有时办不到（如上海"幢"字读［zaŋ］，北京音系里没有这种音），不得已而采用第二个办法，其实既然北京读"弄"为 nòng，为什么不可以连"里弄"的"弄"也读 nòng 呢？或者反过来，"弄"字一律念 lòng（包括"作弄"的"弄"），也给人们学习普通话的一种便利。"对音"是比较好的办法，例如"圩场"的"圩"，因为粤语读"墟"，就审订为 xū，而不考虑方言原音读[høy]。《审音表》在这个地方就审订得很好。由此类推，"揩油"的"揩"订读为 kāi 而不呆板地依上海音读 kā，是合理的。而"巷道"的"巷"就不必读 hàng。听说这个字音是上海工人带到北京矿井里来的，在普通话里应该可以用对音的方法读 xiàng。总之，少读几个又音就为学习普通话增加几分便利。

地名读音审订原则规定："如果在音系上跟北京音是相当的，一概以北京音为准。"又说："凡地名某字在历史上有某种特殊念法而现在本地音和它相合的，一概'名从主人'，不加改动。"这两个原则都是正确的。但是应用起来还有值得商榷的地方，例如"六安"的"六"读 lù，"百色"的"百"读 bó，凭空多出两个异读字来，使学习普通话的人增加负担。既然北京"六"字念 liù，"百"字念 bǎi，就应该一律以北京音为准。它们在历史上并没有特殊念法；若要仿照方音，那更行不通，例如广西官话"百"字念[poe]，并不念 bó。"名从主人"的原则有时候也可以变通，这次审音，不是"获鹿"已经从 huáilù 改订为 huòlù 了吗?

第二种是文白异读。这个问题比较地难于解决。北京话也和其他许多方言一样，文白异读的字很多。上海"大人"的"大"念[du]（白话），"大衣"的"大"念[da]（文言）；"周家"的"家"念[ka]（白话），"国家"的"家"念[tɕia]（文言），念乱了就闹笑话。所谓文言音（或称读书音）不一定很文，一切都要依照习惯。北京也一样。文言音与白话音似乎都不可少。假如一律用文言音，那么，就太不自然了，太不生动了，不像一种活的语言；假如一律用白话音，往往和各地的方音距离更远，例如"剥"不念 bō 而一律念 bāo，"色"不念 sè 而一律念 shǎi；则普通话变为更难懂些。现在如果要避免异读，只能两个办法都采用：有时候舍文取白，如"摘"本有 zhāi、zhé 二音，现在只读 zhāi，"宅"本有 zhái、zhè 二音，现在只读 zhái；有时候舍白取文，如"学话"的"学"念 xué 不念 xiáo，"尾巴"的"尾"念 wěi 不念 yǐ。审音委员会已经煞费苦心了，但是群众

仍旧不满意,因为文白异读的字实在太多了,再加上异读辨义或连音变读,一个字就可能有三四个音,例如:

塞 (1)sāi 塞住,白话音;(2)sè 闭塞,文言音;(3)sài 边塞,异读辨义。

差 (1)chà 差不多,白话音;(2)chā 差别,文言音;(3)chāi 差使,异读辨义;(4)cī 参差,异读辨义。

嚼 (1)jiáo 嚼碎,白话音;(2)jué 咀嚼,文言音;(3)jiào 倒嚼,异读辨义。

指 (1)zhī 指甲,白话音;(2)zhǐ 手指,指示,文言音;(3)zhí 手指头,连音变读。

骨 (1)gǔ 骨肉,文言音;(2)gú 骨头,条件变读;(3)gū 骨朵,骨碌,同字不同词。

轧 (1)yà 轧棉花,轧马路,这是传统的读法(乌辖切);(2)zhá 轧钢,这是受"札、扎"等字的影响;(3)gá 轧朋友,轧账,这是吴方言的对音。

至于一字两读的情况,那就更多了。严格地从词的观点来看,两读的词如:血(白话 xiě、文言 xuè),谁(白话 shéi、文言 shuí),等,自然不算很多,但是群众习惯于从字的观点来看,两读的字真不少。在许多情况下,字义并无多大分别,而《审音表》上订为两音。"电影片子"的"片"读阴平,"衣裳片子"的"片"读去声;"相片儿、唱片儿、画片儿、影片儿"的"片"读阴平,"相片、唱片、画片、影片"的"片"读去声。这一类的异读,不审倒还罢了,审定以后,成为规范,真如《文字改革》月刊社的短论所说的,对全国学习普通话的人,实在太烦琐,也太困难了。

文白异读是语言中的客观现实,一时不容易加以改变。但是,适当地加以精简,还是可能的。假定"屏弃"的"屏"读 píng,"差不多"的"差"读 chā,似乎未尝不可。《审音表》不是已经把"多好"的"多"由阳平改为阴平了吗?有些异读在群众口语中已经有统一的倾向,更应因势利导,例如"自给、供给"的"给"已经有人念 gěi,就不一定要规定读 jǐ。读 gěi 的字少,读 jǐ 的字多,"给"字一律读 gěi 还有利于分化同音词("自给"不致与"自己"相混)呢。这里不能逐字考虑提出具体建议,只要不过分拘泥北京音,问题是可以顺利地解决的。

第三种是连音变读。大家知道,北京话两个上声字连读的时候,前面的上声字变为阳平。这是带普遍性的连音变读。另外还有不带普遍性然而在某些固定场合也产生连音变读的情况:在去声字的前面的字,不管原来读阴平、上声或去声,都有可能变读阳平,例如"一、七、八、不"等字就是这样("一位"念成 yíwèi,"不要"念成 búyào)。《审音表》并没有为"一、七、八、不"等字审订读音,想必是当作连音变读的情况来处理的。从这个原则出发,像"的确"的"的"、"答应"的"答"等,就不一定要另外规定它们读阳平。至于像"索性"的"索"读上声而不读阳平,"益处"的"益"读去声而不读阳平,这办法倒是可以推广的。在轻音前面的字也有变读阳平的现象,例如"骨头、指头"。这些都不必作出硬性的规定。《审音表》上"法子"的"法"不规定读阳平,这是合理的。

儿化词也往往影响变读,目前还没有研究出个规律来,但变读的现象是明显的,例如"画片"的"片"本读去声,儿化则变读阴平;相反地,"中间"的"间"本读阴平,儿化则变读去声。在这些地方也可以不作硬性规定。这样又可以精简许多异读。《审音表》上"法儿"的"法"不规定读阴平,也是合理的。

附带说一说,字典里最好少收一些方言词(特别是北京方言),同时少收一些儿化词。这也是精简异读的办法之一。

＊　　　　＊　　　　＊

普通话的审音工作,是汉语规范化工作,而不是北京话的客观描写。审音委员会关于异读词的审音原则第三条说:"审音的标准,根据北京音系,可也并不是每一个字都照北京话的读法审订。"

这一个原则非常正确;但是,做起来却不是这样,表现在《审音表》中的,却是大量的北京特殊读法的客观叙述。《文字改革》月刊社的短论说:"字典的注音必须反映客观语音,但是字典的作用不仅仅在于反映客观,它还必须对人们的语言实践(包括读书认字)起指导的作用。为此起见,对于客观上存在的庞杂分歧的读音,分清主次,去粗存精,以利于在全国范围内普及普通话的规范,看来是完全必要的。"我认为这话说得很对。我们热诚地希望审音委员会重新考虑审音原则,更好地完成语音规范化工作。

原载《中国语文》1965 年第 6 期

白话文运动的意义

六十年前的五四运动是一场文化革命运动，是中国反帝反封建的资产阶级民主革命的一种表现形式。白话文运动是五四运动的主要内容之一，因此，我们必须提到反帝反封建的高度来认识白话文运动的深远意义。五四运动所进行的文化革命，是彻底地反对封建文化的运动，自有中国历史以来，还没有过这样伟大而彻底的文化革命。当时以反对旧道德提倡新道德、反对旧文学提倡新文学，为文化革命的两大旗帜，立下了伟大的功劳。反对旧文学，提倡新文学，其中包括反对文言文，提倡白话文。20年代，白话文运动还在继续，共产党的《向导周报》以及各地的进步报纸，共同反对了尊孔读经的封建教育，共同反对了封建古装的旧文学和文言文，提倡以反帝反封建为内容的新文学和白话文。内容决定形式。如果不用白话文，就很难表现反帝反封建的内容。

白话文运动，经过了几次反复。30年代，中国知识分子受西方文化的影响，吸收西方的词汇和语法来写文章，有人反对这种做法，把这种文章叫做"新文言"或"欧化文"。同时提倡"大众语"，发起"大众语"运动。"大众"是人民群众的意思，就是要求用大众听得懂的语言写出大众看得懂的文章。

国民党在它进步的时代，曾经提倡过白话文。国民党的上海《民国日报》曾经发表过提倡白话文的文章。随着国民党的政治腐化，文言文又抬头了。报纸上一律用文言文。文言文也不是那么容易写的。国民党报纸用的是半文不白的文章，既不是古代汉语，也不是现代汉语，而是历史上从来没有存在过的语言，这对语言的发展起了破坏的作用。

第二次国内革命战争时期，中央苏区的报纸是用白话文编写的。解放后，全国报纸都用了白话文，这是社会主义文化的一部分。"五四"时代的白话文运动，到这时才得到了伟大的胜利。但是，要巩固这一战果，我们还应该继续提倡白话文，反对文言文。最近一年来，我接到许多知识青年和中学教师的来信讨论学术问题，其中就有一些人写的是文言信。这些文言信，多数是不文不白，文理不通的。也许他们以为我编过《古代汉语》教科书，一定喜欢文言文，其实学校里开设"古代汉语"一课，目的是提高学生阅读古书的能力，并不是教青年们写文言文。我很怀疑现在有些中学教师就教学生写那种半文不白的文章。毛主席批评过这种半文不白的文章，为什么中学语文教师还要这样做？当然，我相信多数语文教师不是这样做的。

叶圣陶先生曾经建议，把中学的作文课改为"写话"。这不是简单的更改名称的问题。现在一般中学生上作文课，心里想着：我现在是写文章了，不能和平常说话一样，应该多加一些词藻，结果是越写越不好。

另一种不健康的倾向是乱用时髦词语，堆砌成篇，叙事死板贫乏，说理经不起推敲，形成毛主席所反对的"党八股"，一度变本加厉，成为"帮八股"。这些年来这种货色可多了。

毛主席的文章是白话文的典范。他教导我们怎样学好语言：第一，要向人民群众学习语言；第二，要向外国语言中吸收我们所需要的成分；第三，我们还要学习古人语言中有生命的东西。因此，白话文并不完全是日常的谈话，其中还有加工提炼的问题。这和上文所讲的"写话"并不矛盾，因为从外国语言吸收我们所需要的成分，并且学习古人语言中有生命的东西以后，就逐渐成为现代汉语的成分了。

我们要把语言的加工提炼和生造词语区别开来。特别是戏剧中的语言,加工提炼是必要的。加工提炼是选择最生动、最富于表现力的语句,并没有脱离人民群众的语言。

我们要把从外国语言中吸收我们所需要的有益成分,和硬搬或滥用外国语言区别开来。从外国吸收的词汇用开了,很快就成为大众语。无数事实都可以证明,老的外来词语,已经融化在汉语里,谁也不知道是外国来的了,例如"哲学",鸦片战争以前,汉语里没有这个词,日本人把英语的 philosophy 翻译为"哲学",我们就采用了。又如"文学",鸦片战争以前,汉语里虽有这个词,那是文献的意思,直到日本人把英语的 literature 翻译为"文学",我们采用了,才有了新的含义。这种例子多极了。拿现代书报上的文章用语和鸦片战争以前的文章用语相比较,外来的词语恐怕占一半以上,和"五四"时代的文章用语相比较,恐怕也占四分之一以上。谁还能觉察到呢?它们和汉语原有的词汇已经水乳交融了。随着东西文化的交流,外来词语吸收到汉语里,会越来越多。西方成语不断输入,"火中取栗、替罪羊、特洛伊木马"之类已经收进了《现代汉语词典》,我们不能因为提倡白话文或大众语而排斥外来词语,只应该防止吸收外来词语而不善于运用,例如"水平"来自英语的level,level 只有高低之分,没有好坏之分。我们说"产量达到历史上最高水平",那是对的;有时候说成"产量达到历史上最好水平",那就错了。

我们要把学习古人语言中有生命的东西,和写文言文区别开来。现代汉语是从古代汉语发展来的,现代词汇和古代词汇之间,没有明确的界限。有时候,古书中有某一句话或某一个词很有表现力,就是毛主席所说的古人语言中有生命的东西,我们不妨吸收到现代汉语中来,为我所用,例如"实事求是",本来是《汉书·河间献王传》中的一句话,毛主席把它用在《改造我们的学习》里,赋予新的含义,至今成为人民群众的语言。又如"务实"本是很文的话,古人只说"务实",不说"务虚",毛主席反过来说"务虚",赋予新的含义,也就用开了。当然,滥用古语还是应该反对的,特别是要反对半文不白的文章,不让它在我们的报纸杂志上出现。

　　我们提倡的白话文,有极其丰富的内容。白话文运动,实际上就是语音现代化运动。我们不但要求我手写我口,而且要求文章具有科学性和逻辑性。当时两个口号:德先生和赛先生。德先生是德谟克拉西(democracy),即民主;赛先生是赛恩斯(science),即科学。民主是白话文宣传的政治,科学是白话文论述的内容。当时在反对文言文的同时,就反对言之无物。言之无物就是文章缺乏科学性。"五四"时代是这样,在今天更应该是这样。写论文要有坚强的论据,要有归纳,有演绎,有深刻的分析。这就是我们所提倡的现代化语言,典范的白话文。我们说的白话文运动的深远意义,就在于此。

原载《中国语文》1979 年第 3 期

谈词语规范化问题

我们的党和政府非常重视汉语规范化工作。1951年6月6日《人民日报》发表了题为"正确地使用祖国的语言，为语言的纯洁和健康而斗争!"的社论，同一天开始连载发表吕叔湘、朱德熙同志合著的《语法修辞讲话》。1955年召开了现代汉语规范问题学术会议。1956年1月国务院成立了中央推广普通话工作委员会，陈毅副总理任主任委员。三十年来，推广普通话，促进汉语规范化，这方面的工作成绩是很大的。

但是汉语规范化工作做得还不够，还须要大大地努力。规范化有三个方面工作要做:第一是语音规范化，第二是语法规范化，第三是词语规范化。语音规范化工作做得比较好，因为我们在小学里普遍推行了汉语拼音方案，全国青少年从小就学会了普通话的语音;语法规范化工作做得也不错，因为中小学语文教师经常注意纠正少年儿童们的语法错误;词语规范化工作做得比较差，这是由于这方面的工作比较难做，人们不知道哪些是不合规范的，也就无从纠正了。

今天我想谈谈词语规范化的问题。

词语不规范，大约有三方面的原因:古语的原因，方言的原因，外语的原因。

现代汉语是从古代汉语来的，沿用古语，自然是合乎规范的。有时候，词义起了变化，那也是语言的发展，未可厚非，在某种意义上还可以认为是适应思想表达的需要,例如"宣扬"本是广泛宣传的意思,近年来这个词多用于贬义,这样它和"宣传"在词义上有了分工("宣传"多用于褒义)。又如"千方百计",过去多用于贬义,现在用于中性意义,那就扩大了它的用途。又如"以为",过去都当"认为"讲(词典里也是这样解释的)。近年来我注意到,这两个词的用法大有区别:"以为"表示原来以为是这样,但实际情况不是这样("我以为昨天他会来的,可惜他没有来"),"认为"则专用于肯定的论断,那么,"我以为他是好人"和"我认为他是好人",意思就大不相同了。这种区别,在语言应用上大有好处。但是,另有一种情况则是不妥当的,那就是,有些人随便使用文言词语或是保留着古义而现在通用的词语,却又不了解它的原义,以致在用法上和古语的用法相差太远,从而造成了混乱,例如,"不以为然"原来是不认为是对的(认为是不对的)的意思,现在有人把它当做满不在乎的意思来用,甚至报纸上也出现过这样用的例子,那影响就更不好了。造成这种错误的原因,是说话人不懂古汉语里"然"字的意义。《现代汉语词典》"然"字条解释说:"然,对,不错。"举的例子就是"不以为然"。明白了这个道理,就不至于用错了。有些别字也属于这一类,例如现在有人把"启事"误写成"启示"。这是由于不知道"启"和"启事"是什么意思。古人所谓"启"是一种文体。"启事"是陈述事情的书信。后来在报纸上或者其他公共场所发表的类似公开信的文件也叫"启事"。这和"启示"的意义显然大不相同("启示"是启发、指示或指导的意思)。

　　普通话吸收方言词语来丰富自己,这是好的,例如"搞"字来自四川方言(四川读"搅"如"搞"),在普通话里逐渐变为意义范围很广的一个词。叶圣陶先生嫌它用得太滥了,譬如说,"把……搞上去",就不大好,至少意思不清楚,可否换一个说法?总的原则是,普通话已有适当词语表达的概念,就不要用方言来表达了,例如,普通话里有了"自行车",就不必再吸收上海的"脚踏车"或者广州的"单车"。北京土话也是方言的一种,把北京土话写进一般的文章里也是不合规范的,例如,从前北京管肥皂叫"胰子",管火柴叫"洋火"(更早的时候叫"取灯儿"),现在都改过来了。新造的土话更不宜采用,例如:"震了!""盖了!""没治了!"恐怕以不吸收它们进普通话为好。最重要的问题是,某词在现代北方话是这个意思,在南方话是另一个意思,如果两个意思都用,那就乱了,例如"馒头",在现代北方话里指用发面蒸的没有馅的那种食品,在南方某些方言里指有馅的即包子。如果把两种食品都说成"馒头",那就乱了。

五四运动以后,汉语的词语受外语的影响很大。主要不是外语借词,而是吸收外来的概念,例如"文学、艺术、政治、经济"等,是借用旧词,赋予新的涵义;又如"哲学"等,则是意译。借用久了,有些词语的涵义就走了样,例如"摩登(modern)",本是现代的意思,后来词义起了变化,专指时髦。现在好了,"摩登"这个词不怎么用了。又如"问题"在"这件事好办,没有问题"里,"关系"在"没关系,过一会就会好的"里,"问题、关系"都不是外语原来的意思了。这是不足为训的。特别是在今天国际文化交流日益频繁的时代,使用语言最好保持概念的一致性,以免产生误解,例如"水平"只有高低之分,没有好坏之分,我们不能说"历史最好水平"。又如"词汇"是一种语言里所使用的词的总称,一种语言只有一个词汇,我们只能说某一部词典总共收了两万多个词,不能说某一部词典总共收了两万多个词汇。又如,有时候听见"条件十分艰苦"这种说法,我觉得"艰苦"和"条件"似乎搭配不上。又如:"我买不到你的书,希望你帮我解决一套。""解决"这样用也是不合规范的。

半个世纪以来新兴的词语,有些大概也是受外语的影响。这些词语常常被滥用,以致不合规范,例如"进行"《现代汉语词典》说:"注意,'进行'总是用在持续性的和正式、严肃的行为,短暂性和日常生活中的行为不用'进行',例如不说'进行午睡','进行叫喊。'"最近听见一次广播新闻,讲到饲食鸡群时,竟出现了"对小鸡进行喂"的话,那显然是不合规范的。又如"进一步"表示某件事以前做过,现在这件事情的进行在程度上比以前提高了。这样说就增加了语言的严密性。但是不能滥用,例如"贯彻"一词就不该和"进一步"结合,"贯彻"是彻底实现的意思,已经"彻底"了,还能更进一步吗?"加紧、加深"等词,最好也不和"进一步"结合,因为"加"字已经有进一步的意思了。

　　我希望有人继《语法修辞讲话》之后,编写一本《词语规范手册》(最好是两三个人合编或者成立一个编写组)。这对汉语规范化工作,将会有很大的推进作用。

原载《百科知识》1981 年第 12 期

为纯洁祖国的语言而继续努力

同志们：

　　我这个名誉校长就是挂名不做事，所以叫做名誉校长。刚才听了我们的教务长的报告，还有关世雄同志的讲话，了解到我们学校的事情办得很好，我好高兴，我们的学校刚举办一年，就成绩突出，受到社会上的好评，这很不容易。我认为，函授大学比正规大学更不好办，因为函授大学是由各行各业的人集中起来办的，它没有很多专职人员，不像正规大学有教授、副教授、讲师、助教，有很多专职的人员。刚才我问了，我们的函授大学只有九个专职人员。我们有很多事要做，除了函授之外还有面授，我们能够办得像今天这个样子，是很令人满意的。

　　刚才我来开会，看见我们的学员有一部分年岁比较大，五六十岁，后来我问，还有更老的，有八十多岁的学员，这使我非常感动。我觉得，只有我们的社会主义能够有这种现象。我想，我们同志们进这个函授大学并不是为名为利。名，恐怕没有什么可以值得名的；利，也没有，不会因为你进了函授大学，你将来在你单位就提升得快，升得高，恐怕不会是这样，而是纯粹为了求知，为了学好语言文字的本领。这样有利于我们将来的工作，在这点上我感到我们的同学们是很可以敬佩的，我认为，我们学习了逻辑、语言是为了自己能够把文章写好，就是刚才我们教务长和我们校长都讲的，就是实事求是。所谓实事求是，就是学了不是简单的知道逻辑、语言知识,而是拿我们学到的知识去指导实践,我们能够把文章写好。

现在我们的文章,报纸上、杂志上出现的文章,有不少是不符合逻辑、语言的标准的,简单来说,就是常常不合逻辑。常常看到有些文章,它是先有结论,然后再证明,大前提错了,结论当然也跟着错。文章应该着重在归纳,归纳出一个结论来,然后证明,再演绎,这个结论才是可靠的,而现在我们的文章还有很多做不到这一点。从语句来说,问题更多了。语句不合逻辑的在报纸上看见的真不少,我们说语句不合语法,常常是不合逻辑。所谓主谓不合,所谓动宾不合,并不是语法不通,而是逻辑不合。最近我在《人民日报》搞了个“文章病院”,就是希望大家都来指出现在报纸杂志上文章的毛病,主要是语句的毛病,而语句的毛病主要是不合逻辑。“文章病院”在《人民日报》登了一期,底下再要登就登在《新闻战线》上,希望同志们投稿。做好这项工作很重要,这是为了我们祖国的语言纯洁、健康的斗争,这是我们大家的责任。别的没有话说了,祝诸位同志身体健康,工作顺利。

这是作者1983年8月25日在中国逻辑与语言函授大学
第一届学员结业典礼上的讲话,原载《函授通讯特刊》

现代汉语规范问题总论

一、汉语规范化的意义及其在
祖国建设事业中的作用

汉语是汉族人民的语言。斯大林说："共同的语言是民族的特征之一。"①因此，要肯定汉民族，就必须肯定汉民族的共同语言。资产阶级语言学家一方面不得不承认使用汉语的人口在世界上占第一位，另一方面又污蔑我们的民族，他们硬说汉语这个名称指的是许多种互相听不懂的语言合成的语群②。他们否认我们有共同的语言，就等于不承认我们同属于一个民族。这是不能容忍的。事实上，我们有几千年来共同使用的书面语言，它标志着汉族人民的稳定的共同体。再说，像汉族这样一个拥有六亿以上人口的民族，方言较多和分歧较大都是很自然的现象。听懂的程度有高低，

① 斯大林《马克思主义与民族问题》第 7 页，解放社译本。原译文是《共同的语言是民族底一个特征》。
② 柏龙斐尔特《语言论》第 44 页。

这是事实,但是,拿汉语方言互相比较着看,语法基本上是相同的,词汇的差别是不大的,语音又有对应的规律,决不能说是互相听不懂的许多种语言。

在肯定汉民族有共同语言这一件铁一般的事实的同时,我们又必须指出,汉族共同语言的形成还没有走完它的最后阶段。我们还须要在统一的书面语言的基础上建立统一的有声语言(口头语言)。

在社会主义建设的过程中,汉族人民对统一语言的要求是十分迫切的。过去就有这样的事实:高等学校毕业生分配到不同方言的区域去工作,有些人感觉到语言上不习惯,因而常常想念家乡;有些人甚至因为"不懂话"而耽误了事情,结果只好调职。在工厂里,由于各方言区的工人都可能在一起工作,普通话的要求也提到日程上来。在农村里,由于某些领导干部是外省人,农民们也要求学会普通话。至于部队里,士兵来自四面八方,统一语言的重要性就更不用说了。再说,在人民的政权下,每一个人都有可能在全国性的会议上发言,那也非用普通话不可。斯大林对于语言,除了把它认为是人们交际的和交流思想的工具之外,还认为是使人们在一切活动范围中调整其共同工作的工具①。可见如果没有这个交际的工具,就不可能调整我们共同的工作。在日常生活中,由于方言的隔阂,听错了一个字就买错了一样东西,这是相当常见的事。假使这一个被听错的字恰巧是生产事业上最关重要的字,那就势必招致不应有的大损失。这是语言不统一的害处。再从积极方面说,当我们朝着社会主义的大道迈进的时候,我们要采取一切有效的方法来发展生产,社会主义生产离不了集体生活,集体生活离不了共同语言。中国是一个多民族的国家,在建国的共同事业上,也应该有一种民族间共同使用的语言,因此,新中国人民对统

---

① 斯大林《马克思主义与语言学问题》第35页,人民出版社译本。

一语言的要求是完全正确的。

在中国共产党的正确领导下,我们正在展开汉语规范化运动。所谓规范化,就是要求民族共同语更加明确,更加一致。过去我们对书面语言只要求看得懂就算了,对有声语言只要求听得懂就算了,现在看得懂听得懂还不算,我们还要求汉语有一定的规范。规范化了的汉民族共同语,也就是汉民族的普通话。

表面上看来,汉族共同语言的形成还没有走完它的最后阶段,我们就忙着搞规范化的工作,好像是冒进了一点。实际上我们正是应该这样做,因为汉语如果有了一定的规范,就更能促使汉族共同语言加快地完成它的最后阶段。由于全国人民的空前团结,由于全国文化经济的突飞猛进,全国方言已经逐渐向首都话集中。汉语规范化工作不是妨碍它们集中,而是帮助它们集中,因为明确的、一致的规范正是高度集中的表现。

在汉语规范化运动中,我们可能有一些思想障碍。现在举出几种比较普通的思想障碍来谈一谈:

第一种思想障碍是怕吃亏。一个广东小孩说:"为什么不要北京人学广东话,而要广东人学北京话呢?"这个小孩心直口快,说出了他的真心话。实际上有不少的人也这样想,以为推广普通话是北方人上算,特别是北京人上算,南方人吃亏。同时,的确也有一种语法学家强调不折不扣的北京话,更令人对普通话望而生畏。我们认为普通话应该是一种规范化了的文学语言,因此它不可能是不折不扣的北京话。如果把地方色彩很重的北京土话当做普通话,那就犯了语言上的自然主义的错误了。但是,普通话也不可能是凭空杜撰出来的,必须有一种活生生的方言作为基础。从政治、经济、文化各方面的条件来说,北方话都足够具备基础方言的资格,而北方话则以北京话为代表。事实上汉民族共同语的形成也已经走上了这一条道路。除非我们不要求语言统一,否则各地的方言必须向首都话看齐。这上头没有吃亏不吃亏的问题,有的只是要不要统一语言的问题。

第二种思想障碍是怕行不通。怀着这种思想的人们错误地以以为将来会用强迫命令的方式来实行汉语规范化的工作。其实这种顾虑是多余的。所谓规范化,决不是强迫人们说话都死板地遵守一定的格式,错了要处罚;它只是采取潜移默化的方式,通过学校教育,通过广播、话剧、电影来扩大影响,逐渐收到规范化的效果。拿书面语言来说,也应该只要求某些书籍、报纸、杂志在语言的运用上起示范作用,并不能限制每一个写文章的人非依照这个格式不可。总之,我们必须把标准和要求区别开来。把全体汉族人民的语言训练得一模一样,那不但不可能,而且不必要。但是,我们的共同语言必须有一个明确的规范,使人民大众有所遵循。随着政治、经济、文化的发展,交通一天比一天便利,地域的限制一天比一天减少,语言的统一是完全可能的。汉语规范化的工作,不是由少数人主观地规定某些格式,而是有计划地循着语言发展的内部规律来引导汉语走上统一的道路,那是绝对行得通的。

第三种思想障碍是怕妨碍语言的发展。这种顾虑也是多余的。本来语言自身就有它的约束性。全社会是这样说,你就不能不这样说,否则你的话就得不到别人的了解,丧失了交际工具的作用。赵高曾经指鹿为马,但是直到今天,鹿还是鹿,马还是马。这种社会约束性也就是天然的规范。同时,世界上一切事物都是发展的,语言也不能是例外;社会的约束决不能妨碍语言的发展。上古时代汉族人民把鸭子叫做“鹜”。当时假使有人说成了“鸭子”,当然大家都不懂他;但是,随着社会的发展,汉语由于某种原因(例如吸收方言或外来语),终于不能不让“鹜”变成了“鸭子”。语言是稳固的,同时又是发展的,这是马克思主义语言学对于语言的辩证看法。片面地一口咬定语言的稳固性,否定了它的发展,那当然是不对的;但是,如果只看见语言的可变性,因而否定了它的规范,不注重语言的纯洁和健康,那同样也是错误的。文学语言是和方言、俗话对立的;但是它又不断地吸收方言、俗话来丰富自己。这又是矛盾的统一。中国历代的语言巨匠们曾经创造性地运用明确的、生动的、典型的语言手段来丰富并且发展了我们的语言;但是,我们必须把语言巨匠们对语言的丰富和发展所作出的贡献,和不受约束的无缰之马在语言使用上的捣乱行为严格地区别开来。我们不能容许借口关心语言的发展来反对语言的规范化。

上面说过,目前由于全国人民空前的团结,加上政治、经济、文化的因素,各地的方言正在以空前的速度汇合起来。在这种情况下,汉语规范化的工作比任何时期都显得更重要,因为在各地的语音、词汇、语法碰在一起的时候,我们不能让它们"自由竞争",看它们"优胜劣败";我们应该适当地加以引导,使它们能够按照语言发展的内部规律来发展。我们对于语言的发展,决不是无能为力的。

总之,我们必须认识语言的统一对祖国建设事业的巨大作用;同时,我们又必须认识语言的规范化能够促成语言的统一。汉语规范化的工作是六亿人民当中每一个人都可以贡献力量的工作;全国人民应该用大力来支持这一个工作。

参考资料

王 力《论汉族标准语》,《中国语文》1954 年 6 月号。

周祖谟《根据斯大林的学说论汉语标准语和方言问题》,同上。

二、普通话的标准在哪里

现在政府已经确定普通话的标准,那就是以北京语音为标准音,以北方话为基础方言,以典范的现代白话文著作为语法规范。但是,在起初的时候,并不是没有争论的。把争论的经过加以叙述,对于汉语规范化的意义的深入了解,是有很大的好处的。

在过去,我们有过"普通话"和"北京话"的论争。当时主张以"普通话"为标准语的人,他们所谓普通话并不是今天我们所谓普通话。他们所谓普通话,指的是五方杂处的城市自然形成的一种互相听得懂的语言。当时主张以北京话为标准语的人,也有走极端的,那就是不折不扣的北京土话。

主张拿北京话做标准语的同志援引斯大林的学说,以为民族共同语的形成必须以一种方言为基础,而且:北京是全国政治、经济、文化的中心;北京话实际上已经在广大范围内使用;北京话拥有优秀的文学作品。主张采用北京话的人们还以为只有活生生的具体语言才能作为标准语的基础,过去民国初年注音字母的失败可以作为前车之鉴。最初的注音字母采用了南北调和的办法,在北京语音的基础上加上了吴语所具有的万、广、兀三个字母和入声,同时不承认北京的さ母(さ是后来才从ご分出来的)。当时就有人指出:那样做去,结果是找不到一个合格的"国语"教员!

主张拿"普通话"做标准的理由是:能说北京话的人不多,能说"普通话"的人却很多,不应该强迫五亿多的人民学习北京几百万人民的语言,应该重视多数人的利益,而且白话文都是用普通话写的,连文学作品也只有少数是用纯粹的北京话写的。

坚持着这两种主张的人都是把问题绝对化了。这里有两个极端:一个极端是不折不扣的北京话;另一个极端是听得懂就算了的蓝青官话。前者做不了标准,因为全国人学不来;后者也做不得标准,因为它本身就没有一个标准。

有些同志强调从发展上看问题,但也有两种不同的看法:第一种看法是:"普通话"诚然是多种多样,但是有一个共同的趋势就是向北京话看齐。不要把普通话看成固定的东西,要看到它的发展的一面,那就是逐步接近北京话。第二种看法是:由于北京人口的急剧增加,北京话势必不能保持原来的样子。北京话的演变不是跟着北京出生的人变的,而是跟着不会说北京话的人们变的。我们认为这两种看法都有理由,也并不矛盾。北京话会因为北京人口增加而有一些变化,但是不会根本改变北京话的面貌;同时,"普通话"除非没有一定的方向集中，否则只有向北京话集中。

1955 年 10 月召开的全国文字改革会议和现代汉语规范学术会议正确地解决了汉族标准语的问题。"普通话"这一个名称是可以沿用下去的，不过应该回到它的原始意义去了解它。远在二千年前，扬雄所著的《方言》里就有所谓"通语"。"通语"是指全国通行的语言，等于今天所谓民族共同语。普通话的原始意义也就是通语，即汉民族共同语。汉民族共同语不能狭隘地了解为北京土话。民族共同语应该以一个地域方言为基础，不应该以一个地点方言为基础，因此普通话应该以北方话为基础方言，不应该以北京话为基础方言。普通话的词汇应该以整个北方地区通行的词汇为标准，不应该狭隘地以北京土话的词汇为标准。这就是说，北京地方色彩极浓的俚语是不能算在普通话词汇之内的。至于语法，更应该以地域方言为标准，因为地点方言不可能有自己的语法。

惟有语音不能不以地点方言为标准，因为在一个地域方言当中，各个地点方言的语音分歧还是相当大的，例如天津的语音系统就不同于北京的语音系统。如果不规定一个地点方言作为标准，就会令人无所遵循。

文字改革会议提出普通话以北方话为基础方言，以北京语音为标准音；这是斟酌尽善的决议，是值得我们拥护的。后来在 1956 年 2 月国务院关于推广普通话的指示里再加上一句"以典范的现代白话文著作为语法规范"，那只是一个补充，而不是修正。现代白话著作实际上就是用以北方话为基础方言的普通话写出来的；不过，如果以典范的作品作为语法规范，就更能保持汉语文学语言的纯洁和健康。

确定了普通话的标准以后，汉语规范化工作可以说是刚刚开始，今后还有许多关于这一方面的工作需要我们努力去做。

虽然确定了以北京语音为标准音，但是有许多字在北京人口里读音就不一致，例如"波"字有人说成 bō，有人说成 pō，这是声母的分歧；"嫩"字有人说成 nèn，有人说成 nùn，这是韵母的分歧；"教室"的"室"有人说成 shì，有人说成 shǐ，这是声调的分歧。我们就必须定出一个标准来，然后能达到语音规范化的目的。

语法方面问题较小，但也不是没有问题。举例来说，在北京话里，本来"咱们"和"我们"的界限是很清楚的，现在"我们"渐渐有代替"咱们"的趋势，我们在普通话里还用不用"咱们"？如果用"咱们"，是不是还照原来那样把"我们"限用于排除式（"你"不在内）？又如"您"字用不用？如果用了，是否容许人家由"你们"类推说成"您们"①？连词"如果"的用途要不要扩大到像西洋语言那样？举例来说，像"如果说去年我们犯了冒进的错误，今年我们却是太保守了"这种话，我们该不该承认它合于规范？又如"除非大家同意，才能作出决定"，和"除非大家同意，不能作出决定"，哪一种说法算是合于语法呢？还有，像"难免要犯错误"和"难免不犯错误"，哪一种说法算是正确的呢？

词汇方面的分歧是很厉害的。一方面，我们要避免方言词汇，例如上海的"自来火"（火柴），广州的"番枧"（肥皂）等，另一方面，我们也要避免北京土话，例如"取灯儿"（火柴，现已罕用），"卧果儿"（水煮鸡蛋）等。实际上，北京土话也是方言之一种，普通话的基础方言是北方话，不是北京话，因此，要在北方地区广泛通行的词汇才算是普通话的词汇。但是，按照这个标准来说，有些同义词的选择也还是不容易决定的，例如"洋火"和"火柴"、"胰子"和"肥皂"，就颇难判断优劣。当然我们不是要消灭一切的同义词，特别是意义不完全相同的"同义词"不应该消灭，因为它们可以丰富汉语的词汇。但是，完全同义的词太多了实在毫无好处，徒然增加汉语的负担。举例来说，"礼拜"和"星期"，"教室、课室"和"课堂"，"词汇"和"语汇"，"文法"和"语法"，"讲演"和"演讲"，"代替"和

---

① 北京话只有"您"，没有"您们"。

"替代","唯物论"和"唯物主义",这些重复的现象就必须避免。

我们决不能犯自然主义的错误,也不能说"存在的就是合法的";我们要为汉语规范化而斗争。普通话审音委员会已经成立,并已发表了《普通话异读词审音表初稿》;将来政府还将采取各种步骤,例如通过词典和语法书,来定出现代汉语的词汇规范和语法规范。我们每一个汉族人民都应该拥护这一系列的措施。

这是王力先生 1955 年为北京大学中文系语言专门化同学所开"现代汉语规范问题"课程的讲义,原载《语言学论丛》第 3 辑,1958 年

现代汉语语音规范问题

一、语音规范的可能性和各地方音
向北京音集中的道路

汉语方言是复杂的。但是，就全国范围来说，哪一种汉语方言具有最大的普遍性呢？应该肯定地说：是北京话。在语音方面特别显得突出；北京的语音系统是全民族所最容易接受的语音系统。

官话系是全国占有人口最多的方言区域，估计人口将近在四亿以上。在官话系里，北京音系不是地方色彩很浓、不容易为别的官话区所接受的一种音系。拿官话区十七个大城市（北京、太原、呼和浩特、包头、西安、兰州、沈阳、长春、济南、开封、南京、武汉、重庆、成都、昆明、贵阳、桂林）来说，在绝大多数语音现象上，北京音总是跟大多数城市的语音相同的①，例如"女"和"你"、"云"和

---

① 根据陆志韦先生的说法。

"寅",有的地点方言读来是同音的,有的不同音,在昆明、贵阳同音,在北京和其他十四个城市都不同音。"税"和"费"、"书"和"夫"在西安、兰州同音,在北京和其他十四个城市都不同音。当然也有分别不那么显著的,例如北京"南"和"蓝"、"年"和"连"不同音,其他十六处有六处同音,有一处"年、连"不同音,而"南、蓝"同音(成都),只有九处"年"和"连"、"南"和"蓝"都不同音。但是九比六毕竟是多数。北京音的特殊性在官话区是特别少的。

另外有一些情况似乎在官话区不算很普遍,但是就全民族来说它们还是普遍的,例如"明"和"民"、"征"和"真"的分别在官话区里可能占比较少数,但是这种分别得到粤语和闽南话的支持。因此,就全国范围来说,它仍旧是有广大的群众基础的。

＊   ＊   ＊

各地的方音怎样向北京音集中呢? 主要是要做到掌握各地方音和北京音之间的对应规律:具体说起来,首先是要弄清楚"分"和"合"的对应。所谓分,是北京分为两音(两个语音系统),而某些方言合为一音。所谓合,是北京合为一音(一个语音系统),而某些方言分为两音。"合"是比较容易做到的,"分"是比较难做到的。在本节里,我们把应分应合的地方都择要地谈一谈。

(1)清浊音问题。学习北京语的时候,在清浊音问题上遭遇最大困难的是吴方言区的人。其实这种困难很容易解决:只要先辨别什么是浊音,然后极力避免浊音,问题就解决了。北京话里也不是完全没有浊音,它有[m][n][l]和[ʐ];但是它没有[b][d][g][v][z]等。吴方言区的人只要把仄声字(上、去、入三声的字)里面的浊音字并入清音,把平声字里面的浊音字念成清音升调,就行了。

(2)[ts-][tʂ-]问题。这不但是吴方言区的人所遭遇的困难,而且是许多官话区,甚至其他方言区所遭遇的困难。要辨别这两套字,最可靠的办法是了解它们的历史来源。它们来自四个系统:

知系(知、彻、澄三母);照系(照、穿、神、审、禅五母);庄系(庄、初、床、山四母);精系(精、清、从、心、邪五母)。一般说来,知照两系念[tʂ-],精系念[ts-],庄系多数念[tʂ-],少数念[ts-]。

(3) [m-][v-][w-]问题。它们的来源是明、微、喻、疑四母。现代北京音没有[v-]。吴方言区的人的困难是不能避免这个[v-],粤方言区的人的困难是[m-][w-]不分。

(4) [l-][n-]问题。它们的来源是来、泥两母。四川、湖北、湖南、安徽等省的人辨别它们有困难。个别城市如南京、广州等也有困难。

(5) 开齐合撮问题。一部分古齐齿字,粤方言、闽北、闽南读齐齿,而在北京读开口呼(如"陈、成、善、照、州");客家、某些地点也有这种情况。反过来说,一部分古合口字,吴方言和一部分官话区读开口呼,而在北京仍读合口(如"村、最、堆")。古撮口字,在今北京音系里,除[tʂ-][tʂ'-][ʂ-][ʐ-]的字变为合口呼外,其余都保存着撮口呼。官话区的云南和贵州、客家话、广西南部的粤方言等都没有撮口呼,它们多数被并入齐齿呼去了。

(6) [-n][-ŋ]的问题。在北京话里,[iŋ]和[in]、[əŋ]和[ən]是有分别的。上文说过,这种区别是和粤方言、闽南方言相一致的。现在补充说一说,它和古音系统也是一致的。但是,西南官话、吴方言、闽北方言、客家方言在这一点上和北京音是不一致的;它们不能把[iŋ]和[in]、[əŋ]和[ən]区别开来。[aŋ]和[an]的分别是比较普遍了。但是,闽北方言、潮汕方言、湖南和安徽一部分方言、云南方言(昆明一带)也还是分不清楚。

(7) 入声问题。北京话没有入声。有入声的方言区域的人常常把入声带到"普通话"里来,特别是吴方言区的人是如此。

所谓各地方音向北京音集中,就是减少各地方音的特点。每一个方言区域都有它的特殊的语音系统。学习普通话的人最好是了解自己的语音系统和北京的语音系统的异同,掌握它们之间的对应规律,这样就可以用类推的方法,很快地学好普通话。

参考资料

中国文字改革研究委员会编《全国主要方言区方音对照表》。

王　力《汉语讲话》第二章第三节。

二、语音规范的根据

　　全国文字改革会议和现代汉语规范问题学术会议都确定了以北京语音为标准音。现在我们要更深入地研究这个标准音的涵义。

　　我们认为现代汉语语音的规范应该以北京话的整个音位系统为根据;增加或减少都是不妥当的。

　　什么是音位呢? 音位是语言系统中的语音单位。这些语音单位是辨别意义的,不是由生理学或物理学的现象来决定的。譬如同一个人说同一个字,说了两次,如果用实验仪器来实验,前后决不能完全相同,但是它是一个语音单位。又如"谈、天"两个字里都有一个[t'],它们的发音部位可能不同,但是它们在北京话里是同一类型的,所以它们是同一音位。

　　在甲方言里可以认为同一音位的东西,在乙方言里不一定可以认为同一音位。那要看它是辨义的还是不辨义的,例如长沙的[n]和[l]可以认为同一音位,而北京的[n]和[l]不可以认为同一音位。上海的[in]和[iŋ]可以认为同一音位,而北京的[in]和[iŋ]不能认为同一音位。拿语言来说也是一样:俄语的этот和эти里面的э虽然有开口闭口的分别,不构成两个不同的音位,但是法语的开口è和闭口é构成两个不同的音位(et∶est)。

　　下面举一些北京话里的例子:

　　(1)"忧"和"有"。北京的 iou 韵,用国际音标注起来,应该有两个音:平声字念[iu](忧、刘),仄声字念[iou](有、柳、救)。但是它们只算一个音位,因为平声有了[iu]就没有[iou],仄声有了[iou]就没有[iu]。它们二者之间的区别不是辨义的。

(2)"催追"和"归回"。北京的 uei 韵,用国际音标注起来,应该有两个音:在舌齿音后面念[ui](堆、追、催),在舌根音后面或没有声母时念[uəi](归、回、为)。但它们只是一个音位。

(3)"村豚"和"昏魂"。北京的 uen 韵,用国际音标注起来,应该有两个音:在舌齿音后面念[un](村、尊、吞、屯、伦),在舌根音后面或没有声母时念[uən](昆、昏、魂、文)。但它们是同一音位。

(4)"烟"和"渊"。汉语拼音方案把"烟"拼成 ian,"渊"拼成 üan,它们是同韵字。如果用国际音标,则"烟"是[iɛn],"渊"是[yan]。汉语拼音方案的拼音是合于音位原则的。

(5)"儿"和"二"。"儿"和"二"一向被认为同音不同调,依音位学看来,那完全是正确的。至于实际读音,平声往往部位较高,仄声往往部位较低,那是不影响音位的。

从音位学上可以看出我们对现代汉语语音规范的要求。凡是在北京语的音位系统上不起辨义作用的,我们的标准从宽,例如"有"念[iu],"催"念[tsʻiəi],"昆"念[kʻun],"袁"念[yɛn],"儿"念[ɐɹ]等,都不算错;又如"保"念[pɔ],"小"念[siɔ],"高"念[kau]等,也都不算错。反过来说,凡是在北京话的音位系统上起辨义作用的,我们的标准必须从严,例如"潮"不能读如"桥","了"不能读如"柳","绥"不能读如"塞"(口语音),"准"不能读如"枕","唇"不能读如"陈","乱"不能读如"烂","难"不能读如"兰","影"不能读如"引","政"不能读如"震","荒"不能读如"方","年"不能读如"连"或"娘","图"不能读如"桃"或"头","过渡"不能读成"过道"或"过豆"。为什么呢?因为混进另一个音位系统去了。

所谓辨义的,粗浅地说,就是在字音上有分别的。如果念得不准,而不至于打乱北京话的音位系统的,就不必要求过高。如果由北京人听来觉得你念到另一个字音去了,那就算是打乱北京话的音位系统了。

这次文改会议和规范会议中,个别代表提出要在标准音中增加入声和尖团音的分别;相反地,也有个别代表希望标准音中不要有声调的分别。这些增减北京音位系统的办法都是不妥当的。

三、学习普通话的主要困难及其克服的方法

从前有人以为普通话就是南腔北调的话,所以不注意语音的规范。现在既然提出了以北京语音为标准音,就不能不讲规范了。正如上节所说的,我们必须以北京的整个音位系统为标准。

学习北京的语音,主要的困难是什么呢?像上节所谈到的,"知"系字和"资"系字的分别、[n]和[l]的分别、[in]和[iŋ]的分别、[ən]和[əŋ]的分别等,对于某些方言地区来说,的确是很大的困难了。但是它们还不算最大的困难,因为:这些分别是有历史根源的;从另一些方言地区来看,还是找得出对应规律的。

最大的困难是下列的三件事:

1.儿化的不规则;

2.轻音的不规则;

3.入声转化的不规则。

现在分别讨论。

北京话儿化韵母的变音规则并不难于掌握。困难不在于变音的规则,而在于确定哪些词应当儿化,哪些词不能儿化。一般说来,小的东西往往儿化(小猫儿、小狗儿、小鸡儿、小孩儿、小人儿);但是儿化的可不都是小的东西(花儿、心儿、摊儿、工资分儿)。有人从爱和憎看"儿"和"子"的分别(老头儿、老头子),但也不能处处讲得通(好房子、白面儿)。总之直到现在为止,还没有人能找出北京话里儿化韵母的规律来。

北京的声调里有变调,那是不难掌握的。惟有轻音难于掌握。

和儿化一样,轻音的困难不在于如何读出轻音,而在于要知道在什么条件之下读轻音。一般说来,词尾总是读轻音(他们、那么、桌子、椅子、木头、说着话、吃了饭、试试、尝尝、走出来);但是读轻音的可不都是词尾(西瓜、棉花、丁香、暖和、计划)。就拿词尾"头"字来说,也有例外:"石头、馒头"的"头"是轻的,"窝窝头、砖头"的"头"是重的。总之,北京话里的轻声也没有普遍的规律可寻。

古代的入声字,到了现代北京话里,分别转入了阴平、阳平、上声和去声。关于古浊音入声字,大致有规律可寻:全浊字转入阳平(集、合、毒、夺、极、浊、俗)①;次浊字转入去声(翼、育、物、莫、麦、乐、历、若、溺)。至于古清音入声字就没有什么规律了②(割麦子、及格、一合儿米、各有主意;吃、尺、赤;揖、乙、益;织、质、炙)。

面对这些困难,我们该怎么办呢?

汉语规范化工作还只是一个开端,我们还不知道将来具体的规范是怎样的。现在只凭我们的初步意见来谈一谈。

第一,对于儿化和轻音的困难,我们认为牵涉到词汇方面的问题。儿化怎么个化法,轻音怎么个轻法,儿化和轻音引起哪些元音变化,那自然是语音方面的问题。但是,主要困难不在于这一方面,而在于哪些词应当儿化,哪些词包含轻音,这就牵涉到词汇方面了。

既然问题在词汇方面,词汇是以北方话为基础的,而不是以北京语音为标准的,那就好办了。我们以为儿化和轻音的选择,都应该根据规律性和普遍性这两个原则。所谓规律性,是指有规律可寻的东西,例如儿化表示小的意义,轻音表示词尾。所谓普遍性,是指官话区乃至全国都通行的,如"小孩儿、玩艺儿、老头儿、清楚、明白"等。

---

① 也不是没有例外,譬如"属蜀"(上声)、"术秩"(去声)等。

② 阴平和去声多些,阳平较少,上声更少。有人以为不吐气的清入变阳平,吐气和摩擦的清入变去声,那种说法是靠不住的。

　　有人以为北京的儿化韵如果是能分辨词义的,就应该保留,例如"后门"(地安门),"后门儿";"小人"(君子小人),"小人儿";"面","面儿"(药面儿、胡椒面儿);"白面","白面儿"(海洛英)等。这种见解也只有片面的理由。既然是词汇问题,就可以个别处理。不一定每一个词都非用北京土话不可(例如可以说"药粉"来替代"药面儿"),而且有些分别是带地方性的(如"后门");另有些分别可以说已经过时了(如"白面儿")。

　　关于词尾"儿"字,大致可以拿书面语言做标准;凡书面语言中不出现的"儿"字,也就可以认为不是规范语言所要求的词尾。

　　这样看待儿化和轻音,一方面可以避免许多困难,另一方面也并没有破坏北京的音位系统,因为我们并不否认普通话中儿化和轻音的存在。

　　现在说到入声字的问题。这个问题跟儿化问题和轻音问题都不同;这不是词汇方面的问题,而是语音系统的问题。语音系统不能轻易加以改变,譬如说,我们满可以把一切古代入声字都规定念阳平,这样既和西南官话相一致,也使保存着入声的方言区域的人们容易找到整齐的对应规律;但是这么一来,北方话(特别是北京话)的音位系统却被打乱了。譬如说,北京话那些来自入声的去声字得改念阳平,在北京人看来,那也是没有规律可寻的。拿次浊入声字来说,在北京话里转入去声本来是很有系统的演变,现在假如改为阳平,姓陆变了姓卢,姓骆变了姓罗,那就不对了。

　　我们的意思是不要打乱北京的声调系统。在保留着入声的方言区域的人学习普通话的时候,可以先掌握全浊变阳平、次浊变去声的规律,然后对清音入声字个别处理,也就不至于太难。至于有少数入声字在北京话里有两种读法(如"教室、理发"),那就和其他非入声字的又读一样,应该加以规范,不在本问题之内了。

参考资料

陆志韦《关于北京话语音系统的一些问题》,《现代汉语规范问题学术会议文件汇编》,科学出版社。

四、语音规范和拼音文字

汉民族如果没有在口头上统一的语言,就不可能实现拼音文字。当然,也不一定要等到语言完全统一才实行拼音文字,世界上许多方言相当复杂的国家也早已实行拼音文字了;但是人家的方言到底没有汉族的方言这样复杂(主要是因为汉族人多)。我们至少要做到全汉族大多数人民都听得懂普通话,然后在推行拼音文字的时候不至于遭遇很大的困难。

现在我们所要推广的普通话已经肯定以北京语音为标准音了;但是,要不要在文字上适当地照顾方言呢?譬如说,在读音上不要求入声,在文字形式上有入声,是不是可行呢?我们以为那样徒然增加学习文字的困难,因为在没有入声的地方,硬要分出入声来是困难的。至于北京能分别而别处没有分别的语音,也不应该迁就方言而破坏北京的音位系统,这一点在上文已经讲过了。

有人主张在文字上适当地照顾方言,理由不是要迁就方言,而是要分化同音词。汉语同音词比起同音字来固然少得多,但是比起西洋语言来,还嫌太多了些。单靠上下文去猜,不是很方便的办法。如果在某些情况下按照方言来拼写,就可以减少一些同音词。按照方音系统也就是按照古音系统,因为方音是从古音发展来的。

主张在文字上系统地分辨入声的人很少,但是主张在文字上系统地分辨尖团音的人却很多。什么是尖团音呢?尖音指的是 z、c、s 后面加韵头 i 或 ü;团音指的是 j、q、x 后面加韵头 i 或 ü。尖音在古代属精系字,原来就念 z、c、s;团音在古代属见系字,原来的读音是 k、k'、h。现在某些方言还保存着尖团音的分别(如吴方言),但是现代北京话里却有团无尖。主张系统地分别尖团的人也可以细分为三派:第一派主张从实际读音上分别;第二派主张能分则分,不能分则不分,随着方言的不同而灵活应用;第三派主张读音上不分,字形上予以分别,这样在分化同音词上可以多一种分化手段。第三派的人比较多些。

我们的意见是:既然肯定北京语音为标准音,就不应该在北京音位系统之外强生分别。如果那样做,使北京人遭遇语音分别上的困难,就违反了以北京语音为标准音的原则。再说,依照中国科学院语言研究所的统计材料,官话区方言不分尖团者占 79.7%,分尖团者占 20.3%,按照以北方话为基础的原则①,也是不应该分别尖团的。

除了尖团音问题之外,从音位观点上来看拼音文字,还引起一些问题。现在分别加以讨论:

第一是儿化词的写法问题。我们知道,儿尾前面的韵母如果本来是带 n 尾和 i 尾的,儿化以后,n 尾和 i 尾就消失了。在拼音文字里,对于儿化韵,该不该照实际情况写下来呢? 换句话说,应该把"盘儿"写成 par 呢,还是写成 panr 呢? 我们认为应该写成-anr、-ianr、-uanr、-enr、-inr 等,因为:这些词的词根本来有 n 尾,我们不必把变音表现在字形上,这和上声变阳平的情形之下不该写成阳平是一样的道理;如果照变音写出,势必增加一些同形词(如"今儿"和"鸡儿"同形),在字形辨认上会增加一些困难。变音的问题应该留在正音法里解决,不应该在字形上解决。

第二是帀(国际音标[ʅ][ɿ])要不要在字形上表示的问题。依照注音字母和拉丁化新文字的拼音方式,对于"知痴诗日资雌思"这七个音节都是不标韵母的,理由是这种韵母实际上是和声母同部位的,念声母时同时带有韵母,所以没有另标韵母的必要。我们认为只要实际上有元音存在,就必须标出,否则不合拼音文字的

---

① 这里所谓北方话指的方言分类上的北方话,实际上包括西南官话等。

原则(有元音然后能拼出音节),而变成音节文字了。

第三是唇音加-eng 韵的写法问题。在北京话里,唇音声母后面没有-ong(即 ung),只有-eng(甭 beng 捧 peng 梦 meng 风 feng)。这是异化作用所形成的。从音位观点上看,似乎可以在字形上写作 bong,pong,mong,fong 等,这样可以照顾到各地方言的一致性。但是,这个问题相当复杂:北京唇音后的 eng 共有两个来源:一个来自中古的 eng(朋、碰、猛、孟);另一个来自中古的 ung(蓬、捧、蒙、梦、风、奉),因此,唇音后的 eng 不应该一律看做 ong 的变音。再说,在许多方言里,"朋、碰、猛、孟"等字并不念入 ung 韵。因此,北京的唇音后的 eng 仍以写成 eng 为较妥①。

第四是 uo 韵的写法问题。北京话里没有真正单纯的 o 音,别的方言里的 o,在北京都变了 uo②。在唇音后面的时候(波、莫),韵头 u 不很明显;在舌齿音后面的时候(多、错)韵头 u 就很明显了。这些字大多数来自开口呼(波、莫、多、错)和齐齿呼(酌、绰),从音位观点上看,似乎可以在字形上用单纯的 o 来表示,这样可以照顾多数方言。但是,这个问题是和上面所讨论的唇音后的-eng 的问题性质差不多的。北京的 uo 有两个来源:一个来自开口呼和齐齿呼(例见上),另一个来自合口呼(过、阔、货)和撮口呼(说、辍)。如果一律写作 o,也就不能完全照顾方言,而且违反了历史主义。如果有些写作 o,有些写作 uo,那又破坏了北京的音位系统。因此,还是一律写作 uo 较妥。

为了分化同音词(食油、石油),有人主张要"定型字"。定型的意思是每一个词都用固定的形式来表示(如"在"zai,"再"zaai)。定型字不应该认为破坏音位系统,只能认为一种特殊写法。特殊写法不宜太多,否则学习上有困难。目前我们还没有肯定应该有多少定型字,但是特殊写法在原则上是可以承认的。

---

① 如果于"风梦"等字写作-ong,"朋孟"等字写作-eng,那又破坏了北京的音位系统。

② 严格地说也不是 uo 而是[uɤ]。

汉语的规范化，这是汉字拼音化的先决条件。"波浪"读成 bolang 或 polang，"酝酿"读成 yunniang 或 wenrang，"学好"读成 xiaohao 或 xuehao 等，都必须先定出一个规范来，然后拼音才有一个准则。甚至"教室"的"室"、"危险"的"危"等，虽然分歧只在声调，也会影响拼音。因此，为了早日实行拼音文字，我们必须努力实现汉语规范化。

这是王力先生 1955 年为北京大学中文系语言专门化同学所开"现代汉语规范问题"课程的讲义，原载《语言学论丛》第 3 辑，1958 年

汉语拼音方案草案的优点

　　汉语拼音方案草案由国务院公布了。这是六亿人口文化生活上的一件大喜事。这一套拼音字母，在目前可以用来为汉字注音，帮助推广普通话，帮助识字；在将来可以作为拼音文字的基础。这一套拼音字母并不就是拼音文字。在党和政府没有决定把汉字改为拼音文字以前，汉字是否应该拼音化，仍旧可以根据百家争鸣的精神，展开辩论。

　　即使反对文字改革，也应该拥护这个拼音方案。为汉字注音，帮助推广普通话，不能说不是一件好事。再说，在某些情况下，拼音字母未尝不可以替代汉字的用途。拿打电报来说，今后可以逐渐改用拼音字母来打。

　　这里，我想谈谈汉语拼音方案的优点。这个方案，说远一点，是三百年来各种汉语拉丁化方案的结晶；说近一点，是六十多年来中国文字改革运动的一个重要阶段。从中国文字改革研究委员会成立到今天，已经五年零九个月；从中国文字改革委员会（作为国务院的一个部门）成立到今天，也已经将近三年了。在党的领导下，在全国热心文字改革的同志的协助下，汉语拼音方案终于完成了。这个方案看来很简单，为什么费了那么多的时间和精力呢？这因为提出一个方案虽然容易，但是要制订一个比较完善的方案并不容易。现在国务院公布的汉语拼音方案（草案）具备了较多较大的优点,是比较完善的,虽说还免不了有一些缺点。

　　这个方案的最大优点,即根本性的优点,就是采用了拉丁字母。在文字改革研究委员会时期以及文字改革委员会初期(1955年10月以前),曾经研究过用汉字笔画的形式(即所谓民族形式),后来困难很大,没有找到满意的方案,终于放弃了。我们走了这段弯路也是值得的,因为不是走到了尽头,还不能证明此路不通。汉字笔画方案的缺点很多,譬如说,拼音文字是要求横行连写的(主张直行的人恐怕很少),汉字笔画就不适宜于横行连写。曾经有人企图连写,连写得越好看,就越不像方块汉字;连写得越顺溜,就越像拉丁字母。后来闹成笑话,有人干脆用拉丁字母(稍加变化),硬说是由汉字简化成功的。这样,何不索性就用拉丁字母呢?

　　拉丁字母是古代罗马的字母。现在世界上应用拉丁字母作为文字的总共有六十多个国家,包括英国、美国、法国、意大利、波兰、捷克、匈牙利、罗马尼亚、以及苏联加盟共和国爱沙尼亚、拉脱维亚、立陶宛、卡累列-芬兰等。既然拉丁字母是国际通用的字母,我们采用了拉丁字母,在国际文化交流上有很大的好处。拉丁字母比较容易为一般知识分子所接受,因为除了狭隘的民族主义者以外,大家都会承认拉丁字母的优点,如笔画简单,构形明确,等等。

　　经确定采用拉丁字母以后,拼音方案的拟订工作大大地推进了一步。拉丁字母所代表的音素,虽然各国都有所不同,但是相差不远;这样,现代汉语的声母、韵母在拉丁字母中的表示,大多数可以肯定下来,例如 b、p、m、f、d、t、n、l、g、k、s、a、i、o、u 等字母,在文字改革委员会中,可以说没有引起过任何争论。这样,剩下的问题就不多了。

　　我们再来谈谈作为拉丁字母方案,它本身有哪些优点。

　　第一个优点是不造新字母。限用原有 26 个拉丁字母,不但马上可以利用现成的铅字和打字机，而且可以避免许多由新字母带来的缺点。新字母有两种可能：第一种是完全新造；第二种是把拉丁字母加以变化。第一种只是一种理想，因为无论是谁，凭空杜撰出来的新字母总是不能得到多数人同意，因为很难造得简单、好看、好写、好认。第二种办法我们曾经尝试过，在去年公布的草案中，我们造了四个字母，即 ʐ、ç、ʂ、ŋ，结果遭到了群众的反对。其中的 ŋ 由于它是一个国际音标，反对的人比较少些；至于 ʐ、ç、ʂ 这三个新字母几乎变成了"众矢之的"！有人建议改为加符号的办法，例如改成 ẑ、ĉ、ŝ，或 ž、č、š，或 ź、ć、ś，或 z̨、c̨、s̨，或 z̧、ç、ş 或 z、ɛ、ȿ。加符号也不是令人满意的，除了不美观的缺点以外，还有一个大缺点，就是不能一笔连写，要提笔再加符号，造成书写上的不便。

原草案有一个小型大写的 ɪ（无点的 i），还借用了俄文字母 ч。这次修正，不再采用这两个字母。这两个字母虽然不算新字母，但是插在一般的小写的拉丁字母里，显得不调和。

新方案里有个 ü，可算是新字母，但是依照德文的办法，可以不列入字母表。这个 ü 也是加符号的，可说是新方案的缺点。但是，在新方案中，j 被用来代替俄文字母 ч，就不能不用 y 来代替原来的 j（代表半元音），于是只好借用德文字母 ü 来代替原来的 y（注音字母 ㄩ）了。这 ü 上面的两点，在大多情况下可以省略，所以这个缺点不大。

新方案里有个 ê，这是备而不用的字母，在拼写普通话的时候不用它，只有在拼写方言和外来语的时候用它，所以不算缺点。

由于拉丁字母只有 26 个，不够汉语拼音的用途，如果不造新字母，就不能不用一些双字母。所谓双字母，就是用两个字母来表示一个音位。在新方案里，原草案的 ʐ、ç、ʂ、ŋ，改为 zh、ch、sh、ng（即原来的代用式）。

不造新字母和不用双字母都是优点,但是这两个优点是互相冲突的,三年以来,这是会内、会外辩论最激烈的一点。经过了反复的讨论,文字改革委员会终于决定采取了更大的优点,即不造新字母的优点。

但是,在为汉字注音的时候,为了要求字形简短,可以采用简化式ʑ、ɕ、ʂ、ŋ,这样有一个好处,就是令人意识到这些字母所代表的都是简单的音位。当我们用双字母的时候,也会把它们看成一个整体了。

第二个优点是尽可能不用变读法。这个优点在草案中就有了的,但是,为了某种理由(例如不喜欢草案中 ч、q、x 三个字母),许多人企图用变读法来表示注音字母的ㄐ、ㄑ、ㄒ。曾经有所谓修正第一式,用 g、k、h 变读,修正第二式用 j(=zh)、ch、sh 变读。此外也有人考虑用 z、c、s 变读。变读也有变读的优点,例如字母的经济,避免新字母和附加符号,等等。但是,变读有一个缺点,就是在学习上有一定的困难。再说,三年以来,在用什么字母变读ㄐ、ㄑ、ㄒ这个问题上,一直争论不休,只有不变读,才可以得到意见的一致。不变读可以有独立的字母 j、q、x 和注音字母ㄐ、ㄑ、ㄒ相对应,对用惯了注音字母的人们也是有很大的便利的。

有一种变读法可以解决不造新字母和不用双字母的矛盾,就是用 j、q、x 兼表ㄓ、ㄔ、ㄕ。这种变读法之所以不被采用,因为 q 和 x 在拉丁字母中本来是很少用的,忽然一身兼两职(而且是要职),和传统的拼法是有抵触的;再说,这样做,j、q、x 的出现频率太大,会使拼音读物面目不清。变读法本身就有缺点,用 j、q、x 来变读缺点更大,所以文改会没有采用。

由于拉丁字母不够用,所以不能完全不用变读法。e 读注音字母ㄜ,ie 读注音字母ㄝ,是变读法。韵母 i 兼表"知、资"等字的韵母,也是一种变读法。

　　第三个优点是尽可能照顾国际拼音习惯。事实上,国际拼音习惯已经成为中国知识分子的拼音习惯,不能不加以重视。举例来说,26 个字母当中,还有一个 v 闲着不用。固然,我们说是留下来拼写方言和外国语,但是,主要的理由不是这个。譬如说,zh 这个双字母并不令人满意,能不能用 v 代替它呢? 把"中国"写成 Vongguo,一定骇人听闻。曾经有人考虑拿 v 来代替 ü,这是很富于吸引力的建议,在会里曾经几次讨论过,但是,在国际习惯上,v 只当辅音用,不当元音用(拉丁文 v 等于 u,那是古代的事了),还是不要违反习惯的好。

　　新方案采用了 ch、sh,完全是为了照顾传统的习惯。zh 虽然在国际习惯上没有根据,但是过去北方话拉丁化方案用了它,许多知识分子对它也不感到陌生。zh、ch、sh 和 z、c、s 相对应,这是北拉的最大优点,我们应该保存下来。

　　zh、ch、sh 的出现频率很大,从书写的时间和印刷的费用上说,都不很经济。可以不可以把 zh、ch、sh 和 z、c、s 对调一下呢? 去年清华大学有一位同学就提出过类似的建议(当时他建议 ẓ、ç、ṣ 和 z、c、s 对调)。这一个建议很有考虑的价值,拼音方案委员曾经考虑改用 z、c、s 来表示 ㄓ、ㄔ、ㄕ,至于 ㄗ、ㄘ、ㄙ,可以用 ẑ、ĉ、ŝ,或其他。后来考虑到传统的拼音习惯不宜变更太大,shànghǎi(上海)改成 sànghǎi,恐怕已经有许多人不赞成;chángchūn(长春)改成 cángcūn,反对的人更多了。

　　"知、资"等音节的韵母写出来,也是为了适合拼音文字的通例。我有一篇文章,题目是"为什么'知、资'等字要写出韵母",发表在《拼音》月刊创刊号上。这里不详细讨论了。

　　当然,就国际习惯来说,汉语拼音方案也还有缺点。举例来说,q 的用法就不很合于国际习惯。依西洋惯例,q 后面总是跟着一个 u,例如英语和法语里的 question(问题),而我们的方案里的 q 可以单独和 i 拼,例如 qi(欺)、qing(庆)。不过,这种不合国际习惯的拼法,在新方案中是很少的。为了充分利用拉丁字母,q还是不能不用的。

要不要照顾国际习惯,这也是一个有争论的问题。有些同志认为,汉语拼音方案可以自由创造,不必为任何习惯所束缚。但是,上文说过,所谓国际习惯,实际上就是拉丁字母在中国的习惯用法,已经成了中国知识分子自己的习惯。如果在很大程度上违反了这个习惯,就会招致多数知识分子的反对。一种"标新立异"的方案,即使文改会通过了,国务院公布了,将来在推行的时候还会遭受很大的阻力。"标新立异"的方案在会议席上也不容易取得一致的同意,因为一离开了习惯用法就毫无标准,有千万种可能性,很难使大家的意见统一起来,这样就会使方案的完成遥遥无期。倒不如接受三百年来汉字拼音的历史经验,加以适当的改进,这样也就是约定俗成,因势利导,在推行拼音方案工作上是会有很多的便利的。

汉语拼音方案的公布,在国际上会有很大的反响。如果尽可能照顾国际习惯,对于国际文化交流有很大的便利。

我国各少数民族创造文字,就他们的方案(草案)看来,多数采用拉丁字母,并且依照国际习惯。现在各少数民族正等待着汉语拼音方案的公布,要求尽可能和汉语拼音方案取得一致(同样的语音用同样的字母)。如果我们标新立异,他们势必另起炉灶,也会引起很大的不便。由此看来,照顾国际习惯完全是为了工作的便利。

汉语拼音方案有了上面所说的三个优点,我们认为是比较完善的一种方案。当然它还有不少的缺点;但是,根据三年来的经验,完全没有缺点的方案可以说是不可能的。某一方面的优点往往带来另一方面的缺点。问题在于衡量优缺点的大小轻重,最后选定一种优点最多、缺点最少的方案。

汉语拼音方案还不是拼音文字。它在目前还是一个草案,将来在实验过程中，还可以加以改进。我们今天庆祝中国人民（特别是汉族人民）文化生活中的一件大喜事，首先要宣传拼音方案的好处，使大家乐于推行。

原载《光明日报》)1957 年 12 月 11 日

庆祝汉语拼音方案公布
二十五周年

汉语拼音方案是在毛主席、周总理亲自关怀和领导下，经过向全国广泛征求意见之后制定的，最后由国务院和全国人民代表大会通过后正式公布。二十五年来，应用汉语拼音方案为汉字注音来帮助识字和统一读音，对于改进学校语文教学、推广普通话、扫除文盲，都起了推进作用。二十五年来，汉语拼音方案的推行工作虽然在三年自然灾害和十年动乱中受到严重的阻碍和破坏，但是，根据国务院的指示和规定，所有小学低年级课本都注上了汉语拼音，新出版的字典、辞书也都注上了汉语拼音，许多方面都已采用汉语拼音字母作为代号(如国家标准、铁路车箱、产品型号、设计图纸，等等)。许多大城市的路名牌、公路和铁路站名、对外文件和外文出版物上的中国人名、地名和专用名词等，都已采用汉语拼音字母拼写。少数民族同胞和外国人都在利用汉语拼音学习汉语。外国出版物越来越多地采用汉语拼音拼写中国人名、地名;国际情报网络也正在逐步采用汉语拼音。最近国际汉藏语言会议在北京召开，我们很高兴地看到，所有用英文写的有关汉语研究的论文，都用汉语拼音拼写汉字。联合国地名国际化会议1977年决定采用汉语拼音作为拼写中国地名的国际标准。1981年8月，国际标准化组织文献工作技术委员会经过成员国投票，通过以汉语拼音方案作为拼写中文的国际标准。总之，汉语拼音方案的推行，在教学汉字、推广普通话、科技应用，以及开展国际往来和文化交流等方面都已经发挥了积极作用，它已经从中国的法定标准发展成为世界通用的国际标准。

汉语拼音并不就是拼音文字。汉字拼音化是遥远将来的事情。拟定汉语拼音方案时，我们虽也考虑到将来作为拼音文字的基础，但是将来是否实行拼音文字，拼音文字应该是什么样子，今天还不能作出决定。今天我们的政治任务是积极推行汉语拼音，使之为社会主义现代化服务。我相信，汉语拼音一定能够为社会主义的物质文明和精神文明服务得很好的。

原载《中学语文教学》1983 年第 2 期

为什么"知、资"等字要写出韵母

在汉语拼音方案（草案）的讨论过程中，"知、资"等字要不要写出韵母，是争论的问题之一。最近中国文字改革委员会拼音方案委员会通过的修正初步意见，第一式和第二式都写出这个韵母（第一式写作 i，第二式写作 y）。在这一点上，我对于第一、二两式同样拥护。现在我想谈一谈我的一点粗浅的体会。

一、这个韵母是否存在？它是什么性质的？

有些同志怀疑这个韵母的存在。我们在没有讨论要不要写出这个韵母以前，应该先讨论它是否存在。这一点很重要。某些同志反对写出这个韵母，并非单纯地为了节约。如果说是为了节约，为什么不削减别的韵母，而要削减它呢？这有两种不同的情况：有些同志承认有这个韵母，只是因为它不单独发音，在教学上有困难，所以主张省去。这一点，我们留到下面再来讨论。另外有些同志并不意识到这个韵母的存在，那么，我们主张写出这个韵母的人就犯了无中生有的嫌疑①。因此,我们不能不先从这个韵母本身是否存在的问题谈起。

我们所谓韵母,在语音学上叫做元音(母音)。虽然韵母和元音的意义并不相等,但是,单就"知、资"等字来说,它们的韵母也就是它们的元音。

和元音相对立的是辅音(子音)。关于元音和辅音之间的区别,说来话长。我不打算多说,只想指出一点:元音是构成音节的要素,辅音不能单独构成音节,只能放在元音的前面或后面,和元音共成音节。在物理学方面说,元音是乐音,清辅音是噪音,浊辅音是噪音加乐音。在歌曲方面说,只有元音是能歌唱的,因为只有元音能唱出高低不同的调子来。在歌谱中,只有音节能配音符,换句话说,单独的元音和带辅音的元音都能配音符,但是单独的辅音不能配音符。这就说明了为什么在《中华人民共和国国歌》中,"最危险的时候"的"时"字可以单独配上音符(因为"时"字有元音),在"莫斯科——北京"中,"莫斯科"的"斯"字不能单独配上音符(因为"莫斯科"是译的俄文的 Москва,其中的 с 不能自成音节)。

汉语的特征之一是元音占优势;一般地说,独立的辅音在汉语中是没有的。一个汉字代表一个音节,也就是说,它代表一个单独的元音,或复合的元音,或带辅音的元音,而不代表单独的辅音。汉人有了这个习惯,所以在学习外语的时候,遇到单独的辅音,往往按照自己的语言习惯,加上一个元音,例如把俄语的 с 念成"斯",把 в 念成"夫",把 к 念成"客",把 где 念成"格界"等。

一个汉字代表一个音节,一个音节必须有一个元音(韵母)。因此,我们就得出这样一个结论:"知、资"等字在汉字系统中都是字,它们都代表音节,它们也都包含着一个元音(韵母)。

---

① 有这样的一些同志:他们觉得这个韵母并不存在,但是为了音节分明,所以建议写出韵母。这种理由是没有说服力的。如果这个韵母真的不存在,我们反而应该坚决反对虚构出一个韵母来。

这里还要补充说明一点。上海口语和客家口语的"鱼"字念 ŋ，苏州口语"唔笃"（你们）的"唔"念 n，上海口语"呒不"（没有）的"呒"和广州口语"唔系"（不是）的"唔"念 m，这 ŋ、n、m 是不是自成音节的呢？是自成音节。那么，和上文所说的话有没有矛盾呢？没有矛盾。

上文说过，清辅音是噪音，浊辅音是噪音加乐音，可见浊辅音是比较地接近元音的。在浊辅音当中，有一类液音（m、n、ŋ、l、r）尤其接近元音。它们有时候可以单独构成音节（如"唔、呒"等）。在单独构成音节的情况下，它们已经具备了元音的性质。梵文把 r、l 认为半元音，西欧传统语音学也把 m、l、r 认为半元音。这里所谓半元音是它们有可能独立成为音节的意思。陈越同志所举捷克语 blb（白痴）、čtvrt（四分一）、hrst（一撮）、hrb（驼峰）、krb（火炉）、krk（颈）、南斯拉夫语 brz（快）、vrt（花园）、tvrd（难）、trg（广场）等词[1]，都是属于这个类型的，因为其中有 l 或 r。这一类词是可以配上音符来歌唱的。

元音和辅音没有清楚的界限，但是有两个极端，元音的极端是低元音，如 a，辅音的极端是清辅音，如注音字母ㄅ、ㄆ、ㄈ、ㄉ、ㄊ、ㄍ、ㄎ、ㄏ、ㄐ、ㄙ、ㄒ、ㄓ、ㄔ、ㄕ、ㄗ、ㄘ、ㄙ。在语音学上说，清辅音是不能成为音节的。浊辅音除了液音外，也不单独成为音节。

应该肯定，"知、资"等字本身是有韵母的。它们除了辅音外，还包含着元音，因此，"知、资"等字才能够单独配上音符，歌唱起来。

"知"类字包含"知、痴、诗、日"四个音节，其中"知、痴、诗"的辅音是清辅音，"日"的辅音是浊辅音；"资"类字包含"资、雌、思"三个音节，它们的辅音都是清辅音。

这些字的元音的特点是元音的发音部位和前面辅音的发音部

---

[1] 陈越《对汉语拼音方案的节约要求》，《中国语文》1956 年 5 月号，第 22 页。

位相同。这些元音的历史来源都是 i，后来被前面辅音所同化了，发音部位和辅音的部位相同了。这就是说，在辅音发出后，舌尖的部位不变，只是离开上腭远些，就出现了元音。"知"类字的元音和"资"类字的元音并不完全相同（因为辅音的发音部位不同）①。我们现在把它们写成一样的，是因为文字并不等于音标，细微的分别是不必在文字上表现出来的。

　　这里还要说明一点：有人把自成音节的 m、n、ŋ、r、l 叫做元音化的辅音，又有人把"知、资"等字的元音叫做辅音化的元音。这两种说法不碰在一起还没有大毛病；碰在一起就发生冲突了。所谓元音化的辅音，指的是平常的辅音在一定条件下具备元音的性质，可以说是辅音变了元音；而所谓辅音化的元音，指的只是元音的发音部位被辅音发音部位所同化，并不是元音变了辅音。我认为最好避免元音化（母音化）、辅音化（子音化）的说法。

二、为什么要在拼音文字中写出这个韵母？

　　可能有些同志这样说："我们承认'知、资'等字本身是有韵母的。但是，文字并不等于音标，它只是交际的工具，只要能表达思想感情就够了，并不须要如实反映语音。"

　　是的，拼音文字并不须要处处如实反映语音。我们把"贵"写作 gui，而不写作 kuei，只此一例就可以证明我们并没有像记录方言一样地拟订我们的拼音方案，我们并没有企图用文字来机械地反映我们的语音。相反地，在这些地方，我们是主张节省字母的。

　　但是，"知、资"等字的写出和不写出，并不单纯是节省字母的问题，而是要不要维持拼音文字的原则问题。

　　拼音文字的原则是什么？就是每一个音节必须有一个元音（单纯的或复合的）。在使用拼音文字的国家有一个传统的说法，

---

① 有人认为"日"的元音和"知、痴、诗"的元音也不相同。这是新的说法。这种说法是很有理由的。这里不详加分别。

就是只有元音成音,辅音不成音。辅音在拉丁文里是 consonantia,就语源来说,是伴响的意思。我们译成"辅音",也还包含着辅助元音的意思。在拼音文字里,不可能有不具备元音的音节(m、n、ŋ、l、r 是例外,见上文)。

其次,依照拼音文字的原则,每一个音节中的辅音和元音必须分别用字母表示出来。如果不分别表示辅音和元音,而只是囫囵地表示一个音节,那不叫拼音文字,而只是音节文字。音节文字是拼音文字的原始阶段。汉字本身也是音节文字的一种。假定我们的注音字母是一种文字的话(实际上它不是文字,而只是注音的符号),那么它就没有完全过渡到拼音文字,因为在某些情况下,它还不能把辅音和元音分析开来,例如 ㄢ代表 an,ㄣ代表 en,ㄤ代表 ang,ㄥ代表 eng,ㄓ代表 zhi,ㄗ代表 zi 等。北拉(北方话拉丁化新文字)在 an、en、ang、eng 的问题上已经拼音化了,只剩下"知、资"等字不写出韵母,还停留在音节文字的状态,这是使我们感觉到美中不足的地方。

中国使用拉丁字母来作为汉字对音,已经有了三百多年的历史,对于"知、资"等字,一向是写出韵母的,例如"知、痴、诗、日"写成 chih、ch'ih、shih、jih,"资、雌、思"写成 tzu、tz'u、ssu。邮政局翻译中国地名,对于"知、资"等字,也写出韵母。国语罗马字是企图拿来替代汉字的,它把"知、痴、诗、日"写成 jy、chy、shy、ry,"资、雌、思"写成 tzy、tsy、sy。

外国人翻译汉字读音,一向也是把"知、资"等字的韵母写出来的,例如俄文把"知、痴、诗、日"译成 чжи、чи、ши、жи,"资、雌、思"写作 цзы、цы、сы(根据鄂山荫教授的《俄华辞典》)。从外国人普遍把"知、资"等字的韵母写出来这一件事实来看,一方面可以证明这个韵母确是存在的(有拼音文字习惯的人,对音素的分析特别敏感);另一方面可以启发我们去考虑国际习惯。

过分强调国际习惯当然是不对的,但是轻视国际习惯也是不对的。如果没有国际习惯作为理论根据，我们根本不必采用拉丁字母。

我们采用 b、d、g、z 来表示清辅音，这是违反国际习惯的。但是我们坚决地采用了。根据修正初步意见，还剩下 v、q、x 三个字母没有用上。在拼音方案委员会上曾经有人主张用 j、q、x 代表ㄐ、ㄑ、ㄒ兼ㄓ、ㄔ、ㄕ（黎锦熙先生这样主张，他另有文章发表）。但是没有一个人主张用 v 代表ㄓ等。为什么让它闲着呢？这是因为这样就离开国际习惯太远了。

我不同意用 j、q、x 代表ㄓ、ㄔ、ㄕ，也不同意省去"知、资"等字的韵母。但是如果必须有所选择的话，我宁愿用 j、q、x 代表ㄓ、ㄔ、ㄕ，不愿意省去"知、资"等字的韵母。因为各国利用拉丁字母所表示的音素是不相同的，我们汉族也可以不拘泥；至于一个音节里面必须包含一个元音（至少是带元音性的辅音，如 m、n、ŋ、l、r），这是全世界拼音文字的共同原则，就不能轻易违反。否则"要走世界文字共同的拼音方向"这个原则就不能算是贯彻了。

创造新文字要有科学性和系统性。"知、资"等字的韵母问题，关系到文字的体系问题。我们要自成体系的、完全拼音的一套文字呢？还是要体例不纯、夹杂音节文字的拼音文字呢？我不愿意选择后者。

中国文字改革是轰动全世界的一件大事，所以拼音文字的原则必须坚持。我们不是怕国际友人笑我们简陋，但是我们大家也都希望新文字在国际上得到好评。一种违反世界拼音文字原则的新文字，希望得到国际的好评是困难的。

有些朋友说俄文里有许多前置词是不带元音的（в、к、с 等），可见一个词不一定要有一个元音。这是把词和音节混为一谈。是的，俄文里 в、к、с 等词是单纯的辅音的词，但是，这只能证明俄文里有一些不成音节的词，不能证明俄文里有不带元音的音节。相反地，讲究发音学的俄文教师会告诉我们，в、к、с 等前置词不能自成音节,因此,сним(同他)是两个词,但是只有一个音节;внеи(在她)是两个词,但是也只有一个音节。中国学生往往念成"斯 ним、夫 ней"等,那是发音不正确。谈到这里,我们回到上文所提到的汉语特点。汉语的特点是没有单纯辅音的词,俄语的特点是有一些单纯辅音的词,二者是不相同的。

总之,为了维持拼音文字的原则——辅音和元音分开,每一个音节里必须有一个元音,——"知、资"等字的韵母是应该写出来的。

写出这个韵母,还有音节分明的好处。一般地说,汉语的音节分为声母和韵母两部分,声母在前,韵母在后,韵母表示一个音节的结束。如果我们把"知、资"等字的韵母写出来,一看就知道一个音节在什么地方结束,所以说是音节分明。

另外一个好处是声调符号可以标在元音上。如果不写出元音,声调符号只好标在辅音上。上文说过,只有元音唱得出高低不同的调子来,辅音是没有声调的(只有 m、n、ŋ、l、r 不在此例)。声调符号标在辅音上面是不合理的。

此外,有些同志还认为:有了元音就可以在元音的字母形式上加以各种变化,对定型字有好处。这也是有理由的。

在我个人看来,这些都是次要的理由。主要的理由应该是维持拼音文字的原则。

三、该用哪一个字母表示这个韵母?

上文说过,"知"类的韵母和"资"类的韵母并不完全相同。但是,我们只用一个韵母表示它们就够了。注音字母帀是一个特殊字母,一般不用它,遇到要说明音理的时候才用它。这个帀就是"知、资"等字的韵母。

现在我们要用拉丁字母来表示这个帀,应该用哪一个字母呢?汉语拼音方案(草案)用 ɪ(小型的大写 i),这是经过郑重考虑的。

由于它的历史来源是 i,所以最好采用一个和 i 有联系的字母或符号;又由于它本身和 i 有分别,所以不肯索性采用 i。

但是,这样做也还存在着一些缺点:第一,ı 是一个新字母(虽然利用了旧形式),而又不放进字母表,这是一个矛盾。第二,ı 是大写的 i;当字母一律大写的时候(例如报纸的大标题),仍然和 i 没有分别。

在这次各方面的讨论中,除了反对写出这个韵母的意见外,还有一个意见,就是主张索性用 i。我觉得这个意见是合理的。因为:zh、ch、sh 后面不可能出现 i,索性用 i 也不至于和真正的 i 冲突;就普通话的标准音(北京语音)来说,z、c、s 后面也不可能出现 i,所以也同样地可以用 i[①]。

这样,不但可以照顾历史,而且可以照顾方言,因为有些方言把"知、资"等字的韵母都念成 i(如广州),另有些方言把"知"类字念成 i(福州、厦门、惠阳等)。在文字上,可以使粤语、闽语、客家话(一部分)和普通话一致起来。当然,在正音教学上,还是要说明这个韵母和普通的 i 的区别。

写作 i,和国际习惯也是适合的。英文一般译音把"知"类字的韵母写作 ih(见上文),也有人写成 ï,可见是把它看成特种的 i。俄文把"知"类字的韵母写作 и,"资"类字的韵母写作 ы(见上文)。大家知道,俄文的 и 的音值是 i,而 ы 被认为和 и 是相对应的元音。在 ж、ш 后面的 и 实际上念 ы。因此,在苏联人的心目中,"知、资"等字的韵母也是特种的 i。俄文的译音比起英文译音来,和我们的拼音方案更加接近,因为"知"类字的韵母和"资"类字的韵母都被认为 ы(参看波布科娃等编的俄语教科书第 33 页)。其所以在 ж、ч、ш 的后面写成 и,只是因为俄文正字法中规定 ж、ч、ш 后面不可能出现 ы 罢了。

---

① 在语法书或语音学书籍中,可以用特定的符号来表示这个韵母,例如用 ɿ 或 ɪ(无点 ï)。

拼音方案委员会的修正初步意见第二式对于这个韵母,不写作 i,而写作 y,也是同样合理的。第二式比第一式优越的地方是这个韵母有它的特定写法,不和其他韵母相混(ㄩ改为用 ü 表示)。它的缺点是用 y 表示帀以后,ㄩ不能不改用 ü 来表示。ü 上面有两点,声调符号很难加得上去。

在这个问题上,我虽然倾向于第一式,同时我也可以同意第二式,因为无论第一式或第二式都维持了拼音文字的原则。

如果有更好的字母形式来表示这个韵母,我想我们都非常欢迎。

四、标出这个韵母,在教学上有没有困难?

主张省去这个韵母的同志们所持的理由之一是:这个韵母不单独发音,如果写出来,在教学上会有困难。我想问题是不难解决的。

在教学的时候(大学是例外),我们并不须要说明 zh、ch、sh、r、z、c、s 后面的 i 是一个特种 i(帀);我们只要指出:zhi、chi、shi、ri、zi、ci、si 的读音是"知、痴、诗、日、资、雌、思",决不至于教不会。

在大学(或高中)里,我们可以讲给学生们听:zh、ch、sh、r、z、c、s 后面的 i 要读变音。这样也很容易了解。像上文所说的,俄文 ж、ш 后面的 и 要读变音,不但苏联学生容易了解,连中国学生也是容易了解的。

在教学过程中,时时刻刻要交代拼音文字的一个重要原则:一个音节必须有一个元音。在目前,为了使学生容易了解,也可以说,每一个汉字一定包含有一个韵母。这样,学生就不至于写出没有韵母的音节来。

倒反是不写出这个韵母会使教学上遭遇很大的困难,使"汉语"这门功课不好讲。上文说过,元音丰富是汉语的特点,汉语里没有不成音节的字和词,这个特点是应该讲授的。如果"知、资"等字不写出韵母，这一节讲义就很难讲得通。今年北京大学"现代汉语"有这样一个考题："在一个音节中，必不可少的要素是什么？"这个题目不是我出的，但是我同意这样出。命题人所希望的答案是："在一个音节中，最不可少的要素是元音。"如果拼音文字不把"知、资"等字韵母写出来，这个答案可能被认为是错误的。

五、节约问题

节约不节约的问题，是应该结合到合理不合理的问题来考虑的。譬如我们在机关、学校里反对浪费，提倡节约，但是我们并不反对合理的开支。

有些朋友能忍受"床"写作 chuang（同时反对写作 ʗuaŋ），但是不能忍受"知"写作 ʒʅ（同时反对写作 zhi）；有些朋友主张"贵"写作 guei（反对写作 gui），显然比原草案多用了一个字母，但是，同是这些朋友，他们反对写出"知、资"等字的韵母。可见每一位同志提出一个方案的时候，都是把合理不合理的问题摆在前面。合理了，就不发生浪费的问题。

"知、痴、诗、日、资、雌、思"写作 zhi、chi、shi、ri、zi、ci、si，字形并不长，而 i 这个字母也比任何字母都短。再说，这个韵母又关系到拼音文字的重大原则，我认为这种"节约"是不合理的。

在注音字母初期，曾经有人主张"基、欺、希"等字也不写出韵母。民国初年的《国音字典》把"基、欺、希"写成单纯的ㄐ、ㄑ、ㄒ，把"坚、牵、显"写成ㄐㄢ、ㄑㄢ、ㄒㄢ等（韵母ㄧ印成小一号字，表示可有可无）。按照这个节约方法，要比省略"知、资"等字的韵母更节约得多。如果不维持拼音文字的原则，省略了ㄐ、ㄑ、ㄒ后面的ㄧ未尝不是切实可行的办法。

在祁建华速成识字法推行的时候，部队里有些战士们提出疑问：ㄆ既念成"玻"，为什么"玻"还要写作ㄆㄛ，ㄛ不可以省掉吗？这一问也不是没有道理的。如果不维持拼音文字的原则，不但ㄅ

可省,ㄐ、ㄑ、ㄒ后面的 ı 可省,连ㄅ、ㄆ、ㄇ、ㄈ后面的ㄛ、ㄉ、ㄊ、ㄋ、ㄌ、ㄍ、ㄎ、ㄏ后面的ㄛ都可以省掉。

为了节约,还可以有这样的设计:ㄅ、ㄆ、ㄇ、ㄈ、ㄉ、ㄊ、ㄋ、ㄌ、ㄍ、ㄎ、ㄏ这几个声母改称为 ba、pa、ma、fa、da、ta、na、la、ga、ka、ha,但是在文字上把 b、p、m、f、d、t、n、l、g、k、h 后面的 a 一律省掉。这样,节约的面可以更广。我不是在这里说笑话。远在解放以前,广西大学一位工科教授曾经设计过类似这样的一个方案,而且他自认为最节约的。平心而论,如果不要维持拼音文字的原则,这样的一个方案是可以接受的。

我们创造新文字,自然也要讲究节约,但是我们必须认识到我们不是为了节约而改革文字,而是由于汉字缺乏系统性。缺乏系统性所产生的不良后果是难认、难写。因此,新文字的主要要求是要做到有系统性,适合拼音文字的原则,而不是斤斤计较多一个字母和少一个字母。

另有一些朋友也是从节约着眼的,他们反对双字母(赞成 z、c、s 或另造单字母),但是他们并不反对写出"知、资"等字的韵母。我个人比较同意这些同志的看法。这些同志所持的原则,依我看来是:可省则省,该用的还是要用。

如果把节约观念绝对化了,我们主张拼音文字的人就会丧失了理论的基础。现在有人主张彻底简化汉字就够了,不必拼音化,也有人正在计算汉字所占篇幅是不是比拼音文字所占的篇幅省些。单纯的经济观点发展下去,一定有人创造出更节约的文字,例如双拼字(一个音节最多只用两个字母)、三拼字(一个音节最多只用三个字母)、复音字(如"阪"代表"阶级"、"叙"代表"帝国主义")、速记式文字,等等。到那时候,主张节约的朋友们将要陷于进退失据的地位。

我很高兴看见拼音方案委员会所提出的修正初步意见第一式和第二式都把"知、资"等字的韵母写出来,因此我发表一点感想,表示支持拼音方案委员会这个初步意见。至于我所说的话对不对,还要请读者多指教。

原载《拼音》1956 年第 1 期

没有学过注音字母和没有学过外国文的人怎样学习汉语拼音字母

汉语拼音方案草案已经由国务院正式公布了，今后大家都要学习这一套字母。有些人学起来要容易一些，有些人学起来要困难一些。

什么人学起来容易一些呢？就是那些学过注音字母的人和那些学过外国文的人。

注音字母是四十多年以前中国人为汉语创造的一套拼音字母，它的拼音方法是和现在公布的拼音字母差不多的。因此，学过注音字母的人再学汉语拼音字母，就容易得多。

学过外国文的人更容易了。在学外国文的人当中，学英文、俄文的人最多。现在公布的汉语拼音字母，就字母的形式来说，完全和英文字母相同，读音也和英文字母差不多。因此，学过英文的人再学汉语拼音字母，简直太容易了。至于俄文字母，就字母的形式来说，有一半是和英文字母相同的；就读音来说，也有一小半是和英文字母相同的。因此，学过俄文的人再学汉语拼音字母也非常容易。总之，凡是用字母来表示语言，道理总是一样的。

此外，还有人学过了拉丁化新文字，他们学起汉语拼音字母来就比谁都容易！拉丁化新文字所用的字母，是二十多年前中国人民为汉语创造的一套拼音字母。拿现在国务院公布的汉语拼音字母和二十多年前拉丁化新文字的字母相比较，差别是很小的。当时叫做拉丁化新文字，因为用的是拉丁字母。现在汉语拼音字母也用的是拉丁字母。那么，为什么我们在上面又说汉语拼音字母和英文字母完全相同呢？这因为英国人自己并没有创造字母，他们用的也就是拉丁字母。

由此看来，学过注音字母的人、学过外国文的人和学过拉丁化新文字的人（还有学过其他拼音字母的人）学起汉语拼音字母来，都是比较容易的。但是，在五亿五千多万的汉族人民当中，这些人毕竟占少数；还有大多数的汉族人民（特别是劳动人民），他们从来没有学过任何一种拼音字母，也就是说，他们还缺乏拼音习惯。因此，他们在学习汉语拼音字母的时候，就会遭遇一定程度的困难。我们不应该强调困难，而是应该帮助他们克服困难。要克服学习拼音字母的困难，最有效的办法就是培养他们的拼音习惯。

这一篇文章的目的就在于说明关于拼音字母的一些基本常识，来帮助没有拼音习惯的人培养拼音习惯。对于传授汉语拼音字母的教员同志们，这篇文章在教学法上似乎也有一点参考的价值。

二

首先要讲清楚的：所谓拼音，就是把说话的声音写在纸上。拼音字母就是为了正确地记录说话的声音，才创造出来的。

凡是念过书的人，都懂得有所谓同音字。"鸡"和"机"是同音字，"鸡"和"狗"不是同音字。拼音字母有这样一个规矩：凡是同音字，都拼成一个样子，"鸡、机"都拼成 ji，凡不是同音字，决不能拼成一个样子，"鸡"是 ji，"狗"是 gou，不能一样。

拼音字母比汉字容易学多了。既然同音字都写成一个样子，我懂得了"鸡"拼成 ji，就知道"机"也拼成 ji。由此类推，将来我要拼写"基饥",也知道是 ji。我听见人家说张三很滑稽,我一时想不起"稽"字该怎么写,我就写 ji,合作社里昨天买了一只簸箕,我一时想不起"箕"字该怎么写,我也写 ji。真方便啊!我只学了一个 ji,"鸡鸭"的"鸡"、"机器"的"机"、"基本"的"基"、"饥饿"的"饥"、"滑稽"的"稽"、"簸箕"的"箕",以及许许多多和"鸡"同音的字我都会写了。汉字的麻烦就是许多同音字都写成了不同的样子。

汉字还有一样麻烦,就是不同音的字眼儿有时候却写成一个样子。举例来说,"传达"的"传"和"自传"的"传"分明是不同音,为什么都写成了"传"字呢?拼音字母在这上头就有了不同的写法:"传达"的"传"拼成 chuan,"自传"的"传"拼成 zhuan。你看,是拼音字母合理呢,还是汉字合理呢?

当然,现在拼音字母还不能代替汉字。它只能写在汉字的下面,给汉字注音。单就这一点来说,拼音字母的作用已经不算小了。何况将来有一些文化水平较低的劳动人民,识字不多,索性就用拼音字母来写信和记账,不也很好吗?

在初学拼音字母的时候,要用比较机械的办法。先把 26 个字母念熟了,然后学拼音。学拼音的时候,不要讲许多道理,只要硬记:这个字母和那个字母碰在一起,就念什么音,例如 j 和 i 碰在一起(j+i=ji)就念"鸡"音;zh 和 i 碰在一起(z+h+i=zhi)就念"知"音。汉语总共只有 412 个音(这是大概的数目),把这 412 个拼法记熟了,就会拼写所有汉字的音。

即使 j+i=ji 这个拼法是毫无道理的,也不比汉字坏。"稽"字有道理吗?凭什么"滑稽"的"稽"应该写成那个样子呢?再说,j+i=ji 这个拼法以及其他的拼法也都不是没有道理的;咱们将来会逐渐知道那些道理。

<h2 style="text-align:center">三</h2>

要明白拼音的道理,首先要建立音素的概念。对汉族人民来

讲,要说明什么叫做音素,最好先说明什么叫做音节。

很粗地说起来,一个音节就是平常所谓一个音。汉字每一个字有一个音,所以我们可以说:一个字代表着一个音节。"中华人民共和国"一共是七个字,它们代表着七个音节。说一个音节难懂,说一个音好懂,说一个字更好懂。其实嘴里说出一个字就有了一个音,如果说得更科学一点,一个音就是一个音节。

在一个音节里边还常常能分析出几个音素来。问题就在这里。汉族人民一向没有分析音素的习惯。汉字是代表音节的,不是代表音素的,所以人们一向以为每一个汉字所代表的音就是最小的单位了,不能再分析了。我们必须向群众说明:每一个字所代表的音还不是最小的单位,还可以再分析,例如"巴"字虽然是一个音(音节),却不是一个音素。"巴"字这个音实际上包含着两个音素,所以汉语拼音字母把它写成 ba,用两个字母(b 和 a)来表示。一个人如果学会了分析音素,就算学会了拼音的道理。

中国人是不是完全不会分析音素呢? 不是的。中国人实际上做了许多分析音素的事情,但是自己不知道这样做已经是分析了音素。中国人吟诗要押韵,唱戏要合辙,这韵和辙就是分析音素的结果。马连良唱的京剧《十老安刘》有这么一段:

> 淮南王他把令传下(xia),
> 分作三班去见他(ta),
> 分明是先把虎威诈(zha),
> 不由得我等笑哈哈(ha)。

"下、他、诈、哈"这四个字之所以能够押韵(合辙)就因为这四个字音的最后一个音素是个 a。假使中国人完全不会分析音素,怎么懂得押韵(合辙)呢?

曲艺里边有一种绕口令,分析音素的本领更大,例如:

> 出南(nan)门(men),往正南,

有一个面（mian）铺面（mian）向南。

面铺门口挂个蓝（lan）布棉（mian）门帘（lian）。

摘去蓝布棉门帘，

面铺还是面向南，

挂上蓝布棉门帘，

面铺还是面向南。

绕口令之所以难念，是因为那些字音非常相像而又不完全相同。"南"（nan）和"蓝"（lan）中间和尾巴都相同，只有头音不同，这就分析出头音 n 和 l 来了；"蓝"（lan）和"帘"（lian）的头尾都相同，只是"帘"字多了一个 i，这样就分析出一个 i 来了；"棉"（mian）和"帘"（lian）也只有头音不同，这就分析出头音 m 和 l 来了。此外还有许多讲究，我们不须要详细去说明它。我们的主要的意思只是说：分析音素不是太难的事情。

说到这里，我们可以说明什么叫做字母了。字母不是别的，它们就是音素的代表。原则上，一个字母代表一个音素，不同的音素要用不同的字母来代表。在特殊情况下，可以用两个字母代表一个音素，也可以用一个字母在不同的条件下代表两个音素。不过那种特殊情况是少见的。

音素分为母音和子音两种。用字母拼写汉字的时候，往往是子音在前，母音在后，例如"巴"ba，其中的 b 是子音，a 是母音。有时候，母音后面还跟着一个子音，例如"蓝"lan。但是，这个母音后面的子音还可以认为带有母音的性质。因此，子音在前，母音在后是拼写汉字的基本原则。

母音是最重要的音素。一个汉字可以没有子音（如"爱"ai），但是不能没有母音。在汉语拼音字母当中，a、e、o、i、u、ü 都是母音。当你拼写汉字的时候，要检查有没有错误，首先应该检查这个字里面有没有母音。

要证明每一个汉字都有母音是很容易的，就拿唱歌来证明好了。纯粹的子音是不能唱出高低来的,所以在歌谱中,每一个音符都必须配上一个母音;而汉字是每个都可以配上音符的,这可以证明每一个汉字都能唱出高低来,从而证明每一个汉字都包含有母音。

每一个汉字只能有一个主要母音。如果一个字有两个以上的母音,除了主要母音之外,都是次要母音。在"帘"(lian)字里,i 是次要母音;在"瓜"(gua)字里,u 是次要母音;在"捐"(juan)字里,ü 是次要母音;在"辽"(liao)字里,i 和 o 都是次要母音。

每一个汉字所包含的音素,至少一个,至多四个。因此,在应用汉语拼音字母来拼写汉字的时候,有单写法,有双拼法,有三拼法,有四拼法。

单写法就是只写出一个母音,已经能够代表一个字,例如 a(阿)、e(鹅)、i(依)。

双拼法就是两个音素合成一个音节,例如 ba(巴)、tu(图)、ji(基)、su(苏)。

三拼法就是三个音素合成一个音节,例如 ban(班)、tao(陶)、jia(家)、xue(学)。

四拼法就是四个音素合成一个音节,例如 biao(标)tian(天)、guai(乖)、xuan(宣)。

以上是关于汉语拼音字母的简单叙述。当然这里说得很不全面,但是主要的道理都在这里了。

四

由此看来,没学过注音字母和没学过外国文的人学起汉语拼音字母来,也不是一件很难的事。假使找两个文盲来进行试验:一个学汉字,一个学汉语拼音字母,我敢担保,学汉语拼音字母的人学起来要容易十倍。倒反是学过汉字的人们有一些思想障碍,觉得学起拼音字母来不习惯,所以我们在上面特别强调培养拼音习惯。必须认识：字母和字不同。一般地说，总要两三个字母才能拼写一个汉字（"拼音"就是把几个音素拼起来）。咱们知道了字母和字的不同，就能分析音素；知道了分析音素，就能拼音。这样学习，还有什么困难呢？

咱们对于拼音的规则只要懂得一两条，就能解决学习上一大半的问题。举例来说吧，有人问：b 这个字母既然念"玻"，为什么"玻"字不简单地写作 b，还要加上字母 o 写作 bo 呢？又有人问：d 这个字母既然念"得"，为什么"得"字不简单地写作 d，还要加上字母 e 写作 de 呢？又有人问：zh 这一双字母既然念"知"，为什么"知"字不简单地写作 zh，还要加上字母 i 写作 zhi 呢？我们的答案很简单：每一个汉字里必须有一个母音。b、d、zh 等字母只是子音字母，不是母音字母；o、e、i 才是母音字母。

懂得了一些拼音规则，这时候就已经赶得上那些学过注音字母的人和学过外国文的人的程度了。

没学过注音字母的人和没学过外国文的人虽然有吃亏的地方，但是也有占便宜的地方。注音字母有注音字母的拼音规则，学过了它再学汉语拼音字母，有些拼法一时改不过来；外国文有外国文的字母读法，学过了它再学汉语拼音字母，有些读法也一时改不过来。没学过别的拼音字母的人学起汉语拼音字母来，好像一张白纸，用不着改什么。

原载《文字改革》1957 年 12 月号

推广汉语拼音和普及音韵知识

汉语拼音字母对汉字注音和推广普通话都起很大的作用。事实证明,学龄前儿童和小学低年级学生学习汉语拼音,的确能帮助他们识字和学好普通话。即以北京的小孩来说,拼音字母对他们也很有用处,一本新的语文课本到手,他们可以无师自通地从头到尾读完,如果他们已经学会了拼音字母的话。这是政府推行拼音字母的主要目的,我们在刊物上已经讲过很多,这里不多说了。

汉语拼音字母的用处还多着呢!譬如说,话剧演员和电影演员就很用得着拼音字母。有些南方生长的演员,en、eng 不分,in、ing 不分,即使表演得非常出色,也令人有美中不足之感。如果利用拼音字母,加上勤学苦练,就一定能矫正读音不正的毛病。

学外语的学生们常常用汉字去注外语的音,这是一种不良的习惯,因为每一种语言都有它的语音特点,不能设想,每一个外语的音素都有一个汉语的音素跟它相当。但是,如果用汉语拼音字母来注音,行不行呢?我想,限用 26 个字母自然是不行的;如果加上一些附加符号用来注那些汉语普通话所无的音素,汉语拼音字母反而是外语教学上的很好的工具。这样,学生们一看见带符号的字母就心里警惕,注意不再用汉语普通话的音去读它。这种音标将要比国际音标更合用;可惜还没有人设计这样的一种音标。

　　总之,汉语拼音字母的好处是多方面的,我们应该好好地把它推广。可惜的是,今天这种推广工作还不是令人满意的。

　　由于几千年来汉族人民用的都是表意文字,所以很难养成拼音习惯。我们要推广拼音字母,首先要让大家养成拼音习惯;而要让大家养成拼音习惯,最好是普及音韵知识。

　　音韵学一向被认为是绝学,许多人都不敢问津。其实如果撇开一些陈旧的术语,音韵学也就不过是有关拼音的理论知识。从音韵学上说明拼音字母,使它更加系统化了,更加容易记忆、容易接受了,也就有助于拼音字母的推行。

　　譬如说,从音韵学上说,每一个汉字如果用拼音字母来注音,必须有一个韵母。这就说明了为什么"知、持、诗、日、资、慈、思"不能简单地写成 zh、ch、sh、r、z、c、s。又如汉语音韵学认为这些字的韵母是 i 的变种,这就说明了为什么它们被写成为 zhi、chi、shi、ri、zi、ci、si。

　　音韵学上说韵尾共有四种,其中两种是-i 尾和-u 尾,另两种是-n尾和-ng 尾。-i 尾又分为两种,即 ai、ei;-u 尾又分为两种,即 au、ou。这就说明了,拼音方案中的 ao、iao 不过是 au、iau 的变相,这种改变是由于 au、iau 容易跟 an、ian 相混,这样拼写只是为了技术性的原因。除了 ong 外,-n 尾和-ng 尾和元音配合都成为两两相对的,即 an 对 ang,en 对 eng,in 对 ing,这就说明了吴方言及西南方言 en、eng 不分和 in、ing 不分是跟普通话不合的,而安徽、湖南部分方言 an、ang 不分,也是跟普通话不合的。

　　在这一篇短文里,不可能全面地阐述什么是汉语音韵学。总之,音韵学是讲述语音系统的一门科学。传统的音韵学讲的是古代的语音系统。我们如果知道了古音,那就更能深入了解现代普通话的语音系统。普及音韵知识,如果按照一般读者的接受水平来讲,决不会是什么神秘的东西。让我们大家来普及汉语音韵学的知识吧!

原载《文字改革》1963 年第 4 期

汉字改革的理论与实际

我们该先替汉字说句公道话。难学的东西不一定是坏东西：提琴比钢琴难学，却不比钢琴坏。如果我们从哲学的观点或语言学的观点去估定汉字的价值，它是否不及罗马字，还是一个大疑问；尤其是拿现在通用的汉字与纯粹拼音的新汉字比较，越发难说新汉字更有表达思想的能力。汉字有数千年的历史，而始终没有走到拼音的途径，这虽可以有其他的原因，但我们该承认汉字自身实有充分表达思想的能力。文言文不能表达现代的思想，这是语言的关系，与文字无关，中国文字往往不适宜于翻译外国文字，这更与汉字的价值无关，因为外国文字也往往不适宜于翻译中国文字，我们并不因此就说外国文字的价值较低。

然而这一段话只能作汉字的辩护士，不能做汉字的医生。难学，就是汉字的致命伤。我们一天一天地看着汉字走上没落的路，青年们笔下的别字，竟从书信里搬到试卷里，又从试卷里搬到报纸杂志上。只要音同，不管义异，这已经离拼音的路径不很远了。而且，因为汉字难学的缘故，文盲就不容易减少，文化就不容易普及。为了普及文化起见，我们不能不求汉字的简易化。

在理论上，汉字是该改革的；在实际上，也总有改革的一天。但是，就现在的环境看来，汉字改革是一时未能实现的。我常常说，汉字改革不是能不能的问题，而是肯不肯的问题；然而肯不肯与能不能却有连带的关系。文字也像语言一般地是社会的产品，社会里大部分的人不肯用某一种语言,它就只能成为一种特别语;同理,社会里大部分的人不肯用某一种文字,它就只能成为一种特别文字。

中国大多数的人为什么不肯赞成文字的改革?这有种种不同的原因。我们分明知道文字改革与民族主义无关,土耳其改用罗马字母,并不因此丧失其民族精神,但是,"国未亡而文字先亡"一类的话,在崇信中国本位文化的人们听来,仍是很能动听的。不过,我们却不能说反对汉字改革的人都属于这一派;另有一派人只是对拼音的新汉字的功用发生疑虑。他们读汉字的书籍觉得很容易懂,偶然勉强看一看拼音的新汉字就觉得头疼。这因为他们忽略了习惯的关系:我至今不高兴学王云五的四角号码检字法,因为我翻了二十年的《康熙字典》,某字在某部已经被我记熟了。所以我们要知道汉字与拼音新字孰难孰易,只能以不识字的小孩试验,不能以我们熟悉汉字的人的感觉为标准。但如果遇着不关心文化教育的人们,就连难易的话也不能动他们的心。上文说过,新汉字不见得比原有的汉字更能表达思想,于是知识界就保守着原有的汉字而怡然自足,不肯赞成改革了。

提倡汉字改革的人们大概也知道拥护汉字的人不少,所以并不主张彻底的改革,换句话说就是让新汉字与原有的汉字同时存在。这么一来,就只能使新汉字成为一种特别文字,通行于某一群人的中间,而不能成为族语的代表。我们知道,纵使某一事物在理论上是极好的,而在不适宜的环境里就可以变为极坏的东西,所以提倡汉字改革的人同时就该希望环境的改变。在现在中国的环境里,民众所急急要认识的是汉字。如果你教他们认识一个新文字而不认识汉字,他们在现代社会里依旧是些文盲。若要使新文字能代表族语,必须使他们所看见的字都变了新文字,至少是大部分的书报文件变了新文字才行。这是很难办得到的一件事。

我说这些话,是叫大家"知难",不是叫大家"知难而退"。"知难"然后能作更大的努力。

汉字改革与政治背景无关,至少是没有必然的关系。如果我们嫌汉字难学而谋改革,则所改革者只是教育文化的工具。假使工具改善了,无论宣传哪一种政治思想都可以利用它。这几句话似乎是多余的,但也值得说一说。

关于汉字改革的方案,近来常常引起争论,我想在这里谈一谈它的成功的必要条件。一个方案之能否成功,不一定因为它造得好或不好。先说,文字只是语言的符号,本无所谓好不好。若要谈好坏,必须定下了好的标准,例如以便利、合国情、合国际习惯为标准。但标准的本身也没有绝对的是非,譬如借用罗马字母,似乎应该采用国际的拼音习惯,但我们也可以说,中国一般不认识西洋文字的民众学起新汉字来,就是将 b 作 d,也一样的没有妨碍。又如拼写四声,似乎可以说是合国情,但所谓国情是不甚可以捉摸的东西;国人素视四声为神秘,拼写四声又似乎不很合国情。再说,以便利为好的标准,该是没有什么可说的了,然而我们须知便利也该有相当的限制,不能一味地以简易为依归。只有写时的便利还不行,我们该顾及读时的便利。

总之,方案的理论并不都像实验科学的理论那样有对不对的绝对标准。譬如你说这个字音是浊音,我说不是,只须拿kymograph(浪纹计)来实验,立刻可以判明谁是谁非。汉字的改革的方案却不能如此,它好像政策一般,我们不能令全世界的人崇信一种政策,也不能令全中国人佩服一个汉字改革的方案。

说到这里,我们可以明白一个汉字改革方案的成功条件是什么了。文字是约定俗成的东西,是社会的产品,只有社会的大力量才能改造它。它的成功条件就是势力;好坏的程度只是次要的问题。国语罗马字如果在民国十七年公布时就把它当作一种国字,像土耳其政府一般地强迫全国人学习,到现在已在社会上养成了势力,它也就可以成功。可惜政府始终不曾真的努力于汉字的改革,公布国语罗马字时只许用为注音第二式;连这注音第二式也是到了蔡元培先生的手里才有公布的福分。现在一班青年们所提倡的拉丁化新文字就不同了,方案的好坏且不说,而崇信新文字的青年比崇信国语罗马字的多了许多,这是事实。我并不是说这一班青年的力量已够在最近完成汉字的改造,但汉字改造的希望寄托在青年的身上,这是不能否认的。

我们研究语言文字的人,对于语言文字的原理及事实也许比青年们多知道些,但我们对于汉字改革的方案,没法子勉强青年们接受我们的意见。不过,我们如果有意见,却不该不说;青年们应该希望我们用客观的眼光去批评他们,并不希望我们一味向他们说"是是是"。说良心话,是我们的责任;听与不听,是社会的自由。

原载《独立评论》第 205 期,1936 年

方言复杂能不能实行拼音文字

一

文字改革为什么行不通呢？说来说去，主要的理由只有两个：第一，汉语方言复杂，将来拼音文字比方块汉字还要难学；第二，文字改革后，文化遗产没法子继承下来。

第二个理由是比较容易驳倒的，如果真的为六亿人口着想的话。无论哪一个国家，文化遗产都是通过高级知识分子间接地传给一般群众的，一般群众并不须要直接地接受文化遗产。今天汉字并未改革，但是一般群众也并不能直接接触杜甫的诗，更不必说《诗经》《楚辞》了。领导上一再声明，汉字永远不会被废除的，将来由专家们翻译一些重要的古书给大家看，或者写些有关古代文化的书给大家念，有什么不好呢？即使有若干不便，比起社会主义工业化的建设事业中所需要的一般文化水平来，又是哪一件重要呢？接受文化遗产的理由，显然是站不住脚的。

至于第一个理由，那是许多理由当中最富于煽惑性的理由。在这一篇文章里，我想就这一个问题加以讨论。

二

我们在讨论文字改革的时候，在语言和文字的关系上，必须先有正确的认识：我们既不可以把语言和文字割裂开来，也不可以把语言和文字混为一谈。有人喜欢把语言和文字等同起来,说文字改革将会引起语言的变化,仿佛改革了文字同时也改革了语言。其实主张文字改革的人们从来没有主张过语言的改革,因为这是不可能实现的,而且在人民文化生活上也没有这样的要求。再往深一层说,语言的改革还是反马克思主义的。

"推广普通话谈何容易,连语言学家们的北京话都说不好,怎么能推行拼音文字呢?"这又是把语言和文字混为一谈。我们试举外国语为例。实际上,人们学习外国语的时候,并不须要说得完全和外国人一样,然后会写外国文字。中国人学习俄语,就一般说,对于硬音 л 学得很不好,对于软音 ль 学得不很好(特别是后面没有母音跟着的更学不好),但是这并不妨碍中国人按照俄文的正字法正确地写出每一个 л 来。中国人学习越南语,对于一个 a 音就学不好,越南语的 a 的发音部位太靠前了,如果和长沙话的后元音 a 相比较,差别太大了。差别大到那种程度,甚至使越南人听不懂中国人所说的 a。但是,当中国人学习越南文字的时候,谁不会把这个 a 写下来呢?

学话靠口才,学字不靠口才。有许多自修外国语的人们,能看外国书,能写外国信,甚至能写外国文章,就是不能和外国人会话。这完全足以证明,学习语言和学习文字是有分别的。学习语言靠着一张嘴;学习文字却靠着眼睛和手。

学习北京话和学习外国语,在学习的性质上并没有什么不同。如果说有不同的话,那就是说:作为一个本国人,学习北京话比学习外国语容易得多。

许多人在学习一种语言或方言的时候,自己以为学得很像,实际上学得很差。拿北京话来说,许多人以为自己的北京话学得很到家了,北京人一听就知道他们是外地人,甚至知道是广东人、福建人、浙江人,等等。就学话的本领说,学不像当然要算是缺点。但是,他们之所以不能发现自己的错误,这并不是没有原因的。原来汉语方言相互间有一种对应规律,使没有受过语音学训练的普通人产生一种幻觉,把相对应的语音单位错误地认为相同。这种幻觉,对于学话来说是有害的,对于学习拼音文字来说却是有利的。举例来说,上海"好"字念[hɔ],北京"好"字念[xau],上海人学北京话的时候,往往不知道把[hɔ]变成[xau]。为什么呢? 这因为他们觉得自己已经在说[xau]了,和北京人一样了。实际上,是上海的[h]和北京的[x]相对应,上海的[ɔ]和北京的[au]相对应,上海人在学习拼音方案的时候,不自觉地把自己的[ɔ]写成为 au,自己的[h]写成了 h(拼音方案中的 h 代表着北京的[x]),这就变了不学而能。由此类推,上海人对于"包、刀、糟、糕"等字的韵母都会写了,对于"很、烘、耗、呼"等字的声母也都会写了,谁能知道他们说起普通话来还是"乡音未改"呢?

再举一个例子来说,客家话里没有 iang,只有 iong(良 liong、相 siong、央 iong)。当一个客家人说北京话的时候,往往原封不动地把他所习惯的 iong 来代替北京的 iang。但是,如果要他用拼音字母拼写普通话,他决不会写成 iong,而且他一定能很正确地写成 iang。为什么呢? 因为他并没有意识到他实际上说的是 iong,他觉得他所习惯的也正是北京话里的那个 iang。口笨的人,心并不笨。他学了几天拼音字母以后,看见拼音表上并没有 iong 这个结构形式,他决不会凭空制造出一个 iong 来。

<h2 style="text-align:center">三</h2>

我并不企图证明:人们用不着学好普通话就能用拼音字母拼写普通话。我的意思是说,如果目的是为了正确地拼写,那是正字法的事,不要和正音法混为一谈。尽管发音不十分正确,只要心知其意,再加上记忆,就能拼写得十分正确。

学话的困难有两方面:第一方面是咬字不准,第二方面是应合而分和应分而合。咬字不准,一般并不妨碍拼写的准确。许多南方人发不好北方的日母，但是，拼音方案规定日母写成 r，他们就会把"人"写成 ren，把"入"写成 ru，等等。在应合而分的情况下，也不太难，例如北京"记、忌"同音，上海"记、忌"不同音，上海人拼写普通话，只要记住把"记、忌"拼成一个样子就行了。在应分而合的情况下，才是真正难点之所在，例如北京"陈、程"不同音，上海"陈、程"同音，上海人拼写普通话，就不容易辨别：哪一个该拼成 chen，哪一个该拼成 cheng。在这种情况下，非靠死记不可。

但是，也不要把问题看得那么严重。假使一个上海人把"推陈出新"写成了 tuichengchuxin，把"规程"写成 guichen，那该算是写别字。现在工农大众学习方块汉字，由于汉字难认难写，不是也天天写别字吗？拼音字母写成的别字，往往只差一个字母，而方块汉字写成的别字，却是面目全非（如"推程出新"和"规陈"），到底是哪一类别字严重呢？

说到死记，难道方块汉字就不要死记了吗？恰恰相反，在一般群众看来，方块汉字正是须要每一个字都死记的。反对文字改革的先生们夸说六书神妙，而一般群众却莫名其妙，谁能懂得"安"字为什么从"女在宀下"（据《说文解字》）呢？难道女人戴上了帽子就算平安无事了吗？朱骏声解释"安"字说："饮食男女，人之大欲存焉，故安从宀女。"这简直是对女性的侮辱！只有文字学家们知道这个宀不是帽子，也不是什么宝盖，而是代表房子的，但是，为什么女人躲在房子里才算平安无事呢？仍旧讲不清楚。六书这个东西，文字学家讲得津津有味，群众听得昏昏欲睡！结果还要靠死记，硬记。

曾经有人统计过方块汉字的笔画的基本单位，大约共有四百多个基本单位（例如"大、女、子、士、土、亻、冫、氵"等）。方块汉字之所以难认、难写，主要是因为基本单位太多，太复杂。举例来说，丫就是很难记的一个基本单位。在现代汉语常用字中，从丫的字很少，因此显得不能自成一个范畴。再说，什么意义的字应该从冫，也没有一定的标准。按说，冫就是冰，凡和寒冻有关的字都该从冫，"冰、凝、冷、冻"等字都合于这个标准。但是，为什么"冶"也从冫呢？据说因为冶金好比冰雪的融化，那已经是大兜其圈子，不容易了解了。还有一个"准"字，它为什么也从冫呢？原来"准"是从"準'变来的，省写了一个"十"字不能不再省去一点，否则不是变了"淮水"的"淮"字了吗？这样是把道理讲通了，但是听讲的人已经打瞌睡了。学写字就学写字，谁还耐烦去学每一个字的历史呢？况且在某些情况下，连扫盲的老师们也被难住了，"决定"的"决"、"冲突"的"冲"、"凄凉"的"凄凉"，左边该写两点的冫呢还是该写三点的氵呢？依文字学家看来，这些字都该从水，不该从冰，但是至少从六朝以来，就有从冫的写法，应该也不算太错吧？这种混乱的情况，决不是很少的几个例子，而是占很大的数量的。

四

　　超方言是方块汉字的特点之一。在方言复杂的中国，反对文字改革的先生们经常指出这一个特点作为方块汉字的优点，以为将来的拼音文字既然是根据北京语音来拼写的，就会丧失了这个优点。我想这个问题有深入讨论的必要。

　　首先我们要问：方块汉字是凭着什么实质来取得这个超方言的特点的？一般人以为汉字表意不表音，所以能有这个特点。我以为这个说法是不够明确的。现阶段的汉字已经远离了《说文》所谓"画成其物，随体诘诎""视而可识，察而见意"的原始阶段。今天每一个汉字都只是一个囫囵的复合体，大多数的字形结构都毫无理由（当然文字学家有一肚子理由，可惜工农大众不能接受，所以变成毫无理由）。没有理由就没有根据；没有根据的东西，可以说应用在任何语言都不妥当，同时也可以说应用在任何语言都行得通。如果我们喜欢自我陶醉，我们不妨夸口说：汉字不但超方言，而且超民族。无论任何民族，如果要表示平安，都可以写一个女人戴一顶帽子。可惜的是再也没有这样欢迎六书的民族了；朝鲜和越南已经改用拼音文字了，日本也尽可能多用假名了。为什么呢？大约总是因为六书太难了吧？

　　为什么我们说汉字只是一个囫囵的复合体呢？因为在一个汉字的内部，各个成分往往经不起分析，分析开来变了毫无道理。试举"特别"这两个字为例，"特"字分析开来是一头牛在一座寺庙旁边，据说是"从牛，寺声"。"牛"是意义的符号，"寺"是声音的符号。但是"特"字的意义和牛有什么关系呢？"特"和"寺"的声音怎能搭配得上呢？文字学家说话了："特"的原始意义是公牛，所以从牛；"特"和"寺"古音同在之部，所以从"寺"。"别"字分析开来是"另"和"一把刀"（刂＝刀），更不好懂。文字学家又说话了："别"字是写错了的，本来应该写作"剮"，左边的"咼"就是"剮"字。"别"的原始意义是解剖，所以从"咼"从"刀"。真是不说倒明白，越说越糊涂。如果作为囫囵的复合体来学，一般文盲每天倒可以学几个字；如果分析字形，讲出个道理来，反倒更难学了；工农大众不能放下铁锤镰刀专攻文字学，学了也记不住。我们说，汉字分析开来没有多大道理，因为我们所谓道理是帮助认字和写字的道理，不是反倒妨碍学习进度的所谓道理。

　　拼音文字即使受方言的局限，从最坏的情况来说，也不过是变为囫囵的复合体。假定一个工人完全不懂普通话，又没有学过拼音法则，要他学写一个 tebie，他就把它当成一个囫囵的复合体来照描，也绝对不会比照描"特别"这两个方块更困难些，相反地，也许还容易些，因为拉丁字母的笔画简单些，特别是只有 26 个字母（为汉语拼音用的只须用 23 个字母），不像方块汉字的基本单位多到四百多个。

　　上面我们所假定的最坏的情况是不现实的。实际上，情况决不会坏到这个地步。由于汉语方音有着对应的规律，人们就会自觉地或不自觉地遵循着这些规律，拼写出相当正确的拼音文字来。

举例来说,上海"安"字念[ø],但是汉语拼音方案把"安"字拼成 an。一个上海人学会了这个拼法,尽管他不会发音或发音不正确, 他总会觉察到:原来我们上海人念[ø]的字应该写成 an。由此类 推,他渐渐懂得把"干"写成 gan,把"看"写成 kan,把"汉"写成 han。自然,问题不是这样简单,"上海 ø=普通话 an"这个公式还 不能处处合用,他渐渐发现"专"并不是 zhan,而是 zhuan,"川"并 不是 chan,而是 chuan,"钻"并不是 zan,而是 zuan,"酸"并不是 san,而是 suan。但是,最后他还是得出一个结论:上海的[ø],在 北京话里,不是 an,就是 uan。如果他更细心一点,他还可以发现 一个更精密的规律:上海念[ø]的字,到了普通话里,如果在 g、k、h 后面,就只有 an,没有 uan;如果在 z、c、s 后面,就只有 uan,没有 an;如果在 zh、ch、sh、r 后面,多数是 uan(如"转"zhuan),少数是 an(如"战"zhan)。这样,他所须要死记的东西就很有限了。我们 不要低估群众的概括能力。凡是可以概括的东西,群众也都有可 能把它们概括起来。汉字演变到现阶段,实在太杂乱无章了,可以 概括的东西不多。因此,即使在方言复杂的今天,拼音汉字和方块 汉字如果进行竞赛,拼音文字还是能够取得胜利的。

五

　　什么时候实行拼音文字? 这是群众所最关心的问题。一方 面,有些人故意把拼音方案(草案)的公布说成是马上就要实行拼 音文字(其实目前只是为了推广普通话);另一方面,群众等急了, 许多人责备文字改革委员会不早日计划文字的根本改革。其实 "什么时候实行文字改革"这个问题,依我看来,完全要看条件是不 是已经成熟。假定一切条件都具备了,只剩下语言不统一,是不是 可以实行拼音文字呢? 我现在试图回答这一个问题。

　　我个人认为,语言的绝对统一是不可能的,在很长的时期内, 方言仍然要继续存在下去。一方面,我们积极拥护人民政府推广普通话的政策,这样可以减少方言的纷歧,有利于拼音文字的推行;另一方面,我们坚决反对某些人的主张,说是要等待语言完全统一然后实行文字改革,那样就等于否定了文字改革,因为如上面所说,方言的消灭绝不是一二百年的事。

大力推广普通话可以做到这一个地步:大多数汉族人民除了自己的方言之外还会说一种话——普通话。不必要求每一个人都说得一口漂亮流利的普通话,只要他们能像现在在北方服务的某些南方人那种南腔北调的蓝青官话就成。到了这种地步,我认为就可以开始推行拼音文字。上面说过,即使在方言复杂的今天推行拼音文字,它也并不比方块汉字更难学,甚至还比方块汉字容易些;但是,这是有关六亿人口的文化大事,我们不能不慎重,不能不等到拼音文字的学习效率远胜方块汉字十倍的时候才开始进行。不过,慎重不等于保守。

我想,拼音文字可以先在北方推行,然后逐步推广。这样,拼音文字可以早些推行,阻力较小。南方人可以自由阅读拼音文字并且用拼音文字写文章。当然,拼音文字可以和方块汉字同时并行一个时期,正如"五四"时代以后,白话文曾经和文言文并行一样。

拼音文字的推行,对普通话的推广能起很大的作用。只有拼写惯了,然后记得最熟,久而久之,会使人们对普通话的语音系统更加清楚,运用起来也就更加熟练。正音和正字是互相为用的。推广普通话可以促成文字改革,文字改革实现后,还回过头来促成语言的统一。假使将来有一天,方言真正消灭了,那一定是拼音文字的功劳。

在西洋的一些比较大的国家里,方言也是很复杂的。举法国为例,据说法国南部方言(勃罗旺斯方言)和巴黎话的距离等于广州话和北京话的距离(参看柯恩《文字论》28页),这并不妨碍法国人使用统一的拼音文字。

　　等待语言统一然后实行文字改革的理论是极端荒谬的。我们如果拥护文字改革，就不能相信这种谬论。希望拥护文字改革的同志们为争取早日实现文字的根本改革而努力奋斗。

原载《中国语文》1957 年 10 月号

文字改革的三大任务

  文字改革工作是党的文化教育工作之一。远在 1940 年,毛主席在《新民主主义论》里就说过:"文字必须在一定条件下加以改革。"全国解放以后,政府就开展了汉字简化的研究工作。1952 年,中国文字改革研究委员会成立;1954 年 12 月,中国文字改革委员会成立,直接隶属于国务院。1956 年 1 月,国务院公布了汉字简化方案。中国文字改革委员会下面设有拼音方案委员会,草拟了一个汉语拼音方案草案。这个方案经过两年的全国各方面的讨论,经过国务院设立的汉语拼音方案审订委员会的反复审议和修订,1956 年 10 月又经全国政协委员会常委扩大会议讨论,于 1957 年 11 月 1 日由国务院通过,最后于 1958 年 2 月 11 日第一届全国人民代表大会第五次会议批准。我们的党和政府之所以这样重视文字改革工作,是因为它能适应六亿人民摆脱文化落后状态的需要,能适应多快好省地发展社会主义事业的需要,因此,这些措施得到全国人民的拥护。汉语拼音方案公布两年以来,在扫盲工作中,在推广普通话工作中,都获得了很大的成绩。

  周恩来总理在 1958 年 1 月 10 日政协全国委员会举行的报告会上指出,当前文字改革的任务是:简化汉字,推广普通话,制定和推行汉语拼音方案。周总理这个指示指出了文字改革的努力方向。应该说,在两年后的今天,我们应当努力完成的仍旧是这三大任务。

　　简化汉字的理由很简单，就是因为繁体字难写，难认。有些知识分子低估了简化汉字的作用，以为多写几笔没有什么关系，有些人写惯了繁体字，一时改不过来，因此产生了抵触情绪，甚至有人认为简化汉字破坏了六书（据说六书是造字的原则），从根本上反对简化。这些都是没有替六亿人民的利益着想。我们不能说多写几笔没关系；假如把汉字的笔画平均减少了一半，一个每小时能写五百字的人就能提高到写一千字，工作效率增加了一倍。节省下来的时间该能做多少事情！何况像"廠"字简化为"厂"、"廣"字简化为"广"、"豐"字简化为"丰"、"雜"字简化为"杂"、"習"字简化为"习"等等，笔画不是简化一半，而是简化三分之二以上。简化汉字，对扫盲工作也能起很大的作用。繁体字的构造成分很复杂，初学的人常常感觉困难，不是漏了一两笔没有写上，就是把各个成分的位置颠倒了。而且，笔画一复杂了，也就很难写得匀整，笔画多的字常常占一大块地盘，和笔画少的字很不相称。有些字左边繁，右边简，有些字右边繁，左边简，写起来一边高，一边低，一边肥，一边瘦，不但不美观，而且也不清楚。总之，繁体字是难认难写的，和总路线多快好省的原则是相违背的。为了迅速地提高劳动人民的文化水平，我们必须大量地简化汉字。现有的汉字简化的数量还不够，我们还必须继续简化下去。

　　推广普通话是为了全国人民更好地交流思想，清除方言之间的隔阂。周总理说："解放以来，我国实现了历史上空前的统一，全国人民在共产党和人民政府的领导下为建设社会主义这个共同目标而奋斗，人们就越来越感觉到使用一种共同语言的迫切需要。因此，在我国汉族人民中努力推广以北京语音为标准音的普通话就是一项重要的政治任务。"几年以来，政府做了不少关于推广普通话的工作，获得了相当大的成绩。谁也不反对推广普通话，因为这一项工作对社会主义建设事业的益处是很明显的。但是，跟实际联系起来，有的人就感到困难。拿推广的工作来说，有的人觉得目前重大的任务很多,只好把普通话挤到次要的地位,拿学习来说,有的人觉得学习普通话不是一件容易的事,学习了一些时候,觉得进步不快,渐渐丧失了信心,有的人以为自己的话人家已经勉强听得懂,用不着更进一步提高。其实这些看法都是错误的。当一位文教工作同志把普通话挤到次要地位的时候,我们可以说他并没有从思想上重视推广普通话的工作。当一个人普通话说不好而还以为用不着学习的时候,我们可以说他还不懂得普通话的重要性。如果每一个人都这样想,推广普通话就变成了一句空话。因此,我们还不能满足于目前的一些成效。我们一方面应当认识到,推广普通话是一种长期的工作,不能急于求成;另一方面,我们还应当知难而进,大力推广,积极学习。

汉语拼音方案并不就是拼音文字。但是,吴玉章主任在 1958 年 2 月 3 日第一届全国人民代表大会第五次会议上所作《关于当前文字改革工作和汉语拼音方案的报告》里说:"我们认为:汉字总是要变的,拿汉字过去的变化就可以证明,将来总是要走世界共同的拼音方向。"汉语拼音方案有可能成为将来的拼音文字的基础。那是将来的事,目前我们还不忙讨论。周恩来总理指出:汉语拼音方案有四个用处:第一个用处是给汉字注音;第二个用处是可以用来拼写普通话;第三个用处是可以作为各少数民族创造和改革文字的共同基础;第四个用处是可以帮助外国人学习汉语。两年以前,汉语拼音方案在国内国外(特别在苏联)都广泛地传播,这四个用处都得到了很好的证明。

周恩来总理指示的第三个任务是制定和推行汉语拼音方案,拼音方案在两年前已经制定了,剩下来的任务就是继续大力推行了。但是,汉语拼音方案并不是不可以修改的;全国人民代表大会的决议中说:"应该……在实践过程中继续求得方案的进一步完善。"不过,目前我们的主要任务是大力推行这个方案,传播越广,用的人越多,就越有实践经验来求得方案的进一步完善。

　　三大任务比较起来,汉语拼音方案的重要性最不易为一般人所了解。人们对于简化汉字不能置之不理,因为书籍、报纸、杂志上都出现了简化汉字。方言地区的人,如果出门在外,或多或少地总是学会一点普通话,否则言语交际就成了问题。唯有拼音方案似乎和一般人的生活不发生关系。有人说:"既然不实行拼音文字,制定这一套汉语拼音方案做什么?"

　　其实主张实行拼音文字的人更应该认识到拼音方案的重要性。几千年来,汉族人民一向用的是意符文字,缺乏拼音习惯。现在师范、中学和小学都普遍推行拼音方案,少年和儿童逐渐养成了拼音习惯,也就是为将来走世界共同的拼音方向创造有利的条件。

　　就目前来说,拼音方案的作用也是非常大的。一年以来,注音扫盲在北方各省大力展开,已经取得了显著的成绩。简化汉字和拼音字母是互相配合、相得益彰的两种武器。汉字的简化使汉字变为易认、易写、易记;而拼音字母则使汉字变为更易认,更易记,特别是使已经认识的字巩固下来而不至于回生。经验证明,注音扫盲是扫盲的最有效的方法。

　　汉语拼音方案和普通话的关系非常密切。注音汉字能使从来没有出过门的穷乡僻壤的人无师自通地基本上学会普通话。这话似乎说得夸大了一点,其实解释清楚了就不算夸大。我说"无师自通",是指已经学会了拼音字母以后的无师自通;我说"基本上",是指达到了北方人听得懂的程度。这已经是了不起的事情,因为如果没有拼音字母,要使一个没有出过门的方言区域的人学会说普通话是不可能的。至于在师范和中小学校里利用拼音字母来推广普通话能收事半功倍的效果,那更用不着说了。

　　汉语拼音方案还可以在科学技术和日常生活中广泛应用。现在已经有不少部门用拼音字母打电报,打旗语,编索引,制略号……此外,在熟习拼音字母的人们之间的互相通信,不写汉字而写拼音字母,那完全是可行的。这两年来,有不少人用拼音字母写信给吴老，其中有老工人，有小孩。这种事很值得提倡。1958年吴老在人代会的报告中说："语文工作者可以用拼音方案来继续进行有关汉字拼音化的各项研究和实验工作。"我个人认为，上面这些，就是最好的实验。

回顾汉语拼音推行两年以来，我个人感觉到，文字改革的三大任务完成得很好，但是还赶不上大跃进形势的要求。固然，三大任务的性质决定了它们是长期性的工作，但是，在党的领导下，政治挂帅，鼓足干劲，今后文字改革的工作，定将获得更大的成绩。

原载《文字改革》1960年第3期

在高等学校文改教材协作会上的发言

今天参加这个会，我感到很高兴，很荣幸。虽然同时有三个会要我参加，我还是选定到上海来参加这个会。我特别愿意参加这个会，有两个原因：第一，向同志们学习。从前和现在，我都提倡文字改革，但个人知识、能力都不够。现在六个院校正在协作编写文字改革教材，这次会议还要讨论成立一个高等院校的文字改革科研团体，这是一个学习机会。第二，我认为我应该来，表示我支持文字改革工作，拥护文字改革工作，愿意为文字改革工作贡献自己的力量。

文字改革，从清末算起，到现在已经有将近九十年的历史了。特别是在解放以后，文改工作取得了很大成绩。但是十多年来，林彪、"四人帮"对文字改革的干扰破坏很大。

文字改革一直没有成功，是什么原因？我接到一位读者来信，他说文字改革没成功有两个原因：一个是没有推广普通话，一个是汉语拼音方案不好。我认为这是完全不对的。不能等全国语言统一了才实行拼音文字，那样，一百年、一千年也改不成拼音文字。在现阶段，集中九亿人民的智慧和力量，完全可以搞出一种比较完善的拼音文字来。文字改革还没成功，我认为主要原因不是别的，而是思想认识问题，即汉字究竟该不该改革。当前，要搞好文字改革，是否另搞一套方案是个次要问题，重要的是要从理论上解决问题。这方面的宣传工作和教材要多谈理论，要研究汉字改革的必要性和可能性。把这个问题解决好了，大家思想通了，就容易实现拼音文字。应该造成这样一种舆论：汉字一定要改革，一定能改革，也一定能改革好。

毛主席教导我们要接受新事物，要研究新问题。现在的新事物、新问题是什么呢？就是如何实现四个现代化。文字改革也是加快实现现代化的手段之一。只有从这点出发，从现代化建设的实际需要出发，才能认识到文字改革的紧迫性和全部意义，把理论研究和实际工作搞上去。陈明远同志在《光明日报》上发表一篇文章，说明搞现代化，搞电子计算机，需要拼音文字。他说："输出一个方块汉字所需的信息位数，是它的汉语拼音所需信息位数的三倍到五十倍！"这就说明，现代科学技术的发展使文字改革的工作必须加快步骤。

我在《光明日报》发表一篇文章，说到现在文字改革的条件成熟了。后来收到许多读者来信，有的误解了我的意思，以为现在就要马上全部改用拼音文字。有的还寄来自己的方案，说："我的方案最好，赶快使用。如果证明不好，可以判我十年徒刑。"我的意见是先不要再搞这样那样的方案，要着手搞理论研究。研究文改的必要性和可能性，说起来好像很容易，实际可不那么简单。简化汉字只是个过渡，严格地说，连过渡都不是，离根本改革还差得很远。要搞拼音化，就得讲道理，造舆论，让全国人民都懂得文字改革对四个现代化的重要意义。因为在实际上，文字改革的阻力很大，非常大，比如，我们这里有67位代表，大家干劲足，很乐观，我也很乐观。换个地方，可能就不同，可能阻力很大。阻力来自哪儿？我觉得主要来自知识分子，特别是高级知识分子。工农群众和中小学教师很支持文改。阻力来自两种人：一种人说，文字改革破坏文化，毛主席诗词能用拼音文字写吗？还说，我们要变成文盲了，搞拼音化是洋奴思想，好好的中国字为什么要改成外国字呢？另一种人说，语言不统一就不能改成拼音文字，等语言统一了再改。这种阻力比前一种阻力更大,表面上好像不反对文字改革,实际是反对和取消文字改革。我们能不能驳倒这些观点? 要驳倒它们,就要坐下来搞理论研究。所以,编文字改革教材,在大学开文字改革课,是十分必要的。

理论研究的一个方面,就是研究其他国家的语言和拼音文字之间的关系。实际上,许多拼音文字国家,除了个别小国家外,都有各自的方言。为什么他们能够使用拼音文字,我们就不能使用拼音文字呢? 比如,法国现在也有方言,有的分歧还很严重,南部和西部的人有时说话彼此不懂,可是一样使用拼音文字。越南把字喃改成国语字,这是一个进步,但越南也有方言分歧,西贡话和河内话就有不少差异,却并没妨碍拼音化。这种情况很多。我们应当深入研究各国拼音文字的使用情况,有方言为什么依然能用统一的拼音文字? 这对于进一步批驳上面提到的第二种反对文字改革的观点,是很重要的。

另一方面,光研究正面的情况还不够,也要研究反面意见。章太炎的《驳中国用万国新语说》可以看看,看他的理由充分不充分。我不同意他的观点。抗战前我写过一篇文章提倡文字改革,有人就反驳我,说亡国以后自然有人造拼音文字。是不是非得亡国以后才能搞拼音文字呢? 这要研究,要驳斥。另外,也有人跟我辩论,说方言分歧那么大,连鲁迅讲的话都有很多人听不懂,那怎么搞拼音化? 我说,口语不好懂,不能作为不能使用拼音文字的理由,也不等于他本人不赞成拼音文字,相反,鲁迅先生本人一直是赞成拼音文字的。有一位广东教师在讲课时就把"私有制"说成"西游记"。他说不准,但写的时候一定写成"私有制",不会写成"西游记"。广州人把"天"说成 tin,但写的时候一定是 tian,不是 tin。文字与语言不是绝对一致的,字主要是写的、看的。退一万步说,即使学拼音文字有困难,总比学毫无道理的汉字要容易得多。反对拼音文字的说法都要一一驳倒。

　　我们要把理论工作搞得深入一些、细致一些。理论工作搞好了，人们思想通了，造成了社会舆论，实行这样或那样的具体方案的问题，就好解决了。我相信，党和政府会集中群众意见，采取措施，早日实现汉字拼音化的。前些时候，我很悲观。今天参加这个大会，看到这样蓬蓬勃勃的景象，我觉得文改有希望，很乐观。记得过去有一次讨论文字改革的会上，吴玉章同志说："我已经七十五岁了，我还有什么别的要求哪！"听到这个话，郭老落泪了，我也落泪了。现在想起吴老这句话，我心里仍然感到很难过。我七十九岁了，也仍旧有信心，文字改革大有希望。希望在我活着的时候，看到文字改革成功。

原载《语文现代化》1980 年第 1 辑

汉字和汉字改革

今天,我很高兴向美国朋友们作一次讲演。我讲的题目是"汉字与汉字改革"。共分六个部分:

一、汉字的构造

汉字可以分为两大类:一类叫做表意的文字,一类叫做表音的文字。表意的文字就包括象形、指事、会意三种字,表音的文字指的是形声字。其实形声字也有表意的成分,所以形声字应该说是表意兼表音的文字。只有那种所谓假借字才是单纯的表音文字,比方,早晚的"早"写成一个跳蚤的"蚤",那就叫做假借字。汉字里的表音字可以说是一种代数式的音标,因为那个表音的音标并不是固定表示哪个音的,时代不同,方言不同,表音也会不同。在古代,可能表示那样一个音,在现代,可能表示这样一个音;在这个方言里是表示这个音,而在另一种方言里,它可以表示另外一个音。

总之,由于古今的语音系统或方言的语音系统的不同,表音也就有所不同,所以它是代数式的。就好比 x、y, x 等于什么数字,y 等于什么数字,它是不固定的。这样,汉字的构造便可以经过几十年、几百年甚至几千年基本上没有什么变化;同时,汉字靠代数式的音标也可以在方言复杂的中国通行无阻。这就是汉字的优点。

汉字的形体,传统上分为四种,叫做正、草、隶、篆。篆书是最早的,其次就是隶书了,再其次是草书,再其次是楷书。楷书又叫做正楷。此外还有一种字体,是在正楷和草书之间的,叫做行书。自从我们发现了金文,就有所谓金文这种字体。后来我们又发现了甲骨文,又有另外一种字体叫甲骨文。

二、汉字的发展和演变

汉字的发展和演变,有四种情况:

第一种情况是某些字转化成了另外一种字形。举几个例子(见图一):一个是"十"字。"十"字本来是只有一竖的,后来却变为一竖还加上一点或一横,后来又变成现在的"十"字了。头一个是甲骨文,后面一个是金文,第三个是篆书,最后一个是楷书。为什么这个"十"字会这样演变呢? 就是因为它跟"甲"字的演变有关系。在甲骨文中,"甲"字写起来就很像"十"字。后来那个"丨"字写成了"十"字的样子,中间有一横了,那就容易跟"十(甲)"字混了,所以"十(甲)"字就得变一个样子,加一个方框在外头,写成"田"字。到了篆书又变成了"甲"那个样子,最后就变成楷书的"甲"了。再举个"七(七)"字为例,这个"七"字在金文里很像"十"字,但是在金文的时代跟"十"字不会混,因为金文的"十"字是一点在中间("十"),就是写成一横,那也是短的("十")。后来逐渐混起来了,一混了就不方便了,所以把那一竖拐一个弯,写成"七",就不会混了,最后就变成楷书的"七"字了。再举个例子,玉石的"玉"字,最早在甲骨文中写做"丰",三横一竖,那一竖原来是上下都出头的,表示古代的玉石是用绳子串起来的。后来串的那一竖变得不出头了,变成"王"这样的三横一竖了,这个"王"一直到篆书还是这样的。后来由于这样写跟"王"字容易混,只好在旁边加上一点,写成"玉",表示跟"王"字有所区别。再看"王"字的字形演变,"王"字开始是两横一竖,而底下的第三横离得比较远,那一竖的下端呈三角形。到金文时,最后那一横变成向上弯的了。("王")到了篆书时,就只有三横一竖了,但是第二横和第三横之间的距离还是很远的("王")。现在刻图章还是用这种篆书的字形,刻"王"字如果不这样刻,就算错误了。但是后来"王"字逐渐变了,三横一竖的那三横变成很匀称的三横了,这就跟原来的"王(玉)"字混了。为了加以区别,就只好在"王"字旁边加一点表示"玉"字。

甲骨文	金 文	小 篆	隶 书	楷 书
丨	丨	十	十	十
十	田	甲	甲	甲
十	十	七	七	七
王	王	王	玉	玉
王	王	王	王	王

(图一)

　　第二种情况,这是很重要的一种情况,就是从象形到形声的发展。人家说我们的汉字是象形的文字。开始是这样的,但是到了后来,有了形声字以后,再说我们的汉字是象形文字就不对了。单靠象形,有些字是造不出来的,因为有些根本就画不出形状,有些也很难画得出形状。比方说,一棵树可以用象形字,就是那个"木

（木）"字,它是象形,象一棵树。但是树有种种的树,有松树、有柏树、有榆树、有柳树……我看就很难画了。什么样的象松树,什么样的象柏树,什么样的象榆树,什么样的象柳树……就不大好画,画起来太复杂了。所以就要在象形字旁边加上一个音标,表示这个字怎么读音,这样加以区别。其实那个音标也是用的象形字,不过在这里它不当象形字用,而是当音标来用了。比方沐浴的"沐"是洗头,"沐"字左边是"水",右边是"木"。洗头是要用水的,所以左边是"氵(水)"。可是"木"字呢,它还是一个象形字,还是画一棵树,但是洗头跟木头没关系,它只是取那个声音。从象形字到形声字的发展是一个很大的发展,由此汉字就增加了很多很多倍。到了现在,我们汉字中的形声字能占百分之九十以上。

第三种情况就是区别字的产生。我们的汉字常常是一个字有两种以上的意义,这样使用起来不太方便,后来人们就给这些具有两种意义的字另外造一个字来加以区别,所以叫做区别字。比方,说话的"说"字,在古代常常当喜悦的"悦"字讲,也念"悦"字的读音,这样使用起来就很不方便,后来就造了竖心旁的"悦"字,表示喜悦的意思。悬挂的"悬"字,原来写作州县的"县"字,后来州县的"县"字很常用,人们感到这个"县"字既当悬挂的"悬"讲,又当州县的"县"讲,使用起来很不方便,所以又另造了个"悬"字,在"县"下边写个"心"。座位的"座"字,本来就写坐下来的"坐"字,后来加以区别,座位的"座",就在"坐"字上边加了个"广"字头。还有打仗时所谓八阵图的"阵"字,本来写作"陈"字,后来为了加以区别,也分化了,战阵的"阵"字就改为现在这样写了。由于产生了这些区别字,汉字又增加了很多,所以这也是产生新字的一种方法。

第四种情况,就是简化字的产生。简化字历代都有,从甲骨文、金文中就可以看到有简化字,以后逐渐增加,自宋代、元代以来,就更多了。简化字的目的就是少写一些字的笔画,省时间。但是简化字在当时不叫简化字,叫做俗字。所谓俗字就是非正式的字。

　　由于以上所说的四种情况，汉字就越来越多，并且也有些字形的变化。有人统计现在的汉字多到五万多字。当然常用的字也不过是四千多个。

三、汉字为什么要改革

　　汉字须要改革的主要原因是因为汉字难认难写。汉字为什么难认？有三个原因：

　　第一个原因是隶变以后，字形变化得太大了，变得象形字都不象形了。隶书产生在秦代，那个时候隶书和篆书还是同时并用的，后来就逐渐取代了篆书。刚才我没有讲到隶书，因为隶书跟楷书差不多，是属于一类的。隶变是汉字历史上的一次大转变。由于隶变，象形字就不再象形了。我们举些例子来看（见图二）：太阳应该是圆形的，却变成方形的了。甲骨文的"日"字好像就是方形的，但那是由于用刀笔刻，圆形很不好刻，其实应该是圆形的。月亮应该是个半月的样子，但是现在变成长形的了。"牛"本来是有两只犄角的，隶变以后，"牛"字就变得只有一个犄角了；"犬"字本来是画一条狗，画得很像的，不过是把它竖起来画的，但是现在"犬"字没有头，也没有尾巴了；"鹿"字本来看得很清楚，有犄角也有腿，现在"鹿"字没有犄角了，腿也看不清楚了；"鸟"本来只有两只脚，后来"鸟"字却变成有四只脚了；"燕"子本来有头有尾巴，但是现在"燕"字也有了四只脚了，而头部也不像燕子了；"车"字本来画得很像古代的车子，有两个轮子，前边那个叫辕，是驾马的，马在前面。后来篆书却只剩下一个轮子了。到了楷书，那个轮子就变成方的了。现在汉字简化以后，那个方轮子也没有了。

　　第二个原因是部件太多、太杂。鲁迅曾经批评过，他说乌龟的"龜"字很难写得对。这个"龜"字不但小孩子写不好，连我们也写不好。就是拿今天常用的汉字来说，部件也是够复杂的了。有人计算过，大概汉字有二百多个部件。我看可能还要多。比方说"今"字算一个部件呢，还是算几个部件？再说"年"字算几个部件呢？如果像"今"字、"年"字这样的字你只算一个部件，那么部件就更多了；如果"今"字、"年"字算几个部件，那你就很难定下来到底算几个。所以难怪常常有人把"冷"字右边的那个"令"字写成了"今"。也有相反的情形，比如"含"字，上面本来应该写个"今"字，但是很多人却又常常写成了"令"字。还有"宰"字，本来宝盖头下面是个辛苦的"辛"字，但是很多人却写成了幸福的"幸"字。又例如姓侯的"侯"，即诸侯的"侯"，很多人写错了，写成了时候的"候"。

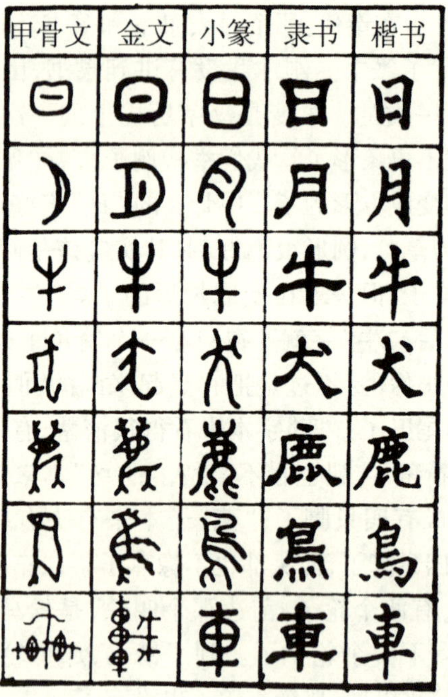

甲骨文	金文	小篆	隶书	楷书
日	日	日	日	日
月	月	月	月	月
牛	牛	牛	牛	牛
犬	犬	犬	犬	犬
鹿	鹿	鹿	鹿	鹿
鸟	鸟	鸟	鳥	鳥
车	车	車	車	車

(图二)

　　第三个原因，是笔画太多。汉字的笔画多到三十多笔，有些四五十画的就不常用了。《新华字典》里边有个字还是三十六笔的，现在也没有简化，就是"龘"字。我们有些常用字也还没有简化，比方说"藏"字、"疆"字、"镰"字、"镐"字、"锹"字等等，也还没有简化。

汉字既然是难认难写，那我们就应该改革。因为难认难写给我们的语文教育造成很大的困难。我们的小学本来要教孩子们文化知识的，但是得先通过认识字，那么他认字那样困难，所以我们的小学头一年教的汉字是很少的，然后才逐年增加。认字认得少，文化就不容易提高。我们曾经看过资本主义国家的小学课本，他们念两年能达到什么样的文化水平，我们念两年能达到什么样的水平，这么一比较就看得很清楚了。所以我们为了四个现代化，应该进行汉字改革。

四、简化字的问题

简化字能不能解决我们的汉字难认难写的问题呢？照我看简化字只能解决一部分问题，而且还是一小部分问题。它所能解决的问题就是把笔画太多的字减少了笔画，写起来比较快，省时间。所以我们也曾经进行过汉字简化的工作，曾经公布过第一批简化汉字。对汉字进行简化，这是我们的语文政策。当时在简化第一批汉字的时候，我们定下的原则叫做约定俗成。这就是说，把在广大人民群众中广泛流传的"俗字"给它合法化。这是我们广大人民群众的创造，给它一个合法地位，废掉那些繁体字，这样它再也不是俗字了，是正规的字了。所以第一批简化汉字很受群众的欢迎，能够通行无阻，现在已经用了二十多年了。1977 年 12 月，我们又公布了第二批简化汉字。公布时只是说暂时试用，请大家提意见，再进行修订。群众对第二批简化汉字意见很大，后来我们就在重要报刊和中小学停止试用了。第二批简化汉字的主要错误在于片面地追求笔画简单，以为笔画越简单越好。我们应该把速记跟简化汉字区别开来，没有任何国家采用速记符号做为文字的，我们的第二批简化汉字就没有采用约定俗成的原则。除了少数字是在社会上广为流行的之外，很多并不是在社会上广泛流行的，可能只是出现在某个工厂或某个地区，只是少数人用的。现在把它拿来公布，做为简化汉字，这就不是原来的那个约定俗成的原则了。简化字把笔画繁多的字简化了，有时候还有一种副作用，就是字虽然好写了，但是反而难认了，所以这是得不偿失。有人主张汉字都简化到七画以下；有人主张要简化到十画以下。我们要是学过数学的话，可以做个计算，看看笔画在七画以下的汉字能够有多少形态变化，会不会很多字都是形状非常相近的？文字的应用，是看的时候多，还是写的时候多？我说是看的时候多。一个人可以一天到晚不写字，但是有文化的人不可能一天到晚不看书报。如果把汉字的笔画简化得很简单，变得更难认了，这就损害了我们的阅读。我们要保持汉字的区别性，汉字的清晰性，容易相混的字应该避免。比方说，第一批简化汉字把"邊"简化为"边"，而第二批简化汉字又把"道"简化成"辺"。这个"辺"字就和原来已经简化的"边"字很容易混。我说这种字要戴着显微镜来看，我这是嘲笑。有位老先生也批评说：我老了，我看不清那个字到底是"刀"字头，还是"力"字头。比方说"桑"字，第二批简化汉字把下面那两个"又"字取消了，只保留一个"又"字，写成"杂"字。我们知道第一批简化汉字中有个"杀"（上面是个"义"，下面是个"木"），这样"杂"和"杀"字就容易混了。一看"杂"字，到底是"桑"字还是"杀"字？有人为这种字辩护，说根据上下文就可以猜想到是什么字，也并不困难。我说这种说法不对。为什么不对呢？你靠上下文猜，你就更难认，本来只要一秒钟就可认得的字，现在要用两三秒钟，这不是更费时间了吗？简化字远不能解决部件太多、太杂的问题，有时候反而搞得部件更多了，更复杂了。比方锻炼的"炼"字，右边那个字本来很好认的，现在变成了另一种写法——"东"，这个字很像"东"，又不是"东"。从前是没有这个部件的。由此看来，简化汉字只能算汉字改革的过渡,甚至连过渡都说不上。现在我们打算在最短的期间内修订第二批简化汉字方案,因为原来试行过,感到毛病多,应该进行修订。修订以后,希望不再简化了,因为我们现在要进行信息处理,汉字常常在那里变,就很不好办,所以我们要进行汉字的根本改革。

五、必须走世界文字共同的拼音方向

所谓世界文字共同的拼音方向,指的就是汉字拉丁化,也叫做汉字罗马化;汉字拼音化(拉丁化、罗马化)有什么好处呢?我想有五个好处:

第一个好处是文字跟拼音一致了,学起来很方便。刚才我讲到汉字的优点时讲到,它有代数式的音标,那不也算是跟语音一致了吗?但是详细考察起来,汉字并不完全是那样,有些汉字还是看不清那个表音成分的,比如"松"字,右边是个"公",应该念"公"(gōng),为什么念"松"(sōng)呢?可见有很多汉字是不能正确表音的。

第二个好处是26个字母是以简驭繁的办法,跟汉字的部件太多太复杂是鲜明的对比。26个字母就等于我们只有26个部件,你看这不是很简单吗。

第三个好处是文字音素化是文字发展的最后阶段。在欧洲以及在其他地区的一些国家里,也并不是一开始就是音素化的文字的,有很多文字也是经过了音节文字的阶段的。所谓音素化是把每个音素都分开,用一个字母代表一个音素,一个音素只用同样的一个字母,这是最进步的文字。

第四个好处是字母国际化有利于国际文化交流。最近联合国已经决定采用我们的汉语拼音方案做为汉语的一种拼音的写法。这也就是我们文字根本改革的第一步,这件事情是使我们非常高兴的。将来我们中国的人名、地名都应该按照汉语拼音方案来拼写。现在我们的外文杂志《中国建设》已经开始用汉语拼音方案拼写中国的人名、地名了。

附带讲一讲，现在有两派人反对拉丁化、罗马化：一派主张要用汉字笔画来写拼音文字，而且还加上一个意义的符号，就是还是我们那种形声字的办法，不过是一种新的写法，他也搞一点音素化，但是用的是汉字笔画，这个我们可以叫它做新形声字。我们不赞成这种办法，因为这种办法不利于国际化，不利于国际的文化交流，而且这样的新形声字，也是部件太多太复杂了。所谓意义的符号，很难辨认。这并不是根本的改革，汉字原来的缺点还存在，还是难认难写。另外一派也是主张拼音要简化，就是说，还是 26 个字母，用一个字母表示声母，另一个字母表示韵母，只要两个字母就构成一个音节，就代表一个汉字，不管这个字母在国际上是不是这样用，他只要这个字母代表这个音。举例来说吧，"狼"字，他写两个 LL，头一个 L 就代表普通英文那个 L，第二个 L 就代表 ang 了，不代表 L 了。有人写信给我说："我们这也是国际化，我们用的也是 26 个字母，比你们造得好，因为我们一个字只要两个字母，你们有时候要用四五个字母，我们这个比你们那个好。"我们认为这不算国际化。首先，你没有依照拉丁字母的表音，另外随便找一个字母表示一个音，这已经不是国际化了。其次，你这种文字不是音素化，而是回到音节文字的道路上去了。因此我们只能走那条按照国际习惯用拉丁字母的道路，不能用刚才说的那两种办法。那两种办法都是不合适的。

第五个好处是汉字拼音化有利于四个现代化。从大的方面说，可以比较有利地完成语文教育；从小的范围来说，汉字拼音化以后，有利于信息处理。有人做过实验，现在信息处理主要是两种：一种是汉字编码，另一种是用拼音文字。这两种办法，后一种办法效率高，大概是可以快几倍，甚至有时快几十倍。

六、要为早日实现汉字拼音化做有效的宣传

汉字拼音化就是实行拼音文字，这是我们汉字改革的终点，也就是根本的汉字改革。但是现在对于汉字改革的阻力很大。如果说汉字简化遭遇一些阻力的话，那么汉字的根本改革，实行拼音化遭遇的阻力比简化汉字所遭遇的阻力还要大得多。反对汉字拼音化主要有两个理由：第一个理由就是中国的方言复杂，要等我们中国的语言统一以后，才能够实行拼音文字。第二个理由是中国有几千年的文化，我们的古书比世界上任何国家的古书都多，要是改成拼音文字以后，将来谁还能读古书啊？关于这两个问题，我谈谈自己的看法。语言不统一，有方言存在，能不能实行拼音文字？我看除了小的国家之外，恐怕比较大的国家没有哪个国家没有方言，或多或少都有一些方言。拿法国来说，一方面有东南方的Provencal，一方面有西北方的Normand。这些方言都离巴黎话相当远了。为什么它能实行拼音文字？我们把汉字改为拼音文字，总比汉字完全不表音、表音不准确好得多吧。比方说"天"字，为什么写两横，底下写一个人呢？什么道理也没有，现在讲不清楚。那么，那样毫无理由的字都能够认识，都能够写下来，现在我们要用一种拼音文字，至少还是靠近实际语音的。比方，现在我们把"天"字写成 tiān，有些地方的人并不念 tiān，因为方言不同。尽管他不念 tiān，但他念的音还是跟 tiān 相近的，至少不会像原来那个"天"字那样毫无道理了。比如上海人把"天"字念成［t'iɛ］，还是跟 tiān 比较相近的。广州人把"天"字念成［t'iŋ］，也是跟 tiān 比较相近的。为什么反倒难认，反倒不如汉字好认呢？这是不可理解的。再说文字是用眼睛看的，不是用耳朵听的，所以他尽管说那个字说得不正，就好像由于方言的影响，一个人学普通话学得不好，但并不等于这个人就不会用普通话写那个字。我们北京大学有一个广东的教师，他讲课的时候老讲"西游记"，别人说你讲的课跟《西游

记》并没有关系,你怎么老讲"西游记"呢?后来才发现他讲的不是"西游记",而是"私有制"。"私有制"他讲不好。"私有制"的"私"和"制"这两个字,广东人简直是很难说好的,所以他把"私有制"说成了"西游记"。但是如果让这位教师写拼音文字,"私有制"他决不会写成"西游记"。所以说方言复杂不能成为反对实行汉字拼音化的理由,相反我们实行了拼音文字以后,倒有利于语言的统一。第二个问题就是关于阅读古书的问题。我们认为广大的人民群众恐怕不大须要读古书。如果为工农兵服务,工农兵恐怕不大须要读古书,他们也没有很多时间读古书。如果有些古书须要广大人民群众读的话,我们可以翻译成现代语来教他。我们有一部分人是须要念古书的,比如大学的中文系、历史系的学生是须要念古书的。我们可以为他们专开一门功课,就是汉字课。有人以为我们搞汉字改革就是把汉字废掉了,其实汉字是永远不会废掉的,将来我们的汉字就等于欧洲国家学的拉丁文,他们也开拉丁文课,因为有一部分人须要念拉丁文的书,他们不但开拉丁文的课,还开希腊文课呢!那是因为做为一门专门的学问,还是须要有人知道的。其次我们还可以考虑制定一种古汉语罗马字,古汉语罗马字是依照古代的语音把它写下来的,那么这下子我们念古书就有了根据了,可以根据古音来念古书。1973 年赵元任教授有一篇论文,他提倡一种"通字",英文名叫 general Chinese。他那种通字就是根据中古时候的语音系统简化了的。我们可以仿照赵元任教授的办法造一种古汉语罗马字。这对于我们汉字的信息处理也很有好处,很有必要的,因为现在信息处理有时也要处理到古代汉语。

　　毛主席说过一句话,他说我们考虑一切问题都要为我们的六亿人着想。我们现在不只六亿人了,我们是十亿人了。那么我们进行汉字改革就是为十亿人着想,不是为少数人着想,应该是这样看问题。这样看问题,汉字改革的问题就解决了。如果不这样看问题,认为汉字好像也不难啊,你看我也学会啦,我须要看古书啊,这些就不是为广大人民着想。所以我们为广大人民着想,就要实行汉字改革,希望汉字改革早日实现。这方面我们要多做宣传工作,在国内我们正在做,希望我们的宣传能宣传到国外去。美国朋友们,希望你们也帮我们宣传宣传。

这是作者1980年7月7日在南开大学对美国留学生的讲演,原载《拼音报》1981年第1期

在庆祝王力先生学术活动50周年座谈会上的发言

一

　　刚才听了叶老的话,我非常激动,我要表示对叶老的万分感谢!他对我的恩情很深。我跟叶老是怎么认识的呢?1927年,我在法国巴黎大学念书的时候,自己没有钱,在外国生活很苦,就想要卖文为生。但是语言学的研究论文是不值钱的,只能翻译一些法国文学作品,寄给商务印书馆。当时谁审阅我的译稿呢?就是叶老。叶老看了我的稿子,给了很好的评语,从此以后,我所有十几部译稿,商务印书馆都印行了。我在法国五年求学的费用,可以说是叶老给我的。所以我非常感谢他!回国以后,跟叶老通信,但是没有能见面。直到解放以后,我到北京来,才同叶老见面了。叶老写了很有感情的词,我是很激动的,也依照他的原调原韵,和他一首词,表示感谢,表示我对叶老的深厚情谊:

　　　　懿欤海内词宗,竹林稷下驰名久。情殷私淑,一朝相见,新交如旧。当代方桌,马空冀北,承恩独厚。喜长随杖履,亲聆謦欬,勤培植,粗成就。　　四库艺文穷究,苦钩玄,焚膏继晷。焕之高制,西川佳作,藏山传后。毓德良师,树人宏业,芝兰清秀。祝康强逢吉,心闲身健,无疆眉寿。

二

今天承蒙各位前辈、各位老朋友、各位老同学前来参加这么一个隆重的盛会，我的感激之情，不是语言文字所能形容的。

我这 50 年的学术活动，成就不大。在我的著作中，存在着许多缺点和错误，距离党、国家和人民对我的要求还很远。这次庆祝会，使我有受宠若惊之感。这是大家对我的鼓励和鞭策。今后我誓将努力工作，竭尽我的能力，为我国社会主义文化事业作出贡献，借此报答各位前辈、老朋友、老同学的盛情高谊，不辜负党、国家和人民对我的期望。

值得高兴的是，三四十年前在课堂上听我的课的老同学，今天多数成为专家、学者、教授，其中还有世界著名的第一流学者。当然，他们的巨大成就，是由于他们自己刻苦钻研，由于他们另有名师指导，我不能把他们的成就记在我的功劳簿上。但是，我和他们的交情既然是建立在学术上的，我就会感觉到他们的成就也就是我的幸福。

今天我们党和国家非常重视知识分子的作用。在政府工作报告中还提出了要发展我国的语言学。我们语言学工作者不愁英雄无用武之地，有许多工作等待着我们去做。我个人认为，除语言学本身的价值以外，有两件事是直接为四个现代化服务的：第一是语文教育工作，第二是文字改革工作。

我国的语文教育，在十年动乱中，受到了严重的摧残。最近三年来，情况有所好转，但是，还远远不能令人满意。我们的青年、我们的后代，如果语文没有学好，不但写不出文学作品，写不好新闻报道，甚至写不出通顺的科学论文，这就影响了四个现代化。我希望同志们多关心语文教育，提高我国人民的语文水平，从而也就提高我国人民的科学文化水平。

同时，我还希望大家都来关心文字改革，多写一些文章，多作一些讲话,从语言学理论上宣传文字改革的必要性和可能性。我国的汉字又难认、又难写,这样就严重影响了我国人民文化水平的提高。我们曾经作过调查研究,别的用拼音文字的国家,他们的小学毕业生的文化水平,比我们国家小学毕业生的文化水平高出很多。我们的中小学生,比起他们来,要多花费两年的功夫来学习繁难的汉字。此外,现代的科学发展了,要用计算机来处理文字,这叫做文字信息处理。汉字是极不便于进行信息处理的。如果改用汉语拼音,那对于文字工作的机械化、现代化才提供了方便的条件。所以,我认为应该促进文字改革事业,大力推行汉语拼音方案,使汉语书面语更便于交际,并且改造得适用于文字信息处理。汉字改革如果能早日实现,那就对四个现代化的贡献更大了。我愿和大家一道努力奋斗!

昨天晚上,想到今天要开这样一个会,又感激,又兴奋,睡不着觉,填了一首词《浣溪沙》。现在我把它朗诵一遍,表示对大家的感谢:

自愧庸才无寸功,不图垂老受尊崇。感恩泥首谢群公。
浩劫十年存浩气,长征万里趁长风。何妨发白此心红!

1980 年 8 月 20 日中国文字改革委员会在全国政协礼堂主持了庆祝王力先生学术活动 50 周年座谈会。王力先生在会上有两次发言。原载《语文现代化》1980 年第 4 期

做书评应有的态度

从前我不愿意做书评，以为是吃力不讨好的事情。做一篇书评，往往比做一篇自己的文章更吃力，尤其是比胡扯的文章费劲；因为要做书评非把那书从头至尾细看一两遍不可，不像做那些普通的论述文章可以想到什么说什么。书评做得好，社会上也因此得点好处；或者做了一篇骂人的书评，更博得读者拍案称快，这似乎是能讨好了。然而读者的拍案称快是暂时的，拍了案称了快之后决不会再记得你，更谈不到感谢你；至于被批评的人却永远记得你曾经写过这么一篇文章，纵使你没有骂他，而且他也宽宏大度；至少也未免怏怏，这岂不是吃力不讨好吗？

近来我的态度改变了，我认为书评是可以做的，只应该守着做书评应有的态度。态度对了，总算行吾心之所安；态度对了，纵使得罪了人，也可说罪不在我。一个人不能不读书，读了书有意见尽可以发表。又何必学那些"阅世深，趋避熟"的人们，只顾"独善其身"呢？

关于做书评的态度可分为对人对事两方面讨论。

对人方面

第一要义就是用真姓名。用了真姓名，就表示你肯负责任；用了真姓名，使你为了名誉攸关，许多卑鄙下流的话都不至出于口；用了真姓名，能使你慎于批评，一言一语必求精当。如果是一篇恭维人的书评，也许还可以用假名，因为可以表示你不愿受著者的感激;如果是一篇严厉的书评,绝对应该用真姓名,不然就显得你怯弱,怕负责任,又显得你器量狭小,批评了别人不让别人反辩(著者往往不愿反辩,因为反辩等于咄咄书空,始终不知对话人是谁)。《书人》规定批评者必用真姓名,这是很值得称赞的一件事。

第二,对非名流的书也该批评。一般批评家往往集中于名人的著作而忽略了非名流的书,大约有两种原因:(1)批评名流,自己也可以与名流比肩;如果侥幸与名流辩驳起来,无论输赢,自己总算是名人的对抗者(这种坏习气,经许多人指摘过,这里不多谈)。(2)非名流的书不值得批评;纵使加以严厉的批评,也只算抬举了他。这与第一个原因是相对的两面:非名流批评了名流,自身也变了名流;名流批评非名流,非名流也变了名流。由此看来,一般人不肯批评非名流的书,无非不肯让他出头,这是一种极坏的妒忌心理。我们做书评,只该看书的本身是否值得批评,不该问它是谁所著。假使你真是个名人,一言九鼎,那么,那非名流的学者一经品题,声价百倍,这是先进对于后进的责任;而且援引后进,也是一桩乐事啊。

第三,对朋友的书,也该批评。这是最难能可贵的事。所谓朋友,往往是同行。最适宜于批评他的书的人,也许就是你。别人说的话,或者搔不着痒处;只有你够得上批评他。然而这种批评的重要条件是褒中带贬,否则成了互相标榜,读者对于你的话也当做耳边风。

第四,曾经批评过你的人,尤其是曾经以不正当态度批评过你的人,他的作品你不必批评。除非你完全说的是恭维话,否则很容易使读者以为你是硁硁然挟嫌报复。虽则我们也可以不必避免这种嫌疑,然而读者对于你的话总不肯认为真理,你的书评就失了效力。

对事方面

第一,没有价值的书有时也可批评。普通我们总以为值得批评才批评,这是正常的道理;然而有时候,某一部书虽然没有价值,却为了别的原因,侥幸博得广大的读者群,在这情形之下,我们不能不指出它的错误,以正天下之观听。

第二,批评的话应专对本书内容而言。书中的话说得对,我们就说这很好;说得不对,我们就说这错了。这是多么简单的事!然而中国一般的批评家偏要说:"这错了,为什么这一点儿常识都没有呢?"或说:"这是很容易懂的,为什么也会错呢?""我不知道著者为什么这样粗心!"甚至于说:"著书该慎重,不能专为稿费或版税啊!"这一类的说法,一则缺乏客观的态度:错不错是客观的,至于粗心不粗心,乃是你的瞎猜;我们知道,有时候越留心越弄错,我们不能把弄错的原因硬指为粗心。二则有损著者的人格:我们做书评,是对事,非对人,纵使著者著书的目的真是专为稿费与版税,也与我们无关。我们所要求的只是一本完善的书,如果我们发现它的缺点,我们怀着满腔的原谅去指正它。我们做书评的目的并不在乎打倒某一个人,只在乎矫正某一部书的阙失与指出其优点。三则等于瞧不起读者:如果真的很容易懂的地方也被著者弄错,只须你一指正,读者自会发生著者常识不足的感想,你的责备是多余的,倒反令读者觉得你因发现别人的过失而洋洋得意。

第三,书评里用不着挖苦或讽刺的语气。著者错了,你可以直说;他既不是当权的要人,用不着拐弯去讽刺他,挖苦更显得小气。如果被评者来信辩论,尽可以大家很严厉地大辩驳一场;然而辩论的一切言语总该从正面着笔,旁敲侧击在读者看来是不大方,在被评者看来是一种蔑视。

第四,书评里应尽量避免反诘的语句。同是一句话,从正面说来,是庄重,若变为反诘,就近似于轻佻,例如说"著者这种理论未能令人满意"胜于说"这种理论谁能满意?"又如说"某书中无此一段话,此系著者误引"胜于说"某书中有这一段话吗?著者为什么不仔细查一查呢?"

第五,评者与被评者辩论起来的时候,更该互相尊重,不可流于谩骂。谩骂起来,读者如看泼妇骂街,虽则觉得有趣,同时也把双方的人格都看低了。

第六,做书评不一定要找错处。如果我们遇着一部好书,尽可以把它的优点指出,加以发挥,帮助一般读者欣赏。提要的工作也值得做。卷帙繁重的书,许多人没有工夫看,如果我们替他们提出一个纲要,可算是帮助他们浏览了这一部书。外文的书,许多人不会看或看起来很费力,如果我们替他们译出一个纲要,也使他们有机会间接知道西洋书籍的内容。

总之,书评的文字应该"质而寡文",就是多谈是非,少说废话。要恭维时,我们只须说何处好,怎样好法;要指摘时,我们只须说何处错,何故弄错,或该怎样才不错。除此之外,什么都不必谈。这样做去,才能保全批评家的道德。

廿六年一月二十七日

原载《书人月刊》第 1 卷第 2 期,1937 年

评 Word Families in Chinese

高本汉教授的这书是《诗经研究》(ShiKing Researches)的续篇。《诗经研究》里所已论及的声类，在这书里重加讨论；其所未论及的声类，也在这里作详细的探讨。

高氏一起头先说明字族(word families)的研究在支那语系比较语言学上的重要。中国语、泰语、藏语、缅语的语言系统须先互相比较，这是中国语音史的一种重大的工作。但是，我们不能把中国的某一单字与藏语或缅语的某一单字相比较就算了事。因为中国语里的字并不像一盘散沙，而是成为若干族系的，例如"目"字在中国上古念 miôk，藏语把眼睛叫做 mig，我们不可就认它们同为一物，必须先确定"目"字属于哪一个字族，然后可以断言。与"目"字同族者有"眸"字，"眸"字在中国上古念 miog，藏语的 mig 该是与"眸"字直接相当。像这样比较下去，然后能达到我们研究的目的。

我们完全承认高氏的字族的研究是支那语系比较的基础，但我们同时感觉到这种工作的困难。中国上古语音的研究，至多只能得到一个近理的假定；对于某几个系统的上古音，我们可以公认为某种音值而没有什么争论，例如"寒"之为 ân、"删"之为 an 等；但是，对于另一些系统，就很难得到大家公认的结论了，例如在这书里，高氏把尤韵的上古音定为 iôg(故"眸"为 miôg)，脂韵的上古音定为 iər、iwər，都不见得是确当不移的。如果能有人证明"眸"字在上古不念 miôg，那么，它就不能与藏语的 mig 直接相当了。

在胪列各字族以前，高氏先讨论齿音韵尾和喉音韵尾两类的上古音值。高氏的古韵分部根据段玉裁与王念孙，实为卓见。上古音值虽尽有讨论的余地，而上古音系总当以王念孙、江有诰的结论为定论（高氏东、冬分部亦依江有诰之说）。静安先生所谓"以至简入有涯，故不数传而遂臻其极"，高氏对于音值虽常有新见解，而对于音系则不能出段、王、江之范围，这因为史料相同，客观研究的结果不能独异的缘故。

在讨论齿音韵尾的时候，高氏对于真、文两部的上古音值，从喉声母与唇声母观察而推定，真是看得精到。如果我们不要求每一古韵部限于一个主要元音，那么，高氏的说法是可以相信的。

但是，高氏最费力去研究的乃是脂、微、齐、皆、灰的上古音值。在这里，高氏运用他素来的雄辩，说来头头是道。他主张这一部的上古音的韵尾是 r，而他这种主张是由真、微通押，"傩、难"谐声等现象所启发的。他先说此种现象不能以阴阳对转为解释，次说不能归之于方音，次说"旂颀"等字的韵尾不会是腭化的 ṇ，也不会是较弱较短的 n，次说不会是 t 或 d。中间又以假借引申之字为例，并举藏语为旁证，结果才证明其韵尾为 n、t、d 以外的辅音。但此辅音也不会是 s 或 l，只能是一个 r。于是"哀"字收 ar，"回推雷"收 wer，"幾豈衣"收 ier，"归违"收 iwr，"脂尸师"收 iar，"追水"收 iwar，"氏弟栖"收 iar，"皆"收 êr，"怀"收 wêr，"几饥祁"收 iêr，"葵遗"收 iwêr，并且推得更远，"迩瀰"收 iar，"諓葰"收 iwar，甚至把"傩"字认为读 wâr，把"皤"字认为读 bwar，以致歌部字也有收 r 的了。

这么一来，中国上古就没有简单的 i 韵；因为高氏认为之哈部的古读为 eg、ieg、weg、iweg，又认为支佳部的古读为 eg、ieg、weg、 iweg(入声则收 k 不收 g),今脂部又以 r 为收声,于是就没有一个古韵是以 i 收声的了。这与清儒认为上古没有 a 韵同样地令人难于深信。

齿音韵尾讨论完了,高氏接着讨论喉音韵尾。在这一章里,他与李方桂先生辩驳的话很多。但是,他虽则指出了方桂先生的一些错误,同时却因为得了他的启发而对于自己的旧说有所修正,他既赞成方桂先生的东、冬分立,虽则不肯接受他所定的音值,然而不能不因此而将《诗经研究》对于"公、宫、冬、恭、降"诸类的音值修改。

在考证上古音的时候,高氏忽然悟到他从前所定《切韵》的音须修改的地方,于是他把臻由 ien 改为 iên(以此类推,栉也该由 iet 改为 iêt),耕由 eng、weng 改为 êng、wêng。麦由 ek、wek 改为 êk、wêk,这也是很值得注意的。

最后,高氏依照他所定的上古音的系统,制成十一个字谱。凡韵母为单纯元音或复合元音者都不入谱,因为高氏以为它们的形体太短了。总之,凡同谱之字,必须它们的声母的发音部位相同,同时它们的韵尾辅音的发音部位也必须相同,例如 kân、gian、k'iwan 可以同谱,tung、tôk、dôg 也可以同谱。主要元音的异同与声调的异同都不顾及。

现在把他的第一谱(发声为 k 类,收声为 ng 类的)抄了下来,加以说明,以见一斑:

景镜光晃煌旺莹耿颖炯荧杲赫旭熙熹晓瑛——皆含"光"义;

行徨径,街巷遨——皆含"行"义;

讲告——皆含"语"义;

更改——同义;

麴酵——同义;

迎逆——同义;

穅壳谷——皆含"谷"义；

瘿痈——义相近；

鸿鹄——义相近；

浴沃渥——皆含"渥"义；

形营影——义相近（高氏云："形"contour、shape、form；"营" to draw a plan、to plan、to build etc；"影"form、image、shadaw）；

亢狂竞——义相近（高氏云："亢"violent，"狂"violent、mad、 furious，"竞"to be violent、quarrel）；

衡横肩杠——义相近（高氏云："衡"yoke of an ox、horizontal bar of a balance、cross-wise，"横"crosswise、horizontal，"肩"door-bar、doorbolt，"杠"cross bar）；

圣泾荥潜江潢滓泳泽洪浩顸洵泱汪瀚——皆含"水"义；

懭怪——义相近；

惊警敬惶悾兢恭恐戁惧骇忌噩愕恍恟吓唬——义相近；

冈擎陉嵘扛起企高蹻乔翘丘卬昂仰崿额岳崖危傲尧峣兴——皆含"高"义；

香麛馨——皆含"香"义；

炕旷涸槊稿槁茭糗熬烘熇——皆含"干"义；

颈刭项——皆含"颈"义；

胫骹——皆含"胫"义；

康庆幸祺喜好——皆含"好"义；

诓诳惑乖诖诡怪欺亢狡矫疑谎——义相近。

以上所谓皆含某义者，是我勉强替高氏解释，未必能合他的本意。但是，他的意思至少是说意义相近。不过，他同时声明他并不肯定地说每类中一切的字都是同族；对于某一些字，他只猜想它们是同族。在第一谱里，最令人感觉兴趣的是"衡、横、肩、杠"四个字；而最难令人相信的是"形、影、营"三个字，在我们中国人的眼光看来，"形"与"营"在意义上不会有什么关连的。但是，高氏既声明在许多情形下只是一种猜想，我们也不必吹毛求疵。现在我们只批评他的原则。

在表面上看来，高氏似乎以为凡同族之字，其意义必互有关系。但是，我们只就第一谱观察，已可见他把谱中的字再分为许多小类："景"字的意义与"镜"字固然有关系，但它与"行"字、"迎"字、"瘿"字，就没有鲜明的关系了。由此看来，"同族者意必相近"这一个原则自然不能成立。我们可否退一步而说"义相近者必同族"呢？这要看"族"的范围而定，如果依中国旧说，以双声叠韵辗转孳乳，当然可说这话；但如果依高氏所谓字族，必须甲字的发声与收声的辅音发音部位与乙字的相同，然后认为同族，那么，有时候也可以遇着"义相近者未必同族"的情形，例如"光"与"辉"、"街"与"道"、"告"与"语"、"怪"与"奇"等等。由此看来，"义相近者必同族"这一个原则又不能成立了。

我们甚至连"同族者其义往往相近"也不能说，因为依高氏第一谱看来，152 字当中就有 23 类的意义，决不能说是"往往"。我们只能说"义相近者往往同族"。

如果高氏承认他的意思只是"义相近者往往同族"，那么，这并不是他的创见。章太炎先生的一部《文始》，无非发挥这一个原则。章先生根据对转、旁转的道理，与高氏所谓族者，其含义颇有不同，然而他们实际上都把汉字分为若干族，同族的字又细分若干小类，同类的字辗转孳乳。在有些地方，章、高二氏的意见很相接近，例如章氏说（《文始》页 160）："行，人之步趋也。从彳亍，孳乳为胻，胫耑也，与壬（音挺）属之胫相系。对转变易为脚，胫也。行又孳乳为庆，行贺人也；为洐，沟行水也。""行、胻、胫、脚、庆、洐"的字义都相互关联，又都可入高氏的第一谱。

总之，高氏没有把上古音值研究得一个使人深信的结论的时候，他的字谱实嫌早熟。等到上古音值有了公认的结论之后，自然会有人把声音相近的道理去解释文字的孳乳；现在只有努力于探求古音的真面目才是我们的急务。

原载《图书季刊》第 2 卷第 4 期,1935 年

评《爨文丛刻》甲编^①

　　丁先生这一部书,对于语言学、社会学、民族学,及其他各方面,都可以有很大的贡献。他很客气地说这是粗疏的材料,但我觉得搜集材料与著书立说不同:著书立说,如果粗疏,该受评责;搜集材料则有时候为事实所限,势不能做到十分精密的地步,我们不能不特别谅解。粗疏的材料保存下来,我们至少可以披沙见金,当然要比没有材料的好。看了丁先生的自序,我们知道他搜集材料时遇着不少的困难,我们除了感谢他之外就该没有话说。所以本文批评的对象只有材料的本身,而不该涉及编辑的好坏。

　　现在我想单就语言学上批评本书,分为语音和文法两方面来说。先说语音方面。丁先生因为罗文笔先生(原为猓猓人)懂得注音字母,于是请他用注音字母去译猓猓音。我想这真是一种不得已的办法。用注音字母来注北平音,拿语音学的眼光来看,已经觉得只合实用而不十分合于音理了。若用它来注上海音或广州话,它简直是不能胜任。因为人类可能的语音无穷,而注音字母数目有限;它既只为北平音而设(大致如此),就不能移为注别处方音之

---

① 《爨文丛刻》,中国古彝文经籍的汇编,丁文江编,原载《史语所专刊》之十一。明清以来的汉文方志中多称彝族文字为爨文。该丛刻中共收《千岁衢碑记》《说文(宇宙源流)》《帝王世纪(人类历史)》《献酒经》《解冤经》《天路指明》《权神经》等11种彝文经典。全书连注音、释读、意译共约十余万字。该书译者是贵州大方县彝文经师罗文笔。

用。我们不能只求一个大概,因为有些大概注音法是语音学所能容许的,另有些大概注音法是语音学绝对不许的。而且一个曾受语音学训练的人与一个没有语音学常识的人所感觉着的"大概"又不相同,例如普通人会把注音字的ㄅㄟ去注英文的 bay,因为他们觉得北平的"杯"字与英文的 bay 字同音,至少是大概相同;但若就语音学上说,这种注音就几乎完全没有价值(ㄅ是清音,b 是浊音,ㄟ比较开口,ay 比较闭口)。依罗文笔先生的注音看来,猓猓语该没有 b、d、g、z、dz 一种的浊音,因为注音字母是不能表示这些音的;但我们一查丁先生的自序(页 6),就发现猓猓人呼父为 ba,以"出"为 dou,呼"子"为 za,以"食"为 dza 等等。在这矛盾的情形之下,令我们无所适从;不过,我们比较地相信丁先生的自序,因为丁先生所据的是法国人维亚尔的字典,法国人对于清浊音分别得很清楚,决不会把ㄅㄚ误注为 ba,或把ㄙㄚ误注为 za 的。此外,罗文笔先生所注猓猓音的ㄓ、ㄔ、ㄕ是北平式的卷舌音呢,还是广州式的混合舌叶音呢? 所注的ㄏ是北平式的舌根摩擦音呢,还是英国式的喉擦音 h 呢? 由此类推,一切都令人迷惑。所以单靠罗文笔先生的注音去研究猓猓音,是很危险的;至多我们只能从此窥见猓猓的语音系统。不过,拿这系统去印证维亚尔的字典,或许有多少用处。总之,它的用处算是微小的。

　　书中有些注音是颇难捉摸的,例如"六"注为ㄑㄛ,"夜"注为ㄊㄚ,"线"注为ㄑㄝ,大约是ㄌㄛ、ㄒㄧㄚ、ㄒㄧㄝ之误,"以"注为ㄧㄅ,大约 ø 音。至于"路"注为ㄏㄨ,"向"注为ㄐㄨ,就更难揣测;最奇怪的是《献酒经》第 29 页,"放"字译为ㄌㄖ,令人不知所谓。

　　罗文笔先生也知道拿注音字母去注猓猓音是很困难的,所以他在《人类历史》的篇末说:"此书内有字音国音不能拼者,拣有同类或半音或七分音之字以代之……这十五个字只有第十一个字能拼,但无中文,不过哈字找不着下平的音。余十四字不但国音不便,即舌头音亦难舒转了,祈阅者不要拘泥字音,任其讹者仍讹,正者仍正,照以上国音字读就是了。"

他所谓"半音"或"七分音",我们不懂;所谓"舌头亦难舒转",也不很明白。总之,他自己也不满意于他的注音办法。就注音方面说,真是丁先生所谓"粗疏"了。

丁先生在《自序》(页 6)里说,猓猓语有读书音和说话音的分别,例如"人"字,在普通话里是 ts'o,在文字里却读为ㄙㄥ。我想读书音与说话音的分别恐未必是一字两音的唯一原因。本书的《说文》(又名《宇宙源流》)第 7、9 等页的"人"字都注为ㄘㄝ,正是 ts'o 音,可见这也是读书音。在《说文》第 8 页另有一个"人"字注作ㄉㄨ,25 页又有一个"人"字注作ㄙㄝ。我们首先应该注意,ㄘㄛ、ㄙㄥ、ㄉㄨ、ㄙㄝ四种音,在猓猓就有四种读写法,显然应该认为四个字,并不像苏州人"人"字有读书音和说话音两种,而写起来只有一个字。"天"字在本书里也有许多读音,或音ㄇㄧ(《说文》页 1),或音ㄊㄠ(《说文》页 1),或音ㄇㄨ(《说文》页 15),或音广(《说文》页 5)。同样,我们也注意到每音有一个写法,也就可以说每音各有一个字。这不会完全是读书音和说话音的分别,一定还有意义的分别在内,甚至有文法的影响在内。其中如音广的"天",显然是等于年月日的"日"字,所以罗先生在《说文》第 3 页译为"天"(一天一节转),在第 19 页却译为"日"(今日雁回去),其实"一天一节转"的"天"字与"今日雁回去"的"日"字在猓猓文里都写作⼳,可见音广的"天"并不是天地的"天"。

还有一些小问题也值得一说。丁先生在自序里说:"'人'字白狼文为'菌',与罗文笔先生的ㄙ、ㄘ相近。"按:以"菌"字译"人"音,见于《后汉书·西南夷传》,汉时"菌"字的读法现虽不能详知,但"菌"属群母(渠陨切)或溪母(区伦切),总该是 g、k 一类的音,与ㄙ音不能说相近。丁先生又以为汉时"附"与"路"或者也是同音(《自序》页 8),这是决不会有的事。"归"字,译"路"又译"附","部"字之译"悟"又译"补",恐怕有其他的理由。在语音学上,l 与

b 或 p 与 ng 都是很难相通的。

再说文法方面。丁先生注意到否定词放在动词的后面,形容词放在名词的后面(《自序》页 8)。这只是偶然的举例,其实我们可以在本书中发现更多的文法事实。我们只要肯仔细把罗文笔先生直译的句子与意译的句子比较研究,再加上归纳的功夫,大约可写成一部粗具轮廓的猓猓文法,这里我只想谈一个大概。

猓猓的动词,就普通说,是放在目的格的后面的,例如:

直译　女儿白衣穿

意译　阿女穿白衣(《解冤经》上,页 1)

直译　人青马青骑

意译　青人骑青马(同上,页 8)

直译　一月灾来怕

意译　只怕一月灾(同上,页 19)

直译　马骑镫踏冷

意译　骑马坐鞍寒(《解冤经》下,页 10)。

这是直译和意译对比之下很显然了的。此外,另有些地方,罗先生在意译一行里似乎仍用直译的方法,例如:

意译　王宫赋税征(《解冤经》上,页 5)

似该改译为:王宫征赋税

意译　房脊大鹰住(《解冤经》下,页 3)

似该改译为:大鹰住房脊

意译　枝长四方蔽(《说文》,29)

似该改译为:长枝蔽四方

意译　惟德天感应(《说文》,页 15)

似该改译为:惟德感应天

但是,有许多特别情形是我现在还不能了解的。动词既该在目的格的后面,《天路指明》第 29 页直译的"吃药是病好",为什么不写作"药吃是病好"呢?形容词既该在名词的后面,为什么"女儿白衣穿"不写作"女儿衣白穿"呢？《献酒经》第 1 页直译的"献不成以时"，意译为"不献酒之时"，丁先生所谓否定词放在动词后面的话是应验了，但《献酒经》第 29 页直译的"他不至以间"，意译为"不到会场间"，否定词却在动词之前。若云"至"为内动词，"献"为外动词，不能相提并论，那么，《说文》第 16 页直译的"何云仁不施"，为什么外动词"施"字也居于"不"字之后呢？

这一切都有待将来与别的材料对证。我们所引为憾事的，乃是罗文笔先生的中文程度很不好，书中有不少费解的语句（当然指意译一行而言），令我们怀疑到他的译笔是否忠实。若拿语音与文法两方面比较，我们觉得这书较适宜于作研究猓猓文法的资料，因为如上所论，书中注音部分的价值是太微末了。

原载天津《大公报》1936 年 7 月 16 日

评《汉魏六朝韵谱》^①

　　本书分为三谱:第一谱叙述汉代的韵部,第二谱叙述魏晋宋的韵部,第三谱叙述齐梁陈隋的韵部。每叙述一个韵部,先将属于此韵部的字胪列于部首,然后用较小号字,另起一行,低一格,把韵文里凡属于这时代而且属于这韵部的韵脚都抄录下来,以为例证。全书之首,有韵部沿革叙述,有韵部分合表;又有刘盼遂、闻宥、钱玄同三位先生的序文。

　　这是呆板的工作,同时也是难能可贵的工作。于先生费三年的时间,独立以成此书,其毅力非常人所能及。固然,钱玄同先生所指出的三点:韵字该依声符排列,并注明《广韵》反切;韵部标目,两汉宜用《三百篇》中最先见韵之字,魏晋以下宜用《广韵》韵目;材料尚有可增补者。都说得很对;但这些都是不难做到的事。再版以前,略加更改补充,就行了。

　　首先令人佩服的,是于先生有判断的眼光。由韵文里研究韵部,该下些判断的工夫,不能因一二字偶然相通而把两个韵部的畛域泯灭;否则《三百篇》的韵部必不满十部,而不能分为二十二部或二十三部了。于先生在韵部分合表里,认晋宋的删韵与寒韵为一部,山韵与先仙为一部,又在韵部沿革总叙里,认沈约的鱼虞模独取三韵分立之势,皆与拙著《南北朝诗人用韵考》不谋而合。实际

---

①　此书为于安澜著。

上,晋宋的删韵与山韵也有合用的例子,如傅玄《历九秋篇》以"环"韵"间",《桃赋》以"颜"韵"山闲";陆机《日出东南隅行》以"颜"韵"闲",《怀士赋》以"颜"韵"山",《瓜赋》以"班颜"韵"山";陆云《盛德颂》以"蛮"韵"闲";何承天《上陵者篇》以"攀斑"韵"山";张华《游猎篇》以"还"韵"闲";曹毗《对儒》以"患"韵"山";郭璞《江赋》以"颜斑还"韵"闲"。沈约的虞模也有合用的例子,如《反舌赋》以"暮素"韵"树"。但是,于先生并不因这些合用的例子而把删、山或虞、模的界限泯灭,这正是细心的表现(删、山在晋也许同部,在宋决不能认为同部)。闻有先生因班固、傅毅诸人已以侵韵字与真臻通协,遂以为"尾声唇舌之混,远自东汉已肇其端"(见序),这一点与我的意见不很相同。我以为汉魏六朝的侵韵字或庚韵字偶然与真臻通协,只是因为它们的主要元音相似,颇像西洋所谓assonance,并不能因此就断言它们的韵尾相同(参看拙著《南北朝诗人用韵考》)。于先生韵部分合表以侵、真分立,界限显然;与鄙意正相符合。此外,蒸、登分立,职、德分立,其偶然通用者视为例外,都是很合理的。

于先生整理材料时,甚注意地域之现象,及归纳结果,其现象实不显著(钱序)。钱玄同先生推原其故,疑自古以来就有后世所谓官音者,又以为自有韵书以后,用韵必渐遵韵书。鄙意以为后一理由恐怕不尽然,因为六朝的韵书在社会上并不能占势力;陆法言说它们各有乖互,可见未能定于一尊。至于官音,自然是会有的;但如果当时各诗人的方音复杂,有时候也会露出他们的蓝青官话来;那么,他们用韵就不该如此整齐。最近陈寅恪先生考定六朝时代江左文人皆用北话(将有文章发表于《史语所集刊》),然后此问题得到满意的解答。

于先生仅注意于地域的关系,没有充分注意到个人的关系。他注意到沈约的鱼虞模分立,这是很精细的地方;但其他每个诗人用韵的宽严,似乎不甚注意,例如谢灵运与鲍照虽然大致同时,但谢灵运用韵较宽,鲍照用韵较严。谢灵运的真谆臻文欣并为一部,鲍照却分为两部;谢灵运的元魂痕先仙山删寒桓并为一部,鲍照却分为三部(见拙著《用韵考》)。这种个人用韵的参差,或由于各人审音程度的不齐,或由于各人押韵的脾气;至于是否有方音的歧异,就很难说了。

　　本书有一个很大的缺点,就是往往弄错了《广韵》的韵部。谱中援引例证的时候,凡遇二韵同用之部,皆就其较小韵之旁标以符号。但于先生的符号往往误用,本该属于甲韵的字,却在字旁加上乙韵的符号。有些是手民之误,例如汉代韵谱第6页反面第8行第一个“形”字误加耕韵的符号,第二个“形”字却加上了青韵的符号,此后凡遇“形”字也都带着青韵的符号,可见第一个“形”字所带耕韵的符号是手民误排的。有些恐怕不能认为手民之误,例如同谱第9页叙述阳唐韵部的时候,先在韵目之下说明唐韵字在旁加圈,但“刚”字属唐韵;而字旁并未加圈,以后凡遇“刚”字,也都没有加圈,竟与阳韵相混。除“刚”字外,唐荡韵字如“藏桑旁葬囊纲汤广荡臧冈亢盪炡杭滂抗”也都是被误认为阳养韵字(因为并未加圈)。又如魏晋宋韵谱第86页叙述锡韵的时候,说明铎韵字加圈,但实际上加圈的字有“薄戴获释尺石射隻白掖赤赫貃译爵约碧”,其中除“薄爵约”属铎韵外,其余都不是铎韵的字。像这一类的错误恐怕不少。但这是很容易补救的事,著者如能在再版以前再校勘一次,就可以完善无疵了。

　　总之,此书瑕不掩瑜;三期之分,尤见恰当。如能再加董理,将成传世之作。

原载天津《大公报》1936 年 9 月 17 日

评黄侃《集韵声类表》、施则敬《集韵表》

　　黄季刚先生逝世后,其哲嗣以先生所撰《集韵声类表》手稿交开明书店影印出版。就书中精审之程度而言,似可认为定本;然出版在著者逝世之后,故未有凡例,使读者对于表中符号颇有不易了解之感。本文之旨趣在:对表中条理及各种符号加以说明,其不可知者皆从缺疑;对本书略有商榷;从此表归纳得若干结论。

　　本书卷首先列《集韵》切语校字,次列声类总目。正编共分四卷,以声纽为纲,以韵为目,依著者所考定之四十一声类(除陈澧《切韵考》之四十声类外,复分微于明),每纽分为上下二图,共得八十二图。以纽为经,而韵附于纽者,据余所知,除《李氏音鉴》外,但有此书。然《音鉴》为近代语音所作;至于依《广韵》或《集韵》作表而以纽为纲者,即黄氏一人而已。卷一有影喻羽晓匣见溪郡疑九类,十八图;卷二有端知照透彻穿审定澄乘禅泥娘日来十五类,三十图;卷三有精庄清初从床心邪疏九类,十八图;卷四有帮非滂敷並奉明微八类,十六图。每类分为上下两图:上图为开口呼,下图为合口呼。开口呼包括支脂之微之开,齐祭泰佳皆夬灰咍废之开,真谆臻文欣魂痕之开,元寒桓删山先仙之开,萧宵爻豪,歌戈麻之开,阳唐之开,庚耕清青蒸登之开,尤侯幽侵覃谈盐沾严咸衔凡;合口呼包括东冬钟江,支脂之微之合,鱼虞模,齐祭泰佳皆夬灰咍废之合,真谆臻文欣魂痕之合,元寒桓删山先仙之合,歌戈麻之合,阳唐之合,庚耕清青蒸登之合。韵之次序,悉依《集韵》。每图按宋元等韵分为四等,每等分为平上去入四声,每音有一代表字,即《集韵》每纽之第一字。每一代表字之上记出此表所属之韵目,及其反切。

每图自上至下共三十三格。四声四等相乘,共得十六格;每字之上所记韵目及其反切共占一格,十六加倍得三十二格。其最高一格则以符号表示阴阳声之分别,凡作圆圈者表示阴声韵,凡作圆点者表示阳声韵。亦有不加圈点但留空格者,则因以类相从,其属阴属阳本已易知,例如支属阴声,则其同类之脂之微亦属阴声,不言而喻,故不烦加圈也。

字旁加圆圈者,乃《切韵指掌图》中所有之字。字旁加圆点者,疑系其他等韵图所有之字,未能查明,不敢妄测。何字归何等,大致以《切韵指掌图》为依据,其与《指掌图》违异者,则字旁加叉,并加眉批说明之,例如“要”字,《指掌图》归入三等,黄氏则归四等,并加眉批云“要三等”。此仅说明异点,不置可否。又有径谓《指掌图》为误者,例如本书以“佁”字归四等,并加眉批云“佁一等,误也”;亦有加疑辞者,此类甚多,如“蝇”字上批云“蝇三等疑误”,“卦”字上批云“卦在三等恐误”,“吹”字上批云“吹在二等疑非”,“畀”字上批云“畀一等恐误”等等。此外尚有开合口之异,例如“倗”字上批云“倗在合口图内”,“昫”字上批云“昫在开口图内”。唇音之开合,与《指掌图》违异尤多,故凡唇音在《指掌图》中属合口而在本书属开口者,则于字旁作三角形之符号。黄氏自批云:“作△记者皆在合口图内者,然十七图帮滂並明四母重出,与二十图同,当以二十图为正。”又云:“第十六图开口有唇音,误也,当移十五图,然此所分开合,彼则合而一之也。”盖《指掌图》以梗摄唇音字尽归开口,本书则分为二类,以“崩堋北逼并饼进淜倗揊堛聘姘竮霹朋彭白愎擗瞢墨盲猛陌甯名黾甍”归开口呼,“兵柄丙頩平病并明皿命”归合口呼也。

图中入声分承阴阳,然以配阳声为正例,故凡配阳声之入声字皆如平上去声字居格中直书,字上并记韵目及反切。其配阴声者则仅记韵目,不记反切,且韵目及代表字皆斜写。其入声配阴声,亦与《指掌图》有异同,例如《指掌图》以铎觉药配豪爻宵萧,本书则以铎配模,以药配鱼,以觉配爻。盖《指掌图》以当时语音为依据,黄氏则以古音为依据也。配阴之入声亦有二类:总目表中,韵目向左倾斜者,表示入声等呼与平上去声之等呼相当;韵目向右倾斜者,表示入声等呼与平上去声之等呼不相当。等呼相当者,如三等昔之与支,质之与脂,迄之与微,薛之与祭,月之与废;等呼不相当者,如一等沃之与豪(沃合口,豪开口),二等觉之与爻(觉合口,爻开口),三、四等烛之与宵(烛合口,宵开口),一等屋之与侯(屋合口,侯开口),三、四等屋之与尤(屋合口,尤开口)。故昔质迄薛月等字向左倾斜,沃觉烛屋等字向右倾斜。亦有入声一韵之中,其等呼或相当或不相当者,则共写字,既左倾,复右倾,如与之相配之职,与咍相配之德,与模相配之铎,与鱼三等相配之药三等,皆是也。其入声两韵共承一阴声者,则合两韵为一格;等呼皆相当,故皆左倾。正编诸表中,其等呼不相当者,则入声韵目亦省略,其入声代表字则占全格二分之一,居左正写,不复右倾,例如屋之配讴,縠之配钩,欲之配遥,育之配由,药之配余,或之配矣,囿之配尤,皆是也。其等呼或相当或不相当者,则亦合两代表字为一格;其相当者向左倾斜,其不相当者则占全格二分之一,居左正写,亦不复右倾,例如与"乌"相配之"朥恶",与"於"相配之"朥约",与"咍"相配之"黑帯",与"傆"相配之"绝沺",与"呼"相配之"霍矐",与"咳"相配之"劾或",与"该"相配之"械国",皆是也。觉韵在《指掌图》中配江韵,在十四图,属合口呼,然第一图重出,属开口呼。黄氏以第十四图为准,当其以觉配爻时,亦认为等呼不相当(觉合而爻开),故与"崛"相配之"渥",与"虓"相配之"呿",与"爻"相配之"斅",与"交"相配之"觉",与"敲"相配之"殼",亦皆左偏,不占全格也。

凡同纽同韵同等同呼同声而反切不同之字,仍不令同格,如影纽去声箇韵开口一等有"俹",安贺切,"椏",阿个切,"俹、椏"并列,各占一格;然"椏"之与"俹",所属之者系全同,仅反切为异,故"椏"字上不记韵目,表示与"俹"共一韵目。"蔼"与"饖","哕"与"婉","卬"与"隐","焆"与"竭","浥"与"峡",皆同此例。

总目上,二等支纸与真不同行,四等支真与纸不同行,三等谆与准稕不同行,四等谆与准稕不同行,三等之谆与四等之谆亦不同行,三等之准稕与四等之准稕亦不同行。总目下,二等东与送屋不同行,三等东屋与送不同行,二等仙线薛与狝不同行,三等仙薛与线狝不同行,四等仙狝与线薛不同行,又四等之线薛与删韵同行,三等之仙狝与山韵同行,三等之线薛与四等之仙狝同行;一等唐荡铎与宕不同行,清劲昔与静不同行。凡平上去入本宜相配而不同行者,以斜线连系之。此外,开口蒸三等与蒸四等不同行,盐三等与盐四等不同行,合口脂二等与脂三、四等不同行。总目表空格处,或加直线贯于空格之中,或仅有空格。又有⌐线之线,似连系两行。凡此种种,一时不能索解,留待再考。然此仅系总目难索解之处,正编中则无此种种难解之情形。

何字归何等,大致以《切韵指掌图》为依据。然本书所收之字,大半为《指掌图》所无者,其归等之标准似有二种:(1)根据反切下字之等列,例如"硗",起了切,"了"字在《指掌图》中属四等,则"硗"亦当属四等;(2)根据反切上字之等别,例如"椑",都皆切,都字在《指掌图》中属一等,则"椑"字亦当属一等。

以上系拟测本书之凡例;下文将略言余对于本书之意见。

凡为唐宋韵书作图表,最大困难在于为等韵门法所拘束。以声纽论,舌头齿头无二、三等,舌上正齿无一、四等,轻唇与日母无一、二、四等;以韵部论,豪韵无二、三、四等,爻韵无一、三、四等,宵韵无一、二等,萧韵无一、二、三等……此皆等韵门法,然以韵书之反切律之,则往往相抵触,尤以僻音为甚,例如《指掌图》黠錯两韵无一、三、四等，端透定泥四母无二、三等，然《集韵》之羣韵（即《指掌图》之镨韵），有"獭"字，逖辖切，若以韵部论，当属二等，若以声纽论，当属一等，作表者实处于两难之地位，黄氏此书以"獭"字入一等盖谓字属透母，不当归二等；然陈兰甫《切韵考》以"獭"入二等（"獭"在《广韵》为他镨切，亦属透母），其意殆谓镨韵不当有一等。在此类情形之下，黄氏与陈氏违异之处颇多，例如《广韵》尵，杜怀切，搵，诸皆切，孏，奴蟹切，崒，仓夬切，橦，都江切，窡，丁滑切，鶏，丁刮切，罩，都教切，獿，奴巧切，桡，奴教切，觰，都卖切，絮，奴下切，胗，乃亚切，湛，徒减切，皆端系字；覶，子鉴切，戏，昨闲切，皆精系字，以声纽论，宜在一等，然陈氏以其属于皆佳夬江黠山镨爻麻咸衔诸韵，故不归一等而归二等。《集韵》椑，都皆切，打，都冷切，孏，都买切，襢，托山切，提，度皆切，箷，徒骇切，箥，杜买切，女，奴解切，赧，乃版切，暴，乃谏切，胗，乃嫁切，髻，奴卦切，覶，子鉴切，挟，子洽切，儳，苍鉴切，崒，仓夬切，潗，才瘵切，虦，昨闲切，巢，徂交切，獭，在衔切，儳，才鉴切，掺，素槛切，情形与陈兰甫所遇者相同，然黄氏皆归于一等，不归二等，与陈氏异。陈氏据韵以定等，黄氏据纽以定等，其说似皆可通；然细加审核，则陈氏为优。夫为韵书作表，必以韵书自身之系统为依据，宋元韵图仅供参考而已。所谓韵书自身之系统，即反切是也。据反切上字，可考定声纽之种类；据反切下字，可考定等呼。固亦有声纽等呼互相影响者，如见系三等之声母与一、二、四等之声母在《切韵》时代迥不相同；然此等情形在《集韵》中已不显著。故专就《集韵》而论，虽谓等呼之不同由于韵母之不相同，可也。陈兰甫所谓系联法，仍可认为科学之方法。凡反切下字相同者，依原则应为同等。三等与四等之反切下字，自《切韵》以后皆可通用，然黄氏犹不尽使之通，如"歕"，呼制切，"吏"，良志切，《指掌图》归四等，黄氏则归三等，以"制、志"亦皆三等也。此则是也，独惜黄氏自坏其例。一等与二等之反切下字，在理决不可通用，证之《广韵》《韵镜》《七音略》《指掌图》《四声等子》《切韵指南》，皆显然可知。今按此书，"皆冷卖山骇解版谏嫁卦鉴洽夫察闲交衔槛"诸字皆在二等，而其所切之字乃在一等，则窒碍殊多矣。且宋元韵图中，舌头齿头之所以无二等者，徒以二、三等适为舌上正齿所占耳（参看高本汉《中国音韵学研究》），非凿定无二等也。《韵镜》《七音略》《四声等子》《等韵切音指南》（手边无刘鉴《经史正音切韵指南》，故但据《康熙字典》卷首所附《等韵切音指南》）皆以舌头和舌上为一行，齿头与正齿为一行，故有舌上正齿之处不能有舌头齿头；《指掌图》舌头与舌上分为两行，齿头与正齿分为两行，然仍依等韵惯例，于舌头齿头缺二、三等，舌上正齿缺一、四等。所以缺者，只相沿如此，非谓二等必不容有舌头或齿头音也。据高本汉研究三等乃腭化音也，犹可谓与非腭化之舌头音或齿头音相妨；至于二等，则并非腭化音，与舌头齿头无相妨之理。依高氏臆测，皆佳夬删黠山镯爻麻咸衔诸韵之主要元音为 a，然则"桓讀獭偍赧胮臁醮儳崒臁虩巢獬掺"之音当为 tai、t'an、t'at、d'ai、nan、na、nuai、tsam、ts'am、ts'uai、dz'uai、dz'an、dz'au、dz'am、sam 俱系易发之音，正不必归一等也。况"桡罩"诸字，或游移于舌头舌上之间，或游移于齿头正齿之间，如"桡"《广韵》奴教切，属泥母，《集韵》女教切，则属娘纽；罩，《广韵》都教切，属端纽，《集韵》陟教切，则属知纽；桩，《广韵》都江切，属端纽，《集韵》株江切，则属知纽；鼌，《广韵》杜怀切，属定纽，《集韵》幢乖切，则属澄纽，嬭，《广韵》奴蟹切，属泥纽，《集韵》女蟹切，则属娘纽；窦，《广韵》丁滑切，属端纽，《集韵》张滑切，则属知纽：此系《广韵》归舌头而《集韵》归舌上者。又如譠，《广韵》陟山切，属知纽，《集韵》他山切，则属透纽；赧，《广韵》女版切，属娘纽，《集韵》乃版切，则属泥纽。此系《广韵》舌上而《集韵》舌头者。儳，《广韵》仕陷切，属床纽，《集韵》才鉴切，则属从纽。此系《广韵》归正齿而《集韵》归齿头者。亦有一字两属者，例如《集韵》"打"既有中茎切，属知纽，复有都冷切，属端纽，"巢"既有锄交切，属床纽，复有徂交切，属从纽。凡此足见舌头与舌上本可相通,而归等尤当以反切下字为准也。请更以《韵镜》《四声等子》《等韵切音指南》诸书证之,胗檀獭赧在诸书皆属二等,“槑”在《等子指南》亦属二等,“掺”在《韵镜》《等子》亦属二等,总之,上述黄氏所归一等之字,宋元韵书无归一等者,则其不宜归一等可知。

以上专就舌头齿头之二等论之,他纽他等亦同此理。颐,曳来切,佁,夷在切,祐,与甘切,阢,俞在切,憓,于外切,倄,於罪切(按:疑是于罪切之误,黄氏于“於”字旁加叉,示疑),侉,尤抓切,謣,于戈切,韉,巨内切,荋,汝来切,疓,汝亥切,翢,如坎切,媣,辱绀切,蚺,汝甘切,愿,儒互切,聏,儒昆切,依反切下字皆当属一等,祐又音弋咸切,弦,于萌切,櫳,渠鏍切,依反切下字皆当属二等,趪,求獲切,亦当属二等(《指掌图》误以“趪”入一等,《四声等子》《切音指南》皆不误)。黄氏亦拘于等韵门法,以为喻郡日母无一、二等,故以“颐佁祐阢”归四等,“侉倄謣憓弦嚿韉櫳鼓荋疓翢媣蚺愿聏”归三等。今按《韵镜》有“佁餚韉疓”,《指掌图》有“佁倄”,《四声等子》有“颐佁侉”,《切音指南》有“阢憓颐侉”,皆在一等。又《指掌图》有“櫳”,《四声等子》《切音指南》有“弦曜”,《等子》有“趪”,皆入二等;由是观之,等韵门法亦未尝禁人以喻郡日母字入一二等也。观照系一等之地位为精系一等所占,故照系字不能有一等,《集韵》犏,昌来切,茝,昌亥切,《指掌图》以“犏”归三等,“茝”归二等,《韵镜》《四声等子》《切音指南》“犏茝”,皆归三等。此乃特殊情形,不能执此以例其余也。细审《指掌图》,可省此中道理。按《指掌图》有音无字处辄加空圈,若无其字并无其音者则留空格(所谓并无此音,亦系照习惯相沿,非凿定无此音也。说见上文)。除日母仅有三等,与《韵镜》不同外,喻郡两母于一、二等无字处皆加空圈,故知系有音无字,“佁倄”之入一等,“櫳”之入二等,固不足怪也。

关于开合问题,黄氏书与《等韵》诸书亦有异同。《指掌图》重唇字在效流梗咸深五摄内归开口呼，蟹摄开合两见，其余归合口呼；轻唇字除咸摄外，悉入合口。《韵镜》《等子》《指南》皆以重唇轻唇混列。《韵镜》之开合与诸书违异颇多，如东韵归开口，冬钟为开合，皆不易索解，故不能具论。《等子》效流咸深四摄之唇音皆入开口，与《指掌图》同，惟"贝沛倍昧"等字及真质先仙薛屑诸韵字入开口，"阒彭盲兵平明并名浜猛丙皿饼孟柄病命聘拍白陌擗"等字入合口，则与《指掌图》异，又假宕江三摄唇音悉入开口，亦与《指掌图》异。《指南》效流咸深唇音之等呼，与《指掌图》同，"贝沛倍昧"等字及真质先屑仙薛诸韵字入开口，假宕江三摄重唇字入开口，与《等子》同，梗摄唇音悉入开口，宕摄轻唇入合口，则又同于《指掌图》，而与《等子》违异。按《广韵》唇音字反切，亦游移于开合口之间。高本汉解释此现象，以为唇音声母本带圆唇之势，故与真合口混而难辨。今黄氏以效流深三摄唇音字入开口，与等韵诸书相同。咸摄轻唇字（即凡韵字），独《韵镜》入合口，然黄氏不依《韵镜》，而依《指掌图》。又黄氏以"贝沛倍昧"等字及真质先屑仙薛麻诸韵唇音字入开口，"兵丙柄碧屏钇平病槤明皿命"等字入合口，则与《等子》同而与《指掌图》异；以"彭白愎拍塴百盲猛孟陌"入开口，江韵唇音字入合口，又与《指掌图》同而与《等子》违异。宕摄轻唇除"防缚"二字外，入开口，又同于《等子》，而不依于《指掌图》与《指南》。专就重唇字而论，黄氏之归类甚为合理；盖黄氏似据反切下字以定开合，故能整齐划一也。若以轻唇字而论，则宕咸两摄轻唇字似皆不宜入开口；以反切下字证之，王，雨方切，往，于放切，黄氏既以"王往"入合口矣，则"方放"则宜入合口。又奉母"房防缚"平去入三音相配，《韵镜》《指掌图》《等子》《指南》皆然，今黄氏以"房"入开口，"防缚"入合口，则进退失据矣。高本汉认宕咸两摄轻唇字为合口三等，对于重唇转入轻唇颇易得其条理，似不必认为开口呼也。

　　等韵诸书，除《韵镜》外，每摄归开归合，大致相同，独于江摄则诸书甚不一致。《指掌图》以江摄并入宕摄二等，属合口呼；《等子》以江摄附宕摄二等，然喉牙唇音属开口，舌音齿音属合口；《切音指南》以江摄附宕摄，又另为江摄作一图，其分属开合两呼则与《等子》同。黄氏以江摄诸字皆入合口，据《指掌图》也。以反切证之，自以据《指掌图》为是。

此外，关于黄氏眉批之得失，亦有可论者。影纽下图批云"宏一等疑误。樓同"。今按《韵镜》"樓"在二等，《等子》《指南》"宏樓"皆在二等，独《指掌图》误入一等。晓纽下图批云"薨二等恐误，薨一等亦误，琼三等恐误"。今按陈澧《切韵表》，"薨"在一等，"薨"在二等，"琼"在四等，《韵镜》《指南》同，皆不误，《等子》无"琼"字，余亦不误，独《指掌图》为误。匣纽下图批云"横一等恐误，弘二等恐误，获一等恐误，或二等恐误"。今按"弘或"在《韵镜》《等子》《指南》居一等，"横获"在《韵镜》《等子》居二等，《指南》无"横"字，"获"字亦居二等，皆不误，独《指掌图》为误。见纽下图批云"卦在三等恐误"，今按《等子》无"卦"字，《韵镜》《指掌图》"卦"在三等，《指南》"卦"在二等，黄氏从《指南》，是也。同图又云"肱二等恐误，虢一等、国二等恐误"，今按《韵镜》《等子》《指南》"肱国"皆在一等，《等子》《指南》无"虢"字，《韵镜》"虢"字在二等，皆不误。溪纽下图批云"鞠二等恐误，界一等恐误"，今按《韵镜》《等子》《指南》三书，"鞠"皆在一等，"界"皆在二等，亦不误也，独《指掌图》为误耳。照纽下图批云"惴在二等，误"，穿纽上图批云"茝在二等"，下图批云"吹在二等疑非"，来纽上图批云"冷在三等"，精纽上图批云"紫一等，恣一等，兹一等"，清纽上图批云"雌此一等恐误"，从纽上图批云"自慈一等恐非"，心纽上图批云"死思笥一等恐非"，邪纽上图批云"兕词寺一等恐非"，今按《韵镜》《等子》《指南》三书，"惴茝吹"皆在三等，"冷"在二等。至"紫恣兹雌此自慈死思笥兕词寺"等齿头字，其见于图者，《韵镜》《等子》入四等，《切音指南》虽入一等，然用小字，更于字旁加小圈，似表示由四等转入一等。上述各字，皆《指掌图》误归等列，而黄氏不为所迷，可谓卓识。惟疏纽下图以"水"字入二等，纽与等皆误；按《韵镜》《指掌图》《等子》《指南》诸书皆以"水"字入三等，属审纽，《集韵》"水"，数轨切，乃是误切，当依《广韵》改为式轨切。黄氏于《集韵》误切处皆不肯从，独于"水"字沿误未改，亦千虑之一失也。

全书谬误处绝少；虽时或拘于等韵门法，未能如陈兰甫悉以反切为据，然仅可谓从优于此，不能自为谬误。惟娘纽上图谆韵三等有"年"字，奶因切，实误。按谆韵古音"颠天田年"皆属四等，故转先韵亦属四等。以反切下字证之，"因"属四等，"年"亦属四等，黄氏初本以"年"入泥母四等，既得之矣，复拘于反切上字，移之娘纽三等，是由正入谬也（"奶"字在广韵为奴蟹切，原属泥母，《集韵》女蟹切疑系奴蟹切之误。果尔，则"年"之反切上字本属泥母，更不宜入三等也）。

以上系余对本书之意见；下文将略言从此表归纳所得之结论。

《集韵》声类与《广韵》声类之异同，尚未有人作精细之研究。依一般人误解，总以为《集韵》与《广韵》之歧异不外乎反切用字之略有出入（如类隔之尽量减少），与夫韵目名称次序，独用同用之例颇有不同而已。今细绎黄先生之书，乃知韵部之开合，及每韵所包之声纽，二书相较，歧异颇巨。其开合歧异者，如：

谆准稕魂混缓换戈果九韵，《广韵》仅有合口呼，《集韵》兼有开口呼；

恨隐欣迄四韵，《广韵》仅有开口呼，《集韵》兼有合口呼（曷韵亦有"鬤"字属合口，然仅仅有一字，且兼入缓韵，可认为例外）。

其韵中所包声纽歧异者，如：

《集韵》轸震二韵（即真之上去）仅有日母及照系三等（上声有喻母"胤"字，同时入准韵，是例外）；其他各纽之上去声，在《广韵》属轸震者，在《集韵》则属准稕。

《广韵》平声真韵影喻及见系开口四等，在《集韵》则属谆（《礼部韵略》同）。

《广韵》吻问勿三韵（即文之上去入）喉音与牙音，在《集韵》则属隐焮迄（去声尚有庄纽"龀"字同时入准韵，入声尚有知纽"黜"字同时入术末韵，是例外）。故《集韵》吻问勿仅有唇音字。

《集韵》圂（即魂之去）仅有喉音与牙音；其他各纽在《广韵》属恩韵者，在《集韵》则属恨韵。

《广韵》痕很两韵之疑母字，在《集韵》则属魂混。

《广韵》旱翰（即寒之上去）两韵舌音齿音半舌之字在《集韵》悉入缓换。

《集韵》平声歌韵仅有喉牙二音；其他各纽在《广韵》属歌者，在《集韵》则属戈。

《广韵》谆韵无舌头音，《集韵》谆韵有舌头音，属开口呼。就此种歧异言之，《广韵》较《集韵》为有条理。以开合而论，谆准稕魂混缓换戈果皆不当有开口呼，故诸韵开口字之反切下字多用真轸震痕很旱翰歌哿箇韵中字。如"因"，伊真切，"因"在谆而"真"在真；"垠"，五根切（"根"今本作"斤"，误，当依宋本及《类篇》作"根"），"垠"在魂而"斤"在痕；"多"，当何切，"多"在戈而"何"在歌；"嶙"，里忍切，"嶙"在准而"忍"在轸；"散"，颡旱切，"散"在缓而"旱"在旱；"坷"，苦我切，"坷"在果而"我"在哿；"晋"，即刃切，"晋"在稕而"刃"在震；"旦"得案切，"旦"在换而"案"在翰。恨隐焮迄皆不当有合口呼，故诸韵之反切下字多用圂吻问勿韵中字。如"闷"莫困切，"闷"在恨而"困"在圂；"扮"羽粉切，"扮"在隐而"粉"在吻；"运"王问切，"运"在焮而"问"在问；"屈"，曲勿切，"屈"在迄而"勿"在勿；此种界限不清之现象，在《广韵》罕见。以韵中所包之声纽而论，真轸震质，文吻问勿，寒旱翰曷，皆四声相承，其所包之声纽当大致相等（《广韵》即如此）；今按：《集韵》，真质喉牙齿舌唇俱备，而震轸仅有正齿三等及半齿；文韵有喉牙唇音，而吻问勿有唇无喉牙；寒曷有喉牙舌齿，而旱翰有喉牙无舌齿。

"鸲胳鸳欸""〇紧抭吉""綮蝗葭诘""趣〇仅佶""〇釿狱虺""珍
駗镇窒""缜䡌疢抶""陈纠阵秩""鄰嶙吝㮚""津櫶晋墅""亲笋亲
七""秦尽〇疾""辛囟信悉""宾臏侯必""缤〇粜匹""频牝〇邠"
"民泯愍醅""运恽醖郁""云抎运飅""熏〇训飚""君擔欂亥""卷
趨趄屈""群〇郡倔""輑輼〇崛""单亶旦怛""滩坦炭闵""坛但锻
达""难〇难捺""阑懒烂剌""籧䯔赞〇""餐〇粲撍""残瓒䜺嚾"
"珊散缴萨",皆四声相承,今黄氏表中分为两行,殊属缺乏条理。
甚至平声之"亲"与去声之"亲",平声之"难"与去声之"难"亦不得
相承,杂乱实甚。又按:歌哿箇三韵亦平上去相承,然《集韵》于平
声则不令有舌头齿头半舌;于上去则使具喉牙舌齿诸音;"多觶䯫"
"佗扡柁""驼跎驮""那娜奈""罗砢逻""嗟ナ左""蹉瑳磋""婆縒
些",皆三声相承,而黄氏表中亦分为两行。黄氏既为《集韵》作表,
固不能不迁就《集韵》;然《集韵》何以如此杂乱,则为一值得研究之
问题。

姚觐元《重刻集韵 类篇 礼部韵略·序》云:"《类篇》《韵略》
已多讹字,《集韵》则触处皆误,几无完肤。"《集韵》讹误既多,则韵
部开合及每韵所包声纽之与《广韵》违异者,似亦可诿之讹误矣。
然以二事言之,则又不容遽断为错简:第一,《集韵》与《广韵》违异
处,亦未尝全无脉络可寻,如真寒平入与《广韵》同而上去与《广韵》
异,文韵平声与《广韵》同而上去入与《广韵》异,歌韵上去与广韵同
而平声与《广韵》异。而所异者不为零乱之只字而为整个音系之迁
移(如真韵上去声仅留正齿三等与半齿),似系有意之改组,非无心
之误录。第二,《指掌图》左端所列之韵目,适与《集韵》相符,如第
九图臻摄开口呼,其四等平声韵目列真谆,上声列轸准,去声列震
稕;第十图臻摄合口呼,其三等上声韵目列准吻隐,去声列㮇问稕,
入声列迄术质物;第七图山摄开口呼,其一等上声韵目列旱缓,去
声列翰换,皆与《集韵》之系统相同,而与《广韵》违异(《广韵》谆准
稕缓换无开口,隐㮇迄无合口)。由此二事观之,《集韵》之本来面

目果如是耶，抑为后人所修改，而《指掌图》所据乃修改之本耶？皆在不可知之列。然由后一说，则《指掌图》之时代当较《等子》《指南》尤晚矣。

综观全书，堪称佳作。读"丙寅人日之夜漏五下黄侃记"一语，想见前辈孳孳矻矻之情，钦仰不已。

施君《集韵表》[①]，出版在黄氏《集韵声类表》之前（二十四年三月出版），其体例亦迥异。施君于声纽取黄氏分微于明之说，复并羽于喻，得四十类；于韵则略依钱玄同先生《文字学音篇》所定二十二摄，更添沃硌二摄，减隰摄（并于依摄），得"蔼遏安阿餀罂始谐依迄恩揖憕乌恶鸯讴屋翁爊沃硌哀"二十三摄。每摄复分开齐合撮四呼。施君自云："以韵目为经，阴声列上，阳声列下，入声列中，以四十声类为纬，复统之以二十三摄……庶于古音今音等韵融汇贯通。"按黄书以纽为经，以韵为纬，施君以韵为经，以纽为纬，宜可相辅而行，相得益彰矣。然细审施书，则未有尽然者。

以全书体例而论，施书远逊黄书。其故有三：（1）宋元等韵但有开合两呼，未有齐撮之名。后人以为开口至三等则为齐齿，合口至三等则为撮口（江永即主此说），此乃以古今音系比较，得其大要耳；若以此说明宋元等韵，即成影响之谈。吾人为宋以前韵书作表，自应依宋元等韵之成规。施君排斥宋元等韵，未为中肯。（2）施书阴阳入相配，目的在乎古今音并明，然施君以"丁"配"氏"，以"定"配"弟"，以"妇"配"凤"，以"富"配"风"，诸如此类，皆于古音无据。盖古今兼类，势不两全，不如专就《集韵》本书作表之为得也。（3）施君既依开齐合撮作表，则宜用江永之说，以开口一、二等为开，以开口三、四等为齐，以合口一、二等为合，以合口三、四等为撮。今也不然，祭韵属开合口三、四等，而称开合口呼，鱼语御废均属合口三等,而称合口呼,"谋母戊"等字属开口一等,而称合口呼,"富妇负否"等字属开口三等,而称撮口呼,此又以现代方音影响宋音,更为进退失据矣。书中误字颇多,41 页"佳",呼维切,"佳"乃"惟"之误也;70 页"牌",蒲衔切,"衔"乃"街"之误也;50 页乌摄撮口呼微纽栏中漏"无、武、务"三音。此类或系书记误抄,故不具论也。

二十六年二月一日至十三日

原载《大公报》1935 年 3 月 11 日

评《近代剧韵》^①

　　我很重视这一类的书。它在戏剧史上很重要,因为这是乱弹的真传,是近代京戏发音的规律。它在音韵学史上也颇重要,因为这是戏剧社会中所谓正音。它在语音史上也是将来的好资料,因为这里头有现代北平音,有现代湖北音,有古音系统的残留,等等。周德清的《中原音韵》也就是这一类的书;我们很重视《中原音韵》,因为周德清能说很内行的话。余君叔岩是一代名伶,他的话无疑的是内行,执笔者虽是张伯驹,然而据他的序里说"每与作长夜谈,深相契合",可见他所叙述的"阴阳平仄尖团粗细之旨"大致是根据余君所谈的了。

　　书中共分三卷:第一卷可算是总论,但没有总论的标目;第二卷是五声辑要,把剧韵分为十三韵,即普通所谓十三辙;第三卷是尖团辑要,仍依十三韵次序,但把每韵细析为尖团两类而已。大致看来,本书的错误很少;因为凡是一个自成系统的书,我们就不该根据别的系统去批驳它。所以本文着重在根据语音学的或中国音韵学的理论,对于书中诸术语(行话)加以说明,然后附带地指出些措词不大妥当的地方。

　　卷一有论尖团一篇云:"尖团字本于切音。如'妻',尖也,则七翳切,'欺',团也,则乞翳切。南北因方音之别,切音各有所误,尖

<hr>

① 《近代剧韵》,张伯驹、余叔岩著,北平京华印书局印刷,非卖品。

团遂亦至不分。如'诗',商知切,'书',束于切,而南音或以'诗'为桑兹切,'书'为酸租切,是以'诗书'而为'思苏'矣。又如'城',潮滢切(按:《音韵阐微》当为匙盈切,若依现代北音,则潮营切似更适合),'池',长时切,而南音或以'城'为曹凝切,'池'为藏时切,是以'城池'而为'层慈'矣。如'祭',箭艺切,'酒',挤有切,而北音或以'祭'为见艺切,'酒'为几有切,是以'祭酒'而为'计九'也。又如'潇',西妖切,'湘'星秧切,而北音或以'潇'为希妖切,'湘'为兴秧切,是以'潇湘'而为'鸮香'矣。"由此看来,所谓尖字就是语音学上所谓舌尖的摩擦音(fricative)及塞擦音(affricate),在守温三十六字母中属于精清从心邪五母。所谓团字,就是语音学上所谓的舌面的或卷舌的摩擦音或塞擦音,在守温三十六字母中属于见溪群晓匣五母的齐撮呼,及知彻澄照穿床审禅八母。然而如果我们参看本书卷三的尖团辑要,却发现见溪群晓匣五母的开口呼合口呼及端透定泥疑娘帮滂并明非敷奉微影喻来日十八母的字也是归入团字一类的,然则所谓团字竟包括了精清从心邪以外的一切音。这么一来,我们对于团字就有了两种可能的定义:所谓团字,是指见晓系字的齐撮呼及知照系字;所谓团字,是指精系以外的一切音。关于这两种定义,我比较地喜欢第一种。因为尖团之分,本是教伶人们把两类易混的字区别清楚。端透帮非诸母字既不会与精系字相混,就不必称为团字了。

　　书中最能引起我们兴趣的,是所谓上口字,著者云:"上口字亦本于切音。如'书',束于切,上口音也;'蔬',朔乌切,不上口音也。'主',朱羽切,上口音也,'阻',捉楚切,不上口音也。歌者不知所本,往往误念。"今按:上口字系属于韵母方面。知彻澄照穿床审禅日九母字,今北平音只有开口合口两呼,而剧韵则多数具备四呼或三呼;甚至刚刚相反,只有齐齿撮口两呼。如知照母字,"支卮之脂"为开口呼,"知蜘职质"为齐齿呼,"阻"为合口呼,"猪诸朱诛竹祝主"为撮口呼。彻穿母字,"齿"为开口,"吃"(本溪母字,今音如

"赤",见本书五声辑要）为齐齿呼，"楚础"为合口呼，"杵处楮褚"
为撮口呼。澄床母字，"驰池墀迟"为齐齿呼，"除储厨躇"为撮口
呼。审母字，"世势"为齐齿呼，"疏梳蔬"为合口呼，"舒纾输书"为
撮口呼。禅母字，"市"为齐齿呼，"竖树"为撮口呼。日母字，"日"
为齐齿呼，"如儒汝乳"为撮口呼。凡此类齐齿撮口的字，都是所谓
上口字。依旧音韵学的说法，凡北平收音于"厄"或"乌"而剧韵收
音于"衣"或"迂"的，都是上口字。收音于"衣"的上口字，《中原音
韵》时代更多，如"知蜘詟痴蚩鸱池驰迟持实十石食拾直姪掷耻侈
质隻灸织鸷汁只失室识适拭饰释湿尺赤吃勑叱世势逝誓日"诸字
周氏都归齐微韵，不归支思韵，就显得它们是上口字。他在《中原
音韵》正语作词起例里，教人分别"知"与"之"、"痴"与"眵"、"耻"
与"齿"、"世"与"市"、"知"与"志"，就是教人分别上口字与非上
口字的意思。现在本书五声辑要里，"耻"与"齿"、"世"与"市"、
"智"与"志"都已混为一音，可见古今剧韵的变迁。收音于"迂"的
上口字，在本书中，比收音于"衣"的多了好几倍。关于收音于"衣"
的，我说不出一个所以然来。关于收音于"迂"的，在语音史上很好
解释。原来照穿床审四母依陈澧的《切韵考》可以细分为八类，即
照二等，照三等；穿二等，穿三等；床二等，床三等；审二等，审三等。
凡属三等的字，在近代剧韵姑苏韵中都收音于"迂"，即所谓上口
字。凡属二等的字，在姑苏韵中都收音于"乌"，所谓不上口字。
"主"是照母三等字，故上口；"阻"是照母二等字，故不上口。"书"
是审母三等字，故上口；"蔬"是审母二等字，故不上口；"暑鼠黍"是
审母三等字，故上口；"所数"是审母二等字，故不上口。"杵处"是
穿母三等字，故上口；"楚"是穿母二等字，故不上口（"助"字，陈澧
认为二等，当依《切韵指南》归三等，故亦上口）。其他如禅日二母
只有三等，知彻澄三母在姑苏韵也只有三等，故皆上口。上口字虽
属于韵母方面，但也稍微影响及于声母方面。我虽没有机会做过
实验，依我猜想，上口字的声母的发音部位颇近似于英语的［gh］

[ch]。

卷一又有切音一篇,认反与切为"实有区别"。其言曰:"今为学者易于明晰起见,以一得之愚,将切音分为反切正切两种。例如'东',都翁切,'归',姑威切,'街',基埃切,'年',泥妍切,'萧',西腰切,'家',基鸭切,'刘',离尤切,皆系两字相摩以成声,合念两字即成本字,其音长而远,即所谓切正切也;如'同',徒红切,'奇',勤移切,'真',支因切,'朝',知妖切,'牙',宜退切,'冈',歌康切,'侯',何楼切,等字,合念两字则不成字,必须念上字之本音,下字之尾韵,展转相协,始成本字,其音短而促,即所谓切反切也。"按反与切其实是一件事。宋人讳言反,故改称切。《切韵》残本"蠢",尺尹反;《广韵》"蠢",尺尹切,可见"反"就是"切"。反切旧法,系取上字的声母与下字的韵母相切,但取双声叠韵,并非连读二字即成一音,陈澧在《切韵考》卷六已有说明。在《广韵》里,"东",德红切,"归",举韦切,"街",古害切,"年",奴颠切,"萧",苏彫切,"家",古牙切,"刘",力求切,合念两字亦不成字。《音韵阐微》对旧法加以改良,上字用支微鱼虞歌麻韵中字,下字用影喻两母中字,于是合念两字,即成本字,在《音韵阐微》中叫做"合声"或"协用"。然而有时无适当之字可用,也只好拿别的字勉强应付,如本书所谓展转相协,在《音韵阐微》中叫做"今用"或"借用",例如"同",徒红切,因为没有与"翁"字相当的阳平字,也只好勉强用"红"字。"冈",歌康切,因为没有与"昂"字相当的阴平字,只好勉强用"康"字。"奇",照合声的办法当是奇移切;"牙",照合声的办法当是宜牙切,"侯",照合声的办法当是何侯切。然以"奇"切"奇",以"牙"切"牙",以"侯"切"侯",等于不切,只好换用他字。至于"真"支因切,"朝"知妖切,因为"真、朝"等字本属于齐齿呼,《音韵阐微》不敢擅改旧呼,只好仍旧以"因、妖"为切;如果我们要改合今北平音,只须把"真"改为支恩切,"朝"改为知坳切,就行了。著者云:"再有音同而切异者,如'身''生'同音,'身'诗因切,'生'

师亨切；又'尘''成'同音，'尘'池寅切，'成'匙盈切。'身、尘'为正切，'生、成'为反切。南北因口音各异，故词曲念'生、成'同于'身、尘'，乱弹念'身、尘'同于'生、成'，不可更拘泥于韵书，知之可也。"按"身"与"尘"、"生"与"成"，在古音实不相混，今北平亦不相混，故《音韵阐微》的反切亦不相混，自不能认为音同而切异。周德清在《中原音韵》里，以"身尘"归真文韵，以"生成"归庚青韵，又在正语作词起例里教人分辨"亲"与"青"、"津"与"精"、"尘"与"成"、"神"与"绳"、"宾"与"兵"、"贫"与"平"，等等，更不能认为词曲念"生成"同于"身尘"。乱弹合并真文庚青为人辰韵，根据湖北音，这乃是京戏的家法，无可批评；然不能因此认为韵书为音同而切异。

卷一又有五声一篇。其言曰："'昌'，阴平，其音高而直，起也；'长'，阳平，其音低而横，承也；'敞'，上声，其音厉而兴，先高后低，转也；'畅'，去声，其音清而远，先低后高，合也；'龟'，入声，其音短而促，收也。"这样描写京戏道白的音，颇为恰当。但京戏用湖北音，而湖北音并无入声，京戏道白，实际上恐怕也没有入声，故入声似可如《中原音韵》拼入平上去三声。王鵁是昆山人，故将平上去入四声各分阴阳，李松石是大兴人，故极言仄无阴阳。著者云："仄分阴阳，于歌剧之道无所用之。"可谓卓识。然此处四声之相配，与卷二之五声辑要未能一律，例如此处以"笃"配"东"，以"独"配"同"，卷二则以"笃独"为姑苏韵之入声；此处以"觉"配"江"，以"药"配"阳"，卷二则以"觉药"为梭波韵之入声；此处以"织"配"真"，以"日"配"人"，以"击"配"鸠"，以"亦"配"由"，卷二则以"织日击亦"为医欺韵的入声。这虽是小疵，但初学的人比较着重，便觉得茫然了。

著者又论及音的粗细。他说："李松石《音鉴》因切音选母字，同类之音各分粗细，更有不分粗细之音，例如'阳银尧爷颜尤天厅溪轻申烧山沙秋清涟能侯西'等字，细音也。'鱼云区衰霜趋奴红湖黄涓军苏虽村'等字，皆粗音也。'茫莫闷毛买谋卖慢眉马贫平冯佛'等字，皆粗细不分之音也。简言之，即舌喉为细音，内唇为粗音，外唇为不分粗细之音也。"按：李松石所谓粗音，包括开口呼与合口呼而言；所谓细音，包括合口呼与撮口呼而言，例如精母字，李松石分为醉、酒二母，细音归酒，粗音归醉。不过李氏将细音和粗音各再分析为二类：开口呼为粗中之细，合口呼为粗中之粗；齐齿呼为细中之细，撮口呼为细中之粗。近代剧韵所举"申烧山沙能侯"等字，今音属开口呼，是粗中之细，"阳银尧爷颜尤天厅溪轻秋清涟西"等字，今音属齐齿呼，是细中之细；"衰霜湖黄红奴苏虽村"等字，今属合口呼，是粗中之粗；"鱼云区趋涓军"等字，今音属撮口呼，是细中之粗。唇音亦可以有粗细之分，近代剧韵所举"茫莫闷毛买谋卖慢眉"等字，属于《李氏音鉴》的满母，是粗音（李氏在凡例第10页云"今另立满眠二母，粗音归满，细音归眠"）；"贫、平"二字属于李氏的飘母，是细音（同页云"细音归飘，细粗音归盘"）；"冯、佛"二字，今音属开口或合口呼，亦是粗音。但李氏于满飘粉眠盘便博七母下皆云粗细不分者，因为满粉盘博四母用唇发音，开口与合口不易辨别，飘眠博三母也用唇；虽齐齿而似撮口，故不再分粗细。总之，以四呼之说解释李氏粗细音之分，甚易了解。如果以舌喉为细音，内唇为粗音，外唇为不分粗细，就不容易懂了。

本书卷二为五声辑要，卷三为尖团辑要。此乃京戏的秘传，没有什么好说的。但是著者说："在上之'上'音上声，升上之'上'音去声。"这却与普通字书中所说的刚刚相反。阳平"夫"之下注云"疑辞"，未知何意。"森葠参"下注云："《广韵》所今切，作尖音；《集韵》疏簪切，作团音；《音韵阐微》师因切，作团音。今从《广韵》。"其实《广韵》所今切亦是团音，属审母二等；"所"字在《广韵》是疏举切，可证。照穿床审二等字在今北方往往由团入尖，例如"森所择泽赜仄测侧策册岑疏"等字，古属团音，今北平已念尖音。"色"字，北平白话是团音，读书是尖音。近代剧韵于此类字分尖团,大略与北平音相同。只有"疏"字,北平读尖音,而剧韵归团;"数"字、"摘"字,北平读团音,而剧韵归尖。可见也微有不同。这些都是琐碎的问题,不值得多谈了。

二十六年一月七日写完

原载《大公报》1937 年 1 月 28 日

读《杂格咙咚》^①

　　不久前,倪海曙同志送给我一本《杂格咙咚》。我和他认识二十多年,我不知道他有这样大的文才。

　　书中分为七个部分:(1)杂格咙咚集(诗歌、戏曲、小说、寓言);(2)苏州话《诗经》;(3)长安集(唐诗的白话改写);(4)楼台会(梁山伯与祝英台);(5)拉·封丹寓言诗;(6)拼音小集;(7)冰花小集。占篇幅最多的是苏州话《诗经》、长安集和拉·封丹寓言诗。我也最爱读这三部分。你看他翻译成苏州话的《诗经·王风·君子于役》第一章:

> 抗战结束又要内战,
>
> 陆里一日俚好回转?
>
> 鸡晓得进棚,
>
> 太阳晓得落山,
>
> 牛羊晓得归栏,
>
> 阿毛笃爷为啥还弗转来?
>
> 牵记啊,
>
> 牵记煞我哉!

　　又看他翻译成为普通话的杜甫《月夜》诗:

---

① 《杂格咙咚》,倪海曙著,生活·读书·新知三联书店1981年出版。

今夜鄜州的月亮，
她只能一个人在房间里看。
孩子们这时候一定睡着，
可怜在他们的梦里，
还不会有沦陷的长安！

在秋夜的露水中，
她那乌云一样的头发一定湿啦；
在清冷的月光下，
她那白玉一样的手臂也一定冷啦。
哪一天啊哪一天，
我们可以双双倚着窗帘，
月光照下来。
是两张没有眼泪的脸。

这哪里是翻译？这简直是海曙同志的创作！如果让别人翻译，不会翻译得这样好的。

海曙同志自己的诗也写得很好。我摘录一首出来，让大家共同欣赏：

烛

做人应该像蜡烛哩，煎熬到底一条心。哪怕黄昏夜晚滴落仔几化辛酸泪，总要使面前背后再呒不弗光明！

读了《杂格咙咚》以后，我有两点体会：第一，译诗，无论是今译古、中译外、外译中，都应该以意译为主，不要求字字对译。字字对译，反而不能把原诗的神韵表达出来。第二，写诗，要着重在形象思维。不但标语口号式的诗不成其为诗，抽象说理的诗，就诗的意境来说，也不是上乘的。

原载《读书》1982 年第 1 期

《〈论衡〉复音词研究》评语^①

　　此文全面地分析了《论衡》的复音词,作者功力很深,故能分门别类,剖析入微。总的说来,这是一篇高质量的文章。唯一的缺点是把复音词的范围放得太宽,许多不是单词,而是复合词(如"横行")或凝固词组(如"八卦、战场、饿死"),甚至只是一般词组(如"二月、八月、屠工、画工、县官")。这些都应该排除在复音词之外。这并不妨碍把它们收进《论衡词典》,因为依中国习惯,词组也可以收入词典去的。

　　如果内容不作大改动,可把题目改为《论衡词汇研究》。如果保持原题,则须删去非复音词的例子。

　　既然复音词的范围难于确定,统计的数字就没有意义了。

　　我认为《论衡》中的单音词的新词新义也要研究。这可以在你们编写完成了《论衡词典》后再写单篇论文。

　　我的意见不一定对,仅供参考。

1983 年 1 月 14 日

---

① 该文作者程湘清,收录于 2003 年商务印书馆出版的《汉语史专书复音词研究》。

《汉语史论文集》自序

这个集子里所收的是从 1936 年到 1948 年我所发表过的几篇有关汉语史的论文。我最近编写汉语史讲义,有许多地方是根据或基本上根据这些论文写出来的。讲义要求简要,有些地方讲得不够透彻,须要给同学们一些补充读物,来帮助他们了解,于是我想到把这几篇论文汇集成册,和我的《汉语史稿》相辅而行。

但是,这些文章并不完全代表我现在的见解。凡是和《汉语史稿》不合的地方,原则上应以《汉语史稿》为准。至于有些地方(例如关于古韵分部),我想就让新旧两说并存,等待更进一步的研究。

《中国文法学初探》(1936)这篇文章几乎没有什么功力可言。这仿佛是一篇"宣言",我在这篇文章里确定了我的研究方向和方法。有些朋友劝我把它收入文集里,作为语法史的资料。我想这些朋友的话也有道理,所以最后把它加了进去。

1956 年 11 月 24 日,北京大学

《汉语史论文集》,科学出版社 1958 年出版

《古代汉语》自序

　　古代汉语这一门课程,过去在不同的高等学校中,在不同的时期内,有种种不同的教学内容。有的是当做历代文选来教,有的是当做文言语法来教,有的把它讲成文字、音韵、训诂,有的把它讲成汉语史。目的、要求是不一致的。

　　经过 1958 年的教育革命,大家进一步认识到教学必须联系实际,许多高等学校都重新考虑古代汉语的教学内容,以为它的目的应该是培养学生阅读古书的能力,而要达到这一个目的,必须既有感性知识,又有理性知识,必须把文选的阅读与文言语法、文字、音韵、训诂等理论知识密切结合起来,然后我们的教学才不是片面的,从而提高古代汉语的教学效果。至于汉语史,则应该另立一科;汉语史是理论课,古代汉语是工具课,目的、要求是不相同的。

　　北京大学在 1959 年进行了古代汉语教学的改革,把文选、常用词、古汉语通论三部分结合起来,取得了较好的教学效果。此外还有许多高等学校都以培养阅读古书能力作为目的,改进了古代汉语的教学。

　　北京大学 1959 年度的古代汉语讲义只印了上中两册,1960 年经过了又一次改革,另印了上中下三册,都没有公开发行。讲义编写主要由王力负责,参加工作的有林焘、唐作藩、郭锡良、曹先擢、吉常宏、赵克勤、陈绍鹏。此外,北京大学中国语言文学系语言专业 1957 级同学也参加了 1960 年度的古代汉语中下两册的文选部分的编写工作,研究生陈振寰、进修教师徐朝华也参加了上册的部分编写工作。

　　1961 年 5 月,高等学校文科教材编选计划会议开过后,成立了古代汉语编写小组,决定以北京大学古代汉语讲义为基础并参考各校古代汉语教材进行改写,作为汉语言文学专业的教科书。编写小组集中了北京大学、北京师范大学、中国人民大学、南开大学、兰州大学古代汉语教学方面一部分人力,分工合作,进行编写。

　　本书除由主编王力负责全盘工作外,编写小组内部再分为文选组和常用词通论组。文选组由萧璋负责,常用词通论组由马汉麟负责。具体分工如下:

　　文选部分执笔人:

　　　　萧璋(北京师范大学)　　　　刘益之(中国人民大学)

　　　　许嘉璐(北京师范大学)　　　　赵克勤(北京大学)

　　常用词部分执笔人:

　　　　王力(北京大学)　　　　吉常宏(北京大学)

　　通论部分(包括绪论及附录)执笔人:

　　　　马汉麟(南开大学)　　　　郭锡良(北京大学)

　　　　祝敏彻(兰州大学)

　　编写小组的任务是艰巨的。北京大学的讲义只是初稿,距离公开出版的要求尚远。这次几个学校的同志在一起合作,除了肯定文选、常用词、通论三部分结合的总原则以外,一方面充分利用了北京大学原有的成果,另一方面又在很大程度上加以必要的修改和补充。文选部分更换了一些篇目,重写了解题和说明,特别是在注释方面作了很大的变动。常用词部分变更了一些体例和解释,并且随着文选的更换而改变了词条的次序。通论的章节和内容也都作了很大的变动。

　　每一篇稿子都经过组内讨论、组外传观并签注意见,最后由主编决定,有些比较重要的问题还经过全体讨论。我们自始至终坚持了这种讨论方式,我们认为这样做可以集思广益,更好地贯彻百家争鸣的精神和发挥集体主义精神,从而进一步提高了书的质量。

1962 年 1 月,上册讨论稿出版。在这个时候,召集了座谈会,出席者有丁声树、朱文叔、吕叔湘、洪诚、殷孟伦、陆宗达、张清常、冯至、魏建功诸先生,姜亮夫先生也提出了详细的书面意见。会议共开了一个星期,主要是讨论上册的内容,但最后也对中下册的内容交换了意见。

上册讨论稿分寄各高等学校和有关单位后,陆续收到了回信。有些是集体的意见,有些是专家个人的意见。

从 1962 年 1 月下旬起,我们开始进行上册的修订工作,同时考虑到,上中下三册应该压缩为上下两册,以便更适合于教学计划的要求。体例上也作了改动,把文选各篇的说明移作注解,或径行删去,我们的修订工作除充分地吸收专家们和各校的意见,进行必要的修改外,还趁此机会再深入发现问题,改写了不少的地方,上册增加了一个单元,其他单元也进行了部分的改写。因此,直到同年 7 月底,才算把上册修订完毕。

本书全稿曾请叶圣陶先生审阅。

总起来说,这一本《古代汉语》上册已经四易其稿。我们知道其中的缺点还是很多的;如果有若干成绩的话,那是和党的领导分不开的,也是和全国专家们以及担任古代汉语的教师同志们的鼓励和帮助分不开的。我们编写小组虽然只有九个人,但是这一本书的编成,则有千百人的劳动在内。我们谨在这里向曾提宝贵意见的专家们和同志们表示深切的谢忱。

最后,我们希望读者特别是从事古代汉语教学工作的同志们随时不吝赐教,让我们能够根据广大群众的意见来修订这本书,使它逐渐趋于完善。

1962 年 7 月

《古代汉语》,王力主编,中华书局 1962 年出版

《古代汉语》（修订本）自序

　　《古代汉语》出版后，得到了广大读者的热情鼓励，也陆续收到了许多宝贵意见。时间过去将近二十年了，1978年教育部在武汉召开教学工作会议，又重新确定这部书作为全国高等学校文科的统一教材之一，理应进行必要的修订。但原编写组的刘益之、马汉麟两位同志已先后去世，吉常宏、赵克勤两位同志变动了工作岗位，要进行修订工作，实属不易。今年教育部调集了原编写组现有成员组织修订小组，用半年时间，进行一次全面修订。

　　在修订以前，我们曾派编写人员到一些高等学校征求意见，得到了各校领导和任课教师的热情支持。有些老教授带病参加座谈会，有些任课教师把意见逐条写在纸上，交给我们。特别是南京大学洪诚教授去世前不久还在病榻上给我们提出了自己的宝贵意见。这对我们的修订工作，是很大的鼓励和帮助。大多数意见，我们都接受了。有些意见，未能接受，这有两方面的原因：一是因为有的问题我们还有自己的想法；二是有的意见虽然我们完全赞同，但修订组的成员本职任务重，修订时间短，不可能做很大的改动。这次修订，我们首先是把已经发现的错误改正过来，同时努力吸收近二十年来古代汉语教学和研究中的某些成果；由于具体执笔修订诸同志的认真努力，修改增补分量远远超过预订计划，仅字数就增加了十余万，使本书的内容得到进一步充实，质量也相应有所提高。

本书修订工作由主编王力(北京大学)全面负责,具体执笔修订的成员五人,分工如下:

文选部分:

　　许嘉璐(北京师范大学)　　　　　　赵克勤(商务印书馆)

常用词部分:

　　吉常宏(山东大学)

通论部分(包括绪论及附录):

　　郭锡良(北京大学)　　　　　　　　祝敏彻(兰州大学)

原编写组文选部分负责人北京师范大学萧璋教授也花了很多时间,认真审阅了文选部分的修改稿。我的助手张双棣同志参加了常用词部分的引例核查工作。

这次修订,改正了书中的不少错误,这是与许多同志的热情关怀、积极提供宝贵意见分不开的。我们谨致以深切的谢忱。但由于修订组大多数同志已经多年未从事古代汉语的教学工作,加以时间紧迫,肯定还将留下一些错误,希望广大读者特别是从事古代汉语教学工作的同志们仍然不吝赐教,以利将来进一步修订。

1980 年 6 月

《古代汉语》修订本,王力主编,中华书局 1981 年出版

《谈谈学习古代汉语》自序

　　山东教育出版社想要汇集我多年来有关学习古代汉语的文章和演讲,编成一本书出版,我答应了。

　　学习古代汉语没有什么秘诀,说来说去只是一个历史观点问题。宋代的朱熹读《诗经》时觉得有些地方不押韵,就说应该临时改读某字为某音(叫做叶音),以求谐和。他不知道周代古音和宋代的读音不同。现代人读唐诗,觉得有些地方不押韵,他们不知道唐代古音和现代的读音不同。

　　杜甫《月夜忆舍弟》诗:"寄书长不达,况乃未休兵!"其中"寄书"二字都和现代汉语的意义不同。"寄书"并不是去邮政局寄一本书。古人把信叫做"书","寄书"就是寄信。但是古代没有邮局,怎能去邮局寄信呢?原来"寄"是寄托的意思,"寄书"就是托人带信。杜甫另有一首诗,题为"因许八奉寄江宁旻上人",诗的开头两句是:"不见旻公三十年,封书寄与泪潺湲。""因许八奉寄"就是托许八带信的意思。岑参《逢入京使》诗:"马上相逢无纸笔,凭君传语报平安。"这就是说,没有纸笔不能托他带家信,只好托他带个口信了。

　　历史观点很重要。语言的时代性不可忽视,例如"眼"字在先秦指眼珠子,直到晋代阮籍能为青白眼,仍是指眼珠子。到了唐代就不同了,"眼"与"目"是同义词了,"睛"字接代"眼"字表示眼珠子。"画龙点睛"的故事出自《历代名画记》,《名画记》云:"金陵安乐寺四白龙不点眼睛,每云:'点睛即飞去。'人以为妄诞,固请点之。须臾雷电破壁,两龙乘云腾去,上天,二龙未点眼者见在。"前面说"点睛",下面说"点眼",可见"睛"就是"眼","眼"就是眼珠子。

坚持了历史观点,许多问题都迎刃而解。剩下的问题就是多读古文,最好是熟读三五十篇古文。熟读就能融会贯通,读其他的书时就没有障碍了。

1983 年 4 月 1 日写于北京大学燕南园

《谈谈学习古代汉语》,山东教育出版社 1984 年出版

《王力论学新著》自序

我是广西人,广西人民出版社愿意为我出版一本论文集。我说:"我的学术论文都已收到《龙虫并雕斋文集》里去了,你们要我的论文的话,可以收一些普及性的文章。"他们是这样做了。后来又收了两篇我去年在日本讲学的讲稿,题为《王力论学新著》,就是现在这一本书。

其实,学术性的文章和普及性的文章的界限是很难区分的。有时候,我是以学术研究的成果,用最浅显的话说出来,所谓深入浅出。表面上看来是普及性的,实际上还是学术性的。所以这本书题为"论学新著"还是可以的。

最近我在北京市语言学会年会上讲了一次我的治学经验。我讲了八条经验:(1)方法论;(2)普通语言学的理论指导;(3)语言学和古代汉语;(4)语言学和外语;(5)语言学和文学;(6)语言学和逻辑;(7)语言学和音乐;(8)语言学和自然科学。本想把这个讲稿也收进这个集子里,但考虑到北京市语言学会要把它印出来,我不好把它先出版。

我常对我的研究生说:科学研究并不神秘。第一,要有时间;第二,要有科学头脑。后者最为重要。否则浪费时间,徒劳无功。谨将这两句话贡献给亲爱的读者。

1982 年 6 月 28 日

《王力论学新著》,广西人民出版社 1983 年出版

《古韵通晓》序

我读了陈复华、何九盈两同志合著的《古韵通晓》,觉得这的确是一部好书。对于古韵,必须自己通晓,然后能使人通晓。陈、何两同志能充分占有材料,所以他们分析古韵,确凿可信。对诸家进行驳议时,又能雄辩纵横、鞭辟入里,逻辑性强,因此说服力也很强。我常常对我的研究生说,科学研究并没有什么秘诀,只要求两件事:一要有时间,二要有科学头脑。有充足的时间然后能充分占有材料,有科学头脑然后能对所占有的材料进行科学的分析。陈、何两同志有了这两个优越条件,所以能做出这样优良的成绩来。

这部书有两个地方写得特别精彩:第一,是在讨论韵部归字原则的时候。字的归属,是古韵分部的一个重要问题,各家在这方面有分歧意见,这就牵涉到归字原则问题。这个问题解决了,古韵分部问题才算彻底解决了。第二,是在讨论上古韵母构拟问题的时候,特别是讨论韵尾构拟问题的时候。韵尾构拟的问题不解决,古韵到底是阴阳两分还是阴阳人三分或阳人两分这样一个最重要问题得不到解决,古韵构拟就无从下手。本书作者以利刀斩乱麻的手段,作出颠扑不破的结论,是值得赞扬的。

我读完了《古韵通晓》之后,击节赞赏,认为应该浮一大白。因此,我乐意为它写一篇序文。

1980 年

《古韵通晓》,中国社会科学出版社 1987 年出版

《古汉语复音虚词和固定结构》序

　　洪成玉同志把他写好的《古汉语复音虚词和固定结构》送来给我看，我因事忙，没有细看，但是我非常赞成他写这一类的书。学习古汉语的人非常需要这一类的书，成玉同志写的这部书将给予学习古汉语的人很大的帮助。

　　从来讲古汉语虚词的人往往只讲单词，这是很不够的；有人讲到一些复音词，那比较好，但也还不够。有些固定结构既不是单词，也不是复音词，而是固定词组或上下相应的结构（如"唯……是……""何……之有""奚以……为"）。所以只有像成玉同志这样，才是全面地讲述了古汉语虚词。

　　不懂虚词性的词组，常常看不懂古书，例如司马迁《报任安书》有一句"要之，死日然后是非乃定"，许多选本（如商务印书馆出版的国学丛书《文选》）都标点成为："要之死日，然后是非乃定。"这就看出来，编书的人不懂"要之"是什么意思。

　　希望有更多作者写一些帮助青年学习古汉语的书。

1981 年 3 月 24 日于北京

《古汉语复音虚词和固定结构》，浙江人民出版社 1983 年出版

《中原音韵音系》序

　　杨耐思同志花了二十年的工夫研究《中原音韵》音系，用力甚勤。他参考了《古今韵会举要》、《蒙古字韵》八思八字对音等材料，写出这样有分量的一部书，这样深入细致的研究工作，是前人所没有做过的，因此，他所得出的结论值得重视。

　　研究《中原音韵》音系的人很多，主要有罗常培、赵荫棠、陆志韦三家。罗先生的《〈中原音韵〉声类考》发表得较早，而且只讨论到《中原音韵》的声母，没有讨论到韵母和声调。赵荫棠把《中原音韵》系统化了，但是由于他的语音学知识很差，所以他对《中原音韵》声母、韵母的拟测有许多是不可靠的。陆志韦有很深广的语音学知识和音韵学知识，又有科学头脑，所以他的《释中原音韵》是有很高的参考价值的。

　　周德清的《中原音韵》分十九个韵部，每一韵部中，不同声母的字又用圆圈隔开。它本来已经是音系分明，还有什么好研究的呢？我认为有两个可争论的问题：第一是拟测的问题，第二是有无入声的问题。

　　拟测问题，例如照母的支、章两类，穿母的眵、昌两类，审母的施、商两类，罗合并为 tʃ、tʃ'、ʃ，赵合并为 tʂ、tʂ'、ʂ，陆分别拟测为 tʂ、tʂ'、ʐ、ʂ 和 tɕ、tɕ'、ɕ。杨耐思同志从罗拟测为 tʃ、tʃ'、ʃ，我以前也从罗，近来写《汉语语音史》的时候改从陆。又如日母戎类字，罗拟测为 ʒ，赵拟测为 ẓ，陆拟测为 ʐ（其实就是 ɻ）。杨耐思同志从罗,拟测为 ʒ,我在我的《汉语语音史》里则从陆,拟测为 ʈ。

入声问题,一向都认为《中原音韵》没有入声,陆志韦先生却提出异议。他认为《中原音韵》里还存在着入声,有些入声(全浊)的声调近似阳平,所以入作平声;有些入声(清音)的声调近似上声,所以入作上声;有些入声(次浊)的声调近似去声,所以入作去声。杨耐思同志遵从陆先生的学说,并以北方方音至今还存在着入声的大量材料来证明陆说。我始终不肯采用陆说,因为如果像陆先生那样说,《中原音韵》时代实际上有七个声调(阴平、阳平、上声、去声和三种入声),这是不可能的。

由上面所说,可见我并不是完全赞成杨耐思同志的结论的,为什么我为他的书作序呢? 这是因为我应该尊重别人的研究成果,我应该鼓励我的学生持不同意见。如果墨守师说,学术就没有发展了。近来有一种很坏的风气,凡不肯墨守师说的人叫做"叛师"。我认为"叛师"的说法是妨碍学术发展的。因此,我乐意为杨耐思同志写这一篇序文。

1981 年 6 月 28 日

《中原音韵音系》,中国社会科学出版社 1981 年出版

《普通话课本》序

去冬我来香港讲学，知道香港语文学界积极推广普通话，我非常高兴。香港广播电台还请我讲了学习普通话的必要性。现在田勤先先生请我给《普通话课本》写一篇短序，我很高兴地答应了。

普通话就是从前所谓国语，也就是民族共同语。我们汉族方言复杂，各地的人交际有困难，我们需要一种共同语言。这种共同语言不可能是人造的，应该以一种方言为基础。普通话就是以北方话为基础方言，以北京语音为标准音，以现代典范白话文为语法规范的汉民族共同语。

香港人特别须要学习普通话，因为香港的语言是粤方言，粤方言的语音、词汇都和普通话差别很大，例如香港"九、狗"同音，北京"九、酒"同音；香港人说"单车"，北京人说"自行车"。至于香港特有的词汇，就和北京话更不相同，例如"巴士"，北京人说"公共汽车"；"的士"，北京人说"出租汽车"。因此，我们要花很大的力气，才能把普通话学好。

但是，我们不要怕难。现在有了香港普通话研习社，开班讲课，很快就能教人学会普通话。希望大家都来学习普通话。

1981 年 9 月 21 日于北京大学

《普通话课本》，香港普通话研习社教材编写组编写，成员有许耀赐、张家城、田勤先。香港普通话研习社有限公司 1982 年出版

《普通话》序

　　梁雅玲先生编写了一本《普通话》，让我给她写一篇序文。我是1980年冬天到香港讲学时认识梁雅玲先生的。她是北京人，普通话说得很好，她最有资格编写普通话课本。梁先生在香港居住多年，能说广东话，她又最有资格编写适合香港人应用的普通话课本，真是珠联璧合。我用不着看全书，已经可以断定，这是一本好书。

　　我曾经写过一本《广东人怎样学习普通话》，那只是理论知识，不是实践。现在梁先生这本书就是实践。我相信，学员们学完了这个课本以后，一定会说一口流利的、正确的普通话。

　　香港人学习普通话，非常重要。平常的时候，香港人回到内地探亲访友，就需要普通话。现在香港和内地贸易往来日益频繁，观光旅游，络绎不断，普通话更是迫切需要的交际工具。梁先生这本《普通话》正是适应当前的迫切需要的。我相信这本书出版后，一定不胫而走，人手一册，"洛阳纸贵"。我在这里预祝梁先生成功！

《普通话》，香港商务印书馆1982年出版

《实用解字组词词典》序

汉语基本上是以字为单位的,不是以词为单位的。要了解一个合成词的意义,单就这个词的整体去理解它还不够,还必须把这个词的构成部分(一般是两个字)拆开来分别解释,然后合起来解释其整体,才算是真正彻底理解这个词的意义了。一般词典做不到这一点,周士琦同志这一部《实用解字组词词典》就是适应这种需要而编辑起来的。"解字"就是解释单字,"组词"就是把两个(或更多)单字组合成一个单词或一个成语。这样做法,的确是很实用的。

人们写别字,常常是由于不理解合成词中单字的意义而造成的,例如"揠苗助长"之所以往往被人写成"压苗助长",就是因为他不懂"揠"字是拔的意思。把"揠"字的意思弄明白了,就不至于写成"压"字了。由此看来,《实用解字组词词典》又可以纠正人们的错别字。

周士琦同志年青勤奋,曾在《中华文史论丛》《中国历史文献研究集刊》发表文章,都有颇高的学术水平。我虽因年高事繁,未能阅读此书的全文,但是我知道周燕孙先生看过全文,相信一定能保证质量,所以我乐意为它写序。

1982 年 4 月 30 日于北京大学燕南园

《实用解字组词词典》,上海辞书出版社 1986 年出版

《汉字古音手册》序

　　研究汉语,须要懂古音;研究古代汉语,更须要懂古音。清代乾嘉学派在语文学上有巨大的成就,主要原因是得力于清代古音学。段王之学,其精髓在古音。王念孙在《说文解字注·序》中,赞扬段玉裁"于古音之条理,察之精,剖之密",说段玉裁这样做,"训诂之道大明,训诂声音明而小学明"。段玉裁于《说文》每一个字下面都注明古音在第几部,这就说明古音的重要性。

　　最近三年来,为了研究工作的需要,我常常查阅《康熙字典》,发现《康熙字典》音读错误之多,到了惊人的地步,例如"上"字条里说:"《唐韵》时掌切,《集韵》《韵会》《正韵》是掌切,并商上声。""上"是浊母字,"商"是清母字,"上"怎能是"商"的上声呢?这种荒唐的谬误不是个别的,而是几千处。目前我正在写一部《康熙字典音读订误》。因此我想到,编写汉语字典要不要注上古音。

　　最近几年来,各种字典、辞书正在编写,有人建议注上古音。这件事的困难是:古音系统还没有定论,古音拟测更没有定论,我们不便根据某一家的古音学说的古音系统和拟测放进一部字典里。但如果另写一部书,像郭锡良现在写的这一部《汉字古音手册》,那将是很有用处的。因为这不是"典",而是参考资料。不过,这应该说是必读的参考资料。因为各家的古音学说虽不尽相同,毕竟有价值的几家也只是大同小异。这一部书的参考价值还是很大的。因此,我乐意给它作序。

1982 年 6 月 5 日

《汉字古音手册》,北京大学出版社 1986 年出版

给《古代汉语习题集》
作者的一封信（代序）

玄荣同志：

几天前收到你 10 月 7 日来信，昨天侯学超同志来，送来了《古代汉语习题集》及样稿，敬悉一切。

早就有人建议我主编的《古代汉语》增加习题，我们一直没有做到。吉常宏同志授课时，曾经给同学们一些习题，但是没有编成书。现在你们编写《古代汉语习题集》，填补了这个空白，那很好。兹遵命为书面题签。至于序文，由于我未能审阅全稿，就不写了。

我粗略地看了一看，觉得你们的工作是认真的。稍嫌有的地方较深。可以告诉读者，有选择地使用，不必全用。此候研安。

王　力

1982 年 10 月 15 日

可以印在书的前面，作为代序。

王　力

1983 年 1 月 12 日

《古代汉语习题集》，福建人民出版社 1984 年出版

《汉语方言研究小史》序

读了何耿镛同志所写的《汉语方言研究小史》，我很高兴。这本书材料丰富，观点正确，是一本好书。

方言学的历史是很难写的，因为中国古代关于方言的著作不多。现在何耿镛同志把汉代经师的笺注和汉代语文著作所反映的方言现象、中古时期的方言记载等方言材料加进去，内容就丰富了。耿镛同志用二十余年的工夫搜集材料，其毅力是惊人的。其所搜集得的材料是很可宝贵的，我们可以由此窥见汉语方言发展的轮廓。

这本书有两大优点：第一，在讲到汉代经师的笺注和汉代语文著作所反映的方言现象的时候，能科学地说明那些方言现象，例如耿镛同志说：古代收-n尾的字，在汉代齐鲁方言里的实际读音已失去了-n尾，所以"斛、桓、献、殷、烦"可以与"觚、和、莎、衣、夫"相通。第二，耿镛同志批评了"方言证许"。方言证许是方法上的错误，是应该批评的。

书中最后三章讲现代中国方言学发展，也有很大的参考价值。

1982 年 12 月 17 日

《汉语方言研究小史》，山西人民出版社 1984 年出版

《中国话听力》序

　　《中国话听力》共六分册，配有录音磁带和文字说明，供外国人学习中国话使用。在我国，是首次向世界各地正式发行这样一套听力材料。

　　它的特点是：力求把我国现代语言学的理论研究成果和语音实验数据跟中国话作为外语的教学实践，有机地结合起来，例如在语音部分，对于声母、韵母、基本音节及音节组合的教学方法，都作了新的安排。在听力的四阶段的训练过程里，突出了中国话本身的特点，强调区别易混的成分，注重识别语流里的标记，等等。在这套听力材料中，展现了用中国话进行交际的各种情景：在北京的日常生活、在中国各地的旅行、中国的广播和课堂、中国文化的欣赏。通过这些生动的情景，由浅入深地、系统地培养外国人听懂中国话的能力。在语音信息的接收和理解上，它尝试采取一些新的训练方式。今后还将根据实际经验，不断加以修订，以臻完善。

　　中国话有三千多年的文字记载。全世界有五分之一以上的人口使用中国话。在历史发展的悠久性和地理分布的广泛性这两方面，中国话是首屈一指的。虽然繁难的方块汉字使中国的书面语言成为一门艰深的学问，但是中国话作为口语，则是比较容易掌握的。特别是在这一套《中国话听力》文字材料中，始终采用汉语拼音作为学习中国话的工具。由于拼写法跟实际读音完全一致，就更便于外国人学习了。

希望这一套《中国话听力》在帮助外国人学习中国话的过程中获得成功。

1983 年 1 月 10 日

《中国话听力》,陈明远编著

《诗经词典》序

我常常鼓励同志们编写各种专书词典。现在向熹同志花了多年的功夫，写成了一部《诗经词典》，这是值得庆贺的。

向熹同志这部书的编写原则是博采众说，择善而从。它的体例是在每一词条下面，第一条注释代表作者的意见，其余罗列各家的意见。这样做的好处是，既不至使学者无所适从，又可以让学者参考他家的意见，自由选择，不为一家之言所囿。作者博采群书，用力甚勤，值得钦佩。我相信，此书一出，定能不胫而走，给研究《诗经》的人以很大的帮助。

我个人的意见是，关于《诗经》的词义，当以毛传、郑笺为主；毛、郑不同者，当以朱熹《诗集传》为断。《诗集传》与毛、郑不同者当以《诗集传》为准（这是指一般情况而言，容许有例外）。参以王引之《经义述闻》和《经传释词》，则"思过半矣"。孔疏与毛、郑龃龉之处，当从毛、郑。马瑞辰《毛诗传笺通释》颇有新义，也可以略予采用。其他各家新说，采用时应十分慎重，以免贻误后学。

此书初稿也有一些缺点，例如：

(1)罗列众说，不分良莠。有些不大可靠的解释也收入。这样做的结果是容易使好怪者有空子可钻。

(2)对一个词的解释，多至十几个义项。这是因为博采众说，又要兼顾不同水平读者翻检的需要，其中就难免有的是甲说与乙说实际相同或相近，不过用字不同而已。我常常说，解释古书要注意语言的社会性。如果某字只在《诗经》这一句有这个意义,在《诗经》别的地方没有这个意义,在春秋时代(乃至战国时代)各书中也没有这个意义,那么这个意义就是不可靠的。个人不能创造语言,创造了说出来人家听不懂,所以要注意语言的社会性。同一时代,同一个词有五个以上的义项是可疑的(通假意义不在此例),有十个以上的义项几乎是不可能的。

　　这两个意见我向向熹同志提了,向熹同志愿意修改,但因卷帙繁多,一时或未能尽改。我在这篇序文里说一说,供读者参考。

1983 年 4 月 18 日
序于北京大学燕南园

　　　　　《诗经词典》,四川人民出版社 1986 年出版

《古代汉语语法》序

　　马忠先生，山东郯城人，西南联合大学毕业，云南师范学院副教授。"文化大革命"期间他受迫害，《古代汉语语法》一书未能出版。他于1972年病逝。1980年，他的爱人陈雯同志把他的这一部书稿寄给我，希望我介绍出版。我和马先生有师生之谊，我知道他为人诚笃，学问扎实。我不忍看见他的遗著埋没，所以特别介绍给山东教育出版社出版。我在这里向出版社道谢。

　　马先生的初稿有几章失落了，我委托北京大学中文系张万彬、张双棣两同志补写了这些章节。原书个别地方有不合我主编的《古代汉语》语法体系的地方，也请两位张同志稍事更动，以适应高等学校古代汉语教学的需要。我在这里向两位张同志表示感谢。

1982年8月6日

《古代汉语语法》，山东教育出版社1983年出版

《中国实用文体大全》序

刊授大学出版一部《中国实用文体大全》，要我写一篇序文。我没有时间阅读全书，只能就本书的性质和作用说几句话。

本书最大特点是填补中国应用写作学的空白。本书收了各种应用文体，不仅对我们作了介绍，并且选用富有参考价值的资料和典型范例，使读者既能增长知识，又能掌握技能。

本书选题内容切合实用，适应新时代的需要，如公文类和宣传类中不少文体为当前各条战线所需要，又如新闻报道等形式也是非常切合实用的。

本书编写者有二十七人之多，想必是各行各业的人都有，在他们各自承担编写的章节中，不至于说外行话。这也是本书的优点。

但是，由于本书是集体编写的，各人的业务水平不一，恐怕也难免有些错误或不妥之处，这就希望读者多提宝贵意见，以便将来修订，使之更臻完善了。

1983 年 9 月 25 日

《中国实用文体大全》，上海文化出版社 1984 年出版

《繁简由之》序

汉字简化，国内已经行用了二十余年，大家已经习惯了。

汉字简化，并不是随便捏造的，基本上是约定俗成的。多数简化字是民间行用已久，有些是宋元以来的俗字，不过现在政府明令承认它们的合法地位罢了。简化字大致可以分为下列六种：

（1）草书楷化，例如"书、还、环、导"。

（2）起用古字，例如"雲"作"云"、"從"作"从"、"棄"作"弃"。

（3）合并通用字，例如"游、遊"合并为"游"，"佑、祐"合并为"佑"，"並、併、并"合并为"并"。

（4）同音代替，例如"餘"作"余"、"徵"作"征"。

（5）省写一部分或大部分，例如"業"作"业"、"電"作"电"、"習"作"习"、"廠"作"厂"、"廣"作"广"。

（6）沿用宋元以来的俗字，例如"靈"作"灵"、"罷"作"罢"、"陽"作"阳"、"陰"作"阴"。

有了约定俗成的原则，所以简化汉字的推行就非常顺利了。

程祥徽君这本书对汉字简化问题条分缕析，说理透彻，讲出了汉字为什么要简化的许多道理。这是一部好书，所以我乐意给它作序。

1984 年 6 月 6 日，北京大学燕南园

《繁简由之》，三联书店香港分店 1985 年出版

《吕氏春秋译注》序

　　《吕氏春秋》又名《吕览》，乃吕不韦集门客所作。这一部书在汉代已经广泛流传，并且获得很好的声誉。吕不韦以为此书"备天地万物古今之事"，可见此书的价值。司马迁《报任安书》说："文王拘而演《周易》；仲尼厄而作《春秋》；屈原放逐，乃赋《离骚》；左丘失明，厥有国语；孙子膑脚，兵法修列；不韦迁蜀，世传《吕览》。"可见司马迁对《吕氏春秋》是推崇备至的。

　　《汉书·艺文志》把《吕氏春秋》归入杂家，与《淮南子》并列，这是恰当的。《艺文志》对杂家的评语是："兼儒墨，合名法，知国体之有此，见王治之无不贯。此其所长也。"这是很好的评语，把《吕氏春秋》的特点和优点都讲出来了。高诱《吕氏春秋·序》说："此书所尚，以道德为标的，以无为为纲纪，以忠义为品式，以公方为检格，与孟轲、孙卿、淮南、扬雄相表里。"这也是对此书的内容作了很恰当的概括。杂家之所以可贵，就是它把儒墨名法熔为一炉，采其所长，而扬弃其所短。《吕氏春秋》一书，可以说是集儒墨名法的大成。

　　《吕氏春秋》旧有高诱注。1935 年有许维遹《吕氏春秋集释》。现在张双棣、张万彬、殷国光、陈涛四位同志合著的《吕氏春秋译注》是注释以外，还加上译文。我们国家正在提倡整理古籍，这一部《吕氏春秋译注》是适应时代的需要而编写的。

　　我大致翻阅了一些章节，觉得很好。注释详明，译文也能达意。我最欣赏的是它的前言和每篇前面的说明。前言提纲挈领，融会贯通，全面地概括了全书的内容，对《吕氏春秋》的哲学思想和政治思想加以详细的阐述。说明则用概括的语言，说明全篇的要旨。这样做，就能使读者不斤斤于字句的解释，而是真正读懂了《吕氏春秋》。

这书有上述的优点，所以我乐意为它作序。

1984 年 6 月 18 日
北京大学燕南园

《吕氏春秋译注》，吉林文史出版社 1986 年出版

《汉语"儿"[ɚ]音史研究》序

李思敬同志这本书我从头到尾看了一遍,觉得材料丰富,论证方法对头,论据确凿可信,是一部好书。

思敬同志首先用参照音的方法论证儿系列字在金元时代的读音是个[ɻʅ]。元曲中支思韵有儿系列字,不可能读[ɚ],否则不谐和。在清代的歌曲中,儿系列字不与参照音押韵,可见最迟在清初,儿系列字已经读[ɚ]了。再加上《高昌馆杂字》汉文与回鹘文的对音证据,[ɚ]的始生时代应该在明初。

《金瓶梅》时代,是儿化韵完全成熟的时代。

作者善于用材料,凡是有助于建立论据的材料都用上了,例如他根据《元曲选》中的音释,断定金元时代儿系列字有声母[ɻ]。又如他根据《金瓶梅》的谚语,断定明代已有儿化的现象。若非读书得间,是办不到的。

第八章《现代汉语普通话中儿系列字的实际音值以及儿词尾的形态音位》写得特别精彩,作者说儿系列字的实际音值是个[ɚ],这是正确的。作者把儿化韵分为拼合和化合两个类型,而说老派、半老派、新派的儿化韵是从拼合型走向化合型的发展,这是发前人所未发,有很大的说服力。

统观全书,我认为这一份科研成果是可喜的收获,所以我乐意给它作序。

1984 年 7 月 16 日

《汉语"儿"[ɚ]音史研究》,商务印书馆 1986 年出版

《古人名字解诂》序

吉常宏同志的《古人名字解诂》是一部好书。

王引之曾写了一部《春秋名字解诂》，此后有俞樾的《春秋名字解诂补义》、胡元玉的《驳春秋名字解诂》、王萱龄的《周秦名字解诂补》等，那都是解释周秦名字的。吉常宏同志这一部《古人名字解诂》则是自先秦至清代，洋洋一百万言的巨著，其精力过人，殊甚钦佩。

旧说婴儿出生三个月由父亲命名。男子二十岁成人举行冠礼时取字。《礼记·冠义》："已冠而字之，成人之道也。"注："字所以相尊也。"称人以字，表示尊称。尊辈对卑辈称名，卑辈对尊辈称字，平辈亦称字，自称以名，对师言及同学亦称名。

名和字有意义上的联系，例如屈原名平，字原（《尔雅·释地》"广平曰原"）。又如颜回，字子渊（《说文》"渊，回水也"）。有的名和字是同义词，例如宰予字子我，樊须字子迟（"须"和"迟"都是待的意思）。有的名和字是反义词，例如曾点字皙（《说文》"点，小黑也""皙，人色白也"）。朱熹字元晦。

汉代以后，人多以典故取字，例如汉末刘桢字公干，取自《书·费誓》"峙乃桢干"。唐代白居易字乐天，取自《礼记·中庸》"君子居易以俟命"和陶渊明《归去来辞》"乐夫天命复奚疑"。宋代王安石字介甫，取自《易·豫卦》"介于石，不终日，贞吉"。岳飞字鹏举，取自《庄子·逍遥游》"鹏之背不知其几千里也，怒而飞，其翼若垂天之云"。明代王守仁字伯安,取自《论语·里仁》"仁者安仁"。

　　由此可见,要写一部《古人名字解诂》,必须具备两个条件:一是深明字的古义;二是熟读经书,兼及子史。吉常宏同志博闻强记,古文底子好,所以他有能力写出一部《古人名字解诂》来。

　　　　　　　　　　　　1984 年 11 月 29 日,于北京大学

《民间诗律》序

　　诗歌是有音乐性的。文人的格律诗有严格的诗律。民间诗歌没有严格的格律，但要唱得顺口，听得悦耳，还是要讲究韵律、节奏、句式、章法的。民歌的诗律是一种自然状态的诗律，它出于自然，比较灵活，有时却也相当复杂。把民间诗歌的诗律特点总结出来，对于建设我国新的格律诗，无疑是有益的。这个工作也是相当艰巨的。

　　段宝林、过伟同志编著的《民间诗律》对国内外各种民歌形式的诗律作了初步的探讨，不仅对汉族民间诗律，而且对各少数民族的民间诗律形式都作了具体的说明，使我们对各种民间诗律形式有了一个清楚的认识，是很有意义的。这是一个开拓性的工作，希望能把它坚持下去，通过学术讨论，使之不断提高，逐步臻于完善。

1985 年 6 月 21 日

《民间诗律》，北京大学出版社 1987 年出版

《普通话与广州话口语对应举例》序

　　梁雅玲女士写了一本《普通话与广州话口语对应举例》，她托朋友带来给我看一看。原想只随便看几页，不料我被这本书的趣味性吸引住了，爱不释手，一直看到完。别看这是一本薄薄的小册子，写这种书实在不容易。写书的人要具备两个条件：第一是要能说标准的北京话，第二是要能说标准的广州话。梁雅玲正好具备这两个条件，她原籍广东，从小在北京长大，又在香港居住多年。老实说，要我写这样一本小册子，我是写不出来的。

　　这书的最大优点是从语法讲对应，例如广州话的过去时肯定式用"有"字，——"今日有落雨吗？""有落。"而普通话在这种地方不用"有"字。又如词序问题，——"呢两日好冻嘞，着多件衫呀。"而普通话在这种地方"多"字是要放在动词前面的。诸如此类，对学习普通话的人将有很大帮助的。

1985 年 7 月 31 日
昆明旅次

《中国成语大辞典》序

　　《中国成语大辞典》是一部大型的语文辞书，收成语一万八千余条，可供具有中等以上文化水平的读者使用。

　　近几年来，成语词典出版比较多，但还缺少一部收词多、资料丰富的大型成语词典。《中国成语大辞典》正是适应社会的这种需要编写的。

　　本书编者是几家出版社的编辑，他们注意搜集第一手资料，注意推敲词语的解释，在收词方面也掌握从严收录的原则。这些做法，我认为都是可取的。

　　汉语的历史悠久，成语十分丰富。在语言表达中恰当地运用成语可以使语言精炼，使语言形象生动，还可以丰富充实口语词汇。一部成语词典，如能对读者学习和使用成语起到积极的作用，就是一部好的辞书。

　　编者要我写几句话，谨写此序，表示祝贺。

1985 年 7 月 4 日

《中国成语大辞典》，上海辞书出版社 1986 年出版

《论衡索引》序

　　《论衡索引》是一部相当有用的工具书，我很高兴这一研究成果问世。

　　我强调它是研究成果，是因为有的同志不重视编纂索引的工作，不承认一部科学的索引也是学术著作。

　　索引之学，应当说是一门专门的学问。在国外，索引被认为是一种方便指南，不仅是"学海中的航帆"，社会交往也离不开它。有许多著作就是专门研究索引的理论和应用的。在我国，索引又叫引得，这是英文 index 的译音借词。过去燕京大学有个哈佛燕京学社引得编纂处，曾编印中国古籍引得六十几种，被赞为"学林之宏举，不朽之盛业"。著名学者、作家叶圣陶先生曾亲自动手编纂成一部《十三经索引》，历史学家顾颉刚先生也主编过一部《尚书通检》。这些索引著作，尤其是叶老的《十三经索引》，一版再版，至今都是科研、教学必备的工具书。所以，我们非但不能轻视这门学问，还要大大提倡和发展这门学问。

　　自然，我们现在编纂索引应当采用新的方法和新的技术。湘清同志送来他们编纂的《论衡索引》书稿，我看这部索引就有以下四个特点：第一，区别于过去的逐字引得，这是一部逐词引得；第二，区别于其他索引著作按篇名先后排列例句，这部索引的例句全部按音序排列；第三，它采用了多种现代通行的检字法，便于读者查用；第四，它首次将计算机引入古籍整理领域，为古籍整理

手段现代化作了有益的尝试。我希望有更多的同志从事这一很
有意义的工作,希望有更多更好的索引著作不断编纂出版。

1986 年 1 月 31 日

《论衡索引》,中华书局 1994 年出版

谈本校二十四周年纪念游艺会的话剧

《副刊》的编者托人向我要一篇批评本校二十四周年纪念游艺会的话剧的文章，我怎样辞也辞不了。我对于戏剧的艺术，完全是外行，不要说批评，连"谈"也不配。幸亏《清华副刊》是颇随便的刊物，我就随便说说罢。

那天晚上的话剧共有三部：第一部《南归》，第二部《隧道》，都是本校的同学演的；第三部《第五号病室》，是中国旅行剧团赠演的。

《南归》的内容偏于注入式，好像是努力把多富于诗意而且动人的言语或事实放在里头。"话"不是话，编剧者似乎只在那里做文章。恰因如此，观众只觉得演员在台上给我们念一段散文诗，并不觉得他们在表现人生。在这种剧本里，演员的才艺没法子表现出来。一个乡下女子打着剧人的腔调，你叫她怎样表情？其实，这种诗意也不见得怎样深刻。总之，这本的内容太理想化了，距离现实远了。

《南归》的演员，如上所说，都为剧本的内容所束缚，不能施展他们的才剧。比较起来，还是那扮母亲的好些，就因为她不算怎样富于诗意。那扮乡下女子的很卖力。但是，她在树下痛哭的时候，似乎只是一种轮廓式的痛苦表现法，这不能怪演员，因为在这一部感情浮现的剧本里，不那样哭倒反不配了。那扮少年农人的，因为不是重要的角色，我想不必批评。至于那流浪者，似乎表情可以更好些。因为依剧情推想，那诗人该有点儿潇洒的气概，似乎不必表演得那样颓唐。

《隧道》的内容比《南归》好多了。《南归》不给演员表情的机会，《隧道》却尽量地处处迫着演员去表情。洪天达心里的责任与友爱的冲突，使演员很容易讨好于观众。再者，《南归》的毛病在松，《隧道》的好处在紧。李建邦看见洪天达毒杀了洪岗，就一枪打死了洪天达，这一时的气愤误了事，剧情因此弄得面面周到。

《隧道》的演员也显得是熟手。那扮白师长的表情很自然；扮洪天达的对于舞台上的语音与姿势都显得老到。扮李建邦的颇能称职；扮洪岗的表情稍差，但也颇能表示了解哥哥的样子。

末了，谈到《第五号病室》。这剧的内容比《隧道》稍差，比《南归》却好。我只嫌它没有一个 main problem。剧本的要旨在乎描写那姊姊的恋爱的悲哀呢，还是在乎描写医院的黑幕呢？依普通的猜想，该是着重于恋爱的悲哀。那么，中间穿插那妹妹的许多话，医生的许多丑事，就嫌喧宾夺主。朱医生（？）带来的一个女人，让她站在旁边，一言不发，令人莫名其妙；后来他的妻子来了，也像没有看见那女人。我想也许可以让朱医生嘴里述说怎样遇着妻子，怎样把那女人藏在另一个房间里，似乎比让她出来呆站着好些。那姊姊服毒之前，妹妹因要去交朋友而离开了病室，这似乎可以换一个较好的"调虎离山计"；这样结构，显得笨点儿。

《第五号病室》的演员，以那扮妹妹的为最好，最自然。唐若青女士也许不适宜于演悲剧，她表情显得太过火了。她努力做出极痛苦的样子，倒反使人觉得她不痛苦。那两位扮医生的都能称职；其余各角，因不在重要地位，不必批评。

好了，说了许多外行话。让我说几句本行话作为收场罢。普通所谓话剧，往往用国语，也就是用北平话。但是，演员不必都是北平人，所以演员的话也不必尽合北平话，例如唐若青女士就不能完全脱掉湖南的口音："心、星"在北平是有分别的，在她口里却没有分别;"星、兴"在北平是没有分别的,到她口里却有了分别了(不是说剧中有这些字,只是举例类推)。这不是她个人的缺点,只是环境使然。她大约在北平住的日子还浅,能学得这样很似的北平话,已经值得赞赏了;一个北平人到湖南去住两三年,湖南话的程度还未必能及她的北平话呢。不过,因此就引起了话剧里的语音问题。在观众方面,对于不纯粹的北平话,总觉得有点儿刺耳,因此对于剧情说增加了些不自然的感觉。在演员方面,有时候免不了先想妥了北平音然后说出来,因此弄得说话更不自然。国语一天不统一,这问题就一天得不到解决。勉强补救的办法就是外地的演员常常与北平人接近,并且让北平人常常矫正他的语音。

我常常这样想:别省的人既然往往有做演员的,我们有时候也不妨利用别省的语音来增加戏剧里的兴趣。北方音系的方言,如湖南话、四川话、南京话等,可以完全采用。吴语系与粤语系的方言,可以变相地采用,倒如上海人或广州人的蓝青官话。这些方言主适宜于滑稽的角色:台上人都打国语,只有一个人说四川话或上海的蓝青官话,就显得格外滑稽。法国的喜剧或笑剧中,滑稽的角色往往用马赛的口音。这种办法似乎不妨尝试。

原载《清华副刊》1935 年第 43 卷第 1 期

书　信

致中华书局

总编辑先生大鉴，径启者：

鄙人曾为商务印书馆翻译《法兰西国立戏院剧本汇编》，已至十余种，忽接该馆来信，谓不欲再收此类稿件，希望鄙人另择他书移译。惟现经鄙人译成而该馆尚未购受者尚余五六种，约共十八万字，皆法国著名剧本，苟搁置不出版，未免可惜。兹拟与贵书局商量以此项稿件奉售。鄙人之译笔在国内已有信用，观商务馆来函可知。且鄙人曾为贵书局《华胥》杂志译戏剧一篇，亦蒙收购。故敢冒昧，与先生通信。如先生有意收购，且能即日赐寄稿费，则鄙人当将此数稿件寄呈。至于稿费一层，拟照商务馆之数目，每千字四元。鄙人以书文为活，近因食价暴涨，留学生活甚难维持，谅贵书局不至谓鄙人索价过昂也。如何之处，万乞赐答，附上商务馆来缄，亦希掷还。耑此藉颂
大安

王了一谨启
十九年十月廿八日

致郑张尚芳

（一）

尚芳同志：

您托袁家骅先生交给我的一封讨论上古音系的长信和《顶底合码九部检字法》，早已收到了。近来脱产编写教科书，还不能细看。今天先把提要看了，简单地答复您。

我觉得您对音韵学无师自通，是十分难得的。您有许多好意见。歌部当改拟为[ai]，您说得很对。这两年我在讲课时已经改拟为[ai]。其他的意见，我认为也都言之成理，比如喻拟为ð，就很新鲜可喜。

等到将来把您的意见看完了，如有意见，再写信告诉您。此致

敬礼

王　力

1961，6，21．

（二）

尚芳同志：

昨天收到你的大作《汉语上古音系表解》，未暇细读，很粗略地看了看，觉得有许多好的见解。这里先和你谈两件事：

（一）关于歌部拟音问题。我在60年代就接受你的意见，改ɑ为ɑi，但那只是从系统性考虑问题，认为歌月元对转，ɑi：ɑt：ɑn才符合系统性。去年为研究生讲语音史，举了客家话"我"为ŋɑi为例，证据太少了。现在看见你举越南语、少数民族语、温州等处方言为例，证据确凿，足以加强我的信心。

（二）关于喻_四的构拟，过去我依高本汉拟为d，后来觉得不妥

（也是从系统性考虑），所以我在《同源字典》中改拟为 j，但同时声明，这只是代数式音标，实际音值没有研究出来。前年讲语音史时，才决定改拟为 ʎ，并说明是与 ȡ 同部位的 ʎ，这与你所构拟不谋而合。现在你又依梅祖麟改拟为 ɹ，我替你惋惜。可否请你考虑，仍回到你自己的意见，构拟为 ʎ。

　　匆此奉答，即候

著安

王　力

1982，6，12.

北京大学燕南园六十号王寄

致胡乔木

乔木同志：

　　您写给光潜同志和我的信，昨天下午由光潜同志送来给我，可惜我没有在家，不能和他交换意见。但是，我们各自答复您也有好处；我们的意见参差些，也许会有一些可以参考的地方。

　　我们在上周听了您关于诗歌形式问题的讲话，大家都很满意。您对于四六八言阐述得最精辟。我个人最欣赏的是您从轻重音上说明诗歌形式。您说"音乐的感觉是非常具体的"，从音乐的感觉来谈诗歌形式，才是抓住了问题的中心。

　　当时我正在为《文学评论》写一篇文章，题目是"中国诗的传统和现代格律诗的问题"。听了您的讲话以后，回来修改补充了一些地方。本想先寄给您请教，又怕您事忙，所以直接寄给《文学评论》编辑部了。将来发表后，希望得到您的批评。

　　关于您所询问的三个问题，我都没有深入考虑过。今天临时想了一想,勉强表示一些极不成熟的意见。

　　1)中国诗歌的句式按音节似乎可以分为两大类:第一类是重音律,字字都重,即旧体诗和压缩的民歌句;第二类是轻重律,轻重言相间,如"长的长来短的短"和"不愿做奴隶的人们"。轻重律再分为两类:第一类是单音律,重音落在 1、3、5、7 字上,这些重音往往是单音词,如"长的长来短的短",或者,末字虽不是单音,而倒数第 3 字是单音,如"搬到田里变米粮"。第二类是双音律,重音落在2、4、6 字上,倒数第 3 字往往是轻音,如"不愿做奴隶的人们"和"黄河在咆哮"。这种分类是受了您的启发分出来的,但也不敢说没有违反您的原意。至于叫什么名目较好,我更不敢断定。重音律、轻重律、单音律、双音律,这些名目不知道有可以采用的吗? 附带说一说:您所谓音节,大约就是节奏。本来,rhythm 曾被译为"音节",syllable 被译为"音缀"或"音段"。但是,最近十年来,syllable 一般都译成"音节"了,例如何其芳同志的文章里所谓音节就是指 syllable 的。这个矛盾须要解决一下。

　　2)关于两字一顿的节拍能否成为今后诗歌中的基本节拍,我以为要看对节拍是怎样了解的。如果把一字加休息和两字加衬字都算进去,那么,我想是能成为基本节拍的。在这种情况下,诗律所要求的似乎应该是节拍的匀称,而不是字数的匀称。所谓节拍的匀称,也不一定是每行都是四拍或每行都是五拍;假定第一、三行是五拍,第二、四行是四拍,也算匀称。只要有一种回环的美,怎样回环都行。您所谓其他形式,不知指什么。如果是"清清的流水蓝蓝的天"之类,那倒好办。尽管在这类诗句里没有一个两字顿,但是"的"字应该算是衬字,"天"字应该加休息(其实是拉长),所以仍然不算例外。"我亲爱的"之类最好是少用;如果要用的话,恐怕只是认为"我/亲爱的",不能认为"我亲/爱的"。诗歌的节奏可以离开语言的节奏,这是一个原则。在诗律严密的时候,这种情况很明显,例如杜甫的"永夜角声悲/自语,中天月色好/谁看",依诗句的节奏只能是"永夜角声/悲自语,中天月色/好谁看",

元稹的"寻觅诗章／在，思量岁月／惊"，依诗句的节奏只能是"寻觅／诗章在，思量／岁月惊"。但是，依照目前的格律诗的情况来说，似乎还是尽可能不要离开语言的节奏好。您以为如何？

3）关于平仄在现代诗歌中还有哪些作用，它为什么不能再保持旧时那样重要的作用，这个问题很复杂。我对此考虑较多，至今解决不了。希望您也放在心上多多考虑。我们说旧体诗束缚思想，主要就是平仄规则的束缚。现代格律诗如果采用平仄的交替，自然应该用现代口语的平仄，而不是古代的平仄，而且也不再是粘对的那一套。问题在于要不要平仄的交替来作为格律诗的主要形式。我们似乎应该先撇开束缚思想的问题，因为格律诗总比自由诗显得拘束些，要格律就不能不忍受一点拘束。如果平仄真的能满足诗歌形式的艺术要求，我们就应该考虑。从原则上说，诗歌的形式（格律）总是反映语音上的民族特点的；声调是汉语的民族特点，照理不能不在诗歌中有所反映。平仄格律在中国诗歌上成为基本形式共历千余年之久，似乎不能归于少数诗人的武断，而是有其客观基础的。但是，"五四"以后，诗歌已经自由了四十年，一旦重新提出平仄的格律来，即使是推陈出新的，也会遭到不少的阻力，这是可以预料的。所以我想可以不拘一格，不但自由诗仍旧可以写，轻重律也可以同时提倡，平仄律也让少数诗人试验一下。在试验之前，也要有一些理论根据。我希望您能多多考虑这方面的问题。

以上的意见都很浅薄，也许没有什么参考价值。您如果不嫌浅陋，希望反复交换意见。

您的来信，我打算送给杨晦、林庚、冯至、金克木诸同志传观，因为您希望他们也表示意见。

敬礼

王　力

1959, 5, 27.

致郭锡良、唐作藩（信封寄唐作藩）

锡良、作藩同志：

　　我偕蔚霞缉宪，于3日离京，5日上午到达广州，住在我的弟弟家里。我有两个弟弟在广州，他们的儿女、孙子、孙女等也都在广州；相聚甚欢。去中大看了容庚、商承祚、傅雨贤等，很高兴。参观了农民讲习所和烈士陵园，游览了白云山等处。16日上午乘飞机来南宁，住国际旅行社。南宁的亲属戚友与我的儿子秦似（缉和）、缉平，女儿缉国以及他们的子孙，以及侄婿等，到机场迎接者20人。打算游览武鸣伊岭岩，暂定24日乘飞机返京。苏州这次不去了。昨天在广西医学院检查了身体，情况良好。明天再去看外科，查前列腺肥大。晤面非遥，不细数，此候

近安

　　一华、复华、林焘、九盈以及其他同志均此道候

王　力

1977,5,18 上午八时.

南宁国际旅行社 213 号房

致唐作藩

作藩弟：

　　郭绍虞先生的论文已看过，请你通知社会科学院林同志前来取去。祝

好

了　一

1979.8.6.

致赵诚

赵诚同志：

　　去年你答应给我重印《汉语音韵》，并且说即付印，至今没有消息。特函至询，是否已经付印，或何时能够付印？

　　上周遇见郭良夫同志，得知《汉语史稿》纸型已经找到，甚为欣慰。拟请中华书局为我重印出版，以应学校急需。文卫工作会议指定此书为大学参考书，所以希望能予重印。目前我重写《汉语史》，估计二年后才能完成，五年后才能出版，实在迫不及待。请大力协助为成。如何之处，亟盼示复。此候

编安

王　力

1979.8.6.

致程湘清

（一）

湘清同志：

　　昨接来信，知道你的近况，甚为欣慰。

　　承为《泰山学刊》约稿，本当从命。但因近来各处约稿的人很多，难于应付，而我自己的科学计划未能完成，恐怕没有能力为《泰山学刊》写稿了。请你原谅。即候

编安

王　力

1979.10.21.

（二）

湘清同志：

4 月 13 日来信收到。

山东省语言学会召开成立大会，我很愿意前来祝贺。但不知会期几天？我需要在济南住几天，我在济南要做几次报告？你的意见很好，最好只讲一次，讲题就是"谈谈学习古代汉语"（可以换个题目）。此外，在语言学会成立大会上，我是否可以不做什么"报告"，只讲简单的几句贺词？如果一定要我在成立大会上做报告，要我讲些什么？

关于游览名胜古迹，我有什么地方可以去？是否可以去泰山？泰山是否修好汽车路直达山顶？我没有游过泰山，很想去一去。如果有困难，那就算了。匆复，即候

研安

王　力

1980.4.18.

北京大学燕南园六十号

黄葵是广西大学中文系教古代汉语的一位讲师，他是北大中文系古典文献专业毕业的，不是黄修已。又及。

（三）

湘清同志：

戚其章同志来和北大中文系商量，邀请我去济南参加山东语言学会成立大会，白景清同志表示同意，其实他并不赞成我去。我是愿意去的。但昨天从文改会方面知道，文改会改组，将于 5 月 10 日到 15 日之间召开成立会，这样，和山东语言学会开会的时间就冲突了。如果山东语言学会在 5 月 12 日开会，文改会在 13 日以后

开会,我可以提早两天去济南,12日参加语言学会后,当天赶回北京。如果文改会在12日左右开会,而语言学会也在12日左右开会,那我只好不来济南了。先此告诉一声。你们的会期决定后,请即通知我;文改会的会期决定后,我当即通知你。匆此奉告,即候时安

王　力
1980.5.1.

(四)

湘清同志:

6月7日来信早已收到,迟答为歉。

你的文章,我因事忙,来不及给你看了。你要研究上古汉语复音词,那很好。最近马真同志有一篇文章在五四科学讨论会上宣读,正是关于上古汉语复音词的。你可以写信问她要一本,作为参考。至于参考书目及其他问题,我没有时间考虑。只有一点,就是复音词的界限问题。马真同志提出了她自己的看法。我认为,复音词的范围定得窄点好,宁缺无滥。专此并候时安

王　力
1980.6.23.

(五)

湘清同志:

11月6日来信收到。承你关心我的住房事,甚感。我从武汉返京后,楼下表示愿意搬走。11月5日上午,果然搬走了。请你不

要向党中央反映。我始终是争工作不争待遇的态度,反映了反而不好。

　　我给刘俊一同志的信可以发表。匆复,即颂

著安

王　力

1980.11.11.

（六）①

湘清同志:

　　请你根据这封信,在我的序文里补写:

　　1)马忠是在 1972 年逝世的。

　　2)马忠是山东郯城人。

　　如补写后不好影印,可寄还给我重抄。

王　力

1982.7.23.

（七）

湘清同志:

　　昨天我从西安回家,看见你 7 月 30 日的信,很高兴。遵嘱将序文重抄一遍,书名也另写一纸,以供选择。你说要用山东教育出版社的稿纸写序文,我没看见你寄来这种稿纸,所以用普通稿纸写了,请谅。

　　书稿请北大几位同学抄写,抄写费一百七十余元,由我垫付,

---

① 编者注:这是王力先生关于为马忠《古代汉语语法》写序事。该序见《龙虫并雕斋文集补编》。

将来在稿费内扣还。将来出版社致送稿酬时,两位张同志的稿酬如能另算,似更便于处理。此是后话。专此,即颂
研安

王　力

1982.8.6.

　　此信写好了,为什么没寄出? 我真糊涂! 现在补寄给你,并向你道歉。

力

1982.8.26.

(八)

湘清同志:
　　1 月 3 日,我参加"六五"期间全国哲学社会科学学科规划小组会议,昨日结束。会议决定,语言组将于 3 月下旬在太原召开语言学规划会议,会期约为一周。语言组决定请你参加。汉语史方面,决定搞一些专书词典,希望你承担任务,搞一部《论衡词典》。你目前已研究过《论衡》词汇,驾轻就熟,搞词典容易成功。希望你来我处谈一次,然后去语言所找熊正辉同志联系。熊正辉同志是曹先擢同班毕业的,现任语言所支部书记,是规划组成员。我个人希望你能参加此项工作,仁候回音。此颂
新禧

王　力

1983.1.7

（九）

湘清同志：

接奉上月 21 日来信,得悉山东省语言学会选出新的领导机构,你当选为副理事长,深为欣慰。你要我给大会写几句话,我因时间来不及了,所以没有写,请你原谅。

前日商务印书馆许振生同志送书来,他说听说山东将出王力全集,此书(《同源字典》)将来是否收入,我说要收入的。他提出版权问题。他说不但此书不能收入,《中国现代语法》也不能收入。我说《中国语法理论》是否也不能收入,他说是的。我说我们已搞了半年,《中国语法理论》已校正寄出。他答应回去请示领导,再给我回信。唐作藩在座,我叫唐作藩写信给王洪信同志。我这里再写信给你,希望你找山东教育出版社告诉他们。原来说出全集没有版权问题的,是不是我们做错了。此贺
新禧

王 力
1984.1.3.

（十）

湘清同志：

来信收到。《论衡索引》的编写工作已告完成,我十分高兴。代拟的序文我认为可用,原稿退还,以便付印。此候
冬安

王 力
1986.2.4.

鉴定会我不一定参加,因遵医嘱少参加会议。又及。

致山东省社会科学研究所领导同志

山东省社会科学研究所领导同志：

　　此次我来济南参加山东语言学会成立大会，承蒙盛情款待，非常感谢。昨日已安抵北京，特此修函致谢。此致
敬礼
　　附火车票二张，作为报销之用。

　　　　　　　　　　　　　　　　　　　　　　王　力
　　　　　　　　　　　　　　　　　　　　　1980/6/4

致马学良

学良同志：

　　上月我在武昌时，王均同志告诉我，你希望由我抽空（择定？）一人翻译张琨的文章，以便发表在纪念论文集上。我说可以的。现在请你把张琨论文英文平寄给我，以便翻译。听说张文是发表在台湾的，那就更须要译成中文。这次在武昌召开的音韵学研究会曾将此文译出，作为参考资料，不知是不是那一篇？盼复。
此请
研安

　　　　　　　　　　　　　　　　　　　　　　王　力
　　　　　　　　　　　　　　　　　　　　　1980.11.16.

致洪成玉

（一）

成玉同志：

　　你写的书叫什么名字？上次你的信说了，我忘记了。请你再告诉我，我可以写一篇小序。内容是什么，也说一说。此候
时安

（二）

成玉同志：

　　你托何九盈同志送来给我的茶叶一包，非常感谢。特此修函表示谢忱。顺候
教安

王 力

（三）

成玉同志：

　　来信收到。

　　你要收集古汉语复音虚词和固定结构，我看这个工作是可以做的。至于写序的事，等你的书写成后再说。此候
教安

王 力
1980.11.22.

（四）

成玉同志：

今天整理读者来信，看见你上月来信，我没答复你，十分抱歉。我实在太忙，不能再给你……相信你一定写得很好，可与出版社联系出……

春节承你来拜年，并赠送食品，非常感谢。……

好！

王　力

1981.2.22.

致傅洁秋

洁秋同志：

1月20日我从香港返京，得见你的来信和你的大作《涛声集》。你的信写得很好，现在能写四六骈文的人恐怕很少了。你的诗词也很好，可见功力之深。特此道谢，并颂
文祺

王　力

1981.1.25.

致韩今文①

今文同志：

---

① 编者注：这是王力先生给韩今文（发明检字法者）的信。韩检字法曾于1992年申请专利，并编写出版了词典。

你2月27日的来信,多时才转到我手里。我又因忙,迟迟未能答复,请原谅。

你的检字法,我学了半小时,还没有学会,但我相信是好的检字法。检字法的好不好,并不需要专家鉴定(没有这类专家),一般群众都能鉴别。所以我不能表示什么意见。敬祝工作顺利

原稿奉还

王 力

1981.4.26.

致宪法修改委员会秘书处

宪法修改委员会秘书处:

接奉3月5日来函,嘱对宪法修改草案(讨论稿)中的专门用语和修辞进行修改。我只从文字方面考虑,提出一个书面意见。兹挂号连同原件寄上,请检收。我的意见不一定对,仅供参考。

此致

敬礼

王 力

1982年3月11日

北京大学燕南园六十号

附:对宪法修改草案(讨论稿)的修改意见

王 力

第2页5—6行:中国人民掌握了国家的权力,成为社会的主人。

建议改为：中国人民掌握了国家的权力，成为国家的主人。

理由：社会不可能有主人。

第6页14行：各民族都有使用和发展自己的语言文字的自由。

建议删去"和发展"三字。

理由：语言是不可以用人力去发展的。

第7页8行：有计划地组织社会生产和其他社会经济活动。

可否在"有计划"后面加"按比例"三字。

第11页11行：反对封建主义、资本主义和其他反社会、反文明的腐朽思想的侵蚀。

建议改为：反对封建地主阶级、资产阶级的腐朽思想（或反动思想）的侵蚀。

理由："反社会"意思不明确，"反文明"可以不必提。

第15页末行和16页首行：国家提倡和鼓励公民从事不妨碍本职工作的义务劳动和半义务劳动。

建议删去"和半义务劳动"六字。

理由："半义务"不成话，而且意思不明确。

第16页6行：并选举和罢免企业的适当范围的行政管理人员。

建议删去"适当范围的"五字。

理由："适当范围"意思不明确。宪法不应有含胡不清的字眼。上文说"职工有权依照法律的规定"，法律既有明文规定，下文就不必提"适当范围"了。

第17页9—10行：城乡劳动者都有权利和义务接受为他们的

劳动所必需的教育、进修和训练。

　　建议删去"进修"二字。

　　理由："接受进修"不合语法。"进修"可以包括在教育训练里头，不必单独提出。

　　第 18 页 3 行：中华人民共和国公民行使自由权利的时候……

　　"自由权利"不大好懂，可否换一个说法。

　　第 18 页 9—10 行：尊重社会公德和善良风俗。

　　"尊重"二字不妥，建议酌改。

　　第 19 页 1—3 行：中华人民共和国对于由于争取人类进步、维护和平事业、进行科学工作而受到迫害的外国人，给予居留的权利。

　　建议删去此条。

　　理由：在中国宪法里规定外国人的权利，恐怕不妥。

　　第 28 页 1—7 行第八十一条

　　建议此条分为三条："中华人民共和国主席……公布法律和法令，任免……总后勤部部长"为第八十一条；"中华人民共和国主席授予国家的勋章和荣誉称号，发布特赦令"为第八十二条；"中华人民共和国主席宣布战争状态，发布动员令"为第八十三条。

　　理由：性质不同的三类事情合并为一条，眉目不清。特别是宣战、动员那样重大的事情应该别立一条。

　　第 28 页 14 行：中华人民共和国主席不干涉政府工作。

　　建议"干涉"改为"干预"。

　　理由："干涉"语气太重了。

第 30 页末行—40 页首行:处理涉及若干省、自治区、直辖市的工作。

建议改为:处理关系到两个以上的省、自治区、直辖市的工作。

理由:这样改,更明确,更好懂。

第 33 页 17 行:自治区、自治州、自治县都是民族自治的地方。

建议改为:自治区、自治州、自治县都是少数民族自治的地方。

理由:在正式文件中,特别是在宪法中,"少数民族"不应省称为"民族",因为并没有"汉民族自治区"。本草案第 4 页"帮助各少数民族地区"的提法是正确的。

我的意见不一定对。仅供参考。

王　力

1982.3.11.

北京大学燕南园六十号

致鲁歌、卫华

鲁歌、卫华同志:

10 月 30 日来信,我 11 月 10 日从苏州回北京才看见。迟答为歉。

关于鲁迅诗句"横眉冷对千夫指",你们的解释是正确的。你们的文章只有一个小缺点:你们说:"诗中的'指'是动词的名物化。"不是的。"指"字在这首诗中就是动词,不是名物化。"指"对"牛"是借对,不必拘滞为名词。

鲁迅诗中的"千夫指"用的是"千人所指,无病而死"的典故,而

"千人所指"的"千人"原意是人民,其所指的是奸臣。这就是现在有人把"千夫"解作人民的原因。其实鲁迅在这里是活用典故,所谓反其意而用之。你们所引毛主席的解释和陈毅同志及郭老的诗句,都很有说服力。甚佩!此候

撰安

王　力

1982.11.13.

致伍铁平

(一)

铁平同志:

来信敬悉。

《同源字典》第 308 页"邻纽"乃"准旁纽"之误,第 402 页"定照准双声"乃"定照准旁纽"之误,承蒙指正,十分感谢,当于再版时更正。至于"捶、箠"二字确属照母,作藩同志归入禅母是错的。

"蹢、纸"恐怕是假借字,不属同源字。

专复,即候

研安

王　力

1983.11.9.

(二)

铁平同志:

来信收到。

　　"哲、知"同源是可能的。当时我因韵距离太远,所以没有收入。月职通转不是对转,因为都是入声。"知、哲"也不是旁对转,因为"知"收音于 e,属第一类,"哲"收音于-t,属第二类。□□是不能对转的。专复,即候

秋安

王　力

1984.10.4.

主要术语、人名、论著索引